D1383098

Les Éditions du Boréal
4447, rue Saint-Denis
Montréal (Québec) H2J 2L2
www.editionsboreal.qc.ca

# Le Dictionnaire du cinéma québécois

# Le Dictionnaire du cinéma québécois

sous la direction de
Michel Coulombe et Marcel Jean

*troisième édition, revue et augmentée*
*par Michel Coulombe*

～

Comité de rédaction
Louise Carrière, Marcel Jean,
Pierre Véronneau, Tom Waugh

*Avant-propos de Michel Brault*
*et Daniel Langlois*

Boréal

Les Éditions du Boréal remercient le Conseil des Arts du Canada ainsi que le ministère du Patrimoine canadien et la SODEC pour leur soutien financier.


Dépôt légal : 4e trimestre 1999
Bibliothèque nationale du Québec

Diffusion au Canada : Dimedia
Diffusion et distribution en Europe : Les Éditions du Seuil

*Données de catalogage avant publication (Canada)*
Vedette principale au titre :

Le Dictionnaire du cinéma québécois
3e éd. rev. et augm.
Comprend des réf. bibliogr.

ISBN 2-89052-986-X

1. Cinéma – Québec (Province) – Dictionnaires français. 2. Acteurs de cinéma – Québec (Province) – Biographies – Dictionnaires français. 3. Producteurs et réalisateurs de cinéma – Québec (Province) – Biographies – Dictionnaires français. I. Coulombe, Michel. II. Jean, Marcel, 1963- .

PN1993.45.D42 1999 791.43'09714 C99-941615-4

# Remerciements

La réédition de cet ouvrage a été rendue possible grâce au soutien de la Société de développement des entreprises culturelles, du Conseil des arts du Canada, du ministère de la Culture et des communications, de l'Office national du film du Canada et de Téléfilm Canada. Je tiens à les remercier de même que toute l'équipe rédactionnelle, les nombreux organismes et individus qui nous ont soutenus dans nos démarches et nos recherches, et tout particulièrement le personnel de l'Association des cinémas parallèles du Québec et des Rendez-vous du cinéma québécois.

*Michel Coulombe*

# Avant-propos
# Un cinéma électronique

Il y a plus de cent ans que le cinéma est né, enfanté par la photographie. Ses ancêtres s'appelaient *camera obscura*, puis *camera lucida*.

Un photographe est un voyant dont la mission est de découvrir l'essence de l'objet qu'il photographie et de le présenter dans un contexte qu'il choisit. Il ne dispose essentiellement que de cinq outils : les quatre côtés de son image, et sa capacité de s'éloigner ou de se rapprocher de son sujet en changeant la perspective.

Le cinéaste a la même vocation (mission) mais il possède un outil supplémentaire : le son et, par conséquent, la littérature.

Regarder une photo, c'est méditer, sur un instant, le début ou la fin d'une histoire. Le cinéma consiste à raconter ce qu'il y a entre le début et la fin d'une histoire et bien au-delà.

> *Ce n'est pas tellement ce que l'on montre qui est important, mais de montrer ce qui ne se voit pas.*
>
> MINOR WHITE

Pour écrire aujourd'hui, je dois encore me battre avec les mots. Ces mots qui, depuis mon enfance, me torturent, se jouent de moi, se défilent. Les mots sont des traîtres.

Images… au secours ! Heureusement, un jour, on me fit découvrir l'action de la lumière sur les sels d'argent.

Je devais avoir seize ou dix-sept ans, j'étais pensionnaire. J'avais un ami à qui on avait demandé de photographier tous les locaux du collège. J'étais son assistant. Une de nos tâches était de photographier le corridor principal. Il installe donc sa caméra sur un pied à un bout du corridor et, pour avoir une plus grande profondeur de champ, il règle son objectif à f64. Comme il n'y avait pas beaucoup de lumière, il a dû exposer pendant vingt secondes. Pendant que l'obturateur était ouvert, un prêtre, tout de noir vêtu, traverse le corridor désert. Je m'exclame : « Bon ! la photo est ratée ! » Or mon ami me dit la chose suivante, qui a peut-être influencé le cours de ma vie : « Mais non, le noir ne s'enregistre pas, c'est la lumière qui influence la pellicule. » Je ne me suis pas demandé si le prêtre était une lumière ou non, j'avais compris. C'en était fait, j'allais devenir photographe, puis cinéaste… à cause de l'action de la lumière sur les sels d'argent.

*La technique est la béquille qui libère les forces créatrices.*

PIERRE GISLING

Je n'aurais donc plus besoin de me battre avec les mots pour m'exprimer, et c'est ainsi que fut ma vie, tout entourée de lumière.

Ce que nous vivons au tournant du siècle m'enthousiasme et m'alerte. Je me sens à la fois ancré dans mes années passées dans le cinéma à vingt-quatre images sur pellicule perforée et en même temps fasciné par l'avenir qui s'ouvre sur l'électronique. L'image se numérise.

En Chine autrefois, dit-on, lorsqu'on voulait du mal à quelqu'un, on lui disait : « Vous auriez dû naître pendant une ère de changements ! » C'est ce qui nous arrive, mais ce n'est certes pas une malédiction, bien au contraire. Nous qui faisons ce que nous avons appelé jusqu'à maintenant du cinéma, nous vivons une ère de changements. On peut même affirmer que les changements que nous avons connus jusqu'à maintenant ne sont rien à côté de ceux qui viennent.

J'ai lu récemment un ouvrage qui porte un nom bien étrange : *Cinématographie électronique.* Deux termes qui semblent bien contradictoires, et pourtant…

Pour les inconditionnels du cinéma, les amoureux de l'obturateur, de la griffe qui s'introduit en tapinois dans la perforation, comme disait André Coutant, l'inventeur de la Caméflex, pour ceux qui ne peuvent se passer de l'odeur de la pellicule, de la fréquence des vingt-quatre images seconde, du ronronnement des caméras, dites silencieuses, du bruit strident de la colleuse italienne, pour eux, un cinéma électronique semble une hérésie.

Qu'on le veuille ou non, qu'on aime ça ou pas, l'image numérique est là pour de bon avec, pour un certain temps encore, sa basse définition, son échelle de gris écrasée, son contraste trop élevé, son petit écran… aujourd'hui… mais attention!… demain… c'est la télévision haute définition, l'image numérique, les supports minéraux (conservation illimitée), la mémoire ne s'effacera plus, l'écran vidéo plat, le magnétophone sans ruban dans lequel aucune pièce ne bouge. À Montréal, un groupe de techniciens et d'artistes travaille avec un système appelé SANDDE qui permet de créer des dessins animés dans l'espace.

Lorsque l'image vidéo aura un pouvoir de résolution comparable à l'image sur film 35 mm, la cinématographie électronique commencera à se réaliser. Ce jour n'est pas loin. On n'y échappe pas.

Les nouvelles techniques ne doivent pas devenir une fin en soi, bien au contraire ce sont les besoins de la création qui doivent inspirer les démarches. N'oublions pas que la venue des Beatles dans les années 60 n'avait rien à voir avec la technologie. De même, le cinéma direct est né avant que ne soit inventée la caméra portative synchrone. Le cinéma électronique sera une nouvelle forme de production née du mariage des technologies de la vidéo et des techniques du cinéma traditionnel.

La majorité de ceux qui font partie de ce dictionnaire ont créé en 16 mm. La plupart de ceux qui apparaîtront dans la prochaine édition auront créé sous une forme ou une autre de « cinématographie numérique ».

*Michel Brault, Belœil, 9 août 1999*

# Avant-propos
# Un cinéma en transformation

En cette fin de siècle ou plutôt en ce début de nouveau millénaire, qu'il soit produit au Québec ou ailleurs, le cinéma est à un moment fascinant de son histoire. À travers plus de cent ans d'existence, le cinéma s'est transformé de découverte technologique en forme d'art et, parallèlement, en une vaste entreprise culturelle et commerciale générant à l'échelle mondiale plusieurs milliards de dollars en revenu annuel.

Il est intéressant pour moi de comprendre l'évolution du cinéma parce que je crois que ce cycle évolutif est sur le point de se reproduire. En effet, avec l'avènement des outils de production et de distribution en format numérique, tout un nouveau contexte cinématographique est sur le point de se mettre en place. Je pense que les nouvelles technologies numériques ont le potentiel de nous ramener d'une certaine façon au point de départ du cinéma, à ses fondations créatives.

Aujourd'hui, tout comme au début du cinéma, les technologies sont nouvelles, pleines de potentiel encore mal connu ou mal maîtrisé et les réseaux de distribution pour les œuvres produites en format numérique commencent à peine à se mettre en place. À l'aide de ces nouveaux outils, il est maintenant possible de produire des films de grande qualité de manière indépendante et avec de petits budgets. La croissance d'Internet, entre autres, permet maintenant de distribuer indépendamment et à peu de frais une grande diversité d'œuvres, qu'elles soient produites au Québec ou ailleurs dans le monde.

Le cinéma québécois est très bien placé pour profiter de cette révolution et pour y prendre sa place. Cette nouvelle conjoncture est d'autant plus intéressante pour les cinéastes du Québec que le contexte québécois s'est lui-même transformé depuis l'avènement du cinéma. Le Québec est certainement dans une position économique et culturelle plus mature qu'au début du siècle pour tirer avantage de ce renouveau.

En fait, à mon avis, le Québec est mieux placé que beaucoup d'autres pour exploiter cette transformation des processus de production et de diffusion cinématographique. En effet, mis à part son contexte culturel particulier, le Québec est déjà à la fine pointe des développements technologiques associés au monde du cinéma. Le succès de Softimage dans ce domaine a démontré qu'il est possible à partir du Québec d'avoir un impact majeur et mondial sur l'industrie cinématographique. Dans la traînée des succès de Softimage, plusieurs autres compagnies œuvrant dans le secteur des développements technologiques associés au cinéma se sont créées au Québec et font de Montréal en particulier un endroit unique. Dans ce nouveau contexte, c'est maintenant aux cinéastes québécois d'emboîter le pas et d'essayer de créer le même impact, cette fois-ci sur le plan du contenu.

Au cours de son évolution, le cinéma est devenu une machine coûteuse et complexe, limitant de beaucoup la créativité et ayant comme principal objectif la rentabilité à court terme. Cette situation n'est certainement pas propice au développement du cinéma québécois ou de celui de tout autre pays n'ayant pas accès au même niveau de financement et de capitaux que les grands studios américains. Les nouveaux outils numériques permettront, selon moi, aux productions du cinéma indépendant québécois ou d'ailleurs de briser ces barrières et de se libérer de ces contraintes, du moins pour une certaine période.

Nul doute que la démocratisation et l'accès plus facile à des outils de production de qualité devraient avoir un impact majeur sur le cinéma en général, autant au Québec qu'à travers le monde.

Cela dit, les nouveaux outils de production numérique sont loin d'être une finalité en soi. En effet, il n'est pas garanti que l'accès à une palette étendue d'outils de création cinématographique forcera l'éclosion d'un renouvellement de la créativité et de l'expression artistique au cinéma. Ce ne sont pas les formats d'images numériques ou les technologies spécifiques qui leur sont associées qui sont importants, mais plutôt le renouveau du processus de production cinématographique lui-même.

Ce qui sera vraiment significatif et révolutionnaire est cette nouvelle capacité de pouvoir produire des œuvres de grande qualité avec de petits budgets et de pouvoir distribuer ces œuvres indépendamment des grands réseaux de distribution. Le vrai cinéma indépendant est encore rare et précieux et, jusqu'à maintenant, a été peu diffusé mondialement, une situation qui risque de changer sous peu.

Que l'on aime ou que l'on n'aime pas, le cinéma est en transformation. Pour le cinéma québécois il y a deux attitudes possibles : se fermer les yeux en espérant que cette révolution ne se produira pas ou essayer de profiter de cette situation comme une nouvelle porte ouverte à la créativité.

Tout est possible, il s'agit maintenant de voir comment les cinéastes et les producteurs québécois réussiront à profiter de ces changements technologiques, à utiliser ces nouvelles capacités de production et de distribution pour communiquer dans le monde la sensibilité et les préoccupations québécoises.

*Daniel Langlois*
*président fondateur, Ex-Centris*

# À l'usage du lecteur

*Choix des entrées.* Le choix des entrées a été effectué par le comité de rédaction à partir de critères à la fois qualitatifs et quantitatifs. Dans le choix des entrées consacrées à des individus, on a privilégié ceux et celles qui contribuent à la fabrication des films — les créateurs de tous métiers —, l'ouvrage étant consacré au cinéma québécois et non à l'activité cinématographique au Québec. Le travail de plusieurs personnes qui ont contribué ou qui contribuent toujours, d'une façon ou d'une autre, à la diffusion du cinéma au Québec, est tout de même souligné dans les articles généraux consacrés aux affiches (Yvan Adam, Robert Gaboury, Renée Giguère, Madeleine Leduc, Harry Mayerovitch, Alain Thomas, Vittorio, etc.), à la distribution (Michel Costom, Louis Dussault, Nicole Giguère, J.-A. Lapointe, Pierre Latour, Hélène Roy, etc.), à l'exploitation (Léo Choquette, Édouard Garand, Paul Gendron, Robert Hurel, Roland Smith, etc.), aux festivals (Bruno Bégin, Claude Chamberlan, Dimitri Eipides, Serge Losique, Gilles Marsolais, Jacques Matte, André Roy, etc.) et aux revues (Robert-Claude Bérubé, Richard Gay, Jean-Paul Ostiguy, Claude Racine, Jean-Pierre Tadros, André Lavoie, etc.).

*Entrées biographiques.* Les articles biographiques sont classés naturellement au patronyme usuel. Le ou les prénoms sont indiqués à la suite du patronyme usuel, et, le cas échéant, le patronyme d'origine est indiqué entre parenthèses. La liste des fonctions (réalisateur, producteur, chef opérateur, etc.) ne tient compte que des emplois relatifs au cinéma (on ne retrouvera pas la fonction écrivain, par exemple). De plus, cette liste n'est pas obligatoirement exhaustive, puisqu'elle ne tient compte que des occupations jugées significatives dans la carrière d'une personne. Lorsqu'il a été possible de le faire, le lieu et l'année de naissance, et, le cas échéant, l'année de décès, ont été indiqués, entre parenthèses, à la suite de l'énumération des fonctions.

*Entrées générales.* Dans le but de mieux faire comprendre la problématique propre à chaque secteur de l'activité cinématographique (coproduction, distribution, exploitation, revues de cinéma, etc.), les données se rapportant à ces secteurs ont été regroupées à l'intérieur d'articles généraux. Chaque article brosse un portrait historique et analytique du secteur traité. Pour les entrées portant sur les institutions, les données ont été rassemblées sous l'appellation actuelle, ou l'appellation la plus récente, de l'organisme (l'article « Téléfilm Canada » contient aussi les données concernant la Société de développement de l'industrie cinématographique canadienne, par exemple). Un renvoi a été inséré pour chacune des appellations précédentes. La liste des entrées générales se trouve à la suite de cette introduction.

*Films.* Les titres des films sont indiqués en italique. Chaque film cité à l'intérieur d'un article est accompagné du nom de son ou de ses réalisateurs, de sa datation et d'une précision quant à la longueur. Le réalisateur d'un film est désigné par son patronyme et par la lettre initiale de son prénom. Dans le cas où une confusion est possible, le prénom du réalisateur est inscrit au complet (exemple : Georges Dufaux et Guy Dufaux). Au moment de dater un film, il fallait choisir entre la date du début du tournage, celle de la fin du tournage, celle du copyright, celle de la première représentation publique ou celle de la sortie commerciale. Nous avons opté pour la date du copyright. Il peut arriver, cependant, dans des cas exceptionnels, que la date soit celle de la fin du tournage (pour les films de quelques pionniers du documentaire, par exemple). Dans le cas d'une imprécision quant à la date de tournage d'un film (comme dans le cas de certains films de Louis-Roger Lafleur), il est clairement indiqué qu'il s'agit d'une approximation. La longueur des films est indiquée par les abréviations suivantes : t. c. m. (très court métrage), c. m. (court métrage) et m. m. (moyen métrage). Un très court métrage est un film dont la durée est inférieure à cinq minutes, un court métrage est un film dont la durée est égale ou supérieure à cinq minutes, mais inférieure ou égale à trente minutes, tandis qu'un moyen métrage est un film dont la durée est supérieure à trente minutes, mais inférieure ou égale à soixante minutes. Lorsque aucune abréviation n'accompagne le titre d'un film, il s'agit d'un long métrage, c'est-à-dire d'un film dont la durée est supérieure à soixante minutes. Lorsque les films composant une série sont connus sous des titres individuels (*L'homme à la traîne*, de Jean Beaudin, dans la série « La bioéthique, une question de choix », par exemple), le titre de la série est inscrit en caractères romains, entre guillemets. Le mot film comprend les productions sur support vidéo.

*Filmographies.* Les entrées biographiques ne contiennent pas toutes une filmographie, et les filmographies ne sont pas toutes exhaustives (certains techniciens ont travaillé sur plus de mille films). Les filmographies exhaustives sont précédées de l'indication FILMS. L'indication AUTRES FILMS signifie que la filmographie vient compléter les données incluses dans l'article. Les indications PRINCIPAUX FILMS ou PRINCIPAUX AUTRES FILMS désignent les filmographies non exhaustives.

*Renvois.* Pour faciliter la consultation de l'ouvrage, des indications permettant de reporter le lecteur d'une entrée à une autre ont été ajoutées. Le plus souvent, ces renvois sont indiqués par un astérisque (exemple :... elle collabore à plusieurs films de Norman McLaren*). Ils peuvent aussi apparaître après la mention « *voir* » (exemple : *Voir* DISTRIBUTION). Dans les entrées générales, des astérisques ont été systématiquement insérés après le nom de chaque personne à qui une entrée biographique est consacrée. Dans les entrées biographiques, l'insertion d'astérisques a été limitée aux collaborations jugées importantes.

*Erreurs et omissions.* Bien que toutes les précautions d'usage aient été prises, il peut rester quelques erreurs. Les auteurs s'en excusent et seraient reconnaissants à toute personne de bien vouloir les leur signaler en écrivant à l'adresse de l'éditeur : 4447, rue Saint-Denis, Montréal (Québec), H2J 2L2.

# Entrées générales

ACPAV
Affiches de cinéma
Association des cinémas parallèles du Québec
Association pour le jeune cinéma québécois
Associations professionnelles
Censure
Ciné-clubs
Cinéma d'animation (techniques)
Cinéma direct
Cinéma expérimental
Cinéma gai
Cinéma régional
Cinémathèque québécoise
Conseil des arts du Canada
Conseil québécois pour la diffusion du cinéma
Coproduction
Direction générale des moyens de communication
Distribution
Église et cinéma
Enseignement du cinéma
Exploitation
Festivals
Fiscalité
Historiographe
Lois sur le cinéma
MainFilm
Office national du film du Canada
Organisation communications et société
Prix
Québec Productions
Régie du cinéma
Renaissance films
Rendez-vous du cinéma québécois (Les)
Revues
Salles de cinéma
Société de développement des entreprises culturelles
Spirafilm
Téléfilm Canada
Télévision
Vidéo

# Sigles et abréviations

| | |
|---|---|
| ACDF | Association canadienne des distributeurs de films |
| ACDI | Agence canadienne du développement international |
| ACDIF | Association canadienne des distributeurs indépendants d'expression française |
| ACPAV | Association coopérative de productions audio-visuelles |
| ACPQ | Association des cinémas parallèles du Québec |
| ADATE | Association pour le développement de l'audiovisuel et de la technologie de l'enseignement |
| AGEUM | Association générale des étudiants de l'Université de Montréal |
| ANC | Archives nationales du Canada |
| APC | Association professionnelle du cinéma |
| APCQ | Association professionnelle des cinéastes du Québec |
| APFQ | Association des producteurs de films du Québec |
| APFTQ | Association des producteurs de films et de télévision du Québec |
| APFVQ | Association des producteurs de films et de vidéos du Québec |
| APSQ | Association des propriétaires de salles du Québec |
| AQDEFV | Association québécoise des distributeurs et exportateurs de films et de vidéos |
| AQDF | Association québécoise des distributeurs de films |

| | |
|---|---|
| AQRRCT | Association québécoise des réalisateurs et réalisatrices de cinéma et de télévision |
| ARRFQ | Association des réalisateurs et réalisatrices de films du Québec |
| ASIFA | Association internationale du film d'animation |
| ASN | Associated Screen News |
| AVECQ | Association vidéo et cinéma du Québec |
| BAEQ | Bureau d'aménagement de l'Est du Québec |
| BBC | British Broadcasting Corporation |
| BSC | Bureau de surveillance du cinéma |
| CBC | Canadian Broadcasting Corporation |
| CCC | Compagnie cinématographique canadienne |
| CEQ | Centrale de l'enseignement du Québec |
| CQ | Cinémathèque québécoise |
| CQDC | Conseil québécois pour la diffusion du cinéma |
| CRTC | Conseil de la radiodiffusion et des télécommunications canadiennes |
| CSN | Confédération des syndicats nationaux |
| DGCA | Direction générale du cinéma et de l'audiovisuel |
| DGME | Direction générale des moyens d'enseignement |
| FFM | Festival des films du monde (Montréal) |
| FIAF | Fédération internationale des archives du film |
| FIFM | Festival international du film de Montréal |
| FIPRESCI | Fédération internationale de la presse cinématographique |
| FPDEFQ | Fédération professionnelle des distributeurs et exportateurs de films du Québec |
| HÉC | École des Hautes études commerciales |
| IATSE | International Alliance of Theatrical, Stage Employees and Moving Picture Machine Operators |
| IDHÉC | Institut des hautes études cinématographiques (France) |
| INIS | Institut national de l'image et du son |
| INSAS | Institut national supérieur des arts du spectacle (Belgique) |
| IQC | Institut québécois du cinéma |
| IQRC | Institut québécois de recherche sur la culture |

| | |
|---|---|
| JÉC | Jeunesse étudiante catholique |
| LNI | Ligue nationale d'improvisation |
| MIPE TV | Marché international des programmes et équipements de télévision (France) |
| MPEAA | Motion Picture Export Association of America |
| NFB | National Film Board of Canada |
| OCIC | Office catholique international du cinéma |
| OCS | Office des communications sociales |
| OCS | Organisation communications et société |
| OFQ | Office du film du Québec |
| OFQJ | Office franco-québécois pour la jeunesse |
| ONF | Office national du film du Canada |
| ONU | Organisation des Nations unies |
| ORTF | Office de radiodiffusion-télévision française |
| OSM | Orchestre symphonique de Montréal |
| PBS | Public Broadcasting System (États-Unis) |
| RCAF | Royal Canadian Air Force |
| RRPFQ | Regroupement des réalisateurs et producteurs de films du Québec |
| RTBF | Radio télévision belge francophone |
| SAGMAI | Secrétariat des activités gouvernementales en milieu amérindien et inuit |
| SARDeC | Société des auteurs, recherchistes, documentalistes et compositeurs |
| SCP | Service de ciné-photographie du Québec |
| SDICC | Société de développement de l'industrie cinématographique canadienne |
| SGCQ | Société générale du cinéma du Québec |
| SGCT-ONF | Syndicat général du cinéma et de la télévision — Office national du film du Canada |
| SNC | Syndicat national du cinéma |
| SODEC | Société de développement des entreprises culturelles |
| SOGIC | Société générale des industries culturelles |

| | |
|---|---|
| SSJB | Société Saint-Jean-Baptiste |
| SUCO | Service universitaire canadien outre-mer |
| TNM | Théâtre du Nouveau Monde |
| TPQ | Théâtre populaire du Québec |
| UCLA | University of California |
| UDA | Union des artistes |
| UNESCO | Organisation des Nations unies pour l'éducation, la science et la culture |
| UNIATEC | Union internationale des associations techniques cinématographiques |
| UPA | United Productions of America |
| UQÀM | Université du Québec à Montréal |
| USC | University of Southern California |

# Liste des collaborateurs

Chaque article est signé des initiales de son ou de ses rédacteurs

| | |
|---|---|
| Marie-Christine Abel | M.-C. A. |
| Mary Alemany-Galway | M. A.-G. |
| Jose Arroyo | J. A. |
| François Baby | F. B. |
| Louise Beaudet † | L. B. |
| Yves Bédard | Y. B. |
| Denis Bélanger † | D. B. |
| Robert-Claude Bérubé † | R.-C. B. |
| André Blanchard | A. B. |
| Gilles Blain | G. B. |
| Marco de Blois | M. de B. |
| Piotr Borowiec | P. B. |
| Bernard Boulad | B. B. |
| Line Bouteiller | L. Bo. |
| Fulvio Caccia | F. C. |
| Louise Carrière | L. C. |
| Claude Chabot | C. C. |
| Henri-Paul Chevrier | H.-P. C. |
| Michel Coulombe | M. C. |
| Jean-Luc Daigle | J.-L. D. |
| Élaine Dallaire | É. D. |
| Robert Daudelin | R. D. |
| Pierre Demers | P. D. |
| Jocelyn Deschênes | J. D. |
| Jeanne Deslandes | J. De. |
| André Dugal | A. D. |
| Michel Euvrard | M. E. |
| Philippe Gajan | P. G. |
| Alain Gauthier | A. G. |
| Louis Goyette | L. G. |
| Piers Handling | P. Ha. |
| Pierre Hébert | P. H. |
| Michel Houle | M. H. |
| Marcel Jean | M. J. |
| Pierre Jutras | P. J. |
| Gloria Kearns | G. K. |
| Germain Lacasse | G. L. |
| André A. Lafrance | A.A. L. |
| Paule Laroche | P. L. |
| Réal La Rochelle | R. L. |
| Michel Larouche | M. L. |
| Monique Larue-Lamy | M. L.-L. |
| Francine Laurendeau | F. L. |
| André Lavoie | A. L. |
| Michel Lessard | M. Le. |
| Yves Lever | Y. L. |
| Bernard Lutz | B. L. |
| Gilles Marsolais | G. M. |
| Lise Noiseux | L. N. |
| Martin-Éric Ouellet | M.-É. O. |

| | |
|---|---|
| Normand Ouellet | N. O. |
| Pierre Pageau | P. P. |
| Jeanne Painchaud | J. P. |
| André Pâquet | A. P. |
| Michel Payette | M. P. |
| Esther Pelletier | E. P. |
| Denise Pérusse | D. P. |
| Yves Picard | Y. P. |
| Diane Poitras | D. Po. |
| Jean-Marie Poupart | J.-M. P. |
| Éric Prince | É. P. |
| Georges Privet | G. P. |
| Claude Racine | C. R. |
| Guy de Repentigny | G. de R. |
| Carmen Rivard | C. Ri. |
| Marie-Josée Rosa | M.-J. R. |
| Yves Rousseau | Y. R. |
| André Roy | A. R. |
| Michel Sénécal | M. S. |
| Denyse Therrien | D. T. |
| François-Xavier Tremblay | F.-X. T. |
| D. J. Turner | D. J. T. |
| Pierre Véronneau | P. V. |
| Thomas Waugh | T. W. |

**ACPAV** (Association coopérative de productions audio-visuelles). Elle est fondée le 18 janvier 1971 alors que onze cinéastes signent une déclaration d'association dans « le but de faciliter et de promouvoir la conception et la production de films de court et de long métrage et autres œuvres audiovisuelles par des jeunes artistes québécois ». Cette coopérative de production, par sa durée et son histoire, est unique dans le cinéma québécois, et presque toute une génération de réalisateurs, producteurs et techniciens y fait ses premiers pas. Une subvention de 50 000 $, versée par la SDICC et liée au projet de film de Pierre Harel, *Bulldozer*, donne le premier élan financier à l'organisme. À l'image de la société québécoise du début des années 70, traversée de différends sociopolitiques, la coopérative vit, dès ses débuts, des tensions idéologiques opposant ceux qui veulent en faire un cadre où prime la conscience collective, à ceux qui privilégient le désir individuel de faire un film. Néanmoins, l'ACPAV se dote de locaux et acquiert de l'équipement de tournage et de montage. Elle peut donc fournir une aide technique et administrative à plusieurs cinéastes indépendants dont Alain Chartrand*, Roger Frappier*, André Forcier* et Jean-Guy Noël*. Mireille Dansereau* y tourne *La vie rêvée* (1972) et, malgré un conseil d'administration à majorité masculine qui lui reproche de ne pas donner un « reflet dynamique et stimulant de la collectivité féminine québécoise », elle mène à terme ce premier long métrage de fiction réalisé par une femme dans l'industrie privée au Québec. Au-delà des idéologies, l'ACPAV doit survivre et tente une percée dans les films de commande, allant jusqu'à dénoncer publiquement son exclusion de la liste des maisons de production habilitées à soumissionner auprès de l'OFQ. Elle se brouille alors avec certaines compagnies qui, elles, ne sont pas subventionnées. Pourtant, de 1973 à 1980, la coopérative ne produira qu'une vingtaine de films de commande et une quarantaine d'« interludes » pour la télévision. À partir de 1973, la formule de gestion coopérative est redéfinie : « L'ACPAV est un groupe de cinéastes et d'artisans qui se donnent ensemble des moyens de production afin d'organiser, produire, distribuer, mettre en marché toute production audiovisuelle pour ses membres et pour d'autres (et)

considèrent le cinéma comme une industrie, un lieu de production culturelle et un moyen de communication de masse. » Cette politique donne naissance à une série de longs métrages dont *L'infonie inachevée...* (R. Frappier, 1973), *Noël et Juliette* (M. Bouchard*, 1973), *Tu brûles... tu brûles...* (J.-G. Noël, 1973), *La piastre* (A. Chartrand, 1975), *Une nuit en Amérique* (J. Chabot*, 1975), *L'eau chaude l'eau frette* (A. Forcier, 1976) et *L'absence* (B. Sauriol*, 1976). L'ACPAV rompt ainsi avec l'idée d'être une maison de services et adhère à l'APFQ. Elle resserre son administration en créant un comité de régie interne qui coordonne les politiques de production. Constatant les problèmes de distribution de ses films, l'ACPAV décide de mettre sur pied un comité de diffusion et, en 1974, de s'allier au distributeur Faroun. La tentative échoue financièrement, ce qui met fin de façon définitive à son désir de jumeler production et distribution. L'ACPAV se différencie des autres maisons de production parce qu'elle ne vise pas le profit. Elle doit tout de même s'autofinancer, ce qui demeure une préoccupation majeure, d'autant plus qu'elle produit des films difficiles à financer et qu'elle est cantonnée à des coûts de production de « premières œuvres ». De plus, aucune production n'est achevée sans que les artisans de la coopérative investissent une partie de leur salaire, à perte ou en différé. Ne voulant plus prendre en considération le caractère particulier de l'ACPAV, la SDICC lui refuse même l'aide d'un programme pour les courts métrages de fiction. Heureusement, l'IQC, un nouveau bailleur de fonds, entre en scène et l'ACPAV peut persévérer dans son entreprise de défense du court métrage comme moyen d'apprentissage et de recherche. Elle permet entre autres la réalisation de *La crue* (D. Benoit*, 1976, c. m.), *Pixillation* (R. Cantin* et D. Patenaude*, 1978, c. m.), *Les oiseaux ne meurent pas de faim* (F. Dupuis*, 1979, c. m.), *L'étau-bus* (A. Chartrand, 1983, c. m.) et *Voyageur* (H.-Y. Rose*, 1983, c. m.). Sa position déjà précaire au sein de l'APFQ se détériore en 1976, alors qu'elle s'en dissocie pour appuyer les techniciens du SNC dans leur négociation avec les producteurs. Les orientations commerciales et culturelles deviennent d'ailleurs de plus en plus inconciliables et accentuent les tensions entre les enjeux financiers et politiques qui divisent le milieu cinématographique québécois. Mais cela n'empêche pas l'ACPAV de s'associer à Cinak, Éducfilm et Prisma pour élaborer un projet de quatre longs métrages à budgets réduits. Dans ce cadre, elle produit *Les grands enfants* (1980) de Paul Tana*, déjà connu pour ses *Deux contes de la rue Berri* (1975, c. m. et 1976, m. m.), réalisés également à l'ACPAV. Au cours de cette même période, Hugues Mignault* peine sur *Le Québec est au monde* (1979) alors que Pierre Harel tarde à terminer *Vie d'ange* (1979) et que Tahani Rached* tourne *Les voleurs de job* (1980). Ce sont là quatre exemples de la variété d'approches et de contenus des films privilégiés par l'ACPAV. Au début des années 80, l'ACPAV, répondant à un besoin du milieu, organise des ateliers de scénarisation et, plus tard, de direction d'acteurs. Quelques films sortis en salles commerciales redorent l'image de la coopérative et signalent son orientation vers le long métrage : *Lucien Brouillard* (B. Carrière*, 1983), *La femme de l'hôtel* (L. Pool*, 1984), *Caffè Italia Montréal* (P. Tana, 1985), *Elvis Gratton* (P. Falardeau* et J. Poulin*, 1985), *Ô Picasso* (G. Carle*, 1985), *Le dernier havre* (D. Benoit, 1986), *Le fabuleux voyage de l'ange* (J. P. Lefebvre*, 1991). Et, pour la deuxième fois après *L'eau chaude l'eau frette*, une production de l'ACPAV, *La ligne de chaleur* (H.-Y. Rose, 1987), est présentée à la Quinzaine des réalisateurs à Cannes. À partir de la fin des années 80, l'ACPAV parvient à produire des longs métrages dont les budgets se rapprochent des standards de l'industrie, comme *Tinamer* (1987) de Jean-Guy Noël, *Cap Tourmente* (1993) de Michel Langlois*, *Le party* (1989), *Octobre* (1994), et *Miracle à Memphis* (1999) de Pierre Falardeau*, *La Sarrasine* (1991) et *La déroute* (1998) de Paul Tana*. Cette même période marque un retour au court métrage et au film documentaire puisque l'ACPAV produit notamment *Lamento pour un homme de lettres* (1988, m. m.) de Pierre Jutras, *Sortie 234* (1988, c. m.) et *Lettre à mon père* (1991, c. m.) de Michel Langlois, *Alice au pays des merguez* (1990, c. m.) de Bruno Carrière, *La manière des blancs* (1990, c. m.), *Ceux qui ont le pas léger meurent sans laisser de traces* (1992, m. m.) et *L'instant de la patience* (1994, m. m.) de Bernard Émond*, *La manière nègre ou Aimé Césaire, chemin faisant* (1991, m. m.) et *Tropique Nord* (1994, m. m.) de Jean-Daniel Lafond*, *L'année qui change la vie* (1992, m. m.) et *Du cœur à l'âme avec ou sans Dieu* (1996) de Suzanne Guy*, *Un miroir sur la scène* (1997) de Jean-Claude Coulbois et *L'erreur boréale* (1999) de Richard Desjardins* et Robert Monderie*. Si l'ACPAV a su conserver contre vents et marées ce goût du cinéma culturel, nouveau et différent, elle le doit certainement à l'acharnement des auteurs-réalisateurs, mais aussi, en grande partie, à celui des producteurs maison, entre autres Marc Daigle, Bernadette Payeur et René Gueissaz.

BIBLIOGRAPHIE : « L'ACPAV, première décade », *Copie Zéro*, n° 8, Montréal, 1981. (P. J. et M. S.)

**ADAM, Camil,** réalisateur, monteur, scénariste (Montréal, 1927). Après une courte carrière de musicien, il aborde le cinéma comme monteur travaillant notamment avec Claude Jutra (*Fred Barry comédien*, 1959, c. m. ; *Félix Leclerc, troubadour*, 1959, c. m.) et Roger Blais (*Bonsoir Monsieur Champagne*, 1964, c. m.). Il réalise un premier film, *Silence, on tourne* (1958, t. c. m.), puis un deuxième, *Au plus petit d'entre nous* (1962, c. m.), étude objective de la vie d'un clochard montréalais. Il entreprend ensuite la réalisation d'un long métrage, *Manette (la folle et les dieux de carton)* (1965), tourné de façon indépendante, qui attend longtemps sa sortie (début 1967). Adam y décrit, dans un style ambitieux mais brouillon, le cas d'une prostituée qui croit trouver dans la mystique hindoue une solution à ses problèmes d'existence. À la suite de cet échec, Adam s'éloigne du cinéma pour entreprendre une carrière en sociologie. Il participe cependant au scénario de *L'apparition* (R. Cardinal, 1972), dont il réalise quelques scènes sans toutefois qu'on reconnaisse son apport au générique, et signe le montage de *Ribo ou « le soleil sauvage »* (R. Racine et J.-H. Nama, 1977). (R.-C. B.)

**ADRIEN** (frère Adrien Rivard c. s. c.), réalisateur (Sainte-Geneviève-de-Pierrefonds, 1890 – Montréal, 1969). Botaniste, ami du frère Marie-Victorin, fondateur en 1931 des Cercles des jeunes naturalistes, il devient, en 1938, propagandiste des sciences naturelles pour l'Instruction publique. C'est à ce titre que, seul ou avec Léopold Varin, il tourne, jusqu'en 1958, des films pour le SCP et fait de nombreuses diapositives qui disent son amour de la nature.

PRINCIPAUX FILMS : *Embellissement de la pro-*

*priété* (1942, c. m.), *Les ailes de la péninsule* (1951, c. m.), *Les annuelles* (1951, c. m.), *Embellissons notre province* (1954, c. m.). (P. V.)

**AFFICHES DE CINÉMA.** Première image publique du film, l'affiche lui sert de carte de visite. Au Québec, très peu de graphistes ou d'illustrateurs ont consacré l'essentiel de leur activité professionnelle à l'affiche de cinéma. Le peintre Harry Mayerovitch a conçu (sous la signature de Mayo) plusieurs des affiches des films produits par l'ONF, de 1941 à 1944, dans le but de soutenir l'effort de guerre. La production de Mayo, qui est sans aucun doute le mieux coté des affichistes québécois auprès des collectionneurs, ne s'étend pas au-delà de ces quelques années. Les œuvres des vingt années qui suivent la guerre sont particulièrement naïves et primitives. La production de qualité démarre en fait avec le dessinateur, bédéiste et affichiste Vittorio qui a, pour sa part, signé plus d'une vingtaine d'affiches de films. Parmi ceux-ci, mentionnons *À tout prendre* (C. Jutra, 1963), *Deux femmes en or* (C. Fournier, 1970), *Le Martien de Noël* (B. Gosselin, 1970) et *Les mâles* (G. Carle, 1970). À la même époque, Georges Beaupré, qui travaille pour l'ONF, compte parmi ses réalisations les affiches de *Jusqu'au cœur* (J. P. Lefebvre, 1968), de *Kid Sentiment* et de *IXE-13* (J. Godbout, 1968 et 1971). D'autres affichistes, comme Madeleine Leduc (*Les servantes du bon Dieu*, D. Létourneau, 1979; *Ti-Cul Tougas*, J.-G. Noël, 1976) et Pierre-André Derome (*La fiction nucléaire*, J. Chabot, 1979), œuvrent à l'occasion pour le cinéma. Plus récemment, Pierre Durand, au service de l'ONF entre 1980 et 1996, réalise de nombreuses affiches, notamment *Mario* (J. Beaudin, 1984), *L'émotion dissonante* (F. Bélanger, 1984), *La poursuite du bonheur* (M. Lanctôt, 1987), *Trois pommes à côté du sommeil* (J. Leduc, 1988), *Le mouton noir* (J. Godbout, 1992). En fait, l'ONF recrute plusieurs graphistes : Jacques Cormier (*Deux épisodes dans la vie d'Hubert Aquin*, 1979, m. m.) qui dirige le studio des graphistes avant d'aller travailler en publicité, Guylaine Bérubé (*Tu as crié LET ME GO*, A. C. Poirier, 1997), Francine Paquin (*Tous pour un, un pour tous*, D. Létourneau, 1993 ; *Le violon sur la toile*, M. Saäl, 1995). Le plus souvent, les illustrateurs de l'ONF ne signent pas leurs produits, et plusieurs affiches de films québécois sont réalisées et signées par des bureaux de design graphique. C'est le cas de Lumbago qui signe les affiches de *Chronique d'un temps flou* (S. Groulx, 1988), de *Cargo* (F. Girard, 1990) et du *Spasme de vivre* (R. Boutet, 1991). Avec les années 80, deux affichistes de cinéma se sont affirmés : Alain Thomas et Yvan Adam. Le style populiste de Thomas a servi des films comme *Mourir à tue-tête* (A. C. Poirier, 1979), *Cordélia* (J. Beaudin, 1979), *Les bons débarras* (F. Mankiewicz, 1980), *Les Plouffe* (G. Carle, 1981), *Le matou* (J. Beaudin, 1985) et plusieurs des « Contes pour tous » produits par Rock Demers. Quant à Adam, dont la première affiche date de 1979, avec une production hautement personnalisée et provocatrice où le dessin prend la plus grande place, il est le seul parmi les affichistes québécois à être continuellement actif en cinéma depuis vingt ans et à maintenir une cote élevée auprès des clients des différents points de vente d'affiches de cinéma au Québec. Il compte parmi ses réalisations l'affiche, très recherchée, de *Caffè Italia Montréal* (P. Tana, 1985), de même que celles d'*Au clair de la lune* (A. Forcier, 1982), de *Ô Picasso* (G. Carle, 1985), du *Choix d'un peuple* (H. Mignault, 1985), du *Déclin de l'empire* *américain* (D. Arcand, 1986), d'*Un zoo la nuit* (J.-C. Lauzon, 1987), de *Train of Dreams* (J. N. Smith, 1987), des *Portes tournantes* (F. Mankiewicz, 1988), de *Cruising Bar* (R. Ménard, 1989), du *Royaume ou l'asile* (Jean et S. Gagné, 1989), de *L'homme de rêve* (R. Ménard, 1991), de *La conquête de l'Amérique* (A. Lamothe, 1992), de *Salt Water People* (M. Bulbulian, 1992), de *Rang 5* (R. Lavoie, 1994) et du *Grand serpent du monde* (Y. Dion, 1999). Il réalise aussi l'affiche de l'exposition « Le cinéma québécois s'affiche » (1999). Derrière les chefs de file, de jeunes graphistes travaillent de plus en plus fréquemment pour le cinéma. C'est le cas de Robert Gaboury, qui signe aussi Zèbre (*Jacques et Novembre*, J. Beaudry et F. Bouvier, 1984; *Ô rage électrique!*, C. Brubacher, 1985; *Oscar Thiffault*, S. Giguère, 1987, m. m.) puis abandonne le cinéma, ainsi que de Renée Grégoire (*Les noces de papier*, M. Brault, 1989; *La liberté d'une statue*, O. Asselin, 1990; *Moody Beach*, Richard Roy, 1990; *Ding et Dong, le film*, A. Chartrand, 1990) qui travaille ensuite en publicité, de Louis Hébert, qui signe le Studio de la montagne (*Rafales*, A. Melançon, 1990; *Love-moi*, M. Simard, 1990; *The Pianist*, Claude Gagnon, 1991; *La demoiselle sauvage*, L. Pool, 1991), de Sonia Poirier (*Le visiteur*, Suzanne Guy, 1991, c. m.; *Ceux qui ont le pas léger meurent sans laisser de traces*, B. Émond, 1992, m. m.; *Les artisans du cinéma*, S. Giguère, 1998, cinq c. m.) et d'Elizabeth Hobart, qui signe sous le nom de Zab (*Le jazz, un vaste complot*, M. Duckworth, 1988, c. m.; *Toward Intimacy*, D. McGee, 1992, c. m.). Le travail très soigné de l'affichiste parisien Benjamin Baltimore, concepteur de plusieurs affiches du Festival international du nouveau cinéma et de la vidéo de Montréal à partir de 1981, a, d'autre part, certainement influencé le milieu de l'affiche montréalais. Les nombreux festivals montréalais comptent d'ailleurs parmi les clients importants des affichistes. Plusieurs réalisateurs, qu'ils aient ou non une formation d'affichiste, choisissent à l'occasion de concevoir l'affiche de leur film ou mettent leur talent au service de leurs collègues. Mentionnons Roger Cantin, Pierre Goupil, Gilles Carle, Richard Martin, Manon Briand, Hugues Mignault.

Alors que les affiches européennes font 120 cm x 160 cm et 40 cm x 60 cm pour les affichettes, et que les affiches américaines font 68,5 cm x 104 cm, les affiches québécoises sont de dimensions variables. Elles font généralement 60 cm x 92 cm. L'affichage se pratique sur une échelle plutôt réduite à Montréal, où placarder les murs est passible de poursuites judiciaires. Certains distributeurs font tout de même appel aux afficheurs qui, pour un service complet incluant le replacardage, utiliseront tout au plus deux mille affiches. D'autres, comme l'ONF, n'affichent habituellement que trois cents exemplaires. Généralement, le tirage des affiches de films québécois est d'environ deux mille exemplaires. D'exceptionnelles réimpressions ponctuent la production québécoise. On compte ainsi cinq mille affiches pour *Un zoo la nuit* et de huit à dix mille pour *Le déclin de l'empire américain*.

Les principales collections d'affiches de films québécois se trouvent au service d'iconographie des Archives nationales d'Ottawa, aux archives de l'ONF à Montréal (où il est possible de consulter les affiches des films qui y ont été produits depuis la fin des années 60) et à la Cinémathèque québécoise qui possède une collection d'environ vingt-sept mille affiches, dont 5 % sont québécoises. (C. R. et P. V.)

**ALEXANDER, Ron,** mixeur, chef opérateur (North Buxton, Ontario, 1923). Étudiant en électronique et en communication à l'Université Western Ontario, il entre à l'ONF en 1948 pour un emploi d'été. D'abord affecté au Technical Research Department, il devient assistant cameraman au service des actualités. En 1950, il est cameraman, toujours aux actualités. Il passe au mixage, où il fait sa marque, à la fin des années 50. Il travaille à de nombreux films, notamment *Les mains nettes* (C. Jutra, 1958), *Les raquetteurs* (G. Groulx et M. Brault, 1958, c. m.), *Saint-Denys Garneau* (L. Portugais, 1960, c. m.), *Pour la suite du monde* (P. Perrault et M. Brault, 1963) et *Entre tu et vous* (G. Groulx, 1969). À plusieurs reprises, il fait équipe avec Roger Lamoureux*. En 1971, il quitte l'ONF pour enseigner la technique à l'Université Berkeley (San Francisco). (M. J.)

**ALLAN, Ted,** scénariste (Montréal, 1918 – Toronto, Ontario, 1995). Il a écrit des dizaines de romans et pièces de théâtre, et des centaines de textes pour la radio et la télévision. Pour le cinéma, il a écrit la version anglaise du film *Son copain* (J. Devaivre, 1950) et une multitude de scénarios, du porno sans intérêt, *7 fois... (par jour)* (D. Héroux, 1971), au western bas de gamme, *It Rained All Night the Day I Left* (N. Gessner, 1978). Sa contribution la plus importante reste l'adaptation qu'il a faite de sa pièce *Lies My Father Told Me* (J. Kadar, 1975); il y joue d'ailleurs le rôle du tailleur communiste. Ce film sur les valeurs de la communauté juive dans le Montréal des années 20 est mis en nomination pour l'Oscar du meilleur scénario et remporte des prix dans plusieurs festivals. Allan adapte ensuite sa pièce *Love Streams* (J. Cassavetes, 1985) sur la mystérieuse relation entre un homme et une femme qui se révèlent être frère et sœur. Il reprend le contenu d'une biographie dont il est l'auteur et en tire le scénario de *Bethune — The Making of a Hero* (P. Borsos, 1990), donnant ainsi suite à un documentaire réalisé vingt-six ans plus tôt, *Bethune* (D. Brittain et J. Kemeny, 1964, m. m.) témoignant ainsi d'une véritable fascination pour le médecin Norman Bethune qu'il a connu lors de la guerre d'Espagne. Sa fille, Julie Allan (*Nico the Unicorn*, G. Campbell, 1998; *To Walk with Lions*, C. Schultz, 1999), est productrice. (H.-P. C.)

**ALLARD, Suzanne,** monteuse (Montréal, 1949). Elle entre à l'ONF en 1969 et travaille alors au montage négatif. Assistante de Werner Nold pour *O.K... Laliberté* (M. Carrière, 1973), elle monte ensuite deux imposants documentaires de Georges Dufaux, *Au bout de mon âge* (1975) et *Les jardins d'hiver* (1976). Au cours des vingt-cinq années qui suivent, elle monte plus de soixante-dix films à l'ONF, dont plusieurs courts métrages d'animation (*La plante*, J. Borenstein et T. Vamos, 1983; *Sylvia*, M. Murray, 1985; *Enfantillage*, P. M. Trudeau, 1990; *L'ours renifleur*, C. Hoedeman, 1992; *Piégés*, D. Chartrand, 1998). C'est cependant son travail pour *La bête lumineuse* (P. Perrault, 1982) qui attire le plus l'attention. Si elle monte quelques longs métrages de fiction (*Salut Victor!*, A. C. Poirier, 1988; *Kalamazoo*, A. Forcier, 1988; *Le cri de la nuit*, J. Beaudry, 1995), elle est surtout reconnue pour son travail en documentaire (*REW FFWD*, D. Villeneuve, 1994, m. m.; *Oumar 9-1-1*, S. Drolet, 1998, m. m.; *5 pieds 2 — 80 000 livres*, N. Trépanier, 1999, m. m.). En 1999, elle quitte l'ONF et poursuit sa carrière dans l'industrie privée. (M. J.)

**ALMOND, Paul,** réalisateur, producteur, scénariste (Montréal, 1931). Il étudie à l'Université McGill et à Oxford (Angleterre), puis, en 1954, devient réalisateur à la CBC. Il y signe de nombreuses dramatiques, dont un *Roméo et Juliette* avec Michael Sarrazin et Geneviève Bujold. Sa rencontre avec cette dernière est déterminante, puisque c'est elle qui tient le rôle principal de ses quatre premiers longs métrages. *Isabel* (1968), *The Act of the Heart* (1970) et *Journey* (1972), trois films qu'il écrit, produit et réalise, forment une sorte de trilogie. Dans *Isabel*, une jeune femme revient de la ville à la mort de sa mère et s'installe dans la maison familiale pour s'occuper d'un vieil oncle. Hantée par le passé, elle apprend lentement à vaincre sa peur et, du coup, se prépare à aimer. Dans *The Act of the Heart*, film sur l'absolu et l'amour où l'on sent la marque de l'éducation protestante du cinéaste, une jeune protestante s'éprend d'un prêtre catholique (Donald Sutherland) et, déçue, en vient à s'immoler sur le mont Royal. *Journey* poursuit la réflexion d'Almond : une jeune femme, trouvée inconsciente sur un arbre qui flotte au milieu du Saguenay, est amenée dans une communauté baptisée Undersky, où des hommes et des femmes vivent coupés du reste du monde. Elle se remet en question puis retourne à la civilisation. Cheminement allégorique d'une femme qui passe de l'enfance à l'âge adulte, les trois premiers films d'Almond sont des œuvres singulières, sans concession, filmées simplement, mais avec précision. Habile à créer des atmosphères, le cinéaste inscrit ses personnages dans leur environnement avec une force étonnante : la rudesse de la Gaspésie dans *Isabel*, la froideur de Montréal et de Rivière-du-Loup dans *The Act of the Heart*, la majesté du Saguenay dans *Journey*. *Isabel* remporte quatre prix aux Canadian Film Awards, tandis que *The Act of the Heart* en remporte six, dont celui du meilleur réalisateur. Mais, si *Isabel* obtient un succès mondial, il n'en va pas de même pour *Journey* qui connaît un échec commercial cinglant. La critique anglophone, pour sa part, n'est pas tendre. Almond retourne à la télévision, où il signe, notamment, un suspense : *Every Person is Guilty* (1979). Toujours en 1979, il cherche, mais sans succès, à concrétiser un imposant projet de long métrage : *The Burning Book*, sur le professeur William Tyndale, qui, au XVIe siècle, fut le premier à traduire la Bible en anglais. Il accepte alors, au pied levé, de tourner à Montréal *Final Assignment* (1980), une superproduction où Bujold partage la vedette avec Michael York. En reportage à Moscou, une journaliste canadienne tombe amoureuse de son interprète et tente de traverser le rideau de fer avec une petite fille malade et des informations secrètes. Tourné à Vancouver, *Ups & Downs* (1983) mêle acteurs professionnels et collégiens pour raconter un automne dans un collège de la côte Ouest, tandis que *Captive Hearts* (1987), tourné dans les Laurentides, est centré sur deux soldats américains qui, pendant la Seconde Guerre mondiale, sont faits prisonniers par des villageois après que leur avion eut été abattu au-dessus d'une région perdue du Japon. En 1991, Almond termine *The Dance Goes On*, dans lequel un garçon, habitué à la vie trépidante de Los Angeles, touche un héritage qui l'amène en Gaspésie, où il renoue avec son père. À partir de *Final Assignment*, Almond ne retrouve plus le ton si particulier qui caractérise ses trois premiers films, et ne signe plus que des films impersonnels tournés sans grande conviction. Il est l'auteur, avec Michael Ballantyne, du livre *High Hopes : Coming of Age in the Midcentury.* (M. J.)

**ANGELICO, Irene Lilienheim,** réalisatrice, productrice (Munich, Allemagne, 1946). Née en Allemagne mais élevée aux États-Unis, elle entreprend des études à l'Université d'Illinois puis étudie en sciences humaines à l'Université de Montréal, passe à Concordia où elle enseigne de 1974 à 1976. Elle réalise en 1975 un premier film, *And They Lived Happily Ever After* (c. m.), et devient la présidente-fondatrice de la section montréalaise du CIFC (Canadian Independant Film Centre). Elle entre ensuite à l'ONF où elle œuvre pendant douze ans en tant que monteuse et réalisatrice, d'abord comme pigiste puis ensuite comme employée permanente. Elle y réalise *Meditation and Motion* (1976, m. m.). En 1980 elle fonde la firme DLI Productions avec Abbey Neidik, désireuse de se consacrer au documentaire et de réaliser des films de qualité supérieure. En 1985 elle réalise *Dark Lullabies*, un documentaire sur les conséquences de l'Holocauste chez la génération d'après-guerre. De façon sensible et touchante, l'auteure y montre son propre voyage à la rencontre des victimes et des bourreaux. Le film obtient le Red Ribbon de l'American Film Festival et le prix du Most Memorable Film au World Television Festival de Tokyo en 1989. Elle produit *Mile Zero : the SAGE Tour* (B. S. Klein, 1988, m. m.), suit un groupe d'étudiants qui effectuent une tournée nationale pour discuter de l'énergie nucléaire (Students Against Global Extermination), puis produit *Between the Solitudes* (A. J. Neidik, 1992, m. m.). Son plus récent film *The Cola Conquest* (1998), documentaire en trois parties traitant de l'influence de Coca-Cola sur la culture mondiale, obtient trois prix : Silver Hugo (Chicago International Television Competition), Gold Apple (National Education Media Network) et Best Documentary Series (Hot Docs). Angelico publie en 1994 un recueil, *The Aftermath*, contenant des textes écrits par son père après la Seconde Guerre mondiale. Le livre est préfacé par Elie Wiesel et le Dalaï-Lama. (G. L.)

**AQUIN, Hubert,** réalisateur, producteur, scénariste (Montréal, 1929 – 1977). « Je suis un incroyable inventeur de moi-même. » Ainsi Aquin se définit-il au milieu des années 60. L'aphorisme atteste parfaitement le caractère insaisissable de l'homme. Il y a du dandy chez Aquin, un côté mystificateur, une élégance de la pensée, un goût prononcé pour les concepts chatoyants, le désir d'étonner, voire de s'étonner... Feintes, parades, dérobades : plus profondément, cette sorte de griserie, cette incapacité de tenir en place est l'expression d'une angoisse, d'un désarroi qui se manifeste face à l'impossibilité de trouver un temps et un espace vraiment habitables. Or, tout se dérobe — et cela autant sur le plan individuel que sur le plan national.

Après avoir travaillé pendant quelques années à Radio-Canada, il entre à l'ONF en 1959. Il y sera tantôt interviewer, tantôt traducteur : *L'exil en banlieue* (R. Gilbert, 1960, m. m.), *Les grandes religions* (W. Greaves et D. Millar, 1959, m. m.), etc. Puis, il assumera la direction de *Quatre instituteurs* (coréal. J. Roy, J. Biggs et G. Glover, 1961, m. m.), du *Temps des amours* (coréal. A. Giannarelli, A. Colestan et C. T. Baptista, 1961, m. m.) et surtout du *Sport et les hommes* (1961, m. m.), film de montage portant sur le soccer, le hockey, le cyclisme, la corrida et la course automobile, et réalisé avec le concours de Roland Barthes pour le commentaire. Il s'agit ici de comparer les sports nationaux de différents pays en adoptant une perspective sémiologique. On pourra non sans profit mettre cette œuvre en parallèle avec *La lutte* (M. Brault, C. Fournier, C. Jutra et M. Carrière, 1961, c. m.), tournée à la même époque, elle aussi redevable aux théories de Barthes.

De son aveu même, Aquin est alors plus intéressé par la production que par la réalisation. Et son nom apparaît au générique de *Jour après jour* (C. Perron, 1962, c. m.) précisément comme producteur. Ensuite, c'est *À Saint-Henri le cinq septembre* (1962, m. m.) : le jour de la rentrée scolaire, vingt-quatre heures de cinéma direct au cœur du quartier populaire décrit une quinzaine d'années plus tôt par Gabrielle Roy dans *Bonheur d'occasion*. Aquin pilote cette expérience tout à fait unique accomplie par plusieurs équipes tournant simultanément. Lorsqu'on le présente à la télévision, le film provoque un scandale. On accuse l'ONF et Radio-Canada de ridiculiser les pauvres. Deux ans plus tard, Aquin produit *L'homme vite* (G. Borremans, 1960, c. m.), film par le biais duquel il revient à un de ses sujets de prédilection, la course automobile. Entretemps, il se sera chargé de quelques-uns des volets de la série « Ceux qui parlent français » et il aura composé, avec Anne Claire Poirier, le scénario de *La fin des étés* (A. C. Poirier, 1964, c. m.).

En 1965, la publication d'un premier roman marque la fin de sa carrière cinématographique. « Avec *Prochain épisode*, je suis devenu écrivain — à tel point que tout le reste, lentement, s'est effrité. » Certes, Aquin collabore à la réalisation des pavillons du Québec et de l'Homme et la vie à Expo 67 en tant que producteur conseil, mais dorénavant sa vie sera presque exclusivement consacrée à l'écriture, à l'édition et à l'enseignement. Il livrera un certain nombre de textes pour la télévision, le plus connu étant *Faux-bond* (L.-G. Carrier, 1966) d'après Jean-Charles Tacchella, sans doute parce qu'il y tient un des rôles principaux. Nicolas, le héros de *Neige noire*, son dernier roman (paru en 1974), sera scénariste et les procédés narratifs utilisés par l'auteur se référeront très souvent aux techniques du cinéma. En 1979, Jacques Godbout tourne *Deux épisodes dans la vie d'Hubert Aquin*, moyen métrage qui s'attache en bonne partie à saisir le sens du suicide d'Aquin. Au début des années 90, l'écrivain Pierre Turgeon se consacre à l'adaptation cinématographique de *Prochain épisode*. (J.-M. P.)

**ARCAND, Denys,** réalisateur, scénariste (Deschambault, 1941). Pendant ses études en histoire à l'Université de Montréal, il réalise *Seul ou avec d'autres* (coréal. D. Héroux* et S. Venne, 1962), description attachante de la vie d'une étudiante de première année. Peu de temps après, il entre à l'ONF. Ses trois premiers courts métrages documentaires — *Champlain* (1964), *Les Montréalistes* (1965) et *La route de l'ouest* (1965) — forment une sorte de trilogie historique où il est question du début de la colonisation au pays et de la découverte du continent nord-américain. Il participe alors à la fondation des Cinéastes associés. Après quelques films de commande, il réalise *On est au coton* (1970), un documentaire sociopolitique sur l'industrie du textile. Le film est interdit par Sydney Newman*, alors commissaire à la cinématographie, qui y voit une description biaisée de la réalité. Pendant six ans, il ne circulera que de manière clandestine. Arcand poursuit sur sa lancée en réalisant *Québec: Duplessis et après...* (1972), documentaire où il mesure les prolongements du duplessisme à travers la campagne électorale

Denys Arcand. (Marc Lajoie, coll. ACPQ)

provinciale de 1970. Dans l'industrie privée, il réalise un premier long métrage de fiction, *La maudite galette* (1971). Tourné en plans-séquences, le film décrit un vol minable qui dégénère en une succession de meurtres et où l'argent finit dans les mains des parents du jeune voleur qui s'en servent pour partir en Floride. Son film suivant, *Réjeanne Padovani* (1973), s'inspire d'un événement réel (la construction de l'autoroute Ville-Marie, à Montréal) et montre le puissant contracteur Vincent Padovani (Jean Lajeunesse) qui, recevant à souper le ministre de la Voirie (J.-Léo Gagnon) et le maire de Montréal (René Caron), est informé du retour de sa femme (Luce Guilbeault) qui l'a quitté pour un Juif. Tout en s'occupant de ses invités, il la fait abattre et fait couler son corps dans le béton de l'autoroute, immolant ainsi sa vie privée à l'autel de l'argent. *Gina* (1975), troisième long métrage de fiction du cinéaste, relève à la fois de la parodie de western et de la reconstitution d'événements proches de ceux entourant le tournage d'*On est au coton*. Gina (Céline Lomez) est strip-teaseuse dans un hôtel où loge l'équipe de tournage d'un documentaire sur une usine de textile. Après avoir donné son spectacle, elle est violée par quinze motoneigistes. Le lendemain, son agent, accompagné de fiers-à-bras, arrive dans la petite localité pour la venger. Pendant ce temps, le producteur du film arrête le tournage à la suite d'un dîner d'affaires entre le commissaire de l'Office national du cinéma et le président de la compagnie de textile. Gina part pour le Mexique, tandis que le réalisateur (Gabriel Arcand) tourne un film commercial. Après avoir écrit le scénario de la télésérie *Duplessis* (1977), Arcand tourne à l'ONF un documentaire qui est une réflexion sur le référendum du 20 mai 1980, *Le confort et l'indifférence* (1981). Le film remporte le prix L.-E. Ouimet-Molson. En 1983, il réalise pour l'ONF et la CBC trois épisodes de la télésérie *Empire Inc.* Il enchaîne en réalisant une production à gros budget, *Le crime d'Ovide Plouffe* (1984), adaptation impersonnelle d'un roman de Roger Lemelin. Il signe ensuite *Le déclin de l'empire américain* (1986), où il met en présence huit intellectuels, quatre hommes et quatre femmes, dont les propos, le plus souvent désabusés, tournent autour d'un même sujet : le sexe. Le film, qui se distingue par l'intelligence des dialogues, l'audace des thèmes abordés et la qualité d'ensemble de l'introspection, connaît un succès mondial sans précédent dans l'histoire du cinéma québécois. Non seulement il remporte neuf Génie, le prix de la FIPRESCI au Festival de Cannes et le prix L.-E. Ouimet-Molson, mais il obtient aussi une nomination aux Oscar. En 1989, Arcand termine *Jésus de Montréal*, imposante coproduction franco-canadienne où un acteur (Lothaire Bluteau) forme une troupe qui monte un spectacle d'après la

Passion du Christ. Ce film lui vaut le Prix du jury au Festival de Cannes, douze Génie et une autre nomination aux Oscar. Après avoir tourné un sketch pour le film *Montréal vu par…* (coréal. M. Brault, A. Egoyan, J. Leduc, L. Pool et P. Rozema, 1991), Arcand réalise un premier long métrage en anglais, *Love & Human Remains* (1993), adaptation d'une pièce de Brad Fraser. Le film, dont le thème fait écho au *Déclin de l'empire américain* (on y suit quelques personnages aux prises avec divers problèmes sexuels), n'obtient cependant pas un accueil aussi favorable que *Le déclin de l'empire américain* et *Jésus de Montréal*. *Joyeux calvaire* (1996), sur un scénario de Claire Richard proposant une plongée dans le monde des sans-abri, tranche avec le ton habituel du cinéaste par son absence totale de cynisme. Arcand se consacre ensuite à un projet plus ambitieux, *15 moments* (titre de travail, 2000), réflexion sur les médias et la célébrité orchestrée autour de l'ascension et de la chute d'une jeune fille naïve dans le milieu de la mode. Comme dans ses meilleurs films, le réalisateur approche le récit d'une manière conceptuelle, la mise en scène étant ici élaborée autour de l'image que les médias offrent du personnage principal.

Les films d'Arcand témoignent tous d'un double héritage : celui du cinéma direct et celui de la formation d'historien qu'il a reçue. Ses films trouvent toujours à se rattacher au documentaire et les événements historiques dépassent la simple toile de fond pour devenir le corps même du récit. Le présent y est envisagé comme histoire en devenir : *On est au coton*, pur film de cinéma direct, décrit l'industrie du textile telle qu'elle était au moment du tournage du film ; *Québec : Duplessis et après…* date de 1972 et parle des élections de 1970 ; *Réjeanne Padovani* offre la description du climat politique, à Montréal, à l'époque préolympique ; *Gina* est un retour sur « l'affaire *On est au coton* » et pose un regard sur l'aliénation des travailleurs ; *Le confort et l'indifférence* est un documentaire sur le référendum réalisé à chaud ; *Le déclin de l'empire américain* est le constat cynique du Québec postréférendaire, constat de la mort du politique, « de l'écroulement du rêve marxiste-léniniste » au profit des plaisirs immédiats. À cet aspect mimétique de la société québécoise, Arcand ajoute une part critique qui fonctionne le plus souvent par comparaison : *Champlain* évoque les faits historiques survenus dans la vieille Europe parallèlement à ceux se déroulant, à la même époque, au cœur du Québec naissant ; la version originale d'*On est au coton* devait comparer la journée d'un travailleur avec celle d'un patron d'usine ; le récit de *Réjeanne Padovani* passe continuellement du rez-de-chaussée, où mangent les patrons, au sous-sol où les employés jouent au billard ; *Gina* compare la situation d'un cinéaste à celle d'une strip-teaseuse, et les conditions de travail de cette strip-teaseuse à celles d'une travailleuse d'usine ; *Le confort et l'indifférence* utilise *Le prince* de Nicolas Machiavel, comme outil permettant d'analyser la partie politique qui se joue au moment du référendum ; *Le déclin de l'empire américain* compare les propos des hommes et des femmes, et le désabusement d'une génération à l'innocence des plus jeunes ; *Jésus de Montréal* se sert de textes historiques pour mettre la vie du Christ en perspective, tout en confrontant morale religieuse et morale artistique. Observateur attentif de la société québécoise, Arcand ne dicte pas de conduite politique, mais regarde le présent à la lueur des déterminations historiques. Il privilégie des récits construits sur quelques éléments montés en parallèle, ainsi que des structures narratives influencées par la tragédie (*Réjeanne Padovani, Le déclin de l'empire américain, Jésus de Montréal*). Le thème de la chute, de la décadence, est d'ailleurs très présent dans l'œuvre d'Arcand, tant dans *Réjeanne Padovani*, dont l'histoire est une version actualisée de l'exécution de l'impératrice Messaline, que dans *Le confort et l'indifférence*, où Machiavel, acteur prestigieux de l'effondrement de la république de Florence, puis du renversement des Médicis et de la chute de César Borgia, commente l'actualité politique québécoise. Cela, sans parler du *Déclin de l'empire américain*, dont le titre même est révélateur, ni de *Jésus de Montréal*, dont le récit épouse la structure de la Passion du Christ. De film en film, tant en documentaire qu'en fiction, Arcand construit une œuvre cohérente et rigoureuse, souvent pleine d'humour et d'une constante lucidité. Georges Dufaux lui consacre un documentaire, *De l'art et la manière chez Denys Arcand* (1999, m. m.).

FILMS : *À l'est d'Eaton* (coréal. S. Venne, 1959, c. m.), *Seul ou avec d'autres* (coréal. D. Héroux et S. Venne, 1962), *Champlain* (1964, c. m.), *Les Montréalistes* (1965, c. m.), *La route de l'Ouest* (1965, c. m.), *Montréal un jour d'été* (1965, c. m.), *Volleyball* (1966, c. m.), *Atlantic Parks/Parcs atlantiques* (1967, c. m.), *On est au coton* (1970), *La maudite galette* (1971), *Québec : Duplessis et après...* (1972), *Réjeanne Padovani* (1973), *Gina* (1975), *La lutte des travailleurs d'hôpitaux* (1976, c. m.), *Le confort et l'indifférence* (1981), *Le crime d'Ovide Plouffe* (1984), *Le déclin de l'empire américain* (1986), *Jésus de Montréal* (1989), *Montréal vu par...* (coréal. M. Brault, A. Egoyan, J. Leduc, L. Pool et P. Rozema, 1991), *Love & Human Remains* (1993), *Joyeux calvaire* (1996), *15 moments* (titre de travail, 2000).

BIBLIOGRAPHIE : LÉVESQUE, Robert, *Réjeanne Padovani*, Montréal, l'Aurore, 1976 • LATOUR, Pierre, *Gina*, Montréal, l'Aurore, 1976 • LATOUR, Pierre, *La maudite galette*, Montréal, VLB et Le Cinématographe, 1979 • ARCAND, Denys, *Le déclin de l'empire américain*, Montréal, Boréal, 1986 • « Denys Arcand », *Copie Zéro*, n^os^ 34-35, Montréal, 1988 • ARCAND, Denys, *Jésus de Montréal*, Montréal, Boréal, 1989 • « Dossier Denys Arcand », *24 images*, n^os^ 44-45, Montréal, 1989 • COULOMBE, Michel, *Denys Arcand, la vraie nature du cinéaste*, Montréal, Boréal, 1993 • LOISELLE, André et Brian McILROY, *Auteur/Provocateur, The Films of Denys Arcand*, Westport, Greenwood Press, 1995 • SICOTTE, Louise-Véronique, *La représentation des personnages féminins dans les films de fiction de Denys Arcand*, mémoire, Université de Montréal, 1997. (M. J.)

**ARCAND, Gabriel,** acteur (Deschambault, 1949). Ses dons d'interprète ont déjà été soulignés par un prix au Dominion Drama Festival de 1968 lorsqu'il s'inscrit en philosophie à l'Université McGill plutôt que dans une école professionnelle de théâtre, à l'instar des acteurs, aujourd'hui connus, de sa génération. Il effectue un stage au Centre national dramatique de Marseille en 1971 et 1972 ; puis, en 1973 et 1975, il se rend en Pologne pour travailler, sous la direction de Téo Spychalski, au Teatr Laboratorium fondé par Grotowski à Wroclaw. Longtemps à la tête du Théâtre de la Veillée, dont il est un des cofondateurs en 1974, puis conseiller artistique de la compagnie, Arcand se considère encore aujourd'hui, non comme un autodidacte, mais comme un apprenti.

En 1971, il débute au cinéma dans *La maudite galette*, de Denys Arcand, son frère, qui lui propose de collaborer à la musique et lui offre un petit rôle de dur à cuire : celui de Ti-bi. Même si le défi est modeste, le talent est évident — notamment pour Jean-Guy Noël qui se met dès lors à écrire, en pensant à lui, l'histoire d'un pompier démissionnaire laissant périr son père et brûler son village en signe de résistance passive à toute forme d'autorité, qu'elle soit patronale, paternelle ou cléricale. Alternant entre le réalisme et la transposition théâtrale, le parti pris formel audacieux, mais imparfaitement maîtrisé de *Tu brûles... tu brûles...* (1973) conduit toutefois Arcand à jouer d'une manière ample, dépourvue de l'intériorité qui fera sa réputation. Plus frappante est sa prestation dans *Réjeanne Padovani* (D. Arcand, 1973) alors que perce, sous son masque neutre de tueur professionnel, un inquiétant mélange de compassion et de délectation devant les prières de sa victime. Polyvalent, il compose un déficient mental dans le premier des *Deux contes de la rue Berri* (*Pauline*, P. Tana, 1975, c. m.), puis il personnifie son frère en incarnant, dans *Gina* (D. Arcand, 1975), le réalisateur d'un documentaire sur les ouvriers du textile qui renvoie directement au controversé *On est au coton* (D. Arcand, 1970). Il joue ensuite les utilités pendant quelque temps (*Les vautours*, J.-C. Labrecque, 1975 ; *Ti-Cul Tougas*, J.-G. Noël, 1976 ; *Parlez-nous d'amour*, J.-C. Lord, 1976 ; *Panique*, J.-C. Lord, 1977) avant de réapparaître dans des seconds rôles tels l'avocat intègre dans *L'affaire Coffin* (J.-C. Labrecque, 1979) ou le barman, faire-valoir de Miou-Miou et de Carole Laure, dans *Au revoir... à lundi* (M. Dugowson, 1979). Peu d'acteurs québécois auront été aussi souvent vantés pour leur charisme à l'écran. Au tournant des années 80, maintenant expérimenté et en pleine possession de ses moyens d'acteur, Arcand se voit offrir le type de personnages introvertis dans lesquels il va exceller. Robin Spry lui fait jouer, dans *Suzanne* (1980), un intellectuel qui aime en silence. Mais c'est surtout Gilles Carle qui lui donne l'occasion de traduire le mieux cette sorte d'êtres semblables à l'albatros de Baudelaire, bien mal armés sur le plan émotif pour composer avec ce qu'on attend d'eux dans leur milieu. C'est le cas du policier qui finit par escorter une prévenue vers la liberté plutôt que vers la prison dans *L'âge de la machine* (1978, c. m.). Et c'est le cas d'Ovide (*Les Plouffe*, 1981 ; *Le crime d'Ovide Plouffe*, D. Arcand, 1984) dont Arcand donne une interprétation complexe, voire opposée à celle de Jean-Louis Roux qui avait, dans les années 50, créé le rôle à la télévision : loin de se sentir supérieur aux siens à cause de ses aspirations littéraires, son Ovide Plouffe souffre intérieurement d'être si différent d'eux. Aussi crédible en soutane (*Mémoire battante*, A. Lamothe, 1983 ; *Agnes of God*, N. Jewison, 1985 ; *Nelligan*, R. Favreau, 1991) que chaussé des grosses bottes de l'ouvrier (*Le toasteur*, M. Bouchard, 1982, c. m. ; *Metallo Blues*, M. Macina, 1985, c. m.), il adapte son style au ton du film et dans *Le déclin de l'empire américain* (D. Arcand, 1986), où il est utilisé comme contrepoint pittoresque, il construit son personnage de brute, fantasme érotique des intellectuels, en misant sur sa projection physique et l'arrogance narquoise des répliques. Dans *La ligne de chaleur* (H.-Y. Rose, 1987) et dans *Les portes tournantes* (F. Mankiewicz, 1988), il crée deux rôles de pères repliés sur eux-mêmes, deux hommes blessés qui ne parviennent ni à établir un rapport avec leur fils unique, ni à effacer le souvenir d'un parent perdu. Mais là s'arrête le parallèle puisque si son interprétation est juste et émouvante dans le premier, il ne sait visiblement pas par quel bout prendre le personnage inconsistant, aux motivations mal définies, qui lui échoit dans le second. Puis, il tient un rôle important dans une coproduction entre la Belgique, la France et le Canada, *L'air de rien* (M. Jimenez, 1989). Arcand, qui se fait plus rare à l'écran dans les années 90, interprète, dans *Pour l'amour de Thomas* (C. Gagnon, 1994), un metteur en scène réputé qui se prête à une désopilante leçon de baseball dans une cuisine avec son fils retrouvé. Les réalisateurs voient souvent en lui un homme en retrait de la société, sorte d'Ovide Plouffe qui aurait perdu tout contact avec le réel dans *Le grand serpent du monde* (Y. Dion, 1998) ou employé de la morgue qui fait l'amour à un cadavre et s'invente une vie amoureuse avec celle qu'il a ressuscitée dans *Post mortem* (L. Bélanger, 1999). (M.-C. A. et M. C.)

**ARCAND, Michel,** monteur, concepteur sonore (Val-d'Or, 1949). Il commence comme assistant mixeur pour la télésérie *La feuille d'érable* (1970) et occupe la même fonction pour divers films produits chez Onyx Films dont *Les mâles* (G. Carle, 1970). Il devient ensuite assistant monteur, monteur sonore, puis monteur de nombreux courts et moyens métrages avant de travailler à un premier long métrage d'importance, *Lucien Brouillard* (B. Carrière, 1983). Depuis, outre sa participation à plusieurs films publicitaires, son nom apparaît au générique de nombreuses productions québécoises dont *Maria Chapdelaine* (G. Carle, 1983), *Night Magic* (L. Furey, 1985), *La guêpe* (G. Carle, 1986), *Exit* (R. Ménard, 1986), *Un zoo la nuit* (J.-C. Lauzon, 1987), *Moody Beach* (Richard Roy, 1990), *Amoureux fou* (R. Ménard, 1991) et les téléséries *Lance et compte II* (R. Martin, 1987) et *Blanche* (C. Binamé, 1993) pour lesquelles il remporte des Gémeaux. Il obtient un Génie pour chacun des deux longs métrages de Jean-Claude Lauzon, *Un zoo la nuit* (1987) et *Léolo* (1992). Il monte aussi les téléséries *Lance et compte II*, *Blanche* et *Urgence.* Arcand est associé à plusieurs longs métrages de Léa Pool : *La femme de l'hôtel* (1984), *Anne Trister* (1986), *À corps perdu* (1988), *Mouvements du désir* (1994) et *Emporte*-moi (1999). Il travaille sur trois des films les plus marquants de la décennie : *Léolo* (J.-C. Lauzon, 1992), *Octobre* (P. Falardeau, 1994) et *Eldorado* (C. Binamé, 1995). Il est le concepteur de la trame sonore de *Montréal vu par...* (collectif, 1991) et de *L'enfant d'eau* (R. Ménard, 1995). En 1998, sa carrière atteint une envergure internationale quand Roger Spottiswoode lui demande de monter à Londres une aventure de James Bond, *Tomorrow Never Dies.* Il travaille ensuite en Hongrie où il monte *The Taste of Sunshine* (I. Szabo, 1999). Appréciant tout autant les petites productions pour la liberté qu'il y trouve, il monte *La beauté de Pandore* (C. Binamé, 2000). (J. D. et M. C.)

**ARIOLI, Don,** scénariste, animateur, réalisateur (Rochester, États-Unis, 1936). De 1966 à 1982, il travaille à l'ONF dans divers domaines. Scénariste prolifique, il écrit autant pour la télévision que pour la publicité et le cinéma, et promène son humour caustique aux quatre coins de la planète. Il scénarise deux films réalisés par Zlatko Grgic : *Hot Stuff* (1971, c. m.), qui s'inscrit dans le cadre d'une campagne sur la prévention des incendies, et *Who Are We* (1974, c. m.), une réflexion sur l'appartenance nationale. Il produit *A Token*

*Gesture* (M. Lanctôt, 1975, c. m.) et *You've Read the Book — Now See the Movie* (J. Weldon, 1975, c. m.). Arioli réalise *Tilt* (1972, c. m.), une allégorie politique sur la répartition des richesses dans le monde ; le film est coproduit par la Banque mondiale. En 1973, il signe, avec une équipe d'animateurs canadiens et yougoslaves, *Man : the Polluter* (m. m.), un dessin animé sur l'insouciance de l'homme face à son environnement. Sept ans plus tard, il réalise *Baxter Earns His Wings* (1981, c. m.), l'histoire d'un fermier mécontent qui s'installe en ville, puis retrouve son métier ; le film est interprété par les Mimes électriques. Arioli est auteur ou coauteur de plusieurs feuilletons, dont : *Professeur Balthazar* (Yougoslavie, 1974), *The Grisibles* (Afrique du Sud, 1980), *L'inspecteur Gadget* (Canada, 1982-1983), *Sesame Street* (Canada et États-Unis, 1968-1988) et *Chicken Minute* (Canada, 1993-1994). Jamais à court d'idées, il travaille aussi bien à des campagnes publicitaires qu'à des messages d'intérêt public et à des séries de courts métrages didactiques pour divers organismes internationaux. Même lorsqu'il traite des questions les plus graves, Arioli privilégie une approche humoristique. (É. D. et D. T.)

**ARSIN, Jean,** chef opérateur, producteur, réalisateur. Cameraman d'actualités, il tourne un film sur la grève générale de Winnipeg en 1919. En 1923, il s'installe à Montréal où il fonde une entreprise de production de films publicitaires : Cinécraft. On lui confie la mise en scène d'un film commandité par le journal *La Presse : La primeur volée* (1923, m. m.), une comédie policière dans laquelle un journaliste dérobe à un collègue des informations sur une conspiration qui n'est qu'un canular. Le film a beaucoup de succès. En 1924, Arsin aurait réalisé un autre film du même genre : *Frontenac.* Produit par une brasserie portant le nom du célèbre gouverneur de la Nouvelle-France, le film rappelait quelques épisodes de sa vie. En 1925, il réalise *Diligamus vos* (*Aimez-vous*) (m. m.), produit par les Films de Luxe. Une jeune fille y est enlevée par des employés qui complotent contre son père. Elle est sauvée par un autre employé, jadis accusé d'un crime commis par le père, qui avoue tout et accorde la main de sa fille au sauveteur. Arsin poursuit sa carrière de réalisateur de films publicitaires ou documentaires à Cinécraft, travaillant entre autres pour le gouvernement du Québec et réalisant *Restauration de l'Île Sainte-Hélène* (1937, c. m.), *Création du jardin botanique* (1940, c. m.), *Montréal, ville de contrastes* (1947, c. m.) et *Trois-Rivières* (1949, c. m.). (G. L.)

**ASSOCIATION DES CINÉMAS PARALLÈLES DU QUÉBEC (ACPQ).** Créée en 1979, à Trois-Rivières, à l'initiative de programmateurs du réseau non commercial pressés d'unir leurs forces pour faire face à l'évolution rapide du marché de la diffusion des films, l'ACPQ obtient rapidement une reconnaissance du ministère du Loisir, de la Chasse et de la Pêche qui lui accorde le statut d'organisme national de loisir. La création de l'organisme cimente les liens entre les groupes de diffusion du cinéma sans but lucratif de tout le Québec, demeurés sans regroupement depuis l'érosion précipitée du réseau, très structuré, des ciné-clubs au début des années 60. L'organisme regroupe des festivals et des salles de cinéma non commerciales situées dans des écoles polyvalentes, des cégeps, des centres culturels. L'ACPQ, qui voit à la défense des intérêts de ses membres, assure aussi la promotion du cinéma de qualité et intervient dans le dossier, longtemps négligé, de la diffusion du cinéma en régions périphériques. Le réseau parallèle, à peu près ignoré par les décideurs de l'industrie cinématographique québécoise, est fortement ébranlé dans les années 80 par l'essor fulgurant de la vidéo et par le déclin irréversible de la distribution sur support 16 mm. L'ACPQ, qui s'intéresse de près à la question de l'éducation cinématographique, réalise, à l'occasion de l'Année internationale de la jeunesse, une importante enquête sur les jeunes Québécois et le cinéma, puis met sur pied, en 1990, un projet pilote d'initiation au cinéma destiné aux jeunes de dix à douze ans, Cinémagie. Par la suite, l'ACPQ développe un savoir-faire unique dans la promotion du cinéma auprès des enfants et des adolescents, rejoignant des milliers de jeunes par le biais d'ateliers et d'un programme pédagogique, L'œil cinéma, offerts sur l'ensemble du territoire québécois. Dans les années 90, le membership de l'ACPQ, désormais subventionnée par le ministère de la Culture et des Communications, évolue, certains membres concentrant leurs activités autour d'un festival, d'autres se constituant en réseau (Réseau Plus) afin de faciliter la programmation. Elle publie différents dossiers thématiques de même qu'un bulletin, *Ciné-Bulles*, qui rapidement prend la forme d'une revue trimestrielle, et assure la gestion et le secrétariat des Rendez-vous du cinéma québécois à partir de 1985. (M. C.)

**ASSOCIATION POUR LE JEUNE CINÉMA QUÉBÉCOIS (APJCQ).** Fondée en 1974 sous le nom d'Association des cinéastes amateurs du Québec, elle devient, en 1979, l'Association pour le jeune cinéma québécois. Son mandat est de promouvoir et de développer la pratique du cinéma amateur et indépendant au Québec. Elle regroupe plusieurs centaines de cinéastes et d'artisans dits non professionnels, qui produisent plus d'une centaine de films et de vidéos par année. Son rôle de représentation nationale, son expertise et sa mission sociale et culturelle sont reconnus par l'État québécois dans le cadre de la « Politique de reconnaissance et de financement des organismes provinciaux de loisir ». L'APJCQ offre divers services à ses membres et au public en général : information, référence, bulletin de liaison, stages d'initiation et de perfectionnement, conseils techniques, salles de visionnement, soirées de diffusion, festivals, échanges internationaux, etc. Elle offre aussi, de façon plus limitée, certains services techniques de postproduction et de location d'équipements de tournage.

Le Festival international du jeune cinéma, qu'elle présente chaque année à Montréal, est longtemps reconnu comme un des plus importants festivals de films non professionnels au monde. D'abord lancé en 1980 sous le nom de Festival international du film super 8 du Québec, celui-ci s'ouvre progressivement à la vidéo à partir de 1985, et s'étend finalement au 16 mm à partir de 1988, alors qu'il devient le Festival international du jeune cinéma. Ce festival, qui s'aligne par la suite sur les courts métrages, contribue notamment à mettre en valeur le travail de la relève cinématographique québécoise. Au début des années 90, le retrait progressif du ministère du Loisir, de la Chasse et de la Pêche force l'APJCQ à revoir l'ensemble de ses activités puis à les arrêter définitivement. (M. P.)

**ASSOCIATIONS PROFESSIONNELLES.** On regroupe habituellement les associations professionnelles en deux catégories : les associations industrielles et les associations culturelles, selon leurs intérêts dominants. La réalité ne supporte cependant pas toujours ce clivage : bien des associations jouent tantôt sur un terrain, tantôt sur l'autre et bien des individus sont membres de plus d'une association professionnelle.

La première association de type industriel à voir le jour est la Quebec Allied Theatrical Industries, en 1932 ; devenue l'Association des propriétaires de cinémas en 1964, elle regroupe la plus grande partie des salles et des ciné-parcs, affiliés à des réseaux ou indépendants. De leur côté, les distributeurs indépendants se regroupent en 1964 pour se défendre contre les *majors* (réunis dans le puissant Montreal Film Board — francisé en Association canadienne des distributeurs de films, l'ACDF, en 1976) et fondent l'Association canadienne des distributeurs indépendants de films d'expression française (ACDIF) ; pour s'ajuster aux nouvelles réalités du marché, elle devient l'Association québécoise des distributeurs et exportateurs de films et de vidéos (AQDEFV). À partir de 1988, plusieurs de ses membres la quittent pour se regrouper au sein de la Fédération professionnelle des distributeurs et exportateurs de films du Québec (FPDEFQ) ; celle-ci disparaît en 1995 quand ses membres les plus importants, les distributeurs des films « gros porteurs » fondent l'Association canadienne des distributeurs et exportateurs de films (ACDEF) ; de leur côté, les principaux indépendants se retrouvent en 1997 dans le Regroupement des distributeurs indépendants du Québec. En 1966, les producteurs — nombreux à former leur propre compagnie à ce moment-là — se réunissent en Association des producteurs de films du Québec (APFQ) pour encadrer la jeune industrie et renforcer leur voix devant les organismes publics. Pour s'adapter à l'évolution du marché, elle devient l'Association des producteurs de films et de vidéos du Québec (APFVQ), en 1985, puis l'Association des producteurs de films et de télévision du Québec (APFTQ), en 1990 ; y siègent toutes les catégories de producteurs, du plus modeste au plus important, dans une quasi-unanimité de revendication devant les gouvernements. S'ajoute à ces associations, en 1977, l'Association québécoise des industries techniques du cinéma et de la télévision.

Parmi les associations de type culturel, le premier regroupement bien structuré, l'Association professionnelle des cinéastes (APC), fait entendre la voix des créateurs dès 1963. Cette association réunit des réalisateurs et des techniciens, d'abord de l'ONF, puis de tous les secteurs. L'APC devient APCQ (Association professionnelle des cinéastes du Québec) en 1968, pour affirmer l'originalité du travail de ses membres. Elle produit plusieurs mémoires importants, impose une réflexion sur le professionnalisme dans tous les secteurs de l'activité cinématographique et provoque, par son dynamisme, la création d'autres associations et syndicats qui entraîneront sa dissolution en 1973. En mai 1968 se crée le Syndicat général du cinéma et de la télévision, section ONF (SGCT-ONF), qui regroupe, en une seule unité de négociation, les membres de tous les métiers œuvrant pour l'organisme fédéral. Au-delà de la reconnaissance professionnelle, il y va de la négociation des conditions de travail. Les techniciens du secteur privé les imitent dès l'année suivante en fondant le Syndicat national du cinéma (SNC). Jusqu'en 1976, ce syndicat développe, petit à petit, un *modus* *vivendi* avec l'APFQ; mais, cette année-là, la négociation d'une convention de travail tourne au conflit ouvert et un groupe de syndiqués, plus conciliant avec les producteurs, forme l'Association des professionnels du cinéma (APC) et signe une convention qu'acceptent bientôt les membres du SNC. La division ne profitant ni aux uns ni aux autres, un référendum est tenu auprès de tous les techniciens, en 1983. On enterre la hache de guerre et une nouvelle convention est signée par un regroupement unique, le Syndicat des techniciens et techniciennes de cinéma du Québec (STCQ) qui devient le Syndicat des techniciens et techniciennes de cinéma et de la vidéo du Québec (STCVQ) en 1992. De leur côté, les réalisateurs créent, en 1973, l'Association des réalisateurs et réalisatrices de films du Québec (ARRFQ) qui devient, en 1990, l'Association québécoise des réalisateurs et réalisatrices de cinéma et de télévision (AQRRCT), puis, en 1997, l'Association des réalisateurs et réalisatrices du Québec (ARRQ). Elle poursuit le travail de l'APCQ et défend une vision culturelle du cinéma en même temps que les intérêts professionnels et économiques de ses membres. Elle se signale par l'occupation du Bureau de surveillance du cinéma, en novembre 1974, dans l'espoir de hâter la mise en œuvre d'une loi d'aide au cinéma (action efficace qui aboutit à la loi 1 de 1975). Elle publie, de 1987 à 1992, la revue *Lumières*, qui se consacre surtout au cinéma québécois et qui produit des dossiers importants sur des thèmes comme la scénarisation, le désir, l'imaginaire, l'exil, vivre avec Hollywood, etc. Elle remet annuellement le prix* Lumières à la personne ayant le mieux défendu les intérêts de la profession. À leur tour, les critiques forment, en 1973, l'Association québécoise des critiques de cinéma (AQCC). Elle attribue annuellement divers prix* de la critique et la bourse Claude-Jutra-OFQJ. Elle remet des prix dans le cadre de quelques festivals et intervient dans les grands débats publics au moyen de mémoires et de lettres ouvertes. On peut également mentionner deux grands organismes dont une partie des activités est liée directement au cinéma, et qui font souvent front commun avec les cinéastes pour leurs principales revendications : l'Union des artistes (UDA, créée en 1937) qui regroupe tous ceux qui sont liés à l'interprétation; et la Société des auteurs, recherchistes, documentalistes et compositeurs (SARDeC, créée en 1949), qui accorde annuellement depuis 1992, son prix* SARDeC à l'auteur du meilleur scénario.

De 1970 à 1975, la majorité des associations des deux secteurs se regroupent dans la Fédération québécoise des membres de l'industrie cinématographique pour revendiquer une loi d'aide au cinéma, au niveau québécois, et pour coordonner les interventions auprès des organismes fédéraux. Mais la rupture intervient brutalement à la suite de l'occupation du Bureau de surveillance du cinéma par les réalisateurs, action que ne prisent pas du tout les associations industrielles.

Il existe des dizaines d'autres associations sectorielles et régionales, des sections locales d'associations canadiennes ou internationales (Académie canadienne du cinéma et de la télévision, Association des professionnel(le)s de la vidéo du Québec (APVQ), Alliance de la vidéo et du cinéma indépendant, Conseil du Québec de la Guilde canadienne des réalisateurs, Alliance internationale des employés de scène et de théâtre (IATSE, présente dès 1948), Association internationale du film d'animation (ASIFA-Canada), Association des directeurs de casting du Québec, Conseil québécois des arts médiatiques, Société des auteurs et compositeurs dramatiques (SACD), etc.). (Y. L.)

**AUBRY, François,** animateur, réalisateur (Ottawa, Ontario, 1957). À ses débuts, cinéaste d'animation indépendant, il dessine directement sur pellicule ses premiers films, *Cadence* (1978, c. m.) et *Les expériences sonores de Buster Keaton* (1981, c. m.). Ce dernier film comprend également des prises de vues réelles. Il réalise ensuite un film fantaisiste, *Concerto grosso modo* (1985, c. m.), dans le cadre du programme de formation de jeunes animateurs de l'ONF. Toujours au sein de cet organisme, il poursuit sa recherche sur le dialogue entre l'image et le son dans *Nocturne* (1988, c. m.), qui raconte l'histoire d'un violoniste en mal d'inspiration. Pour ce film il combine effets lumineux et incrustation d'images réelles au banc-titre, à des décors miniatures en 3D. L'habileté avec laquelle Aubry crée ses effets lumineux l'amène à collaborer avec d'autres cinéastes, dont Denys Arcand (*Jésus de Montréal*, 1989) et Martin Barry (*Juke-Bar*, 1989, c. m.). En 1991, il termine *L'empire des lumières* (c. m.), film ambitieux inspiré par le travail du peintre pointilliste Georges Seurat. Combinant la fiction, le documentaire et diverses techniques d'animation, cet essai biographique révèle la fascination du cinéaste pour une approche technique, voire scientifique, de la création On ne s'étonne donc guère de constater qu'après ce film, Aubry se consacre à la conception de génériques, notamment pour *Love & Human Remains* (D. Arcand, 1993), et à la supervision d'effets visuels, notamment pour *Highlander III : The Sorcerer* (A. Morahan, 1994) et *Dancing on The Moon* (K. Hood, 1998). (M.-É. O. et M. J.)

**AUDY, Michel,** réalisateur, chef opérateur, monteur, scénariste (Grand-Mère, 1947). Il manie sa première caméra à l'âge de douze ans et réalise son premier long métrage, *La marée* (1967), en 8 mm, format qu'il délaisse dès l'année suivante pour réaliser *La gelure*, en 16 mm et en CinémaScope. Ces premiers films n'obtiennent guère de succès. Il tourne *À force d'homme* (1969), de nouveau en 8 mm, film sur les coureurs des bois, pour lequel il obtient la participation de Mgr Félix-Antoine Savard ; le film est acheté par Radio-Canada. Ce succès lui ouvre les portes de l'ONF où il reçoit l'appui de Jean Pierre Lefebvre qui lui permet de tourner un long métrage, *Jean-François-Xavier de...* (1970), primé à Dinard (France). Il tourne ensuite *Corps et âme* (1971), une fiction construite autour d'une histoire de schizophrénie ; le film est produit par Marguerite Duparc. *La maison qui empêche de voir la ville*

Le réalisateur Michel Audy et Danièle Panneton pendant le tournage de *Corps et âme*. (coll. CQ)

(1975), un drame psychologique, lui vaut une certaine reconnaissance du ministère de l'Éducation. Il y réalise plusieurs documentaires et deux fictions dont *Comptabilité I* (1978) qui remporte le Prix de la meilleure production audiovisuelle pour le niveau collégial. Audy tourne aussi plusieurs courts métrages, des fictions et des documentaires, dont un portrait d'artiste, *Louise Panneton, peintre-lissier* (1981, c. m.). Il dirige des comédiens non professionnels dans *Luc ou la part des choses* (1982), un drame psychologique coproduit par le ministère de l'Éducation et le cégep de Trois-Rivières. Un jeune homme y découvre son homosexualité, thème qui marque l'œuvre de fiction d'Audy. Ce film l'amène à poursuivre son exploration de la sexualité des jeunes et à réaliser une nouvelle commande, *Crever à 20 ans* (1984), vidéo sur la prostitution masculine. Dans ces deux derniers films, qui portent le poids du didactisme, Audy travaille en fonction d'une clientèle ciblée avec précision. En 1987, il signe « L'étoffe du pays », une série de six documentaires pour Radio-Québec. Il réalise ensuite *Île de la quarantaine* (1992, m. m.) suivi de plusieurs courts ou moyens métrages de commande. Audy fait carrière en Mauricie. Il est un des rares réalisateurs au Québec à maintenir une activité cinématographique soutenue loin de la région montréalaise. (J.-L. D.)

**AUGER, Esther,** actrice, ingénieure du son (Sillery, 1951). À l'âge de 19 ans, sans formation de comédienne, elle se présente à une audition et en sort avec un premier rôle dans un film de Jacques Leduc, *On est loin du soleil* (1970). Elle poursuit sur cette lancée en interprétant avec finesse la jeune femme douce et laconique de *Tendresse ordinaire* (J. Leduc, 1973). C'est ce même jeu sobre et dépouillé qui la caractérise dans *Noël et Juliette* (M. Bouchard, 1973), *Night Cap* (A. Forcier, 1974, m. m.), *Les ordres* (M. Brault, 1974) et *Mario* (J. Beaudin, 1984).
Sa carrière d'ingénieure du son débute véritablement en 1978 lorsque, à la suite de l'obtention d'un diplôme en électronique industrielle de l'Institut Teccart, elle entre à l'ONF. D'abord assistante (*La cuisine rouge*, P. Baillargeon et F. Collin, 1979 ; *Le confort et l'indifférence*, D. Arcand, 1981), elle passe bientôt à la prise de son. Après avoir fait l'expérience de la fiction (*Elvis Gratton*, P. Falardeau et J. Poulin, 1985), elle opte pour le documentaire (*L'Anticoste*, B. Gosselin, 1986 ; *Chronique d'un temps flou*, S. Groulx, 1988 ; *Au chic Resto pop*, T. Rached, 1990), où elle exploite les possibilités du direct avec perspicacité et créativité. Au cours de la dernière décennie, elle participe à plusieurs productions marquantes : *Le singe bleu* (E. Valiquette, 1992, c. m.), *Médecins de cœur* (T. Rached, 1993), *Tu as crié LET ME GO* (A. C. Poirier, 1997). En 1999 elle collabore à deux documentaires d'une heure réalisés par Lucie Lachapelle : *Femmes et religieuses*.
PRINCIPAUX AUTRES FILMS COMME INGÉNIEURE DU SON : *L'émotion dissonante* (F. Bélanger, 1984), *La dame en couleurs* (C. Jutra, 1984), *Cinéma, cinéma* (G. Carle et W. Nold, 1985), *Les matins infidèles* (J. Beaudry et F. Bouvier, 1989), *Le royaume ou l'asile* (Jean et S. Gagné, 1989), *Qui va chercher Giselle à 3 h 45?* (S. Groulx, 1989, m. m.), *Pas d'amitié à moitié* (D. Létourneau, 1991, m. m.), *Le roi du drum* (S. Giguère, 1991, m. m.), *L'oumigmag* (P. Perrault, 1993, c. m.), *By Woman's Hand* (P. Ferrari, 1994, m. m.), *Opitciwan* (L. de Grosbois, 1996, m. m.). (J. De. et G. L.)

**AUGUSTIN, Jacques,** réalisateur (Saint-Hyacinthe, 1950). (*Voir* LE SAUNIER, DANIEL)

**AVON, René,** producteur, réalisateur, scénariste (Montréal, 1937). Diplômé en histoire de l'Université de Montréal, il enseigne quelques années avant de se tourner vers la production cinématographique. En 1970, il fonde la maison Projex Films, qu'il préside jusqu'en 1978. À cette époque, il produit et réalise des séries de courts métrages avec son collègue, Yves Hébert : « Le vieux Montréal » (1971), « Les grands-mères » (1972), « Mon pays, mes amours » (1973) et plusieurs documentaires institutionnels. Il participe également (avec l'ORTF) à la production de la série dramatique « Témoignages » (1972-1978). *Mon père a fait bâtir maison* (1972, c. m.), film sur les origines de l'architecture québécoise traditionnelle, reçoit en 1979 le premier prix de la section ethnographique au Festival de Genti e Paesi, en Italie. De 1979 à 1982, il est producteur chez SDA et travaille, entre autres, à une série radiophonique et à un programme de formation pour le ministère des Transports. Il occupe, pendant quelques années, la présidence de l'APFQ et la vice-présidence de TVEC. Producteur et réalisateur à la pige depuis 1984, il se consacre surtout aux documentaires industriels et institutionnels. (M.-J. R.)

**AWAD, Robert,** animateur, réalisateur, monteur (Beyrouth, Liban, 1949). Il a deux ans quand ses parents s'installent en Acadie. Après un baccalauréat ès arts, il fait du travail social à Bathurst (Nouveau-Brunswick). En 1970, il s'inscrit en architecture à l'Université McGill et y présente ses travaux sous forme de très courts films d'animation, trouvant là une application directe des cours de cinéma qu'il suit le soir. Il retourne en Acadie présenter son film super 8 *Cristal Palace* (c. m.) et remporte un premier prix et un stage de six mois sur une production de l'ONF, *We Sing More Than We Cry* (J. N. Smith, 1975, c. m.). En même temps, il y tourne son premier film professionnel, *Truck* (1975, c. m.) qu'il complétera un peu plus tard. En illustrant une chanson politique, Awad y parle de l'Acadie. On y retrouve déjà l'humour moqueur qui caractérise l'ensemble de son œuvre, de même que la technique du photo-montage qu'il perfectionnera avec les années. De sa rencontre avec le cinéaste d'animation André Leduc naît le projet de l'ineffable *Affaire Bronswik* (coréal. A. Leduc, 1978, c. m.), conçu comme le pilote d'une série à venir. Avec un sens poussé de l'humour et du ridicule, il y dénonce les abus de la publicité. L'allure journalistique et le ton convaincant de

*L'affaire Bronswik.* (ONF, coll. ACPQ)

la démonstration, mis au service d'un canular (un vaste complot dont l'origine serait la télévision), abusent plus d'un spectateur. L'illusion permise par la combinaison de l'animation et du traitement documentaire fonctionne parfaitement. Ce film, qui reçoit plusieurs prix à travers le monde, demeure un modèle du genre. Awad poursuit dans cette veine avec *The National Screen* (coréal. D. Verall, 1979, c. m.), fantaisie construite autour de l'idée de la disparition de l'emblème national, et y ajoute un équivalent en français, *La fièvre du castor* (1979, c. m.). Puis, avec *Amuse-gueule* (1983, c. m.), il jette un regard humoristique sur la faim dans le monde à travers un personnage qui ne mange pas. Awad coréalise une vidéo dont il fait aussi le montage, *Cap sur l'avenir* (coréal. R. Otis, 1985, c. m.), et réalise un clip à partir d'une chanson de Paul Piché, *Cochez oui, cochez non* (1986). Quelques années plus tard, il tourne un documentaire éclaté sur l'humour, *Le rire démasqué* (1992, m. m.), dans le cadre du programme Documentaires en vue. Awad, qui délaisse de plus en plus le cinéma, revient à l'animation avec *Automania* (1994, c. m.), une critique par l'absurde du rapport de l'homme avec son automobile, dont le ton humoristique et le style s'apparentent à ceux de la production anglophone de l'ONF. (A. D. et M. C.)

# B

**BACK, Frédéric,** animateur, décorateur, réalisateur (Sarrebrück, Allemagne, 1924). De 1939 à 1945, il fréquente l'École des beaux-arts de Rennes où il remporte le premier prix de fin d'études. L'illustration de livres et l'exécution de décors muraux lui apportent son premier gagne-pain. Il s'embarque pour le Canada en 1948 et, quelques mois plus tard, se fixe à Montréal. Il devient bientôt professeur à l'École du meuble, succédant à Borduas, puis à l'École des beaux-arts de 1952 à 1953. L'avènement de la télévision l'amène au service des Arts graphiques de Radio-Canada en 1952. Un an plus tard, il démissionne pour s'intégrer comme pigiste à l'équipe de l'émission *Le nez de Cléopâtre*, en remplacement de Robert Lapalme. Après deux années à titre de caricaturiste pour cette émission, il l'abandonne. Très éclectique, il partage son temps entre les illustrations, les maquettes, les dessins, les effets visuels et l'animation pour des émissions éducatives, musicales ou scientifiques de Radio-Canada, parmi lesquelles on compte *Le roman de la science* et *La joie de connaître*, avec Fernand Seguin. En 1959, un nouvel intérêt le porte vers la recherche de procédés de peinture sur verre, ce qui le conduira à exécuter de remarquables verrières pour des églises et des édifices publics, notamment celle de la station de métro Place-des-Arts, à Montréal. En 1963, il produit une centaine d'illustrations pour *Champlain* (D. Arcand, 1964, c. m.). La même année, boursier du Conseil des arts du Canada, il part pour un séjour d'un

Frédéric Back. (Jean-Pierre Karsenty, coll. ACPQ)

an en Europe afin de se perfectionner en cinéma et en animation. À son retour, il se lance vraiment dans le film d'animation avec la série « Quebec School Telecast », destinée à l'enseignement du français aux anglophones. Cette série est diffusée par le réseau anglais de Radio-Canada.

Après avoir signé les décors de *YUL 871* (J. Godbout, 1966) et conçu les maquettes de la grande télésérie *D'Iberville*, il est définitivement affecté au studio d'animation de Radio-Canada en 1968 (il fera quand même une brève incursion à Radio-Québec). Au moment où l'Union européenne des radiodiffuseurs met sur pied un programme d'échange de films d'animation, il signe *Abracadabra* (coréal. G. Ross, 1970, c. m.), son premier film d'animation personnel. Par la suite, il anime deux légendes indiennes, *Inon ou la conquête du feu* (1971, c. m.) et *La création des oiseaux* (1973, c. m.). Dans l'intervalle, il est l'illustrateur de l'émission *Les forges du Saint-Maurice*, et il réalise un film d'animation à partir de différentes séries dramatiques de Radio-Canada qui est présenté à l'émission *20 ans déjà*. Il revient au film d'auteur avec *Illusion?* (1974, c. m.), pour aborder des thèmes qui lui sont chers — l'enfance heureuse dans une nature florissante opposée aux monstruosités urbaines — dans un style évoquant Dufy. *Taratata* (1977, c. m.) traite du problème de la solitude d'un enfant et *Tout rien* (1978, c. m.) dénonce l'insatiable avidité, l'éternel mécontentement et la légèreté de l'homme qui veut dominer la nature mais ne parvient qu'à la détruire. Tous ces dessins animés produits à l'origine pour le service de la jeunesse de Radio-Canada ont été primés à plusieurs reprises. Avant de poursuivre ses réalisations personnelles, il fait une parenthèse et s'emploie à la création de séquences animées pour le ballet *L'oiseau de feu*, de Stravinsky, une émission réalisée et diffusée par Radio-Canada (couronnée ultérieurement par un Emmy Award à New York). La carrière de Back culmine avec *Crac!* (1981, c. m.), délicieux raccourci de l'évolution de la société québécoise véhiculé par le biais d'une « chaise berçante ». La narration purement visuelle, enrichie d'images lumineuses pleines de charme et d'humour, est parsemée de fines allusions à l'histoire collective. La conception sonore et musicale de Normand Roger, en collaboration avec le groupe Le rêve du diable, parfois tendre, lyrique ou endiablée, y joue un rôle primordial. Ce film apporte à Back une renommée internationale et vingt-trois prix dont un Oscar. Contrairement à *Crac!*, *L'homme qui plantait des arbres* (1987, c. m.), adapté d'un récit de Jean Giono, négocie avec les mots. La puissance de l'image donne plus d'écho à cette histoire d'un berger provençal qui redonna vie à une région aride et désertique. Comme toujours, Back a recours à une technique classique. Il utilise des crayons de cire sur acétates givrés pour dessiner les quelque vingt mille images requises. Il fait de nouveau appel à Normand Roger qui crée une musique qui n'interrompt ni les silences ni les paroles. Philippe Noiret prête sa voix à la narration qui, dans la version anglaise, est assurée par Christopher Plummer. Grand Prix à Annecy et Oscar à Hollywood, le film, qui remporte une trentaine d'autres prix, est qualifié d'événement dans l'histoire du cinéma d'animation. Au cours des années suivantes, Back se consacre à la réalisation d'un film sur le fleuve Saint-Laurent, *Le fleuve aux grandes eaux* (1993, c. m.), ambitieux hommage à la grandeur majestueuse du Saint-Laurent en même temps que dénonciation virulente de sa destruction au profit d'une modernité aveugle et sans scrupules. Après ce film imposant qui lui vaut un autre Grand Prix à Annecy, le cinéaste quitte Radio-Canada. Il continue par la suite d'être actif en conseillant de jeunes animateurs, puis il collabore avec le réalisateur Jean Lemire à un documentaire sur une tribu amérindienne, les Haida, *Mémoire de la terre* (2001, m. m.). Back y apparaît en plus d'y réaliser des séquences animées.

Écologiste fervent, Back maintient une parfaite cohérence entre sa vie personnelle, ses principes et son art. Presque tous ses films fustigent la violence faite à la nature, la détérioration généralisée de l'univers, la course effrénée aux armements. En dépit de la dureté des thèmes abordés, ses films sont empreints de poésie et d'optimisme. La fraîcheur et l'énergie cinétique qui s'en dégagent atténuent les cruelles vérités. En 1986, la section de Hollywood de l'Association internationale du film d'animation lui décerne le prix Annie pour l'ensemble de son œuvre. En 1991, il remporte le prix Albert-Tessier et, en 1998, la Cinémathèque québécoise lui consacre une importante exposition.

FILMS : *Abracadabra* (coréal. G. Ross, 1970, c. m.), *Inon ou la conquête du feu* (1971, c. m.), *La création des oiseaux* (1973, c. m.), *Illusion?* (1974, c. m.), *Taratata* (1977, c. m.), *Tout rien* (1978, c. m.), *Crac!* (1981, c. m.), *L'homme qui plantait des arbres* (1987, c. m.), *Le fleuve aux grandes eaux* (1993, c. m.).

BIBLIOGRAPHIE : PAQUIN-BACK, Guylaine et Frédéric BACK, *Crac!*, Montréal, Société Radio-Canada, 1986 • VILLENEUVE, Claude et Frédéric BACK, *Le fleuve aux grandes eaux*, Montréal, Éditions Québec/Amérique, 1995. (L. B. et M. J.)

**BAIL, René,** réalisateur, acteur, monteur, scénariste (Montréal, 1931). Il acquiert d'abord une formation technique, puis occupe plusieurs emplois — annonceur de radio, projectionniste à l'ASN, technicien en postsynchronisation — qui ne sont pas sans liens avec sa production cinématographique, fortement axée sur l'expérimentation technique. Il se fait la main sur un grand nombre de courts métrages 8 mm avant de réaliser, en 1957, un documentaire d'une grande richesse poétique, *Printemps* (c. m.), dont il signe le scénario, les images, la prise de son et le montage. Fort expérimental pour l'époque — notamment au niveau de la bande sonore, brillamment conçue —, ce film évoque la saison printanière à travers « la récolte des sucres ». On y retrouve entre autres choses, une poésie de la jeunesse qui correspond bien à la saison du dégel. *Les désœuvrés* (1959) marque une étape dans l'évolution de Bail — et dans l'évolution de plusieurs cinéastes québécois déjà fortement impressionnés par l'écran noir du début de *Printemps*. Des plans-séquences montés dans la caméra, et une poésie d'un réalisme franc, attirent les éloges de Jean Pierre Lefebvre à la sortie du film. Après avoir visionné le film, Claude Jutra et Michel Brault suggèrent à Bail de présenter des projets à l'ONF, ce qu'il fait sans résultat. En plus de ses propres productions et d'un scénario non tourné (*La p'tite vie*), Bail participe à quelques films en tant qu'acteur — il est l'éternel « gars de bicycle » dans *À tout prendre* (C. Jutra, 1963) ; *Le viol d'une jeune fille douce* (G. Carle, 1968) ; *Valérie* (D. Héroux, 1968) — ou monteur, principalement chez Onyx où son génie de la synchronisation est d'une grande utilité. Cinéaste marginal, peu connu, Bail est aussi l'auteur d'un *Manifeste pour le cinéma libre* (1972) qui constitue une réflexion pénétrante sur les particularités esthétiques du cinéma et sa trop grande dépendance face aux agents économiques. En plus d'y déclarer le cinéma « art de témoignage par essence » — le cinéma direct n'est pas loin — Bail y lance l'idée, originale et quelque peu problématique, d'un film écrit qui correspondrait à la partition musicale qu'on interprète en suivant les indications du créateur, d'où une liberté totale pour ce dernier. En 1972, un terrible accident de moto interrompt ses activités de cinéaste. On reconnaît en Bail « une source vive du cinéma d'ici ». (J. D.)

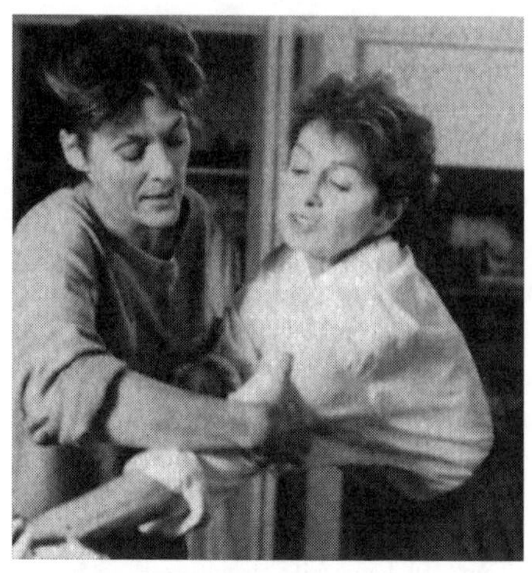

Paule Baillargeon (à gauche), réalisatrice de *Sonia*, et Kim Yaroshevskaya dans le rôle-titre. (ONF)

**BAILLARGEON, Paule,** actrice, réalisatrice, scénariste (Rouyn-Noranda, 1945). En 1969, elle est du groupe de ceux qui quittent l'École nationale de théâtre en refusant leur diplôme. Ces jeunes comédiens, parmi lesquels on retrouve Pierre Curzi, Claude Laroche et Gilbert Sicotte, veulent ainsi protester contre le caractère sclérosé de l'institution et faire reconnaître leur droit à l'improvisation et à la création collective. Quelques mois plus tard, Baillargeon participe à la fondation du Grand Cirque ordinaire et amorce une carrière théâtrale. La même année, elle tient un petit rôle dans *Entre tu et vous* (G. Groulx, 1969). Puis, *Le grand film ordinaire* (R. Frappier, 1970), un documentaire sur la troupe de théâtre dont elle fait partie, dévoile sa forte personnalité d'actrice. *Montréal blues* (P. Gélinas, 1972), filmé d'après une création collective du Grand Cirque ordinaire, va dans le même sens et laisse entendre que la comédienne est là pour rester. Ce que confirment de bons seconds rôles dans *Réjeanne Padovani* (D. Arcand, 1973) et *Gina* (D. Arcand, 1975), où elle est tour à tour journaliste et épouse soumise. En 1975, *Le temps de l'avant* (A. C. Poirier) lui donne l'occasion d'incarner un beau personnage, celui d'une jeune femme qui a déjà subi un avortement et qui aide sa sœur, plus âgée et mère de famille, lorsque celle-ci ne désire pas garder l'enfant qu'elle porte. Baillargeon y va ensuite de prestations démontrant la largeur de son registre. Dans *Vie d'ange* (P. Harel, 1979), qu'elle coscénarise avec le réalisateur, elle incarne Star Morgan, une chanteuse qui, après une longue nuit d'amour, « reste prise » avec un rocker macho. Physique et intense, énergique, ce rôle exige d'elle une audace dont elle s'acquitte avec brio. À l'opposé, le personnage de cinéaste qu'elle incarne dans *La femme de l'hôtel* (L. Pool, 1984) est tout en réflexion et en tourment intérieur. Tout comme d'ailleurs la sœur Gertrude, hantée par le doute et peut-être tentée par le désir homosexuel, qu'elle campe avec une subtile rigidité dans *La dame en couleurs* (C. Jutra, 1984). Dans *Jésus de Montréal*

(D. Arcand, 1989), elle change de registre et interprète une illuminée convaincue que Jésus est un extraterrestre. Elle revient à un jeu plus intérieur dans *Trois pommes à côté du sommeil* (J. Leduc, 1988), où elle campe une épouse dont le couple est en voie d'éclatement.

Aussi réalisatrice, Baillargeon signe d'abord *Anastasie oh ma chérie* (1977, c. m.). Elle y raconte l'histoire d'une femme qui décide de se couper du monde et que le pouvoir masculin tente de récupérer. À mi-chemin entre la fantaisie et le réquisitoire contre le concept de féminité, le film témoigne d'un humour encore rare à cette époque dans les œuvres des féministes. Toujours sous le signe de la fuite dans l'imaginaire, *La cuisine rouge* (1979), film plus ambitieux coréalisé avec Frédérique Collin, est terminé après de longs mois d'incertitude et de nombreux problèmes de financement. Écrit pour l'ONF, après qu'un producteur eut offert à la cinéaste de développer un projet sur les danseuses nues, le scénario de *La cuisine rouge* est rejeté par l'institution. Ce n'est qu'après « L'événement doux », un spectacle-bénéfice auquel participent vingt musiciens et comédiens, que le tournage peut être entrepris à la suite de plusieurs heures d'ateliers d'improvisation. D'une écriture âpre et singulière privilégiant le plan-séquence, le film place hommes et femmes dos à dos. L'action se situe pendant la journée d'un mariage, alors que les hommes boivent en attendant d'être servis par les femmes qui sont à la cuisine. Mais la contestation s'installe et les femmes refusent de remplir leur rôle de cuisinières. S'adonnant à une véritable fête païenne dans la chaude lumière de l'été, elles trouvent alors dans la fuite rituelle — qui est comme une réminiscence de la fuite d'Anastasie — une réponse à la domination des hommes. Divisant violemment autant la critique que les spectateurs, *La cuisine rouge* demeure l'un des jalons importants du cinéma des femmes et du cinéma indépendant au Québec. En 1986, Baillargeon revient à la réalisation avec *Sonia* (m. m.) où, à partir de la commande d'un film de fiction sur la maladie d'Alzheimer, elle signe une œuvre personnelle et attachante. En montant une professeure d'art (Kim Yaroshevskaya) aux prises avec les premiers symptômes de la maladie, en s'intéressant aux rapports de cette femme avec sa fille (interprétée par la réalisatrice), *Sonia* devient une réflexion sur la création, la solitude et le vieillissement. Le film remporte le prix André-Leroux. Baillargeon réalise ensuite *Le complexe d'Édith* (1991, c. m.) et *Solo* (1991), deux films destinés à la télévision dont elle n'a pas écrit le scénario. Elle met plutôt sa plume au service de Raymond Saint-Jean, qui réalise la vidéo *Le petit cheval* (1989, c. m.), et de Denys Arcand, pour qui elle scénarise le sketch de *Montréal vu par* (coréal. M. Brault, A. Egoyan, J. Leduc, L. Pool et P. Rozema, 1991). En 1993, elle réalise *Le sexe des étoiles*, adaptation d'un roman de Monique Proulx* racontant l'histoire d'un transsexuel qui réapparaît dans la vie de sa fille adolescente après cinq ans d'absence.

AUTRES FILMS COMME ACTRICE : *Et pourquoi pas?* (J. Beaudin, 1969, m. m.), *Et du fils* (R. Garceau, 1971), *Ô ou l'invisible enfant* (R. Duguay, 1973), *Langes bleus* (G. J. Côté et L.-A. Michaud, 1975, c. m.), *La piastre* (A. Chartrand, 1976), *East End Hustle* (F. Vitale, 1976), *Le soleil se lève en retard* (A. Brassard, 1976), *Panique* (J.-C. Lord, 1977), *Albédo* (J. Leduc et Renée Roy, 1982, m. m.), *I've Heard the Mermaids Singing* (P. Rozema, 1987), *Love-moi* (M. Simard, 1990), *L'assassin jouait du trombone* (R. Cantin, 1991), *Un 32 août sur terre* (D. Villeneuve, 1998). (M. J.)

**BAIRSTOW, David,** producteur, réalisateur (Toronto, Ontario, 1921 – Montréal 1985). Diplômé en sociologie de l'Université de Toronto, il entre à l'ONF en 1944, organisme qu'il ne quitte qu'en 1974, après avoir travaillé à la production ou à la réalisation de plus de cent cinquante films. Il réalise notamment *Royal Journey* (1951, m. m.), *Morning on the Lièvre* (1961, c. m.) qui montre la Lièvre à travers le regard du poète Archibald Lampman, et la série « Arctic Circle » (1962). Comme producteur, Bairstow travaille à plusieurs séries : « Eye Witness » (1952-1954), un magazine mensuel ; « Perspective » (1957) et « Frontiers » (1958-1960), deux séries pour la télévision : la première portant sur des sujets divers, la deuxième traitant de sujets à caractère social, tels les enfants retardés ou l'impact de l'automatisation sur l'industrie. Et « The Stories of Tuktu » (1968-1969), un composé de films pour la télévision racontant des histoires pour enfants inspirées de documentaires retraçant la vie traditionnelle des Netsilik. Il produit également des films sur la conservation et la protection de l'environnement, notamment *River With a Problem* (G. Parker, 1961, c. m.), *Tomorrow Is Too Late* (B. Jovanovic, D. Kiefer et D. Virgo, 1974, c. m.) et *The First Mile Up* (1961, c. m.), dont il est aussi le réalisateur. Il passe un an (1969-1970) auprès de l'Australian Film Unit. En 1972, il est producteur au programme de formation des Amérindiens.

AUTRES FILMS COMME RÉALISATEUR : *Safe Clothing* (1948, c. m.), *Men Against the Ice* (1960, c. m.), *Max in the Morning* (1960, c. m.). (B. L.)

**BALIKCI, Asen,** conseiller en anthropologie visuelle (Istanbul, Turquie, 1929). Il arrive au Canada en 1954 et travaille, à titre d'ethnologue, à la section arctique du Musée national du Canada. De 1957 à 1963, ses recherches intensives sur l'écologie humaine en zone polaire l'amènent à superviser une importante série de films ethnologiques sur les Inuits Netsilik de Pelly Bay, en collaboration avec l'ONF et l'Education Development Center de Cambridge (États-Unis). Vingt et un courts et moyens métrages, réalisés par Quentin Brown, illustrent de façon détaillée le mode de vie des chasseurs-cueilleurs en milieu arctique. Sa connaissance des Netsilik amène Balikci à collaborer à *Esquimaux* (G. Blais, 1971), film qui illustre l'impact de l'introduction des soins médicaux et des écoles sur ces habitants des Territoires du Nord-Ouest. De 1973 à 1976, Balikci poursuit une autre recherche, cette fois chez les pasteurs nomades Pashtoon d'Afghanistan septentrional. David Newman en tire le film *Sons of Haji Omar* (1978). En 1990 il s'intéresse aux Yupiks et collabore à *Chronique de Sireniki* (P. Sauvé, 1990), documentaire qui traite de l'influence de la perestroïka sur le mode de vie de ces Esquimaux de Sibérie. Parallèlement à son travail de recherche, il enseigne l'ethnocinématographie à l'Université de Montréal pendant plusieurs années avant de partir pour la Bulgarie où il continue de superviser des films et donne des ateliers sur le cinéma ethnologique. Son travail témoigne des difficultés incessantes que connaît un réalisateur qui désire aller au-delà des stéréotypes et obtenir une image juste des peuples filmés. Les films auxquels Balikci a contribué ont remporté de nombreux prix, notamment de l'American Anthropological Association. En 1998, il est honoré pour l'ensemble de sa carrière par l'International Congress of Anthropological and Ethnological Sciences de l'UNESCO. (M. L.-L. et É. P.)

**BALLANTYNE TREE, Tanya,** réalisatrice, recherchiste, productrice, scénariste (Montréal, 1944). Elle est assistante de production, recherchiste et scénariste à l'ONF dès 1961, alors qu'elle est encore étudiante (en histoire et en philosophie) à l'Université McGill. Elle est assistante de Don Owen pour *Notes For a Film About Donna & Gail* (1966, m. m.) et pour *A Further Glimpse of Joey* (1967, c. m.), dont elle a écrit le scénario. John Kemeny lui offre de tourner son premier film, *The Merry-go-round* (1966, c. m.), drame sur les relations sexuelles entre adolescents, dont elle est la scénariste. Mais c'est *The Things I Cannot Change* (1967, m. m.) qui la fait connaître. Il s'agit d'un documentaire socialement engagé tourné en direct, en trois semaines, à la Petite Bourgogne. Les personnages sont les membres d'une famille anglophone de ce quartier défavorisé de Montréal. La séquence au cours de laquelle Bailey père se fait rosser, pendant que l'équipe du film continue de tourner au lieu de lui venir en aide, donne lieu à une polémique sur l'éthique du documentaire et la responsabilité des documentaristes. Polémique rallumée lorsque le film est programmé à la télévision sans le consentement de la famille Bailey. *The Things I Cannot Change* peut être considéré comme l'ancêtre du programme *Challenge for Change.* Tree revient sur le sujet dans *The Courage to Change* (1985, m. m.), deuxième portrait de la même famille dix-huit ans plus tard. Elle tourne ensuite les documentaires *The New Nurses* (1990, m. m.) et *Prostate Cancer: the Male Nightmare* (1996, m. m.). Ces films témoignent encore de sa volonté tenace de filmer des personnages réels dans des situations vécues. Elle est aussi active comme productrice de séries pour la télévision marquées par la même préoccupation documentaire. En 1992-1993 elle produit une série sur le travail des infirmières intitulée « Nurses Care », dont un épisode obtient un Golden Apple Educational Award. Elle produit ensuite les séries « Home Business » (1994), « Money Talks » (1994-1995). Elle revient à la réalisation pour une série de trois documentaires télévisuels consacrés à la danseuse étoile Margie Gillis, *Margie Gillis : Inside Out* (1999).

AUTRES FILMS : *How to Read Signs* (1970, m. m.), *Blue and Orange* (coréal. A. Lipsett, 1975, inachevé), *Femme de deux pays* (1978, m. m.), *My Children are going to be something* (1985, c. m.), *Against Excision : Female Genital Mutilation* (1999). (J. A. et G. L.)

**BARBEAU, François,** costumier, directeur artistique (Montréal, 1935). Il envisage d'abord d'être comédien puis, avec pour toute formation un cours de coupe suivi chez Cotnoir Caponi, il devient le grand maître de la conception de costumes au Québec. En 1972, il fonde l'important atelier de costumes B. J. L. avec Louise Jobin et François Laplante. Sa contribution au théâtre est inestimable et Broadway comme la Comédie-Française ont fait appel à lui. Au cinéma, il fait preuve d'un sens aigu des couleurs et des textures, mais sans sacrifier la vraisemblance historique à des effets esthétiques gratuits ou, comme cela se voit trop souvent dans le cas des maquillages, au goût du jour. Préoccupé d'aider les acteurs à projeter physiquement la sensibilité d'un temps et d'un milieu social donnés, il soigne jusqu'aux détails invisibles à l'écran (sous-vêtements d'époque, etc.), et il privilégie le tournage en extérieurs plutôt qu'en studio. Il crée les costumes de dizaines de films québécois dont quelques-uns des plus importants depuis plus de trois décennies : *Le festin des morts* (F. Dansereau, 1965), *Kamouraska* (C. Jutra, 1973), *Les portes tournantes* (F. Mankiewicz, 1988), *Léolo* (J.-C. Lauzon, 1992), *La déroute* (P. Tana, 1997). Sa contribution au cinéma est soulignée par l'obtention de deux prix Génie pour *Les portes tournantes* et *Léolo* et des Canadian Film Awards pour *Kamouraska* et *Eliza's Horoscope* (G. Sheppard, 1975). Au théâtre, il compte à son actif plusieurs centaines de spectacles dont une trentaine en tant que metteur en scène. Il travaille également avec plusieurs troupes de danse dont Les Grands Ballets canadiens. Barbeau est décoré de l'Ordre du Canada en 1999.

AUTRES FILMS COMME COSTUMIER : *Les corps célestes* (G. Carle, 1973), Angela (B. Sagal, 1977), *Éclair au chocolat* (J.-C. Lord, 1978), *Atlantic City* (L. Malle, 1980), *Le Tartuffe* (G. Depardieu, 1984), *Les portes tournantes* (F. Mankiewicz, 1988), *La Sarrasine* (P. Tana, 1991), *Caboose* (Richard Roy, 1994), *Afterglow* (A. Rudolph, 1996), *Free Money* (Y. Simoneau, 1998), *Time at The Top* (J. Kaufman, 1998).

AUTRES FILMS COMME DIRECTEUR ARTISTIQUE : *Lies My Father Told Me* (J. Kadar, 1975), *Les compagnons de Saint-Laurent* (J.-C. Labrecque, 1995), *Albertine en cinq temps* (M. Beaulne et A. Melançon, 1999). (M.-C. A. et G. L.)

**BARRY, Fred,** acteur (Montréal, 1887 – 1964). Pilier du théâtre québécois des années 20 à 40, une salle de spectacle de Montréal porte aujourd'hui son nom. Au cinéma, on le remarque dans *Maria Chapdelaine* (J. Duvivier, 1934). Il apparaît ensuite dans *La dame aux camélias, la vraie* (G. Gélinas, 1942, c. m.). On se souviendra enfin de lui dans *Tit-Coq* (R. Delacroix et G. Gélinas, 1952) où, avec son élocution très particulière, avec cette façon de casser la phrase qui n'appartient qu'à lui, il joue le père Désilets, chef de famille débordant d'énergie. En 1959, dans la série « Profits et paysages » à l'ONF, Claude Jutra lui consacre un court métrage, *Fred Barry comédien.* (J.-M. P.)

**BARTON, Nathalie** productrice, réalisatrice (Londres, Angleterre, 1948). Formée en lettres à Strasbourg elle obtient ensuite une maîtrise ès arts à McGill. Barton fonde, avec Jean-Claude Burger et Gérard Le Chêne (Alain d'Aix*), la maison de production InformAction et coréalise un premier film en 1971, *Anyanya* (coréal. G. Le Chêne, 1971, c. m.). Elle effectue recherche et entrevues en Afrique pour des courts métrages de Burger et d'Aix, dont *Yvongélisation* (1973) et *Contre-Censure* (1975), C'est à l'occasion du tournage de *Contre-censure* au Cameroun qu'elle choisit le pseudonyme de Morgane Laliberté pour éviter de se voir limiter l'accès aux pays africains. Par la suite, elle signe toutes ses réalisations de ce nom. En 1985, après avoir collaboré à la recherche, aux entrevues et à la production de documentaires de Burger et d'Aix (*Mercenaires en quête d'auteurs*, 1983 ; *Zone de turbulence*, 1984, m. m.), elle produit seule un premier film dont elle est aussi la coréalisatrice, *Justice blanche* (coréal. F. Wera, m. m.), un documentaire qui remet en question le système judiciaire blanc qu'on impose, sous forme de cour itinérante, aux Autochtones du Nord québécois. Forte de cette expérience, signant désormais Nathalie Barton, elle se tourne clairement vers la production et continue de s'intéresser, en priorité, à l'Afrique et aux pays créoles (*Nous près, nous loin*, A. d'Aix, 1986, m. m. ; *Les îles ont une âme*, A. d'Aix, 1988, c. m. ; *Gouté-sel*, A. d'Aix, 1989, m. m. ; *Haïti dans tous nos rêves*, J.-D. Lafond, m. m., 1995 ;

*Racines de l'espoir*, M. Renaud, 1997, m. m.). Active au sein de Vues d'Afrique, dont elle est l'une des fondatrices, elle produit, pour la télévision, des séries informatives: *Vues d'Afrique, Ici l'Afrique, Regards d'Afrique.* En contact régulier avec Haïti, elle orchestre pour ce pays une version créole de *L'homme qui plantait des arbres* (F. Back, 1987, c. m.). Peu à peu, elle élargit ses champs d'intérêt de sorte que sa production documentaire prend de l'ampleur. Elle produit notamment la comédie documentaire *Le marché du couple* (A. d'Aix et L. Fraser, 1990, m. m.) et sa suite, *Tristan et Juliette ou l'amour en l'an 2000* (A. d'Aix et I. Turcotte, 1994, deux m. m.), des portraits d'artistes (*Mystère B*, P. Baylaucq, 1998, m. m.; *Barbeau le tumultueux*, M. Barbeau, 2000, m. m.; *Biéler*, P. Baylaucq, 2000, m. m.) et des films sur des sujets de société qui vont du héros d'Edgar Rice Burroughs (*Anatomie de Tarzan*, A. d'Aix, 1997, m. m.) à la pornographie féminine (*Bad Girls*, M. Nitoslawska, 2000, m. m.) en passant par la longévité (*Vivre 120 ans*, C. Ferrand, 1993, m. m.). Barton compte parmi les producteurs qui se portent à la défense du documentaire avec le plus de vigueur. (M. C.)

**BATTISTA, Franco,** producteur, animateur, monteur, réalisateur (Italie, 1955). Étudiant en cinéma à l'Université Concordia, il réalise notamment le documentaire *Ceux venus d'ailleurs* (1976, c. m.) et la fiction *Le poulailler des temps perdus* (1977, c. m.), qui remportent plusieurs prix. Intéressé au cinéma d'animation, il enseigne cette matière à l'Université Concordia en 1977 et 1978, puis réalise notamment *Laugh Lines, A Profile of Kaj Pindal* (1979, c. m.), documentaire sur l'animateur canadien d'origine danoise, ainsi que *La satanée question* (1982, c. m.), dessin animé exposant les étapes de fabrication du fer à travers une visite du diable aux forges de Saint-Maurice. Au cours des années qui suivent, Battista produit ou réalise plusieurs films promotionnels. À partir de 1985, année de fondation des Films Allegro, il se lance dans la production de longs métrages de fiction en langue anglaise. Ainsi, on retrouve son nom au générique de films comme *Crazy Moon* (A. Eastman, 1986), *Something About Love* (T. Berry, 1988), *Mindfield* (J.-C. Lord, 1989), *Scanners II: The New Order* (C. Duguay, 1991), *The Neighbor* (R. Gibbons, 1993), *Screamers* (C. Duguay, 1995), *The Assignment* (C. Duguay, 1997) et *Running Home* (M. Voizard, 1999). Parfois, Battista dirige la deuxième équipe des films qu'il produit (c'est notamment le cas pour *Something About Love* et *Scanners II*), et parfois il en signe le montage (*Crazy Moon, Something About Love*). Dans son abondante production se distinguent deux longs métrages tournés en français: *L'assassin jouait du trombone* et sa suite, *La vengeance de la femme en noir* (R. Cantin, 1991 et 1997). (M. J.)

**BEAUCHEMIN, François,** chef opérateur, réalisateur (Noranda, 1943). Il acquiert sa formation en prises de vues cinématographiques à l'INSAS (Bruxelles) entre 1965 et 1968. À son retour à Montréal, il est engagé comme cameraman à Radio-Québec. Il y fait la rencontre de Pierre Harel qui lui confie la direction de la photographie de *Bulldozer* (1974), son premier long métrage et la première production de l'ACPAV dont Beauchemin est d'ailleurs l'un des membres fondateurs. Devenu pigiste, il participe au tournage de quelques courtes fictions, dont *Burlex*, réalisé en 1969 par son frère Yves, *Babiole* (F. Labonté, 1978) et *En* *plein cœur* (F. Dupuis, 1982). Durant cette période, il dirige la photo de nombreux films et séries documentaires, notamment *Sidbec-Dosco, Poids lourds* et *Pénitencier de Joyceville* (R. Sadler), *Pierre Guimond: entre Freud et Dracula* (M. Poulette, 1979, c. m.) et *Garage* (C. Brubacher, 1982, c. m.). Il fait aussi partie de l'équipe des *Jeux de la XXI^e^ Olympiade* (coréal. J.-C. Labrecque, J. Beaudin, M. Carrière et Georges Dufaux, 1976) filmant les compétitions de voile, d'équitation et de boxe. Parallèlement, il se montre fidèle à Jean-Guy Noël, également associé à l'ACPAV, dont il est le chef opérateur attitré: *Tu brûles... tu brûles...* (1973), *Ti-Cul Tougas* (1976), *Contrecœur* (1980) et *Tinamer* (1987). Ce dernier film est coproduit par l'ONF, organisme que Beauchemin intègre en 1982. Il y tourne un nombre considérable de films parmi lesquels *L'émotion dissonante* (F. Bélanger, 1984), *La symphonie fantastique* (G. Simoneau, 1986, c. m.), *Les traces du rêve* (J.-D. Lafond, 1986), *L'amour... à quel prix?* (S. Bissonnette, 1988, m. m.) et plusieurs séries documentaires telles que « Vivre sa vie », « Vingt ans express », « Transit 30/50 » et « À la recherche de l'homme invisible », la plupart coproduites par TV Ontario. Loin de se cantonner dans un genre ou un format en particulier, Beauchemin est un touche-à-tout qui collabore aussi à la prise de vues de plusieurs films faisant appel à différentes techniques d'animation : *L'objet* (R. Cantin, 1984, c. m.), *L'homme de papier* (J. Giraldeau, 1987, m. m.), *Lettre d'amour* (P. Hébert, 1988, c. m.), *La boîte* (C. Hoedeman, 1989, c. m.), *Juke-bar* (M. Barry, 1989, c. m.), *L'empire des lumières* (F. Aubry, 1991, c. m.) et *Une artiste* (M. Cournoyer, 1994, c. m.). Alors qu'il est à l'ONF, il assure aussi la direction photo de *La folie des crinolines* (S. et Jean Gagné, 1995). En 1996, il redevient pigiste, ne tournant pratiquement plus que sur support vidéo des séries documentaires filmées aux quatre coins de la planète, principalement pour la maison de production Via Le Monde. Pour cette même société, en 1998, il passe pour la première fois à la réalisation de courts métrages documentaires conçus pour un auditoire jeune. Il participe également au tournage, à titre de cameraman, des *Enfants de chœur* (M. Isaacson, 1999). (B. B.)

**BEAUCHEMIN, Serge,** ingénieur du son, réalisateur (Montréal, 1942). Bien qu'ayant commencé sa carrière au milieu des années 60 par un long métrage commercial (*Délivrez-nous du mal*, J.-C. Lord, 1965), il se fait une réputation comme preneur de son associé au cinéma direct. Il travaille intensément avec Pierre Perrault (*Le règne du jour*, 1966; *Les voitures d'eau*, 1968), Arthur Lamothe (*Ce soir-là, Gilles Vigneault...*, 1967, m. m.; *Ntesi Nana Shepen*, 1976, m. m.), Michel Brault (*Entre la mer et l'eau douce*, 1967; *Les ordres*, 1974), Jean Pierre Lefebvre (*Mon amie Pierrette*, 1967), Jean-Claude Labrecque (*Les vautours*, 1975; *Les années de rêves*, 1984), Marcel Carrière (*O.K... Laliberté*, 1973; *Images de Chine*, 1974). Par ailleurs, il est étroitement associé à cette sorte de « noyau collectif » de production des films de Denys Arcand, dont il fait le son de tous les longs métrages depuis *On est au coton* (1970) jusqu'au *Confort et l'indifférence* (1981). Preneur de son chevronné, les courbes de son abondante filmographie reflètent bien l'évolution du cinéma national. Du direct au long métrage commercial de fiction, du cinéma pour les salles à celui pour la télévision, Beauchemin travaille dans toutes les sphères. Son expérience créatrice maintient ainsi un équilibre entre, par exemple, des films aussi divers que *La cuisine rouge* (P. Baillargeon et F. Collin, 1979), *La femme de l'hôtel* (L. Pool, 1984), *Caffè Italia Montréal* (P. Tana, 1985), *Bach et Bottine* (A. Melançon, 1986), *Basements* (R. Altman, 1987), *Le party* (P. Falardeau, 1989), *Une histoire inventée* (A. Forcier, 1990), *Nelligan* (R. Favreau, 1991), *The Boys of St. Vincent* (J. N. Smith, 1993), *Sans raison apparente* (J. Chabot, 1995, m. m.), *La conquête du grand écran* (A. Gladu, 1996), *Quatre femmes d'Égypte* (T. Rached, 1997). Son travail lui vaut trois Canadian Film Awards pour *Le règne du jour* (P. Perrault, 1966), *Les philarmonistes* (Y. Leduc, 1971, m. m.) et *L'âge de la machinne* (G. Carle, 1978, c. m.). Par ailleurs, il réalise *C'est votre plus beau temps!* (coréal. A. Dostie, 1974), un documentaire sur la jeunesse dans les écoles polyvalentes. Son fils Geoffroy travaille à la caméra. (R. L.)

**BEAUDET, Josée,** productrice, assistante réalisatrice, monteuse, réalisatrice, recherchiste (Montréal, 1938). Pendant plus de quinze ans, elle signe le montage de nombreux films produits par l'industrie privée dont *Jules le magnifique* (M. Moreau, 1976), *Les servantes du bon Dieu* (D. Létourneau, 1979) et *On n'est pas des anges* (G. Simoneau et Suzanne Guy, 1981). Elle travaille également comme assistante à la réalisation, notamment avec Jean Pierre Lefebvre (*Les fleurs sauvages*, 1982; *Le jour « S... »*, 1984). *Le film d'Ariane* (m. m.), qu'elle réalise en 1985, est un aboutissement logique de cette carrière cinématographique. À l'aide de milliers de mètres de pellicule tournés par des cinéastes du dimanche, Beaudet reconstitue une immense fresque occultée par l'histoire : la vie des Québécoises de 1925 à 1980. L'humour attendri de ce propos, où foisonnent pourtant les sujets de révolte, confère au récit un ton résolument intimiste qui séduit le public. *Le film d'Ariane* remporte quatre prix dont deux Golden Sheaf à Yorkton. En 1986, l'ONF lui demande de mener une enquête auprès des cinéaste québécoises pour connaître leurs besoins de formation et leurs attentes face à l'ONF. À la suite de cette étude on formera le programme « Regards de femmes » dont elle devient la productrice. À ce titre, elle produit notamment *Espaces* (L. Martin, 1987, m. m.), *Où serez-vous le 31 décembre 1999?* (M. Décary, 1988, m. m.), *D'un coup de pinceau* (M. Crouillière, 1988, m. m.), *« Qui va chercher Giselle à 3 h 45? »* (S. Groulx, 1989, m. m.), *La rencontre* (L. Lachapelle, 1994, m. m.), *Les seins dans la tête* (M. Dansereau, 1994, m. m.), *Bébé bonheur* (Jeannine Gagné, 1994, m. m.) et *Le jardin oublié — La vie et l'œuvre d'Alice Guy-Blaché* (M. Lepage, 1995, m. m.). En 1996, après une quarantaine de films dont une douzaine de coproductions avec le Studio D, l'ONF met fin aux activités de « Regards de femmes ». Beaudet quitte alors l'organisme et devient chargée de projet à la SODEC. (D. Po. et M. C.)

**BEAUDET, Marc,** monteur, producteur, réalisateur (Thetford Mines, 1919 – Montréal, 1978). Il entre à l'ONF en 1954 et, jusqu'en 1957, exerce le métier d'assistant monteur. Il passe ensuite à l'industrie privée (Omega Productions) comme chef monteur pour la télésérie *Radisson*. C'est à ce titre qu'il réintègre les cadres de l'ONF en 1958 où, en sept ans, il monte une centaine de films. Au cours de cette période, il réalise *Boulevard Saint-Laurent* (coréal. J. Zolov, 1965, c. m.). Dans la veine du cinéma direct, la caméra capte sur le vif la faune qui hante cette artère de Montréal et enregistre le témoignage d'hommes de main et de déclassés toutes catégories. En 1965, détaché de l'ONF pour un an, il est envoyé au Sénégal en qualité de conseiller technique pour un projet pilote d'alphabétisation, sous les auspices de l'UNESCO. Il réalise en même temps un documentaire, *Afrique libre* (coréal. L. Portugais, 1967, m. m.), dans lequel sociologues et économistes font le bilan de la situation des pays africains après leur récente indépendance et s'interrogent sur leur avenir. De retour à l'ONF, il achève *Afrique libre* et exécute une commande du gouvernement canadien, *Le pavillon du Canada — Expo 67* (1967, c. m.). Entre 1968 et 1969, il agit comme responsable des films commandités auprès des ministères fédéraux, à la suite de quoi il est nommé producteur au sein de l'équipe française, fonction qu'il occupera jusqu'à son décès. Parmi les nombreux films réalisés sous sa responsabilité, il faut citer : *La nuit de la poésie 27 mars 1970* (J.-C. Labrecque et J.-P. Masse, 1971), *Mon oncle Antoine* (C. Jutra, 1971), *Taureau* (C. Perron, 1973), *O.K. ... Laliberté* (M. Carrière, 1973), *La gammick* (J. Godbout, 1974), plusieurs films de la série « Toulmonde parle français », *Partis pour la gloire* (C. Perron, 1975), *La fleur aux dents* (T. Vamos, 1975), *C'était un Québécois en Bretagne, Madame !* (P. Perrault, 1977) et *Les oiseaux blancs de l'île d'Orléans* (D. Létourneau, 1977, m. m.). Parallèlement à sa carrière de producteur, il réalise *À cris perdus* (coréal. Georges Dufaux, 1972, m. m.), un documentaire qui jette un regard impartial sur la génération des années 60 et 70 à la recherche de nouvelles façons de vivre. (L. B.)

**BEAUDIN, Jean,** réalisateur, monteur, scénariste (Montréal, 1939). Diplômé de l'École des beaux-arts, il se spécialise ensuite à l'École de design de Zurich (Suisse), avant d'entrer à l'ONF en 1964. Il débute en travaillant sur des films d'animation, puis en réalisant de nombreux films pédagogiques. Ses débuts en fiction ne sont pas très heureux. Son premier essai, *Vertige* (1969, m. m.), témoigne déjà de son goût pour l'image et les plongées dans l'imaginaire, mais sombre dans l'artificiel et le psychédélisme facile. Ses deux premiers longs métrages, *Stop* (1971) et *Le diable est parmi nous* (1972), sont de la même veine. Racontant une histoire de couple à travers l'introspection d'un coureur automobile, *Stop* mélange une série de thèmes à la mode (incommunicabilité, freudisme, érotisme) et n'a de succès ni auprès de la critique, qui y voit une œuvre prétentieuse et confuse, ni auprès du public, qui ne s'y reconnaît pas. Produit à l'extérieur des cadres de l'ONF, *Le diable est parmi nous* est typique de la production commerciale de l'époque, qui veut profiter de la vague érotique lancée par *Valérie* (D. Héroux, 1968) tout en mettant de l'avant une intrigue rappelant grossièrement le *Rosemary's Baby* de Roman Polanski (1968). Remonté par les producteurs, le film est renié par Beaudin qui souhaitait en faire une série B. Après cet échec, il retourne à l'ONF et y dirige coup sur coup deux courts métrages — *Les indrogables* (1972), *Trois fois passera...* (1973) — et deux moyens métrages — *Par une belle nuit d'hiver* (1974), *Cher Théo* (1975) — qui annoncent ses longs métrages futurs. Pour ces quatre films, il fait appel à la même équipe technique (où l'on retrouve Pierre Mignot à la caméra et Jacques Jacob à la scénarisation). Différents de style et de ton, ces films composent tout de même une sorte de fresque populaire québécoise, attentive aux gestes simples des gens ordinaires. Point culminant de la série, *Cher Théo* met en scène, dans une chambre d'hôpital, une vieille femme de cultivateur et une jeune bourgeoise. Ici, Beaudin étonne par la sobriété de sa mise en scène et son refus des effets faciles. La manière de faire qui le rendra populaire est désormais établie : simplicité, linéarité, sensibilité, direction de comédiens habile et grand talent d'illustrateur. Images léchées, éclairages soignés et tournages dans des cadres naturels enchanteurs, voilà ce qui frappe au premier visionnement de *J. A. Martin photographe* (1976), *Cordélia* (1979) et *Mario* (1984). Mais ce travail esthétisant n'occulte pas la délicatesse et la justesse de ton de *J. A. Martin photographe*, situé au début du siècle : une femme accompagne son mari photographe lors d'une tournée qui marque une nouvelle possibilité de dialogue dans ce couple. Présenté en compétition à Cannes, le film révèle deux grands comédiens, Marcel Sabourin et Monique Mercure (qui y remporte le Prix d'interprétation), et incite Robert Altman à demander la collaboration du chef opérateur Pierre Mignot. L'arrière-plan féministe de *J. A. Martin photographe* est repris et mis de l'avant dans *Cordélia*, une autre reconstitution historique. Beaudin y raconte l'histoire véridique d'une femme (Louise Portal) condamnée pour meurtre au XIXe siècle, et victime, vraisemblablement, d'une erreur judiciaire. *Mario*, d'après un roman de Claude Jasmin, marque le retour du cinéaste à son goût pour l'imaginaire. Situé dans les décors on ne peut plus photogéniques des Îles-de-la-Madeleine, le récit s'attarde aux liens unissant un adolescent à son frère autiste. Encore une fois dans ce film, c'est l'image qui domine. Le style de Beaudin donne l'impression d'être parfaitement établi. Mais l'industrie privée et les contraintes inhérentes au tournage d'une superproduction, *Le matou* (1985), d'après le roman d'Yves Beauchemin, le ramènent à un filmage moins personnel. Le film, qui raconte la lutte que mènent un jeune homme (Serge Dupire) et sa femme (Monique Spaziani) pour faire prospérer un casse-croûte, est doublé d'une télésérie. Après que l'on eut arrêté la production de son *Ann McNeil* à la veille du tournage (1986), Beaudin retourne à l'ONF et signe *L'homme à la traîne* (1987, c. m.), où il renoue avec la confusion et l'esthétisme gratuit de ses débuts. Réalisateur de nombreux films publicitaires, il tourne aussi des séries pour la télévision, l'adaptation de deux best-sellers d'Arlette Cousture, *Les filles de Caleb* (1990-1991), qui obtient un succès sans précédent, puis *Shehaweh*, *Miséricorde*, *Ces enfants d'ailleurs* et le téléfilm *Craque la vie!* (1994). Dans les années 90, Beaudin tourne deux longs métrages, le premier, *Being at Home With Claude* (1992), tiré d'une pièce de théâtre de René-Daniel Dubois, le second, *Souvenirs intimes* (1998), d'un roman de Monique Proulx*, *Homme invisible à la fenêtre*. Son adaptation de *Being at Home*

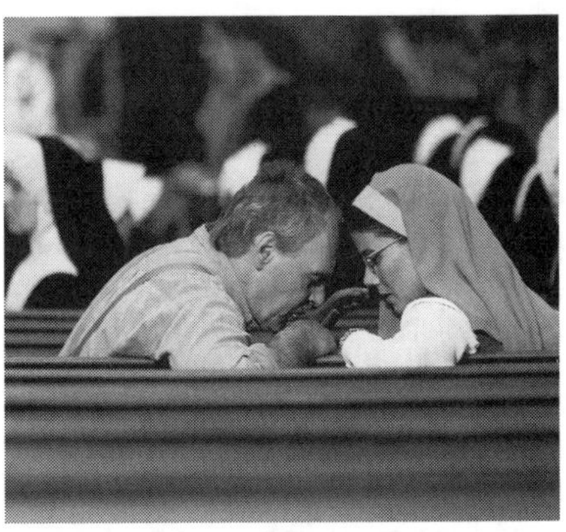

Jean Beaudin et Marina Orsini. (Véro Boncompagni)

*With Claude*, long interrogatoire qu'un policier (Jacques Godin) mène auprès d'un prostitué (Roy Dupuis) déborde du huis clos initial. Beaudin inscrit ce rapport de forces dans un contexte urbain très actuel, accentue la sexualité du meurtrier et renvoie à une imagerie religieuse. Max (James Hyndman), le peintre paraplégique autour duquel s'organise *Souvenirs intimes*, met, lui aussi, du temps à confesser son crime, harcelé par Lucie (Pascale Bussières), qu'il a violée avec des amis des années auparavant. Là encore Beaudin, qui prend d'importantes libertés face à la structure et aux personnages du roman, propose un style visuel dynamique où passé et présent s'entrechoquent.

PRINCIPAUX FILMS : *Vertige* (1969, m. m.), *Et pourquoi pas?* (1969, c. m.), Stop (1971), *Le diable est parmi nous* (1972), *Les indrogables* (1972, c. m.), *Trois fois passera...* (1973, c. m.), *Par une belle nuit d'hiver* (1974, m. m.), *Cher Théo* (1975, m. m.), *J. A. Martin photographe* (1976), *Jeux de la XXI*e *Olympiade* (coréal. J.-C. Labrecque, M. Carrière et Georges Dufaux, 1977), *Cordélia* (1979), Mario (1984), *Le matou* (1985), *L'homme à la traîne* (1987, c. m.), *Being at Home With Claude* (1992), *Souvenirs intimes* (1998).

BIBLIOGRAPHIE : COULOMBE, Michel, *Entretiens avec Jean Beaudin, À fleur d'écran*, Liber et Les 400 coups, Montréal, 1999 • OUVRARD, Hélène, *J. A. Martin photographe*, Montréal, Art Global, 1999. (M. J. et M. C.)

**BEAUDRY, Diane,** monteuse, productrice, réalisatrice (Montréal, 1946). Après avoir été directrice exécutive du Festival des arts de la Nouvelle-Écosse, en 1972, elle travaille à la pige, comme monteuse et réalisatrice, au bureau régional de l'Atlantique de l'ONF. C'est là qu'elle tourne, notamment, *Ballad to Cornwallis* (1975, c. m.), dans la série « Atlanticanada », film qui propose un voyage à travers l'histoire de la ville de Halifax, et Maud Lewis — *A World Without Shadows* (1975, c. m.), consacré à un peintre primitif de la Nouvelle-Écosse. En 1975, elle produit et réalise une série de vingt-trois films d'une minute, *Just-a-Minute*, qui donnent la parole à des Canadiennes de toutes les régions du pays. Elle revient à Montréal et se joint, en 1976, au studio anglais des femmes, le studio D. De 1977 à 1979, elle est productrice, réalisatrice et monteuse de *An Unremarkable Birth* (m. m.), documentaire engagé parlant de la déshumanisation de l'accouchement et des nouveaux parents qui cherchent à offrir une naissance plus naturelle à leur enfant. Puis, elle signe *The Unbroken Line* (1979, c. m.), qui brosse le portrait de quelques gouverneurs généraux qui ont marqué l'histoire canadienne. Elle devient ensuite productrice au programme français. En 1981, elle produit *Les armes à feu — 400 ans d'histoire* (J. Henson, 1982, c. m.). Elle réalise, dans le cadre d'une série sur les métiers féminins non traditionnels, produite par le studio anglais des femmes, *Laila* (1980, c. m.), portrait d'une tireuse de joints. En 1984, elle poursuit sa réflexion sur la condition féminine en produisant et en réalisant un film mi-fiction mi-documentaire sur l'impact de l'informatique sur l'emploi des femmes : *L'ordinateur en tête* (c. m.). Elle signe, en 1986, *Histoire à suivre* (m. m.), un documentaire tourné pour la télévision qui fait état de la participation des Québécoises à la vie politique. Elle tourne ensuite *L'autre muraille* (1988, c. m.), dans la série « De Shangaï à Rio, l'enjeu des femmes », qui montre des Chinoises partagées entre l'héritage féodal et la vie moderne. Mais si, de plus en plus, Beaudry se sert du documentaire pour explorer la condition féminine, cette préoccupation n'est pas exclusive. Ainsi, dans *Apprendre... ou à laisser* (1990), revient-elle à une combinaison de la fiction et du documentaire pour aborder, de façon constructive, les difficultés d'apprentissage auxquelles font face certains enfants. La partie fiction de ce long métrage constitue un film en soi : *La double histoire d'Odile* (1990, c. m.). En 1994 elle réalise *Rêve aveugle*, téléfilm où elle présente avec perspicacité les rêves que nourrit l'adoption internationale et les difficultés de la vie de couple. Elle obtient le Prix de la Presse au Festival des films sur l'énergie de Lausanne pour *Sur le dos de la Grande-Baleine* (1994, m. m.), un documentaire où elle s'intéresse, vingt ans après la Convention de la Baie James, aux débats que soulève la présence d'un complexe hydroélectrique dans le Nord québécois. Puis elle participe au tournage de *Référendum — Prise deux/Take 2* (collectif, 1996) avant de réaliser *Nos amours* (1997, m. m.), documentaire lucide et pertinent qui compare les mythes des relations amoureuses à la réalité répétitive des problèmes de couples. Très active dans le milieu, elle demeure longtemps déléguée syndicale et membre du conseil d'administration de la Cinémathèque québécoise. Elle quitte cependant l'ONF en 1998. (D. P. et G. L.)

**BEAUDRY, Jean,** acteur, monteur, réalisateur, scénariste (Trois-Rivières, 1947). De 1966 à 1974, il se consacre au théâtre dans la région trifluvienne, tantôt acteur, tantôt metteur en scène ou professeur. C'est également à Trois-Rivières qu'il aborde le cinéma, puisqu'il tient le premier rôle d'un film de Michel Audry, *La maison qui empêche de voir la ville* (1975), celui d'un professeur de collège attiré par un de ses élèves. En 1977, associé à François Bouvier*, il réalise et monte un premier documentaire, *J'sors avec lui pis je l'aime* (coréal. F. Bouvier et F. Tougas, c. m.). Il monte ensuite un film de François Bouvier, *Mission réadaptation* (1980, c. m.) et coréalise un autre documentaire, *Une classe sans école* (coréal. F. Bouvier et M. Simard, 1980, m. m.). Beaudry travaille aussi en vidéo à partir de 1973. Ainsi, il filme la pièce fleuve de Jean-Pierre Ronfard, *Vie et mort du roi boiteux* (1982). Dès 1977, Beaudry et Bouvier entreprennent un projet de long métrage de fiction, *Jacques et Novembre* (1984), qui sera tourné sur quelques années avec des moyens de fortune. Le film obtient plusieurs prix et un succès critique appréciable. Beaudry, qui signe aussi le montage, tient le rôle principal, celui d'un homme encore jeune à l'article de la mort qui décide de faire le point sur sa vie. À peu près seul devant la caméra, à laquelle il s'adresse souvent puisque le film contient un journal sur vidéo, Beaudry se montre d'une vérité étonnante, son jeu rendant parfaitement l'ambiguïté du traitement cinématographique qui consiste à donner l'illusion du vrai. Après cette performance pour laquelle il lui faut d'ailleurs jeûner, il reprend sa collaboration avec Bouvier, coscénarise et coréalise un nouveau film de fiction, *Les matins infidèles* (1989). Cette fois, la structure même du récit reflète le mode de travail de Beaudry et Bouvier puisque l'histoire est construite autour de deux personnages, un photographe (Denis Bouchard) qui, pendant toute une année, doit prendre une photographie dans le même angle chaque matin à la même heure au coin d'une rue et un professeur et écrivain qui s'inspire de ces images pour écrire un roman. Beaudry signe le montage et interprète le per-

Jean Beaudry. (Luc Sauvé)

sonnage du romancier, rôle qui culmine avec une nouvelle performance, une participation au marathon de Montréal accompagnée d'un long travelling. Il tient également de petits rôles dans *Trois pommes à côté du sommeil* (J. Leduc, 1988), *Onzième spéciale* (M. Lanctôt, 1988) et *Les malheureux magnifiques* (M. Goulet, 1992, c. m.). Beaudry tourne un premier long métrage de fiction en solo, *Pas de répit pour Mélanie* (1990) sur un scénario de Stella Goulet. Le film s'inscrit dans la série « Contes pour tous ». Beaudry ajoute une touche d'émotion à ce suspense basé sur la confrontation des différences (fillette noire et fillette blanche, ville et campagne, jeunesse et vieillesse, générosité et malhonnêteté). Il entreprend aussitôt la réalisation d'un second « Conte pour tous », *Tirelire, Combine$ & cie* (1992), une comédie écrite par Jacques A. Desjardins où des jeunes se lancent en affaires, ce qui soumet leur amitié à rude épreuve. Beaudry scénarise et réalise ensuite un premier long métrage solo destiné aux adultes, *Le cri de la nuit* (1996), dans la continuité des fictions qu'il a signées avec Bouvier. Sur un ton grave, il y explore une fois encore la condition masculine, confrontant deux hommes en rupture avec la vie, un quadragénaire qui résiste à la paternité (Pierre Curzi) et un adolescent qui planifie son suicide. Malgré l'actualité du propos et le soin apporté à la recherche visuelle, le film ne rejoint pas son public. Beaudry réalise ensuite un épisode de la série *Histoires de musées* (1997, c. m.), consacré au Musée d'Amérique française, puis un documentaire sur l'histoire de la photographie québécoise, *L'objectif subjectif* (1998, m. m.), qui soulève un débat sur la censure lorsque le télédiffuseur choisit de masquer de nombreuses photographies pour se conformer à un jugement de la Cour suprême qui se porte à la défense de la vie privée.

BIBLIOGRAPHIE : BEAUDRY, Jean et François BOUVIER, *La réalisation d'un film. Les matins infidèles*, Montréal, Éditions Saint-Martin, 1989. (M. C.)

**BEAUGRAND, Claude,** ingénieur du son, monteur sonore (Acton Vale, 1949). En 1969, il est stagiaire sur le tournage du *Mépris n'aura qu'un temps*, d'Arthur Lamothe. Cette rencontre est déterminante et il travaille avec Lamothe sur une dizaine d'autres films, de la série amérindienne à *Équinoxe* (1986). Aussi fidèle à Michel Brault et à André Gladu, il est, entre 1974 et 1980, responsable du son des vingt-sept courts métrages de la série « Le son des Français d'Amérique ». Spécialiste du documentaire, Beaugrand excelle dans les conditions sonores difficiles du direct. Cela ne l'empêche pas de collaborer à quelques fictions : *Le retour de l'Immaculée Conception* (A. Forcier,

1971), *Tu brûles... tu brûles...* (J.-G. Noël, 1973), *Vie d'ange* (P. Harel, 1979). En 1985, il réalise, pour *Passiflora* (F. Bélanger et D. Gueissaz-Teufel), une bande sonore extrêmement inventive et travaillée, qui utilise les ressources du Dolby Stéréo comme personne ne l'avait fait auparavant. Il n'hésite pas à appliquer ses recherches sonores au long métrage narratif: *Trois pommes à côté du sommeil* (J. Leduc, 1988), *Les matins infidèles* (J. Beaudry et F. Bouvier, 1989), *Eldorado* (C. Binamé, 1995) tout en poursuivant son apport au documentaire avec, entre autres, *Le roi du drum* (S. Giguère, 1991, m. m.), *La conquête du grand écran* (A. Gladu, 1996) et *Chronique d'un génocide annoncé* (Y. Patry et D. Lacourse, 1996). Il participe également à des entreprises beaucoup plus expérimentales comme *La folie des crinolines* (Jean Gagné et S. Gagné, 1995), *La plante humaine* (P. Hébert, 1996) et surtout *Le trésor archange* (F. Bélanger, 1996), dans lequel il va jusqu'à s'inscrire à l'écran, perche à la main, captant sur le vif les subtilités de la langue québécoise et la musique de René Lussier, qui partage avec lui la vedette de ce *road movie* sonore. Beaugrand transcende le simple rôle de preneur de son et donne tout son sens au titre de concepteur sonore, tant les productions auxquelles il participe sont marquées de sa touche, à la fois personnelle et se fondant à merveille dans tous les autres aspects de la réalisation. Son apport au cinéma québécois est comparable sur le plan sonore à celui de Michel Brault pour l'image.

PRINCIPAUX AUTRES FILMS : *L'infonie inachevée...* (R. Frappier, 1973), *Une nuit en Amérique* (J. Chabot, 1974), *Un royaume vous attend* (P. Perrault et B. Gosselin, 1975), *De la tourbe et du restant* (F. Bélanger, 1979), *Le dernier glacier* (R. Frappier et J. Leduc, 1984), *Voyage en Amérique avec un cheval emprunté* (J. Chabot, 1987, m. m.), *La vie fantôme* (J. Leduc, 1992), *Cap Tourmente* (M. Langlois, 1993), *Le cœur au poing* (C. Binamé, 1998), *L'âge de braise* (J. Leduc, 1998). (Y. R.)

**BEAULIEU, Marcel,** scénariste (Montréal, 1952). Il commence sa carrière en remportant un concours d'écriture pour la télévision (organisé par Radio-Canada) où il s'agit de s'inspirer d'une toile de Jean-Paul Lemieux : *Noces de juin* (J. Faucher, 1983). Il écrit des textes pour la radio et la télévision, puis aborde le cinéma en scénarisant *Anne Trister* (L. Pool, 1986). Il s'agit du vertige existentiel d'une exilée suisse qui cherche à faire éclater aussi bien les carcans de la peinture que ceux des sentiments. L'écriture poétique de Beaulieu s'inscrit très bien dans l'univers narcissique du film et participe à la modernité de sa mise en scène. Il retravaille ensuite le scénario de Sheldon Chad tiré d'un roman d'Anne Hébert, *Les fous de Bassan* (Y. Simoneau, 1987). Il s'en tire assez bien, même s'il lui faut ramener le roman à plusieurs voix à un film linéaire raconté par un seul personnage. Il passe à l'adaptation de *Kurwenal*, roman d'Yves Navarre qui sert de point de départ au film *À corps perdu* (L. Pool, 1988). Il raconte l'errance d'un homme blessé dans ses amours et qui se cherche, comme le personnage principal d'*Anne Trister*, à travers la création artistique, cette fois-ci la photographie. Puis, il coscénarise *Dans le ventre du dragon* (Y. Simoneau, 1989), où il ne parvient pas à fusionner l'univers de la comédie (les passeurs de circulaires) et celui du thriller (les cobayes de laboratoire). D'ailleurs sa collaboration avec Léa Pool s'est avérée plus fructueuse que celle avec Yves Simoneau, probablement parce qu'il est plus habile dans l'expression des sentiments que dans l'art de raconter. Beaulieu exerce ensuite son talent dans des téléfilms. Il explore le registre de la comédie dans *Le chemin de Damas* (G. Mihalka, 1988) où un hippie devenu curé (Rémy Girard) se fait faux-monnayeur par charité chrétienne. Puis, il élabore une fable cynique sur la politique avec *Un autre homme* (C. Binamé, 1991). Un premier ministre castré (Denis Bouchard), proche de Duplessis et Bourassa, manipule ses ministres corrompus et discrédite l'exercice du pouvoir dans une mise en scène particulièrement maniérée. Après avoir travaillé quelques fois en collaboration avec un autre scénariste important, Michel Langlois, au service de Léa Pool (*À corps perdu*, 1988) et de François Girard (*Cargo*, 1990), il coscénarise les téléfilms de Langlois, *... comme un voleur* (1990) et *Un même sang* (1992). Dans le premier, un fils se préoccupe de sa mère cardiaque sans savoir comment lui communiquer sa tendresse; dans le second, un fils tente de tuer sa mère et cherche comment avouer son secret. Le scénariste collabore ensuite avec Langlois pour son film *Cap Tourmente* (1993). Il s'agit d'un fils (Roy Dupuis) qui retrouve sa mère (Andrée Lachapelle), sa sœur (Élise Guilbault) et un ami de la famille (Gilbert Sicotte). Les confrontations affectives font surgir les mouvements du désir et les refoulements à travers lesquels chacun devra trouver son indépendance. Sa collaboration avec Langlois montre que Beaulieu sait exprimer la confusion des sentiments et les scénarios laissent deviner les personnages au lieu de les expliquer. Ensuite, il coscénarise *Doublures* (M. Murray, 1993), sur un homme qui a plusieurs personnalités, puis, il collabore au scénario du film *Le secret de Jérôme* (P. Comeau, 1994). Entre-temps, il participe à des productions européennes : il coscénarise *Farinelli* (G. Corbiau, 1993) sur le plus grand castrat de l'histoire de la musique; l'année suivante, il fournit un scénario sur une comédienne de Molière et Racine, scénario que d'autres finissent par tuer à force de vouloir l'améliorer, celui de *Marquise* (V. Belmont, 1997). Il coscénarise *Pondichéry, dernier comptoir des Indes* (B. Favre, 1996) sur la découverte d'un secret familial et aussi d'une réalité sociale, puis *Alegria* (F. Dragone, 1997), histoire d'amour servant à promouvoir un spectacle du Cirque du Soleil. Il adapte ensuite pour la télévision le roman de Dominique Demers *Un hiver de tourmente* (B. Favre, 1998) et pour l'écran celui de Sepulveda *Le vieux qui lisait des romans d'amour* (R. de Heer, 1999). Depuis la création de l'INIS (Institut national de l'image et du son), il y occupe, avec Geneviève Lefebvre, la fonction de titulaire à la scénarisation : les apprentis peuvent profiter des conseils d'un scénariste aussi talentueux que prolifique. (H.-P. C.)

**BEAUPRÉ, Bernard,** réalisateur, chef opérateur, monteur, producteur (Montréal, 1941). Formé à l'ONF, où il exerce divers métiers techniques pendant quatre ans, il entre chez Omega en 1965 à titre de cameraman (série *D'Iberville*) et de réalisateur (documents pour Expo 67). Après avoir travaillé pour des maisons de services (Sonolab, VDO Productions), il entre chez SDA (compagnie qui succède à Omega) comme producteur, réalisateur, monteur et cameraman. Homme des bois, il passe à l'OFQ en 1973 pour y produire des dizaines de documents et y réaliser des films sur la flore, la faune et les autochtones. On compte, parmi ses nombreuses réalisations : *Les autres* (1975, c. m.), *Le cerf de Virginie* (1975, c. m.), *Faune du Québec 1* et *Faune du Québec 2* (1976, deux

c. m.), *Des marais et des hommes* (1979, c. m.), *Maître de l'Ungava* (1979, c. m.). Deux de ses films lui valent une certaine notoriété : *Umimmaq* (1976, c. m.) et *Baie James, 5 000 ans d'histoire* (1982, c. m.). En 1982, Beaupré passe au SAGMAI à titre de producteur conseil en milieu amérindien et inuit. Il y tourne plusieurs courts et moyens métrages vidéo. Ses réalisations sont marquées au signe de la nature, de l'environnement, de l'ethnographie et du tourisme.

PRINCIPAUX AUTRES FILMS : *Dernière chance du caribou* (1978, c. m.), *Au pays de Tuktu* (1978, c. m.), *L'orignal* (1979, c. m.), *Rendez-vous sur le George* (1979, c. m.), *Une marée* (1979, c. m.), *Bonjour Floralies* (1980, m. m.), *Floralies 1980* (1980, c. m.), *Radisson, ville nordique* (1984, c. m.), *Akuliaq* (1985, c. m.), *Inukshuk* (1987, c. m.). (P. V.)

**BÉDARD, Jean-Thomas,** animateur, réalisateur (Chicoutimi, 1947). À l'été 1967, alors qu'il est stagiaire au studio d'animation de la production française de l'ONF, on lui offre de réaliser un des films de la série « Chansons contemporaines ». Il choisit de mettre en images une chanson de Jean-Pierre Ferland, *La ville* (1970, t. c. m.). Il poursuit dans cette voie et réalise *Ceci est un message enregistré* (1973, c. m.), étourdissant collage d'images tirées de magazines qu'il monte en succession rapide. Puis, devenu employé permanent de l'ONF, il entreprend un film d'animation qu'il met cinq ans à compléter, *L'âge de chaise* (1978, c. m.). Ce film, son projet cinématographique le plus ambitieux, présente un monde inquiétant où les immeubles s'effondrent aussi rapidement qu'ils surgissent du sol. Les hommes y doivent leur survie à la seule possession d'une chaise. Combinant une technique avancée de perspective animée et l'animation de personnages réels, le film est primé à Annecy, Chicago et Oberhausen. Après quoi, Bédard, toujours au studio français d'animation, réalise deux documentaires qui lui permettent de fouiller l'histoire de sa région d'origine. *Le combat d'Onésime Tremblay* (1985, m. m.) raconte la lutte que mènent, au début du siècle, un cultivateur et ses fils opposés à l'élévation du niveau du lac Saint-Jean dont les effets sont destructeurs pour l'environnement. Bédard y reprend l'idée, exploitée dans *L'âge de chaise*, d'une société insensible aux besoins des individus. Il choisit d'illustrer son propos par une profusion d'images d'archives, dans la continuité de l'accumulation d'images que proposait *Ceci est un message enregistré*. *À force de bras* (1988) trace l'historique du Saguenay–Lac-Saint-Jean, région ouverte à la colonisation par la Société des vingt et un, en 1838. La forme de ce film, qui combine témoignages et documents d'archives, est plus aérée mais tout aussi traditionnelle que celle du *Combat d'Onésime Tremblay*. S'inspirant de sa propre expérience (un accident), il consacre ensuite un documentaire aux personnes qui frôlent la mort, forcées de faire le deuil d'une partie de leur vie dans *La traversée de la nuit* (1995). Il en tire un court métrage, *Ce sera pas toujours facile*, portrait d'une jeune femme devenue quadriplégique (1996). Puis, toujours dans cette veine, empathique, à l'écoute de témoignages qu'il présente au fil des saisons, simplement, il s'intéresse à la paternité dans *Père pour la vie* (1998, m. m.). Bédard participe au film collectif *Référendum — Prise deux/Take 2* (1996). (M. C.)

**BÉDARD, Rolland,** acteur (Montréal, 1913–1987). On l'a surnommé le « Fernandel canadien ». Épicier du coin, marchand général, garagiste, bedeau, Bédard a fait des apparitions dans une quinzaine de longs métrages. Les personnages d'une grande patience, humbles et bienveillants, semblent avoir été sa spécialité. On l'a vu dans *La forteresse* (F. Ozep, 1947), *Big Red* (N. Tokar, 1962), *Partis pour la gloire* (C. Perron, 1975), *Maria Chapdelaine* (G. Carle, 1983), etc. Mais on se souviendra surtout de Bédard à la télévision dans des séries comme *Rue des pignons*, *Forest Rangers* (*Les cadets de la forêt*) et, principalement, *La famille Plouffe* où il incarnait Onésime, le chauffeur d'autobus amoureux de Cécile, rôle repris au cinéma par son demi-frère, Paul Berval. (J.-M. P.)

**BÉGIN, Joseph-Damase,** réalisateur (Sainte-Germaine-du-Lac-Etchemin, 1900 – 1977). Connu surtout comme député associé à Maurice Duplessis, Bégin est également un cinéaste amateur passionné. Fasciné par le cinéma, qu'il découvre au collège de Lévis, il se procure un appareil photo, puis une caméra 16 mm avec laquelle il tourne, dès 1929, des scènes de sa vie familiale et de l'activité de sa région. Comme les autres cinéastes artisans de l'époque, il assure lui-même le montage et le tirage de ses films, les sonorisant à l'occasion. Son œuvre, déposée aux Archives nationales du Québec, comprend plus de cent titres dont *La procession de la Fête-Dieu à Sainte-Germaine* (1934, t. c. m.), *Notre voyage de noces* (1937, c. m.), *Journal « Le Temps »* suivi de *La vingtième législature* (1939-1946, c. m.), *Altitude 1400'* (1955, c. m.) et *Images du Mexique* (1958, m. m.). Paradoxalement, Bégin, pourtant député dès 1935, tourne peu de films politiques. Toutefois, à titre d'organisateur en chef de l'Union nationale, c'est lui qui coordonne la propagande filmique du gouvernement, notamment les productions du club Renaissance où il installe ses quartiers cinématographiques. Ses films, qui témoignent de l'activité d'une époque et d'une collectivité, possèdent une grande valeur ethnographique. (P. V.)

**BEITEL, Garry,** scénariste, réalisateur (Outremont, 1949). L'œuvre de Beitel ouvre sur un impressionnant panorama des minorités culturelles et autres victimes de discrimination. Dès ses débuts en 1975, il s'intéresse au sort de jeunes handicapés mentaux avec *Children of Xanadu* (m. m.) et aux personnes âgées (*Laurentian Fresh Air Camp*, 1976, c. m.). S'il est plus que manifeste que Garry Beitel milite pour les droits de la personne, ce qui caractérise le plus sa démarche documentaire est sa tentative d'aller rejoindre l'humain derrière l'étiquette. Il filme les minorités culturelles avant tout comme de grandes solitudes, s'attache à montrer des gestes, des regards et semble toujours sortir grandi, à l'instar du spectateur. Sa démarche n'est ni l'intervention sociale ni la dénonciation didactique mais plutôt l'enquête qui permet d'aller voir au-delà des apparences. Dans *Bonjour! Shalom!* (1991, m. m.), il affronte le mur invisible qui sépare, à Outremont, les communautés juives hassidiques et francophones et tente, par le respect mutuel, d'y ouvrir une brèche. Ses sujets sont originaux et par là révélateurs : dans *Radio-Novela* (1994, m. m.), il nous entraîne à la suite d'un échange nord-sud entre des radios communautaires autochtones du Québec et de la Bolivie où le docudrame est utilisé pour sensibiliser la population aux problèmes sociaux; dans *Aller-retour* (1994, m. m.), il s'attache aux pas des travailleurs saisonniers mexicains qui viennent l'été effectuer des tâches agricoles que bon nombre de Québécois refusent de faire. Dans *Livraisons aigres-douces* (1997, m. m.), cinq jeunes sans emploi préparent des repas aux personnes âgées ; dans *Asylum* (1998), on suit des demandeurs d'asile politique et dans *End Notes* (1999, m. m.), trois personnes en soins palliatifs. Beitel enseigne à l'Université McGill dont il est titulaire d'une maîtrise en communication. (P. G.)

**BÉLANGER, André A.,** producteur, réalisateur (Sherbrooke, 1942). Il fait ses débuts, en 1966, à la maison de production Les cinéastes associés, où il occupe notamment la fonction d'assistant réalisateur pour *Le Martien de Noël* (B. Gosselin, 1970). En 1970, il fonde, avec Claude Godbout et Guy Dufaux, Les productions Prisma et, en 1982, Les films Vision 4, avec Claude Bonin, François Labonté et Monique H. Messier. Entre-temps, il décide de lancer sa propre compagnie, Les productions S.E.P.T. Il a à son actif quelque soixante-quinze documentaires et films éducatifs, notamment *On est rendus devant le monde!* (coréal. L. Nantel, 1981). Ce documentaire rend compte du fonctionnement des collectifs de théâtre, à la fin des années 70, alors qu'il y en avait plus de cinquante au Québec. Depuis 1985, il est producteur délégué, chez Ciné Groupe. Son nom apparaît au générique du long métrage d'animation *Bino Fabule* (R. Taillon, A. Roussil et R. Lombaerts, 1988) et des téléséries *Les oursons volants* et *Spirou.* En 1995, il fonde Cactus Animation où il produit, en collaboration avec la société française Ellipse Animation, les séries *Bob Morane, Blake et Mortimer* et *Fennec.* Quelques mois après sa fondation, Cactus Animation se joint au groupe Coscient, puis, en 1999, la compagnie devient une division de Motion International, où Bélanger agit à titre de vice-président, jeunesse et animation. (J. P.)

**BÉLANGER, Fernand,** réalisateur, monteur, scénariste (Rivière-du-Loup, 1943). Étudiant à l'Académie de Québec, il s'initie au cinéma avec *Le carreau de soleil* (1965, c. m.). Puis, dans *Le temps d'une fouille* (coréal. J.-Y. Leblanc, 1966, m. m.), il poursuit, sans plus, la lignée des films sur le désabusement existentiel d'un étudiant. Les longues déambulations du personnage principal (Normand Chouinard) ne mènent à rien, sauf peut-être à cette manière de filmer une certaine solidarité masculine. Après un stage en anthropologie à la Sorbonne et en cinéma à l'IDHÉC, Bélanger réalise *Via Borduas* (1968, c. m.), retour sur les vingt ans du mouvement automatiste et sur l'œuvre du célèbre peintre. Un interviewer, plutôt fantaisiste, lit des textes de Borduas et s'entretient avec neuf des seize signataires de *Refus global. Le sermon sur la montagne* (1969, c. m.), tourné en studio lors d'une nuit de happening, reste inachevé. Son film suivant, *L'initiation* (1969, c. m.), expérimente la pixillation pour suggérer l'altération de la perception provoquée par le hachisch chez une jeune femme.

Dans le cadre du programme des « premières œuvres » de l'ONF, il réalise *Ti-cœur* (1969, c. m.), se faisant l'écho du phénomène contre-culturel nord-américain. Pendant une longue séquence improvisée, un hippie (Claude Dubois) confronte son monde à celui du propriétaire d'une décapotable américaine qui l'a pris en stop. Cet homme, un policier, le tuera ainsi que l'une de ses amies lors d'une soirée-happening, prétexte à la consommation de drogue. Utilisant le montage par associations,

Fernand Bélanger pendant le tournage de *L'émotion dissonante.* (Alain Gauthier, coll. CQ)

il combine images, sons et musiques avec audace. Il continue cette recherche dans *Ty-peupe* (1971), fable et fête humoristique construite autour d'une fille et de deux gars fraîchement débarqués en terre nouvelle. Porteurs des idéaux de beauté et de liberté de toute une génération, ils seront engloutis par la marée urbaine. Perçu alors comme un film insoumis, ce témoignage de l'ère hippie revêt avec le temps une allure quelque peu ethnographique, voire folklorique. Toutefois, ces deux films présagent un cinéma où Bélanger s'affirme comme un monteur capable d'innover dans l'organisation de matériaux filmiques, en particulier par sa façon de produire, par attraction, des idées et des sensations. *Contebleu* (1978) est l'itinéraire ésotérique de Marguerite Piragouche dont le destin est marqué par la peur, l'errance et la dépossession, tout au long de ses 516 ans en terre québécoise. Le propos, une critique de l'évolution de la civilisation occidentale, ne réussit pas à faire oublier le manque de moyens et le côté artisanal de la production. *De la tourbe et du restant* (1979) constitue une rupture dans la manière de concevoir le documentaire au Québec. Le film se présente d'abord comme un document sur l'exploitation des tourbières puis, peu à peu, multiplie les avenues d'interprétation et de saisie du réel tout en débordant sur l'imaginaire. L'architecture du film, en forme de spirale, permet de cerner les composantes économiques, sociales et culturelles de cette industrie largement inféodée aux intérêts américains. En même temps se superpose une certaine imagerie du bonheur sur laquelle s'exerce, à l'instar de la dépossession économique, l'emprise des modèles culturels américains. Bélanger propose ici un film exigeant qui, au-delà du simple récit linéaire, conçoit un langage où sont permises digression, poésie et théâtralité. *L'émotion dissonante* (1984) cherche à dédramatiser le phénomène de la drogue, un thème souvent repris dans les films de Bélanger à partir de *L'initiation*. Il tente ici une nouvelle approche, non répressive, en scrutant l'imaginaire des jeunes. Par des mises en scène et des gravures sur pellicule de Pierre Hébert, il fait s'animer leurs rêves d'évasion. Du reste, Bélanger compare l'effet de la drogue à celui du cinéma, qu'il considère comme un dédoublement de la réalité. Deux courts métrages, *Love addict* et *L'après-cours* (coréal. Y. Angrignon et L. Dugal, 1984), sont tirés de ce film. Avec *Passiflora* (coréal. D. Gueissaz-Teufel, 1985), Bélanger, maître pamphlétaire, tire à bout portant sur les images d'événements-spectacles dont se nourrissent les médias. À partir des visites à Montréal du pape Jean-Paul II et de la pop star Michael Jackson, une immense fresque iconoclaste, construite en toute liberté cinématographique, se dessine en tous sens et cherche à réunir reportage, mise en scène et technique d'animation, sur une partition sonore inventive et emportée. La bande son, audacieuse, va jusqu'à interroger et remettre en question chaque image. De même, les images officielles du spectacle papal sont prises à partie par des séquences fictives où les interdits de la morale chrétienne tels l'avortement et l'homosexualité s'affichent irrévérencieusement. En 1996, il réalise *Le trésor archange*, un documentaire musical, inspiré par le roman *Saint-Élias* de Jacques Ferron et l'ouvrage musical *Le trésor de la langue*, conçu par René Lussier, qui tente de retracer le difficile parcours de la langue française en Amérique. Recherché pour ses talents de monteur, Bélanger collabore également à de nombreux films de tout genre dont *Le ventre de la nuit* (J. Leduc, P. Bernier, J. Chabot, C. Grenier et R. Frappier, 1977), *Debout sur leur terre* (M. Bulbulian, 1982), *Les polissons* (D. Gueissaz-Teufel, 1987, m. m.), *Konitz Portrait of the Artist as a Saxophonist* (R. Daudelin, 1987), *Loin d'où* et *Nulle part la mer* (M. Saäl, 1989, c. m., et 1991, m. m.), *Le songe du diable* (M. E. Davis, 1991, m. m.), *L'arbre qui dort rêve à ses racines* (M. Saäl, 1991), *J'aime, j'aime pas* (S. Groulx, 1995), *La plante humaine* (P. Hébert, 1996), *Quatre femmes d'Égypte* (T. Rached, 1997), *Le seuil* (S. Gervais, 1998, c. m.) et *Le chapeau* (M. Cournoyer, 2000, c. m.). (P. J. et M. S.)

**BELHUMEUR, Alain,** réalisateur, monteur, cameraman (Mont-Saint-Hilaire, 1958). D'abord actif dans le secteur de la télévision et de la radio communautaires, et, à titre de technicien de scène, en théâtre et en variétés, il aborde le cinéma comme assistant de production en 1982, puis assistant monteur auprès de Michel Arcand. Monteur sonore de quelques films dont *Anne Trister* (L. Pool, 1986), il devient monteur images en 1987. Assurant le plus souvent le montage de l'image et du son (*Hotel Chronicles*, L. Pool, 1990 ; *La dernière frontière*, J. Lemire, 1998, m. m.), il ne touche qu'exceptionnellement à la fiction (*La demoiselle sauvage*, L. Pool, 1991). C'est notamment lui qui monte le film pamphlétaire de Pierre Falardeau (*Le temps des bouffons*, 1993, c. m.), tourné et diffusé sous le manteau. Belhumeur travaille à trois occasions avec Jean-Philippe

Duval, montant d'abord *La vie a du charme* (1992, m. m.) où son talent contribue à organiser les différents matériaux réunis par le cinéaste : entrevues, archives, lectures, fiction, ce qui lui vaut un Gémeau, puis *Soho* (1994) et *La lumière des oiseaux* (1999, m. m.). Monteur de quelques films environnementalistes dont *L'erreur boréale* (R. Desjardins et R. Monderie, 1999), Belhumeur réalise des films consacrés à la faune. Après *Le retour du faucon pèlerin* (1987), il oriente clairement son travail vers l'univers marin. Il tourne *La complainte du béluga* (1989) où il s'intéresse à ceux qui se mobilisent pour sauver l'espèce et *Le filet vide* (1995, m. m.) où il aborde la crise des pêcheries, de même que *Apprendre ou à laisser* (1993, c. m.), *Rencontres avec les baleines du Saint-Laurent* (coréal. J. Lemire, 1997, m. m.) et *Le mystère de la baleine bleue* (1998, m. m.). Plusieurs de ses documentaires remportent des prix. Cette production animalière aux accents pédagogiques offre quelques images d'une valeur inestimable et situe le cinéaste entre la position d'observateur adoptée par Jean-Louis Frund et l'approche plus militante de Frédéric Back. (M. C.)

**BÉLIVEAU, Juliette,** actrice (Nicolet, 1889 – Montréal, 1975). De petite taille, frêle, sémillante, extrêmement douée pour le comique de vaudeville, Béliveau campe volontiers, et cela dès le muet (*La drogue fatale*, J.-A. Homier, 1923), les femmes enjouées et malicieuses. Elle a la vedette dans *La dame aux camélias, la vraie* (G. Gélinas, 1942, c. m.). Puis, on la retrouve en madame Malterre dans *Un homme et son péché* (P. Gury, 1949), en tante Mina dans *Le gros Bill* (R. Delacroix, 1949), en grand-mère dans *Le rossignol et les cloches* (R. Delacroix, 1951), et enfin dans *Tit-Coq* (R. Delacroix et G. Gélinas, 1952) en tante Clara, personnage qu'elle a d'ailleurs créé à la scène. Il s'agit sans doute de son plus beau rôle au cinéma, du rôle qui fait le plus appel à sa vivacité d'esprit, à son sens du relief et à son goût du contraste, qualités auxquelles Gélinas se plaît à rendre hommage chez sa fidèle interprète. (J.-M. P.)

**BELLEAU, André,** producteur (Montréal, 1930 – 1986). Ce qui caractérise Belleau, c'est son « intelligence gourmande », formule utilisée par Wilfrid Lemoine pour lui rendre hommage dans la revue *Liberté*. Voilà en effet un homme érudit, curieux de tout, exubérant et passionné. Entré à l'ONF en 1958, Belleau s'occupe du personnel, de la distribution, de la recherche, etc. En 1965, il est producteur de *La fleur de l'âge : Geneviève* (M. Brault, c. m.), de *Regards sur l'occultisme* (G. L. Coté) et du *Festin des morts* (F. Dansereau); en 1966, de *YUL 871* (J. Godbout); en 1968, avec Robert

André Belleau. (Kéro)

Forget, de *Saint-Jérôme* (F. Dansereau). Et c'est sa voix que l'on entend dans *Kid Sentiment* (J. Godbout, 1967). Puis, Belleau remet sa carrière en question. « Je me rends compte que le vrai job, c'est d'être réalisateur, c'est d'être faiseur de films. » Il démissionne, retourne aux études, devient professeur. On retrouve, dans les essais qu'il a écrits par la suite, la sagacité et l'éclectisme dont il avait su faire preuve comme producteur. (J.-M. P.)

**BENDAHAN, Raphaël,** réalisateur (Casablanca, Maroc, 1949). Ce photographe et réalisateur est surtout connu, au cinéma, pour ses œuvres expérimentales. *Noir et blanc/Black and White* (1971, c. m.), tout en constituant le portrait expressionniste d'un danseur noir, est un hommage au cinéma en noir et blanc, caractérisé par l'utilisation d'un seul espace visuel, de vitesses variées et du montage dans la caméra. *L'ennui (Les rêves d'un somnambule)* (1972, c. m.) évoque le paysage urbain au moyen de diverses techniques. *Final News Report* (1973, c. m.) constitue une satire des informations télévisuelles. *Light Study* (1976, c. m.) est une recherche sur le potentiel évocateur de la couleur. *Jazz Film* (1978, t. c. m.), instantané de deux musiciens, examine le processus de création d'un événement engendré par la présence d'une caméra. Après ces recherches diversifiées, Bendahan réalise *Le jardin (du paradis)/The Garden* (1982, c. m.) qui démontre une réelle maîtrise de la part de l'auteur et une grande maturité sur le plan de la création. Le grain grossi de la pellicule (obtenu par refilmage), le caractère statique produit par le mouvement à la fois saccadé et ralenti (il travaille avec trois copies 16 mm d'un film initialement tourné en super 8 et le produit final intercale les plans des trois films), l'utilisation d'un lieu clos (le jardin) et toute une série d'analogies autoréférentielles (le passé et le présent, l'anglais et le français) donnent à ce film un rythme cyclique étonnant. La réussite de cette exploration de nouvelles structures narratives est soulignée par plusieurs prix. *When the Light Gray Man Carries Your Luggage* (1987, c. m.) illustre de façon littérale un poème de Joe Rosenblatt lu par l'auteur. Au caractère incantatoire de la voix correspondent des images très soignées et prégnantes. Alors qu'il enseigne le cinéma et la vidéo aux Innu du Labrador, Bendahan tourne *Voices* (1992, m. m.), un documentaire vidéo de facture plus conventionnelle portant sur l'histoire du peuple inuit. Bien qu'il ait donné à Montréal des ateliers de scénarisation, le cinéaste semble s'être tourné vers l'écriture de contes et nouvelles. (M. L. et L. G.)

**BENOIT, Denyse,** réalisatrice, scénariste (Sainte-Dorothée, 1949). Après des études en Belgique, elle séjourne à Paris où elle travaille comme comédienne et assistante à la mise en scène au théâtre. De retour au Québec, Benoit scénarise et réalise trois courts métrages : *Coup d'œil blanc* (1973), *Un instant près d'elle* (1974) et *La crue* (1976). Luce Guilbeault lui consacre un film, *Denyse Benoit, comédienne* (1975, c. m.), où on la voit exercer son métier à titre d'animatrice auprès des personnes âgées. En 1979, elle signe son premier long métrage, *La belle apparence*, qui raconte l'histoire d'une jeune femme (Anouk Simard) partagée entre son désir de sécurité, balisé par une mère envahissante, et le goût du risque incarné par un ami sorti de prison. Son deuxième long métrage, *Le dernier havre* (1986), adapté d'un roman d'Yves Thériault, décrit les derniers jours d'un vieux pêcheur (Paul Hébert) qui, mis au rancart, tient par-dessus tout à garder sa dignité. Scénariste, Benoit écrit ses histoires avec une grande économie de dialogues et d'effets dramatiques. Ses films, qui accordent à la symbolique un rôle de premier plan, s'apparentent au documentaire. La tension dramatique, à laquelle on a parfois reproché son manque d'aspérités, se développe au rythme des personnages, par ailleurs crédibles et fort attachants. (D. Po.)

**BENOIT, Jacques,** scénariste (Saint-Jean, 1941). Il remporte le Prix littéraire du Québec pour son roman *Jos Carbone* (1967), et ses reportages lui valent le prix Judith-Jasmin (1976) et le prix Héritage-Canada (1977). Benoit est chroniqueur viticole à *La Presse* depuis 1982. Son premier scénario, *La maudite galette* (D. Arcand, 1971), raconte l'histoire d'un homme aliéné qui vend son âme au diable pour de l'argent. Après ce constat bête et méchant sur la criminalité de la petite pègre, il élabore une analyse implacable des connivences entre le monde de la pègre, celui des affaires et les hommes politiques : *Réjeanne Padovani* (D. Arcand, 1973). À partir d'un synopsis du réalisateur, Benoit raconte comment les autorités maintiennent leur pouvoir par la violence et la récupération. Dans *L'affaire Coffin* (J.-C. Labrecque, 1979), il utilise le livre de Jacques Hébert pour monter un dossier qui ne prouve peut-être pas l'innocence de Wilbert Coffin mais qui démontre clairement l'arbitraire du système judiciaire à l'époque de Duplessis. Le film soulève d'ailleurs un débat général dans la presse. Par la suite, il scénarise un épisode de la télésérie *Empire Inc.* (D. Arcand et M. Blandford, 1983). Hugues Tremblay réalise une adaptation de *Jos Carbone* (1974). (H.-P. C.)

**BENOIT, Jacques Wilbrod,** réalisateur, assistant réalisateur (Montréal, 1947). Au début des années 70, il réalise des vidéogrammes (*Des enfants pour le kik*, 1972, m. m.) avant d'amorcer une carrière d'assistant à la réalisation (*La gammick*, J. Godbout, 1974). Rapidement, il devient un premier assistant très en demande. C'est ainsi qu'il travaille notamment pour *La loi de la ville* (M. Bouchard, 1978), *Cordélia* (J. Beaudin, 1979), *Contrecœur* (J.-G. Noël, 1980), *Les beaux souvenirs* (F. Mankiewicz, 1981), *Maria Chapdelaine* (G. Carle, 1983), *Le crime d'Ovide Plouffe* (D. Arcand, 1984), *Night Magic* (L. Furey, 1985), *Le déclin de l'empire américain* (D. Arcand, 1986), *Le frère André* (J.-C. Labrecque, 1987) et *Les portes tournantes* (F. Mankiewicz, 1988). En 1988, il passe à la réalisation et tourne, coup sur coup, deux longs métrages. Le premier, *Le diable à quatre*, tourné pour la télévision, est une comédie familiale où un homme et une femme, qui ont chacun un enfant, décident de vivre ensemble. Le deuxième, *Comment faire l'amour avec un nègre sans se fatiguer*, d'après un roman de Dany Laferrière, raconte l'histoire de deux Noirs qui passent leur temps entre l'écoute du jazz, la lecture de Freud et du Coran, et de nombreuses conquêtes féminines. Si le film obtient, notamment aux États-Unis, un succès de scandale, il convainc assez peu. Benoit revient ensuite à son métier d'assistant réalisateur (*Léolo*, J.-C. Lauzon, 1992 ; *Joyeux calvaire*, D. Arcand, 1996 ; *Nô*, R. Lepage, 1998). (M. J.)

**BENOÎT, Réal,** producteur, réalisateur, scénariste (Sainte-Thérèse-de-Blainville, 1916 – Montréal, 1972). Après avoir tâté de la critique, Benoît fonde, en 1947, sa propre maison de production. Deux ans plus tard, il réalise avec André de Tonnancour *Artistes primitifs d'Haïti* (c. m.). Suivront une série de courts métrages (*Fête au village*; *Îles du Saint-Laurent*; *Louis Cyr, homme fort canadien*) tournés en majeure partie pour la télévision. Benoît sera en outre producteur (occasionnellement présentateur) de la série *Ciné-club*. En 1959, il réalise à l'ONF deux documentaires sur Marius Barbeau, l'un portant sur les totems, l'autre sur le folklore. Désireux de consacrer plus de temps à l'écriture, Benoît quitte le secteur privé pour devenir, en 1960, directeur des émissions sur film à Radio-Canada. Son œuvre est marquée par une constante quête d'identité, quête qui se manifeste tantôt par le besoin de dépaysement (d'où l'importance du voyage), tantôt par la nécessité d'explorer le terroir québécois. (J.-M. P.)

**BENOÎT, Yvon,** ingénieur du son (Montréal, 1955). C'est grâce à un emploi de commis à l'ONF qu'il se familiarise avec la prise de son. Il participe d'abord à la création de courts métrages artisanaux puis entreprend sa carrière professionnelle en assistant Marcel Fraser (*L'homme à tout faire*, M. Lanctôt, 1980), Serge Beauchemin (*La femme de l'hôtel*, L. Pool, 1984; *La guerre des tuques*, A. Melançon, 1984) et Richard Besse (*Le déclin de l'empire américain*, D. Arcand, 1986). En 1984, il est promu preneur de son (*Night Magic*, L. Furey, 1985). Son travail pour *Un zoo la nuit* (J.-C. Lauzon, 1987) lui vaut un prix Génie. Jalonnée de quelques documentaires (*La poursuite du bonheur*, M. Lanctôt, 1987; *Dancing Around the Table*, M. Bulbulian, 1988 et 1989, deux m. m.), sa carrière s'oriente spécifiquement vers le long métrage de fiction. Il travaille à nouveau avec Jean-Claude Lauzon sur *Léolo* (1992), avec Tahani Rached sur *Médecins de cœur* (1993) et avec Mort Ransen sur *Margaret's Museum* (1995). Il contribue également à plusieurs téléséries dont *The Sleep Room* (A. Wheeler, 1997) et *Cher Olivier* (A. Melançon, 1998).

PRINCIPAUX AUTRES FILMS : *La ligne de chaleur* (H.-Y. Rose, 1987), *Tommy Tricker and the Stamp Traveller* (M. Rubbo, 1988), *Fierro... l'été des secrets* (A. Melançon, 1989), *Vincent and Me* (M. Rubbo, 1990), *Love-moi* (M. Simard, 1990), *The Pianist* (Claude Gagnon, 1991), *À double tour* (M. Cadieux, 1993), *L'arche de verre* (B. Gosselin, 1994), *La vie après l'amour* (G. Pelletier, 2000). (J. De. et G. L.)

**BENSIMON, Jacques,** réalisateur, administrateur, monteur, producteur (Agadir, Maroc, 1943). Il arrive au Canada avec sa famille en 1958. Il va étudier le cinéma à New York de 1963 à 1967, et collabore, au cours de cette période, à la revue *Objectif*. En 1967, il est engagé comme monteur à la section anglaise de l'ONF. Il y devient réalisateur en 1972 avec *Aqua Rondo/Jeux d'eaux* (c. m.), puis *Once... Agadir* (1973, c. m.) et *Rock-a-bye* (1975, m. m.), un film qui jette, des coulisses, un regard sur quelques idoles de la musique rock. Il travaille ensuite en Afrique comme producteur-conseil, réalisateur et monteur dans le cadre d'un projet des Nations unies. En 1977, il rejoint la production française où il occupe divers postes administratifs et réalise quelques films. Il signe *20 ans après...* (1977, m. m.), documentaire sur la communauté juive nord-africaine francophone installée au Québec. Puis, c'est *Le jour du référendum dans la vie de Richard Rohmer* (1979, m. m.), *De mains et d'espoir* (1983, m. m.) et *Carnets du Maroc: mémoire à rebours* (1984, m. m.). Bensimon fait partie de ce groupe de cinéastes néo-québécois dont l'apport principal consiste à exprimer la pluralité culturelle du Québec et qui promeuvent les valeurs de tolérance et d'acceptation des différences. En 1986, il est nommé directeur du secteur « grand public » à TFO, la chaîne française de TVOntario, ce qui ne l'empêche pas d'ajouter deux volets à ses carnets marocains : *Carnets du Maroc II : au sujet du roi* (1988, m. m.), qui couvre l'histoire du Maroc de l'accession au pouvoir de Hassan II à 1971 ; et *Carnets du Maroc III : la volonté et la foi* (1988, m. m.), un entretien avec Hassan II. Il devient ensuite directeur général de TFO, mais conserve un lien direct avec le cinéma en sélectionnant lui-même les films de répertoire que la chaîne présente sept soirs par semaine en soirée. Ces dernières années, tous les mercredis sont consacrés à Cinéma d'ici, où il présente lui-même en ondes une programmation de films canadiens, surtout québécois. (Y. L.)

**BERD, Françoise,** actrice, productrice (Saint-Pacôme, 1923). Longtemps employée de Bell Canada, elle a 36 ans quand elle fonde le théâtre de l'Égrégore ; 43 ans quand elle devient technicienne-stagiaire en Europe auprès de Bresson, Demy, Godard, Hossein ; et 49 ans quand elle débute à l'écran dans *Le temps d'une chasse* (F. Mankiewicz, 1972). Michel Brault, qui en est le directeur de la photographie, lui fait promettre de poursuivre dans cette voie. En 1973, elle joue l'alcoolique Leslie dont la danse dérisoire avec Charles et le Major constitue l'un des lumineux moments de *Bar salon* (A. Forcier). Au fil des ans, elle accumule ainsi de nombreux petits rôles : son manque de formation qui l'empêche de faire carrière à la scène étant compensé, au cinéma, par un surprenant charisme. C'est après l'avoir aperçue dans *Parlez-nous d'amour* (J.-C. Lord, 1976), que Carlo Ponti, coproducteur d'*Une journée particulière* (E. Scola, 1977), l'engage pour y être la concierge revêche. À l'ONF, où elle a travaillé de 1974 à 1983, elle est notamment directrice de production (*J. A. Martin photographe*, J. Beaudin, 1977), productrice associée (*Les beaux souvenirs*, F. Mankiewicz, 1981) et productrice chargée du programme Aide et formation, dans le cadre duquel Léa Pool, Jean-Claude Lauzon et d'autres tournent des premiers films. Elle revient à son métier de comédienne et tourne dans *Tirelire, combine$ & cie* (1992) que réalise Jean Beaudry dans le cadre de la série « Contes pour tous ». Elle interprète aussi sœur Amanda dans *Le vent du Wyoming* (A. Forcier, 1994). (M.-C. A.)

**BERGERON, Guy,** monteur, producteur, réalisateur (Montréal, 1945). Il travaille d'abord à l'ONF comme assistant monteur et assistant réalisateur de films de Fernand Dansereau, Robert Forget, Jacques Leduc et Pierre Perrault. Il réalise ensuite son seul et unique film, *La semaine dernière pas loin du pont* (1967, c. m.), adaptation réussie d'une nouvelle d'André Major sur un groupe d'adolescents d'un quartier populaire de Montréal. Membre fondateur de l'ACPAV, il y produit *La vie rêvée* (M. Dansereau, 1972) et *Une nuit en Amérique* (J. Chabot, 1974). Il est ensuite producteur délégué du premier long métrage de fiction de Richard Lavoie, *Guitare* (1974), tourné à Tewkesbury. De 1974 à 1976, il est invité comme cinéaste en résidence à l'Université Simon Fraser (Vancouver). En 1976, il entre à Radio-Québec où il travaille dix ans comme producteur, réalisateur et négociateur des achats de films et des coproductions. En 1986, il redevient producteur dans l'industrie privée, à InformAction et à Vent d'Est, où il produit *Le marché du couple* (A. d'Aix et L. Fraser, 1990, m. m.) et *Le spasme de vivre* (R. Boutet, 1991). (A. R.)

**BERNARD, Marie,** musicienne (Montréal, 1951). Après des études en piano, en musicologie et en ondes Martenot au Conservatoire de musique de Montréal, Bernard fait la rencontre, en 1973, du compositeur François Dompierre qui l'initie aux techniques d'enregistrement de musique en studio. Elle délaisse peu à peu la musique classique et contemporaine pour se consacrer à la direction musicale, à la composition ainsi qu'à la réalisation de disques pour Diane Dufresne (*Détournement majeur*), Michel Rivard (*Un trou dans les nuages*), Claude Gauthier (*Tendresse S.O.S.*). En plus de collaborer à titre de choriste ou de musicienne à de nombreux spectacles de variétés, sur scène ou à la télévision, elle compose plusieurs thèmes musicaux pour différents téléromans (*Le volcan tranquille*, *Cormoran*, *Graffiti*), émissions d'informations (*Second regard*, *Science réalité*, *Femmes d'aujourd'hui*), séries jeunesse (*Cornemuse*, *Pin Pon*, *Pop Citrouille*) et téléthéâtres (*La répétition*, *L'ouvre-boîte*). En 1986, elle fait la rencontre de Robert Favreau pour qui elle signe la musique de *Pour tout dire*, une série de courts métrages éducatifs et travaille en collaboration avec Richard Grégoire pour *Exit* (R. Ménard). Ce sera le début d'une association fructueuse avec Robert Favreau puisqu'elle compose la musique de *Portion d'éternité* (1989), *Nelligan* (1991) et du téléfilm *Trois femmes, un amour* (1993). Elle retrouve également Ménard pour *Amoureux fou* (1991). Plusieurs cinéastes de l'ONF réclament ses services dont Anne Claire Poirier (*Il y a longtemps que je t'aime*, 1989 ; *Tu as crié LET ME GO*, 1996), Cynthia Scott (*The Company of Strangers*, 1990), Michel Moreau (*Le pays rêvé*, 1996) et Jean-Thomas Bédard (*La traversée de la nuit*, 1995). Par la suite, cette fois à l'extérieur de l'ONF, elle travaille de nouveau avec Cynthia Scott (*Lover's Lament*, 1998, c. m.). Bernard affiche une grande polyvalence en adoptant les styles les plus variés (rock, pop, folk, etc.) et utilise avec sobriété et intelligence les synthétiseurs. (A. L.)

**BERNIER, Pierre,** monteur, producteur, réalisateur (Montréal, 1944). Il entre à l'ONF en 1962 et, tout en se spécialisant dans le montage image, touche parfois au montage sonore et à la réalisation (*Là ou ailleurs*, coréal. J. Leduc, 1972, c. m. ; *Le ventre de la nuit*, coréal. J. Leduc, J. Chabot, C. Grenier et R. Frappier, 1977). Il est associé de façon étroite à quelques cinéastes : Jacques Leduc (*On est loin du soleil*, 1970 ; *Tendresse ordinaire*, 1973 ; *Trois pommes à côté du sommeil*, 1988), Pierre Hébert (*Souvenirs de guerre*, 1982, c. m.), Denys Arcand (*On est au coton*, 1970 ; *Québec : Duplessis et après...*, 1972 ; *Le confort et l'indifférence*, 1981). Il travaille aussi à *Une guerre dans mon jardin* (D. Létourneau, 1985, m. m.) ainsi qu'à *La peau et les os* (J. Prégent, 1988). Formé au cinéma direct, Bernier a toujours compris l'exercice de son métier comme l'expression d'une relation, la plus étroite possible, avec l'ensemble du processus de production d'un film. De même, quand cela est possible, il privilégie la cohésion entre le montage visuel et le montage sonore. Enfin, c'est un chaud partisan du renouveau du documentaire. C'est ainsi qu'il déclare : « Pas question de dévaloriser le documentaire, mais il faut trouver de nouvelles façons de dire les choses, changer les formes, donner plus de subjectif, d'éléments dramatiques. » En 1990, Bernier collabore avec le cinéaste acadien Herménégilde Chiasson (*Beauséjour*, 1992, m. m.). Il est producteur du studio documentaire Acadie à Moncton de 1991 jusqu'à sa retraite, en 1997. (R. L.)

**BERRY, Tom,** producteur, réalisateur, scénariste (Omaha, États-Unis, 1952). Étudiant à l'Université Concordia, Berry réalise quelques documentaires. À la fin de ses études, il continue de travailler à la production de documents éducatifs et participe, à divers titres, à des vidéos de l'ONF. Par la suite, Berry travaille principalement comme producteur, d'abord de films publicitaires et de commandes pour différents ministères, puis pour des longs métrages de fiction. Il scénarise et produit une fiction pour la télévision, *Blue Line* (M. Voizard, 1985, m. m.), puis un long métrage, *Crazy Moon* (A. Eastman, 1986), qui traite de la relation entre un jeune homme excentrique (Kiefer Sutherland) et une jeune femme sourde. Il réalise ensuite son premier long métrage de fiction, *Something About Love* (1988), dont il est aussi scénariste et producteur. Le film, qui raconte le retour d'un homme (Stephan Wodoslawsky) dans sa région d'origine, le Cap-Breton, se présente comme une comédie sur les rapports père-fils. Il signe aussi des films d'horreur : *Blind Fear* (1989) et *The Amityville Curse* (1990). Berry produit souvent les films qu'il réalise. C'est le cas de *The Amityville Curse* et *Twin Sisters* (1992). Parmi les nombreux films auxquels il participe en tant que producteur, on note *L'assassin jouait du trombone* (R. Cantin, 1991) et *Never Too Late* (G. Walker, 1996) mais aussi plusieurs films d'horreur et de suspense : *Relative Fear* (G. Mihalka, 1994), *The Assignment* (C. Duguay, 1997), *Random Encounter* (D. Jackson, 1998). Associé à Motion International, il travaille principalement aux États-Unis. (C. C.)

**BERRYMAN, Dorothée,** actrice (Loretteville). Très polyvalente, Berryman explore plusieurs facettes de son talent d'interprète, travaillant, comme c'est souvent le cas chez les acteurs québécois, au théâtre (où elle joue plusieurs auteurs québécois, surtout Jean Barbeau) et à la télévision (*Les Coqueluches*, *Terre humaine*), mais touchant aussi à la chanson et à la comédie musicale (*Marche, Laura Secord*, *Les héros de mon enfance*). Au cinéma, il lui faut attendre plus de dix ans après le tournage de *La gammick* (J. Godbout, 1974) et *Gina* (D. Arcand, 1975) pour enfin s'imposer. En fait, c'est grâce à son interprétation très émouvante d'une épouse trompée, victime défaite d'un jeu amoureux qui lui est étranger, dans *Le déclin de l'empire américain* (D. Arcand, 1986), qu'elle retient véritablement l'attention. Ce rôle est dans le même registre que celui de Julie, maîtresse naïve et vulnérable d'un séducteur irresponsable, qu'elle interprète de 1986 à 1989 dans la populaire télésérie *Des dames de cœur*. Par la suite, on la retrouve en médecin dans *Les heures précieuses* (M. Laberge et M. Goulet, 1989), en avocate dans *Les noces de papier* (M. Brault, 1989), en chef de l'opposition dans *Un autre homme* (C. Binamé, 1990), en directrice de production de cinéma dans *Ding et Dong, le film* (A. Chartrand, 1990) et en diplomate dans *Embrasse-moi c'est pour la vie* (J.-G. Noël, 1994). S'éloignant de ce registre, elle joue une animatrice radio nouvel âge dans *La conciergerie* (M. Poulette, 1997). Berryman tourne également en anglais, notamment dans *Wednesday's Children* (P. Gandol, 1987, c. m.), *Scanners II : The New Order* (C. Duguay, 1990), *The Wrong Woman*

(D. Jackson, 1994), *Dancing on the Moon* (K. Hood, 1996), *The Red Violin* (F. Girard, 1998), *You Can Thank Me Later* (S. Dotan, 1998), *Ladies Room* (G. Cristiani, 1999) et *The Pianist* (Claude Gagnon, 1991) où elle se glisse, tout naturellement, dans la peau d'une musicienne. Elle collabore à des courts métrages (*Un pied dans la tête*, C.-É. Savard, 1993; *À cœur découvert*, D. Boivin, 1997) et un moyen métrage (*The Rowboat Ride*, J. Fournier, 1996). (M. C.)

**BERTOLINO, Daniel,** réalisateur, distributeur, producteur (Eaubonne, France, 1942). Dès l'âge de dix-neuf ans, il se distingue en remportant le titre de lauréat Zellidja (Paris, 1961) pour un premier film documentaire tourné au Cameroun. C'est toutefois par l'émission *Caméra-Stop* (1965-1967) qu'il se fait connaître en France et au Canada, à travers une série de films tournés un peu partout autour du monde. En 1967, il s'installe à Montréal et fonde Les productions Via le monde avec son associé, François Floquet*. Dès lors, il réalise plusieurs films de la série *Plein feu l'aventure*, à laquelle travaillent également Nicole Duchêne*, Anik Doussau et Floquet. Pour les tournages de cette série, l'équipe parcourt le Moyen-Orient, le Pacifique et l'Amérique latine. Après *Nosotros Cubanos* (coréal. F. Floquet, 1970, m. m.), il réalise quatre des films de la série « Les primitifs », sur les Pygmées du Cameroun, les Kalash du Pakistan, les Kashkai d'Iran et les Papous de la Nouvelle-Guinée. *Ahô..., au cœur du monde primitif* (coréal. F. Floquet, 1976), qu'il réalise à partir du matériau tourné à cette occasion, remporte le prix du meilleur long métrage de non-fiction au Festival du film canadien.

Par ailleurs, Bertolino coréalise et coproduit des téléséries: *Poste frontière* (1974-1977), série de documents d'analyse politique, économique et sociale sur l'Amérique du Sud et le Moyen-Orient; *Laissez passer* (1974-1977), sur l'Europe de l'Est, l'Afrique du Nord et l'Extrême-Orient; *Défi* (1976-1977), collection de portraits de Québécois aux réalisations personnelles exceptionnelles. En 1978, il aborde la fiction dans la série *À cœur battant* (1978-1979), téléfeuilleton semi-dramatique dont les épisodes sont tournés au Pakistan, en Afghanistan, au Maroc, en Grèce et au Québec. Pour les jeunes, il crée la série *Les amis de mes amis*, qui porte sur les différents modes de vie des enfants à travers le monde. À l'occasion de l'Année internationale de l'enfance (1979), Bertolino est nommé directeur de l'information de l'UNICEF-Québec. À la même époque, il produit et supervise la réalisation d'un important documentaire sur Yasser Arafat (coréal. P. Henriquez, B. Drot et C. Galipeau, 1979, m. m.) pour la série « Les grands reportages » et signe la réalisation de *Anga Gaga Tongolo II* (1980, m. m.) pour la série « Le paradis des chefs ». Avec la série *Daniel Bertolino, l'exploration et vous* (1980-1982), ce sont les coutumes, les traditions et les problèmes sociopolitiques des régions les plus éloignées de la planète qu'il rend accessibles à son vaste auditoire. Au cours des années 1981 et 1982, il produit aussi la série « Légendes indiennes du Canada », dont les épisodes, tournés en Gaspésie, en Abitibi et dans le nord de l'Ontario, révèlent la richesse de la culture amérindienne. Cette série connaît immédiatement un succès international et est diffusée dans plus de vingt-cinq pays. L'épisode intitulé *Pitchi le rouge-gorge* (1982, m. m.), qu'il réalise, remporte le Grand Prix de l'UNESCO à Munich. Des accords de coproduction avec plus d'une quinzaine de pays permettent la mise sur pied de la série « Contes et légendes du monde » (1984-1987). En 1983, Bertolino signe *Cosquin 83* (coréal. F. Floquet), sur un festival de folklore tenu en Argentine. De 1984 à 1986, il se consacre entièrement à scénariser, produire et réaliser, en collaboration avec Daniel Creusot, les épisodes du « Défi mondial », série adaptée de l'essai de Jean-Jacques Servan-Schreiber. Ensuite, il produit et réalise *Ingénierie 100 ans* (1987, m. m.) et produit deux courts métrages de Richard Lavoie : *Le trésor de Maestro Lukas* (1986) et *Comment Samba devint vice-roi* (1987). Il revient à la réalisation en 1993 pour la série « Rêves d'Afrique ». À partir de 1990, Bertolino, moins actif qu'auparavant, continue de produire des séries pour la télévision. (M. L.-L.)

**BÉRUBÉ, Jocelyn,** acteur, musicien (Saint-Nil, 1945). À sa sortie du Conservatoire d'art dramatique, où il étudie de 1964 à 1967, il travaille au Théâtre populaire du Québec et participe à la fondation du collectif Le Grand Cirque ordinaire, avec, entre autres, Raymond Cloutier, Guy Thauvette et Paule Baillargeon. C'est ainsi qu'il débute au cinéma dans un documentaire sur cette troupe, *Le grand film ordinaire* (R. Frappier, 1970), et dans *Montréal blues* (P. Gélinas, 1971), filmé d'après une de leurs créations collectives. Il enchaîne en apparaissant dans *Et du fils* (R. Garceau, 1972), où il tient le rôle d'un violoneux, et dans *La conquête* (Jacques Gagné, 1972). Puis, Jacques Leduc lui donne un premier rôle, en plus de lui confier la création de la musique de *Tendresse ordinaire* (1973). Dans ce film, il campe un Gaspésien, « gars de bois » que son travail tient éloigné de la femme (Esther Auger) qu'il aime tendrement. Après avoir joué un dur dans *Gina* (D. Arcand, 1975), Bérubé est de nouveau violoneux dans *J. A. Martin photographe* (J. Beaudin, 1976). Il tient un autre premier rôle dans *L'homme à tout faire* (M. Lanctôt, 1980), où il est émouvant en campagnard naïf qui, fraîchement débarqué en ville, tombe amoureux d'une belle bourgeoise (Andrée Pelletier). Les réalisateurs mettent à contribution son physique terrien, sa diction singulière et ses talents de musicien.

PRINCIPAUX AUTRES FILMS : *L'absence* (B. Sauriol, 1975), *En plein cœur* (F. Dupuis, 1982, c. m.), *Une journée en taxi* (R. Ménard, 1982), *Les fous de Bassan* (Y. Simoneau, 1986), *Lamento pour un homme de lettres* (P. Jutras, 1988, c. m.), *La fille du maquignon* (Mazouz, 1990), *La fenêtre* (M. Champagne, 1992), *Le sexe des étoiles* (P. Baillargeon, 1993), *Le cri de la nuit* (J. Beaudry, 1996). (M. J.)

**BERVAL, Paul,** acteur (Longueuil, 1924). Formé dans les années 40 à l'école du cabaret, ce spécialiste du portrait-charge est pourtant capable, bien dirigé, de beaucoup de finesse. Berval est de la distribution d'une vingtaine de longs métrages. Cela va du *Gros Bill* (R. Delacroix, 1949) à *Équinoxe* (A. Lamothe, 1986), en passant par *Les lumières de ma ville* (J.-Y. Bigras, 1950), *Il était une guerre* (L. Portugais, 1958), *Deux femmes en or* (C. Fournier, 1970), *Le Martien de Noël* (B. Gosselin, 1970), *Fleur bleue* (L. Kent, 1970), *Les colombes* (J.-C. Lord, 1972) et *Le matou* (J. Beaudin, 1985). Faisons une place à part à *Jusqu'au cœur* (J. P. Lefebvre, 1968) où Berval joue le rôle de l'homme au marteau et à la faucille, aux *Plouffe* (G. Carle, 1981) où il reprend au grand écran le personnage créé à la télévision par son demi-frère, Rolland Bédard, celui d'Onésime Ménard, le chauffeur d'autobus, homme marié amoureux fou de Cécile Plouffe, à *Maria Chapdelaine* (G. Carle, 1983) où il incarne Éphrem Surprenant, et enfin, *Windigo* (R. Morin, 1994) où il campe un capitaine ivrogne et grincheux qui ne s'en laisse pas imposer par les beaux parleurs montés à bord de son bateau. (J.-M. P.)

**BESSE, Richard,** ingénieur du son (Montréal, 1942). Il fréquente l'École technique et acquiert une formation en météorologie pendant son engagement dans la RCAF. Étudiant, il travaille comme projectionniste, et c'est à ce titre qu'il est appelé à remplacer quelqu'un à l'ONF, en 1966. Il y demeure pour faire du repiquage sonore et, en 1973, il passe à la prise de son, qu'il pratiquait d'ailleurs occasionnellement depuis 1969. Il préfère le travail en documentaire (*Jean Carignan violoneux*, B. Gosselin, 1975; *La fiction nucléaire*, J. Chabot, 1978; *De Grâce et d'Embarras*, M. Carrière, 1979; *Fermont, P.Q.*, C. Perron et M. Fortier, 1980; *Alias Will James*, J. Godbout, 1988), mais travaille aussi en fiction (*Mario*, J. Beaudin, 1984; *La dame en couleurs*, C. Jutra, 1984; *Bayo*, M. Ransen, 1985; *Anne Trister*, L. Pool, 1986; *Le déclin de l'empire américain*, D. Arcand, 1986). Son expérience considérable en fait un des preneurs de son les plus actifs et il participe à la plupart des films importants produits ou coproduits par l'ONF pendant les années 90: *La vie fantôme* (J. Leduc, 1992), *Cap Tourmente* (M. Langlois, 1993), *Le sort de l'Amérique* (J. Godbout, 1996), *Le grand serpent du monde* (Y. Dion, 1998). En plus de plusieurs mises en nomination, il obtient le Moonsnail Award du Atlantic Film Festival en 1996 pour la prise de son du *Lien acadien* (M. Leblanc). Besse prend sa retraite en 1996.

PRINCIPAUX AUTRES FILMS: *Les vrais perdants* (A. Melançon, 1978), *Au pays de Zom* (G. Groulx, 1982), *Kalamazoo* (A. Forcier, 1988), *Apprendre... ou à laisser* (D. Beaudry, 1990), *Le sexe des étoiles* (P. Baillargeon, 1993), *La vie d'un héros* (M. Lanctôt, 1994), *Le jardin oublié-La vie et l'œuvre d'Alice Guy-Blaché* (M. Lepage, 1995). (A. D. et G. L.)

**BIGGS, Julian,** administrateur, producteur, réalisateur (Port Perry, Ontario, 1920 – Montréal, 1972). Diplômé en sciences économiques de l'Université de Toronto, il entre à l'ONF en 1950. En plus de vingt ans, il travaille à la réalisation ou à la production de quelque deux cent films, dont plusieurs remportent des prix au pays et à l'étranger. À ses débuts, il réalise *Oyster Man* (1950, c. m.), *The Son* (1951, c. m.), *Herring Hunt* (1953, c. m.) et *The Shepherd* (1955, c. m.). En 1954, il tourne six films pour la télésérie *On the Spot.* Entre 1955 et 1958, il produit la série « Perspective » pour laquelle il réalise sept courts métrages. Son portrait du successeur de Durham, *Lord Elgin* (1959, c. m.), obtient un tel succès que l'ONF décide de produire à sa suite une série de dix-huit films intitulée « The History Makers ». Biggs en produit seize et en réalise quatre. De 1960 à 1964, il parcourt le monde afin d'établir une comparaison entre les comportements de personnes de pays différents face à des situations analogues. Il en tire huit films de la série « Comparaisons ». Il réalise ensuite un étrange court métrage, *23 Skidoo* (1964), où il explore une grande ville d'Amérique du Nord vidée de tous ses habitants. De 1966 à 1968, il occupe le poste de directeur de la production anglaise. En 1970, dans la continuité de sa série sur les personnages qui ont marqué l'histoire canadienne, il tourne *A Little Fellow From Gambo* (m. m.), portrait de Joey Smallwood, premier ministre de Terre-Neuve au moment de l'entrée de cette province dans le Canada (B. L.)

**BIGRAS, Jean-Yves,** réalisateur, monteur, producteur (Ottawa, Ontario, 1919 – Montréal, 1966). Né dans une famille active dans le milieu du théâtre, il monte sur les planches dès l'âge de cinq ans. Après des études en génie, il est enrôlé comme aviateur durant la Seconde Guerre mondiale. À cette époque, il réalise des émissions de radio pour le recrutement. Démobilisé en 1942, il songe un temps à revenir au théâtre, mais il préfère retourner à Ottawa et entre à l'ONF, comme monteur et réalisateur, au début de 1943. Il travaille à la série « Canada Carries On » (aux courts métrages *Fashions by Canada* et *Science Goes Fishing*, deux films datant de 1946). On retient surtout sa participation au film pour enfants *The Boy Who Stopped Niagara* (L. McFarlane, 1947, m. m.) qu'il produit et monte. Il aimerait se consacrer au cinéma pour jeunes; il écrit d'ailleurs dans le magazine pour jeunes *François*. En 1946, il accède au poste de réalisateur *senior*; il est déjà un vétéran.

Déçu par le contexte de création de l'ONF et sollicité par Renaissance Films Distribution* qui cherche des réalisateurs d'expérience, il y entre en 1948 pour prendre en charge la section Renaissance Éduc qui doit produire des films et des disques éducatifs. Seuls verront le jour un disque de contes de Perrault et un court métrage, *Rhotomago le diablotin* (1949). Entre-temps, Renaissance met en chantier un long métrage, *Le gros Bill* (R. Delacroix, 1949); Bigras en est le directeur de production et réalise les séquences de bagarres et de drave. Fort de son expérience, il se sent prêt à réaliser seul un long métrage. Ce sera le film à chansons *Les lumières de ma ville* (1950). La critique se

Jean-Yves Bigras. (coll. CQ)

montre sévère, le public aussi. Renaissance cesse ses opérations. Bigras se tourne vers un autre projet : *La petite Aurore l'enfant martyre* (1951). Cette adaptation d'une pièce populaire est un triomphe et demeure le succès emblématique du cinéma québécois des années 50. Surgi des structures mentales profondes de la collectivité québécoise, ce film cristallise plusieurs données du Québec traditionnel et atteint presque ainsi le niveau du mythe. Bigras réalise ensuite un dernier long métrage en 1954 : *L'esprit du mal*, un autre mélodrame où s'affrontent méchants et victimes. Ce film médiocre consacre l'effondrement du long métrage québécois.

Sa carrière cinématographique s'arrête pratiquement en ce début des années 50 car, après un bref séjour à la radio, il entre à la télévision en 1952. Il devient un des principaux réalisateurs de Radio-Canada. Il n'a plus beaucoup de temps à consacrer au cinéma, mais il participe tout de même à un film d'Henri Michaud, *Merveille rurale* (1955, c. m.). Il mettra à profit sa connaissance du cinéma lorsque, à partir de 1962, il sera l'animateur du club Ciné 8 qui, dans le cadre de l'émission *Images en tête*, initie les jeunes aux techniques du cinéma 8 mm.

AUTRES FILMS : *Essouchement* (1945, c. m.), *The Modern Prospector* (1958, c. m.), *Le médecin vétérinaire, sa formation, sa profession* (1962, c. m.). (P. V.)

**BINAMÉ, Charles,** réalisateur, scénariste, acteur (Herve, Belgique, 1949). En 1971, après une année à l'UQÀM en communications, Biname entre à l'ONF comme assistant réalisateur. L'année suivante, il devient réalisateur à Radio-Québec et, en plus de signer des émissions de variétés, d'affaires publiques et culturelles, il tourne de nombreux documentaires dont des portraits de Denis Vanier, Jacques Languirand, Pierre Vallières ainsi que des peintres Emily Carr et Paul-Émile Borduas. Il quitte Radio-Québec en 1979 et amorce une florissante carrière de réalisateur dans le domaine de la publicité. En 1980, sans posséder de formation d'acteur, il obtient un premier rôle, celui d'Hyacinthe Bellerose, dans la télésérie *Les fils de la liberté*, une adaptation du roman historique *Le canard de bois* de Louis Caron. À cette époque, il tourne *Maia Fauve* (1980, c. m.), un documentaire sur les mythomaquillages de Mickie Hamilton. De 1986 à 1988, il s'établit à Londres et travaille comme réalisateur de publicité pour l'agence Challenge. À son retour à Montréal, tout en continuant dans le domaine publicitaire, il fait ses débuts de cinéaste de fiction avec le téléfilm *Un autre homme* (1991), l'histoire d'un premier ministre émasculé à la suite d'un accident, qui remet en question son rôle et ses fonctions publiques. Toujours pour la télévision, il signe la suite des *Filles de Caleb*, *Blanche* (1993), mettant en vedette Pascale Bussières, qui amorce, avec cette télésérie, une collaboration soutenue avec le réalisateur, autant à la télé qu'au cinéma. La série reçoit de nombreux prix dont sept Gémeaux et le Fipa d'or à Cannes pour la meilleure série dramatique. C'est en 1994 qu'il réalise son premier long métrage pour le cinéma, *C'était le 12 du 12 et Chili avait les blues*, dont l'action se situe en 1963, un soir de tempête dans une gare, où un vendeur itinérant (Roy Dupuis) fait la connaissance d'une jeune écolière désabusée (Lucie Laurier). Au même moment, il prépare un autre long métrage de fiction, *Eldorado* (1995), dont le scénario est basé sur un travail d'improvisation effectué par le cinéaste avec les comédiens du film et qui relate les destins croisés de plusieurs jeunes Montréalais. Biname retrouve quelques acteurs qu'il avait dirigés dans *Blanche*, Pascale Bussières, Pascale Montpetit et Robert Brouillette. Il revient à la télévision en 1996 et tourne une autre télésérie d'époque, *Marguerite Volant*, qui évoque les tensions entre les habitants de la Nouvelle-France et les Britanniques au moment de la Conquête. Pour son prochain long métrage, Biname s'associe à la scénariste Monique Proulx*. *Le cœur au poing* (1997) raconte les aventures de Louise, une jeune femme esseulée qui invente un jeu — offrir une heure de son temps à des inconnus — pour briser sa solitude et donner un sens à sa vie. Primé à Mons, Karlovy Vary et Vancouver, le film gagne également le Jutra de la meilleure actrice (Pascale Montpetit) et celui de la meilleure actrice de soutien (Anne-Marie Cadieux). En 1999, l'ONF lui propose de réaliser le film-anniversaire du 60e de l'institution. Dans la lignée d'*Eldorado* et *Le cœur au poing*, il tourne un autre film très urbain, *La beauté de Pandore* (2000), d'après un scénario de Suzanne Jacob. Vincent Taviani (Jean-François Casabonne), un homme à qui tout réussit, fait la rencontre d'une femme mystérieuse, Pandore (Pascale Bussières), une passion amoureuse qui bouleverse profondément sa vie bien rangée. (A. L.)

**BISSONNETTE, Sophie,** réalisatrice, monteuse, productrice (Montréal, 1956). Elle fait des études en cinéma à l'Université Queen's (Kingston). Elle travaille depuis 1978 comme recherchiste, scénariste, productrice, enseignante et réalisatrice ; elle est en outre active au sein de l'ARRFQ et dans le secteur de la distribution (Cinéma Libre). Elle défend et illustre un genre qui souffre aujourd'hui d'une certaine désaffection, le documentaire social engagé.

*Une histoire de femmes* (coréal. R. Duckworth et J. Rock, 1980), tourné pendant la grève des travailleurs de l'INCO à Sudbury, s'attarde avant tout à la participation des femmes à cette grève d'hommes. Cantonnées à des tâches auxiliaires, ces femmes prennent conscience d'avoir une double lutte à mener — aux côtés de leurs hommes contre la direction, mais aussi contre leur façon traditionnelle de mener une grève. Des documents d'archives, des photos, des extraits de mémoires de pionnières du Nouvel Ontario, des chansons et des sketches ponctuent et encadrent le récit de leur lutte. Monté sur le son, sur la voix parlée et chantée, le film est construit sur l'idée de l'évolution, du changement. « *Quel numéro what number?* » (1985), dont elle est la coproductrice, s'intéresse aux effets du « changement technologique » sur les conditions de travail de caissières de supermarché, secrétaires, employées des postes, téléphonistes. Le sujet est *a priori* plus aride, moins dramatique, et Bissonnette réutilise plus systématiquement les éléments spectaculaires que la réalité avait offerts dans *Une histoire de femmes* — sketches, chansons, parodies de procès — pour donner au documentaire des allures de comédie musicale. Alors que, traditionnellement, la caméra suit l'action, l'accompagne, à la limite y participe, ici parfois elle intervient et la suscite ; c'est pour le film que les caissières du supermarché composent et jouent leur chanson et que les téléphonistes écrivent et interprètent leur sketch. Le parti pris de privilégier le travail des femmes et leur point de vue sur le travail permet à Bissonnette de contribuer, avec un dynamisme allègre, au renouvellement du contenu et de la forme du documentaire engagé. *L'amour... à quel prix?* (1987) interroge le phénomène de la féminisation de la pauvreté en Amérique du Nord. Il est constitué de trois récits de vie entrecroisés, trois longs entretiens de femmes qui ont tout attendu du mariage, dont elles se faisaient l'image idéalisée des romans à l'eau de rose et des téléromans, et ont été déçues. Bissonnette poursuit son illustration du combat des femmes contre la dépendance et l'infériorisation, mais réduit ici volontairement la mise en scène au minimum pour simplement faire entendre une parole. En choisissant, avec *Des lumières dans la grande noirceur* (1991), de rendre hommage à une militante de quatre-vingt-six ans bien connue des milieux syndicaux et féministes, Léa Roback, Bissonnette rappelle trois quarts de siècle d'histoire sociale et politique du Québec, et du monde, puisque Roback évoque, entre autres, l'accession au pouvoir de Hitler et la guerre d'Espagne. La cinéaste élargit ainsi ses thèmes habituels dans le temps et dans l'espace. Syndicaliste, pacifiste, féministe, communiste, juive et fière de l'être, Léa Roback a participé et participe encore à tous les combats d'un siècle riche en bouleversements. Elle tient Bissonnette sous le charme au point que celle-ci néglige parfois — malgré une recherche dont témoignent des séquences d'archives peu ou pas utilisées auparavant — de demander à Roback de combler des lacunes de son récit. Cohérente, Bissonnette consacre ses films suivants à des sujets qui confirment la sincérité de son engagement, d'abord les obstacles auxquels font face les femmes sur le marché du travail dans *Le plafond de verre* (1992, c. m.), puis le rôle des sages-femmes et des maisons de naissance dans *Près de nous* (1997, m. m.), un documentaire dont elle est aussi la productrice. Dans la continuité d'*Une histoire de femmes*, après avoir tourné *Luttes d'ici, luttes d'ailleurs* (1982, m. m.), document de réflexion sur les relations et la solidarité internationales pour le compte de la CSN, elle réalise, dans le cadre d'une collection de films consacrés à la CSN, un documentaire sur la mémorable grève des travailleurs de l'amiante de 1949, *49 — Un souffle de colère* (1996, m. m.). (M. E. et M. C.)

**BLACKBURN, Marthe** (née **Morisset**), scénariste (Québec, 1916 – Montréal, 1991). Pendant longtemps, elle écrit des textes pour la télévision. La série « En tant que femmes » l'amène à collaborer à la réalisation collective du film *À qui appartient ce gage?* (1973) et, surtout, à présenter un scénario de fiction, écrit avec Jeanne Morazain, intitulé *Les saintes martyres canadiennes*. Cet éloge à la dignité des femmes du Québec à travers l'histoire de leurs servitudes deviendra *Les filles du roy* (A. C. Poirier*, 1974, m. m.). Blackburn adapte

Marthe Blackburn.

ensuite un scénario de Louise Carré pour élaborer un témoignage émouvant sur l'avortement, *Le temps de l'avant* (A. C. Poirier, 1975). Elle retrouve la structure éclatée de son premier scénario dans un manifeste incontournable sur le viol, *Mourir à tue-tête* (A. C. Poirier, 1979). Elle fournit par la suite une réflexion douce-amère sur le déclin d'une génération, malheureusement envisagée à travers trop de personnages, dans *La quarantaine* (A. C. Poirier, 1982). Enfin, toujours avec Anne Claire Poirier, elle scénarise le téléfilm *Salut Victor!* (1988), d'après une nouvelle d'Edward O. Phillips, racontant l'amitié entre deux vieillards qui se rencontrent dans une maison de retraite pour gens riches. Blackburn intègre ses recherches personnelles et utilise toutes les ressources disponibles pour étayer son propos. Par exemple, dans *Mourir à tue-tête*, elle utilise la fiction pour faire ressentir le viol et ses répercussions du point de vue de la victime, de même que des documents d'archives et l'intervention directe d'autres personnages pour expliquer les causes politiques du viol. La distanciation qu'elle exerce participe moins d'une certaine conscience du cinéma qu'elle ne sert l'analyse du sujet traité. Cette analyse ne se fait jamais au détriment des émotions. D'ailleurs, Blackburn résume son étroite collaboration avec Anne Claire Poirier par la formule « mon lyrisme et sa lucidité », qui caractérise très bien leur cinéma. Elle collabore aux scénarios de deux films d'animation de Francine Desbiens : *Ah! vous dirai-je maman* (1985, c. m.) et *Dessine-moi une chanson* (1990, c. m.). (H.-P. C.)

Maurice Blackburn. (coll. ACPQ)

**BLACKBURN, Maurice,** musicien, réalisateur (Québec, 1914 – Montréal, 1988). Il étudie en musique à l'Université Laval et au Conservatoire de la Nouvelle-Angleterre, à Boston, puis entre à l'ONF en 1942. Après la guerre, il étudie la composition avec Nadia Boulanger. Doyen des musiciens de films de l'ONF, il se révèle un expérimentateur infatigable et un compositeur prolifique. Auteur des trames sonores et musicales de dizaines de films, il travaille autant en documentaire qu'en animation, de même qu'à des longs métrages dramatiques. Pendant plus de trente ans, il collabore avec Norman McLaren, pour lequel il compose notamment les musiques des courts métrages *A Phantasy* (1952), *Blinkity Blank* (1955), *Le merle* (1958), *Ligne verticale* (coréal. É. Lambart, 1960), *Pas de deux* (1967) et *Narcissus* (1983). Il écrit également la partition musicale des *Mains nettes* (C. Jutra, 1958), *Les petites sœurs* (P. Patry, 1959, m. m.), *La canne à pêche* (F. Dansereau, 1959, c. m.), *Jour après jour* (C. Perron, 1962, c. m.), *Les filles du roy* (A. C. Poirier, 1974, m. m.), *Mourir à tue-tête* (A. C. Poirier, 1979) et *Cordélia* (J. Beaudin, 1979). En 1969, il réalise et produit le court métrage *Ciné-crime* avec l'écran d'épingles Alexeïeff-Parker. Il reconstitue un fait divers en utilisant la bande sonore comme principal support à la narration.

Sa musique, très diversifiée, puise autant aux sources folkloriques qu'à celles du néoclassicisme moderne et de la musique actuelle. Blackburn souligne la manière paradoxale dont l'activité musicale est organiquement liée à l'ensemble des éléments audiovisuels. Il admet qu'il a « souvent l'impression d'exercer son métier sans pourtant se satisfaire pleinement » comme musicien. Et il considère que la musique de film est inséparable de l'œuvre cinématographique. « C'est peut-être parce que je conçois le cinéma comme un opéra qu'il m'est difficile de penser aux images, aux bruits, au commentaire, à la musique, comme si ces éléments pouvaient être compartimentés, isolés les uns des autres. » Blackburn obtient le prix Albert-Tessier en 1983.

BIBLIOGRAPHIE : BLACKBURN, Marthe,

BLACKBURN, Maurice et Norman McLAREN, *Six formes musicales audiovisuelles*, Jeunesses musicales du Canada, Montréal, 1967. DISCOGRAPHIE : *Six formes musicales*, Jeunesses musicales du Canada, Club du Disque, CDJMC-7, 1967 • *Musiques de l'ONF volume I*, ONF, Montréal, 1977 • *Bande originale de Narcissus* (Norman McLaren), *Séquences*, n° 115 (disque complétant le dossier Maurice Blackburn), 1984. (R. L.)

**BLAIS, Gilles,** réalisateur, assistant réalisateur (Rimouski, 1941). Il entre à l'ONF en 1965 et y travaille comme assistant réalisateur, notamment aux côtés de Jean Pierre Lefebvre (*Jusqu'au cœur*, 1968) et de Jean Beaudin (*Vertige*, 1969, m. m.). En 1968, il tourne ses premiers films dans les séries « Vocabulaire » et « Jeux de communications ». Trois ans plus tard, il réalise *Heureux comme un poisson dans l'eau* (t. c. m.) et *Esquimaux* (m. m.). Dans les deux cas, il se pose en observateur, d'abord de l'agonie d'un poisson, puis du mode de vie d'une famille inuit de Pelly Bay. La narration de ce dernier film précise que les Inuits agissent naturellement, sans la moindre intervention de l'équipe de tournage. De 1971 à 1974, il met sur pied une unité de vidéos pour un projet de vulgarisation agricole en Tunisie. De 1977 à 1978, il agit à titre de conseiller à la production de huit films sur les établissements humains, tournés en Afrique pour la Conférence des Nations unies. Il poursuit sa démarche d'observation avec un sujet plus controversé, donnant, alors que le nationalisme québécois semble à son apogée, la parole à certains leaders de la communauté anglo-québécoise : *Le journal de Madame Wollock* (1979, c. m.) reprend les éditoriaux revendicateurs de la propriétaire de l'hebdomadaire *The Suburban*, Sophie Wollock, et donne une tribune à son fils qui procède à une analyse purement raciste du Québec contemporain. Cette fois, la volonté de non-intervention de Blais crée un malaise. Puis, il consacre un film aux disciples de Krishna, *Les adeptes* (1981). Par le biais de l'enquête qu'il mène sur cette secte, il montre une jeunesse confuse, à la recherche de sa spiritualité. Il tourne ensuite un essai cinématographique, *Les illusions tranquilles* (1984, m. m.). Ce journal pessimiste de l'après-référendum fait en quelque sorte écho aux propos des Wollock. Blais choisit d'y faire entendre sa voix, discrètement, à travers celles des gens du Bic alors en pleine élection municipale. Ce film, plus personnel que les précédents, le prépare à une incursion du côté de la fiction. Il tourne un des épisodes de la série « La bioéthique : une question de choix », *La vieille dame* (1986, c. m.), l'histoire d'une vieille femme (Mimi d'Estée) abandonnée par les siens et qui dépérit en milieu hospitalier. Comme le poisson d'*Heureux comme un poisson dans l'eau*, il la montre qui avance inéluctablement vers la mort. Il tourne ensuite *Joseph K. L'homme numéroté* (1990, m. m.), fiction documentée d'inspiration kafkaïenne qui présente un homme littéralement sous surveillance (Paul Savoie), victime de la prolifération des banques de données. Le cinéaste le suit à la trace, exagérant au besoin les menaces faites à la vie privée des citoyens. S'intéressant ensuite, dans *Les fiancés de la tour Eiffel* (1993), à un groupe de déficients mentaux qui participent à une création théâtrale qu'ils vont présenter en France, il se rapproche d'eux et se montre attentif à leurs efforts créatifs comme à leurs amours. Le film remporte le prix du public à Rouyn-Noranda puis un prix dans le cadre de Hot Docs (Toronto). Dans la continuité de la réflexion politique entreprise dans *Les illusions tranquilles*, Blais consacre un documentaire au référendum québécois de 1995, *Le grand silence* (1997, m. m.) où il oppose non seulement les points de vue des francophones et des anglophones mais aussi ceux de générations différentes, prenant lui-même la parole puisqu'il écrit une lettre à son fils. Il aura amorcé sa réflexion sur le nationalisme québécois avec les inquiétudes de la population anglophone, enchaîné avec ses propres doutes et bouclé la boucle en se tournant vers la génération suivante. Il quitte l'ONF en 1997. En fiction comme en documentaire, Blais se montre très respectueux des sujets filmés. (M. C.)

**BLAIS, Roger,** réalisateur, administrateur, producteur, scénariste (Giffard, 1917). Formé à l'École des beaux-arts de Québec, il y enseigne avant d'être mobilisé. Il entre à l'ONF en février 1945 et occupe différents postes : cinéaste d'animation, scénariste, producteur, réalisateur. Son premier film, *Fridolinons* (1945, m. m.), capte la troupe de Gratien Gélinas au travail. Il participe, à divers titres mais excluant la réalisation, à la série « Les reportages ». Comme il est alors difficile de travailler exclusivement en français à l'ONF, Blais est bientôt obligé de tourner en anglais. D'ailleurs, jusqu'à sa retraite, il alternera d'une langue à l'autre. Il n'en sera pas moins directeur de la production française pendant trois ans et jouera un rôle actif dans la revendication pour une équipe française autonome. Réalisateur polyvalent, comme tous ceux de sa génération qui ont fait carrière à l'ONF, Blais aborde tous les sujets : sport, tourisme, industrie, géographie... Mais il s'intéresse plus particulièrement aux arts et à la culture. Il participe à plusieurs séries : « En avant Canada », « Canadian Talent Showcase », « Horizon », etc. Souvent, ses films sont d'une facture conventionnelle. Toutefois, il est particulièrement à l'aise dans les fictions documentaires comme *Vers l'avenir* (1947, c. m.), *Midinette* (1954, c. m.) ou *Les aboiteaux* (1955, c. m.). Avec les années 60, sa carrière se réoriente vers la production et l'administration. Mais il lui arrive encore de réaliser, notamment un beau portrait de musicien, *Bonsoir, monsieur Champagne* (1964, c. m.). Il s'intéresse à l'anthropologie et réalise, aux États-Unis, un long métrage documentaire sur les Papous : *Stone Age to Atom Age* (1961). Il travaille aussi à la production de longs métrages pour le secteur privé : *Trouble-fête* (P. Patry, 1964) et *Le coup de grâce* (J. Cayrol, 1964), une coproduction. Détaché auprès d'Expo 67 pour s'occuper de la production audiovisuelle, il revient à l'ONF en 1968 et occupe divers postes administratifs. Le goût de réaliser le tenaille encore, même si l'environnement créatif de l'ONF a changé. Son dernier film est un hommage chaleureux à l'homme qui l'engagea à ses débuts : *Grierson* (1973) rappelle la carrière de ce cinéaste dont l'influence sur le documentaire mondial est déterminante. Il est le père du réalisateur-explorateur Marc Blais (*Mes voyages en Canada de Jacques Cartier*, 1983 ; *Torngat*, 1984 m. m.), et du producteur de films d'animation Pascal Blais dont la compagnie se spécialise surtout en publicité.
AUTRES FILMS : *La manne bleue* (1945, c. m.), *Saguenay* (1947, c. m.), *De père en fils* (1951, m. m.), *Côté cour... côté jardin* (1953, c. m.), *Each Man's Son* (1953, c. m.), *Magic Mineral* (1959, c. m.), *Angkor, The Lost City* (1961, c. m.), *Terra Nova* (1963, c. m.). (P. V.)

**BLANCHARD, André,** réalisateur, producteur, scénariste (Saint-Vincent-de-Paul, 1951).

Après avoir étudié la direction de la photographie en Belgique, il revient au Québec et réalise plusieurs documentaires pour la télévision, en Abitibi. Abordant ensuite le cinéma de fiction, il reste préoccupé par les problèmes des gens de cette région et prône une production indépendante. En 1976, avec 12 000 $, il produit et réalise *Beat*. Le film montre la vie d'un jeune homme que le chômage pousse à devenir vendeur de drogue. Placé devant un difficile choix amoureux, il choisit de partir avec l'une plutôt que de rester dans sa région avec l'autre. *L'hiver bleu*, réalisé en 1979, poursuit la même réflexion. On y suit l'évolution de deux sœurs : l'une choisit l'engagement politique dans le but de changer la réalité régionale, tandis que l'autre fuit cette réalité en partant en voyage. De 1979 à 1983, Blanchard scénarise et réalise des émissions pour Radio-Québec, dans la région du Bas-Saint-Laurent. Travaillant ensuite à divers scénarios, il termine en 1987, à Paris, des études doctorales sur « le cinéma régional dans le cinéma québécois ». Il donne ses lettres de noblesse au cinéma régional en obtenant, avec *L'hiver bleu*, le Prix de la critique québécoise en 1979 et le Ducat d'or au Festival de Mannheim, la même année. En 1991, Blanchard termine *Alisée*, une comédie racontant l'histoire d'une jeune Française qui, sur les traces d'un père qu'elle n'a jamais connu, se lie à un amnésique. Coproduit avec la France, *Alisée* est un échec commercial. Blanchard se tourne vers l'enseignement et devient professeur de cinéma et de multimédia à l'Université du Québec à Rouyn-Noranda. Il publie trois romans policiers racontant les aventures du détective Le Garett. (G. L.)

**BLANCHARD, Claude,** acteur (Joliette, 1932). Artiste de cabaret, longtemps associé aux émissions de variétés de la télévision privée, Blanchard a une tête de cinéma, de celles qui permettent, avec beaucoup d'économie, sans effort apparent, d'établir un personnage. Pourtant, l'acteur n'arrive au cinéma que dans la quarantaine. Il y décline toute la gamme des hommes louches. Alors qu'il surjoue, exceptionnellement, dans *Mustang* (M. Lefebvre, 1974) où il est le maire, d'une grande duplicité, de Saint-Tite, ville western, il impose son style de jeu dans *Gina* (D. Arcand, 1975), en rendant le double visage d'un homme sûr de lui, artisan d'un viol collectif. Il tient un petit rôle, quelques années plus tard, dans un autre film d'Arcand, *Jésus de Montréal* (1989). On associe souvent Blanchard au monde interlope, à la criminalité, notamment dans *Doubles jeux* (B. Sauriol, 1990) et dans *On Dangerous Ground* (L. G. Clark, 1995) où il est Don Giovanni. Dans *Fantastica* (G. Carle, 1980), violent, une fois de plus, quoique au service de l'écologie, il est gêné par un niveau de langue affecté qui ne le sert pas. Dans *Rafales* (A. Melançon, 1990), il rend très bien la double vie de son personnage, grand-père attentionné et criminel rusé. Blanchard et Melançon tournent ensuite *Nénette* (1991). C'est encore un personnage de pégreux, dans la série *Omertà, la loi du silence*, attachant et redoutable, qui donne un nouveau souffle à sa carrière au milieu des années 90. Jean Pierre Lefebvre lui demande quant à lui l'impossible dans *Aujourd'hui ou jamais* (1998), jouer Napoléon, le père d'Abel (Marcel Sabourin, dont il est tout juste l'aîné), de retour au Québec après une absence de cinquante ans. Blanchard retrouve un milieu qui lui est familier, celui du spectacle et des tournées, dans *Madame la Bolduc* (I. Turcotte, 1992). (M. C.)

**BLUTEAU, Lothaire,** acteur (Montréal). Étudiant, il abandonne la médecine pour l'art dramatique. Après quelques années de travail au théâtre et à la télévision, on le voit d'abord dans *Bleu brume* (B. Sauriol, 1982, c. m.). Il poursuit avec de petits rôles dans *Rien qu'un jeu* (B. Sauriol, 1983), *Les années de rêves* (J.-C. Labrecque, 1984) et *Sonia* (P. Baillargeon, 1986, m. m.). Puis, dans *Les fous de Bassan* (Y. Simoneau, 1986), il tient un premier vrai rôle, celui d'un jeune attardé mental, Perceval, qui se révèle le personnage le plus lucide du récit. La fragilité de Bluteau et son jeu intériorisé donnent à Perceval une dimension impressionnante qui dépasse l'importance réelle du personnage dans l'histoire. Il enchaîne avec une série de premiers rôles. Partenaire de Carole Laure dans les envolées érotiques de *La nuit avec Hortense* (J. Chabot, 1988), il est voleur de tableaux dans *Bonjour Monsieur Gauguin* (J.-C. Labrecque, 1988) et un mari qui a tué sa femme par amour dans *Mourir* (F. Girard, 1988, c. m.). Sa prestation en Christ contemporain dans *Jésus de Montréal* (D. Arcand, 1989) lui vaut le Génie du meilleur interprète masculin. Il poursuit dans cette veine mystique en incarnant un jésuite dans *Black Robe* (B. Beresford, 1991), puis un musicologue dans *L'ange de la musique* (1992) du Polonais Krzysztof Zanussi. Pour l'acteur, ce dernier film marque d'ailleurs le début d'une carrière internationale qui passe par la Grande-Bretagne (*Orlando*, S. Potter, 1992; *Bent*, S. Mathias, 1997), les États-Unis (*I Shot Andy Warhol*, M. Harron, 1996; *Other Voices, Other Rooms*, D. Rocksavage, 1997) et le Canada anglais (*Dead Aviators*, D. Wellington, 1998; *Conquest*, P. Haagard, 1998). Au Québec, on ne le verra plus que dans *Le confessionnal* (R. Lepage, 1995), où il interprète avec flegme un homme enquêtant sur le passé de sa famille. (M. J.)

**BOBET, Jacques,** producteur, réalisateur, scénariste (Saumur, France, 1919 – Montréal, 1996). Après avoir enseigné la littérature et la philosophie, Bobet effectue un stage en audiovisuel aux États-Unis. C'est là que l'ONF le contacte en 1947 pour qu'il entre à son service. Il est bientôt responsable des versions françaises, qui prennent une place de plus en plus importante par rapport aux productions originales en français. Jusqu'en 1956, il contribue à plus de cinq cents versions tâchant, selon son expression, de les rendre meilleures que les versions originales.

Il commence aussi à réaliser, soit des adaptations de films anglophones (les séries « Mécanismes mentaux », 1948-1949; « Pour ou contre », 1955; « Qu'en pensez-vous? » 1955; ou « Le Canada en guerre », 1962), soit des films de commandite (*Les abeilles et la pollinisation*, 1957, c. m.), soit des sujets personnels. Son film le plus accompli, *Les femmes parmi nous* (1961, m. m.), porte sur l'émancipation de la femme dans la société contemporaine.

Mais c'est surtout comme producteur qu'il fait sa marque. Il prend la direction, en 1956, du deuxième studio francophone qui, outre les versions françaises, produit des films originaux. C'est là que se seront réalisés par exemple *La France sur un caillou* (C. Fournier et G. Groulx, 1961, c. m.) ou *La lutte* (M. Brault, C. Fournier, C. Jutra et M. Carrière, 1961, c. m.). Ouvert aux expériences nouvelles et voulant rompre avec la pesanteur traditionnelle de l'ONF, il accueille des cinéastes tels Groulx, Carle, Perrault et Poirier. Il soutient la série « La femme hors du foyer ». Il va surtout jusqu'à permettre le détournement de projets.

C'est ainsi que Groulx pourra réaliser *Le chat dans le sac* (1964). En 1964, lors de la création de la Production française, Bobet est un des quatre producteurs exécutifs. Il est bientôt en désaccord avec la direction et publie, en 1966, un bilan-réquisitoire dans *Liberté*, revue dont il est membre. La situation s'améliorant, il retourne à la réalisation avec un sujet qui l'intéresse, le sport : *Jeux de Québec 1967* (1967, c. m.), *9 minutes* (coréal. T. Vamos, 1967, c. m.), *Étude en 21 points* (1968, c. m.) et *Ousque tu vas de même* (1973, m. m.). De 1968 à 1970, il assurera en outre la direction du comité du programme français puis celle du programme cinéma-sports. L'ONF met sur pied, en 1973, une série de quinze films pour l'enseignement des langues secondes : « Toulmonde parle français » ; Bobet obtient la responsabilité de cette production. La série comprend plusieurs courts et moyens métrages de fiction fort intéressants : trois films pour enfants d'André Melançon (*Les tacots*, 1974, c. m. ; *« Les oreilles » mène l'enquête*, 1974, c. m. ; *Le violon de Gaston*, 1974, c. m.), deux films d'André Théberge (*La dernière neige*, 1973, c. m. ; *Un fait accompli*, 1974, c. m.), et un de Jean Beaudin (*Par une belle nuit d'hiver*, 1974, c. m.). Lorsque l'ONF obtient le mandat de tourner le film officiel des Jeux olympiques (*Jeux de la XXI^e Olympiade*, J.-C. Labrecque, J. Beaudin, M. Carrière et Georges Dufaux, 1977) et des autres films qui y sont rattachés, personne n'est mieux placé que Bobet pour en assurer la production. Cette expérience sera mise à profit pour le long métrage sur les Jeux du Commonwealth (*Edmonton... et comment s'y rendre*, réalisation collective, 1979). Une fois cette tâche accomplie, Bobet revient à la production régulière : une vingtaine de films jusqu'à sa retraite. Bénéficiant du prestige attaché

Jean-Claude Labrecque et Jacques Bobet. (Véro Boncompagni)

à son statut de doyen des producteurs, il peut se réserver surtout des longs métrages et travaille principalement avec des cinéastes qu'il connaît bien : Pierre Perrault (*Le pays de la terre sans arbre ou le Mouchouânipi*, 1980 ; *La bête lumineuse*, 1982) ; Jacques Godbout (*Deux épisodes dans la vie d'Hubert Aquin*, 1979, m. m. ; *Distorsions*, 1981, m. m. ; *Un monologue Nord-Sud*, 1982, m. m.) ; Jean-Claude Labrecque (*La nuit de la poésie 28 mars 1980*, coréal. J.-P. Masse, 1980 ; *Marie Uguay*, 1982, m. m.) ; Jacques Leduc (« Chronique de la vie quotidienne », 1977-1978 ; *Albédo*, coréal. Renée Roy, 1982, m. m.) ; Georges Dufaux (« Les enfants des normes », 1979 ; *Les enfants des normes — POST SCRIPTUM*, 1983). Après sa retraite, il scénarise *La grenouille et la baleine* (J.-C. Lord, 1988), un film pour enfants racontant l'histoire d'une petite fille vivant en harmonie avec la nature.

L'éventail des films que Bobet a produits

donne un peu la mesure de son talent. Durant vingt ans, il est le maître des versions ; cela ne l'empêche pas d'accueillir des projets qui sont le plus souvent des films d'auteurs. Durant les quinze années suivantes, si l'on excepte les films à sujets sportifs, il continuera de privilégier un cinéma personnel. S'il se montre plutôt un honnête réalisateur, il se révèle surtout un producteur avisé, stimulant. Son humour, son goût du paradoxe et de la formule contribuent certainement à l'originalité des films qu'il produit. (P. V.)

**BOISVERT, Jean,** réalisateur, assistant réalisateur, monteur, producteur (Montréal, 1923 – 1991). Son cours classique à peine terminé, il s'engage dans la jeune industrie du cinéma qui s'implante au Québec durant les années 40. Il entre d'abord à Québec Productions*, où il participe au montage de *La forteresse* (F. Ozep, 1947). Devenu un des techniciens réguliers de la compagnie, il participe à presque tous les films qu'elle produit, cumulant souvent plusieurs fonctions : monteur, assistant réalisateur, directeur de production. Artisan polyvalent, sa compétence est reconnue et recherchée. Ses talents de monteur sont mis à profit dans *Le gros Bill* (R. Delacroix, 1949) et *Tit-Coq* (G. Gélinas et R. Delacroix, 1953). Il est assistant réalisateur de *Sins of the Fathers* (R. Jarvis et P. Rosen, 1948) et de *La Petite Aurore l'enfant martyre* (J.-Y. Bigras, 1951). On fait même appel à lui pour travailler à la production du film qu'Otto Preminger tourne au Québec, *The 13th Letter* (1951) ; le film bénéficie des services de Québec Productions.
Boisvert entre à Radio-Canada comme réalisateur en 1951, avant l'effondrement de l'industrie du cinéma qui survient en 1954. Pendant un certain temps, il mène de front les deux carrières. Il réalise notamment plusieurs dramatiques et des téléromans pour la télévision. Il retourne au secteur privé, travaillant d'abord chez Réal Benoît Films et Niagara Films, puis en publicité. En 1970, il fonde sa propre compagnie qui se charge de distribution, de doublage et de réalisation pour la télévision, notamment pour la série *Les grands esprits*, dans les années 80. La carrière de Boisvert est caractéristique de celle de ces pionniers du cinéma québécois qui se tournent vers la télévision et pour qui le professionnalisme est la qualité première.
AUTRES FILMS COMME MONTEUR : *Un homme et son péché* (P. Gury, 1949), *Le curé de village* (P. Gury, 1949), *Séraphin* (P. Gury, 1950). (P. V.)

**BOLDUC, Mario,** réalisateur, scénariste (Beauceville, 1953). *La nouvelle vendeuse* (1976, m. m.), un film tendre et attachant sur le quotidien d'une jeune femme ordinaire, le fait connaître. Son film suivant, *Un grand logement* (1977), traite des problèmes du logement dans la région de Lévis. Il poursuit avec un film tourné à Toronto, *Spadina* (1979, m. m.), qui s'intéresse à la présence francophone en Ontario, puis il réalise *Le shift de nuit* (1980), qui aborde ses thèmes favoris : la vie de couple, le logement, le chômage. En 1987, il entre à Téléfilm Canada qu'il quitte en 1991 pour réaliser *Repas compris* (1993, c. m.), film traitant de l'hypocrisie dans les relations humaines. L'AQCC lui attribue le prix Normand-Juneau. Trois ans plus tard, il poursuit dans cette veine satirique en réalisant *L'oreille d'un sourd* (1996), film qui met en scène des personnages dont l'inhumanité n'a d'égale que les bassesses nécessaires pour s'enrichir à tout prix sur fond de bingo et de pèlerinage frauduleux. Il collabore comme scénariste à diverses téléséries. (A. B.)

**BONIN, Claude,** producteur, administrateur (Montréal, 1948). Ses études aux H.E.C. terminées, il travaille en administration avant de faire ses débuts au cinéma à l'ACPAV. À partir de 1973, il participe à titre de régisseur de plateau puis de directeur de production, à plusieurs longs métrages de fiction, films éducatifs et documentaires. Il s'occupe notamment de la régie de deux films de Jean-Claude Lord (*Panique*, 1977; *Éclair au chocolat*, 1978), et est directeur de production pour *Lutineige* (F. Labonté, 1976, c. m.) et *Les grands enfants* (P. Tana, 1980). De 1977 à 1979, il est recherchiste et collabore à des stages de formation dans le cadre du projet Santé Afrique de l'ONF, qui vise à utiliser le film à des fins pédagogiques dans certains pays africains. Il entre à l'IQC en 1979. La première année, il y est conseiller à la production. Il occupe ensuite, pendant deux ans, le poste de directeur du secteur de la production.

En 1982, il fonde Les films Vision 4 avec François Labonté, André A. Bélanger et Monique H. Messier. Il y produit *Les années de rêves* (J.-C. Labrecque, 1984), *Pellan* (A. Gladu, 1986), *Des amis pour la vie* (A. Chartrand, 1988) et deux longs métrages de François Labonté, *Henri* (1986) et *Gaspard et fil$* (1988). Il est à l'origine de la production de *Pouvoir intime* (Y. Simoneau, 1986), coproduit avec l'ONF. La même année, il est producteur associé d'*Anne Trister* (L. Pool), une autre coproduction de l'ONF et des films Vision 4. Il coproduit aussi *Candy Mountain* (R. Frank et R. Wurlitzer, 1987), avec la Suisse et la France. Son activité se poursuit avec *Bonjour Monsieur Gauguin* (J.-C. Labrecque, 1989), *Simon-les-nuages* (R. Cantin, 1990), *Le grand zèle* (R. Cantin, 1992), *La Florida* (G. Mihalka, 1993) et *Matusalem* (R. Cantin, 1993). Bonin est aussi producteur exécutif de *Cuervo* (C. Ferrand, 1989), *Un léger vertige* (D. Poitras, 1991) et de la télésérie *Super sans plomb*. En marge de son travail aux films Vision 4, il est producteur délégué, en 1984, de *La guerre des tuques* (A. Melançon). Pour Les productions Vidéofilms, il produit aussi deux films de Robert Ménard: *Cruising Bar* (1989) et *Amoureux fou* (1991). De 1993 à 1996, il occupe le poste de directeur général du programme français de l'ONF, écopant alors de la difficile tâche de gérer la décroissance de l'organisme. Il retourne ensuite à la production privée, travaillant cette fois à des téléséries: *Le Polock* (R. Ménard, 1997) et *Omertà, le dernier des hommes d'honneur* (G. Mihalka, 1999). Au cours des années 80, Bonin a été l'un de ceux qui ont modifié les rouages du cinéma québécois en l'axant davantage vers un cinéma de producteur. Son frère, Jacques Bonin, est aussi producteur (*Le dernier des Beauchesne*, R. Cantin, 1997; *Le dernier souffle*, R. Ciupka, 1999). (J. P.)

**BONNIER, Céline,** actrice (Lévis). Formée en musique et au Conservatoire d'art dramatique, Bonnier, très active au théâtre, apparaît au cinéma comme une jeune femme sensuelle, déterminée, au regard franc, dont on exploite volontiers le physique et qu'on filme souvent au lit. Elle tourne d'abord dans une adaptation d'une pièce mise en scène par Robert Lepage qu'elle a interprétée sur scène, *Tectonic Plates* (P. Mettler, 1991). Par la suite, dans *Le vent du Wyoming* (A. Forcier, 1994), elle joue, avec beaucoup d'aplomb, une grosse fille sans éclat qui devient mince et anorexique pour séduire un auteur français puis s'abîme dans le mysticisme. Dans *Le sphinx* (L. Saïa, 1995), sauvage, nerveuse, elle est une danseuse et chanteuse de cabaret qui arrache un homme à sa vie monotone et l'entraîne dans la sienne, nocturne, imprévisible. Solide, très présente à l'écran, elle donne sa meilleure performance dans *Caboose* (Richard Roy, 1996), en future policière incapable de tirer qui s'éprend de celui qui l'engage pour le tuer. Elle endosse ensuite l'uniforme militaire, lesbienne au tempérament volontaire conviée sous un faux prétexte à une réunion de famille dans *Les muses orphelines* (R. Favreau, 2000). Bonnier tourne également en anglais, à la télévision (*Million Dollar Babies*, *The Hunger*) et au cinéma avec *The Assignment* (C. Duguay, 1997) où, une fois encore, lascive, hispanique, on lui demande de faire l'amour. (M.C.)

**BONNIÈRE, RENÉ,** monteur, réalisateur, scénariste (Lyon, France, 1928). Assistant-monteur d'Henri Colpi, puis assistant réalisateur de Maurice Cazeneuve et de Marcel Bluwal pour leurs dramatiques de télévision, il réalise trois courts métrages et quelques commerciaux avant de quitter la France pour les États-Unis et, finalement, le Canada (1955). Engagé, à Ottawa, par Crawley Films, il est d'abord monteur (*Legend of the Raven*, J. Crawley, 1957, c. m.) puis, à partir de 1957, réalisateur de très nombreux courts et longs métrages, dont plusieurs sont destinés à la télévision. Le nom de Bonnière est lié au cinéma québécois essentiellement à cause de sa présence à titre de réalisateur de la série « Au pays de Neufve-France », treize courts métrages préparés en étroite collaboration avec Pierre Perrault* et qui marquent les véritables débuts cinématographiques de ce dernier. Après avoir tourné un film-pilote remarquable (*La traversée d'hiver à l'île aux Coudres*, 1957, c. m.), Bonnière, Perrault et un cameraman s'installent à Baie-Saint-Paul, à l'automne de 1958, et tournent trente mille mètres de pellicule au cours des douze mois suivants. La série est diffusée par Radio-Canada à l'été de 1960 et connaît beaucoup de succès. Bonnière tourne également un long métrage de fiction au Québec : *Amanita Pestilens* (1963), une comédie de mœurs qui conte les malheurs d'un banlieusard (Jacques Labrecque), dont la pelouse est envahie par les champignons, sous le regard enjoué de sa fille (Geneviève Bujold). Par la suite, il fait surtout carrière à Toronto, et presque exclusivement pour la télévision. Il tourne plusieurs séries : *The Collaborators* (1974), *Sidestreet* (1978-1979) et *The Little Vampire* (1986). (R. D.)

**BORDELEAU, Bernard,** monteur sonore (Ottawa, Ontario, 1928). Après cinq ans dans la fonction publique fédérale (au ministère des Affaires extérieures), il passe à l'ONF en 1952. Pendant plus de trente-cinq ans, il œuvre dans le secteur du montage et des effets sonores. Il suit donc pas à pas les nombreuses étapes de l'évolution technologique du métier. Son nom apparaît au générique d'au moins mille deux cent cinquante productions de l'ONF, parmi lesquelles on compte *Les mains nettes* (C. Jutra, 1958), *Golden Gloves* (G. Groulx, 1961, c. m.), *60 cycles* (J.-C. Labrecque, 1965, c. m.), *Le temps d'une chasse* (F. Mankiewicz, 1972) et *Jeux de la XXIe Olympiade* (J.-C. Labrecque, J. Beaudin, M. Carrière et Georges Dufaux, 1977). (A. D.)

**BORENSTEIN, Joyce,** animatrice, réalisatrice, scénariste (Montréal, 1950). Bachelière en anglais et en musique de l'Université McGill en

1971, elle termine une maîtrise en cinéma d'animation et effets spéciaux au California Institute of the Arts en 1974. À travers de multiples activités, elle réalise et produit ses premiers films de façon indépendante : *Opus I* (1972, t. c. m.), *The Unexpected Answer : Hommage to René Magritte* (1973, c. m.) et *Revisited* (1974, c. m.), qui se rattachent à la tradition surréaliste. De 1975 à 1976, elle enseigne le cinéma d'animation à l'école du Musée des beaux-arts de Montréal. Elle travaille à la pige à l'ONF et y réalise *Traveller's Palm* (1976, t. c. m.), *Five Billion Years* (1981, c. m.), *La plante* (coréal. T. Vamos, 1983, c. m.), combinant prises de vues réelles et animation (le film remporte le Grand Prix de Montréal au FFM et un deuxième prix à Cracovie), et *The Man Who Stole Dreams* (1988, c. m.). Pour la plupart de ses films, elle écrit le scénario et opère la caméra. Elle illustre également plusieurs documentaires. Elle scénarise et illustre des films fixes destinés aux enfants : *Onions and Garlic* (1977, c. m.), *The Magic Hatbox* (1978) et *The Prophet* (1984), produits par l'ONF. En 1991 elle signe *The Colours of my Father* (c. m.), portrait de son père, l'artiste Sam Borenstein, mort en 1979. Elle y combine animation, images d'archives et tournage documentaire. Le film obtient plusieurs prix dont un Génie et il est mis en nomination pour un Oscar. Borenstein réalise en 1998 *One Divided by Two — Kids and Divorce* (c. m.), vidéo qui relate les frayeurs et les problèmes que vivent des enfants et adolescents devant faire face au divorce des parents. Ce film obtient aussi plusieurs prix, dont celui du meilleur film d'animation du Festival de Santa Barbara, et un prix décerné pour le meilleur film éducatif par l'Association of Media and Technology in Education. Parallèlement à son œuvre cinématographique, Borenstein enseigne le cinéma d'animation à l'Université Concordia depuis 1980. (L. B. et G. L.)

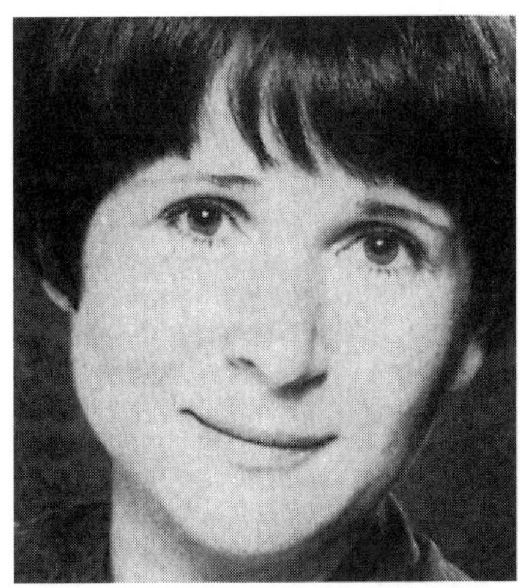

Joyce Borenstein. (Ron Diamond)

**BORREMANS, Guy,** chef opérateur, réalisateur (Dinant, Belgique, 1934). Il réalise seul en 1959 un court métrage expérimental, *La femme image*, tout à fait insolite au Québec à cette date. Sa fréquentation des automatistes ou ses origines belges y sont peut-être pour quelque chose, mais Borremans renoue, avec ce film, avec l'avant-garde européenne des années 20, dadaïste et surréaliste (*La coquille et le clergyman*, G. Dulac, 1927, c. m. ; *Un chien andalou*, L. Buñuel, 1928 ; *L'âge d'or*, L. Buñuel, 1938), la peinture d'un Paul Devaux et, par-delà, avec le fantastique flamand. On y retrouve aussi la marque de Sade : provocation, humour noir, vagues de rêve, érotisme et amour fou.

Engagé à l'ONF en 1961, on l'associe, jusqu'en 1964, à la naissance et au développement du cinéma direct, comme chef opérateur de plusieurs des meilleurs courts et moyens métrages de cette période : *Golden Gloves* (G. Groulx, 1961, c. m.), *Bûcherons de la Manouane* (A. Lamothe, 1962, c. m.), *Jour après jour* (C. Perron, 1962, c. m.), *Fabienne sans son Jules* (J. Godbout, 1964, c. m.), *Percé on the rocks* (G. Carle, 1964, c. m.), *À Saint-Henri, le cinq septembre* (H. Aquin, 1962, m. m.) et *La beauté même* (M. Fortier, 1964, c. m.). Il y réalise également *L'homme vite* (1960, c. m.). Tourné à Mosport, le film fait partager les sensations d'un coureur automobile. Séjournant aux États-Unis de 1965 à 1967, il y est chef opérateur de *Wealth of a Nation* (1965), long métrage documentaire du réalisateur noir William Greaves, produit pour la U.S. Information Agency, et de *No Harvest For the Reaper* (1967, m. m.), documentaire de Morton Silverstein réalisé pour la télévision éducative (NET), sur l'exploitation des travailleurs agricoles migrants. De retour au Québec, il travaille avec Gilles Groulx (*24 heures ou plus…*, 1976) et surtout avec Arthur Lamothe pour *Le mépris n'aura qu'un temps* (1970) et quatre films de la série « Carcajou et le péril blanc » (1972-1973) : *Pakuashipu, Mistashipu, La barrière* et *Le passage des tentes aux maisons.* Il est également le chef opérateur de *Job's Garden/Chissibi* (1971, m. m.) de Boyce Richardson et Jean-Pierre Fournier, un documentaire sur l'impact de la construction des barrages de la baie James sur le mode de vie des Amérindiens. Au Nouveau-Brunswick il participe à *Kouchibouguac* (collectif, 1978) sur et avec les expulsés du parc Kouchibouguac, dont il ne reconnaît pas la version montée à l'ONF. Il travaille ensuite avec Jorge Fajardo (*Matan a mi Mañungo !*, 1979 ; *Le soulier*, 1980, c. m. ; *Conférence sur le Chili*, 1980, m. m.), Marilú Mallet (*Journal inachevé*, 1982, m. m.) et, au Sénégal, avec Mahama Johnson Traoré (*Le revenant*, inachevé).

En 1999, il assure la direction de la photographie et apparaît dans une première œuvre : *La visite* (J. Perron, 1999, c. m.). Le film, qui rappelle la venue de Jean-Luc Godard en Abitibi-Témiscamingue trente ans auparavant, se base sur des photographies et une interview que Borremans avait alors réalisées. Le travail de Borremans, artiste et photographe, donne lieu à de nombreuses expositions, dont *Connues, inconnus, mal connues, trop connus* (1984). À Montréal, en 1993, il expose ses « boîtes », coffrets regroupant photographies et objets hétéroclites. Ces petites collections d'images sont animées par le même esprit surréaliste qui habitait ses premières œuvres pour le cinéma.

BIBLIOGRAPHIE : « Guy Borremans — photographies », *Le magazine OVO*, n° 57, Montréal, 1984. (M. E. et É. P.)

**BOUCHARD, Denis,** acteur, scénariste (Montréal, 1953). Bouchard compte parmi ces rares acteurs qui paraissent tout autant à l'aise dans la comédie que dans le drame. Aussi n'est-il pas surprenant qu'il se soit fait connaître aussi bien par son jeu éclaté et son imaginaire loufoque à la LNI que grâce à son interprétation sensible d'un personnage en apparence anodin qu'il a su rendre attachant, le journaliste sportif Lulu, dans les séries *Lance et compte.* Quelques années plus tard, il n'obtient pas le même succès dans le rôle-titre de la série *René Lévesque.* Au cinéma, on fait d'abord appel à sa fantaisie (*Château de cartes*, F. Labonté, 1979) et à la sympathie qu'il dégage naturellement (*L'acteur, la voisine*, D. Rancourt, 1982, c. m.). Cette qualité est d'ailleurs

Luc Guérin et Denis Bouchard dans *Histoires d'hiver* de François Bouvier. (Véro Boncompagni)

exploitée dans deux films à cheval entre la fiction et le documentaire où son personnage sert de trait d'union entre l'information et les spectateurs (*L'homme de papier*, J. Giraldeau, 1987, m. m. ; *Le marché du couple*, A. d'Aix et L. Fraser, 1990, m. m.). Bouchard propose le plus souvent des personnages en demi-teintes, combinant le carriérisme calculateur et la compassion dans *Rafales* (A. Melançon, 1990) dont il est coscénariste, le cynisme et la lassitude dans *Un autre homme* (C. Binamé, 1990) ou les pulsions de vie et de mort dans *Les matins infidèles* (J. Beaudry et F. Bouvier, 1989). Dans ce dernier film, son jeu nuancé lui vaut un prix d'interprétation à Namur de même que le prix Guy-L'Écuyer. Bouchard est plus convaincant dans les rôles d'hommes sympathiques, fragiles ou marginaux (*Les tisserands du pouvoir*, C. Fournier, 1988, deux longs métrages ; *La nuit tous les chats sont gris*, J.-P. Duval, 1990, c. m. ; *La fête des rois*, M. Lepage, 1994) que lorsqu'on lui donne à jouer les figures d'autorité coupées de leurs émotions (*Love-moi*, M. Simard, 1990 ; *Ding et Dong, le film*, A. Chartrand, 1990). La comédie lui permet d'offrir d'amusantes compositions, malfrat sans envergure dans *La Florida* (G. Mihalka, 1993), pédant misogyne dans *L'homme idéal* (G. Mihalka, 1996), boucher au sang chaud dans *C'tà ton tour Laura Cadieux* (D. Filiatrault, 1998). François Bouvier lui offre encore un très beau rôle, celui d'un oncle truculent à la santé fragile dans *Histoires d'hiver* (1999). (M. C.)

**BOUCHARD, Michel,** réalisateur, acteur, producteur, scénariste (Montréal, 1949). Il débute comme stagiaire et deuxième assistant réalisateur. Grâce à la mise sur pied, par la SDICC, en 1972, d'un programme temporaire d'aide à la production de films à budget modique, il réalise, à vingt-quatre ans, *Noël et Juliette* (1973). Tout en parlant du mal de vivre des adolescents dans un contexte contemporain, cette comédie dramatique en noir et blanc se veut un hommage au cinéma burlesque des années 20. Comme plusieurs cinéastes de sa génération, il doit attendre plus de cinq années avant de pouvoir réaliser son deuxième long métrage, *La loi de la ville* (1978). Dans ce documentaire produit par l'ONF, il établit une comparaison entre deux parties de Montréal, le quartier francophone défavorisé du Centre-Sud et l'enclave huppée de Westmount, fortement anglophone et riche jusqu'à l'indécence. À travers ce pamphlet virulent, il révèle l'existence des classes sociales au Québec et l'inégalité des droits et des conditions de vie qui en découle. Son humour est devenu plus féroce et le commentaire, truffé de citations tirées des écrits de Bertolt Brecht et accompagné de nombreuses statistiques, ne laisse aucune échappatoire au spectateur. Par la suite, il réalise plusieurs courts métrages, notamment *Le toasteur* (1981, c. m.), remarqué par la critique, qui raconte l'histoire d'un ouvrier (Gabriel Arcand) qui s'introduit, la nuit, dans l'usine où il travaille pour y fabriquer un grille-pain de la première à la dernière pièce. Il tourne, à partir de deux nouvelles de Patricia Highsmith, *La terrapène* (1984, c. m.) et *Les petites cruautés* (1984, c. m.). Il tient de petits rôles dans *Noël et Juliette*, *Réjeanne Padovani* (D. Arcand, 1973), *Night Cap* (A. Forcier, 1974, m. m.) et *Au pays de Zom* (G. Groulx, 1982).

AUTRE FILM : *La bien-aimée* (1979, c. m.) (G. M.)

**BOUCHARD, Reynald,** acteur, réalisateur (Saint-Cœur-de-Marie, 1945). Il débute en 1970, alors qu'il incarne le jeune chômeur Gérard Bessette dans *On est loin du soleil* (J. Leduc). Toute en finesse et en sensibilité, son interprétation de Rock, le jeune boiteux amoureux de *La vraie nature de Bernadette* (G. Carle, 1972), révèle un acteur de grande classe. L'année suivante, Michel Bouchard exploite son talent de clown en lui confiant un premier rôle, en forme d'hommage à Buster Keaton, dans *Noël et Juliette* (1973). Dans un registre similaire, il est l'attachant laveur de vitres d'*Une nuit en Amérique* (J. Chabot, 1974), le jeune magicien de *La tête de Normande Saint-Onge* (G. Carle, 1975), et le clown-animateur de *Mesdames et messieurs, la fête !* (A. Danis, 1977, m. m.). Tantôt Arlequin, tantôt Pierrot, cet acteur émouvant s'éloigne ensuite du cinéma pour se consacrer au théâtre, où il est comédien, auteur et metteur en scène. En 1973, il coréalise un court métrage avec Jean Dansereau : *Les sept dernières minutes dans la vie d'Archibald.*

AUTRES FILMS : *Un valet de cœur* (Jacques Gagné, 1972, c. m.), *La piastre* (A. Chartrand, 1975), *Je suis loin de toi mignonne* (C. Fournier, 1976), *Craque la vie !* (J. Beaudin, 1994), *La folie des crinolines* (Jean et S. Gagné, 1995). (M. J.)

**BOUDREAU, Walter,** musicien (Montréal 1947). Surtout occupé ces dernières années à la composition et à l'organisation des concerts de la Société de musique contemporaine du Québec, dont il est le directeur artistique, Boudreau a néanmoins une filmographie significative, principalement regroupée dans la première moitié des années 70. Son travail est surtout associé à quelques longs métrages de

Jean Pierre Lefebvre (*La chambre blanche*, 1969 ; *Les maudits sauvages*, 1971 ; *Ultimatum*, 1973), mais il signe aussi les partitions d'*Une nuit en Amérique* (J. Chabot, 1974) et de *Réjeanne Padovani* (D. Arcand, 1973). Ces compositions filmiques sont alors liées d'assez près au travail du groupe l'Infonie, situé, comme il le rappelle, « entre le happening, le jazz et le multi-média ». C'est aussi à la même époque que Boudreau étudie l'analyse et la composition avec Serge Garant, Kagel, Stockhausen, Ligeti et Xenakis. Sa période « infoniaque » restera enregistrée dans l'important documentaire de Roger Frappier, *L'Infonie inachevée...* (1973), dans lequel musiciens et cinéaste, de façon prémonitoire, offrent (déjà) « une image à écouter, un son à regarder ! » Il revient au cinéma avec *Canal zap canal* (M. Décary, 1989, m. m.) et *Récital* (M. Décary, 1992, c. m.).
DISCOGRAPHIE : *Infonie Vol. 333*, Kot'ai, KOT2-333 • *La chambre blanche*, Cinak CT-37137, 1969. (R. L.)

**BOUTET, Richard,** réalisateur (Montréal, 1940). Après quelques productions en vidéo (dont un long métrage de science-fiction, *La conspiration des lampadaires*, 1974), il réalise un documentaire sur les luttes de mineurs, qui dénonce les conditions de travail néfastes pour leur santé, *L'amiante, ça tue* (1978, c. m.), et un dossier plus substantiel sur les conditions de santé et de sécurité dans différentes industries, *La maladie c'est les compagnies* (1979). Dans ce film d'intervention sociale, il donne la parole aux ouvriers et leur permet de s'expliquer (voire de se défouler) dans des scènes de reconstitution. Puis, en collaboration avec Pascal Gélinas, il réalise *La turlute des années dures* (1983), documentaire où des survivants de la crise économique des années 30 racontent ces moments difficiles. Documents d'archives et manchettes de journaux confirment leurs témoignages, ponctués de chansons d'époque. Le long métrage trouve son originalité dans l'absence de commentaire en voix off et l'inscription du véritable sujet — le courage du peuple — dans ces chansons anonymes interprétées par les intervenants. Ce documentaire musical renouvelle la vision officielle de l'histoire du Québec en refusant d'aimer la misère, en expliquant la planification des crises économiques et en élargissant l'analyse jusqu'au refrain final : « nous remettrons le monde à l'endroit ». *La turlute des années dures* remporte deux prix au Festival de Nyon (Suisse) et le prix L.-E.-Ouimet-Molson. Le film suivant de Boutet, *La guerre oubliée* (1987), évoque l'atrocité de la Grande Guerre, l'impact de la conscription sur la société québécoise et, surtout, la résistance des Québécois qui culmine lors de l'émeute de 1917 à Québec. Le film mélange les témoignages d'anciens combattants ou de déserteurs, les scènes de reconstitution avec des comédiens, un « théâtre de la guerre » présenté devant une projection sur écran de films d'archives et des chansons d'époque, très significatives, interprétées par Joe Bocan. Le personnage commente les événements, créant une distanciation aussi efficace que discrète. Fidèle à Brecht, Boutet utilise l'histoire pour montrer à la fois les déterminations et les possibilités du présent. Tout comme son évocation de la crise économique des années 30 dans *La turlute des années dures* renvoyait à la crise qui secoue les pays industrialisés au début des années 80, sa description de la résistance des Québécois face à l'enrôlement lors de la Première Guerre mondiale fait écho à sa crainte d'un nouveau conflit mondial. *La*

Joe Bocan dans une scène de *La guerre oubliée* de Richard Boutet. (Alain Chagnon)

*guerre oubliée* remporte le prix Québec-Alberta Innovation. Il signe ensuite un long métrage sur un phénomène d'actualité, le suicide des jeunes au Québec, *Le spasme de vivre* (1991). À travers les témoignages émouvants de jeunes qui ont tenté de s'enlever la vie ou de proches des victimes, Boutet dresse un portrait de société dérangeant. L'honnêteté de sa démarche force le spectateur à une lecture intelligente et nuancée. Dans *Le chemin brut de Lisette et Romain* (1995), il s'intéresse à deux victimes de l'histoire du Québec, internées pendant près de trente-cinq ans dans un asile psychiatrique. Il leur donne la parole en respectant le ressentiment de Lisette et le désarroi de Romain. Ceux-ci partagent une même passion pour la peinture, l'art brut, et le cinéaste intègre leurs toiles dans son film pour mieux témoigner du calvaire douloureux qu'ils ont vécu. Toujours préoccupé par les déshérités, il consacre son film suivant, *Survivants de l'apocalypse* (1998), aux victimes des sectes religieuses qui cultivent la peur de la fin du monde. Il explique les mécanismes de la manipulation mais fait surtout ressentir la misère des exploités. Encore une fois, le film déborde le simple dossier par l'affection que Boutet éprouve pour ses protagonistes. Celui-ci reste un cinéaste engagé, autant par ses préoccupations sociales que par sa volonté de renouveler le documentaire. (H.-P. C.)

**BOUVIER, François,** producteur, réalisateur, scénariste (Montréal, 1948). Dans les années 70, il touche au théâtre. Ainsi, il compte parmi les fondateurs de La quenouille bleue en 1970 et du Groupe de recherche en théâtre pour enfants en 1977. Il produit et coréalise un premier documentaire en 1977, *J'sors avec lui pis je l'aime* (coréal. J. Beaudry et F. Tougas, c. m.) qui explore le monde des discothèques. Il en est également le cameraman et il signe le montage avec Jean Beaudry*. Par la suite, il travaille également en vidéo. En 1980, Bouvier est producteur délégué, réalisateur et preneur de son de deux documentaires, *Nicaragua* 1980 (c. m.) et *Mission réadaptation* (c. m.), diffusés à Radio-Canada. Il coréalise *Une classe sans école* (coréal. J. Beaudry et M. Simard, 1980, m. m.), documentaire construit sur l'interaction, pendant une période de six mois, entre des décrocheurs et l'équipe de tournage. Il est coscénariste, coproducteur et coréalisateur de *Jacques et Novembre* (coréal. J. Beaudry, 1984), un premier long métrage de fiction qui impose la compagnie qu'il a fondée avec Jean Beaudry en 1979, Les productions du Lundi matin. *Jacques et Novembre* combine film et vidéo et raconte, avec sensibilité, les derniers jours d'un homme de 31 ans (Jean Beaudry) qui, condamné à mourir à brève échéance, fait le bilan de sa vie. Le succès de ce film, produit avec des moyens artisanaux, est notamment souligné par une prime à la qualité de la SGCQ. Bouvier produit ensuite un nouveau film à petit budget, *Marie s'en va-t-en ville* (1987), premier long métrage de Marquise Lepage. Puis, il poursuit son association avec Jean Beaudry avec qui il coscénarise et coréalise *Les matins infidèles* (1989). Leur collaboration se précise : Bouvier assure la production et Beaudry, le montage. Le film raconte l'histoire de deux amis dans la trentaine, Jean-Pierre (Denis Bouchard) et Marc (Jean Beaudry), qui se lancent dans un projet insensé. Les deux auteurs reprennent leur exploration des différents niveaux de récit, le journal vidéo de Jacques ayant fait place au récit illustré de photographies de Marc. Le cinéma de Beaudry et Bouvier, très urbain en même temps qu'il insiste sur la valeur symbolique des arbres, fasciné par la mort, propose des personnages masculins vulnérables et d'une grande sensibilité. Par la suite, réalisant seul, Bouvier signe deux longs métrages empreints d'humour mais aussi d'une certaine tristesse à travers une production télévisuelle abondante (séries *Urgence*, *Courte échelle*, *Quai numéro 1*, *Gypsies*). Dans *Les pots cassés* (1993), qu'il produit, une écrivaine aux écrits prémonitoires et au tempérament suicidaire (Marie Tifo), convaincue que son mari (Gilbert Sicotte) lui cache quelque chose, se rapproche d'un acteur (Marc Messier) qui oublie son malheur en

François Bouvier. (Véro Boncompagni)

s'étourdissant dans le travail. Le film remporte le Grand Prix de Namur et un prix de scénario à Moscou. *Histoires d'hiver* (1999), adaptation des *Histoires d'hiver, avec des rues, des écoles et du hockey* de Marc Robitaille qu'il scénarise avec l'auteur, évoque, avec nostalgie, les années 60, s'attachant à la vie d'un garçon qui collectionne passionnément les cartes à l'effigie des joueurs de hockey. Film d'apprentissage, où l'enfance s'efface au contact de l'amour et de la mort, *Histoires d'hiver* poursuit la réflexion sur le sens de la vie présente dans tous les films de Bouvier. Producteur ou coproducteur de quelques films (*New York doré*, Suzanne Guy, 1990 ; *Love-moi*, M. Simard, 1990 ; *On a marché sur la lune*, J. Prégent, 1990, c. m. ; *Des lumières dans la grande noirceur*, S. Bissonnette, 1991 ; *Gaston Miron (les outils du poète)*, A. Gladu, 1994, m. m.), Bouvier délaisse cette activité pour se consacrer davantage à la réalisation.

BIBLIOGRAPHIE : BEAUDRY, Jean et François BOUVIER, *La réalisation d'un film. Les matins infidèles*, Montréal, Éditions Saint-Martin, 1989. (M. C.)

**BOYER, Claire,** monteuse, réalisatrice (Montréal, 1928). Le visionnement de *Pour la suite du monde* (M. Brault et P. Perrault, 1964) décide de sa carrière. Elle se présente donc à l'ONF, où on l'engage ; elle y travaille jusqu'en 1991. Régisseure sur le tournage de *Comment savoir...* (C. Jutra, 1966) et du *Règne du jour* (P. Perrault, 1966), elle se lie d'amitié avec Claude Jutra, Bernard Gosselin et Pierre Perrault. Elle fait ses débuts comme monteuse en 1968 grâce à Claude Jutra dont elle est l'assistante pour *Wow*. Puis, elle signe avec lui le montage de *Mon oncle Antoine* (1971) et monte son dernier long métrage, *La dame en couleurs* (1984). Parmi les nombreux films dont elle est la monteuse, on compte *Le bonhomme* (P. Maheu, 1972, m. m.), *Souris, tu m'inquiètes* (A. Danis, 1973, m. m.), *J'me marie, j'me marie pas* (M. Dansereau, 1973) et quelques films de Pierre Perrault, *Le retour à la terre* (1976, m. m.), *C'était un Québécois en Bretagne, Madame !* (1977, m. m.), *Gens d'Abitibi* (coréal. B. Gosselin, 1980) et *La grande allure* (1985). Au montage, elle préfère la continuité du discours verbal à la continuité visuelle. Artisane dans l'âme, elle s'intéresse aux « faiseurs de belle ouvrage » lorsqu'elle aborde la réalisation. Elle tourne d'abord *Le coq de clocher* (1980, c. m.), dans la série « La belle ouvrage », puis *Léo Gervais, sculpteur* (1983, m. m.), deux documentaires dans le style traditionnel de l'ONF. (L. N.)

**BRASSARD, André,** réalisateur, scénariste (Montréal, 1946). Metteur en scène de haut calibre, il monte, avec la même audace stimulante, classiques et créations québécoises. Il met en scène toutes les pièces de Michel Tremblay, dramaturge auquel il s'associe pour passer au cinéma. Il tourne d'abord un court métrage, *Françoise Durocher, waitress* (1972), qui propose une vision kaléidoscopique de la serveuse de restaurant, symbole de la femme aliénée. Il y combine des scènes réalistes à un étonnant chœur des serveuses qui scande les commandes des clients. Puis, toujours associé à Tremblay, il transpose à l'écran, avec un bonheur inégal, les personnages de pièces comme *Les belles-sœurs*, *Hosanna* et *La duchesse de Langeais*, dans *Il était une fois dans l'Est* (1973). Servie par d'excellents acteurs, cette anthologie anticipée de l'œuvre de Tremblay donne tout de même lieu à des moments d'une grande émotion. Puis, Brassard prend plus clairement ses distances avec le théâtre en tournant *Le soleil se lève en retard* (1976), son film le plus achevé, coscénarisé avec Tremblay. Directeur d'acteurs de grand talent, il raconte avec finesse et sensibilité l'histoire banale et touchante d'un couple sans éclat (Rita Lafontaine et Yvon Deschamps) formé grâce à une agence de rencontres. Après cette réussite, Brassard délaisse le cinéma pour se consacrer entièrement au théâtre et occuper dans les années 80 la direction artistique du théâtre français du Centre national des arts, à Ottawa. Il rend hommage au talent de son auteur de prédilection dans *Les trois Montréal de Michel Tremblay* (M. Moreau, 1989, m. m.) en campant différents personnages, puis collabore au portrait du théâtre québécois contemporain dressé dans *Le miroir sur la scène* (J.-C. Coulbois, 1997, deux m. m.). Il tient de petits rôles dans *Cap Tourmente* (M. Langlois, 1993), *2 secondes* (M. Briand, 1998) et *L'instant fatal* (C. Baril, 2000), propriétaire de bar concupiscent et colérique, répartiteur bourru puis ex-détenu.

BIBLIOGRAPHIE : LOISELLE, André, *Function of André Brassard's Film Il était une fois dans l'Est in the Context of Michel Tremblay's Cycle des Belles-sœurs*, 1989. (M. C.)

**BRAULT, François,** réalisateur, chef opérateur, producteur (Montréal, 1941). Autodidacte, il fait ses débuts en amateur, à dix-huit ans, lorsqu'il réalise un court métrage documentaire qu'il vend à Radio-Canada (*C'est l'aviron qui nous mène*, 1959). Il devient ensuite cameraman et travaille sur plus d'une centaine de reportages produits pour la télévision. Il mettra d'ailleurs à profit sa connaissance du monde de la télévision en dirigeant la photographie de *Parlez-nous d'amour* (J.-C. Lord, 1976). Documentariste polyvalent, Brault s'intéresse tantôt à des sujets politiques et sociaux — *Tricofil c'est la clef* (coréal. R. Lenoir, 1976, m. m.) ; *Une installation à disposer... Saint-Yvon, Gaspésie, 1983* (1983, m. m.) — tantôt à des sujets qui en font le chantre du patrimoine québécois — « Un pays, un goût, une manière » (coréal. M. Garneau, 1979, série de treize c. m.) ; « Les arts sacrés au Québec » (coréal. Y. Provost, 1982-1987, deux séries de treize c. m.). Dans la veine patrimoniale, son meilleur film demeure *La journée d'un curé de campagne* (1983), portrait simple et sensible d'un curé traditionnel. *À soir on fait peur au monde* (coréal. J. Dansereau, 1969), tourné à ses débuts, diffère de ses autres films. Le cinéaste y conjugue son goût pour les phénomènes culturels et un propos politique. Documentaire sur le passage du chanteur Robert Charlebois à l'Olympia de Paris, *À soir on fait peur au monde* donne l'occasion aux cinéastes d'opposer l'énergie brute et l'attitude sans gêne de Charlebois à la retenue des Français. En plus de la réalisation de nombreux autres courts métrages documentaires et d'une importante activité de cameraman, Brault tourne aussi un long métrage de fiction, *M'en revenant par les épinettes* (1975), accueilli assez froidement par la critique et le public. Le film relate l'histoire d'un jeune couple pendant les événements d'Octobre 1970. Par ailleurs, sa compagnie, Les films François Brault, produit également les documentaires *Alfred Laliberté, sculpteur 1878-1953* (J. P. Lefebvre, 1987), *Vive Québec!* (G. Carle, 1987) et *Ernest Livernois, photographe* (A. Lamothe, 1988, m. m.).

AUTRES FILMS COMME RÉALISATEUR : *Les visages de Clémence* (1968, c. m.), *The Mark of a Champion* (1968, c. m.), *La Côte-Nord à l'autre bout du monde* (1968, c. m.), « Prélude »

(1972-1973, série de treize c. m.), « Action Santé » (1974-1975, série de treize c. m.), *La vie qui parle* (1977, c. m.), *La vie à parler* (1977, c. m.), *L'orfèvrerie ancienne : trésor des fabriques du Québec* (1982, c. m.), *Miroir de la vie et de la mort* (1985, m. m.). (M. J.)

**BRAULT, Michel,** chef opérateur, producteur, réalisateur, scénariste (Montréal, 1928). Chef de file du cinéma direct* au Québec, il exerce aussi une influence notable en France, où il collabore avec Jean Rouch, Mario Ruspoli, William Klein et Annie Tresgot. Il aborde avec autant de maîtrise la fiction que le documentaire, la réalisation que le travail de chef opérateur. Depuis 1958, son nom figure au générique de nombreux films québécois importants. Sa découverte de la photographie et du cinéma a lieu tôt, par le biais du cinéma amateur, avec son ami Claude Jutra* qu'il retrouvera tout au long de sa carrière. Il est d'abord photographe professionnel, avant de collaborer à la série « Petites médisances » (1953-1954), constituée de trente-neuf courts métrages, où il expérimente les possibilités et les limites du téléobjectif, dans l'esprit du *candid eye*. Il entre à l'ONF en 1956 (il obtient sa permanence en 1961) où il collabore à la série « *Candid Eye* », lancée par les anglophones, notamment aux côtés de Terence Macartney-Filgate : *The Days Before Christmas* (1958, c. m.), *Police* (1958, c. m.).

Il joue un rôle de premier plan, comme cameraman et chef opérateur, surtout dans l'équipe française (*voir* ONF). Dès 1958, *Les raquetteurs* (coréal. G. Groulx, c. m.) acquiert une valeur de symbole ; il devient le manifeste de l'équipe française, du renouveau qu'elle entend provoquer au niveau des structures et de la pratique du cinéma à l'ONF. Plusieurs films, surtout destinés à la télévision, témoignent de cette volonté de renouveau : *Félix Leclerc, troubadour* (C. Jutra, 1959), *La lutte* (coréal. C. Fournier, C. Jutra et M. Carrière, 1961, c. m.), *Golden Gloves* (G. Groulx, 1961, c. m.), *Québec USA ou l'invasion pacifique* (coréal. C. Jutra, 1961, c. m.), etc.

En 1959, au séminaire Flaherty de Californie, Brault fait la rencontre déterminante de Jean Rouch dont les films, *Les maîtres fous* (1954, m. m.) et *Moi, un Noir* (1957), le bouleversent. De son côté, Rouch se passionne pour *Les raquetteurs* et invite Brault à travailler en France pour partager sa passion et sa conception du cinéma. Ils se reconnaissent un même désir de cerner les phénomènes de l'intérieur, en y participant. En France, Brault collabore à *Chronique d'un été* (J. Rouch et E. Morin, 1961), un film associé à l'expression « cinéma vérité » (rapidement abandonnée, au profit du terme « cinéma direct »), et à *La punition* (J. Rouch, 1963), ainsi qu'à deux films de Mario Ruspoli : *Les inconnus de la terre* (1961, m. m.) et *Regard sur la folie* (1962, m. m.). Plus tard, il y réalise *Les enfants de Néant* (coréal. A. Tresgot, 1968, m. m.), un documentaire, superbe d'intelligence et de sensibilité, sur les répercussions, dans la vie d'un cultivateur de Néant-sur-Yelle, de sa conversion brutale au statut d'ouvrier d'usine non qualifié. Il collabore aussi à *Eldridge Cleaver, Black Panther* (W. Klein, 1969) et *Festival panafricain d'Alger* (W. Klein, 1970).

Brault est considéré comme l'un des maîtres du cinéma direct, non seulement pour sa maîtrise de la caméra et sa passion pour les divers aspects techniques qui s'y rattachent, mais aussi et surtout à cause de sa recherche obstinée d'une morale, d'une éthique adaptée à cette nouvelle approche du cinéma. Les résul-

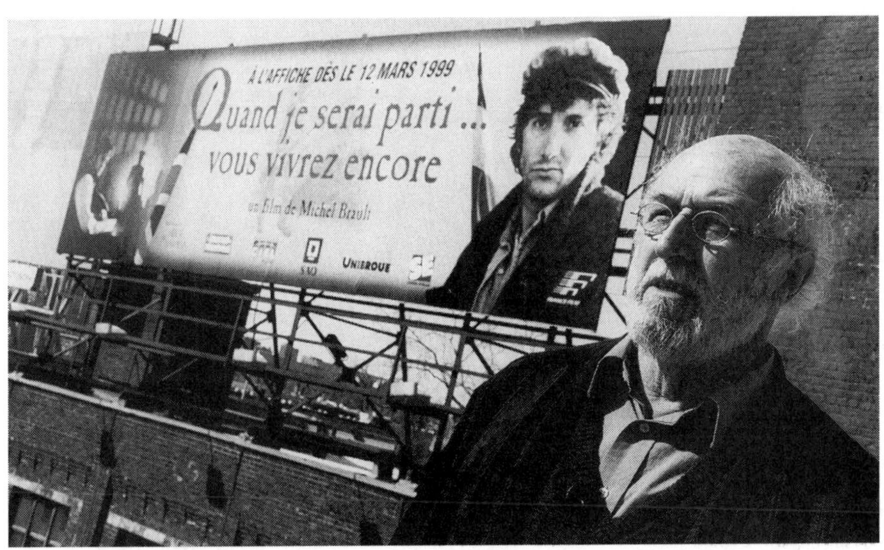


Michel Brault. (Véro Boncompagni)

tats de cette démarche apparaissent dans *Pour la suite du monde* (coréal. P. Perrault, 1963), fondé sur la fréquentation préalable des gens filmés et le principe sous-jacent de la communication, suscités ici au moyen d'une action « vécue » qui joue le rôle d'un catalyseur. Les gens de l'île aux Coudres se dévoilent autant dans le récit qu'ils en font, et qui acquiert une dimension mythique, à travers un réseau de bravades et de simulacres, que dans l'action même de la pêche au marsouin. Le film obtient le Canadian Film Award du meilleur film de l'année et le Prix spécial du jury au Festival du cinéma canadien.

Comme à ses débuts où le cinéma direct contribuait à la découverte d'une société, Brault, au service d'un pays à naître, met ensuite son talent, dans les années 70, à répondre aux questions que suscite une telle éventualité. *Faut aller parmi l'monde pour le savoir* (F. Dansereau, 1971), *Un pays sans bon sens* (P. Perrault, 1970) et *L'Acadie l'Acadie?!?* (coréal. P. Perrault, 1971), abordent le sujet en termes politiques. Puis, dans les vastes séries « Le son des Français d'Amérique » (coréal. A. Gladu, 1974-1976, série I, treize épisodes; 1977-1980, série II, quatorze épisodes) et « La belle ouvrage » (B. Gosselin, L. Plamondon, C. Boyer et D. Létourneau, 1977-1980, vingt-deux c. m.), qu'il produit, il met en valeur les manifestations d'un savoir-faire menacé de disparition, en remontant aux motivations profondes de certaines coutumes, en dévoilant les zones interdites de peuples qu'on dit sans histoire.

Dès les années 60, il explore avec bonheur diverses façons de mettre au service du cinéma de fiction le savoir-faire du direct, dans *À tout prendre* (C. Jutra, 1963) et *Le temps perdu*

(1964, c. m.), dont certains passages, d'une grande intensité, relèvent du direct le plus pur. Ou encore, dans *Entre la mer et l'eau douce* (1967), un film important qui porte en lui les germes de cette « pollinisation » de la fiction par le direct — sur laquelle reviendront les jeunes cinéastes des années 80. Pour ce film, Brault s'inspire librement de la vie de son interprète principal, le chansonnier Claude Gauthier, qui partage la vedette avec Geneviève Bujold, et raconte le cheminement d'un jeune artiste qui, parti de Charlevoix, obtient du succès et chante à la Place des Arts. Il poursuit avec autant d'aisance cette recherche dans *Les ordres* (1974), une « fiction documentée » sur les événements d'Octobre 1970, qui lui vaut le Prix de la mise en scène au Festival de Cannes en 1975, un Canadian Film Award pour la meilleure réalisation et le Prix de la critique québécoise, ainsi que dans *Mourir à tue-tête* (A. C. Poirier, 1979). Film intense, techniquement impeccable, *Les ordres* décrit l'arrestation de cinq personnes suite à la promulgation de la Loi des mesures de guerre, puis la torture morale qu'il leur faut subir avant qu'on ne les relâche sans plus d'explication. Brault s'y montre un excellent directeur d'acteurs, révélant au cinéma Jean Lapointe, Hélène Loiselle et Louise Forestier et tirant le meilleur de Claude Gauthier et de Guy Provost.

La compétence de Brault comme chef opérateur s'exerce aussi dans des films de fiction pure qui comptent parmi les meilleurs du répertoire québécois : *Mon oncle Antoine* (C. Jutra, 1971), proclamé le meilleur film canadien de tous les temps, en 1984, par une centaine de spécialistes, *Le temps d'une chasse* (F. Mankiewicz, 1972), *Kamouraska* (C. Jutra, 1973), *Les bons débarras* (F. Mankiewicz, 1980), etc. Tout en étant le producteur (Nanouk Films) de films qui comptent, comme *Marc-Aurèle Fortin* (A. Gladu, 1983, m. m.) et *Le lys cassé* (A. Melançon, 1986, m. m.), il continue à être le chef opérateur de nombreux films documentaires ou de fiction : *Elia Kazan, Outsider* (A. Tresgot, 1981, m. m.), *Louisiane* (P. de Broca, 1984, long métrage et série), *Hello Actors Studio* (A. Tresgot, 1986), *Des amis pour la vie* (A. Chartrand, 1988), *Salut Victor!* (A. C. Poirier, 1988). Son travail lui vaut plusieurs prix : des Canadian Film Awards pour *Mon oncle Antoine* et *Le temps d'une chasse*, des Génie pour *Les bons débarras* et *Threshold* (R. Pearce, 1981). En 1986, le gouvernement du Québec lui remet le prix Albert-Tessier.

Depuis 1988, Michel Brault s'est résolument tourné vers la réalisation de films pour la télévision, alors que son fils Sylvain, avec lequel il travaille depuis quelque temps déjà, le seconde comme chef opérateur. *L'emprise* (coréal. Suzanne Guy, 1988, m. m.) et *Les noces de papier* (1989) avec Geneviève Bujold, et *Diogène* (1990, c. m.), réalisé dans le cadre de Fictions 16/26, témoignent de ce tournant. Tourné sur support film 16 mm, puis monté et diffusé comme prévu en vidéo, avant que des copies n'en soient tirées sur support film 35 mm pour les salles de cinéma, à l'occasion de sa participation au Festival de Berlin, *Les noces de papier* a permis à Brault de vivre de près les problèmes auxquels s'est trouvée confrontée la nouvelle génération des téléfilmeurs. Dans ce film, Brault aborde la question de l'immigration sous l'angle des relations interpersonnelles, traitant avec humour un sujet grave. Sa mise en scène sobre témoigne d'une réelle maîtrise. On lui doit aussi *Ozias Leduc… comme l'espace et le temps* (1996, m. m.) qui, à travers la photo de Daniel Villeneuve, se distingue par son travail particulier sur la lumière (en vidéo) et par son exploration fascinée de la région natale du peintre, celle du mont Saint-Hilaire, au pied duquel Brault habite, depuis toujours semble-t-il, et qui l'inspire.

Parallèlement à cette production télévisuelle, Brault mène à terme deux projets de long métrage : *Mon Amie Max* (1994), avec la complicité de Geneviève Bujold*, toujours aussi énigmatique dans le rôle-titre d'une mère à la recherche de son fils abandonné à sa naissance vingt-cinq ans plus tôt, et *Quand je serai parti… vous vivrez encore* (1999), inspiré par le sursaut et la déroute d'une poignée d'insurgés canadiens-français, éparpillés dans la campagne québécoise, face au pouvoir et à l'armée coloniale britanniques, en 1838, suite à la défaite cuisante infligée aux Patriotes l'année précédente. Par sa thématique, ce long métrage qui n'a peut-être pas les moyens de ses ambitions fait écho, sur un mode mineur, au film *Les ordres*. À la différence que la douleur est ici autant physique que morale : par sa présence, brève mais intense, d'être marqué au fer rouge dans sa chair même (incarnation des « nègres blancs d'Amérique » stigmatisés par Pierre Vallières), Claude Gauthier facilite le rapprochement entre ces deux films axés sur l'abus de pouvoir et le désir de liberté. Il est le père de la productrice Anouk Brault (*Erreur sur la personne*, 1995) et à la tête de Nanouk Films.

FILMS COMME RÉALISATEUR : *Matin* (1950, c. m.), *Les raquetteurs* (coréal. G. Groulx, 1958, c. m.), *La lutte* (coréal. C. Fournier, C. Jutra et M. Carrière, 1961, c. m.), *Les enfants du silence* (coréal. C. Jutra, 1963, c. m.), *Québec USA ou l'invasion pacifique* (coréal. C. Jutra, 1962, c. m.), *Pour la suite du monde* (coréal. P. Perrault, 1963), *Le temps perdu* (1964, c. m.), *La fleur de l'âge : Geneviève* (1965, c. m.), *Conflit/Conflict* (1967, t. c. m.), *Entre la mer et l'eau douce* (1967), *Les enfants de Néant* (coréal. A. Tresgot, 1968, m. m.), *Le beau plaisir* (coréal. B. Gosselin et P. Perrault, 1968, c. m.), *Éloge du chiac* (1969, c. m.), *René Lévesque vous parle : les 6 milliards* (1969, c. m.), *L'Acadie, l'Acadie?!?* (coréal. P. Perrault, 1971), *René Lévesque pour le vrai* (1972, c. m.), *Le bras de levier et la rivière* (1973, c. m.), *Les ordres* (1974), « Le son des Français d'Amérique » (coréal. A. Gladu, 1974-1976, série I, treize épisodes ; 1977-1980, série II, quatorze épisodes), *René Lévesque, un vrai chef* (1976, c. m.), *A Freedom to Move* (1986, c. m.), *L'emprise* (coréal. Suzanne Guy, 1988, m. m.), *Les noces de papier* (1989), *Diogène* (1990, c. m.), *Shabbat Shalom!* (1992), *Ozias Leduc… comme l'espace et le temps* (1996, m. m.), *Mon amie Max* (1994), *Quand je serai parti… vous vivrez encore* (1999).

BIBLIOGRAPHIE : MARSOLAIS, Gilles, *Michel Brault*, Conseil québécois pour la diffusion du cinéma, Montréal, 1972 • MARSOLAIS, Gilles, *Les ordres (de Michel Brault)*, l'Aurore, Montréal, 1975 • « Michel Brault », *Copie Zéro*, n° 5, Montréal, 1980 • MARSOLAIS, Gilles, *L'aventure du cinéma direct revisitée*, Les 400 coups, Laval (Québec), 1997. (G. M.)

**BRAULT, Pierre F. (Florent),** musicien (Montréal, 1939). Bien qu'il ait étudié l'harmonie avec Michel Perrault de même que la fugue et le contrepoint avec Françoise Aubut, il est essentiellement autodidacte. Après avoir amorcé une carrière de musicien populaire et de compositeur de musique de scène, il débute au cinéma avec *Rouli-roulant* (C. Jutra, 1966, c. m.). Suivent de nombreuses partitions (environ soixante-dix), pour des films aussi divers que *The Animal Movie* (G. Munro et R. Tunis,

1966, c. m.), *De mère en fille* (A. C. Poirier, 1967), *Le viol d'une jeune fille douce* (G. Carle, 1968), *Wow* (C. Jutra, 1969), *Red* (G. Carle, 1970), *Le vent* (R. Tunis, 1972, c. m.), *Le temps d'une chasse* (F. Mankiewicz, 1972), *Du coq à l'âne* (F. Desbiens, S. Gervais et P. Hébert, 1973, c. m.), *La faim* (P. Foldès, 1974, c. m.), *Pour le meilleur et pour le pire* (C. Jutra, 1975), *The Mystery of the Million Dollar Hockey Puck* (J. Lafleur et P. Svatek, 1975), *Panique* (J.-C. Lord, 1977), *Une journée en taxi* (R. Ménard, 1981), *Ah! vous dirai-je maman* (F. Desbiens, 1985, c. m.), *Itinéraire* (B. Longpré, 1987, c. m.), *Cœur étourdi* (M. Cecil et S. Pagé, 1988, c. m.) et *Papa* (M. Pauzé, 1992, t. c. m.). En 1972, il remporte un Canadian Film Award pour la musique enjouée de *La vraie nature de Bernadette* (G. Carle). Brault est aussi le compositeur et l'arrangeur de la musique de la télésérie pour enfants *Passe-Partout.* (M. J.)

**BRAULT, Sylvain,** chef opérateur (Belœil, 1958). Marchant sur les traces de son père, Michel Brault*, il fait son apprentissage sur les plateaux, d'abord comme deuxième assistant cameraman (*Les beaux souvenirs*, F. Mankiewicz,1981), puis premier assistant (*Louisiana*, P. de Broca, 1984) et enfin cameraman (*La grenouille et la baleine*, J.-C. Lord, 1987). Il entreprend sa carrière de directeur de la photographie auprès de son père, sur le tournage de *A Freedom to Move* (1986, c. m.), et devient son collaborateur attitré, tournant avec lui *L'emprise* (coréal. Suzanne Guy, 1988, m. m.), *Les noces de papier* (1989), *Diogène* (1990, c. m.), *Shabbat Shalom!* (1992), *Mon amie Max* (1994) et *Quand je serai parti… vous vivrez encore* (1999). Les images de *L'emprise* lui valent un prix à Yorkton, celles des *Noces de papier* un Gémeau. Très actif dans le secteur de la publicité il tourne aussi de nombreux vidéoclips, dont plusieurs en tant que réalisateur. S'il touche parfois au documentaire (*Why Havel?*, V. Jasny, 1991; *Voyage au nord du monde*, H. Latulippe, 1999, m. m.) et signe, pour la télévision, les images soignées de deux documents consacrés à des spectacles du Cirque du Soleil (*Nouvelle expérience*, J. Payette, 1991; *Saltimbanco*, J. Payette, 1994), il travaille principalement pour le cinéma : *Erreur sur la personne* (G. Noël, 1995), *Clandestins* (D. Chouinard et N. Wadimoff, 1997), *Les Boys* (L. Saïa, 1997). Comme c'est le cas pour plusieurs de ses collègues, on fait de plus en plus appel à lui sur les plateaux de films de langue anglaise tournés au Québec, en deuxième équipe (*Crosswinds*, A. Goldstein, 1994; *Grey Owl*, R. Attenborough, 1999), ou à titre de directeur de la photographie (*Rowing Through*, M. Harada, 1996; *2001 : A Space Odyssey*, A. Goldstein, 2000). Sa sœur, Anouk Brault, est productrice (*La conquête du grand écran*, A. Gladu, 1996; *Quand je serai parti… vous vivrez encore*). (M. C.)

**BRIAND, Manon,** réalisatrice, scénariste (Baie-Comeau, 1964). Formée en graphisme au cégep du Vieux-Montréal puis en cinéma à Concordia, Briand réalise et scénarise *Les sauf-conduits* (1991, m. m.) qui met en scène un trio amoureux où chacun filme celui ou celle qu'il aime sans retour. Le film, qui ouvre sur une forme de vidéoclip, fait référence à un classique du cinéma, *Casablanca* (M. Curtiz, 1942). Comme Briand, qui signe l'affiche des *Sauf-conduits* et plusieurs autres notamment pour le Festival du film de Baie-Comeau et Les Rendez-vous du cinéma québécois, le personnage féminin est graphiste. Le film est primé à Madrid, Toronto et Montréal où la cinéaste re-

Manon Briand.

çoit la bourse Claude-Jutra-OFQJ du meilleur espoir chez les réalisateurs. Elle touche aussi à la direction artistique avec *Le film de Justine* (J. Crépeau, 1989, m. m.) et *Nuits d'Afrique* (C. Martin, 1989). Après avoir tourné *Croix de bois* (1992, c. m.) et *Picoti, picota* (1995, c. m.), fausse comptine, Briand participe à deux films à sketches, d'abord un vaste collectif qui s'apparente au manifeste, *Un film de cinéastes* (1995) puis *Cosmos* (coréal. J. Alleyn, M.-J. Dallaire, A. Paragamian, A. Turpin et D. Villeneuve, 1996) dans lequel son segment, sur une jeune femme accompagnant un ami qui doit subir un test pour savoir s'il est porteur du virus du sida, s'évanouit dans l'énergie d'ensemble. Elle réalise et scénarise *2 secondes* (1998), portrait d'une cycliste de compétition qui devient messagère à vélo, roulant à pleine vitesse jusqu'à ce qu'elle s'arrête enfin pour trouver l'amour. Briand, sensible à l'état de flottement de sa génération, reprend des thèmes présents dans *Les sauf-conduits*, la compétition, la vitesse, les amours inavouées, l'homosexualité. Bien accueilli, le film remporte trois prix au FFM et reçoit le prix du premier scénario à Namur. La cinéaste tourne ensuite un téléfilm tiré d'une histoire vécue, *Heart — The Marilyn Bell Story* (2000). (M. C.)

**BRISSON, Dorothée,** monteuse, réalisatrice, scripte (Ottawa, Ontario, 1930). Après des études à l'Université Laval, elle entre en 1950 au SCP de la province de Québec comme scripte. Elle y réalise des documentaires, notamment *Camp Marie-Victorin* (1956, c. m.), *Zoo* (1957, c. m.) et *Les éperlans* (1964, c. m.). Elle coréalise quelques œuvres avec Suzanne Caron : *Au printemps* (1958, c. m.), *Opération C. P.* (1958, c. m.) et *Le tour du Saint-Laurent* (1958, c. m.). Jusqu'en 1976, elle s'adonne plus spécifiquement au montage. Elle travaille ensuite à la DGCA, où elle s'occupe de distribution et d'archives. (P. V.)

**BRITTAIN, Donald (Don),** réalisateur, producteur, scénariste (Ottawa, Ontario 1928 – Montréal, 1989). Il est le plus célèbre documentariste canadien-anglais. Au cours de sa carrière, il remporte quinze Génie et Canadian Film Awards. Après des études à l'Université Queen's, il est reporter au *Ottawa Journal*. À ce titre, il travaille autant en Europe et au Mexique qu'en Afrique. Il entre à l'ONF en 1954 comme scénariste. À la fin des années 50, il commence à réaliser des films de commande, comme *A Day in the Night of Jonathan Mole* (1959, c. m.) et les films de la série « Canada at War » (coréal. S. Clish et P. Jones, 1962, treize c. m.). Son intérêt pour les sujets se rapportant à la guerre se manifeste d'ailleurs dans *Fields of Sacrifice* (1964, m. m.), où il montre en parallèle des images de champs de bataille et de cimetières où reposent les héros, et dans *Memorandum* (coréal. J. Spotton, 1965, m. m.), où il accompagne un groupe de juifs à Dachau et à Auschwitz. Les sujets qu'il aborde sont d'une grande variété. Il touche aux arts avec *Ladies and Gentleman : Mr. Leonard Cohen* (coréal. D. Owen, 1965, m. m.) et, surtout, avec une imposante et audacieuse biographie de l'écrivain Malcolm Lowry, *Volcano : An Inquiry into the Life and Death of Malcolm Lowry* (coréal. J. Kramer, 1976). Sa fascination pour les grands hommes l'amène à enquêter sur Norman Bethune (*Bethune*, coréal. J. Kemeny, 1964, m. m.), sur le magnat de la presse anglaise Lord Thomson of Fleet (*Never a Backward Step*, coréal. A. Hammond et J. Spotton, 1966, m. m.) et sur les deux figures dominantes de l'histoire politique récente du Canada : René Lévesque et Pierre Elliott Trudeau (*The Champions*, 1978-1986, deux m. m. et un long métrage). Intrigué par les faits de société, il signe des films comme *Henry Ford's America* (1976, m. m.), *Small is Beautiful : Impressions of Fritz Schumacher* (coréal. D. Kiefer et B. Howells, 1978, c. m.), et *The Dionne Quintuplets* (1980). Enfin, il se fait l'historien du cinéma canadien en réalisant un long métrage de montage, *Dreamland* (1974), et en signant le commentaire de *Has Anybody Here Seen Canada ?* (J. Kramer, 1978). À titre de scénariste, Brittain collabore notamment à *Buster Keaton Rides Again* (J. Spotton, 1965, m. m.), *What on Earth !* (L. Drew et K. Pindal, 1966, c. m.), *Grierson* (R. Blais, 1973, m. m.) et *First Stop, China* (J. N. Smith, 1985). Il produit certains de ses films, ainsi que *Fleur bleue* (L. Kent, 1971). En 1988, il termine une imposante série sur Mackenzie King : *The King Chronicle* (trois m. m.). Au cours de sa longue carrière, Brittain a aussi réalisé quelques films de fiction, dont *Secrets of the Bermuda Triangle* (1978), une production de la Warner Brothers. Un film lui est consacré, *Donald Brittain : filmmaker* (K. Martin, 1995).

Donald Brittain. (ONF)

PRINCIPAUX AUTRES FILMS COMME RÉALISATEUR : *Tiger Child* (coréal. R. Kroitor et K. Ichikawa, 1970, c. m.), *The Summer Before* (1975, c. m.), *The Players* (1975, m. m.), *Paperland : The Bureaucrat Observed* (1979, m. m.), *Something to Celebrate* (1983, m. m.), *Canada's Sweetheart* (1985). (M. J.)

**BRODEUR, René.** (*Voir* LE BRODEUR, RENÉ)

**BUJOLD, Geneviève,** actrice (Montréal, 1942). De toutes les actrices québécoises, elle est certainement celle qui fait la plus grande carrière internationale. À ses débuts au Québec, où elle monte sur scène pour la première fois en 1961 dans *Le Barbier de Séville*, elle joue les adolescentes ou les jeunes femmes dans *Le temps des amours* (H. Aquin, C. T. Baptista, A. Colestan et A. Giannarelli, 1961, m. m.),

Geneviève Bujold dans *Kamouraska* de Claude Jutra. *(Le Devoir)*

*Amanita Pestilens* (R. Bonnière, 1963), *La terre à boire* (J.-P. Bernier, 1964), *La fin des étés* (A. C. Poirier, 1964, c. m.), puis *Geneviève*, sketch canadien de *La fleur de l'âge* (1965) réalisé par Michel Brault. Alors qu'on fait encore peu de fiction au Québec, Bujold, qui interprète le répertoire au théâtre et coanime une émission très populaire à la télévision, a tôt fait de s'imposer comme actrice de cinéma. Elle sait tirer profit de son apparente fragilité pour séduire, affichant un côté très volontaire derrière ses allures de petite bête effrayée, de femme-enfant vulnérable. En tournée en France avec le théâtre du Rideau Vert, elle est remarquée par Alain Resnais qui lui donne un des premiers rôles de *La guerre est finie* (1965), celui d'une étudiante qui a une aventure avec un révolutionnaire espagnol (Yves Montand). Sa carrière française se poursuit sur cette lancée avec Philippe de Broca (*Le roi de cœur*, 1966) et Louis Malle (*Le voleur*, 1966). Elle revient au pays et tourne de nouveau avec Michel Brault, partageant, émouvante et vraie, la vedette de *Entre la mer et l'eau douce* (1967) avec Claude Gauthier. Puis, elle entreprend le tournage de la trilogie que Paul Almond écrit sur mesure pour elle : *Isabel* (1968), *The Act of the Heart* (1970) et *Journey* (1972). Les deux premiers films lui valent chacun un Canadian Film Award et *Isabel* un prix d'interprétation à Cartagène. Almond sait tirer le meilleur de Bujold, faisant appel à toutes les facettes de son talent pour la faire passer, en trois films, de l'adolescence à la maturité. Sa carrière internationale prend son envol aux côtés de Richard Burton dans *Anne of the Thousand Days* (C. Jarrot, 1969) qui lui vaut un Golden Globe et une mise en nomination pour un Oscar. Elle tourne ensuite avec Michael Cacoyanis (*The Trojan Women*, 1971), Philippe de Broca (*L'incorrigible*, 1975) et Claude Lelouch (*Un autre homme une autre chance*, 1977). Au Québec, elle tient le premier rôle dans la coproduction franco-canadienne *Kamouraska* (1973), sous la direction de Claude Jutra avec lequel elle a déjà fait un court métrage, *Marie-Christine* (1970). Bujold donne beaucoup d'intensité au personnage d'Élisabeth qui, au chevet de son second mari, se rappelle, tourmentée, son amour impossible pour le docteur Nelson (Richard Jordan) et la folie de son premier mari, Antoine Tassy (Philippe Léotard). Mélange de force, de passion et de renoncement, son Élisabeth est un personnage fascinant. Si le film ne connaît pas le succès escompté, Bujold remporte à nouveau un Canadian Film Award. Elle amorce ensuite une carrière américaine avec un film catastrophe qui obtient un énorme succès, *Earthquake* (M. Robson, 1975). Elle s'installe alors en Californie. Reconnue aux États-Unis, elle se voit offrir un rôle dans une coproduction anglo-canadienne à gros budget, *Murder by Decree* (B. Clark, 1978), qui lui vaut un Génie de la meilleure actrice de soutien, puis dans une superproduction canadienne où elle retrouve Paul Almond, *Final Assignment* (1980), film nettement moins personnel que les précédents. En 1986, on lui propose de revenir tourner au Québec, en anglais, dans un film de Jean Beaudin, *Ann McNeil*; le projet est abandonné la veille du tournage en raison de sérieux problèmes financiers. Bujold, qui ne trouve pas son compte dans *The Last Flight of Noah's Ark* (C. Jarrot, 1981) ou dans *Monsignore* (F. Perry, 1983), obtient enfin des rôles à sa mesure grâce à Alan Rudolph qui la fait jouer dans *Choose Me* (1984), *Trouble in Mind* (1986) et *The Moderns* (1988). Rudolph ne s'embarrasse pas de l'image d'éternelle jeunesse qu'on a longtemps accolée à Bujold. Il la présente plutôt comme une femme torturée, dans la force de l'âge et au passé mystérieux. Il sait traquer le moindre de ses regards, mettre à profit son tempérament d'actrice, comme d'ailleurs le Canadien David Cronenberg qui emploie Bujold dans *Dead Ringers* (1989). En 1988, l'actrice, qui n'a pas joué dans un film québécois depuis 1973, fait un retour au Québec, dans une dramatique sur les femmes battues destinée à la télévision, *L'emprise* (m. m.), dont la partie fiction est réalisée par Michel Brault et la partie documentaire par Suzanne Guy. Retrouvant son accent montréalais, elle rend parfaitement le désarroi d'une femme à la fois effrayée et attirée par son mari (Claude Gauthier), capable d'une grande violence. Son jeu lui vaut un prix d'interprétation à Yorkton. L'année suivante, dans *Les noces de papier* (1989), Brault lui donne à interpréter un personnage tout aussi partagé, celui, presque fait sur mesure, d'une universitaire dont l'indépendance naturelle est secouée par l'arrivée d'un étranger qu'elle consent à épouser pour lui permettre d'obtenir sa citoyenneté canadienne. Bujold remporte un Gémeau. Poursuivant sa collaboration avec Michel Brault dans *Mon amie Max* (1994), elle y interprète une femme secrète qui fait un retour sur son passé à la recherche de son fils, jeu très dépouillé qui lui vaut le prix Guy-L'Écuyer. Dans *The Dance Goes On* (1991), son cinquième film avec Paul Almond, elle tient deux petits rôles, celui d'une jeune mère gaspésienne et celui d'une Californienne qui, comme son personnage de *Mon amie Max*, garde ses verres fumés vissés au visage. Elle y donne la réplique à son fils, Matt Almond. Bujold mène toujours une carrière américaine (*The Adventures of Pinocchio*, S. Burron, 1996; *Eye of the Beholder*, S. Elliott, 1999) à laquelle s'ajoutent quelques films canadiens-anglais (*You Can Thank Me Later*, S. Dotan, 1998; *Last Night*, D. McKellar, 1998). (M. C.)

**BULBULIAN, Maurice,** réalisateur (Montréal, 1938). Formé en pédagogie, il amorce une carrière d'enseignant puis entre à l'ONF au milieu des années 60, où il réalise d'abord des documents audiovisuels scientifiques. À partir de 1968, avec *La p'tite Bourgogne* (m. m.), il utilisera le cinéma direct comme outil de « science et de conscience », dans la foulée des mouvements sociopolitiques des années 60 et 70. Dans la même veine, il participe activement aux premières expériences de production vidéo et de câblodiffusion communautaire. Sa filmographie se caractérise par des sujets et des traitements qui échappent aux deux défauts majeurs de tant de films du direct québécois : l'ethnocentrisme des thèmes et le radicalisme politique. Ainsi, *Dans nos forêts* (1971), *Richesse des autres* (1973) et *Les gars du tabac* (1977, c. m.), tout comme *Salvador Allende Gossens : un témoignage* (1973, c. m.), *La revanche* (1974, c. m.), *Les délaissés* (1978, c. m.), *Tierra y Libertad* (1978) et *Cissin… 5 ans plus tard* (coréal. Kola M. Djim, 1982, m. m.) témoignent l'un après l'autre d'une saisie calme mais tranchante des inégalités économiques et sociales, de la brutalité politique, de la violence faite à l'homme par l'homme.

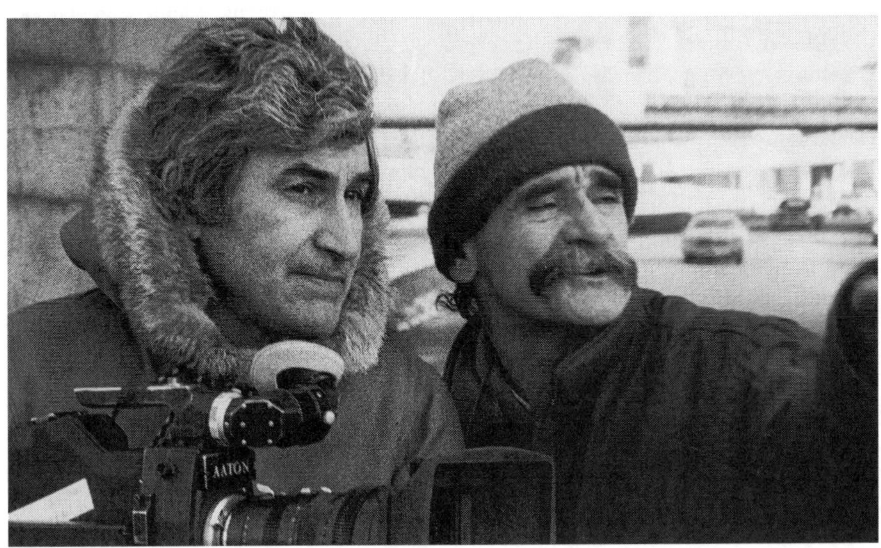


Maurice Bulbulian et Serge Giguère. (coll. ACPQ)

Sans cris inutiles, sans démagogie mais sans concession, Bulbulian fait des droits humains un enjeu et une lutte de chaque instant. Ce propos de fond est servi par une cinématographie d'une extrême sobriété, discrète et attentive, fortement contrôlée dans la prise de vues et le montage. À la fin des années 70 et au cours des années 80, Bulbulian s'attache principalement à la défense et à l'illustration de la question inuit et amérindienne, avec *Ameshkuatan — Les sorties du castor* (coréal. M. Hébert, 1978, c. m.), *Debout sur leur terre* (1982) et *Dancing Around the Table* (1988 et 1989, deux m. m.) auquel l'AQCC attribue le prix André-Leroux. Il donne ainsi aux autochtones qui revendiquent certains droits constitutionnels la plus pertinente documentation audiovisuelle produite depuis les célèbres séries d'Arthur Lamothe sur les Montagnais. Ce travail n'a pas empêché Bulbulian de s'intéresser au criant phénomène des médias de masse, en mettant au point l'idée originale, percutante et très riche, de *Passiflora* (D. Gueissaz-Teufel et F. Bélanger, 1985). À partir des années 90, il concentre son travail sur les autochtones de l'île de Vancouver, auxquels il consacre deux films, *Salt Water People* (1992) et *Chroniques de Nitinaht* (1997). Ce film exceptionnel, à la fois document et outil de conscientisation, a permis à une communauté de Ditidahts de s'éclairer sur son passé tragique de violences, internes et externes. Les liens étroits noués entre l'équipe du film et ce groupe pourraient conduire un jour à la prise en charge, par cette communauté, de ses propres outils de communication vidéo. La qualité de ces *Chroniques* a été reconnue en 1999, par le prix de la Fondation Chalmers. Bulbulian quitte l'ONF en 1996 et fonde sa compagnie, Tristan.com, pour la suite de son travail filmique. (R. L.)

**BUREAU DE CENSURE DES VUES ANIMÉES.** (*Voir* RÉGIE DU CINÉMA)

**BUREAU DE SURVEILLANCE DU CINÉMA.** (*Voir* RÉGIE DU CINÉMA)

**BURGER, Jean-Claude,** monteur, producteur, réalisateur (Grenoble, France, 1945). Il fonde, avec Gérard Le Chêne (Alain d'Aix*) et Nathalie Barton* (Morgane Laliberté), la compagnie de production InformAction. Il réalise (*L'âge de guerre*, 1975, c. m.) ou coréalise avec eux plusieurs films entre 1975 et 1984 qui témoignent de son intérêt pour le tiers-monde et la politique internationale. Il est également monteur de nombre de documentaires, dont *Anyanya* (G. Le Chêne et N. Barton, 1971, c. m.) et *La danse avec l'aveugle* (A. d'Aix et M. Laliberté, 1978). Burger s'éloigne du cinéma en 1984 pour travailler au magazine d'information *Le Point*, présenté à Radio-Canada. Il revient au documentaire dans les années 90 et s'ouvre alors à un très large éventail de sujets. Il consacre deux films au Japon, *L'étreinte du Samuraï* (1993, deux m. m.), s'intéressant notamment à la productivité et au rapport qu'entretient l'Occident avec ce pays. Puis il tourne un documentaire intuitif, sensible, personnel, sur la danse, *La passion de danser* (1998). Ensuite, il illustre l'article 23 de la charte universelle des Droits de l'Homme, sur le droit au travail et à des conditions de travail décentes, dans *À la sueur de ton front* (1999, m. m.) et propose, dans *L'aventurier de la civilisation perdue* (2000, m. m.), le portrait d'un archéologue né à Jonquière, professeur dans une université anglaise, qui se passionne pour la civilisation pré-incaïque, dont la mémoire est menacée par des pilleurs d'artefacts. (M. C.)

Pascale Bussières dans *Un 32 août sur terre* de Denis Villeneuve. (Pierre Crépô, coll. Rendez-vous du cinéma québécois)

**BUSSIÈRES, Pascale,** actrice (Montréal, 1968). Surprenante de naturel dans *Sonatine* (M. Lanctôt, 1983) dans le rôle d'une adolescente suicidaire, Bussières ne s'impose pas tout de suite au cinéma, malgré quelques rôles, notamment dans *Le chemin de Damas* (G. Mihalka, 1988). Ses études en cinéma à l'Université Concordia lui offrent l'occasion de toucher à la scénarisation et à la réalisation (*À la troisième personne*, 1990, c. m.) et lui ouvrent une série de collaborations avec des réalisateurs de courts métrages, format auquel elle demeure fidèle : *Moïse* (H. Goldberg, 1990), *Poissons solubles* (S. Hénault, 1992), *État de grâce* (D. Guilbeault, 1993), *La forêt et le bûcheron* (J.-F. Pothier, 1996), *Dans la joie* (C. Guillemette, 1997). Consacrée vedette populaire grâce au rôle-titre de la série *Blanche*, elle s'affirme rapidement au cinéma comme l'actrice québécoise de référence des années 90. Jacques Leduc fait d'elle une maîtresse passionnée dans *La vie fantôme* (1992), rôle pour lequel elle remporte un prix d'interprétation au FFM, puis l'expression même de la jeunesse et de la beauté dans *L'âge de braise* (1998). Charles Binamé l'associe plutôt à la détresse urbaine, délinquante en patins à roues alignées dans *Eldorado* (1995), victime de violence dans *Le cœur au poing* (1998), femme blessée et dangereuse dans *La beauté de Pandore* (2000). D'autres réalisateurs font appel à sa fragilité, et on la voit perturbée par l'arrivée d'une sœur inconnue dans *Deux actrices* (M. Lanctôt, 1993), en rupture avec son métier de mannequin et poussée par le besoin urgent d'avoir un enfant dans *Un 32 août sur la terre*

(D. Villeneuve, 1998), puis mère vulnérable, soumise à un homme incapable de faire vivre sa famille dans *Emporte-moi* (L. Pool, 1999). À contre-courant, Jean Beaudin la présente sous les traits d'une femme impitoyable, marquée à jamais par un viol collectif dans *Souvenirs intimes* (1998) et Jean-Michel Roux en punk destroy dans *Les mille merveilles de l'univers* (1997). Dans *La bouteille* (A. DesRochers, 2000), elle est une jeune femme enceinte. Photogénique, économe, moderne, Bussières fait aussi carrière en anglais, principalement au Canada où elle tourne *When Night is Falling* (P. Rozema, 1995), *Thunder Point* (G. Mihalka, 1997), *Twilight of the Ice Nymphs* (G. Maddin, 1997), *The Five Senses* (J. Podeswa, 1999) et *Between the Moon and Montevideo* (A. Bertalan, 1999), mais aussi en Nouvelle-Zélande, avec *The Whole of the Moon* (I. Mune, 1995). Sa carrière s'ouvre également sur la France où elle tourne *Les jeunes filles ne savent pas nager* (A.-S. Birot, 2000), *Des chiens dans la neige* (M. Walterlin, 2000). (M. C.)

**CADIEUX, Fernand,** administrateur, recherchiste (Aylmer, 1925 – Vanier, Ontario, 1976). Après des études en sciences sociales et en économie à l'Université Laval, Cadieux, homme d'idées, mène une vie professionnelle très diversifiée. Ainsi, il est chargé de cours à l'Université de Montréal, s'intéresse à l'enseignement des mathématiques aux jeunes enfants, participe à la conception du Labyrinthe d'Expo 67, devient spécialiste en planification et agit comme conseiller politique. Passionné de cinéma, il compte, en 1950, parmi les principaux collaborateurs de la revue de cinéma *Découpages*, fondée par la Commission étudiante du cinéma de la JÉC. Il est alors président du mouvement (de 1948 à 1954). En 1955, on le retrouve également au nombre des rédacteurs de la revue indépendante *Images*. Par la suite, il sera encore critique de cinéma, exerçant longtemps ce métier à Radio-Canada. Cadieux participe, en 1960, à la fondation du Festival international du film de Montréal, événement auquel il reste attaché. En 1961, il est nommé au Comité provisoire pour l'étude du cinéma dans la province de Québec. Ce comité dépose, en 1962, son rapport, le rapport Régis, qui recommande notamment l'abolition du Bureau de censure. Cadieux travaille comme recherchiste pour plusieurs films dont *À Saint-Henri le cinq septembre* (H. Aquin, 1962, m. m.). Son fils, Thomas Cadieux, est réalisateur (*Les pêcheurs basques du Labrador*, 1985, m. m.). (M. C.)

**CADRIN-ROSSIGNOL, Iolande,** productrice, réalisatrice, scénariste (Montréal, 1942). Après des études en communications, elle obtient une maîtrise en histoire au Conservatoire de musique et d'art dramatique, et travaille avec Maurice Martenot. Elle contribue ensuite à la série radiophonique *Faisons de la musique*, fait ses débuts à la télévision comme scénariste de l'émission pour enfants *La souris verte*, et enseigne le cinéma dans trois universités de Montréal. Elle participe en 1970 à la fondation d'In-Média, centre de création et animation par l'art. Elle prépare la musique et la trame sonore de quelques courts métrages et contribue à la vidéo collective *Simple histoire d'amours* (1973). Son premier film en tant que réalisatrice est un long métrage sur l'écologie *La question que je me pose* (1973). Elle fait ensuite avec Pierre Larocque un film de montage sur la fête nationale *La parade* (1973, m. m.) et coréalise avec Fernand Dansereau une série dramatique en 13 épisodes intitulée *L'amour quotidien* (1974). Elle est aussi l'animatrice d'un autre projet, filmé par Dansereau, *Thetford au milieu de notre vie* (1978) où elle soutient une démarche de création collective impliquant aussi les personnes filmées. Elle scénarise une série consacrée au patrimoine québécois « Un pays, un goût, une manière » et en réalise ou coréalise certains épisodes : *L'art populaire* (1976, c. m.), *Les jouets* (1976, c. m.), *L'espace intérieur* (coréal. F. Dansereau et F. Pilon, 1976, c. m.), *L'église traditionnelle* (coréal G. Cousineau, 1976, c. m.), *La leçon du passé* (coréal. F. Dansereau, 1976, c. m.). Ses films témoignent à la fois de sa passion pour la musique et de son intérêt pour l'expérimentation sociale. Elle approfondit cette recherche dans les trois films de la série « La tradition de l'orgue » (1979) qu'elle produit, réalise et adapte aussi en anglais sous le titre *Organ Music Tradition in Québec* (1980, m. m.). Elle fait ensuite le film expérimental *Musique outre-mesure* (1982, c. m.) avant de se consacrer à des portraits de féministes québécoises. *Rencontre avec une femme remarquable* (1983) est un portrait de Laure Gaudreault, pionnière du syndicalisme enseignant; *Contes des mille et un jours ou Jean Desprez* (1986) rappelle l'œuvre avant-gardiste de la première écrivaine de radio et télévision du Québec. Cadrin-Rossignol siège aussi pendant quatorze ans au conseil d'administration de la Cinémathèque québécoise (présidente de 1985 à 1987) où elle s'intéresse surtout à la vocation muséale de l'institution. De 1988 à 1990 elle devient productrice au service des dramatiques de Radio-Canada, avant de travailler pendant deux ans à titre d'auteur-conseil. En 1992 elle devient productrice à l'ONF et contribue à ce titre à plusieurs films dont : *Aymaras de toujours* (M. Régnier, 1993, m. m.), *REW FFWD* (D. Villeneuve, 1994, m. m.) et *Une vie comme rivière* (A. Chartrand et D. Cailhier, 1996). Elle met en place la série « La plus grande moitié du monde » consacrée aux femmes du tiers-monde et produit aussi le film expérimental de Philippe Baylaucq *Lodela* (1997, c. m.) qui combine la vidéo, les effets spéciaux et le 35 mm noir et blanc. Ce film obtient plusieurs prix dont le meilleur court métrage de Hot Docs (Toronto). Elle quitte l'ONF en 1996 et coréalise avec Frédéric Lenoir une série documentaire sur les sectes et les nouvelles religions « Au nom de tous les dieux ». Elle devient ensuite productrice chez InformAction où elle supervise un film consacré aux femmes pornographes : *Bad Girls* (M. Nitoslawska, 1999, m. m.). (L. N. et G. L.)

**CANDID EYE.** Série d'une quinzaine de courts métrages de l'ONF produits pour la télévision à la fin des années 50. Cette appellation a brièvement symbolisé la nouvelle attitude documentaire (*voir* CINÉMA DIRECT). (G. M.)

**CANTIN, Roger,** réalisateur, acteur, chef opérateur, producteur, scénariste (Saint-Hyacinthe, 1949). À la fin des années 60, il tourne plusieurs films en super 8, seul ou avec Denis Blaquière, et remporte divers prix. Son expérience du super 8 l'amène à enseigner à l'Université Concordia de 1972 à 1986. Au début des années 70, il collabore au montage d'une revue humoristique qui s'intitule *Une société juste, juste pour rire*, d'abord comme acteur, puis comme responsable des courts films

Roger Cantin. (Bertrand Carrière)

qui s'intègrent au spectacle. Il entreprend, en 1970, sa collaboration avec Danyèle Patenaude* avec laquelle il tourne, entre 1972 et 1984, un moyen métrage (*Le guérillero urbain*, 1972) et trente-trois courts ou très courts métrages, dont trois séries d'interludes pour Radio-Canada. La plupart de ces films sont réalisés avec des moyens artisanaux, de sorte que Cantin, bricoleur, doit faire preuve de beaucoup d'invention pour mettre en images l'univers fantaisiste qui caractérise les films du tandem. Ils ont régulièrement recours à la pixillation, une technique qui sert bien la comédie et exige peu de moyens. Cette démarche trouve son aboutissement avec *Pixillation* (1978, c. m.). Ce n'est qu'avec *L'objet* (1984, c. m.), tourné alors que le court métrage de fiction reçoit un meilleur appui des organismes publics, que Patenaude et Cantin peuvent bénéficier de moyens convenables et travailler avec des acteurs professionnels. Parallèlement à ce travail d'artisan, il tient le premier rôle dans *Le gars des vues* (1976), un film sur le cinéma amateur où Jean Pierre Lefebvre se sert des films amateurs de Cantin. Il produit aussi un documentaire, *On a été élevé dans l'eau salée…* (H. Tremblay, 1980). Délaissant le court métrage, Cantin, décidé à tourner un premier long métrage, met l'accent sur la scénarisation. Il coscénarise, avec Patenaude, le premier film de la série « Contes pour tous », *La guerre des tuques* (A. Melançon, 1984), qui propose une réflexion sur la guerre et la violence à travers la rivalité qui oppose deux clans. Puis, il écrit le scénario de trois épisodes de la série « Traquenards », produite par Via le monde. Scénariste et réalisateur, il est très prolifique dans les années 90. Son premier long métrage de fiction, *Simon-les-nuages* (1990), raconte l'histoire d'un garçon que ses rêves transportent, avec toute sa bande, au pays des mégacuriosaures. Primé au Caire, ce film pour toute la famille, qui n'obtient pas le succès escompté, confirme l'intérêt marqué du réalisateur pour l'enfance et les effets spéciaux. Cantin réalise ensuite *L'assassin jouait du trombone* (1991), comédie policière surprenante où un acteur sans emploi, devenu gardien de nuit dans un studio de cinéma (Germain Houde), est aux prises avec une série de meurtres qui l'incriminent. Le film, qui s'apparente à certains égards à la bande dessinée, multiplie les clins d'œil, jeux de mots (Alice et Robby) et effets spéciaux. Donnant suite à ce film à la frontière des genres, il fait de nouveau pleuvoir les malheurs sur la tête de son personnage, traqué par un inspecteur de police opiniâtre, dans *La vengeance de la femme en noir* (1997). Il connaît le succès populaire avec *Matusalem* (1995) où, comme dans *Simon-les-nuages*, des enfants basculent dans un autre monde, ce qui, cette fois, les entraîne dans l'univers inquiétant des pirates et des corsaires. Cantin reconstitue pour l'occasion une frégate. Là encore il tourne une suite, *Le dernier des Beauchesne* (1997), où il combine hockey, rivalités villageoises, amours adolescentes, sottise policière et passage dans le temps. Cantin signe aussi un téléfilm, *Le grand zèle* (1992), seule production dont il ne soit pas aussi le scénariste. Il donne un traitement fantaisiste à cette parodie du culte de la productivité en milieu de travail. Comme dans ses quatre derniers films, il y dirige Marc Labrèche dont il exploite mieux que quiconque la nature fantasque.

BIBLIOGRAPHIE : CANTIN, Roger, *Simon-les-nuages*, Montréal, Boréal, 1990 • CANTIN, Roger, *L'assassin jouait du trombone*, Montréal, Boréal, 1991 • CANTIN, Roger, *Matusalem*, Montréal, Boréal, 1993 • CANTIN, Roger, *Le dernier des Beauchesne*, Montréal, Boréal, 1997. (M. C.)

**CARDINAL, Roger,** réalisateur, monteur (Montréal, 1939). Après deux années dans les Forces canadiennes, il est engagé à Radio-Canada (1960) à titre d'assistant monteur, puis monteur. À la fin des années 60, il réalise des films de commandite (*Safari canadien : du côté du Yukon*, 1969, m. m.) et des commerciaux. Il signe ensuite un premier long métrage, *Après-ski* (1970), qui s'inscrit dans la vogue des films érotiques québécois. En 1972, il enchaîne avec une comédie, *L'apparition*, mettant en vedettes Pierre Labelle et René Angelil. Il poursuit en signant de nombreux films de commandite, notamment pour l'OFQ. En 1978, il réalise un long métrage de commandite pour Développement et Paix, *Les droits humains et l'alimentation*. En 1984, il signe *You've Come a Long Way Ladies* (m. m.), un documentaire retraçant l'évolution de la femme dans les sports au Canada. Il revient au long métrage de fiction en 1988, alors qu'il tourne, à Montréal, *Malarek*, d'après l'ouvrage autobiographique d'un ancien délinquant juvénile qui, devenu journaliste, lève le voile sur la mort mystérieuse de jeunes détenus. Cardinal, qui travaille par la suite essentiellement pour la télévision, a à son crédit plus de trois cents films publicitaires. (M. J.)

**CARLE, Gilles,** réalisateur, producteur, scénariste (Maniwaki, 1929). Après des études à l'École des beaux-arts de Montréal (1945), il semble d'abord se destiner aux arts visuels et à la littérature. Il est, d'ailleurs, l'un des fondateurs des éditions de l'Hexagone avec, entre autres, le poète Gaston Miron. Au tout début des années 60, sa carrière bifurque du côté du cinéma alors qu'il réalise, à l'ONF, une série de courts métrages documentaires (*Dimanche d'Amérique*, 1961 ; *Patinoire*, 1962 ; *Percé on the Rocks*, 1964). Mais c'est plutôt la fiction qui l'intéresse. Aussi, après quelques années d'apprentissage technique, il l'aborde avec *Solange dans nos campagnes* (1964, c. m.) et, surtout, en détournant un projet de court métrage documentaire sur le déneigement pour réaliser un premier long métrage, *La vie heureuse de Léopold Z.* (1965), histoire attachante et colorée d'un déneigeur (Guy L'Écuyer), joyeux luron qui, la veille de Noël, doit acheter le cadeau de sa femme et s'occuper d'une chanteuse tout en faisant son travail. Avec ce film, qui à la fois se distingue et témoigne du contexte cinématographique dans lequel il est tourné, Carle montre déjà ses qualités de conteur. Se voyant dans l'impossibilité de réaliser d'autres longs métrages de fiction à l'ONF, il quitte l'organisme gouvernemental en 1966. Dans le secteur privé, au cours des dix années qui suivent, il est à la fois cinéaste et producteur. Prolifique, il réalise huit longs métrages au cours de cette décennie, en plus de nombreux documentaires et films publicitaires, la plupart pour Les productions Carle-Lamy, qu'il fonde en 1971 avec Pierre Lamy*. L'œuvre fictionnelle de Carle, particulièrement entre 1968 (*Le viol d'une jeune fille douce*) et 1980 (*Fantastica*), se place sous le signe du paradoxe. En effet, ses films, fort diversifiés, du moins dans le choix des histoires et des personnages, gravitent autour d'une même grande thématique, celle du conflit, qui, la plupart du temps, résulte d'une situation

Gilles Carle. (coll. ACPQ)

d'exploitation : dans *Le viol d'une jeune fille douce*, une jeune femme (Julie Lachapelle) subit l'exploitation des hommes ; dans *Red* (1969), un Métis (Daniel Pilon) doit combattre le pouvoir des Blancs ; dans *La vraie nature de Bernadette* (1972), Bernadette Brown (Micheline Lanctôt) doit affronter la résistance des habitants d'un village réfractaires à ses croyances et à son mode de vie. L'exploitation des femmes par les hommes est un thème de prédilection chez Carle. La Marie Chapdelaine de *La mort d'un bûcheron* (1973) n'y échappe pas, de même que les sept prostituées des *Corps célestes* (1973), sans oublier la Normande de *La tête de Normande Saint-Onge* (1975), ou la Lorca de *Fantastica* (1980). La problématique de l'exploitation côtoie toutefois d'autres grands thèmes et s'exprime à travers la diversité des actions, des digressions, des sous-thèmes et des personnages secondaires que Carle multiplie à l'intérieur de chacun de ses films. C'est d'ailleurs l'une de ses caractéristiques, puisque Carle se plaît à entraîner le spectateur sur des chemins parfois sinueux ou encombrés, au risque de le perdre. Privilégiant les études de mœurs teintées d'humour, Carle effectue aussi des percées du côté de la comédie (*Les corps célestes*), de la comédie musicale (*Fantastica*) et du fantastique (*L'ange et la femme*, 1977).

Les personnages féminins sont souvent au centre des films de Carle : c'est Julie, dans *Le viol d'une jeune fille douce*, aux prises avec ses trois frères qui, eux-mêmes violeurs, veulent venger le viol qu'elle aurait subi ; c'est Bernadette Brown, dans *La vraie nature de Bernadette*, dont le retour à la terre se fait sous le signe de la naïveté, de l'anticonformisme et, par un amusant retournement de situation, de la sainteté ; c'est Marie Chapdelaine, dans *La mort d'un bûcheron*, en quête d'une famille après la disparition de son père ; c'est Normande, dans *La tête de Normande Saint-Onge*, personnage lentement attiré par la folie. Carole Laure*, l'interprète de Normande, est la figure centrale de cinq autres films de Carle : *Les corps célestes*, *La mort d'un bûcheron*, *L'ange et la femme*, *Fantastica* et *Maria Chapdelaine*. Actrice, mais surtout muse du cinéaste, elle est à l'origine de films où la femme est à la fois vulnérable et magnifique, fragile et statuesque. Avec elle, Carle explore un érotisme très différent de celui développé par les Denis Héroux et Claude Fournier. Le propos de *L'ange et la femme*, film intimiste en noir et blanc, proche du cinéma expérimental par la ténuité de l'anecdote racontée et la singularité de sa facture, est exemplaire de leur collaboration : dans une cabane isolée, un ange prend soin d'une femme qu'il aime et qui, atteinte de plusieurs balles, a été laissée pour morte dans la neige. *Les mâles* (1970) — qui vaut à Carle une réputation internationale confirmée par le succès de *La vraie nature de Bernadette* — présente aussi une réflexion sur les rapports entre l'homme, la femme et la société, cette fois à travers le portrait de deux hommes, vivant à l'état sauvage, qui s'entredéchirent après qu'une femme se fut installée avec eux.

En 1981, après avoir réalisé *Fantastica*, coûteuse coproduction franco-canadienne centrée sur une troupe de théâtre musical, Carle signe, coup sur coup, trois superproductions adaptées d'œuvres littéraires. Il réalise d'abord une imposante chronique, *Les Plouffe* (1981), tirée d'un roman de Roger Lemelin qui, dans les années 50, avait donné naissance à un téléroman fort populaire. L'action se déroule à la fin des années 30 et dans les années 40 dans une famille de la basse-ville de Québec. On y retrouve le père (Émile Genest), un nationaliste irréductible, la mère (Juliette Huot), qui règne sur sa cuisine et couve sa progéniture, ainsi que leurs quatre enfants : Cécile (Denise Filiatrault), qui vit un amour platonique avec un chauffeur de tramway, Ovide (Gabriel Arcand), tiraillé entre sa vocation et une fille aux mœurs légères, Napoléon (Pierre Curzi), un bon garçon sans trop d'envergure, et Guillaume (Serge Dupire), l'athlète de la famille qui partira pour la guerre. Le film remporte le prix L.-E.-Ouimet-Molson et sept Génie, en plus de connaître un bon succès auprès du public québécois. Sur la lancée des *Plouffe*, Carle réalise *Maria Chapdelaine*, illustration respectueuse du roman de Louis Hémon, puis la télésérie *Le crime d'Ovide Plouffe* (1984), d'après un autre roman de Roger Lemelin. Les années 80 sont aussi l'occasion pour lui de renouer avec le documentaire. Il réalise d'abord *Jouer sa vie* (coréal. C. Coudari, 1982), intéressante enquête sur le jeu d'échecs. En 1985, il signe un hommage à la production française de l'ONF (*Cinéma, cinéma*, coréal. W. Nold) à l'occasion de son vingt-cinquième anniversaire, et un film-collage sur Picasso (*Ô Picasso*). De facture très libre, *Cinéma, cinéma* et *Ô Picasso*, tout comme le film qu'il signe sur la ville de Québec (*Vive Québec!*, 1988), rassemblent des éléments en apparence épars et font une place importante aux chansons qu'interprète Chloé Sainte-Marie. Cette dernière est aussi la vedette de *La guêpe* (1986), long métrage de fiction qui met en scène une jeune femme prête à tout pour venger la mort de ses enfants tués par un chauffard. Retour de Carle à un cinéma de fiction personnel, *La guêpe* est l'échec critique et public le plus cruel de sa carrière. En 1990, Carle réalise un film sur le diable, *Le diable d'Amérique*, plus homogène que ses documentaires précédents. Il entreprend ensuite un documentaire sur la vie culturelle à Montréal (*Montréal off*, 1991, m. m.) et un téléfilm coproduit avec la France et la Suisse (*Miss Moscou*, 1991). Six ans après la sortie de *La guêpe*, il tourne de nouveau un long métrage avec Chloé Sainte-Marie, *La postière* (1992), une comédie dont l'action se situe en Abitibi et qui, sous certains aspects, rappelle *Les corps célestes*. Carle fait aussi grand usage de sa truculence naturelle dans *Pudding chômeur* (1996), sorte de fresque amusée d'un quartier populaire de Montréal. Entre ces deux longs métrages personnels, le cinéaste a signé deux téléfilms — *Le sang du chasseur* (1994) et *L'honneur des grandes neiges* (1994) — qui présentent du Québec une vision folklorisante et qui, de ce fait, semblent davantage destinés à un public étranger. Infatigable, Carle enchaîne avec une télésérie sur l'histoire du Québec, *Épopée en Amérique* (1997-1998) qui remporte un succès considérable. Le temps des bilans étant venu, il propose ensuite son autobiographie filmée, *Moi, j'me fais mon cinéma* (1998). Le ton naturel du narrateur et son humour constant contribuent à rendre l'entreprise à la fois instructive et sympathique. Carle démontre, encore une fois, son talent à assembler du matériel de toutes provenances, son goût pour les associations étonnantes et son œil de monteur aiguisé. En 1999, il entreprend le deuxième volet d'*Épopée en Amérique*. Tout au long de sa carrière, il réalise aussi un grand nombre de films publicitaires.

Avec Jean Pierre Lefebvre et Claude Jutra, Carle est l'une des figures de proue du jeune cinéma québécois de fiction du début des années 70. Au total, ses films ont remporté vingt-cinq Génie et Canadian Film Awards. En 1989, son court métrage intitulé *ONF 50 ans*, réalisé à l'occasion de l'anniversaire de l'ONF, est couronné de la Palme d'or du court métrage au Festival de Cannes. L'année suivante, Carle reçoit le prix Albert-Tessier.

FILMS : *Dimanche d'Amérique* (1961, c. m.), *Manger* (coréal. L. Portugais, 1961, c. m.) *Patinoire* (1962, c. m.), *Natation* (1963, c. m.), *Patte mouillée* (1964, c. m.), *Un air de famille* (1963, c. m.), *Percé on the Rocks* (1964, c. m.), *Solange dans nos campagnes* (1964, c. m.), *La vie heureuse de Léopold Z.* (1965), *Place à Olivier Guimond* (1966, m. m.), *Jeux de Jérolas* (1967, m. m.), *Le Québec à l'heure de l'Expo* (1968, c. m.), *Le viol d'une jeune fille douce* (1968), *Red* (1969), *Les mâles* (1970), *Stéréo* (1970, c. m.), *Un hiver brûlant* (1971, m. m.), *La vraie nature de Bernadette* (1972), *Les corps célestes* (1973), *La mort d'un bûcheron* (1973), *Les chevaux ont-ils des ailes?* (1975, c. m.), *La tête de Normande Saint-Onge* (1975), *A Thou-*

*sand Moons* (1975, m. m.), *L'ange et la femme* (1977), *L'âge de la machine* (1978, c. m.), *Fantastica* (1980), *Les Plouffe* (1981), *Jouer sa vie* (coréal. C. Coudari, 1982), *Maria Chapdelaine* (1983), *Cinéma, cinéma* (coréal. W. Nold, 1985), *Ô Picasso* (1985), *La guêpe* (1986), *Vive Québec!* (1988), *ONF 50 ans* (1989, t. c. m.), *Le diable d'Amérique* (1990), *Montréal off* (1991, m. m.), *Miss Moscou* (1991), *La postière* (1992), *Le sang du chasseur* (1994), *L'honneur des grandes neiges* (1994), *Pudding chômeur* (1996), *Moi, j'me fais mon cinéma* (1998).

BIBLIOGRAPHIE : COULOMBE, Michel, *Entretiens avec Gilles Carle. Le chemin secret du cinéma*, Montréal, Liber, 1995 • CARLE, Gilles, *La nature d'un cinéaste*, Montréal, Liber, 1998 (E. P. et M. J.)

**CARON, Michel,** chef opérateur, producteur, réalisateur (Longueuil, 1946). Comme plusieurs de ses amis de la rive sud de Montréal (Alain Chartrand, André Forcier, etc.), il débute en travaillant à divers films amateurs destinés à l'émission *Images en tête*, présentée à la télévision de Radio-Canada. Tournant d'abord en 8 mm, puis en 16 mm, il touche à tout, coréalisant *Ataboy* avec Alain Chartrand (1967, c. m.), faisant la prise de son de *Chroniques labradoriennes* (A. Forcier, 1967, c. m.), jouant un petit rôle dans *Le retour de l'Immaculée Conception* (A. Forcier, 1971) en plus de participer à la prise de son, puis produisant *Isis au 8* (A. Chartrand, 1971) dont il signe aussi les images. Dans les années 70, il travaille surtout comme assistant cameraman, notamment d'Alain Dostie et de Jean-Claude Labrecque. Devenu cadreur (la télésérie *Empire*; *Le matou*, J. Beaudin, 1985), il est chef opérateur de quelques courts métrages au début des années 80 (*Voyageur*, H.-Y. Rose, 1983; *Cher monsieur l'aviateur*, M. Poulette, 1984). Rapidement, il devient un technicien en demande, collaborant notamment avec François Labonté (*Henri*, 1986; *Gaspard et fil$*, 1988), Robert Ménard (*La beauté des femmes*, 1994; *L'enfant d'eau*, 1994), Jean-Claude Labrecque (*Le frère André*, 1987; *Bonjour Monsieur Gauguin*, 1989) et Paul Tana (*Caffè Italia Montréal*, 1985; *La Sarrasine*, 1991, *La déroute*, 1997). Très polyvalent, Caron privilégie les éclairages chauds et une approche classique de la photographie. (M. J.)

**CARON, René,** acteur (Montréal, 1925). On l'a souvent entendu comme annonceur à la radio; on l'a vu dans de nombreuses téléséries, plus particulièrement dans *Radisson*, dans *CFRCK* et dans *Les belles histoires des pays d'en haut*, où il a prêté sa voix grave au personnage du loquace Todore, type même du faux bon vivant. Au cinéma, il a tourné dans une douzaine de longs métrages, des *Brûlés* (B. Devlin, 1958) aux *Tisserands du pouvoir* (C. Fournier, 1988, deux longs métrages), en passant par *Il était une guerre* (L. Portugais, 1958), *O. K... Laliberté* (M. Carrière, 1973), *Le crime d'Ovide Plouffe* (D. Arcand, 1984) et *Le frère André* (J.-C. Labrecque, 1987). Mais ses deux plus beaux rôles, sans contredit, c'est Arcand qui les lui a offerts : celui de Roland (quoique sur son camion on ait écrit Rolland) Soucy, le ferrailleur de *La maudite galette* (1971) — où l'ambiance très noire du film doit beaucoup à son étonnante prestation; et celui de Jean-Guy Biron, le maire, dans *Réjeanne Padovani*, un politicien dont les mines et les mimiques ne sont pas sans évoquer celles d'un Jean Drapeau, longtemps maire de Montréal.

AUTRES FILMS : *Mort au touriste!* (R. Le Boursier et R. Weyman, 1959, m. m.), *Tout l'or du monde*

(R. Le Boursier, 1959, c. m.), *La misère des autres* (B. Devlin, 1960, c. m.), *Le savoir-faire s'impose* (1re partie, A. C. Poirier, 1971, m. m.), *Les indrogables* (J. Beaudin, 1972, c. m.), *The Winner* (M. Scott, 1975, m. m.), *Le grand voyage* (M. Carrière, 1974, m. m.), *Par une belle nuit d'hiver* (J. Beaudin, 1974, m. m.). (J.-M. P.)

**CARRÉ, Louise,** productrice, réalisatrice, scénariste, administratrice (Montréal, 1936). Elle est d'abord annonceuse à la radio, journaliste, directrice de la troupe folklorique les Feux-Follets. Puis, de 1973 à 1977, elle exerce à l'ONF les fonctions d'assistante à la production et d'administratrice pour une vingtaine de films avant de devenir productrice. Elle scénarise, avec Marthe Blackburn et Anne Claire Poirier, *Le temps de l'avant* (A. C. Poirier, 1975) et, avec Denyse Benoit et Robert Vanherwegen, *La belle apparence* (D. Benoit, 1977). La même année, avec André Théberge et Denyse Benoit, elle fonde une compagnie de production, La maison des Quatre. Carré produit *La petite nuit* (A. Théberge, 1982, c. m.), *Contes des mille et un jours ou Jean Desprez* (I. Cadrin-Rossignol, 1986), *Le sourd dans la ville* (M. Dansereau, 1987) et *Canal zap canal* (M. Décary, 1989, m. m.). En 1980, elle réalise son premier film de fiction, *Ça peut pas être l'hiver on n'a même pas eu d'été*, suivi, en 1986,

*Ça peut pas être l'hiver on n'a même pas eu d'été* de Louise Carré, interprété par Céline Lomez (à gauche) et Charlotte Boisjoli. *(Le Devoir)*

de *Qui a tiré sur nos histoires d'amour?* Dans les deux cas, elle assume également la scénarisation et travaille à la production. Le premier film remporte le Prix de la presse internationale au FFM (1980) et reçoit un bon accueil du public. Il raconte l'histoire d'Adèle, la cinquantaine avancée, qui, tout à fait démunie à la mort de son mari, apprend progressivement à se prendre en main. La force du film tient beaucoup à la vérité du scénario, à la sincérité de l'approche et au jeu de Charlotte Boisjoli qu'on avait jusque-là surtout vue au théâtre. Elle interprète le rôle d'Adèle avec sensibilité et retenue. Madeline, l'héroïne de *Qui a tiré sur nos histoires d'amour?*, est plus affranchie. Elle vit seule, tourne des films et anime une émission à la radio. Carré ne cache pas l'aspect autobiographique du scénario. Mais l'autonomie n'étant pas garante du bonheur, cette femme passionnée (Monique Mercure) se heurte à l'immobilisme social et aux valeurs traditionnelles de sa fille. Les héroïnes de Carré se démarquent des stéréotypes féminins du cinéma dominant. Si Adèle est un personnage à la fois complexe et bien incarné, Madeline, par contre, porte le poids du volontarisme de l'auteure. La critique avait trouvé inégal le scénario du premier film, celui du second est plus standardisé. Les deux films témoignent de l'attachement de l'auteure pour la région de Sorel-Tracy où Carré situe ses histoires. Elle évoque avec justesse le cadre de vie, la dynamique sociale et les différents milieux où ses personnages évoluent.

C'est avec le même respect et le même souci de vérité qu'en 1991, elle tourne *Germaine* (c. m.) au chevet de sa mère atteinte d'Alzheimer. Carré évoque un épisode de la jeunesse de cette femme maintenant très âgée, d'après une lettre que celle-ci écrivait à son père, l'implorant de lui permettre d'épouser l'homme qu'elle aime. Ce film apparaît comme une charnière entre la fiction et la production documentaire qui s'amorce avec le film suivant. En 1996, elle signe *Mon cœur est témoin*, un hommage aux femmes des pays musulmans (Prix du meilleur film canadien au festival Vues d'Afrique). Ce documentaire fouille la situation des femmes au Maghreb dans la famille, dans la vie politique, économique et sociale. Ayant comme point de départ un dialogue hors champ entre la réalisatrice et une correspondante maghrébine, ce portrait éclaté touche par l'intensité des personnages. Fortement engagée dans le milieu cinématographique québécois, notamment à l'ARRFQ, à la Cinémathèque québécoise, aux Rendez-vous du cinéma québécois et à Cinéma libre. (D. Po.)

**CARRIER, Louis-Georges,** réalisateur (Détroit, États-Unis, 1928). Arrivé au Canada en 1933, il débute à la radio en 1953 puis devient réalisateur à la télévision l'année suivante. Il signe plusieurs télé-théâtres prestigieux, la plupart présentés à l'émission *Les beaux dimanches* (Musset, Shakespeare, Jasmin, Dubé, Languirand, Aquin) et des séries (dont *Laurier*, 1987). Il touche aussi aux variétés. Il règle de nombreuses mises en scène pour le théâtre et écrit plusieurs pièces. C'est à l'ONF qu'il fait ses premières armes au cinéma avec *Au bout de ma rue* (1958, c. m.) et *Nomades* (1960, c. m.). *Louis-Joseph Papineau le demi-dieu* (1961, c. m.) reçoit un meilleur accueil que ses films précédents. Son incursion dans le cinéma commercial avec la comédie *Le p'tit vient vite* (1972) se révèle un échec. En 1981, la SSJB lui remet le prix Victor-Morin pour l'ensemble de son œuvre.

AUTRES FILMS : *Le misanthrope* (1964), *Faux-bond* (1966), *Le manipulant* (1966, c. m.), *Histoire de chasse* (1990). (P. V.)

**CARRIÈRE, Bruno,** réalisateur, chef opérateur, producteur, scénariste (Cornwall, Ontario, 1953). Sa filmographie, qui comprend plus de cent soixante titres, comporte une grande diversité de productions : des courts, moyens et longs métrages, plusieurs épisodes dramatiques pour la télévision, de nombreux documentaires, des films d'animation et des publicités. Il commence sa carrière en 1971 et, au début, ce sont ses préoccupations sociales qui caractérisent son travail, particulièrement dans *Le scrapeur* (1976, c. m.), portrait chaleureux d'un ramasseur de ferraille, dans *Les récupérateurs* (1977, m. m.), dossier complet sur le recyclage des déchets, ou encore dans *Vous « santé » vous bien ?* (1978, m. m.), film-outil sur les problèmes de sécurité au travail et leurs répercussions sur les familles des quartiers populaires. Avec son premier long métrage de fiction, *Lucien Brouillard* (1983), Carrière s'attache à un contestataire énergique, plus préoccupé par les injustices que par ses devoirs familiaux. Le drame social est détourné sur sa relation d'amitié avec un avocat pour se terminer en spectacle hollywoodien. Malgré cela, *Lucien Brouillard* reste une œuvre très généreuse. Film de transition, il élimine le militant des années 70 pour installer la figure forte de années 80, la femme. Par la suite, le cinéaste travaille beaucoup pour la télévision. Il réalise *À la vie ! À l'amour !* (1989, c. m.), *Alice au pays des merguez* (1990, c. m.), et la série *Super sans plomb* (27 épisodes, 1989-1991). Mais Carrière reste fidèle au documentaire avec *L'art est un jeu* (1990, m. m.), consacré à six jeunes sculpteurs québécois, et surtout *L'art n'est point sans Soucy* (1994, m. m.), portrait chaleureux de l'artiste saguenéen Jean-Jules Soucy. Entre la tradition des patenteux et les installations de l'art contemporain, celui-ci recycle les objets du quotidien pour en faire des sculptures grandioses, comme des tapis de 60 000 cartons de lait. Carrière se fait complice de ce poète engagé qui pratique la subversion par l'humour. Puis il réalise, en France, une série pour enfants et aussi un téléfilm *L'amour tagué* (1995). Cette histoire d'un fermier qui découvre qu'il a un fils de dix ans fournit une réflexion nuancée sur les liens de parenté. Il retourne au documentaire avec *Passions orchestrées* (1996, m. m.) sur quatre solistes de l'Orchestre métropolitain de Montréal, et *La grippe* (1997), film scientifique tourné dans plusieurs pays. À travers les grandes épidémies, entre autres celle de la grippe espagnole de 1918, le film illustre la recherche sur un des virus les plus mortels. Il réalise ensuite *Qui êtes-vous Monsieur P. ?* (1998), un portrait du magnat Pierre Péladeau et aussi plusieurs épisodes de *Diva* (1997-1999), première série québécoise tournée sur support numérique avec traitement filmique pour la diffusion. Son frère, Bertrand Carrière, est photographe de plateau. (H.-P. C.)

**CARRIÈRE, Diane,** ingénieure du son (Saint-Benoît-des-Deux-Montagnes, 1952). Diplômée de l'UQÀM en communication, option cinéma, elle y apprend les rudiments du métier avec Marcel Carrière. Fait remarquable, elle devient preneure de son sans passer par l'assistanat d'usage. D'abord à pigiste pour des productions destinées à Radio-Québec et à Radio-Canada, elle travaille aussi à certains films des productions du Lundi matin (*Une classe sans école*, J. Beaudry, F. Boucher et M. Simard, 1980, m. m. ; *Jacques et Novembre*,

J. Beaudry et F. Bouvier, 1984). À partir de 1982, Carrière exerce son métier presque exclusivement à l'ONF, notamment au studio D du secteur anglais (*Speaking our Peace*, B. Klein et T. Nash, 1985, m. m.; *Burning Times*, D. Read, 1990, m. m.). Férue de documentaire, elle peut travailler sans assistant, ce qui lui permet de s'intégrer à de petites équipes, dans la tradition du direct : *Une guerre dans mon jardin* (D. Létourneau, 1985, m. m.), « *Quel numéro what number?* » (S. Bissonnette, 1985), *Oscar Thiffault* (S. Giguère, 1987, m. m.), *Alias Will James* (J. Godbout, 1988). Son expérience et son approche sont souvent mises à profit pour certains films où la bande sonore est particulièrement importante, notamment ceux de Serge Giguère, *Le roi du drum* (1991, m. m.) et *Le reel du mégaphone* (1999, m. m.). Elle confirme son parti pris envers le documentaire d'auteur en participant à la production de *Salt Water People* (M. Bulbulian, 1992), *Voyage illusoire* (G. Dufaux, 1997, m. m.) et *La vie d'abord* (Mireille Dansereau, 1999, m. m.). PRINCIPAUX AUTRES FILMS : *Jeux de la XXI*[e] *Olympiade* (J.-C. Labrecque, J. Beaudin, M. Carrière et Georges Dufaux, 1977), *Tricofil c'est la clef* (F. Brault et R. Lenoir, 1976, m. m.), *C'est comme une peine d'amour* (Suzanne Guy, 1984), *Espoir violent* (N. Zavaglia, 1988), *Un soleil entre deux nuages* (M. Lepage, 1988, m. m.), *Remous* (S. Van Brabant, 1990), *Les fiancés de la tour Eiffel* (G. Blais, 1993), *Seul dans mon putain d'univers* (S. van Brabant, 1997), *Père pour la vie* (J.-T. Bédard, 1998, m. m.). (J. De. et G. L.)

**CARRIÈRE, Marcel,** réalisateur, ingénieur du son, administrateur (Bouchette, 1935). Entré à l'ONF en 1956 comme preneur de son, il participe à la réalisation de plus d'une centaine de films. Aucun style de tournage n'est à son épreuve. Il sait s'adapter (et même bricoler) en toutes circonstances. On le voit furtivement, dans *Les raquetteurs* (M. Brault et G. Groulx, 1958, c. m.), enregistrer en direct un son qui n'est pas encore synchrone avec la caméra. Quand la technique se développe et permet l'avènement du cinéma direct, Carrière est sur la ligne de front ; sa participation à *Pour la suite du monde* (P. Perrault et M. Brault, 1963) en témoigne. Lorsque les premières fictions ont besoin d'un son direct et d'une caméra légère, il est là, peu importe que ce soit à l'ONF ou non : *Seul ou avec d'autres* (D. Arcand, D. Héroux et S. Venne, 1962), *À tout prendre* (C. Jutra, 1963) et *Le chat dans le sac* (G. Groulx, 1964) portent sa marque. La qualité de son travail fait que bientôt on lui accorde le titre de coréalisateur, par exemple pour *La lutte* (coréal. C. Fournier, C. Jutra et M. Brault, 1961, c. m.) ou *Rencontres à Mitzic* (coréal. Georges Dufaux, 1963, c. m.). Mais il ne peut se contenter de ce statut ; la réalisation en solo le fascine. *Villeneuve, peintre-barbier* (1964, c. m.) lui permet de faire ses débuts, et *Avec tambours et trompettes* (1967, c. m.) fait éclater son talent. Ce reportage sur un congrès de zouaves pontificaux joue le jeu du direct mais se distingue par son humour. Carrière y révèle un trait fondamental de sa personnalité : le goût du rire, un rire chaleureux pour ceux qu'il filme. Partagé entre le documentaire et la fiction, Carrière ne craint pas les films de circonstances de facture moins personnelle comme l'indiquent *Bois-Francs* (1966, c. m.), *La Colombie-Britannique et l'habitation* (coréal. G. Sparling, 1967, c. m.), *L'Indien parle* (1968, m. m.), *10 milles/heure* (1970, c. m.). Trois films sortent de ce lot : *Hôtel-château* (1970, m. m.), qui intéresse parce qu'il propose la confrontation de deux mondes; *Ping-pong* (1974, c. m.), un film sans paroles qui concentre l'attention du spectateur sur la performance sportive; et *La bataille de la Châteauguay* (1978, c. m.), un cours d'histoire en costumes qui démythifie, sur le mode léger, le héros de ce « glorieux » fait d'armes.

Carrière aborde la fiction par une expérience unique dans son œuvre, *Saint-Denis dans le temps* (1969), où, en mélangeant documentaire et fiction, il cherche moins à redécouvrir l'histoire qu'à l'interroger à la lumière des problèmes du présent. Il donne ensuite son film de fiction le plus important, *O.K... Laliberté* (1973) où, par le biais de l'humour, il parle avec tendresse de la vie quotidienne de Québécois urbains. Cette tragi-comédie est bien accueillie par la critique. Après un détour par une fiction plus classique, *Le grand voyage* (1974, m. m.), où il s'essaie au portrait psychologique, Carrière tente de retrouver la formule gagnante d'*O.K... Laliberté.* Il tourne *Ti-Mine, Bernie pis la gang...* (1976), une comédie se déroulant aussi dans l'Est de Montréal, et qui montre des gens voulant fuir la pesanteur du quotidien. Si les gags visent souvent juste, leur articulation dans un récit soutenu est toutefois défaillante et le relatif échec du film convainc Carrière d'abandonner la fiction.

Pionnier de la prise de son documentaire, il est normal qu'il explore plus à fond cette voie. C'est avec *Épisode* (1968, m. m.) qu'il renoue avec le direct. Il y suit discrètement les faits et gestes d'une famille ouvrière de l'Est de Montréal, en mettant l'accent sur l'écart entre les générations qui divise la famille. Cette sensibilité aux questions sociales transparaît surtout dans *Chez nous c'est chez nous* (1973), son documentaire le plus personnel, dont on retient quelque temps la diffusion. Tourné dans le cadre du programme Société nouvelle, ce film sur la fermeture de paroisses gaspésiennes dépasse le simple reportage pour devenir une réflexion sur le déracinement. Carrière s'engage face à son sujet, témoigne une grande amitié envers ses personnages et est sensible à leur drame. Ses films suivants sont d'ambition plus modeste. Le titre d'*Images de Chine* (1974) est révélateur. L'un des premiers Occidentaux à tourner en Chine depuis la Révolution culturelle, Carrière transmet son sentiment de dépaysement, pour ne pas dire de fascination innocente, devant cette réalité. Il la montre, exotique, sans la commenter, seules quelques phrases énoncées du point de vue chinois servent de contrepoint. On retrouve là la méthode d'*Avec tambours et trompettes.* Après un détour par les Olympiques comme réalisateur associé (*Jeux de la XXI*e *Olympiade,* coréal. J.-C. Labrecque, J. Beaudin et Georges Dufaux, 1977), il aborde avec *De grâce et d'Embarras* (1979) un sujet à saveur sociale mais de portée plus restreinte (cela témoigne d'ailleurs de l'évolution du programme Société nouvelle). Le film s'intéresse au sort de deux habitants des îles de Sorel, dont le mode de vie traditionnel est bouleversé par la venue de citadins. À la faveur d'un portrait avant tout humain, Carrière affiche un point de vue écologique qui annonce *Équinoxe* (A. Lamothe, 1986).

En 1978, Carrière devient directeur du Comité du programme français. À la fin de son mandat, il demeure dans l'administration pour occuper le poste de directeur des services, chargé de la distribution et du secteur recherche et développement. C'est le plus haut rang jamais atteint par un francophone issu de la production. Il prend sa retraite en 1994 alors que la SMPTE lui remet l'International Grierson

Award Gold Medal. Il est cependant actif dans la mise sur pied de l'INIS et de la Phonothèque québécoise et travaille encore comme consultant en scénarisation. (P. V.)

**CASTEL, France,** actrice (Sherbrooke, 1944). Longtemps associée à la télévision et à la chanson, Castel met du temps à s'imposer au cinéma. Des années après *Tiens-toi bien après les oreilles à papa* (J. Bissonnette, 1971), elle multiplie les présences à l'écran et on la voit notamment dans *Trois pommes à côté du sommeil* (J. Leduc, 1988), *À corps perdu* (L. Pool, 1988), *Blanche est la nuit* (J. Prégent, 1989) et *Coyote* (R. Ciupka, 1992). Véritable nature, vivante, chaleureuse, excessive, elle compose une femme saoule qui prend feu dans *L'assassin jouait du trombone* (R. Cantin, 1991), une maîtresse jalouse et vengeresse dans *La vengeance de la femme en noir* (R. Cantin 1997), une extravagante perruquée dans *Femme de rêve* (N. Simaani, 1997, c. m.), une vampire bien en chair à la tête d'une agence de rencontres dans *Karmina* (G. Pelletier, 1996), une ancienne coopérante au verbe haut qui boit ferme et rit bruyamment dans *L'âge de braise* (J. Leduc, 1998). Moins à l'aise en mère bourgeoise libérale dans *J'en suis* (C. Fournier, 1997), elle s'écarte avec succès de ses emplois habituels; très émouvante, en mère à l'agonie dans *J'te demande pas le ciel* (P. Gang, 1991, m. m.). Castel se fond tout naturellement à l'univers d'André Forcier, chanteuse de jazz se languissant pour un homme qui se refuse à elle dans *Une histoire inventée* (1990), quinquagénaire amoureuse d'un jeune boxeur dans *Le vent du Wyoming* (1994) et Louisianaise au rire bruyant qui chante constamment dans *La comtesse de Baton Rouge* (1997). Des cinéastes font appel à son talent de chanteuse dans *Je ne t'aime pas* (M.-J. Seille, 1995, c. m.) et *Du cœur à l'âme avec ou sans Dieu* (Suzanne Guy, 1996). (M. C.)

France Castel dans *J'te demande pas le ciel* de Pierre Gang. (coll. RVCQ)

**CAYLA, Éric,** chef opérateur (Sorel, 1957). Après des études en cinéma et en photographie au Collège Champlain et à l'Université Concordia, il complète, en 1984, un certificat en cinématographie à l'American Film Institute de Los Angeles. De retour au Québec, il signe les images de plus d'une vingtaine de courts métrages de Bernar Hébert, Raymond Saint-Jean et Michel Cayla, son frère, et de messages publicitaires ainsi qu'une quinzaine de vidéoclips pour Jean Leloup, Michel Rivard, Richard Séguin, Jim Corcoran, Céline

Dion, Uzeb, etc. Il développe une grande complicité avec des réalisateurs qui travaillent avec lui de façon régulière : André Melançon (*Nénette*, 1991 ; *Cher Olivier*, télésérie, 1996), Jean Beaudry (*Pas de répit pour Mélanie*, 1990 ; *Tirelire, combines et cie*, 1992 ; *Le cri de la nuit*, 1995) et surtout Michel Langlois, d'abord pour le court métrage *Sortie 234* (1988), les téléfilms *... comme un voleur* (1990) et *Un même sang* (1992) ainsi que le premier long métrage *Cap Tourmente* (1993). Au milieu des années 80, Cayla participe, aux côté du réalisateur Michel Poulette, à la télésérie du groupe iconoclaste Rock et Belles Oreilles et signe les images de son moyen métrage de fiction *Les bottes* (1988). Se partageant entre le cinéma et la télé, il tourne également quelques productions ou coproductions internationales dont *Babel* (G. Pullicino, 1999) et *36 Hours To Die* (Y. Simoneau, 1999). Plus récemment, du côté québécois, il travaille avec Roger Cantin (*Matusalem II*, 1997), Claude Fournier (*J'en suis*, 1997) et Gabriel Pelletier (*Karmina*, 1997), qu'il retrouve en 1999 dans *La vie après l'amour*. Il signe, la même année, les images de *La baronesse* (M. Mackenzie), un film entièrement tourné en numérique que produit Daniel Langlois. En 1990, il réalise un premier court métrage intitulé *Charpente*, une expérimentation visuelle qui présente, en un seul cadre et tourné sur une année, de jour comme de nuit, un paysage naturel subissant l'empreinte du temps. Considéré par plusieurs comme un poète de l'image, Cayla sait à la fois imprégner sa marque tout en restant à l'écoute des réalisateurs pour qui il travaille, établissant avec eux une véritable collaboration artistique, par exemple, dans *Le cri de la nuit* de Jean Beaudry, mélangeant habilement le noir et blanc, la couleur et des références picturales.

PRINCIPAUX AUTRES FILMS : *Babylone* (M. Bonmariage, 1988), *Montréal vu par...* (sketch d'A. Egoyan, 1991), *Le sexe des étoiles* (P. Baillargeon, 1992), *Le secret de Jérôme* (P. Comeau, 1995), *L'histoire de l'oie* (T. Southam, 1997). (A. L.)

**CENSURE.** Appartenant au domaine de la culture, le cinéma relève des provinces, selon la Constitution canadienne. On trouve donc, au Canada, autant de lois de censure que de gouvernements provinciaux. De la limitation du public à l'interdiction ou à la mutilation des films, seule la première manière de censurer est aujourd'hui mise en application au Québec. Le 24 mars 1911, un article s'ajoute à la loi des « Exhibitions publiques » pour interdire l'entrée des salles aux moins de quinze ans, à moins qu'ils ne soient accompagnés d'un parent ou d'un adulte responsable. Le 21 décembre 1912, le gouvernement crée le Bureau de censure des vues animées auquel, à partir du 1er mai 1913, les distributeurs sont tenus de soumettre tous les films. Le Bureau est situé à Montréal et a tout loisir d'interdire ou de couper tout film présenté. Il le fait abondamment, à tel point qu'en 1926, les *majors* menacent de boycotter le Québec à cause de sa sévérité. Parallèlement, l'Église catholique exerce aussi sa censure officieuse par diverses mesures tendant à limiter l'accès des salles à ses fidèles (*Voir* ÉGLISE ET CINÉMA). L'incendie du Laurier Palace, en 1927, intensifie les demandes d'une censure plus sévère. La mort de soixante-dix-huit enfants illustre cruellement que la loi de 1911 n'est à peu près pas observée et que les salles se préoccupent peu des mesures de sécurité. Sous les pressions cléricales et syndicales, le juge Louis Boyer, président de la Commission royale d'enquête sur l'incendie du Laurier

Palace, recommande l'interdiction totale des salles aux moins de seize ans. Quelques mois plus tard, en 1928, Québec modifie sa loi en ce sens et donne, en plus, au Bureau de censure le mandat de contrôler les affiches et la publicité dans les journaux.

La loi est plus ou mois bien appliquée selon les salles et la cupidité de leurs propriétaires. Les coupures suscitent des réactions plus ou moins violentes selon l'arbitraire ou l'étroitesse des décisions du Bureau (même *Jeanne d'Arc* de Carl Dreyer subit les « ciseaux »). Plus tard, l'interdiction des *Enfants du paradis* (M. Carné, 1945), sur l'ordre exprès de Maurice Duplessis, et de *Maxime* (H. Verneuil, 1958) montre clairement que le Bureau est un nid de « patronage » et se compose d'amis des politiciens au pouvoir, nommés en récompense de services rendus au parti. En 1960, la mutilation de quatorze minutes de *Hiroshima mon amour* d'Alain Resnais pour l'exploitation commerciale, alors qu'il a été projeté intégralement au Festival international du film de Montréal, provoque quelques réactions médiatiques qui entraînent la création de la commission Régis. En 1962, celle-ci fournit un rapport sur le principe même de la censure et, à la surprise de tous, en recommande l'abolition et son remplacement par un visa par groupes d'âges, en plus de l'acceptation ou du rejet des films dans leur intégralité. Si une loi n'avalise ces recommandations qu'en 1967, entre-temps, le Bureau abandonne ses critères de 1931 (copiés littéralement du Production Code américain) et, dirigé par André Guérin* depuis 1963, charcute de moins en moins les films. Le Bureau de censure du Québec changera de nom en 1967 pour devenir le Bureau de surveillance du cinéma et s'affranchira de toute ingérence politique. Le visa par groupes d'âges (18 ans, 14 ans, tous) n'affirme pas que les films sont « bons » pour les personnes concernées, mais simplement qu'ils ne peuvent pas leur faire de tort. La loi de 1967 n'est modifiée que le 1^er^ avril 1985, alors que sont promulgués les règlements découlant de la loi de 1983 qui abolit la censure des affiches et de la publicité (sauf celle des bandes-annonces) et que le visa « 14 ans » devient « indicatif » plutôt qu'impératif, renvoyant ainsi aux parents la décision de laisser leurs enfants voir tel ou tel film. Le « Tous » devient « visa général ». Entre ces deux dates, la surface de nudité, l'audace des gestes et des positions érotiques ont de six mois en six mois augmenté jusqu'à ce que, dans les années 80, la pornographie devienne acceptable et que ne subsistent comme interdits que les scènes érotiques mettant en cause des enfants et la violence faite aux femmes dans un contexte sexuel. La loi de 1983 avait créé la Régie du cinéma pour remplacer le Bureau de surveillance et n'avait déterminé qu'un critère très souple : « le film ne porte pas atteinte à l'ordre public ou aux bonnes mœurs, notamment en ce qu'il n'encourage ni ne soutient la violence sexuelle ». La Régie tente dans toute la mesure du possible de fonder ses décisions sur le consensus social, lequel ne cesse d'évoluer. En 1991, une modification de la Loi sur le cinéma impose le classement suivant : au « visa général » s'ajoutent les catégories « 13 ans et plus », « 16 ans et plus » et « 18 ans et plus », qui sont restrictives. Les copies vidéo des films doivent dorénavant obtenir ces visas. Nul ne peut donc être admis à la présentation publique d'un film, ni louer ou acheter la copie d'un film — sur support vidéo ou autre support similaire — à moins d'avoir atteint l'âge correspondant à celui du classement attribué. Toutefois, un film classé

« 13 ans et plus » peut être vu dans une salle de cinéma par un jeune de moins de 13 ans, à la condition qu'il soit accompagné par une personne majeure. Les films classés « 18 ans et plus » restent interdits dans les ciné-parcs. Les diverses catégories de classement peuvent être — et elles le sont dans beaucoup de cas — accompagnées de certaines indications telles que violence, langage vulgaire, sexualité explicite, déconseillé aux enfants, horreur, pour enfants, érotisme.

Parallèlement à cette censure étatique de la diffusion, une autre s'exerce aussi dans les organismes producteurs. Quelques cas restent célèbres à l'ONF : *On est au coton* (D. Arcand, 1970), *Cap d'espoir* (J. Leduc, 1969, m. m.) et *24 heures ou plus...* (G. Groulx, 1973) passent quelques années dans le coffre-fort du commissaire et ne sont « libérés » que lorsque le temps les a rendus plus ou moins obsolètes. *Passiflora* (F. Bélanger et D. Gueissaz-Teufel, 1985) est, un certain temps, menacé du même sort. Quelques autres sont amputés de plusieurs plans ou séquences : *Normétal* et *Voir Miami* (G. Groulx, 1960 et 1963, c. m.), *Québec : Duplessis et après...* (D. Arcand, 1972), *Action : the October Crisis of 1970* (R. Spry, 1973), ou voient leur sortie limitée ou retardée (*Un pays sans bon sens* et *Gens d'Abitibi* de Pierre Perrault, 1970 et 1979). Sur combien d'autres l'autocensure adoucit-elle le propos lors de la présentation des projets, ou infléchit-elle le sens au moment du montage ? Personne n'en pourra jamais faire le nombre, sans doute

Denys Arcand, Alain Dostie, Pierre Mignot et Gérald Godin, pendant le tournage de *On est au coton.* (ONF, coll. CQ)

important. Il faut toutefois reconnaître que les cinéastes, même s'ils doivent souvent se battre pour l'acceptation de leurs projets, y jouissent d'une liberté presque impensable partout ailleurs. Tout aussi inconnu restera le nombre de projets que la précensure des producteurs du secteur privé et les impératifs commerciaux ont fait avorter ou complètement modifier. Comme dans la plupart des pays occidentaux, la censure régresse jusqu'à devenir presque invisible. Mais son spectre plane toujours. Divers groupes sociaux, féministes et religieux en réclament périodiquement le resserrement, sans toujours s'y attaquer directement. Un projet de loi du gouvernement conservateur d'Ottawa sur la pornographie a failli, en 1987, anéantir le progrès des vingt années précédentes. Une vaste campagne orchestrée par le milieu du cinéma l'a fait renvoyer à l'étude et il a bientôt été abandonné. L'extension d'Internet ramène régulièrement le sujet sur la place publique. (Y. L.)

**CHABOT, Jean,** réalisateur, scénariste (Saint-Jean-Baptiste-de-Rouville, 1945). Après avoir tourné des courts métrages indépendants, il devient assistant cameraman, puis coréalise, avec Clovis Durand, *Un bicycle pour Pit* (1968, c. m.). Il signe aussi des chroniques de cinéma au *Devoir* et au magazine *Sept Jours*. En 1970, il réalise son premier long métrage de fiction, *Mon enfance à Montréal*, dans la série « Premières œuvres » à l'ONF. Un ouvrier (Robert Rivard) quitte un emploi mal payé à la campagne et vient à Montréal avec son jeune fils. De curieuses séquences de rêve concentrationnaire (où apparaît Carole Laure) s'insèrent dans ce sombre récit naturaliste ; l'expression d'une révolte sincère y semble aujourd'hui vieillie. La même indignation sous-tend, dans un style encore un peu incertain mais plus intéressant, *Une nuit en Amérique* (1974). Un jeune couple innocent y est victime d'une intrigue mettant faussement aux prises un policier dévoyé (Robert Rivard) et une aventurière internationale. Le film révèle une photogénie inédite de Montréal. Dans les films qu'il réalise à partir de 1978, *La fiction nucléaire* (1978), *Le futur intérieur* (coréal. Y. Rouleau, 1982), et *Voyage en Amérique avec un cheval emprunté* (1987, m. m.), Chabot cherche à comprendre les dessous et les ramifications des choix économiques, politiques ou sociaux, qui produisent le chômage, la pauvreté, la corruption, la violence, la guerre et la dépendance. Composites, éclatés, ses films procèdent d'un refus des découpages conventionnels de la réalité et des distinctions traditionnelles entre les genres. Ils n'ont pas un unique sujet : qu'il s'agisse de la construction de centrales nucléaires et des choix politiques et économiques qu'elle implique, de la place et du rôle assignés au Québec dans la stratégie globale de l'empire américain (*La fiction nucléaire*) ; qu'il s'intéresse à l'histoire du mouvement féministe, à la violence faite aux femmes, à leurs peurs et à leur force collective (*Le futur intérieur*) ; que le cinéaste, à l'occasion d'un bref voyage aux États-Unis, avant la naissance d'un premier enfant, s'interroge sur la « différence » du peuple québécois et sur sa possible assimilation (*Voyage en Amérique avec un cheval emprunté*). Ils se présentent comme l'assemblage, sur le mode affectif, selon des rapports intuitifs, d'images, de voix et de sons d'origines différentes. Ils disent la fragilité et l'inquiétude. Comme la poésie et la musique, ils jouent sur l'émotion. *La nuit avec Hortense* (1988) marque le retour, difficile, de Chabot à la fiction. La rencontre entre un jeune Montréalais du Plateau Mont-

Royal (Lothaire Bluteau) et une « belle étrangère » (Carole Laure) débute en marivaudage poétique mais va les entraîner, aux confins de la ville, à la limite de la terre et du fleuve, là où s'accrochent encore des lambeaux de nature. Que la romancière Nancy Huston, pour les besoins d'un roman en gestation, se renseigne auprès d'un expert légiste sur ses méthodes d'investigation des faits divers criminels sert, dans *Sans raison apparente* (1995, m. m.), de point de départ à un examen de la société contemporaine sous l'angle des disparitions, des crimes non résolus, et de la fascination qu'ils exercent. *Notre-Dame-des-chevaux* (1997, m. m.), lui aussi plus film-essai que strictement documentaire, est résolument subjectif, quasi autobiographique : Chabot y commente des images tournées entre 1966 et 1975 et y reprend une réflexion sur la notion de territoire amorcée dans *Voyage en Amérique avec un cheval emprunté* et l'élargit. Chabot interroge son propre itinéraire de fils d'agriculteur devenu citadin, de membre d'une génération contestataire, de cinéaste itinérant sinon nomade. Il consacre ensuite un film au cinéaste d'origine québécoise Mack Sennett (*Max Sennet, roi du comique,* 2000, m. m.). (M. E.)

**CHALLENGE FOR CHANGE.** (*Voir* OFFICE NATIONAL DU FILM)

**CHAMPAGNE, François,** producteur (Montréal, 1941). Après des études supérieures en administration, il travaille pour une importante firme d'ingénieurs-conseils et devient gérant du bureau de chantier du pont-tunnel Louis-Hippolyte-Lafontaine. À ce titre, il assume les relations avec la presse et les équipes de cinéastes, nombreuses à filmer cette remarquable réalisation ; il est alors fasciné par le monde du cinéma. Au terme de ce contrat, en 1967, il se joint, en tant qu'administrateur, à la maison Omega (fondée en 1947 sous le nom de Phoenix Studios par Henri Michaud et Pierre Harwood) qui produit surtout des séries dramatiques pour Radio-Canada (*Pépinot et Capucine, D'Iberville,* etc.). Il accède rapidement au poste de producteur. Mais son arrivée coïncide avec le moment où Radio-Canada s'installe dans ses nouveaux studios et abandonne presque complètement les commandes extérieures. Omega se réoriente vers la publicité et le documentaire institutionnel ; ce dernier secteur est dirigé par Champagne. La compagnie change son nom pour Stellart Dredge Audio, puis SDA Productions en 1972. Progressivement, Champagne en devient actionnaire, vice-président puis président, en 1978. Il restructure l'entreprise et forme quatre modules (téléséries, messages publicitaires, documentaires de commandite, projets spéciaux). Plus de trois cents films sont produits sous sa responsabilité, parmi lesquels les séries *Kébékio* (1978) et *Écologie* (1982-1983), de même que les films *L'espace d'un été* (A. Melançon, 1980) et *Pourquoi l'étrange monsieur Zolock s'intéressait-il tant à la bande dessinée ?* (Y. Simoneau, 1982). Avec le Fonds de développement de Téléfilm Canada, SDA revient en force dans la production de séries dramatiques pour la télévision (*À plein temps,* 1984-1988 ; *Rock,* 1988 ; *Scoop,* 1992-1995 ; *Innocence,*1995 ; *Omertà, la loi du silence,* 1996-1998 ; etc.). Devenu expert pour toutes les questions de fiscalité du cinéma, sa participation aux comités d'études et à l'APFTQ est très recherchée. Après l'achat de SDA par Coscient en 1994, puis la prise de contrôle de Coscient par Télésystème en 1998, Champagne se retire progressivement de SDA. Il travaille ensuite comme consultant pour la production de téléséries. (Y. L.)

**CHAMPAGNE, Joseph,** ingénieur du son (Cyrville, Ontario, 1918 – Montréal, 1995). À ses débuts à l'ONF, en 1943, il travaille comme tant d'autres à des documents d'intérêt militaire. Toute la prise de son se fait alors sur les lieux mêmes du tournage (entrevues, musique, bruits environnants, etc.). Il collabore aussi à de nombreux films parmi lesquels on compte des titres aussi variés que : *The Boy Who Stopped Niagara* (L. McFarlane, 1947, m. m.), *Les moines de Saint-Benoît-du-Lac* (R. Blais, 1951), *Flying Instruction Technique* (T. Farley, 1954, c. m.), *La drave* (R. Garceau, 1957, c. m.), *Golden gloves* (G. Groulx, 1961, c. m.), *Le monde va nous prendre pour des sauvages* (J. Godbout et F. Bujold, 1964, c. m.), *La vie heureuse de Léopold Z.* (G. Carle, 1965), *Le reel du pendu* (A. Gladu, 1972, m. m.), *Quelques arpents de neige* (D. Héroux, 1972), *Taureau* (C. Perron, 1973), *Night Cap* (A. Forcier, 1974, m. m.), *Le temps de l'avant* (A. C. Poirier, 1975), *Solzhenitsyn's Children… Are Making a Lot of Noise in Paris* (M. Rubbo, 1979) et plusieurs films de la série « Les arts sacrés au Québec ». En véritable pionnier, il lance le concept du son *candid* (par allusion au *candid eye*) visant à plus de mobilité et de souplesse. En 1960, il est prêté à l'ONU et, à son retour à l'ONF, il dirige la division du son. Il prend sa retraite de l'ONF en 1978, mais ne cesse pas pour autant de travailler. Il collabore à de nombreux films aussi bien comme preneur de son (*The Wars*, R. Phillips, 1983 ; *La bombe en bonus*, C. Nadon et A. Schirmer, 1986, c. m.) que comme conseiller pour un film de la MGM (*Fortune and Men's Eye*, H. Hart, 1971). (A. D.)

**CHAMPAGNE, Monique,** scripte, actrice, scénariste, réalisatrice (Paris, France, 1925). Fille du musicien Claude Champagne, elle suit des cours d'art dramatique à l'École du Nouveau Monde, puis est, tour à tour, animatrice, réalisatrice, intervieweuse ou comédienne à la radio et à la télévision au cours des années 50 et 60. Elle fait aussi partie de la tournée canadienne de *Bousille et les Justes* de Gratien Gélinas, en 1962. Après avoir joué dans quelques films produits à l'ONF, elle obtient un premier rôle dans *Il ne faut pas mourir pour ça* (J. P. Lefebvre, 1968), puis dans *Le soleil des autres* (J. Faucher, 1970), où elle fait aussi ses débuts comme scripte. Des stages en Europe l'aident à parfaire sa connaissance de ce nouveau métier. Elle écrit *Le métier de script* (Leméac, 1973), un des rares ouvrages sur le sujet. Elle est scripte pour près de quatre-vingts longs métrages, dont *Kamouraska* (C. Jutra, 1973), *Eliza's Horoscope* (G. Sheppard, 1975) et *Cordélia*

Monique Champagne. (Evan Kapétanakis, coll. ACPQ)

(J. Beaudin, 1979). Elle siège au conseil d'administration de l'IQC pendant plusieurs années. Forte personnalité, Champagne est celle qui a su imposer le métier de scripte à la profession cinématographique au Québec. En 1989, elle tourne un premier film, *20 décembre* (c. m.), récit sans paroles qui adopte naïvement le point de vue d'une jeune sourde et muette qui ne parvient pas à vivre une relation amoureuse. Vient ensuite *La fenêtre* (1992), longue introspection d'une femme (Anne Létourneau) désireuse de préserver son existence ordonnée. (J. P.)

**CHAPUT, Yves,** monteur, réalisateur (Drummondville, 1949). Après des études à l'Université de Montréal en sciences de l'éducation, au début des années 70, il s'associe au Vidéographe aux premiers jours de cette maison de production et de distribution. Il y réalise plusieurs vidéos (*Qu'est-ce qu'on a fait au bon Dieu?*, 1971, m. m.; *Bona rides again*, 1973, c. m.), activité qu'il poursuit jusqu'en 1975. Parallèlement à ce travail, il est assistant monteur auprès d'Yves Dion, François Labonté et Annick de Bellefeuille. Puis, il travaille à différents documentaires et collabore au montage de la série *Maria Chapdelaine* (G. Carle, 1983) et de la coproduction *Le ruffian* (J. Giovanni, 1983). À partir de la fin des années 80, sa carrière prend de l'ampleur et s'oriente clairement vers la fiction. Chaput monte tantôt des longs métrages comme *Marie s'en va-t-en ville* (M. Lepage, 1987), *Sous les draps les étoiles* (J.-P. Gariépy, 1989) et *Simon-les-nuages* (R. Cantin, 1990), tantôt des téléfilms comme *Des amis pour la vie* (A. Chartrand, 1988), *Cuervo* (C. Ferrand, 1990) et *L'enfant sur le lac* (J. Leduc, 1991). Parfois, il signe également le montage sonore, par exemple celui de *Rendez-vous perpétuel* (M. Jean, 1989, c. m.) et celui de *La fille du maquignon* (Mazouz, 1990), ou il supervise la post-production sonore, comme dans *Cuervo* et *Lola Zipper* (I. Duran Cohen, 1991). Dans les années 90, en même temps qu'il travaille pour la télévision (*Innocence*, *Urgence*), il monte plusieurs longs métrages: *La vie fantôme* (J. Leduc, 1992), *La Florida* (G. Mihalka, 1993), *La fête des rois* (M. Lepage, 1994), *Sous-sol* (P. Gang, 1996), *La déroute* (P. Tana, 1997). (M. C.)

**CHARLAND, Hector,** acteur (L'Assomption, 1883 – Montréal, 1962). Charland ayant reçu une formation en droit, l'écrivain Claude-Henri Grignon aimait répéter que son interprète était devenu l'avocat d'une seule cause, Séraphin. En effet, si on l'a vu dans d'autres rôles, par exemple en évêque dans *Le rossignol et les cloches* (R. Delacroix, 1951), c'est spontanément au fameux avare d'*Un homme et son péché* et de *Séraphin* (P. Gury, 1949 et 1950) qu'on l'identifie. Habituée de l'entendre à la radio, la population le confond avec son personnage, à tel point qu'il lui arrive d'avoir maille à partir avec le public. À la fin de sa vie, on le retrouve à la télévision dans la peau d'Évangéliste, le père de Séraphin, homme doux et raisonnable, antithèse absolue du fils détesté. (J.-M. P.)

**CHARLEBOIS, Robert,** acteur, musicien (Montréal, 1944). Au sortir de l'École nationale de théâtre, il est au premier plan du délire créateur qui s'empare de la chanson québécoise et dont l'Osstidcho (avec Forestier, Deschamps et Mouffe), en 1968, est l'apothéose. Ce succès le propulse à l'Olympia et ce choc avec le public français est le sujet du documentaire *À soir on fait peur au monde* (F. Brault et

Hector Charland dans *Un homme et son péché* de Paul Gury. (Roméo Gariépy)

J. Dansereau, 1969). Symbole de toute une génération, c'est bien naturellement qu'on le retrouve dans certains films québécois : *Entre la mer et l'eau douce* (M. Brault, 1967) et *Jusqu'au cœur* (J. P. Lefebvre, 1968). Plus tard, il jouera dans des productions étrangères : *Un génie deux associés, une cloche* (G. Damiani, 1975), *Les longs manteaux* (G. Béhat, 1985) et *Sauve-toi Lola* (M. Drach, 1986). Par ailleurs, il signe la musique de *Deux femmes en or* (C. Fournier, 1970), *L'agression* (G. Pirès, 1974) et *Lune de miel* (P. Jamain, 1985). Entre Paris et Montréal, il poursuit depuis une carrière de chanteur-compositeur moins percutante qu'à ses débuts. (F. L.)

**CHARRON, Michel,** ingénieur du son (Montréal, 1957). Dès l'âge de dix-sept ans, il est stagiaire à l'ONF où il apprend son métier aux côtés de Jacques Drouin. D'abord perchiste, il devient preneur de son en 1977. Spécialiste de la prise de son en postproduction et monteur sonore, il fait de la prise de son directe sur plusieurs longs métrages, dont *La belle apparence* (D. Benoit, 1979), *Enfants du Québec et alvéoles familiales* (M. Moreau, 1979), *Une naissance apprivoisée* (M. Moreau, 1979), *Le plus beau jour de ma vie...* (D. Létourneau, 1981), *On n'est pas des anges* (Suzanne Guy et G. Simoneau, 1981), « *Quel numéro what number?* » (S. Bissonnette, 1985),

*Qui a tiré sur nos histoires d'amour?* (L. Carré, 1986), *Le frère André* (J.-C. Labrecque, 1987), *Dans le ventre du dragon* (Y. Simoneau, 1989), *Agaguk* (J. Dorfmann, 1992), *Kabloonak* (C. Massot, 1993) et *Le cœur au poing* (C. Biname, 1998). Il est aussi preneur de son pour huit longs métrages de la série romantique « Shades of Love » et pour de nombreuses téléséries. (M. J.)

**CHARTRAND, Alain,** assistant réalisateur, réalisateur (Montréal, 1946). L'une de ses réalisations 8 mm, *Histoire 1900*, est primée à l'émission *Images en tête* présentée à la télévision de Radio-Canada. Il signe ensuite un premier court métrage 16 mm, *Ataboy* (coréal. M. Caron, 1967). En 1971, il entre à l'ACPAV, qui vient d'être fondée, et y termine *Isis au 8*, une fiction sur un homme de vingt ans qui décroche de la vie urbaine et va s'installer à la campagne. Il s'engage alors dans cette coopérative dont il est un des membres les plus actifs jusqu'en 1975. C'est là qu'il réalise *La piastre* (1976), encore sur le sujet de retour à la nature, mais cette fois avec un personnage de quarante ans (Pierre Thériault) qui lui fournit l'occasion de discourir sur les problèmes du couple, des enfants, de la relation au père, de la vie communautaire, de la consommation du lait de chèvre à la place du scotch. Il collabore à la réalisation de *Jeux de la XXI$^{e}$ Olympiade* (J.-C. Labrecque, J. Beaudin, M. Carrière et Georges Dufaux, 1977). En 1980 et 1981, il réalise trois documentaires : *Les douces* (m. m.) sur les énergies douces, puis *Images de l'Estrie* (c. m.) et *L'Estrie en musique* (m. m.). En 1982, il brûle, en quelque sorte, les idoles qu'il avait adorées et livre, avec *On n'est pas sorti du bois* (c. m.), une joyeuse satire de toutes les modes californiennes sur le retour à la nature, la convivialité, les énergies douces. On y assiste à une des plus lucides dénonciations de la langue de bois des « révolutionnaires de courants d'air » des années 70. Suit, en 1983, *L'étau-bus* (c. m.), une transposition réussie de la pièce de théâtre *Môman* de Louisette Dussault. En 1988, il signe *Des amis pour la vie*, téléfilm construit autour d'un groupe de personnes âgées qui met en vedette Paul Hébert, Françoise Faucher, Roger Joubert, Gisèle Schmidt, Olivette Thibault, Jean Mathieu et Jean-Louis Roux. Il y donne un petit rôle à ses parents, figures marquantes du syndicalisme au Québec, Simonne et Michel Chartrand. En 1991, il termine d'ailleurs un documentaire consacré à son père : *Un homme de parole* (m. m.). Auparavant, Chartrand accepte de réaliser *Ding et Dong, le film* (1990), comédie marquant les débuts au cinéma des célèbres humoristes Ding et Dong (Claude Meunier et Serge Thériault). Le film, reçu tièdement par la critique, remporte néanmoins un franc succès commercial. En 1991, Chartrand tourne *Une nuit à l'école* (m. m.), un conte de Noël dans lequel un frère et une sœur se trouvent accidentellement enfermés dans leur école, le 23 décembre. En 1992, il réalise un téléfilm, *Le jardin d'Anna*, drame familial autour d'une enfant leucémique. Il se consacre ensuite surtout à la réalisation de séries de télévision : quelques épisodes de la série *Les grands procès* (1994) ; *Scoop 4* (1995) ; *Innocence* (1995) ; *Urgence ! Deuxième souffle* (1996-1997) ; *Paparazzi* (1997). En 1996, avec Diane Cailhier, il consacre un documentaire à sa mère, *Ma vie comme rivière*. En 1999, il remet encore ses célèbres parents sur écran, cette fois sous le mode de la fiction, dans une télésérie, *Chartrand et Simonne*.

Pendant des années, l'essentiel de la carrière de

Chartrand consiste dans sa participation, comme assistant réalisateur, à une trentaine de films, surtout des longs métrages de fiction, avec des cinéastes aussi différents les uns des autres que Jean-Guy Noël (*Tu brûles... tu brûles...*, 1973), Michel Brault (*Les ordres*, 1974), Gilles Richer (*Tout feu tout femme*, 1975), Jean-Claude Lord (*Parlez-nous d'amour*, 1976), Fernand Dansereau (*Thetford au milieu de notre vie*, 1978), Francis Mankiewicz (*Les bons débarras*, 1980), André Melançon (*La guerre des tuques*, 1984), Arthur Lamothe (*Équinoxe*, 1986), François Labonté (*Henri*, 1986), Yves Simoneau (*Pouvoir intime*, 1986), André Gladu (*Pellan*, 1986) et Jean-Claude Lauzon (*Un zoo la nuit*, 1987). En 1990, il publie d'ailleurs, en collaboration avec Diane Cailhier, *Le métier d'assistant réalisateur au cinéma* (Éditions Lidec). De 1988 à 1989, Chartrand occupe la présidence de l'ARRQ. Son frère, Dominique Chartrand, est ingénieur du son. (Y. L.)

**CHARTRAND, Dominique,** ingénieur du son (Longueuil, 1954). Dès l'âge de seize ans, il gagne sa vie sur des plateaux de tournage. D'abord perchiste pour un film réalisé par son frère Alain (*Isis au 8*, 1971), il se découvre une passion pour ce métier. Après quelques années à la perche, souvent pour assister Hughes Mignault (*Bar salon* et *L'eau chaude l'eau frette*, A. Forcier 1973 et 1976), il passe à la prise de son (*Deux contes de la rue Berri*, P. Tana, 1975 et 1976, c. m. et m. m.). Il collabore ensuite régulièrement avec François Labonté (*Lutineige*, 1975, c. m.; *Babiole*, 1975, c. m.; *Gaspard et fil$*, 1988; *Manuel le fils emprunté*, 1990). Ne privilégiant ni la fiction ni le documentaire, il a souvent l'occasion de collaborer avec son frère (*On n'est pas sorti du bois*, 1982, c. m.; *Des amis pour la vie*, 1988; *Ding et Dong, le film*, 1990; *Un homme de parole*, 1991, m. m.; *Le jardin d'Anna*, 1992) et Michel Brault (*A Freedom to Move*, 1986, c. m.; *L'emprise*, coréal. Suzanne Guy, 1988, m. m.; *Les noces de papier*, 1989; *Diogène*, 1990, c. m.; *Shabat Shalom!*, 1992). Son expérience en fait un preneur de son très recherché. Il travaille notamment avec Roger Cantin (*Simon-les-nuages*, 1990; *Le grand zèle*, 1992; *Matusalem*, 1993), Jean-Claude Labrecque (*Bonjour monsieur Gauguin*, 1988; *L'aventure des compagnons de Saint Laurent*, 1997), Denys Arcand (*Love & Human Remains*, 1993), Léa Pool (*La demoiselle sauvage*, 1991), Pierre Houle (*Riopelle Sans titre — 1999*, collage 1998), Denis Villeneuve (*Un 32 août sur terre*, 1998). Polyvalent, il s'adapte aussi bien aux conditions des téléséries (*Omertà, la loi du silence*, P. Houle, 1996-1997) qu'aux publicités ou aux films tournés en Imax. En 1999, il a l'occasion de collaborer avec son frère pour *Chartrand et Simonne*, une télésérie sur Michel et Simonne, leurs père et mère, qui traite des principaux événements qui ont marqué le syndicalisme québécois entre 1939 et 1959.

PRINCIPAUX AUTRES FILMS : *La maladie c'est les compagnies* (R. Boutet, 1979), *Pouvoir intime* (Y. Simoneau, 1986), *Le sourd dans la ville* (M. Dansereau, 1987), *Jacques et Novembre* (J. Beaudry et F. Bouvier, 1984), *Caffè Italia Montréal* (P. Tana, 1985), *A Cry in the Night* (R. Spry, 1991), *L'automne sauvage* (G. Pelletier, 1992), *La comtesse de Baton Rouge* (A. Forcier, 1997). (J. De. et É. P.)

**CHBIB, Bachar.** (*Voir* SHBIB, BASHAR)

**CHETWYND, Lionel,** scénariste, réalisateur, producteur (Londres, Angleterre, 1940). Immigré au Canada à huit ans, il vit son enfance et son adolescence à Montréal, et prend la nationalité canadienne en 1964. Après des études en économie (Sir George Williams) et en droit (McGill), il travaille pour la Columbia en Angleterre. Auteur de nombreux scénarios, il n'est réalisateur qu'à l'occasion. Beaucoup de ses scénarios ont été tournés au Canada et aux États-Unis, mais son principal titre de gloire reste sans doute son adaptation d'une œuvre de Mordecai Richler, *The Apprenticeship of Duddy Kravitz* (T. Kotcheff, 1974), qui lui vaut une mise en nomination pour l'Oscar. Il fait ses débuts dans la mise en scène avec *Two Solitudes* (1978), d'après le célèbre roman de Hugh MacLennan, tentative ambitieuse d'expliquer le caractère national des deux peuples fondateurs et la nature de leurs relations. La critique et le public font au film un accueil mitigé. Chetwynd s'installe en Californie. Entre autres choses, il y scénarise et y réalise *Hanoi Hilton* (1987) et, pour la télévision, *So Proudly We Hail* (1990). Aux États-Unis, Chetwynd scénarise et produit de nombreux films pour la télévision. (J. A.)

**CHOLAKIAN, Vartkes,** réalisateur (Aleppo, Syrie, 1940). Il quitte la Syrie à l'âge de quinze ans pour aller vivre aux États-Unis. Il étudie pendant deux ans la peinture et le graphisme à l'École des beaux-arts de Boston, puis réalise son premier film, *Machina* (1967, c. m.), à l'Université Brandeis (Massachusetts). Après un séjour à Toronto pour occuper un poste d'assistant cameraman, il s'installe au Québec où il habite de 1972 à 1980. C'est au cours de cette période qu'il réalise tous ses autres films de façon indépendante (sauf deux courts métrages commandés en 1973 par la CBC : *Nora* et *Nora in the Park*), bénéficiant à l'occasion d'appuis, notamment du Conseil des arts du Canada et de l'ONF. En 1980, il repart pour Los Angeles où il fonde une compagnie de production vidéo qu'il dirige toujours. Cholakian est un artiste visuel qui dessine chaque plan avant de tourner. Ses films sont très près de l'expressionnisme, utilisant les distorsions de la lumière et de l'espace. Ils témoignent d'une grande compétence au niveau technique. Assimilables à des expériences psychanalytiques, ils communiquent l'état d'esprit kafkaïen de personnages en voie de se désintégrer. *Machina* traite du milieu de travail aliénant d'un ouvrier d'usine. *The Cage* (coréal. R. Ciupka, 1972, c. m.) et *The Basement* (1974, c. m.) explorent l'aliénation et la psychose. *Rappelle-toi* (coréal. M. Dansereau, 1975, m. m.) met en scène un personnage (Luce Guilbeault) qui n'arrive pas à rétablir l'harmonie entre passé et présent. *A Simple Complex* (1978) oppose l'art à l'amour, l'artiste à l'amante, le travail quotidien à la création. L'œuvre de Cholakian, expérimentale, très personnelle et d'une grande qualité esthétique, demeure méconnue. (M. L.)

**CHOQUETTE, Gilbert,** scénariste (Montréal, 1929). À l'emploi de l'ONF de 1954 à 1968, il écrit les textes français, originaux ou adaptés, de près de cent cinquante films, dont *City of Gold* (W. Koenig et C. Low, 1957, c. m.), *The Living Stone* (J. Feeney, 1958, m. m.), *A Is for Architecture* (R. Verrall et G. Budner, 1959, c. m.) et *Universe* (R. Kroitor et C. Low, 1960, c. m.). (B. L.)

**CHRÉTIEN, Daniel,** chef électricien, chef opérateur (Longueuil, 1954). Il vient au cinéma en 1978, sous l'influence de Jacques Pâquet*, dont il est l'assistant. En 1982, il prend en charge la compagnie Flexibles, fondée par Pâquet. En 1984, il partage, avec le chef machiniste Emmanuel Lépine*, la direction de Moly-Flex, compagnie qui conçoit et loue de l'équipement de tournage en plus d'exploiter un important complexe de studios sur la rive sud de Montréal. Outre des longs métrages américains, des coproductions et des films publicitaires, il travaille à de nombreuses productions québécoises. Sa compétence de technicien en fait un collaborateur apprécié de chefs opérateurs aussi importants que Pierre Mignot, Guy Dufaux, Thomas Vamos ou Alain Dostie. Il assure aussi la direction de la photographie d'*Un hiver de tourmente* (B. Favre, 1998). Parmi les productions auxquelles il a participé, on retrouve notamment *Maria Chapdelaine* (G. Carle, 1983), *La femme de l'hôtel* (L. Pool, 1984), *Caffè Italia Montréal* (P. Tana, 1985), *Les portes tournantes* (F. Mankiewicz, 1988), *Une histoire inventée* (A. Forcier, 1990), *The Red Violon* (F. Girard, 1998). Son fils, Daniel Chrétien jr., suit ses traces et est, lui aussi, depuis 1991, électricien pour de nombreuses productions. (J. D. et É. P.)

**CINÉ-CLUBS.** Un ciné-club est une association permettant à ses membres de développer une culture cinématographique par la projection et la discussion de films choisis. Née en France, dans les années 20, sous l'impulsion du critique et cinéaste Louis Delluc, cette formule met du temps à s'imposer au Québec. Dans les années 30 et 40, elle connaît quelques applications par le truchement d'une adaptation à l'anglaise, les *film societies.* Quelques-unes fleurissent à Montréal (Mount-Royal Film Society, McGill Film Society), comme ailleurs au Canada, surtout dans les milieux universitaires. Dès 1935, on fonde une organisation nationale qui, par la suite, donne naissance à l'Institut canadien du film (1950) puis, en 1956, à la Canadian Federation of Film Societies (Fédération canadienne des ciné-clubs), à laquelle sont inscrits une trentaine de ciné-clubs québécois. Parallèlement, au cours des années 50 et 60, se développe au Québec un important mouvement de ciné-clubs d'étudiants, dans bon nombre d'institutions de niveau secondaire et collégial. Le mouvement prend naissance dans le milieu de la Jeunesse étudiante catholique (JÉC), en 1949, et grandit rapidement grâce à l'organisation de camps d'été pour la formation des animateurs. En cours d'année, ceux-ci reçoivent un bulletin de liaison intitulé *Découpages* (fondé en 1950), publié par la commission étudiante sous la direction de Gilles Sainte-Marie. Michel Brault*, Pierre Juneau* et Jacques Giraldeau* comptent parmi les principaux collaborateurs du bulletin. En 1953, l'action des étudiants est prise en charge par les centres catholiques de cinéma, mis sur pied dans divers diocèses. On continue de tenir des stages d'animation et on fonde un nouveau bulletin de liaison, *Séquences* (*voir* REVUES), où l'on propose chaque année des thèmes d'étude et des films à discuter. L'ampleur du mouvement se manifeste plus particulièrement en 1963, à l'occasion du premier (et dernier) congrès des ciné-clubs d'étudiants, tenu à l'Université de Montréal. On y retrouve six cent cinquante délégués représentant les ciné-clubs des divers collèges classiques, écoles normales, écoles secondaires, scolasticats et instituts familiaux. On discute alors de la formation d'une association des ciné-clubs d'étudiants, mais l'idée demeure sans suite. D'après un relevé réalisé à cette époque par l'Office national des techniques de diffusion, près de trois cent cinquante ciné-clubs sont actifs au Canada français, la forte majorité d'entre eux dans des institutions d'enseignement. Toutefois, la réforme scolaire qui a lieu les années suivantes met un frein à ce mouvement, le regroupement des élèves en écoles régionales rendant plus difficile le maintien des activités parascolaires. Il demeure que le mouvement des cinéclubs contribue à l'instauration de cours de cinéma dans plusieurs institutions, et contribue à la formation d'un grand nombre de cinéphiles, de critiques, de professeurs de cinéma et de cinéastes (*voir* ENSEIGNEMENT DU CINÉMA). Aujourd'hui, la notion de ciné-club survit et le travail de sensibilisation se poursuit, dans la plupart des régions du Québec, sous l'égide de l'Association des cinémas parallèles du Québec*.

BIBLIOGRAPHIE : BONNEVILLE, Léo, *Le ciné-club; méthodologie et portée sociale*, Fides, Montréal, 1968 • *Sélection de films pour ciné-clubs*, Office des communications sociales, Montréal, 1970. (R.-C. B.)

**CINÉMA D'ANIMATION (TECHNIQUES).** Les films d'animation, qu'il s'agisse d'animation de formes concrètes ou abstraites, sont réalisés à l'aide de différentes techniques de décomposition du mouvement et de tournage. On parle ainsi d'animation au banc-titre, d'animation sans caméra, d'animation en trois dimensions, d'animation avec écran d'épingles et d'animatique, c'est-à-dire d'animation assistée ou générée par ordinateur.

Les films d'animation réalisés à l'ONF (depuis 1941), comme le reste de la production québécoise, ne ressemblent pas aux *cartoons* (dessins animés sur cellulo) des Américains ni aux animations en trois dimensions (avec des marionnettes) des ciné-animateurs d'Europe de l'Est. En cela, l'animation québécoise occupe une place distincte dans la production mondiale, à cause de la diversité des techniques employées, de l'expérimentation constante (tant sonore que visuelle) et d'une approche de la production plus artisanale qu'industrielle. Les techniques d'animation subissent, au Québec, des transformations multiples : on utilise des pinceaux, des brosses, des encres, du sable, de l'aquarelle, de la peinture ; on grave la pellicule ; on tente même une visualisation du son (*Synchromy*, N. McLaren*, 1971, c. m.). Les inventions nombreuses et les découvertes constantes faites aux studios d'animation de l'ONF profitent à l'animation mondiale.

**L'animation au banc-titre.** On appelle banc-titre le support de caméra qui permet le déplacement de la caméra par rapport à une surface plane sur laquelle prennent place les documents à filmer. On l'utilise pour le dessin animé ainsi que pour l'animation par déplacement, sur un fond noir ou coloré, de pièces libres (papier découpé, photographies) ou articulées (corde), ou encore de particules (sable). Le dessin animé peut être effectué sur cellulo (acétate transparent), sur papier ou sur carton.

On appelle communément *cartoon* le dessin animé effectué sur cellulo. Dans les studios de l'ONF, ce genre traditionnel subit des transformations notoires. Plus couramment utilisé au studio anglais (Don Arioli*, Derek Lamb*, Gerald Potterton* et Grant Munro*), et dans les premières œuvres, le *cartoon* délaisse ici les histoires aventureuses et les personnages héroïques propres aux films américains. Ron Tunis* (*Le vent*, 1972, c. m.), Barrie Nelson (*Message de propagande*, 1974, c. m.), Jeff Hale (*The Great Toy Robbery*, 1964, c. m.), Paul

Driessen* (*Une vieille boîte*, 1975, c. m.) et plusieurs autres utilisent le *cartoon* avec humour, retournant cette forme d'animation contre elle-même, en pastichant ses invraisemblables poursuites et son rythme fou. Suzanne Gervais* (*Cycle*, 1971, c. m.), Viviane Elnécavé* (*Rien qu'une petite chanson d'amour*, 1974, c. m.), Bernard Longpré* (*Les naufragés du quartier*, 1980, c. m.) ou Pierre Veilleux* (*Dans la vie...* 1972, c. m.) s'en servent à l'occasion pour son dépouillement, préférant le trait aux formes pleines.

Le déplacement de pièces ou de particules sur un fond noir ou coloré constitue l'une des techniques les plus couramment utilisées au Québec. Ici, les matériaux jouent un rôle de premier plan dans le travail d'innovation : sable (*Le mariage du hibou*, C. Leaf*, 1975, c. m.), encre (*Climats*, S. Gervais, 1975, c. m.), perles (*Blead Game*, I. Patel*, 1975, c. m.), photos (*Ceci est un message enregistré*, J.-T. Bédard*, 1973, c. m.), linoléum (*Zikkaron*, L. Coderre*, 1971, c. m.) ou, encore, papier découpé (*Balablok*, B. Pojar*, 1973, c. m.), tout est mis à profit. Les formes découpées peuvent se déplacer sur de véritables fresques peintes, comme dans « *E* » (B. Pojar, 1981, c. m.), pour lequel Yvon Mallette* dessine des châteaux et de petits villages brunâtres, pour évoquer les pays de l'Est, et des motifs de tapisseries anciennes.

Lorsqu'on utilise des dessins au fusain ou au pastel au banc-titre, c'est, souvent, pour créer une atmosphère feutrée rappelant les tableaux impressionnistes (*L'homme qui plantait des arbres*, F. Back*, 1987, c. m.), ou les paysages naturels (*Syrinx*, R. Larkin*, 1965, t. c. m.), tandis que les formes découpées rappellent les soubresauts du quotidien (*The Tender Tale of Cinderella Penguin*, J. Perlman*, 1981, c. m.). En 1979, Caroline Leaf réalise *The Street* (c. m.) en utilisant la peinture sur verre. Cette vieille technique consiste à ajouter à la peinture un produit l'empêchant de sécher, ce qui permet de modifier le dessin réalisé comme on le ferait avec du sable ou toute autre matière. Des cinéastes comme Wendy Tilby* (*Strings*, 1991, c. m.), Diane Chartrand (*L'orange*, 1992, t. c. m.) et Martine Chartrand (*Âme noire*, 2000, c. m.) utilisent la peinture animée. En 1999, le cinéaste russe Alexandre Petrov, spécialiste de cette technique, réalise à Montréal une impressionnante adaptation du *Vieil homme et la mer* (c. m.) d'Ernest Hemingway, tournée en Imax. En 1998, Sheldon Cohen réalise *Snow Cat* (c. m.) en utilisant une technique proche de la peinture sur verre. Pour ce film, une mince couche de peinture est placée entre deux feuilles de cellulo et le dessin est réalisé en opérant une pression sur l'ensemble.

**L'animation sans caméra.** Inspirée des expériences du Néo-Zélandais Len Lye et développée pendant plusieurs années par Norman McLaren (*Love on the Wing*, 1939, t. c. m. ; *Loops*, 1952, t. c. m. ; *Blinkity Blank*, 1955, c. m.), elle est l'une des marques de commerce de l'animation onéfienne. L'image est inscrite directement sur chaque cadre. Elle peut être soit gravée (*Souvenirs de guerre*, P. Hébert*, 1982, c. m.), soit dessinée ou peinte (*La bague du tout nu*, A. Leduc*, 1974, c. m.). Sa facture fruste, due au sautillement de l'image, rend on ne peut mieux le geste spontané du trait et la fébrilité du processus créatif.

**L'animation à trois dimensions.** On désigne ainsi l'animation de marionnettes, la pixillation, et toutes les techniques dérivées de celle-ci. En animation de marionnettes, on peut modifier les personnages, le décor ou les objets entre chaque prise de vues. La caméra repose sur son trépied, les éclairages et les décors accentuent la profondeur, le volume et le relief, unifiés par une mise en scène comme dans les films en prises de vues réelles. Si, dans les années 50, Jean-Paul Ladouceur* travaille avec des marionnettes (*Sur le pont d'Avignon*, coréal. W. Koenig*, 1951, c. m.), c'est quand même Co Hoedeman* (*Tchou-Tchou*, 1973, c. m.; *Le château de sable*, 1977, c. m.) qui manifeste le plus d'intérêt pour cette technique, plus couramment utilisée dans les studios de Prague, en Tchécoslovaquie. Grâce à Co Hoedeman, Brian Duchscherer et Pierre M. Trudeau, l'animation de marionnettes continue à se développer dans les années 90, avec des films comme *Enfantillage* (P. M. Trudeau, 1990, c. m.), *The Balgonie Birdman* (B. Duchscherer, 1991, c. m.) et *Ludovic, Une poupée dans la neige* (C. Hoedeman, 1998, c. m.).

Avec la pixillation, la caméra anime des personnages ou objets réels image par image. Inventée par Norman McLaren en 1949, cette technique est rendue célèbre par *Neighbours* (1952, c. m.), film pacifiste sur la violence humaine. Depuis cette époque, Bernard Longpré et André Leduc (*Monsieur Pointu*, 1975, c. m.), ainsi que Jacques Giraldeau* (*Zoopsie*, 1973, c. m.) sont parmi ceux qui l'ont utilisée. Avec *Il était une chaise* (coréal. C. Jutra*, 1956, c. m.), *Pas de deux* (1967, c. m.) et *Narcisse* (1981, c. m.), Norman McLaren utilise des techniques dérivées de la pixillation en la combinant avec des procédés optiques et mécaniques.

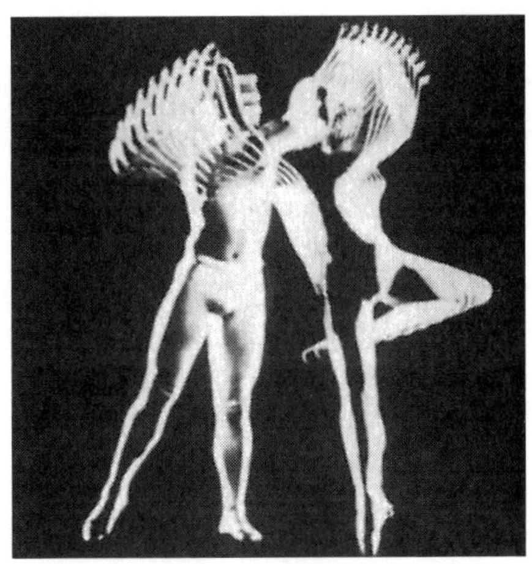

*Pas de deux* de Norman McLaren (Pixillation). (ONF)

*Le paysagiste* de Jacques Drouin (Écran d'épingles). (ONF, coll. ACPQ)

**L'animation avec écran d'épingles.** L'écran d'épingles est un panneau métallique perforé dans lequel coulissent des milliers d'épingles que l'on peut enfoncer et faire saillir, ce qui crée, comme dans les bas-reliefs, des zones d'ombre et de lumière qui font apparaître l'image. On obtient ainsi une gamme impressionnante de nuances. Créé et perfectionné par Alexandre Alexeïeff et Claire Parker, cet instrument avait été peu utilisé avant sa redécouverte par l'ONF. Bien que Parker y réalise *En passant* (1944, c. m.) et que Maurice Blackburn* y signe *Ciné-crime* (1969, c. m.), c'est en 1972 qu'on y développe l'écran d'épingles lorsque le couple Parker et Alexeïeff revient avec un instrument de pleine grandeur. Mc Laren en explique le fonctionnement dans son film, *Pinscreen* (1973, m. m.). Jacques Drouin*, notamment avec *Le paysagiste* (1976, c. m.), en tire le maximum d'effets. En 1986, avec *L'heure des anges* (coréal. B. Pojar, c. m.), il innove en utilisant la couleur et en combinant cette technique avec l'emploi de marionnettes.

**L'animation par ordinateur.** Au Québec, l'animation de personnages ou de formes avec l'aide de l'ordinateur est introduite à Radio-Canada et à l'ONF, durant les années 60. Bernard Longpré réalise, dès 1965, *Test 0558* (t. c. m.), qui lui permet de faire des recherches dans le domaine de la couleur, d'utiliser des procédés optiques et de perfectionner le mouvement. Une première grande famille d'animation calculée est basée sur le langage des ordinateurs. Elle peut exploiter non seulement les points et les lignes, mais aussi contrôler les surfaces et les modifier en des formes géométriques élémentaires. Cette méthode oblige l'artiste à travailler avec un informaticien, car toutes les images doivent être recomposées mathématiquement (*Perpectrum*, I. Patel, 1974, c. m.; *Variations graphiques sur Télidon*, P. Moretti*, 1981, c. m.). Une deuxième famille, mise au point plus récemment, est directement basée sur l'image. Les images et les mouvements sont produits directement grâce à des dessins exécutés par un artiste sur un terminal graphique. C'est l'ordinateur qui effectue les transitions pour compléter le mouvement entre un dessin de départ et un dessin d'arrivée. Peter Foldès, pour *Métadata* (1971, c. m.), a ainsi travaillé avec le système du Conseil national de recherches du Canada, développé par Burtnyk et Wein. Dans son film suivant, *La faim* (1974, c. m.), encouragé par Pierre Moretti* et René Jodoin*, il cherchera à atténuer « l'effet ordinateur » et à donner plus de fluidité au mouvement. Dans ce film, l'ordinateur permet de contrôler le déplacement des membres du corps. Cette technique sert très bien son propos, une fable mordante sur la gloutonnerie des riches et la revanche des pauvres.

Dans les années 80, on cherche à créer l'illusion du volume (3D); par un déplacement image par image, on arrive ainsi à contourner les objets. *Vol de rêve* (P. Bergeron, N. Magnenat-Thalmann et D. Thalmann, 1981, c. m.) constitue un pas important dans cette direction, même si les objets apparaissent en ligne (technique dite en fil de fer). Avec *Tony de Peltrie* (P. Bergeron, P. Lachapelle, D. Langlois* et P. Robidoux, 1985, c. m.), puis avec *Rendez-vous à Montréal* (N. Magnenat-Thalmann et D. Thalmann, 1987, c. m.), on crée des objets et des êtres en volumes. Pour ce faire, l'objet est découpé en facettes polygonales planes, chacune d'elles étant fournie à l'ordinateur par numérisation. L'angle virtuel de caméra, la couleur et le mouvement sont ensuite ajoutés. Pour son cinquantième anniversaire, l'ONF produit *L'anniversaire* (M. Aubry et M. Hébert, 1989, c. m.), qui représente une nouvelle apogée de l'animation numérique. D'autres cinéastes continuent par la suite d'explorer l'animation numérique en 3D avec des films comme *À l'ouest d'Eden* (D. Langlois et Y. Laferrière*, 1996, c. m.), *La vitesse du mensonge* (B. Waniwitch et P. Zovilé, 1997, c. m.), *VHX/CarrHot* (L. Otter, 1998, c. m.) et *Coucou, Monsieur Edgar!* (P. M. Trudeau, 1999, c. m.). Cependant, la principale évolution au cours de la décennie 1990 est liée à la façon dont plusieurs animateurs utilisant des techniques traditionnelles intègrent l'ordinateur à leur pratique ou, encore, abandonnent leurs tech-

*À l'Ouest d'Eden* d'Yves Laferrière et Daniel Langlois. (coll. RVCQ)

niques de prédilection au profit de l'ordinateur. John Weldon*, par exemple, réalise *Scant Sanity* (1996, c. m.) en utilisant d'une façon singulière l'animation par ordinateur en 2D et en 3D, techniques auxquelles il ajoute des éléments traditionnels (objets, photographies, etc.) numérisés. Le cinéaste appelle ce mélange de techniques « recyclomation ».

Parmi les très nombreux exemples de cinéastes utilisant l'ordinateur, citons Gayle Thomas qui anime entièrement par ordinateur *Quilt* (1996, c. m.) et *M. C. Escher : Sky and Water* (1998, c. m.), deux films graphiques qui imitent la technique du papier découpé. Réalisé par Co Hoedeman, *Le jardin d'Écos* (1996, c. m.) mêle l'animation de marionnettes (le 3D traditionnel) avec des effets réalisés en 3D numérique. Quant au *Seuil* (S. Gervais, 1998, c. m.), il est réalisé à l'aide de dessins sur papier traités par ordinateur, puis combinés à de l'animation numérique en 3D.

En 1999, au Québec, le principal usage de l'ordinateur demeure tout de même la coloration, puisque la plupart des cinéastes y ont recours. C'est le cas dans *Mon enfant, ma terre* (F. Desbiens*, 1998, t. c. m.), un film dessiné sur papier, ou encore dans *La plante humaine* (P. Hébert, 1997), gravé sur pellicule.

L'énumération de ces différentes techniques ne doit pas donner l'impression qu'elles sont isolées les unes des autres. Au contraire, on les combine dans plus d'un film. *Souvenirs de guerre*, par exemple, associe le papier découpé et la gravure sur pellicule, tandis que *L'heure des anges* utilise l'animation des marionnettes et l'écran d'épingles. Généralement, au Québec, l'animateur travaille seul des mois durant. Cette tradition de petites productions veut non seulement que l'artiste contrôle toutes les étapes de fabrication et assume la réalisation de son film, mais aussi, souvent, qu'il se contente de matériaux modestes. Norman

McLaren s'est fait un devoir, dès les origines du studio d'animation, de fournir des explications nombreuses sur la fabrication artisanale de ses instruments de travail et sur la nécessité de l'autonomie créatrice. Plusieurs ateliers d'animation, donnés au Québec et à l'étranger, reprennent ce discours.

Le choix d'une technique ne limite en rien le type d'œuvre privilégié par l'animateur. Ainsi, l'animatique peut aussi bien s'adapter au poème visuel, au jeu mathématique qu'à l'illustration la plus linéaire. L'organisation du rythme, l'utilisation de la couleur, de la lumière, des bruits, des dialogues et de la musique jouent, en animation, un rôle prépondérant. Là aussi, les expériences techniques sont nombreuses, contribuant à faire de l'animation québécoise l'un des creusets les plus dynamiques à l'échelle mondiale.

FILMS SUR L'ANIMATION : *Pen Point Percussion* (N. McLaren, 1951, c. m.), *Pinscreen* (N. McLaren, 1973, m. m.), *The Light Fantastik* (R. Glover et M. Patenaude, 1974, m. m.), *Animated Motion Frame by Frame* (N. McLaren et G. Munro, 1976, cinq c. m.), *Animando* (M. Magalhaes, 1987, c. m.), *L'homme de papier* (J. Giraldeau, 1987, m. m.), *Creative Process: Norman McLaren* (D. McWilliams, 1990).

BIBLIOGRAPHIE : LEDUC, Yves, *Portrait d'un studio d'animation, l'art et le cinéma image par image*, Office national du film du Canada, Montréal, 1983 • BERTHIAUME, René et Yves LEDUC, *Le manuel de l'homme de papier*, Office national du film du Canada, Montréal, 1987 • CARRIÈRE, Louise, *Le cinéma d'animation à l'ONF (1950-1984)*, thèse de doctorat, Université McGill, Montréal, 1988. (L. C.)

**CINÉMA DIRECT.** Les années 60 sont particulièrement fertiles pour le cinéma québécois. Cette période, riche d'audaces, d'innovations et de réussites incontestables, se déroule essentiellement sous le signe du cinéma direct. Ce mouvement a vu le jour simultanément en France, aux États-Unis et au Québec. À l'origine, le terme « cinéma direct », adopté officiellement lors du MIPE TV de Lyon, en mars 1963, désigne un nouveau type de cinéma documentaire qui, au moyen d'un matériel de prise de vues et de son synchrone, autonome, silencieux, léger, mobile et aisément maniable, de format 16 mm, tente de cerner « sur le terrain » la parole et le geste de l'homme en action, placé dans un contexte naturel, ainsi que l'événement au moment même où il se produit. Il s'agit d'un cinéma qui tente de coller le plus possible aux situations observées, allant même jusqu'à y participer, et de restituer honnêtement à l'écran la « réalité » des gens et des phénomènes ainsi approchés. Compte tenu des médiations et des filtres qui interviennent à toutes les étapes de l'élaboration d'un film (personnalité du cinéaste, choix des angles et des objectifs de prise de vues, traitement au montage, etc.), il va de soi que le résultat final à l'écran est fonction des prétentions esthétiques du cinéaste et ultimement de son éthique. L'éventail des modalités de cette fidélité au réel est pratiquement inépuisable, depuis la vision angélique de certaines positions théoriques du début (assimilées aux courants éphémères du *candid eye* et du cinéma-vérité), jusqu'au développement de pratiques cinématographiques proprement signifiantes ; depuis la prétention à l'objectivité, rapidement abandonnée, jusqu'à la reconnaissance d'une dynamique fondée sur une subjectivité pleinement assumée ; depuis la recherche idéaliste d'un montage de la transparence, dans la lignée de Robert Flaherty, jusqu'à l'affirmation d'un montage s'affichant ouvertement comme producteur de sens, dans la lignée de Dziga Vertov. Plus complexe qu'il n'y paraît à première vue, ce mouvement du cinéma direct embrasse des tendances multiples aux appellations historiques diverses : *candid eye*, cinéma-vérité, *living camera*, cinéma vécu, etc. Il a ses précurseurs qui, de Flaherty à Vertov, balisent le champ de ses possibilités. Polymorphe, il ne saurait donc être assimilé à la vision réductrice d'un simple cinéma de reportage. L'aventure du cinéma direct au Québec témoigne d'une façon éloquente de ce cheminement et de la gamme de possibilités offertes par ce type de cinéma.

Les premières manifestations concertées du cinéma direct apparaissent au Québec peu de temps après le déménagement de l'ONF d'Ottawa à Montréal en 1956. Confronté brutalement à la dynamique de la Révolution tranquille et à la réalité culturelle du Québec, l'ONF se voit contraint de se franciser, favorisant la montée d'une nouvelle génération de cinéastes francophones (Michel Brault*, Gilles Groulx*, Claude Jutra*, etc.). La création d'une équipe française, autour des aînés (Fernand Dansereau*, Bernard Devlin*, Louis Portugais*, etc.), puis la mise sur pied d'une

*Pour la suite du monde* de Pierre Perrault et Michel Brault. (ONF)

unité de production française autonome, en 1964, consacrent cette nouvelle réalité.

Certains de ces jeunes francophones collaborent d'abord à la série « Candid Eye », pilotée par les anglophones, qui vise à renouveler l'approche documentaire, spécialité de l'ONF. Avec une certaine naïveté, le *candid eye*, qui émane d'une idée de Wolf Koenig, prétend jeter un regard non préconçu sur la réalité et atteindre à l'objectivité, d'où le recours à la prise de vues à l'improviste et au téléobjectif, sous prétexte de ne pas troubler le phénomène observé ! En réalité, il s'agit d'une expérience relativement sage : les films de cette série sont pour la plupart constitués de plans statiques et n'exploitent pas les possibilités réelles du son synchrone ; ils sont souvent accompagnés d'un commentaire moralisateur. Ils sont truffés d'audaces acrobatiques : par exemple, dans *The Days Before Christmas* (T. Macartney-Filgate*, 1958, c. m.), la caméra suit un agent de sécurité qui transporte des sacs de monnaie depuis le coffre-fort d'un grand magasin jusque dans un camion blindé. Macartney-Filgate, à qui on doit l'apport d'un brin de folie au milieu de gens qui se prennent au « sérieux », réalise la plupart des meilleurs films de la série, avec *Police* (1958, c. m.), *Blood and Fire* (1958, c. m.) ou *The Back-Breaking Leaf* (1959, c. m.), où il donne un bon exemple de son synchrone assumé, avant que l'expérience du *candid eye* ne se termine avec *Lonely Boy* (R. Kroitor*, 1961, c. m.) qui en constitue le point d'orgue, avec ses qualités et ses défauts.

De leur côté, les cinéastes de l'équipe française ne tardent pas à dépasser et à pousser à ses limites cette expérience timidement amorcée du côté anglophone. Dès 1958, Michel Brault et Gilles Groulx réalisent *Les raquetteurs* (c. m.) qui devient un manifeste et le symbole de la lutte menée par les francophones au sein de l'ONF. Tourné avec culot, dans l'esprit du direct, mais sans l'équipement approprié, ce film — sans en être tout à fait — marque les véritables débuts du cinéma direct au Québec. À la caméra, en réaction contre l'emploi du téléobjectif dont il a déjà expérimenté les limites ailleurs et qui fera les beaux jours du *candid eye*, Brault recourt au grand angulaire, selon les conseils de Cartier-Bresson, afin de cerner l'événement de l'intérieur. Cette attitude morale sera déterminante pour l'évolution du cinéma direct et l'exploration de la notion fondamentale de participation. À la suite de ce film, l'équipe française produit plusieurs courts métrages, risquant une écriture qui mise sur l'urgence et la mobilité, dont *La lutte* (M. Brault, M. Carrière*, C. Fournier* et C. Jutra, 1961), *Golden Gloves* (G. Groulx, 1961) et *Québec-USA ou l'invasion pacifique* (M. Brault et C. Jutra, 1962), etc., qui ont en commun de miser sur les ressources expressives et rythmiques du montage dans leur exploration de la sphère sociale, contrairement à d'autres, comme *Les enfants du silence* (M. Brault, 1962), qui proposent un regard plus posé sur un univers plus personnel. À l'intérieur de l'ONF, ces films et combien d'autres, destinés à la télévision, qui ne s'enferment pas dans une formule rigide obligent le documentaire traditionnel à se renouveler en questionnant les critères académiques d'un cinéma encore en vogue : caméra statique, image léchée, commentaire ronflant débité sur un ton grave, pseudo-neutralité du cinéaste…

Mais cette mentalité iconoclaste avait déjà commencé à faire irruption en quelques endroits inattendus, comme dans *Télesphore Légaré, garde-pêche* (C. Fournier, 1959, c. m.), dont le commentaire incontournable repose

*Les raquetteurs* de Michel Brault et Gilles Groulx. (ANC)

néanmoins sur les propos du personnage principal, et plus encore dans *Félix Leclerc, troubadour* (C. Jutra, 1959, c. m.) d'une modernité radicale malgré son recours à l'interview obligée, où le sujet même du film, le troubadour épris de liberté, balaie avec désinvolture le scénario préconçu imposé par la formule de la série d'origine, se permettant avec humour de faire la leçon aux jeunes cinéastes venus à sa rencontre. En plus de démythifier l'acte de filmer et de reconnaître la part de subjectivité qu'il comporte, le recours aux techniques et aux méthodes du direct permet aux cinéastes québécois de conserver l'initiative de la création, réduisant d'autant le risque de voir leur témoignage dénaturé par les intermédiaires anglophones auxquels ils devaient soumettre leurs projets antérieurement. Rapidement, à travers une démarche souvent fondée sur l'humour, ils en arrivent à cerner le vrai visage du Québécois dont les traits avaient été faussés par le regard de « l'autre ». Entre leurs mains, le cinéma devient un instrument de découverte du milieu.

Sous la pression des cinéastes qui réclament des outils appropriés pour leur travail, cette

*La lutte* de Michel Brault, Marcel Carrière, Claude Jutra et Claude Fournier. (ONF)

production s'accompagne d'une importante évolution des techniques : caméra, micros, pellicule, laboratoire de développement, etc. Elle favorise aussi l'expérimentation de diverses méthodes de tournage, avec des équipes réduites à quelques personnes. Et, surtout, elle s'accompagne de l'élaboration progressive d'une éthique du direct, où l'éclairage devient une question morale au même titre que la façon d'aborder les gens concernés. Les Français (dont Jean Rouch) et les Américains (dont Richard Leacock) participent activement à cette effervescence aux côtés des cinéastes québécois (Michel Brault en tête), multipliant les congrès et les échanges de part et d'autre. Située au carrefour de ces influences, et à un moment névralgique de l'évolution de la société, l'aventure du cinéma direct au Québec, centralisée à l'ONF, devient le point de mire, la référence par excellence. Le cinéma direct participe à cette quête d'identité et à cet éveil d'une conscience nationale au début des années 60 ; il en révèle la dynamique collective et les divers aspects de la condition québécoise (langue, coutumes, qualités et travers, structures et classes sociales), puis prend parti face à ce mouvement d'affirmation nationale qui se manifeste dans l'ensemble des secteurs d'activités et face aux questions qui agitent la société. Par sa rigueur et sa qualité d'émotion, *Bûcherons de la Manouane* (A. Lamothe*, 1962, c. m.), qui clôture en quelque sorte ce cycle des courts métrages de l'équipe française de l'ONF, est représentatif de cette évolution. Réalisé par des étudiants de l'Université de Montréal (D. Arcand*, D. Héroux* et S. Venne*) avec l'aide de Brault, Groulx, etc., *Seul ou avec d'autres* (1962) devance la victoire de la bataille technique qui coïncide avec l'apparition de la caméra Éclair en 1963. Dès lors, le direct québécois accède au long métrage, devenant un véritable instrument de communication et d'analyse de la société québécoise. Des films comme *Pour la suite du monde* (M. Brault et P. Perrault*, 1963), premier long métrage québécois (et canadien) à figurer dans la sélection officielle du Festival de Cannes, en 1964, et *Le règne du jour* (P. Perrault, 1966) imposent magistralement ce nouveau type de documentaire traversé par un souffle de poésie authentique et explorant cette dimension essentielle de la communication. Sa qualité repose sur la fréquentation préalable des gens auxquels les cinéastes se sont intéressés, déterminant la nature des rapports de ces gens à la caméra, fréquentation se situant dans le prolongement de celle pratiquée systématiquement par le précurseur qu'était Flaherty. Elle repose aussi sur le choix d'une action qui correspond au désir profond de ces gens et qui agit comme catalyseur. En dernier ressort, elle dépend de la responsabilité

*Rosaire et la Petite-Nation* de Benoit Pilon. (coll. RVCQ)

assumée, du respect par les cinéastes, *à travers l'interprétation* qu'ils se font, de la réalité observée et de la parole donnée. Ce respect peut s'exprimer à travers un montage de type linéaire qui épouse le déroulement chronologique du tournage même (*Pour la suite du monde*), ou à travers un montage plus élaboré, plus éclaté, générateur d'un réseau de significations latentes, qui peut aller jusqu'à s'apparenter au collage, mais qui n'en renvoie pas moins à la réalité observée (*Le règne du jour*). Double tendance de la fluidité et du collage, incarnée, dès les années 20, par les pratiques respectives de Flaherty et de Vertov.

Parallèlement au renouvellement du documentaire, le cinéma de fiction de long métrage des années 60 s'est trouvé « pollinisé » par le direct. Ce transfert, autant d'un état d'esprit que d'un dispositif technique, produit des résultats remarquables d'authenticité dans *À tout prendre* (C. Jutra, 1963), *Le chat dans le sac* (G. Groulx, 1964) ou *Entre la mer et l'eau douce* (M. Brault, 1963), dans lesquels les « acteurs », qui conservent leur prénom à l'écran, jouent en quelque sorte leur propre rôle ou sont placés dans des situations proches de leur propre réalité. Au plan documentaire, le cinéma direct québécois vit une singulière mutation à compter de 1968, à la mesure de l'évolution de la société. Des films comme *The Things I Cannot Change* (T. Ballantyne, 1967) du côté anglophone et *La p'tite Bourgogne* (M. Bulbulian*, 1968, m. m.) ou *Saint-Jérôme* (F. Dansereau, 1968) ouvrent la voie au projet Société nouvelle qui produit de nombreux films d'intervention sociale qui exigent un engagement du cinéaste dans le milieu. *Opération boule de neige/VTR Saint-Jacques* (B. Klein* et D. Todd Hénaut*, 1970, c. m.) et *Citizen's Medecine* (B. Klein, 1969, m. m.) sont typiques de l'orientation militante du programme à ses débuts. D'autres films suivent, qui repoussent les limites du direct d'une manière provocante, en donnant la parole aux plus démunis de la société : *Sur Vivre* (Y. Dion*, 1971, m. m.), *Le bonhomme* (P. Maheu*, 1972, m. m.). D'autres enfin, consacrés aux problèmes socioéconomiques, font preuve d'une analyse de plus en plus articulée : *Chez nous c'est chez nous* (M. Carrière, 1972), *Dans nos forêts* (M. Bulbulian, 1971) et son complément, *La revanche* (M. Bulbulian, 1974, c. m.). Dans la foulée, qui en arrive à vouloir remettre les moyens de production aux mains des personnes concernées, naissent des projets comme Le Vidéographe (1971), fondé par Robert Forget*, et la série « En tant que femmes » (1972-1975), à l'origine de films comme *J'me marie, j'me marie pas* (M. Dansereau*, 1973) et *Les filles c'est pas pareil* (H. Girard*, 1974, m. m.).

Parallèlement, l'ONF produit des films proposant une réflexion sur la notion de pays et l'avenir du Québec : *Un pays sans bon sens* (P. Perrault, 1970), *L'Acadie, l'Acadie?!?* (M. Brault et P. Perrault, 1971), *Québec : Duplessis et après...* (D. Arcand, 1972) et tant d'autres à leur suite qui arpentent le territoire québécois : *Un royaume vous attend* (P. Perrault, 1975), *Le retour à la terre* (P. Perrault, 1976, m. m.), *Gens d'Abitibi* (P. Perrault et B. Gosselin, 1979), *De la tourbe et du restant* (F. Bélanger*, 1979), etc.

Par contre, il est symptomatique que le seul long métrage issu de l'ONF à rendre compte d'une façon factuelle des événements d'Octobre 1970 soit le fait d'un anglophone : *Action, the October Crisis of 1970* (R. Spry, 1973). C'est l'époque où certains projets de films, plus « subversifs », réussissent même à apeurer l'establishment ! *On est au coton* (D. Arcand, 1970), qui brosse un tableau sans concession de la situation des travailleurs dans l'industrie du textile, et *24 heures ou plus...* (G. Groulx, 1972), qui propose une analyse serrée du fonctionnement de la société et du rôle servile joué par les médias, se voient censurés et interdits à la distribution pendant plusieurs années par le commissaire de l'ONF, Sydney Newman*, confirmant la soumission de cet organisme fédéral aux diktats de la politique. Dès lors, plusieurs cinéastes de l'ONF se réfugient dans des séries de films axés sur des problèmes existentiels : la maladie, la vieillesse, la mort (Guy L. Coté*, Yves Dion, Georges Dufaux*). Il s'agit le plus souvent d'un cinéma de constat. Dans certains cas, la caméra établit un lien privilégié avec les gens filmés ou contribue, dans un contexte dramatique, à faire éclater des situations. Cette production s'apparente au travail de Michel Moreaux dans le secteur privé, dont *Jules le Magnifique* (1976), de la série « Les exclus » (1975-1977), s'est imposé auprès du public par la relation de confiance que le cinéaste a su établir avec son interlocuteur. De son côté, dans *La bête lumineuse* (1982), un film d'une classe à part, Perrault révèle l'inconscient collectif québécois : la chasse à l'orignal, entre hommes, agit ici comme un révélateur infaillible de la condition masculine.

Plusieurs cinéastes se dirigent vers le secteur privé. Bénéfique, ce décentrement hors l'ONF favorise la diversification du questionnement sur le pays, sur les luttes ouvrières, sur la question amérindienne. Arthur Lamothe ouvre le feu avec *Le mépris n'aura qu'un temps* (1970), consacré à la situation des travailleurs de la construction. Puis il se met au service des Amérindiens en leur donnant la parole dans son ambitieuse « Chronique des Indiens du Nord-Est du Québec » (1974-1983). D'autres outsiders suivent : *Faut aller parmi l'monde pour le savoir* (F. Dansereau, 1971), *Tricofil, c'est la clef* (F. Brault* et R. Lenoir, 1976, m. m.), *Comme des chiens en pacage* (R. Desjardins* et R. Monderie*, 1977, m. m.), *Une histoire de femmes* (S. Bissonnette*, M. Duckworth* et J. Rock, 1980), *La turlute des années dures* (R. Boutet* et P. Gélinas*, 1983), etc.

Au cours des années 80, d'autres films réalisés à l'ONF ou ailleurs, maintiennent le cap, en enrichissant considérablement le corpus : *Les bleus au cœur* (Suzanne Guy*, 1987), *Oscar Thiffault* (S. Giguère*, 1987, m. m.), *Chronique d'un temps flou* (S. Groulx*, 1988), *L'espoir violent* (N. Zavaglia, 1988), *Le gars qui chante sua jobbe* (S. Giguère, 1989, m. m.) ainsi que *Liberty Street Blues* (A. Gladu, 1988), un long métrage de pur cinéma direct qui nous fait découvrir la Nouvelle-Orléans à travers les courants musicaux qui reflètent l'identité de ceux qui l'habitent et qui achèvent en point d'orgue l'inventaire des séries « Le son des Français d'Amérique » (M. Brault et A. Gladu, 1974-1980), etc.

À cette même époque, le cinéma québécois en entier témoigne de l'éclatement de la société québécoise. Et, d'une certaine façon, il le fait à travers l'éclatement même des genres et le métissage des pratiques cinématographiques. Le documentaire, la fiction, le cinéma direct n'y échappent pas. Si *La familia latina* (G. Gutierrez*, 1985) s'inscrit dans la tradition la plus pure du direct, pour témoigner de la diversité du tissu social, d'autres films en débordent, s'employant à faire sauter les barrières établies, comme *Caffè Italia Montréal* (P. Tana*, 1985). Nombreux sont les films qui donnent un point de vue documenté sur la société, sans se laisser enserrer dans un genre : *Le confort* *et l'indifférence* (D. Arcand, 1981), *Albédo* (J. Leduc* et Renée Roy, 1982, m. m.), *Mémoire battante* (A. Lamothe, 1983) qui, par divers moyens, explore l'univers intérieur des Montagnais, « *Quel numéro what number?* » (S. Bissonnette, 1985), *Passiflora* (F. Bélanger et D. Gueissaz-Teufel*, 1985), *La peau et les os* (J. Prégent*, 1988), *Alias Will James* (J. Godbout, 1988), etc.

Aussi, en réactivant des pratiques de « pollinisation » qui germaient déjà dans le cinéma direct des années 60, des films inclassables comme *L'hiver bleu* (A. Blanchard*, 1979), *Journal inachevé* (M. Mallet*, 1982, m. m.), *Celui qui voit les heures* (P. Goupil*, 1985) et des fictions confondantes comme *Jacques et Novembre* (J. Beaudry* et F. Bouvier*, 1984) ou *L'homme renversé* (Y. Dion, 1986) ainsi que les essais stimulants de Robert Morin*, dans les années 90, tels que *Yes Sir! Madame...* (1995), une désopilante illustration de notre quête identitaire et de notre schizophrénie culturelle, et *Quiconque meurt, meurt à douleur* (1998), une fiction réaliste qui s'inspire de la vie de junkies de ses interprètes non professionnels, des réalisations qui jonglent parfois avec les médiums film et vidéo et/ ou qui tournent le dos aux modes de production habituels confirment que des œuvres « visitées par le direct », comme *À tout prendre* (C. Jutra, 1963), *Le chat dans le sac* (G. Groulx, 1964) ou *Entre la mer et l'eau douce* (M. Brault, 1967) n'ont pas été que des météorites. À coup sûr, notamment par ses effets de « pollinisation » sur la fiction, le cinéma direct ouvre encore de belles perspectives au septième art.

Mais, parallèlement à cette tendance « postmoderne », il faudra se faire à l'idée que le documentaire direct le plus pur est là pour rester, comme l'attestent de nombreux films des années 90 qui, dans la plupart des cas, sont réalisés et produits par des cinéastes des nouvelles générations. Alors que Pierre Perrault livre son testament en faisant le point sur sa démarche d'un point de vue théorique, prenant le prétexte du bœuf musqué qui refuse de se laisser filmer, dans *L'oumigmag ou l'objectif documentaire* (1993, c. m.) et dans son complément poétique axé sur les mœurs de cette bête mythique, *Cornouailles* (1994, m. m.), d'autres cinéastes maintiennent le cap ou prennent le relais, avec des films tels que *Rang 5* (R. Lavoie*, 1994), axé sur la nouvelle réalité des agriculteurs au Québec, *Rosaire et la Petite-Nation* (B. Pilon, 1997) qui brosse un portrait authentique d'un homme d'une autre époque et, à travers lui, du Québec profond, ou avec des films ancrés dans la réalité urbaine, tels que *Le steak* (P. Falardeau* et M. Leriche, 1992), dans lequel la boxe apparaît comme l'ultime moyen de survie et qui prend ainsi le relais de *Golden Gloves, The Street* (D. Cross, 1996) qui, à travers une production étalée sur six années donne un portrait non stéréotypé de la vie de trois itinérants à Montréal ou *9, Saint-Augustin* (S. Giguère, 1995, m. m.), consacré à un prêtre-ouvrier relégué aux marges d'une société technocratique qui prétend « gérer » même la pauvreté. En dénonçant la coupe à blanc de la forêt boréale québécoise pratiquée par des compagnies forestières qui imposent au gouvernement leur propre politique, *L'erreur boréale* (R. Desjardins et R. Monderie, 1999) établit lui aussi un pont avec la production et les préoccupations des décades précédentes, notamment avec un film réalisé quelque trente ans plus tôt sur un sujet analogue, *Dans nos forêts*, tout en réactivant le cinéma militant. À n'en pas douter, « la suite du monde » est assurée...

BIBLIOGRAPHIE : MARCORELLES, Louis, *Éléments pour un nouveau cinéma*, Unesco, Paris, 1970 • MARSOLAIS, Gilles, *L'aventure du cinéma direct*, Cinéma club Seghers, Paris, 1974 • MARSOLAIS, Gilles, *L'aventure du cinéma direct revisitée*, Les 400 coups, Laval, 1997. (G. M.)

**CINÉMA EXPÉRIMENTAL.** On a longtemps reconnu Vincent Grenier* et Charles Gagnon* comme les seuls cinéastes expérimentaux indépendants au Québec. Une profonde méconnaissance du cinéma expérimental, attribuable à divers facteurs (comme l'inexistence de bulletin d'information, de mouvement solidement constitué et l'isolement de la production anglophone), peut expliquer cette situation qui a laissé dans l'ombre plusieurs noms souvent reconnus à l'extérieur du Québec : Raphaël Bendahan*, Joyce Borenstein*, Vartkes Cholakian*, Michèle Cournoyer*, Rick Raxlen*, Robert Rayher*, Julian Samuel*, Lois Siegel*, Veronika Soul*, Bill Wees*, etc.

Il faut revenir à la fin des années 40, au moment où Paul-Émile Borduas publie le retentissant *Refus Global* (1948) pour assister à la naissance d'un film expérimental unique, répondant aux critères du manifeste du peintre automatiste. *Mouvement perpétuel* (C. Jutra, 1949, c. m.), méditation complexe sur le thème du triangle amoureux, se situe dans la lignée des films de transe de Maya Deren et Kenneth Anger, avec ses nombreuses cassures spatio-temporelles. Dans les années 60 et au début des années 70, plusieurs œuvres isolées sont réalisées. Guy Borremans* signe, dès 1960, un poème cinématographique surréaliste, *La femme image* (c. m.). Arthur Lipsett* réalise pour le compte de l'ONF de saisissants films-collages (*Very Nice Very Nice*, 1961, c. m. ; *21-87*, 1962, c. m. ; *Free Fall*, 1964, c. m.) qui sont autant de réflexions inquiétantes sur la société moderne. Gilles Fortin réalise *Amana* (1967, c. m.), expérience très réussie de création de rythmes fondés sur l'association images-musique. Hughes Tremblay* et Gilles Marchand, de leur côté, réalisent le dadaïste *T-Bone steak chez les mangeuses d'hommes* (1968). Jean-Claude Labrecque* fait aussi une œuvre expérimentale en réalisant *Essai à la mille* (1970, c. m.) qui présente des images obtenues avec un objectif de 1 000 mm sur des extraits de *L'Apocalypse de Jean* de Pierre Henry. Fait étonnant, l'ONF reçoit de nombreux prix pour cette œuvre. À cette époque, il ne faut pas oublier les nombreuses premières œuvres de cinéastes qui ont par la suite rejoint les rangs de l'industrie : notamment *L'initiation* (F. Bélanger*, 1967, c. m.), *Zeuzère de Zégouzie* (J.-G. Noël*, 1970, c. m.) et *Oasis* (A. Leduc*, 1973, c. m.).

Dans les années 80, de nombreuses œuvres viennent enrichir le cinéma expérimental québécois. Jeanine Manzi Comeau réalise *Métaforme* (1983, c. m.) à l'aide de l'ordinateur. Avec *Face à la caméra* (1984, c. m.), Michel Lamothe* fait une expérience intéressante de cinéma élargi, à la galerie Dazibao, par la mise en rapport des médias photographique et filmique. De son côté, Serge Denko réalise *Rythmes et mouvements* (1985, c. m.), en hommage à Jean Mitry, qui associe musique et formes concrètes. La vitalité du cinéma expérimental québécois dans les années 80 et 90 est également le fruit d'initiatives heureuses sur le plan de la diffusion et de la formation cinématographique. Ainsi la création du Festival international du film sur l'art en 1981 favorise l'apparition d'œuvres expérimentales : *Splash* (1981, c. m.) et *État 1* (1984, c. m.), réalisés par

Georges Léonard* et Claude Laflamme*, de même que *Bouches* (1984, c. m.) que réalisent Josette Trépanier et Michèle Mercure. En 1982, la création de la coopérative de production Mainfilm*, dont le but est de soutenir l'aide au cinéma indépendant, permet la réalisation de plusieurs courts métrages expérimentaux, notamment *La queue tigrée d'un chat comme un pendentif de pare-brise* (1983, c. m.) de Jean-Claude Bustros. L'enseignement du cinéma en milieu universitaire permet également à l'expérimentation de s'épanouir avec diversité, principalement à l'Université Concordia et, dans une moindre mesure, à l'Université de Montréal. Michel de Gagné*, Yves Lafontaine, Jean-Claude Bustros, François Miron et Dominic Gagnon réalisent certains de leurs films expérimentaux dans le cadre de leurs études universitaires. Miron réalise *4 x Horizontal 4 x Vertical* (1986, c. m.) et *Chirurgie optique* (1987, c. m.), deux films où les effets obtenus par tireuse optique sont prédominants. Yves Lafontaine s'intéresse aux représentations sexuelles gaies dans *Corpusculaire* (1989, c. m.) et *L'homme — hippocampe* (1992, c. m.), tandis que *J'entends le noir* (1990, c. m.) déstabilise le spectateur dans ses attentes relatives à l'image, au son et aux sous-titres.

Le rôle traditionnel de la bande-son est par ailleurs remis en question dans plusieurs films où l'expérimentation sonore est mise de l'avant. André Dudemaine réalise *Abijevis* (1988, c. m.) où la conjonction d'un texte métaphysique et d'une caméra subjective métamorphose un voyage nocturne sur une route neigeuse en poème sur la mémoire et l'existence. Marcel Jean explore, avec *Le rendez-vous perpétuel* (1989, c. m.), la force de l'énonciation verbale, évoquant la vie, la mort, le rêve et la mémoire par une mise en opposition de la présence d'une énonciatrice et de l'invraisemblance de l'énoncé. Dans *Beluga Crash Blues* (1997, c. m.) tourné en vidéo et transféré sur support 16 mm, Dominic Gagnon associe à des images tournées dans un parc de divertissement la musique austère d'Olivier Messiaen qu'il reprend en boucle, donnant ainsi à l'événement filmé un caractère funeste.

On retrouve dans la production expérimentale québécoise la plupart des « dimensions reconnues » : surréalisme et dadaïsme (*T-Bone steak chez les mangeuses d'hommes; Zeuzère de Zégouzie*; films de Joyce Borenstein et de Lois Siegel; *La toccata*, M. Cournoyer, 1977, c. m.), rythmes fondés sur l'association images/musique (*Amana; Rythmes et mouvements*; *Quick Shadows*, B. Wees, 1971, c. m.), films dans la veine « structurelle » (*Pierre Mercure*, C. Gagnon, 1970, c. m.; films de Vincent Grenier, Robert Rayher, Julian Samuel et François Miron), expériences de cinéma élargi (*Face à la caméra; Le son de l'espace*, Charles Gagnon, 1968, c. m.), films de performance (*Splash; État 1; Bouches)*, films de paroles et (ou) de photographies (l'œuvre de Veronika Soul; *Le jardin (du paradis) The Garden*, R. Bendahan, 1982, c. m.; *Old Orchard Beach, P.Q.*, M. Cournoyer, 1982, c. m.; *Face à la caméra*; *Abijevis*; *Le rendez-vous perpétuel*; *J'entends le noir*; *Objets perdus*, M. de Gagné et M. Gélinas, 1989, c. m.).

Dans les années 90, on trouve plusieurs documentaires investis d'une approche fortement expérimentale. *Reconstruction* (1995, c. m.) de Laurence Green, film autobiographique sur les souvenirs d'une famille dysfonctionnelle, et *Sky Bones* (1998, m. m.) de Marielle Nitoslawska, méditation poétique sur l'œuvre de l'artiste autochtone Domingo Cisneros, constituent deux grandes réussites de cette tendance.

La place du cinéma expérimental au Québec

est vraiment singulière. Il faut d'abord noter le fait qu'une bonne partie du cinéma expérimental s'effectue à l'ONF, par le biais de l'animation, et que les rapports qu'entretient cet organisme d'État avec les cinéastes indépendants sont constants. De plus, au moment où l'on parle d'underground en opposition avec le cinéma hollywoodien, au début des années 60 aux États-Unis, le développement de l'industrie n'est pas encore amorcé au Québec. Et ce cinéma naissant ne se veut pas commercial (il refuse de devenir un sous-produit des grandes firmes américaines) sans pour autant être expérimental ; c'est un cinéma d'art et essai, en quelque sorte. Ainsi, *À tout prendre* (C. Jutra*, 1963) présente de nombreuses caractéristiques des films expérimentaux. Et les œuvres de plusieurs auteurs (Jean Pierre Lefebvre*, Gilles Groulx*, Jean Chabot*, Jacques Leduc*, André Forcier*, Pierre Harel*, Léa Pool* et même Gilles Carle*) offrent une grande part d'expérimentation. En ce sens, on peut dire que la situation du Québec se compare à celle de la France, où une structure à l'intérieur de laquelle les maisons de production sont plus modestes qu'aux États-Unis a toujours laissé une chance à ceux qui considèrent le cinéma comme un art ou une création personnelle.

BIBLIOGRAPHIE : « Expérimentation dans le cinéma québécois », *Copie Zéro*, n° 37, Montréal, 1988 • NOGUEZ, Dominique, « Le voir et la voix : Le cinéma expérimental », *Les cinémas du Canada*, Paris, Centre Georges-Pompidou, 1992. (M. L. et L. G.)

**CINÉMA GAI.** Depuis le début des années 80, la présence d'un cinéma gai et lesbien autonome se fait de plus en plus évidente au

*Forbidden Love : The Unashamed Stories of Lesbian Lives* d'Aerlyn Weissman et Lynne Fernie. (coll. ACPQ)

Québec, un phénomène qu'expliquent trois facteurs. D'abord, une génération de jeunes cinéastes commencent, dans les années 80, à affirmer, clairement, leur identité sexuelle. De plus en plus ils traduisent dans leurs films un univers spécifiquement lesbien, gai, bisexuel, transsexuel ou travesti, de Jeanne Crépeau* (*L'usure*, 1986, c. m.) à Denis Langlois (*Ma vie*, 1992, c. m.). Leurs prédécesseurs sont toutefois généralement plus discrets. En 1963, six ans avant la décriminalisation de la sodomie, Claude Jutra* offre un film semi-autobiographique, *À tout prendre*, seule réalisation où il aborde de front l'homosexualité dans une œuvre malgré tout homoérotique — en biais et de façon intermittente certes, mais pas moins intensément. La production régionale comprend quant à elle l'œuvre, atypique, du trifluvien Michel Audy*, actif dès la fin des années 60, laquelle culmine avec *Luc et la part des choses* (1982). Quant au cinéaste d'animation Norman McLaren*, il signe un seul film ouvertement gai, *Narcissus* (1983, c. m.), qui constitue son testament. Dans les années 70, on compte quelques films importants comme *Il était une fois dans l'Est* (1973), sur un scénario de Michel Tremblay, et *Montreal Main* (F. Vitale, 1974). Quant au cinéma lesbien il s'affirme avec la sortie du premier film québécois lesbien, *Some American Feminists* (1977), produit dans le cadre, très officiel et bien protégé, du studio D de l'ONF. On note aussi des progrès significatifs du côté de la télévision et de la vidéo. Au petit écran, le personnage de Christian Lalancette, interprété par André Montmorency, dans la série *Chez Denise* (1978) pave la voie. En vidéo, GIV, regroupement féministe actif en production et en distribution, et Marc Paradis (*Le voyage de l'ogre*, 1981, c. m.) font, quant à eux, œuvres de pionniers.

À partir de là, les vannes sont ouvertes, donnant une production riche et diversifiée en français et en anglais qui revendique à la fois le droit à la différence et le droit à l'intégration. Les œuvres les plus en vue sont les longs métrages fiction, notamment les films de Léa Pool, *Anne Trister* (1986), *À corps perdu* (1988) et *Emporte-moi* (1998), les téléfilms *Le cœur découvert* (J.-Y. Laforce, 1986), sur un scénario de Michel Tremblay, et *Salut Victor!* (A. C. Poirier, 1988) d'après une œuvre de l'écrivain montréalais Edward Phillips, et *2 secondes* (M. Briand, 1998). La tendance à l'autobiographie est très nette parmi ces fictions qui sont le plus souvent des fables d'apprentissage et d'affirmation ou des mélodrames qui tournent autour de la création et la rupture d'un couple. Le cinéma emprunte régulièrement à la dramaturgie, à commencer par la théâtralité provocante du tandem Brassard-Tremblay en 1973. Ainsi on adapte pour le grand écran les pièces de Michel-Marc Bouchard (*Lilies*, J. Greyson, 1996; *Les muses orphelines*, R. Favreau*, 2000) et de René-Daniel Dubois (*Being at Home With Claude*, J. Beaudin*, 1992). Du côté féminin, deux documentaires hybrides empruntent eux aussi au théâtre, quoique à une moindre échelle: *Firewords: Louky Bersianik, Jovette Marchessault, Nicole Brossard* (D. Todd Hénaut*, 1986) et *Stolen Moments* (M. Wescott*, 1997).

La production documentaire et de courts métrages, film et vidéo, est moins portée aux détours dictés par les subventionneurs de longs métrages. Plusieurs documentaires font entendre des voix et des cultures du passé et du présent jusque-là dérobées, mettant l'accent sur les collectivités plus que sur les individus et explorant la tension persistante entre deux mouvements contraires, la marginalisation et l'assimilation : *Passiflora* (F. Bélanger et D. Gueissaz-Teufel, 1985), *Forbidden Love : The Unashamed Stories of Lesbian Lives* (A. Weissman et L. Fernie, 1992), *Quand l'amour est gai* (L. Gagliardi, 1994, m. m.). Du côté des courts métrages, on remarque *Sortie 234* (M. Langlois, 1988), *L'homme hippocampe* (Y. Lafontaine, 1992) et *Fat Chance* (A. Golden, 1994), trois films qui explorent la sexualité et le corps respectivement sur le mode narratif, expérimental et autobiographique.

Le deuxième facteur, essentiel, qui explique l'émergence d'un cinéma gai est la consolidation d'une infrastructure de festivals et de distribution dans le sillon des premiers festivals organisés par la communauté à Montréal en 1980 et 1982. À la tête d'un collectif, René Lavoie fonde, en 1987, Image et nation : festival international du cinéma et du vidéo lesbien et gai de Montréal qui deviendra un des plus importants événements du genre au monde malgré le boycott des organismes publics. La communauté peut également compter sur un réseau de critiques (Yves Lafontaine, André Roy, Matthew Hays, André Lavoie et Chantal Nadeau), de formation académique, de publications, de librairies et de clubs vidéo qui répondent à une demande insatiable en films et vidéos étrangers, incluant la pornographie.

Enfin, le cinéma gai et lesbien du Québec est branché sur les tendances au niveau international, notamment la politisation et la visibilité en hausse des minorités sexuelles à partir des années 70. Le cinéma gai constitue une vitrine de choix pour ce mouvement et une partie de son développement tient du simple réflexe de défense. De rares films et vidéos de réalisateurs hétérosexuels offrent des portraits honnêtes et consistants des minorités sexuelles, de *La bête lumineuse* (P. Perrault, 1982) au *Sexe des étoiles* (P. Baillargeon, 1993). Le cas probablement le plus célèbre est *Le déclin de l'empire américain* (D. Arcand, 1986), dont un des acteurs, Yves Jacques, deviendra, avec Montmorency, la seule vedette québécoise à affirmer ouvertement son homosexualité. Autrement, le cinéma gai doit répondre au flot continu de haine, de peur et de silence véhiculés par des films commerciaux de même que des films d'art et essai, de *Délivrez-nous du mal* (J.-C. Lord*, 1965) à *J'en suis* (C. Fournier*, 1997) en passant par *Un zoo la nuit* (J.-C. Lauzon*, 1987).

L'épidémie du sida, amorcée au début des années 80, avive le sentiment de crise au sein de la communauté, ce qui se transmet dans les films et plus particulièrement dans les documentaires et les productions expérimentales. *Récit d'A* (1990, c. m.) et *Le singe bleu* (1992, c. m.), une vidéo et un film de la regrettée Esther Valiquette, constituent des œuvres de réfé-

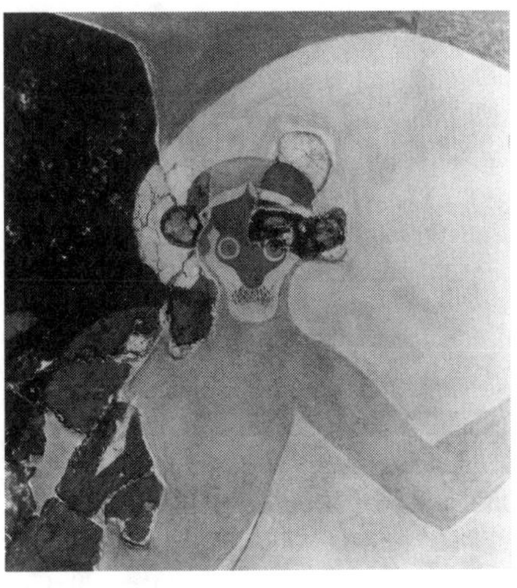

*Le singe bleu* d'Esther Valiquette. (coll. ACPQ)

rence au sein de ce courant, proposant une réflexion sur le corps, l'histoire et la mortalité. L'autre tendance observable dans les années 90 est la diversité culturelle croissante tant au sein de la communauté « queer » que de sa production audiovisuelle, ce qu'expriment de jeunes réalisateurs comme José Torrealba (*Limites*, 1994, m. m.), Joe Balass (*Nana, George and Me*, 1997, m. m.) et Colleen Ayoup (*Oral*, 1998, c. m.) qui ajoutent à la richesse culturelle une conscience politique de l'iconographie érotique.

Une génération après que le Parti québécois eut ajouté l'orientation sexuelle à la Charte des droits de la personne du Québec en 1977, la tension entre le discours militant de la minorité et l'appartenance à la majorité persiste, sur le plan institutionnel aussi bien que thématique. Quoique l'activisme soit moins développé dans la production québécoise que dans le monde anglo-saxon, l'exploration par les cinéastes québécois des rapports humains, de la culture gai et du désir suscite de l'admiration à travers le monde.

BIBLIOGRAPHIE : LAVOIE, André, *La représentation de l'homosexualité dans le cinéma québécois des années 1980*, Mémoire MA, Université de Montréal, 1992 • REMIGGI, Frank et Irène Demczuk, *Sortir de l'ombre. Trajectoires des communautés lesbienne et gaie montréalaises depuis les années 1950*, VLB, Montréal, 1998
(T. W.)

**CINÉMA RÉGIONAL.** Le premier film régional tourné serait celui de Léo-Ernest Ouimet, en 1908, sur l'incendie de Trois-Rivières. Toutefois, on peut dire que le premier grand courant de cinéma régional est redevable aux prêtres cinéastes qui, dans les années 20 et 30, vivaient en région. Bien que l'Église, dans un premier temps, voie le cinéma d'un fort mauvais œil, elle comprend rapidement que, face au déferlement des films américains et français, les catholiques se doivent de proposer un cinéma conforme à leur morale. C'est ainsi que plusieurs prêtres commencent à tourner : Maurice Proulx* dans le Bas-Saint-Laurent, Albert Tessier* en Mauricie, Louis-Roger Lafleur* en Abitibi, Jean-Philippe Cyr* dans le Témiscouata, Thomas-Louis Imbeault* et François-Joseph Fortin au Saguenay – Lac-Saint-Jean. Films de propagande et d'éducation, ancrés dans le quotidien pour rendre le spectateur plus perméable aux idées qu'ils véhiculent, les réalisations de cette période portent principalement sur la découverte du territoire, les événements religieux, le patrimoine culturel, les institutions québécoises et certaines expériences scientifiques.

Dans les années 40 et 50, quelques compagnies de production voient le jour dans les régions, comme Rimouski Production, fondée et dirigée par Louis-Paul Lavoie*. Elles vivent généralement de commandes provenant de compagnies privées ou du SCP. Les régions se retrouvent abondamment sur les écrans au début des années 60 grâce au travail de l'équipe française de l'ONF. C'est l'époque du direct, de la quête d'une identité, et les cinéastes se déplacent vers les pêcheurs, les cultivateurs, les ouvriers, découvrant tout un peuple dans sa vie quotidienne, avec sa langue et son authenticité. Plusieurs cinéastes de cette époque avoueront qu'en se déplaçant vers les régions, ils échappaient plus facilement aux contrôles administratifs.

Dans les années 70, les films régionaux sont réalisés par des cinéastes natifs ou habitant la région filmée. Dans le mouvement de contestation qui marque cette époque, plusieurs cinéastes régionaux, avides de changements, plus instruits que ceux de la génération précédente, capables d'articuler des revendications précises, voient dans le cinéma la possibilité de définir le Québec, alors en pleine affirmation nationale, par ses régions. À l'occasion de la première Semaine du cinéma régional, qui se tient à Rouyn-Noranda en 1977, les cinéastes régionaux se réunissent et proposent une définition du cinéma régional : c'est un cinéma produit dans une région donnée par les gens de cette région. C'est un cinéma qui participe d'une conscience régionale, laquelle procède d'un sentiment d'appartenance à la région. Des films d'Abitibi comme *L'hiver bleu* (A. Blanchard*, 1979) et *Comme des chiens en pacage* (R. Desjardins* et R. Monderie*, 1977, m. m.), de la Côte-Nord comme *2 pouces en haut de la carte* (D. LeSaunier* et J. Augustin*, 1972), du Bas-Saint-Laurent comme *Une forêt pour vivre* (collectif Armeuro, 1977, m. m.), de la région de Lévis comme *La nouvelle vendeuse* (M. Bolduc*, 1976, m. m.) et de la Mauricie comme ceux de Michel Audy*, marquent cette période. Après avoir profité de l'élan nationaliste, le cinéma régional est atteint par l'échec du référendum du 20 mai 1980, qui freine le mouvement de sympathie envers les régions et accentue le retour aux valeurs individuelles. Le désenchantement postréférendaire et la crise économique du début des années 80 ont pour effet d'endiguer le zèle, les énergies et les espoirs qui soutenaient le développement des cinémas régionaux.

Des années après l'activité cinématographique créée autour de Fernand Dansereau* (*Doux aveux*, 1982) et Yves Simoneau* (*Les yeux rouges ou les vérités accidentelles*, 1982), le travail de Robert Lepage* avec *Le confessionnal* (1995) et *Le polygraphe* (1996) donne du tonus à la production de films dans la région de Québec. En marge de la production montréalaise, sans qu'elle soit soumise aux mêmes contraintes qu'en région périphérique, la production à Québec est surtout constituée de manière constante par des courts métrages : *Bientôt novembre* (F. Leclerc, 1995, c. m.), *Last Days in Babylon* (J.-P. Allen, 1995, c. m.), *À cœur découvert* (D. Boivin, 1997, c. m.), *L'hypothèse rivale* (N. Bergeron, 1997, c. m.). De rares cinéastes vivant en région parviennent encore, envers et contre tous, à mener leurs projets artisanaux à terme : Ivan Chouinard (*À l'automne de la vie*, 1987) sur la Côte-Nord, André Dudemaine (*Abijévis*, 1988, c. m.) et Éric Morin (*Last Chance Cabaret*, 1995, m. m.) en Abitibi, Carl Brubacher (*À la quête de nerval*, 1991, m. m.) au Saguenay – Lac-Saint-Jean, Martin Leclerc et Thomas Schneider (*Souffle d'ailleurs*, 1998) en Mauricie. Toutefois, rien ne laisse présager un autre déferlement de films régionaux au Québec. D'autres cinéastes vont tourner en région. Gilles Carle* (*La postière*, 1992), Dagmar Gueissaz-Teufel* (*Les polissons*, 1987, m. m.), Robert Morin* (*Windigo*, 1994), pour ne nommer que ceux-là, y trouvent les lieux et les personnages appropriés pour y déployer leur imaginaire et montrer le pays où ils vivent.

Les causes de l'échec du développement des cinémas régionaux au Québec sont nombreuses, dont plusieurs sont directement imputables aux conceptions de la politique de développement des industries du cinéma au Canada et au Québec. En survolant les quatre-vingt-dix années d'existence du cinéma régional, on peut dire qu'il a été particulièrement vivant, toutes époques confondues, dans quatre régions : l'Abitibi, le Saguenay – Lac-Saint-Jean, le Bas-Saint-Laurent-Gaspésie et la

Mauricie. L'économie de ces régions repose sur une ou deux industries importantes, ce qui explique, en grande partie, que les habitants de ces régions arrivent plus facilement qu'ailleurs à exprimer leurs revendications. Le cinéma régional a été possible grâce au 16 mm. Il a utilisé davantage les voies du documentaire que celles de la fiction. Il a rarement bénéficié de budgets élevés. Voilà qui explique que les cinéastes régionaux se soient si souvent exprimés avec beaucoup de liberté.

BIBLIOGRAPHIE : BLANCHARD, André, *Le cinéma régional dans le cinéma québécois. L'exemple abitibien.* Thèse de doctorat déposée en Sorbonne, Paris, 1987. (A. B.)

**CINÉMATHÈQUE QUÉBÉCOISE.** En 1962, en plein éveil cinématographique au Québec, un groupe de cinéastes et de cinéphiles se réunit pour discuter de l'accès du public aux œuvres marquantes du cinéma et de l'établissement d'une collection de films au Québec. Ce groupe, présidé par Guy L. Coté*, fonde, en avril 1963, Connaissance du cinéma, une corporation privée sans but lucratif. Sa première manifestation est l'organisation d'une rétrospective Jean Renoir, sous la présidence d'Henri Langlois, directeur de la Cinémathèque française. La jeune cinémathèque est bientôt prise dans les querelles qui opposent Langlois à la Fédération internationale des archives du film (FIAF). Après quelques hésitations, elle choisit de demeurer membre de la FIAF.

En 1964, elle prend le nom de Cinémathèque canadienne. Coté oriente son travail autour de deux axes : conservation et diffusion. Il monte une collection de films et d'appareils, ainsi qu'une bibliothèque. La Cinémathèque projette ses films à la salle du Bureau de censure et publie quelques brochures qui accompagnent certains cycles. Elle est dirigée par des travailleurs bénévoles, les pouvoirs publics l'appuyant à peine, et elle doit avoir recours à différents projets spécifiques pour obtenir des subventions. C'est ainsi qu'elle monte, en 1967, dans le cadre de l'Exposition universelle, une rétrospective du cinéma canadien de même qu'une rétrospective du cinéma d'animation (dont Louise Beaudet sera l'enthousiaste conservatrice pratiquement jusqu'à son décès en 1997). Dès lors, la Cinémathèque dispose d'un local et de quelques employés permanents. Françoise Jaubert en devient la première directrice, et l'on commence à y présenter des événements consacrés aux cinémas national et étrangers. L'expansion se poursuit de façon continue, soutenue désormais par le Conseil des arts du Canada et le ministère des Affaires culturelles. Les collections s'enrichissent, particulièrement celles de cinéma canadien et de cinéma d'animation, qui orientent le développement de la Cinémathèque et lui valent une reconnaissance à l'étranger. Les projections, qui ont lieu à la Bibliothèque nationale, mettent le public en contact avec le cinéma mondial.

En 1971, pour bien marquer son territoire national, la Cinémathèque canadienne devient Cinémathèque québécoise. Cette même année, Robert Daudelin* succède à Jaubert. La Cinémathèque acquiert bientôt la bibliothèque constituée par Guy L. Coté et forme un centre de documentation cinématographique qui s'intègre à la Bibliothèque nationale. Elle déménage dans l'édifice où logent le Centre de documentation et le BSC ; elle ouvre une petite salle d'exposition. Elle consolide sa fonction de conservation par la construction d'entrepôts, à Boucherville, en 1975. L'année suivante, lorsque son existence est mise en péril par la Loi sur le cinéma qui crée un nouvel organisme, la « Cinémathèque nationale », le milieu du cinéma se porte à sa défense. Le gouvernement lui reconnaît, en 1978, un statut particulier et nomme trois membres à son conseil d'administration. Ses activités deviennent de plus en plus soutenues et présentes, avivant ainsi le besoin d'un édifice où seraient regroupés ses activités de projection, de documentation, d'exposition et les services administratifs. Le projet se concrétise en 1982. L'année suivante, la Loi sur le cinéma la reconnaît officiellement, ce qui lui permet notamment de consolider sa mission de conservation du patrimoine cinématographique québécois et de diffusion de la culture cinématographique sous toutes ses formes.

Elle connaît dès lors d'importants développements physiques et organisationnels. Elle modifie en 1988 son mode de fonctionnement pour adopter une direction bicéphale qui durera dix ans et mettre l'accent sur la communication de ses activités. Surtout elle veut se doter d'équipements lui permettant de mettre en valeur ses riches collections de cinéma et de télévision au sein d'un véritable musée de l'image en mouvement. C'est en 1997, à l'aube de ses trente-cinq ans, que la « nouvelle » cinémathèque aménage dans des locaux à la mesure de ses ambitions. On y retrouve une salle de cinéma (Claude-Jutra) et une de vidéo-télévision (Fernand-Seguin), deux salles d'exposition (Norman-McLaren, Raoul-Barré), une Médiathèque (Guy-L.-Coté) qui est la porte d'accès publique à la documentation et aux collections afférentes au film (photos, affiches, scénarios, archives, bandes sonores, etc.), une boutique et même un restaurant.

Devenue *de facto* cinémathèque nationale, la Cinémathèque consacre une part importante de ses activités à la conservation et à la présentation des œuvres du cinéma, de la télévision et de la vidéo du Québec, ainsi que des artefacts qui s'y rapportent, sans pour autant négliger le film étranger, d'ailleurs très présent dans ses collections et sa programmation. En 1999, ses collections comprennent quelque 30 000 films (dont 5 000 films d'animation), 27 000 affiches, 555 300 photographies, 12 000 scénarios, 300 mètres linéaires de documents d'archives et de dessins d'animation et plus de 1 900 appareils de précinéma, de cinéma et de télévision. La Médiathèque compte parmi les bibliothèques spécialisées les plus importantes au monde dans son domaine avec ses 40 000 monographies, ses 3 000 titres de périodiques et ses 125 000 dossiers de presse. Les salles de projection de la Cinémathèque accueillent plusieurs manifestations spéciales (Rendez-vous du cinéma québécois, festivals, etc.). Elle compte parmi ses membres près de cinq cents représentants de tous les secteurs de l'industrie du cinéma, de la télévision et des nouvelles images. Dans ses activités et son fonctionnement, la Cinémathèque témoigne éloquemment des changements qui ont marqué le paysage des cinémathèques du monde entier à la fin du XX$^{e}$ siècle.

BIBLIOGRAPHIE : VÉRONNEAU, Pierre et Francine ALLAIRE, *25 ans, Cinémathèque québécoise*, 1988. (P. V.)

**CIUPKA, Richard,** chef opérateur, réalisateur (Liège, Belgique, 1951). La première partie de la carrière de Ciupka est celle d'un chef opérateur très en demande qui travaille à des productions franco-canadiennes avec des metteurs en scène de renom comme Louis Malle

Richard Ciupka. (Véro Boncompagni)

(*Atlantic City*, 1980), Claude Chabrol (*The Blood of Others*, 1984) ou encore Alexandre Arcady (*Hold-up*, 1985). À partir du milieu des années 80, il bifurque vers la réalisation et se fait les dents dans le milieu de la publicité. Il réalise notamment quelques capsules de la série « Minutes du Patrimoine ». En 1992, il remplace Jacques Méthé sur le plateau de *Coyote*, son second long métrage après *Curtains* (1983), dont il assure également la scénarisation. Sa science du cadre ne garantit pas le succès de ce film pour adolescents misant beaucoup sur le côté sulfureux de Mitsou, vedette de la chanson très en vogue. On le retrouve alors à la télévision où il signe quelques épisodes de téléséries (*10-07*, *Emily of the New Moon*). C'est d'ailleurs à partir de *10-07* qu'il développe, avec la scénariste Johanne Arseneau, *Le dernier souffle* (1999), un polar sur fond d'extrême droite, de mafia russe, de FBI, de flics corrompus et d'adultère dans lequel se débat Luc Picard en policier à la recherche de la vérité. Rondement mené, le film ne cache pas sa volonté de séduire un public qui n'a d'yeux que pour le cinéma hollywoodien. (P. G.)

**CLOUTIER, Claude,** animateur, réalisateur (Montréal, 1957). Il obtient un certificat en arts d'impression avant de se faire connaître comme bédéiste, au début des années 80, dans le magazine *Croc*. Il signe alors les planches de *Dieu Ouellette*, de *La légende des Jean-Guy* et de *Gilles la jungle*. Aussi illustrateur, il fait ses débuts en animation en 1986, alors que s'amorce la production du *Colporteur* (1989, c. m.), pour lequel il s'inspire de son travail en bandes dessinées. Parallèlement à ce travail personnel, il signe quelques films publicitaires, collaborant notamment avec l'illustrateur Vittorio. Il anime des séquences des *Miroirs du temps* (J.-J. Leduc, 1990, c. m.) et de *Voir le monde* (F. Desbiens, 1992, c. m.) avant de réaliser un deuxième film, *Overdose* (1994, c. m.), qui dénonce le surmenage chez les enfants. Cloutier mène ensuite de front deux projets d'envergure. D'abord, il participe à l'élaboration de la série de très courts métrages « Une minute de science S. V. P. », animant le premier épisode et réalisant les quatre suivants en 1998. Ensuite, il réalise *Du big bang à mardi matin* (2000, c. m.), une fantaisie autour de l'évolution des espèces pour laquelle il utilise une technique de dessin évoquant l'aquatinte. Le travail de Cloutier se distingue par sa virtuosité graphique ainsi que par le goût prononcé du cinéaste pour l'humour absurde. (M. J.)

**CLOUTIER, Raymond,** acteur, scénariste (Sainte-Thérèse-de-Blainville, 1944). Il étudie au Conservatoire d'art dramatique d'où il sort, en 1968, avec un prix d'interprétation et une bourse pour se rendre étudier en Europe. Acteur, auteur et metteur en scène militant, il fonde, en 1969, une troupe de création collective, Le Grand Cirque ordinaire, qui marque le théâtre québécois. La même année, il obtient un petit rôle dans *Red* (G. Carle). Il sera, évidemment, l'une des figures importantes du documentaire de Roger Frappier sur le Grand Cirque ordinaire (*Le grand film ordinaire*, 1970), ainsi que de *Montréal blues* (P. Gélinas, 1972) d'après une création collective de la troupe. Très sollicité par les cinéastes québécois dans les années 70, il tourne dans une dizaine d'autres longs métrages. Dans *La tête de Normande Saint-Onge* (G. Carle, 1975), il tient le rôle de Bouliane, l'amant de Normande (Carole Laure). Sa solide stature et sa voix forte en font un interprète de choix pour les personnages autoritaires, virils, forts et, parfois, arrogants. C'est notamment le cas dans le téléfilm *Riel* (G. Bloomfield, 1979), où il tient le rôle-titre avec conviction, et dans *Cordélia* (J. Beaudin, 1979), où il est l'avocat Jos Fortier. Il compose, dans *Contrecœur* (J.-G. Noël, 1980), un intéressant personnage de chauffeur de camion, atteint de sclérose en plaques, qui se retrouve coincé entre deux femmes qui s'en vont régler des comptes avec leurs maris. Dans *Rien qu'un jeu* (B. Sauriol, 1983), il tient le difficile rôle d'un père incestueux, et dans *Le frère André* (J.-C. Labrecque, 1987), il est l'un des frères qui voudraient exiler le frère portier à Memramcook, au Nouveau-Brunswick. Il fait la preuve de l'étendue de son registre en tenant par la suite plusieurs rôles caricaturaux dans des comédies : *Matusalem* (R. Cantin, 1993), *Karmina* (G. Pelletier, 1996) et *La vengeance de la femme en noir* (R. Cantin, 1997). En 1987, Cloutier est nommé directeur du Conservatoire d'art dramatique, poste qu'il occupe jusqu'en 1995.

PRINCIPAUX AUTRES FILMS : *Les vautours* (J.-C. Labrecque, 1975), *Two Solitudes* (L. Chetwynd, 1978), *L'affaire Coffin* (J.-C. Labrecque, 1979), *La cuisine rouge* (P. Baillargeon et F. Collin, 1979), *La femme de l'hôtel* (L. Pool, 1984), *Les pots cassés* (F. Bouvier, 1993), *Liste noire* (J.-M. Vallée, 1995), *Karmina* (G. Pelletier, 1996), *La veuve de Saint-Pierre* (P. Leconte, 1999), *L'Île de sable* (J. Prégent, 1999). (M. J.)

**CODERRE, Laurent,** animateur, musicien, réalisateur (Ottawa, Ontario, 1931). Il fréquente l'Université d'Ottawa, le Ontario College of Arts, l'École des beaux-arts et l'Université de Montréal, où il étudie la médecine pendant deux ans pour devenir « artiste médical ». Il acquiert également une formation en musique. Après avoir exercé divers emplois reliés à sa formation, il entre à l'ONF en 1960 et est affecté, comme artiste, à la production de films éducatifs, jusqu'en 1969. La même année, il réalise *Métamorphoses* (t. c. m.), son premier film animé (médaille d'argent, Festival de Venise). Son deuxième film, *Les fleurs de macadam* (1969, t. c. m.), illustre la chanson du même titre de Jean-Pierre Ferland. Entre 1970 et 1971, il anime et dirige une série de films éducatifs. Avec des milliers de particules de linoléum, il réalise *Zikkaron* (1971, c. m.), qui lui vaut le Grand Prix de la Commission supérieure du cinéma français au Festival de Cannes. De 1973 à 1977, il dirige des ateliers sur le film animé et donne des conférences (Montréal, Toronto, Chicago, Cannes, Paris). Il compose et interprète la musique de plusieurs films, dont *Blake* (B. Mason, 1969, c. m.). Il collabore à divers films d'animation. En 1978, il réalise *Rencontre* (t. c. m.) et, en 1980, *Rusting World* (c. m.), deux films traitant de la condition humaine. Depuis sa retraite, en 1984, il se consacre entièrement au dessin et à la peinture. (L. B.)

**COLLETTE, André,** administrateur (Montréal, 1925). Il entre dans l'armée à dix-sept ans, dès la fin de ses études secondaires. À partir de 1946, il occupe divers postes de vendeur dans de petites entreprises, prend de l'expérience comme gestionnaire et exploite finalement son propre commerce. Il est recruté par Expo 67 et devient directeur des pavillons thématiques. L'année suivante, Harold Greenberg l'engage à Ciné-Lab, un petit laboratoire pour le 16 mm qu'il agrandit et équipe pour le 35 mm. Ciné-Lab disparaît en 1970, à la création de Bellevue Pathé qui offre un plus large éventail de services. Collette occupe le poste de directeur général dès 1971, puis celui de président. C'est sous sa gouverne que le laboratoire se développe pour fournir tous les services de postproduction, y compris le doublage, et qu'il investit dans la production. En 1984 et 1985, il occupe la présidence de la Cinémathèque québécoise. En 1986, l'Académie du cinéma canadien lui remet le prix Air Canada pour son exceptionnelle participation au développement de l'industrie. (Y. L.)

**COLLIN, Frédérique,** actrice, réalisatrice (Montréal, 1944). Autodidacte, elle débute au théâtre (notamment avec André Brassard), puis amorce une carrière cinématographique avec *Question de vie* (A. Théberge, 1970), où elle incarne une ouvrière brisée par la vie et menacée par la folie. Elle s'avère criante de vérité dans ce registre, et on lui propose ce type de rôles à plusieurs reprises au cours des années suivantes : *Françoise Durocher, waitress* (A. Brassard, 1972, c. m.) ; *Le temps d'une chasse* (F. Mankiewicz, 1972) ; *Il était une fois dans l'Est* (A. Brassard, 1973) et *Gina* (D. Arcand, 1975). Mais, polyvalente, Collin ne se laisse pas cantonner dans des rôles de prolétaires et se voit aussi confier des personnages d'intellectuelles dans des films comme *La conquête* (Jacques Gagné, 1972) et *Les allées de la terre* (A. Théberge, 1973). On la retrouve aussi particulièrement à l'aise dans le rôle d'une arriviste sans scrupules dans *Réjeanne Padovani* (D. Arcand, 1973), où elle passe de femme de petit secrétaire de ministre à maîtresse de riche entrepreneur. Après *L'absence* (B. Sauriol, 1976), elle connaît une éclipse et met dix ans avant de se voir confier un autre premier rôle au cinéma. Elle apparaît cependant dans bon nombre de films et en profite pour réaliser un premier long métrage, *La cuisine rouge* (coréal. P. Baillargeon, 1979), de manière totalement artisanale. Dans ce film, l'univers imaginaire des femmes prend les allures d'une cérémonie dionysiaque qui s'oppose au bar sombre où se cantonnent les hommes. L'esthétique et le propos sans concession de *La cuisine rouge* en font l'une des expériences majeures du cinéma féministe au Québec, en plus de rattacher le film au courant du cinéma expérimental. En 1987, Collin revient au devant de la scène en interprétant, avec un savant mélange de dureté et de fragilité, la prostituée qui recueille une adolescente en fugue dans *Marie s'en va-t-en ville* (M. Lepage). Avec ce film, c'est la neuvième fois qu'elle tient un rôle important dans le premier long métrage d'un cinéaste. Elle apparaît ensuite, remarquable et sauvage, dans *Nulle part*

Frédérique Collin et Geneviève Lenoir dans *Marie s'en va-t-en ville* de Marquise Lepage. (Jacques Leduc, *Le Devoir*)

*la mer* (M. Saäl, 1990, m. m.). Après avoir tourné *La cuisine rouge*, Collin travaille à plusieurs projets de mise en scène et réalise *Le voyage d'Inée* (1989, c. m.), film hybride d'inspiration autobiographique dans lequel elle tient le rôle principal.

AUTRES FILMS COMME ACTRICE : *À l'aise dans ma job* (M. Moreau, 1973, c. m.), *Noël et Juliette* (M. Bouchard, 1973), *Un procès criminel* (F. Mankiewicz, 1973, c. m.), *Une cause civile* (F. Mankiewicz, 1973, c. m.), *L'île jaune* (J. Cousineau, 1974), *L'amour blessé* (J. P. Lefebvre, 1975), *Les servantes du bon Dieu* (D. Létourneau, 1979), *Avoir 16 ans* (J. P. Lefebvre, 1980), *En plein cœur* (F. Dupuis, 1981, c. m.), *Lucien Brouillard* (B. Carrière, 1983), *L'hiver dernier* (C. Grenier, 1984, c. m.), *Celui qui voit les heures* (P. Goupil, 1985), *Caffè Italia Montréal* (P. Tana, 1985), *Le retour des Jacquemarts* (G. Léonard, 1987, c. m.), *Lamento pour un homme de lettres* (P. Jutras, 1988, c. m.), *Trois pommes à côté du sommeil* (J. Leduc, 1989), *Mémoire de lavoir* (Y. Lafontaine, 1989, c. m.), *Je te salue* (H. Brochu, 1998, c. m.). (M. J.)

**COMEAU, Richard,** monteur (Chicoutimi, 1960). Il obtient un baccalauréat en cinéma de l'Université Concordia en 1985 et l'année suivante, il complète un stage en montage vidéo à Radio-Québec. À titre de monteur et concepteur sonore, il collabore avec Carlos Ferrand (*Inventer*, 1985, m. m. ; *Fenêtre sur ça*, 1986,

c. m. ; *Cuervo*, 1990) ainsi que Richard Raxlen et Patrick Vallely (*Horse in Winter*, 1988). C'est en 1989 que s'amorce son travail de monteur image avec les cinéastes des Films de l'Autre. Plusieurs d'entre eux développent avec lui une véritable complicité artistique, en premier lieu Jeanne Crépeau avec *Le film de Justine* (1989, m. m.), *La tranchée* (1990, c. m.) et *Claire et l'obscurité* (1991, c. m.). Il travaille également avec Manon Briand qui fera appel à ses services à plusieurs reprises, d'abord pour *Les sauf-conduits* (1990, m. m.) puis *Picoti, Picota* (1994, c. m.), *2 secondes* (1998) et un téléfilm pour CBC, *Heart, the Marilyn Bell Story* (1999). Même chose avec Benoît Pilon qui, avec *Regards volés* (1994, c. m.), lui confie le montage de cinq épisodes de la télésérie *Réseaux 1* (1998) et tous les épisodes *Réseaux II* (1999). En plus de collaborer à de nombreux courts et moyens métrages documentaires et de fiction dont *Vivre 120 ans* (C. Ferrand, 1994, m. m.), *Aux voleurs!* (G. Côté, 1992, c. m.), *Pendant ce temps...* (G. Côté, 1998, c. m.) et *Le retraité* (Y. Bélanger, 1993, c. m.), Comeau s'impose du côté des longs métrages de fiction. Au milieu des années 90, il monte des films aussi différents que *Cosmos* (J. Alleyn, M. Briand, M.-J. Dallaire, A. Paragamian, A. Turpin et D. Villeneuve, 1996) où il fusionne une série de sketches qui devaient d'abord être présentés à la suite l'un de l'autre, *Le siège de l'âme* (O. Asselin, 1997), *La comtesse de Baton Rouge* (A. Forcier, 1997), *La vengeance de la femme en noir* (R. Cantin, 1997), *Matusalem II: le dernier des Beauchesne* (R. Cantin, 1997) et *C't'à ton tour, Laura Cadieux* (D. Filiatrault, 1998). On le retrouve également au générique de plusieurs productions anglophones dont *Arktikos: The Land Under the Great Bear* (R. Bartlett, 1990, m. m.), *The Making of the Return of Tommy Tricker* (I. Fishman, 1994, m. m.), *The Truth About Lying* (A. Goldstein, 1997) et *Home Team* (A. Goldstein, 1998). (A. L.).

**CONSEIL DES ARTS DU CANADA.** Le Conseil des arts du Canada est créé en 1957 à la suite des recommandations de la commission Massey (1950) sur la situation culturelle du Canada. Le but de cet organisme est « de favoriser et de promouvoir l'étude et la diffusion des arts ainsi que la production d'œuvres d'art ». Au cours de ses dix premières années d'existence, il vient en aide aux créateurs de quatre disciplines artistiques : la musique, la danse, le théâtre et les arts plastiques (y compris le cinéma). Il faut toutefois attendre 1969 pour qu'il institue une section cinéma et photographie. Depuis, différents programmes permettent aux individus et aux institutions d'obtenir un appui financier. Les bourses de travail libre, de perfectionnement, de courte durée et de voyage donnent l'occasion aux cinéastes de se consacrer à un projet cinématographique. En 1971 et en 1972, pour favoriser la réalisation de premières et de deuxièmes œuvres, le Conseil des arts finance, en collaboration avec l'ONF et la SDICC, un programme conçu pour les productions à petit budget. L'aide à la production est instaurée en 1973. Toutefois, avant cette date, le Conseil des arts du Canada soutient déjà quelques films à l'étape de la postproduction. Le programme d'aide à la production permet la réalisation d'œuvres de tout format et de tout genre, pour lesquelles les cinéastes trouvent difficilement un financement auprès d'institutions cinématographiques, favorisant ainsi le développement du cinéma indépendant, celui, notamment, de Pierre Harel, Richard Boutet, Pascal

Gélinas, François Bouvier, Jean Beaudry, Pierre Goupil, Michel Bouchard, Paul Tana, Olivier Asselin, Fernand Bélanger, Roger Cantin et Mireille Dansereau. Le Conseil des arts appuie aussi les démarches singulières de cinéastes établis comme Jean Pierre Lefebvre, Arthur Lamothe, Roger Frappier et Michel Moreau.

La section humanité et sciences sociales encourage les études cinématographiques en accordant des bourses à des étudiants de maîtrise et de doctorat. En 1976, l'aide à la recherche universitaire est prise en charge par le Conseil de recherches en sciences humaines du Canada (CRSH). Le Conseil des arts du Canada soutient aussi plusieurs activités institutionnelles : publication, conservation, recherche, distribution, organisation de manifestations culturelles (rétrospective, festival, congrès). C'est dans cette perspective que l'Institut canadien du film, la Cinémathèque québécoise, ainsi que plusieurs associations, coopératives et maisons de distribution de films indépendants, peuvent compter sur son appui.

Avec les années, l'aide accordée aux arts visuels prend de l'ampleur ; outre le cinéma et la photographie, la vidéo et les nouveaux médias bénéficient de subventions de l'organisme qui regroupe ses programmes dans un service des arts médiatiques. À la fin des années 90, le Conseil des arts du Canada accorde des subventions aux artistes, d'autres de voyage, de réalisation de premières œuvres, d'aide à la présentation, à la distribution et au développement, aux cinémathèques, aux festivals et aux organismes de production. (C. C. et M. C.)

**CONSEIL QUÉBÉCOIS POUR LA DIFFUSION DU CINÉMA (CQDC).** Organisme sans but lucratif, financé par le ministère des Affaires culturelles et administré par les professionnels du cinéma, le CQDC est créé en janvier 1969, à la demande des associations professionnelles réunies lors du premier Congrès du cinéma québécois. Ses activités multiples comprennent des lancements en salles commerciales, l'organisation de diverses manifestations (soirées-rencontres au cinéma Outremont, rétrospectives consacrées au cinéma québécois, tournées de diffusion en régions), la promotion des films québécois lors des manifestations cinématographiques et des festivals étrangers, ainsi que la publication de textes (répertoire de longs métrages, ciné-fiches, monographies) consacrés aux cinéastes et aux films d'ici. Le CQDC a largement contribué à faire connaître et apprécier le cinéma québécois par le public, tout en cherchant à développer le sens critique des cinéphiles. Des conflits de personnalités, des différences d'interprétation quant à son mandat, et la situation nouvelle découlant de l'adoption de la Loi sur le cinéma, en 1975, se sont conjugués pour entraîner sa disparition, en mai 1976. Robert Daudelin* (1969-1971) et Lucien Hamelin (1971-1976) en ont été les directeurs. (M. H.)

**COPRODUCTION.** Au sens large, une coproduction est un film produit par une ou plusieurs maisons de production. Les producteurs se partagent les aspects créatifs, artistiques et financiers du projet global. Selon un prorata convenu, ils se partagent également les recettes. L'un de ces producteurs, généralement celui dont la participation financière est la plus importante, agit à titre de décideur au cours de la production. Les accords de coproduction entre l'ONF et l'entreprise privée peuvent entrer dans cette catégorie. Cependant, lorsqu'on parle de coproduction, c'est surtout pour désigner un film produit par des producteurs de plus d'un pays. Exception faite des États-Unis, qui ne possèdent ni règlements ni traités concernant cet aspect de la production cinématographique, un traité doit être négocié pour que la coproduction soit possible entre deux pays. Il établit les principes de la production de longs métrages en association. Au Canada, les producteurs doivent investir au minimum de 20 % à 30 % du budget total; les coproductions sont admissibles à l'aide gouvernementale (quotas, primes, amortissement fiscal) accordée aux films officiellement reconnus comme nationaux. Les traités de coproduction permettent aussi de lever les tarifs douaniers et les lois de l'immigration. Les producteurs s'entendent pour partager les recettes proportionnellement à leurs investissements respectifs ou selon l'exploitation territoriale. Une commission mixte, formée de personnes du milieu cinématographique et du gouvernement de chacun des pays signataires de l'accord, veille à l'application du traité. Ce comité veille aussi à l'équilibre global des projets. Une certaine parité financière, créatrice et technique doit être observée. Chaque traité dure de deux à trois ans et est reconduit automatiquement, sauf s'il est dénoncé par l'une ou l'autre des parties ou si l'on y met fin d'un commun accord. Mal nécessaire pour les uns, fléau pour les autres, la coproduction a transformé de manière importante la nature, la structure, la facture, voire l'écriture du cinéma québécois. Pourtant cette pratique était pour ainsi dire inscrite dans « l'acte de naissance » du cinéma québécois. Dès les années 40, en effet, Québec Productions et Renaissance Films Distribution s'y sont adonnés avec plus ou moins de bonheur (*Docteur Louise*, R. Delacroix* et P. Vanderberghe, 1949 ; *Son copain*, J. Devaivre, 1950). Quelques années plus tard, une autre expérience de coproduction se réalise sous l'impulsion de Pierre Juneau*, alors directeur de l'équipe française de l'ONF, pour produire *La fleur de l'âge* (1965) avec l'Italie, la France et le Japon. Le sketch canadien (*Geneviève*) est réalisé par Michel Brault*. Ces tentatives éparses ouvrent la voie à l'établissement d'accords officiels.

Karine Vanasse dans *Emporte-moi* de Léa Pool. (Jan This)

La véritable histoire de la coproduction au Québec remonte au début des années 60. À l'initiative de Guy Roberge*, commissaire du gouvernement à la cinématographie, est signé en 1963 le premier accord officiel entre la France et le Canada. Ce geste entraîne la création d'un comité interministériel chargé d'étudier la production de films de long métrage au Canada. Cinq ans plus tard, la SDICC est créée par le Parlement canadien. Ce premier accord permet la réalisation d'un moyen métrage, *Sire le Roy n'a plus rien dit* (G. Rouquier, 1963) et de *Coup de grâce* (J. Cayrol, 1965), film entièrement tourné en France et dont les principaux artisans sont français. Les résultats au guichet ne sont guère plus brillants que la part faite à la participation créatrice des Canadiens. Dès sa mise sur pied, en 1968, la SDICC prend une part active dans les coproductions puisqu'elle est habilitée à y investir. Des traités sont signés avec Israël, l'Italie, l'Allemagne fédérale et la Grande-Bretagne. Cependant, ce n'est qu'en mars 1976 que le Secrétariat d'État du Canada confie à la SDICC la responsabilité entière de ce dossier. Dès ce moment, la coproduction connaît un essor. En 1980, un premier rapport réalisé pour le compte de l'organisme constate que les producteurs canadiens les plus actifs sont ceux qui ont fait leurs premières armes dans les premières coproductions. Dans la mise à jour de ce rapport, en 1983, on remarque qu'il est temps de corriger certains déséquilibres : la participation financière du Canada est alors bien supérieure à sa participation créatrice, surtout avec la France, son principal partenaire, association favorisée par la situation géographique du Québec, au carrefour de l'Europe et de l'Amérique. En effet, entre 1963 et 1982, sur un total de quarante-sept coproductions avec la France, le Canada n'est producteur principal que dans 39 % des projets, alors que sa participation financière est de 47 % et que seulement 24 % de ces films sont réalisés par des cinéastes canadiens. Un regard sur l'ensemble de la production permet de constater que dans les années 70 le cinéma québécois de fiction se développe à l'extérieur des accords de coproduction et n'en connaît pas moins un certain succès à l'étranger. *Les mâles* (G. Carle*, 1970), *La vraie nature de Bernadette* (G. Carle, 1972), *Les ordres* (M. Brault, 1974) et *Rabid* (D. Cronenberg*, 1976) en sont la preuve.

*Clandestins* de Denis Chouinard et Nicolas Wadimoff. (coll. RVCQ)

Au cours des années 80, on atteint la parité et l'équilibre souhaités. Toutefois, en visant un tel objectif, on déplace le lieu d'intervention du culturel vers l'économique, ce qui fait dire à certains que l'équilibre retrouvé aura plus contribué à assurer le plein emploi que la création authentique. Entre 1983 et 1986, le Canada atteint 51 % au chapitre du personnel de création dans les trente coproductions avec la France, tout en restant minoritaire à 39 % dans ces mêmes projets du point de vue de la nationalité et des sujets traités.

Le dilemme de la coproduction est le suivant : être compétitif pour faire face à la concurrence américaine — souvent en imitant les produits américains, comme dans la coproduction franco-canadienne *Louisiana* (P. de Broca, 1983), tournée en anglais — et renforcer une production nationale à faible marché, ou encore alimenter ce marché en produits francophones essentiels au maintien de l'espace linguistique de la francophonie, si cela peut justifier les accords de coproductions, en particulier avec la France.

Dans les années 90, les accords de coproduction prennent une importance grandissante. En 1998, 48 % de l'ensemble des coproductions canadiennes sont en partenariat avec la France, soit beaucoup moins que les 95 % de 1988. Pourtant, on n'observe pas une diminution des coproductions avec la France mais plutôt une augmentation significative du nombre de coproductions avec d'autres pays, à commencer par l'Angleterre et l'Allemagne. En 1998, le budget des longs métrages canadiens en coproduction est de 203 millions de dollars ; 28 % des coproductions sont alors des longs métrages. Au nombre des 20 longs métrages coproduits cette année-là par des Canadiens, on en compte six tournés en français.

À la fin des années 90, le Canada a signé 47 traités avec 55 pays, notamment l'Autriche, la Belgique, l'Algérie, l'Espagne, la Pologne, la Chine, le Chili, l'Argentine, le Maroc, Cuba, les Philippines, le Mexique et Hong Kong. Plusieurs producteurs, dont nombre de Québécois, montent des coproductions, tantôt majoritaires, tantôt minoritaires, avec un ou plusieurs partenaires étrangers, établissant ainsi des collaborations qui ajoutent à leur rayonnement. Ainsi, Jean-Roch Marcotte* coproduit *Clandestins* (D. Chouinard et N. Wadimoff, 1997) avec, notamment, le Suisse Werner Schweizer, Jeannine Gagné* *La position de l'escargot* (M. Saäl*, 1998) avec la Française Rosalinde Deville, Claude Léger* *Grey Owl* (R. Attenborough, 1999) avec le Britannique Jake Eberts, Denise Robert* *15 moments* (titre de travail, D. Arcand*, 2000) avec le Français Philippe Carcassonne, Niv Fichman *The Red Violin* (F. Girard*, 1998) avec l'Italienne Giannandrea Pecorelli et Lorraine Richard* *Emporte-moi* (L. Pool*, 1998) avec, notamment, le Suisse Alfi Sinniger. Toutefois, la coproduction, qui devait être le fer de lance d'une politique axée sur une meilleure pénétration du marché européen n'a, dans les faits, pas comblé de telles espérances et ce sont le plus souvent, du moins parmi les films en langue française, ceux que réalisent des Européens qui connaissent du succès à l'étranger. Quant aux films québécois sans coproducteur, si les succès sur la scène internationale sont peu nombreux (*La guerre des tuques*, A. Melançon*, 1984 ; *Le déclin de l'empire américain*, D. Arcand, 1986 ; *Liste noire*, J.-M. Vallée*, 1995), ils ne semblent pas pour autant déclassés.

BIBLIOGRAPHIE : CARRIÈRE, Louise, *Les relations cinématographiques France-Québec (1940-1992)*, Montréal, Centre de recherche Cinéma/réception, Université de Montréal, 1994. (A. P. et M. C.)

**CORNEAU, Alain**, ingénieur du son, producteur, réalisateur, scénariste (Jonquière, 1951). En 1970, il prend contact avec le cinéma dans le cadre d'un projet spécial de l'ONF au Saguenay – Lac-Saint-Jean. L'année suivante, à Jonquière, il participe à la fondation de Cinébec, une éphémère maison de production. Il est ensuite ingénieur du son pour de nombreux films, dont *Les dernières fiançailles* (J. P. Lefebvre, 1973), *Gina* (D. Arcand, 1975), *J. A. Martin photographe* (J. Beaudin, 1976) et *Au clair de la lune* (A. Forcier, 1982). En 1982, de retour au Saguenay, il fonde Les productions de la Chasse-galerie, avec Michel Lemieux, Carl Brubacher et Louise Bergeron. Comme réalisateur, il signe *La première chance* (1975, c. m.), reportage sur les techniciens de cinéma travaillant de manière artisanale. Il réalise aussi *La parole aux sculpteurs* (1980, c. m.), série de témoignages des participants au symposium de sculpture environnementale tenu à Chicoutimi, à l'été 1980. Il tourne ensuite *Ces chevaux venus du ciel* (1985, c. m.), documentaire poétique sur l'histoire des chevaux au Québec, puis travaille essentiellement pour la télévision, notamment en réalisant plusieurs épisodes de la série documentaire « Les pays du Québec ». (P. D.)

**CORRIVEAU, André,** monteur (Longueuil, 1946). Il participe à l'émission *Images en tête*, animée par Jean-Yves Bigras, avant d'étudier à l'IDHÉC de 1966 à 1968. De retour au Québec, il monte *À soir on fait peur au monde* (F. Brault et J. Dansereau, 1969), *Le retour de l'Immaculée Conception* (A. Forcier, 1971), *Le Martien de Noël* (B. Gosselin, 1970), en plus de toucher au métier d'assistant réalisateur. Collaborateur de Francis Mankiewicz (*Une amie d'enfance*, 1978 ; *Les bons débarras*, 1980 ; *Les beaux souvenirs*, 1981 ; *Les portes tournantes*, 1988), d'André Melançon (*Comme les six doigts de la main*, 1978 ; *La guerre des tuques*, 1984 ; *Bach et Bottine*, 1986 ; *Fierro… l'été des secrets*, 1989 ; *Rafales*, 1990, *Cher Olivier*, 1997, série), d'Anne Claire Poirier (*Mourir à tue-tête*, 1979 ; *La quarantaine*, 1982) et de Suzanne Guy (*C'est comme une peine d'amour*, 1984 ; *Les bleus au cœur*, 1987 ; *New York Doré*, 1990 ; *Du cœur à l'âme avec ou sans Dieu*, 1996), il est à l'aise dans tous les styles. Il passe avec facilité du *thriller* (*Pouvoir intime*, Y. Simoneau, 1986) au film pour enfants (six « Contes pour tous » produits par Rock Demers) et du documentaire (la série « Le son des Français d'Amérique », M. Brault et A. Gladu, 1974-1980, *La conquête du grand écran*, A. Gladu, 1996) à la production à gros budget (*Bonheur d'occasion*, C. Fournier, 1983). En 1987, son travail est mis en évidence dans la structure temporelle complexe du *Frère André* (J.-C. Labrecque) et la construction, attentive à l'interprète principal, de *The Kid Brother* (Claude Gagnon). On remarque aussi son travail dans *Being at Home with Claude* (J. Beaudin, 1993), où il monte avec le même doigté des séquences d'action au rythme frénétique et un huis clos à deux personnages. Il remporte un Gemini pour *À soir on fait peur au monde*, un Gémeau pour *Les bleus au cœur* et des Génie pour *Les bons débarras* et *La guerre des tuques*. (M. J.)

**CÔTÉ, Guy Jude,** monteur, producteur, réalisateur, scénariste (Sainte-Agathe-des-Monts, 1942). De 1965 à 1968, il est monteur et travaille à des téléséries telles *Le sel de la terre*, à de nombreux commerciaux, ainsi qu'à des films comme *Une ville à vivre* (D. Héroux, 1967, m. m.) et *Maryse pile ou face* (A. Danis, 1968, m. m.). Il passe ensuite à la scénarisation et à la réalisation de documentaires techniques, didactiques et de relations publiques. Il tourne souvent pour le gouvernement du Québec : *Québec nucléaire* (1968, c. m.), *Nouveau départ* (1970, m. m.), *Par monts et par eau* (1972, c. m.). Pendant neuf ans, à partir de 1973, Côté dirige sa propre compagnie : Les productions Tournesol. Il est surtout connu pour ses représentations du Québec touristique.

PRINCIPAUX FILMS : *La mer mi-sel* (1974, c. m.), *Vivre en amour* (1978, c. m.), *Vive le Québec* (1979, c. m.), *Ça prend du vouloir* (1980, m. m.), *Sculpture environnementale* (1981, m. m.). (M. L.-L.)

**COTÉ, Guy L.**, réalisateur, monteur, producteur, scénariste (Ottawa, Ontario, 1925 – Outremont, 1994). Boursier Rhodes, il entreprend des études scientifiques à l'Université d'Oxford, en Angleterre, où il prend goût au cinéma en participant au ciné-club de l'institution et en tournant des films d'amateur. À son retour au Canada, en 1952, il entre à l'ONF où il travaille comme monteur, réalisateur et producteur. Il s'engage par ailleurs, dans plusieurs domaines de l'activité cinématographique québécoise. Président-fondateur de Connaissance du cinéma (1963), qui deviendra la Cinémathèque québécoise* en 1972, il prolonge ainsi son travail à la Fédération canadienne des ciné-clubs et au Festival international du film de Montréal, où il est programmateur. Il est aussi actif dans l'APC et aux Archives canadiennes du film (division de l'Institut canadien du film), tout en contribuant à diverses publications. Comme réalisateur, Coté opte pour le documentaire, où il fait montre d'une honnêteté scrupuleuse dans l'approche et d'une belle sûreté technique dans le traitement. Il se fait d'abord remarquer par une trilogie de courts métrages sur les métiers (*Railroaders*, 1958; *Fishermen*, 1959; *Roughnecks*, 1960), où la précision de la description n'exclut pas un certain lyrisme. On retient aussi *Cattle Ranch* (1961, c. m.), vision mi-réaliste, mi-poétique de la vie et du travail sur un ranch en Alberta. Au cours des années 60, après l'exploitation de données scientifiques dans *Cité savante* (1962, c. m.) et une enquête sur l'ésotérisme dans *Regards sur l'occultisme* (1965), il contribue, en tant que producteur, à l'éveil d'un nouveau cinéma québécois avec des films comme *Le règne du jour*, *Les voitures d'eau* et *Un pays sans bon sens* (P. Perrault, 1966, 1968 et 1970), *Chantal en vrac* (J. Leduc, 1967, m. m.), *Nominingue... depuis qu'il existe* (J. Leduc, 1967), *Où êtes-vous donc?* (G. Groulx, 1968) et *De mère en fille* (A. C. Poirier, 1967). À son retour à la réalisation, au début des années 70, il choisit d'aborder des questions métaphysiques et religieuses avec des films comme *Tranquillement pas vite* (1972), qui pose un regard sur la transformation du catholicisme au Québec, et *Les deux côtés de la médaille* (1974), qui s'intéresse au travail de missionnaires au Pérou. Il se tourne ensuite vers le troisième âge pour réaliser un ensemble de films discutant des problèmes de la vieillesse, et pour lesquels il adopte une attitude observatrice où l'objectivité se tempère de sympathie: *Monsieur Journault* (1976), *Rose et Monsieur Charbonneau* (1976), *Les vieux amis* (1976, m. m.), *Blanche et Claire* (1976, c. m.). En 1979, il réalise, pour le programme alimentaire mondial de l'ONU, trois courts métrages sur la coopération internationale: *Azzel*, *Dominga* et *Marastoon — «La maison d'accueil»*. Au cours de ses dernières années à l'ONF, il se consacre à sa tâche de producteur. La Médiathèque de la Cinémathèque québécoise porte son nom.

AUTRES FILMS COMME RÉALISATEUR: *Sestrières* (1949, c. m.), *Between Two Worlds* (1951, c. m.), *Winter in Canada* (1953, c. m.), *Grain Handling in Canada* (1954, c. m.), *Industrial Canada* (1957, c. m.), *Kindergarten* (1962, c. m.). (R.-C. B.)

**CÔTÉ, Michel**, acteur, scénariste (Alma, 1950). Diplômé de l'École nationale de théâtre en 1973, il est cofondateur du théâtre des Voyagements, à l'origine de la comédie-culte *Broue*, dont il donne plus de deux mille représentations depuis 1979. Il tâte d'abord du cinéma avec *Vie d'ange* (P. Harel, 1979). Mais c'est dans *Au clair de la lune* (A. Forcier, 1982), une fable poético-fantastique sur l'amitié, construite à partir de ses improvisations avec Guy L'Écuyer, qu'il révèle, étrange albinos, la nature souple et intelligente de son talent pour la composition. Des années plus tard, dans *Le vent du Wyoming* (1994), Forcier le transforme de nouveau, cette fois en vieil entraîneur de boxe au nez épaté qui recourt à l'hypnose pour faire l'amour à sa femme. Côté passe au réalisme dramatique où, malgré la minceur de certains scénarios (*La fuite*, R. Cornellier, 1985, m. m. ; *Exit*, R. Ménard, 1986), il se distingue par une remarquable aptitude à exprimer l'ambiguïté des sentiments (*Transit*, Richard Roy, 1986, c. m.). Quatre ans plus tard, Roy lui donne à nouveau un rôle d'homme en déroute prêt à refaire sa vie dans *Moody Beach*. Curieusement, l'extraordinaire humanité qui fait la richesse de son jeu dans *T'es belle, Jeanne* (R. Ménard, 1988) et *Dans le ventre du dragon* (Y. Simoneau, 1989) semble avoir été laissée au vestiaire au moment de tourner *Cruising Bar* (R. Ménard, 1989), suite de numéros comiques qui font rire sans émouvoir. Ce film, où Côté, toujours doué pour la composition, tient les quatre principaux rôles, en plus d'en être coscénariste, obtient un phénoménal succès au box-office. Barbu et vieilli, l'acteur est méconnaissable en quêteux dans *La fille du maquignon* (Mazouz, 1990). Comme dans la série *Omertà, la loi du silence* où il représente la justice, son physique et ses allures de dur le prédisposent de plus en plus à des rôles de figure d'autorité, juge en apparence sans reproches dans *Liste noire* (J.-M. Vallée, 1995) puis policier tourmenté par la mort de sa femme qui se compromet dans son enquête sur une voleuse de cartes de crédit (Macha Grenon) dans *Erreur sur la personne* (G. Noël, 1995). Il tient le premier rôle dans la comédie *La vie après l'amour* (G. Pelletier, 2000). (M.-C. A. et M. C.)

Michel Côté dans *Erreur sur la personne* de Gilles Noël. (coll. RVCQ)

**COUËLLE, Marcia,** productrice (Philadelphie, États-Unis, 1943). Elle immigre au Québec en 1968 et s'intègre au milieu du cinéma par le biais de la distribution et de la production. Elle est d'abord assistante à la direction chez Cinépix. Puis, elle occupe successivement les postes d'agent d'information et d'assistante à la direction de l'« opération Cannes », qui coordonne la participation canadienne à ce festival, et celui de directrice du Palmarès du film canadien (1973). En 1974, elle se joint aux productions Prisma, maison fondée par André A. Bélanger, Guy Dufaux et Claude

Godbout. Associés, Godbout et Couëlle conjuguent leurs efforts pour transformer l'image du producteur et faire du bailleur de fonds un agent créateur au même titre que le scénariste et le réalisateur, un intervenant qui soit intégré à l'équipe et présent sur le plateau de tournage. C'est d'ailleurs à cette période que correspond l'affirmation du rôle du producteur dans l'industrie cinématographique québécoise. En tant que productrice, Couëlle n'impose pas ses préoccupations personnelles — comme la réforme du système pénitentiaire pour laquelle elle milite — mais canalise toute son énergie vers la création du film, les intérêts de l'entreprise qu'elle gère avec son associé et ceux du milieu cinématographique. Elle est active à la Cinémathèque québécoise (présidente en 1983 et 1984), à l'APFVQ et au FFM. S'intéressant au cinéma d'auteur, elle produit des documentaires comme *Les servantes du bon Dieu* (D. Létourneau, 1979), *Le plus beau jour de ma vie...* (D. Létourneau, 1981), *Corridors* (Guy Dufaux et R. Favreau, 1980), *Pris au piège* (Guy Dufaux et R. Favreau, 1980) et *On n'est pas des anges* (Suzanne Guy et G. Simoneau, 1981), mais aussi *Thetford au milieu de notre vie* (I. Cadrin-Rossignol et F. Dansereau, 1978) et *Les bons débarras* (F. Mankiewicz, 1980). Prisma produit également des documentaires, des films de prestige, des commandites et des séries pour la télévision. En 1986, Couëlle quitte la compagnie et s'éloigne de la production pour travailler comme traductrice et comme consultante, notamment en cinéma. (L. N.)

**COURNOYER, Michèle,** décoratrice, directrice artistique, réalisatrice, scénariste (Saint-Joseph-de-Sorel, 1943). Diplômée des écoles des beaux-arts de Québec et de Montréal, elle mène de front des activités reliées aux arts visuels (participation à de nombreux ateliers et expositions) et au milieu du cinéma. Elle touche à plusieurs métiers de la production : costumière, décoratrice, scénariste, directrice artistique (*La vie rêvée* et *L'arrache-cœur*, M. Dansereau, 1972 et 1979 ; *La mort d'un bûcheron*, G. Carle, 1973). Elle réalise aussi, de façon indépendante, plusieurs films : *L'homme et l'enfant* (1970, t. c. m.), *Alfredo* (1972, t. c. m.), *Spaghettata* (coréal. J. Drouin, 1976, t. c. m.), *Toccata* (1977, c. m.) et *Old Orchard Beach, P.Q.* (1982, c. m.). Avec *Toccata* et *Old Orchard Beach, P.Q.*, on reconnaît son talent de cinéaste expérimentale. Alliant photographie, peinture et collage, utilisant généralement les techniques de l'animation sans exclure toutefois l'enregistrement en continuité avec des acteurs, son œuvre présente un caractère hybride fort original, plein d'humour et de charge. Après *Old Orchard Beach P.Q.*, elle s'oriente davantage vers l'animation, utilisant la technique de la rotoscopie dans *Dolorosa* (1988, t. c. m.), évocation du vieillissement d'une femme, qui fait appel aux danseurs de la troupe La La La Human Steps. Elle gagne en 1989 le 9e Concours « Cinéaste recherché(e) », ce qui lui permet de signer *La basse-cour/A Feather Tale* (1991, c. m.) au Studio d'animation du Programme français de l'ONF, jeu cruel où la cour d'amour se révèle finalement une basse-cour. Elle réalise ensuite, toujours à l'ONF, en collaboration avec l'Agence canadienne de développement international et en utilisant la rotoscopie, *Une artiste* (1994, c. m.), portrait d'une fillette passionnée par la musique. Inspiré par l'article 29 de la Convention des Nations unies relative aux droits de l'enfant, ce film, primé à Chicago et à Medford, illustre le droit de l'enfant à développer pleinement ses dons et ses aptitudes. Elle réalise ensuite *Le chapeau* (2000, c. m.), troublante exploration du thème de l'inceste pour laquelle elle délaisse la rotoscopie à la faveur d'un dessin cru et pur, à la peinture noire sur papier. (M. L.)

**COUSINEAU, Jean,** musicien (Montréal, 1937). Il étudie le violon à Paris et à Montréal, où il enseigne cet instrument à partir de 1962. C'est à cette époque qu'il compose la musique de *Pour la suite du monde* (P. Perrault et M. Brault, 1963), qui emprunte aux rythmes du folklore québécois. Il enchaîne en signant la partition d'*À tout prendre* (C. Jutra, 1963) avec Maurice Blackburn et Serge Garant. En 1965, il séjourne à Tokyo, fonde l'École des petits violons et compose la musique de *Caïn* (P. Patry). Il remporte des Canadian Film Awards pour la musique de deux films de Claude Jutra : *Mon oncle Antoine* (1971) et *Dreamspeaker* (1977). En 1974, il fonde l'ensemble Les petits violons. Dès lors il travaille assez peu pour le cinéma.

AUTRES FILMS : *Taureau* (C. Perron, 1973), *Les beaux souvenirs* (F. Mankiewicz, 1981). (M. J.)

Jean Cousineau. (Véro Boncompagni, coll. ACPQ)

**COUTU, Jean,** acteur (Montréal, 1925 – Greenfield Park, 1999). Il fait des études aux Beaux-arts puis monte sur les planches et interprète différents rôles dans plusieurs pièces classiques. On le voit notamment aux Compagnons de Saint-Laurent, troupe dirigée par le père Émile Legault. Puis, ce sera la télévision où il est de la distribution de séries populaires, du *Survenant*, dont il tient le rôle-titre, jusqu'à *L'or du temps*. Artiste polyvalent, il est également metteur en scène de théâtre et animateur d'un magazine d'information. Ses rôles au cinéma sont d'abord assez dispersés : *Le rossignol et les cloches* (R. Delacroix, 1951), *Nikki, Wild Dog of the North* (J. Couffer et D. Haldane, 1961). Au début des années 70, Coutu tient la vedette masculine de deux films érotiques : *Pile ou face* (R. Fournier, 1971) et *7 fois... par jour* (D. Héroux, 1971). Il tourne à nouveau sous la direction de Denis Héroux dans *Quelques arpents de neige* (1972). Il joue aussi dans *L'apparition* (R. Cardinal, 1971) et dans les versions française et anglaise d'un film d'Anton Van de Water, *La maîtresse* (1973) et *And I Love You Dearly* (1973). Jean-Claude Lord lui donne des rôles de bourgeois antipathique dans *Les colombes* (1972), puis dans *Panique* (1977) où il est le directeur d'une usine polluante. Dix ans plus tard, il revêt la soutane pour interpréter le rôle du supérieur de la congrégation dans *Le frère André* (J.-C. Labrecque), film où sont judicieusement utilisées sa voix grave et sa stature. Sa fille, Angèle, est également actrice (*Les fous de Bassan*, Y. Simoneau, 1986; *Le sourd dans la ville*, M. Dansereau, 1987). (M. C. et G. K.)

**COWAN, Paul,** réalisateur, producteur, scénariste, chef opérateur, monteur (Montréal, 1947). Après avoir complété en 1971 une maîtrise à la Film and Broadcasting School de l'Université Stanford en Californie, Cowan travaille pour le réseau américain ABC à titre de cameraman pour l'émission « Wide World of Sports ». Il entre à l'ONF en 1973 et réalise de 1975 à 1979 quatre documentaires mettant en lumière différents aspects du sport amateur au Canada : *Descent* (coréal. G. Walker, 1975, c. m.), *Coaches* (1975, m. m.), *I'll Go Again* (1977, m. m.), ainsi que le film officiel des XIes Jeux du Commonwealth, *Going the Distance* (1979). Plutôt que de ne mettre en valeur que l'excellence de la performance, Cowan pose dans ces quatre films un regard empathique sur des athlètes soumis à un entraînement quasi-surhumain.

C'est en 1982 que Paul Cowan fait le plus parler de lui, avec la sortie controversée du docudrame *The Kid Who Couldn't Miss*, film qui met en doute les exploits du pilote canadien Billy Bishop, à qui l'on décerne la Croix Victoria. Ce film adopte une construction complexe qui amalgame avec grâce images d'archives, témoignages de vétérans de guerre et extraits de la pièce *Billy Bishop Goes to War* du dramaturge John Gray. Cowan, également monteur du film, organise ce matériel hétérogène en une suite de séquences tantôt lyriques, tantôt ironiques. Certains vétérans de guerre et sénateurs canadiens accusent le cinéaste d'avoir terni à jamais l'image d'un héros national.

Cowan réalise par la suite deux documentaires pour la série « War », *Anybody's Son Will Do* (1985, m. m.) et *The Deadly Game of Nations* (1985, m. m.). Présentant un point de vue critique sur la guerre, le premier film traite de l'entraînement des Marines américains et du processus de dépersonnalisation auxquels ils sont soumis, alors que le second examine les effets dévastateurs du conflit israélo-arabe. Cowan tourne également un docudrame, *Democracy on Trial: The Morgentaler Affair* (1985, m. m.), qui relate la lutte du Dr Henry Morgentaler pour la légalisation de l'avortement. Le film reconstitue avec minutie les actions policières menées contre la clinique médicale ainsi que les procès intentés contre le docteur, et dénonce avec vigueur les inaptitudes et contradictions de la justice provinciale et nationale en matière d'avortement. Le système judiciaire semble d'ailleurs être une cible privilégiée par le cinéaste comme en témoigne le docudrame *See No Evil* (1988, m. m.) et *Justice Denied* (1989), son premier long métrage de fiction. Ce film, basé sur une histoire véridique, dramatise les événements entourant la condamnation de Donald Marshall Jr., un Amérindien micmac de la Nouvelle-Écosse emprisonné à tort pour meurtre et finalement disculpé onze ans plus tard.

Cowan revient à la formule du docudrame pour *Double or Nothing: The Rise and Fall of Robert Campeau* (1992), qui relate l'ascension puis la chute du célèbre magnat des affaires, interprété avec conviction par Marcel Sabourin. Puis il installe sa caméra à l'intérieur des murs du Montreal's Rosemount High School et tourne *Lessons* (1995), qui documente une année dans la vie d'un groupe d'élèves de 7e année et leurs professeurs. Beaucoup plus proche du cinéma direct, le cinéaste adopte un style semblable à celui de l'Américain Frederick Wiseman et son célèbre *High School* (1968), laissant toute la place aux intervenants devant la caméra. En 1999, il prépare un documentaire portant sur le marché du sexe et la censure.

AUTRES FILMS COMME RÉALISATEUR : *Coming Back Alive* (1980, c. m.), *Stages* (1980, m. m.), *Where the Buoys Are* (1981, c. m.), *At the Wheel : Under the Influence* (1986), *At the Wheel : After the Crash* (1986), *No Accident* (1986, c. m.), *Référendum — Prise deux/Take 2* (collectif, 1996). (L. G.)

**CRAIG, Louis,** coordonnateur d'effets spéciaux, réalisateur (Montréal, 1951). Après des études en cinéma à Loyola, il entre à l'ONF au département média/recherches. En 1974, il opte pour le travail sur les plateaux de tournage. Travaillant surtout aux accessoires et aux décors, il participe à plusieurs films québécois et étrangers. C'est en côtoyant les équipes américaines venues tourner à Montréal qu'il se découvre une passion pour les effets spéciaux. Très vite, il s'y consacre entièrement et, formé par les Américains, il s'impose comme un spécialiste. En 1986, il ouvre son propre atelier, Les productions de l'Intrigue. On lui doit notamment les effets remarquables du *Jeune magicien* (W. Dziki, 1986) et de *The Great Land of Small* (V. Jasny, 1987), de la série « Contes pour tous ». Il travaille, entre autres films, à *The Fly* (D. Cronenberg, 1986), dont le récit exige des effets spéciaux spectaculaires, et à de nombreuses productions américaines et québécoises. *Au clair de la lune* (A. Forcier, 1982), *Simon-les-nuages* (R. Cantin, 1990), *If Looks Could Kill* (W. Dear, 1991), *Scanners III* (C. Duguay, 1991), *Highlander III* (A. Morahan, 1995), *Johnny Mnemonic* (R. Longo, 1995) et *Karmina* (G. Pelletier, 1996) ne sont que quelques titres parmi la longue liste de ses contributions. Il s'intéresse aussi à la réalisation. En 1985, il tourne un film de montagne, *Annapurna* (m. m.). Ce documentaire lui vaut le Prix du Président de la république à Rennes et le Premier Prix du Festival du film d'aventures de Whistler en Colombie-Britannique. (D. B.)

**CRÉPEAU, Jeanne,** réalisatrice, scénariste, productrice (Montréal, 1961). Formée en histoire, en anthropologie et en communications (elle vient au cinéma par la vidéo), Crépeau profite en 1985 d'un programme de formation de l'ONF. Elle poursuit sa formation comme stagiaire dans plusieurs longs métrages québécois et étrangers, et, à Toronto, au Centre canadien des hautes études cinématographiques. Son premier film, *L'usure* (coréal.

Jeanne Crépeau. (Pierre Lavigne, coll. ACPQ)

S. Fortin, 1986, c. m.), établit d'emblée son goût pour la fiction, sa recherche d'une écriture cinématographique personnelle et certains de ses thèmes. Il la fait aussi reconnaître comme jeune cinéaste prometteuse, ce que confirme son film suivant, *Le film de Justine* (1989, m. m.), qui obtient plusieurs prix. Crépeau aborde cette histoire d'une femme en peine d'amour avec un ton humoristique et un plaisir de filmer qui lui sont très particuliers et qu'on retrouvera par la suite, en même temps qu'elle travaille la matérialité de l'image d'une façon qui la rapproche du cinéma expérimental. Alors que pour ce film, elle bénéficie de beaucoup de liberté, tout comme elle en a en vidéo, son film suivant, *La tranchée* (1991, c. m.), dans la série « Fictions 16/26 », l'amène à travailler dans le cadre plus rigide de l'ONF. Pour défendre son indépendance, elle participe à la fondation des Films de l'autre. Elle y réalise *Claire et l'obscurité* (1992, c. m.), adaptation d'un spectacle chorégraphique inspiré d'un fait réel : l'assassinat d'une danseuse, ce qui lui donne l'occasion de parler, sans dialogues et de façon épurée, percutante et métaphorique, de la violence masculine contre les femmes. Elle scénarise dès cette époque son premier long métrage, *Revoir Julie* (1998). Jusqu'à présent, elle avait défendu la grande liberté du film artisanal (et le fait que la vidéo constitue un moyen d'expression tout aussi légitime que le film). Elle vise la même chose en long métrage. Cette histoire de deux filles qui se retrouvent à la campagne après une longue absence et se redécouvrent, séduit par son humour, son sens de l'intime, la performance des comédiennes et la beauté des images. Le film consolide les thèmes jusqu'alors exploités par Crépeau : l'amour, la solitude, le lesbianisme. Elle termine en 2000 à l'ONF un court métrage d'animation, *La solitude de monsieur Turgeon*. Entre l'expérimentation et la simplicité, Crépeau pratique un cinéma imaginatif, drôle et gourmand, pour tout dire personnel et joyeux, assez loin des exigences de la télévision.

AUTRES FILMS : *À suivre* (1985, c. m.), *Gerçure* (1988, c. m. vidéo), *Close Relations* (1989, c. m.), *Déconfiture* (1990, installation vidéo), *Bridge* (1994, c. m. installation vidéo), *Un film de cinéastes* (collectif, 1994). (P. V.)

**CRÊTE, J.-Alphida,** réalisateur (Saint-Séverin de Proulxville, 1890 – Grand-Mère, 1964). Garde-feu, trappeur, horloger-bijoutier, optométriste, député libéral à Québec puis à Ottawa (1931-1945), Crête est quasiment l'initiateur de l'activité cinématographique en Mauricie. Avec Ernest Denoncourt, il est le mentor d'Albert Tessier qui fait la synthèse des préoccupations de ses deux amis. On aperçoit d'ailleurs Crête dans quelques films de Tessier. À partir de 1909, il photographie la nature mauricienne de même que les habitants de la région, notamment les Amérindiens. Il voit bientôt le cinéma comme le prolongement de cette activité. Désireux de réaliser des films qui remplaceraient le cinéma américain, omniprésent sur les écrans du Québec, il tourne le premier documentaire québécois d'envergure, *Chasses et pêches canadiennes*, en 1918. Il ne reste plus de trace de ce film dont la seule copie (au nitrate) a été détruite lors d'une projection. Par la suite, Crête entretient de vastes projets dont on ne peut toutefois vérifier la matérialisation. Documentariste séduit par l'authenticité, ses images ont nourri l'imaginaire collectif de sa région. En 1977, Marie Décary lui consacre un diaporama, *La chasse aux portraits*. (P. V.)

**CROLL, George,** mixeur (Londres, Angleterre, 1906 – Montréal, 1983). Pendant la guerre, il est affecté à la défense de Londres à titre d'artilleur sur une batterie lourde. Il entre ensuite aux studios Pinewood pour y faire du mixage sonore. Toujours à Londres, il est engagé par l'ONF. Il arrive au pays en 1950. Il mixte de nombreux films, dont la série « Canada at War » (1962) et la plupart des films de Norman McLaren. Il prend sa retraite en 1974. Son fils, Adrian Croll, est mixeur à l'ONF. (A. D.)

David Cronenberg. (Alain Gauthier)

**CRONENBERG, David,** réalisateur, acteur, producteur, scénariste (Toronto, Ontario, 1943). Né d'une mère pianiste et d'un père écrivain, il se destine très tôt aux sciences naturelles et à la littérature, inspiré par les œuvres de Nabokov, Burroughs et Henry Miller. Il entreprend des études en biologie et en biochimie à l'Université de Toronto, qu'il abandonne toutefois en faveur d'une passion tardive mais dévorante pour le cinéma (de préférence étranger ou underground). Il réalise alors, en 1966, deux brefs films (*Transfer* et *From the Drain*) qui jettent, avec ses deux longs métrages suivants (*Stereo*, 1969 ; *Crimes of the Future*, 1970), les bases d'un cinéma fondé sur les désordres psychiques et physiques des corps humains ou sociaux. Cronenberg sait plier cette thématique aux exigences du cinéma d'exploitation, comme en témoigne le succès de ses deux longs métrages, réalisés pour Cinépix à Montréal. Le premier, *Shivers* (1975 — aussi connu sous les titres *The Parasite Murders* et *They Came From Within*), raconte le chaos semé par un parasite sexuel infectieux dans une tour à appartements de l'île-des-Sœurs, chaos qui trouve un écho au Parlement, où les députés protestent contre la participation financière de la SDICC dans un des rares films à l'avoir remboursée. En 1976, *Rabid* reprend l'idée de la contagion (propagée par une jeune femme souffrant des séquelles d'une chirurgie) mais l'étend cette fois à la ville entière. À Toronto, Cronenberg réalise en 1979 son seul film de commande, *Fast Company*, qui ne vaut que pour ce qu'il témoigne de sa passion pour l'automobile, et *The Brood*. Il revient ensuite à Montréal pour y tourner *Scanners* (1980), thriller mêlant Œdipe, science-fiction et télépathie. Son succès spectaculaire et celui, moindre, de *Videodrome* (1982), lui ouvrent grandes les portes des États-Unis où il signe *The Dead Zone* (1983), d'après le roman de Stephen King. Après quoi il travaille à Toronto où il met en scène *The Fly* (1986), *Dead Ringers* (1988), une adaptation libre du *Naked Lunch* (1991) de William Burroughs, *M. Butterfly* (1993), *Crash* (1996) et *eXistenZ* (1999). Les films de Cronenberg n'en finissent plus de creuser le divorce du corps et de l'esprit et forgent à même les maux de leurs personnages une vision canadienne de l'horreur où la maladie est la seule forme d'expression et la contagion, l'unique mode de communication. Cronenberg figure brièvement comme acteur dans *Into the Night* (J. Landis, 1985) et apparaît en gynécologue dans *The Fly*, mais on se souviendra surtout de sa prestation dans *Nightbreed* (C. Barker, 1989) où il est un psychologue psychopathe terrorisant les habitants d'un village albertain. Il devient, en 1990, le premier cinéaste canadien à être décoré du titre de chevalier des Arts et des Lettres par le gouvernement français et, en 1999, le premier à présider le jury du Festival de Cannes.

BIBLIOGRAPHIE : HANDLING, Piers et Pierre VÉRONNEAU, *L'horreur intérieure : les films de David Cronenberg*, Les Éditions du Cerf et La Cinémathèque québécoise, 1990. (G. P.)

**CROUILLÈRE, Monique,** chef opérateur, réalisatrice (Ermont, France, 1945). Elle fait ses débuts de cinéaste en présentant à son professeur d'anthropologie, le cinéaste Jean Rouch, un film documentaire comme travail de fin d'études, *La grande Yaya* (1970, c. m.), tourné au Mali. Elle s'inscrit ensuite au Conservatoire indépendant du cinéma puis émigre aux États-Unis avant de s'installer au Québec. Au cours de l'Année internationale de la femme, elle réalise *Shakti* (1976, m. m.), documentaire sur les femmes de l'Inde rurale que produit Anne Claire Poirier. Elle réalise pour la télévision plusieurs épisodes de la série *Planète*, diffusée à Radio-Québec, et un documentaire sur les abus de l'industrie agroalimentaire, *Manger avec sa tête* (1980, m. m.). Puis elle repart pour l'Afrique et réalise *Les gens du fleuve* (1986, m. m.), un film qui traite de l'impact de la construction de barrages sur le fleuve Sénégal, où elle met en valeur ses qualités de camerawoman. Elle travaille également à la caméra sur le tournage des *Jeux de la XXI*^e^ *Olympiade* (J.-C. Labrecque, J. Beaudin, M. Carrière et Georges Dufaux, 1977) et de *Une classe sans école* (J. Beaudry, F. Bouvier et M. Simard, 1980, m. m.). Associée au programme « Regards de femmes » de l'ONF, elle réalise *D'un coup de pinceau* (1988, c. m.), portrait de Francine Simonin, peintre et graveur d'origine suisse. On y voit travailler l'artiste qui réfléchit à haute voix sur sa production. Elle poursuit dans cette veine avec un film sur la peintre québécoise, *Ferron, Marcelle* (1990, m. m.). Toutefois sa volonté de mettre en scène son sujet ne sert pas toujours son projet. Après quoi, elle scénarise et réalise deux courtes fictions dans le cadre d'un programme mis de l'avant par l'ACDI et l'ONF, Médiasphère, qui a pour objectif de sensibiliser les Canadiens âgés de douze à quinze ans à l'interdépendance planétaire. La première de ces fictions, *L'invincible (Mali, Afrique)* (1990, c. m.), est tournée au pays alors que la deuxième (*Céline au Mali*, 1991, c. m.), qui en est le complément, se déroule au Mali. Elle réalise ensuite *États-Unis : les dissidentes* (1998, m. m.), sur des lesbiennes à Atlanta, dans le cadre de la série documentaire « L'amour en guerre ». (M. C.)

**CURZI, Pierre,** acteur, scénariste (Montréal, 1946). Formé à l'École nationale de théâtre, il fait partie de la classe dissidente de 1969 avec, notamment, Paule Baillargeon et Gilbert Sicotte. Il débute ensuite avec les Jeunes comédiens du TNM avant de retrouver ses compagnons d'école au sein du Grand Cirque

Louise Richer et Pierre Curzi dans *Le cri de la nuit* de Jean Beaudry. (Philippe Bossé, coll. RVCQ)

ordinaire. Des années après avoir tenu un petit rôle dans *Trouble-fête* (P. Patry, 1964), il fait ses vrais débuts au cinéma grâce à Jacques Leduc qui le fait jouer dans *On est loin du soleil* (1970). Il tient ensuite son premier grand rôle dans *Les allées de la terre* (A. Théberge, 1973), où il incarne un acteur qui retrouve sa femme après avoir quitté la troupe pour laquelle il travaille lors d'une tournée. Mais le reste des années 70 n'offre à Curzi que quelques rôles mineurs qui lui permettent, malgré tout, de satisfaire son goût du risque à l'intérieur de trois des expériences les plus singulières de la décennie : *Bulldozer* (P. Harel, 1974), *L'amour blessé* (J. P. Lefebvre, 1975) et *La cuisine rouge* (P. Baillargeon et F. Collin, 1979). C'est en 1981, lors de la sortie des *Plouffe* (G. Carle), que Curzi est véritablement révélé au public québécois. Son interprétation nuancée de Napoléon, l'aîné des trois frères Plouffe, lui permet de donner sa pleine mesure. On le retrouve tantôt soumis à l'autorité maternelle, tantôt obstiné ou plein de vigueur. Le succès du film fait de Curzi une vedette et il enchaîne rapidement avec des premiers rôles dans *Les fleurs sauvages* (J. P. Lefebvre, 1982) et *Les yeux rouges ou les vérités accidentelles* (Y. Simoneau, 1982). Dans ce dernier film, il incarne un jeune policier incorruptible qui tire au clair une sombre histoire de meurtre. Ce personnage à la droiture et à l'honnêteté exemplaires se situe dans la lignée de Napoléon Plouffe — rôle qu'il reprend dans *Le crime d'Ovide Plouffe* (D. Arcand, 1984) — et annonce l'Eutrope Gagnon de *Maria Chapdelaine* (G. Carle, 1983). L'image de bon garçon de Curzi se confirme d'ailleurs dans *Lucien Brouillard* (B. Carrière, 1983), où il interprète une sorte de Robin des bois des temps modernes qui finit par se perdre dans un complot politique. Mais, comme pour briser cette image plutôt monolithique, Curzi défend par la suite une série de personnages aux comportements équivoques. C'est ainsi qu'il est Jean-Baptiste, l'homme de quarante ans qui revient sur ses amours dans *Le jour « S... »* (J. P. Lefebvre, 1984), et Gildor, le gangster sacrifié de *Pouvoir intime* (Y. Simoneau, 1986). Il laisse aussi libre cours à sa fantaisie en apparaissant dans deux films où la fiction se mêle au documentaire ; il tient plusieurs rôles pittoresques et renoue avec ses origines dans *Caffè Italia Montréal* (P. Tana, 1985), et il incarne un vendeur de ballons clownesque dans *Le million tout-puissant* (M. Moreau, 1985). Sa meilleure prestation demeure, cependant, celle de Pierre dans *Le déclin de l'empire américain* (D. Arcand, 1986), universitaire désabusé, à la fois jouisseur et froid, drôle et cinglant. Dans un tout autre registre, il campe avec amusement le « p'tit boss » des passeurs de circulaires de *Dans le ventre du dragon* (Y. Simoneau, 1989). Très polyvalent, Curzi est, dans les années 80, l'un des acteurs les plus en demande au cinéma québécois. Il travaille quatre fois pour Jean Pierre Lefebvre, trois fois pour Gilles Carle, Yves Simoneau et Paule Baillargeon, ainsi que deux fois pour Denys Arcand. Il joue à huit reprises avec Marie Tifo, notamment dans le téléfilm *T'es belle, Jeanne* (R. Ménard, 1988). Par ailleurs, Curzi coscénarise *Pouvoir intime* avec Yves Simoneau. Au cours des années 90, Curzi se fait plus rare au cinéma. Il travaille alors abondamment pour la télévision. On remarque toutefois sa prestation nuancée dans *Le cri de la nuit* (J. Beaudry, 1996), alors qu'il est aux prises avec un adolescent suicidaire, ainsi que sa performance dans *Matroni et moi* (J.-P. Duval, 1999), où il campe un avocat véreux qui trouve sa rédemption en se sacrifiant pour son fils. En 1997, il accepte la présidence de l'Union des artistes.

PRINCIPAUX AUTRES FILMS : *Anastasie oh ma chérie* (P. Baillargeon, 1977, c. m.), *Avoir 16 ans* (J. P. Lefebvre, 1979), *Fantastica* (G. Carle, 1980), *On n'est pas sorti du bois* (A. Chartrand, 1982, c. m.), *En plein cœur* (F. Dupuis, 1982, c. m.), *La petite nuit* (A. Théberge, 1984, c. m.), *Babylone* (M. Bonmariage, 1990), *April One* (M. Battle, 1992), *C'était le 12 du 12 et Chili avait les blues* (C. Binamé, 1993). (M. J.)

**CYR, Jean-Philippe,** réalisateur (Maria, 1882 – Cabano, 1974). Ordonné prêtre en 1906, il devient curé de Cabano en 1920, après avoir été successivement vicaire à Baie-des-Sables et curé à Port-Daniel. C'est à Cabano qu'il s'intéresse au cinéma. Sa filmographie compte vingt-six films, bien qu'elle soit estimée à plus d'une cinquantaine de réalisations. Il avait l'habitude de donner ses films à des amis, ce qui explique que l'inventaire de son œuvre demeure incomplet. Pour Cyr, le cinéma est un excellent moyen de faire aimer la nature et de sensibiliser la population à la protection de la faune et de la flore. Défenseur des forêts — « Un peuple sans forêt est un peuple qui meurt », dit un intertitre de *Regards sur la forêt* *du Québec* (1942, c. m.) —, il cherche à instruire en amusant, et à développer l'esprit d'observation. Les titres de ses films sont révélateurs des sujets traités. *Ici et là autour de Cabano* (tourné vers 1937, c. m.) est essentiellement constitué d'images de la vie dans cette petite ville : paroissiens sortant de l'église, foules assistant aux fêtes locales sur le bord du lac Témiscouata. *Construction de la route de Squatec* (c. m.), *Forêt, flottage du bois, Cabano* (c. m.) et *Coup d'œil sur l'industrie du bois de Cabano* (c. m.) sont tous tournés vers 1940. Quant à *Nos bêtes* (1941, c. m.), il s'agit d'un film poétique en faveur de la protection des animaux. Les films de Cyr font de huit à douze minutes, à l'exception de *Croisière de Québec aux Îles-de-la-Madeleine dans le golfe Saint-Laurent* (1941, m. m.), d'une durée de trente-trois minutes. (A. B.)

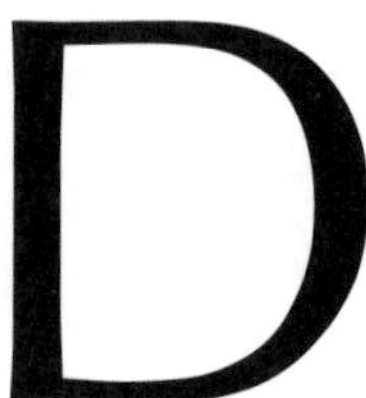

**DAIGLE, Marc,** producteur, monteur, réalisateur (Saint-Dominique, 1947). Après avoir monté les premiers films artisanaux de Jean Chabot et fait des études en lettres, il se dirige vers le cinéma. Après un premier essai, *Colombine* (1970, c. m.), il tourne *C'est ben beau l'amour* (1971), coup d'œil lucide sur la vie des cégépiens. En 1971, la fondation de l'ACPAV* décide de son passage à la production. Depuis, si l'on excepte un intermède comme contractuel à l'ONF, de 1977 à 1980, sa carrière s'est poursuivie exclusivement dans cette coopérative. Daigle produit des films de réalisateurs qui comptent parmi les plus représentatifs de la génération des années 70 : Jean Chabot (*Une nuit en Amérique*, 1974), Jean-Guy Noël (*Tu brûles... tu brûles...*, 1973 ; *Ti-Cul Tougas*, 1976 ; *Tinamer*, 1987), Paul Tana (*Les grands enfants*, 1980 ; *Caffè Italia Montréal*, 1985 ; *La Sarrasine*, 1991 ; *La déroute*, 1998), Hubert-Yves Rose (*La ligne de chaleur*, 1989). On le retrouve en outre souvent associé à Bernadette Payeur, notamment pour les films de Pierre Falardeau (*Le party*, 1989 ; *Octobre* 1994 ; *Miracle à Memphis*, 1999). Dans les années 90, il touche au documentaire (Suzanne Guy, Jean-Claude Coulbois) et même aux séries pour enfants (*Livrofolie*, 1993-1994). Il est président de l'ACPAV depuis 1990. Dans l'ensemble, Daigle contribue surtout, par son travail, à l'exploration de voies nouvelles dans le domaine de la fiction au Québec. (P. V.)

**D'AIX, Alain (Gérard Le Chêne),** réalisateur, scénariste, monteur, producteur (Paris, France 1938). Avec Nathalie Barton (Morgane Laliberté) et Jean-Claude Burger, il se consacre, dès 1971, à la réalisation de films sur le tiers-monde. En 1975, tous trois fondent InformAction qui se spécialise dans le cinéma documentaire et choisit d'abord deux grands axes, l'Afrique et Haïti, avant de varier ses champs d'intérêt et de produire des films sur la vieillesse, sur le couple ou sur l'art. Dans ses documentaires traitant de politique internationale, l'équipe d'InformAction témoigne d'un intérêt indéfectible pour un cinéma engagé, à mi-chemin entre le journalisme institutionnel et le cinéma revendicateur. Elle produit des films de facture classique qui combinent interviews, documents d'archives et voix off, mais aussi des documentaires où se mêlent rêves, mythologies, poésie et humour. L'équipe produit notamment *Haïti dans tous nos rêves* (J.-D. Lafond, 1995, m. m.), *Mystère B.* (Philippe Baylaucq, 1997, m. m.) et *Visionnaires* (C. Ferrand, 1998, m. m.). Jusqu'en 1975, d'Aix signe ses films de son véritable nom, Gérard Le Chêne. Mais, pour s'assurer de pouvoir circuler librement à travers l'Afrique sans avoir à édulcorer *Contre-censure* (coréal. J.-C. Burger, 1976, c. m.), tourné au Cameroun, il adopte le pseudonyme Alain d'Aix et signe tous ses films suivants de ce nom. Ce film attire d'ailleurs l'attention de la critique, tout comme *La danse avec l'aveugle* (coréal. M. Laliberté, 1978), primé à Namur et à Nyon. *Mercenaires en quête d'auteur* (coréal. J.-C. Burger et M. Laliberté, 1983) marque un autre temps fort. Intégré à une analyse politique, le portrait du mercenaire est enrichi d'une dimension imaginaire qui exploite la fascination du spectateur pour mieux la dénoncer. Les films qu'il réalise ou coréalise abordent différents problèmes qu'affronte le tiers-monde, que ce soit la lutte de libération nationale au Soudan (*Anynya*, G. Le Chêne et N. Barton, 1971, c. m.), la crise d'identité et l'affirmation nationale chez les parlant créole (*Nous près, nous loin*, 1986, m. m.) ou la situation politique sur la route du pétrole, entre la mer Rouge et l'Afrique du Sud (*Zone de turbulence*, coréal. J.-C. Burger et M. Laliberté, 1984, m. m.). En 1988, d'Aix retrouve la chanteuse Toto Bissainthe, déjà filmée dans *Rasanbleman* (coréal. J.-C. Burger, 1970, m. m.), sur le tournage de *Les Îles ont une âme* (c. m.), trait d'union entre l'île de Montréal et l'île d'Haïti qui prend appui sur un conte d'Anthony Phelps. Il revient à ce lien entre le Nord et le Sud dans *Gouté-sel* (1989, m. m.), cette fois pour parler de l'éducation en Haïti. Puis, s'éloignant de ses sujets de prédilection, il coréalise un documentaire-fiction humoristique, *Le marché du couple* (coréal. L. Fraser, 1990, m. m.). Comme dans tous ses films, son sujet est solidement documenté. Dans la continuité de ce film, il réalise, avec Isabelle Turcotte, *Tristan et Juliette ou l'amour en l'an 2000* (1994, deux m. m.), des docufictions qui explorent, avec humour, les relations de couple. Il travaille ensuite à plusieurs projets, la plupart ayant un rapport avec l'Afrique et scénarise avec Carlos Ferrand *Vivre 120 ans* (C. Ferrand, 1998, m. m.), avant de réaliser *L'anatomie de Tarzan* (1997, m. m.). Avec ce documentaire, qui scrute l'imagerie entourant le mythe de l'homme singe, il peut conjuguer le ton plus léger de ses enquêtes sur le couple avec sa connaissance du continent africain. S'il ne réussit pas toujours à tirer profit du grand potentiel du sujet, le film, divertissant, fouille une avenue peu explorée par le documentaire québécois. L'équipe d'Inform-Action raffermit ses liens avec l'Afrique en s'associant à la fondation de Vues d'Afrique, organisme qui propose, dès 1985, les Journées du cinéma africain, un événement cinématographique annuel qui présente alternativement une sélection du FESPACO (Ouagadougou) et un hommage à un cinéma national africain. Cet événement se tient sous la présidence de Le Chêne. En 1990, il réalise d'ailleurs une série intitulée *Vues d'Afrique*, neuf heures destinées à la télévision où l'Afrique est présentée à travers les images de ses cinéastes. (N. O. et É. P.)

**DALY, Tom,** producteur, monteur, réalisateur, scénariste (Toronto, Ontario, 1918). Il entre à l'ONF en 1940, alors que l'organisme vient d'être créé par John Grierson, afin de travailler, avec Stuart Legg, à la populaire série « The

World in Action », constituée essentiellement de films de montage sur divers aspects de la guerre. En 1951, il devient producteur et prend la direction du Studio B. À ce titre, il intervient dans les projets de films, en favorisant les expériences et les innovations, aussi bien en animation qu'en documentaire, pour sortir le cinéma canadien de son académisme. Il produit des films comme *Corral* (C. Low et W. Koenig, 1954, c. m.) et *Paul Tomkowicz: Street-railway Switchman* (R. Kroitor, 1954, c. m.) et incite les cameramen à faire preuve de plus d'audace. Ces films précèdent la série « Candid Eye », qu'il soutient (*voir* CINÉMA DIRECT). Il exerce une forte influence sur plusieurs cinéastes de l'ONF : Wolf Koenig, Roman Kroitor, Colin Low, Terence Macartney-Filgate.

BIBLIOGRAPHIE : JONES, D. B., *The Best Butler in the Bisiness. Tom Daly of the National Film Board of Canada*, Université of Toronto Press, 1996. (G. M.)

**DANIS, Aimée,** productrice, réalisatrice, monteuse (Maniwaki, 1929). Après avoir travaillé en service social et enseigné auprès de l'enfance exceptionnelle, elle entre à Radio-Canada comme scripte (*Rue de l'Anse*), métier qui lui permet de bifurquer vers le cinéma (*YUL 871*, J. Godbout, 1966). Elle est ensuite monteuse pour Les films Claude Fournier, puis passe à la réalisation, chez Onyx films, en 1968. Elle travaille depuis dans l'industrie privée. En 1972, elle fait tout de même une incursion à l'ONF où elle rejoint l'équipe constituée par Anne Claire Poirier ; elle y réalise *Souris, tu m'inquiètes* (1973, m. m.), dans la série « En tant que femmes ». Le film obtient un franc succès. Regard subjectif sur la perte d'identité de la femme (Micheline Lanctôt) inféodée à son mari et à ses enfants, il met en lumière la routine qui s'installe, inévitablement, dans la tiédeur du foyer. En 1973, Danis fonde Les productions du Verseau avec Guy Fournier. Plus tard, elle assurera la présidence de la compagnie. Elle y conclut des ententes de coproductions internationales (*Fantastica*, G. Carle, 1980 et, plus tard, *Buster's Bedroom*, R. Horn, 1991), y produit des films de commande pour différents ministères, des séries (*Les enfants mal-aimés*, R. Tétreault, 1984 ; *Les enfants de la rue*, R. Tétreault et Y. Dion, 1987 ; *Au nom de tous les dieux*, I. Cadrin-Rossignol et F. Lenoir, 1997-1998 ; et, avec Lise Lafontaine, *L'ombre de l'épervier*, R. Favreau, 1998), des téléfilms (*Le diable à quatre*, J. W. Benoit, 1988 ; *Les heures précieuses*, M. Laberge et M. Goulet, 1989 ; *Nénette*, A. Melançon, 1991 ; *L'incompris*, P. Gang, 1996), des documentaires (*L'aventure des compagnons de Saint-Laurent*, J.-C. Labrecque, 1996 ; *Aller simple pour Sirius*, S. Giguère, 1997), des films de prestige (*Nouvelles fron-*

Aimée Danis (Michel Gauthier)

*tières*, J. Lafleur, 1986, c. m.; *Vu sur le pôle*, Jacques Gagné, 1986, c. m., pour le pavillon du Canada à l'Exposition universelle de Vancouver) et des films industriels. Elle produit également un documentaire-fiction qui s'inscrit dans le cadre d'une campagne sur les femmes battues, *L'emprise* (M. Brault et Suzanne Guy, 1988, m. m.), puis un téléfilm qui réunit, lui aussi, le réalisateur Michel Brault et la comédienne Geneviève Bujold, *Les noces de papier* (1989). Il est présenté en compétition à Berlin. Sa collaboration avec Brault se poursuit avec le téléfilm *Shabat Shalom!* (1992) et *Mon amie Max* (1994). En 1991, elle produit l'ambitieux *Léolo* (J.-C. Lauzon, 1992) qui connaît un véritable succès aussi bien auprès des critiques que du public. Le film remporte plusieurs prix. De plus, Danis réalise et produit quelque trois cents films publicitaires. Son approche du travail sert bien les exigences du message bref et de la réalisation précise dans de courts délais. D'ailleurs, elle gagne plus d'un prix. Parmi ses réalisations, on compte: *Maryse pile ou face* (1967, m. m.), *KW* (1969, c. m., Premier Prix au Festival du film industriel à Chicago et gagnant d'un Etrog), *Gaspésie, oui j'écoute* (1971, c. m.), *Joie de vivre* (1973, c. m.), *Mesdames et messieurs, la fête* (1976, m. m.) et *Le stock du futur* (1979, m. m.). Femme d'action, elle participe, entre autres, à l'élaboration de mesures protectionnistes en faveur du cinéma québécois. À deux occasions, en 1975 et en 1988, elle occupe la présidence de l'APFVQ. (L. N. et É. P.)

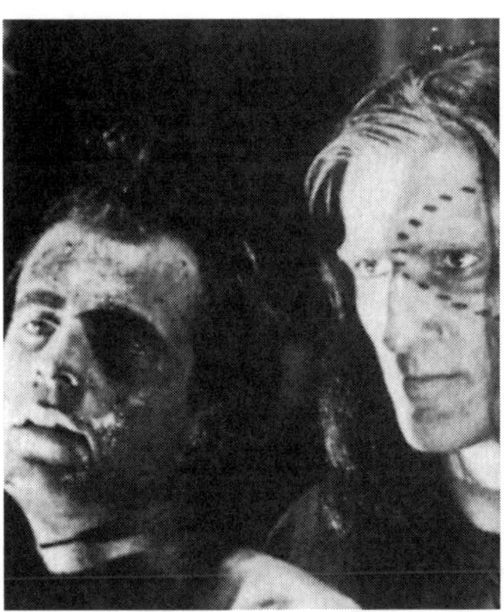

*Le festin de morts* de Fernand Dansereau. *(Le Devoir)*

**DANSEREAU, Fernand,** réalisateur, producteur, monteur, scénariste (Montréal, 1928). Après des études classiques, il devient journaliste (1950-1955) à *La Tribune* de Sherbrooke, puis au *Devoir*. Gérard Filion le congédie du *Devoir* où il tient la chronique des relations de travail lorsqu'il refuse de franchir les lignes de piquetage des typographes en grève. Pierre Juneau l'invite alors à venir à Ottawa, comme reporter-tv pour l'ONF. Il y travaille avec Bernard Devlin. Un an plus tard, il veut retourner au journalisme, lorsqu'on lui propose de scénariser une fiction sur l'éducation syndicale, *Alfred J...* (B. Devlin, 1956, deux c. m.). C'est à ce moment qu'il décide de poursuivre en cinéma. Jusqu'en 1960, il scénarise ou réalise plusieurs fictions et documentaires, dont trois films de la série « Panoramique » (*Les mains nettes*, C. Jutra, 1958; *Le maître du Pérou*, 1958, m. m.; *Pays neuf*, 1958, m. m.) et *Congrès* (1962, c. m.) dont il est officiellement réalisateur, quoique dans son désir de toucher à tous les métiers il soit à la caméra à la place de Georges Dufaux après entente à l'amiable. Entre 1960 et 1964, il est d'abord producteur exécutif, puis directeur adjoint de la production; il dirige en fait l'équipe française. À ces titres, on lui doit quelques-uns des plus célèbres fleurons du direct: *Golden Gloves* (G. Groulx, 1961, c. m.), *Bûcherons de la Manouane* (A. Lamothe, 1962, c. m.), *Pour la suite du monde* (P. Perrault et M. Brault, 1963). Il redevient ensuite réalisateur (et monteur) pour *Le festin des morts* (1965) sur un scénario d'Alec Pelletier, une reconstitution soignée de quelques épisodes de l'épopée missionnaire jésuite du XVI^e^ siècle. Projeté une première fois sous le titre *Astataïon ou le festin des morts*, le film est aussitôt amputé de dix-sept minutes et la nouvelle version est approuvée sous le titre *Le festin des morts*. Suit une autre fiction, *Ça n'est pas le temps des romans* (1966, c. m.), sur la condition de la femme au foyer (Monique Mercure) et la vie de couple.

À partir de 1967, il met ses préoccupations d'artiste en veilleuse au profit de son idéal d'intervention sociale. Toujours à l'ONF, il fonde, avec Robert Forget, le Groupe de recherches sociales (d'où sortira Société nouvelle); il réalise *Saint-Jérôme* (1968) et vingt-sept films satellites, documentaires sur le changement dans une petite ville qui servent autant de miroir qu'à l'élaboration d'une méthodologie d'intervention sociale à l'aide du film. Suivent, coup sur coup, *Tout le temps, tout le temps, tout le temps...* (1969) scénarisé et interprété par un groupe de treize citoyens de l'Est de Montréal, *Comité d'expression populaire* (1971) et *Vivre entre les mots* (1972, jamais distribué parce qu'une participante refuse de céder ses droits). En 1970, il fonde, avec Pierre Maheu et Michel Maletto, la compagnie In-Média qui offre des sessions d'animation culturelle de tous genres. Il réalise, pour le compte de la SSJB et de la Société nationale des Québécois, *Faut aller parmi l'monde pour le savoir* (1971), un outil d'animation clairement orienté vers la souveraineté du Québec. Entre 1973 et 1978, il produit et réalise surtout pour la télévision, d'abord *Contrat d'amour* (1973, c. m.), puis la série « L'Amour quotidien » (coréal. I. Cadrin-Rossignol*, 1974) où il poursuit la recherche d'une méthodologie de création collective amorcée avec *Tout le temps, tout le temps, tout le temps...* Même genre d'expérience avec *Simple histoire d'amours* (1976), tourné en vidéo avec des citoyens de Bathurst (Nouveau-Brunswick). Suit la série documentaire « Un pays, un goût, une manière... », réalisée avec Iolande Cadrin-Rossignol, France Pilon et Gaston Cousineau, qui explore les sources de la culture populaire dans une perspective, alors très à la mode, de revalorisation du patrimoine. Il revient au long métrage de fiction avec *Thetford au milieu de notre vie* (1978), une histoire de couple dans un milieu de mineurs, coscénarisée au cours de longues séances d'échanges avec les comédiens amateurs. Avec *Doux aveux* (1982), qu'il tourne à Québec, il met ensuite en scène deux couples, l'un de vieillards (Hélène Loiselle et Marcel Sabourin) et l'autre de jeunes qui s'inventent une complicité par-delà les générations. De 1984 à 1988, il scénarise le très populaire téléroman historique *Le Parc des braves* diffusé à Radio-Canada. Puis il adapte pour la télévision le premier tome d'un roman historique d'Arlette Cousture, *Les filles de Caleb*, et la série, réalisée par Jean Beaudin, remporte un succès sans précédent. En 1992, il scénarise *Shehaweh*, une télésérie racontant la vie difficile d'une jeune Amérindienne au moment de l'épopée des Filles du Roy au XVII^e^ siècle. Il reprend, en 1994, une réflexion sur la condition amérindienne, mais cette fois au présent, en réalisant le documentaire *L'autre côté de la lune.* Puis il écrit une autre série, *Caserne 24*. En plus de sa carrière de créateur, Dansereau siège à la Commission d'étude sur le cinéma et l'audiovisuel créée par le gouvernement du Québec, puis il occupe la présidence de l'IQC en 1984 et 1985, et celle de l'INIS de 1990 à 1993. Il écrit aussi quelques textes percutants sur l'ensemble de l'activité cinématographique. Son frère, Jean Dansereau, est également réalisateur, monteur et producteur. Son fils, Bernard Dansereau, est réalisateur (*À la belle vie !*, 1990, c. m.) et scénariste (*Le diable à quatre*, J. W. Benoit, 1988).

Deux constantes caractérisent Dansereau et son œuvre, jusqu'à son passage à la télévision, son côté animateur social et l'orientation personnaliste de son propos. Il est l'un des premiers à explorer toutes les possibilités du film comme outil d'intervention, non seulement le film comme produit fini, mais le film dans son filmage même. C'est pourquoi il ne dissocie jamais l'esthétique du sens, est toujours à la recherche de méthodes de scénarisation, de tournage et de montage, passe de la pellicule à la vidéo, alterne le documentaire et la fiction, réalise des créations collectives autant que des œuvres personnelles et intimistes.

FILMS : *La communauté juive de Montréal* (1956, c. m.), *Le maître du Pérou* (1958, m. m.), *Pays neuf* (1958, m. m.), *La canne à pêche* (1959, c. m.), *John Lyman, peintre* (1959, c. m.), *Pierre Beaulieu, agriculteur* (1959, c. m.), *Les administrateurs* (coréal. J. Godbout, 1961, m. m.), *Congrès* (coréal. J. Dansereau et Georges Dufaux, 1962, c. m.), *Le festin des morts* (1965), *Ça n'est pas le temps des romans* (1967, c. m.), *Saint-Jérôme* (et 27 films satellites, 1968), *Jonquière* (1969, c. m.), *Tout le temps, tout le temps, tout le temps...* (1969), *Québec Ski* (1970, c. m.), *Comité d'expression populaire* (1971), *Faut aller parmi l'monde pour le savoir* (1971), *Vivre entre les mots* (1972), *Contrat d'amour* (1973, c. m.), « L'amour quotidien » (coréal. I. Cadrin-Rossignol, 1974, série de c. m.), *Simple histoire d'amours* (1976), « Un pays, un goût, une manière » (coréal. I. Cadrin-Rossignol, F. Pilon et G. Cousineau, 1976, série de c. m.), *Thetford au milieu de notre vie* (1978), *Doux aveux* (1982), *L'autre côté de la lune* (1994).

BIBLIOGRAPHIE : HAMELIN, Lucien et Michel HOULE, *Fernand Dansereau*, Conseil québécois pour la diffusion du cinéma, Montréal, 1972. (Y. L.)

**DANSEREAU, Jean,** producteur, monteur, réalisateur (Montréal, 1939). Après des études classiques et une brève incursion dans le monde du journalisme, il acquiert une expérience d'administrateur comme directeur général des publications de la JÉC. Il entre à l'ONF en 1957, y réalise plusieurs films et en monte quelques autres, dont *Bûcherons de la Manouane* (A. Lamothe, 1962, c. m.). En 1965, il fonde, avec Gilles Groulx, Denys Arcand, Bernard Gosselin et Michel Brault, Les cinéastes associés et en assume la direction. La compagnie produit plusieurs commandes pour divers pavillons d'Expo 67, l'ONF (il monte *Saint-Jérôme*, F. Dansereau, 1968), Radio-Canada (séries *Vivre en ce pays*, *Cent millions de jeunes* et « Dossier » dont il réalise plusieurs titres) et le gouvernement du Québec. Il produit aussi *Le Martien de Noël* (B. Gosselin, 1970) et *À soir on fait peur au monde* (coréal. F. Brault*, 1969). Il complète, en 1968, un film de montage sur le cinéma québécois, *Culture vivante du cinéma*, à partir de la production multi-écrans qu'il a présentée à l'exposition universelle de Montréal. En 1971, il fonde Les Ateliers du cinéma québécois, compagnie vouée à la production exclusive de longs métrages d'auteur. Il y produit *Montréal blues* (P. Gélinas, 1972), *Bar salon* (A. Forcier, 1973) et *M'en revenant par les épinettes* (F. Brault, 1975). En 1976, il fonde, avec François Brault, André Forcier, Bernard Lalonde et Pierre Latour, la maison de distribution Cinéma Libre qui se spécialise dans les films québécois d'auteur. De 1975 à 1978, il produit des émissions éducatives de Multi-Média, au Lac-Saint-Jean, pour le ministère de l'Éducation, Jean-Marc Garand le ramène ensuite à l'ONF comme producteur exécutif. Il travaille notamment avec Georges Dufaux pour la série « Gui Daó — Sur la voie » (1980), Francis Mankiewicz pour *Les beaux souvenirs* (1981), Denys Arcand pour *Le confort et l'indifférence* (1981), Gilles Groulx pour *Au pays de Zom* (1982), Jacques Leduc et Roger Frappier pour *Le dernier glacier* (1984) et Claude Jutra pour *La dame en couleurs* (1984). Dans la « période noire » qui entoure l'enquête puis le rapport de la commission Applebaum-Hébert, il se voit retirer les projets, déjà prêts pour le tournage (par Arcand et Mankiewicz), de *Maria Chapdelaine* et des *Fous de Bassan*, au profit de l'entreprise privée qui les reprend et les met en chantier avec d'autres équipes. Il quitte l'ONF et réactive ses Ateliers, en 1986, pour coproduire *Kalamazoo* (A. Forcier, 1988) avec l'ONF. Il continue par la suite à animer les Ateliers et à lancer des projets pour un cinéma non soumis aux impératifs commerciaux. Il coproduit *Autour de la maison rose* (J. Hadjitomas et K. Joreige, 1999). Sa carrière est traversée par un parti pris avoué en faveur du cinéma d'auteur et par la ferme conviction que seul ce cinéma à caractère culturel a un avenir au Québec. Il se bat vigoureusement pour faire entrer cette perspective dans les politiques des organismes subventionneurs. Son frère, Fernand Dansereau, est producteur, réalisateur et scénariste.

FILMS : *Congrès* (coréal. F. Dansereau et Georges Dufaux, 1962, c. m.), *L'étudiant* (1960, c. m.), *Le jeu de l'hiver* (coréal. B. Gosselin, 1962, c. m.), *Escale des oies sauvages* (1964, c. m.), *Parallèles et grand soleil* (1964, m. m.), *La bourse et la vie* (1965, m. m.), *Culture vivante du cinéma* (1968), *Est-ce qu'on a le droit de faire un soleil?* (1968, t. c. m.), *Sylvie la petite indienne* (1968, c. m.), *À soir on fait peur au monde* (coréal. F. Brault, 1969), *Comment vit le Québécois* (1969, c. m.), *La guerre des pianos* (coréal. J.-C. Labrecque et M. Fortier, 1969, c. m.). (Y. L.)

**DANSEREAU, Mireille,** monteuse, productrice, réalisatrice, scénariste (Montréal, 1943). Malgré ses quelque dix-huit ans de danse, elle termine une licence ès lettres à l'Université de Montréal et se tourne vers le cinéma. Elle fait la recherche d'un film sur Jack Kerouac pour Jacques Godbout, puis réalise un premier film, *Moi un jour* (1967, c. m.), l'histoire d'une jeune fille qui remet en question son milieu bourgeois. Dansereau poursuit ses études et obtient une maîtrise ès arts au Royal College of Art (Londres). C'est en Angleterre qu'elle réalise *Compromise* (1968, c. m.), film qui décrit la relation entre une Canadienne française et un Anglais. Elle expérimente la vidéographie dans le cadre du programme Challenge for Change de l'ONF avec *Les immigrants*, recherche sur le comportement de la femme au travail et sur l'intégration des femmes immigrantes. Dans cette continuité, son film *Forum* (1969, c. m.), mettant en scène un acteur du Living Theatre qui défend son point de vue sur le théâtre révolutionnaire et la télévision, est d'abord tourné en vidéo.

Cinéaste indépendante, elle participe à la fondation de l'ACPAV qui produit *La vie rêvée* (1972), premier long métrage québécois de fiction réalisé par une femme dans l'industrie privée. Ode à la liberté de deux femmes célibataires se détachant de l'image protectrice de l'homme, *La vie rêvée* prend l'allure d'une fable féministe au moment où plusieurs films abordent les rêves collectifs d'émancipation du peuple québécois. Dansereau obtient alors le prix Wendy Michener à Toronto et le prix du jeune réalisateur à San Francisco. Invitée à se joindre à l'équipe d'En tant que femmes à l'ONF, qui a un retentissement certain, elle y signe *J'me marie, j'me marie pas* (1973), quatre portraits de femmes artistes. Par leurs témoignages respectifs, ces femmes corroborent l'idée qu'il est difficile de concilier mariage, famille et création. Puis, elle réalise *Rappelle-toi* (coréal. V. Cholakian, 1975, m. m.), un film qui met en vedette Luce Guilbeault. Ensuite, *Familles et variations* (1977), réalisé avec la collaboration de Claire Leduc à la recherche, cerne l'évolution de la réalité familiale au sein de la société québécoise. *J'me marie, j'me marie pas* et *Familles et variations* révèlent une maîtrise heureuse du style direct. Son retour à la mise en scène avec *L'arrache-cœur* (1979) se fait sous le signe du cinéma « thérapie », puisque le film emprunte à sa manière la structure du discours psychanalytique. Ainsi, par affrontements successifs, une jeune femme (Louise Marleau) se libère d'un conflit profond qui l'oppose à sa mère (Françoise Faucher) afin de mieux aimer son mari et son enfant. Ce rôle vaut à Louise Marleau un prix d'interprétation au FFM. Dansereau travaille

Mireille Dansereau. (Alain Chagnon)

un certain temps à un projet de film sur le frère André, qu'elle abandonne après avoir réalisé un documentaire sur ce sujet pour la télévision. Parcimonieuse, un long métrage de fiction tous les sept ans, elle réalise ensuite l'adaptation d'un roman de Marie-Claire Blais, *Le sourd dans la ville* (1987). Ce regard intériorisé, hors du temps, témoigne de la souffrance et du désespoir d'une femme riche (Béatrice Picard) abandonnée par son mari et d'un enfant gravement malade (Guillaume Lemay-Thivierge) que sa mère (Angèle Coutu) nourrit de rêves de Californie. Leurs mondes se rejoignent dans un hôtel sordide. Le film est présenté en compétition à Venise. À l'exception de l'adaptation d'une pièce de théâtre interprétée par Louise Marleau et Benoît Girard, *Duo pour une soliste* (1997), elle consacre la décennie suivante au documentaire, notamment parce qu'elle ne parvient pas à assurer le financement de ses projets de longs métrages. Ainsi, elle poursuit sa réflexion sur les rapports mère-fille, cette fois dans un film autobiographique, *Entre elle et moi* (1992, m. m.) où elle évoque, avec finesse, le souvenir de sa mère, joaillière, et son propre parcours de cinéaste. Toujours dans cette veine introspective, elle reprend du matériel documentaire tourné à Londres au moment de ses études pour raconter, en voix off, une histoire d'amour qui ramène une femme à l'époque de ses vingt ans dans *Les marchés de Londres* (1996, c. m.). Elle propose ensuite un diptyque impressionniste sur le corps des femmes, qu'elle entreprend avec *Les seins dans la tête* (1994, m. m.) et poursuit avec *Les cheveux en quatre* (1997, m. m.). Il y est question aussi bien de l'image de soi que de la maladie. La cinéaste s'intéresse ensuite, du point de vue des parents, au suicide dans *La vie d'abord* (1999, m. m.). Sans être une militante, Dansereau a comme thème principal la libération de la femme, tant sur le plan social, affectif que psychologique. Les sujets de ses films évoluent au rythme de son cheminement personnel. Son intérêt marqué pour la petite bourgeoisie l'empêche peut-être de toucher un plus large public. (L. N. et M. C.)

**DAUDELIN, Robert,** administrateur, réalisateur (West Shefford, 1939). En 1960, il participe à la fondation de la revue *Objectif* (*voir* REVUES DE CINÉMA), dont il sera le rédacteur en chef jusqu'à ce qu'elle disparaisse, en 1967. Actif dans l'organisation du Festival international du film de Montréal (*voir* FESTIVALS), il en dirige la section consacrée au cinéma canadien à partir de 1963, et devient directeur adjoint de la manifestation en 1965. Auteur de la première monographie consacrée au cinéma québécois (*Vingt ans de cinéma au Canada français*, publiée au ministère des Affaires culturelles en 1967), il devient le premier directeur général du CQDC* en 1969. C'est lui qui met sur pied la série de monographies « Cinéastes du Québec ». En 1972, il devient directeur général et conservateur de la Cinémathèque québécoise*. Sous sa direction, la Cinémathèque connaît un développement important. Dès 1974, Daudelin devient membre du comité directeur de la FIAF, organisme dont il est le secrétaire général de 1979 à 1985, et président de 1989 à 1995. Membre du conseil d'administration de la SGCQ, puis de la SOGIC, de 1984 à 1991, Daudelin est aussi un passionné de jazz. C'est au portrait d'un saxophoniste qu'il consacre son premier film : *Konitz Portrait of The Artist as a Saxophonist* (1987). (M. J.)

**DAVID, Pierre,** distributeur, producteur, réalisateur, scénariste (Montréal, 1944). Fils du cardiologue et sénateur Paul David, il étudie à l'Université de Montréal avant d'être coopérant canadien au Rwanda pendant un an. Il entre ensuite à la station de radio CJMS, du réseau Radiomutuel. En 1966, David devient directeur des relations publiques. Il fonde ensuite la filiale CJMS Productions, rebaptisée Les productions Mutuelles, une maison spécialisée dans la production de spectacles (dont ceux de René Simard) et dans la gérance de vedettes de la chanson et du grand écran (Claude Léveillée, Renée Claude, Jean Duceppe, Donald Pilon). Son style agressif en fait l'une des plus importantes compagnies dans ce domaine, au Québec, étant assurée de la diffusion de ses produits sur les ondes de Radiomutuel. David lance, en 1972, Les films Mutuels, une compagnie de distribution. En moins de six ans, deux cent soixante-cinq films seront distribués au Québec par la compagnie, des films français (Sautet, Chabrol, Lelouch) comme des films québécois (Lord, Carle, Fournier). David met également sur pied plusieurs petites compagnies de distribution, de relations publiques, ou œuvrant dans des secteurs connexes.

David se lance dans la production de longs métrages de fiction en 1974. Il mise avant tout sur Jean-Claude Lord : *Les colombes* (1972), *Bingo* (1974), *Parlez-nous d'amour* (1975), *Panique* (1976) et *Éclair au chocolat* (1978). Voulant conquérir de nouveaux marchés, il produit aussi, avec un bonheur variable, des films misant sur la popularité de certains acteurs : *J'ai mon voyage !* (D. Héroux, 1973), avec Dominique Michel et Jean Lefebvre et *Je t'aime* (P. Duceppe, 1973), avec Jeanne Moreau. En 1976, il devient le bras droit de Raymond Crépeault dans le *holding* Citivas. La même année, il participe à la fondation de New World Mutual Pictures of Canada, une maison de distribution de longs métrages de fiction installée au Canada anglais. Il en devient le président deux ans plus tard. Cette nouvelle compagnie entretient des liens étroits avec Les films Mutuels, au Québec, et New World Pictures, à Los Angeles. De plus en plus soucieux de diffuser internationalement les films qu'il produit, David tourne le dos aux films francophones et s'associe, en 1979, au producteur Claude Héroux et à l'homme d'affaires torontois Victor Solnicki, pour former Filmplan International, une maison de production qui offre aussi ses services à des maisons déjà existantes. En quatre ans, ils produisent *The Brood* (D. Cronenberg, 1979), *Hog Wild* (L. Rose, 1980), *Scanners* (D. Cronenberg, 1980), *Dirty Tricks* (A. Rakoff, 1981), *Gas* (L. Rose, 1981), *Visiting Hours* (J.-C. Lord, 1982), *The Funny Farm* (R. Clark, 1983), *Videodrome* (D. Cronenberg, 1983) et *Covergirl* (J.-C. Lord, 1984). Sur cette lancée, en 1982 David fonde Mutual Productions USA, à Los Angeles, avant de s'y installer l'année suivante. Fort du succès remporté par *Scanners* et *Visiting Hours* aux États-Unis, il réussit à convaincre des investisseurs de financer cinq de ses projets dès la première année. Parmi ceux-ci figure *Going Berserk* (D. Steinberg, 1983), comédie dont le rôle principal est tenu par John Candy. Plus tard, il participe au développement de *Platoon* (O. Stone, 1986), qui remporte de nombreux Oscar. Profitant de sa position stratégique, David s'associe à la firme torontoise Nelvana et au distributeur et producteur René Malo* (qui acquiert Les films Mutuels en 1983) pour former Image Organization, une compagnie de production doublée d'un service de commercialisation de films à l'étranger. Pierre David produit ou coproduit plus de quarante films et téléfilms au cours de la décennie 1990, des thrillers et des films d'horreur pour la plupart. Plusieurs de ces films sont coproduits avec la firme montréalaise Allegro (*Marked Men*, M. Voizard, 1995 ; *Stranger in the House*, R. Gibbons, 1997 ; *Little Men*, R. Gibbons, 1997 ; *Never Too Late*, G. Walker, 1996 ; etc.). Il s'associe à Wes Craven pour produire *The Wishmaster* (R. Kurtzman, 1997) qui obtient un large succès auprès des amateurs de sensations fortes. Il réalise aussi deux films qu'il produit, *Serial Killer* (1995) et *Scanner Cop* (1994). Il coscénarise d'ailleurs ce dernier film ainsi que *Distant Cousins* (A. Lane, 1993).

PRINCIPAUX AUTRES FILMS : *Les aventures d'une jeune veuve* (R. Fournier, 1974), *Mustang* (Y. Gélinas et M. Lefebvre, 1975), *Je suis loin de toi mignonne* (C. Fournier, 1976), *Of Us Known Origin* (G. Cosmatos, 1983), *Au nom de tous les miens* (R. Enrico, 1983), *Breaking All the Rules* (J. Orr, 1985), *The Vindicator* (J.-C. Lord, 1986), *Scanners II : The New Order* (C. Duguay, 1991), *Scanners III : The Takeover* (C. Duguay, 1992). (J. P.)

**DE ERNSTED, Maurice,** chef électricien (Ottawa, Ontario, 1923). Il fréquente d'abord l'École technique de Hull où il acquiert une formation de maître électricien. Il entreprend par la suite une longue carrière à l'ONF où il collabore à plus d'une centaine de films documentaires et de fiction. Au cours de toutes ces années, il se spécialise dans des techniques spécifiques comme le tournage à haute vitesse (jusqu'à 10 000 images/seconde), les projections frontales ou arrières, les transparences, etc. Cela lui permet de participer à des productions américaines de la Universal, de la Warner Bros. et de Walt Disney Productions. Sa famille, véritable école de formation professionnelle, compte Marc, Stéphane et Jean-Maurice, ses fils, qui font carrière comme machinistes. Un autre de ses fils, Louis, est chef opérateur (*La vie rêvée*, M. Dansereau, 1972 ; *Laura Laur*, B. Sauriol, 1989 ; *Riopelle sans-titre — 1999*, collage, P. Houle, 1998, m. m.). La fille de Louis, Julie, est assistante cameraman. (J. D.)

**DEFALCO, Martin,** réalisateur, monteur (Ottawa, Ontario, 1933). Il entre à l'ONF en 1952. Il y fait de la prise de son, mais surtout du montage. En 1960, il entreprend sa carrière de réalisateur en signant des films commandités par le gouvernement canadien (*Charlie's Day*, 1967, c. m.), puis en réalisant des films où il s'intéresse aux communautés culturelles. *Bird of Passage* (1966, c. m.), par exemple, traite des Nippo-Canadiens. En 1968, il est professeur invité à l'Université Stanford de Californie. À travers les quelque soixante films qu'il monte, il réalise des documentaires (*Don Messer His Land and His Music*, 1971) et s'intéresse particulièrement aux Amérindiens (*The Other Side of the Ledger : An Indian View of the Hudson's Bay Company*, coréal. W. Dunn, 1972, m. m.). Il signe aussi une fiction qui fait beaucoup de bruit à cause de son budget jugé exorbitant : *Cold Journey* (1975), sur un jeune Amérindien qui cherche sa place dans la société. Après un dernier film, *The Politics of Persuasion* (1982, c. m.), il travaille avec les Cris de la baie James à mettre sur pied un système de communications lié à l'établissement de leur gouvernement autonome. (A. D.)

**DE GAGNÉ, Michel,** réalisateur, chef opérateur, monteur, ingénieur du son (Sainte-Agathe-des-Monts, 1958). Jusqu'en 1990, le travail de De Gagné est étroitement lié à celui de Michel Gélinas. Tous deux sont titulaires d'une maîtrise en sociologie et en études cinématographiques de l'Université de Montréal. Ils réalisent ensemble d'abord une fiction, *Meanwhile/Entretemps* (1987, c. m.), puis plusieurs films expérimentaux : *Sales images* (coréal. R. Beausoleil, 1988, c. m.), *Chutes* (1989, t. c. m.), *En train de danser sur une musique de M. Muybridge* (1989, c. m.), *Objets perdus* (1989, c. m.) et *20 octaves au-dessous du do moyen* (1990, c. m.). Puis De Gagné réalise seul *Du ciel une poussière d'ange* (1990, c. m.) et *Prends pas ça personnel* (1992, c. m.) et coréalise avec Édith Labbé *Avancez en arrière* (1991, c. m.). S'associant à une chorégraphe, il tente par la suite de fusionner danse et cinéma spectacle sur scène et projection, dans *Par la peau du cœur* (coréal. I. Van Grimde, 1994, m. m.), sans toutefois parvenir à donner un style à cette fable urbaine. En 1994, il signe aussi deux vidéoclips de Possession simple. À l'importance quantitative de l'œuvre s'allie une recherche qui ne cesse d'explorer les possibilités du médium à travers diverses techniques, tout en tenant compte du spectateur et de ses mécanismes perceptuels, évitant ainsi l'enfermement dans le formalisme. De façon plus spécifique, l'œuvre explore les rapports entre l'image et le son, ce que reflètent plusieurs des titres des films. *Du ciel une poussière d'ange* accentue l'étude des rapports entre documentaire et fiction par le biais de l'expérimentation. Si l'on dit du cinéma expérimental qu'il est un travail de théorie appliquée, la définition convient tout à fait aux expérimentations audacieuses de De Gagné et Gélinas, qui se sont imposées et dont l'intérêt a été souligné par de nombreux prix. De Gagné et Gélinas sont membres fondateurs de la maison de production L'ombre magique (1985) et de la maison de distribution Images en stock (1989). De Gagné collabore par ailleurs à d'autres films, le plus souvent de type expérimental, tantôt comme preneur de son (*J'entends le noir*, Y. Lafontaine, 1990, c. m.; *L'homme hippocampe*, Y. Lafontaine, 1992, c. m.), tantôt comme cameraman (*Terra promissa le film*, M. F. Gélinas, 1994, c. m.). (M. L. et M. C.)

**DELACROIX, René,** réalisateur, producteur (Paris, France, 1900 – 1976). Après avoir pratiqué le droit, il s'intéresse au cinéma. Il touche d'abord à la distribution, à l'exploitation (Gaumont, Étoile Film) et à l'assistanat. Au début des années 30, il rencontre l'abbé Vachet qui lui propose de travailler avec lui à la mise en place de FiatFilm. Delacroix en devient le directeur technique. Son premier long métrage, *Adieu les copains*, date de 1934. Par la suite il tourne régulièrement des films assez quelconques. C'est pour FiatFilm qu'il réalise *Notre-Dame de la Mouise* (1939), un mélodrame sur la banlieue parisienne, pays de mission. Cette « coproduction » franco-canadienne le met en contact avec J.-A. DeSève et le Québec. Rien d'étonnant à ce qu'après la guerre, lorsque Renaissance Films* demande à l'abbé Vachet, qui gère un studio dans la région parisienne, de recruter du personnel, Delacroix soit le réalisateur retenu. Après un film inachevé, il tourne son meilleur film, *Le gros Bill* (1949). Cette histoire d'une rivalité amoureuse qui met en émoi tout le village correspond bien au cinéma du terroir qu'on pratique à l'époque. Il repart en France pour réaliser la première coproduction franco-canadienne, *Docteur Louise* (1949; sortie en France sous le titre de *On ne triche pas avec la vie*). Ce mélo moralisateur, fait spécialement à l'usage des catholiques français et québécois, s'attarde aux efforts d'une jeune doctoresse de

René Delacroix. (coll. CQ)

province qui lutte contre l'avortement et prêche en faveur des naissances. On le rappelle au Canada en 1951 pour *Le rossignol et les cloches*. Ce film, qui prend prétexte des envolées lyriques d'un adolescent « à la voix d'or », interprété par le populaire Gérard Barbeau, sera perçu par la critique comme un monument d'insignifiance, signe de la faillite de la production d'alors. Malgré tout, lorsque Gratien Gélinas a besoin d'un cinéaste chevronné pour l'aider à réaliser l'adaptation cinématographique de *Tit-Coq* (1952), c'est à lui qu'on fait appel. Il se tire correctement de cette histoire d'orphelin conscrit qui perd sa fiancée en allant se battre en Europe et qui se révolte à son retour. La force du sujet et la performance de Gélinas font de *Tit-Coq* la plus grande réussite du long métrage québécois des années 40-50. La carrière québécoise de Delacroix se termine sur *Cœur de maman* (1953) d'après un scénario larmoyant d'Henri Deyglun. Une mère éprouvée jusqu'au dénuement, dépouillée et humiliée par son aîné et sa bru, sera tirée de son calvaire par l'intervention de son cadet. Après cet échec, Delacroix poursuivra sa carrière de réalisateur en France, mais se consacrera surtout à l'Union catholique du cinéma, qu'il fonde en 1947. Homme de cinéma sans grande imagination, Delacroix fut surtout un technicien au sens le plus plat du terme ; mais le manque de confiance des Québécois dans leurs propres ressources, doublé d'une certaine anémie culturelle et de curieux espoirs commerciaux, les amène à préférer la morne sécurité et la caution catholique aux risques liés à l'inexpérience. De ce point de vue, Delacroix fut un homme providentiel. (P. V.)

**DEMERS, Gloria,** scénariste, monteuse (Montréal, 1941 – 1989). Elle entre à l'ONF en 1965, travaillant tout d'abord comme secrétaire. Désireuse de pouvoir un jour écrire et réaliser des films, elle obtient, en 1972, un poste de monteuse et l'occupe encore lorsqu'elle joint le studio D en 1980. Entre-temps, John N. Smith lui propose d'écrire le scénario de *First Winter* (1980, c. m.). Grâce à ce film, on reconnaît le talent de Demers pour l'écriture. C'est ainsi qu'elle signe, entre autres, le commentaire de *Behind the Veil* (M. Wescott, 1984), de *Speaking Our Peace* (B. S. Klein et T. Nash, 1985, m. m.) et de *Goddess Remembered* (D. Read, 1989, m. m.). On peut apprécier son travail de scénariste dans *The Company of Strangers* (C. Scott, 1990), film à la trame narrative très souple pour lequel Demers plie la fiction aux techniques du documentaire. Les personnages y prennent appui sur la personnalité des actrices, sept non-professionnelles de plus de soixante ans. En 1989, elle est emportée prématurément par un cancer du poumon, au moment même où son apport au studio D prend de plus en plus d'importance. (M. de B.)

**DEMERS, Rock,** producteur, administrateur, distributeur, exploitant (Sainte-Cécile-de-Levrard, 1933). Se destinant d'abord à une carrière dans l'enseignement, il obtient un baccalauréat en pédagogie puis étudie les techniques audiovisuelles à l'École normale supérieure de Saint-Cloud, à Paris. Avant de rentrer au pays, il consacre dix-huit mois à voyager. Formé à l'école des ciné-clubs et marqué par ses rencontres avec des créateurs des pays de l'Est, notamment le réalisateur tchèque Bretislav Pojar, il choisit, au retour, de travailler en cinéma. En 1960, il s'occupe de la mise en marché pour la compagnie de distribution Art films et se joint à l'équipe du Festival international du film de Montréal, un événement cinématographique novateur en Amérique du Nord (*voir* FESTIVALS). Il y retrouve ses collègues de la revue *Images*, à laquelle il a collaboré au milieu des années 50. En 1962, il prend la direction de ce festival où les plus grands réalisateurs se côtoient. Il y développe, entre autres choses, une section consacrée au cinéma pour enfants et organise, en plus du festival, des événements centrés sur des cinémas nationaux de même que les « Sept jours du cinéma » qui permettent d'étendre le rayonnement de l'événement ailleurs au Québec, mais aussi au Nouveau-Brunswick et en Ontario. Dès 1965, parallèlement à son travail au festival, il se lance dans la distribution de films pour enfants. Rapidement, ce qui ne devait être qu'une activité complémentaire prend une telle ampleur qu'il choisit, en 1967, de s'occuper à plein temps de Faroun Films, compagnie qui emprunte le nom du principal personnage d'un conte qu'il a écrit et dont Bretislav Pojar tire un film d'animation (*Faroun le petit clown*, 1968, c. m.). Au début des années 70, plusieurs dizaines de milliers d'enfants sont membres d'un des nombreux clubs Faroun. Peu à peu, Demers élargit son champ d'action : il négocie les droits de certains films pour d'autres territoires que le Québec et ouvre son catalogue au cinéma de type art et essai, notamment aux œuvres japonaises, suisses et des pays de l'Est. Faroun distribue également des films québécois et les exporte, avec succès parfois comme dans le cas des *Mâles* (G. Carle, 1970) dont le lancement au Festival international du film de Cannes est soutenu par une tapageuse campagne promotionnelle. Le développement de Faroun, une compagnie à la fois dynamique et fragile, entraîne Demers sur de nouveaux terrains. Ainsi, il en vient à investir dans les Cinémas du Vieux-Montréal, ouverts en 1971, pour faciliter la sortie des films qu'il distribue. L'aventure ne sera pas rentable. C'est aussi à travers son travail de distributeur qu'il devient producteur, puisqu'il doit reprendre la production d'un film pour enfants dans lequel il a déjà investi et dont l'achèvement est compromis : *Le Martien de Noël* (B. Gosselin, 1970). Le succès de ce film, au Québec comme à l'étranger, s'étend sur plusieurs années. Malgré la diversification de ses activités, Faroun demeure le grand distributeur de films pour enfants, une compagnie qui, à son zénith, joue un rôle de négociateur appréciable sur le marché mondial. Demers quitte Faroun en 1978.

En 1977, il est nommé président puis directeur général de l'IQC, organisme nouvellement créé pour soutenir le développement de l'industrie cinématographique québécoise. Accusé de conflit d'intérêts, il devra quitter ses fonctions précipitamment, en juin 1979. Le fonds Faroun est ensuite dispersé et Demers, qui traverse une période sombre, s'éloigne temporairement du cinéma pour occuper le poste de secrétaire général adjoint des Floralies internationales de Montréal. En 1980, il fonde Les productions la Fête. Deux ans plus tard, il préside le comité directeur du Colloque sur la situation du cinéma pour enfants au Québec. Son arrivée dans le secteur de la production coïncide avec l'affirmation de la fonction de producteur au Québec. Demers, qui a soigneusement préparé sa rentrée, bouscule les traditions. Plutôt que de développer les projets un à un, il entreprend, dans la continuité de son travail à Faroun, la production d'une série : les « Contes pour tous ». Il s'agit de films pour toute la famille tournés, le plus souvent, en anglais ou en français. La formule est audacieuse. La série commence en lion, avec un film scénarisé par Danyèle Patenaude et Roger

Cantin, *La guerre des tuques* (A. Melançon, 1984), fable hivernale sur la guerre. Suivent *The Peanut Butter Solution* (M. Rubbo, 1985) et un deuxième film d'André Melançon, *Bach et Bottine* (1986). Rapidement, chaque film de la série est acheté par un grand nombre de pays. Demers innove encore en multipliant les coproductions avec des pays comme la Pologne (*Le jeune magicien*, W. Dziki, 1986), la Hongrie (*Bye bye Chaperon rouge*, M. Meszaros, 1989), l'Argentine (*Fierro... l'été des secrets*, A. Melançon, 1989) et la Roumanie (*La championne*, E. Bostan, 1991). Dans cette série, il produit également un film de Vojtech Jasny (*The Great Land of Small*, 1987), réalisateur d'origine tchèque, un film de Jean-Claude Lord, *La grenouille et la baleine* (1988), sur un scénario de Jacques Bobet et André Melançon, trois autres films de Michael Rubbo, *Tommy Tricker and The Stamp Traveller* (1988), *Vincent and Me* (1990) et *The Return of Tommy Tricker* (1994), ainsi que les premiers longs métrages en solo de Jean Beaudry, *Pas de répit pour Mélanie* (1990) et *Tirelire, Combine$ & cie* (1992). Demers y retrouve Bretislav Pojar qui réalise *The Flying Sneaker* (1992). Le rythme de production s'accélère et la série, qui devait initialement compter huit films, en réunit finalement seize. Ils reçoivent 160 prix, mentions et nominations à travers le monde. Demers conclut la série, qui perd peu à peu en popularité, avec *Dancing on the Moon* (K. Hood, 1998). La plupart de ces films « pour tous » s'adressent principalement aux jeunes de dix à treize ans. Alors que certains, réalisés par des Québécois, s'inscrivent dans la veine réaliste, d'autres, dans la tradition des pays de l'Est, ont plutôt recours à la magie et à l'aventure. Demers se définit comme le coauteur de chacun des « Contes pour tous », à égalité avec le scénariste et le réalisateur. Que ce soit comme directeur de festival, distributeur, exploitant de salles ou producteur, il se révèle un défenseur exceptionnel du cinéma de qualité pour enfants. À ce titre, il occupe une position tout à fait unique au sein de l'industrie cinématographique. Au début des années 90, Demers diversifie l'activité de production de sa compagnie, d'abord en confiant à Vojtech Jasny la réalisation d'un documentaire consacré au romancier et président tchécoslovaque Vaclav Havel, *Why Havel?* (1991), puis en consacrant une télésérie à l'ancien premier ministre canadien Pierre Elliott Trudeau, en s'associant avec Pathé pour produire une série qui souligne l'apport de Charles Pathé à l'industrie cinématographique, *V'là le cinéma* (J. Rouffio, 1994), et en servant de partenaire québécois aux producteurs de séries américaines tournées au Québec (*Barnum*, *More Tales of the City*). Il produit également des longs métrages d'auteur, *La vie d'un héros* (M. Lanctôt, 1994), *Le silence des fusils* (A. Lamothe, 1996) et *Hathi* (P. Gauthier, 1998).

Demers remplit à plus d'une reprise des fonctions de représentation. De 1974 à 1977, il est président de l'AQDF. De 1980 à 1982, il préside le conseil d'administration de la Cinémathèque québécoise où il retrouve Robert Daudelin, son coéquipier du Festival international du film de Montréal. Il occupe la présidence de l'APFVQ de 1986 à 1988 puis celle du conseil d'administration de l'APFTQ en 1991 et s'affirme comme un des porte-parole les plus cohérents, les plus fermes de l'industrie cinématographique québécoise, inquiet devant l'accord de libre-échange entre le Canada et les États-Unis, mordant face au recul du gouvernement fédéral en matière d'abris fiscaux pour le cinéma, intraitable lorsque la lutte contre la pornographie ouvre la porte à la censure. En 1987, il reçoit le prix Albert-Tessier, en 1988, le prix Air Canada de l'Académie du cinéma canadien, en 1989 le prix François-Truffaut à Giffoni, en 1992 le titre d'officier de l'Ordre du Canada et celui de Chevalier des arts et des lettres. Ces prix et décorations viennent saluer l'ensemble de sa carrière. (M. C.)

**DEROME, Jean,** musicien (Montréal, 1955). Un des leaders du mouvement de la musique actuelle au Québec, Derome est cofondateur du label phonographique *Ambiances magnétiques.* Ce courant est à la croisée des chemins et des hybridations, entre le free jazz et le big band, certains traits de la musique savante contemporaine, le folk-rock ainsi que des traces de musique-machine ou techno. À titre de compositeur, il est remarqué, en 1986, par la création et la conception de *Confitures de Gagaku,* spectacle et pièce musicale pour onze musiciens. Il partage une filmographie musicale abondante avec Robert M. Lepage* et René Lussier*, du groupe Chants et danses du monde inanimé, qui donne aussi de nombreux spectacles avec le cinéaste Pierre Hébert*. Avec René Lussier, il signe la musique du *Dernier glacier* (R. Frappier et J. Leduc, 1984) et de *Trois pommes à côté du sommeil* (J. Leduc, 1988). Il participe aussi à la création de la musique de *Passiflora* (F. Bélanger et D. Gueissaz-Teufel, 1985), de *La couleur encerclée* (Jean et S. Gagné, 1986), de *Charade chinoise* (J. Leduc, 1987) et de *Pays interdit* (D. Lacourse, 1989, m. m.), de *L'arbre qui dort rêve à ses racines* (M. Saäl, 1992), de *La vie fantôme* (J. Leduc, 1992), de *Quatre femmes d'Égypte* (T. Rached, 1997) et de *L'âge de braise* (J. Leduc, 1998). En 1989, il compose la somptueuse partition de *Strand. Under the Dark Cloth* (J. Walker).

DISCOGRAPHIE : *Paul Strand, Under the Dark Cloth,* Ambiances magnétiques, AM 064, 1997. (R. L.)

**DESBIENS, Francine,** animatrice, productrice, réalisatrice (Montréal, 1938). Après des études à l'Institut des arts appliqués de Montréal, elle entre à l'ONF en 1965, au service de l'information, puis travaille comme assistante animatrice, principalement aux côtés de Clorinda Warny et de Bretislav Pojar. Elle coréalise *Le corbeau et le renard* (coréal. P. Hébert, Y. Leduc et M. Pauzé, 1969, t. c. m.), parodie de la fable de La Fontaine, puis signe une première œuvre solo, *Les bibites de Chromagnon* (1971, c. m.), film destiné à illustrer la gamme chromatique. Après cette unique réalisation dessinée sur cellulo, Desbiens se consacre à la technique du papier découpé, qu'elle utilise sur un seul plan, y intégrant parfois des éléments photographiques (*Ah! vous dirai-je maman,* 1985, c. m.). La plupart de ses films témoignent de réelles préoccupations civiques et sociales. Ainsi, *Dernier envol* (1977, c. m.) est un conte sur l'amour et la mort, *Voir le monde* (1992, c. m.) aborde l'exploitation des enfants, *Le tournoi* (1994, c. m.) affirme les droits des enfants handicapés, et *Mon enfant, ma terre* (1998, t. c. m.) dénonce avec vigueur l'usage des mines antipersonnel. Animé entièrement par ordinateur, *Mon enfant, ma terre* reprend d'ailleurs une esthétique proche du papier découpé des films précédents de la cinéaste.

Dans *Ah! vous dirai-je maman,* remarquable essai autobiographique épousant la forme des *Variations* de Mozart, elle choisit de ne montrer qu'une unique pièce dans laquelle les objets se transforment au fil des ans, récit subtil et elliptique qui marque d'une pierre blanche l'histoire du cinéma d'animation au féminin.

Son film suivant, *Dessine-moi une chanson!* (1990, c. m.), s'inspire d'une pièce musicale de Robert M. Lepage pour illustrer, sur un mode fantaisiste et poétique, le sentiment de culpabilité des parents qui laissent leurs enfants en garderie. Desbiens conserve ce ton charmant et fin dans la bande-annonce qu'elle réalise, la même année, pour le festival d'Ottawa. De 1976 à 1981, elle agit également à titre de productrice, notamment pour *Chérie, ôte tes raquettes* (A. Leduc, 1976, t. c. m.), *Moi je pense* (R. Tunis, 1979, c. m.) et *Luna, luna, luna* (V. Elnécavé, 1981, c. m.). En 1998, après *Mon enfant, ma terre*, elle quitte l'ONF.

AUTRES FILMS : *Du coq à l'âne* (coréal. P. Hébert et S. Gervais, 1973, c. m.), *Indicatif de L'art du cinéma d'animation* (1982, t. c. m.).

VIDÉOGRAPHIE : *L'œuvre de Francine Desbiens*, vidéocassette et livret, 1998, collection « Mémoire », Office national du film du Canada. (M. J.)

**DESCARY, Thérèse,** productrice (Québec, 1942). Après des études en nursing, elle enseigne l'obstétrique pendant une dizaine d'années puis, en 1973, pilote un projet de film documentaire pour la DGME. Intitulé *Pour toi*, ce film destiné aux futures mères l'amène à travailler comme productrice de films pédagogiques pour les ministères de l'Éducation et des Communications du Québec. Ainsi, elle dirige une soixantaine de productions. Après deux années passées à Télé-Québec, elle entre à l'ONF en 1988, comme productrice au Studio Hors Québec. C'est là qu'elle met sur pied la série de six courts métrages « Franc Ouest », auquel appartient le film d'animation *Jours de plaine* (A. Leduc et R. Bérard, 1990, c. m.). En 1990, elle devient productrice au Studio d'animation du Programme français de l'ONF. Spécialisée dans la production jeunesse, elle lance la collection « Droits au cœur », qui compte 21 courts métrages inspirés de la convention des Nations unies sur les droits de l'enfant. Cette collection connaît un succès mondial, plusieurs films remportant des prix internationaux : *L'orange* (D. Chartrand, 1992, t. c. m.), *T.V. tango* (M. Chartrand, 1992, t. c. m.), *Voir le monde* (F. Desbiens, 1992, c. m.), *Une artiste* (M. Cournoyer, 1994, c. m.), *Ex-enfant* (J. Drouin, 1994, t. c. m.), *Overdose* (C. Cloutier, 1994, c. m.), *Le joueur de cora* (C. Sawadogo, 1996, c. m.).

En parallèle, Descary produit notamment des films de Co Hoedeman (*L'ours renifleur*, 1992, c. m. ; *Le jardin d'Écos*, 1997, c. m. ; *Ludovic — Une poupée dans la neige*, 1998, c. m.), d'André Leduc (*Taa Tam*, 1995, c. m.) et de Robert Awad (*Automania*, 1994, c. m.). En 1998, elle met sur pied « Une minute de science svp ! », série de très courts films humoristiques abordant des thèmes scientifiques. Elle en produit les six premiers épisodes. Elle prend sa retraite en 1999. (M. J.)

**DESCHAMPS, Laurette,** productrice, réalisatrice (Montréal, 1936). En 1979, elle fonde avec Michèle Renaud-Molnar une entreprise orientée vers la production de films à caractère social : Ciné-Contact. Elle y réalise *Un enfant loin d'ici* (coréal. M. Renaud-Molnar et D. Lanouette, 1980, m. m.), un film traitant de l'adoption d'enfants du tiers-monde, puis signe *A Leaf of a Thousand Years* (1982, c. m.), un documentaire sur l'intégration au Canada des réfugiés du Sud-Est asiatique. *La cage dorée* (1984, c. m.), produit avec la collaboration du Studio D (studio anglais des femmes) de l'ONF, parle de la situation des femmes âgées au Canada. En 1985, elle fonde seule Ciné-Sita.

Elle part en Asie tourner un documentaire dénonçant le sort réservé aux Indiennes et décrivant leurs démarches pour changer les mentalités et les lois : *No Longer Silent* (1986, m. m.). Elle tourne ensuite un documentaire-fiction sur la schizophrénie, *L'abîme du rêve* (1989), interprétée par Marie-Hélène Montpetit, Michel Daigle et Rita Lafontaine. En 1991, elle produit *La Sierra Leone bonsoir*, un moyen métrage de sa fille Bénédicte, qui réalise aussi, en 1995, *Le désordre magique de tous les jours* (m. m.) (D. P.)

**DESCHAMPS, Yvon,** acteur (Montréal, 1935). Acteur et musicien, il doit sa renommée à son travail d'humoriste qui, dans les années 70, fait de lui un des artistes les plus populaires du Québec. Monologuiste provocant, il prend plaisir à avancer sur des terrains minés, abordant féminisme et rapports de classes avec le même mordant, la même ironie. Il exploite au cinéma le personnage de victime, d'homme exploité qui fait son succès sur scène. Deschamps est d'abord associé à des films dramatiques, jouant dans *Louis-Hippolyte Lafontaine* (P. Patry, 1962, c. m.), puis dans deux productions de Coopératio, *Trouble-fête* (P. Patry, 1964) et *Délivrez-nous du mal* (J.-C. Lord, 1965), où, ridicule et peu convaincant, il tient le premier rôle, celui d'un homosexuel coupable, pauvre séducteur condamné à demeurer une victime. Il tient ensuite le rôle d'un employé de la compagnie de téléphone dans un des nombreux sketches qui font le succès de *Deux femmes en or* (C. Fournier, 1970). Puis, il tourne deux comédies pour toute la famille. Dans la première, *Tiens-toi bien après les oreilles à papa…* (J. Bissonnette, 1971), il joue, aux côtés de Dominique Michel, le rôle d'un employé en apparence dévoué à son employeur anglophone. Dans la deuxième, *Le p'tit vient vite* (L.-G. Carrier, 1972), dont il écrit le scénario en s'inspirant de *Léonie est en avance*, une pièce de Georges Feydeau, il donne la réplique à Denise Filiatrault. Deschamps joue enfin dans *Le soleil se lève en retard* (A. Brassard, 1976) où il interprète, avec succès cette fois, un rôle de séducteur maladroit. Il donne beaucoup d'humanité à son personnage d'homme timide qui découvre le grand amour grâce à une agence de rencontres. Profitant de l'immense popularité du monologuiste, Gérard Le Chêne et Jean-Claude Burger tournent avec lui *Yvongélisation* (1973, c. m.), un film sur la coopération québécoise en Afrique francophone. Après 1976, Deschamps n'apparaît plus au cinéma mais continue de faire carrière au théâtre, en spectacle et à la télévision. (M. C.)

**DESCOMBES, Michel,** mixeur (La Chaux-de-fonds, Suisse, 1942). Technicien en électronique, il travaille à la télévision suisse de 1960 à 1963. Arrivé à Montréal en 1964, il œuvre chez RCA Victor pendant trois ans. Il y est, notamment, affecté à l'enregistrement musical. En 1966, il entre à l'ONF et, comme Jean-Pierre Joutel, débute comme assistant mixeur de *Labyrinthe* (R. Kroitor, C. Low et T. Daly), film réalisé pour Expo 67. Entre 1967 et 1978, il mixe quelques centaines de films à l'ONF, dont *Mon oncle Antoine* (C. Jutra, 1971). En 1978, il quitte l'ONF pour Sonolab, où il est en charge du mixage de films comme *Les bons débarras* (F. Mankiewicz, 1980), *Crac!* (F. Back, 1981, c. m.), *Les Plouffe* (G. Carle, 1981), *Bach et Bottine* (A. Melançon, 1986), *Ding et Dong, le film* (A. Chartrand, 1990), *The Pianist* (Claude Gagnon, 1991), *La Sarrasine* (P. Tana, 1991), *Le sphinx* (L. Saïa, 1995) et *Never Too*

*Late* (G. Walker, 1996). Il a remporté quatre prix Génie. (M. J.)

**DESÈVE, J.-A. (Joseph-Alexandre),** producteur, distributeur, exploitant (Montréal, 1896 – 1968). Orphelin en bas âge, DeSève doit gagner sa vie dès l'âge de treize ans. Entré au contentieux d'une banque, il acquiert des connaissances en droit et en comptabilité qui lui seront précieuses. En 1929, il entrevoit la possibilité de distribuer du cinéma français au Canada. Le krach fait avorter son projet. Tout en occupant d'autres métiers, il se joint à Édouard Garand dont la compagnie importe, depuis 1931, du cinéma français. Il assure aussi la gérance de salles, dont le Saint-Denis, à Montréal. En 1934, il transforme la compagnie de Garand en Franco-Canada Films et étend son parc de salles en gestion. Cette même année, avec l'aide d'Alban Janin, il manœuvre habilement pour acquérir France Film et la Compagnie cinématographique canadienne dont le bureau de Paris approvisionne les salles de France Film en films français. Le voilà à la tête d'une chaîne relativement importante qui se donne pour mission de maintenir les traditions françaises. La revue *Le courrier du cinéma*, qu'il laisse à Garand, lui sert alors de véhicule promotionnel. France Film ne s'occupe pas que de cinéma. Les variétés l'intéressent également. Les succès de l'entreprise rendent les Américains envieux, mais DeSève sait leur tenir tête. Il s'allie à l'imprésario Nicolas Koudriatzeff pour organiser de nombreux spectacles.

Durant ses voyages en France, DeSève se lie avec l'abbé Aloysius Vachet, fondateur d'une compagnie de production catholique, Fiat-

J.-A. DeSève et l'abbé Vachet, vers la fin des années 30. (coll. CQ)

Film ; il investit même dans un de ses films, *Notre-Dame de la Mouise* (1939). Les vicissitudes qu'il connaît durant la guerre l'amènent à rêver d'un approvisionnement local stable. C'est pour cela qu'il s'allie à Renaissance Films* pour créer Renaissance Films Distribution (RFD) dont il devient le p.-d.g. Cette décision consomme la brouille qu'il a, depuis longtemps, avec Janin et celui-ci le force, en 1945, à démissionner de France Film. Janin meurt en 1948. Au terme de tractations, DeSève reprend le contrôle de France Film ; il met alors en branle un programme d'expansion. Au même moment, les administrateurs de RFD, qui constatent le piétinement de leur compagnie, prennent des mesures pour se défaire de DeSève. Ils devront toutefois continuer de s'entendre avec lui pour la distribution des films, car DeSève a pratiquement le monopole des salles qui peuvent diffuser des films québécois. Tant RFD que Québec Productions doivent faire affaire avec lui. Cela lui permettra finalement de faire plus d'argent qu'en produisant les films. Deux exceptions à cela : il crée, en 1951, l'Alliance cinématographique canadienne pour produire *La petite Aurore l'enfant martyre* (J.-Y. Bigras), puis il investit dans *Tit-Coq* (R. Delacroix et G. Gélinas, 1952).

À la faillite de RFD en 1951, DeSève met la main sur les équipements de la compagnie. Il contrôle alors presque tout ce qui touche à la production et à la distribution de films québécois. Il peut donc, avec le concours de Paul L'Anglais, créer des compagnies pour subvenir aux besoins d'une nouvelle venue, la télévision. Mais il ne se contente pas longtemps de ce rôle de second plan. Il soumet donc le projet d'une deuxième chaîne de télévision francophone, CFTM-TV, qui naît en 1961. Jusqu'à sa mort, il présidera toutes ses compagnies. DeSève a été un homme d'affaires coriace. Il a donné naissance au premier trust audiovisuel québécois. À sa mort, le produit de la vente de ses actifs alimente une importante fondation qui porte son nom.

BIBLIOGRAPHIE : VÉRONNEAU, Pierre, *Le succès est au film parlant français*, Montréal, Cinémathèque québécoise, 1979. (P. V.)

**DESJARDINS, Gilles,** scénariste (Montréal, 1957). Il obtient un baccalauréat en sociologie à l'UQÀM avant de se tourner vers la scénarisation. *Ruse en vengeance* (R.-R. Cyr, 1991, c. m.), dans lequel la tranquillité d'un jeune couple est menacée par l'arrivée impromptue d'une vieille connaissance de l'homme, révèle son talent à créer des situations mêlant habilement le drame et l'humour. On retrouve ce ton amusé dans *Les pots cassés* (F. Bouvier, 1993), qui remporte le Prix du meilleur scénario au Festival international du film de Moscou. Avec ce scénario peuplé de personnages étranges, Desjardins offre du monde une vision angoissée à travers un récit solidement construit et dialogué avec soin. Desjardins collabore au scénario de quelques films indépendants (*La fourmi et le volcan*, C. Baril, 1992, m. m. ; *Revoir Julie*, J. Crépeau, 1998) et scénarise un téléfilm portant sur une communauté juive orthodoxe, *Shabbat Shalom !* (M. Brault, 1992), qui remporte le prix Gémeau de la meilleure émission dramatique. Il coscénarise *L'île de sable* (1999), un drame familial qui ouvre sur un *road movie*, avec la réalisatrice Johanne Prégent, puis adapte une pièce de Michel-Marc Bouchard, *Les muses orphelines* (R. Favreau, 2000). Par ailleurs, Desjardins agit comme script-éditeur de la télésérie *Des crimes et des hommes* (1995-1997). (M. J.)

Richard Desjardins dans *L'erreur boréale* de Richard Desjardins et Robert Monderie. (coll. RVCQ)

**DESJARDINS, Richard,** musicien, réalisateur, recherchiste (Noranda, 1948). Après avoir réalisé des émissions radiophoniques sur la formation de groupes de travail issus du mouvement populaire abitibien, il fonde avec Robert Monderie, en 1974, la compagnie de production Abbittibbi Blue Print. Toutefois, il ne voit une caméra de cinéma de près que le premier jour du tournage de *Comme des chiens en pacage* (coréal. R. Monderie, 1977, m. m.). La vision très personnelle que ce beau film donne de l'Abitibi se situe entre l'idéalisation de l'abbé Proulx et l'image démoralisante qu'en a donnée Pierre Perrault ; elle est, en ce sens, plus proche d'une véritable réalité régionale. Produit avec des moyens réduits, *Comme des chiens en pacage* s'inscrit parfaitement dans le mouvement du cinéma régional des années 70. Toujours avec Monderie, Desjardins tourne *Mouche à feu* (1983, c. m.), qui traite de la musique country à travers le portrait de Ken Wallingford, « musicien d'hôtel ». Il collabore ensuite à *Noranda* (D. Corvec et R. Monderie, 1984, m. m.), comme recherchiste et musicien et laisse la réalisation pour se consacrer davantage à la musique. Il signe la musique de *La nuit avec Hortense* (J. Chabot, 1988) puis celle du *Party* (P. Falardeau, 1990), dans lequel il tient d'ailleurs le rôle d'un prisonnier qui interprète une chanson dédiée à ses gardiens et de *À double tour* (M. Cadieux, 1994). En 1990, le prix de la Chanson d'expression française du Festival d'été de Québec lui apporte l'élan nécessaire pour faire connaître sa musique au

niveau national, puis dans l'ensemble de la francophonie. Il réalise en 1999 un film pamphlétaire, *L'erreur boréale* (coréal. R. Monderie), qui provoque une onde de choc dans toute l'industrie forestière du Québec et soulève des débats passionnés. Desjardins y prend position contre la coupe à blanc et s'inquiète de l'avenir de la forêt québécoise. Le film remporte le Jutra du meilleur documentaire.
DISCOGRAPHIE : *Le party*, Abitibi en concert inc., 1990. (A. B.)

**DESMARTEAU, Charles,** chef opérateur, producteur, réalisateur, scénariste (Montréal, 1927). Habitant la Mauricie, ce passionné d'histoire découvre le cinéma dans le sillage d'Albert Tessier. Il réalise d'abord *Les raquetteurs* (1950, c. m.), puis offre ses services au SCP. En 1954, chez Delta Films, où il est associé à Fernand Rivard, il réalise *Le congrès marial national* (c. m.). Pour cette compagnie, il produit trois films de Rivard : *Images de Noël au pays du Québec* (1954, c. m.), *En Mauricie* (1954, c. m.) et *Année mariale* (1955, c. m.). À cette époque, il lui arrive aussi d'être cameraman pour d'autres cinéastes et au service des nouvelles de Radio-Canada. En 1960, il réalise son film le plus ambitieux, *Carnaval de Québec* (c. m.), un film 35 mm en couleurs distribué mondialement par Paramount. Par la suite, n'arrivant pas à concrétiser la réalisation de *Ashini*, un projet de long métrage, il retourne au documentaire touristique. Déçu par le cinéma et par l'évolution de l'OFQ dans lequel sa personnalité forte s'intègre mal, il délaisse la production au milieu des années 60. Claude Fournier utilisera de ses images pour *Du général en particulier* (1967, c. m.). Desmarteau fonde à cette époque la Société historique de Boucherville ainsi qu'un journal, *La Seigneurie*. Il œuvre toujours dans le milieu de la presse, au journal *La Relève* qu'il a créé en 1987.
PRINCIPAUX AUTRES FILMS : *Coins historiques de ma province* (1960, c. m.), *Les pee-wee sur glace* (1961, c. m.), *La vierge de Lourdes au Québec* (1961, c. m.), *Au pays du bon voisinage* (1962, c. m.), *L'œil du Québec* (1962, c. m.), *Présence culturelle du Québec* (1964, c. m.), *Présence de la forêt* (1964, c. m.). (P. V.)

**DÉSY, Victor,** acteur, scénariste (Montréal, 1932). Le premier long métrage dans lequel il apparaît est *Il était en guerre* (L. Portugais, 1958), mais on le remarque surtout dans *À tout prendre* (C. Jutra 1963), où il campe avec talent le personnage de Victor, l'ami et voisin de Claude. Par la suite, on le retrouve dans une douzaine de longs métrages, jouant souvent des seconds rôles, autant en français qu'en anglais. Parmi eux, on compte *YUL 871* (J. Godbout, 1966), *Les aventures d'une jeune veuve* (R. Fournier, 1974), *Jacob Two Two Meets the Hooded Fang* (T. J. Flicker, 1978) et *À corps perdu* (L. Pool, 1988). En 1985, il collabore au scénario de *Claire… cette nuit et demain* (N. Castillo), basé sur un texte dont il est l'auteur. (M. J.)

**DEVLIN, Bernard,** réalisateur, producteur, scénariste (Québec, 1923 – Montréal, 1983). Il fait son service miliaire dans la Royal Navy et la RCAF. Au début de 1946, il entre à l'ONF, où il apprend à connaître le cinéma en même temps qu'il découvre la réalisation. Il participe à la série « Vigie » et se fait d'abord remarquer avec une fiction documentaire, *Contrat de travail* (1950, c. m.), où il prend clairement position pour le syndicalisme et se démarque de l'idéologie traditionnelle du Québec duplessiste. Mais c'est à la fiction proprement dite qu'il veut se consacrer ; *L'abatis* (coréal. R. Garceau, 1952, c. m.), qui décrit la colonisation en Abitibi, lui en donne l'occasion. Il laisse la reconstitution historique pour réaliser un film qui sera d'une importance capitale pour l'affirmation des francophones, *L'homme aux oiseaux* (coréal. J. Palardy, 1952, c. m.), une comédie scénarisée par Roger Lemelin. Lorsqu'en 1953 l'ONF décide de produire pour la télévision, Devlin prend la tête de l'opération et devient ainsi un pionnier dans le domaine avec la série « On the Spot ». En 1954, satisfait de son expérience en reportage filmé, l'ONF met en chantier une série francophone analogue à la précédente, « Sur le vif ». Devlin en réalise dix-huit épisodes et se voit confier la mise sur pied d'une équipe française de production télévisuelle. En 1956, il devient pigiste pour produire et réaliser, à l'ONF, les séries « Passe-partout » et « Panoramique ». Parmi les vingt-deux émissions de « Passe-partout » qu'il tourne, on retient surtout une fiction, *Alfred J...* (1956, deux c. m.), pour ses qualités de réalisation et la justesse avec laquelle elle décrit la syndicalisation dans un milieu populaire. C'est à cette époque qu'émergent les conflits de Devlin avec certains cinéastes. Si tous reconnaissent son dynamisme de producteur, certains, à la faveur d'une campagne de presse en 1957, l'associent à la « clique dirigeante » qui empêche les francophones de s'épanouir à l'ONF et lui rappellent ses origines anglophones. Cette contestation ne l'empêche ni de produire ni de réaliser. C'est à la série « Panoramique » qu'appartient son premier grand film, *Les brûlés* (1958), un long métrage divisé en épisodes pour la télévision. Le film trace un intéressant portrait historique de la montée des colons dans le Nord québécois alors que le gouvernement tente de contrer les effets de la crise des années 30 en assurant la promotion d'un utopique retour à la terre. En 1959, Devlin réintègre l'ONF à titre de producteur exécutif. Il réalise deux moyens métrages de fiction qui comptent parmi ses films les plus importants : *L'héritage* (1960), d'après Ringuet, une remise en question du thème rural, et *Dubois et fils* (1961), une interrogation d'actualité sur les difficultés de l'entreprise familiale menée dans le cadre de la série « Défi ». Il met aussi en chantier la série « Les artisans de notre histoire », qu'il abandonne en 1962.

Bernard Devlin à l'époque du tournage de son premier grand film, *Les brûlés*. (coll. CQ)

Au début des années 60, l'antinationalisme de Devlin, qu'on peut rattacher à celui de *Cité libre*, se heurte au nationalisme d'une grande partie de l'équipe française. Il lance la série « Comparaisons », tournée entre 1959 et 1964 et, en 1964, il se remet à travailler en anglais à titre de réalisateur et de producteur. Il termine alors deux films du volet anglais des « Artisans de notre histoire ». Ses films les plus intéressants de la décennie qui suit sont *A Question of Identity — War of 1812* (1966, c. m.) et une fiction satirique, *Once Upon a Prime Time* (1966, c. m.). Lors d'un bref séjour en Colombie-Britannique, il renoue avec le long métrage; mais *A Case of Eggs* (1974), réalisé dans la série « Filmglish », ne se révèle pas une expérience concluante. Il revient donc à Montréal pour se consacrer exclusivement à la production. En 1977, Devlin se retire. Il disparaît en haute mer.

Cette fin de carrière un peu triste ne doit pas faire oublier les quinze années où Devlin a été l'un des moteurs de la production onéfienne. Il joue un rôle capital dans l'expansion de l'équipe française, même s'il n'y est pas tout à fait intégré. Si son œuvre est très diversifiée, on dénote toutefois un fort penchant pour la fiction et les films à dimension historique. C'est là que se situe le meilleur de son œuvre.

PRINCIPAUX AUTRES FILMS : *Ski Skill* (1946, c. m.), *Horizons de Québec* (1948, c. m.), *La crèche d'Youville* (1955, c. m.), *Cas de conscience* (1956, c. m.), *Tu enfanteras dans la joie* (1957, c. m.), *La misère des autres* (1960, c. m.), *The Voyageurs* (1964, c. m.), *The End of the Nancy J* (1970, c. m.) (P. V.)

**DE VOLPI, David,** chef opérateur (Montréal, 1942). Encore étudiant, il entre à l'ONF à l'été 1963 comme magasinier. Il devient ensuite assistant cameraman avant d'être promu chef opérateur. À ce titre, il travaille à plus de cent films, dont *Encounter on Urban Environment* (R. Hart, 1970), *First Winter* (J. N. Smith, 1981, c. m.), *Narcissus* (N. McLaren, 1983, c. m.), *Starbreaker* (B. Mackay, 1984) et *First Stop, China* (J. N. Smith, 1987). À partir du milieu des années 80, il signe les images de quelques longs métrages de fiction: *Train of Dreams* (J. N. Smith, 1987), *Welcome to Canada* (J. N. Smith, 1989), *Justice Denies* (P. Cowan, 1989) et *The Company of Strangers* (C. Scott, 1990). À l'ONF, de Volpi est aussi l'un des spécialistes des effets spéciaux et de la technique du « blue screen » (aussi appelée effet de matte) qui permet d'incruster une image à l'intérieur d'une autre. En mai 1990, il prend la direction de la section caméra du programme anglais de l'ONF, poste qu'il occupe jusqu'à sa retraite, en 1996. (M. J.)

**DION, Yves,** monteur, réalisateur, scénariste (Montréal, 1947). Il entre à l'ONF en 1965 comme assistant monteur et apprend le métier avec Tom Daly, Roman Kroitor et Claude Jutra, entre autres. L'essentiel de sa carrière se passe à l'ONF comme pigiste et permanent, mais il travaille aussi comme monteur à Radio-Canada, entre 1968 et 1970, pour les émissions *Format 60, Femme d'aujourd'hui* et *Cinquième dimension* et, au début des années 70, dans l'industrie privée, notamment pour *Bulldozer* (P. Harel, 1972) et *Les ordres* (M. Brault, 1974). Sa carrière de monteur commence comme assistant pour les films du Labyrinthe à l'Expo 67. Il est ensuite le monteur de films comme *Wow* (C. Jutra, 1969) et *Un lendemain comme hier* (M. Bulbulian, 1970, m. m.). Dans le cadre de Société nouvelle, il passe à la réalisation avec *Sur vivre* (1970, m. m.). Il alterne ensuite entre ses deux métiers jusqu'en 1980 et se consacre surtout à la réalisation par la suite, ne retournant à la table de montage que pour ses propres films et, parfois, pour ceux de collègues (*Sonia*, P. Baillargeon, 1986, m. m.; *20 décembre*, M. Champagne, 1989, c. m.; *La fenêtre*, M. Champagne, 1992; *Un amour nais-*

*sant*, D. Todd Hénaut, 1992, c. m.; *Voir le monde*, F. Desbiens, 1992, c. m.; *Doublures*, M. Murray, 1993; *Tu as crié LET ME GO*, A. C. Poirier, 1997). Après son départ de l'ONF, à la fin de 1998, le montage de produits télévisuels l'occupe à plein temps. Comme réalisateur il privilégie le direct avec équipe souple et très réduite, mais, avec *L'homme renversé* (1986), il scénarise une fiction à la manière du direct, laissant une grande place à l'improvisation et intervenant lui-même pour « secouer » ses comédiens et faire avancer l'action. Une même préoccupation anime la partie la plus significative des films auxquels il collabore et tous ceux qu'il dirige : la création de modes de vie plus justes, plus dignes, plus humains et plus normaux pour les handicapés, les marginaux et tous les défavorisés de la société.

Avec *Sur vivre*, il est l'un des premiers à faire vivre de l'intérieur, sans voyeurisme ni recherche d'exotisme, le dynamisme des handicapés (un couple de paralysés cérébraux avec enfant) qui ne se contentent pas de survivre, mais qui peuvent en apprendre à tous « sur vivre ». Suivent la recherche d'une *Raison d'être* (1977) dans l'accompagnement de deux cancéreux à l'article de la mort, l'illustration des divers sentiments provoqués par *Les accidents* (1978, c. m.), l'exploration du lien entre surdité et solitude avec *La surditude* (1981). Dans ses films, les personnages principaux affrontent tous directement leur situation et leurs handicaps, réagissent de manière très dynamique au lieu de s'écraser dans la morosité, et viennent questionner le regard des bien-portants sur leur propre vie. Puis, c'est la mise à nu et la première remise en question radicale de la condition masculine avec *L'homme renversé*. Il participe ensuite à la série « La bioéthique : une question de choix » avec *Perversion* (1988, c. m.), qui porte sur les moyens médicaux d'euthanasie, et à celle des « Enfants de la rue » avec *Danny* (1987, m. m.), l'histoire d'un fils de bonne famille qui, malgré l'intervention d'un travailleur social (Gabriel Arcand), glisse sur la pente de la délinquance. Puis, il tourne de nouveau un court métrage, *Le Vendredi de Jeanne Robinson* (1990), comédie sur un scénario de Louise Pelletier, produit dans le cadre de la série « Fictions 16/26 ». Il réalise ensuite quatre courts métrages de la série « Pour tout dire », sur le français langue seconde, destiné aux élèves anglophones du secondaire (*Junior 1-4*, 1990-1992) et participe à *Référendum — Prise deux/Take 2* (collectif, 1996). Il dirige finalement *Le grand serpent du monde* (1998), son deuxième long métrage de fiction, qui pousse encore plus loin son analyse de la masculinité en crise avec un personnage de quarante ans, interprété par Murray Head, que l'errance amoureuse et le refus de la famille mènent à une profonde remise en question. Il quitte l'ONF en 1997 et poursuit son activité de monteur. (Y. L.)

**DIRECTION GÉNÉRALE DES MOYENS DE COMMUNICATION.** L'utilisation du cinéma à des fins didactiques par le gouvernement québécois remonte aux années 20, alors qu'un fonctionnaire du ministère de l'Agriculture, Joseph Morin*, se sert du cinéma et plaide pour la production de films agricoles propres à la réalité québécoise. Durant les années 30, le ministère de l'Agriculture crée donc la section des vues animées et Morin en obtient la direction. Progressivement d'autres ministères ouvrent des services ou des cinémathèques et commandent des films à des producteurs privés.

Le 5 juin 1941, le gouvernement crée le Service de ciné-photographie (SCP). Joseph Morin en est le directeur. Rapidement le SCP rapatrie tous les films et les équipements des différents ministères. Il joue surtout le rôle d'une cinémathèque, aucun cinéaste n'y étant employé à l'exception du photographe-cameraman Paul Carpentier. La production est alors confiée à des pigistes comme Maurice Proulx* et Albert Tessier*. Cette pratique se poursuit sous le gouvernement Duplessis et, en 1946, le SCP est intégré à l'Office provincial de publicité. Par ce geste, le gouvernement affirme clairement que le cinéma est un instrument de propagande et d'éducation populaire mis au service des ministères. En comparaison avec l'ONF, le service québécois demeure tout de même très modeste. Sous la direction de Morin et du chef de production Maurice Montgrain, le SCP, en faisant appel à un nombre grandissant de pigistes (le frère Adrien*, Jean Arsin*, Louis-Roger Lafleur*), permet à un cinéma semi-artisanal et à de petites compagnies de se développer, au Québec, en dehors de l'ONF et de l'ASN. À cette époque, le SCP, dont les bases sont à Québec, a un bureau à Montréal (dirigé par Gilbert Fournier). Alphonse Proulx s'occupe de la distribution en province.

Au cours des années 50, le SCP augmente ses effectifs (Michel Vergnes*, Paul Vézina* et Dorothée Brisson*) et commence à produire ses propres films. Progressivement, il fait appel à de nouveaux collaborateurs : Louis-Paul Lavoie*, Jean-Marie Nadeau, Fernand Rivard*, Charles Desmarteau*, Fernand Guertin*. À la mort de Duplessis, un nouveau directeur, Robert Prévost, est nommé. Il veut rendre le service plus professionnel, mais il n'a pas le temps puisque en avril 1961, sous le gouvernement Lesage, le SCP est transféré au Secrétariat de la province et change son nom en Office du film du Québec (OFQ). En 1963, André Guérin* en devient le directeur. La cinématographie provinciale prend un nouvel essor et la qualité des films augmente. En 1967, l'OFQ est intégré au ministère des Affaires culturelles et est appelé à une fonction plus importante. Guérin, qui en cumulait la direction avec celle du BSQ, le quitte. Raymond-Marie Léger* le remplace. L'OFQ continue d'être un intermédiaire entre le gouvernement et l'industrie, mais Léger interprète son mandat davantage dans la ligne de l'ONF. Nationaliste, il veut que les productions de l'OFQ reflètent le dynamisme du cinéma et de la société québécoise. L'OFQ continue de répondre aux besoins des ministères avec des productions touristiques, mais s'ouvre à de nouveaux domaines, notamment la culture et l'éducation, pour lesquels on va même jusqu'à produire des longs métrages. On commence aussi à filmer l'actualité, comme avec les films de Claude Fournier* et de Jean-Claude Labrecque* sur la visite du général de Gaulle. Arthur Lamothe* et Michel Moreau* font partie des cinéastes qui travaillent pour l'OFQ.

Mais l'OFQ demeure une structure vieillissante dont le rôle à l'intérieur du gouvernement, jamais clairement défini, pose toujours un problème. En juin 1975, la nouvelle Loi sur le cinéma (*voir* LOIS SUR LE CINÉMA) tente de le régler et abolit l'OFQ pour créer la Direction générale du cinéma et de l'audiovisuel (DGCA). Mais les pouvoirs et le mandat de la DGCA sont vastes et ses premières années passent en restructuration et en redéfinition. Peu à peu, l'organisme devient fortement bureaucratisé. Le livre bleu sur le cinéma de 1978, que parraine son directeur, Michel Brûlé, confirme cette tendance. Bientôt, le milieu du cinéma commence à contester. Il y a des frictions avec l'IQC. Les ministères contournent l'organisme, font appel à l'industrie privée et vont jusqu'à créer des unités de production, comme le fait le ministère de l'Éducation avec sa Direction générale des moyens d'enseignement (DGME). Progressivement, la DGCA produit de moins en moins de films et se borne de plus en plus à son rôle de cinémathèque des productions gouvernementales. En 1980, le gouvernement met fin à ses activités et confie ultimement aux Archives nationales du Québec les œuvres réalisées par les divers services gouvernementaux. En 1981, le gouvernement l'abolit pour la remplacer par la Direction générale des moyens de communication (rattachée au ministère des Communications), qui comprend des services de production et de diffusion des documents audiovisuels. Ce nouvel organisme n'arrive toujours pas à avoir l'envergure qu'avait l'OFQ, malgré une dernière tentative de réorganisation en 1983, à la suite de l'adoption de la nouvelle loi sur le cinéma. Le gouvernement met fin à ses activités et confie ultimement aux Archives nationales du Québec les œuvres réalisées par les divers services gouvernementaux. (P. V.)

**DIRECTION GÉNÉRALE DU CINÉMA ET DE L'AUDIOVISUEL (DGCA).** (*Voir* DIRECTION GÉNÉRALE DES MOYENS DE COMMUNICATION)

**DISTRIBUTION.** Depuis le tout début du cinéma, les entreprises américaines de distribution considèrent le Canada et le Québec comme partie intégrante de leur marché domestique, et dominent largement ce vaste marché nord-américain intégré. Dès 1907, avec la formation de la United Film Protective Association of the Film Manufacturers and Importers of the United States (ou trust Edison), les grandes compagnies américaines tentent d'éliminer toute concurrence de la part des distributeurs indépendants ou étrangers. La première action de ce cartel au Québec, en 1908, consiste d'ailleurs à retirer au principal distributeur québécois, Léo-Ernest Ouimet*, les droits qu'il détenait sur les films du groupe Edison. Le trust Edison demeurera en activité jusqu'en 1915, alors qu'il sera démantelé à la suite de l'adoption de la Loi antitrust. Mais, pour les indépendants, le répit est de courte durée puisque, dès le début des années 20, les grands studios américains intègrent les réseaux de salles à leur empire, ce qui leur permet de dominer entièrement le commerce des films en Amérique du Nord. Au Canada, après un premier effort, avorté en 1931, pour réduire ces pratiques monopolistiques (*voir* EXPLOITATION), le gouvernement essaie d'obliger les entreprises américaines à investir au Canada les revenus de distribution et d'exploitation qu'elles y réalisent. Au terme des négociations, le Canadian Cooperation Project, dont les seules véritables incidences sont d'amener les *majors* à tourner quelques films au Canada et à y promouvoir le tourisme, est signé en 1948. Depuis, les tentatives pour arriver à un accord négocié avec les *majors* se sont multipliées, mais toutes ont échoué et la domination américaine sur la distribution au Canada demeure quasi totale.

Les caractéristiques linguistiques et culturelles particulières du Québec ont permis que s'y développe un secteur national de distribution plus important qu'ailleurs au Canada. C'est avec l'apparition du cinéma parlant que s'amorce l'essor d'entreprises québécoises spécialisées dans la distribution de films français, dont France Film, dirigée bientôt par J.-A. DeSève* puis par Georges Arpin, qui, de sa fondation en 1932 jusqu'aux années 60, occupera pratiquement seule le marché du film « parlant français », faisant d'ailleurs de son développement une mission patriotique. Avec la francisation progressive de l'exploitation, d'autres distributeurs viennent concurrencer France Film : J.-A. Lapointe, cinéphile passionné, forme sa compagnie en 1946 et importera massivement, dans les années 60, des films japonais et scandinaves ; J.-P. et Marie Desmarais fondent leur entreprise en 1948 ; Ciné-Art, à partir de 1960, alimente le réseau de salles de Michel Costom ; Cinépix, fondée en 1962 par John Dunning* auquel se joint quelques mois plus tard André Link* ; Faroun Films, fondée par Rock Demers* et qui se spécialise dans les films pour enfants ; Les films Mutuels, Prospec, Prisma, Explo-Mundo, etc. À la fin des années 70, on compte une vingtaine de distributeurs québécois commerciaux qui accaparent environ 30 % des recettes au guichet. Trois entreprises dominent : Cinépix, Films Mutuels et France Film, responsables à elles trois de plus de 50 % des nouveaux films mis sur le marché par les distributeurs québécois. Comme l'avait fait Ouimet dans les années 10, puis France Film avec Renaissance Films, Québec Productions et Coopératio, ces trois entreprises participent au cours des années 70 au financement de la production québécoise et, bien sûr, à sa diffusion. À leurs côtés, on trouve également des entreprises spécialisées dans la distribution de films québécois, qu'ils soient de fiction ou documentaires, de court, de moyen ou de long métrage, à la fois dans le circuit commercial et dans les réseaux scolaire, communautaire et parallèle. Mentionnons notamment Cinéma Libre, fondé en 1976 par François Brault*, Jean Dansereau*, André Forcier*, Bernard Lalonde*, et Pierre Latour, Les Films du Crépuscule, fondé en 1977, par Louis Dussault et Michele La Veaux*, Parlimage (devenu essentiellement un lieu de formation depuis), Carrefour international et MainFilm*. Dans le domaine de la vidéo, citons Vidéo-femmes, un collectif de production et de diffusion fondé en 1973 (sous le nom de La Femme et le film) par Helen Doyle*, Nicole Giguère et Hélène Roy, ainsi que le Vidéographe, créé en 1971 à l'initiative de Robert Forget*. Enfin, dans le secteur de l'exportation, citons Films Transit, fondé en 1982 par Francine Allaire et Jan Rœfekamp.

Au tournant des années 80, le secteur québécois de la distribution se voit toutefois menacé de marginalisation, alors que les *majors* se dotent de *classics divisions* chargées d'acquérir les droits nord-américains de plusieurs films européens, jusque-là distribués au Québec par les indépendants. Malgré un certain essoufflement du nationalisme, la réaction du milieu cinématographique est vive : on souligne qu'en soixante ans d'activités au Québec, les *majors* n'ont distribué aucun film québécois de langue française et que, advenant la disparition des distributeurs québécois, la production nationale souffrirait grandement, aussi bien en ce qui concerne le financement que l'accès aux salles. On fait également valoir qu'il est inadmissible que l'ensemble des décisions de programmation qui affectent la vie culturelle des Québécois soient prises hors Québec, au nom d'intérêts économiques étrangers. Le gouvernement dépose alors le projet de loi 109, qui entend établir un partage du marché entre distributeurs québécois et étrangers, et obliger tous les distributeurs à investir une part de leurs revenus dans le financement des productions québécoises. Malgré d'intenses pressions du gouvernement américain et les menaces de boycottage des *majors*, la Loi sur le cinéma est finalement adoptée à l'unanimité par l'Assemblée nationale le 23 juin 1983. Même si les dispositions de la Loi sur le cinéma ne sont jamais appliquées intégralement, celle-ci conduit, au Québec, à la signature de l'entente Bacon-Valenti qui limite la capacité des *majors* de distribuer des films de langues autres que l'anglais (*voir* LOIS SUR LE CINÉMA). Elle incite le gouvernement fédéral, après des tentatives législatives avortées, à adopter une politique restrictive quant à l'établissement de nouvelles entreprises étrangères de distribution au Canada ainsi qu'à créer, en 1988, un fonds d'aide à la distribution de longs métrages, particulièrement généreux pour les entreprises de distribution canadienne (*voir* TÉLÉFILM CANADA).

Ces initiatives, couplées au demi-échec financier des *classics divisions* et au développement de nouvelles fenêtres de diffusion de longs métrages (vidéocassettes, télévision payante…), donnent un nouveau souffle aux distributeurs indépendants. Au tournant des années 90, plusieurs d'entre eux ont atteint une taille enviable dont Alliance/Vivafilms, Astral, Cinépix, Cinéma Plus, Malofilm ; d'autres comme Allegro, Aska et Max Films se concentrent essentiellement sur la distribution des longs métrages qu'elles produisent. Une forte tendance à la fusion/consolidation se dessine alors, au terme de laquelle plusieurs petites et moyennes entreprises disparaissent et quelques grandes entreprises intégrées et pancanadiennes émergent : Alliance, qui occupe d'assez loin la position de tête parmi les entreprises canadiennes de distribution (comme de production à la suite de sa fusion avec Atlantis), Motion International qui a intégré Astral et Allegro, Lion's Gate qui a acquis C/FP Distribution, née d'une alliance entre Cinépix et Famous Player's, Remstar qui a absorbé Prima Films et Industry qui a repris la division distribution de Behavior, le successeur de Malo Films. À leurs côtés, des entreprises de taille plus modeste comme Aska, Cinéma Libre, Film Tonic, France Film et Fun Film tentent de tirer leur épingle du jeu.

En 1997, les entreprises de distribution québécoises accaparent 37 % de la recette-guichet au Québec, ce qui se compare avantageusement avec la part de marché dévolue aux entreprises de distribution sous contrôle canadien au Canada anglais, qui se situe aux environs de 12 %. Cela est dû en partie à leur accès privilégié aux films de langues originales autres que l'anglais mais surtout aux ententes de sous-distribution avec des mini-*majors* américaines, des distributeurs canadiens ou de nouveaux distributeurs sous contrôle étranger, comme Polygram, autorisés à distribuer des films propriétaires au Canada anglais mais pas au Québec. En effet, les films, notamment européens, de langues originales autres que l'anglais sont moins nombreux à être distribués commercialement au Québec et globalement moins populaires qu'il y a quinze ans. C'est pourquoi l'enjeu principal qu'identifient aujourd'hui les distributeurs est celui de l'accès aux films de langue originale anglaise (américains, britanniques, australiens, coproductions internationales) dits non-propriétaires. En 1999, le Comité consultatif sur le long métrage mis sur pied par la ministre du Patrimoine canadien est d'ailleurs revenu à la charge, en demandant une nouvelle intervention législative du fédéral visant « à ce que personne ne distribue au Canada de long métrage de non-propriétaire si elle, ou l'un de ces affiliés, le distribue aussi aux États-Unis, à moins d'avoir rendu publique la disponibilité des droits canadiens distincts et d'avoir permis à d'autres distributeurs de soumissionner en toute équité les droits canadiens ».

Une autre préoccupation qui se dessine est celle du contrôle du marché de la vente et de la location de films sur support vidéocassette ou vidéodisque. Jusqu'au milieu des années 90, les entreprises québécoises, grâce à des ententes de sous-distribution, dominent largement ce marché, mais les *majors* font un retour en force de ce secteur, de plus en plus axé sur la vente directe aux consommateurs, à la faveur de la tendance à éliminer les intermédiaires et à négocier directement des ententes avec des grandes surfaces (Zellers, Wal-Mart) pour la vente de leurs produits. (M. H.)

**DOCUMENTAIRE.** (*Voir* CINÉMA DIRECT)

**DOMPIERRE, François,** musicien (Ottawa, Ontario, 1943). Musicien de cinéma prolifique, ce diplômé du Conservatoire de musique de Montréal (1963) a à son crédit, en plus d'une importante activité dans le milieu de la musique classique, une abondante production populaire, des chansons, des jingles publicitaires, de même que quelques comédies musicales (dont *IXE-13*, J. Godbout, 1971), ainsi qu'un projet d'opéra, *Fin de siècle*, développé avec Denys Arcand. Sa filmographie est surtout associée au courant commercial du long métrage québécois. Il débute avec *Délivrez-nous du mal* (J.-C. Lord, 1965) et *YUL 871* (J. Godbout, 1966), et poursuit avec des films comme *O.K... Laliberté* (M. Carrière, 1973) et *Partis pour la gloire* (C. Perron, 1975). Par la suite, son nom est associé à de nombreux films à succès : *Mario* (J. Beaudin, 1984) et *Le matou* (J. Beaudin, 1985), dont les partitions lui valent deux prix Génie, ainsi que *Bonheur d'occasion* (C. Fournier, 1983), *Le déclin de l'empire américain* (D. Arcand, 1986), *The Kid Brother* (Claude Gagnon, 1987), *Les portes tournantes* (F. Mankiewicz, 1988), *Vent de Galerne* (B. Favre, 1989) et *La fille du maquignon* (Mazouz, 1990). De cette longue liste se détache d'abord l'étonnant *IXE-13*, première et rare comédie musicale du cinéma québécois. Les divers éléments visuels de ce film, véritable bijou de caricature proche de la bande dessinée, sont avant tout supportés par une musique inventive et égrillarde, crypto-populiste mais qui sait ne jamais tomber dans la charge intellectuelle moqueuse. On ne peut dissocier non plus la musique de Dompierre du succès du *Déclin de l'empire américain*, tant ses arrangements de Haendel forment un tout homogène avec le ton crépusculaire, de type opératique, de l'arrière-plan du film, et tant sa propre musique souligne avec brio les aubes mortelles de l'épilogue. Pour *C't'à ton tour, Laura Cadieux* (D. Filiatrault, 1998), Dompierre compose une chanson de fin de générique, pratique peu courante dans le travail de musique de film, « Laura la belle », paroles de Michel Tremblay, interprétée par Ginette Reno. Le compositeur l'avait fait une autre fois pour *L'homme idéal* (G. Mihalka, 1996), une chanson homonyme écrite par Luc Plamondon et interprétée par Marie Carmen.

PRINCIPAUX AUTRES FILMS : *Tiens-toi bien après les oreilles à papa...* (J. Bissonnette, 1971), *La gammick* (J. Godbout, 1974), *Derrière l'image* (J. Godbout, 1978), *Comme en Californie* (J. Godbout, 1983), *The Blood of Others* (C. Chabrol, 1984), *Double Identity* (Y. Boisset, 1990), *Mon amie Max* (M. Brault, 1994), *Le*

*siège de l'âme* (O. Asselin, 1997), *C't'à ton tour, Laura Cadieux* (D. Filiatrault, 1998).
DISCOGRAPHIE : *Tiens-toi bien après les oreilles à papa...*, Trans-Canada TC 781, 1971 • *IXE-13, une comédie qui chante*, Gamma, GS-148, 1971 • *Ti-Mine, Bernie pis la gang*, 45 tours, 1977 • Extraits des musiques originales des films *Le déclin de l'empire américain, Mario, Le matou, Milan*, A 298/RC 270, 1986 • *Les portes tournantes*, Costar MF-88001/MF4-88001, 1988 • *La fille du maquignon*, PF-522, 1990 • *Mon amie Max*, AN 2 8303, 1994 • *IXE-13*, Les Productions François Dompierre (réédition augmentée), PFDCD-8000, 1997. (R. L.)

**DOMVILLE, James de B.,** administrateur, producteur, réalisateur (Cannes, France, 1933). En 1956, il est coauteur, producteur et compositeur de la comédie musicale *My Fur Lady*. Il poursuit sa carrière théâtrale et, en 1960, il est le cofondateur et le premier directeur administratif de l'École nationale de théâtre. Il en est le directeur général de 1964 à 1968. Puis, jusqu'à 1972, il occupe la fonction de directeur exécutif du TNM. Il entre à l'ONF comme directeur adjoint de la production anglaise, puis devient producteur exécutif en 1974. Il produit onze films parmi lesquels *His Worship, Mr. Montreal* (D. Brittain, M. Canell et R. Duncan, 1976, m. m.), *Volcano : An Inquiry into the Life and Death of Malcolm Lowry* (D. Brittain et J. Kramer, 1976) et *One Man* (R. Spry, 1977). Il réalise également deux films, qu'il tourne dans le Grand Nord : *Sub-Igloo* (coréal. J. MacInnis, 1973, c. m.) et *Arctic IV* (1975, m. m.). Il conçoit et coproduit *Inukshuk* (1974), première émission transmise par la CBC en direct de Resolute Bay, dans l'Arctique. En 1975, il est nommé commissaire adjoint de l'ONF. De 1979 à 1983, il est commissaire du gouvernement à la cinématographie et président de l'ONF. Son mandat est marqué par des restrictions budgétaires et par des tentatives de clarification du rôle de l'organisme, notamment à la suite du dépôt, en 1982, du rapport du comité d'étude de la politique culturelle fédérale présidé par Louis Applebaum et Jacques Hébert. Depuis, il poursuit sa carrière dans le domaine théâtral. (B. L.)

**DOSTIE, Alain,** chef opérateur, réalisateur (Québec, 1943). Il entre à l'ONF en 1964 comme assistant à la caméra, avant de participer à l'aventure de Coopératio où il est, notamment, assistant réalisateur de *Poussière sur la ville* (A. Lamothe, 1965). De retour à l'ONF, il se retrouve preneur de son pour *Le règne du jour* (P. Perrault, 1966), puis devient chef opérateur. Il fait ensuite une rencontre déterminante, celle de Denys Arcand avec qui il tournera six longs métrages : *On est au coton* (1970), *La maudite galette* (1971), *Québec : Duplessis et après...* (1972), *Réjeanne Padovani* (1973), *Gina* (1975) et *Le confort et l'indifférence* (1981). Il quitte définitivement l'ONF en 1973, et continue d'œuvrer presque exclusivement pour le cinéma. Lorsqu'il travaille à des films de fiction, son style demeure souvent marqué par le cinéma direct auquel il est resté attaché. C'est pourquoi il est à l'aise avec des cinéastes comme Jacques Leduc (*On est loin du soleil*, 1970 ; *Tendresse ordinaire*, 1973), Jean-Claude Labrecque (*Les vautours*, 1975 ; *Les années de rêves*, 1984) et Gilles Groulx (*Première question sur le bonheur*, 1977 ; *Au pays de Zom*, 1982). Mais *Kalamazoo* (A. Forcier, 1988) de même que *Les fous de Bassan, Dans le ventre du dragon* et *Perfectly Normal* (Y. Simoneau, 1986, 1989 et 1990) démontrent qu'il est avant tout un technicien au style polyvalent.

Au cours de la décennie 1990, Dostie collabore surtout avec François Girard (*Thirty Two Short Films about Glenn Gould*, 1993; *The Red Violin*, 1998) et Pierre Falardeau (*Le party*, 1990; *Octobre*, 1994; *Miracle à Memphis*, 1999). Il est aussi le réalisateur d'un documentaire sur la jeunesse: *C'est votre plus beau temps!* (coréal. S. Beauchemin, 1974). (M. J.)

**DOUCET, Robert (Bob),** animateur, réalisateur (Montréal, 1940). Après des études à l'École des beaux-arts, il entre à l'ONF en 1965, comme graphiste à la section d'animation anglaise. Assistant-animateur et graphiste, il participe à différents projets dont celui des « vignettes ». En 1973, il réalise ses premiers films dans la série « Water Pollution and Car Safety ». Suivent quelques réalisations : la mise en images d'un poème, *Perishing Bird* (1975, c. m.) ; un film pédagogique, *What Do You Do? What Are You Doing?* (1976, c. m.) ; *Ice* (1982, t. c. m.), pour lequel il utilise le papier découpé et les cellulos; un film humoristique qui raconte l'histoire d'un enfant dont la chambre est subitement transformée en station de métro, *Blackberry Subway Jam* (1984, c. m.) ; et *Dreams of a Land* (1988, c. m.), dessin animé consacré à Champlain. Doucet travaille ensuite à *Second début* (1991, c. m.), film qui illustre, avec légèreté, les difficultés reliées à la retraite, et à *The legend of the Flying Canoe* (1996). Pour ce court métrage d'animation qui s'inspire de *La Chasse galerie*, légende publiée par Honoré Beaugrand en 1891, Doucet numérise des images faites à la main pour les colorer par ordinateur. (M.-É. O. et É. P.)

**DOYLE, Helen,** réalisatrice, scénariste (Québec, 1950). Comme beaucoup de cinéastes de sa génération, notamment du côté des femmes, elle touche à la vidéo avant d'aborder le cinéma. En 1973, avec Nicole Giguère et Hélène Roy, elle fonde Vidéo-femmes (*voir* VIDÉO), un groupe de production et de distribution de vidéos, à Québec. Elle y réalise de nombreux documents sur la condition féminine (*Chaperons rouges*, coréal. H. Bourgault, 1979, m. m., gonflé en 16 mm) et participe aux productions vidéo de ses collègues. Puis, elle se tourne vers le cinéma en coréalisant, avec Nicole Giguère, *C'est pas le pays des merveilles* (1981, m. m.), un documentaire-fiction sur les engrenages culturels qui mènent une femme à la folie. Doyle alterne par la suite, selon le type de projet, entre film et vidéo, considérant que ce dernier média offre des avenues à explorer. Mais elle revient au cinéma avec *Le rêve de voler* (1986, m. m.), documentaire sur le métier de trapéziste, doublé d'un ballet aérien inspiré de la légende d'Icare. La critique accueille ce film assez tièdement. Avec *Je t'aime gros, gros, gros* (1993, c. m.), elle poursuit sa recherche d'une esthétique documentaire soignée, qui fait appel au mythe et au conte. Éloge de la rondeur, ce film aborde un sujet délicat avec franchise et humour. On retrouve la même sensualité et le même sens aigu de l'illustration dans *Petites histoires à se mettre en bouche* (1998, m. m.), documentaire épicurien sur les plaisirs de la table. *Le rendez-vous de Sarajevo* (1997, m. m.), dans lequel une jeune Bosniaque immigrée au Québec retourne à Sarajevo, se démarque par son propos tragique. On y reconnaît cependant le souci de la cinéaste d'aborder son sujet à travers le prisme de la culture, l'art étant représenté ici en opposition à la barbarie. (J. P.)

**DRAINVILLE, Martin,** acteur (Repentigny, 1964). Le physique gracile de Drainville le prédispose à la comédie, un genre auquel il est généralement associé. Et pourtant on le voit d'abord alité, condamné à une mort imminente, dans *Les heures précieuses* (M. Goulet et M. Laberge, 1989) puis poète précieux et sans charisme dans *Nelligan* (R. Favreau, 1991). Abonné du théâtre d'été, habitué des émissions pour enfants et des comédies télé, joueur vedette de la Ligue nationale d'improvisation, humoriste, au cinéma il est tour à tour un livreur dans *Ding et Dong, le film* (A. Chartrand, 1990), une petite crapule amoureuse dans *La Florida* (G. Mihalka), un restaurateur hongrois dans *L'homme idéal* (G. Mihalka, 1996) et un commis boucher complice d'un adultère de chambre froide dans *C't'à ton tour, Laura Cadieux* (D. Filiatrault, 1998), rôle qu'il reprend dans *Laura Cadieux... la suite* (D. Filiatrault, 1999). S'il sombre avec *Angélo, Fredo et Roméo* (P. Plante, 1995), film à sketches où, improbable sosie de Holly Hunter, il offre tout de même une divertissante parodie de *The Piano* (J. Campion, 1992) ; il impose son personnage de victime attachante, anti-héros par excellence, dans *Louis 19, le roi des ondes* (M. Poulette, 1994). Drainville y tient un rare premier rôle. Son apparente candeur et sa vulnérabilité conviennent parfaitement à ce personnage passionné de la télévision dont le petit écran, vorace, en mal de nouveauté, diffuse les moindres faits et gestes pendant trois mois jusqu'à le déposséder de toute intimité. La version américaine, *Ed tv* (R. Howard, 1999), lui substitue un acteur radicalement différent, séducteur et athlétique, Matthew McConnaughy. (M. C.)

**DREW, Les,** animateur, réalisateur (Londres, Angleterre, 1939). Il réalise, en 1966, son premier film d'animation à l'ONF, *What on Earth!* (c. m.) et obtient une nomination aux Oscar. Ce court métrage sera suivi de plusieurs autres : *Rx for Export* (1968), *In a Nutshell* (1971), *The North Wind and the Sun : A Fable by Aesop* (1972, t. c. m.), *The Underground Movie* (1972), *The Energy Carol* (1975), *The Old Lady's Camping Trip* (1983). Puis, il tourne *Every Dog's Guide to Complete Home Safety* (1986) qui, comme presque tous les films de Drew, gagne de nombreux prix. Cette animation qui donne, de façon humoristique, des conseils de sécurité aux parents, ainsi que sa suite, *Every Dog's Guide to Playground* (1996, c. m.), font partie d'une compilation intitulée *The Blue Dog Safety Video.* Il réalise aussi *The Dingles* (1988, c. m.) qui illustre les déboires de Dada, Didi et Dodu, les chats de Doris Dingle. Dans *Shyness* (1996, c. m.), le monstre créé par le docteur Frankenstein est si gêné qu'il ne fait peur à personne. Le film remporte une Pomme d'or au Festival des médias éducatifs d'Oakland. L'utilisation classique du « cellulo » et un ton humoristique s'adressant directement aux enfants, caractérisent l'œuvre de Drew, qui reflète l'absurdité de l'homme moderne. (M.-É. O. et É. P.)

**DRIESSEN, Paul,** animateur, réalisateur (Nimègue, Pays-Bas, 1940). D'abord caricaturiste, il fait un bref passage aux Beaux-arts et étudie le dessin publicitaire dans son pays d'origine. Engagé par un studio d'animation commerciale en 1964, il y demeure jusqu'en 1967, puis se rend en Angleterre pour collaborer à *Yellow Submarine* (G. Dunning, 1968). Après la réalisation d'un premier film, *The Little Yogurt* (1969, t. c. m.), il entre chez Potterton Productions, à Montréal, où il est l'un des animateurs de *Tiki Tiki* (G. Potterton, 1970). En 1970, il se joint à l'ONF, où il demeure jusqu'en 1981, tout en travaillant à l'occasion pour Radio-Canada (*Jeu de coudes*, 1979, c. m.) et aux Pays-Bas. Préférant la ligne aux surfaces (*Air !*, 1972, t. c. m. ; *Au bout du fil*, 1973, c. m.), Driessen signe des films plus proches du dessin que de la peinture, où la couleur joue souvent un rôle secondaire (exception faite du *Bleu perdu*, 1972, c. m.). Parfois tenté par des thèmes écologiques (*Le bleu perdu*, *Air !*) ou humanitaires (*Une vieille boîte*, 1975, c. m.), il offre le plus souvent une vision angoissée du monde, à travers des récits dont les structures empruntent à Kafka et au roman moderne. En témoignent les mises en abyme de *The Killing of An Egg* (1977, c. m.) — où, après avoir brisé la coquille d'un œuf à la coque, un homme voit sa maison détruite de la même façon — et d'*Une histoire comme une autre* (1981, t. c. m.) — où, à deux reprises, le contenu d'un roman devient réalité. Comme *Au bout du fil*, *Jeu de coudes* met en place un univers inquiétant où la lutte pour la vie passe souvent par la férocité et la destruction. Réalisé aux Pays-Bas en 1977, *David* (c. m.), film audacieux dont le personnage central est un être invisible, remporte le grand prix à Annecy. En 1980, avec le film *Par terre, par mer et par air* (c. m.) qu'il réalise aux Pays-Bas, Driessen fait l'expérience de l'écran divisé qu'il exploitera, à l'ONF, dans *The End of the World in Four Seasons* (1995, c. m.), puis dans *The Boy who Saw the Iceberg* (2000, c. m.). En 1984, lors des Olympiades de l'animation tenues à Los Angeles, trois des films de Driessen se classent parmi les cinquante meilleurs films d'animation de l'histoire : *Au bout du fil*, *Une vieille boîte* et *Jeux de coudes*. En 1985, il réalise *Elephantrio* (coréal. G. Ross et J. Weldon, c. m.). Tout au long de sa carrière, Driessen continue de travailler à l'extérieur du Canada. C'est ainsi qu'il réalise notamment *Sunny Side Up* (1985, t. c. m.), *The Writer* (1988, c. m.) et *Uncles and Aunts* (1989, c. m.). (M. J.)

**DROUIN, Denis,** acteur (Québec, 1916 – Montréal, 1978). Bien qu'ayant commencé sa carrière au théâtre, il ne tarde pas à s'orienter du côté de la radio et du cabaret. En fait, il ne revient vraiment à la scène qu'au début des années 70, à l'incitation d'André Brassard. À la même époque, il apparaît aussi dans un certain nombre de films : *Taureau* (C. Perron, 1972), *O.K… Laliberté* (M. Carrière, 1972), *La gammick* (J. Godbout, 1974), *J. A. Martin photographe* (J. Beaudin, 1976), *Je suis loin de toi mignonne* (C. Fournier, 1976), *Parlez-nous d'amour* (J.-C. Lord, 1976), etc. On a également pu l'apercevoir dans quelques longs métrages des années 40 : *À la croisée des chemins* (J.-M. Poitevin, 1942), *Le curé de village* (P. Gury, 1949). Étonnamment, ce fantaisiste aime peu les rôles de composition, leur préférant les emplois de faire-valoir, en particulier pour Olivier Guimond. Pourtant, c'est dans les rôles de composition que Drouin fait montre de son immense talent : on n'a qu'à songer au personnage de Maurice, le patron du club de nuit, dans *Il était une fois dans l'Est* (A. Brassard, 1973). (J.-M. P.)

**DROUIN, Jacques,** animateur, monteur, réalisateur (Mont-Joli, 1943). En 1967, à sa sortie des Beaux-arts de Montréal, il part étudier le cinéma à la UCLA. De retour à Montréal en 1971, il travaille principalement comme monteur d'émissions de télévision jusqu'en 1973. Après un stage à l'ONF, il s'oriente vers l'animation. Son premier film, *Trois exercices sur l'écran d'épingles d'Alexeïeff* (1974, t. c. m.), marque le début d'une passion pour cette

Le réalisateur et monteur Jacques Drouin.

technique créée et développée au début des années 30 par Alexandre Alexeïeff et Claire Parker. L'écran d'épingles qu'utilise Drouin est un panneau métallique perforé dans lequel coulissent plus de deux cent quarante mille épingles, que l'on enfonce et que l'on fait saillir pour créer des zones d'ombre et de lumière. Elle a maintes fois été considérée comme la plus minutieuse, voire la plus perverse, des techniques d'animation. Elle n'est pas sans rappeler le travail des peintres pointillistes. Drouin y développe son style et s'impose en tant que réalisateur avec *Le paysagiste* (1976, c. m.), gagnant de dix-sept prix, notamment à Oberhausen, Yorkton, Chicago, San Antonio et New York. En 1984, à l'occasion des Olympiades du film d'animation qui se déroulent à Los Angeles, le film se classe treizième au palmarès des cinquante meilleurs films d'animation au monde. On y voit un artiste qui pénètre dans l'univers de sa propre toile et qui est confronté au surréalisme de l'imagination créatrice. De lentes et douces métamorphoses se succèdent dans une gamme de gris qu'aucune autre technique ne peut rendre à l'écran. Après de longues recherches, Drouin parvient à appliquer la couleur à la technique de l'écran d'épingles, grâce à des superpositions et à des filtres. Il met cette innovation en application et coréalise *L'heure des anges* (coréal. B. Pojar, 1986, c. m.). Le travail de Drouin encadre les marionnettes de Pojar d'une aura lumineuse et permet des effets spéciaux de même qu'une métamorphose des décors. Il en résulte, une fois de plus, une saisissante impression d'intimité. Le cinéaste revient ensuite au noir et blanc et signe, dans le cadre de la série « Droits au cœur », *Ex enfant* (1994, t. c. m.), évocation des horreurs de la guerre à travers le regard d'un enfant. Le film, sobre, lyrique, remporte des prix à Annecy, Espinho, Chicago et Hiroshima. Adaptant un texte du romancier Jacques Godbout, il réalise enfin *Une leçon de chasse* (2000, c. m.). Outre ces cinq films, Drouin coréalise *Spaghettata* (M. Cournoyer, 1976, t. c. m.), et conçoit nombre de génériques, de bandes-annonces (celle de la Semaine du cinéma québécois en 1979, celle du 25e anniversaire de la Cinémathèque québécoise en 1988, l'une de celles du Festival d'Ottawa en 1990) et l'indicatif de la série « La belle ouvrage ». Drouin réalise également des segments qui s'intègrent aux films de ses collègues : *Un soleil entre deux nuages* (M. Lepage, 1988, m. m.), *Les quatre cavaliers de l'apocalypse* (J.-F. Mercier, 1991) et *L'empire des lumières* (F. Aubry, 1991, c. m.). Il monte une trentaine de films, principalement des films d'animation (*Château de sable*, C. Hoedeman, 1977, c. m.; *Luna, luna, luna*, V. Elnécavé, 1981, c. m.; *The Sound Collector*, L. Smith, 1982, c. m.; *La basse-cour*, M. Cournoyer),

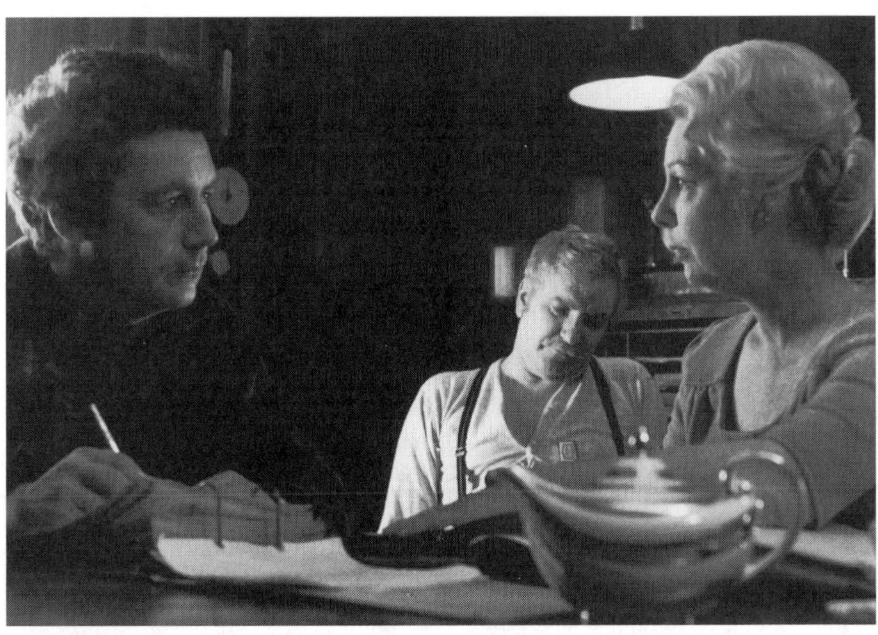

Claude Jutra, Jean Duceppe et Olivette Thibault dans *Mon oncle Antoine* de Claude Jutra. (coll. ACPQ)

mais aussi *Famille et variations* (M. Dansereau, 1977) et *L'homme de papier* (J. Giraldeau, 1987, m. m.). Le travail de Drouin, dont la démarche cinématographique est tout à fait unique, s'inscrit sous le signe de la minutie et de la fluidité. (M.-É. O. et M. C.)

**DROUIN, Jacques,** ingénieur du son (La Tuque, 1943). Il entre à l'ONF en 1964. Au service du son, il travaille aussi bien en studio (effets spéciaux, postsynchronisation, enregistrement) qu'en tournages extérieurs. Comme la plupart de ses collègues, il doit apprendre sur le tas et inventer des solutions à des problèmes qui ne sont pas toujours d'ordre technique. Pour la série « Netsilik Eskimos » (Q. Brown, 1967) vingt et un courts et moyens métrages tournés sans sons, il postsynchronise, dans le Grand Nord, les dialogues des Inuits. Il travaille à de nombreux films, dont *La nuit de la poésie 27 mars 1970* (J.-C. Labrecque et J.-P. Masse, 1970), *On est loin du soleil* (J. Leduc, 1970), *Why I Sing* (J. Howe, 1972, c. m.), *La veillée des veillées* (B. Gosselin, 1976), *Riopelle* (P. Letarte et M. Feaver, 1982, m. m.), *Bonheur d'occasion* (C. Fournier, 1983), *L'histoire des trois* (J.-C. Labrecque, 1990), *The Company of Strangers* (C. Scott, 1990), *Octobre* (P. Falardeau, 1994) et *Train of Dreams* (J. N. Smith, 1995). (A. D.)

**DUCEPPE, Jean,** acteur (Montréal, 1923 – 1991). Personnalité attachante et indissociable de l'histoire du théâtre québécois, il n'a pas

vingt ans qu'il joue déjà aux côtés de Jean-Pierre Aumont et Victor Francen, et qu'il est dirigé par Henri Deyglun, Henri Letondal, Ludmilla Pitoeff. Comédien sensible, simple et vrai, il est de toutes les créations, à la scène comme à la télévision, et compte parmi ceux qui révèlent au grand public le jeune dramaturge Marcel Dubé. Pas étonnant que son premier rôle au cinéma coïncide avec l'adaptation d'un succès théâtral, *Tit-Coq* (R. Delacroix et G. Gélinas, 1952). Consacré vedette à la télévision (il est Stan Labrie dans *La famille Plouffe*, le populaire feuilleton de Roger Lemelin, 1953-1959), il jouera dans une quinzaine de longs métrages. C'est Claude Jutra qui lui donne son premier grand rôle dans *Mon oncle Antoine* (1971). Auprès de la surprenante Olivette Thibault, il est un Antoine inoubliable, tout en finesse et en humour bourru. Pour le cinéma, il renoue avec le monde des bourgeois de Marcel Dubé à l'occasion des *Beaux dimanches* (R. Martin, 1974). Il donne ensuite la réplique à Jeanne Moreau dans *Je t'aime* (P. Duceppe, 1973) et campe, dans *Les vautours* (J.-C. Labrecque, 1975), un Maurice Duplessis madré à souhait avant d'être, dans *Lucien Brouillard* (B. Carrière, 1982), le premier ministre Provencher. Tout de même, sa meilleure prestation demeure celle de *Mon oncle Antoine.* De 1973 à 1991, il dirige sa propre compagnie théâtrale, la Compagnie Jean Duceppe. Son fils, Pierre Duceppe est producteur (*Le royaume ou l'asile*, Jean et S. Gagné, 1989).
AUTRES FILMS : *Le monde des femmes* (L. Forest, 1957, c. m.), *Trouble-fête* et *La corde au cou* (P. Patry, 1964 et 1965), *YUL 871* (J. Godbout, 1965), *The Act of the Heart* (P. Almond, 1970), *L'apparition* (R. Cardinal, 1971), *Les colombes* (J.-C. Lord, 1972), *Quelques arpents de neige* (D. Héroux, 1972), *Alien Thunder* (C. Fournier, 1973), *Bingo* (J.-C. Lord, 1974), *Cordélia* (J. Beaudin, 1979), *Le vieillard et l'enfant* (C. Grenier, 1985, m. m.). (F. L.)

**DUCHARME, Réjean,** scénariste (Saint-Félix-de-Valois, 1941). « Je suis né en quatrième année / des leçons de piano / que soufflait dans mon cou / une femme que j'appelais ma sœur. » Cet extrait d'une des chansons que Ducharme a composées avec Charlebois décrit bien le milieu intimiste propre à l'auteur de *L'avalée des avalés.* En bref, à l'instar de ses romans, les scénarios de Ducharme sont des tragédies qui se donnent des airs de ritournelles. Son lyrisme mélange allégrement aphorismes, comptines, vers de mirliton. L'enfance occupe la place centrale et la malice est montrée comme une façon parmi d'autres d'appréhender l'univers. Absence du père ou de la mère, incommunicabilité, rivalité entre proches, filiation possessive, isolement géographique, assujettissement à la fatalité : telles sont les constantes de ce monde-là. Ducharme a une prédilection pour les êtres blessés qui, à force de tendresse refoulée, ne peuvent plus manifester de compassion à l'endroit de personne. En 1971, sous le titre *Le grand sabordage*, Alain Périsson adapte à l'écran le second ouvrage de Ducharme, *Le nez qui voque.* Puis, Ducharme écrit pour Francis Mankiewicz* les scénarios des *Bons débarras* (1980) et des *Beaux souvenirs* (1981). On a, à propos de cette collaboration, évoqué le tandem Prévert-Carné. Peut-être était-ce aller vite en besogne, car Ducharme ne s'est jamais vraiment préoccupé de ce qu'il advenait de la matière livrée au réalisateur. La critique a insisté sur ses talents de dialoguiste. Cela est très net dans *Les bons débarras*; ce l'est tout autant dans *Les beaux souvenirs*, quoique les personnages s'expriment peu, ce qui est logique, le film portant sur ce qui est enfoui au creux de la mémoire. Sauter, plonger, tomber : les mots et les images suggérant la chute reviennent sans cesse ici ; les héros (et surtout les héroïnes) de Ducharme évoluent devant nous comme s'ils marchaient sur une corde raide tendue entre la petite enfance et l'âge adulte. Claude Godbout avait sans doute cette idée à l'esprit en intitulant un des courts métrages de la série « Profession : écrivain », *Réjean Ducharme : l'illusionniste* (1983). Signalons enfin un moyen métrage, *La vie a du charme* (J.-P. Duval, 1993), qui présente la particularité de jouer avec les images un peu comme Ducharme joue avec les mots. (J.-M. P.)

**DUCHÊNE, Nicole,** productrice, réalisatrice, scénariste (Villeurbanne, France, 1945 – Montréal, 1998). À la fin de ses études de philosophie à Paris, elle est sélectionnée à l'émission de télévision Caméra-Stop et, de 1965 à 1967, participe avec Daniel Bertolino* à une série de tournages de films autour du monde. Au terme de ces productions, elle arrive à Montréal où elle devient recherchiste et coanimatrice, pour Radio-Canada, des émissions *Jeunesse sans frontière* (1967) et *Plein feu l'aventure* (1968-1969). De 1968 à 1974, elle travaille à la rédaction et à la narration de diaporamas, d'émissions de télévision et de commentaires de films : *Nosotros Cubanos* (D. Bertolino et F. Floquet, 1970, m. m.), la série *Les primitifs* (D. Bertolino et F. Floquet, 1972-1976). En 1973, elle assure également la scénarisation de la télésérie *À ma manière à moi.* De 1974 à 1977, elle aborde la réalisation à travers les séries *Défi* et *Laissez-passer*, dont les films sont tournés au Mali, en Algérie et en Grèce. La série « Cinq milliards d'hommes » (1979-1980), qu'elle produit avec Radio-Québec, lui permet de signer la réalisation de sept films tournés en France, au Sénégal et au Venezuela. *À la recherche de l'El Dorado* (1985, m. m.), réalisé au Brésil et en Colombie, pour la série « Contes et légendes du monde » (1984-1987), constitue son unique incursion dans le domaine de la fiction. En 1986, elle passe à Téléfilm Canada où elle est analyste de contenu. L'ensemble de son travail est marqué par une passion pour les questions relatives au tiers-monde. (M. L. L.)

**DUCHESNE, André,** musicien (Jonquière, 1949). Compositeur et interprète, il participe à plus de vingt films, notamment avec André Forcier (*Bar salon*, 1973 ; *L'eau chaude l'eau frette*, 1976), Jean Gagné (*La tête au neutre*, 1973 ; *Une semaine dans la vie de camarades*, 1975 ; *La couleur encerclée*, coréal. S. Gagné, 1986 ; *Le royaume ou l'asile*, coréal. S. Gagné, 1989), Fernand Bélanger (*L'émotion dissonante*, 1984 ; *Passiflora*, coréal. D. Gueissaz-Teufel, 1985), Sylvie Groulx (*J'aime, j'aime pas*, 1995) et Sylvie Van Brabant (*Seul dans mon putain d'univers*, 1992). Membre fondateur de Conventum (1974), où il rencontre notamment René Lussier*, il suit ce courant très dynamique de la « musique actuelle » qui, outre les concerts et la production phonographique indépendante, s'intéresse au cinéma d'avant-garde, au théâtre et à la performance, voire à l'opéra populaire.

DISCOGRAPHIE : *Le temps des bombes*, Ambiances magnétiques, AM-7777, 1984 • + Réédition, Ambiances magnétiques, AM-003-004, 1985 • *The Ré Record Quarterly Volume IV*, R. Record, Ré-0104, 1986 • Trame sonore du film « Le royaume ou l'asile », Ambiances magnétiques, Am-019, 1990. (R. L.)

**DUCKWORTH, Martin,** chef opérateur, réalisateur (Montréal, 1933). Très actif depuis le milieu des années 60, autant à l'ONF que dans l'industrie privée, il se bâtit une filmographie singulière et attachante au double titre de cameraman et de réalisateur. Il signe les images de dizaines de films comme *The Ernie Game* (D. Owen, 1967), *Le bonhomme* (P. Maheu, 1972), *Richesse des autres* (M. Bulbulian, 1973), les extraits canadiens de *The Journey* (P. Watkins, 1986), sans compter d'autres films de cinéastes comme Don Shebib, Derek May, Mort Ransen, Marilú Mallet et Guy L. Coté. Dans ce métier, il perfectionne l'usage d'une caméra capable de « se mouvoir avec la vie devant soi », comme il aime à le répéter. C'est cette caméra hypersensible, apte à faire vibrer au-delà de la surface des êtres, de la nature et des objets, qui pousse Duckworth, rapidement devenu réalisateur, à faire lui-même les images de certains de ses films, comme *Cell 16* (1973, c. m.), *Temiscaming Québec* (1975), *Une histoire de femmes* (coréal. S. Bissonnette et J. Rock, 1980), *On l'appelait Cambodge* (1982, m. m.), *Plus jamais d'Hibakusha!* (1983, m. m.). Déjà, en 1970, Duckworth inaugure ce type de « double direction » dans le court métrage *The Wish*, créant en même temps, de façon prémonitoire, un mélange hardi entre l'objectivité du direct et le propos intime, métissage qui prendra son envol dans le documentaire québécois plus tard, au détour des années 80. Cinéaste sensible, toujours engagé, Duckworth s'investit à fond dans des portraits de travailleurs forestiers, de mineurs (*Temiscaming Québec*), de prisonniers (*Cell 16*) et de femmes en lutte (*Une histoire de femmes*, qui remporte le prix de l'AQCC), avant de se tourner vers des sujets plus internationalistes et pacifistes (*Plus jamais d'Hibakusha!*). S'il n'est pas exempt de certains partis pris, par exemple dans son film sur le Kampuchea (*On l'appelait Cambodge*), Duckworth est généralement tout le contraire du radicalisme et de l'étroitesse idéologique. Surtout lorsqu'il ajoute la musique (comme sujet et facteur structurant) à la rigueur passionnée de l'image, comme dans le très beau *Retour à Dresden* (1986, c. m.), un contrepoint fascinant entre des scènes de Freischutz de Weber et le bombardement de Dresde par les Alliés. Cette démarche est aussi à l'origine de *Nos derniers jours à Moscou* (1987, m. m.). Il poursuit son exploration du monde de la musique et tourne *Le jazz, un vaste complot* (1988, c. m.), *Oliver Jones in Africa* (1990, m. m.) et *World Beat* (1990, m. m.). Par la suite, il coréalise *Référendum — Prise deux/Take 2* (collectif, 1996) et signe deux moyens métrages : *Armé pour la paix — Point de vue sur la guerre du Golfe* (1994) et *Au pays de Riel* (1996). Il tient aussi la caméra pour ces films et, à titre de directeur photo, il travaille sur *49-Un souffle de colère* (S. Bissonnette, 1996, m. m.) et *Enfants de chœur!* (M. Isacsson, 1999). (R. L.)

**DUFAUX, Georges,** réalisateur, administrateur, chef opérateur, monteur (Lille, France, 1927). Après des études à l'École nationale de photographie et de cinématographie de Paris, il séjourne au Brésil, de 1953 à 1956, où il dirige les laboratoires de la Companhia Industrial Cinematografica. Arrivé au Canada en 1956, il entre rapidement à l'ONF en qualité d'assistant à la caméra pour des films destinés à la télévision : séries « Passe-Partout » (1956), « Panoramique » (1957-1958), « Candid Eye » (1958-1959) et « Temps présent » (1959-1962). Depuis lors, Dufaux a participé à plus de quatre-vingt-dix films. Son œuvre de réalisateur, documentaire à une seule exception près (*C'est pas la faute à Jacques Cartier*, coréal. C. Perron, 1967), est entièrement produite à l'ONF, qui constitue un cadre idéal pour cet honnête homme du direct, artisan consciencieux d'un cinéma de constat social qui, toujours, incite à plier ses outils aux besoins des hommes. Formé, comme Michel Brault, à l'école du candid eye (aux côtés de Wolf Koenig, Tom Daly et Terence Macartney-Filgate), Dufaux reste fidèle à cette approche humaniste des hommes et de leurs problèmes : sa force de documentariste est là, dans cette capacité à regarder sans bousculer, avec toute l'attention de celui qui veut comprendre avant de juger. Son métier de cameraman l'aide assurément à maintenir cette constance du regard. Cette carrière abondante, où la caméra de Dufaux sert brillamment les films de Pierre Patry (*Les petites sœurs*, 1959, c. m.), de Raymond Garceau (*L'homme du lac*, 1962, c. m.), de Michel Brault (*Geneviève*, 1964, c. m.), de Fernand Dansereau (*Le festin des morts*, 1965) et de tant d'autres, prend un tournant déterminant en 1974, avec la réalisation d'un grand film de cinéma direct : *À votre santé*. Auparavant, il avait déjà réalisé un film très estimable sur l'hospitalisation des enfants (*Les départs nécessaires*, 1965, c. m.) et participé, caméra à l'épaule, à la réalisation du célèbre *The Days Before Christmas* (T. Macartney-Filgate, 1958, c. m.), et même coréalisé quelques courts métrages (*Les dieux*, coréal. J. Godbout, 1961 ; *Deux ans et plus*, coréal. G. Thérien, 1970) et une comédie (*C'est pas la faute à Jacques Cartier*), mais aucun de ces films ne laissait prévoir la perfection de *À votre santé*. Enquête filmée sur les services d'urgence d'un grand hôpital de la banlieue montréalaise, ce film, où la connaissance du terrain (la minutie dans la

Georges Dufaux. (Véro Boncompagni)

préparation) est évidente, peut de ce fait se permettre tous les risques. Dufaux et sa petite équipe sont partout à la fois et transmettent le portrait percutant d'un lieu peu ordinaire. La caméra s'autorise toutes les indiscrétions et, pourtant, le regard est toujours respectueux et, finalement, l'émotion l'emporte sur le voyeurisme qui guettait l'entreprise, et le spectateur vit une expérience unique que seule ce « cinéma à l'épaule » peut proposer. *À votre santé*, dans son écriture comme dans son éthique, annonce les grands projets auxquels Dufaux se consacre au cours des dix années suivantes : *Au bout de mon âge* (1975) et *Les jardins d'hiver* (1976) examinent presque avec violence le sort réservé aux personnes âgées par la société moderne, alors que « Les enfants des normes » (1979), longue chronique en huit épisodes d'une heure chacun, se livre à une véritable plongée dans l'univers des écoles polyvalentes. Cette œuvre gigantesque — que Dufaux complète par un contrepoint (*Les enfants des normes — POSTSCRIPTUM*, 1983) — constitue le film exemplaire du cinéaste : extraordinaire souplesse du tournage (l'équipe vit dans l'école choisie durant quatre mois), attention aux personnages et confiance dans la force explosive du constat. C'est, en quelque sorte, ce même traitement qu'il propose aux Chinois dans la trilogie « Gui Daó — Sur la voie » : *Une gare sur le Yangzi* (1980, m. m.), *Aller retour Beijing* (1980, m. m.) et *Quelques Chinoises nous ont dit* (1980). Face à une situation fort différente et à des conditions de tournage qui limitent sa latitude, la manière de Dufaux fonctionne néanmoins à merveille : encore une fois son attention proverbiale provoque celle du spectateur et invite à découvrir la révolution chinoise par le détour du quotidien d'un vieux cheminot qui prend sa retraite, de la responsable d'une équipe de travail sur l'express Wuchang-Beijing, et de quelques Chinoises exemplaires. En 1986, Dufaux signe un long métrage, *10 jours... 48 heures*, à nouveau dans la lignée de ses films-enquêtes précédents : la vie d'un grand bateau de pêche de la côte de Terre-Neuve magnifiquement filmée par le réalisateur-cameraman qui se permet même des recherches plastiques audacieuses (les lumières nocturnes, par exemple) qui ont pour effet de tirer le film vers une sorte de curieux onirisme qui semblait pourtant tout à l'opposé du sujet. Dufaux interrompt ensuite sa carrière de réalisateur pour assurer, de 1986 à 1989, la direction de la production française de l'ONF. Puis, il quitte cet organisme et reprend ses métiers de chef opérateur et de réalisateur. Directeur photo attitré de Léa Pool (*La femme de l'hôtel*, 1984 ; *La demoiselle sauvage*, 1991 ; série « Femmes Une histoire inédite », 1996 ; *Gabrielle Roy, un documentaire*, 1997), à qui il apporte une contribution déterminante, Dufaux redevient périodiquement réalisateur avec beaucoup de bonheur : d'abord, en 1992, avec *Rue Sainte-Catherine est... to West* (m. m.), un portrait de Montréal, voire du Québec, à travers les souvenirs du cinéaste et de sa découverte de Montréal ; et à nouveau en 1998, avec *Voyage illusoire* (m. m.), un portrait, aussi juste qu'émouvant, de l'écrivain montréalais d'origine chinoise Ying Chen. En 1998, le gouvernement du Québec lui remet le prix Albert-Tessier. Il consacre un film à son collègue Denys Arcand, *De l'art et la manière chez Denys Arcand* (1999, m. m.). Son frère, Guy Dufaux, est aussi réalisateur et chef opérateur.

PRINCIPAUX AUTRES FILMS COMME CHEF OPÉRATEUR : *Les brûlés* (B. Devlin, 1958), *Les 90 jours* (L. Portugais, 1958), *YUL 871* (J. Godbout, 1996), *Isabel* (P. Almond, 1968), *Fortune and Men's Eyes* (H. Hart, 1971), *Taureau* (C. Perron, 1973), *Les filles du Roy* (A. C. Poirier, 1974, m. m.), *Partis pour la gloire* (C. Perron, 1975), *Les beaux souvenirs* (F. Mankiewicz, 1981), *Bayo* (M. Ransen, 1984), *Une histoire inventée* (A. Forcier, 1990), *Hotel Chronicles* (L. Pool, 1990), *Le vent du Wyoming* (A. Forcier, 1994), *Souvenirs d'Othello* (F. Girard, 1995, m. m.), *Le sphinx* (L. Saïa, 1995).

FILMS COMME RÉALISATEUR : *Congrès* (coréal. F. Dansereau et J. Dansereau, 1962, c. m.), *Les dieux* (coréal. J. Godbout, 1961, c. m.), *Pour quelques arpents de neige* (coréal. J. Godbout, 1962, c. m.), *36 000 brasses* (1962, c. m.), *Rencontres à Mitzic* (coréal. M. Carrière, 1963, c. m.), *À propos d'une plage* (1964, c. m.), *Caroline* (coréal. C. Perron, 1964, c. m.), *Les départs nécessaires* (1965, m. m.), *Précision* (1966, c. m.), *Cinéma et réalité* (coréal. C. Perron, 1966, m. m.), *C'est pas la faute à Jacques Cartier* (coréal. C. Perron, 1967), *L'homme multiplié* (coréal. C. Godbout, 1969, c. m.), *Deux ans et plus* (coréal. G. Thérien, 1970, c. m.), *À cris perdus* (coréal. M. Beaudet, 1972), *À votre*

*santé* (1973), *Au bout de mon âge* (1975), *Les jardins d'hiver* (1976), *Jeux de la XXI^e^ Olympiade* (coréal. J.-C. Labrecque, J. Beaudin et M. Carrière, 1977), *Nelli Kim* (1978, c. m.), *Edmonton… et comment s'y rendre* (coréal. P. Cowan, R. Dolgoy, B. Shaffer et T. Westman, 1979), « Les enfants des normes » (1979, huit m. m.), « Gui Daó — Sur la voie » (1980, un long métrage et deux m. m.), *Les enfants des normes — POSTSCRIPTUM* (1983), *10 jours… 48 heures* (1986), *Rue Sainte-Catherine est… to West* (1992, m. m.), *Voyage illusoire* (1998, m. m.), *De l'art et la manière chez Denys Arcand* (1999, m. m.).
BIBLIOGRAPHIE : « Georges Dufaux », *Copie Zéro*, n° 1, Montréal, 1979. (R. D.)

**DUFAUX, Guy**, chef opérateur, monteur, réalisateur (Lille, France, 1943). Après des études aux Beaux-arts de Marseille, il émigre au Canada en 1965 et débute au cinéma comme monteur et cameraman aux Cinéastes associés. En 1970, il est directeur-fondateur des productions Prisma. Il travaille par la suite sans arrêt comme chef opérateur pour plus d'une trentaine de longs métrages, adaptant parfaitement ses connaissances à l'esthétique de chaque film et de chaque réalisateur. Il travaille beaucoup avec Jean Pierre Lefebvre, signant des images lumineuses et calmes pour *Les dernières fiançailles* (1973), comme pour *Les fleurs sauvages* (1982). Mais sa photo est cependant froide comme celle de la télévision pour *Sonatine* (M. Lanctôt, 1983). Il choisit, pour être dans l'esprit du film, des couleurs sombres, à la limite du noir et blanc, pour *Pouvoir intime* (Y. Simoneau, 1986), alors que pour correspondre au sentiment de la nature d'*Équinoxe* (A. Lamothe, 1986), il préfère les couleurs riches et chaudes de l'automne. Dans *Un zoo la nuit* (J.-C. Lauzon, 1987) comme dans *Le polygraphe* (R. Lepage, 1996), il sait rendre la froideur glacée des univers urbains. L'atmosphère parfois onirique de *Léolo* (J.-C. Lauzon, 1992) lui permet de réaliser de véritables prouesses photographiques. Par ailleurs, Dufaux signe des documentaires, notamment *Le Saint-Laurent* (1976, m. m.), sur le fleuve, et *L'équipe des grands défis* (1981, m. m.), sur les artisans du chantier hydro-électrique de La Grande. Il coréalise, avec Robert Favreau*, *Corridors* (1980) et *Pris au piège* (1980), deux variations dramatisées sur une famille aux prises avec des problèmes financiers provoqués par le chômage et l'endettement ; on y sent surtout la griffe dénonciatrice de Favreau. Dufaux poursuit son association avec ce réalisateur en dirigeant la photographie de *Portion d'éternité* (1989) et *Nelligan* (1991). Il travaille également beaucoup pour la télévision, à des séries comme *Un amour de quartier* (R. Ménard, 1984-1985, treize épisodes). Sa réputation dépasse les frontières québécoises et on l'engage parfois aux États-Unis (*Polish Wedding*, T. Connely, 1998). Guy Dufaux est l'un des directeurs de la photographie québécois les plus réputés. Son frère, Georges Dufaux, est aussi réalisateur et chef opérateur.
PRINCIPAUX AUTRES FILMS COMME CHEF OPÉRATEUR : *Les Smattes* (J.-C. Labrecque, 1972), *On n'engraisse pas les cochons à l'eau claire* (J. P. Lefebvre, 1973), *Le vieux pays où Rimbaud est mort* (J. P. Lefebvre, 1977), *Comme les six doigts de la main* (A. Melançon, 1978), *Thetford au milieu de notre vie* (F. Dansereau, 1978), *Le futur intérieur* (J. Chabot et Y. Rouleau, 1982), *Le jour « S… »* (J. P. Lefebvre, 1984), *Le déclin de l'empire américain* (D. Arcand, 1986), *Un zoo la nuit* (J.-C. Lauzon, 1987), *Jésus de Mont-*

*réal* (D. Arcand, 1989), *Moody Beach* (Richard Roy, 1990), *Sam & Me* (D. Mehta, 1991), *Camilia* (D. Mehta, 1994), *Joyeux calvaire* (D. Arcand, 1996), *Nguol thuà* (S. Dai, 1998), *15 moments* (titre de travail, D. Arcand, 2000). (A. R. et É. P.)

**DUFOUR, Lorraine,** monteuse, productrice, réalisatrice (Verdun, 1950). Après des études en communications et des activités théâtrales, elle occupe différents postes à la télévision communautaire et au cinéma. Elle se joint en 1978 à la Coop Vidéo de Montréal, qu'elle préside par la suite, où elle participe autant à des séries éducatives commanditées qui permettent à la Coop de se financer, qu'à des œuvres propres. Dès lors elle défend le financement de la vidéo indépendante au Québec. Entre 1978 et 1985, elle se consacre surtout à son œuvre personnelle. Son nom est dès lors indissociablement lié à celui de Robert Morin*, dont elle peut être la monteuse, la coréalisatrice ou la productrice. Ils fondent même Morin-Dufour Vidéo inc. C'est d'ailleurs conjointement qu'ils reçoivent en 1991 le Premier Prix d'art vidéographique Bell Canada. Cette collaboration ne l'empêche pas de monter ou de produire des documentaires et des fictions d'autres cinéastes et vidéastes, comme Denis Chouinard et Louis Bélanger (*Le soleil et ses traces*, 1989, c. m. ; *Les 14 définitions de la pluie*, 1992, c. m.), puis Bélanger seul (*Post mortem*, 1999), Jean Bourbonnais (*Fuck la rue*, 1993), Bernard Émond (*L'épreuve du feu*, 1997, m. m.). Dufour est une cinéaste-vidéaste polyvalente, engagée du point de vue social et dans la défense du cinéma et de la vidéo indépendants, et ne craignant pas la controverse. Elle est reconnue à l'échelle canadienne par la qualité de ses réalisations. (P. V.)

**DUGAL, Louise,** assistante réalisatrice, monteuse, réalisatrice (Montréal, 1943). Depuis 1968, elle participe à divers titres aux films de Fernand Bélanger*. De plus, elle monte et coréalise *Depuis que le monde est monde* (coréal. S. Giguère* et S. Van Brabant*, 1980) et *L'après-cours* (coréal. Y. Angrignon et F. Bélanger, 1984, c. m.), puis monte *Oscar Thiffault* (S. Giguère, 1987, m. m.), *Le roi du drum* (S. Giguère, 1991, m. m.), *Bébé bonheur* (Jeannine Gagné, 1994, m. m.), *9, Saint-Augustin* (S. Giguère, 1995, m. m.), *Aube urbaine* (Jeannine Gagné, 1995, c. m.), « Les artisans du cinéma » (Serge Giguère, série), *L'insoumise* (Jeannine Gagné, 1998, m. m.) et *Le reel du mégaphone* (S. Giguère, 1999, m. m.). (P. J. et M. S.)

**DUGUAY, Christian,** cameraman, chef opérateur, réalisateur (Outremont, 1957). Diplômé de l'Université Concordia, son parcours est impressionnant. Véritable stakhanoviste du cinéma, il cumule, dans les années 80, les contrats comme cameraman, réalisateur pigiste pour des documentaires de télévision qui le conduisent aux quatre coins du monde, réalisateur de publicités et, surtout, de vidéoclips. De plus, il trouve le temps d'apprendre à manier la *steadycam*. Avec un bagage pareil, les Américains le remarquent et lui proposent de réaliser des *movies of the week*. *Scanners II* en 1991 et sa suite, en 1992, font croire à une série B. Son étiquette de réalisateur de petit film de genre de commande semble être là pour de bon, mais il rebondit et c'est le docudrame télévisuel qu'il consacre en 1994 à l'histoire des jumelles Dionne, *Million Dollar Babies*, qui lui permet d'affirmer une signature. Dès lors, Hollywood le reconnaît parmi les siens et il réalise coup sur coup *Screamers*

(1995), tourné au Québec, un film de science-fiction plus ambitieux que le précédent, soutenu par une *major* (Universal) et, surtout, *The Assignment* (1997), un film d'espionnage où il mène de front scènes d'actions et portraits psychologiques avec un casting impressionnant (Donald Sutherland, Ben Kingsley, Aidan Quinn) et un tournage basé principalement à Montréal. Un pied à Los Angeles, l'autre à Montréal, il n'hésite pas à imposer les techniciens et les acteurs québécois dans ses tournages, opérant lui-même la caméra et la *steadycam* sur le plateau. En 1999, il réalise *Joan of Arc*, une fresque historique tournée à Prague pour la télévision, avec, entre autres, Peter O'Toole et Shirley MacLaine. Il dirige ensuite Anne Archer, Wesley Snipes et Donald Sutherland dans *The Art of War* (2000). (P. G.)

**DUNNING, John,** distributeur, exploitant, producteur, scénariste (Montréal, 1927). À la mort de son père, en 1945, il hérite d'un réseau indépendant de salles de cinéma à Montréal. Parallèlement au travail qu'exige de lui cette entreprise, il fait des incursions en distribution et en production (notamment pour la télévision), avant de fonder Cinépix (1962) et de s'associer à André Link*, avec qui il produit et scénarise de nombreux films. (J. P.)

**DUPARC, Marguerite,** monteuse, productrice, réalisatrice (France, 1933 – Montréal, 1982). Elle mène une carrière liée, pour la plus grande part, à celle de Jean Pierre Lefebvre*, dont elle produit tous les films, sauf *Mon amie Pierrette* (1968) et *Jusqu'au cœur* (1968), jusqu'aux *Fleurs sauvages* (1982). Elle est l'âme de Cinak, leur compagnie de production, pour laquelle elle produit également *La maudite galette* (D. Arcand, 1971), avec Pierre Lamy, *Réjeanne Padovani* (D. Arcand, 1973), *Voir Pellan* (L. Portugais, 1968, c. m.) et des longs métrages de jeunes réalisateurs, *Corps et âme* (M. Audy, 1971), *L'Île jaune* (J. Cousineau, 1974) et *L'hiver bleu* (A. Blanchard, 1979) ; elle monte tous ces films, sauf le dernier. Elle est en outre directrice de production des deux épisodes de la série française *Les faucheurs de marguerites* tournés au Québec et conseillère à la production de *La turlute des années dures* (R. Boutet et P. Gélinas, 1983). Duparc soutient, pendant près de vingt ans, le développement du cinéma d'auteur au Québec. Elle coréalise avec Yves Rivard un long métrage de fiction pour enfants, *Histoires pour Blaise*, qui combine l'animation et les prises de vues réelles. Yves Rivard le termine après son décès et Christian Marcotte en signe le montage. Micheline Noël lui consacre un film : *Marguerite en mémoire* (1983, m. m.). (M. E.)

**DUPIRE, Serge,** acteur (Belœil, 1957). Il étudie à l'École nationale de théâtre. Après un petit rôle dans *Éclair au chocolat* (J.-C. Lord, 1978), il est révélé grâce au film *Les Plouffe* (G. Carle, 1981) où, très convaincant, il tient le rôle de Guillaume, joueur de baseball admiré, que la Seconde Guerre mondiale envoie au front en Europe. Il reprend ce personnage dans *Le crime d'Ovide Plouffe* (D. Arcand, 1984). Peu actif au théâtre, où il participe tout de même à la création de pièces de René-Daniel Dubois, il s'oriente clairement vers le cinéma. Il interprète le personnage de Simon, le frère homosexuel d'Andréa, dans *La femme de l'hôtel* (L. Pool, 1984). Puis, il tient le premier rôle dans *Le matou* (J. Beaudin, 1985), sans toutefois parvenir à imposer le dynamisme de Florent Boissonneault, jeune homme ambitieux gagné par la fièvre du petit

Joe Bocan et Serge Dupire dans *Meurtre en musique* de Gabriel Pelletier. (coll. RVCQ)

entrepreneur. Il s'ouvre ensuite sur l'étranger, passant des soaps américains à *L'Île* (F. Leterrier, 1987), coproduction franco-canadienne tirée d'un roman de Robert Merle. À la remorque d'un scénario cousu de fil blanc mais servi par son physique de jeune premier, il y interprète avec cœur un irréprochable lieutenant qui doit se réfugier avec un groupe de mutins sur une île où le rêve d'Eldorado des uns et des autres tourne à la tuerie. Associé à des personnages de type héroïque, par exemple dans la série *Formule 1*, il défend, très retenu, des rôles de juste au tempérament tourmenté à la recherche d'une réalité enfouie : aviateur désœuvré qui se porte à la rescousse d'un ami d'enfance et se heurte à l'injustice et à l'exploitation dans *L'automne sauvage* (G. Pelletier, 1992), puis policier qui se fait détective privé pour élucider le meurtre de son collègue et ami dans *La conciergerie* (M. Poulette, 1997). Dupire mène une carrière française (*Louis enfant roi*, R. Planchon, 1992 ; *Chasse gardée*, J.-C. Biette, 1993 ; *Vice vertu vice versa*, F. Normand, 1996), mais tourne aussi au Québec, notamment dans des coproductions comme *Trois femmes, un amour* (R. Favreau, 1993) où il est un prof de gymnastique amant d'une femme dont le mari est cloué à son lit d'hôpital et *Meurtre en musique* (G. Pelletier, 1994). (M. C.)

**DUPONT, André Luc,** chef opérateur (Montréal, 1940). Après des études classiques au Collège Sainte-Croix (1952-1956) et à l'Institut des arts graphiques (1961-1964), il entre à l'ONF en 1964 et y poursuit toute sa carrière. Il arrive à l'ONF au moment où l'équipe française est en pleine effervescence et y devient un des artisans de plusieurs films marquants. D'abord technicien de laboratoire pendant trois ans, il travaille sur *Kid Sentiment* et *IXE-13* (J. Godbout, 1967 et 1971), *Mon Oncle Antoine* (C. Jutra, 1971) et *Taureau* (C. Perron, 1973) comme assistant cameraman. Devenu cameraman en 1972, il travaille surtout à des documentaires (18 courts métrages et 42 longs métrages), dont les *Jeux de la XXI*[e] *Olympiade* (J.-C. Labrecque, J. Beaudin, M. Carrière et Georges Dufaux), *La fiction nucléaire* (J. Chabot, 1979), *If You Love this Planet* (T. Nash, 1983, c. m.), et *Kanesatake, 270 Years of Resistance* (A. Obomsawin, 1993). Parmi les huit longs métrages de fiction auxquels il est associé on remarque *The Company of Strangers* (C. Scott, 1989) et *Being at Home with Claude* (J. Beaudin, 1991). Dupont est très souvent employé par Jacques Giraldeau dont on connaît le souci pour la composition de l'image. Ils font ensemble *La fougère et la rouille* (1974, m. m.), *Le tableau noir et La toile blanche* (1990), *Les amoureux de Montréal* (1992) et *Blanc de mémoire* (1995). Dupont exploite une grande polyvalence qui lui permet d'inventer une esthétique propre à chaque projet et chaque réalisateur. C'est peut-être cette qualité qui le fait choisir comme directeur-photo pour plusieurs films sur l'art et plusieurs films d'animation : *Marcelle Ferron* (M. Crouillère, 1989, m. m.), *L'art n'est point sans Soucy* (B. Carrière, 1994, m. m.), *L'homme et le géant* (C. Hoedeman, 1975, c. m.), *Étienne et Sara* (P. Hébert, 1984, c. m.). En 1996, il reçoit le prix de la « meilleure cinématographie » pour le film *Blanc de mémoire* (Jacques Giraldeau, 1995), année où il prend sa retraite en même temps que plusieurs des artisans les plus expérimentés de l'ONF. (G. L.)

**DUPUIS, François,** monteur, producteur, réalisateur (Montréal, 1947). En 1970, il signe son premier film, *Stabilisation à l'émulsion* (1970, c. m.), un document didactique produit par l'OFQ. Très tôt, il manifeste un intérêt pour les sujets sociaux, notamment avec *300 millions pour l'autoroute* (1971, c. m.) produit pour la série « Actualité-Québec ». Cet engagement se poursuit au sein du SNC dont il assume la présidence en 1978 et 1979. Sa carrière de monteur comprend plus de soixante-quinze productions de tous genres : fiction, documentaire, animation, publicité, télésérie. *La fiction nucléaire* (J. Chabot, 1979) compte parmi ses montages les plus réussis et constitue un bel exemple de son sens du rythme et de la structure filmique. Membre de l'ACPAV à partir de 1977, il y réalise deux fictions : *Les oiseaux ne meurent pas de faim* (1979, c. m.) et *En plein cœur* (1982, c. m.). L'un porte un regard naturaliste, l'autre allégorique, sur la vie des travailleurs en milieu rural. À partir de 1985, il y œuvre surtout à titre de producteur, entre autres pour *Ô Picasso* (G. Carle, 1985), *Lamento pour un homme de lettres* (P. Jutras, 1988, c. m.), *Le marchand de jouets* (P. Tana, 1988, m. m.), *Le trou du diable* (R. Lavoie, 1989) et *Le fabuleux voyage de l'ange* (J. P. Lefebvre, 1991), puis il s'éloigne du milieu du cinéma. (P. J. et M. S.)

**DUPUIS, Paul,** acteur (Montréal, 1916 – Saint-Sauveur, 1976). Outre le bleu d'acier du regard et le velouté grave de la voix, ce qui frappe chez Dupuis, c'est un curieux mélange de circonspection et de hardiesse. Il profite d'un séjour en Angleterre, comme correspondant de guerre, pour se familiariser avec le milieu du cinéma et joue ensuite dans une dizaine de longs métrages, parmi lesquels *Johnny Frenchman* (C. Frend, 1945), *Against the Wind* (C. Crichton, 1948), *Sleeping Car to Trieste* (J. P. Carstairs, 1948), *Madness of the Heart* (C. Bennett, 1948), *Passport to Pimlico* (H. Cornelius, 1948), *The Romantic Age* (E. T. Greville, 1949) et *The Reluctant Widow* (B. Knowles, 1950). Sa carrure athlétique lui vaut les rôles de militaires orgueilleux et de jeunes premiers sportifs. Il tourne aussi en France, mais dans des productions de moindre envergure comme *Les pépées font la loi* (R. André, 1954). Au Québec, on l'a vu dans *La forteresse* (F. Ozep, 1947), *Son copain* (J. Devaivre, 1950), *Étienne Brûlé gibier de potence* (M. E. Turner, 1951) et *Tit-Coq* (R. Delacroix et G. Gélinas, 1952). Les téléspectateurs se souviennent surtout de lui dans *Les belles histoires des pays d'en haut* où il incarne brillamment l'écrivain Arthur Buies. (J.-M. P.)

**DUPUIS, Roy,** acteur (Haileybury, Ontario, 1963). La grande popularité de la télésérie *Les filles de Caleb*, dont il partage la vedette avec Marina Orsini, établit son image de séducteur, ce qui lui ouvre toutes grandes les portes du ci-

Élise Guilbault et Roy Dupuis dans *Cap Tourmente* de Michel Langlois. (Bertrand Carrière, coll. ACPQ)

néma après de petits rôles dans *Comment faire l'amour avec un nègre sans se fatiguer* (J. W. Benoit, 1989), *Dans le ventre du dragon* (Y. Simoneau, 1989) et *Jésus de Montréal* (D. Arcand, 1989). Plus que tout autre, Jean Beaudin exploite son physique athlétique dans *Being at Home With Claude*, tout en brouillant les pistes puisqu'il lui fait interpréter un homosexuel qui fait face à la justice après avoir commis un crime passionnel. Déjà, dans *Sortie 234* (M. Langlois, 1988, c. m.), Dupuis jouait un homosexuel. Les réalisateurs misent volontiers sur la sensualité qu'il dégage et l'acteur est souvent mis à nu, littéralement, qu'il soit un homme-enfant instable et ambigu dans *Cap Tourmente* (M. Langlois, 1993), un médecin parisien en expédition scientifique dans *Aire libre* (L. A. Roche, 1995) ou un architecte obligé de feindre l'homosexualité pour trouver du travail dans *J'en suis* (C. Fournier, 1997). Charles Binamé lui propose un rôle à contre-emploi, celui, plus terne, d'un vendeur d'aspirateurs amoureux d'une jeune femme qu'il croit avoir sauvée du suicide dans *C'était le 12 du 12 et Chili avait les blues* (1994). De plus en plus présent à la télévision de langue anglaise, où il tient des premiers rôles dans *Million Dollar Babies* et *Nikita*, Dupuis tourne quelques films dans cette langue, qui l'entraînent de la science-fiction (*Screamers*, C. Duguay, 1995) à l'horreur (*Hemoglobin*, P. Svatek, 1997). Il s'éloigne de la production francophone, sinon pour tenir le rôle, très bref, d'une aventure d'une nuit dans *L'homme idéal* (G. Mihalka, 1996). (M. C.)

**DUVAL, Jean-Philippe,** réalisateur, scénariste (Québec, 1968). Alors qu'il est encore étudiant en cinéma à l'Université de Montréal, Duval réalise une fiction, *Yukon Blues* (coréal. S. Thibault, 1988, c. m.), qui obtient un prix spécial du jury à Troyes, en France. Il se fait remarquer avec *La nuit tous les chats sont gris* (1991, c. m.), en se servant de l'image des caméras de surveillance pour construire un suspense. Puis, jouant toujours de virtuosité, il dresse un portrait de l'invisible Réjean Ducharme, *La vie a du charme* (1992, m. m.), dans lequel il prend plaisir à brouiller les pistes. Duval ajoute des histoires apocryphes à la légende de l'auteur, et fait entendre ses textes, voir son théâtre, découvrir ses paroles de chansons, pendant que des metteurs en scène de trois générations, en taxi, racontent Ducharme. Grand prix de Hot Docs (Toronto) et gagnant de deux Gémeaux, le film établit la notoriété du cinéaste. Par la suite, touche-à-tout, il réalise des vidéoclips et des publicités, consacre un documentaire au Cirque du Soleil, *L'odyssée baroque : les dix ans du Cirque du soleil* (1994) et tourne deux téléfilms qu'il ne scénarise pas, contrairement à ses habitudes, *Soho* (1993) et *L'enfant des Appalaches* (1996). Ces différentes expériences le préparent à la réalisation de *Matroni et moi* (1999), son premier long métrage, qu'il adapte de la pièce éponyme avec la collaboration de l'auteur et principal interprète, Alexis Martin. Mettant le style à l'avant-plan, extrêmes gros plans, image découpée, lieux inusités, il amplifie l'aspect humoristique de ce conte moral où un jeune homme (Martin) choisit de défier l'autorité d'un caïd ridicule (Pierre Lebeau) et de défendre, coûte que coûte, les intérêts de celle qu'il aime (Guylaine Tremblay). En parallèle, dans un tout autre registre, il signe un documentaire nettement plus méditatif sur l'écrivain Pierre Morency, construit autour des quatre saisons, *La lumière des oiseaux* (1999, m. m.). (M. C.)

# E

**ÉGLISE ET CINÉMA.** Dès les premières projections, l'Église catholique du Québec tient le cinéma dans la même suspicion où elle avait, depuis des siècles, tenu le théâtre. De 1907 à 1936, l'opposition se fait de plus en plus organisée et systématique, avec un sommet de virulence en 1927, dans les mois suivant l'incendie du Laurier Palace et l'enquête de la commission Boyer. Des centaines d'articles, où se mêlent un fort relent d'antisémitisme (parce que les studios appartiennent presque tous à des Juifs), explicitent les deux grands motifs d'opposition : le cinéma est « corrupteur » et « dénationalisateur ». *Corrupteur*, parce que « école du soir tenue par le diable », presque tous ses contenus n'apportent que « jeu immoral des passions », « dévergondage de l'imagination », « panthéon d'idoles frelatées », « dégénérescence du sens esthétique », etc. *Dénationalisateur*, parce que son principal effet est l'acculturation (l'exploitation est alors en pleine croissance et les salles offrent presque uniquement des produits hollywoodiens). Elle perçoit très bien que le cinéma ouvre un champ de l'imaginaire qui échappe à son contrôle, bouscule le merveilleux religieux, propose d'autres vertus et une hagiographie moins édifiante, et que cela signifie à court terme la perte de son monopole sur l'imaginaire collectif. Elle revendique alors une censure toujours plus sévère, à la fois par la limitation du public, en interdisant les salles aux moins de seize ans et en réclamant la fermeture des salles le dimanche, « jour de repos sanctifié par la religion » ; et par des coupures plus nombreuses des films et un contrôle sévère du matériel publicitaire. Elle obtient tout, sauf la fermeture des salles le dimanche (jusqu'aux années 50, le Québec est la seule province canadienne où les cinémas sont ouverts ce jour-là).

Après 1936, année de la publication de *Vigilanti Cura*, l'attitude de l'Église se transforme. Car l'encyclique de Pie XI sur le cinéma affirme que le cinéma n'est ni bon ni mauvais en soi, mais qu'il s'agit d'« un outil dont on peut espérer beaucoup de bien si l'on en fait bon usage ». L'Église se convertit alors au cinéma en espérant le convertir à son tour. Il est maintenant devenu « art magnifique… école populaire par excellence… instrument de culture et merveilleux complément à l'enseignement ».

Elle encourage la production, dans une perspective clairement définie de propagande, de documents « sains » sur les communautés et les grands événements religieux (films de Poitevin*, Tessier*, Proulx*, Lavoie*) quand ce n'est pas la production catholique tout court (*voir* RENAISSANCE FILMS). Elle diffuse dans les écoles le cinéma qu'elle a soigneusement choisi ou épuré, contrôle les choix de plusieurs petits distributeurs indépendants (Rex-Film, J.-A. Lapointe). Elle intervient à divers niveaux (aide au financement, surveillance des scénarios, publicité) dans une partie de la production commerciale de 1944 à 1953. Elle supporte le mouvement des ciné-clubs (*voir* CINÉ-CLUBS) avec ses stages et ses revues (*Découpages*, *Séquences*), organise les premiers essais d'éducation cinématographique dans quelques collèges qu'elle dirige (*voir* ENSEIGNEMENT DU CINÉMA), crée des centres diocésains, puis un centre national, l'Office des communications sociales* (*voir* ORGANISATION COMMUNICATIONS ET SOCIÉTÉ) qui, entre autres activités, publie les fameuses « cotes morales » longtemps reprises par la majorité des quotidiens. À la fin des années 60, après la mort des ciné-clubs entraînée par la réforme du système d'éducation et l'indépendance de la revue *Séquences* (*voir* REVUES DE CINÉMA), ne subsiste de significatif que la publication de *Films à l'écran*, version plus neutre des cotes morales. L'OCS devient autonome en 1975 et entend promouvoir dans les médias la qualité et les valeurs éthiques et spirituelles, dans une perspective chrétienne. Il conserve toutefois des liens étroits avec les instances officielles de l'Église catholique qui lui confient des mandats et le financent en partie. La publication de *Films à l'écran* cesse en 1995, mais une division de l'OCS, Médiafilm, continue à attribuer les cotes artistiques (de 1 à 7) reprises par la plupart des télé-horaires du Québec et à publier diverses statistiques sur la diffusion du cinéma ; elle participe également, avec La Boîte Noire, à la publication annuelle du guide vidéo *Tous les films du monde*. Une autre division, Communications et société, créée en 1998, se charge des autres activités traditionnelles de l'OCS, dont l'attribution d'un prix à un long métrage canadien pour ses valeurs humanistes (depuis 1992, devenu le prix Robert-Claude-Bérubé en 1999) ; les lauréats en sont successivement Sophie Bissonnette (*Des lumières dans la grande noirceur*), Paul Tana (*La Sarrasine*), Tahani Rached (*Médecins de cœur*), Robert Morin (*Windigo*), Richard Lavoie (*Rang 5*), Pierre Hébert (*La plante humaine*) et Atom Egoyan (*The Sweet Hereafter*).

BIBLIOGRAPHIE : LEVER, Yves, *L'Église et le cinéma au Québec*, mémoire, Université de Montréal, 1977. (Y. L.)

**ELNÉCAVÉ, Viviane,** animatrice, réalisatrice (Le Caire, Égypte, 1945). Arrivée au Canada encore jeune, elle poursuit des études à l'Université McGill et s'inscrit à l'École des beaux-arts. Entrée à l'ONF en 1968 comme stagiaire, elle y réalise *Notre jeunesse en auto-sport* (1969, t. c. m.), d'après la chanson de Claude Gauthier, pour la série « Chansons contemporaines ». En 1969 et 1970, elle travaille à des films de commande et, en 1972, termine *L'œil* (c. m.). Son film suivant, *Rien qu'une petite chanson d'amour* (1974, c. m.) traite de la relation enfants-parents sur un mode symbolique, au moyen de dessins sur papier exécutés directement sous la caméra. Entre 1974 et 1976, elle participe à divers ateliers. Assistante-animatrice, elle est affectée à la manipulation d'objets pour *Monsieur Pointu*

*Luna, luna, luna.* (ONF)

(B. Longpré et A. Leduc, 1975, c. m.) et tourne une vidéo sur la préparation de ce film. En 1978, elle anime deux séquences de *Moi je pense* (R. Tunis, 1979, c. m.). Puis, elle expérimente une technique originale pour *Luna, luna, luna* (1981, c. m.). Sur des cellulos noircis à la gouache, des images sont gravées directement sous la caméra et créent un effet de pointe sèche. Le film remporte des prix à Zagreb et Lausanne. Elle s'engage ensuite dans la voie de la parodie avec un court métrage empruntant à la fiction et à l'animation, *Caravane* (c. m.), qui demeure inachevé. (L. B.)

**ÉMOND, Bernard,** réalisateur (Montréal, 1951). Émond fait des études en anthropologie à l'Université de Montréal et rédige un mémoire sur le cinéma ethnographique. Dans les années 70, il réalise et monte des vidéos qui véhiculent critiques et revendications quant au système scolaire (*Classes et classe*, coréal. M. Van de Walle, 1973, m. m.), aux conditions de travail dans le secteur de l'aluminium (*L'Alcan c't'une vie*, 1974) et à l'industrie de la musique populaire (*Musique populaire et musique du peuple*, coréal. M. Van de Walle, 1976, c. m.). Habitant le Grand Nord pendant des années, il travaille ensuite à la recherche, au scénario et au montage de nombreux documentaires et dramatiques, pour la Inuit Broadcasting Corporation. Dans la continuité de ce travail, il imagine, dans son premier court métrage fiction, *La manière des Blancs* (1990), une rencontre entre un Inuit et une septuagénaire, rapport entre les cultures qu'il explore de nouveau, cette fois en documentaire, dans *La terre des autres* (1995, m. m.). Émond se fait véritablement connaître comme réalisateur avec *Ceux qui ont le pas léger meurent sans laisser de traces* (1992, m. m.), réflexion pessimiste sur la dignité et l'anonymat urbain à travers le portrait d'un homme ordinaire, fantomatique, mort à l'âge de 76 ans, dont la vie sans histoire inspire une sculpteure. Le cinéaste y recourt, comme souvent par la suite, à la voix off, qui ajoute au ton dramatique du film. L'AQCC lui attribue le prix du meilleur moyen métrage et le film récolte d'autres prix à Yorkton, Chicago et Toronto. S'intéressant une fois encore aux personnes âgées, et plus spécifiquement à sa propre mère, il se penche sur l'imminence de la mort dans *L'instant et la patience* (1994, m. m.) sans toutefois donner la même dimension à son propos. Puis, reprenant des images de destruction semblables à celles qui ouvrent *Ceux qui ont le pas léger meurent sans laisser de traces*, il donne la parole aux victimes d'incendies dans *L'épreuve du feu* (1997, m. m.), auquel l'AQCC attribue le prix du meilleur documentaire. Dans *Le temps et lieu* (1999, m. m.) il filme, pendant un an, la vie d'un village, Saint-Denis de Kamouraska, sur les traces d'un anthropologue américain qui y a séjourné plus de soixante ans plus tôt. Émond collabore aux scénarios de films de Pierre Falardeau (*Le party*, 1989; *Octobre*, 1994) et de

Robert Morin (*Requiem pour un beau sans cœur*, 1992; *Windigo*, 1994). Il tourne un premier long métrage, *La femme qui boit* (2000), où, faisant écho à sa production documentaire, il raconte l'histoire d'une vieille femme (Élise Guilbault) d'un quartier ouvrier qui assume ses choix et revendique sa dignité. (M. C.)

**ENSEIGNEMENT DU CINÉMA.** L'idée même d'enseigner le cinéma remonte presque aux débuts du cinéma québécois. Cependant, la mise en place d'un enseignement structuré est un phénomène récent.

Dès le début du siècle, on retrouve une « école » de cinéma, le Montreal Moving Pictures College, en activité de 1914 à 1918. À la même époque, on publie, dans la *Revue de Manon*, des textes qui, chaque semaine, renseignent les lecteurs sur différents métiers du cinéma. Entre 1920 et 1935, le clergé, omniprésent, dénonce l'aspect corrupteur du cinéma (*voir* ÉGLISE ET CINÉMA). Ce n'est qu'avec l'encyclique *Vigilanti Cura* (1936) qu'on demande aux religieux d'apprendre à se servir du cinéma pour mieux contrer ses effets négatifs. C'est dans cette perspective que l'on voit apparaître des ciné-clubs (1945-1965) qui auront comme mission de bien former les jeunes. Ces ciné-clubs contribuent, hors des salles de cours, à l'enseignement du cinéma. Des « gens de robe » plus progressistes font un réel travail d'animation en animant les premiers stages de formation pour les responsables de ciné-clubs, premiers véritables cours de cinéma, grâce notamment au travail des Léo Bonneville et André Ruzkowski. Certains, rébarbatifs au pouvoir du clergé, considèrent pourtant cette formation trop orientée religieusement. À l'initiative de ces derniers apparaissent notamment la revue *Images* (puis *Objectif*) et la série pour la télévision *Images en boîte* (puis *Images en tête*).

L'enseignement institutionnalisé du cinéma débute avec les années 60. Déjà quelques cours sont donnés dans des collèges classiques et des couvents (souvent dans le cadre des cours de littérature). En 1964, le rapport Parent — qui vise à transformer tout le système d'enseignement au Québec — recommande l'enseignement du cinéma dans l'ensemble du réseau de l'éducation. La recommandation 238 du rapport dit : « Nous recommandons que l'éducation cinématographique soit inscrite, le plus tôt possible, dans nos programmes scolaires, à la fois comme matière obligatoire et comme sujet de cours-options ». Cette recommandation est d'autant plus forte qu'elle va beaucoup plus loin que celles prévues pour des matières similaires (que ce soit la musique ou les arts plastiques). Dans le prolongement de ces recommandations, on voit apparaître un cours de cinéma au niveau de la Versification, quatrième année du cours classique (11e année). Puis, deux nouvelles structures scolaires accueillent des cours de cinéma : le niveau secondaire, dans le cadre d'un programme court en communication donné dans quelques établissements, et le niveau collégial. Rapidement, une majorité de cégeps dispenseront un enseignement du cinéma. Au niveau collégial, c'est dans une perspective culturelle et critique qu'on procède à la révision des cours (hérités des collèges classiques), en 1971, puis en 1977. Dans le même souffle, on mise sur le développement de la créativité des étudiants; en 1968, le rapport Rioux sur l'enseignement des arts insistait sur cet aspect. Dès le début de la décennie suivante, quelques collèges, situés pour la plupart dans la région montréalaise, offrent une concentration générale en cinéma. Cependant, la majorité des cours en cinéma offerts dans les collèges sont proposés à titre complémentaire, contribuant ainsi à élargir l'accès au cinéma.

Au niveau universitaire, dès 1967-1968, le Collège Loyola, l'Université Sir George Williams et l'Université de Montréal (cours donnés par Jean Mitry) font figure de précurseurs. Après le développement d'un mineur en cinéma à Sir George Williams en 1971 et d'une majeure en cinéma et en communication à l'Université McGill en 1972, deux universités francophones, l'Université de Montréal et l'Université Laval, mettent sur pied un programme en cinéma. Puis, l'UQÀM, en 1972, offre un bloc cinéma à l'intérieur du baccalauréat en communication, et propose un certificat en scénarisation en 1978. Les universités francophones tentent de lier pratique et théorie ; l'Université Concordia (née de la fusion de Sir George Williams et de Loyola en 1974) fait un effort plus marqué dans le sens de la formation professionnelle.

Dans l'ensemble, les universités privilégient les études cinématographiques. En 1984, l'Université de Montréal reconnaît officiellement une maîtrise orientée vers les études cinématographiques. Par la suite, l'Université de Montréal a créé un programme de mineur spécialisé né de la fusion d'Études cinématographiques et Littérature comparée. En 1988, l'Université Concordia offre une maîtrise orientée vers la production cinématographique et, en 1998, une autre en études cinématographiques. Mais, un grand nombre d'étudiants rêvent cependant de faire du cinéma et non pas de l'étudier. En 1982, le rapport de la Commission d'étude sur le cinéma et l'audiovisuel (rapport Fournier) recommande « la création d'une *École supérieure du cinéma et de la vidéo*, indépendante, financée par les deux paliers de gouvernement, située à Montréal, et dont le programme et la pédagogie seront axés sur la notion d'œuvre et sur le processus de création ».

Dans ce contexte, on a vu apparaître de multiples activités de formation (par exemple : les stages de Parlimage, des colloques techniques comme Convergence, les stages d'initiation au cinéma de l'ACPQ). Par ailleurs, le rêve d'une école nationale de cinéma se maintient. Cette école, l'INIS (Institut national de l'image et du son) voit enfin le jour en janvier 1996. On y offre une formation en scénarisation, en réalisation et en production ; le tout en rapport étroit avec le milieu de travail. Parallèlement, en 1998, le département de cinéma de Concordia devient la Mel Oppenheim School of Cinema.

Ces dernières années, on note une augmentation des clientèles en cinéma et communications, aussi bien au secondaire et au collégial qu'à l'université. De plus, une demande vers une formation en multimédia exerce une pression certaine sur la nature de ces formations. (P. P.)

**EN TANT QUE FEMMES.** (*Voir* OFFICE NATIONAL DU FILM *et* POIRIER, ANNE CLAIRE)

**EXPLOITATION.** Au Québec, la première utilisation du cinématographe Lumière a lieu le 27 juin 1896, au café-concert Le Palace, rue Saint-Laurent, à Montréal. Le succès est immédiat et au cours de la décennie qui suit, les spectacles de vues animées se multiplient dans les cafés, les parcs d'amusement et les théâtres, sans compter les tournées de projectionnistes itinérants (*voir* HISTORIOGRAPHE). Avant 1920, la figure dominante de l'exploitation cinématographique québécoise est sans conteste Léo-Ernest Ouimet*. À la fois exploitant, distributeur et producteur de bandes d'actualités, Ouimet compte parmi les premiers à réaliser l'importance de créer des salles spacieuses et confortables, servant exclusivement à la projection de films (*voir* SALLES DE CINÉMA). C'est ainsi que le 1er janvier 1906, il ouvre le premier Ouimetoscope (du nom de l'appareil de projection qu'il a mis au point), une salle de quatre cents places située rue Sainte-Catherine, à Montréal. Un second Ouimetoscope, plus spacieux (mille deux cents places), voit le jour le 31 août 1907; Ouimet n'hésite pas à le qualifier de « cinéma le plus luxueux en Amérique du Nord ». En ce sens, il est un précurseur et un visionnaire qui devine très tôt la forme que prendra l'exploitation cinématographique. Son combat contre les monopoles américains (le trust Edison ou Patent Co.), sa volonté de présenter des films français et des actualités produites au Québec sont autant de présages de ce qui constituera les éléments clés de la problématique de l'exploitation au Québec. La volonté des grandes entreprises américaines intégrées de production-distribution-exploitation de contrôler les marchés canadien et québécois se manifeste dès les années 20. La principale chaîne d'exploitation est alors la Allen's Film Theatres, un circuit canadien réputé et prospère qui refuse de s'associer à une *major* américaine. Une chaîne concurrente, la Famous Players Canadian Corporation, une filiale à 95 % de Famous Players Lasky, mieux connue sous son nom actuel de Paramount, est donc incorporée le 23 janvier 1920. Peu après, les filiales des *majors* au Canada se réunissent en cartel informel et décident de retirer tous leurs films de la chaîne des frères Allen pour les confier à Famous Players. Privée d'approvisionnement, la Allen's Film Theatres se trouve rapidement en difficultés financières et est achetée à vil prix par Famous Players, qui acquiert ensuite le contrôle de neuf autres circuits canadiens de salles. En moins d'une décennie, les *majors* établissent leur mainmise sur le marché canadien et, en 1929, deux cent sept des deux cent quatre-vingt-dix-neuf salles de cinéma appartenant à des circuits sont contrôlées par Famous Players. En 1930, le ministre canadien du Travail ordonne une enquête en vertu du Combines Investigation Act, mais malgré des conclusions accablantes pour Famous Players et les *majors*, le rapport d'enquête (dit rapport White) n'aura aucune suite et la cause sera déboutée devant la Cour suprême de l'Ontario. Au Québec, Famous Players est alors solidement implantée dans les centres urbains, mais sa pénétration en province est plus modeste qu'ailleurs au Canada. Pour des raisons culturelles évidentes, les salles de Famous ne présentent que des films américains avec des intertitres anglais.

La sonorisation des films permet à des entrepreneurs québécois, dans ce contexte, de donner une allure de mission patriotique à leurs efforts pour assurer la diffusion commerciale du film « parlant français » au Québec. Robert Hurel, Édouard Garand et, surtout, J.-A. DeSève* sont les maîtres d'œuvre de cette opération qui modifie profondément le visage de l'exploitation cinématographique au Québec (*voir* DISTRIBUTION). Avec la création de France Film — dont les slogans sont révélateurs: « France Film fait respecter notre langue », « France Film monte la garde » — l'exploitation du film en français, largement appuyée par la presse, les autorités religieuses et les gouvernements, connaîtra un essor important au cours des années 30. France Film acquiert, à Montréal, Québec et Trois-Rivières, des salles qui se consacrent exclusivement à la projection de films en français, et en province les exploitants de films en français se multiplient, s'organisent et se réunissent annuellement en congrès. Une division linguistique du marché s'établit, à la faveur de laquelle les exploitants québécois reprennent du terrain face à Famous Players.

Au cours des années de guerre, la défaite de la France prive France Film et les autres exploitants québécois d'un accès continu à la production française, ce qui provoque la fermeture de certaines salles. Et une nouvelle chaîne étrangère s'installe : Odeon, une filiale de la Rank Organization britannique. L'exploitation commerciale en français cède donc en partie le pas à l'exploitation communautaire. Celle-ci se développe grâce à l'ONF qui met sur pied, pour des raisons de propagande de guerre, un important réseau de diffusion alimenté par des projectionnistes itinérants; grâce à l'Église également qui, après avoir longtemps rejeté le cinéma, se décide à l'encadrer et ouvre toutes grandes les portes des écoles, des sous-sols d'églises et des salles paroissiales pour l'accueillir. En 1951, on compte d'ailleurs deux cent cinq de ces salles communautaires ou paroissiales, bases de la compagnie Rex Film, en sus des quatre cents salles commerciales en activité au Québec. Ce réseau devait constituer les assises du mouvement des ciné-clubs* des années 50, qui lui-même évoluera vers le concept des salles parallèles dans les années 60 et 70.

En 1952 apparaît la télévision* et, avec elle, la débâcle ! La fréquentation cinématographique, qui atteint près de soixante millions de spectateurs en 1952, tombe en chute libre jusqu'en 1963, où on n'en dénombre plus que vingt millions. Entre-temps, une centaine d'établissements commerciaux ferment leurs portes. Les années 50 sont également marquées par les effets du Divorcement Act, qui oblige les *majors* américaines à se départir de leurs intérêts dans les salles. Bien que cette loi américaine n'ait pas d'incidence directe au Canada, où Paramount conserve sa filiale Famous Players, elle provoque une réduction de moitié du volume annuel moyen de production de l'industrie américaine. Famous Players et Odeon se voient alors aux prises avec un double problème qui risque de provoquer la fermeture massive des salles : baisse marquée de la fréquentation et diminution de l'approvisionnement. Pour éviter le pire, Famous Players ajoute Cinémas Unis à sa raison sociale et décide de recourir, au Québec, à l'exploitation des films américains et britanniques d'abord en version originale et, quelques mois plus tard, en version française. Ce procédé, alors nouveau, permet de compenser en partie la baisse d'approvisionnement et de s'emparer d'une partie du marché francophone, jusque-là laissé aux exploitants québécois. La division linguistique du marché s'inscrit désormais à l'intérieur des circuits. La population francophone est mieux desservie et, de façon générale, les chaînes étrangères en sortent renforcées. Une fois la chute brutale de fréquentation freinée, l'exploitation québécoise connaît une longue période de stabilité, de 1963 à 1980, où, bon an mal an, environ vingt millions de spectateurs se présentent aux guichets des salles et des ciné-parcs, ces derniers faisant leur apparition en 1969. Du côté des grands circuits, on profite de cette période de relative prospérité pour acquérir de nouvelles salles, principale-

ment dans les centres commerciaux des banlieues, et, surtout, à compter des années 70, pour transformer les grands palaces à écran unique du centre-ville en complexes multisalles plus fonctionnels et plus économiques.
Les années 60 voient l'émergence de l'exploitation « art et essai » avec l'ouverture, en 1961, de l'Élysée, puis du Vendôme, de l'Empire, du Cinéma Parallèle et du Verdi. Apparaissent aussi la Cinémathèque canadienne, aujourd'hui Cinémathèque québécoise*, le Festival international du film de Montréal et le Conservatoire d'art cinématographique. Lieux de rencontre d'une nouvelle génération de cinéphiles et de cinéastes, les cinémas d'art et essai évoluent progressivement vers la notion de cinéma de répertoire (où l'on programme surtout des films en reprise) avec l'ouverture du (nouveau) Ouimetoscope, du Cinéma V et d'un ensemble de salles — l'Outremont, le Cartier, le 2001, le Festival, le Lumière, l'Autre cinéma, le Laurier — qui seront, à un moment ou à un autre, gérés par Roland Smith, l'instigateur du Verdi.
D'ailleurs, la multiplication des circuits de taille moyenne est une des caractéristiques des années 70. Outre la Société Micro Cinéma (SMC) de Smith, mentionnons la Société nouvelle de cinématographie de Michel Costom, Cinévic de Paul Gendron — surtout spécialisé dans l'exploitation de ciné-parcs — de même que Secure Cinema Investment, Cinéma international Canada, Filmo Vision, Ciné-Ro et une dizaine d'autres. Le développement de ces mini-circuits, coïncidant avec l'expansion de France Film, qui acquiert le circuit de Léo Choquette, et avec la canadianisation de la chaîne Odeon (1977), laisse entrevoir une réduction de la mainmise étrangère sur l'exploitation et une diversification des lieux de décision au regard de la programmation. Malheureusement, la crise des années 80 met fin à ces espoirs. Cette crise, d'abord économique — inflation et récession frappent à l'échelle mondiale — est amplifiée par le développement accéléré d'un mode concurrent de diffusion des longs métrages : la vidéocassette. Devant la croissance du nombre de magnétoscopes et de vidéoclubs, la fréquentation cinématographique décline. Elle chute de vingt millions de spectateurs en 1980 à 13,6 millions en 1985.
Ce sont d'abord les ciné-parcs, dont le déclin se poursuit en 1986, qui font les frais de la crise, perdant plus de la moitié de leurs spectateurs. Puis, ce sont les mini-circuits et les exploitants indépendants, situés en province et disposant généralement de salles à écran unique, qui disparaissent à un rythme rapide. En 1988, plus de cent municipalités, villes ou villages qui disposaient d'au moins une salle de cinéma au cours de la dernière décennie, en sont totalement privés. Le réseau des salles parallèles, implanté dans les écoles, collèges et universités, est aussi sévèrement affecté par la diffusion en vidéocassette. Tout comme, d'ailleurs, les cinémas spécialisés dans l'exploitation de films pornographiques. Plusieurs cinémas de répertoire ferment leurs portes : le Cartier, l'Outremont, le Laurier, l'Autre cinéma, le Séville, le Milieu et le Cinéma V. Converti en cinéma de répertoire en 1987, pour profiter de la place laissée vacante par la liquidation du réseau de Roland Smith (qui occupe le poste de vice-président de Famous Players pendant environ une année, en 1987 et 1988), le Papineau abandonne après quelques mois d'activités.
La concentration du marché s'accroît avec l'acquisition d'Odeon, en 1984, par Cinéplex

Corporation, qui devient alors Cinéplex-Odéon et qui acquiert notamment France Film en 1986. Une expansion rapide est favorisée par l'association de Cinéplex-Odéon avec une *major* américaine : MCA Universel. Par ailleurs, en 1987, Smith tente, sans succès, de transformer quatre salles du réseau de Famous Players en cinémas de répertoire. Après le creux historique de 1985, les exploitants contre-attaquent : des investissements substantiels sont consentis dans la construction et la rénovation des salles et l'amélioration des équipements sonores et de projection, des journées à tarif réduit sont instituées et des campagnes de promotion d'envergure sont lancées. La production hollywoodienne s'est aussi adaptée, surenchérissant sans cesse sur la démesure des effets spéciaux. Si bien que la fréquentation cinématographique remonte d'abord lentement puis de façon plus soutenue pour atteindre plus de 23 millions de spectateurs en 1997, ce qui représente une croissance de 70 % en douze ans. La croissance de fréquentation s'accompagne, au cours de la décennie, d'une croissance proportionnelle du nombre d'écrans, qui passe de 283 en 1989 à 546 en 1997. Ce sont principalement les grands circuits, qui contrôlent les zones urbaines à haute densité de population, qui profitent de cette croissance, en construisant d'une part de nouveaux cinémas multi-écrans dans les banlieues, faisant en sorte de rapprocher les salles d'une population qui déserte le centre-ville ; en aménageant, d'autre part, au centre-ville de nouveaux complexes polyvalents de divertissement familial (comprenant également des salles de jeux vidéo, des salles de quilles, des comptoirs de restauration rapide, des boutiques, etc.) qui, selon leurs études de marché, répondent mieux aux désirs de leurs jeunes clientèles urbaines. Ces activités génèrent des revenus qui comptent pour une part de plus en plus significative des recettes globales des exploitants, car les studios se réservent une portion croissante de la recette-guichet proprement dite.

À la fin des années 90, l'exploitation est toujours dominée par le duopole de Famous Players et Cinéplex-Odéon, qui contrôlent 43 % des écrans et 52 % des fauteuils et qui ont toutes deux des liens de propriété avec une *major* américaine. En face de ce duopole se retrouvent une multitude de petits propriétaires indépendants. Sauf pour ce qui est du mini-circuit Guzzo et du complexe Ex-Centris ouvert à Montréal par Daniel Langlois*, la plupart de ces indépendants sont installés hors de Montréal et Québec. (M. H.)

**FAJARDO, Jorge (Ignacio)**, réalisateur, scénariste (Santiago, Chili, 1944). Ingénieur de formation, il choisit tout de même le cinéma. Il compte parmi la vague d'immigrants chiliens qui s'installent au Québec à la suite du coup d'État militaire de 1973. Fajardo touche à différents genres cinématographiques (fiction, documentaire, film expérimental) et travaille pour plusieurs médias (film, télévision, vidéo). Ses films explorent systématiquement les effets des régimes répressifs sur les individus et l'évolution de la prise de conscience chez les victimes. La situation politique du Chili est au cœur même de son premier film, *Jours de fer* (1975, m. m.), troisième volet de la trilogie que constitue *Il n'y a pas d'oubli* (coréal. R. Gonzalez et M. Mallet). Fajardo décrit la première journée de travail au Québec d'un intellectuel chilien en exil. En fait, il parle aussi bien du travail aliénant en usine que de l'isolement de l'exilé. Son documentaire *Matan a mi Mañungo!* (1979) présente une grève de la faim organisée à Montréal en témoignage de solidarité à l'égard de ceux dont les proches ont disparu au Chili. *Conférence sur le Chili* (1980, m. m.) est un monologue dramatique sur la façon dont les mensonges servent parfois de discours officiel. À caractère expérimental, *Le soulier* (1980, c. m.) évoque, de manière poétique, la répression militaire. Ses films suivants reprennent ces thèmes en s'ouvrant sur la lutte pour la libération menée par d'autres peuples. Dans le cas de *La historia de Julio* (coréal. V. Regalado, 1987, c. m.), il s'agit du peuple salvadorien. En 1989, Fajardo signe un long métrage expérimental, *Off... off... off... ou sur le toit de Pablo Neruda*, adaptation cinématographique d'un spectacle d'Alberto Kurapel. *Chère Clarisse* (1991, c. m.) est une réaction à chaud à la crise du golfe Persique : un soldat canadien engagé dans le conflit raconte, dans des lettres filmées envoyées à son amie au Québec, les horreurs de la guerre chimique. Réalisé, comme tous ses derniers films, avec très peu de moyens, *Chère Clarisse* témoigne du sentiment d'urgence désespérée qui anime l'activité cinématographique de Fajardo et qui s'exprime aussi dans ses pièces (*Île*, 1994) et ses romans (*La zone*, 1990). On retrouve la même sensibilité dans *La visite* (1993), une adaptation de l'œuvre de Jorge Diaz, *Contrepoint pour deux voix fatiguées*, réalisée de façon très artisanale et avec une certaine maladresse. Fajardo réalise ensuite deux vidéos expérimentales, *Opale* (1999, c. m.) et *L'adieu* (1999, c. m.). (J. A., M. E. et É. P.)

**FALARDEAU, Pierre,** réalisateur, scénariste (Montréal, 1946). Se familiarisant avec le structuralisme et l'école documentaire québécoise au cours de ses études en anthropologie, il utilise, dès sa sortie de l'Université de Montréal, les moyens de production offerts par le Vidéographe pour réaliser, en 1971, le court métrage vidéo noir et blanc *Continuons le combat*, un essai dénonçant le caractère mythique et ritualisé des combats de lutte professionnelle. Adoptant une démarche semblable face au parc Belmont, il tourne *À mort* (1972), qu'il n'achève pas. Julien Poulin*, un camarade de collège, se joint à lui pour le montage de ce film. Ensemble, ils réalisent *Les Canadiens sont là* (1973, m. m.), une vidéo noir et blanc sur l'exposition Canada-Trajectoire 1973 du Musée d'art moderne de Paris. Ils poursuivent leur collaboration en vidéo avec *Le magra* (1975, c. m.), et *À force de courage* (1976, c. m.), deux documentaires qui donnent la parole aux gens filmés, le premier pour dénoncer le fascisme ordinaire présent à l'Institut de police de Nicolet, et le second pour rendre hommage aux travailleurs agricoles d'un domaine autogéré en Algérie. Transféré en 16 mm, le deuxième court métrage est récompensé au Festival de Lille. En 1978, toujours en vidéo, ils terminent *Pea Soup*, entrepris trois ans plus tôt, un collage qui étale et attaque tous azimuts l'aliénation des Québécois face aux modèles culturels. Ce long métrage connaît une exploitation en 16 mm. En 1980, ils radicalisent leur militantisme en signant, à l'ONF, *Speak White* (c. m.), un montage en 35 mm de documents photographiques faisant écho au poème de Michèle Lalonde qui dénonce plusieurs formes d'oppression des peuples. En 1981, la charge politique étant devenue subitement désuète, ils entreprennent une première fiction que Poulin interprète : *Elvis Gratton* (c. m.). Ce portrait-charge du Québécois affligé de tous les travers de l'aliéné, obtient le Grand prix du Festival de Lille et le Génie du meilleur court métrage de fiction. Le succès du film amène Falardeau et Poulin à réaliser deux suites (*Les vacances d'Elvis Gratton*, 1983, c. m. ; *Pas encore Elvis Gratton !*, 1985, c. m.), qui ne retiennent de l'original que la caricature. En 1985, les trois courts métrages sont réunis en un long métrage, sous le titre d'*Elvis Gratton* qui remporte un grand succès sur vidéo. En 1989, avec la collaboration de Francis Simard au scénario, Falardeau réalise un premier long métrage de fiction, *Le party*. Situé en milieu carcéral lors d'un spectacle organisé pour et par des détenus, le récit force le face à face entre ceux-ci et des artistes de variétés de même qu'une journaliste, de manière à mettre en évidence l'humanité derrière les barreaux. Le film possède les qualités et les défauts d'une première œuvre d'envergure : empreint de maladresse à tous les plans de la création cinématographique, il est porté par un souffle dénonciateur, par un cri de rage politique qui détonne parmi les productions cinématographiques laminées. En 1992, à l'ONF, Falardeau coréalise avec Manon Leriche *Le steak*, mélange de direct et d'archives où l'on suit le combat d'un boxeur professionnel vieillissant, Gaétan Hart, au moment de remonter dans l'arène pour assurer sa survie. La même année, il assure la narration, sur un ton dramatique, de *Ceux qui ont le pas léger meurent sans laisser de traces* (B. Émond, m. m.). Dans la suite logique de sa production vidéo, à l'automne 1993 il fait circuler sous le manteau, une vidéo manifeste tournée en 1985, *Le temps des bouffons* (c. m.), où, pamphlétaire, il tourne en dérision les participants à la fête du Beaver Club organisée à l'Hôtel Reine Elizabeth. Avec la collaboration de Francis Simard, ex-felquiste, Falardeau scénarise *Octobre* (1994) où, préférant le huis clos à la reconstitution historique, il fait vivre de l'intérieur la crise d'Octobre 70 et met notamment l'accent sur les doutes des ravisseurs. Le film remporte le prix L.-E. Ouimet-Molson que Falardeau accepte après avoir condamné le commanditaire. Donnant suite à Elvis Gratton, toujours fasciné par la bêtise et la vulgarité, il réalise *Miracle à Memphis* (1999), série de sketches où l'on voit un Robert Gratton ressuscité d'abord à l'hôpital, puis à la pêche, au garage, à l'aéroport, sur scène, lors d'une séance de signature. Quoique le caractère politique de son propos soit évident, le cinéaste doit composer avec l'immense popularité de son personnage, un abruti surmédiatisé qui incarne toutes les idées qu'il condamne. Le film remporte un important succès populaire. De la même façon que Michel Brault a tourné *Les ordres* puis *Quand je serai parti... vous vivrez encore*, Falardeau fait suivre son long métrage sur les événements d'Octobre d'un film sur les Patriotes de 1838, *15 février 1839* (2000). Dans les années 90, plus que tout autre cinéaste québécois, Falardeau est présent dans les médias, contestant bruyamment le refus qu'essuient ses projets dans les organismes publics de financement, fustigeant le système politique canadien, ou attaquant la publicité et les détenteurs du pouvoir économique. Réalisateur aux productions inégales, longtemps marginalisé en raison de son mode d'expression, Falardeau propose un cinéma politique qui n'hésite pas, même au prix d'être critiqué pour manque de goût, à dénoncer l'aliénation sous toutes ses formes.

BIBLIOGRAPHIE : FALARDEAU, Pierre, *Octobre*, Montréal, Stanké, 1994 • FALARDEAU, Pierre, *La liberté n'est pas une marque de yogourt : lettres, articles, projets*, Montréal, Stanké, 1995 • FALARDEAU, Pierre, *15 février 1839 : scénario*, Montréal, Stanké, 1996 • ZEAU, Caroline, *Les films de Pierre Falardeau : un cinéma de résistance ?*, Paris, Université de Paris VII Denis-Diderot, 1996 • FALARDEAU, Pierre, *Les bœufs sont lents mais la terre est patiente*, Montréal, Stanké, 1998 • LA FRANCE, Mireille, *Pierre Falardeau persiste et signe*, Montréal, Hexagone, 1999 • FALARDEAU, Pierre et Julien POULIN, *Elvis Gratton le livre*, Montréal, Stanké, 1999 • FALARDEAU, Pierre, *Miracle à Memphis*, Montréal, Stanké, 1999. (Y. P. et M. C.)

**FAUTEUX, Ronald,** directeur artistique (Stanstead, 1942). Dès 1961, il est antiquaire dans le Vieux-Montréal. En 1973, il est amené à travailler pour le cinéma lorsqu'il fournit, avec Jocelyn Joly, de nombreux accessoires pour *Kamouraska* (C. Jutra, 1973). Il débute comme chef accessoiriste dans *The Apprenticeship of Duddy Kravitz* (T. Kotcheff, 1974). Après avoir exercé ce métier pour de nombreux films, il devient directeur artistique. Au cours de la décennie 1990, il travaille essentiellement pour la télévision. On lui doit notamment les décors des téléséries *Les filles de Caleb* (J. Beaudin, 1990-1991) et *Blanche* (C. Binamé, 1993).

PRINCIPAUX FILMS : *Lies My Father Told Me* (J. Kadar, 1975), *Maria Chapdelaine* (G. Carle, 1983), *Il était une fois en Amérique* (S. Leone, 1983), *Le crime d'Ovide Plouffe* (D. Arcand,

1984), *Le frère André* (J.-C. Labrecque, 1987), *Bethune: The Making of a Hero* (P. Borsos, 1990), *Le secret de Jérôme* (P. Comeau, 1994). (J. P.)

**FAVREAU, Robert,** réalisateur, assistant réalisateur, monteur, scénariste (Montréal, 1948). Il est organisateur syndical et animateur social avant de passer au cinéma. À ses débuts, il travaille comme assistant réalisateur de Fernand Dansereau, André Melançon, Alain Chartrand et Jean Pierre Lefebvre. Favreau est le type même du cinéaste engagé dont les films, dénonciateurs, doivent provoquer réflexion et choc émotif. Il se fait connaître grâce à son documentaire choc sur l'élection de la reine du Carnaval de Québec, *Le soleil a pas d'chance* (1975), qu'il monte, comme plusieurs de ses films. Le film a maille à partir avec les organisateurs du Carnaval, qui réussissent à en interdire la première à Québec. *Le soleil a pas d'chance* décrit durement l'élite locale qui profite de cette manifestation pour perpétuer les stéréotypes féminins. De tels propos, clairs et explicites, se retrouvent déjà dans son premier film, *C'est pas l'argent qui manque* (1972, m. m.), film outil en trois parties sur le thème de l'avenir économique du Québec. Toujours préoccupé par la pauvreté et l'injustice, il signe, avec Guy Dufaux, deux documentaires amers et noirs, *Corridors* (1980) et *Pris au piège* (1980), qui offrent un portrait pessimiste de familles de milieu défavorisé. Il réalise également des films dans les séries documentaires

Fanny Mallette et Robert Favreau sur le tournage des *Muses orphelines* de Robert Favreau. (Véro Boncompagni)

« Les jeunes scientifiques » (1973), « Les exclus » (1977) et « Les chocs de la vie » (1982). Il coréalise un documentaire avec Michel Moreau, *Les coulisses de l'entraide* (1984, m. m.), dont il signe aussi le montage, puis il monte *Le million tout-puissant* (M. Moreau, 1985) qui combine le documentaire et la fiction. À partir de 1986, Favreau laisse derrière lui le documentaire et réoriente son activité cinématographique vers la fiction. Il réalise une première fiction dans le cadre de la série « La bioéthique : une question de choix », *La ligne brisée* (1986, c. m.), l'histoire d'un médecin qui doit annoncer à sa sœur qu'elle est atteinte d'un mal incurable. Puis il réalise, en 1986 et 1987, la série « Pour tout dire », sept courts métrages de fiction conçus comme des outils pour l'apprentissage du français langue seconde. La série obtient une médaille d'or à l'International Film & TV Festival de New York. Il tourne ensuite un premier long métrage de fiction, *Portion d'éternité* (1989), racontant l'histoire de Pierre (Marc Messier) et Marie (Danielle Proulx) qui, incapables de se reproduire, s'en remettent à la science; leur mort accidentelle entraîne une enquête sur les questions d'éthique reliées à la fécondation *in vitro*. Danielle Proulx obtient un prix d'interprétation au FFM et le film remporte un réel succès auprès du public. Cela permet à Favreau d'enchaîner avec *Nelligan* (1991) où il propose une interprétation de la vie du poète Émile Nelligan, protégé par sa mère, rejeté par son père, habité par la poésie. Favreau travaille ensuite pour la télévision pour laquelle il tourne le téléfilm *Trois femmes, un amour* (1993) puis la populaire série *L'ombre de l'épervier*, adaptée d'un roman de Noël Audet, à laquelle il donne une suite. Il revient au cinéma en portant à l'écran une pièce dramatique de Michel-Marc Bouchard, *Les muses orphelines* (2000), retrouvailles forcées de quatre frère et sœurs que leur mère a abandonnés des années plus tôt. Actif au CQDC puis à l'ARRFQ, il occupe la présidence de la Cinémathèque québécoise de 1987 à 1989. (A. R. et M. C.)

**FÉDÉRATION DES CENTRES DIOCÉSAINS DU CINÉMA.** Créée en 1955 par les évêques de cinq diocèses (Montréal, Saint-Jean, Valleyfield, Joliette et Saint-Jérôme) pour mettre en commun leurs services d'information et de formation cinématographiques, elle est dissoute en 1957, lors de la fondation de l'Office des communications sociales* (*Voir* ORGANISATION COMMUNICATIONS ET SOCIÉTÉ). (G. B.)

**FERRAND, Carlos (Zavada),** réalisateur, chef opérateur (Lima, Pérou, 1946). Diplômé de l'INSAS (Bruxelles), il rentre au Pérou où il réalise plusieurs courts métrages documentaires, est chef opérateur et exerce le métier de critique de cinéma dans des quotidiens. Membre du groupe Mont-Faucon/Research Center, créé à Bruxelles, il tourne en collectif, de 1973 à 1979, plusieurs films super 8, vidéos et films en 16 mm, et s'occupe de la section montréalaise. Au Canada, il produit et dirige pour le CN une série de vidéos industriels, dont *Épissure de câbles thermorétractables* (1981, c. m.), gagnant de la Bobine d'or au festival de l'Association internationale de télévision, et *Eyes Only* (1981, c. m.), médaille de bronze au Festival international du film et de la télévision de New York. *Cimarrones* (1982, c. m.), fiction en noir et blanc sur des esclaves africains évadés qui fondent des villages libres sur la côte péruvienne, attire sur Ferrand l'attention de la critique. Il réalise ensuite un film sur des inventeurs québécois, *Inventez!* (1985, m. m.). Son court métrage expérimental *Fenêtres sur ça* (1986, c. m.), tourné à Paris, est aussi remarqué par la critique. Très différents l'un de l'autre, les trois films se signalent cependant par le souci de la composition, de l'éclairage et du contrôle de la caméra. Ces qualités se retrouvent dans *Lamento pour un homme de lettres* (P. Jutras, 1988, c. m.) dont il signe les images. Il scénarise et tourne ensuite un premier long métrage de fiction, le téléfilm *Cuervo* (1989). Empruntant à la bande dessinée, à la littérature latino-américaine et à la série B, il raconte l'histoire de deux sœurs jumelles (Kim Yaroshevskaya) qui, grâce à l'intervention d'un détective privé (Nelson Villagra), se retrouvent, après des années de séparation, au cœur de la forêt amazonienne. Ce film est suivi d'un court métrage (*Voodoo taxi*, 1991) et de quelques séries pour la télévision. Ferrand réalise ensuite *Vivre 120 ans* (1993, m. m.), un documentaire sur la vieillesse mais aussi sur l'héritage que les aînés peuvent transmettre et qu'il faut apprendre à recevoir. L'enseignement est aussi, somme toute, le propos de *Visionnaires* (1999, m. m.) où il recueille le témoignage de cinq créateurs, savants, artistes ou professeurs. Ce documentaire, une leçon de vie en forme de lettre à sa fille, est animé par une conception romantique du créateur voulant que ce dernier soit dans une relation privilégiée avec la nature. Ferrand partage son temps entre la réalisation et la direction de la photographie. Parmi les films auxquels il contribue, on retrouve notamment: *Le système « D »* (G. Giuterrez, 1989, m. m.), *La manière des Blancs* (B. Émond, 1990, c. m.), *Un léger vertige* (D. Poitras, 1991), *La manière nègre* (J.-D. Lafond, 1991, m. m.). *Les filles aux allumettes* (P. Henriquez, 1996, m. m.); *Petites chroniques cannibales — 1. Rosalie* (P. Jutras, 1996, m. m.); *Les Désoccupés* (R. Létourneau, 1997, m. m.); *Rupture* (N. Tlili, 1998, m. m.); *Les dames du 9e* (C. Martin, 1998, m. m.). (J. A. et É. P.)

**FESTIVALS.** En 1960, un groupe de cinéastes et de cinéphiles, pour la plupart issus des ciné-clubs*, et parmi lesquels on compte Pierre Juneau*, Fernand Cadieux* et Guy L. Coté*, fonde le Festival international du film de Montréal. Premier festival de cinéma au Québec, il s'inscrit dans l'éclatement de la société québécoise qui marque la fin du duplessisme. D'abord installé au Loews, rue Sainte-Catherine, puis à l'Expo-théâtre pour l'édition de 1967, ce festival non compétitif a pour objectif premier de montrer, annuellement, dans les meilleurs délais et conditions possible, entre quinze et trente longs métrages puisés à même le meilleur de la production mondiale. Au fil des années, on y projette des films de Jean-Luc Godard, Michelangelo Antonioni, Satyajit Ray, Éric Rohmer, Robert Bresson, François Truffaut, Francesco Rosi, Jean Rouch et Glauber Rocha. En 1960, le Festival présente la version intégrale d'*Hiroshima mon amour* (A. Resnais, 1959), que le Bureau de censure ampute de quatorze minutes lors de sa sortie commerciale. Cela fournit l'occasion à plusieurs groupes de pression d'exiger une refonte complète des règles de la censure*. En 1962, Rock Demers* prend la direction de l'événement. Le Festival du cinéma canadien se greffe à cette manifestation l'année suivante. Compétitif, il couronne, à sa première année, *À tout prendre* (C. Jutra, 1963), *Pour la suite du monde* (M. Brault et P. Perrault, 1963) et *Bûcherons de la Manouane* (A. Lamothe, 1962,

c. m.). Le Festival du cinéma canadien joue un rôle de premier plan dans la reconnaissance du jeune cinéma québécois. La huitième et dernière édition du Festival international du film de Montréal se tient en 1967. Sa disparition s'expliquerait par des divergences d'orientation. C'est dans son sillage que se développent les salles d'art et essai comme l'Élysée.

À l'été de 1977, deux nouveaux festivals sont créés, occupant la place laissée libre, dix ans plus tôt, par le Festival international du film de Montréal. D'un côté, les critiques, regroupés au sein de l'AQCC, mettent sur pied le Festival international du film de la critique québécoise, événement non compétitif où vingt-deux longs métrages sont présentés. De l'autre, Serge Losique, organisateur du Festival du film étudiant canadien depuis 1969, crée le Festival canadien des films du monde, où, dès la première année, cent quatre-vingt films sont projetés. Présentant notamment des films de Théo Angelopoulos, Volker Schlöndorff, Nikita Mikhalkov, Robin Spry (*One Man*, 1977) et Jean Pierre Lefebvre (*Le vieux pays où Rimbaud est mort*, 1977), la première édition du Festival international du film de la critique québécoise, dirigée par Gilles Marsolais, connaît un bon succès. La deuxième édition, dirigée par André Roy, présente notamment des films de Nanni Moretti, Benoit Jacquot et Fernando Solanas. Elle connaît moins de succès auprès du public. Des problèmes avec les organismes subventionneurs ainsi que des dissensions internes mettent fin prématurément à l'existence de ce festival. Le Festival des films du monde (FFM), dont l'appellation abandonne le qualificatif de canadien dès sa deuxième édition, profite directement de cette disparition, drainant à la fois le public et les films du festival organisé par la critique. Rapidement, le FFM, compétitif dès sa deuxième édition, s'impose auprès du grand public. Des manifestations d'opposants au festival, comme celles tenues par un groupe de cinéastes québécois en 1979, n'affectent en rien sa popularité. Avec l'appui décisif des politiciens et des institutions, le FFM doit faire face à la concurrence du Festival of Festivals de Toronto, qui lui dispute le titre de plus important festival au Canada. Le FFM présente annuellement plus de deux cents longs métrages et organise un marché. La section compétitive met des années à s'imposer sans jamais atteindre le niveau de Cannes, Venise ou Berlin. Au milieu des années 80, le FFM étend ses activités à Québec, ce qui entraîne la disparition, après l'édition de 1986, du Festival international du film de Québec fondé, en 1983, par Bruno Bégin. En 1987, le FFM propose également une sélection de ses films à Trois-Rivières, percée qui demeure sans suite. Par ailleurs, jusqu'en 1998 Serge Losique, avec son associée, Danièle Cauchard, dirige le Conservatoire d'art cinématographique de l'Université Concordia, qui à la fin des années 80 devient l'une des constituantes de Cinémathèque Canada.

Créé par la Coopérative des cinéastes indépendants, avec Dimitri Eipides et Claude Chamberlan à sa tête, le Festival international du film 16 mm naît en 1971. Il s'intéresse d'abord à la diffusion, quasi exclusive, du cinéma underground, notamment américain. Progressivement, à travers de nombreux déménagements et réajustements, ce festival élargit son champ d'intérêt. Il devient le Festival international du nouveau cinéma, à sa neuvième édition (1980), puis le Festival international du nouveau cinéma et de la vidéo à sa treizième édition (1984). Au cours des premières années, parvenant difficilement à définir son orientation, il est souvent remis en question. La disparition du Festival international du film de la critique québécoise lui est bénéfique, puisque c'est en 1980 qu'il arrive à prendre son véritable envol et que la critique commence à s'y intéresser sérieusement. Dès lors, en compétition avec la FFM dont l'expansion en vient à occuper tous les créneaux, ce festival s'impose comme une manifestation d'importance, mais continue de connaître des problèmes d'organisation. Au fil des ans, on y fait connaître des œuvres comme celles de Jean-Marie Straub, de Wim Wenders, de Werner Schroeter, de Chantal Akerman, de Spike Lee, de Patricia Rozema, d'Atom Egoyan et de Jim Jarmusch. En 1996 et 1997, on tient deux éditions à la fin du printemps, avec moins de succès. Devenu le Festival international du nouveau cinéma et des nouveaux médias en 1997, l'événement intègre alors la programmation du Festival international du court métrage de Montréal qui se tient de 1993 à 1996 sous la direction de Bernard Boulad. Soutenu par Daniel Langlois* qui entreprend de le modifier progressivement de l'intérieur, le festival reprend à l'automne en 1998. Il retrouve son public en 1999.

Les années 80 marquent un changement considérable dans le paysage des festivals de cinéma au Québec. Entre 1980 et 1988, plus de vingt festivals apparaissent, qui vont du Festival officiel du cinéma soviétique au Festival des grandes écoles de cinéma, mais tous ne parviennent pas à maintenir leurs activités au-delà des premières éditions.

À Montréal, le Festival international du film super 8 est lancé par l'Association pour le jeune cinéma québécois* en 1980, et devient le Festival international du jeune cinéma en 1988. Le Festival international du film sur l'art, compétitif, est fondé en 1981 par René Rozon. Il s'impose rapidement par la position unique qu'il occupe en Amérique et par une programmation représentative de la production internationale. À partir de 1985, les Journées du cinéma africain présentent une sélection de films africains et créoles. Des films et émissions de télévision dont les sujets se rapportent à l'Afrique ou au monde créole complètent la programmation. L'événement, jumelé au FESPACO de Ouagadougou (Burkina Faso) et aux festivals d'Amiens (France) et de Namur (Belgique), est dirigé par Gérard Le Chêne*. Mis sur pied en 1985 par l'équipe de Cinéma Femmes (qui devient Créations Femmes Diffusion en 1998), le Festival international des films et vidéos de femmes de Montréal (aussi appelé « Silence, elles tournent ! ») — dont le lointain ancêtre est l'événement La femme et le film, tenu une première fois en 1973 dans la foulée du programme En tant que femmes de l'ONF — présente, dès sa première édition, une rétrospective consacrée à Mai Zetterling. Il permet, entre autres, de découvrir les œuvres de Christine Ehm, Jeanne Labrune, Sally Potter, Juliet Berto et Mira Nair. L'événement, auquel se joint Cinémama en 1987, propose une dernière édition en 1996. Le premier festival consacré au cinéma des femmes, le Festival des filles des vues, se tient cependant à Québec. Il contribue à la découverte de nombreuses cinéastes. Organisé par l'équipe de Vidéo-femmes, il tient sa onzième édition en 1988, mais fait relâche en 1989. Devenu biennal, le festival, détaché de Vidéo-Femmes, ne reprend ses activités qu'en 1991 sous le nom de Mondiale de films et vidéos de Québec. Après une dernière édition en 1993, la Mondiale n'organise plus que des événements ponctuels. S'ajoutent à l'activité cinématographique montréalaise quelques autres manifestations, dont Image et nation : Festival international du cinéma et du vidéo lesbien et gai de Montréal à partir de 1987 et Fantasia, populaire événement consacré au cinéma d'Asie du Sud-Est. Créé en 1996 pour offrir une vitrine au cinéma asiatique, Fantasia connaît un franc succès.

Plusieurs festivals se développent en région à partir des années 80. Le Festival du cinéma international en Abitibi-Témiscamingue naît en 1982 à la suite de plusieurs semaines du cinéma régional et d'une Semaine du jeune cinéma québécois. Animé par Jacques Matte, il fait une large place au cinéma québécois. Très populaire, il constitue un modèle pour l'ensemble des festivals en région. Le Carrousel international du film de Rimouski, créé sous la présidence de Louis Landry en 1983, présente des films destinés au jeune public et se distingue par son travail d'animation en milieu scolaire. Compétitif, son jury est constitué d'enfants. Montréal a aussi son festival jeune public à partir de 1996, Les 400 coups, dirigé par Rémy Boucher. Les Sept jours du cinéma se tiennent en 1985 et en 1986 à Hull et à Ottawa. Quant au Festival du cinéma international de Sainte-Thérèse, créé en 1985 par les organisateurs du ciné-club du cégep Lionel-Groulx, il présente, à sa première édition, des films destinés aux jeunes adultes, avant de s'intéresser aux premières œuvres et d'étendre ses activités à Saint-Jérôme et Sainte-Adèle. Il devient le Festival de cinéma international des premières œuvres et fait relâche en 1999. On organise aussi un festival consacré aux jeunes cinéastes à Chicoutimi, Regard sur la relève du cinéma québécois, à partir de 1997. À Sherbrooke se tient, dès 1993, l'International du cinéma de l'Estrie. La Côte-Nord accueille quant à elle deux festivals très courus, le Festival du film de Sept-Îles, créé en 1991, et Cinoche à Baie-Comeau, à partir de 1989. Devant l'insatisfaction de la profession vis-à-vis du volet Québec du Festival des films du monde, la SODEC lance un appel d'offres et retient un projet, Images du nouveau monde, dont la première édition est prévue en 2000.

Les Rendez-vous du cinéma québécois*, qui tiennent autant du festival que de la rétrospective, présentent annuellement la totalité des films produits au Québec qui sont accessibles à un public francophone puis une large sélection sans distinction de langue. (M. J., G. M. et M. C.)

**FILIATRAULT, Denise,** actrice, réalisatrice, scénariste (Montréal, 1931). Artiste de cabaret, elle devient une des vedettes les plus connues des Québécois grâce à la télésérie comique *Moi et l'autre* où, aux côtés de Dominique Michel, elle tient le rôle d'une intrigante capable de tout pour parvenir à ses fins. Ensemble, elles forment un duo comique qui, pendant des années, fait les belles heures de *Bye Bye*, revue de fin d'année présentée à la télévision de Radio-Canada, et qu'elles reprennent au cinéma (*Je suis loin de toi mignonne*, C. Fournier, 1976). Contrairement à sa partenaire, Filiatrault, qui crée le rôle de Rose Ouimet dans *Les belles-sœurs* (1968) de Michel Tremblay, joue, dès ses débuts au cinéma, tantôt des rôles comiques, tantôt des rôles dramatiques. Elle tourne d'abord une comédie initialement prévue pour la télévision, *Le p'tit vient vite* (L.-G. Carrier, 1972). Puis, on la voit tenir, dans *La mort d'un bûcheron* (G. Carle, 1973) et dans *Il était une fois dans l'Est* (A. Brassard,

Denise Filiatrault dans *Il était une fois dans l'Est* d'André Brassard. (coll. CQ)

1973), des rôles dramatiques qui font appel à son énergie explosive. Elle reprend ce type de personnage extroverti dans *Les beaux dimanches* (R. Martin, 1974) où elle compose une bourgeoise frustrée qui, pour combattre sa peur de vieillir, effectue un strip-tease désespéré pour son groupe d'amis. Des années plus tard, dans *Martha l'immortelle* (P. Gang, 1987, m. m.), elle interprète un personnage beaucoup plus retenu de femme qui fait face à l'inévitable vieillissement. À plusieurs occasions, Filiatrault, remarquée dans *La mort d'un bûcheron*, regarde du côté de la France et tourne dans quelques coproductions : *Par le sang des autres* (M. Simenon, 1974), avec Bernard Blier, Mylène Demongeot et Charles Vanel ; *Le plumard en folie* (J. Lemoine, 1974), avec Alice Sapritch, Michel Galabru et Jean Lefebvre ; *Au revoir… à lundi* (M. Dugowson, 1979), avec Carole Laure, Miou-Miou et Claude Brasseur ; et *L'adolescente sucre d'amour* (J. Saab, 1985), caricature de coproduction où, méconnaissable sous son voile, elle parle arabe. Elle joue également dans un film de Claude Sautet, *Mado* (1976), où elle tient le rôle d'une aubergiste. Mais c'est véritablement au Québec que Filiatrault impose son talent d'actrice. Elle doit son plus beau rôle à Gilles Carle avec lequel, après *Fantastica* (1980), elle tourne *Les Plouffe* (1981). Remarquable, elle y compose un personnage complètement différent de ceux qui marquent ses débuts au cinéma, celui de Cécile Plouffe, vieille fille tourmentée par un grand amour impossible. Filiatrault y rappelle combien elle peut faire preuve d'une présence extraordinaire à l'écran. Elle reprend ce rôle, relégué à l'arrière-plan, dans *Le crime d'Ovide Plouffe* (1984) où elle retrouve Denys Arcand avec qui elle a tourné *Gina* (1975). Malgré la mauvaise expérience que constitue pour elle *Je suis loin de toi mignonne*, comédie qu'elle co-scénarise et dont elle partage la vedette, elle tourne de nouveau avec Claude Fournier dans *Les tisserands du pouvoir* (1988, deux longs métrages). Elle campe le rôle d'Emma, une conseillère municipale qui défend, tant bien que mal, les droits des francophones en Nouvelle-Angleterre. Ses personnages suivants cherchent beaucoup moins à servir la collectivité qu'à satisfaire leurs besoins propres, que ce soit l'itinérante en mal d'amitié du téléfilm *Blue la magnifique* (P. Mignot, 1989), la grenouille de bénitier en chaleur de *La fille du maquignon* (Mazouz, 1990) ou la religieuse autoritaire de *Nelligan* (R. Favreau, 1991). Filiatrault écrit des séries comiques (*Rosa*; *Chez Denise*; *101, avenue des Pins*) ou dramatique (*Alys Robi*) pour la télévision et poursuit sa carrière au théâtre comme metteur en scène. Filiatrault aborde la réalisation en adaptant un des premiers romans de Michel Tremblay, *C't'à ton tour Laura Cadieux* (1998) l'histoire d'une grosse femme (Ginette Reno) qui retrouve une clientèle d'habitués dans la salle d'attente d'un médecin pendant que son amie (Pierrette Robitaille) cherche désespérément l'enfant qu'elle n'a pas perdu. L'affection évidente qu'elle porte à ses personnages et son choix de miser sur la comédie rallient un important public. Filiatrault entreprend aussitôt la scénarisation puis le tournage de *Laura Cadieux... la suite* (1999). S'écartant du huis clos de la salle d'attente, elle entraîne ses personnages en croisière sur le Saint-Laurent, isolant une fois de plus la M$^{me}$ Therrien de Pierrette Robitaille, devenue cuisinière sur un bateau russe. Ses filles, Danièle Lorain (*C't'à ton tour Laura Cadieux*) et Sophie Lorain (*Il était une fois dans l'Est*, A. Brassard, 1974; *Les amoureuses*, J. Prégent, 1992; *C't'à ton tour Laura Cadieux*) sont aussi actrices. (M. C.)

**FISCALITÉ.** L'aide de l'État à l'industrie cinématographique et télévisuelle prend essentiellement deux formes, l'une discrétionnaire, l'autre fiscale. Dans le premier cas, un jugement est porté par un organisme public en vue d'accorder un soutien financier à une production. Ce type d'aide prend diverses formes, dont la subvention, le prêt, l'investissement et le cautionnement de prêt. Au Québec, ce type d'aide provient de deux sources principales, soit la Société de développement des entreprises culturelles (SODEC) et Téléfilm Canada. Dans le second cas, le soutien financier de l'État est déterminé par voie législative; et toute entreprise et production qui répond aux critères énoncés dans la loi peut y avoir accès. Au Québec et au Canada, l'aide fiscale est donc, d'abord et avant tout, sous la responsabilité du ministère des Finances. Elle peut épouser différentes formes. En cinéma, tout comme en télévision, il s'agit d'amortissement du coût en capital ou d'un crédit d'impôt remboursable versé en contrepartie de dépenses de main-d'œuvre contractées en production ou en post-production (les activités de doublage sont devenues admissibles au Québec à la fin de 1997).

La déduction pour amortissement accorde une déduction accélérée, soit à un taux supérieur à celui prévu par la loi, dans le calcul du revenu imposable des personnes qui investissent dans les productions admissibles, généralement par l'entremise de sociétés en commandite. L'amortissement du coût en capital est l'outil fiscal privilégié par les gouvernements jusqu'au tournant des années 90. Le gouvernement fédéral le crée au milieu des années 70 pour favoriser l'essor de l'industrie cinématographique canadienne. Au début, les critères d'admissibilité traduisent un certain laxisme, de sorte que des productions sans véritable valeur sont tournées au pays, souvent avec l'objectif de percer le marché américain. Quelques longs métrages produits à cette époque comptent parmi les plus grands succès commerciaux (*Porky's, Meatballs*) mais, dans l'ensemble, on dénombre un grand nombre d'échecs (et même des films qui ne sont jamais sortis) qui, conjugués à la crise économique du début des années 80, éloignent progressivement les investisseurs du cinéma.

En 1983, après le dépôt du rapport de la Commission d'étude sur le cinéma et l'audiovisuel (présidée par Guy Fournier) et à la suite de la création de Téléfilm Canada et de la Société générale du cinéma du Québec, l'industrie québécoise reprend son souffle et devient de plus en plus active dans la production télévisuelle. L'État ne peut toutefois assurer un financement suffisant uniquement par l'entremise de programmes discrétionnaires et le besoin d'utiliser le levier fiscal de manière complémentaire se fait à nouveau sentir. En vue de rendre l'abri fiscal plus attrayant, les experts financiers introduisent alors une clause de rachat au contrat qui lie les investisseurs à une société en commandite. Cette clause permet à tout investisseur de vendre ses parts à la société en commandite à une date prédéterminée (généralement six à huit mois après l'acquisition des parts). Le risque de placement est donc considérablement atténué, l'investisseur étant en mesure de connaître à l'avance le rendement de son placement. Cette astuce se révèle un grand succès puisque les investisseurs privés reprennent petit à petit confiance en la production cinématographique et télévisuelle. Le succès du régime d'épargne-actions du Québec et des actions accréditives empêche cependant la pleine relance de l'abri fiscal du cinéma et de la télévision.

L'année 1987 se montre déterminante pour l'abri fiscal. Deux facteurs principaux en influencent l'évolution. D'abord, dans un contexte de défiscalisation de l'intervention de l'État, le ministère fédéral des Finances annonce une réduction du taux de déduction de 100 % à 30 %. Mais cette mesure effective à compter de 1988 est compensée par l'annonce par le ministère des Finances du Québec d'une augmentation du taux de déduction provincial de 100 % à 166, 2/3 % pour les productions certifiées québécoises. L'industrie cinématographique et télévisuelle québécoise est ainsi rassurée. Puis, le krach boursier d'octobre 1987 fait fuir les investisseurs de ce marché et l'abri fiscal retrouve à nouveau leur faveur. La croissance du volume de production devient ainsi très vigoureuse. En 1989, le volume total des productions admissibles (cinéma et télévision confondus) s'élève à près de 260 millions de dollars. Le manque à gagner pour le gouvernement provincial est alors estimé à près de 65 millions de dollars.

Le ministre des Finances juge la facture trop lourde et considère que l'investisseur privé n'encourt pas suffisamment de risque en exerçant son option de rachat, pourtant la raison même de l'avantage fiscal qui lui est offert. Ainsi, l'abri fiscal est à nouveau modifié en décembre 1989 de façon que le taux de déduction soit désormais établi en fonction du risque encouru, soit les garanties de recettes obtenues. L'effet de la mesure se fait sentir vivement en 1990 alors que le volume de production chute à 200 millions de dollars.

L'abri fiscal s'avère alors un complément de financement indispensable à la production cinématographique et télévisuelle indépendante. Non seulement confère-t-il une certaine autonomie pour les maisons de production, il améliore également leur flux de revenus. Cependant, le montage d'une société en commandite demeure plutôt complexe et exige des ressources importantes, ce qui procure un avantage aux plus grandes entreprises de production. L'abri fiscal comporte des inconvénients parmi lesquels des coûts administratifs élevés, des taux de déduction fluctuants selon les choix politiques, un trop faible engagement des investisseurs dans les productions, un manque d'harmonisation des prises de décision entre les gouvernements provincial et fédéral et un rendement décroissant entraînant un rachat à un taux toujours plus élevé.

Mais c'est surtout le coût fiscal qui est jugé beaucoup trop élevé par les gouvernements. Ainsi, après le paiement des intermédiaires (environ 12 à 15 % du devis total) et l'exercice de l'option de rachat (environ 70 % du devis total), il reste moins de 15 à 18 % des sommes investies par les investisseurs qui peut vraiment servir à la production. Le coût pour l'État peut être estimé à un peu plus de 50 % des sommes investies par les contribuables (ce qui correspond au taux marginal d'imposition maximum). Le rapport entre le coût fiscal et l'apport net à la production apparaît donc peu avantageux. C'est ce qui mène à la substitution de l'abri fiscal par un outil moins coûteux, le crédit d'impôt remboursable.

Le ministère des Finances du Québec prend la décision de remplacer l'abri fiscal par un tel crédit d'impôt en décembre 1990. L'objectif est double : permettre à l'industrie indépendante d'avoir accès à du capital pour assurer sa consolidation et son expansion, et s'assurer que le soutien de l'État soit plus efficace en éliminant les intermédiaires financiers. En d'autres mots, accorder un même complément de financement aux projets, mais de façon plus directe et mieux contrôlable. Le crédit d'impôt remboursable correspond à 40 % des coûts de main-d'œuvre d'une production certifiée québécoise, jusqu'à concurrence de 45 % du devis total. En somme, une maison de production peut ainsi recevoir un montant correspondant à environ 18 % du devis total (soit à peu près l'équivalent du rendement net de l'abri fiscal), mais doit supporter les frais de financement intérimaires. Ce financement est généralement offert par la SODEC et par les institutions bancaires.

La déclaration ministérielle comprend l'élargissement du programme des Sociétés de placement dans les entreprises québécoises (SPEQ) aux maisons de production et de distribution (budget provincial de mai 1991). La possibilité de recourir à du capital de risque est accrue, mais demeure peu exploitée en raison de ses coûts de mise en œuvre et de sa relative complexité qui font en sorte que les entreprises sont plus intéressées par le marché boursier ou les placements privés.

Le crédit d'impôt remboursable est une mesure complémentaire aux programmes discrétionnaires qui est plus simple et moins coûteuse que l'abri fiscal, tant pour l'État que les maisons de production. Son universalité le rend accessible à l'ensemble des maisons de production. De plus, il s'avère un outil beaucoup plus stable que l'amortissement du coût en capital. Pour ces raisons, le gouvernement fédéral penche à son tour en faveur d'un crédit d'impôt remboursable à compter de 1995. Malgré les compressions imposées à plusieurs sociétés d'État au cours des années 90, les gouvernements du Québec et d'Ottawa maintiennent des programmes d'aide discrétionnaires en plus d'un crédit d'impôt pour soutenir la production cinématographique et télévisuelle. Certaines autres provinces effectuent un virage plus radical abandonnant leurs programmes discrétionnaires au profit d'un crédit d'impôt remboursable. Ce dernier connaît une telle faveur qu'il est aussi utilisé par le gouvernement du Québec pour soutenir l'industrie du doublage et celle du multimédia. De plus, à des fins plus industrielles, les gouvernements provincial et fédéral offrent un crédit d'impôt remboursable aux compagnies étrangères pour les inciter à tourner leurs productions au pays afin d'engendrer d'importantes retombées économiques. (G. de R.)

**FLOQUET, François,** réalisateur, chef opérateur, distributeur, producteur (Étréchy, France, 1939). Après quelques voyages et un doctorat en géographie à la Sorbonne (1967), il débarque à Montréal et fonde Les productions Via le monde avec Daniel Bertolino* (1967). Faisant équipe avec Anik Doussau, il réalise plusieurs épisodes de la série *Plein feu l'aventure* (1969-1970) tournée en Amérique du Sud et en Afrique. D'un séjour à Cuba, il tire *Nosotros Cubanos* (coréal. D. Bertolino, 1970, m. m.). Il collabore ensuite à la série « Les primitifs » en tant que chef opérateur et réalisateur des épisodes intitulés *Ces hommes qui viennent du ciel* (1971, m. m.) et *L'étrange énigme des Orang Kubus* (1973, m. m.). En même temps, il est producteur exécutif de la série « Des goûts, des formes et des couleurs » (1972), dont il réalise deux épisodes. Pour la série *Défi* (1974-1976), il organise une quinzaine de tournages dans le Pacifique sud et en Afrique. Il travaille aussi à la série *Laissez passer* (1976) comme chef opérateur et réalisateur. *Ahô au cœur du monde primitif* (coréal. D. Bertolino, 1976) remporte le Canadian Film Award du meilleur long métrage documentaire en 1976. De 1978 à 1984, il travaille intensivement à la conception et à la production de la série *Le paradis des chefs*, dont il réalise de nombreux épisodes. Il est élu président de l'APFQ en 1979, mais il n'en poursuit pas moins son travail de réalisation avec *Le grand désert blanc* (1980, m. m.) et *Le château de Chapultepec* (1981, m. m.). Un festival de folklore d'Argentine est à l'origine de la réalisation de *Cosquin 83* (coréal. D. Bertolino, 1983). Puis Floquet produit et réalise *Les aventuriers du grand écran* (1985, m. m.), en plus de produire *La guêpe* (G. Carle, 1989) et *Les explorateurs de la mort* (A. Doussau, 1988, m. m.). En 1991, il réalise *Les naufragés du Labrador*, téléfilm dans lequel les trois passagers d'un petit avion doivent affronter le froid et l'isolement après l'écrasement de leur appareil. Le scénario, inspiré d'un fait divers, est du dramaturge Marcel Dubé. Il rentre ensuite en France et délaisse la réalisation (M. L.-L.)

**FORCIER, André,** réalisateur, scénariste, acteur (Montréal, 1947). C'est dans le cadre d'un cours, vers la fin de son cours classique, qu'il tourne un petit film 8 mm au titre évocateur, *La mort vue par...*, remarqué par Gilles Carle, membre du jury à l'émission *Images en tête*, présentée à Radio-Canada. Encouragé par ce succès et avec l'aide du personnel d'Onyx, il tourne, en 1967, un second court métrage,

André Forcier et Guy L'Écuyer, pendant le tournage de *L'eau chaude l'eau frette*, d'André Forcier. *(Le Devoir)*

*Chroniques labradoriennes*, à certains égards parodie d'un film de Jean Pierre Lefebvre, *Le révolutionnaire* (1965). Il met ensuite quatre ans à réaliser son premier long métrage, *Le retour de l'Immaculée Conception* (1971), tourné en noir et blanc. La narration se fragmente ici en une série de tableaux présentant une jeunesse bien québécoise qui prend conscience de l'absurdité des problèmes économiques et culturels de sa société. *Bar salon* (1973), également tourné en noir et blanc, lui vaut un premier succès critique (Sirène d'Argent au Festival de Sorrente en 1974). L'histoire de Charles (Guy L'Écuyer, qui jouera dans trois autres films du cinéaste), propriétaire d'un bar salon qu'il est sur le point de perdre, prend place dans un milieu irrigué par l'alcool où le pathétique surgit sans qu'on ait à lui forcer la main. Dans *Night Cap* (1974, m. m.), le style du cinéaste s'affine. La mort saugrenue de Félix (Guy L'Écuyer) dans la toilette d'une taverne provoque les retrouvailles d'une famille singulière où criminel et chômeur côtoient la diseuse de bonne aventure, les gens simples et la bourgeoisie pégreuse. Vient ensuite *L'eau chaude l'eau frette* (1976), film dans lequel le réalisme, toujours présent, cède le pas à un baroque de plus en plus affiché. Ici, la famille s'agrandit pour ressembler, de plus en plus, à un peuple atteint d'une pauvreté contagieuse. Les figures du colonel retraité et homosexuel (Guy L'Écuyer), du petit mafioso de quartier, de la fille-mère et de sa fille maintenue en vie par une pile électrique ou du fol et pur Julien (Jean-Pierre Bergeron) composent une faune qui établit ses quartiers généraux dans une maison de chambres du Plateau-Mont-Royal. En 1976, Forcier compte, avec François Brault, Jean Dansereau, Bernard Lalonde et Pierre Latour, parmi les fondateurs de Cinéma Libre, maison de distribution qui se spécialise dans les films québécois d'auteur.

L'onirisme et la fantaisie occupent de plus en plus de place à partir de *L'eau chaude l'eau frette*. Son film suivant, *Au clair de la lune* (1982), rappelle parfois les paysages disneyens. Dans un milieu marqué par la médiocrité, Frank (Michel Côté), un « albinos d'Albinie », fait la connaissance de Bert (Guy L'Écuyer), un ex-champion de bowling devenu homme-sandwich. Malgré le ton ironique, cette fois le portrait est plus optimiste. La mort, beaucoup plus douce, laisse notamment présager une Albinie rose où il fait froid, certes, mais où l'amitié reste possible. Lors de son passage à l'ONF, Forcier prépare son film suivant, *Kalamazoo* (1988). Tant d'un point de vue thématique qu'esthétique, *Kalamazoo* constitue en quelque sorte l'aboutissement des œuvres précédentes. Comme beaucoup d'autres personnages qui peuplent l'univers de Forcier, l'écrivain de pacotille Félix Cotnoir (alias Feliciano Montenegro, interprété par Rémy Girard) vit de chimères. Pour combler une existence dépourvue de poésie et d'amour, il imagine une romance avec une sirène (Marie Tifo). Ses amis, issus d'un monde multiculturel où le quotidien prend des allures de mythe, participent au leurre et envient même ce fabricant de simulacres. Une fois de plus, Forcier propose un aller-retour entre le réel et l'imaginaire. L'AQCC lui décerne le prix L.-E. Ouimet-Molson. Son film suivant, *Une histoire inventée* (1990), lui vaut son premier grand succès public. Forcier joue franchement la carte comique dans ce film qui, comme *L'eau chaude l'eau frette*, a des allures de fresque. On y retrouve une multitude de personnages gravitant autour d'un club de jazz et d'un théâtre. Se dégagent de ces variations sur le thème de l'amour, deux femmes, Florence (Louise Marleau) et sa fille Soledad (Charlotte Laurier) qui se disputent l'amour de Gaston (Jean Lapointe), un trompettiste déclinant.

*Le vent du Wyoming* (1994), Prix du meilleur film canadien et Prix de la FIPRESCI au FFM, reprend quelques-uns des thèmes déjà développés dans ses films antérieurs, l'amour, la famille et la trahison, mais avec moins de succès que dans *Une histoire inventée*. Encore une fois, une mère, Lizette Mentha (France Castel) séduit l'amoureux de sa fille Léa (Sarah-Jeanne Salvy) et celle-ci, pour se venger, jette son dévolu sur un écrivain français, l'écrivain Chester Céline (François Cluzet), l'idole de sa sœur aînée Manon (Céline Bonnier). Entre un club de boxe et un motel de banlieue, les personnages du *Vent du Wyoming* semblent désespérément à la recherche d'amour et, en plus de se voir mêlés à des situations absurdes, ne réussissent jamais à satisfaire pleinement leurs désirs.

C'est également une laborieuse quête amoureuse qu'entreprend Rex Prince (Robin Aubert) — la figure du jeune Forcier cinéaste qui dormait dans les salles de montage — dans *La comtesse de Baton Rouge* (1997). Follement épris d'une femme à barbe, Paula Paul de Nerval (Geneviève Brouillette), rencontrée au Parc Belmont, il décide de la suivre jusqu'en Louisiane et se transforme en homme-canon pour la séduire. Moins un film autobiographique qu'une sorte de cartographie de son imaginaire, *La comtesse de Baton Rouge* présente quelques-unes des passions du cinéaste, les femmes, bien sûr, mais également le cinéma, sorte de rêve éveillé pour rendre plus supportable un quotidien grisâtre.

En plus de faire des apparitions furtives dans la majorité de ses films, Forcier se prête au jeu dans quelques courts et longs métrages dont *Les malheureux magnifiques* (M. Goulet, 1992, c. m.), *L'assassin jouait du trombone* (R. Cantin, 1991) et le sketch de Marie-Julie Dallaire dans *Cosmos* (coréal. J. Alleyn, M. Briand, A. Paragamian, A. Turpin et D. Villeneuve, 1996).

Malgré une production restreinte (huit longs métrages en trente-deux ans), Forcier occupe une place importante dans la cinématographie québécoise. Un documentaire est d'ailleurs consacré à son travail : *Forcier : « en attendant »* (M.-A. Berthiaume et Y. Bélanger, 1988). Forcier est souvent vu comme l'enfant terrible du cinéma québécois, celui dont on ne sait jamais s'il terminera son film. Le portrait de famille qu'il renvoie à ses contemporains n'est pas toujours drôle. Il représente le peuple québécois dans ses contradictions dramatiques où les grands sentiments côtoient parfois l'absurde d'une culture hybride.

FILMS : *Chroniques labradoriennes* (1967, c. m.), *Le retour de l'Immaculée Conception* (1971), *Bar salon* (1973), *Night Cap* (1974, m. m.), *L'eau chaude l'eau frette* (1976), *Au clair de la lune* (1982), *Kalamazoo* (1988), *Une histoire inventée* (1990), *Le vent du Wyoming* (1994), *La comtesse de Baton Rouge* (1997).

BIBLIOGRAPHIE : « André Forcier, entretien, témoignages et points de vue », *Copie Zéro*, nº 19, Montréal, 1984 • FORCIER, André et Jacques MARCOTTE, *Une histoire inventée*, Éditions du Roseau, 1990 • « Dossier André Forcier », *24 images*, nºˢ 50-51, 1990. (J. D. et A. L.)

**FOREST, Léonard,** réalisateur, monteur, producteur, scénariste (Chelsea, États-Unis, 1928). Peu après sa naissance, ses parents, d'origine acadienne, reviennent au Nouveau-Brunswick. Formé en journalisme écrit et radiophonique, il entre à l'ONF en avril 1953 comme recherchiste, scénariste et réalisateur. Son premier film, dans la série « Silhouettes canadiennes », *La femme de ménage* (1954, c. m.), scénarisé avec Anne Hébert, se montre sensible à l'égard de celles qui pratiquent ce métier ingrat. Forest manifeste dès lors un intérêt particulier pour les sujets féminins ; il collabore à *Midinette* (R. Blais, 1955, c. m.) et, surtout, réalise *Le monde des femmes* (1957, c. m.) qui reprend certaines idées féministes sur la place des femmes dans le monde moderne. Il est aussi attiré par son pays d'origine, l'Acadie. Scénariste et assistant réalisateur des *Aboiteaux* (R. Blais, 1955, c. m.), c'est surtout *Pêcheurs de Pomcoup* (1956, c. m.) qui inaugure ce qui sera le thème privilégié de son œuvre. Il n'a pas encore trente ans lorsqu'il devient, en 1957, le plus jeune producteur francophone de l'ONF. C'est là qu'il fait principalement sa marque. Responsable un an plus tard du studio F, il doit non seulement diriger des producteurs et d'autres cinéastes et définir le cadre de l'émission *Temps présent*, mais alimenter leur réflexion. Les textes-cadres qu'il écrit autour des séries « Panoramique » et « Profils et paysages » sont de bons exemples de son travail. Cette activité le rapproche de Fernand Dansereau avec qui il a d'ailleurs beaucoup de points communs. Après avoir mis plusieurs années à consolider l'équipe française, Forest renoue avec la réalisation. Il dépasse le film de circonstance avec *Mémoire en fête* (1964, c. m.) pour privilégier la situation de son sujet dans l'évolution de la société. C'est exactement la perspective qu'il adopte quand il retourne filmer en Acadie. Il vient en outre témoigner du nationalisme qui s'y développe. Son cinéma devient alors un cinéma d'interrogation, d'inquiétude, un cinéma de recherche d'images et de sons qui marquent la communication avec des lieux et des hommes. *Les Acadiens de la dispersion* (1967) ouvre ce style ; voici Forest à la recherche de l'identité de ce peuple. Il fait appel à la créativité des Acadiens à qui il demande de raconter leur histoire collective et tourne avec eux *La noce est pas finie* (1971), une des premières réalisations du programme Société nouvelle. Dans *Un soleil pas comme ailleurs* (1972, m. m.), qui appartient au même programme, il se met à l'écoute des revendications sociales de l'Acadie. Cette trilogie aura un impact considérable dans cette région pour laquelle Forest est un peu l'équivalent de ce qu'est Pierre Perrault au Québec. Après un long silence et avant de prendre sa retraite en 1983, Forest renoue avec le cinéma en 1980, le temps de deux films terre-neuviens : *Portrait : Gerald Squires of Newfoundland* (c. m.) et *Saint-Jean-sur-ailleurs* (m. m.). En 1992, l'Université de Moncton lui décerne le titre de docteur.

BIBLIOGRAPHIE : FOREST, Léonard, *La jointure du temps*, Éditions Perce-Neige, 1998 • DÉLÉAS, Josette, *Léonard Forest ou le regard pionnier*, Centre d'études acadiennes, Université de Moncton, 1998. (P. V.)

**FORESTIER, Louise** (née **Belhumeur**), actrice (Shawinigan, 1943). Après l'École nationale de théâtre, elle participe à la flambée créatrice de la chanson québécoise dont le point culminant sera l'*Osstidcho*, en 1968, où sa voix est indissociable de celle de Robert Charlebois dans *California* et *Lindbergh*. Interprète magistrale et compositeure de talent, elle a peu de liens avec le cinéma mais on n'oubliera pas de sitôt, clin d'œil amusé aux *Parapluies de Cherbourg*, sa prestation comique dans *IXE-13* (J. Godbout, 1971). Elle incarne avec justesse une assistante sociale emprisonnée dans *Les ordres* (M. Brault, 1974). Elle tient aussi de petits rôles dans *Tiens-toi bien après les oreilles à papa…* (J. Bissonnette, 1971), *Vie d'ange* (P. Harel, 1979) et *Ti-Cul Tougas* (J.-G. Noël, 1976). En 1992, elle revient au cinéma dans *La postière* (G. Carle), puis tient le rôle d'une mère à l'asile dans *2 secondes* (M. Briand, 1998). (F. L.)

**FORGET, Michel,** acteur (Montréal, 1942). Il est comédien depuis quelques années déjà lorsqu'il débute au cinéma dans *Des armes et les hommes* (A. Melançon, 1973, m. m.), où il est l'agresseur de Marcel Sabourin. Puis, pendant près de dix ans, cet acteur de théâtre et de télévision se contente de brèves apparitions — *Bingo* (J.-C. Lord, 1974), *Les ordres* (M. Brault, 1974), *Une journée en taxi* (R. Ménard, 1981), *Contrecœur* (J.-G. Noël, 1982) — et d'un premier rôle dans un film érotique : *J'ai droit au plaisir* (C. Pierson, 1975). Il obtient son premier grand rôle dans *Bonheur d'occasion* (C. Fournier, 1983), où il campe le père d'une famille pauvre sur qui la vie pèse trop lourd. On le retrouve ensuite dans *Les tisserands du pouvoir* (C. Fournier, 1988, deux longs métrages) dans un rôle semblable. En 1989, Pierre Falardeau lui offre, dans *Le party*, un rôle à la mesure de son talent : celui d'un humoriste de cabaret solidaire des prisonniers. Homme d'affaires averti (une chaîne de blanchisserie porte son nom), Forget n'apparaît plus ensuite au cinéma que dans *La conciergerie* (M. Poulette, 1997). (M. J.)

**FORGET, Robert,** producteur, administrateur, réalisateur (Montréal, 1938). Considéré comme le « père de la vidéo » à l'ONF, il manifeste très jeune son intérêt pour le cinéma. Il a seize ans lorsque, inspiré par *L'histoire du cinéma* de Georges Sadoul, il tourne ses premiers films super 8. Il réalise en 1961 *La poursuite* (c. m.), film en pixillation dont Norman McLaren entend parler et qu'il demande à voir. Forget reste marqué par cette rencontre. Formé en biologie et en physiologie à l'Université de Montréal, il travaille d'abord, de 1961 à 1963, à titre de recherchiste et de concepteur à la télévision éducative, qui relève du ministère de l'Instruction publique. Il entre à l'ONF en 1965 pour y réaliser des films éducatifs en biologie aux côtés de Michel Moreau (géographie), Jacques Parent (physique) et Jean Beaudin (mathématiques). On le voit alors déployer une intense activité. Devenu producteur, il se retrouve, en 1968, à la tête d'un groupe de travail sur le concept « petits écrans » notamment avec George Pearson et Claude Jutra. En avril 1969, ils produisent un rapport intitulé *Cinémathèque automatique* qui annonce la vidéothèque de l'ONF. Au cours de la même période, Forget produit quelques films, dont *Avec tambours et trompettes* (M. Carrière, 1967, c. m.). *Saint-Jérôme* (F. Dansereau, 1968) et *Wow* (C. Jutra, 1969). Forget se joint aussi au Groupe de recherches sociales dont font partie Maurice Bulbulian, Fernand Dansereau et Michel Régnier. Avant même Société nouvelle/Challenge For Change, le groupe privilégie une approche sociale de l'expérimentation en vidéo et en film. En 1971, Forget, soutenu par le programme Société nouvelle, met sur pied Le Vidéographe, atelier de production et de distribution de vidéogrammes communautaires. Le Vidéographe, qui doit se détacher complètement de l'ONF en 1973, constitue la contribution la plus marquante de Forget à l'audiovisuel de cette époque (*voir* VIDÉO). Il est producteur exécutif de quelques films du studio B (*Partis pour la gloire*, C. Perron, 1975 ; *Ti-Mine, Bernie pis la gang*, M. Carrière, 1976 ; *La fleur aux dents*, T. Vamos, 1975). Puis, il fait un passage remarqué au service de la distribution de l'ONF où il développe, malgré la résistance qu'on lui oppose, un concept novateur de mise en marché de films sur support vidéo. En 1978, il prend la tête du studio français d'animation. Il mise beaucoup sur l'animation 3D qui connaît à l'ONF un développement tel que même les studios Disney le consultent régulièrement. Forget et son équipe (il recrute notamment Daniel Langlois), qui s'imposent des échéanciers très exigeants, produisent d'abord le segment en « animatique » de *Transition* (C. Low, 1987, c. m.) pour l'Exposition internationale de Vancouver, puis celui d'un film Imax sur la santé, *Urgence* (C. Low et T. Ianzelo, 1988, m. m.). Ce segment, qui atteint des sommets en technique de pointe, est signé Doris Kochanek, informaticienne. Forget s'entoure aussi des réalisateurs Michel Hébert et Marc Aubry qui réalisent *L'anniversaire* (1988, c. m.) à l'occasion du cinquantième anniversaire de l'ONF. La manipulation des images de synthèse permet notamment de concevoir un film en faisant abstraction du support final, ce qui procure une plus grande souplesse à la conception. Sa dernière contribution à l'animation 3D sera la production d'un film pédagogique, *Les miroirs du temps* (J.-J. Leduc, 1990, c. m.). Au studio d'animation, il produit aussi *Speak White* (P. Falardeau, 1990, c. m.), tous les films et spectacles auxquels participe Pierre Hébert à partir de *Souvenirs de guerre* (1982, c. m.), *Zea* (A. Leduc et J.-J. Leduc, 1987, t. c. m.), *L'amuse-gueule* (R. Awad, 1984, c. m.), *L'heure des anges* (J. Drouin et B. Pojar, 1986, c. m.), *Tocade* (M. Murray, 1987, c. m.), *Juke-Bar* (M. Barry, 1989, c. m.) et *Entre deux sœurs* (C. Leaf, 1990, c. m.). En octobre 1989, Forget prend la direction du programme français de l'ONF. Ses trois grandes priorités sont la réaffirmation de l'importance du documentaire au sein de l'organisme, le recrutement et l'embauche de six jeunes cinéastes et la création d'un vaste centre de consultation et de reproduction électronique où seront accessibles les neuf mille films produits depuis la création de l'organisme : la CinéRobothèque. En 1993, il prend la direction des services techniques du département de développement. Il introduit le montage non-linéaire et met en place la technologie permettant la production d'effets visuels numériques. Forget prend sa retraite en 1998. Véritable pionnier de la vidéo, de l'animation par ordinateur et de l'intégration des nouvelles technologies à diverses étapes de la production et de la distribution, il fait figure de visionnaire dans le champ de l'audiovisuel. Il a révolutionné plusieurs pratiques à l'ONF. (A. D. et É. P.)

**FORTIER, Monique,** monteuse, réalisatrice (Montréal, 1928). Elle entre à l'ONF au début des années 60 comme assistante à la réalisation. En 1963, elle réalise un premier film : *À l'heure de la décolonisation* (c. m.). L'année suivante, elle poursuit avec *La beauté même* (c. m.), documentaire où elle tente de cerner ce qu'est la beauté pour la femme. Ce film ne la convaincra pas de continuer sur cette voie, bien qu'il révèle un premier regard de femme à l'ONF. Mis à part la coréalisation de *Fermont, P. Q.* (coréal. C. Perron, 1980), Fortier se consacre ensuite exclusivement au montage. Sur ce terrain, elle contribue à faire l'histoire du cinéma québécois. Surtout avec Pierre Perrault et Michel Brault, Georges Dufaux, Bernard Gosselin, Denys Arcand et Robert Favreau, cette monteuse participe à l'élaboration des paramètres de fond du cinéma direct. À l'abondant matériau de tournage que rapportent les caméras baladeuses, Fortier donne forme et structure, mais aussi une rythmique indispensable, un phrasé, sans lesquels le direct n'est qu'une somme banalisante d'informations et d'impressions. Elle contribue ainsi à la réussite de films comme *Les Montréalistes* (D. Arcand, 1965, c. m.), *Les voitures d'eau* (P. Perrault, 1968), *L'Acadie, l'Acadie?!?* (P. Perrault et M. Brault, 1971), *Chez nous c'est chez nous* (M. Carrière, 1972), *Jean Carignan violoneux* (B. Gosselin, 1975), *Le pays de la terre sans arbres ou le Mouchouânipi* (P. Perrault, 1980), *Le dernier glacier* (J. Leduc et R. Frappier, 1984), *Le déclin de l'empire américain* (D. Arcand, 1986), *Liberty Street Blues* (A. Gladu, 1988), *Alias Will James* (J. Godbout, 1988), *Au chic resto pop* (T. Rached, 1990), *Médecins de cœur* (T. Rached, 1993), *Le sort de l'Amérique* (J. Godbout, 1996) et *Tu as crié LET ME GO* (A. C. Poirier, 1997). À travers son imposante carrière, Fortier fait la preuve qu'un bon montage n'est pas qu'un travail technique, mais qu'il nécessite aussi des qualités de cinéaste. Elle prend sa retraite de l'ONF en 1995 et obtient, en 1992, sa maîtrise en lettres françaises à l'Université de Montréal. (R. L.)

**FOURNIER, Claude,** réalisateur, chef opérateur, monteur, scénariste (Waterloo, 1931). Il fait des études classiques et travaille comme journaliste puis comme chef des nouvelles au quotidien *La Tribune* (Sherbrooke), à la fin des années 40. Il entre au service des nouvelles de la radio de Radio-Canada en 1952 et collabore à la mise sur pied du service des nouvelles de la télévision. Il tourne plusieurs séquences de film qui sont présentées dans le cadre de *Magazine*, émission dont il est un des créateurs. Au cours de cette période de grande activité, il publie deux recueils de poèmes, *Les armes à faim* et *Le ciel fermé*. De 1955 à 1961, il est scripte pour la télésérie pour enfants *Bim et Sol*. En 1957, il entre à l'ONF comme rédacteur au service de la publicité. Il veut faire des films, aussi a-t-il tôt fait de changer d'emploi. L'année suivante, il est scénariste à l'équipe française. En 1959, il écrit un téléthéâtre pour Radio-Canada, *Bonne nuit Mlle Hélène*, et publie des reportages photographiques relatant ses voyages dans plusieurs pays. Après avoir été assistant réalisateur, il devient finalement réalisateur à l'ONF. Il signe d'abord deux portraits qui s'inscrivent dans la série « Profils », *Télesphore Légaré, garde-pêche* (1959, c. m.) et *Alfred Desrochers, poète* (1960, c. m.), puis réalise *La France sur un caillou* (coréal. G. Groulx, 1960, c. m.), tourné aux Îles Saint-Pierre-et-Miquelon, et un des films les plus importants des débuts du cinéma direct, *La lutte* (coréal. M. Brault, M. Carrière et C. Jutra, 1961, c. m.). Déjà, pour ces deux derniers films, il travaille à la caméra et au montage, des fonctions qui lui paraissent intimement liées au métier de cinéaste. Désireux d'exercer son métier comme il l'entend, il quitte l'ONF en 1961, c'est-à-dire bien avant la plupart de ses collègues de cette période d'effervescence. L'année suivante, il fait un stage à New York avec l'équipe de Filmmakers Associates, à la fois comme cameraman, monteur, ingénieur du son et réalisateur. Il travaille avec Robert Drew, Richard Leacock et D. A. Pennebaker, et réalise *Midwestern Floods* (1962, m. m.). À son retour au Québec en 1963, il réalise *Nomades de l'Ouest* (c. m.), et forme la compagnie Films Claude Fournier avec ses frères, Daniel et Guy, et Louis Portugais. Il est alors un des premiers à miser sur le développement d'une industrie privée au Québec. Il produit et réalise la série *Vingt ans express*, puis réalise la série *Cent millions de jeunes*. Dès 1966, il est actif à l'Association des producteurs. Fournier fait alors plusieurs films pour la télévision. Il réalise notamment le portrait d'un chanteur à la mode, *Tony Roman* (1966, m. m.), suivi de *On sait où entrer Tony, mais c'est les notes* (1966, c. m.), film très remarqué qui porte le sceau de l'humour, très personnel, de Fournier. Comme Jean-Claude Labrecque, il réalise un film à l'occasion de la célèbre visite du général de Gaulle au Québec, *Du général au particulier* (1967, c. m.). Il tente enfin l'expérience du long métrage en tournant, pour l'OFQ, *Le dossier Nelligan* (1968). La vie du poète y est présentée sous forme de procès. La sortie du film est accueillie par un tollé. Une pétition, lourde d'accusations, est signée, notamment, par plusieurs personnalités du milieu du cinéma.

Fournier tourne encore quelques documentaires, puis il signe un premier long métrage de fiction, *Deux femmes en or* (1970), qui obtient un succès sans précédent et décide de l'orientation de sa carrière. Première production canadienne en technicolor et en techniscope, le film est vu, au Québec, par deux millions de spectateurs en salle. Fournier, également coscénariste, cameraman et monteur, raconte avec l'humour malicieux qui le caractérise (ainsi donne-t-il au syndicaliste Michel Chartrand le rôle d'un juge) l'histoire de deux banlieusardes (Monique Mercure et Louise Turcot) qui trompent leur mari avec tous les hommes qui frappent à leur porte. Fournier s'amuse ferme, entourant un portrait peu conformiste de la femme au foyer d'une bonne dose d'humour et d'un zeste d'érotisme. Si le fil narratif est plutôt mince, c'est que le film est en fait une succession de sketches qui permettent à des comédiens connus du grand public (Yvon Deschamps, Gilles Latulippe, Réal Béland, Paul Berval et Paul Buissonneau) de faire un numéro qui, le plus souvent, paraît écrit sur mesure. Fort d'un tel succès, Fournier ralentit sa production documentaire et tourne encore trois films faits sensiblement des mêmes ingrédients. Le succès des « clones » n'atteindra jamais les dimensions de celui qui couronne le prototype. Pour *Les chats bottés* (1971), le réalisateur remplace les deux épouses de banlieue par deux aventuriers (Donald Lautrec et Donald Pilon) capables de tout pour soutirer un peu d'argent aux naïfs et pour séduire une femme. Cette fois encore, il fait flèche de tout bois, combinant une parodie des homosexuels d'un goût douteux à des mises en situation où les anglophones sont, invariablement, les têtes de Turc. Dans le même style, il tourne *La pomme, la queue… et les pépins!* (1974), puis, en anglais, *Hot Dogs* (1980). Si ces films vieillissent rapidement, c'est qu'ils sont à l'écoute des modes et des courants qui entourent le moment de leur réalisation. Tout de même, Fournier compte, avec Gilles Carle et Denis Héroux, parmi ceux qui développent, rapidement, une forme d'industrie québécoise du long métrage de fiction tournée vers le grand public. Au cours des années 70, il tourne deux autres longs métrages. D'abord *Alien Thunder* (1973), pour la Power Corporation, avec un budget important et la participation de Donald Sutherland, Francine Racette et Jean Duceppe; le film, dont l'action se déroule dans l'Ouest canadien, est un échec. Ensuite, *Je suis loin de toi mignonne* (1976), comédie qui réunit pour la première fois au cinéma le duo formé de Dominique Michel et de Denise Filiatrault; le film, qui fait revivre une course au mariage typique de celles ayant marqué l'époque de la Seconde Guerre mondiale, ne connaît pas le succès des comédies populaires du début de la décennie. Fournier collabore aussi au scénario de deux coproductions italo-canadiennes, *La notte dell'alta marea* (L. Scattini, 1977) et *Una giornata particolare* (E. Scola, 1977), film qui met en vedette Sophia Loren et Marcello Mastroianni. Dans les années 80, il ralentit son rythme de production, délaissant la comédie, le film pour adultes et les thèmes à la mode pour s'attaquer à des sujets ayant plus d'épaisseur. Il adapte d'abord un roman de Gabrielle Roy, *Bonheur d'occasion* (1983), mais de telle façon qu'il se réserve très peu de chance d'atteindre un achèvement esthétique, puisqu'il tourne, simultanément, la version française et la version anglaise, de même que le film et la série pour la télévision. Si Fournier semble décidé à raconter une histoire, celle plutôt sombre de Florentine Lacasse (Mireille Deyglun), le cinéma n'y trouve pas toujours son compte. Dans la lancée de ce film, il réalise *Les tisserands du pouvoir* (1988, deux longs métrages), abordant de nouveau un sujet historique et mettant une fois encore l'accent sur les rapports de classes. Fonceur, il innove en associant deux films, lancés coup sur coup, à une série pour la télévision et à un roman dont il est l'auteur. Cette ambitieuse coproduction franco-canadienne raconte l'his-

toire de Québécois qui, au début du siècle, ont quitté leur patrie pour s'établir en Nouvelle-Angleterre. Le récit commence sur les revendications d'un vieil homme exaspéré (Gratien Gélinas) qui réclame des émissions en langue française à la télévision et qui remonte le fil de sa vie. Fournier retrouve trois acteurs qu'il avait déjà employés dans une dramatique tournée pour la télévision, *Page trois : un ordinateur au cœur* (1985, m. m.), Denis Bouchard, Michel Forget et Charlotte Laurier. Il tourne ensuite *J'en suis* (1997) où il reprend, en version masculine, les ingrédients gagnants de *Deux femmes en or*, comédie et sexualité, s'intéressant de nouveau à l'homosexualité, à laquelle doit prétendre un homme (Roy Dupuis) à la recherche de travail. Le film, mal accueilli par la critique, remporte un important succès populaire. Fournier travaille de plus en plus pour la télévision. Il convertit un projet de série avortée sur René Lévesque en récit biographique, scénarise la série *Ces enfants d'ailleurs* puis adapte un best-seller d'Yves Beauchemin et réalise *Juliette Pomerleau.*
De 1985 à 1988, il est président de l'IQC. Il se fait alors l'un des porte-parole les plus fermes de l'industrie cinématographique québécoise, notamment dans les dossiers qui engagent un rapport de forces avec les États-Unis et lorsqu'il s'agit de défendre la place du français sur les écrans du Québec. *Alien Thunder* et *Hot Dogs* sont déjà très loin derrière lui. (M. C.)

**FOURNIER, Roger,** scénariste, réalisateur (Saint-Anaclet, 1929). Réalisateur à Radio-Canada dès 1955, il se rend à Paris en 1957 où, inscrit en lettres à la Sorbonne, il préfère devenir l'assistant réalisateur de Claude Autant-Lara, notamment pour *Le joueur* (1958). De retour au Québec en 1959, il réalise de nombreuses émissions de variétés à Radio-Canada. Il poursuit parallèlement une carrière d'écrivain, publiant cinq romans et un recueil de nouvelles, entre 1963 et 1970. Il écrit le scénario de *L'amour humain* (D. Héroux, 1970), qui s'inscrit dans la vague érotique marquant le début de cette décennie. L'année suivante, empêché à la dernière minute de réaliser *Le journal d'un jeune marié* d'après son propre roman, il se voit offrir la réalisation de *Pile ou face*, sur un scénario de Gérald Tassé, scripte à Radio-Canada. Film de commande à la notoriété surfaite en raison de la saisie et du procès pour « immoralité, indécence et obscénité » dont il est l'objet, ce premier essai de Fournier au cinéma, qui met en vedette Nathalie Naubert et Jean Coutu, affiche ses limites. Après avoir réalisé, à l'ONF, pour Radio-Canada, le documentaire *Miroir de Gilles Vigneault* (1972), il scénarise, avec André Dubois, et réalise *Les aventures d'une jeune veuve* (1974), comédie bouffonne centrée sur Dominique Michel, qui reprend une formule télévisuelle éprouvée, enchaînant les sketches où le rire résonne aux dépens des « acteurs sociaux » (politiciens, chefs syndicaux, membres du clergé). Après ce passage au cinéma, Fournier poursuit sa double carrière de réalisateur à la télévision et d'écrivain, ne faisant exception que pour contribuer à l'adaptation au cinéma de son roman *Moi mon corps mon âme Montréal etc.* (*Au revoir... à lundi*, M. Dugowson, 1979) et scénariser *Une journée en taxi* (R. Ménard, 1981). Romancier remarqué, Fournier semble plus à l'aise à la scénarisation qu'à la réalisation, pour développer des rapports chaleureux entre des personnages qu'il affectionne. (Y. P.)

**FRAPPIER, Roger,** producteur, monteur, réalisateur (Sorel, 1945). Bien qu'il ait commencé sa carrière comme monteur et réalisateur, c'est surtout comme producteur que Roger Frappier fait sa marque. À ce titre, il est associé à plusieurs des principaux succès du cinéma québécois de fiction des années 80 : *Anne Trister* (L. Pool, 1986), *Le déclin de l'empire américain* (D. Arcand, 1986), *Sonia* (P. Baillargeon, 1986, m. m.), *Un zoo la nuit* (J.-C. Lauzon, 1987) et *Jésus de Montréal* (D. Arcand, 1989).

À l'exception du *Dernier glacier* (coréal. J. Leduc, 1984), où la matière documentaire se mêle au tissu fictionnel, les documentaires que Frappier réalise témoignent tous d'un vif intérêt pour le phénomène de la création artistique. Portant sur la troupe de théâtre Le Grand Cirque ordinaire, *Le grand film ordinaire* (1970) remet en question le rôle et la place du comédien et du théâtre dans un Québec à l'heure des grands changements sociaux. Second long métrage du cinéaste, *L'infonie inachevée...* (1973) participe de la même démarche esthétique (recherche d'équilibre entre les extraits de spectacles et le reste des images documentaires) en montrant la fin de la collaboration du musicien Walter Boudreau et du poète Raoul Duguay. Ses trois premiers courts métrages et son seul moyen métrage portent sur les poètes Alain Grandbois et Gaston Miron, sur le musicien Yannis Xenakis et sur la gravure.

Frappier s'initie à la production en travaillant, avec Bernard Lalonde, au documentaire *On a raison de se révolter* (collectif sous la direction de Y. Patry, 1974). L'année suivante, il se rend aux États-Unis pour devenir l'assistant de Robert Altman qui réalise *Nashville*. De retour au pays, il se joint à l'équipe de l'ONF qui travaille à un important projet de coproduction avec le Mexique. C'est ainsi qu'il participe à la production de *Première question sur le bonheur* (G. Groulx, 1977), réalisé dans le cadre de cet accord. Toujours pour l'ONF, il produit ensuite de nombreux films : *Kouchibouguac* (collectif sous la direction de G. Borremans, 1978), *La loi de la ville* (M. Bouchard, 1979), *La fiction nucléaire* (J. Chabot, 1979), *De la tourbe et du restant* (F. Bélanger, 1979), *Cordélia* (J. Beaudin, 1979) et *Le confort et l'indifférence* (D. Arcand, 1981). En 1984, il prend la direction du studio C de l'ONF. Il y produit notamment *Cinéma, cinéma* (W. Nold et G. Carle, 1985), *Une guerre dans mon jardin* (D. Létourneau, 1985, m. m.), *Haïti, Québec* (T. Rached, 1985, m. m.) et *La familia latina* (G. Gutierrez, 1985, m. m.). Il coproduit *Anne Trister* et *Pouvoir intime* (Y. Simoneau, 1986) avec Claude Bonin, de même que *Le déclin de l'empire américain* avec René Malo. En 1986, il quitte l'ONF et s'associe à Pierre Gendron pour créer Max Film et produire *Un zoo la nuit*, film qui a tôt fait d'imposer le dynamisme de cette compagnie. Ils poursuivent leurs activités en produisant des téléfilms (*Onzième spéciale*, M. Lanctôt, 1988 ; *Le chemin de Damas*, G. Mihalka, 1988 ; *Un autre homme*, C. Binamé, 1990 ; *L'enfant sur le lac*, J. Leduc, 1991), *Jésus de Montréal* (D. Arcand, 1989) et *Moody Beach* (Richard Roy, 1990). Par ailleurs, Frappier est à l'origine de la comédie *Ding et Dong, le film* (A. Chartrand, 1990), qui remporte un important succès commercial. Au début de 1991, Gendron et Frappier mettent un terme à leur association, ce dernier restant seul à la tête de Max Film.

Frappier se positionne alors ouvertement sur le marché international, coproduisant un long métrage du cinéaste argentin Eliseo Subiela (*Le côté obscur du cœur*, 1992) et produisant un long métrage de Denys Arcand tourné en anglais (*Love & Human Remains*, 1993). S'il lui arrive à l'occasion de travailler avec des cinéastes confirmés (*La vie fantôme*, J. Leduc, 1992; *L'enfant d'eau*, R. Ménard, 1994; *La comtesse de Baton Rouge*, A. Forcier, 1997), son action, au cours de la décennie 1990, est davantage tournée vers les jeunes cinéastes québécois. C'est ainsi qu'il est à l'origine du collectif *Cosmos* (M. J. Dallaire, A. Turpin, J. Alleyn, M. Briand, A. Paragamian et D. Villeneuve, 1996), qui suscite beaucoup d'intérêt, et qu'il produit quatre premiers longs métrages qui, chacun à leur manière, attirent l'attention (*Sous-sol*, P. Gang, 1996; *2 secondes*, M. Briand, 1998; *Un 32 août sur terre*, D. Villeneuve, 1998; *Matroni et moi*, J.-P. Duval, 1999), puis *Maelström* (D. Villeneuve, 2000) et *La vie après l'amour* (G. Pelletier, 2000). En 1998, il compte au nombre des onze producteurs auxquels le Festival international du film de Cannes rend hommage. Il est président des Rendez-vous du cinéma québécois de 1997 à 1999 et président de la Soirée des Jutra à partir de 1998.

Par ses nombreuses interventions publiques, que ce soit pour défendre le cinéma d'auteur, dénoncer l'abolition des abris fiscaux, revendiquer une augmentation de l'investissement de l'État québécois dans le secteur de la culture, proposer des moyens par lesquels le gouvernement fédéral peut apporter un soutien accru à l'industrie du long métrage ou remettre en cause l'impact des Génie, Frappier s'est acquis une réputation de frondeur qui, ajoutée à la qualité exceptionnelle de son travail, fait de lui une vedette de l'industrie cinématographique québécoise.

FILMS COMME RÉALISATEUR : *Le grand film ordinaire* (1970), *Alain Grandbois* (1971, c. m.), *Gaston Miron* (1971, m. m.), *La gravure* (1973, c. m.), *L'infonie inachevée...* (1973), *Yannis Xenakis* (1974, c. m.), *Le ventre de la nuit* (coréal. J. Leduc, P. Bernier, J. Chabot et C. Grenier, 1975), *Lundi : une chaumière et un cœur* (coréal. Jacques Leduc, de la série « Chronique de la vie quotidienne », 1977, m. m.), *Voyage de nuit* (1980, c. m.), « L'habitation » (série de treize c. m., 1981), *Le dernier glacier* (coréal. J. Leduc, 1984). (M. J.)

**FRASER, Marcel,** ingénieur du son, producteur (Sainte-Thècle, 1945). Diplômé de l'UQÀM en communication, il est perchiste pendant cinq ans (*Les vautours*, J.-C. Labrecque, 1975; *Les bons débarras*, F. Mankiewicz, 1980) avant de faire ses débuts à la prise de son en 1970 : *Ça peut pas être l'hiver, on n'a même pas eu d'été* (L. Carré, 1980), *L'homme à tout faire* (M. Lanctôt, 1980), *Au clair de la lune* (A. Forcier, 1982), etc. Très polyvalent, il touche à tout : film de commandite, publicité, télésérie et vidéodisque interactif. S'il sonorise plusieurs fictions, il travaille aussi à de nombreux documentaires : *Kouchibouguac* (collectif sous la direction de G. Borremans, 1978), *C'est comme une peine d'amour* (Suzanne Guy, 1984), « *Quel numéro what number?* » (S. Bissonnette, 1985), etc.

En 1990, Fraser fonde les productions Aquila et s'associe à Mark Blankford pour coproduire, avec le studio français de l'ONF en Ontario, la série « À la recherche de l'homme invisible », douze portraits d'Ontariens francophones. Il produit ensuite divers documents, notamment « Vignettes ontariennes », quinze vidéos sur les musées de cette province. De plus, il dirige la production de deux longs métrages : *La position de l'escargot* (M. Saäl, 1998) et *Post mortem* (L. Bélanger, 1999). Son frère, Louis Fraser, est réalisateur (*Raymond Lévesque — D'amour et d'amertume*, 1998).

PRINCIPAUX AUTRES FILMS COMME INGÉNIEUR DU SON : *Sonatine* (M. Lanctôt, 1983), *Tristesse, modèle réduit* (R. Morin, 1987), *Marie s'en va-t-en ville* (M. Lepage, 1987), *Le marchand de jouets* (P. Tana, 1988, m. m.), *Sortie 234* (M. Langlois, 1988, c. m.), *Le silence des fusils* (A. Lamothe, 1996), *La conquête du grand écran* (A. Gladu, 1996). (J. De. et É. P.)

**FRUND, Jean-Louis,** réalisateur, chef opérateur, ingénieur du son, producteur (Saint-Thomas Didime, 1935). Issu d'une famille de photographes, il travaille d'abord comme photographe-reporter. Il réalise un premier film, *Jean-Gauguet Larouche, sculpteur* (1967, c. m.), portrait d'un créateur marginal et intense. Puis, il coréalise, avec Jean-Claude Labrecque, un moyen métrage sur le chansonnier et poète Félix Leclerc, *La vie* (1968). Il amorce ensuite une carrière de cinéaste animalier à l'ONF avec *La volée des neiges* (1974, c. m.), pour lequel il filme des oies blanches dans la réserve nationale de Cap-Tourmente. Puis, dans *Le grand héron* (1979, c. m.), il livre des images inédites et évocatrices de cet oiseau filmé dans ses lieux de reproduction, dans l'estuaire du Saint-Laurent. À la tête de sa propre maison de production à partir de 1978, il produit et réalise ensuite trois séries sur les animaux, où il porte une attention toute particulière aux espèces en voie d'extinction : « Connaissance du milieu » (1981-1984, douze c. m.), « Faune nordique » (1985-1987, sept c. m.) et « Faune nordique II » (1988-1990, huit c. m.). C'est ainsi qu'il filme le bœuf musqué, les pingouins du Saint-Laurent, l'eider à duvet, le bison d'Amérique, le renard arctique et différents oiseaux pêcheurs. Il sillonne alors l'Amérique, de l'Arctique à l'Argentine, suivant une technique d'observation qui l'oblige à travailler en solitaire et à assumer l'entière réalisation de ses films. En 1990, il signe *Avoir du panache* (m. m.), suivi de *De ma fenêtre* (1993, m. m.), journal de ses observations du monde des oiseaux, qu'il produit avec sa collaboratrice, Marie-Thérèse Mongeon. Le film, qui traduit bien sa volonté de partager ses connaissances du monde animal, remporte notamment le prix André-Leroux. Puis, observateur exceptionnel des comportements animaliers, il consacre un documentaire au harfang des neiges, *Le prince harfang* (1994, m. m.). Travaillant toujours pour la télévision, il signe enfin une série sur la forêt boréale, « Boréalie » (1998), qui compte deux volets (*De neige et de feu*, m. m. ; *La fibre du Nord*, m. m.). Frund ne s'éloigne de sa spécialité que pour poursuivre le travail entrepris dans *La vie* et produire un film de Jacques Gagné sur Félix Leclerc, *Pieds nus dans l'aube* (1994, m. m.), lequel reprend ses propres images d'archives, films et photographies. En 1984, Richard Lavoie filme Frund au travail dans le cadre de la série « Les belles folies » (*Une aventure de curiosité*, c. m.). Frund consacre par la suite un moyen métrage à son propre travail, *Derrière la caméra* (1990). Fin connaisseur de la nature, il construit une œuvre personnelle caractérisée par des images uniques, un commentaire didactique discret et un véritable sens de la construction dramatique. Ses films sont vendus dans une soixantaine de pays. La France le nomme chevalier des Arts et des Lettres en 1994. (P. D. et M. C.)

**FUREY, Lewis (Lewis Greenblatt),** acteur, musicien, réalisateur (Montréal, 1949). À onze ans, il est violoniste soliste de l'OSM, à l'occasion d'un concert destiné à la jeunesse. Il étudie ensuite au Conservatoire de musique de Montréal et à la Julliard School of Music de New York, avant de délaisser le classique au profit de la musique populaire. Entre 1974 et 1978, il enregistre trois microsillons de chansons dans un style hérité de Kurt Weill. Au cinéma, il signe la partition de *La tête de Normande Saint-Onge* (G. Carle, 1975), pour laquelle il remporte un Canadian Film Award. En 1977, il compose la musique de *L'ange et la femme* (G. Carle), où il fait ses débuts d'acteur avec Carole Laure comme partenaire. Déjà, on remarque qu'il a dans le regard le surprenant mélange de froideur et de passion qui caractérise sa musique. Il cumule les fonctions d'acteur et de compositeur pour deux autres longs métrages : *Au revoir... à lundi* (M. Dugowson, 1979) et *Fantastica* (G. Carle, 1980), des films où Carole Laure est en vedette. Pour la comédie musicale *Fantastica*, il compose une musique ample, aux harmonies complexes, qui demeure l'aspect le plus réussi du film. Il remporte ensuite un prix Génie pour la musique symphonique de *Maria Chapdelaine* (G. Carle, 1983), avant de passer à la réalisation avec *Night Magic* (1985), une fantaisie musicale écrite en collaboration avec Leonard Cohen. Le film raconte l'histoire d'une muse (toujours Carole Laure) qui devient mortelle par amour pour un chanteur populaire (Nick Mancuso). Présenté au Festival de Cannes *Night Magic* est mal reçu, autant par le public que par la critique. En 1987, Furey réalise *Champagne for two*, qui appartient à la collection « Shades of Love », une série de romances à l'eau de rose destinées au marché de la vidéocassette. Il compose d'ailleurs la musique originale des seize films de la série. Parallèlement, il tourne, à Toronto, *Shadow Dancing* (1990) dont l'anecdote est proche de celle de *Night Magic* : le fantôme d'une danseuse hante un vieux théâtre et s'empare du corps d'une jeune danseuse. Cette nouvelle tentative de Furey de s'imposer comme réalisateur se solde par un autre échec, de sorte qu'il lui faut patienter jusqu'en 1999 pour réaliser *Bluffer's Hand*, une comédie noire adaptée d'une pièce de George Walker dans laquelle cinq paumés évoluent au cœur d'une jungle urbaine.

AUTRES FILMS COMME MUSICIEN : *The Rubber Gun* (A. Moyle, 1977), *Jacob Two Two Meets the Hooded Fang* (T. J. Flicker, 1977), *Agency* (G. Kaczender, 1980), *The Peanut Butter Solution* (M. Rubbo, 1985).

DISCOGRAPHIE : *Maria Chapdelaine*, Kébec-Disc KD-S81, 1983.• *Night Magic*, RCA Savarah PL 70743 (2), 1985. (M. J.)

**GAGNÉ, Jacques,** réalisateur, monteur, producteur (Montréal, 1936-1994). Il fait des études classiques au collège Stanislas et étudie la géographie à l'Université de Montréal. Après des débuts comme monteur à Radio-Canada, il passe à la réalisation en 1964 (*Lettres à un funambule*, c. m.). Au cours des années 60 et au début des années 70, il est producteur pour différentes compagnies (Les films Claude Fournier, Onyx Films, Les productions Carle-Lamy) et il réalise de nombreux documentaires sur l'éducation (*L'entreprise de toute une vie*, coréal. J.-C. Labrecque, 1973, c. m.; *Moi j'aime tout*, 1973, c. m.), le monde du travail (*Trente mille employés de l'État*, 1968, trois c. m.), le tourisme (*La grande évasion*, 1974, c. m.) et la culture (*Chut...*, 1971, c. m.). Profondément humaniste, il s'intéresse à tout ce qui touche la société, l'homme, ses rapports avec le milieu, le monde des animaux et la culture. En 1969, il signe *Situation du théâtre au Québec*, tenu pour son meilleur film à cause de l'honnêteté intellectuelle qu'il démontre et de la pertinence de son propos. En 1972, il réalise *La conquête*, un long métrage de fiction. Scénarisé par Michèle Lalonde et interprété par Michelle Rossignol et Gilles Renaud, le film reçoit un accueil indifférent. Gagné revient au documentaire pour son long métrage suivant, *Surtout l'hiver* (1977), dans lequel il revendique une reprise en main, par les Québécois, de la navigation commerciale sur le Saint-Laurent. En 1977 et 1978, il est producteur à l'ONF, où il est l'âme du programme Société nouvelle, d'ailleurs sur le point d'être abandonné. Producteur très en demande, il défend ses projets avec une conviction et une argumentation particulièrement efficaces. Il quitte ensuite l'ONF pour coréaliser, avec Aimée Danis, une série de treize films pour Radio-Canada: « L'âge de l'énergie » (1980). De retour à l'ONF, il entreprend la réalisation de deux longs métrages documentaires, en coproduction avec la fondation Cousteau: *Les pièges de la mer* (1981) et *Du grand large aux Grands Lacs* (1982). Le projet voit le jour, bien que fortement contesté à l'intérieur de l'institution à cause de l'importance des sommes investies. Après cette expérience de réalisation sous-marine, Gagné revient au métier de monteur. Il travaille notamment avec Michel Brault (*Freedom to Move*, 1986, c. m.; *L'em-*

*prise*, coréal. Suzanne Guy, 1988, m. m.; *Les noces de papier*, 1989; *Mon amie Max*, 1994), Jean Chabot (*La nuit avec Hortense*, 1988), Jacques Wilbrod Benoit (*Le diable à quatre*, 1988), Lorraine Pintal (*Signé Charlotte S.*, 1990, c. m.) et pour la série *Lance et compte*. Il réalise aussi des films de commande, notamment un moyen métrage consacré à Félix Leclerc (*Pieds nus dans l'aube*, 1994).

PRINCIPAUX AUTRES FILMS COMME PRODUCTEUR : *Les vrais perdants* (A. Melançon, 1978), *Mourir à tue-tête* (A. C. Poirier, 1979), *Cordélia* (J. Beaudin, 1979).

COMME MONTEUR : *Images de Chine* (M. Carrière, 1974), *Le temps de l'avant* (A. C. Poirier, 1975), *Le mirage* (J.-C. Guiguet, 1994). (A. D. et M. J.)

**GAGNÉ, Jean,** monteur, réalisateur, scénariste (Jonquière, 1947). Dès le milieu des années 60, avec son frère Serge, il œuvre à divers titres dans l'organisation culturelle et la vie artistique au Saguenay – Lac-Saint-Jean. Attiré le premier par le cinéma, il tourne, en 1967-1968, *Saison cinquième* (m. m.), chronique intimiste des saisons du cœur d'un jeune homme timide et romantique. Le film, qui propose des angles de caméra insolites, se signale par l'utilisation de techniques telles que le collage, la surimpression et la pellicule grattée. En 1970, il s'installe à Montréal, suivi de son frère Serge, en 1972, en plein cœur de la vague psychédélique et contre-culturelle dont leur cinéma sera la chronique audiovisuelle. En 1971, Jean Gagné entreprend *La tête au neutre*, un film qui porte un regard décapant sur la problématique amérindienne. Terminé en 1973, ce film carnavalesque utilise notamment les dessins de Winsor McCay comme leitmotiv visuel. Puis il réalise *L' ou 'L* (coréal. S. Gagné, 1973), où l'on reconnaît des figures importantes du cinéma des frères Gagné, dont Patrick Straram, plus que jamais porte-parole d'un cinéma contestataire, et le compositeur André Duchesne. *Une semaine dans la vie de camarades* (1975), que Serge produit et coscénarise avec lui, est un film-fleuve de plus de quatre heures qui radiographie le territoire géographique, culturel et politique du Québec des années 70. Entrevues, spectacles, fiction, poésie, *road movie*, histoire et anarchie se fondent dans cette comédie humaine éclatée. L'image du microphone (spectacles et entrevues) y prend une valeur symbolique, celle de la prise de parole, de l'amplification d'une voix par la possession d'un outil. Dans ce cinéma où chaque image est arrachée à la pauvreté des moyens, la qualité technique est souvent sacrifiée, en particulier au mixage, masquant ainsi la richesse des bandes sonores et donnant un côté brouillon à l'ensemble. *À vos risques et périls* (coréal. S. Gagné, 1980) est un montage d'extraits d'*Une semaine dans la vie de camarades* (que Radio-Québec avait refusé en raison de sa longueur), auquel s'ajoute du nouveau matériel. Sans renouveler la technique des frères Gagné, *La couleur encerclée* (1986) apporte cependant certaines des plus fortes images générées par l'animation informatique. Le film reçoit d'ailleurs une prime à la qualité de la SGCQ. Cette prime contribue au financement du film suivant des frères Gagné, *Le royaume ou l'asile* (1989), qui bénéficie de conditions de production moins précaires sans pour autant renoncer au radicalisme du propos et de la forme. Ce retour à la terre d'origine, le « royaume » du Saguenay, dénonce inlassablement toute forme de compromission, quitte à se perdre « dans l'abîme du rêve », qui prendrait ici des allures de cauchemar. *La folie des crinolines* (1995) s'attaque cette fois, sur un mode beaucoup plus comique, à toutes les formes d'aliénation religieuse (dont le dogme économiste ne serait que le dernier avatar) qui ont façonné la psyché québécoise. Les frères Gagné rendent hommage ensuite à des poètes : Gaston Miron (*La marche à l'amour*, 1996), Denis Vanier (*Ton père est un bum*, 1997) et Gilbert Langevin (*Étrange histoire*, 1998). (Y. R.)

Jeannine Gagné. (Alain Chagnon, coll. RVCQ)

**GAGNÉ, Jeannine,** réalisatrice, productrice (Montréal, 1954). Après des études pratiques et théoriques en communication et en cinéma, elle devient spécialiste en audiovisuel au ministère de l'Éducation et professeur. Dès la fin des années 80, elle se consacre entièrement au cinéma. *Entre temps* (1986, c. m.) est le premier film qu'elle réalise de façon professionnelle. Elle y fait le portrait d'une jeune fille enceinte. Elle tourne ensuite à l'ONF *Drôle de fille* (1987, c. m.), un portrait du clown Chatouille au travail. Après plusieurs films où elle est assistante à la réalisation, elle revient en force en 1995 avec deux films. D'abord un essai-poème documentaire où s'immisce la fiction, *Aube urbaine* (c. m.), prix du meilleur court métrage remis par l'AQCC. Ce film d'atmosphère capte l'insolite quotidienneté d'une ville et de ses habitants dans le clair-obscur d'un petit matin d'hiver et assemble, de manière impressionniste, des fragments de son et des portraits variés. Puis elle réalise *Bébé bonheur* (1994, m. m.), un documentaire plus classique au sujet percutant : les adolescentes mères. Dans ce film, Gagné ne juge pas, elle témoigne avec sensibilité d'une réalité troublante. Le succès du film confirme la pertinence de l'approche de la cinéaste. Elle retourne ensuite vers un cinéma plus personnel en s'inspirant, dans *L'insoumise* (1998, m. m.), de l'œuvre de Marie-Claire Blais. Les propos de celle-ci — événement rare — viennent s'intercaler à des mises en scène de pages choisies. Il en résulte une mosaïque qui fait découvrir l'univers de la romancière et renouvelle le genre de la biographie littéraire sur pellicule. Réalisatrice éclectique explorant diverses esthétiques, elle est aussi une productrice qui prend le risque d'œuvres importantes et originales, notamment plusieurs films de Michka Saäl* (dont la coproduction *La position de l'escargot*, 1999) et l'étonnant *Rosaire et la Petite-Nation* (B. Pilon, 1996). Gagné démontre une honnêteté exemplaire dans sa démarche, une

intelligence dans le choix de ses sujets et une rigueur dans la pratique de son métier. Pour tout dire, elle respecte le médium avec lequel elle travaille. Elle s'est impliquée dans son milieu, notamment en fondant Cinéma femmes et en travaillant à la défense du cinéma et de la vidéo indépendants.
AUTRES FILMS : *Sans faire d'histoire* (1973, c. m.), *Une bien belle ville* (coréal. M. Lamothe, F. Allaire et S. Groulx, 1976, c. m.), *Où étiez-vous?* (coréal. D. Poitras, 1986, c. m.), *C'est aussi ton affaire* (1990, c. m.), *Gardées sous silence* (1990, c. m.). (P. V.)

**GAGNÉ, Marie-Claude,** monteuse sonore (Laval, 1963). Elle débute comme assistante monteuse sonore en 1985, travaillant à des films comme *Le matou* (J. Beaudin, 1985) et *Pouvoir intime* (Y. Simoneau, 1986). Dès l'année suivante, elle prend en charge le montage sonore de quelques films (*L'homme renversé*, Y. Dion, 1986). Son talent est rapidement reconnu, de sorte qu'elle devient une conceptrice sonore en demande. *Les amoureux de Montréal* (J. Giraldeau, 1992), *Cornouailles* (P. Perrault, 1993, m. m.), *REW FFWD* (D. Villeneuve, 1994, m. m.), *L'instant et la patience* (B. Émond, 1994, m. m.) et *Lodela* (P. Baylaucq, 1996, c. m.) montrent qu'elle sait créer les atmosphères sonores les plus diverses, sans recourir aux effets faciles.
PRINCIPAUX AUTRES FILMS COMME CONCEPTRICE SONORE : *Joyeux calvaire* (D. Arcand, 1996), *Mystère B* (P. Baylaucq, 1997, m. m.), *Quatre femmes d'Égypte* (T. Rached, 1997), *Les enfants de Refus Global* (M. Barbeau, 1998), *Oumar 9-1-1* (S. Drolet, 1998, m. m.), *Stiletto* (L. Leroux, 1999, m. m.), *Urgence! Deuxième souffle* (T. Rached, 1999), *When the Day Breaks* (A. Forbis et W. Tilby, 1999, c. m.). (M. J.)

**GAGNÉ, Serge,** réalisateur, animateur, producteur (Jonquière, 1946). Il travaille essentiellement en collaboration avec son frère Jean Gagné*. Il est aussi producteur délégué d'un documentaire, *Une histoire à se raconter* (V. Castonguay, 1979). (Y. R.)

**GAGNON, André,** musicien (Saint-Pacôme, 1937). D'abord accompagnateur, il connaît, à partir du milieu des années 70, un succès inégalé comme pianiste soliste et homme de spectacle. Polyvalent, il passe aisément des musiques très rythmées aux pièces romantiques. Contre toute attente, Gagnon compose assez peu de musiques de film et travaille presque exclusivement à des films en langue anglaise. Il compose d'abord la musique, très efficace, de *Jeux de la XXI^e^ Olympiade* (J.-C. Labrecque, J. Beaudin, M. Carrière et Georges Dufaux, 1977), qu'il reprend dans *Running* (S. H. Stern, 1979). Puis, il travaille avec John Huston (*Phobia*, 1980), Roger Vadim (*Hot Touch*, 1981) et Tzipi Trope (*Tell Me That You Love Me*, 1983). Il compose de la musique pour la version télévisée de *Kamouraska* montée par Claude Jutra en 1983. Après s'être associé pendant des années aux téléséries *Des dames de cœur* et *Un signe de feu*, dont il écrit les thèmes musicaux, il revient au cinéma avec un film dont le sujet ne pouvait que l'inspirer, *The Pianist* (Claude Gagnon, 1991), puis collabore de nouveau avec Gagnon dans *Pour l'amour de Thomas* (1994). Laurent Gagliardi lui consacre un film, *André Gagnon* (1978, m. m.). (M. C.)

**GAGNON, André,** chef opérateur, acteur, réalisateur (Arntfield, 1947). Il débute comme assistant cameraman, chez Onyx Films, en 1967. L'année suivante, il joue le jeune frère de Daniel et Donald Pilon dans *Le viol d'une jeune* *fille douce* (G. Carle). Il tient un petit rôle dans *Le retour de l'Immaculée Conception* (A. Forcier, 1971), film dont il signe quelques images. Ses vrais débuts de cameraman sont cependant associés à Roger Frappier (*Alain Grandbois*, 1971, c. m.; *L'infonie inachevée...*, 1973) et à Michel Bouchard (*Noël et Juliette*, 1973). Il travaille par la suite autant en documentaire (*15 nov*, H. Mignault et R. Brault, 1977; *La loi de la ville*, M. Bouchard, 1979; *Le choix d'un peuple*, H. Mignault, 1985) qu'en fiction (*L'homme à tout faire*, M. Lanctôt, 1980; *Au clair de la lune*, A. Forcier, 1982). Dans *Gina* (D. Arcand, 1975), il est de nouveau acteur, tenant le rôle d'un cameraman. En 1981, il réalise un long métrage documentaire, *Métier: boxeur*, portrait convaincant du milieu de la boxe. Deux figures dominent le propos du film, celle de Gaétan Hart, boxeur sérieux qui va vers un combat de championnat du monde, et celle d'Eddie Melo, jeune pugiliste à la réputation surfaite, exploité par un entourage avide. Gagnon est par la suite associé à l'ouverture de la salle de spectacle le Club Soda. S'il prend alors ses distances face au cinéma, il réalise tout de même quelques vidéoclips, des films publicitaires et, occasionnellement, des émissions de télévision. En 1993, il signe les images de *Deux actrices* de Micheline Lanctôt et, après avoir réalisé de nombreux portraits pour l'émission « Le Point », signe un court métrage documentaire, *Marc-André Hamelin* (1998). (M. J.)

**GAGNON, Charles,** réalisateur (Montréal, 1934). Artiste visuel surtout connu comme peintre et photographe, il enseigne la photographie, le cinéma, la vidéo, le son et les techniques mixtes au Département des arts visuels de l'Université d'Ottawa. Son œuvre cinématographique consiste en trois films expérimentaux: *Le huitième jour* (1967, c. m.), *Le son de l'espace* (1968, c. m.) et *Pierre Mercure* (1970, m. m.). *Le huitième jour* est réalisé pour Expo 67. Film de montage dans la plus pure tradition de Bruce Conner, il constitue un pénétrant spectacle de destruction, les êtres humains étant traités comme les contenants jetables de la société de consommation. *Le son de l'espace*, tourné à la suite d'un voyage au Japon, est un film lent, dans l'esprit du zen, construit autour d'un canevas élémentaire: on sort un vélo de sa caisse et on le remonte dans le studio de l'artiste. Le film est silencieux et doit être projeté à vingt-quatre images par seconde. À la fin, la lampe du projecteur doit rester allumée et la bobine doit continuer à tourner, la pellicule clapotant contre le projecteur pendant une minute. Pour Gagnon, il s'agit d'une expérience religieuse et contemplative. *Pierre Mercure* rend hommage au célèbre compositeur en utilisant les images de ses funérailles, du cercueil et du corbillard, que Gagnon structure selon le modèle des films « structurels »: plans fixes, reprise en boucle, alternance positif/négatif, clignotements. La bande sonore est constituée d'une pièce musicale de Pierre Mercure et la durée du film (33 minutes, 33 secondes) correspond numériquement à la vitesse de rotation d'un microsillon.

Gagnon associe l'œuvre cinématographique à un art de communion davantage qu'à un moyen de communication. Au même titre que Vincent Grenier, il est reconnu comme l'un des importants cinéastes expérimentaux des années 70, alors que les œuvres se rattachant à cette pratique non industrielle sont pour la plupart totalement méconnues au Québec. L'Université de Montréal lui décerne un doctorat honorifique en 1991 pour souligner la valeur de son œuvre pluridisciplinaire. (M. L.)

**GAGNON, Claude,** réalisateur, distributeur, monteur, producteur, scénariste (Saint-Hyacinthe, 1949). Il se rend au Japon en 1970, et y exerce de nombreux métiers — professeur de français, acteur dans des films de série B — avant d'aborder la réalisation, en 1974, avec un documentaire intitulé *Essai filmique sur musique japonaise* (c. m.). Il signe ensuite deux autres documentaires : *Geinin* (1976, m. m.), sur les troupes de théâtre ambulantes, et *Yui to Hi* (1977, c. m.), un film de commande tourné en deux jours pour un architecte suisse. En 1978, il réalise son premier film de fiction : *Keiko*. Déjà, il exerce un contrôle total sur ses films en étant aussi scénariste, monteur et producteur (sa femme, Yuri Yoshimura*, participe à la production de tous ses films). *Keiko* connaît du succès au Japon. Il s'agit du portrait d'une jeune Japonaise indépendante qui, après avoir cherché longtemps l'amour, finit par accepter le mariage souhaité par sa famille. Gagnon devient, en 1979, le premier étranger à être nommé meilleur réalisateur de l'année par l'Association des réalisateurs de films japonais. *Larose, Pierrot et la Luce* (1982), qui marque son retour au Québec, et *Visage pâle* (1985), deux films interprétés par Luc Matte, le consacrent comme auteur, sans toutefois l'imposer auprès du public. Avec ces films se dessine la vision d'un humaniste, attentif aux gestes quotidiens (les trois amis rénovant la maison de Larose) et sensible à la compréhension dans la différence (les rapports entre Larose et Pierrot ; ceux entre l'Amérindienne et C. H. dans *Visage pâle*). Ces thèmes sont présents dans *The Kid Brother* (1987, Grand Prix des Amériques au FFM), son premier succès commercial au Québec. Coproduction avec le Japon et les États-Unis, cette œuvre de commande raconte, avec une grande justesse de ton, l'histoire d'un enfant sans jambes ni bassin vivant dans la banlieue ouvrière de Pittsburgh. Partisan de l'improvisation, Gagnon travaille souvent en fonction des acteurs, privilégiant le plan-séquence (*Keiko*) et assumant dans ses films une part d'attente parfois proche de la torpeur. S'il s'aventure du côté du film d'action au début de *Visage pâle*, il abandonne le genre après quelques minutes pour revenir à ses préoccupations.

Tournant le dos à l'improvisation qui a fait sa marque, Gagnon adapte un roman d'Ann Ireland, *A Certain Mister Takahashi*, dont il tire *The Pianist* (1991), chronique des rapports de deux sœurs avec un pianiste d'origine japonaise. Plus que jamais, le réalisateur vise le marché international. En 1994, il signe *Pour l'amour de Thomas*, un téléfilm destiné au marché français. Il s'agit d'un drame familial explorant les rapports de possession à travers l'affrontement de deux mères interprétées par Marie Tifo et Brigitte Fossey. Aussi distributeur, Gagnon est le premier à ouvrir le marché japonais au cinéma québécois.

La compagnie de Gagnon et de Yuri Yoshimura, AskaFilms, produit plusieurs films : *Rafales* (A. Melançon, 1990), *La postière* (G. Carle, 1992), *Because Why* (A. Paragamian, 1993), *Rowing Through* (M. Harada, 1996), *Pudding chômeur* (G. Carle, 1996), *Histoires d'hiver* (F. Bouvier, 1998), *Le petit ciel* (J.-S. Lord, 2000). (M. J.)

**GAGNON, J.-Léo,** acteur (Tétreauville, 1907 – Montréal, 1983). En cinquante ans de carrière, il apparaît dans une quarantaine de longs métrages de fiction, les trois quarts tournés

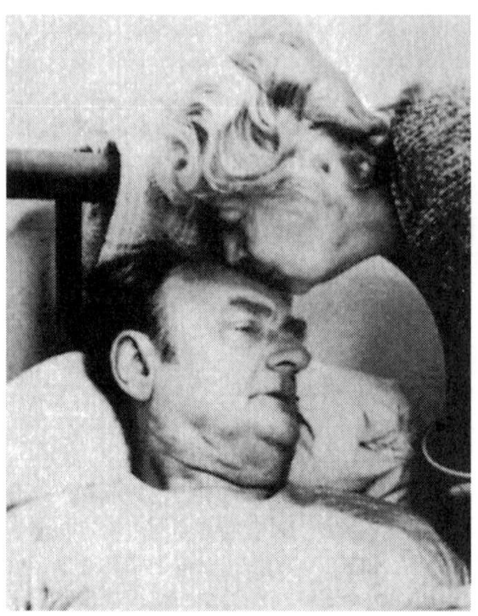

J.-Léo Gagnon et Marthe Nadeau dans *Les dernières fiançailles* de Jean Pierre Lefebvre. (coll. CQ)

entre 1970 et 1980. Cela va du *Père Chopin* (F. Ozep, 1944) où on le voit en journaliste, aux *Plouffe* (G. Carle, 1981) où il joue le bedeau, en passant par *The 13th Letter* (O. Preminger, 1951), *La petite Aurore l'enfant martyre* (J.-Y. Bigras, 1951), *La piastre* (A. Chartrand, 1976), *L'eau chaude l'eau frette* (A. Forcier, 1976). À l'exception des *Dernières fiançailles* (J. P. Lefebvre 1973), où Gagnon, dans un rôle principal, se montrera en tous points remarquable, il obtiendra toujours des rôles de soutien. Le sourire rare, la voix forte et rude, la démarche lourde, il prête son physique à des personnages laconiques, ombrageux, autoritaires, soucieux de rester dignes au moment même où ils sont à deux doigts de fléchir sous le poids des responsabilités. En somme, avec sa générosité pleine de brusquerie, le taciturne Armand des *Dernières fiançailles* pourrait bien être considéré comme le modèle de cette galerie de portraits. Signalons que dans trois films, *On est loin du soleil* (J. Leduc, 1970), *On n'engraisse pas les cochons à l'eau claire* (J. P. Lefebvre, 1973) ainsi que *Les dernières fiançailles*, Gagnon a pour partenaire Marthe Nadeau qui incarne à ses côtés l'épouse aimante et discrète. Souvent cantonné dans les emplois de bon père de famille, on n'a pourtant jamais l'impression que Gagnon recommence le même numéro : c'est qu'il connaît parfaitement l'art de faire fond sur les nuances. Or, Gilles Carle (ne le traite-t-il pas un peu comme son acteur fétiche ?) se plaît à imaginer pour lui des personnages excentriques et libidineux : le brasseur d'affaires dans *La mort d'un bûcheron* (1973) ou le sculpteur dans *La tête de Normande Saint-Onge* (1975). Denys Arcand lui offre également la possibilité de sortir des rôles auxquels le public est davantage habitué : Gagnon se révèle étonnant dans la peau de l'oncle Arthur, grippe-sou bourru et susceptible dans *La maudite galette* (1971) et surtout en Jacques Bouchard, ministre de la Voirie et des Travaux publics dans *Réjeanne Padovani* (1973). Carle, Lefebvre, Arcand, Forcier, Leduc ont utilisé cet acteur à de nombreuses reprises. On peut avec raison parler d'un exemple de fidélité mutuelle. (J.-M. P.)

**GANG, Pierre,** réalisateur, scénariste, producteur (Montréal, 1957). Issu du monde du théâtre, il joue dans des spectacles de La Grosse Valise et des Enfants du paradis, sous la direction de Gilles Maheu. Après avoir effectué un stage en France, notamment sur le plateau du *Matelot 512* (R. Allio, 1984), Gang scénarise, réalise et produit ses deux premiers moyens métrages. Dans son premier film, *Martha l'im-*

*mortelle* (1987, m. m.), il s'interroge, autour de la rencontre de deux femmes, sur le pouvoir de l'art et sur le vieillissement; dans le suivant, *J'te demande pas le ciel* (1991, m. m.), d'une écriture plus classique, il confronte la mort alors qu'un fils (Marc Béland) est au chevet d'une mère agonisante (France Castel) avec laquelle il rétablit des liens. Il reprend ensuite ses thèmes de prédilection, le rapport au temps, la solitude et le lien d'un fils avec sa mère (Louise Portal) dans son premier long métrage, *Sous-sol* (1996), de facture poétique et d'inspiration freudienne, pour lequel il travaille cette fois avec un producteur. Situé de 1966 à 1976, le film raconte l'histoire d'un garçon qui, parce qu'il demeure un fils, ne grandit pas. Gang remporte le Génie du meilleur scénario et son film, qui ne trouve pas son public au Québec, est présenté dans de nombreux festivals à l'étranger. Il travaille ensuite pour la télévision, tournant, très polyvalent, un téléfilm coproduit avec la France, *L'incompris* (1996), une série tirée d'un des tomes d'une saga romanesque américaine, *More Tales of the City* (1998), et un téléfilm inspiré d'un conte de fées, *The Legend of Sleepy Hollow* (1999). (M. C.)

Pierre Gang. (Véro Boncompagni)

**GARAND, Jean-Marc,** administrateur, producteur (Victoriaville, 1934). Après des études en physique et en pédagogie, il enseigne au Collège de Saint-Laurent et crée une série d'outils pédagogiques pour la formation scientifique à l'élémentaire. Toute sa carrière en cinéma se déroule à l'ONF. Il y entre en 1966 au *filmstrip unit* et devient, l'année suivante, coordonnateur de la production de films éducatifs. De 1968 à 1970, il est chef du Service de recherche en communication, puis responsable des projets spéciaux et, à partir de 1971, chef de studio et producteur exécutif à la production française. De 1979 à 1984, il est directeur de la production française. Il est ensuite nommé délégué européen, avec résidence à Paris, chargé de faire connaître le produit onéfien; il vend les droits de télévision de plus de six cents titres aux réseaux de France, de Belgique, d'Italie, d'Espagne, du Portugal, de Suisse et de Turquie. En 1987, il revient à Montréal pour prendre la direction du programme documentaire, désireux de renouveler ce genre alors en crise qui a fait la gloire de la maison, tout en assurant sa distribution à un plus large public, tant au Canada qu'à l'étranger. Dans cet esprit, il est à l'origine du Documentaire se fête, important événement tenu en juin 1989, à l'occasion du 50e anniversaire de l'ONF, et qui regroupe un colloque international et une grande rétrospective de films documentaires.

En tant que producteur, son nom est associé à ce qui se fait de plus significatif et de plus progressiste dans les années 70 à l'ONF. Il s'insère dans le programme Société nouvelle et en devient le coordonnateur. Il travaille notamment avec Michel Régnier pour la série « Urba 2000 », avec Pierre Maheu pour *Le Bonhomme* (1972, m. m.) et *L'interdit* (1976), avec Anne Claire Poirier pour presque toute la série « En tant que femmes », avec Yves Dion pour *Sur vivre* (1971, m. m.) et *Raison d'être* (1977) et avec Michel Gauthier pour *Débarque-moué au lac des Vents* (1974). À la même époque, il produit *Des armes et les hommes* (A. Melançon, 1973, m. m.) et *Le soleil a pas d'chance* (R. Favreau, 1975), des films dans l'esprit de Société nouvelle. Il produit en partie la série « La belle ouvrage », réalisée principalement par Léo Plamondon et Bernard Gosselin. C'est ensuite la grande aventure de *J. A. Martin photographe* (J. Beaudin, 1976), une fiction qui remporte de nombreux prix. Puis, Garand coordonne l'audacieux programme de coopération avec le Mexique (sur l'apport culturel des cultures indiennes, leurs problèmes et leurs liens avec la culture dominante dans les deux pays), qui avorte en cours de réalisation, mais n'en donne pas moins cinq films. Il est aussi producteur exécutif de trois de ces films : *Etnocidio* (P. Leduc, 1976), *Première question sur le bonheur* (G. Groulx, 1977) et *Jornaleros* (E. Maldonado, 1978). C'est dans le même esprit qu'on le retrouve, au début des années 90, à la production de *La conquête de l'Amérique* (A. Lamothe, 1990-1992), *Sous les grands arbres* (M. Régnier, 1991, m. m.), *Le monde de Fredy Kunz* (M. Régnier, 1991, m. m.), *L'or de Poranga* (M. Régnier, 1991, m. m.), *Vivre en Amazonie* (G. Gutierrez, 1993, c. m.), *Loin des plages* (G. Gutierrez, 1993, c. m.), *Tenir le coup* (G. Gutierrez, 1993, c. m.). Il quitte l'ONF en 1994 et prend alors sa retraite. Garand a été avant tout initiateur et supporteur de projets à larges visées sociales, préférant tout de même les démarches personnelles aux remises en question des structures. (Y. L.)

**GARCEAU, Raymond,** réalisateur, scénariste (Pointe-du-Lac, 1919 – Laval, 1994). Agronome de formation, il entre à l'ONF en 1945, après son service militaire. Il est bientôt affecté au studio que dirigent Lawrence et Evelyn Cherry, responsables des films à sujet agricole. Cela l'amène à tourner, surtout en anglais, beaucoup de films de commandite. L'embellissement de la ferme, la maladie de l'orme, la science au service du cultivateur, voilà les premiers sujets qu'il aborde ; il a d'ailleurs évoqué avec humour cette époque dans ses mémoires inachevés, qui s'intitulent *Les carnets d'un p'tit Garceau* (publiés dans la revue *Objectif*). C'est néanmoins dans ses films en français que Garceau donne sa pleine mesure. La commande s'efface alors derrière la connaissance du sujet et la qualité des rapports que le cinéaste entretient avec le pays et les gens. Dans *Montée* (1949, c. m.), il confronte le passé et le présent pour souligner l'action bienfaisante de l'Union catholique des cultivateurs. Dans *L'abatis* (1952, c. m.), il se joint à Bernard Devlin pour parler de la colonisation de l'Abitibi. Les épisodes qu'il réalise dans la série « Silhouettes canadiennes » et les portraits qu'il trace dans la série « En avant Canada » sont pleins de charme, surtout *Monsieur le maire* (1953, c. m.), qui décrit la vie d'une ville

Raymond Garceau et Francine Racette pendant le tournage du *Grand Rock* de Raymond Garceau. (ONF, coll. CQ)

moyenne, Granby. Garceau pousse plus loin cette description attentive du Québec populaire dans une fiction savoureuse et drôle, *Référendum* (1953) ; c'est son premier film vraiment reconnu. Pourtant, les années qui suivent ne sont pas marquées par des films exceptionnels, comme si Garceau remplissait les commandes sans enthousiasme, que ce soit, au pire, pour la Défense nationale ou, au mieux, pour donner une suite aux aventures du célèbre héros populaire Ti-Jean. Il tourne aussi des documents de géographie humaine comme *Une île du Saint-Laurent* (1958, c. m.) ou *La Chaudière* (1961, c. m.). Il n'est pas réellement partie prenante du développement de l'équipe française de l'ONF, les cinéastes de sa génération étant carrément bousculés au cours de cette période.

Avec les années 60 et l'émission *Temps présent*, la situation de Garceau change. Il peut d'abord retrouver des sujets qu'il affectionne. Ancien chantre de l'agriculture, responsable de l'image agricole que certains collent abusivement aux productions de l'ONF d'avant 1960, il s'adapte aisément au nouveau contexte créé par la Révolution tranquille. Il fait son autocritique en mineur dans *Intégration* (1960, c. m.), où il traite de l'intégration verticale en agriculture. Mais c'est avec *Les petits arpents* (1962, c. m.) et *Une année à Vaucluse* (1964, c. m.) qu'il pousse plus loin son examen de la situation rurale et se prononce en faveur de la modernisation. Pas étonnant alors qu'on lui confie la réalisation des vingt-six films outils de la série « ARDA » (Aménagement rural et développement agricole — 1965-1966). Son amour des gens se manifeste dans de nouveaux portraits où il réalise la jonction entre son approche traditionnelle et celle que permet le direct. Cela donnera un de ses films les plus réputés, *Alexis Ladouceur, métis/L'homme du lac* (1962, c. m.). On peut inscrire dans la même lignée *Les diableries d'un sourcier* (1966, c. m.), *Guérissez-nous du mal* (1972, c. m.) et *Les petits inventeurs* (1975, c. m.). Voulant faire partager ses idées à un large public, Garceau se laisse emporter par la vague du long métrage de fiction qui gagne l'ONF dans les années 60. *Le grand Rock* (1967) relate la déchéance d'un jeune campagnard (Guy Thauvette) poussé au crime par la société et par une femme capricieuse (Francine Racette). La critique souligne que ce film, mal scénarisé et moralisateur, esquisse à peine les personnages et les situations qu'il propose et, somme toute, fait reculer le cinéma québécois de quinze ans. Mais cet accueil ne décourage pas Garceau. Il poursuit avec la comédie *Vive la France* (1969), une parodie pleine de clichés sur les relations entre les Français et les Québécois, qu'il tourne avec des comédiens non professionnels. Il y a amélioration dans *Et du fils* (1971), qui reprend la thématique de l'affrontement des valeurs traditionnelles et des valeurs modernes en la faisant passer à travers un conflit de générations. L'accueil est mitigé mais plus favorable que pour les films précédents. L'humanisme de Garceau et sa sensibilité à l'environnement y sont pour quelque chose. Après ce détour peu probant par le long métrage, il revient au documentaire. Son dernier film, *Québec à vendre* (1977, m. m.), traite de la disparition des terres arables au profit des spéculateurs fonciers. La terre, qui est pour lui pays et parfois famille, subit la menace de l'aliénation. Ce film est l'ultime écho du discours qu'il tient depuis trente ans. Il prend sa retraite de l'ONF en 1977. (P. V.)

**GARIÉPY, Jean-Pierre,** réalisateur, scénariste (Montréal, 1951). Il étudie la musique à l'école Vincent-d'Indy, puis l'architecture et la photographie à Brest, en France, avant de travailler comme photographe de 1976 à 1980. Il suit ensuite des cours de cinéma à l'Université Concordia (1980-1983) et participe à la fondation de la galerie Dazibao (1980), puis à celle de la coopérative de production MainFilm* (1982). C'est là qu'il réalise *Étude sur la vélocité des bateaux par temps mou* (1983, c. m.), une fiction expérimentale. Il signe ensuite trois bandes vidéo avant de remporter un concours de scénarisation organisé par l'ONF qui lui permet de réaliser un premier long métrage de fiction. C'est *Sous les draps, les étoiles*, ambitieux drame sentimental construit autour d'un coup de foudre entre un homme qui revient d'Amérique latine et une femme sur le point de quitter le pays. Gariépy y fait évoluer ses personnages dans une réalité décalée et menaçante, qui prend forme grâce à une mise en scène affirmée. Il réalise ensuite deux téléfilms qu'il ne scénarise pas : *Le violon d'Arthur* (1991, m. m.) et *Si belles* (1994). Le premier, produit et scénarisé par Jacques Savoie, raconte l'histoire d'Arthur Leblanc, virtuose acadien du violon, tandis que le second est centré sur les difficultés d'une mère célibataire. Après avoir travaillé à l'émission télévisée *Clip'art*, Gariépy réalise deux documentaires à l'ONF : *Impressions sur la liberté* (1996, c. m.), réflexion orchestrée autour du passage de trois jeunes Québécois en Biélorussie, et *Le pont de l'exil* (1997, m. m.), qui présente le parcours de quatre exilés. (M. J.)

**GARIÉPY, Roméo,** photographe (Montréal, 1918). À quatorze ans, il étudie au New York School of Photography and Cinema. De retour à Montréal, il occupe divers emplois liés au commerce cinématographique. Québec Productions l'engage comme photographe de plateau à l'occasion des tournages de *Whispering City/La forteresse* (F. Ozep, 1947), *Sins of the Father* (P. Rosen et R. J. Jarvis, 1948), *Un homme et son péché* (P. Gury, 1948), *Le curé de village* (P. Gury, 1949), *Séraphin* (P. Gury, 1950) et *Le rossignol et les cloches* (R. Delacroix, 1951). D'autres cinéastes en tournage au Québec font appel à ses services : Otto Preminger pour *The 13th Letter* (1951) et Alfred Hitchcock pour *I Confess* (1953). À partir de 1947, Gariépy fait aussi des piges pour les journaux *Montreal Herald, Montréal-Matin* et, surtout, *Radio Monde.* Il exerce alors son métier dans les coulisses de la scène et de la radio et, en 1948, il couvre la campagne électorale de Maurice Duplessis. Après avoir travaillé aux laboratoires de David Bier, il entre à Radio-Canada en 1954, à titre de cameraman. En 1961, au moment de la création de Télé-Métropole, J.-A. DeSève l'engage comme chef cameraman et photographe. Il est chargé de l'acquisition du matériel et de l'équipement technique, mais aussi de la formation des photographes de plateau et des ciné-cameramen. Au moment de sa retraite, en 1983, il occupe le poste de directeur à la production du film. En 1986, Iolande Cadrin-Rossignol confie à ce pionnier la photographie de *Contes de mille et un jours ou Jean Desprez.* Il fait don à la Cinémathèque québécoise de ses quelque six mille originaux 4" x 5". En 1990, l'exposition itinérante *Profils des années 50* vient témoigner de sa passion pour le métier de photographe. (A. G.)

Roméo Gariépy. (Alain Gauthier)

**GARNEAU, Amulette** (née **Laurendeau**), actrice (Montréal). Formée à l'École des beaux-arts de Montréal, elle s'oriente vers le théâtre. Elle suit les cours de Georges Groulx, Jean Gascon et Guy Hoffmann, puis étudie à New York à l'école de Uta Hagen. Connue surtout par la télévision (*Cré Basile, Grand-papa, L'héritage,* etc.), elle joue, après 1970, dans une quinzaine de films québécois sous la direction de réalisateurs comme Francis Mankiewicz, Clément Perron, André Théberge, Michel

Brault, Jean-Claude Lord, Jean-Claude Labrecque, Jean-Claude Lauzon et Paul Tana. Elle y tient surtout de petits ou de seconds rôles avec une présence et une justesse de ton uniques. Dans *Il était une fois dans l'Est* (A. Brassard, 1973), elle crée le bouleversant personnage de Bec-de-Lièvre et se révèle une actrice dramatique d'une très grande force. Dans *Maria Chapdelaine* (G. Carle, 1983), elle incarne une mère de famille d'une grande vérité, forte et émouvante. Autant au cinéma qu'à la télévision, elle impose peu à peu un personnage de femme québécoise entre deux âges, peu loquace, ni perdante ni fonceuse, plutôt belle, intelligente, sensible et drôle ; un prototype de la femme citadine de classe moyenne. Lorraine Pintal lui donne le premier rôle, celui d'une analphabète, dans *Signé Charlotte S.* (1990, c. m.). (D. B.)

**GASCON, Gabriel,** acteur (Montréal, 1927). Gabriel Gascon débute sa carrière comme marionnettiste, puis se joint aux Compagnons de Saint-Laurent. Il participe aux premières créations du TNM, fondé par son frère Jean Gascon. Ses débuts au cinéma se font en 1951 dans *Étienne Brûlé gibier de potence* (M. E. Turner). Il devient une vedette de la télévision grâce au très populaire feuilleton *Les belles histoires des pays d'en haut* où, pendant dix ans, il incarne Alexis Labranche, rival généreux et romantique de l'avare Séraphin Poudrier. En 1965, il quitte le Québec pour s'installer à Paris où, pendant quinze ans, il poursuit une carrière théâtrale parsemée de quelques apparitions au cinéma (*Les camisards,* R. Allio, 1972). De retour au Québec, il joue surtout au théâtre mais obtient plusieurs rôles secondaires dans des films québécois : *Bonheur d'occasion* (C. Fournier, 1983), *La vie fantôme* (J. Leduc, 1992), *Cap Tourmente* (M. Langlois, 1993), *Cosmos* (J. Alleyn, M. Briand, M.-J. Dallaire, A. Paragamian, A. Turpin et D. Villeneuve, 1996), *Le silence des fusils* (A. Lamothe, 1996). Il participe aussi à quelques productions américaines dont *Mrs Parker and the Vicious Circle* (A. Rudolph, 1994) et tourne dans des courts métrages (*Au milieu du spectacle la salle s'est vidée,* N. Dufour, 1987 ; *Lépidoptère,* C. Mercier, 1997). Gascon préfère toujours jouer pour le théâtre, mais même dans les rôles qu'il tient au cinéma il s'impose avec une voix puissante et une prestance altière. Sa capacité dramatique atteint sa pleine mesure dans la captation télévisuelle de *Maîtres anciens* (O. Asselin, 1998) où il interprète avec une grande intensité un homme désespéré par le déclin de la connaissance artistique. Il est le frère du réalisateur Gilles Gascon et de l'acteur Jean Gascon (*L'absence,* B. Sauriol, 1976 ; *The Lucky Star,* M. Fischer, 1980). (G. L.)

**GASCON, Gilles,** chef opérateur, réalisateur (Montréal, 1929-1980). Après un baccalauréat ès arts (Montréal), il suit un cours de photographie commerciale et pratique ce métier pendant quelques années. En 1956, il entre à l'ONF, où il est d'abord assistant cameraman et assistant réalisateur. À la réalisation comme à la caméra, il témoigne d'un rare mélange de rigueur et de désinvolture. Il dirige la photographie de films comme *YUL 871* (J. Godbout, 1966), *C'est pas la faute à Jacques Cartier* (Georges Dufaux et C. Perron, 1967), *Tout le temps, tout le temps, tout le temps...* (F. Dansereau, 1969) et *L'homme et le froid* (M. Régnier, 1970). À titre de réalisateur, il débute avec *Québec en silence* (1969, c. m.), documentaire sur le peintre Jean Paul Lemieux, avant de signer un long métrage sur Maurice Richard

(*Peut-être Maurice Richard*, 1971). Il s'intéresse à divers sujets, passant de *C'est pas chinois* (coréal. P. Hébert, 1974, c. m.), un documentaire sans paroles sur la difficulté de la gymnastique, à *Papeterie Saint-Gilles* (1978, c. m.), portrait d'une entreprise de fabrication de papier fin fondée par Félix-Antoine Savard. Gascon participe aussi à la « Chronique de la vie quotidienne », notamment en coréalisant *Mercredi : « Petits souliers, petit pain »* (coréal. J. Chabot et J. Leduc, 1977, m. m.). Très proche du peintre Jean-Paul Riopelle, il s'apprête à tourner un film sur lui, à Paris, en 1980, lorsqu'il est terrassé par une crise cardiaque. Pierre Letarte et Marianne Feaver prennent la relève et tournent le film en hommage à ces deux hommes. Gilles Gascon est le frère des acteurs Gabriel et Jean Gascon (*L'absence*, B. Sauriol, 1976; *The Lucky Star*, M. Fischer, 1980). (A. D.)

**GAUTHIER, Claude,** acteur, musicien (Lac-Saguay, 1939). Il se fait connaître comme chansonnier à la fin des années 50. Michel Brault, s'inspirant de sa vie sans y être tout à fait fidèle, tourne *Entre la mer et l'eau douce* (1967), l'histoire d'un chanteur qui s'installe à Montréal où il connaît le succès, et lui confie non seulement l'écriture de la musique mais aussi le premier rôle, face à Geneviève Bujold. Gauthier, qui n'a pas de formation d'acteur, se montre tout à fait à la hauteur du défi. Brault lui donne ensuite un des principaux rôles de son film sur les événements d'Octobre 1970, *Les ordres* (1974). Il y interprète un chômeur arrêté arbitrairement puis victime de la cruauté de ses geôliers. Gauthier joue également dans *La piastre* (A. Chartrand, 1976), film pour lequel il écrit la chanson *Les beaux instants*. Des années plus tard, il interprète une chanson qu'il a écrite pour Simonne et Michel Chartrand, dans *Un homme de parole* (1991, m. m.), documentaire qu'Alain Chartrand consacre à son propre père. Dans *Partis pour la gloire* (C. Perron, 1975) et dans *Cordélia* (J. Beaudin, 1979), il tient le rôle d'un membre du clergé. Sauf un petit rôle dans *L'étau-bus* (A. Chartrand, 1983, c. m.), Gauthier ne tourne plus pendant quelques années, se consacrant entièrement à la chanson. Puis il tient, coup sur coup, un rôle de soutien dans cinq films : *Le dernier havre* (D. Benoit, 1986), *Qui a tiré sur nos histoires d'amour ?* (L. Carré, 1986), *La guêpe* (G. Carle, 1986), *Équinoxe* (A. Lamothe, 1986) et *Henri* (F. Labonté, 1986). Gauthier campe invariablement des hommes forts et bons, des personnages qui dégagent une grande humanité. Deux films viendront ensuite brouiller les pistes : *Danny* (Y. Dion, 1987, m. m.) et *L'emprise* (M. Brault et Suzanne Guy, 1988, m. m.). Dans le premier, Gauthier, qui semble peu à l'aise dans ce rôle inhabituel, compose un personnage de père obtus, incapable d'entrer en communication avec son fils qui glisse rapidement sur la pente de la délinquance. Dans le second, où il retrouve Geneviève Bujold, il est ce mari en apparence aimant qui valse cruellement entre les paroles réconfortantes et la violence. Puis, dans un téléfilm de Jean-Pierre Gariépy, *Le violon d'Arthur* (1991, m. m.), il joue, comme à ses débuts dans *Entre la mer et l'eau douce*, un musicien, cette fois le violoniste acadien Arthur Le Blanc, qui perd son stradivarius dans une tempête de neige juste avant de donner un concert important avec l'OSM. On associe volontiers Gauthier à des figures paternelles, futur papa dans *La fête des rois* (M. Lepage, 1994), père en apparence résigné dans *Pour l'amour de Thomas* (C. Gagnon, 1994), chef de famille marqué au fer rouge par les Anglais dans *Quand je serai parti... vous vivrez encore* (M. Brault, 1999). (M. C.)

**GAUTHIER, Michel,** assistant réalisateur, monteur, producteur, réalisateur (Shawinigan, 1946). Il entre à l'ONF en 1967 comme assistant réalisateur et monteur à l'équipe anglaise. Parallèlement, il exerce ces mêmes fonctions dans l'industrie privée, chez Ciné-clair. Il devient réalisateur à la production française de l'ONF et tourne *Qu'est-ce qu'on va devenir?* (1971, m. m.), *Débarque-moué au lac des Vents* (1974), filmé dans la région de Chibougamau, et *L'anse-à-Valleau, un jour...* (1978, c. m.). Il est assistant réalisateur pour de nombreux films dont *J. A. Martin photographe* (J. Beaudin, 1976), *The Lucky Star* (M. Fischer, 1980), *The Odyssey of the Pacific* (F. Arrabal, 1981), *Mario* (J. Beaudin, 1984) et *La femme de l'hôtel* (L. Pool, 1984). Il produit plusieurs films, à l'ONF comme dans le secteur privé, notamment *Richesse des autres* (M. Bulbulian, 1973), *L'étau-bus* (A. Chartrand, 1983, c. m.), *L'homme renversé* (Y. Dion, 1986), *La familia latina* (G. Gutierrez, 1985, m. m.) et *Sonia* (P. Baillargeon, 1986, m. m.). Il revient ensuite à son travail d'assistant réalisateur (*Exit*, R. Ménard, 1986; série *Rock*, 1988) avant de participer à la fondation des productions Québec/Amérique (qui deviendra Cité/Amérique), où il produit *Dans le ventre du dragon* (Y. Simoneau, 1989). Il produit aussi la télésérie à succès *Les filles de Caleb* (1990-1991), réalisée par Jean Beaudin, ainsi que sa suite, *Blanche* (1993), réalisée par Charles Binamé. En 1997, il fonde Michel Gauthier Productions où il produit notamment *Gypsies* (2000), série réalisée par François Bouvier et scénarisée par Arlette Cousture. (B. L.)

**GAUTHIER, Raymond,** producteur, réalisateur (Saint-Jean-Baptiste, Manitoba, 1950). Après des études à l'Université du Manitoba, très polyvalent, il touche notamment au journalisme, à la photographie et au graphisme. En 1974, alors que l'ONF régionalise sa production, il est nommé producteur responsable de l'Ouest du pays. Puis, il délaisse la production pour réaliser lui-même un documentaire sur les Franco-Manitobains et la question de l'éducation, *Le Manitoba ne répond plus* (1977, m. m.). Après un séjour au Québec, il fait un retour à l'ONF, en 1980, à titre de chef du studio E, responsable de la production francophone régionale, s'associant ainsi à des films comme *Massabielle* (J. Savoie, 1983, c. m.) et *Le vieillard et l'enfant* (C. Grenier, 1985, m. m.). Son poste sera fortement contesté. En 1986, on lui confie la direction d'un studio documentaire. Il y produit des films d'auteur qui secouent l'ordre établi comme *Dancing Around the Table* (M. Bulbulian, 1987 et 1988, deux m. m.), *Espoir violent* (N. Zavaglia, 1988), *Remous* (S. Van Brabant, 1990) et *Au-delà du 6 décembre* (C. Fol, 1991, c. m.) et y développe la série *Pour tout dire* (1986 et 1987, sept c. m.), support à l'enseignement du français langue seconde au Canada. Mais, surtout, Gauthier travaille de près à une série de grands dossiers diffusés à la télévision de Radio-Canada, « Enjeux d'une nation ». Les deux premiers films, animés par Lise Payette et réalisés par Jean-François Mercier, portent sur la survie du peuple québécois (*Disparaître*, 1989) et sur la pollution du territoire québécois (*Les quatre Cavaliers de l'Apocalypse*, 1991). Gauthier poursuit ce travail aux Productions Point de mire avec Payette et Mercier. (M. C.)

**GAUTHIER, Vianney,** directeur artistique (Montréal, 1944). Diplômé de l'Institut des arts appliqués en 1966, il est ensemblier à la télévision de Radio-Canada, puis stagiaire en France auprès de l'ORTF et de trois théâtres nationaux (1968-1969). Il décroche un premier contrat au cinéma pour *IXE-13* (J. Godbout, 1971), lequel, avec ses vingt-sept décors en studio, conçus sous la direction de Claude Lafortune, attire sur lui l'attention du milieu. Il participe alors à de nombreux courts et moyens métrages de l'ONF. L'un d'eux, *Trois fois passera...* (1973, c. m.), inaugure une fructueuse collaboration avec Jean Beaudin qui lui confiera, entre autres, la direction artistique de *J. A. Martin photographe* (1976), éminemment vanté pour sa puissance visuelle. À travers d'autres reconstitutions d'époque (*Suzanne*, R. Spry, 1980; *L'affaire Coffin*, J.-C. Labrecque, 1979; *Les années de rêves*, J.-C. Labrecque, 1984), Gauthier décore ensuite quelques films aux thèmes contemporains (*Une journée en taxi*, R. Ménard, 1981). Puis, c'est la rencontre avec le cinéma de Léa Pool dont les protagonistes, souvent obsédés par une quête artistique, lui permettent d'accentuer la plasticité de ses univers visuels: *La femme de l'hôtel* (1984), *Anne Trister* (1986), *À corps perdu* (1988) et *La demoiselle sauvage* (1991). Stimulé par les défis d'ordre technique, il fait parfois des incursions du côté du cinéma d'animation (*Bino Fabule*, R. Lombaerts, A. Roussil et R. Taillon, 1988). Sa collaboration avec Roger Cantin (*Simon-les-nuages*, 1990; *Le grand zèle*, 1992; *Matusalem*, 1993; *La vengeance de la femme en noir*, 1997) lui permet de retrouver la fantaisie des décors de son premier long métrage. Pour *Matusalem*, il construit, dans les studios de l'ONF, un gigantesque vaisseau de pirate qui rappelle ceux des grosses productions américaines des années 40 et qui devient rapidement un objet d'attraction.

PRINCIPAUX AUTRES FILMS: *Tommy Tricker and the Stamp Traveller* (M. Rubbo, 1988), *Portion d'éternité* (R. Favreau, 1989), *Pas de répit pour Mélanie* (J. Beaudry, 1990), *Tirelire, combine $ et Cie* (J. Beaudry, 1992), *L'âge de braise* (J. Leduc, 1998). (M.-C. A. et É. P.)

**GEERTSEN, George,** animateur, réalisateur (Viborg, Danemark, 1938). Arrivé au Canada en 1941, il étudie les arts plastiques au Ontario College of Arts. Il entre à l'ONF en 1966, fort d'une expérience en dessin publicitaire. Ainsi, ses premiers films sont davantage ceux d'un dessinateur. *The Men in the Park* (1971, c. m.), par exemple, repose sur une série de croquis en noir et blanc réalisés dans un parc urbain. *Prison* (1975, c. m.) se situe dans cette veine, mais se distingue par un travail sonore soigné, qui fait une large place aux propos de vrais prisonniers. Au fur et à mesure que sa carrière progresse, Geertsen apprivoise le mouvement et son travail devient de plus en plus porté par une animation ample et rapide, *La bastringue Madame Bolduc* (1992, t. c. m.) étant l'aboutissement de cette évolution. On remarque, dans la filmographie de Geertsen, plusieurs films à teneur pédagogique. C'est d'abord trois vignettes consacrées à l'histoire du Canada: *Newfoundland* (1977, t. c. m.), *Landbridge* (1978, t. c. m.) et *Klondike Gold* (1980, t. c. m.). C'est ensuite *Journey Through Time* (1983, c. m.), remarquable synthèse des étapes de l'évolution menant à l'apparition de l'homme. C'est encore *Diploma Dilemma* (1987, c. m.), regard amusé sur les jeunes diplômés à la recherche d'un emploi, puis *Words* (1996, c. m.), qui utilise avec beaucoup de finesse l'animation pour faire la promotion de la lecture et du vocabulaire. En 1989, Geertsen signe une vignette soulignant le cinquantenaire de l'ONF

(*Anniversary Vignette*, t. c. m.) et, en 1999, il termine sa carrière au sein de l'organisme fédéral par une brève animation en trois dimensions destinée aux écrans d'ordinateur (*Canada 3D*, t. c. m.). (M. J.)

Gratien Gélinas, à l'époque de *Tit-Coq*. (coll. CQ)

**GÉLINAS, Gratien,** acteur, administrateur, réalisateur (Saint-Tite, 1909 – Deux-Montagnes, 1999). Comédien de radio, il crée en 1937 un personnage frondeur et insolent, Fridolin, autour duquel il monte, de 1938 à 1946, onze revues annuelles. C'est pour l'une d'elles qu'il tourne, avec les comédiens de sa troupe, *La dame aux camélias, la vraie* (1943, c. m.), une parodie de l'œuvre de Dumas, mais surtout une mise en opposition satirique de la culture « cultivée » et de la culture populaire. Le personnage de Fridolin est tellement connu et apprécié que Roger Blais décide de filmer les principaux sketches de la revue de 1945 ; *Fridolinons* (1945, m. m.) sera un des films les plus populaires de l'ONF dans les années 40. En 1947, Paul L'Anglais convainc Gélinas d'écrire un texte original pour le cinéma, dans la veine du sketch *Le retour du conscrit*, qui fait partie des « Fridolinades » de 1945. Ce texte devient une pièce de théâtre, *Tit-Coq*, qui connaît un succès impressionnant.

Lorsqu'en 1950 la loi qui régit l'ONF est modifiée, la composition du conseil d'administration est bouleversée. Un seul Québécois y siège : Gratien Gélinas, qui, durant son mandat, essaie de défendre la culture québécoise et dénonce l'image folklorique que l'ONF peut en donner. En 1952, il quitte son poste quand L'Anglais lui propose de tourner *Tit-Coq*, avec l'appui financier de J.-A. DeSève. On demande à René Delacroix, qui avait dès 1948 manifesté son désir de porter cette pièce au grand écran, d'en assurer la mise en scène cinématographique, Gélinas se réservant le crédit de la réalisation. Le succès de scène se confirme au cinéma et, pour une fois, l'accueil du public coïncide avec celui de la critique. Tous en apprécient le rythme, les dialogues, l'émotion. « Le cinéma canadien sort des cavernes », écrit René Lévesque. Par la suite, Gélinas s'occupe surtout de théâtre et d'administration d'organismes culturels. De 1969 à 1977, il est président de la SDICC, poste qu'il quitte lorsque l'organisme envisage de prendre le virage télévisuel. À la SDICC, il a influencé le développement et l'orientation du cinéma québécois et s'est souvent fait le défenseur de la culture canadienne. Mentionnons enfin qu'il joue dans *Red* (G. Carle, 1969), *Cordélia* (J. Beaudin, 1979) et *Agnes of God* (N. Jewison, 1985). Dans *Les tisserands du pouvoir* (C. Fournier, 1988, deux longs métrages), il tient un rôle de premier plan, celui de Baptiste, octogénaire franco-américain qui exige le retour des émissions de langue française à la télévision. Deux de ses fils, Pascal et Yves, sont réalisateurs. (P.V.)

**GÉLINAS, Pascal,** réalisateur, monteur (Montréal, 1946). Dès 1964, il s'intéresse à la mise en scène de théâtre. Il débute au cinéma en 1967 avec un court métrage 8 mm, *Toute la vérité sur la vie tumultueuse de Franz Schubert*, réalisé dans le cadre de l'émission *Images en tête*, présentée à Radio-Canada. Il travaille ensuite avec Arthur Lamothe, pour qui il est assistant monteur (*Ce soir-là, Gilles Vigneault...*, 1967, m. m.) et assistant réalisateur (*Au-delà des murs*, 1968, c. m.). Toujours avec Lamothe, il réalise et monte quelques courts métrages de la série « Actualités québécoises » (1968). C'est dans cette foulée qu'il réalise *Taire des hommes* (coréal. P. Harel, 1968, m. m.), cinglant reportage sur les événements du 24 juin 1968, jour mieux connu sous le nom de « Lundi de la matraque ». Il continue de travailler comme monteur et assistant réalisateur puis, à partir de 1970, réalise des documentaires de commande, dont *L'histoire d'une réussite* (1970, c. m.), *En montagne* (1971, c. m.) et *La fête* (1971, c. m.). En 1972, il réalise *Montréal blues* d'après une création collective du Grand Cirque ordinaire. Il travaille ensuite principalement pour la télévision. Avec Richard Boutet*, il coréalise cependant *La turlute des années dures* (1983), documentaire chanté sur la crise économique des années 30. Le film remporte le prix L.-E.-Ouimet-Molson. À titre de monteur, Gélinas collabore ensuite avec François Brault (*La journée d'un curé de campagne*, 1983) et avec son frère, Yves Gélinas (*Jean-du-sud autour du monde*, 1984). Son père est l'acteur et réalisateur Gratien Gélinas. (M. J.)

**GENDRON, Pierre,** producteur (Grand-Mère, 1952). Il fait des études en communication à l'Université Concordia, puis travaille comme assistant de production (*Parlez-nous d'amour*, J.-C. Lord, 1976), régisseur (*15 nov*, H. Mignault et R. Brault, 1977), premier assistant réalisateur (*Ça peut pas être l'hiver on n'a même pas eu d'été*, L. Carré, 1980) et directeur de production (*Le ruffian*, J. Giovanni, 1983). Il touche ensuite à la distribution alors qu'il travaille pour Les films René Malo, puis s'oriente vers la production, toujours à l'emploi de René Malo, d'abord pour *Sonatine* (M. Lanctôt, 1983) qui remporte un Lion d'Argent à Venise. Il participe ensuite à la production d'*Annapurna* (L. Craig, 1985, m. m.), *Lune de miel* (P. Jamain, 1985) et *Le déclin de l'empire américain* (D. Arcand, 1986). Fort du succès international du film de Denys Arcand, il s'associe au coproducteur du film à l'ONF, Roger Frappier, pour produire *Un zoo la nuit* (J.-C. Lauzon, 1987), qui reçoit un bon accueil au Festival de Cannes et remporte treize Génie. Ils produisent aussi des téléfilms (*Onzième spéciale*, M. Lanctôt, 1988 ; *Le chemin de Damas*, G. Mihalka, 1988, etc.), un nouveau film de Denys Arcand, *Jésus de Montréal* (1989), *Moody Beach* (Richard Roy, 1990) et *Ding et Dong, le film* (A. Chartrand, 1990). Puis, ils mettent un terme à leur association. Gendron ouvre alors sa propre maison de production et coproduit *Le sexe des étoiles* (P. Baillargeon, 1993) et *Kabloonak* (C. Massot, 1993), un film ambitieux sur le séjour du cinéaste Robert Flaherty, réalisateur de *Nanook of the North* (1922), dans le Grand Nord. Il produit aussi un film animé par ordinateur, *À l'ouest d'Eden* (D. Langlois et Y. Laferrière, 1996, c. m.). (M. C.)

**GENDRON, Yves,** ingénieur du son (Montréal, 1945 – 1996). Gendron entre à l'ONF en 1965 et y passe toute sa carrière. Après plusieurs années comme technicien et assistant, son nom apparaît pour la première fois au générique dans *Surtout l'hiver* (Jacques Gagné, 1977). Il travaille ensuite sur diverses productions dont *Québec à vendre* (R. Garceau, 1977, m. m.) et *Les délaissés* (1978, c. m.) où il fait la connaissance de Maurice Bulbulian avec qui il tourne aussi *Tierra y libertad* et *Debout sur leur terre* (1978 et 1982, m. m.). En 1979-1980, il est mis à contribution par Michel Régnier qui réalise une importante série de films sur le thème de la santé et de la nutrition (*Diagnostic de la malnutrition*, *Accouchement à domicile*, *Dracunculose*, etc.). La qualité du travail de Gendron et la passion qu'il y consacre font de lui un ingénieur recherché. Il collabore à quelques-uns des films les plus marquants de cette période, dont *Albédo* (J. Leduc et Renée Roy 1980, m. m.), *La bête lumineuse* (P. Perrault, 1982), *Les enfants des normes* (G. Dufaux, 1983), *L'émotion dissonante* (F. Bélanger, 1984), *La grande allure* (P. Perrault, 1984), *Une guerre dans mon jardin* (D. Létourneau, 1985, m. m.), *Les traces du rêve* (J.-D. Lafond, 1986). Sa contribution est aussi importante dans un nombre considérable de courts et moyens métrages moins connus (*Les trois cerveaux*, G. Thérien, 1983, c. m. ; *De quel droit pouvez-vous me faire ça ?*, M. Fortin, 1991, m. m.). Il est souvent associé aux réalisateurs engagés qui s'intéressent aux questions sociales, avec lesquels il tourne *Médecins de cœur* (T. Rached, 1993), *La liberté en colère* (J.-D. Lafond, 1994). En 1995, il travaille à une imposante série, « Écono mixte », réalisée par Daniel Frenette sur les mutations économiques liées à la mondialisation. Malade depuis quelques années, Gendron meurt en 1996, après le tournage de *Pays rêvé* (M. Moreau). (G. L.)

**GENEST, Émile,** acteur (Québec, 1921). Après avoir suivi des cours de diction et des cours d'anglais, il tient le rôle de Napoléon Plouffe à la radio et reprend ce personnage dans la télésérie *La famille Plouffe*. Au cinéma, il apparaît d'abord dans quelques courts métrages, notamment pour Bernard Devlin (*Alfred J...*, 1956, deux c. m.). Il tient l'un des premiers rôles de *Nikki Wild Dog of the North* (J. Couffer et D. Haldane, 1961), une production de Walt Disney tournée dans les Rocheuses. L'année suivante, toujours pour Disney, il joue dans *Big Red* (N. Tokar, 1962), tourné à Pointe-au-Pic. Appuyé par Paul L'Anglais, il décide alors de s'installer à Hollywood. Il y demeure pendant huit ans, jouant de petits rôles dans quelques films (*The Cincinnati Kid*, N. Jewison, 1965) et, surtout, dans de nombreuses téléséries comme *Gunsmoke*, *Iron Side*, *The Man from UNCLE* et *The Fugitive*. Revenu au Québec à la fin des années 60, il joue peu au cinéma. Ainsi, dans *À nous deux* (C. Lelouch, 1979), il tient le rôle d'un chef de police américain. En 1981, Gilles Carle lui permet de boucler la boucle et lui offre le rôle du père dans *Les Plouffe*. Genest met alors sa longue expérience au profit de ce personnage de nationaliste bourru que vient terrasser une crise cardiaque. De 1988 à 1991, il est délégué général du Québec à Los Angeles. Il fait un retour au cinéma dans *A Day in a Life* (J. Mercier, 2000). (M. J.)

**GENTLEMAN, Wally,** technicien en effets spéciaux (Viewsley, Angleterre, 1926). On le classe aujourd'hui parmi les grands dans le domaine des effets spéciaux. À partir de 1944, il acquiert sa formation technique aux studios Pinewood, en Angleterre, qui font partie, à l'époque, de la J. Arthur Rank Organization. En 1957, il entre à l'ONF, à titre de directeur des effets spéciaux. Il collabore notamment à *Universe* (R. Kroitor et C. Low, 1960, c. m.), *Le festin des morts* (F. Dansereau, 1965) et *Labyrinthe*, produit pour le compte d'Expo 67. Cette année-là, il quitte l'ONF pour fonder sa propre compagnie d'effets spéciaux. Il travaille à plusieurs films publicitaires et participe, entre autres, à *2001 : A Space Odyssey* (S. Kubrick, 1968). (A. D.)

**GEOFFRION, Robert,** scénariste, réalisateur (Ottawa, Ontario, 1949). Après avoir travaillé comme réalisateur (*Jusqu'au cœur du continent*, 1977, c. m.), il fait ses débuts en scénarisant, en quatre jours, la comédie porno *Scandale* (G. Mihalka, 1982), inspirée par l'affaire des films de fesses tournés avec le matériel de l'Assemblée nationale. Ayant prouvé qu'il pouvait remplir une commande rapidement, il collabore aussitôt au scénario d'un film érotique, *Joy* (S. Bergon, 1983), scénarise un suspense plutôt insignifiant, *The Surrogate* (D. Carmody, 1984), et rédige les dialogues anglais d'un *thriller* français tourné à Montréal et censé se dérouler à New York, *Lune de miel* (P. Jamain, 1985). Puis, il élabore une histoire extravagante sur la parapsychologie, *The Blue Man* (G. Mihalka, 1985) et scénarise *The Deep Sea Conspiracy* (M. Brun, 1986). Geoffrion signe en plus les scénarios de quelques courts métrages et l'adaptation d'une nouvelle de Jean-Yves Soucy, *Les bottes* (M. Poulette, 1987, m. m.). Il participe au scénario de téléséries comme *Formule Un* (N. Castillo, 1988), qui se situe dans le milieu des la course automobile, et *Champagne Charlie* (A. Eastman, 1988), qui raconte la vie aventureuse d'un roi du champagne. Il collabore ensuite au scénario du téléfilm *Double Identity* (Y. Boisset, 1990) et à celui du film *Scream of Stone* (1991), tourné par Werner Herzog en Patagonie. Très prolifique, Geoffrion scénarise ensuite plusieurs téléfilms, entre autres *Legends of the North* (R. Manzor, 1994), adapté d'un roman de Jack London, *Hollow Point* (S. J. Furie, 1995) et *The Sands of Eden* (M. Voizard, 1997). Reconnu comme spécialiste du film d'action, il scénarise notamment *The Hitman* (A. Norris, 1992), film avec Chuck Norris, et *The Peacekeeper* (F. Forestier, 1996), avec Dolph Lundgren. Après une trentaine de scénarios en quinze ans, il collabore à celui d'un film pour enfants, *Sally Marshal Is Not an Alien* (M. Andreacchio, 1998). (H.-P. C.)

**GERMAIN, Nicole (Marcelle Landreau),** actrice (Montréal, 1916 – 1994). Dans sa famille, l'art dramatique est une tradition : son grand-père fonde, en 1908, le Conservatoire Lasalle, que son père dirige par la suite. Elle y étudie donc avant de débuter à la radio. Son charme naturel en fait rapidement la vedette féminine de Québec Productions. Après un premier rôle dans *La forteresse* (F. Ozep, 1947), elle trouve le personnage qui allait graver son nom dans les mémoires, celui de la belle et soumise Donalda, la femme de l'avare dans *Un homme et son péché* (P. Gury, 1949) et *Séraphin* (P. Gury, 1950). Après un dernier grand rôle, celui de la pianiste dans *Le rossignol et les cloches* (R. Delacroix, 1951), elle se tourne vers la télévision où une longue carrière d'animatrice l'attend. On ne la reverra au cinéma que brièvement dans *Le soleil des autres* (J. Faucher, 1970) où elle côtoie sa fille, Liette Desjardins. (M. J.)

**GERVAIS, Suzanne,** animatrice, réalisatrice (Montréal, 1938). Après des études à l'École des beaux-arts de Montréal, elle est d'abord peintre et illustratrice avant d'entrer à l'ONF en 1969. L'œuvre de Gervais, véritable exploration du paysage intérieur des personnages qui l'habite, se développe autour d'une incessante quête qui amène la cinéaste à signer des films de plus en plus denses et audacieux sur le plan dramaturgique. Ainsi, son premier court métrage, *Cycle* (1971), demeure avant tout un film d'illustratrice peu préoccupée par les questions dramatiques. On peut en dire autant de *Climats* (1975, c. m.), brillante utilisation de l'encre sur papier qui révèle la volonté de l'auteur de saisir les sentiments cachés au plus profond de l'être. Son film suivant, *La plage* (1978, t. c. m.), adaptation d'une nouvelle de Roch Carrier, apporte à l'œuvre une composante littéraire qui deviendra fondamentale dans *Trêve* (1983, c. m.) et *L'atelier* (1988, c. m.). En effet, ces deux derniers films, pour lesquels Gervais met au point un système d'animation de papiers découpés à plusieurs niveaux éclairés séparément, font une place importante au texte en tant que voix intérieure. À la fluidité du dessin de *La plage* succède cependant une animation rugueuse dans *Trêve* et *L'atelier*. Le mouvement abrupt, morcelé, bousculé de ces deux films correspond à une temporalité brisée, à une volonté de casser les apparences pour atteindre le fond des choses. Cela est particulièrement évident dans *L'atelier*, film montrant les interrogations d'une artiste à travers le rapport qu'elle entretient avec son modèle masculin. Gervais poursuit son travail d'introspection dans *L'attente* (1993, c. m.) et dans *Le seuil* (1998, c. m.), deux films montrant des personnages à une période charnière de leur existence. Dans *L'attente*, il s'agit d'une femme enceinte, qui pose sur le monde un regard empreint de tendresse autant que d'inquiétude. Dans *Le seuil*, c'est un jeune homme qui quitte la maison familiale, départ qui lui rappelle les gestes posés par son père quelques années plus tôt. Pour ce dernier film, la cinéaste abandonne le papier découpé et renoue avec le dessin. Gervais a aussi collaboré avec plusieurs cinéastes : elle coréalise la fantaisie *Du coq à l'âne* (coréal. F. Desbiens et P. Hébert, 1973, c. m.), elle signe les personnages peints sur des blocs de bois de *Tchou-Tchou* (C. Hoedeman, 1973, c. m.), complète *Premiers jours* (1980, c. m.) avec Lina Gagnon après le décès de Clorinda Warny, tire un film (*Les iris*, 1991, t. c. m.) de sa participation au long métrage *Le tableau noir* (J. Giraldeau, 1990), puis réalise les séquences animées du documentaire *Les seins dans la tête* (M. Dansereau, 1994, m. m.). En 1998, elle quitte l'ONF. VIDÉOGRAPHIE : *L'œuvre de Suzanne Gervais*, vidéocassette et livret, 1998, collection « Mémoire », Office national du film du Canada. (M. J.)

**GIGUÈRE, Serge,** réalisateur, chef opérateur, monteur (Arthabaska, 1946). En 1970, il commence simultanément une carrière professionnelle à la caméra et à la réalisation. Jusqu'en 1977, à titre d'assistant cameraman, il travaille avec Jean-Claude Labrecque, Pierre Perrault et Arthur Lamothe. Comme cameraman, on retrouve son nom au générique d'une soixantaine de films, pour la plupart des documentaires, dont *24 heures ou plus…* (G. Groulx, 1976), *De la tourbe et du restant* (F. Bélanger, 1979), *Jacques et Novembre* (J. Beaudry et F. Bouvier, 1984), *Dancing Around the Table* (M. Bulbulian, 1988 et 1989, deux m. m.), *Remous* (S. Van Brabant, 1990),

*Tropique Nord* (J.-D. Lafond, 1993, m. m.), *Aube urbaine* (Jeannine Gagné, 1995, c. m.), *La part de Dieu, la part du diable* (Y. Patry, 1995, m. m.), *Le trésor archange* (F. Bélanger, 1996), *Seul dans mon putain d'univers* (S. Van Brabant, 1997), *Chroniques de Nitinaht* (M. Bulbulian, 1997). Comme réalisateur, il travaille d'abord avec Robert Tremblay, avec qui il fonde, en 1974, Les films d'aventures sociales du Québec. Ils coréalisent trois films, dont deux fictions : *Pow Pow té mort ou ben j'joue pu* (1979, m. m.), commencé en 1970, et *Toul Québec au monde sua jobbe* (1978, m. m.), commencé en 1974. Tout en succombant à la langue de bois, ces deux films formulent une critique politique du système. *Belle famille* (1978), troisième film de cette collaboration, suit pendant six ans l'évolution d'une famille ouvrière qui cherche à la campagne un espace à humaniser. Avec Sylvie Van Brabant*, Giguère coréalise deux autres films : *Depuis que le monde est monde* (1980) et *Le doux partage* (1982, c. m.). En 1987, il réalise *Oscar Thiffault* (m. m.), documentaire où il emprunte au besoin à la fiction pour traduire l'univers coloré de ce chanteur populaire dont les compositions sont passées au répertoire folklorique. Le public réserve un accueil chaleureux à ce film qui remporte deux prix à Yorkton. De *Belle famille* à *Oscar Thiffault*, Giguère témoigne d'un intérêt constant pour les non-conformistes qui tentent d'aménager dans leur vie quotidienne un espace pour la liberté et l'imagination. Dans cet esprit, il termine, en 1988, *Le gars qui chante sua jobbe* (m. m.), portrait en chansons de son frère, tourné entre 1978 et 1980, où se dessine le style qui fera l'originalité d'*Oscar Thiffault*. Par la suite, Giguère continue de s'intéresser aux musiciens marginaux, consacrant un film à l'excentrique batteur Guy Nadon, *Le roi du drum* (1991, m. m.), dont il épouse l'imaginaire et met en valeur le talent. Ses deux films suivants, également des portraits, font connaître des hommes engagés dans leur milieu, personnalités charismatiques qui s'emploient à aider les démunis et les simples travailleurs. Enthousiaste, Giguère fait partager son attachement et son admiration pour Raymond Roy, prêtre-ouvrier de province, poète et artisan du cuir, dans *9, Saint-Augustin* (1995, m. m.) et pour Gilles Garand, conseiller syndical passionné par la musique traditionnelle, lui-même accordéoniste et harmoniste dans *Le reel du mégaphone* (1999, m. m.). Ce film est le premier qu'il réalise à titre de cinéaste résident à l'ONF. À la demande d'un télédiffuseur, il consacre une série de cinq demi-heures aux métiers du cinéma, *Les artisans du cinéma* (1997), où il donne la parole aux membres de l'équipe de *La déroute* (P. Tana, 1998). Trois de ses films sont primés par l'AQCC, *Oscar Thiffaut*, *Le roi du drum* et *9, Saint-Augustin*. (N. O. et M. C.)

**GILL, François,** chef opérateur, monteur (Trois-Rivières, 1947). Il débute au cinéma en 1967 comme chef opérateur du premier film d'André Forcier, *Chroniques labradoriennes* (c. m.). Il demeure associé à ce réalisateur, signant les images de ses quatre premiers longs métrages (*Le retour de l'Immaculée Conception*, 1971 ; *Bar salon*, 1973 ; *L'eau chaude l'eau frette*, 1976 ; *Au clair de la lune*, 1982) et le montage de *Bar salon*, *Au clair de la lune*, *Kalamazoo* (1988) et *Une histoire inventée* (1990). Gill se révèle très polyvalent. À la caméra, il témoigne d'un goût prononcé pour le traitement expressionniste des couleurs dans *Au clair de la lune* et *Vie d'ange* (P. Harel, 1979), alors que ses nombreuses collaborations à des films documentaires prouvent son talent pour les techniques du direct. Il travaille notamment à *La vie rêvée* (M. Dansereau, 1972) et *On n'est pas des anges* (G. Simoneau et Suzanne Guy, 1981), en plus de collaborer étroitement avec Michel Moreau, autant à la caméra qu'au montage (*Une naissance apprivoisée*, 1979; *Enfants du Québec et alvéoles familiales*, 1979). Dans les années 80, il délaisse progressivement le métier de chef opérateur pour se consacrer au montage. Il travaille notamment à *Équinoxe* (A. Lamothe, 1986), *Grelots rouges sanglots bleus* (P. Harel, 1987), *Blanche est la nuit* (J. Prégent, 1989), *Ding et Dong, le film* (A. Chartrand, 1990) et *Les mots perdus, un film en quatre saisons* (M. Simard, 1993). Il collabore à plusieurs reprises avec George Mihalka (*La Florida*, 1993; *Bullet to Beijing*, 1995; *L'homme idéal*, 1996). Depuis 1990, il travaille principalement pour la télévision (*Scoop*, *Ces enfants d'ailleurs*, *Les bâtisseurs d'eau*). (J. D.)

**GILL, Pierre,** chef opérateur (Montréal, 1964). Passionné de photographie, il entre au collège Brébeuf en communication en 1982 et découvre le cinéma. À l'Université Concordia, il se fait progressivement connaître comme chef opérateur. À sa sortie universitaire, il participe à la création de Kinofilm, une petite maison de production qui fera son chemin en bousculant le milieu du vidéoclip et de la publicité. Quelques centaines de productions plus tard, il quitte Kinofilm en 1992. Remarqué par Charles Binamé, il fait la photo de *Eldorado* (1995) puis de *Le cœur au poing* (1998) et de *La beauté de Pandore* (1999). À côté de ces tournages en équipe réduite, marqués par une grande improvisation et un travail caméra à l'épaule, il collabore avec Jean-Marc Vallée sur *Les fleurs magiques* (1993, c. m.) et *Liste noire* (1995). Il le suit dans son aventure américaine (*Los Locos*, 1997; *Loser Lover*, 1999). *Le boulard* (A. Melançon, 1995) et, surtout, la série *Marguerite Volant* (C. Binamé, 1996) le consacrent dans la cour des grands et lui permettent d'envisager une carrière internationale. Polyvalent, il est du tournage américain à Prague de Christian Duguay, pour la série historique *Joan of Arc* (1999), comme de celui, à moins grand déploiement, de Jean Beaudin, *Souvenirs intimes* (1998). (P. G.)

**GIRALDEAU, Jacques,** réalisateur, animateur, chef opérateur, monteur, producteur, scénariste (Montréal, 1927). Il fait des études en philosophie et en sciences sociales. Il est cofondateur du premier ciné-club au Québec, membre fondateur de la Commission étudiante du cinéma, de l'Association professionnelle des cinéastes et de la Cinémathèque québécoise, ainsi que rédacteur à la revue *Découpages* et au journal *Le front ouvrier*. Il entre à l'ONF en 1950 et y réalise son premier film, *La neige a neigé* (1951, t. c. m.), suivi de *Montreurs de marionnettes* (1952, c. m.). De 1952 à 1962, il partage son activité professionnelle entre l'ONF, Radio-Canada et sa propre compagnie de production, Studio 7. Influencé par le cinéma direct, il oriente une grande partie de sa production vers le documentaire destiné à la télévision. On retient de cette période *Viendra le jour* (1957, c. m.), la série *En roulant ma boule* (1958) et *Le vieil âge* (1962, c. m.). Giraldeau assiste Nicholas Ray pendant le tournage de *The Savage Innocents* (1960). Il réintègre l'ONF en 1963 à titre de réalisateur et de scénariste. Il y signe plusieurs documentaires sur la situation des arts au Québec et sur leur intégration à la société, parmi lesquels *Les fleurs, c'est pour Rosemont* (1968, c. m.), *Bo-*

*zarts* (1969, c. m.), *Faut-il se couper l'oreille?* (1970, c. m.), *La fougère ou la rouille* ou *Collage 2* (1974, c. m.) et *La toile d'araignée* (1979), qui se divise en cinq parties indépendantes. Dans un autre registre, il réalise un film d'animation sociale, *Gros-Morne* (1967), dans lequel il oppose la pauvreté morale et matérielle des habitants d'un village gaspésien à l'attitude indifférente des bien nantis montréalais. En 1972, il fait un stage au studio français d'animation où il réalise deux films traitant de l'avenir de la civilisation moderne: *Zoopsie* (1973, c. m.) et *Opéra zéro* (1984, c. m.). Giraldeau réalise ensuite *L'homme de papier* (1987, m. m.), qui explique les différentes techniques d'animation grâce à des démonstrations mais aussi à travers un personnage fantaisiste interprété par Denis Bouchard. Le film fait la synthèse de l'itinéraire de Giraldeau; le fond est didactique et la forme séductrice. Le cinéaste y entremêle fiction, documentaire et animation. Une fois encore, Giraldeau témoigne de son intérêt pour l'activité artistique. Reprenant la réflexion sur le rapport entre les artistes et la société développée dans *Bozarts*, il consacre encore quelques films à cette question. *Le tableau noir* (1990) porte sur le marché de l'art, *La toile blanche* (1990), sur les rapports que les artistes entretiennent avec l'argent et *Les iris* (1991, c. m.), sur la vente, pour une somme sans précédent, du tableau de Van Gogh. Giraldeau tourne ensuite *Les amoureux de Montréal*, film kaléidoscopique sur l'architecture à Montréal, avant de réaliser *Blanc de mémoire* (1995). Ce documentaire qui retrace la piste d'un mystérieux peintre, Évariste Quesnel, est en fait une collection de témoignages de critiques, de penseurs, de philosophes et d'artistes, qui permet de suivre quelques étapes de l'histoire de l'art moderne au Québec. Giraldeau quitte l'ONF en 1995. Le gouvernement du Québec lui remet le prix Albert-Tessier en 1996. (M.-É. O. et É. P.)

**GIRARD, Doris,** productrice (Roberval, 1956). Elle fait des études universitaires en histoire de l'art, en cinéma et en administration des affaires. Parallèlement à ses études, elle commence à travailler en cinéma à titre de directrice de production sur des films de Richard Lavoie destinés à la télévision, dont *Une aventure de curiosité* (1978, c. m.), *La petite école à la maison* (1978, c. m.) et *À la recherche du grand teint* (1979, c. m.). En 1980, elle est productrice déléguée d'un premier documentaire, *Albertine ou l'éternelle jeunesse* (R. Lavoie, c. m.). L'année suivante, elle produit des courts métrages de fiction, *Dernier voyage* (Y. Simoneau, 1981) et *Contretemps* (Richard Roy, 1981), de même qu'un film ambitieux tourné avec un budget modeste, le drame policier *Les yeux rouges ou les vérités accidentelles* (Y. Simoneau, 1982). Très active dans la région de Québec, elle touche aussi bien à la distribution qu'à la production. Elle est à la fois directrice de production et productrice de *Réveillon* (F. Labonté, 1982), court métrage de fiction tourné à Montréal. En 1984 et 1985, installée à Montréal, elle occupe le poste de secrétaire générale de l'IQC. De retour à Québec, forte de son expérience du court métrage, elle travaille à Spirafilm à la production d'*Élise et la mer* (S. Goulet, 1986, c. m.) et du *Gros de la classe* (J. Bourbonnais, 1986, c. m.). Elle réactive ensuite sa compagnie, Les productions Septembre, fondée en 1983, et choisit d'exercer son métier à Montréal. Elle est productrice déléguée d'un film d'escalade, *Trinité* (Marc Hébert, 1987, m. m.), aux côtés d'Arthur Lamothe. Toutefois, elle cède sa compagnie en

1988 pour devenir chef du studio C à l'ONF. Elle y coproduit avec Suzanne Hénaut *Sous les draps, les étoiles* (J.-P. Gariépy, 1989), de même que les téléfilms *Blanche est la nuit* (J. Prégent, 1989), *... comme un voleur* (M. Langlois, 1990) et *Solo* (P. Baillargeon, 1991) avec Monique Létourneau. En plus de s'associer à la production de nombreux longs métrages développés dans l'industrie privée (*Le party*, P. Falardeau, 1980; *Simon-les-nuages*, R. Cantin, 1990; *La Sarrasine*, P. Tana, 1991; *Léolo*, J.-C. Lauzon 1992; *La vie fantôme*, J. Leduc, 1992; *Les mots perdus, un film en quatre saisons*, M. Simard, 1993), elle mise sur le court métrage. Ainsi, son studio participe à la série « Fictions 16/26 » (*Le Vendredi de Jeanne Robinson*, Y. Dion, 1990; *Le complexe d'Édith*, P. Baillargeon, 1991; *La tranchée*, J. Crépeau, 1991) et développe un projet de courts métrages destinés aux salles commerciales. Elle produit les téléfilms du programme Familiarité, *Doublures* (M. Murray, 1993), *Rêve aveugle* (D. Beaudry, 1994), *La fête des rois* (M. Lepage, 1994) puis son studio cesse de produire des fictions. Girard devient directrice adjointe à la production du programme français en 1994 puis, au départ de Claude Bonin, directrice en 1996. Au cours de son mandat, elle doit s'assurer que le Programme français retrouve son dynamisme dans le contexte de restructuration découlant du plan ONF 2000. Elle engage des cinéastes résidents, renouvelant ainsi l'équipe documentaire, et met en valeur le patrimoine du Programme français. Elle occupe ce poste jusqu'en 1999 puis prend la direction de Télé-Québec. Son frère, François Girard, est réalisateur. (M. C.)

**GIRARD, François,** réalisateur, scénariste (Saint-Félicien, 1963). Bachelier en musique, il

François Girard sur le tournage de *The Red Violin.* (Bob Marshak, coll. ACPQ)

étudie brièvement en communication et en sciences humaines. Au début des années 80, il rencontre Léa Pool qui l'engage comme stagiaire à la caméra à l'occasion du tournage de *La femme de l'hôtel* (1984). À cette époque, Girard fait aussi du montage vidéo. En 1985, il fonde Zone Productions avec Nicole Boutin et Bruno Jobin (qui deviendra son producteur attitré). C'est le début d'une importante carrière de vidéaste, Girard réalisant des fictions qui remportent plusieurs prix (*Le train*, 1986, c. m.; *Montréal Danse*, 1988, trois c. m.; *Suspect n° 1*, 1989, c. m.; etc.), ainsi qu'une dizaine de vidéoclips. En 1988, il signe *Mourir* (c. m.), audacieux exercice formel autour de l'histoire d'un homme ayant tué sa femme par amour.

En 1990, pour la compagnie torontoise Rhombus Video, il réalise une adaptation du spectacle théâtral *Le dortoir*, de la troupe Carbone 14. Girard se consacre ensuite à un premier long métrage ambitieux, *Cargo* (1990). Reposant sur une structure spatiale complexe, le film se présente comme une interrogation sur la mort à travers le désarroi d'un homme (Michel Dumont) qui se retrouve sur un étrange cargo après que le voilier dans lequel il naviguait se fut perdu au cœur d'une tempête. Exploitant l'équivoque à travers un onirisme esthétisant, *Cargo* est diversement reçu par la critique. Il en va cependant tout autrement de son second long métrage, *32 Short Films about Glenn Gould* (1993), qui est acclamé tant par le public que la critique. Calquant la structure de son film sur les *Variations Goldberg* de Bach, partition musicale réabilitée par le pianiste virtuose canadien, Girard livre une biographie qui est aussi une réflexion sur Glenn Gould, ici remarquablement interprété par l'acteur Colm Feore. *32 Short Films about Glenn Gould* obtient un succès international et est couronné de quatre prix Génie, dont celui du meilleur film. Avec ce long métrage, Girard s'impose comme un cinéaste capable de combiner l'exigence formelle et l'intelligence du propos. Il enchaîne avec plusieurs projets, destinés à la télévision, qui ont tous en commun d'aborder des sujets artistiques : *Le jardin des ombres* (1993, m. m.), *Peter Gabriel's Secret World Live* (1994), *Souvenirs d'Othello* (1995, m. m.) avec la comédienne Suzanne Cloutier qui relate son travail avec Orson Welles et, surtout, *The Sound of Carceri* (1997, m. m.), illustration de la deuxième suite pour violoncelle de Bach jouée par Yo-Yo Ma. Girard s'y montre particulièrement inspiré, mariant son intérêt sincère pour la musique du compositeur fétiche de Glenn Gould et sa passion pour l'architecture. En 1998, il termine *The Red Violin*, ambitieuse fresque racontant l'histoire d'un violon, de sa création en Italie au XVII^e siècle à sa vente aux enchères, à Montréal, à la fin du XX^e siècle. Entre ces deux moments, l'instrument se trouve successivement en Autriche, à Oxford puis en Chine. Encore une fois, Girard fait preuve d'une maîtrise exceptionnelle et relève le défi posé par une histoire qui l'oblige à reconstituer cinq époques, cinq cultures. Le film remporte huit prix Génie et neuf prix Jutra.

À une époque où la plupart des jeunes cinéastes sont attirés par le cinéma de genre et où le film d'action tient le haut du pavé, l'œuvre de François Girard se situe en marge des courants puisqu'elle repose sur une haute idée de la culture et sur la conviction que le cinéma et la vidéo peuvent contribuer à favoriser l'accès à cette culture. Sa sœur, Doris Girard, est productrice. (M. J.)

BIBLIOGRAPHIE : FOURLANTY, Éric et Jacques-Yves GUCIA, *Le violon rouge*, Fides et Desclée de Brouwer, 1999.

**GIRARD, Hélène,** monteuse, réalisatrice, recherchiste (Montréal, 1945), Ouvrière de la première heure du programme « En tant que femmes », mis sur pied à l'ONF, elle est recherchiste à la condition féminine et coorganisatrice du festival La femme et le film, en 1973. Puis, elle signe sa première réalisation, *Les filles c'est pas pareil* (1974, m. m.). Forte de son expérience de tutrice auprès de ses frères et sœurs et de son métier d'enseignante, elle aborde avec justesse le thème de l'identité féminine à l'adolescence. Elle poursuit dans le style du direct avec *La p'tite violence* (1977), étude sur le rapport de l'homme avec le travail, puis elle tourne *Fuir* (1979), documentaire sur la détresse et la tentation du suicide auquel elle intègre la fiction. Elle y fait preuve d'un sens aigu de l'observation, va au cœur du sujet et illustre de l'intérieur un suicide. Parallèlement à sa carrière de réalisatrice, elle s'impose de plus en plus comme monteuse, métier où elle alterne fiction et documentaire : *J. A. Martin photographe* (J. Beaudin, 1976), *Don't Forget! « Je me souviens »* (R. Spry, 1979, m. m.), *Suzanne* (R. Spry, 1978), *J'avions 375 ans* (P. Comeau, 1982, m. m.), *Le lys cassé* (A. Melançon, 1986, m. m.), *The Great Land of Small* (V. Jasny, 1986), *Basements* (R. Altman, 1987, m. m.), *La grenouille et la baleine* (J.-C. Lord, 1988), *Portion d'éternité* (R. Favreau, 1989), *... comme un voleur* (M. Langlois, 1990), *Nelligan* (R. Favreau, 1991), *Le sexe des étoiles* (P. Baillargeon, 1993), *Le secret de Jérôme* (P. Comeau, 1994), *Urgence! Deuxième souffle* (T. Rached, 1999). Son sens de l'engagement et sa capacité de travailler à tous les niveaux de la production l'amènent à réaliser, pour le Conseil du statut de la femme et le ministère de l'Éducation, des séries de vidéos outils destinés à une clientèle de femmes et d'enfants. (L. N.)

Rémy Girard dans *Les Boys II* de Louis Saïa. (Pierre Dury, coll. RVCQ)

**GIRARD, Rémy,** acteur (Jonquière, 1950). Ce tempérament comique se morfond d'abord sur les bancs d'une faculté de droit avant d'entreprendre une carrière théâtrale qui, à Québec dans les années 70 et à Montréal ensuite, le fait connaître comme comédien, mais aussi comme directeur-animateur (Théâtre du vieux Québec), revuiste (*La déprime*) et metteur en scène. Le cinéma le découvre tardivement. Jusqu'en 1986, sa filmographie se résume à deux apparitions (*La conquête*, Jacques Gagné, 1972 ; *Les beaux souvenirs*, F. Mankiewicz, 1981) et deux numéros d'acteur efficaces : le célibataire qui attribue au fer à repasser des vertus culinaires dans *Les yeux rouges ou les vérités accidentelles* (Y. Simoneau, 1982), puis l'expansif annonceur de radio dans *Le crime d'Ovide Plouffe* (D. Arcand, 1984). Un rôle casse-cou, celui d'un universitaire érigeant en philosophie du bonheur le mensonge qui cimente sa vie de famille conventionnelle et son donjuanisme d'après-midi (*Le déclin de l'empire américain*, D. Arcand, 1986), l'impose enfin comme un acteur de premier plan, doué d'un réel sens du rythme et d'une profonde humanité. À partir de ce moment, il devient un des acteurs les plus en vue du cinéma québécois. Satire dans *Les portes tournantes* (F. Mankiewicz, 1988), vieux puceau amoureux d'une sirène dans *Kalamazoo* (A. Forcier, 1988), il compose également, dans *Le chemin de Damas* (G. Mihalka, 1988), un curé de paroisse peu orthodoxe qui prie Dieu en chantant du blues. Il excelle particulièrement dans les rôles de faux naïfs, où c'est le borgne qui conduit l'aveugle (*Dans le ventre du dragon*, Y. Simoneau, 1989). Fidèle, Arcand lui propose de symboliser saint Pierre dans sa transposition contemporaine de la Passion (*Jésus de Montréal*, 1989) et l'engage de nouveau dans *Montréal vu par* (coréal. M. Brault, A. Egoyan, J. Leduc, L. Pool et P. Rozema, 1991). Après qu'il ait campé avec justesse un patron de station de radio dans *Rafales* (A. Melançon, 1990), Robert Ménard l'utilise à contre-emploi dans *Amoureux fou* (1991), où il est peu convaincant en époux adultère dans un film qui hésite entre la comédie et le drame. Il inaugure une carrière française sans suite dans une comédie, *La pagaille* de Pascal Thomas (1991), mais c'est dans la comédie québécoise qu'il conquiert le public, chauffeur d'autobus devenu propriétaire de motel dans *La Florida* (G. Mihalka, 1993), délirante caricature de l'homme rose dans *L'homme idéal* (G. Mihalka, 1996), puis propriétaire bon enfant d'une brasserie et entraîneur d'une équipe de hockey de ligue de garage dans *Les Boys* (L. Saïa, 1997) et *Les Boys II* (L. Saïa, 1998). Girard participe aussi à des courts métrages, *Les archives* (M. Lessard, 1991) et *Neige au soleil* (É. Tessier, 1995) et tient de petits rôles dans des films en anglais, *Fish Tale Soup* (A. Mangaard, 1995), *Lilies* (J. Greyson, 1996), *The Red Violin* (F. Girard, 1998) et *Free Money* (Y. Simoneau, 1998). Parallèlement à sa carrière cinématographique, il joue dans de nombreuses téléséries, *Scoop, Blanche, Cher Olivier, Ces enfants d'ailleurs, Urgence, Parents malgré tout.* Girard remporte des Génie pour ses rôles dans *Les portes tournantes, Jésus de Montréal* et *Amoureux fou.*

AUTRES FILMS : *Trouble* (Y. Simoneau, 1985, c. m.), *Le lys cassé* (A. Melançon, 1986, m. m.), *Les tisserands du pouvoir* (C. Fournier, 1988, deux longs métrages), *L'empire des lumières* (F. Aubry, 1991, c. m.), *Le secret de Jérôme* (P. Comeau, 1994), *Le siège de l'âme* (O. Asselin, 1997). (M.-C. A. et M. C.)

**GIRARD, Renée,** actrice (New York, États-Unis, 1927). Les cinéastes lui confient volontiers des personnages qui, à défaut d'être toujours sereins, cherchent pourtant à réconforter leurs proches. Mais il existe une exception, Berthe dans *La tête de Normande Saint-Onge* (G. Carle, 1975) : abîmée par l'asile psychiatrique, obsédée par le temps qui s'écoule, d'abord démunie, puis de plus en plus intransigeante, presque tyrannique même, Berthe finit en quelque sorte par vampiriser sa fille. Il s'agit d'un rôle complexe, d'une interprétation tout en frémissements. Girard incarnera une seconde fois la mère de Carole Laure, en 1979, dans *Au revoir… à lundi* (M. Dugowson) ; quant à Carle, il l'emploiera de nouveau dans *Maria Chapdelaine* (1983). On a vu Girard dans une quinzaine de longs métrages : chez Denis Héroux (*Pas de vacances pour les idoles*, 1965), chez Jean-Claude Lord (*Parlez-nous d'amour*, 1976), chez Paul Tana (*Les grands enfants*, 1980), chez Jean-Claude Labrecque (*L'affaire Coffin*, 1979), chez Bruno Carrière (*Lucien Brouillard*, 1983), chez Mireille Dansereau (*Le sourd dans la ville*, 1987), chez Robin Spry (*Keeping Track*, 1986), chez Mike Hoffman (*Sisters*, 1988), chez Robert Ménard (*L'homme de rêve*, 1991), chez Michel Brault (*Shabbat Shalom !*, 1992). On la voit également dans des courts métrages : *Si jeunesse savait* (P. Daudelin, 1997), *Je te salue* (H. Brochu, 1998). (J.-M. P.)

André Gladu sur le tournage de *La conquête du grand écran.* (Céline Lalonde, coll. RVCQ)

**GLADU, André,** réalisateur, producteur (Ottawa, Ontario, 1945). Après des études aux Beaux-Arts et en graphisme au Québec et en Angleterre, puis en cinéma aux États-Unis, il met sur pied une télévision étudiante à l'Université de Montréal, en 1968. La crise d'Octobre 1970 l'incite à faire du cinéma. Influencé par une mère pianiste et un père critique d'art, il développe une œuvre centrée sur des sujets artistiques. C'est d'abord la musique populaire, à travers son premier film, *Le reel du pendu* (1972, m. m.), qui lui donne l'idée de l'importante série « Le son des Français d'Amérique », pour laquelle il obtient la collaboration de Michel Brault qui en est à la fois coréalisateur et chef opérateur. D'autres films suivent dans cette même veine, abordant la musique des Noirs cajuns de Louisiane (*Zarico*, 1984, m. m. ; *Noah*, 1985, c. m.), le jazz de la Nouvelle-Orléans (*Liberty Street Blues*, 1988) ou des figures légendaires du jazz (*Champion Jack Dupree*, 1991, c. m. ; « *Snooks* », 1993, c. m.). Gladu s'intéresse aussi à la peinture, réalisant *Marc-Aurèle Fortin (1888-1970)* (1983, m. m.), et *Pellan* (1986), deux biographies dans lesquelles il intègre des éléments de fiction à la manière documentaire. Plus tardivement, il aborde d'autres aspects de l'expression artistique : la poésie (*Gaston Miron, les outils du poète*, 1994, m. m.), le cirque (*Le feu sacré*, 1994, m. m.) et le cinéma (*La conquête du grand écran*, 1996). Avec ce dernier film, réalisé dans la foulée du centenaire du cinéma, Gladu est le premier réalisateur à aborder globalement, dans un film, l'histoire et le développement du cinéma québécois, de Léo-Ernest Ouimet à Denys Arcand. Dans son ensemble, l'œuvre d'André Gladu est héritière de la tradition du cinéma direct québécois, en ce qu'elle repose souvent sur une observation du réel et sur la captation d'artistes en action. *Liberty Street Blues*, dans lequel le cinéaste et son équipe plongent au cœur d'un défilé mené par des musiciens de la Nouvelle-Orléans, est sur ce plan un film exemplaire. En un certain sens, Gladu fait aussi œuvre d'ethnographe, comme en témoigne « Le son des Français d'Amérique », qui cherche à garder des traces audiovisuelles d'une musique menacée par l'uniformisation culturelle. *La pointe du moulin* (1979, m. m.), un film de commande sur les moulins à vent, et *Les dompteurs de vent* (1981, m. m.), une réalisation plus personnelle sur les hommes qui y ont travaillé, s'inscrivent dans la démarche ethnographique du cinéaste.

En 1997, Gladu devient producteur en acceptant la direction du Studio Culture et Expérimentation, ACIC, de l'ONF. Il y produit notamment *Rupture* (N. Tlili, 1998, m. m.), *Le reel du mégaphone* (S. Giguère, 1999, m. m.), *Femmes et religieuses* (L. Lachapelle, 1999, deux m. m.) et *Voyage au nord du monde* (H. Latulippe, 1999). Il y met aussi sur pied un programme de premières œuvres documentaires auquel sont associés huit jeunes cinéastes.

FILMS : *Le reel du pendu* (1972, m. m.), « Le son des Français d'Amérique » (coréal. M. Brault, 1974-1976, série I, treize épisodes, 1977-1980, série II, quatorze épisodes), *La pointe du moulin* (1979, m. m.), *Les dompteurs de vent* (1981, m. m.), *Marc-Aurèle Fortin (1888-1970)* (1983, m. m.), *Zarico* (1984, m. m.), *Noah* (1985, c. m.), *Pellan* (1986), *Liberty Street Blues* (1988), *Champion Jack Dupree* (1991, c. m.), « *Snooks* » (1993, c. m.), *Gaston Miron, les outils du poète* (1994, m. m.), *Le feu sacré* (1994, m. m.), *La conquête du grand écran* (1996), *Portager le rêve* (coréal. S. Beauchemin et J.-C. Labrecque, 1998, c. m.). (M. J.)

**GLOVER, Guy,** producteur, réalisateur (Londres, Angleterre, 1909 – Hudson, 1988). Arrivé au Canada en 1913, il étudie à l'Université de la Colombie-Britannique et œuvre dans le milieu théâtral, de 1931 à 1939. Il entre à l'ONF en 1941. Trois ans plus tard, il prend la direction de la French Unit. Il sera d'ailleurs producteur durant toute sa carrière. De 1954 à 1963, il a charge surtout de ce qui est tourné pour la télévision. Il est directeur du comité du programme anglais, de 1969 à 1974. Au cours de sa carrière à l'ONF, Glover supervise la programmation et dirige la production d'une centaine de documentaires sur la peinture, la musique, l'environnement, la santé, le multiculturalisme, etc. Il produit également des longs métrages de fiction de la section francophone, notamment *Les mains nettes* (C. Jutra, 1958) et *Les brûlés* (B. Devlin, 1958). Il travaille, en tant que producteur exécutif, à plusieurs films et séries : « Window on Canada/ Regards sur le Canada » (1954-1955), « Passe-Partout » (1956-1957), « Comparison/Comparaison » (1959-1964), « Lewis Mumford on the City » (1963), *Bethune* (D. Brittain et J. Kemeny, 1964, m. m.) et *Never a Backward Step* (D. Brittain, A. Hammond et J. Spotton, 1966, m. m.). Il réalise deux films d'animation (*Lining the Blues*, 1939, t. c. m. ; *Marching the Colours*, 1942, c. m.), un court métrage (*Main

*Street Canada*, 1945) et un film de montage en cinq parties sur la production cinématographique de l'ONF (1939-1960), *Self-Portrait* (1961). (M.-J. R.)

**GOBEIL, Pierre,** acteur (Grand-Mère, 1938). Il étudie à Strasbourg (France), puis revient au Québec et fonde le Théâtre de l'atelier, à Sherbrooke. Il débute au cinéma dans *La gammick* (J. Godbout, 1974), où il tient le rôle de Gaby. Sa solide carrure en fait un bon représentant de l'autorité: policier (*Mourir à tue-tête*, A. C. Poirier, 1979; *Une journée en taxi*, R. Ménard, 1981) ou chef d'entreprise (*L'Île jaune*, J. Cousineau, 1974; *À corps perdu*, L. Pool, 1988). En plus de *Mourir à tue-tête*, Anne Claire Poirier lui donne des rôles dans *La quarantaine* (1982) et, surtout, dans *Le temps de l'avant* (1975), où il est particulièrement convaincant en marin dont la femme se fait avorter. Du côté anglophone, on le voit dans *Two Solitudes* (L. Chetwynd, 1978) et *The Lucky Star* (M. Fischer, 1980), où il est l'un des chefs de la résistance hollandaise pendant la Seconde Guerre mondiale. Dans *La fuite* (R. Cornelier, 1985, m. m.), qui se déroule pendant la Première Guerre mondiale, il tient l'un des rôles principaux, celui d'un Allemand qui tente de s'échapper d'un camp de travail situé en Abitibi.

PRINCIPAUX AUTRES FILMS : *Partis pour la gloire* (C. Perron, 1975), *J. A. Martin photographe* (J. Beaudin, 1976), *Cordélia* (J. Beaudin, 1979). (M. J.)

**GODBOUT, Claude,** producteur, acteur, réalisateur (Montréal, 1941). Après des études au Conservatoire d'art dramatique, il débute comme acteur dans *Le chat dans le sac* (G. Groulx, 1964). « Je suis un Canadien français, donc je me cherche », affirme d'emblée son personnage, un jeune homme d'origine modeste qui vit la fin d'une liaison avec une Juive anglophone (Barbara Ulrich). Mais il a tôt fait de passer de l'autre côté de la caméra. En 1967, il collabore au montage de *C'est pas la faute à Jacques Cartier* (Georges Dufaux et C. Perron), et entreprend la réalisation d'un film en 70 mm, *L'homme multiplié* (coréal. Georges Dufaux, 1969, c. m.), documentaire à « images multiples » décrivant l'aventure d'Expo 67. En 1970, il fonde les productions Prisma avec André A. Bélanger et Guy Dufaux. Pour cette compagnie qu'il dirige, il produit de nombreux films d'auteurs, notamment *On n'engraisse pas les cochons à l'eau claire* (J. P. Lefebvre, 1973), *Comme les six doigts de la main* (A. Melançon, 1978), *Les servantes du bon Dieu* (D. Létourneau, 1979), *Les bons débarras* (F. Mankiewicz, 1980), *Le plus beau jour de ma vie...* (D. Létourneau, 1981) et *On n'est pas des anges* (G. Simoneau et Suzanne Guy, 1981). Dans les années 80, la compagnie s'oriente progressivement vers la commandite et les téléséries. Godbout en produit plusieurs, dont la série de treize demi-heures « Profession : écrivain » (1982-1983), qu'il réalise de même qu'*Urgence* et *Papparazzi*. En 1978, il réalise *Montréal* (m. m.), documentaire sur la plus grande ville française d'Amérique. De 1981 à 1983, il préside l'IQC. Prisma fait faillite, en 1999. Son frère, Jacques Godbout, est aussi réalisateur. (M. J.)

**GODBOUT, Jacques,** réalisateur, scénariste, administrateur (Montréal, 1933). Après des études classiques, une maîtrise à l'Université de Montréal et trois ans d'enseignement au University College of Addis Abeba (Éthiopie), il entre à l'ONF, en 1958, comme traducteur et préposé aux versions françaises. Écrivain, il a déjà à son crédit la cofondation de la revue *Liberté* (1959) et la publication de deux recueils de poèmes (*Carton-Pâte*, 1956, et *Les pavés secs*, 1958), lorsqu'il passe à la réalisation avec *Les dieux* (coréal. Georges Dufaux, 1961, c. m.), un documentaire où il dresse le portrait d'un étudiant en arts.

Essentiellement documentariste, Godbout réalise quelques films de fiction appartenant à des genres fort différents : hommage aux premiers films de la Nouvelle Vague (*Fabienne sans son Jules*, 1964, c. m.), drame existentiel à l'européenne (*YUL 871*, 1966), histoire de grands adolescents tournée dans le style du direct (*Kid Sentiment*, 1967), parodie de film d'espionnage (*IXE-13*, 1971), thriller (*La gammick*, 1974), fantaisie comique (*Les « troubbes » de Johnny*, 1974, c. m.). De ces films se détache *Kid Sentiment*, où, à partir d'un canevas mettant en vedette les musiciens du groupe Les Sinners, Godbout jette un regard juste sur la jeunesse bourgeoise, francophone mais anglicisée du Québec du milieu des années 60. Quant à *IXE-13*, dont le scénario s'inspire des romans de Pierre Saurel, il s'agit de son film de fiction le plus accompli, un récit situé entre la comédie musicale et la bande dessinée. La qualité de la musique de François Dompierre, celle des décors de Claude Lafortune, le talent comique des Cyniques (employés comme acteurs), de même que la construction solide du scénario de Godbout font de ce film un temps fort du cinéma de fiction du début des années 70.

Sans faire école sur le plan de l'image, les documentaires de Godbout témoignent d'une grande rigueur intellectuelle. Insatiable curieux, il explore toutes les avenues qui se présentent à lui : nouvelles idées, changement des valeurs, politique internationale (*Un monologue Nord-Sud*, 1982, m. m.), communication, culture (*Paul-Émile Borduas*, 1962, c. m. ; *Deux épisodes dans la vie d'Hubert Aquin*, 1979, m. m.), etc. Analyste chevronné, voire spécialiste des médias, il en fournit une brillante étude dans *Derrière l'image* (1978), première d'une série de six collaborations avec le journaliste Florian Sauvageau. Il poursuit son analyse des médias à travers deux autres films : *Feu l'objectivité* (1979, c. m.), une enquête sur le journalisme politique au Québec, et *Distorsions* (1981, m. m.), où il donne la parole à des Africains qui dénoncent l'impérialisme culturel de la presse internationale. À mi-chemin entre le reportage pour la télévision (en plus profond) et le film-enquête (en moins laborieux), le cinéma de Godbout propose une réflexion originale sur les thèmes qu'il aborde. *Aimez-vous les chiens?* (1975, m. m.) en est un bon exemple : à partir d'un prétexte, le chien, le cinéaste dresse un vaste portrait de la société de consommation nord-

Jacques Godbout. (Dimedia)

américaine. À l'affût de ce qui caractérise son époque, il saisit avec acuité les manifestations sociologiques et les expose avec éloquence : la prédominance de l'anglais dans la musique rock québécoise (*Québec Soft*, 1985, c. m.), l'influence du « nouvel âge » californien sur le Québec (*Comme en Californie*, 1983), le terrorisme (*En dernier recours*, 1987). Godbout rejette l'anecdote ou le traitement pittoresque comme pôles de son cinéma. Il préfère plutôt la singularité du regard et un langage clair, et ouvre ainsi une réflexion sur la société (québécoise/nord-américaine). *Alias Will James* (1988), un sommet à l'intérieur de sa démarche documentaire, est une enquête sur Ernest Dufault, un Québécois qui s'est fait connaître aux États-Unis en se faisant passer pour un Américain, et en signant, du pseudonyme Will James, des romans exaltant le monde des cow-boys. Pour Godbout, ce portrait est l'occasion de mesurer l'impact d'un élément majeur de la mythologie américaine (la conquête de l'Ouest) sur bon nombre de Québécois. Dans *Le mouton noir* (1992), il pose un regard personnel sur l'actualité constitutionnelle canadienne, suite à l'échec de l'accord du lac Meech. Il interroge de nombreux politiciens et, avec quelques films d'archives de l'ONF, établit un parallèle entre leurs discours passés et présents pour démontrer leur immobilisme et celui de ses compatriotes, rejoignant ainsi une thèse que l'on trouve également dans le flim de Denys Arcand, *Le confort et l'indifférence.*

Tout comme il l'avait fait avec *Alias Will James*, Godbout s'intéresse de nouveau aux identités multiples d'une même personne dans *L'affaire Norman William* (1994). Norman William est-il un Québécois pure laine ou un métis, un pacifiste ou un fumiste ? Le réalisateur le retrouve quelque part en Europe, bien caché parce que craignant pour sa vie, et à mesure que son enquête avance, le mystère s'épaissit. Le cinéaste l'annonçait comme étant son dernier film à l'ONF : *Le sort de l'Amérique* (1996) constitue une réflexion sur l'impact de la bataille des plaines d'Abraham, le 13 septembre 1759, sur l'évolution du Québec et du Canada. Godbout s'entoure cette fois du dramaturge René-Daniel Dubois et du cinéaste Philippe Falardeau qui discutent abondamment de la portée symbolique de l'événement, montrant ainsi les limites de cette science très arbitraire qu'est l'histoire : les Canadiens ont-ils été vaincus, conquis ou abandonnés ? Le réalisateur avance même l'idée que, à part lui, tout le monde s'en fout...

Après de trente-neuf ans de service à l'ONF, Godbout prend sa retraite, mais il y revient en 1999 pour le tournage d'un moyen métrage documentaire, *Traître ou patriote.* Il tente de mettre en lumière le rôle de son oncle, Adélard Godbout, premier ministre du Québec de 1939 à 1944, et celui des Canadiens français lors de la Seconde Guerre mondiale.

Romancier de renom (*Salut Galarneau !*, 1967 ; *L'Isle au dragon*, 1976 ; *Une histoire américaine*, 1986 ; *Le Temps des Galarneau*, 1993 ; *Opération Rimbaud*, 1998), Godbout a reçu le prix Duvernay (1972), le prix Belgique-Canada (1978) et le prix Athanase-David (1985). Il est aussi président-fondateur de l'Union des écrivains québécois (1977-1978). De 1969 à 1970, il est directeur de la production française de l'ONF. Son frère, Claude Godbout, est producteur.

AUTRES FILMS : *Les administrateurs* (coréal. F. Dansereau, 1961, m. m.), *L'école des peintres* (coréal. Georges Dufaux, 1962, c. m.), *Pour quelques arpents de neige* (coréal. Georges Du-

faux, 1962, c. m.), *Rose et Landry* (coréal. J. Rouch, 1963, c. m.), *Le monde va nous prendre pour des sauvages* (1964, c. m.), *Huit témoins* (1965, m. m.), *Vivre sa ville* (1967, c. m.), *Les vrais cousins* (1970, m. m.), *Arsenal* (1976, m. m.), *L'invasion (1775-1975)* (1976, c. m.), *Pour l'amour du stress* (1991, m. m.).
BIBLIOGRAPHIE : BELLEMARE, Yvon, *Jacques Godbout, romancier*, Montréal, Éditions Parti Pris, 1984 • SMITH, Donald, *Jacques Godbout, du roman au cinéma : voyage dans l'imaginaire québécois*, Montréal, Éditions Québec/Amérique, 1995. (A. D. et A. L.)

**GODIN, Jacques,** acteur (Montréal, 1930). Il apprend son métier à l'école du TNM avec Jean Gascon, Jean Dalmain et Guy Hoffmann, de même qu'à l'atelier de Georges Groulx. Ses débuts se confondent avec ceux du TNM. Il participe activement à la vie théâtrale montréalaise, jouant des textes de Beckett, Ionesco, Pirandello, Tchekhov, Molière et Shakespeare, mais aussi des textes d'auteurs québécois comme Jacques Languirand et Marcel Dubé. Son nom est également associé aux premières années de la télévision, aux feuilletons les plus populaires (*La famille Plouffe; 14, rue de Galais; Les belles histoires des pays d'en haut*), comme aux grands textes contemporains régulièrement mis en scène à Radio-Canada dans la série des téléthéâtres. On évoque encore son interprétation magistrale du rôle de Lenny dans *Des souris et des hommes*, de John Steinbeck, en 1971.

Jacques Godin dans *Équinoxe* d'Arthur Lamothe. (coll. ACPQ)

Au cinéma, il donne le plus souvent vie à un personnage d'homme très viril, habité par une force brutale, inquiétante ou rassurante, mais masquant presque toujours une sensibilité qui jaillit d'autant plus vive qu'elle est profondément enfouie. Il débute, en 1964, en apparaissant brièvement en policier dans *The Luck of Ginger Coffey* (I. Kershner). Il enchaîne avec *Pas de vacances pour les idoles* (D. Héroux, 1965) et *Le festin des morts* (F. Dansereau, 1965), où il tient le rôle d'un Amérindien. Après quelques apparitions espacées, il est remarquable dans *O.K... Laliberté* (M. Carrière, 1973), où il campe le personnage principal, un homme du peuple, avec drôlerie et émotion. C'est sans doute Yves Simoneau, douze ans plus tard, qui lui donne son plus beau rôle, dans *Pouvoir intime* (1986). Il y est Théo le récidiviste, le dur de dur éperdu d'inquiétude pour le sort de son fils dont la mort le plongera dans le désespoir absolu. Dans *Équinoxe* (A. Lamothe, 1986), il interprète un homme qui revient, avec sa petite-fille, sur les traces de sa jeunesse dans le pays où on l'a trahi. On sent la blessure derrière le laconisme : le mystère du personnage et l'angoisse que distille le film doivent beaucoup à la sobriété et à la retenue de Godin. François Labonté lui donne deux premiers rôles, dans les deux cas des hommes repliés sur eux-mêmes depuis la mort de leur femme; dans *Henri* (1986), il interprète ce type de personnage sur le mode dramatique, et dans *Gaspard et fil$* (1988), il le fait sur le mode comique. Dans *Salut Victor!* (A. C. Poirier, 1988), il s'éloigne de son registre habituel en interprétant un vieil homosexuel confiné dans une maison de retraite. Jean Beaudin exploite à son tour son image de force tranquille, en l'opposant à Roy Dupuis tout au long de l'interrogatoire, serré, qu'il doit mener dans *Being at Home with Claude.* En 1997, plus de trente ans après ses débuts au cinéma, il est de nouveau un policier dans *La conciergerie* (M. Poulette).

PRINCIPAUX AUTRES FILMS : *Et du fils* (R. Garceau, 1971), *Par le sang des autres* (M. Simenon, 1974), *One man* (R. Spry, 1977), *À nous deux* (C. Lelouch, 1979), *Yesterday* (L. Kent, 1979), *La quarantaine* (A. C. Poirier, 1982), *Mario* (J. Beaudin, 1984), *La guerre oubliée* (R. Boutet, 1987), *Double Identity* (Y. Boisset, 1990), *Alisée* (A. Blanchard, 1991), *La nuit du déluge* (B. Hébert, 1996). (F. L. et M. C.)

**GOLDSMITH, Sidney,** animateur, réalisateur (Toronto, Ontario, 1922). Radariste outremer pendant la Seconde Guerre mondiale, il produit des croquis qui attirent sur lui l'attention du milieu des arts. Diplômé du Ontario College of Art, c'est comme décorateur qu'il débute, en 1948, une longue et fructueuse carrière à l'ONF. Après un bref passage aux effets visuels, il est, quelques mois plus tard, invité par Colin Low à se joindre au studio d'animation. Sa participation à nombre de films de ce studio est remarquable. Souvent, il scénarise, dessine et crée le matériel nécessaire à la réalisation d'un film. De plus, Goldsmith signe les génériques de plusieurs séries destinées à la télévision. C'est notamment le cas pour « Pacificanada ». Il collabore aussi au célèbre *2001 : A Space Odyssey* (S. Kubrick, 1968), avec Wally Gentleman*. Toute son œuvre témoigne d'un intérêt marqué pour la science. Par le biais de l'animation, il cherche à la rendre plus accessible aux étudiants et aux spécialistes, sans pour autant exclure le grand public. Il rejoint ce dernier par sa manière bien personnelle de traduire en images claires des concepts mathématiques ou scientifiques abstraits. C'est ainsi qu'il tourne *Universe* (1960, c. m.), qui remporte vingt-trois prix; *Fields of Space* (1969, c. m.); *Satellites of the Sun* (1974, c. m.); *Comet* (1985, c. m.). Par la force des choses, ces films vieillissent rapidement, la connaissance qu'a l'homme de l'astronomie ayant considérablement évolué au cours des dernières décennies, tout comme la maîtrise des techniques d'animation. (A. D.)

**GOSSELIN, Bernard,** réalisateur, chef opérateur, monteur (Drummondville, 1934). Il étudie à l'Institut des arts graphiques, sous la direction d'Albert Dumouchel. Il fait un peu de dessin commercial et entre à l'ONF, en 1956, au département des « titres », où il jongle avec les génériques de ses amis de l'équipe française, alors sur le point d'éclore. Il devient assistant monteur, puis assistant cameraman et, enfin, un peu pour dépanner Arthur Lamothe, cameraman (déjà très sensible) de *Bûcherons de la Manouane* (1962, c. m.). À partir de ce moment, son nom devient inséparable de l'aventure naissante du cinéma québécois, à l'ONF comme hors de l'ONF; aux Cinéastes associés en 1969 et 1970, et dans des aventures aussi importantes que *Seul ou avec d'autres* (D. Arcand, D. Héroux et S. Venne, 1962), *À tout prendre* (C. Jutra, 1963), *Entre la mer et l'eau douce* (M. Brault, 1967) et *La visite du général de Gaulle au Québec* (J.-C. Labrecque, 1967, c. m.). Précieux compagnon de route de Pierre Perrault* (*Le règne du jour*, 1966; *Les voitures d'eau*, 1968; *Un pays sans bon sens!*, 1970; *Le pays de la terre sans arbre ou le Mouchouânipi*, 1980), Gosselin est plus que le simple continuateur de l'œuvre du maître québécois du direct. Certes, son attachement au passé québécois et sa curiosité pour les façons de vivre et de faire d'autrefois entretiennent cette impression. Pourtant, au-delà de la parenté spirituelle immédiate avec Perrault et de l'amitié qui lie les deux hommes, s'est constituée, peu à peu, une œuvre originale et très personnelle à laquelle convient parfaitement l'appellation de « documentaire d'auteur ». C'est dans cette catégorie qu'il faut placer les réussites les plus marquantes de la riche carrière de réalisateur de Gosselin : *César et son canot d'écorce* (1971, m. m.), *Les raquettes des Atcikameg* (1973, m. m.), *Jean Carignan violoneux* (1975), *Le discours de l'armoire* (1978, m. m.), *En r'montant l'escalier* (1990, m. m.), et surtout *Le canot à Renald à Thomas* (1980, m. m.) et *L'Anticoste* (1986), Ces deux derniers titres livrent à eux seuls le secret de l'art de Gosselin : une maîtrise absolue de ses outils — qui fait oublier les difficultés mêmes du filmage — et une complicité non moins absolue avec les personnages qu'il choisit. Gosselin vit en intimité avec les hommes qu'il filme : le hangar des constructeurs hivernaux de barques de Baie-Saint-Paul ou l'île des Anticostois sont des lieux clos où le cameraman-réalisateur aime s'enfermer avec ses personnages. Dans le premier cas, comme le disait le critique français Raymond Borde, cet enfermement devient un véritable suspense (le « va-t-on réussir le canot » aussi fort que le « va-t-il la tuer » hitchcockien); dans le second, le documentaire strict est d'ailleurs dépassé et le film devient tantôt carnet de voyage, tantôt journal intime.

En 1989, Gosselin réalise deux moyens métrages : *En r'montant l'escalier*, un peu à la manière du *Canot à Renald à Thomas*, suit à la trace la restauration d'un escalier du XVIIe siècle offert à la ville de Montréal par la ville de La Flèche; *Dire de compagnons* (1990, m. m.) s'inspire du travail des compagnons charpentiers du Devoir du Tour de France sur l'escalier du XVII^e^ siècle pour nous initier à l'histoire de cette confrérie. Plus largement, les deux films se présentent comme une célébration du travail et des métiers manuels, et Gosselin excelle à saisir la beauté et la précision des gestes.

En 1994, à la veille de prendre sa retraite de l'ONF, Gosselin se voit confier la réalisation d'un documentaire de long métrage sur le Biodôme de Montréal alors en construction. Sous les dehors d'un film de commande, *L'arche de verre* est à nouveau un film sur le travail qui joue habilement du suspense (« sera-t-on prêt pour l'ouverture ? ») pour nous abreuver d'informations multiples. Le travail de caméra d'Alain Dostie n'est pas étranger à la réussite, non évidente, du film.

La dizaine de courts métrages que Gosselin filme ou coréalise avec Léo Plamondon, de 1977 à 1979, sur des métiers traditionnels (dans la série « La belle ouvrage », 1977-1980), obéissent pour leur part à un parti pris plus objectif où l'urgence d'enregistrer les gestes est la règle. Ces agriculteurs de *Bœufs de labour* (1977, c. m.), ces *Meuniers de Saint-Eustache* (1978, c. m.) et autres charbonniers, tonneliers et cordonniers d'un Québec près de disparaître, sont les dignes frères des héros de Georges Rouquier. Ses talents de cameraman souple (au besoin acrobatique : se rappeler la veillée de cuisine dans *Jean Carignan violoneux*), ingénieux et sensible sont au cœur même de dizaines de films québécois des années 60 et 70. Il est même un temps où ceux que passionnent ces films au ton nouveau ont le sentiment que Gosselin les tourne tous : de Gilles Groulx (*Voir Miami…* 1963, c. m.) à Denys Arcand (*Champlain*, 1964, c. m. ; *Les Montréalistes*, 1965, c. m.) en passant par Claude Jutra (*Comment savoir…*, 1966), Marcel Carrière (*Avec tambour et trompettes*, 1967, c. m.) et Jean Dansereau (*Parallèles et grand soleil*, 1964, c. m.), tous les cinéastes de ces années-là bénéficient de son œil malin. Documentariste avant tout, Gosselin est par ailleurs, par une joyeuse ironie, le premier cinéaste québécois à avoir tenté professionnellement, et réussi, l'expérience du film pour enfants. Annonciateur de *La guerre des tuques* et autres *Bach et Bottine* (A. Melançon, 1984 et 1986), *Le Martien de Noël* (1970) est une réussite dans le genre, malgré ses limites budgétaires et des moyens techniques parfois approximatifs : l'énorme succès public du film répond, pour une fois, à la qualité de l'entreprise. En 1982 et 1983, il occupe la présidence de la Cinémathèque québécoise.

AUTRES FILMS COMME RÉALISATEUR : *Le jeu de l'hiver* (coréal. J. Dansereau, 1962, c. m.), *Le beau plaisir* (coréal. M. Brault et P. Perrault, 1968, c. m.), *Capture* (1969, c. m.), *L'odyssée du Manhattan* (1970, c. m.), *Passage au Nord-Ouest* (1970, c. m.), *Un royaume vous attend* (coréal. P. Perrault, 1976), *La veillée des veillées* (1976), *Le goût de la farine* (coréal. P. Perrault, 1977), *Gens d'Abitibi* (coréal. P. Perrault, 1979). (R. D.)

**GOULET, Stella,** monteuse, réalisatrice, scénariste (Québec, 1947). Membre de Spirafilm* de 1980 à 1987, elle fonde, en 1987, sa propre maison de production, Les films Plein-Cadre. Elle réalise de nombreux courts métrages, autant en film qu'en vidéo, dont *Pic et pic et contre-danse* (1980, t. c. m.), *Trois petits tours* (1983, c. m.), *Mélodie, ma grand-mère* (1983, c. m.), interprété par Olivette Thibault, et *Élise et la mer* (1986, c. m.), gagnant d'un Golden Sheaf à Yorkton. En 1986, elle scénarise *Le gros de la classe* (J. Bourbonnais, c. m.), l'histoire d'un garçon qui, avec l'aide de ses amis, gagne l'estime des élèves qui jusque-là se moquaient de lui. Le film obtient le prix de la meilleure émission de télévision pour enfants à Banff. Elle réalise, en 1988, un portrait d'artiste, *Yves Goulet, poésie d'ombre et de lumière* (c. m.). Goulet scénarise un premier long métrage, *Pas de répit pour Mélanie* (J. Beaudry, 1990), dans la série des « Contes pour tous ». Le film décrit les manigances de deux jeunes filles qui veulent venir en aide à une vieille dame en difficulté. En 1991, elle signe *Le festin de coquettes* (t. c. m.) et *Les dessins de Jérôme* (coréal. D. Guy, c. m.), des films qui évoquent la vie familiale à partir de fragments du quotidien. Depuis, elle réalise plusieurs films de commande portant principalement sur les enfants et les adolescents.

L'œuvre de Goulet est une exaltation du monde de l'enfance dont les vertus (innocence, grâce et naïveté) sont souvent mises en opposition avec les travers de l'âge adulte. (D. Po.)

**GOUPIL, Pierre,** acteur, monteur, réalisateur (Montréal, 1950). Il débute en réalisant *Robert N.* (1979, c. m.), une fiction qui rassemble une série de témoignages sur un jeune homme qui se serait suicidé. Après une expérience en super 8 (*Le bruit des vagues*, 1983, c. m.), il signe son premier long métrage, *Celui qui voit les heures* (1985). En plus de jouer dans ses propres films, il est acteur dans *La couleur encerclée* (Jean et S. Gagné, 1986). *Celui qui voit les heures* est une œuvre artisanale et très personnelle qui se démarque de la production québécoise des années 80, surtout par son ton subjectif. Le film raconte les déboires d'un jeune réalisateur dans l'impossibilité de produire son film. Ne vivant que pour le cinéma, le personnage est vite entraîné dans la déprime. Goupil assume totalement son réseau de références et les limites de ses moyens. Il joue de nouveau dans un film artisanal sur le cinéma, *L'autobiographe amateur* (C. Fortin, 1999). Comme monteur, Goupil travaille notamment à *Les bleus, la nuit* (D. Rancourt, 1981, c. m.). Il participe à titre de réalisateur au collectif *Un film de cinéastes* (1994). (A. R.)

**GRANA, Sam (Saverio),** producteur, acteur, réalisateur, scénariste (San Nicandro Garganico, Italie, 1948). Arrivé au Québec en 1954, il fait des études en communication à Loyola et entre à l'ONF en 1968. Il occupe différents postes avant d'aller ouvrir avec Rex Tasker, en 1972, le bureau régional de production de l'ONF dans les Maritimes. Il produit notamment un vidéo qui résulte d'une création collective à laquelle participe Fernand Dansereau, *Simple histoire d'amours* (1975), et une dizaine de films, dont deux documentaires qu'il réalise lui-même pour le compte du ministère de la Défense. Il s'agit de *SDL-I Shakedown* (1977, c. m.), à propos de l'amenée d'une mine, et de *Diving Below Daylight* (1978, c. m.), un coup d'œil sur la plongée sous-marine militaire. De retour à Montréal, il produit *First Winter* (J. N. Smith, 1981, c. m.), mis en nomination pour l'Oscar du meilleur court ou moyen métrage de fiction. Par la suite, il produit plusieurs dramatiques destinées à la télévision et des documentaires, dont *Boulevard of Broken Dreams* (D. May, 1988, m. m.). En 1987, il produit avec Sally Bochner *Train of Dreams* (J. N. Smith), qu'il scénarise en atelier d'écriture avec le réalisateur et la coproductrice ; des acteurs non professionnels improvisent à partir de ce canevas. Il poursuit dans cette voie en coscénarisant, coproduisant et comontant

*Welcome to Canada* (J. N. Smith, 1989) et *The Boys of St. Vincent* (J. N. Smith, 1993, deux l. m.), couvert de prix. Grana participe aussi à la production de plusieurs documents tournés en Afrique (*Toivo Child of Hope*, M. Isacsson, 1990, m. m.; *Nuit et silence*, Y. Patry et D. Lacourse, 1990, m. m.; *Oliver Jones in Africa*, M. Duckworth, 1990, m. m.; *Chronique d'un génocide annoncé*, Y. Patry et D. Lacourse, 1996). Il coproduit et coscénarise *Barbed Wire and Mandolins* (N. Zavaglia, 1997, m. m.), *The Marco Polo : Queen of the Seas* (R. Hart, 1995, m. m.), puis coproduit un long métrage de fiction de Giles Walker (*Never Too Late*, 1996) et un documentaire sur trois jeunes handicapés intellectuels (*Victor-Martin, Diane and John*, S. Kellar, 1997, m. m.). Grana fait aussi quelques incursions devant la caméra, tentant l'un des deux rôles principaux de la trilogie de Giles Walker sur la condition masculine : *The Masculine Mystique* (coréal. J. N. Smith, 1984), *90 Days* (1985) *et The Last Straw* (1987). Il y interprète Alex, un sympathique macho dont le sperme aurait une valeur inestimable. En 1996, il devient le premier directeur de Film Nouveau-Brunswick, poste qu'il occupe jusqu'en 1999. (J. P.)

**GRANDSAIGNES D'HAUTERIVES, Henry** (vicomte de), exploitant (Pont-l'Abbé, France, 1869 – Paris, France, 1929). Fils de Marie Tréourret de Kerstrat*, il est le projectionniste et le bonimenteur de l'Historiographe*. (G. L.)

**GRAVEL, Robert,** acteur (Montréal, 1944 – Saint-Gabriel-de-Brandon, 1996). Il est très actif au théâtre où il compte parmi les fondateurs de la LNI et du Nouveau Théâtre expérimental. On le voit également à la télévision, notamment dans la série *L'héritage*, scénarisée par Victor-Lévy Beaulieu. Au cinéma, il apporte fraîcheur et humour à un film sur l'enseignement du français interdit de circulation, *L'entreprise de toute une vie* (J.-C. Labrecque et Jacques Gagné, 1973, c. m.), puis participe à la série « Toulmonde parle français », dans la comédie *Les « Troubbes » de Johnny* (J. Godbout, 1974, c. m.). Gravel tient de petits rôles notamment de policier dans *La tête de Normande Saint-Onge* (G. Carle, 1975) et dans *Au revoir... à lundi* (M. Dugowson, 1979). On le revoit ensuite dans un des rôles principaux des *Grands enfants* (P. Tana, 1980), celui d'un gérant de librairie qui n'a pas de chance avec les femmes. Dans *Propriété privée* (L. Saïa, 1981, c. m.), il n'a plus rien d'un intellectuel, don-

Robert Gravel dans *Pudding chômeur* de Gilles Carle. (Roger Dufresne, coll. RVCQ)

nant libre cours à son goût de la composition pour entrer dans la peau d'un inquiétant voisin digne d'un film d'épouvante. Son personnage d'*Au clair de la lune* (A. Forcier, 1983), un garagiste nommé Maurice Dieumegarde dont la fille crève des pneus pour lui bâtir une clientèle, est tout aussi inquiétant mais moins agressif. Il interprète, dans *Le dernier glacier* (R. Frappier et J. Leduc, 1984), un personnage plutôt terne d'homme brisé, mari désavoué qui bat en retraite alors que la fermeture de sa ville, Shefferville, devient imminente. On le retrouve, pathétique, dans *Pouvoir intime* (Y. Simoneau, 1986), où il campe, très convaincant, un agent de sécurité coincé dans le fourgon dont il a la responsabilité, piégé par l'amour qu'il porte, secrètement, à un jeune homme. On y retrouve l'essence même du jeu de Gravel, à son meilleur dans des personnages en apparence solides qu'on sent toujours à deux doigts de craquer. L'acteur, généreux, se prête volontiers au tournage avec de jeunes cinéastes (*L'âme à feu, histoire d'un règlement de cœur*, M. Landry et M. Levasseur, 1993, m. m.; *Second souffle*, P. Thinel, 1993, c. m.; *Il festino di pasta*, P. Bégin, 1995, c. m.; *Remue-ménage*, P. Thinel, 1995, m. m.; *Le feu au cœur*, M. Chabot, 1996, c. m.; *Le mégalographe*, P. Thinel, 1997, m. m.), série de collaborations qui culmine avec *Les mots magiques* (J.-M. Vallée, 1998, c. m.) où, ne se souciant pas de son image, il interprète un père alcoolique, homme peu bavard, incapable d'établir une véritable communication avec son fils. Gravel excelle dans ces personnages d'hommes brisés, comme en témoigne le juge surpris en flagrant délit d'adultère avec une prostituée qu'il interprète dans *Liste noire* (J.-M. Vallée, 1995). Revenant à son emploi des débuts, il est un policier dans *Erreur sur la personne* (G. Noël, 1995) et dans *Pudding chômeur* (G. Carle, 1996). (M. C.)

**GREENBERG, Harold,** administrateur, producteur (Montréal, 1930 – Westmount, 1996). Il quitte l'école à l'âge de treize ans pour travailler au magasin d'appareils photographiques de son oncle. En 1961, à l'inauguration de la chaîne Miracle Mart, il obtient la concession pour la vente d'équipement photographique. Il décroche ensuite la concession de la vente de films sur le site d'Expo 67, de même que les droits exclusifs sur les diapositives des pavillons de l'Expo, dont il négocie la diffusion mondiale avec Viewmaster. Il met alors sur pied une entreprise de développement de photographies en couleurs, grâce à l'appui financier de Peter et Edward Bronfman. Entre-temps, il achète la moitié des actions des laboratoires de développement de films Pathé Humphries. Dès 1978, il en devient le président. Quelques années lui suffisent pour acquérir plusieurs autres entreprises du même secteur. Lorsque la maison de distribution Astral Films est mise en vente, en 1973, les Bronfman et lui s'en portent acquéreurs. Peu de temps après, toutes ces compagnies sont réunies sous la bannière Astral Bellevue Pathé, dont Harold Greenberg prend la tête. Ses frères, Harvey, Sidney et Ian, qui l'ont aidé dans sa vaste entreprise, en dirigent alors les différentes divisions. En 1972, Greenberg décide de se lancer en production. Il est d'abord producteur exécutif de certains longs métrages que les laboratoires de sa compagnie développent et que sa maison distribue. En 1980, Astral Bellevue Pathé s'engage à fond dans la production, et participe à des films aussi variés que *Porky's* (B. Clark, 1981) et *Maria Chapdelaine* (G. Carle, 1983). La compagnie s'associe plus tard aux chaînes de télévision First Choice et Premier Choix. À la suite de cette association, le CRTC lui impose de ne plus produire de films : Astral Bellevue Pathé pourra toutefois participer au financement (en investissant sur scénario, par exemple). La compagnie s'engage ainsi dans « Shades of Love », une série de seize films destinés à la télévision payante et au marché de la vidéocassette.

Astral Bellevue Pathé concentre ensuite ses activités dans trois secteurs : le secteur de la photographie (vente au détail et développement), le secteur de la télévision payante et des canaux spécialisés (First Choice et Super Écran, mais aussi Canal Famille et Canal D, etc.) et le secteur du film et de la vidéo notamment à travers des installations pour produire les vidéocassettes à Montréal et à Toronto, une maison de distribution de films en salles, une autre pour la télévision et une troisième pour la vidéo à domicile. En 1990, il reçoit le prix Air Canada de l'Académie canadienne du cinéma et de la télévision, et, en 1991, il est fait chevalier de la Légion d'honneur. Harold Greenberg dirige son entreprise jusqu'à sa mort, en 1996, son frère Ian Greenberg prenant ensuite la relève. (J. P.)

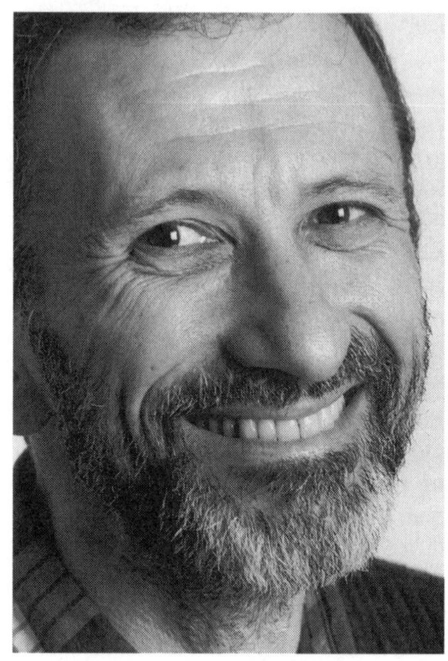

Richard Grégoire. (Véro Boncompagni)

**GRÉGOIRE, Richard,** musicien (Montréal, 1944). Diplômé en musique de l'Université de Montréal, puis stagiaire au Groupe de recherches musicales de l'ORTF, il exerce, depuis 1970, une activité diversifiée dans l'industrie du disque (réalisateur et arrangeur), en même temps qu'en publicité, à la télévision et au cinéma, à titre de compositeur, d'orchestrateur et de directeur musical. En 1978, il obtient le Prix de la meilleure musique originale décerné par le Conseil des arts du Canada pour son travail sur *Deuxième coup de feu* (J. Faucher), un téléthéâtre présenté à Radio-Canada. Au cinéma, il fait notamment l'orchestration de musiques de Lewis Furey (*Maria Chapdelaine*, G. Carle, 1983 ; *Night Magic*, L. Furey, 1985). Il compose la musique d'*Éclair au chocolat* (J.-C. Lord, 1978), celle de quatre longs métrages d'Yves Simoneau (*Pouvoir intime*, 1986 ; *Les fous de Bassan*, 1986 ; *Dans le ventre du dragon*, 1989 ; *Perfectly Normal*, 1990), de même que celle de *La ligne de chaleur* (H.-Y. Rose, 1988) et d'*Exit* (R. Ménard, 1986), notamment un concerto pour deux pianos, pierre angulaire de la scène finale. Sa musique des *Bottes* (M. Poulette, 1987, m. m.) lui vaut un prix Gémeaux. Il signe la musique de plusieurs téléfilms, notamment *T'es belle, Jeanne*

(R. Ménard, 1988), *Cœur de nylon* (M. Poulette, 1989) et *Bonjour monsieur Gauguin* (J.-C. Labrecque, 1989). Dans cette foulée, il est également l'auteur de l'étonnante partition de la télésérie *Les filles de Caleb* (J. Beaudin, 1990-1991). Au carrefour des courants de la musique actuelle et du néoclassique, Grégoire, à l'image d'une nouvelle génération de musiciens, travaille essentiellement dans la production de musique médiatique (publicité, télévision, etc.). En 1987, il remporte le trophée SDE (Société des droits d'exécution) pour l'excellence des trames musicales de *Pouvoir intime, Exit* et *Les fous de Bassan.*

PRINCIPAUX AUTRES FILMS : *Being at Home with Claude* (J. Beaudin, 1991), *Octobre* (P. Falardeau, 1994), *L'enfant d'eau* (R. Ménard, 1994), *Le cœur au poing* (C. Binamé, 1998), *Souvenirs intimes* (J. Beaudin, 1998).

DISCOGRAPHIE : *Maria Chapdelaine*, Kébec-Disc KD-581, 1983 • *Night Magic*, RCA Saravah PL 70743 (2), 1985 • *Les filles de Caleb*, Les productions Richard Grégoire Inc., CALEC-9, 1990 • Autres titres des Productions Richard Grégoire, chez Analekta : *Being at Home with Claude* (AN 2 8804, 1991), *Emilie ou la passion d'une vie* (31 2001, 1992), *Shehaweh* (AN 2 8806, 1992), *L'enfant d'eau* (FM 2 0003, 1995), *Marguerite Volant* (FM 2 0006, 1996), *Ces enfants d'ailleurs* (FM 2 0010, 1997), *Le cœur au poing*, Audiogram/Cité d'Amérique, ADCD 10115, 1997. (R. L.)

**GRENIER, Vincent,** réalisateur (Québec, 1948). Après des études de peinture et de photographie, il se rend en Californie où il obtient une maîtrise en arts, spécialisation en cinéma, au San Francisco Art Institute. Il passe quelques années à San Francisco, puis s'installe à New York où il réalise la majeure partie de ses films. Exception faite de *Window Wind Chimes Part One* (1974, c. m.) qui présente une structure semi-documentaire, les premiers films de Grenier révèlent une pratique d'inspiration « structurelle », très moderniste. L'accent est mis sur la littéralité du médium, l'intérêt se porte sur la technique cinématographique jusque dans ses recoins les plus absolus : la lumière (*Puits de lumière/Light Shaft*, 1975, c. m.), le diaphragme et la mise au point (*Toile/Shade*, 1975, c. m.), le hors foyer (*Le monde au focus*, 1976, c. m.), l'écran (*X*, 1976, c. m.), l'émulsion et le projecteur (*Levant/ White Revolved*, 1976 ; qui représente l'aboutissement de cette tendance minimaliste). Avec *Intérieur Interiors (à A.K.)* (1978, c. m.), Grenier introduit la représentation (une main, une silhouette) tout en présentant l'illusion photographique tridimensionnelle. Il joue alors sur l'équivoque des mécanismes de la représentation cinématographique, ce qu'il ne cessera d'approfondir dans ses films ultérieurs. *Plus proche dehors/Closers Outside* (1981, c. m.), *Architecture* (1981, c. m.), *D'après Meg* (1982, c. m.), *Tremblements/Tremors* (1984, c. m.), *Time's Wake* (1977-1987, c. m.), *I.D.* (1988, c. m.) et *You* (1990, c. m.) soulèvent chacun à leur manière l'ambiguïté de l'image cinématographique conçue comme *analogon* du réel — fondement de l'illusion esthétique parfaite de la réalité au cinéma — et en même temps produit d'une série de manipulations indispensables. Ces films inscrivent profondément cette tension de l'image-écran présentée à la fois comme un cache promené sur une réalité continue, et comme cadre, surface à deux dimensions composée de coordonnées (verticale et horizontale) et de limitations imposées à la vue (rectangle sur fond noir).

La présence de nombreux « micro-événements », le jeu sur l'illusion tridimensionnelle et la recherche d'ambiguïtés visuelles demeurent les traits caractéristiques des films de Grenier. Ils donnent à l'ensemble de l'œuvre une allure périphérique en même temps qu'une portée philosophique indéniable. Plusieurs de ses films ont été primés lors de festivals. (M. L.)

**GRENON, Macha,** actrice (Montréal, 1968). Très connue du public québécois grâce à la télévision, elle tient le premier rôle de la série *Scoop*, fille de millionnaire au tempérament fonceur qui prend la direction d'un journal. Au cinéma, Grenon s'affirme sur tous les terrains, en français et en anglais, dans la comédie et dans le drame. Les réalisateurs font volontiers appel à sa beauté et à sa séduction, aussi joue-t-elle une séductrice aguerrie au sourire étudié dans *The Myth of the Male Orgasm* (J. Hamilton, 1993), une vamp dans *Louis 19, le roi des ondes* (M. Poulette, 1994) et une blonde oxygénée dans *L'homme idéal* (G. Mihalka, 1996). Deux réalisateurs lui donnent des rôles plus complexes, Claude Gagnon qui, dans *The Pianist* (1991), en fait une adolescente fascinée par un voisin pianiste japonais et Gilles Noël qui, dans *Erreur sur la personne* (1995), fait d'elle une étrange jeune femme obsédée par le souvenir de sa mère qui emprunte de multiples identités pour financer une production de *Mademoiselle Julie* dans laquelle elle surgit. Donnant souvent l'image d'une femme sensible, éduquée, urbaine, Grenon est une épouse à fleur de peau dans *La conciergerie* (M. Poulette, 1997) et une femme trompée dans *You Can Thank Me Later* (S. Dotan, 1998). Elle tient le premier rôle dans la coproduction *Une petite fête* (C. Vander-Stappen, 2000). Elle publie un livre pour enfants, *Charlotte, porte-bonheur*. (M. C.)

John Grierson, caricaturé par Mayo. (ONF)

**GRIERSON, John,** producteur, administrateur, réalisateur (Stirling, Écosse, 1898 – Bath, Angleterre, 1972). Après avoir réalisé un premier film en 1929, *Drifters* (c. m.), Grierson devient directeur de l'Empire Marketing Board Film, puis du General Post Office Film Unit de Londres. À la demande des autorités canadiennes, il étudie en 1938 la situation cinématographique au Canada et, s'inspirant des pratiques qu'il avait mises en place en Angleterre, il recommande la création de l'Office national du film*, dont il devient le premier commissaire. Il quitte ce poste en 1945 et retourne dans son pays.

Grierson conçoit le cinéma comme un service public devant contribuer à l'information et à la formation de la population afin d'influer sur ses comportements et ses attitudes. Il donne une impulsion à l'ONF en y invitant des réalisateurs étrangers comme Stuart Legg, Raymond Spottiswoode, Alexandre Alexeieff, Joris Ivens et, surtout, Norman McLaren, qui jouera un rôle déterminant dans l'histoire de l'organisme, à venir travailler au Canada. *A priori,*

Grierson ne croit pas à la nécessité de tourner des films en langue française à l'ONF. Il considère que les versions françaises des productions anglophones suffisent aux besoins de la clientèle francophone. Roger Blais lui consacre un documentaire : *Grierson* (1973, m. m.).
BIBLIOGRAPHIE : HARDY, Forsyth, *John Grierson*, Faber & Faber, 1979 • EVANS, Gary, *John Grierson and the National Film Board*, University of Toronto Press, 1984 • NELSON, Joyce, *The Colonized Eye : Rethinking the Grierson Legend*, Between the Lines, 1988. (P. V. et M. J.)

**GRIGNON, Claude-Henri,** scénariste (Sainte-Adèle, 1894 – 1976). C'est Grignon lui-même qui s'est chargé de l'adaptation cinématographique de son roman *Un homme et son péché*, paru en 1933. À partir de la matière scénarisée, Paul Gury réalise deux films, *Un homme et son péché* (1948) et *Séraphin* (1949). Un troisième volet est prévu, axé sur le personnage de Donalda, l'épouse fragile et résignée ; il n'est pas tourné. À cause de l'âpreté qui s'en dégage, les deux œuvres ont sans doute moins vieilli que beaucoup de productions de la même époque. La première, intensément mélodramatique, traite de la misère d'être cultivateur, de l'improductivité des terres et montre Séraphin s'ingéniant à assujettir ses voisins. Elle reçoit un accueil triomphal. Malgré un rythme plus alerte et une interprétation plus nuancée, le deuxième long métrage n'obtient pas autant de succès. « Le sordide avare reçoit la meilleure leçon de sa vie », dit la publicité, mais le public, semble-t-il, n'apprécie pas que le méchant homme soit puni de son vice. *Séraphin* va à l'encontre de l'esprit anticonformiste d'*Un homme et son péché* en faisant l'apologie du défrichement et de la colonisation. N'annonce-t-il pas ainsi le téléroman *Les belles histoires des pays d'en haut* ? Détail significatif : Grignon fait une brève apparition dans *Séraphin*, il campe un révolté s'opposant avec véhémence à la doctrine agricole du curé Labelle. (J.-M. P.)

**GROULX, Gilles,** monteur, réalisateur, scénariste (Montréal, 1931 – Longueuil, 1994). Il pratique plusieurs métiers, fréquente l'École des beaux-arts et commence une carrière de peintre avant de réaliser quelques films de commande pour la télévision et de devenir monteur d'actualités au service des nouvelles de Radio-Canada. En 1957, il publie un recueil de poèmes. Il entre comme monteur à l'ONF en 1956, puis devient réalisateur. L'organisme fédéral produira tous ses films à l'exception de *Québec… ?* (coréal. G. Godin, 1967, c. m.) et *Place de l'équation* (1973, c. m.). Il coréalise, avec Michel Brault, son premier documentaire, *Les raquetteurs* (1958, c. m.), qui marque également les véritables débuts de l'équipe française de l'ONF. À l'origine, le film doit être un reportage de quatre minutes destiné à la série « Coup d'œil » et il s'en faut de peu qu'il ne voie pas le jour puisque, dans un premier temps, la direction de l'ONF le refuse. C'est pourquoi Groulx le monte dans ses moments de loisirs. Tournage et montage vont à l'encontre des méthodes en cours jusqu'alors à l'ONF ; les cinéastes se font francs-tireurs et leur esprit d'initiative sera le ferment de création et de révolte qui soufflera sur l'équipe française de l'ONF jusqu'au milieu des années 60. *Les raquetteurs* devient rapidement un classique du cinéma direct*. Pendant toute une journée, la caméra observe avec indiscrétion et ironie le comportement d'un groupe de raquetteurs réunis en congrès à Sherbrooke. Le film, un portrait lucide, subjectif et critique,

*Entre tu et vous* de Gilles Groulx. (ONF)

est une véritable démystification de la sclérose de la société québécoise d'alors. Après ce documentaire, Groulx tourne *Normétal* (1959, c. m.), du nom d'une petite ville minière du Nord-Ouest québécois. L'ONF oblige le réalisateur à revoir son film. Dégoûté, il refuse de le signer. Après *La France sur un caillou* (coréal. C. Fournier, 1960, c. m.), documentaire sur les îles Saint-Pierre-et-Miquelon, Groulx tourne *Golden Gloves* (1961, c. m.). Ce portrait sensible et précis d'un jeune boxeur noir, chômeur d'un quartier ouvrier montréalais, est considéré comme l'une des meilleures réussites du cinéma direct. Groulx y révèle plus que jamais ses talents de monteur et de réalisateur, allant au cœur du sujet d'une façon instinctive, mais sans jamais trahir la réalité. Sur un texte de l'écrivain Paul-Marie Lapointe, le cinéaste donne ensuite une fable poétique sur le monde moderne, *Voir Miami…* (1963, c. m.). Poétique n'est pas un mot trop fort pour qualifier ce documentaire sur le lieu idéal de vacances hivernales des Québécois. Le didactisme et la gravité attribués depuis longtemps au documentaire sont ici définitivement abolis et font place à la spontanéité et à la liberté. Par associations, le commentaire et le montage suivent la complexité et la modulation de l'improvisation en jazz. Groulx signe ensuite un autre documentaire, *Un jeu si simple* (c. m.), beau film grave sur le hockey, d'où ne sont pas absentes encore une fois les préoccupations politiques du réalisateur. *Un jeu si simple* obtient le Grand Prix du Festival de Tours de 1964. Par la suite, à la demande de son employeur, Groulx atténue la portée du commentaire et produit une nouvelle version de son film mise en circulation en 1965.

*Le chat dans le sac* (1964) fait figure d'exemple et de pionnier dans le cinéma québécois par l'extrême liberté de sa structure et la portée politique de son sujet. Avec le budget alloué et prévu pour un court métrage, Groulx tourne son premier long métrage de fiction. Il met en scène un homme et une femme d'origines différentes : elle, Barbara, est juive et anglophone ; lui, Claude, est Québécois de langue française et indépendantiste, porté vers l'introspection et tenaillé par un vif désir de désaliénation. Accordant une grande place à l'improvisation, *Le chat dans le sac* est proche des premiers films de Godard et de Bertolucci. Cette chronique sensible d'une prise de conscience des problèmes québécois possède un charme poétique évident et un rythme musical apparenté au jazz. Le film est révélateur des sentiments qui agitent la société québécoise des années 60. Le cinéma direct, appliqué à ce récit autocritique, acquiert toutes ses lettres de noblesse, qui sont ici synonymes de courage, de liberté et de sincérité. Groulx continue d'approfondir l'image de l'homme québécois abordée dans son premier long métrage avec *Où êtes-vous donc?* (1968). À l'origine, le projet doit être une étude sur le phénomène de la chanson québécoise, mais il dérape vers une fiction insolite et provocatrice sur la révolte et la révolution, en mettant en scène deux gars et une fille aux prises avec la dure réalité citadine. Mêlant les couleurs monochromes et le noir et blanc, la voix off et les intertitres, la chanson et le commentaire chanté, les angles insolites des prises de vues et l'accéléré, le film, qu'on a comparé à un oratorio lyrique, tend un miroir désespéré de la condition des Québécois qui voient constamment leurs rêves se briser sur un réel qu'ils ne réussissent pas à s'approprier.

*Entre tu et vous* (1969) présente, en sept tableaux, une chronique de la vie quotidienne dominée par les médias et la publicité. Un homme et une femme ne peuvent plus communiquer, soumis qu'ils sont au bombardement idéologique qui noie leur singularité. Intransigeant et pessimiste, *Entre tu et vous* est considéré à sa sortie comme un film difficile et hermétique, jugement que le temps a contredit : sa violence formelle correspond exactement à son propos sur la répression politique et sexuelle. Groulx entreprend en 1971, avec la collaboration du politologue Jean-Marc Piotte, *24 heures ou plus...* (1976), réflexion libre et à voix haute sur l'état politique du Québec. À cause de son propos marxiste et indépendantiste, l'ONF juge le film politiquement inacceptable et sa sortie n'est autorisée que cinq ans plus tard. Interrogation à vif sur la société québécoise, *24 heures ou plus...* perd, par ce retard, de son efficacité. Toujours dans la veine militante, Groulx réalise *Primera pregunta sobre la felicidad/Première question sur le bonheur* (1977), une coproduction avec le Mexique. Après ce documentaire sobre et elliptique sur un groupe de paysans mexicains défendant la réforme agraire, Groulx tourne *Au pays de Zom* (1982), une fable récitée et chantée sur les vices et les vertus de la richesse. Très stylisé, ce film raconte une journée dans la vie d'un industriel étroit d'esprit et imbu de lui-même, M. Zom. Le récit, divisé en neuf tableaux, renvoie à Brecht, avec ses intertitres, sa distanciation affichée et sa critique acerbe de la bourgeoisie. La carrière de Groulx est interrompue par un très grave accident survenu en 1980, à la fin du tournage d'*Au pays de Zom.*

En 1985, il obtient le prix Albert-Tessier. Richard Brouillette lui consacre un film, *Trop c'est assez* (1995). En 1999, on distribue un film muet visiblement inachevé, qu'il a tourné en 1954, *Les héritiers* (c. m.) montage d'images de Montréal où le cinéaste met l'accent sur les contrastes.

FILMS : *Les raquetteurs* (coréal. M. Brault, 1958, c. m.), *Normétal* (1959, cm.), *La France sur un caillou* (coréal. C. Fournier, 1960, c. m.), *Golden Gloves* (1961, c. m.), *Voir Miami...* (1963, c. m.), *Le chat dans le sac* (1964), *Un jeu si simple* (1965, c. m.), *Québec...?* (coréal. G. Godin, 1967, c. m.), *Où êtes-vous donc?* (1968), *Entre tu et vous* (1969), *Place de l'équation* (1973, c. m.), *24 heures ou plus...* (1976), *Primera pregunta sobre la felicidad/Première question sur le bonheur* (1977), *Au pays de Zom* (1982).

BIBLIOGRAPHIE : « Cinéaste du Québec 1 » : *Gilles Groulx*, Conseil québécois pour la diffusion du cinéma, 1969 • STRARAM le Bison Ravi, Patrick, PIOTTE Pio le fou, Jean-Marc, *Gilles Cinéma Groulx le lynx inquiet*, Cinémathèque québécoise/Éditions québécoises, 1971 • GROULX, Gilles, *Propos sur la scénarisation*, Collège Montmorency/Cinémathèque québécoise, 1986. (A. R. et M. C.)

**GROULX, Sylvie,** réalisatrice, distributrice, scénariste (Montréal, 1953). Issue d'une famille d'acteurs (Georges Groulx est son oncle, et sa mère la sœur de Jean et de Gabriel Gascon), elle fait partie de la première génération de cinéastes à acquérir une formation en cinéma à l'université. En marge de ses études à Concordia, elle est membre du collectif de réalisation d'*Une bien belle ville* (1975, c. m.), qui traite des problèmes de logement dans les quartiers défavorisés de Montréal. Elle y travaille, entre autres, avec Francine Allaire*, avec qui elle s'associe pour réaliser *Le grand remue-ménage* (1978), un documentaire qui remet en question, avec une pointe d'humour, les rapports entre hommes et femmes et les stéréotypes tenaces que transmet l'éducation. Déjà, Sylvie Groulx se positionne du côté d'un cinéma à contenu, engagé mais jamais dogmatique. De 1978 à 1981, on la retrouve agent de distribution chez Cinéma Libre. En 1982, elle est une des trois signataires instituant la charte des Rendez-vous d'automne du cinéma québécois. De retour à la réalisation à l'occasion de l'Année internationale de la jeunesse (1985), elle signe *Entre deux vagues* (coréal. R. Boutet, 1985, m. m.). Elle enchaîne avec *Chronique d'un temps flou* (1988), documentaire qui, en évitant les pièges de la compassion, trace avec justesse le portrait de quelques personnages dans la jeune vingtaine. Groulx y fait montre d'un réel talent pour parler d'une génération qui n'est pas la sienne. Elle y reviendra, d'ailleurs, sur le mode de fiction, dans *J'aime, j'aime pas* (1995), dans lequel elle trace le portrait sensible et plein d'humour d'une jeune mère de 17 ans.

Réalisé en 1989, « *Qui va chercher Giselle à 3 h 45?* » (m. m.) aborde simplement la question de l'impact de la maternité sur le travail. Onze ans après *Le grand remue-ménage*, la réalisatrice y renoue pour la première fois avec une problématique spécifiquement féminine. Ironiquement, après ce documentaire de commande, auquel l'AQCC attribue le prix André-Leroux, elle scénarise un premier film de fiction, *Le petit cirque ordinaire* (1992, c. m.), mais une grossesse l'oblige à en céder la réalisation à Johanne Prégent.

Après *J'aime, j'aime pas*, Groulx, à l'emploi de l'ONF depuis 1991, entreprend la réalisation d'un ambitieux documentaire sur les cinémas nationaux et la menace que fait planer sur eux l'hégémonie grandissante du cinéma hollywoodien. Tourné en France, en Pologne, aux États-Unis et au Canada, *À l'ombre d'Hollywood* (1999) propose une synthèse dense et intelligente du fonctionnement de l'industrie cinématographique après cent ans de cinéma. (J. P.)

**GRUBER-STITZER, Judith,** musicienne (New York, États-Unis, 1951). Elle fait des études en littérature et en art au Trenton State College (New Jersey). Venue au Québec en 1977, elle se joint pour trois ans au groupe Jazzerie animé par Marie Savard, puis joue pendant six ans avec l'ensemble Wondeur Brass. Elle entre à l'ONF en 1986 pour composer la musique d'une série intitulée *The Next Steps* (T. Horne, 1986). C'est le début d'une nouvelle carrière consacrée principalement à la musique de film, pour laquelle ses goûts éclectiques et sa grande connaissance de la musique inspirent des combinaisons inventives et dynamiques. Elle fait la musique de *Standing Up for Your Rights* (C. Helman, 1987, m. m.), *L'autre muraille* (D. Beaudry, 1986, m. m.), *By Woman's Hand* (P. Ferrari, 1994, m. m.), *Women and Science* (G. Basen et E. Buffie, 1996, m. m.) et plusieurs autres films. Elle travaille aussi avec des producteurs privés sur de nombreuses œuvres : *L'étrangeté* (M. Desaulniers, 1989, c. m.), *Des lumières dans la grande noirceur* (S. Bissonnette, 1991, m. m.), *Les mots perdus, un film en quatre saisons* (M. Simard, 1993), *Plaisir honteux* (M. Desaulniers, 1998, c. m.). Elle écrit aussi les partitions musicales de deux moyens métrages de Robert Altman, adaptés de pièces de Harold Pinter : *The Room* et *The Dumb Waiter* (1987). Sa contribution est surtout marquante dans la musique de films d'animation, où plusieurs œuvres auxquelles elle contribue remportent de prestigieux prix : *Entre deux sœurs* (C. Leaf, 1990, c. m.), *Little Routine* (G. Griffin, 1994, c. m.), *Dinner for Two* (J. Perlman, 1996, c. m.) et *When the Day Breaks* (W. Tilby et A. Forbis, 1999, c. m.) qui remporte notamment le Prix FIPRESCI pour la bande sonore au Festival d'Annecy. (G. L.)

**GUEISSAZ, René,** producteur (Berne, Suisse, 1939). Associé à l'ACPAV depuis 1973, il collabore à titre de directeur de production ou de producteur à une vingtaine de films dont *Tu brûles? tu brûles, Ti-Cul Tougas* et *Tinamer* (J.-G. Noël, 1973, 1976, 1987), *Noël et Juliette* (M. Bouchard, 1973), *Lucien Brouillard* (B. Carrière, 1983), *Les oiseaux ne meurent pas de faim* et *En plein cœur* (F. Dupuis, 1979, c. m., et 1982, c. m.), *Vie d'ange* (P. Harel, 1979), *La nuit du visiteur* (L. Gagliardi, 1990, c. m.), *La manière nègre ou Aimé Césaire, chemin faisant* et *Tropique Nord* (J.-D. Lafond, 1991, m. m., et 1994, m. m.) ainsi que les *Bandes-hommages, 100 ans du cinéma* (1995). (P. J. et M. S.)

**GUEISSAZ-TEUFEL, Dagmar,** réalisatrice (Tuttlingen, Allemagne, 1941). Émigrée en Suisse, elle s'intéresse au cinéma et travaille chez Nagra-Kudelski. Arrivée au Québec, elle fait la transcription, à l'ONF, des dialogues du *Règne du jour* (P. Perrault, 1966). Elle passe ensuite au montage de négatif ainsi qu'à divers travaux de traduction et de version autant à l'ONF que dans l'industrie privée. De 1974 à 1982, elle conjugue sa carrière en cinéma à celle de fermière. La vie en milieu agricole, et surtout le travail non reconnu des femmes collaboratrices de leur mari, devient le sujet de son premier documentaire, *Madame, vous avez rien!* (1982, m. m.). Ces femmes, ayant consacré de nombreuses années à la mise sur pied de l'entreprise familiale, se découvrent un jour dépossédées du fruit de leur travail, ne jouissant d'aucun statut devant la loi. Ce portrait vivant et réaliste de femmes d'action rompt avec les images traditionnelles du monde rural. Gueissaz-Teufel privilégie une approche semblable dans *Le travail piégé* (1984, m. m.), témoignage sur l'isolement de femmes réduites à un travail à domicile, au noir, et mal payé. Avec Fernand Bélanger*, elle réalise *Passiflora* (1985), un film singulier où le documentaire s'allie à la fiction dans un regard irrévérencieux et caricatural sur le culte des vedettes, le pape et autres superstars. Cette collaboration se poursuit avec *Les polissons* (1987, m. m.), un document sur des jeunes du Nord-Ouest québécois qui refusent la passivité face au chômage, au suicide et à la pollution industrielle. Après ces deux coréalisations, elle revient à des préoccupations plus personnelles et renoue avec l'analyse des conditions de vie des femmes en traitant, dans *L'intelligence du cœur* (1988, m. m.), de leur travail bénévole. Puis, dans la continuité de son premier film, elle tourne *Femmes en campagne* (1989, c. m.), où elle donne la parole à des agricultrices qui font valoir leurs revendications. Elle travaille ensuite au service des versions à l'ONF. En 1995, elle est nommée au poste de chef des services de production et de développement technique au programme français de l'ONF. Après avoir quitté cette institution, elle est engagée par Ciné-Groupe à titre d'assistante réalisatrice d'une imposante série d'animation. (P. J. et M. S.)

**GUÉRIN, André,** administrateur (Montréal, 1928 – 1989). Formé en philosophie, en sciences politiques et en administration (Harvard), il entreprend d'abord une carrière diplomatique. En 1957, il entre à l'ONF où il retrouve des amis qui gravitent autour de la revue *Liberté*, dont il compte parmi les fondateurs. Il s'occupe de distribution, au pays et à l'étranger. En 1963, il est nommé directeur de l'OFQ, devenant ainsi le plus haut fonctionnaire du cinéma de l'État québécois. Le gouvernement lui confie la réforme de la censure cinématographique et l'élaboration d'une politique du cinéma. Il joue un rôle capital dans l'abolition de la censure et son remplacement par un système de classification. Il quitte l'OFQ pour présider le BSC de 1967 à 1983. À ce titre, il conseille le gouvernement dans l'adoption de la consolidation d'une loi-cadre du cinéma. En 1983, suivant les modifications de la nouvelle Loi sur le cinéma*, il devient président de la Régie du cinéma, poste qu'il occupe jusqu'en 1988. Grâce à un travail soutenu et rigoureux, il contribue à doter le Québec d'un système de classification libéral et d'un outil étatique de soutien à l'industrie du cinéma unique en Amérique du Nord. Une fondation qui porte son nom poursuit l'œuvre qu'il a entreprise pour la liberté d'expression en organisant des rencontres sur le sujet. (P. V.)

**GUERTIN, Fernand,** réalisateur, chef opérateur, monteur, producteur (Saint-Jean-Baptiste-de-Rouville, 1902 – Montréal, 1990). Devenu avocat en 1926, il se spécialise bientôt en droit du travail. Intéressé par la photo et le cinéma, il commence à tourner, en 1939, pour son seul plaisir. Ce métrage servira au premier film qu'il réalise pour le SCP : *Journée de vacances* (1950, c. m.). À la demande du chef de cabinet de Duplessis, Georges Léveillé, il commence à tourner des films de commande pour le SCP ; il fonde alors la Guernand Film. Il aide aussi les rédemptoristes (*Le chant du Saguenay*, 1953, c. m. ; *Le sanctuaire de Beaupré*, 1955, c. m.) et surtout les oblats (à trois occasions, il monte et sonorise des images filmées par le père Lafleur). En 1962, après vingt et un films, il ne tourne plus que par goût personnel. Cela donnera quelques documentaires, comme son long métrage *Souvenirs d'un grand-père* (1979). Les films de Guertin sont de facture plutôt traditionnelle. On en retient surtout la photographie, toujours très soignée.

PRINCIPAUX AUTRES FILMS : *Bons ou vénéneux* (1953, c. m.), *Castors de Québec* (1954, c. m.), *Au pays des Basotho* (1955, c. m.), *Les oblats au Basutoland* (1956, c. m.), *Une journée à Sainte-Anne* (1956, c. m.), *Dans les bois du Québec* (1956, c. m.), *Les hôtes de nos bois* (1962, c. m.), *Le hobby* (1962, c. m.). (P. V.)

**GUÈVREMONT, Paul,** acteur (Montréal, 1902-1979). Ce n'est qu'aux abords de la quarantaine, après avoir été vingt ans comptable dans une banque, que Guèvremont décroche un premier rôle au cinéma, celui de Jean Leber, collégien inquiet de sentir naître en lui la vocation religieuse. Le film s'intitule *À la croisée des chemins* (1943). Avec Jean-Marie Poitevin, Guèvremont collabore même à la réalisation de ce film produit par la Société des missions étrangères en réglant la mise en scène du spectacle filmé. Suivent une dizaine de longs métrages, parmi lesquels *Le curé du village* (P. Gury, 1949), *The 13th Letter* (O. Preminger, 1951), *The Luck of Ginger Coffey* (I. Kershner, 1964) et *Poussière sur la ville* (A. Lamothe, 1965). Le jeu de Guèvremont reste toujours d'une sobriété extrême. Peu d'acteurs ont pu exprimer avec autant de justesse la résignation ou le désabusement. Dans *Le gros Bill* (R. Delacroix, 1949), il a pour partenaire Amanda Alarie, qui incarne son épouse. On retrouve le couple dans la fameuse télésérie *La famille Plouffe*. D'ailleurs, c'est surtout par le truchement de son personnage de Théophile Plouffe, homme fébrile sous des dehors sereins, faux père tranquille, que Guèvremont demeurera dans la mémoire de générations de Québécois. (J.-M. P.)

**GUILBAULT, Élise,** actrice (Saint-Lin-des-Laurentides, 1961). Très active au théâtre où elle interprète aussi bien le répertoire que les auteurs québécois, Guilbault reprend, sous la direction de Martine Beaulne et d'André Melançon, le rôle qu'elle a défendu à la scène dans une pièce de Michel Tremblay, *Albertine en cinq temps* (1999). Elle s'affirme au cinéma à travers les films de Michel Langlois, au centre d'un triangle amoureux dans *Sortie 234* (1988, c. m.), on la revoit dans ... *comme un voleur* (1991) puis, surtout, dans *Cap Tourmente* (1993) où son interprétation d'Alfa, femme secrète, blessée, résignée, profondément amoureuse de son frère, est soulignée par le prix Guy-l'Écuyer. Guilbault tient peu de premiers rôles sinon dans *Nuits d'Afrique* (C. Martin, 1990, m. m.) où elle transmet, avec sobriété, l'insatisfaction, voire la détresse d'une femme qui rêve d'une vie différente. Regards inquiets, souffrance étouffée, on la distribue naturellement dans des rôles dramatiques, bibliothécaire dans *La vie fantôme* (J. Leduc, 1991), aveugle dans *Mouvements du désir* (L. Pool, 1994), exceptionnellement dans une comédie, *Repas compris* (M. Bolduc, 1993, c. m.) où son personnage participe au jeu de duperie qui cimente une famille. Guilbault joue aussi dans deux films à sketches, *Montréal vu par...* (D. Arcand, M. Brault, A. Egoyan, J. Leduc, L. Pool et P. Rozema, 1991) et *Cosmos* (J. Alleyn, M. Briand, M.-J. Dallaire, A. Paragamian, A. Turpin et D. Villeneuve, 1996). Bernard Émond lui confie le rôle-titre de *La femme qui boit* (2000). (M. C.)

Luce Guilbeault dans *O.K... Laliberté* de Marcel Carrière.

**GUILBEAULT, Luce,** actrice, réalisatrice (Montréal, 1935 – 1991). L'une des grandes comédiennes de théâtre du Québec, elle interprète certains des plus beaux rôles du répertoire international et québécois, jouant notamment Françoise Loranger, Réjean Ducharme, Michel Tremblay, Claude Gauvreau, Jovette Marchessault et Marie Laberge. À la télévision, elle joue dans des dramatiques comme *Des souris et des hommes* et dans des séries comme *Opération mystère* et *Des dames de cœur.* Au cinéma, cependant, elle doit attendre 1971 pour jouer un des rôles principaux de *La maudite galette* (D. Arcand). On la voit ensuite dans *IXE-13* (J. Godbout, 1971), *Le temps d'une chasse* (F. Mankiewicz, 1972), *Françoise Durocher, waitress* (A. Brassard, 1972, c. m.), *Le grand sabordage* (A. Périsson, 1973), *Tendresse ordinaire* (J. Leduc, 1973), *O.K... Laliberté* (M. Carrière, 1973), *Souris tu m'inquiètes* (A. Danis, 1973, m. m.), *Par une belle nuit d'hiver* (J. Beaudin, 1974, m. m.), *Les beaux dimanches* (R. Martin, 1974), *Mustang* (M. Lefebvre et Y. Gélinas, 1975), *Rappelle-toi* (V. Cholokian et M. Dansereau, 1975, m. m.), *Bargain Basement* (J. N. Smith, 1976, c. m.) et *Passages* (N. Shapiro, 1978, c. m.). Elle tient le rôle-titre de *Réjeanne Padovani* (D. Arcand, 1973), puis le rôle principal de *La dernière neige* (A. Théberge, 1973, m. m.). Paule Baillargeon et Guilbeault sont les protagonistes du *Temps de l'avant* (1975) d'Anne Claire Poirier, qui fera de nouveau appel à Guilbeault pour *Mourir à tue-tête* (1979) et *La quarantaine* (1982). Longtemps, au cinéma et à la télévision, elle sera cantonnée dans des rôles de mégère (*La maudite galette; Albédo,* J. Leduc et Renée Roy, 1982, m. m.), de prostituée, de femme légère, de serveuse de bar, auxquels se prête un physique pulpeux (*Des souris et des hommes, Le temps d'une chasse, Le grand sabordage, O.K... Laliberté*). Cependant, elle réussit souvent à redonner une humanité à ces rôles en faisant percevoir, par un tremblement des lèvres, un regard traqué, un geste réprimé, sous la rudesse et le cynisme affectés, la fragilité, le besoin de tendresse du personnage. Échappent à des stéréotypes ses rôles dans *Réjeanne Padovani* (où paradoxalement elle n'apparaît que brièvement dans le rôle-titre); dans *Tendresse ordinaire* — la séquence où elle vient en voisine apprendre la recette du gâteau blanc à l'héroïne est une des plus belles, des plus tendres, justement, du film; dans *Le temps de l'avant*, où elle joue une mère de famille qui, de nouveau enceinte, envisage, douloureusement, un avortement... Figure de proue du cinéma québécois des années 70, Guilbeault, qui s'est tenue à l'écart des films érotiques et des comédies populaires, est beaucoup moins présente par la suite. Elle tourne encore dans la vidéo *Pense à ton désir* (D. Poitras, 1984, c. m.), interprète un personnage de voisine dans *Qui a tiré sur nos histoires d'amour?* (L. Carré, 1986) et dans *La nuit du visiteur* (L. Gagliardi, 1990, c. m.), puis joue dans *Petit drame dans la vie d'une femme* (A. Pelletier, 1990, c. m.).

L'habituée des grands rôles de la scène se met, quand elle passe derrière la caméra, au service des femmes, qu'il s'agisse d'une jeune comédienne qui, en attendant un rôle, s'occupe des loisirs des personnes âgées (*Denyse Benoit, comédienne*, 1975, c. m.), des personnalités les plus en vue du féminisme aux États-Unis (*Some American Feminists*, coréal. N. Brossard et M. Wescott, 1977, m. m.), ou de nos/vos voisines (*D'abord ménagères*, 1978). *Some American Feminists* est le résultat du désir qu'avaient les réalisatrices de s'informer sur le féminisme américain et de rencontrer ses porte-parole, de Kate Millet à Ty-Grace Atkinson. L'attention est concentrée sur les personnes, ce qu'elles ont à dire et leurs auditrices. Galerie de portraits et anthologie du discours féministe, *Some American Feminists* est un film attentif, et qui suscite l'attention, à la fois sérieux et très vivant, parce que les personnages sont présentés « en action ». Il y a plus de fantaisie, de bonne humeur, d'atmosphère et de chaleur dans *D'abord ménagères* puisque la caméra devait, pour traquer ce travail invisible, non comptabilisé, le travail ménager, entrer dans les maisons, pénétrer au cœur de la vie quotidienne. Une complicité féminine donne au film les meilleures qualités du direct québécois, dans lequel l'équipe de réalisation est de plain-pied avec les protagonistes. De 1989 à 1991, Guilbault occupe la présidence des Rendez-vous du cinéma québécois. En 1991, l'ONF lui remet le premier prix Iris pour l'ensemble de son œuvre. (M. E.)

**GULKIN, Harry,** producteur (Montréal, 1927). Photographe, journaliste, syndicaliste et conseiller en marketing, il apprend le métier de producteur en autodidacte. Il produit quelques courts métrages (*Penny and Ann*, F. Vitale, 1974), des films industriels et, surtout, quatre longs métrages. Croyant fermement en l'existence d'une culture canadienne de langue anglaise, Gulkin n'a produit que des longs métrages inspirés par la littérature de son pays. Qu'elle soit d'origine juive comme dans *Lies My Father Told Me* (J. Kadar, 1975) ou qu'elle vienne de Terre-Neuve comme dans *Bayo* (M. Ransen, 1985), la culture canadienne est pour Gulkin d'une grande diversité et fondamentalement différente de celle des États-Unis. Déplorant le manque de communication entre les anglophones et les francophones, il aborde cette question en produisant *Two Solitudes* (L. Chetwynd, 1978), adaptation du best-seller de Hugh MacLennan. Très actif à l'intérieur de la communauté juive (il dirige le centre culturel Saidye Bronfman de 1983 à 1987), Gulkin est aussi le producteur de *Jacob Two-Two Meets the Hooded Fang* (T. J. Flicker, 1978), d'après le roman homonyme de Mordecai Richler. Producteur « à l'américaine », revendiquant la paternité des films qu'il produit, Gulkin a souvent affirmé que s'il avait été francophone, il aurait été réalisateur. En 1987, il devient le premier anglophone à occuper un poste de directeur de projet à la SGCQ. Il conserve cette fonction lorsque l'organisme intègre la SOGIC puis devient la SODEC. (M. J.)

**GURIK, Robert,** scénariste (Paris, France, 1932). Il participe à la fondation du Centre d'essai des auteurs dramatiques (1965) et reçoit, à deux reprises, la médaille Massey pour la meilleure pièce de théâtre au Canada, d'abord avec *Le pendu* (1967), ensuite avec *Les louis d'or* (1969). Il enseigne la scénarisation à l'UQÀM depuis 1978. Dans son premier scénario, *Les vautours* (J.-C. Labrecque, 1975), écrit en collaboration avec Jacques Jacob, il construit autour des souvenirs du réalisateur l'histoire du jeune Louis Pelletier, coincé entre la mort de sa mère et celle de Duplessis. Avec la collaboration de Marie Laberge, il scénarise la suite de cette chronique, *Les années de rêves* (J.-C. Labrecque, 1984), en essayant d'intégrer l'itinéraire individuel de son personnage dans l'aventure collective du Québec des années 60. Mais l'évocation de la Révolution tranquille engendre plus une série d'anecdotes nostalgiques qu'une véritable narration. Il apporte ensuite sa collaboration à Michel Langlois pour le scénario de *La femme de l'hôtel* (L. Pool, 1984), réflexion sur la création et l'amour à travers la dérive de trois femmes. Auparavant, Gurik avait scénarisé un court métrage, *Le toasteur* (M. Bouchard, 1982), histoire amusante d'un ouvrier qui fait du zèle. Ses préoccupations sociales s'expriment mieux à la télévision, dans des séries comme *Jeunes délinquants* (1979), *La pépinière* (1984) ou *Comment acheter son patron* (1986), toutes réalisées par Jean-Paul Fugère et diffusées à Radio-Canada. (H.-P. C.)

**GURY, Paul (Louis-Marie Le Gouriadec,** dit **Loïc),** réalisateur, acteur, scénariste (Vannes,

Hector Charland et Nicole Germain dans *Séraphin* de Paul Gury. (coll. CQ)

France, 1888 – Montréal, 1974). Il vient très tôt au théâtre, comme comédien et auteur. Il émigre au Canada en 1909, mais retourne épisodiquement travailler en France à titre d'acteur (notamment dans trois films d'Henry Wulschleger), scénariste et acteur (*Le mort en fuite*, A. Berthomieu, 1936 — le scénario de Gury sera d'ailleurs adapté, en 1938, par René Clair dans *Break the News*), ou scénariste (*La fugue de Monsieur Perle*, Richebé, 1952; *Les deux font la paire*, A. Berthomieu, 1954). Il est directeur du Théâtre national de 1918 à 1923, et plusieurs de ses pièces y sont jouées. En 1949, il participe à la création du théâtre du Rideau vert, aux côtés de sa femme, Yvette Brind'Amour. Il écrit beaucoup pour la radio; on lui doit notamment les feuilletons *Rue principale* (1941-1959) et *Vies de femmes* (1952-1966). Lorsque Québec Productions cherche un réalisateur québécois pour tourner *Un homme et son péché* (1949), d'après le célèbre radioroman de Claude-Henri Grignon, on approche Gury qui est le seul homme disponible à posséder une expérience professionnelle de comédien et de scénariste. Le succès du film est énorme et la réalisation constitue un progrès par rapport aux fictions québécoises antérieures. On apprécie ce sujet typiquement québécois. Sur cette lancée, Québec Productions lui confie l'adaptation d'un autre radioroman, *Le curé de village* (1949), d'après Robert Choquette. Gury signe là sa meilleure réalisation : la direction d'acteurs est maîtrisée, le récit bien mené, la vie du village évoquée avec charme. « Le cinéma québécois existe enfin », pense-t-on alors. Naturellement, c'est Gury qui tourne la suite d'*Un homme et son péché, Séraphin* (1950). Cette fois, les grands quotidiens applaudissent et la presse plus intellectuelle siffle. Si, aujourd'hui, ce film lourd semble constituer un recul par rapport à ses films précédents, il intéresse tout de même les sociologues qui y voient une réintégration du mythe de la colonisation. Après ce film, Gury se consacre essentiellement au théâtre. (P. V.)

**GUTIERREZ, German,** réalisateur, assistant réalisateur, chef opérateur (Bogotá, Colombie, 1955). Il se passionne pour le théâtre dès ses études secondaires. Décidé à devenir acteur, il se joint, en 1969, à une troupe de théâtre expérimental. En 1971, la troupe est invitée à se produire au Festival de Nancy (France). Gutierrez reste trois ans en France puis, faute de travail, abandonne le métier d'acteur. En 1975, il immigre au Canada et s'installe à Montréal. Trois ans plus tard, il compte parmi les fondateurs de Timana Films qui produit plusieurs films se rapportant à la Colombie. Puis, il étudie le cinéma au collège Algonquin (Ottawa). De retour à Montréal en 1981, il travaille comme assistant réalisateur. Son premier film, *Café* (1983, m. m.), est une étude sociale sur la production et la distribution du café. *La familia latina* (1985, m. m.), qu'il réalise à l'ONF, lui vaut une certaine notoriété. Il y réunit les témoignages d'exilés et d'immigrants du Chili, d'Argentine, du Salvador et d'autres pays latino-américains chez qui il analyse les effets du dépaysement et, de manière plus générale, la sensation d'être *l'autre* dans la société québécoise. Ce bilan de recherches sur l'intégration des Latino-Américains au Québec lui vaut un prix à Yorkton. Dans ses films suivants, pour la plupart réalisés à l'ONF, la réflexion sur les conditions de vie et l'agriculture des peuples du tiers-monde prend de l'ampleur. Il s'intéresse d'abord dans *Système « D »* (1989, m. m.), à l'économie parallèle des pays pauvres, puis, dans *Cinq siècles après* (1990,

m. m.), à la situation des Indiens vivant de l'agriculture au Guatemala et en Bolivie. En même temps qu'ils véhiculent une masse d'informations, les films de Gutierrez donnent toujours la parole aux gens du peuple. Il travaille ensuite, avec Michel Régnier*, dans le nord-est du Brésil et en Amazonie. Il en tire les images de trois films. *Tenir le coup* (1993, c. m.) présente une région sèche et aride dont les habitants ne peuvent tirer qu'une bien maigre récolte. *Loin des plages* (1993, c. m.) montre la misère d'un bidonville de Sao Paulo. Le père Fredy y dispense soins et réconfort. *Vivre en Amazonie* (1993, c. m.) fait découvrir Les Huni Kui qui, dans la profondeur de la forêt, vivent en parfaite harmonie avec leur milieu.

Gutierrez réalise ensuite, avec sa collaboratrice assidue, Carmen Garcia, un long métrage documentaire sur la famille d'aujourd'hui. Des parents sourds à l'autochtone engagée en passant par une famille acadienne traditionnelle, *Variations sur un thème* (1994, m. m.) traite de l'importance fondamentale pour la personne, d'un tel cadre de vie.

La connaissance qu'il développe des pays d'Amérique latine ainsi que son expérience de la culture nord-américaine vont permettre à Gutierrez de réaliser *Société sous influence* (1997, m. m.). Ce documentaire-choc qui suit la piste des trafiquants de drogue et des policiers qui s'efforcent d'en enrayer le commerce, est tourné en Colombie, au Québec, aux États-Unis et en Europe. Il fait le procès d'un système de répression dépassé par ce qui est devenu une des plus puissantes industries de la planète. En 1999, Gutierrez collabore au scénario et à la photographie d'un documentaire de Carmen Garcia, *L'effet bœuf* (m. m.), qui dénonce le monopole des grosses compagnies où l'on engraisse l'animal à coups d'antibiotiques et d'hormones de croissance. (J. A. et É. P.)

**GUY, Suzanne,** réalisatrice (Québec, 1956). Après avoir été tantôt assistante à la réalisation, tantôt scripte, elle coréalise, avec Guy Simoneau*, *On n'est pas des anges* (1981), documentaire émouvant sur la sexualité occultée des personnes handicapées. En 1984, elle poursuit seule son exploration des sujets en périphérie de la sexualité et aborde, dans *C'est comme une peine d'amour*, une question brûlante d'actualité, l'avortement. Évitant de prendre trop ouvertement parti, elle propose un habile dosage d'empathie et de froideur clinique : son film livre les témoignages de femmes avortées et montre un avortement. En 1985, elle réalise un film-clip sans toutefois souscrire aux règles qui régissent tacitement l'esthétique de ce genre envahissant. Elle met en images une chanson méconnue de Céline Côté, *Les enfants aux petites valises*, dont le propos, les enfants du divorce, convient parfaitement à ses préoccupations humanistes. Après avoir occupé le studio du Québec à New York où elle prépare un film sur la réussite des Québécois dans la métropole américaine (*New York doré*, 1990), elle réalise *Les bleus au cœur* (1987). Tourné à la maison Tanguay, le film, construit autour d'une série de témoignages révélateurs, pose un regard pénétrant sur la vie des femmes en milieu carcéral. Elle tourne ensuite, à Toronto, *L'enfant de la ville bleue* (1987, c. m.), film sur les maternités tardives qui s'inscrit dans le cadre de la série ontarienne « Transit 30/50 ». L'année suivante, elle assure la partie documentaire d'un téléfilm sur la violence conjugale, *L'emprise* (coréal. M. Brault, 1988, m. m.) qui obtient plusieurs prix à Yorkton. Guy, dont les films offrent toujours une image très soignée, oriente principalement son cinéma vers les femmes, sans opter pour une approche militante. Qu'ils s'intéressent au couple ou à la criminalité, les films de Guy privilégient l'émotion et explorent, sous différents angles, les rapports humains. En 1991, elle s'aventure du côté de la fiction avec *Le visiteur* (c. m.), film sans paroles où le va-et-vient d'un homme et d'une femme dans un appartement sert à illustrer l'incompréhension entre les sexes. Elle enchaîne avec un documentaire pour lequel, elle reçoit, une fois encore, les confidences de différentes personnes sur une expérience commune, *L'année qui change la vie* (1992, m. m.), qui traite de la première année à l'école. Le film remporte le prix Télébec à Rouyn-Noranda. Puis, elle étend sa réflexion à la spiritualité, cherchant moins à privilégier une attitude ou une croyance qu'à se faire le relais d'un éventail ouvert d'expériences dans *Du cœur à l'âme avec ou sans Dieu* (1996). Quelques années plus tard, elle tourne de nouveau sa caméra vers les États-Unis et consacre un documentaire aux francophones de la Nouvelle-Angleterre (2000, m. m.). Guy, dont les films offrent toujours une image très soignée, n'adopte pas une approche militante. Qu'ils s'intéressent au couple ou à la criminalité, à la foi ou à la réussite, les films de Guy privilégient l'émotion, parfois de manière appuyée, et explorent, sous différents angles, les rapports humains et les choix déterminants auxquels sont confrontés les individus. (M. C.)

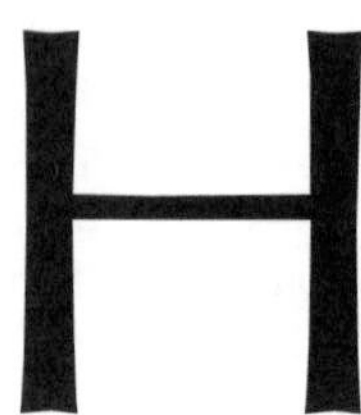

**HAIG, Don,** producteur, monteur (Winnipeg, Manitoba, 1933). Il entreprend d'abord sa carrière dans la distribution, au bureau de Winnipeg de la Metro-Goldwyn-Mayer. En 1956, il entre comme monteur à la CBC à Toronto. Puis il crée sa propre maison de post-production, Film Arts. Pendant presque trois décennies, Haig et Film Arts acquièrent une réputation d'excellence dans le montage et la production cinématographiques de plus de cent courts métrages, documentaires, émissions spéciales d'une heure et longs métrages. En qualité de co-producteur et producteur exécutif, il contribue au succès de plusieurs longs métrages dont : *Artie Shaw... Time Is All You've Got* (B. Berman, 1985), *I've Heard the Mermaids Singing* (P. Rozema, 1987) et *Timothy Findley : Anatomy of a Writer* (T. Macartney-Filgate, 1992, m. m.). En 1992, il entre à l'ONF comme directeur du Centre du Pacifique à Vancouver, puis devient producteur exécutif des studios B et C à Montréal. Il produit notamment les séries « Children of Jerusalem » (B. Shaffer, 1994-1996, trois c. m.), *You Won't Need Running Shoes, Darling* (D. Todd Hénault, 1996, m. m.), *Spudwrench — Kahnawake man* (A. Obomsawin, 1997, m. m.), *Barbed Wire and Mandolins* (N. Zavaglia, 1997, m. m.) et *Asylum* (G. Beitel, 1998).
En 1993, l'Université York à Toronto, lui remet un doctorat ès lettres honorifique pour souligner les services qu'il a rendus à l'industrie cinématographique canadienne, tant en sa qualité de cinéaste qu'à titre de mentor. (B. L.)

**HALLIS, Ron,** réalisateur, chef opérateur, preneur de son (Montréal, 1945). Il est, au Québec, un des principaux artisans du documentaire anglophone indépendant, et l'inlassable propagandiste en Amérique du Nord de la solidarité avec les mouvements de libération du tiers-monde, particulièrement celui des Noirs d'Afrique australe.
Après des études à McGill, Hallis acquiert d'abord une bonne réputation de technicien, en particulier comme chef opérateur, plusieurs fois primé, de ses propres films. Ses documentaires *Night Shift* (1970, c. m.) et *Toni, Randi & Marie* (1973), auquel est intégré *Night Shift*, sont des portraits sensibles de personnages marginaux. Hallis enseigne également le cinéma au Québec et à l'étranger.

Cette seconde carrière est couronnée par l'invitation que lui fait l'Institut national du cinéma du Mozambique, en 1977, peu après la libération du pays, de venir former des techniciens et de mettre sur pied des services de production et de distribution. Suivent plusieurs documentaires (film et vidéo) sur le Mozambique, le Zimbabwe et le Moyen-Orient, qui combinent observation ethnographique et engagement politique, parmi lesquels *I Can hear Zimbabwe Calling* (1981, m. m.), *Iran, Adrift In a Sea of Blood* (1986, m. m.), *Chopi Music of Mozambique* (1987, c. m.), *Samora Machel* (1989, c. m.) et *Zimbabwean Marimba* (1998, c. m.). Ces films véritablement internationalistes ont été mis à l'horaire de la plupart des télévisions occidentales et programmés à la Cinémathèque québécoise, au Museum of Modern Art et au Séminaire Grierson. Dans les années 90, il se consacre à l'enseignement. (T. W.)

**HAMELIN, Babalou,** monteuse (Montréal, 1951). Après des études en linguistique et en littérature à l'UQÀM, elle débute à la maison Projex Films dirigée par René Avon et Yves Hébert. Elle monte plusieurs courts métrages documentaires destinés à la télévision, dont un de Michel Brault*, *On est ben su l'eau* (1973, c. m.), dans la série « Mon pays, mes amours ». Brault l'engage comme assistante monteuse pour *Les ordres* (1974), première expérience d'Hamelin pour le cinéma. Au milieu des années 70, elle travaille auprès de nombreux cinéastes, dont Tahani Rached (*Leur crise, on la paye pas*, 1976, c. m.), qu'elle retrouve pour *Haïti-Québec* (1985, m. m.), Paule Baillargeon (*Anastasie oh ma chérie !* 1977, c. m. ; *La cuisine rouge*, coréal. F. Collin, 1979) et Luce Guilbeault (*D'abord ménagères*, 1978). À la même époque, elle s'associe de plus en plus fréquemment avec des cinéastes de l'ONF comme Diane Létourneau (*Les statues de monsieur Basile*, 1978, c. m. ; *En scène*, 1982, m. m.), François Brault (*Ozias Leduc, peintre-décorateur d'églises*, 1982, c. m. ; *Victor Bourgeau, architecte*, 1982, c. m.) et Hélène Girard (*Fuir*, 1979). À la fin des années 80, elle amorce une collaboration soutenue avec Jean-Daniel Lafond. Elle monte pas moins de huit films du réalisateur : *Le voyage au bout de la route*, 1987 ; *Les traces du rêve*, 1987 ; *La manière nègre ou Aimé Césaire, chemin faisant*, 1991, m. m. ; *Tropique nord*, 1994, m. m. ; *La liberté en colère*, 1994 ; *Haïti dans tous nos rêves*, 1995, m. m. ; *L'or de Cuba*, 1998, m. m. ; *Le temps des barbares*, 1999. En plus de collaborer avec Lafond, elle travaille également avec Laurent Gagliardi (*Claude Miller ou le jardin secret*, 1993, m. m.), Stéphane Drolet, qui supervise vingt-trois réalisateurs, pour *Référendum — prise deux/ Take 2* (1996), Louis Fraser (*Raymond Lévesque, d'amour et d'amertume*, 1998) ainsi qu'André Gagnon (*Marc-André Hamelin*, 1998, c. m.). Elle est la fille de la peintre Marcelle Ferron. (A. L.)

**HAMMOND, Arthur,** producteur, réalisateur, scénariste (Londres, Angleterre, 1930). Après des études en littérature anglaise, il arrive au Canada en 1955 et travaille comme rédacteur pour MacMillan Co. of Canada puis pour Seccombe House. De 1961 à 1965, il est scénariste, interviewer et recherchiste pour la radio et la télévision de la CBC à Toronto avant d'entrer en 1965 à l'ONF. Comme recherchiste, il collabore à *Memorandum* (D. Brittain et J. Spotton, 1965, m. m.) puis il scénarise le documentaire *The Continuing Past* (S. Ford, 1966, c. m.).
Par la suite, il devient réalisateur et produc-

teur. Il réalise *Never a Backward Step* (coréal. D. Brittain et J. Spotton, 1966, m. m.) qui traite de la formidable réussite de Lord Thomson of Fleet, un puissant magnat du monde des communications, *The Choice* (1967, c. m.) et *This Land* (1968, m. m.).

Hammond réalise, produit et scénarise la série « Corporation » (1973, six c. m. et un long métrage, 1974) qui présente un portrait de l'intérieur du monde des affaires en examinant les rouages de la compagnie Steinberg. En 1989, après s'être consacré notamment à la production (*I Hate to Loose*, M. Rubbo,1977, m. m. ; *Solzhenitsyn's Children... Are Making a Lot of Noise in Paris*, M. Rubbo, 1978 ; *China : A Land Transformed*, T. Ianzelo et B. Richardson, 1980, c. m.), il revient à la réalisation avec la série « Imperfect Union : Canadian Labour and the Left » (1989, quatre m. m.), qu'il produit et scénarise aussi, examinant les relations entre le monde syndical et les partis politiques de gauche au Canada. De 1974 à 1976, Hammond est directeur de la programmation à la production anglaise de l'ONF qu'il quitte en 1986. (B. L.)

**HAREL, Pierre,** réalisateur, acteur, monteur, musicien, scénariste (Sainte-Thérèse-de-Blainville, 1944). Après de brèves études à l'université, il réalise un documentaire intitulé *Taire des hommes* (coréal. P. Gélinas, 1968, m. m.) sur les événements sanglants qui marquent le défilé de la Saint-Jean de juin 1968. La même année, il tourne *Sombreros inutiles*, film inachevé dont la pellicule est saisie pendant la crise d'Octobre 1970. Il travaille ensuite, en collaboration avec Arthur Lamothe, à deux films-pilotes d'une série éducative à caractère politique intitulée « Actualités cinématographiques ».

Au début des années 70, il participe à la création du groupe rock Offenbach, dont il est alors l'auteur-compositeur et l'interprète. Ce groupe signe la musique de son premier long métrage de fiction, *Bulldozer* (1974). Sorte d'opéra-rock des gueux prenant place dans un dépotoir d'Abitibi, ce film présente le monde underground qui caractérisera toute la production de Harel. Les récupérateurs de carton, le cul-de-jatte, les partenaires incestueux constituent une faune ultra-marginale au sein de laquelle se retrouve l'essentiel du cinéma de Harel : un amour violent qui cherche par tous les moyens à se libérer. Entre 1974 et 1979, il tourne son plus beau film : *Vie d'ange* (1979). Ici, la poésie urbaine de la musique d'Offenbach ou de Corbeau, groupe dont il est aussi l'initiateur, éclate dans la représentation expressionniste d'un monde punk où l'être se révèle dans le drame. *Vie d'ange* décrit la rencontre d'un soir de Star Morgan et d'Elvis, chanteurs-vedettes que leurs ébats amoureux soudent l'un à l'autre. Ils ne parviennent à se libérer qu'en abandonnant l'agressivité et la violence qui avaient jusque-là marqué leur relation pour leur préférer une tendresse qui les amène à laisser tomber masques et faux-fuyants. C'est ainsi qu'ils avouent enfin leurs véritables noms, Pierre et Paule (Pierre Harel et Paule Baillargeon). Persévérant malgré les nombreux problèmes qui accompagnent la production de ses films, Harel tourne ensuite un vidéofilm, *Grelots rouges sanglots bleus* (1987). Dans un style volontairement théâtral, il met une fois de plus en scène les rapports violents qui déchirent un couple (Luc Matte et Magda Gaudreault). L'intérêt du film réside principalement dans l'interruption du récit par des performances picturales l'illustrant et des discussions du réalisateur avec les critiques

Minou Petrowski et Richard Martineau. Daniel Lesaunier et Jacques Augustin consacrent un documentaire, *Habitant glorieux* (1982, c. m.), à sa participation au groupe Corbeau. Harel tient de petits rôles dans *Quand je serai parti... vous vivrez encore* (M. Brault, 1999) et dans *Matroni et moi* (J.-P. Duval, 1999).

Bien que présentant parfois des excès maladroits, le cinéma de Harel, sans compromis et, à certains égards, expérimental, est caractérisé par sa grande intégrité. (J. D. et M. C.)

**HART, Harvey,** producteur, réalisateur (Toronto, Ontario, 1928 – Vancouver, Colombie-Britannique, 1989). Formé à la télévision (plusieurs dramatiques pour la CBC entre 1959 et 1963), il réalise à Hollywood *Bus Riley's Back in Town* (1965), son premier long métrage destiné aux salles. En 1970, il se rend à Québec afin de prendre en main le tournage de *Fortune and Men's Eyes* (1971), tiré de la pièce de John Herbert qui explore les amours homosexuelles en milieu carcéral. Jules Schwerin avait déjà agi, comme réalisateur pendant vingt-deux jours, mais Hart décide de tout recommencer. Après le tournage, à Kleinberg, en Ontario, de *Mahoney's Last Stand* (1971), qui ne sortira qu'en 1976, c'est à Montréal qu'il réalise *The Pyx* (1973), excellente adaptation du livre de John Buell. Tourné en anglais, les Québécois s'y expriment pourtant en français — chose suffisamment inusitée pour qu'elle mérite d'être signalée — donnant ainsi une œuvre quasi bilingue. À côté de la vedette hollywoodienne de service (Karen Black) et d'un Christopher Plummer au meilleur de sa forme, Donald Pilon, Jean-Louis Roux et Yvette Brind'Amour réussissent des compositions parfaites dans cette histoire où un policier enquête sur le présumé suicide d'une prostituée et découvre les activités d'une secte religieuse. Prolifique, Hart livre un film ou une série par année, parfois d'origine canadienne — *Shoot* (1976), *Utilities/Getting Even* (1981) et *Stone Fox* (1987) — parfois d'origine américaine mais dont le tournage a lieu au Canada, tel *Reckless Disregard* (1984). (D. J. T.)

**HARWOOD, Pierre,** producteur, administrateur (Montréal, 1913 – 1967). Fils d'une riche famille montréalaise, il fait d'abord carrière dans le monde de la finance. Il s'intéresse au cinéma en s'occupant des appareils de projection de la Ligue anti-tuberculose, dont sa mère est présidente. Ce violon d'Ingres devient son nouveau métier. Durant la guerre, il entre chez ASN à titre de chef des services Bell & Howell. C'est là qu'il rencontre Henri Michaud*. Ensemble, ils fondent Phoenix Studios en février 1947, une division de RFD*. L'objectif de la compagnie est de tourner du film utilitaire ou commercial et d'offrir des services de postproduction en langue française. Leur première réalisation sera un court métrage pour Bell Téléphone. Imperial Oil, Massey Harris et Alcan seront parmi leurs clients. Lorsqu'en 1950, Michaud et Harwood fondent Omega Productions, ce dernier s'occupe davantage de l'administration de la compagnie. Jusqu'à son décès, il en sera le vice-président. (P. V.)

**HAZANAVICIUS, Claude,** ingénieur du son, réalisateur (Paris, France, 1939). Il apprend son métier à Paris et travaille à l'ORTF. Invité par l'ONF, il arrive à Montréal en 1967 et reste à l'emploi de l'institution jusqu'en 1979. Durant cette période, il collabore comme ingénieur du son à une trentaine de longs métrages, notamment avec Jacques Godbout (*Kid Sentiment*, 1967 ; *IXE-13*, 1971 ; *Derrière* *l'image*, 1978), Jean Pierre Lefebvre (*Jusqu'au cœur*, 1968 ; *La chambre blanche*, 1969 ; *Q-Bec my Love*, 1969) ; Francis Mankiewicz (*Le temps d'une chasse*, 1972), Claude Jutra (*Wow*, 1969 ; *Mon oncle Antoine*, 1971) et Gilles Groulx (*Entre tu et vous*, 1969). Après 1979, il partage son temps entre les coproductions (*La guerre du feu*, J.-J. Annaud, 1981 ; *Au nom de tous les miens*, R. Enrico, 1983 ; *Higlander III : The Sorcerer*, A. Morahan, 1994), les films d'auteur (*Les beaux souvenirs*, F. Mankiewicz, 1981 ; *Les fleurs sauvages*, J. P. Lefebvre, 1982 ; *Le secret de Jérôme*, P. Comeau, 1994 ; *Le polygraphe*, R. Lepage, 1996) et les téléséries (*Mount Royal*, 1987 ; *Blanche*, 1993 ; *Ces enfants d'aileurs II*, 1998). Il remporte trois Canadian Film Awards (*Mon oncle Antoine*; *Le temps d'une chasse*; *One Man*, R. Spry, 1977) et un prix Génie (*La guerre du feu*). En 1979, il réalise *L'enfant fragile* (coréal. T. Vamos), un documentaire sur l'importance de la communication entre parents et enfants. Hazanavicius a une influence sur la technique de prise de son au Québec. Dans la tradition du direct, la pratique consistait à enregistrer par en dessous avec un micro directionnel, Hazanavicius, quant à lui, place le micro au-dessus de la tête du protagoniste en se servant d'une perche. (Y. R.)

**HÉBERT, Anne,** scénariste (Sainte-Catherine de Portneuf, 1916). Quand elle entre à l'ONF en 1954, Hébert vient de publier *Le tombeau des rois*, son plus important recueil de poésie. À l'ONF, elle rédige les commentaires de films comme *La femme de ménage* (L. Forest, 1954, c. m.) et *Midinette* (R. Blais, 1954, c. m.). Le ton est volontiers lyrique, empreint d'un intérêt marqué pour les faits sociaux et d'une sollicitude aiguë à l'égard des êtres de modeste condition. En 1959, elle écrit, à partir de l'un de ses propres contes, le scénario de *La canne à pêche* (F. Dansereau, c. m.). On lui doit aussi le scénario de *Saint-Denys Garneau* (L. Portugais, 1960, c. m.). Au débuts des années 70, elle travaille avec Claude Jutra (« une complicité diabolique », ironisera le cinéaste) à la rédaction du scénario de *Kamouraska*, inspiré de son roman le plus connu du public. De l'avis de la critique, le récit devient alors plus sentimental, moins résolument féministe, quelque peu édulcoré. Si le film demeure fidèle au livre quant à l'esprit, il faut en effet observer qu'il n'en a pas la violente luxuriance. Le scénario des *Fous de Bassan* (d'après l'ouvrage édité en 1982) n'est pas d'Hébert mais, à la suite des démêlés entre Francis Mankiewicz et les producteurs, elle use de son droit de veto pour obliger ces derniers à engager un réalisateur qui lui convienne. S'estime-t-elle satisfaite de l'adaptation tournée par Yves Simoneau en 1986 ? Il semble que oui. En 1983, dans la série « Profession : écrivain », Claude Godbout lui consacre un film intitulé *Anne Hébert : dompter les démons*. Plusieurs études ont été consacrées aux adaptations de *Kamouraska* et des *Fous de Bassan*. (J.-M. P.)

**HÉBERT, Bernar,** scénariste, réalisateur (Montréal, 1961). Dès ses débuts, Bernar Hébert revendique comme l'une de ses sources d'inspiration le surréalisme en réalisant *Le chien de Luis* et *Salvador*, en 1983, une vidéo de six minutes qui fait assaut comme (il se) doit, de références au *Chien andalou* de Buñuel et Dali et qui lui vaut une immédiate reconnaissance européenne. L'autre ligne de force de son parcours est inscrite dans la fondation des productions Agent Orange, avec Michel Ouellette en 1982, puis de Ciné Qua Non en 1991, et n'a de cesse de développer un cinéma en relation avec les autres arts. Il ne s'agit cependant ni d'un cinéma reproducteur et capteur de la mémoire des autres arts (l'enregistrement) ni du cinéma vu comme synthèse des autres arts. À travers une tentative de symbiose, Hébert semble s'atteler à la redéfinition d'une plastique du corps, un corps surréaliste dont la sensualité s'exacerbe par le moyen de l'expression artistique autour de thématiques récurrentes telles le rêve, l'eau. C'est naturellement la danse, sans oublier la musique et la peinture, et ses collaborations avec de grands chorégraphes, Ginette Laurin, Édouard Lock, qui lui permettront de réaliser ses productions les plus achevées et les plus remarquées dans les festivals : *La La La Human Sex Duo n° 1* (1987, c. m.), *Le petit musée de Velasquez* (1994, m. m.) et son premier long métrage, *La nuit du déluge* (1996). Réalisateur prolifique, une trentaine d'œuvres à son actif, et cohérent, sa démarche artistique le situe proche d'un cinéma expérimental à la Jean Cocteau ou encore à la Maya Deren, ou même du peintre Delvaux (toujours le surréalisme). Il entreprend en 1999 un long métrage inspiré du roman de Leonard Cohen, *The Favorite Game*, parcours initiatique d'un jeune poète dans les années 40 et 50. (P. G.)

**HÉBERT, Marc,** réalisateur, monteur, scénariste (Montréal, 1934 – États-Unis, 1997). Il débute comme monteur, à Radio-Canada (1956) puis à Niagara Films et à Hydro-Québec. Il participe au montage de *La terre à boire* (J.-P. Bernier, 1964), de *De mère en fille* (A. C. Poirier, 1967), de *Saint-Jérôme* (F. Dansereau, 1968) et de *Joseph K. L'homme numéroté* (G. Blais, 1990, m. m.). Il réalise ses premiers films pour Hydro-Québec : *Manic, mon pays adoptif* 1962, c. m.), *Manic V* (1965, c. m.), *Montréal la nuit* (1966, c. m.) et *À l'échelle du Québec* (1966, c. m.). Ses films se distinguent par un souci de contribuer à l'inventaire visuel du paysage québécois, tout en appliquant les techniques du direct, surtout au niveau de la prise de son. Ses films les plus importants sont des films de montagne, et lui valent une réputation mondiale. Produit à l'ONF, *Les rochassiers* (1969, m. m.) est, dans l'histoire du cinéma, le premier film sur l'escalade tourné en son direct. *Le pilier de cristal* (1978, c. m.), magistral exercice visuel sur l'escalade de glace, tourné à la chute Montmorency, près de Québec, remporte une dizaine de prix. *Trinité* (1987, m. m.), produit dans l'industrie privée, montre l'escalade périlleuse du cap Trinité, un pic à la verticale de trois cents mètres situé sur le bord du fjord du Saguenay. Ce film est tourné dans des conditions techniques hors du commun, les cinéastes étant suspendus avec les grimpeurs, entre ciel et mer. Pour l'ONF, Hébert réalise aussi *Ameshkuatan : les sorties du castor* (coréal. M. Bulbulian, 1978, c. m.), documentaire ethnographique en langue montagnaise tourné sur la Côte-Nord, et *Kluane* (coréal. R. Rochat, 1981, m. m.), film sur la conservation de l'environnement dans ce parc national du Yukon. Il participe au montage de *Salt Water People* (M. Bulbulian, 1992) et assure le montage sonore des *Fiancés de la tour Eiffel* (G. Blais, 1993). (P. D.)

**HÉBERT, Paul,** acteur (Thetford Mines, 1924). Après avoir joué au théâtre au Patro de Lévis, il se joint, en 1945, à la troupe les Comédiens, à Québec. En 1949, il part étudier trois ans en Europe grâce à des bourses. De retour au pays, il sera comédien, professeur de théâtre

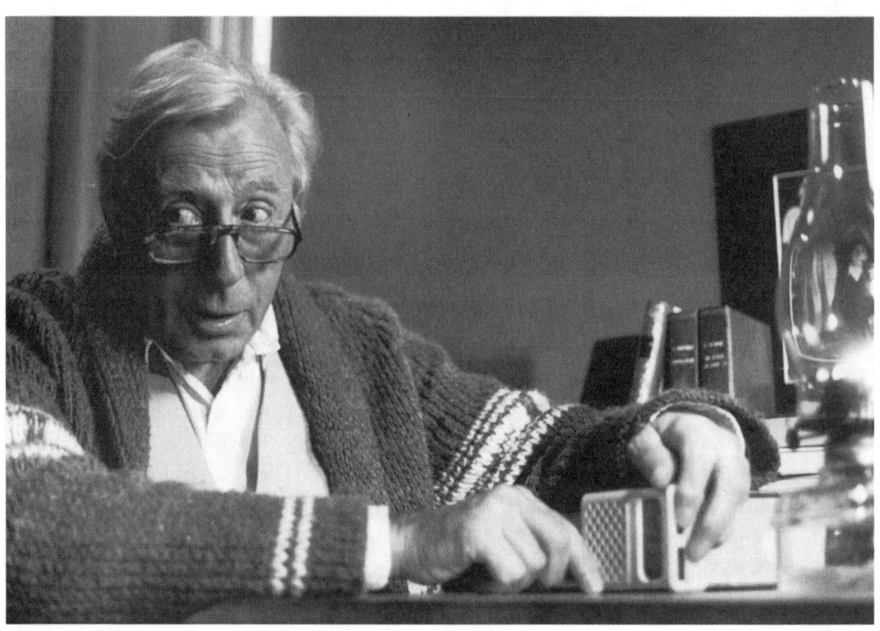

Paul Hébert dans *Bientôt novembre* de Francis Leclerc. (Sophie Lemelin, coll. RVCQ)

et metteur en scène. On peut l'entendre à la radio et le voir sur la scène et à la télévision, tant au réseau anglais que français. Au cinéma, on le voit d'abord dans des courts métrages, *Le commis* (A. Wargon, 1958) et *Louis-Hippolyte Lafontaine* (P. Patry, 1962), un moyen métrage, *Dubois et fils* (B. Devlin et R. Le Boursier, 1961), un film d'Irvin Kershner, *The Luck of Ginger Coffey* (1964), puis *La vie heureuse de Léopold Z.* (G. Carle, 1965) où il interprète le rôle de Théophile Lemay, patron nouveau riche. On le revoit dans *C'est pas la faute à Jacques Cartier* (Georges Dufaux et C. Perron, 1967) où il compose un amusant personnage d'antiquaire philosophe et facétieux. Hébert dirige le Conservatoire d'art dramatique de Montréal et occupe la vice-présidence du Centre national des arts (1969). Il joue dans *Le Martien de Noël* (B. Gosselin, 1970) puis travaille essentiellement à Québec où il dirige le Conservatoire d'art dramatique en 1970 et assure la direction artistique du Trident de 1970 à 1974 et de 1976 à 1978. Un prix d'interprétation remis chaque année à Québec porte d'ailleurs son nom. Il revient en force au cinéma dans les années 80, alors qu'on sait utiliser sa longue silhouette pour faire de lui le prototype de l'homme brisé, fatigué. Dans *Les beaux souvenirs* (F. Mankiewicz, 1981), il est ce mari abandonné, ce père soumis, écrasé par l'amour exigeant de sa cadette, Marie (Monique Spaziani). Dans *Pluie d'été* (F. D'Auteuil, 1985, c. m.), il est ce veuf inconsolable qui reprend contact avec une présence féminine grâce à un épouvantail (Linda Sorgini). Dans *Les fous de Bassan*, il est ce père fermé, à jamais brouillé avec son fils (Steve Banner). Dans *Le dernier havre* (D. Benoit, 1986), il est ce pêcheur mis à la retraite que le large rappelle. Il tient le rôle-titre dans *Alfred Laliberté sculpteur 1878-1953* (J. P. Lefebvre, 1987). Il joue également dans *Les yeux rouges ou les vérités accidentelles* (Y. Simoneau, 1982), dans le téléfilm *Des amis pour la vie* (A. Chartrand, 1988) et dans *Les tisserands du pouvoir* (C. Fournier, 1988, deux longs métrages). Mario Bolduc lui offre un de ses plus beaux rôles, celui d'un vieillard matois, moins dupe qu'il n'y paraît, qui laisse croire qu'il a une fortune pour éviter la maison de retraite dans *L'oreille d'un sourd* (1995). Comme à ses débuts, il tourne à l'occasion dans des courts métrages, *Diogène* (M. Brault, 1990) et *Bientôt novembre* (F. Leclerc, 1995). Hébert reçoit le prix du gouverneur général en 1995. (M. C. et G. K.)

**HÉBERT, Pierre,** animateur, réalisateur, producteur (Montréal, 1944). Après des études en anthropologie, il débute de manière artisanale en gravant sur pellicule trois petits films drôles et corrosifs : *Histoire grise* (1962, t. c. m.), *Histoire d'une bébite* (1962, c. m.) et *Petite histoire méchante* (1963, t. c. m.). Il enchaîne avec *Opus 1* (1964, t. c. m.), une œuvre abstraite explorant le phénomène de la persistance rétinienne. L'année suivante, il entre à l'ONF. S'ensuivent des films abstraits, construits à partir de répétitions combinatoires de séries d'images : *Op Hop* (1965, t. c. m.); *Opus 3* (1967, c. m.) ; *Autour de la perception* (1968, c. m.). *Explosion démographique* (1967, c. m.), film pédagogique, annonce une seconde période dominée par l'utilisation de la technique du papier découpé. Refusant de faire un cinéma uniquement formel, Hébert cherche alors à donner à ses films une portée politique et historique. Il lorgne même vers la science à travers un film abstrait : *Notions élémentaires de génétique* (1971, t. c. m.). Avec *Père Noël !, Père Noël !* (1974, c. m.), où il intègre l'animation de papier découpé à des images documentaires, il atteint un sommet et amorce une réflexion sur la commercialisation de Noël. L'année suivante, il participe au film collectif *Les Contes de la mère loi sur le cinéma.* Entre 1974 et 1979, il enseigne le cinéma d'animation et donne des ateliers dans le Bas-Saint-Laurent et en Acadie. Sensible à la drôlerie et à l'émotion que l'on trouve dans les films d'amateurs, il commence à se passionner pour une animation chaotique qui soit autre chose que la simulation de mouvements fluides. En 1978, il revient à la gravure sur pellicule avec *Entre chiens et loup* (c. m.), où il aborde la question du chômage. Puis, c'est *Souvenirs de guerre* (1982, c. m.), où alternent la gravure sur pellicule et le papier découpé. Autour d'une

Pierre Hébert. (Véro Boncompagni)

femme fredonnant une berceuse à son enfant se dessine un monde militarisé où l'agression est le lot du quotidien. À l'aide de couleurs tranchées, d'un montage brusque et de formes coupantes, Hébert dénonce la guerre avec virulence. Exploitant les oppositions musique folklorique-sonorités concrètes et papier découpé-gravure sur pellicule, il met en application son idée voulant qu'il faille « décider du style d'un film, de son imagerie, comme on décide d'un décor de théâtre, c'est-à-dire en faisant en sorte que le tout surgisse d'une réflexion dramaturgique ». Après ce film, ses expériences l'obligent à sortir des cadres. D'une part, il cherche à réaliser des films qui réagissent à des situations concrètes, sacrifiant ainsi les longues périodes de réflexion et de fignolage qui vont de pair avec le cinéma d'animation traditionnel. D'autre part, refusant le confort, il cherche le déséquilibre en confrontant son mode d'expression aux autres arts. C'est ainsi qu'*Étienne et Sara* (1984, c. m.) s'inspire de la naissance de deux enfants et de la rencontre du cinéaste avec le poète belge Serge Meurant. Dans cette lignée, *Ô Picasso (tableaux d'une surexposition)* (1985, c. m.) est une confrontation avec la peinture, à l'occasion de l'exposition Picasso au Musée des beaux-arts de Montréal. Mais c'est surtout dans son rapport avec la musique qu'Hébert cherche le métissage des arts. En 1984, voulant faciliter la diffusion de ses films, il a l'idée d'un spectacle où ceux-ci sont projetés pendant que trois musiciens improvisent une trame sonore. C'est ainsi que naît Chants et danses du monde inanimé, un groupe composé du cinéaste et des musiciens Jean Derome, Robert M. Lepage* et René Lussier. *Chants et danses du monde inanimé — Le métro*, prix du meilleur court ou moyen métrage québécois en 1984, est issu de ce premier spectacle. Plusieurs performances et tournées suivent, Hébert cherchant constamment à augmenter la part d'improvisation à l'intérieur de son travail. Il remporte le Melkweg Cinema Award for Reality Research du centre multimédia Melkweg d'Amsterdam. Il commence à graver des films en direct en 1986, dans le spectacle *Confitures de Gagaku*. Il pousse plus loin cette recherche l'année suivante avec *Adieu bipède* où il grave un film en boucle pendant le spectacle. Parallèlement à cela, il participe à des spectacles de danse (*The Technology of Tears*, de Rosalind Newman) et à des performances (*Mutations*, de Michel Lemieux). À la fin de 1987, toujours avec les mêmes musiciens, il réalise *Adieu Leonardo*, une performance où la référence à la vie de Léonard de Vinci le fait renouer avec une certaine trame narrative. Puis, il participe à Conversations, une série de performances où, à partir d'un thème choisi au hasard, quatre participants (une danseuse, un musicien, une écrivain et un cinéaste) improvisent. À partir des boucles qu'il a gravées en direct, il réalise ensuite *La lettre d'amour* (1988, c. m.). Il enchaîne avec un nouveau spectacle, *La plante humaine*, qu'il présente au Québec et à l'étranger. Cette fois-ci, la performance prend la forme d'un dialogue entre le cinéaste et un musicien (le plus souvent Robert M. Lepage). *La plante humaine* aborde, entre autres choses, le besoin fondamental de l'homme de se faire raconter le monde, cela en établissant un parallèle entre les récits de la création du monde dans les sociétés préindustrielles et la présence de la télévision comme récit dans le monde moderne. Encore une fois, Hébert récupère le fruit de ses improvisations pour en tirer un film. Lancé en 1996, le long métrage *La plante humaine* est un tissu complexe de gravure sur pellicule et de prises de vues réelles. Le film reprend la thématique du spectacle éponyme, mais cette fois à travers le récit d'une journée dans la vie d'un bibliothécaire à la retraite. *La plante humaine* est désigné meilleur long métrage québécois de l'année par l'AQCC.

Hébert réalise des séquences d'animation pour les films de quelques cinéastes, notamment Jean Pierre Lefebvre (*Le révolutionnaire*, 1965), Tahani Rached (*Beyrouth! À défaut d'être morts*, 1983, m. m.) et Fernand Bélanger (*L'émotion dissonante*, 1984). Il signe aussi quelques courts films de commande: publicité, indicatif de série, bande-annonce, etc. En 1988, ASIFA CANADA fait de lui le premier récipiendaire du prix Héritage-McLaren, remis annuellement à une personne ou à un organisme dont le travail se situe dans le prolongement de l'œuvre et de la pensée de Norman McLaren. En 1996, Hébert devient directeur du studio d'animation du Programme français de l'ONF. C'est pour lui un retour à la production, puisqu'il avait exercé la fonction de producteur entre 1969 et 1971. Il produit notamment *Mon enfant, ma terre* (F. Desbiens, 1998, t. c. m.) et *Le seuil* (S. Gervais, 1998, c. m.), retrouvant ainsi en fin de carrière deux cinéastes dont il avait produit les premiers films: *Les bibites de Chromagnon* (F. Desbiens, 1971, c. m.) et *Cycle* (S. Gervais, 1971, c. m.). Soucieux de positionner le studio à l'échelle mondiale et d'établir des liens avec d'autres foyers de production de films d'animation d'auteur, il collabore avec des studios portugais, danois et français. Il occupe cette fonction jusqu'à ce qu'il quitte l'ONF, en décembre 1999. Il est président de la Cinémathèque québécoise de 1992 à 1995.

FILMS: *Histoire grise* (1962, t. c. m.), *Histoire d'une bébite* (1962, c. m.), *Petite histoire méchante* (1963, t. c. m.), Opus 1 (1964, t. c. m.), *Op hop* (1965, t. c. m.), *Postez tôt* (1966, t. c. m.), *Explosion démographique* (1967, c. m.), *Opus 3* (1967, c. m.), *Autour de la perception* (1968, c. m.), *Le corbeau et le renard* (coréal. F. Desbiens, M. Pauzé et Y. Leduc, 1970, t. c. m.), *Notions élémentaires de génétique* (1971, c. m.), *Du coq à l'âne* (coréal. F. Desbiens et S. Gervais, 1973, c. m.), *C'est pas chinois* (coréal. G. Gascon, 1974, c. m.), *Père Noël! Père Noël!* (1974, c. m.), *Entre chiens et loup* (1978, c. m.), *Souvenirs de guerre* (1982, c. m.), *Étienne et Sara* (1984, c. m.), *Love Addict* (coréal. F. Bélanger, 1985, t. c. m.), *Chants et danses du monde inanimé — Le métro* (1985, c. m.), *Ô Picasso (tableaux d'une surexposition)* (1985, c. m.), *Adieu bipède* (1987, c. m.), *La lettre d'amour* (1988, c. m.), *La plante humaine* (1996).

BIBLIOGRAPHIE: JEAN, Marcel, *Pierre Hébert, l'homme animé*, Les 400 coups, 1996 • HÉBERT, Pierre, *L'ange et l'automate*, Les 400 coups, 1999. (M. J.)

**HÉBERT, Yves,** producteur, réalisateur (Montréal, 1939). Il fait des études en architecture, puis se tourne vers le cinéma et fréquente l'IDHÉC (Paris). Au cours de son séjour en France, il est stagiaire en production auprès de Philippe Senne pour les films *2 ou 3 choses que je sais d'elle* (J.-L. Godard, 1967) et *L'écume des jours* (C. Belmont, 1967). De 1968 à 1970, il se consacre surtout à la réalisation chez Production 8/16 (série *Au grand air*, 1968, c. m.) et chez Mondo-Vision, où il signe une série sur le sport de même que des documentaires. Vice-président de Projex Films de 1970 à 1974, il y produit la série «Le Vieux Montréal» (R. Avon, 1971), ainsi que deux autres séries qu'il coréalise avec René Avon : « Les grands-mères » (1972) et « Mon pays mes amours » (1973). En 1974, il fonde sa propre compagnie et produit de nombreux documentaires et films publicitaires. Il est notamment producteur d'un long métrage pour enfants fait pour la télévision (*Le trésor de la Nouvelle-France*, V. Davy, 1979) et de documentaires sur Gilles Villeneuve (*Formule Villeneuve*, 1983, m. m.) et les Canadiens de Montréal (*La saga des glorieux*, 1985, m. m.). En 1986, il entreprend la production d'*Ann McNeil*, adaptation d'un roman historique, que doit réaliser Jean Beaudin. Le projet est abandonné, en raison de problèmes financiers, la veille du tournage. Il travaille ensuite exclusivement pour la télévision. (M.-J. R.)

**HÉNAUT, Suzanne,** productrice (Montréal, 1956). Elle débute en 1975, comme assistante monteuse et assistante à la production de films publicitaires. En 1978, elle participe à la mise sur pied de l'Inuit Broadcasting Corporation. De 1978 à 1984, elle continue à travailler dans le domaine de la publicité à titre de directrice de production. Parallèlement, elle est régisseuse (*Dirty Tricks*, A. Rakoff, 1980 ; *Hey Babe !*, R. Zielinski, 1982) et directrice de production (*Sonatine*, M. Lanctôt, 1983 ; *Lune de miel*, P. Jamain, 1985). En 1985, elle s'associe à Jacques et Claude Bonin au sein de Films Vision 4, où elle produit ou coproduit *Henri* (F. Labonté, 1986), *Pellan* (A. Gladu, 1986), *Candy Mountain* (R. Frank et R. Wurlitzer, 1987), *Gaspard et fil$* (F. Labonté, 1988), *Sous les draps, les étoiles* (J.-P. Gariépy, 1989) et *Cuervo* (C. Ferrand, 1988). En 1990, elle quitte Les films Vision 4 pour fonder sa propre compagnie où elle produit *Au voleur* (G. Côté, 1992, c. m.), *Héritage* (N. Tlili, 1994, c. m.) et *Baltic Fire* (1994, m. m.). De 1995 à 1999, elle s'installe à Toronto où elle est responsable des coproductions et des préachats à TFO. Puis elle revient à Montréal à titre de productrice chez Cinar. Très active dans le milieu du cinéma, elle a aussi travaillé à l'organisation du Festival international du nouveau cinéma et de la vidéo, ainsi qu'à celle du colloque Convergence. Sa mère, Dorothy Todd Hénaut, est productrice et réalisatrice. (M. J.)

**HENDERSON, Anne,** réalisatrice, monteuse, productrice, scénariste (Montréal, 1948). Diplômée en littérature anglaise, elle est assistante monteuse sur quelques productions indépendantes au début des années 70 dont *Montreal Main* (F. Vitale, 1974). En 1975, elle est engagée comme pigiste à l'ONF. Elle y signe le montage d'une quinzaine de films, incluant les siens, produits pour la plupart au studio D (fermé en 1996). Engagée socialement, elle privilégie un discours positif, dans la mesure où elle prend soin de faire ressortir ce que les témoignages qu'elle recueille ont d'exemplaires. La plupart de ses œuvres s'inscrivent dans une démarche féministe. Dans son film le plus réussi, *The Right Candidate for Rosedale* (coréal. B. S. Klein, 1979, m. m.), elle suit les tribulations électorales d'Anne Cools, candidate à l'investiture libérale dans un comté torontois. On y voit comment cette femme noire s'est trouvée désavantagée devant son opposant, un homme blanc, parachuté par le parti. Au tournant des années 90, la cinéaste ajoute à ses préoccupations le combat des peuples contre l'oppression et l'injustice. Ainsi, dans *Holding Our Grounds* (1990, m. m.), elle s'intéresse aux femmes philippines qui militent pour leurs droits dans un pays marqué par la pauvreté où presque toutes les terres agricoles appartiennent à des sociétés étrangères. Elle adopte une démarche semblable dans *A Song for Tibet* (1991, m. m.), où elle rencontre des exilés tibétains, dont le Dalaï-Lama, qui lui parlent de leur lutte contre l'envahisseur chinois. *The Road From Kampuchea* (1998, m. m.) est consacré au Cambodgien Tun Channareth, corécipiendaire du prix Nobel de la paix en 1996 avec Jody Williams et survivant des mines antipersonnel. En 1996 et 1997, elle réalise deux épisodes de la télésérie *Femmes : une histoire inédite* (*Body Politics*, m. m. et *The Power Game*, m. m.). La plupart des films de cette documentariste sont produits par sa propre société, Arcady Films, parfois en coproduction avec l'ONF.

AUTRES FILMS : *... and They Lived Happily Ever After* (coréal. K. Shannon et I. Angelico, 1975, c. m.), *Attention : Women at Work!* (1983, c. m.). (M. de B.)

**HENRICHON, Léo,** réalisateur (Newport, États-Unis, 1912 – Trois-Rivières, 1986). Il vient au Québec pour y faire ses études. Il obtient ensuite un premier emploi dans une compagnie forestière, puis un second dans une usine de guerre à Sorel. Il exploite ensuite, à Trois-Rivières, un important studio de photographie. Amant et défenseur inconditionnel de la nature, il multiplie les excursions en forêt, toujours à la recherche de nouveaux lacs, et il affectionne particulièrement les descentes de rivières. Au fil de ses nombreuses expéditions, muni de sa caméra Bolex, il tourne une quantité impressionnante de pellicule. Il fait lui-même le montage de ses films qu'il présente surtout dans les clubs de chasse et pêche. On lui doit, entre autres, la série « Hors sentiers » (treize émissions de trente minutes). En 1974, il réalise *Ungava : terre lointaine* (coréal. P. Marchand), un film qui démontre son talent d'explorateur et de coureur des bois. Plusieurs originaux de ses films sont détruits par l'inondation de son studio, dans les années 70.

PRINCIPAUX AUTRES FILMS : *Plaisirs de pêche* (1961, c. m.), *L'appel de la rivière du Loup* (1979, c. m.), *Journée de pêche au Québec* (1984, c. m.). (J.-L. D.)

**HÉROUX, Claude,** producteur (Montréal, 1942). Diplômé en sciences politiques de l'Université de Montréal, il est encore étudiant lorsqu'il collabore, comme assistant producteur puis directeur de production, aux deux premiers films de son frère Denis. Par la suite, il est producteur délégué de *Pas de vacances pour les idoles* (D. Héroux, 1965) et producteur de *7 fois... (par jour)* (D. Héroux, 1971). Il fonde avec Denis Héroux la maison de production Cinévidéo, en 1970, où il produit les films que son frère réalise, d'*Un enfant comme les autres...* (1972), à *Pousse mais pousse égal* (1974). Des divergences d'opinions l'amènent à quitter la compagnie en 1974. Il devient alors producteur chez Astral Bellevue Pathé, notamment de *In Praise of Older Women* (G. Kaczender, 1978). Puis, en 1979, il fonde Filmplan International avec Pierre David et le Torontois Victor Solnicki. La compagnie se spécialise dans la production de films à diffusion internationale, et offre une structure de production aux maisons déjà existantes. *Visiting Hours* (J.-C. Lord, 1981), *Scanners* et *Vidéodrome* (D. Cronenberg, 1981 et 1983) comptent parmi les productions de la compagnie. Depuis 1986, il dirige les Communications Claude Héroux et produit essentiellement pour la télévision, se spécialisant dans les séries de prestige : *Lance et compte* (J.-C. Lord, 1987 ; R. Martin, 1988 et 1989), *Formule un* (N. Castillo, 1988), *René Lévesque* (R. Cardinal, 1993), *Le sorcier* (J.-C. Labrecque, 1994), *Les bâtisseurs d'eau* (F. Labonté, 1996), etc. (J. P.)

**HÉROUX, Denis,** producteur, réalisateur (Montréal, 1940). Diplômé de l'Université de Montréal en histoire et en études françaises, il s'initie au cinéma en participant à l'émission *Images en tête* de Jean-Yves Bigras à Radio-Canada. À l'université, il convainc l'association étudiante de remplacer la traditionnelle revue satirique de fin d'année par la projection d'un long métrage qu'il coréalise avec Stéphane Venne et Denys Arcand. Grâce à son esprit d'initiative, Héroux obtient la collaboration de techniciens de l'ONF (Brault, Groulx, Carrière, etc.) et *Seul ou avec d'autres* (1962) voit le jour. Le film au ton sympathique raconte la petite vie d'une étudiante en première année universitaire. L'année suivante, toujours pour l'association étudiante, avec la collaboration de l'ONF, il écrit et réalise seul *Jusqu'au cou* (1964), dans la veine de *Seul ou avec d'autres.*

En même temps qu'il enseigne l'histoire au collège Sainte-Marie (jusqu'en 1969), il entre chez Onyx Films où il produit des films commandités. En 1965, à la demande de J.-A. DeSève, il réalise un premier long métrage professionnel : *Pas de vacances pour les idoles.* Misant sur la popularité de quelques vedettes de la télévision (Joël Denis, Suzanne Lévesque, etc.), ce film aux visées commerciales claires s'adresse avant tout à un public jeune. Après avoir tourné quelques documentaires, Héroux revient au long métrage de fiction et signe *Valérie* (1968), qui marque le départ d'une série de films érotiques, mais demeure tout de même rattaché aux valeurs traditionnelles. On y suit une orpheline devenue prostituée, sauvée par l'amour de la vie familiale. Immense succès commercial, ce film fait naître l'espérance d'une production québécoise économiquement viable et propulse son réalisateur et son interprète principale, Danielle Ouimet, au rang de vedettes. Dans la foulée de *Valérie*, Héroux signe trois nouveaux films érotiques, *L'initiation* (1969), *L'amour humain* (1970) et *7 fois... (par jour)* (1971), coproduction tournée en Israël et produite par son frère Claude Héroux — qui produira ensuite la majorité de ses films au sein de leur compagnie —, ce film témoigne déjà de la volonté de Héroux de dépasser les frontières du Québec. Il marque aussi le début de sa collaboration avec le producteur John Kemeny, avec qui il fondera International Cinema Corporation en 1979. En 1972, Héroux profite de la fraîche popularité du « petit » René Simard et signe *Un enfant comme les autres...* Situé entre la fiction et le documentaire, ce long métrage qui s'inspire de l'histoire familiale de « l'enfant à la voix d'or » est boudé par la critique mais remporte tout de même un succès commercial respectable. La même année, Héroux s'attaque à un projet plus ambitieux, *Quelques arpents de neige*, dont le titre est emprunté aux paroles de l'un des personnages du *Candide* de Voltaire. Avec, comme fond historique, la révolte des patriotes de Saint-Eustache, le film raconte une histoire d'amour à la façon d'un mélodrame épique. Même si cette production est la première du genre à être réalisée au Québec, la critique reproche à Héroux d'être un « piètre directeur d'acteurs » et d'avoir réalisé « un film aliéné sur l'aliénation ». Retournant à un cinéma ouvertement commercial, il réalise ensuite *J'ai mon voyage !* (1973), comédie racontant l'histoire d'une femme qui, avec ses enfants et son mari d'origine française, traverse le Canada en automobile pour se rendre à Vancouver. Jouant sur la dualité linguistique canadienne et profitant de la popularité de Dominique Michel et de René Simard (lui et son frère Régis interprètent les deux enfants), le film obtient un gros succès en salle. Héroux enchaîne donc avec deux autres films du même type : *Y'a toujours moyen de moyenner!* (1973) et *Pousse mais pousse égal* (1974). Prolifique, il réalise aussi *Jacques Brel Is Alive and Well and Living in Paris* (1974), une coproduction avec la France tirant son sujet du spectacle homonyme de Broadway. Par la suite, il réalise deux films d'horreur, coproductions internationales sans véritable intérêt : *Born for Hell* (1976) et *The Uncanny* (1977).

Denis Héroux.

Héroux s'oriente ensuite vers la production, qu'il avait déjà abordée en 1974 avec *Y a pas d'mal à se faire du bien* (C. Mulot, 1974). Trop à l'étroit dans le marché québécois, il se spécialise rapidement dans les productions à financement international (*voir* COPRODUCTIONS*) qui, à part l'argent investi, n'ont parfois de québécois que quelques techniciens ou des acteurs de second rôle. On peut citer à titre d'exemples les trois films tournés par Claude Chabrol (*Les liens de sang*, 1977 ; *Violette Nozière*, 1978 ; *The Blood of Others*, 1984), ou encore *Atlantic City* (L. Malle, 1980), *La guerre du feu* (J.-J. Annaud, 1981) et *Hold-up* (A. Arcady, 1985). Mais Héroux ne produit pas que des films de réalisateurs français ; en 1981, avec *Les Plouffe* (G. Carle), il est à la tête de la première vraie superproduction de l'histoire du cinéma québécois. Avec son budget de 4,8 millions de dollars, le film donne le coup d'envoi à toute une lignée de tournages dont on tire simultanément un long métrage et une télésérie, dont plusieurs auxquels le nom de Héroux est associé : *Louisiana* (P. de Broca, 1983), *Le crime d'Ovide Plouffe* (D. Arcand, 1984), *The Blood of Others* et *Le matou* (J. Beaudin, 1985). Très présent au sein de l'industrie cinématographique canadienne (il fait partie, entre autres, du conseil d'administration du FFM et siège au Comité d'étude de la politique culturelle fédérale, formé en 1980, qui publie le rapport Applebaum-Hébert), il est la figure de proue d'une famille sur laquelle reposent plusieurs des projets ambitieux qu'a vus naître l'industrie depuis 1980 (sa femme Justine ainsi que ses frères Claude et Roger sont aussi producteurs). En 1985, toujours dans une volonté d'accroître et de diversifier ses activités, il s'associe au Torontois Robert Lantos pour créer Alliance Entertainment Corporation, compagnie qui devient actionnaire de l'important distributeur Vivafilm (qui devient alors Alliance-Vivafilm). Héroux quitte cette société à la fin des années 80, mais il demeure cependant l'un des producteurs exécutifs de *Black Robe* (B. Beresford, 1991). Notamment producteur exécutif de *Eddy and the Cruisers II: Eddy Lives* (J.-C. Lord, 1989), il s'associe en 1990 à la société Astral Bellevue Pathé et développe des projets de coproduction avec l'Europe. En 1993, il s'installe à Londres, d'où il développe des projets de téléséries et de téléfilms, notamment pour Alliance. C'est ainsi qu'il est l'un des producteurs de *Sands of Eden* (M. Voizard, 1997), une production française tournée en anglais par un réalisateur québécois.

FILMS COMME RÉALISATEUR : *Seul ou avec d'autres* (coréal. D. Arcand et S. Venne, 1962), *Jusqu'au cou* (1964), *Pas de vacances pour les idoles* (1965), *Cent ans déjà* (1967, c. m.), *Mais où sont les Anglais d'antan?* (1967, c. m.), *Valérie* (1968), *L'initiation* (1969), *L'amour humain* (1970), *Un enfant comme les autres...* (1972), *Quelques arpents de neige* (1972), *J'ai mon voyage!* (1973), *Y'a toujours moyen de moyenner!* (1973), *Jacques Brel is Alive and Well and Living in Paris* (1974), *Pousse mais pousse égal* (1974), *La vallée-jardin* (coréal. J. Héroux, 1974, c. m.), *The Strikebreaker* (1975, m. m.), *Born for Hell* (1976), *The Uncanny* (1977). (M. J.)

**HÉROUX, Justine (Denise Bouchard),** productrice, assistante réalisatrice, réalisatrice (Montréal, 1942). Grâce à une bourse, elle fait en 1965 un stage de scripte en France, avant d'exercer ce métier à Radio-Canada. Elle travaille ensuite chez Cinévidéo, compagnie de production créée par les frères Claude et Denis Héroux. Sa rencontre avec ce dernier, sur le plateau de *L'initiation* (1969), marque le début d'une longue collaboration. Elle coréalise avec lui *La vallée-jardin* (1974, c. m.), un film sur le Richelieu commandé par le ministère du Tourisme, de la Chasse et de la Pêche. Elle devient rapidement deuxième, puis première assistante pour une douzaine de longs métrages. Elle est ensuite directrice de production, entre autres pour *Les liens de sang* (C. Chabrol, 1977) et *À nous deux* (C. Lelouch, 1979).
Lorsqu'en 1979 Denis Héroux fonde International Cinema Corporation, elle s'associe à lui. Elle devient ainsi productrice associée d'*Atlantic City* (L. Malle, 1980). *Les Plouffe* (G. Carle, 1981) marque ses véritables débuts comme productrice, puisqu'elle a l'entière responsabilité du budget qui s'élève à près de cinq millions de dollars. Dans la même veine, *Le crime d'Ovide Plouffe* (D. Arcand, 1984), *Le matou* (J. Beaudin, 1985) et *Les fous de Bassan* (Y. Simoneau, 1986) sont trois films à gros budget, adaptés de succès de librairie, qu'elle coproduit avec la France. À la présidence de Cinévidéo à partir de 1985, elle coproduit *L'adolescente sucre d'amour* (J. Saab, 1985), *Hold-up* (A. Arcady, 1985) et *Flag* (J. Santi, 1987). En 1991, elle crée Cinévidéo Plus, poursuivant son association avec des coproducteurs européens, avec qui elle travaille surtout à des films destinés à la télévision et à la vidéo : *Miss Moscou* (G. Carle, 1991), *Connections* (P. Jamain, 1993), *Meurtre en musique* (G. Pelletier, 1994), *Grand Nord* (R. Manzor, 1994), *Eye of the Wolf* (A. Sélignac, 1995), *Le sang des chasseurs* (G. Carle, 1995), etc. Elle coproduit aussi deux films de Jean-Charles Tachella (*Dames galantes*, 1990 et *L'homme de ma vie*, 1992) et produit *La fenêtre* (M. Champagne, 1992). (J. P.)

**HINTON, Christopher,** animateur, réalisateur (Galt, Ontario, 1952). Après trois ans d'études en animation à Sheridan College (Oakville, Ontario), et un bref stage à Londres, il déménage à Winnipeg en 1974, où il rencontre Brad Caslor, Cordell Baker et Richard

Condie, avec lesquels il collabore sur plusieurs projets produits par Kenn Perkins Animation et Credo Group. Le plus important, réalisé avec Caslor, est *Blowhard* (1977, c. m.), primé à Rio de Janeiro. Avec ce film, commence sa longue affiliation avec l'ONF, bien qu'il reste toujours un cinéaste indépendant. Entre 1978 et 1983, Hinton réalise une vingtaine de très courts métrages animés pour l'ONF et CBC. En 1984, il déménage à Montréal, et réalise une série de brèves vignettes pour la télésérie *Sesame Street.* Son premier film personnel, *A Nice Day In The Country* (1988, c. m.), une comédie noire dont le héros essaie d'ouvrir la porte de sa maison, reçoit plusieurs prix dans les festivals. En 1991, il réalise *Blackfly* (c. m.), son film le plus célèbre. Adaptée d'une chanson folklorique de Wade Hemsworth, écrite en 1949, cette œuvre charmante offre un regard sardonique sur la nuée de petites mouches noires qui envahit chaque année les forêts du Bouclier canadien. Nominé aux Oscar, *Blackfly* gagne plusieurs prix internationaux. *Watching TV* (1994, c. m.), son film le plus politique, est une satire amère sur la violence dans les médias. Stylistiquement, il est très différent des autres films du cinéaste, la fluidité habituelle des mouvements étant remplacée par un montage abrupt. Par la suite, le cinéaste s'intéresse à l'animation par ordinateur. *Flux* (2000, c. m.) est son premier film numérique en 2D. Hinton est professeur d'animation à l'Université Concordia depuis 1989. (P. B.)

**HISTORIOGRAPHE.** Appellation choisie par la comtesse Marie-Anne Tréourret de Kerstrat* et son fils, le vicomte Henry Grandsaignes d'Hauterives*, pour le projecteur qu'ils ont baladé au Québec entre 1897 et 1905. Arrivé au Québec en octobre 1897, le duo breton entreprend aussitôt une série de représentations à Montréal, avec grand succès. Ayant acquis la confiance du clergé par la présentation de films religieux ou historiques (*La passion, Épopée napoléonienne*), l'Historiographe est autorisé à pénétrer dans les écoles pour édifier les étudiants. Après quelques semaines à Montréal, son activité s'étend ensuite aux petites villes et à la campagne. Les films, muets, sont commentés par le vicomte qui se livre à un boniment grandiloquent, exaltant le catholicisme, la culture française et la morale de l'époque. Entre 1897 et 1905 s'échelonnent neuf tournées. À partir de 1900, l'activité de l'Historiographe est plus intense aux États-Unis, mais on le retrouve au Québec chaque automne. Aucune localité n'est oubliée sur son parcours : Montréal et Québec, Ottawa, des villes plus petites comme Sherbrooke et Trois-Rivières, mais aussi les campagnes les plus reculées d'alors : Sainte-Agathe, Roberval, Warwick, etc. La plupart des citoyens d'un Québec encore largement rural découvrent le cinéma grâce à l'Historiographe. Comportant d'abord des films historiques des frères Lumière, le répertoire s'étend ensuite à Méliès : *Le cauchemar* (1897, t. c. m.), *Le château hanté* (1897, t. c. m.), *Jeanne d'Arc* (1900. c. m.), *Le voyage dans la lune* (1902, c. m.). Au cours des années s'ajoutent les mélodrames Pathé : *Histoire d'un crime* (F. Zecca, 1902, c. m.), *Les victimes de l'alcoolisme* (F. Zecca, 1902, c. m.). On finit par y projeter aussi des films américains : *Life of an American Fireman* (E. S. Porter, 1903, c. m.), *The Great Train Robery* (E. S. Porter, 1903, c. m.). L'Historiographe montre au public québécois la meilleure production de l'époque. La dernière tournée a lieu à l'automne 1905, moment où les salles permanentes se mettent à pousser comme des cham-

pignons et où apparaît le Ouimetoscope de Léo-Ernest Ouimet*, qui marque la naissance du cinéma au Québec. Cependant, avant son apparition, c'est surtout l'Historiographe qui propage ici les premières images animées.
BIBLIOGRAPHIE : LACASSE, Germain, *L'Historiographe*, Cinémathèque québécoise, 1985. (G. L.)

**HOEDEMAN, Co (Jacobus-Willen),** animateur, cameraman, réalisateur (Amsterdam, Pays-Bas, 1940). Dès l'âge de quinze ans, il occupe un premier emploi comme préposé à la retouche de photographies. Il travaille ensuite successivement chez Multifilm et Cinecentrum où, pendant dix ans, il acquiert sa formation cinématographique. En complément, il suit des cours du soir aux Beaux-Arts et à l'école de photographie de La Haye. À vingt-cinq ans, il s'établit au Canada et, peu de temps après son arrivée, est engagé à l'ONF comme assistant à la production. En 1968, il réalise son premier film, *Continental Drift* (c. m.). Intéressé par les marionnettes, ses premières tentatives, *Maboule* (1969, c. m.) et *Matrioska* (1970, c. m.) sont concluantes. En 1971, l'ONF l'envoie en Tchécoslovaquie pour un stage de quatre mois afin qu'il puisse étudier les techniques du cinéma de marionnettes. Revenu à l'ONF, il entreprend, en étroite collaboration avec des Inuit, *Le hibou et le lemming* (1971, c. m.), le premier de quatre films inspirés de leurs légendes. C'est en observant ses enfants jouer avec des blocs que l'idée de *Tchou-Tchou* (1972, c. m.) lui vient. Il s'agit d'un film ambitieux constitué uniquement d'un jeu de cubes, de cylindres et de cônes qui font office de personnages et d'éléments de décor. Hoedeman surmonte ce défi technique par ses prouesses à la caméra et sa capacité d'animer une matière

Co Hoedeman. (coll. RVCQ)

fixe et rigide. Le film est primé à Annecy, Londres, New York, Los Angeles et Salem. Après avoir illustré une autre légende inuit, *Le hibou et le corbeau* (1973, c. m.), il agit à titre de conseiller pour *Le mariage du hibou* (C. Leaf, 1974, c. m.), puis cumule les fonctions d'assistant réalisateur et d'animateur, en plus d'être chargé des effets spéciaux, pour *Running Time* (M. Ransen, 1974). Retournant aux légendes, il réalise *L'homme et le géant* (1975, c. m.) et *Lumaaq* (1975, c. m.), toujours avec la participation des Inuit (qui est importante tant sur le plan graphique que sonore). Aux dires du cinéaste, ces deux derniers films sont plutôt des études sur la mythologie inuit. Hoedeman est ensuite conseiller et cameraman pour *Monsieur Pointu* (A. Leduc et B. Longpré, 1975, c. m.). *Le château de sable* (1977, c. m.) lui confère une réputation enviable. Cette fois, il utilise du sable comme matériau principal et fabrique de petites créatures bizarroïdes affairées à la construction d'édifices fragiles, jusqu'au jour où la nature réduit leurs efforts à néant. Loin d'inviter au défaitisme devant la futilité des entreprises humaines, le film respire la joie de vivre et propose, en filigrane, de se remettre à l'œuvre. Une animation qui confine à la perfection, un humour exquis, une caractérisation remarquable des personnages en font un morceau de bravoure (vingt prix, dont un Oscar). Après ce succès mondial, c'est *Le trésor des Grotocéans* (1980, c. m.) dont l'action se situe dans les profondeurs de la mer. Plus qu'une fable pour enfants, le film est aussi une leçon d'écologie. Hoedeman se renouvelle complètement avec *Mascarade* (1984, c. m.), qu'il peuple de marionnettes en papier mâché évoluant dans un décor futuriste et où il traite de la créativité. Il aborde ensuite le thème du vieillissement et de la mort avec *Charles et François* (1987, c. m.), réalisé dans des décors innovateurs avec une multiplicité de techniques. Dans *La boîte* (1989, c. m.), Hoedeman traite de l'apprentissage à travers l'histoire d'un petit personnage qui, après s'être introduit dans une boîte, fait de nombreuses découvertes. *L'ours renifleur* (1992, c. m.), qu'il scénarise et réalise avec la collaboration de Deborah Cooper et d'autochtones du centre pénitentiaire La Macaza, utilise une approche directe pour mettre en garde les enfants contre les dangers d'inhaler des produits toxiques. Hoedeman réalise ensuite *Le jardin d'Écos* (1997, c. m.), une fable écologique remarquablement animée mais dont le propos manque de clarté. Il a la main plus heureuse avec *Ludovic — Une poupée dans la neige* (1998, c. m.), premier d'une série de quatre contes destinés aux très jeunes enfants et racontant les aventures d'un petit ours en peluche. À la fois artiste, artisan et technicien, Hoedeman crée un monde en miniature d'une infinie diversité pour lequel, la plupart du temps, il écrit les scénarios, fabrique et anime les marionnettes, construit les décors, règle les éclairages et opère la caméra. En 1981, le Musée des beaux-arts de Montréal lui consacre une exposition en reconnaissance de son talent. La même année, Nico Crama tourne un documentaire sur sa vie et son œuvre intitulé *Co Hoedeman, Animator* (c. m.). (L. B. et M. J.)

**HOMIER, Joseph-Arthur,** producteur, réalisateur (Montréal, 1875 – 1934). Photographe professionnel renommé, dramaturge et cinéaste amateur, il tourne un premier film lancé en juin 1922 à Montréal : *Oh ! Oh ! Jean* (m. m.), une comédie burlesque où s'étalent les pitreries d'un domestique qui courtise une veuve. Encouragé par le succès du film, Homier fonde la firme Le bon cinéma national, avec le distributeur Arthur Larente et quelques associés. En décembre 1922, il lance un premier long métrage, *Madeleine de Verchères*, épopée historique scénarisée par la jeune journaliste Emma Gendron. Homier change le nom de sa compagnie pour Le cinéma canadien et produit *La drogue fatale*, qu'il dirige et qu'Emma Gendron scénarise. Il s'agit d'un drame plutôt moralisateur décrivant la criminalité engendrée par la drogue qui faisait déjà scandale à l'époque. Comme les précédents, ce film est bien accueilli mais rapporte peu à cause d'une distribution limitée au Québec. Premier réalisateur québécois de longs métrages de fiction, Homier abandonne alors le cinéma. (G. L.)

**HORNE, Tina,** réalisatrice, productrice (Londres, Angleterre, 1947). Elle obtient son baccalauréat en communication à Montréal en 1975. Durant quelques années, elle réalise des films corporatifs et promotionnels, puis fonde, en 1984, une maison de production, Les nouvelles cinéastes Montréal, spécialisée en films et vidéos documentaires. Entre-temps, elle devient pigiste au studio D de l'ONF, où elle travaille à « The Next Step », une série de trois courts métrages portant sur les services aux femmes battues offerts au Canada. Son film suivant, *Speaking of Nairobi* (1985, c. m.), coproduit par sa compagnie, est tourné lors du Sommet de la femme organisé par les Nations unies au Kenya en 1985. Horne y laisse parler plusieurs militantes célèbres, et propose ainsi un éventail de réflexions sur l'état et l'avenir du mouvement féministe. Par la suite, elle continue ses activités hors du giron du studio D, produisant elle-même les films qu'elle réalise, comme *There Is Plenty of Room* (1989, m. m.), consacré à la peintre montréalaise Betty Goodwin. Dans les années 90, elle quitte le Québec pour s'établir en Espagne. (M. de B.)

**HOUDE, Germain,** acteur (Petit-Saguenay, 1952). Il fait des études au Conservatoire d'art dramatique de Québec. Son physique le prédispose pour les rôles de dur. D'ailleurs, son premier grand rôle au cinéma est celui d'un violeur impitoyable perçu à travers les yeux de sa victime (Julie Vincent) dans *Mourir à tue-tête* (A. C. Poirier, 1979). Pareil rôle exige un courage certain, et Houde s'y montre très convaincant. On le revoit dans *Les bons débarras* (F. Mankiewicz, 1980) où il interprète un pauvre d'esprit fasciné par une femme belle et riche (Louise Marleau), mais menacé par l'amour exclusif que Manon (Charlotte Laurier) porte à sa mère (Marie Tifo). Ce rôle lui vaut le Génie du meilleur acteur de soutien. Il joue ensuite un policier brutal et antipathique dans deux films : *Lucien Brouillard* (B. Carrière, 1983) et *Un zoo la nuit* (J.-C. Lauzon, 1987). Ce dernier rôle, celui d'un représentant de l'ordre sans scrupule qui fait le commerce de la drogue, lui vaut de nouveau le Génie du meilleur acteur de soutien. Il retrouve *Lauzon dans Léolo* (1992). On le voit dans quelques courts métrages : *Jeanne et Jeanne* (G. Côté, 1985), *Dernier voyage* (Y. Simoneau, 1981), *L'homme à la traîne* (J. Beaudin, 1986), *Diogène* (M. Brault, 1990) ; et dans quelques films et téléfilms de langue anglaise : *Shellgame* (P.-Y. Thompson, 1985), *Prettykill* (G. Kaczender, 1986), *The Rainbow Warrior Conspiracy* (C. Thompson, 1988), *Terminal City Ricochet* (Z. Daley, 1989) et *Lonely Child — le monde imaginaire de Claude Vivier* (J. Silver, 1988) où il interprète le rôle-titre. Puis, il tient, coup sur coup, deux premiers rôles, créant ainsi deux personnages liés à sa profession, celui, dramatique, d'un cinéaste qui monte une création collective avec des jeunes délinquants dans *Love-moi* (M. Simard, 1990), et celui, comique, d'un acteur en chômage qui gagne sa vie comme gardien de nuit dans un studio de cinéma et attire les malheurs dans *L'assassin jouait du trombone* (R. Cantin, 1991). Il reprend ce dernier personnage dans *La vengeance de la femme en noir* (R. Cantin, 1997). Il offre une interprétation convaincante d'un Corse dans *Le secret de Jérôme* (P. Comeau, 1994). Houde joue dans plusieurs téléséries, notamment *Les filles de Caleb, Scoop, Omertà, la loi du silence.* (M. C. et G. K.)

**HOWE, John,** réalisateur, musicien, producteur, scénariste (Toronto, Ontario, 1926). Il obtient un baccalauréat ès arts à l'Université de Toronto en 1950, puis se consacre, pendant trois ans, au théâtre. Il travaille à la radio et à la télévision, puis entre à l'ONF, en 1955. Il y donne une œuvre abondante et variée, tantôt comme réalisateur, tantôt comme scénariste, producteur, musicien ou parolier. Il passe aisément du documentaire à la fiction, travaillant parfois seul, parfois dans le cadre d'une série. Parmi ses réalisations, on trouve *Ducks, of Course* (coréal. W. Carrick, 1966, c. m.), description des différentes espèces de canards; *Do not Fold, Staple, Spindle, or Mutilate* (1967, m. m.), l'histoire d'un chef syndical qui voit venir le moment de prendre sa retraite; *Why I Sing* (1972, m. m.), portrait du chanteur Gilles Vigneault; *Why Rock the Boat?* (1974), comédie romantique dont l'action se situe dans le milieu de la presse montréalaise dans les années 40; *A Star Is Lost!* (1974), comédie musicale destinée à l'apprentissage de l'anglais dont Howe écrit également la musique. (A. D.)

**HOWELLS, Barrie,** producteur, monteur, réalisateur (Londres, Angleterre, 1940). Il travaille pour Crawley Films et la CBC, puis entre à l'ONF comme monteur en 1964 (*Waiting for Caroline*, R. Kelly, 1967). Il réalise notamment *Trafficopter* (1972, c. m.), qui jette un œil sur l'heure de pointe à Montréal à partir d'un hélicoptère, et *Small Is Beautiful: Impressions of Fritz Schumacher* (coréal. D. Brittain et D. Kiefer, 1978, c. m.), qui présente cet économiste et ses théories sur la technologie. À titre de producteur, il collabore à quelques séries (« The Saul Alinsky Approach », 1967; « Pacificanada », 1975; « War », 1983), à plusieurs films tournés à l'étranger ou dans différentes régions du Canada, et à des films tournés au Québec, comme *Bookmaker's Progress* (D. Winkler, 1979, c. m.), portrait d'un éditeur anglo-québécois. Howells travaille aussi bien à des documentaires qu'à des fictions, à des téléséries comme à des films Imax et Omnimax (*The First Emperor of China*, coréal. T. Ianzelo, 1989, m. m.; *Mystery of the Maya*, coréal. R. Rochin, 1995, m. m.). (B. L.)

**HUOT, Gaëtan,** monteur (Hull, 1956). Après plusieurs années dans les milieux du théâtre, de la télévision et des arts visuels, Huot décide de se consacrer au montage. Dans les années 80, il collabore étroitement avec Zone Productions, où il amorce une association fructueuse avec le réalisateur François Girard. Il monte la majorité de ses courts métrages (*Monsieur Léon*, 1988; *Mourir*, 1989; *Suspect n° 1*, 1989; *CCA*, 1989). Girard fait appel à lui lorsqu'il entreprend la réalisation de longs métrages de fiction. C'est ainsi qu'il effectue le montage de *Cargo* (1990) et de *32 Short Films About Glenn Gould* (1993) (Génie du meilleur montage en 1993). Après ces deux films, Huot s'associe à d'autres réalisateurs, souvent plus d'une fois, et travaille autant du côté anglophone que francophone. Il collabore avec des cinéastes tels Gabriel Pelletier (*Meurtre en musique*, 1993; *Karmina*, 1996), Rene Daalder (*Habitat*, 1995; *Hysteria*, 1996) et Robert Tinnell (*Kids Around The Table*, 1995; *Frankenstein and Me*, 1996; *Air Speed*, 1997; *Believe*, 1999). On le retrouve également aux côtés de Micheline Lanctôt (*La vie d'un héros*, 1994), Charles Binamé (*C'était le 12 du 12 et Chili avait les blues*, 1995) et Louis Saïa (*Les Boys II*, 1998). Quelques années plus tard, à la suite du succès de *32 Short Films About Glenn Gould*, Girard et Huot font de nouveau équipe pour la production de *The Red Violon* (1998), qui obtient un important succès. Huot reçoit d'ailleurs le Jutra du meilleur montage pour cette production ambitieuse, d'une structure complexe, se

Juliette Huot et Ovila Légaré dans *Le rossignol et les cloches* de René Delacroix. (coll. CQ)

déroulant à différentes époques et dans plusieurs pays. Après avoir signé le montage de la série *Miséricorde* (1994) de Jean Beaudin, il monte son tout dernier long métrage, *Souvenirs intimes* (1998), un thriller psychologique où les images du passé viennent éclairer celles du présent.

AUTRES FILMS : *La La La Human Sex Duo nº 1* (B. Hébert, 1987, c. m.), *Zzang Tuomb Tomb* (R. Saint-Jean, 1989, c. m.), *A Fish Out of Water* (G. Edwards, 1998), *Four Days* (C. Wertritz, 1999), *2001 A Space Travesty* (A. Goldstein, 1999). (A.L.)

**HUOT, Juliette,** actrice (Montréal, 1912). Elle débute au théâtre dans *Les fridolinades*, aux côtés de Juliette Béliveau. Aussi ne s'étonnera-t-on pas de la voir dans *La dame aux camélias, la vraie* (G. Gélinas, 1942, c. m.). Elle joue des rôles de soutien dans *Le curé de village* (P. Gury, 1949), *Le rossignol et les cloches* (R. Delacroix, 1951), *The Luck of Ginger Coffey* (I. Kershner, 1964), *Le p'tit vient vite* (L.-G. Carrier, 1972) et *Pousse mais pousse égal* (D. Héroux, 1974). Abstraction faite de *Je suis loin de toi mignonne* (C. Fournier, 1975) où Huot incarne la mère, il lui faut attendre les années 80 pour que les producteurs lui offrent enfin de camper des personnages aussi imposants que ceux qu'elle a créés à la télévision ou à la scène : elle sera la Joséphine Plouffe des *Plouffe* (G. Carle, 1981) et du *Crime d'Ovide Plouffe* (D. Arcand, 1984). Et comme par un juste retour de manivelle, elle retrouve Gratien Gélinas dans *Les tisserands du pouvoir* (C. Fournier, 1988, deux longs métrages). Elle y interprète le rôle de la sœur Bernadette, l'otage volontaire de Baptiste, un Franco-Américain qui exige des autorités le retour des émissions en langue française à la télévision. Elle apparaît brièvement dans *Salut Victor!* (A. C. Poirier, 1988), puis, en 1990, dans *La manière des Blancs* (c. m.), où Bernard Émond lui offre un premier rôle, celui d'une vieille femme confuse, abandonnée par ses enfants, qui se lie d'amitié avec un Inuit. (J.-M. P.)

**HYNDMAN, James,** acteur (Bonn, Allemagne, 1962). Fils de diplomate, Hyndman, polyglotte, maîtrisant bien les accents, se distingue immédiatement par sa haute stature, sa carrure athlétique et son crâne chauve mais échappe tout de même aux étiquettes. Il tient de petits rôles dans *La vie a du charme* (J.-P. Duval, 1992, m. m.), *Soho* (J.-P. Duval, 1993), *Les pots cassés* (F. Bouvier, 1993), *Le polygraphe* (R. Lepage, 1996) et *Free Money* (Y. Simoneau, 1998). Charles Binamé lui confie un rôle d'animateur radio à la recherche du bonheur dans *Eldorado* (1995) qui le fait connaître au cinéma puis le retrouve dans *La beauté de Pandore* (2000). Loin de la vulnérabilité qui se dégage de son personnage de *Eldorado*, Hyndman interprète, dans *Caboose* (Richard Roy, 1996) un désaxé, pédophile et violent, tué brutalement. Dans *Souvenirs intimes* (1998), Jean Beaudin prend quant à lui le contrepied de son physique imposant puisqu'il le cloue à une chaise roulante, peintre rayonnant à la recherche d'un équilibre intérieur qu'une femme surgie du passé vient ébranler. Les coproductions et tournages américains tirent profit de sa taille et on le voit, une arme à la main, qui fonce à travers un monde futuriste dans *Mille merveilles de l'univers* (J.-M. Roux, 1997) ou alors qui rame furieusement dans *Rowing Through* (M. Harada, 1996), où il est un avironneur américain de calibre olympique au caractère colérique. Hyndman travaille aussi à la télévision où il participe, notamment, aux séries *Sous le signe du lion*, *Diva* et *Ces enfants d'ailleurs*. (M. C.)

# I

**IANZELO, Tony,** réalisateur, chef opérateur (Toronto, Ontario, 1935). Diplômé du Ryerson Polytechnical Institute de Toronto, il est engagé à l'ONF en 1960. Sa carrière de réalisateur et de chef opérateur débute avec *Antonio* (1966, c. m.), le portrait d'un vieil immigrant italien qui vit au milieu de ses souvenirs. Ses films, qui remportent de nombreux prix, s'intéressent avant tout aux gens. Le principal souci de Ianzelo est de les présenter avec honnêteté et sympathie. Cela est particulièrement évident dans les documentaires qu'il coréalise avec Boyce Richardson : *Cree Hunters of Mistassini* (1974, m. m.), *Our Land is Our Life* (1974, m. m.), *North China Commune* (1979), *North China Factory* (1980, m. m.), *China : a Land Transformed* (1980, c. m.). Ses films *Blackwood* (coréal. A. Thomson, 1976, c. m.) et *High Grass Circus* (coréal. T. Schioler, 1976, m. m.), qui tracent le portrait d'un artiste terre-neuvien et d'un cirque canadien, sont mis en nomination pour un Oscar. En 1986, il coréalise *Transitions* (coréal. C. Low, c. m.), premier film Imax 3D, présenté à l'Exposition internationale de Vancouver, puis, en 1988, *Urgence/Emergency* (coréal. C. Low, m. m.), un docudrame bilingue combinant animatique et procédé Imax, premier film Imax à utiliser le son synchronisé. Fort de sa connaissance de la Chine, où il a tourné à plusieurs occasions, il travaille ensuite à un film Imax-Omnimax sur la découverte du tombeau du premier empereur chinois, *The First Emperor of China* (coréal. Liu Hao Xue, 1989, m. m.). En 1992, ce sera *Momentum* (coréal. C. Low, c. m.), le premier film Imax HD tourné et projeté au rythme de 48 images/seconde, conçu pour l'Exposition universelle de Séville. Il quitte l'ONF en 1995 et crée sa propre maison de production, Kino-Max.

AUTRES PRINCIPAUX FILMS COMME RÉALISATEUR : *Cree Way* (1977, c. m.), *The Concert Man* (1982, c. m.), *Singing : A Joy in Any Language* (coréal. M. Gillson, 1983, m. m.), *From Ashes to Forest* (1984, m. m.). (B. L.)

**IMBEAULT, Thomas-Louis** (abbé), réalisateur (Saint-Firmin, 1899 – Saint-Siméon, 1984). Après des études à Chicoutimi, au séminaire puis au grand séminaire, il s'y installe en 1925. Il s'intéresse d'abord à la photographie puis, par l'entremise d'Albert Tessier qui lui procure sa première caméra, en 1928, il commence à faire du cinéma. C'est à la Société historique du Saguenay qu'il amorce sa carrière. Une quinzaine de films, pour la plupart tournés entre 1934 et 1938, voient le jour. Ce sont des films touristiques, ethnographiques et, surtout, des films portant sur des événements religieux. Ils sont tous muets et de court métrage, à l'exception du *Centenaire du Saguenay* (1938), son plus important, un long métrage avec intertitres. Images d'une région à une époque où l'idéologie cléricale triomphe, les films de l'abbé Imbeault ne possèdent pas la richesse de ceux d'un Maurice Proulx, d'un Albert Tessier ou d'un Louis-Roger Lafleur. Dans les années 40, il tourne d'autres images dans la région de Charlevoix. (A. B.)

**ISACSSON, Magnus,** réalisateur (Stockholm, Suède, 1948). Poursuivant une formation en sciences politiques amorcée à l'Université de Stockholm, il obtient son baccalauréat de l'Université de Montréal en 1973, puis étudie l'histoire et le cinéma à l'Université McGill et à l'Université Concordia. Parallèlement, il réalise, à partir de 1972, des émissions radiophoniques et passe à la télévision où il réalise, entre 1980 et 1986, plusieurs reportages d'enquête pour Radio-Canada et CBC. Par la suite, il se consacre au documentaire à l'ONF et dans le secteur privé. Après un séjour sur le continent africain, il aborde la lutte de la libération en Namibie (*Toivo Child of Hope*, 1990, c. m.) et la guerre et la famine en Éthiopie (*Cendres et moissons*, 1991, m. m.). De retour au Canada, il s'intéresse à la contamination des territoires autochtones (*Uranium*, 1991, m. m.), aux conséquences du libre-échange pour les travailleurs nord-américains (*Le nouvel habit de l'empereur*, 1995), à la grève du Front commun des employés du secteur public du Québec, en 1972 (*Le grand tumulte*, 1996, m. m.), à la lutte acharnée menée par les Cris contre le projet hydro-électrique Grande Baleine (*Tension*, 1996) et aux migrations d'Afrique (*Vivre ensemble*, 1997). Sensible à la prise en main des plus démunis, il accompagne la création, houleuse, d'une chorale montréalaise formée de sans-abri et d'anciens sans-abri (*Enfants de chœur !*, 1999) ainsi que la campagne de syndicalisation des restaurants McDonald's au Québec (*Un syndicat avec ça ?*, 1999). Ne reculant pas devant la controverse, Isacsson aborde les conflits politiques et les questions de justice sociale en affichant ouvertement son point de vue. Une telle approche lui vaut à maintes reprises la résistance des instances gouvernementales et corporatives qui freinent la diffusion de ses films. Elle lui alloue en retour une reconnaissance internationale où figurent le Golden Sheaf du meilleur documentaire à Yorkton, attribué à *Uranium*, le prix du meilleur documentaire du Festival international des films sur l'environnement de Paris, de même que le Grand Prix du festival et le Grand Prix de la presse du Festival des films sur l'énergie de Lausanne, remis à *Tension*. (F.-X. T.)

# J

**JACKSON, Douglas,** réalisateur, producteur, scénariste (Montréal, 1938). Il étudie à l'Université McGill, au Montreal Repertory Theatre et au Thomas More Institute. À dix-neuf ans, il voit sa pièce *Power to Destroy* présentée par la CBC, aussitôt suivie d'une autre pièce, *The Mistake of His Life*. En 1962, il entre à l'ONF où il réalise et produit des films documentaires et de fiction qui remportent de nombreux prix, notamment : *Danny and Nicky* (1969, m. m.), *Norman Jewison, Filmmaker* (1971, m. m.), *The Huntsman* (1972, c. m.), *The Sloane Affair* (1972, m. m.), *La gastronomie* (1973, c. m.), *The Heatwave Lasted Four Days* (1974) et *Why Men Rape* (1979, m. m.). En 1982, il réalise les épisodes 1, 3 et 4 de la série *Empire Inc.*, première collaboration entre l'ONF et la CBC pour la production de téléséries dramatiques. Jackson participe ensuite aux téléséries *The Ray Bradbury Theatre*, *Twillight Zone*, *Friday the 13th* et *Wiseguy*. En 1990, il signe le long métrage d'épouvante *Whispers*, tourné à Montréal et au lac Brôme. En 1993, il réalise un documentaire, *Le jeune homme et la danse* (coréal. I. McLaren, m. m.), qui raconte comment Stéphane Léonard, qui n'a jamais fait un seul pas de danse, est accepté à l'académie de ballet Vaganova de Saint-Pétersbourg après seulement un an et demi de travail intensif. Cette réalisation fait toutefois figure d'exception pour Jackson puisque son expérience des films qui combinent suspense, action, mystère et horreur lui donne surtout l'occasion de tourner plusieurs longs métrages destinés au marché de la télévision payante, notamment, *The Paperboy* (1993), *The Wrong Woman* (1994), *The Stalked* (1994), *Natural Enemy* (1997) et *Requiem for Murder* (1999).
PRINCIPAUX AUTRES FILMS COMME RÉALISATEUR : *Lacrosse* (1965, m. m.), *The Art of Acting* (1976, c. m.), *Bambinger* (1984, c. m.). (B. L. et É. P.)

**JACOB, Jacques,** scénariste (Vallée-Jonction, 1945). D'abord avocat, il entre à l'ONF pour scénariser des satires sociales très intéressantes, *Les indrogables* (1972, c. m.), *Trois fois passera…* (1973, m. m.) et *Par une belle nuit d'hiver* (1974, m. m.), puis une histoire plus intimiste et très chaleureuse, *Cher Théo* (1975, m. m.), toutes réalisées par Jean Beaudin*. Puis il coscénarise avec Robert Gurik le film *Les vautours* (J.-C. Labrecque, 1975), histoire d'un jeune homme dépouillé de son héritage à la fin des années duplessistes. Avec la collaboration de Jacques Paris, il élabore *Lucien Brouillard* (B. Carrière, 1983), magnifique personnage de militant qui se retrouve malheureusement empêtré dans un complot qui le dépasse. Il scénarise aussi le film *Henri* (F. Labonté, 1986), histoire d'un adolescent qui court pour sortir son père de sa torpeur et gagner l'estime de son entourage. Par la suite, Jacob travaille surtout pour la télévision. Il coscénarise *Lance et compte II* et *III* (1988-1989) et les téléfilms issus de la série. Il participe au scénario de deux épisodes de la série *Les grands procès* (M. Blandford, 1995), coscénarise ensuite la série historique *Marguerite Volant* (C. Binamé, 1996) et prend le relais de Jacques Savoie dans l'écriture de la série *Les bâtisseurs d'eau* (F. Labonté, 1997). (H.-P. C.)

Yves Jacques et Dorothée Berryman dans *Le déclin de l'empire américain* de Denys Arcand.

**JACQUES, Yves,** acteur (Québec, 1956). Jacques a tôt fait de se faire connaître du public québécois, et de diverses façons, d'abord en tant que chanteur du groupe parodique Slick and the Outlags, puis comme acteur de théâtre (de Molière à Michel-Marc Bouchard), membre de la LNI et vedette de la télévision. Il participe notamment à plusieurs occasions à la revue de fin d'année *Bye Bye* et ses imitations savoureuses des hommes politiques Claude Ryan et Brian Mulroney deviennent vite des références. Au cinéma, Jacques tient d'abord de petits rôles dans *Les yeux rouges ou les vérités accidentelles* (Y. Simoneau, 1982), *Sonatine* (M. Lanctôt, 1983), *Le crime d'Ovide Plouffe* (D. Arcand, 1984) et *Hold-up* (A. Arcady, 1985). Il lui faut attendre *Le déclin de l'empire américain* (D. Arcand, 1986) pour vraiment s'imposer au grand écran. Il y donne une interprétation très émouvante de son personnage d'universitaire homosexuel, à la fois téméraire et vulnérable. Par la suite, c'est encore Denys Arcand qui tire le meilleur parti de son talent en lui offrant, dans *Jésus de Montréal* (1989), un rôle d'avocat suffisant, représentation contemporaine du diable. Ce sens de la composition lui sert encore dans *Ding et Dong, le film* (A. Chartrand, 1990) où il incarne un metteur en scène français autoritaire et ridicule à souhait qui doit diriger des acteurs dénués de talent. Jacques, qui tourne dans une coproduction à laquelle participe le Canada, *Milena* (V. Belmont, 1990), où il est Max Brod, le confident de Kafka, s'installe en France. Il participe à quelques coproductions franco-canadiennes (*Trois femmes un amour*, R. Favreau, 1993; *Meurtre en musique*, G. Pelletier, 1994; *La veuve de Saint-Pierre*, P. Leconte, 1999). Alors qu'il parvient à effacer toute trace d'accent québécois lorsqu'il tourne dans des films français, notamment ceux de Claude Miller, *La classe de neige* (1998) et *La chambre des magiciennes* (1999), il doit l'accentuer dans le téléfilm *Bob Million* (M. Perrotta, 1997) où, peu convaincant, il interprète un invraisemblable animateur de jeu télévisé québécois que les Français écouteraient en nombre. Comme dans *Jésus de Montréal* et *Ding et Dong, le film*, on lui confie volontiers des personnages arrogants, programmateur de télé sans scrupules dans *Louis 19, le roi des ondes* (M. Poulette, 1994), puis sculpteur ambitieux dans *Souvenirs intimes* (J. Beaudin, 1998), punis l'un et l'autre. Il joue dans la comédie *La vie après l'amour* (G. Pelletier, 2000) et tient le premier rôle de *Requiem contre un plafond* (J. P. Allen, 2000, c. m.). (M.C.)

**JARVIS, Richard John,** producteur, réalisateur, monteur (Calgary, Alberta, 1917 – Vancouver, Colombie-Britannique, 1979). Après des études en communication, Jarvis devient annonceur de radio. Il fait ses premières armes au cinéma à l'ONF où il est engagé en 1941. Il est affecté en Europe au service de l'aviation (RCAF) et on lui doit notamment la réalisation de *New Faces Come Back* (1946, c. m.). De retour au pays, Jarvis entre bientôt au service de Québec Productions pour qui il assure le montage de *Whispering City* (F. Ozep, 1947) et de *Un homme et son péché* (P. Gury, 1949). Il y dirige aussi la production du *Curé de village* (P. Gury, 1949) et du *Rossignol et les cloches* (R. Delacroix, 1951). Une compagnie indépendante retient ses services pour le montage de *Sins of the Fathers* (1948), dont il prend la réalisation au pied levé : le film traite de maladies vénériennes. À l'âge de trente-deux ans, il fonde sa compagnie, Selkirk Productions, ce qui l'oblige à démissionner de la présidence du local 734 de IATSE. Jarvis y réalise un drame d'espionnage dans le ton de la guerre froide, *Forbidden Journey* (1950). Cette expérience n'étant pas probante, il devient l'artisan principal d'une nouvelle compagnie, Frontier Films, et retourne à son métier de producteur pour deux sombres mélodrames, *Cœur de maman* (R. Delacroix, 1953) et *L'esprit du mal* (J.-Y Bigras, 1954). Devant l'effondrement de la production de longs métrages au Québec, Jarvis se joint à Omega Productions et y réalise, de 1956 à 1959, plusieurs films publicitaires. Dans les années 60, il retourne dans l'Ouest où il travaille quelques années encore à titre de réalisateur et de producteur. (P. V.)

**JOBIN, Bruno,** producteur (Québec, 1960). Jobin fonde Zone Productions avec François Girard*, en 1984. Son association avec Girard, qui englobe la vidéo-danse et le film, le documentaire et la fiction, donne une douzaine de productions. Le tandem se fait remarquer avec ses premières œuvres (*Le train*, 1985, c. m. ; *Monsieur Léon*, 1986, c. m. ; *Mourir*, 1988, c. m.), passe difficilement le cap du premier long métrage (*Cargo*, 1990) et se retrouve avec bonheur autour de documentaires consacrés à des artistes (*Le jardin des ombres*, 1993, m. m. ; *Souvenirs d'Othello*, 1995, m. m.). Jobin produit aussi un film-essai, *Charpente* (É. Cayla, 1990, c. m.), et le premier long métrage de Gabriel Pelletier (*L'automne sauvage*, 1992). En 1995, la carrière de Jobin prend un nouveau tournant alors qu'il s'associe à Robert Lepage* pour créer In Extremis Images. Faisant, comme à ses débuts, équipe avec un artiste polyvalent et talentueux, Jobin produit rapidement trois longs métrages de Lepage, *Le polygraphe* (1996), une coproduction qui ne comble pas les attentes suscitées par *Le confessionnal* (1995), *Nô* (1998), une comédie à petit budget, et *Possible Worlds* (2000), premier film de Lepage en anglais. Il produit également une adaptation, considérablement écourtée pour la télévision, d'une création théâtrale montée par Lepage, *Les sept branches de la rivière Ota* (F. Leclerc, 1997). Très diversifiée, ouverte depuis des années sur les nouveaux médias, la production de Jobin inclut de nombreux vidéoclips, un spectacle multimédia de Miguel Raymond et Alain Thibault (*Out*), des installations vidéo d'artistes comme Girard, Michel Lemieux, Katherine Liberovskaya et Luc Bourdon (*À mille lieux*), une importante manifestation d'art multimédia électronique (*Palomar*) et un site Web interactif (*Métamorphoses*). Le travail de Jobin se caractérise par une production plus éclectique et respectueuse des auteurs que du grand public. (M. C.)

**JOBIN, Daniel,** chef opérateur (Saint-Raymond de Portneuf, 1949). Tout en travaillant à de nombreux commerciaux et vidéoclips, il participe à *15 nov* (H. Mignault et R. Brault, 1977) et au *Choix d'un peuple* (H. Mignault, 1985), deux films sur des campagnes politiques nécessitant plusieurs opérateurs, et signe avec Georges Dufaux les images de *La femme de l'hôtel* (L. Pool, 1984). Seul, il excelle à créer les ambiances de nuit et d'enfermement dans *Trouble* (Y. Simoneau, 1985, c. m.), *Transit* (Richard Roy, 1986, c. m.), *Marie s'en va-t-en ville* (M. Lepage, 1989) et *La nuit avec Hortense* (J. Chabot, 1988). Sa rencontre avec la comédienne Carole Laure, sur ce dernier film, l'amène à travailler en France, à *Thank You Satan* (A. Farwagi, 1988). Jobin collabore étroitement avec le vidéaste et cinéaste François Girard, pour qui il dirige notamment la photographie de *Mourir* (1988, c. m.) et de *Cargo* (1990). Il est aussi l'inventeur du *Panaflasher*, qui permet d'appliquer la technique du *flashing* (seconde exposition touchant seulement la partie sombre de l'image) au moment même du tournage.

PRINCIPAUX AUTRES FILMS : *L'enfant sur le lac* (J. Leduc, 1991), *L'automne sauvage* (G. Pelletier, 1992), *Le siège de l'âme* (O. Asselin, 1997), *C't'à ton tour, Laura Cadieux* (D. Filiatrault, 1998), *Laura Cadieux... la suite* (D. Filiatrault, 1999). (M. J.)

**JOBIN, Louise,** costumière, directrice artistique (Montréal, 1944). Venue du théâtre et de la télévision, elle débute au cinéma en 1970. Elle crée les costumes d'une cinquantaine de films, dont *Les ordres* (M. Brault, 1974, *Les vautours* (J.-C. Labrecque, 1975), *Pouvoir intime* (Y. Simoneau, 1986), *À corps perdu* (L. Pool, 1988) et *Being at Home with Claude* (J. Beaudin, 1991). En 1972, elle fonde les ateliers de costumes BJL, avec François Barbeau* et François Laplante*. La qualité de son travail est soulignée par deux Génie, qu'elle obtient pour *Cordélia* (J. Beaudin, 1979) et *Joshua Then and Now* (T. Kotcheff, 1985). Elle ajoute à son métier de costumière celui de directrice artistique, fonction qu'elle assume notamment pour une douzaine de films et téléfilms dont *Des amis pour la vie* (A. Chartrand, 1988), *Onzième spéciale* (M. Lanctôt, 1988), *Bonjour, monsieur Gauguin* (J.-C. Labrecque, 1988), *Ding et Dong, le film* (A. Chartrand, 1990), *Nelligan* (R. Favreau, 1991), *Montréal vu par...* (D. Arcand, M. Brault, A. Egoyan, J. Leduc, L. Pool et P. Rozema, 1991), *Les amoureuses* (J. Prégent, 1992), et *L'homme idéal* (R. Ménard, 1996). Au cours de la décennie 1990, cependant, elle œuvre surtout pour la télévision (*À l'ombre de l'épervier*). De 1975 à 1978, elle occupe la présidence du SNC. (J. P.)

**JOBIN, Victor,** administrateur, monteur, producteur (Ottawa, Ontario, 1918). Après avoir été annonceur de radio et avoir fait deux ans dans l'armée, il entre à l'ONF en 1944, par curiosité et par goût du défi. Il y fait l'apprentissage du montage, et devient vite le dépanneur de nombreux réalisateurs aux prises avec un matériau imposant qu'ils sont incapables d'organiser. Il monte *Les brûlés* (B. Devlin, 1958), *Les mains nettes* (C. Jutra, 1958), *Il était une guerre* (L. Portugais, 1958), *Les 90 jours* (L. Portugais, 1958), *YUL 871* (J. Godbout, 1966), ainsi que plusieurs courts métrages de Roger Blais et Raymond Garceau. Il forme de nombreux jeunes monteurs, dont Lucien Marleau et Gilles Groulx. En 1960, il est nommé producteur. Il s'occupe, entre autres, de la participation canadienne à la coproduction internationale *La fleur de l'âge* (M. Brault, 1965). En 1968, on lui confie la mise sur pied et la direction du bureau de coordination, véritable carrefour entre les productions française et anglaise et les services techniques. Il a pour mission de faire disparaître les pénibles et coûteuses surcharges qui viennent fréquemment enrayer la machine onéfienne. Jobin prend sa retraite en 1978. (A. D.)

**JODOIN, René,** producteur, animateur, réalisateur (Hull, 1920). En 1943, jeune diplômé des Beaux-Arts, il est recruté dans la première équipe rassemblée par Norman McLaren pour former un studio d'animation à l'ONF. Cette rencontre avec McLaren est déterminante pour Jodoin. Elle marque en profondeur sa conception du cinéma d'animation en l'aiguillant vers un travail artisanal de type expérimental ayant une fonction didactique. Il coréalise d'ailleurs deux films avec McLaren, *Alouette* (1944, t. c. m.) et *Sphères* (1969, c. m.), projet entrepris à la fin des années 40. En 1949, après avoir assumé les fonctions de réalisateur et de producteur délégué, il quitte l'ONF pour travailler quelques années dans l'industrie privée, chez Audio Pictures à Toronto puis comme directeur artistique chez Current Publications. Il revient à l'ONF en 1954 comme responsable de l'animation pour des films destinés à la Défense nationale. Il réalise *An Introduction to Jet Engine* (1959, m. m.), film réputé pour son ingéniosité sur le plan didactique. En 1963, il est nommé directeur du programme de films scientifiques. Trois ans plus tard, Marcel Martin lui confie la responsabilité de la mise sur pied d'un studio d'animation à la production française. Ce sera sa principale contribution à la production et l'occasion pour lui de mettre en pratique les leçons de McLaren. Ne disposant au début que de moyens limités, il favorise une conception artisanale du cinéma d'animation, aux antipodes de la division du travail de type disneyen, conception ouverte à l'expérimentation, à l'expression personnelle. Lorsque, en 1977, il quitte la direction du studio français d'animation pour se consacrer à la réalisation, il a produit vingt-neuf films et donné une structure au studio.

L'activité de réalisateur de Jodoin a plus d'importance que ne peut le laisser croire le nombre de ses films. Il réalise notamment de 1961 à 1985, quatre films qui constituent un ensemble cohérent : *Dance Squared* (1961, c. m.), *Notes sur un triangle* (1966, c. m.), *Rectangle et rectangles* (1984, c. m.) et *Question de forme* (1985, t. c. m.). À un premier niveau, ce sont des films didactiques construits autour de données géométriques : le carré, le triangle, le rectangle, les vecteurs et, par-dessus tout, la symétrie. Au Brésil, par exemple, *Danse Squared*, réalisé avec l'aide d'un mathématicien, sert de fondement à un cours de mathématiques. À un autre niveau, ce sont des films théoriques proposant au spectateur, sous une forme extrêmement concentrée, une expérience cinématographique à l'état pur : Que peut-il arriver sur un écran à partir d'éléments graphiques minimaux qui se déploient dans un système de symétrie, puis qui reviennent à leur position initiale ? Cela est particulièrement net dans *Rectangle et rectangles* où le rectangle de l'écran est le point de départ et d'arrivée du film. Derrière des apparences plaisantes, le cinéma de Jodoin est austère et exigeant.

En 1985, Jodoin prend sa retraite et se consacre à des expériences avec un micro-ordinateur (*Entre-temps & lieu*, 1999, c. m.). Son intérêt pour l'informatique date du début des années 70, alors qu'il établit une collaboration entre l'ONF et le Conseil national de recherches du Canada. Cette collaboration mène à l'installation d'un centre expérimental d'animation assistée par ordinateur à l'ONF, précurseur du centre d'animatique mis sur pied plus tard par Robert Forget*. C'est avec ce premier système que Jodoin produit *La faim* (P. Foldès, 1974, c. m.) puis réalise *Rectangle et rectangles*. Il tente chaque fois de mettre en valeur le caractère direct et interactif du travail avec l'ordinateur.

VIDÉOGRAPHIE : *L'œuvre de Jodoin*, coffret et livret, Office national du film du Canada, coll. « Mémoire », 2000. (P. H.)

**JOLY, Jocelyn,** directeur artistique, décorateur (Sorel, 1940 – Montréal, 1992). Formé à l'École des beaux-arts de Montréal, il opte pour une carrière d'acteur. Après un an à l'Actor's Studio de New York, il change de cap et devient directeur de scène. Il touche au cinéma en assistant Anne Pritchard dans *The Act of the Heart* (P. Almond, 1970) et poursuit avec la direction artistique de *Deux femmes en or* (C. Fournier, 1970). Sa carrière est surtout liée aux films de Gilles Carle, de *Red* (1969) à *La postière* (1992), en passant notamment par *Fantastica* (1980) dans lequel la nature devient une véritable œuvre d'art allégorique. Il travaille également avec Hubert-Yves Rose (*La ligne de chaleur*, 1987), Jean-Claude Lord (*Toby McTeague*, 1987) et Johanne Prégent (*La peau et les os*, 1988). Joly favorise une approche intuitive de la direction artistique qui s'appuie sur une recherche solide et minutieuse. Il participe à plusieurs téléséries au Québec (*La feuille d'érable*, 1971) et aux États-Unis, et à quelques coproductions dont *Sweet Movie* (D. Makavejev, 1974). Il touche notamment au film historique, collaborant aux décors de *Kamouraska* (C. Jutra, 1973) et assumant la direction artistique particulièrement raffinée de la télésérie *Les filles de Caleb*, réalisée par Jean Beaudin. Refusant de s'en tenir à un travail d'antiquaire, Joly porte un soin extrême aux détails qui donnent vie à un décor et lui confèrent une poésie et un lyrisme qui transcendent la reconstitution d'époque. (D. B.)

**JOUTEL, Jean-Pierre,** mixeur, monteur sonore (Pontoise, France, 1940). Il entre à l'ONF comme monteur sonore en 1958. Travaillant pour Coopératio, il signe, notamment, le montage sonore de *Entre la mer et l'eau douce* (M. Brault, 1967). Il commence à mixer en 1966 (*Labyrinthe*, C. Low, W. Koenig et T. Daly). Il cumule les deux fonctions jusqu'en 1969. En 1970, il quitte l'ONF pour Onyx Films où il mixe, notamment, *Deux femmes en or* (C. Fournier, 1970) et *Les mâles* (G. Carle, 1970). L'année suivante, il retourne à l'ONF. Son nom apparaît au générique d'un millier de films, parmi lesquels se trouvent *Le déclin de l'empire américain* (D. Arcand, 1986) et *La veillée des veillées* (B. Gosselin, 1976), l'un des premiers films québécois mixés en stéréophonie. Gagnant de cinq prix Génie, il est le mixeur québécois ayant travaillé le plus fréquemment selon le procédé Imax. Il quitte l'ONF en 1995 et, de façon sporadique, continue à travailler dans l'industrie privée (*Les Boys II*, L. Saïa, 1998). (M. J.)

**JUNEAU, Pierre,** administrateur (Montréal, 1922). Il commence jeune à militer dans les mouvements d'action catholique et c'est là qu'il découvre son intérêt pour le cinéma. On le retrouve parmi les principaux collaborateurs de la revue *Découpages* que publie, de 1950 à 1955, la Commission étudiante du cinéma de la JÉC. Il fait aussi partie de l'équipe de la célèbre revue d'opinion *Cité libre*. En 1949, il entre au service de l'ONF à titre de représentant à Montréal. Il connaît alors une carrière ascendante au service de la distribution : directeur adjoint pour le Québec, directeur de la distribution internationale (1951), représentant à Londres (1952). Ce travail le conduit dans plusieurs pays où il prend conscience des possibilités de collaboration internationale en matière de production cinématographique, ce qui aura une influence sur ses projets ultérieurs.

En 1954, après vingt-deux mois d'attente, l'ONF décide de combler le vide laissé par le départ de Paul Thériault à titre de *French Adviser*. Le choix se porte sur Juneau qui devient adjoint au commissaire et conseiller auprès de ce dernier pour tout ce qui a trait aux questions françaises. Il occupe aussi le poste de secrétaire de l'ONF. Juneau a dorénavant des moyens d'action considérables, des responsabilités et une autorité réelles. C'est de lui que dépendent le développement des politiques concernant la production française et la place des francophones à l'ONF. Il joue donc un rôle capital dans le déménagement de l'ONF à Montréal. Mais ce rôle prépondérant lui attire aussi des critiques, voire l'animosité de plusieurs. Lorsqu'en février 1957 éclate « l'affaire ONF », il est mis en cause comme piètre défenseur, depuis son accession à son nouveau poste, des droits des Canadiens français. Avec la nomination de Guy Roberge au poste de commissaire, sa position se renforce. En 1960, il devient adjoint en titre et est nommé directeur exécutif. Cette fonction lui donne autorité sur la distribution. Lorsqu'enfin, en 1964, la production française devient autonome, Juneau en est le premier directeur. Cela lui permet notamment de donner suite à ses rêves de coproductions et d'accords entre le Canada et l'étranger (*voir* COPRODUCTIONS). Conscient de la nécessité et des avantages des échanges internationaux au niveau de la production, il jette des ponts vers l'Italie et la France ; ses démarches ont quelques suites, dont *La fleur de l'âge* (M. Brault *et al.*, 1964) et *Cinéma et réalité* (Georges Dufaux et C. Perron, 1966, m. m.). Certains lui reprocheront d'ailleurs de préférer ces projets internationaux aux films liés de plus près à la dynamique socioculturelle québécoise. Son style de direction est aussi contesté. Alors que son vis-à-vis anglophone instaure un comité de programmation auquel les cinéastes peuvent participer, Juneau préfère l'approche hiérarchique. Plusieurs cinéastes décident alors de partir. Certains choisiront d'exprimer leurs doléances dans les revues *Parti pris* et *Liberté*. En février 1966, son ami Pierre Trudeau lui propose la vice-présidence du CRTC. Il accepte. Il en devient rapidement le président. Au cours de son mandat, il se fera le défenseur des intérêts canadiens dans la propriété et le développement des médias. L'industrie du disque nomme d'ailleurs des prix Juno en son honneur. Dans la bataille de la juridiction sur la câblodistribution, il défend les intérêts fédéraux contre ceux du Québec. En 1975, il est nommé ministre des Communications mais est défait quelques mois plus tard lors des élections fédérales. Trudeau le nomme alors président de la Commission de la capitale nationale. En 1982, il accède au poste de président de Radio-Canada où il procède au réaménagement de l'organisme, ce qui provoque de fortes tensions au sein du personnel. Promoteur de la culture canadienne, il défend jalousement l'indépendance de Radio-Canada, ce qui lui vaut des frictions avec le gouvernement conservateur élu en 1984. Juneau quitte Radio-Canada en 1989, puis se joint au corps professoral de l'Université de Montréal. Mais il demeure toujours très actif dans le domaine audiovisuel. Il préside le Conseil mondial de la radio et de la télévision. En outre, en 1995, il dirige un comité chargé par le gouvernement fédéral d'étudier le mandat de Radio-Canada, de Téléfilm et de l'ONF. (P. V.)

**JUTRA, Claude,** réalisateur, acteur, scénariste (Montréal, 1930 – 1986). Fils de médecin, il s'intéresse très tôt au cinéma mais doit poursuivre des études en médecine qu'il termine à vingt-deux ans. Cependant, il ne pratiquera jamais, le cinéma et les arts dramatiques le passionnant par-dessus tout. Adolescent, il réalise deux films avec Michel Brault*. D'abord, *Le dément du lac Jean Jeunes* (1948, c. m.), l'histoire tragique d'un curieux bonhomme qui, vivant caché dans les bois avec un enfant, se noie alors que des scouts parviennent à libérer le garçon qu'ils croient séquestré. Puis, *Mouvement perpétuel* (1949, c. m.), une œuvre esthétisante qui fait ressortir les préoccupations formelles du cinéaste qu'il est déjà. Dès les débuts de la télévision, il écrit *L'école de la peur* (1953), le premier téléthéâtre original diffusé à Radio-Canada. Associant le cinéma à la télévision, il anime une série de treize émissions, *Images en boîte* (1954), consacrée au septième art. Il répétera l'expérience avec la série *Cinéma canadien* (1961).
À partir de 1954, il est associé, de façon intermittente, à l'ONF où il réalise d'abord des films dans la tradition du documentaire onéfien, *Chantons maintenant* (1956, c. m.), *Jeunesses musicales* (1956, m. m.) et *Rondo de Mozart* (1956, c. m.). Ses premiers essais professionnels l'amènent à coréaliser *A Chairy Tale* (1957, c. m.) avec Norman McLaren. Il y interprète le rôle d'un homme aux prises avec une chaise récalcitrante. Le traitement métaphorique du thème de la domination et l'originalité de la technique de pixillation ont rendu célèbre ce film qui remporte plusieurs prix. L'année suivante, il signe son premier long métrage, *Les mains nettes* (1958), d'après un scénario de Fernand Dansereau, film résultant d'un montage de quatre épisodes de la télésérie « Panoramique ». En plus de bien maîtriser la mise en scène, il y fait preuve d'un talent indéniable pour la direction d'acteurs. En cela, Jutra se distinguera toujours, étant lui-même comédien. *Félix Leclerc troubadour* (1959, c. m.) révèle un cinéaste accompli. Il réussit à rendre vivant le documentaire par

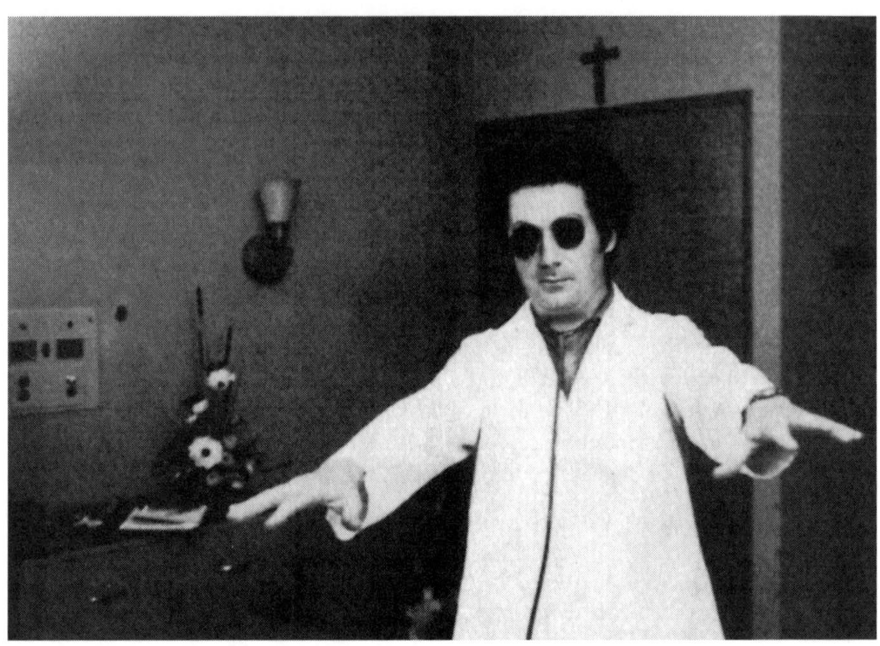

Claude Jutra, acteur dans *On est loin du soleil* de Jacques Leduc.

une scénarisation au ton humoristique et sans prétention. Plusieurs projets plus personnels proposés à l'ONF n'ayant pas abouti, il part pour la France où François Truffaut l'aide à produire *Anna la bonne* (1959, c. m.), dramatisation quelque peu exagérée d'un texte de Cocteau, interprété par Marianne Oswald. Avec Jean Rouch, il élabore un projet sur le Niger qu'il soumet à l'ONF. Il le tourne seul, une Bolex à la main, s'attachant particulièrement à capter des scènes de la vie quotidienne. Premier d'une série de films qu'il montera lui-même, *Le Niger, jeune république* (1961, m. m.) rend compte d'un nouveau travail sur la narrativité, marqué par un commentaire à la première personne. C'est également en 1961 qu'il est plongé dans l'aventure du cinéma direct avec *La lutte* (coréal. M. Brault, M. Carrière et C. Fournier, c. m.), exemple d'un travail d'équipe auquel Jutra ajoute une fine pointe d'ironie. Ses qualités de monteur sont manifestes dans *Québec U.S.A. ou l'invasion pacifique* (coréal. M. Brault 1962, c. m.), film sur l'envahissement de la ville de Québec par les touristes américains. Aux images de Brault et de Gosselin, prises avec la plus folle des libertés, Jutra donne tantôt une signification ironique, tantôt un caractère social et, tout en créant un rythme enlevé, en fait ressortir la poésie. La complicité entre Jutra et Brault trouve son accomplissement dans *Les enfants du silence* (1962, c. m.). Tourné en grande partie avec l'aide des membres de la famille de Brault et portant sur des enfants souffrant de surdité, le film témoigne d'une tendresse de regard que seul le cinéma direct pouvait atteindre.

Et puis vient *À tout prendre* (1963), première fiction de style direct et de nature autobiographique réalisée au Québec. À cause d'un esthétisme hors du commun, attaché à l'expression intimiste et libertaire des personnages de Claude et Johanne, ce film est, dans le contexte d'un Québec encore pudique et moralisateur, difficilement compris et accepté. Jutra ose revivre à l'écran son histoire d'amour avec une femme de race noire. Ils se livrent en toute liberté à une confession mutuelle dont le jeu de la vérité amène Johanne à s'enquérir de la possible homosexualité de Claude. Cette production indépendante, amateur dans le meilleur sens du terme, s'appuie sur un travail d'improvisation des comédiens basé sur leurs propres souvenirs. Le ton fantaisiste où le rire et le plaisir de se raconter sont essentiels, même dans les moments les plus graves, donne à cette œuvre une vitalité toujours actuelle. Le film obtient le Grand Prix au Festival du cinéma canadien et le Canadian Film Award du meilleur long métrage de fiction. Ce dynamisme, Jutra le retrouve dans son empathie pour les jeunes qui se concrétise d'abord dans *Comment savoir...* (1966), un documentaire sur les nouvelles techniques scolaires. Si cette recherche sur les ordinateurs utilisés comme instruments pédagogiques était alors d'avant-garde, le progrès fulgurant en ce domaine l'a vite rendu caduque. Avec *Rouli-roulant* (1966, c. m.), dédié à toutes les victimes de l'intolérance, il dénonce les trop nombreuses restrictions imposées aux enfants dont celle de pratiquer ce sport. Dans *Wow* (1969), il poursuit son exploration du monde des adolescents en essayant d'illustrer leurs fantaisies et phantasmes, par des trucages rarement utilisés au cinéma et qu'une bonne connaissance technique lui permet de créer. Le film a le mérite de dépeindre les préoccupations d'une certaine jeunesse dorée. En 1971, il réalise, sur un scénario de Clément Perron, *Mon oncle Antoine*, le plus célèbre des films québécois. Il réussit le pari de conjuguer sa sensibilité d'auteur aux exigences du cinéma populaire et commercial, ayant pour toile de fond la chronique d'une petite ville minière, le film se présente comme « un long zoom avant sur Benoît », cet adolescent qui, initié au monde adulte, découvre la sexualité et la peur de la mort. Jutra atteint un bel équilibre dans sa manière de raconter une histoire à la fois drôle et tragique. Jugé meilleur film canadien de tous les temps en 1984, le film obtient huit Canadian Film Awards, dont ceux du meilleur film et de la meilleure réalisation. Jutra y tient le rôle de Fernand ; par la suite, il jouera encore dans plusieurs films dont *Pour le meilleur et pour le pire* (1975), *La fleur aux dents* (T. Vamos, 1975), *Two Solitudes* (L. Chetwynd, 1978) et *Bonheur d'occasion* (C. Fournier, 1983). Avec *Kamouraska* (1973), il s'attaque à l'adaptation cinématographique du roman d'Anne Hébert et est confronté aux aléas d'une coproduction avec l'étranger. Celle-ci l'assure néanmoins du plus imposant budget jamais atteint jusque-là par un film québécois, lui permettant ainsi de donner les rôles principaux à Philippe Léotard et Geneviève Bujold qu'il a déjà dirigée dans *Marie-Christine* (1970, c. m.), film de commande réalisé pour l'OFQ. Au-delà de la reconstitution historique, Jutra s'intéresse au monde intérieur de son héroïne et, utilisant le *flashback*, tente de réanimer chez cette femme, devenue respectable et mère de nombreux enfants, la passion amoureuse qui jadis la déchira. La version finale du film est jugée trop longue par le coproducteur français qui en exige un remontage. De ce fait, le film perd probablement de son impact dramatique, d'où « l'éparpillement dans le temps » et « le manque de vraisemblance psychologique » que certains critiques lui reprochent. N'ayant pas eu droit de regard sur la coupe finale, Jutra refait, en 1983, une version vidéo de cent soixante-treize minutes, diffusée à la télévision, à partir d'un nouvel assemblage du négatif original. Son film suivant, *Pour le meilleur et pour le pire* (1975), une comédie acerbe et surréaliste sur le mariage et la vie de couple, s'avère l'une des fictions les mieux réussies sur le sujet. Elle est pourtant très mal reçue, autant par la critique que par le public. À présent, la dimension ironique et l'audace de la structure narrative (un couple, une journée, une vie, une époque) ressortent davantage. À partir de 1975, Jutra reprendra épisodiquement ses activités théâtrales. Il joue, fait de la mise en scène, enseigne, et fonde même la compagnie du théâtre Pepperoni.

De nombreux projets bloqués chez les producteurs, une industrie cinématographique québécoise stagnante ainsi que des offres répétées de Ralph L. Thomas, de la CBC, amènent Jutra à accepter de travailler en anglais, à Toronto. Il réalise, dans la série « For the Record », deux téléfilms dont les personnages souffrent de troubles psychiques, *Ada* (1976, m. m.) et *Dreamspeaker* (1976). Il atteint une grande efficacité dramatique dans cette dernière histoire où un enfant, pyromane, emprisonné malgré des espoirs de guérison, en vient au suicide. Il obtient d'ailleurs le Canadian Film Award de la meilleure réalisation. La productrice torontoise Beryl Fox l'engage ensuite pour diriger deux longs métrages à gros budget. Il renoue ainsi avec l'adaptation littéraire en abordant, dans *Surfacing* (1980), d'après un roman de Margaret Atwood, la dépendance émotionnelle d'une femme à la recherche de son père disparu depuis plusieurs années. Puis, dans *By Design* (1981), il dessine le portrait sensible, humoristique et exempt de sensationnalisme de deux lesbiennes qui, désirant un enfant, « utilisent » le photographe qui travaille pour leur agence de mode. De retour à Montréal, où il continue d'habiter, Jutra est financièrement contraint à réaliser des films publicitaires. Il réussit toutefois à tourner *La dame en couleurs* (1984), son dernier long métrage. Dans le Québec des années 40, des enfants orphelins ou abandonnés sont placés dans un asile d'aliénés. Inspirés par un peintre épileptique, ils se recréent un monde dans les souterrains de l'institution d'où certains s'échapperont. Pour traduire cet inéluctable enfermement, le film progresse comme un cauchemar avec sa suite de séquences morcelées et fortes au point de subjuguer l'ensemble du récit. En 1984, le gouvernement du Québec remet à Jutra le prix Albert-Tessier. Atteint d'une maladie affectant sa mémoire, il s'enlève la vie, en 1986. Plusieurs gestes commémoratifs rappellent cette figure emblématique du cinéma québécois : une des salles de projection de la Cinémathèque québécoise porte son nom, une bourse créée en son honneur en 1988 par l'OFQJ et l'AQCC a été accordée jusqu'en 1998 à un jeune cinéaste prometteur, un parc et un monument conçu par Charles Daudelin lui sont dédiés à l'angle des rues Clark et Prince-Arthur à Montréal, la Fondation Claude-Jutra octroie des bourses d'études aux étudiants de l'Institut national de l'image et du son, l'Académie canadienne du cinéma et de la télévision remet un prix Claude-Jutra au réalisateur d'un premier long métrage et, pour la première fois en 1999, sont attribués les Jutra, des prix qui récompensent les artistes et techniciens des films de l'année sélectionnés par les membres des associations professionnelles de l'industrie cinématographique québécoise. Notons aussi que l'un des personnages de la pièce *Cabaret neiges noires*, filmée en 1997 par Raymond Saint-Jean, évoque la fin tragique de Claude Jutra.

AUTRES FILMS : *Pierrot des bois* (1956, c. m.), *Fred Barry comédien* (1959, c. m.), *Petit discours de la méthode* (coréal. P. Patry, 1963, c. m.), *Ciné Boum* (coréal. R. Russel, 1964, m. m.), *Au cœur de la ville* (1969, c. m.), *Québec fête, juin '75* (coréal. J.-C. Labrecque, 1976), *Arts Cuba* (1977, m. m.), *The Patriarch # 1* et *# 2* (1978, deux c. m.), *Seer Was Here* (1978, m. m.), *The Wordsmith* (1979), *My Father, My Rival* (1985, m. m.).

BIBLIOGRAPHIE : CHABOT, Jean, *Claude Jutra*, Conseil québécois pour la diffusion du cinéma, Montréal, 1970 • JUTRA, Claude, *Mon oncle Antoine*, Art global, Montréal, 1979 • RINFRET, Louise, *La dame en couleurs*, Domino, Montréal, 1985 • VÉRONNEAU, Pierre, *Kamouraska : étude du roman et de son adaptation cinématographique*, mémoire, Université du Québec à Montréal, 1976 • *Claude Jutra : filmographie et témoignages*, *Copie Zéro*, n° 33, Montréal, 1987 • LEACH, Jim, *Claude Jutra, Filmmaker*, McGill-Queen's University Press, 1999. (P. J. et M. S.)

# K

**KACZENDER, George,** réalisateur, monteur, producteur, scénariste (Budapest, Hongrie, 1933). Formé dans son pays natal, il entre à l'ONF en 1957 où il travaille à environ soixante-quinze films. Il exerce d'abord le métier de monteur, notamment pour *Nahanni* (D. Wilder, 1962, c. m.). Par la suite, il réalise de nombreux courts métrages — parmi lesquels *Phoebe* (1965) et *You're No Good* (1965) — avant de signer un premier long métrage d'après un scénario qu'il écrit avec Timothy Findley : *Don't Let the Angels Fall* (1969). C'est le premier long métrage canadien de fiction sélectionné en compétition au Festival de Cannes. Passant au secteur privé, il produit et réalise *U-Turn* (1973), d'après un scénario de Douglas Bowie. Le film est présenté au Festival de Berlin sans grand succès. Kaczender doit ensuite attendre cinq ans, et l'occasion propice suscitée par les politiques de dégrèvement fiscal, pour se voir confier la réalisation, coup sur coup, de trois adaptations de romans à succès : *In Praise of Older Women* (1978), d'après Stephen Vizinczey, qui connaît une carrière honorable ; *Agency* (1979), d'après Paul Gottlieb ; et *Your Ticket Is No Longer Valid* (1981), d'après Romain Gary, massacré au montage. Alexandra Stewart apparaît dans les trois films. Par la suite, Kaczender travaille plutôt à Paris et à Hollywood, mais revient à Toronto pour réaliser *Prettykill* (1986) et quelques épisodes de la télésérie *Night Heat.* D'ailleurs, il tourne régulièrement pour la télévision, *Christmas on Division Street* (1991), *Betrayal of Trust* (1994), *Indiscretion of an American Wife* (1998). (D. J. T.)

**KALOGERAS, Savas,** chef opérateur (Le Caire, Égypte, 1938 – Montréal, 1996). Il débute vers l'âge de vingt ans, en Europe, où il participe, à divers titres, au tournage de quelques films. En 1963, il part exercer son métier de chef opérateur à New York, puis se joint à l'ONF en 1966. Kalogeras suit alors l'itinéraire habituel : assistant cameraman, cameraman, et enfin chef opérateur à partir de 1972. Participant à près de soixante-dix films, il travaille autant en fiction qu'en documentaire. Ses habitudes de tournage varient selon le genre du film : il tient lui-même la caméra lorsqu'il participe à un documentaire, mais préfère faire équipe avec la camerawoman Susan Trow sur le plateau d'un film de fiction. Il travaille à quelques reprises avec John Howe (*Why Rock the Boat?*, 1974; *A Star Is Lost!*, 1974), Tina Vijoen (*Harder Than It Looks*, 1986, c. m.; *Under New Management*, 1981, m. m.), Giles Walker (*Bravery in the Field*, 1979, c. m.; *Princes in Exile*, 1990) et Alanis Obomsawin (*Kanesatake, 270 Years of Resistance*, 1993; *Spudwrench-Kahnawake*, 1997, m. m.). On trouve aussi son nom au générique de quelques films coproduits par l'ONF et le secteur privé. Outre *Princes in Exile*, citons *Bonheur d'occasion* (C. Fournier, 1983), *Crazy Moon* (A. Eastman, 1987) et *Falling Over Backwards* (M. Ransen, 1990). Il élargit sa palette en abordant le format 65 mm (Imax) dans *Mystery of the Maya* (B. Howells et R. Rochin, 1995, m. m.), un documentaire coproduit avec le Mexique. (M. de B.)

**KATADOTIS, Peter,** administrateur, producteur (Sydney, Nouvelle-Écosse, 1937). Détenteur d'une maîtrise en service social, il œuvre d'abord au sein du Plan de réaménagement social et urbain de Montréal, du University Settlement of Montreal et de la Commission royale d'enquête sur la santé et les services sociaux de la province de Québec. De 1970 à 1976, il est directeur du Parallel Institute for Community and Regional Development. En 1976, il entre à l'ONF comme producteur délégué du studio responsable du programme Challenge for Change et, en 1980, il est nommé directeur de la production anglaise. Il entre à l'emploi de Téléfilm Canada en 1988 où il occupe le poste de directeur de la production et du développement.

PRINCIPAUX FILMS : *Cree Way* (T. Ianzelo, 1977, c. m.), *Our Health Is Not for Sale* (B. Richardson et D. Newman, 1978, c. m.), *The Nearest Point to Everywhere* (R. Hart, 1978, c. m.), *Small Is Beautiful: Impressions of Fritz Schumacher* (D. Kiefer, B. Howells et D. Brittain, 1978, c. m.), *The Dionne Quintuplets* (D. Brittain, 1980). (B. L.)

**KEMENY, John,** producteur, monteur, réalisateur (Budapest, Hongrie, 1925). Après avoir travaillé pendant huit ans pour différents organismes voués à la distribution et à la promotion de films en Hongrie, il émigre au Canada en 1957. Il entre à l'ONF, où il occupe tour à tour les fonctions d'assistant monteur, de monteur, de réalisateur et de producteur. Il monte, entre autres, *Drylanders* (D. Haldane, 1963) et une partie de la série « Canada at War » (coréal. S. Clish, P. Jones et D. Brittain, 1962). Par la suite, il fait la recherche, scénarise, réalise, monte et produit le documentaire *Bethune* (coréal. D. Brittain, 1964, m. m.). En 1964, il collabore à la réalisation de trois courts métrages sur le thème des nouveaux immigrants: *Three Fishermen* (coréal. J. Biggs), *Three Country Boys* (coréal. J. Biggs et G. Burwash) et *The Visit*. Il produit ensuite des films de toutes sortes, notamment *Don't Let the Angels Fall* (G. Kaczender, 1969), sélectionné en compétition au Festival de Cannes. En 1967 et 1968, il dirige l'important programme de l'ONF Challenge for Change. En 1969, il fonde la compagnie de production International Cinemedia Center, avec Joseph Koenig et Donald Duprey, deux collègues de l'ONF. La compagnie se spécialise d'abord dans les courts métrages et les films éducatifs. Gerry Schneider et Morton Litvak se joignent à eux au moment de financer *The Apprenticeship of Duddy Kravitz* (T. Kocheff, 1974). Entre temps, Kemeny s'associe aux productions Héroux, pour *7 fois... (par jour)* (D. Héroux,

1971). Il conclut également une entente avec Columbia Pictures grâce à laquelle il est producteur associé de sept longs métrages.
En 1979, il fonde International Cinema Corporation avec Denis Héroux. Ils produisent une série de films à budget important : *Atlantic City* (L. Malle, 1980), *La guerre du feu* (J.-J. Annaud, 1981), *The Blood of Others* (C. Chabrol, 1984), *The Bay Boy* (D. Petrie, 1984) et *The Boy in Blue* (C. Jarrott, 1986). En 1985, Kemeny et Héroux s'unissent à Robert Lantos et Stephen J. Roth, de RSL Films, pour former Alliance Entertainment Corporation, dont le siège social est à Toronto. Kemeny produit la télésérie tirée de la superproduction *Bethune — The Making of a Hero* (P. Borsos, 1990). Parallèlement à cela, il déménage progressivement ses activités à Los Angeles. (J. P.)

**KENT, Laurence L. (Larry),** producteur, réalisateur, scénariste, acteur (Johannesburg, Afrique du Sud, 1937). En 1957, il émigre à Vancouver où il fait des études universitaires. Il y tourne une fable sur la vie étudiante, *The Bitter Ash* (1963), puis un deuxième long métrage sur une jeunesse en effervescence, *Sweet Substitute* (1965), et une étude pénétrante des problèmes auxquels fait face une femme au foyer, *When Tomorrow Dies* (1965). Ces premiers films débordent d'invention visuelle et d'énergie. Kent s'installe ensuite à Montréal, où il poursuit son travail de recherche avec un film sur la jeunesse irresponsable, *High* (1967), suivi du très novateur *Façade* (1969) et de *Fleur bleue* (1971), où on retrouve Steve Fiset, Susan Sarandon et Carole Laure. Kent produit lui-même ses cinq premiers films avec des moyens réduits, tandis que *Fleur bleue* est produit par Potterton Productions. Ces six films forment un ensemble cohérent, les trois premiers mettent en scène des personnages piégés par les conventions, les trois suivants des personnages qui tentent de différentes façons d'échapper aux conventions. Par la suite, Kent tourne de courtes dramatiques à l'ONF (*Cold Pizza*, 1972, c. m.). Son travail perd en valeur lorsqu'il s'insère dans le circuit commercial. Ainsi, la structure narrative de *Keep It in the Family* (1973) et de *Yesterday* (1979), une comédie et un film dramatique, est conventionnelle. Ses films suivants, *The Slavers* (1977) et *High Stakes* (1985), n'obtiennent pas de sortie commerciale. Kent tient un rôle dans *Q-bec my love* (J. P. Lefebvre, 1969). (P. Ha)

**KISH, Albert,** réalisateur, chef opérateur, monteur, producteur, scénariste (Eger, Hongrie, 1937). Il étudie le cinéma à Budapest, puis quitte son pays au moment de l'insurrection de 1956. Arrivé au Canada en 1957, il travaille dans l'industrie privée à titre de cameraman et de monteur. Il réalise alors deux films indépendants. À partir de 1964, il travaille comme monteur à la CBC. Il entre à l'ONF en 1967. D'abord monteur (*Christopher's Movie Matinee*, M. Ransen, 1968 ; *Flight in White*, W. Cunning, 1968, c. m. ; *Bighorn*, B. Schmalz, 1970, c. m.), il signe les images et écrit les commentaires de quelques films. En 1970, il monte et produit *Freeze-in* (F. W. Trecartin, c. m.), documentaire poétique sur l'hiver dans le port de Montréal. Comme réalisateur, il débute avec une série de documentaires historiques de commande, dont *Historic Sites* (1969, c. m.), *Time Piece* (1971, c. m.), *This Is a Photograph* (1971, c. m.) et *Louisbourg* (1972, c. m.). *Our Street Was Paved With Gold* (1973, c. m.) offre une vision historique plus personnelle : le réalisateur y visite le boulevard Saint-Laurent à Montréal et confronte ce qu'il y voit avec ses souvenirs, ceux d'un immigrant pour qui cette artère est le point de rencontre des nombreuses communautés ethniques. Réalisé en 1975, *Los Canadienses* (m. m.) est un documentaire sur les mille deux cents Canadiens qui prirent part à la guerre d'Espagne au sein des Brigades internationales. Passionnante analyse de la prise de conscience politique de ces hommes, ce film, qui remporte huit prix, mêle images d'archives et prises de vues contemporaines. À l'occasion du quarantième anniversaire de l'ONF, Kish réalise *The Image Makers* (1979), regard sur l'histoire de cette institution. Il signe ensuite *Bread* (1983, c. m.), documentaire muet sur le pain, et *The Age of Invention* (1984, c. m.), poème cinématographique sur la venue de l'âge de la machine au moment de la Première Guerre mondiale. Monteur de tous ses films sauf *Paper Wheat* (1979, m. m.), Kish continue de pratiquer ce métier tout au long de sa carrière, notamment pour *In Praise of Hands* (D. Winkler, 1974, c. m.), *Conspiracy of Silence* (N. Ghiran, 1981, c. m.), *F. R. Scott: Rhyme and Reason* (D. Winkler, 1982, m. m.) et *Clair-obscur* (B. Chbib, 1988).

PRINCIPAUX AUTRES FILMS COMME RÉALISATEUR : *Ports Canada* (1969, c. m.), *Hold the Ketchup* (1977, c. m.), *Notman's World* (1989, c. m.), *The Summer of '67* (coréal. D. Winkler, 1994, m. m.), *Louisbourg Under Siege* (1997, m. m.). (M. J.)

**KLEIN, Bonnie (Sherr),** réalisatrice, monteuse, productrice (Philadelphie, États-Unis, 1941). Après avoir obtenu une maîtrise en communication à l'Université Stanford, elle filme la première manifestation de la United Farm Workers menée par le leader syndical Cesar Chavez. En 1967, elle entre à l'ONF où, dans le cadre du programme Challenge for Change, elle écrit des commentaires, travaille comme monteuse et réalise *The Alinsky Approach : Organizing for Power* (1968), un court et quatre moyens métrages décrivant les méthodes de l'activiste Saul Alinsky. Elle réalise également *VTR Saint-Jacques* (1969, c. m.) où elle met en application, aux fins du programme, une idée qu'elle a développée avec Dorothy Todd Hénaut et qui consiste à fournir de l'équipement vidéo aux gens afin qu'ainsi outillés ils puissent intervenir dans leur communauté. C'est une clinique communautaire pour gens à faibles revenus qui est le sujet de son film suivant, *Citizen's Medicine* (1970, c. m.). Klein s'installe ensuite à Rochester dans l'État de New York. Elle y fonde Portable Channel, un centre vidéo communautaire, et produit *Homemade TV*, une émission bihebdomadaire destinée à la télévision publique. De retour à Montréal en 1975, elle travaille au studio D de l'ONF (le studio anglais des femmes). Dans ses films, Klein donne le point de vue des femmes. C'est le cas, par exemple, dans *Patricia's Moving Picture* (1978, c. m.), portrait d'une femme qui, arrivée au milieu de sa vie, traverse une crise personnelle, ayant besoin d'indépendance après s'être mariée et avoir élevé sept enfants. *The Right Candidate for Rosedale* (coréal. A. Henderson, 1979, c. m.) décrit les enjeux sociaux et politiques qui entourent la campagne de la libérale Anne Cools dans Rosedale. En 1981, Klein réalise un des plus grands succès de l'histoire de l'ONF, *Not a Love Story : A Film About Pornography*, le regard que pose le film sur la pornographie faisant l'objet d'une vive controverse. Klein construit son film autour d'une effeuilleuse qui propose au spectateur un tour guidé des lieux pornographiques. Elle fait tantôt appel aux émotions, notamment lorsqu'elle bombarde le spectateur d'images agressantes, tantôt à l'esprit d'analyse, en proposant une réflexion sur l'impact de la pornographie. Elle reprend cette formule dans *Speaking Our Peace* (coréal. T. Nash, 1985, m. m.), un film en faveur de la paix mondiale. De ce documentaire sont tirés quatre films satellites. Elle réalise ensuite *Mile Zero : the SAGE Tour* (1988, m. m.) dans lequel elle suit, à travers le Canada, quatre étudiants qui font campagne contre l'énergie nucléaire. En 1989, elle coréalise, avec Tere Nash, *Russian Diary*. Ce moyen métrage recueille les témoignages de quelques citoyens russes tout juste avant le passage au nouveau régime politique de la Glasnost et le démantèlement de l'Union des républiques socialistes soviétiques. Le film est primé à Colombus et à Mannheim. Elle quitte l'ONF en 1996. (M. A.-G. et É. P.)

**KOENIG, Wolf,** chef opérateur, monteur, producteur, réalisateur, scénariste (Dresde, Allemagne, 1927). Arrivé au Canada en 1936, il entre à l'ONF en 1948. Il aurait eu l'idée de la série « Candid Eye » (*voir* CINÉMA DIRECT). Il réalise notamment *City of Gold* (coréal. C. Low, 1957, c. m.), *Lonely Boy* (coréal. R. Kroitor, 1961, c. m.) et *You're Under Arrest* (coréal. D. Arioli, 1979, c. m.). (G. M.)

**KOTCHEFF, Ted,** réalisateur, producteur, scénariste (Toronto, Ontario, 1931). Diplômé en littérature de l'Université de Toronto, il entre comme technicien à la CBC, en 1952, juste avant les débuts de la télévision. À vingt-quatre ans, il écrit et réalise des dramatiques produites par Sidney Newman, qu'il retrouve en Angleterre, à la BBC, en 1957. C'est aussi en Angleterre qu'il tourne son premier long métrage, *Tiara Tahiti* (1962). Avec Norman Jewison comme producteur, autre transfuge de la CBC, Kotcheff réalise deux films : *Wake in Fright/Outback* (1971) en Australie et *Billy Two Hats* (1973) en Israël. Le premier représente l'Australie en compétition au Festival de Cannes en 1971. Jewison et Kotcheff sont souvent considérés comme les ambassadeurs du cinéma canadien d'expression anglaise à Hollywood. Kotcheff entretient avec l'écrivain montréalais Mordecai Richler* une longue et fructueuse collaboration, commencée en Angleterre avec la participation de Richler au scénario de *Life at the Top* (1965), suite du film de Jack Clayton, *Room at the Top* (1958). Kotcheff essaie longtemps de réaliser en Angleterre des adaptations de deux romans de Richler, *Cocksure* et *St. Urbain's Horseman*, mais sans succès. C'est au Canada qu'il parvient à tourner *The Apprenticeship of Duddy Kravitz* (1974) et *Joshua Then and Now* (1985), d'après des scénarios adaptés par Richler de ses propres romans. *The Apprenticeship of Duddy Kravitz* remporte l'Ours d'or du Festival de Berlin, le Canadian Film Award du meilleur film de l'année, et reste l'un des grands succès de l'histoire du cinéma canadien. *Joshua Then and Now*, peut-être parce qu'il est tourné simultanément en version télévision de quatre heures et en film, ne connaît pas le même succès critique et public, bien qu'il ait été invité en compétition au Festival de Cannes. Ces deux films représentent ce qui se fait de mieux comme productions « internationales » au Canada. Ils cherchent à rejoindre l'universel (problèmes familiaux et sentimentaux, volonté de sortir du ghetto) à travers le particulier (un jeune juif de la rue Saint-Urbain à Montréal). Ils sont tournés là où se déroule l'action, à Montréal et dans les Cantons-de-l'Est. Si les principaux rôles masculins sont confiés à des acteurs étrangers, des actrices québécoises jouent les rôles de soutien féminins (Richard Dreyfuss et Micheline Lanctôt* dans *The Apprenticeship of Duddy Kravitz*; James Woods et Gabrielle Lazure dans *Joshua Then and Now*). Dans les deux cas, le récit est bien mené, la réalisation habile. Kotcheff part pour Hollywood en 1974. Il y réalise *Fun with Dick and Jane* (1977) — Richler collabore au scénario — qui a du succès. Il y assoit sa réputation de réalisateur consciencieux, spécialiste de la comédie (*Someone's Killing the Great Chefs of Europe*, 1978; *Weekend at Bernie's*, 1989; *Folk!*, 1992) et de films d'aventures (*First Blood*, 1982; *Uncommon Valor*, 1983; *The Shooter*, 1995). Depuis quelques années, sa carrière s'oriente de plus en plus vers la télévision. (J. A.)

**KRAMER, John,** producteur, monteur, réalisateur (Allemagne, 1947). Arrivé au Canada en 1956, il étudie la sociologie, la littérature anglaise et le théâtre, en Ontario et au Québec. Il entre à l'ONF en 1970 et, dès 1971, effectue le montage de plusieurs films importants tels *Grierson* (R. Blais, 1973, m. m.), *Dreamland: A History of Early Canadian Movies 1895-1939* (D. Brittain, 1974) et *One Man* (R. Spry, 1977), son travail pour ce dernier film lui fait obtenir un Canadian Film Award. Il coréalise et monte *Volcano — An Inquiry into the Life and Death of Malcolm Lowry* (coréal. D. Brittain, 1976), vaste enquête sur l'écrivain canadien, qui remporte le Canadian Film Award du meilleur documentaire. Toujours dans une perspective historique, il tourne *Has Anybody Here Seen Canada?* (1978). Puis il est l'auteur d'un documentaire remarqué, *The Inheritance* (1980, m. m.), sur la dynastie politique des Johnson au Québec. Kramer coproduit la grande série *War* (1983), puis produit *Class of Promise* (B. Seras, 1985, c. m.) et l'important documentaire *Final Offer: Bob White and the Canadian Auto Workers' Fight for Independance* (S. Gunnarsson, 1985). Entre 1985 et 1990, il monte une série de documents consacrés au monde du travail. Au cours de cette période, il produit quelques films à caractère sociologique, pour le compte de la section ontarienne de l'ONF. En 1988, il signe un film sur les relations américano-canadiennes: *The Relationship* (m. m.) puis revient à la réalisation avec un nouveau portrait, celui d'un diplomate canadien soupçonné d'être un espion soviétique, *The Man Who Might Have Been: An Inquiry Into the Life and Death of Herbert Norman* (1998). (A. D.)

**KROITOR, Roman,** monteur, producteur, réalisateur (Yorkton, Saskatchewan, 1927). Il entre à l'ONF en 1949 et y travaille à de nombreux films (*Universe*, coréal. C. Low, 1960, c. m.; *Lonely Boy*, coréal. W. Koenig, 1961, c. m.; *Above the Horizon*, coréal. H. O'Connor, 1964, c. m.; *In the Labyrinth*, coréal. C. Low et H. O'Connor, 1979, c. m.). Il joue un rôle important au sein du *Candid eye* (*voir* CINÉMA DIRECT). (G. M.)

**KROONENBURG, Pieter,** producteur, réalisateur (Castricum, Pays-Bas, 1942). Après des études à l'Académie du film d'Amsterdam, il réalise puis produit des courts métrages, des films de commande, des téléséries et des messages publicitaires, successivement à Amsterdam, Los Angeles, Bruxelles, Rome et Paris. En 1979, invité à produire *The Lucky Star* (M. Fischer, 1980) à Montréal, il décide de s'y établir. Il coproduit ensuite *Heartaches* (D. Shebib, 1981) avec David J. Patterson. L'année suivante, ils fondent Filmline Productions, compagnie qui se spécialise dans la gestion de films étrangers tournés au Canada comme *The Hotel New Hampshire* (T. Richardson, 1984). Lorsque le Français Nicolas Clermont se joint à eux, la compagnie devient Filmline International. *The Blue Man* (G. Mihalka, 1986) et *Toby McTeague* (J.-C. Lord, 1985) figurent parmi les films qu'ils produisent, avant d'entreprendre la superproduction *Bethune — The Making of A Hero* (P. Borsos, 1990). En 1995, Kroonenburg fonde GFT Kingsborough Films. Il travaille alors à la fois à Montréal et à Los Angeles. Parmi ses productions, on compte *Owd Bob* (R. Gibbons, 1997), *Laserhawk* (J. Pellerin, 1997), *To Walk with Lions* (C. Schultz, 1999), *The Intruder* (D. Bailey, 1999) et *Cord* (S. J. Furie, 2000). (J. P.)

# L

**LABONTÉ, François,** réalisateur, monteur, producteur (Robertsonville, 1949). Il apprend le métier de monteur à l'ONF aux côtés de Werner Nold avec qui il travaille au montage du *Temps d'une chasse* (F. Mankiewicz, 1972) puis au sein de l'équipe du film olympique (*Jeux de la XXI*[e] *Olympiade*, J.-C. Labrecque, J. Beaudin, M. Carrière et Georges Dufaux, 1977). Il abandonne peu à peu ce métier, n'y revenant qu'occasionnellement (*Les douces*, A. Chartrand, 1980, m. m. ; *Les traces d'un homme*, M. Moreau, 1981 ; *Les années de rêves*, J.-C. Labrecque, 1984), pour se consacrer entièrement à la réalisation. Comme réalisateur, Labonté met un certain temps à trouver son créneau. Après avoir été assistant réalisateur d'André Melançon pour *« Les oreilles » mène l'enquête* (1974, c. m.) et *Les tacots* (1974, c. m.), il cherche d'abord du côté des films pour enfants. Associé à la comédienne et scénariste Marthe Boisvert, il tourne *Babiole* (1975, c. m.) et *Le château de cartes* (1979). Qu'il raconte l'histoire d'une poupée ou les aventures de personnages très colorés à la recherche d'un professeur disparu, il paraît influencé par le style fantaisiste propre aux émissions de la grande période du service jeunesse de la télévision de Radio-Canada. On retrouve d'ailleurs Kim Yaroshevskaya, inoubliable Fanfreluche du petit écran, en sorcière-détective Varicelle dans *Le château de cartes*. Loin du réalisme cher à Melançon, il propose un cinéma pour enfants sans enfants. Entre ces deux films, il tourne un documentaire d'atmosphère, *Samedi soir* (1978, m. m.), où il observe le va-et-vient des Beaucerons un samedi soir, entre le Noël du campeur et la discothèque. Puis il tente un exercice de style, *Réveillon* (1982, c. m.), film humoristique sans dialogues écrit pour Rodrigue Chocolat Tremblay, acteur clownesque avec lequel il travaille aussi au théâtre. En 1982, Labonté coréalise un documentaire, *En passant par Mascouche* (coréal. M. Moreau, c. m.). Il est producteur associé des *Années de rêves* (J.-C. Labrecque, 1984) et réalise des séries pour la télévision, avant de revenir à la réalisation de films. Il déplace son champ d'intérêt de l'enfance vers l'adolescence et tourne *Henri* (1986), sur un scénario de Jacques Jacob. Ce film pour toute la famille le ramène à la Beauce de *Samedi soir*. Centrant son récit sur un adolescent aux prises avec des problèmes familiaux, il mise cette fois sur un certain réalisme. Le film réunit les acteurs Jacques Godin et Éric Brisebois, déjà père et fils dans *Pouvoir intime* (Y. Simoneau, 1986). Labonté tourne ensuite deux épisodes de la télésérie « Traquenards », destinée aux adolescents, et enchaîne avec une comédie grand public scénarisée par Monique Proulx, *Gaspard et fil$* (1988). Comme dans *Henri*, il décrit l'évolution d'une relation père-fils qui avance vers la réconciliation. La course du village qui concluait *Henri* fait place à une course au billet de loterie gagnant qui entraîne les deux personnages principaux à New York et au Venezuela. Labonté y retrouve Godin mais aussi Gaston Lepage, qui tient le rôle de Bazooka 22 dans *Le château de cartes*. Puis, sur un scénario de Gerald Wexler, il tourne un téléfilm, *Manuel, le fils emprunté* (1989), probablement sa réalisation la plus maîtrisée. Cette fois à travers les yeux d'un garçon d'origine portugaise, il y présente de nouveau une famille diminuée et la quête d'un rapport père-fils harmonieux. La présence de Francisco Rabal en vieil immigré à la ferveur révolutionnaire ajoute beaucoup à la qualité de la dramatique. Labonté réalise également un conte de Noël, *Light Brigade* (1989, c. m.). Dans les années 90, il travaille exclusivement pour la télévision, pour laquelle il réalise le téléfilm *Les marchands du silence* (1993), qu'il coscénarise, et les séries *Bombardier*, *Alys Robi* et *Les bâtisseurs d'eau*. S'il n'a pas connu de grand succès, Labonté compte parmi les quelques réalisateurs québécois qui cherchent clairement à rejoindre un public, le plus large qui soit. Sans prétention, son cinéma veut divertir. (M. C.)

Jean-Claude Labrecque. (Bertrand Carrière, coll. ACPQ)

**LABRECQUE, Jean-Claude,** réalisateur, chef opérateur, scénariste (Québec, 1938). Deux fois orphelin (ses parents adoptifs meurent prématurément), il ne devra compter que sur lui-même. À dix-huit ans, il gagne sa vie en photographiant des mariages et en travaillant à l'OFQ où Paul Vézina lui enseigne les rudiments de la caméra. Il apprend son métier à l'ONF où, pendant deux ans, il traverse le Canada, de la Gaspésie aux territoires glacés du Yukon, à titre d'assistant cameraman. Cette formation première fera de lui un technicien exigeant et précis, audacieux et innovateur. Après cet apprentissage, il devient chef opérateur et travaille avec Claude Jutra (*À tout prendre*, 1963), Pierre Perrault (*Le règne du jour*, tournage dans le Perche, 1965), Gilles Carle (*La vie heureuse de Léopold Z.*, 1965 ; *Les corps célestes*, 1973), Gilles Groulx (*Le chat dans le sac*, 1964 ; *Un jeu si simple*, 1965, c. m.), Don Owen (*Notes for a Film about Donna &*

*Gail*, 1966; *The Ernie Game*, 1967), Anne Claire Poirier (*De mère en fille*, 1967), Larry Kent (*Fleur bleue*, 1971) et quelques autres, avec une pointe jusqu'en Italie où il tourne, pour Gian Franco Mingozzi, un documentaire sur Michelangelo Antonioni. En 1965, à la suggestion de Jacques Bobet, il réalise son premier film, *60 cycles* (c. m.), brillant compte rendu visuel du tour cycliste du Saint-Laurent dont les prouesses techniques lui valent un premier prix du court métrage à Moscou. Dès lors et tout au long de sa carrière de réalisateur, Labrecque s'attache à fixer sur la pellicule des moments significatifs de l'histoire du Québec, qu'elle soit sportive, culturelle ou politique. C'est sa caméra qui immortalise le « Vive le Québec libre ! » dans un reportage inspiré sur *La visite du général de Gaulle au Québec* (1967). Pour *La nuit de la poésie 27 mars 1970* (coréal. J.-P. Masse, 1970), il imagine de toutes pièces un événement : au théâtre du Gesù, à Montréal, devant un public enthousiaste, il donne la parole aux poètes qui s'en emparent avec ferveur dans la plus vivante des anthologies. Dix ans plus tard, il donne suite à cette première expérience avec *La nuit de la poésie 28 mars 1980* (coréal. J.-P. Masse), puis reprend ce concept onze ans plus tard en tournant *La nuit de la poésie 15 mars 1991* (coréal. J.-P. Masse). S'il s'écarte une seule fois de ses sources privilégiées d'inspiration, c'est pour la réalisation d'un film expérimental, *Essai à la mille* (1970, c. m.), d'après une œuvre de musique concrète du compositeur français Pierre Henry. Avec ses images brûlantes et hallucinées sur un texte incantatoire (l'Apocalypse de saint Jean), le film remporte un Canadian Film Award. Réalisateur-coordonnateur du film officiel des Jeux olympiques de Montréal, Labrecque organise un traitement qui privilégie l'être humain avant la performance sportive. *Jeux de la XXI*[e] *Olympiade* (coréal. J.-C. Labrecque, J. Beaudin, M. Carrière et Georges Dufaux, 1977) est un film « à hauteur d'homme ». Avec ses deux films sur Paul Provencher (*Le dernier des coureurs des bois* et *Les Montagnais*, 1979, m. m.), il revient au portrait intimiste qu'il a déjà pratiqué avec son film sur Félix Leclerc (*La vie*, coréal. Jean-Louis Frund, 1968, m. m.). Mais Labrecque atteint un sommet dans ce genre avec *Marie Uguay* (1982, m. m.), documentaire sur une jeune poète talentueuse dont le témoignage est d'autant plus émouvant qu'il est livré au seuil de la mort (elle entrera à l'hôpital dès la troisième journée du tournage pour y mourir d'un cancer à vingt-six ans).

Chef opérateur de tous ses documentaires, Labrecque est coscénariste de toutes ses fictions. Il s'y aventure pour la première fois avec *Les Smattes* (1972) qui, inspiré d'un fait divers authentique, raconte le drame provoqué par la fermeture, décrétée par les fonctionnaires du BAEQ, d'un village gaspésien. Mais c'est avec *Les Vautours* (1975) que le réalisateur trouve un style qui lui est propre pour raconter une histoire plus proche de lui. Dans la ville de Québec, vers la fin des années 50, des tantes (Carmen Tremblay, Monique Mercure et Amulette Garneau) dépouillent leur neveu Louis Pelletier (Gilbert Sicotte) du maigre héritage que sa mère lui a laissé. Transcendant l'anecdote autobiographique, un indéniable sens du comique, la découverte d'un comédien (c'est le premier rôle important de Sicotte au cinéma), la description d'une jeunesse impatiente de vivre, l'atmosphère étouffante d'une société en voie d'extinction, le ton juste et l'écriture personnelle font des *Vautours* un des meilleurs films de Labrecque. *L'affaire Cof-*

*fin* (1979), avec August Schellenberg, s'inspire de Jacques Hébert pour lever le voile sur une erreur judiciaire commise par le pouvoir duplessiste. Labrecque reprend ensuite son personnage des *Vautours*, Louis Pelletier, qu'il installe à Montréal avec sa femme (Anne-Marie Provencher). Commençant par un mariage et se terminant aux jours sombres d'Octobre 1970, *Les années de rêves* (1984) est le constat doux-amer des espoirs trahis d'une génération. Film de commande, *Le frère André* (1987) n'est pas, comme on aurait pu le craindre, l'hagiographie d'un personnage falot, mais un film sobre et émouvant interprété par Marc Legault et Sylvie Ferlatte. En 1989, Labrecque réalise *Bonjour Monsieur Gauguin*, un téléfilm souriant et fantaisiste sur un scénario de Jacques Savoie. Il signe ensuite *L'histoire des trois* (1989), documentaire sur trois étudiants qui, en 1958, ont assiégé pendant trois mois le bureau du premier ministre Maurice Duplessis dans le but d'obtenir l'instruction gratuite. De 1976 à 1978, il occupe la présidence de la Cinémathèque québécoise, organisme auquel il consacre un assemblage de rushes, *Les amis de la Cinémathèque*, montré à l'occasion du 25<sup>e</sup> anniversaire de l'institution. De 1991 à 1993, il est président des Rendez-vous du cinéma québécois.

Au fil des années, Labrecque n'abandonne pas pour autant la direction de la photographie. C'est à ce titre qu'on le retrouve notamment au générique de documentaires de Michel Moreau (*Le million tout-puissant*, 1985; *Les trois Montréal de Michel Tremblay*, 1989, m. m.; *Une enfance à Natashquan*, 1992) et de Fernand Dansereau (*De l'autre côté de la lune*, 1993), du premier film d'Anne Ardouin (*Une rivière imaginaire*, 1993, m. m.), du court métrage d'une élève de l'INIS, Nathalie Théocharides (*Léa*, 1998) et de documentaires de Lucie Lachapelle (*Femmes de Dieu* et *Ouvrières de Dieu*, 1999, m. m.) et de Bernard Émond (*Le temps et le lieu*, 1999). Pour la télévision française, il tourne les quinze demi-heures de la série sur la préhistoire *Le roman de l'homme*, d'après Marcel Jullian, dont il réalise deux épisodes (1997). Ce n'est pas sa première rencontre avec la télévision pour laquelle il a réalisé deux séries dramatiques : *Le Sorcier* d'après le roman de Francine Ouellette (1994) et *Parents malgré tout* sur le thème de l'adoption internationale (1995). Dans les années 90, il réalise trois documentaires percutants : *67 bis, boulevard Lannes* (1990, m. m.) sur la rencontre déterminante entre Claude Léveillée et Édith Piaf à Paris, à la fin des années 50, *André Mathieu, musicien* (1993) sur la tragédie d'un enfant prodige qui n'a pas su vieillir, et *L'aventure des Compagnons de Saint-Laurent* (1995) sur la naissance du théâtre au Québec. En 1999, il tourne *Anticosti au temps des Menier*, un film qui relate la colonisation, au tournant du siècle, de l'île d'Anticosti par le richissime chocolatier français, Henri Menier, et son homme de confiance, Martin-Zédé, interprété par Jean-Luc Bideau.

FILMS COMME RÉALISATEUR : *60 cycles* (1965, c. m.), *La visite du général de Gaulle au Québec* (1967, c. m.), *The Land* (Osaka 70) (coréal. R. Tasker, 1968, c. m.), *La vie* (coréal. J.-L. Frund, 1968, m. m.), *Hiver en froid mineur* (1969, c. m.), *Les canots de glace* (1969, c. m.), *La guerre des pianos* (coréal. J. Dansereau et M. Fortier, 1969, c. m.), *La nuit de la poésie 27 mars 1970* (coréal. J.-P. Masse, 1970), *Essai à la mille* (1970, c. m.), *Images de la Gaspésie* (1972, c. m.), *Hochelaga* (1972, c. m.), *Université du Québec* (1972, c. m.), *Les smattes* (1972, c. m.), *Entreprise de toute une vie* (coréal.

Jacques Gagné, 1973), *Les notes de la vie* (1973, c. m.), *Claude Gauvreau, poète* (1975, m. m.), *Québec fête, juin '75* (coréal. C. Jutra, 1976), *On s'pratique... c'est pour les Olympiques* (1975, m. m.), *Les vautours* (1975), *Jeux de la XXI*e *Olympiade* (coréal. J.-C. Labrecque, J. Beaudin, M. Carrière et Georges Dufaux, 1977), *Pierre à coton* (1978, c. m.), *Le dernier des coureurs des bois* (1979, m. m.), *Les Montagnais* (1979, m. m.), *L'affaire Coffin* (1979), *Paroles du Québec* (1980, c. m.), *La nuit de la poésie 28 mars 1980* (coréal. J.-P. Masse, 1980), *Marie Uguay* (1982, m. m.), *Les années de rêves* (1984), *Le frère André* (1987), *Bonjour Monsieur Gauguin* (1989), *L'histoire des trois* (1989), *La nuit de la poésie 15 mars 1991* (coréal. J.-P. Masse, 1991), *67 bis, boulevard Lannes* (1990, m. m.), *André Mathieu, musicien* (1993), *Le sorcier* (1994, télésérie), *Parents malgré tout* (1995, télésérie), *L'aventure des Compagnons de Saint-Laurent* (1995), *Le Musée des arts et traditions populaires de Trois-Rivières* (1996, c. m.), *Le roman de l'homme* (1997, télésérie), *Nos récits de voyage* (1997, c. m.), *Portager le rêve* (coréal. S. Beauchemin et A. Gladu, 1998, c. m.), *Anticosti au temps des Menier* (1999). (F. L.)

**LACHAPELLE, Andrée,** actrice (Montréal, 1931). Peu de comédiennes ont acquis et maintenu le statut enviable qu'on reconnaît à Lachapelle, à l'aise dans le théâtre de répertoire aussi bien que sur les planches des théâtres d'été, mais aussi très présente à la télévision (*Filles d'Ève, Le temps d'une paix, Monsieur le ministre, La maison Deschênes, Scoop, Miséricorde, Le volcan tranquille*). Au cinéma, il lui faudra attendre longtemps avant que ne démarre vraiment sa carrière. Lachapelle, dont l'image cadre mal avec le ton du cinéma québécois des années 60 et 70, fait tout de même ses débuts au grand écran très tôt puisqu'elle est cette ambitieuse issue d'un milieu populaire qu'on tue dans *La corde au cou* (P. Patry, 1964). On la voit aussi en Célimène dans *Le misanthrope* (L.-G. Carrier, 1964), en femme indépendante qui aime les hommes et le tir aux pigeons, dans *YUL 871* (J. Godbout, 1965), dans l'univers bourgeois de *Les beaux dimanches* (R. Martin, 1974) et dans la coproduction *Caro papa* (D. Risi, 1979). Le plus souvent, c'est la femme élégante, racée et cultivée qu'on montre à l'écran ; Lachapelle revient d'ailleurs à ce registre dans les années 80 et 90, avec *À corps perdu* (L. Pool, 1988), *Jésus de Montréal* (D. Arcand, 1989) où elle est psychologue, *Moody Beach* (Richard Roy, 1990) où elle est antiquaire, *Nelligan* (R. Favreau, 1991) où elle est femme de lettres, *Les naufragés du*

Andrée Lachapelle et Michel Langlois.

*Labrador* (F. Floquet, 1991) où elle joue une bourgeoise et dans *Léolo* (J.-C. Lauzon, 1992) où elle est un médecin. Deux réalisateurs lui proposent tout autre chose. D'abord Yves Simoneau qui, avec *Dans le ventre du dragon* (1989), lui offre un étonnant personnage de femme vieillie prématurément par une expérience scientifique, jouant ainsi sur la grande beauté de la comédienne. Puis Michel Langlois qui lui donne un de ses rares premiers rôles, dans le téléfilm ... *comme un voleur* (1990), celui d'une femme malade qui se détache doucement des siens. Son interprétation très nuancée, mélange de force et d'abandon, lui vaut d'ailleurs le prix Guy-L'Écuyer. Langlois et Lachapelle collaborent encore deux fois. Figure maternelle aux pieds d'argile, elle est poignardée par son fils dans *Un même sang* (1992), et complètement défaite, aubergiste ployant sous le poids des souvenirs et des responsabilités, dans *Cap Tourmente* (1993). Au cinéma comme à la scène, Lachapelle collabore volontiers avec les jeunes créateurs. Ainsi joue-t-elle dans *Ne plus jamais mourir* (B. Hébert, 1991, c. m.) où, entre l'imaginaire et la réalité, elle montre tour à tour les deux visages d'une femme. (M. C.)

**LACHAPELLE, Jean-Pierre,** chef opérateur, ingénieur du son, réalisateur (Granby, 1937). En 1956, à sa sortie de l'Institut de télétechnique, il amorce une carrière de cameraman et de preneur de son. Il entre à l'ONF en 1963, où il sera cameraman permanent de 1965 à 1996. Fidèle collaborateur de Jacques Godbout, avec qui il tourne 13 films (*La gammick,* 1974; *Aimez-vous les chiens ?,* 1975, m. m.; *Comme en Californie,* 1983; *Alias Will James,* 1988; *Le mouton noir,* 1992; *Le sort de l'Amérique,* 1996; etc.), Lachapelle signe aussi les images d'une centaine de documentaires (*La laine du pays,* L. Plamondon, 1979; *La surditude,* Y. Dion, 1981; *Ô Picasso,* G. Carle, 1985; *Le Diable d'Amérique,* G. Carle, 1990; *Un homme de parole,* A. Chartrand, 1991, m. m.; *Médecins de cœur,* T. Rached, 1993, etc.) et de quelques longs métrages de fiction (*Ti-Mine, Bernie pis la gang,* M. Carrière, 1976; *La fête des rois,* M. Lepage, 1994, etc.). Son syle discret et léger fait de lui un cameraman-documentaire d'une grande efficacité. En 1975, il coréalise *Les sciences de la mer* (coréal. S. Jovanovic et D. Keifer, c. m.), un film commandé par le ministère des Pêches et Océans. (M. J.)

**LACOURSE, Danièle,** réalisatrice, scénariste (Montréal, 1949). Après avoir travaillé comme journaliste à la télévision, elle entreprend, en 1980, une collaboration suivie avec Yvan Patry* chez Alter-Ciné. Elle coréalise la série « Le choc des Amériques » (coréal. Y. Patry, 1982-1983) de même que les films *Nicaragua la guerre sale* (coréal. Y. Patry, 1985). Elle scénarise la série « Eritrea and the Horn of Africa » (Y. Patry, 1987). S'intéressant toujours au conflit opposant les nationalistes érythréens et le gouvernement central de l'Éthiopie, elle tourne deux documentaires-chocs : *Pays interdit* (1989, m. m.) puis *Nuit et silence* (coréal. Y. Patry, 1990, m. m.). La situation politique d'Amérique centrale reste au cœur de ses préoccupations et elle coréalise, toujours avec Patry, *El Mozote : l'histoire muselée* (1994, m. m.), un documentaire sur le massacre de El Mozote, au Salvador. Le génocide du Rwanda sera le sujet de deux moyens métrages (*Pris au piège,* 1995 et *La part de Dieu, la part du Diable,* coréal. Y. Patry, 1995) et de *Chroniques d'un génocide annoncé* (1996). Ce film qui reconstitue le récit des préparatifs et de l'exécution du troublant génocide obtient plusieurs prix, notamment à Hot Docs (Toronto). (D. P. et É. P.)

**LADOUCEUR, Jean-Paul,** animateur, réalisateur (Montréal, 1921). Gagnant d'un concours visant à la formation de cinéastes d'animation à l'ONF, l'étudiant de l'École des beaux-arts de Montréal est recruté par Norman McLaren en mai 1942. L'activité est fébrile et, au milieu de séries prestigieuses et de documentaires à caractère militaire, Ladouceur donne, entre autres films, *Envoyons d'l'avant nos gens* (1944, t. c. m.), dans la série « Chants populaires ». Il touche à toutes les techniques et devient bientôt le spécialiste de la marionnette. En 1951, il réalise *Sur le pont d'Avignon* (c. m.), illustration d'une chanson folklorique à l'aide de marionnettes. Puis il partage, avec Grant Munro, la vedette de — le mot est de lui — « l'essoufflant » *Neighbours* (N. McLaren, 1952, c. m.) où deux voisins, jusque-là paisibles, s'arrachent la propriété d'une fleur. En 1952, il tente l'aventure du côté de la télévision naissante, à Radio-Canada, où il crée les inoubliables marionnettes de l'émission *Pépinot*. En 1959, la grève des réalisateurs l'amène, avec cinq collègues, à participer à la fondation de Télé-Métropole qu'il quitte définitivement en 1980 pour prendre sa retraite. (A. D.)

**LAFERRIÈRE, Yves,** musicien, réalisateur (Montréal, 1943). Il gagne déjà sa vie comme musicien depuis près de dix ans lorsque, en 1972, il fonde le groupe Contraction. L'année suivante, il participe au collectif rock Ville Émard Blues Band qui signe la musique de *Noël et Juliette* (M. Bouchard, 1973). En 1977, il fait ses vrais débuts au cinéma en composant la musique d'*Anastasie oh ma chérie* (P. Baillargeon, c. m.). Viennent ensuite *Fuir* (H. Girard, 1979) et *La cuisine rouge* (P. Baillargeon et F. Collin, 1979). Musicien polyvalent, il passe avec facilité des rythmes *new wave* de *Bleue brume* (B. Sauriol, 1982, c. m.) aux mélodies tropicales de *Sonia* (P. Baillargeon, 1986, m. m.). Il est aussi à l'aise lorsque vient le temps de suggérer le doute et l'errance, comme dans *La femme de l'hôtel* (L. Pool, 1984), *Transit* (Richard Roy, 1986, c. m.) et *Blanche est la nuit* (J. Prégent, 1989). À partir de la fin des années 80, sa carrière prend un nouvel essor avec, notamment, *Le chemin de Damas* (G. Mihalka, 1989), *Moody Beach* (Richard Roy, 1990), *Le sexe des étoiles* (P. Baillargeon, 1993), *Joyeux calvaire* (D. Arcand, 1996) et, surtout, *Jésus de Montréal* (D. Arcand, 1989), pour lequel il obtient un prix Génie. Il coscénarise et coréalise *À l'ouest de l'Eden* (1996, c. m.) avec Daniel Langlois, une brève histoire du monde racontée à l'aide de musique (qu'il compose) et de graphisme réalisé par ordinateur. (M. J.)

**LAFLAMME, Claude,** réalisateur, monteur (Granby, 1948). Après un premier film, *Roméo et Juliette* (1971, c. m.), illustrant l'histoire d'amour du célèbre couple avec des dessins d'enfants révélant les stades de l'évolution graphique, il réalise deux fictions comiques : *Les aventures de Running Shoe* (1974, c. m.), qui présente un personnage tentant de dérober un livre sur la sexualité dans une bibliothèque, et *Running Shoe Rides Again* (1975, m. m.), satire de la crise d'Octobre 1970, le héros devenant communiste-séparatiste, responsable d'enlèvements et d'assassinats. Il réalise ensuite le documentaire *Les candidats* (1981, m. m.), infiltration dans les coulisses de l'industrie du hockey mineur québécois, puis coréalise, avec George Léonard*, *Splash* (1981, c. m.) et *État 1*

(1984, c. m.). Primés au Festival international des films sur l'art de Montréal, ces films performances sont des documentaires sur l'art qui se transforment eux-mêmes en œuvres d'art. Laflamme s'intéresse ensuite dans un documentaire, *La République des Beaux-Arts, La malédiction de la momie* (1998), à un événement méconnu du mouvement de contestation étudiant, l'occupation de l'École des beaux-arts de Montréal en 1968, dont il rend l'esprit libertaire en combinant films d'époque et témoignages d'occupants. Il monte *Survivants de l'Apocalypse* (R. Boutet, 1998). La démarche de Laflamme, non conventionnelle, cherche à explorer des sentiers autres que ceux délimités par les valeurs de la société contemporaine. (M. L. et M. C.)

**LAFLEUR, Louis-Roger (o.m.i.),** réalisateur, monteur, producteur (Montréal, 1905 – Amos, 1973). Entré en communauté chez les oblats de Marie-Immaculée, il est ordonné prêtre en 1932. Il réalise ses premiers films en 1936 à titre de directeur de l'Association missionnaire de Marie-Immaculée. Il parcourt le Québec pour donner des conférences et tourne des milliers de mètres de pellicule qui servent à illustrer ses propos : *Le Témiscamingue agricole* (c. m.), *Mœurs des Indiens du Québec* (c. m.), *Le canot d'écorce* (c. m.). De 1942 à 1944, procurateur au vicariat du McKenzie, dans les Territoires-du-Nord-Ouest, Lafleur tourne toujours : *Gray Nuns at the McKenzie Missions* (1944, c. m.), *Winters Trio at the McKenzie Missions* (1944, c. m.), *A Week in the Polar Regions* (1944, c. m.). Il entame, à la même époque, une collaboration avec le SCP qui durera jusqu'en 1958. Sa nomination au poste de responsable de l'organisation des pèlerinages au sanctuaire de Notre-Dame-du-Cap, en avril 1946, l'amène à diminuer la fréquence de ses voyages en milieu amérindien. Sa filmographie s'enrichit cependant de films de pure propagande religieuse : *Arche d'alliance à Cartierville* (1947, c. m.), *Notre-Dame-du-Cap* (1951, c. m.). De 1953 à 1966, Lafleur s'associe, faute de moyens techniques, à Fernand Guertin. Trois films coréalisés voient le jour : *Apôtres du Grand Nord* (m. m.), *Les Indiens du Haut-Saint-Maurice* (1959, m. m.) et *Le pensionnat indien d'Amos* (1966, m. m.). Il doit presque abandonner sa production cinématographique, appelé par ses supérieurs à des tâches plus proches des intérêts de sa communauté. Il a tout de même réalisé une quarantaine de films. Lafleur est le premier cinéaste-ethnographe québécois. En pleine époque duplessiste, ses films font preuve d'une vision progressiste de l'Amérindien et de sa culture.

BIBLIOGRAPHIE : BOUTEILLER, Line, *Louis-Roger Lafleur, ethnocinéaste*, mémoire, Université de Montréal, 1992. (L. Bo.)

**LAFOND, Jean-Daniel,** réalisateur (Montluçon, France, 1944). Après avoir étudié et enseigné la philosophie, il se tourne vers le cinéma et l'audiovisuel en tant que critique, professeur et finalement praticien. Il travaille auprès d'Arthur Lamothe et de Pierre Perrault auquel il consacre d'ailleurs son premier film à part entière. *Les traces du rêve* (1985) est un portrait émouvant du cinéaste-poète confronté à ses personnages et à sa notoriété. Parallèlement au cinéma, Lafond développe une œuvre radiophonique proche du cinéma par le style (il parle de « film radiophonique ») et par les sujets (Flaherty, Franju, Perrault, son propre travail). Ses trois premiers films traitent d'enjeux culturels (cinéma, poésie, chanson) sur fond de questionnement national et d'interrogations sur le pays. Déjà son style est bien défini, qui consiste à mettre en présence et en question des interlocuteurs complémentaires jouissant d'une notoriété préalable, pour créer de la contradiction et susciter un entendement multidimensionnel du sujet abordé. Dans les années 90, à une exception près, il se tourne vers les Caraïbes, à la fois pour comprendre cette réalité et éclairer l'américanité québécoise à la lumière d'une autre américanité francophone. *La manière nègre, ou Aimé Césaire, chemin faisant* (1991, m. m.) montre bien l'importance du poète de la négritude et son influence sur la littérature québécoise. *Tropique Nord* (1994, m. m.), en confrontant le Québec et la journaliste d'origine haïtienne Michaëlle Jean, pose la question : comment peut-on être noir et québécois dans une société qui se cherche une identité ? *Haïti dans tous nos rêves* (1995, m. m.) prolonge le film précédent en réfléchissant sur l'exil et l'enracinement à travers le destin d'un grand écrivain haïtien, René Depestre. *L'heure de Cuba* (1999, m. m.), où se confrontent journalisme d'enquête et cinéma d'auteur, prend le pouls d'une réalité politique et humaine complexe. En 1994, Lafond plonge dans l'Histoire et aborde, dans *La liberté en colère*, un sujet controversé : le Front de Libération du Québec. De la confrontation de felquistes de générations différentes ressortent les contradictions du mouvement même et une analyse critique de l'action politique qui suscite beaucoup de débats. En 1999, il tourne *Le temps des barbares*, une histoire d'homme et de truie où la fiction domine mais qui intègre des figures de sa pratique documentaire, tout comme celle-ci comprend souvent des passages écrits et joués. Cette fable se veut une réflexion sur le siècle d'images qui s'achève. L'ARRQ lui attribue le prix Lumières en 1999. Le travail de Lafond, où art, rêve, histoire, identité et engagement s'entrecroisent, et les réflexions qu'il propose, s'avèrent un plaidoyer ouvert pour la culture et l'intelligence.

AUTRES FILMS : *Le voyage au bout de la route ou La ballade du pays qui attend* (1987), *Le visiteur d'un soir* (1989, c. m.).

BIBLIOGRAPHIE : *Le film sous influence*, Édilig, 1983 • *Les traces du rêve*, l'Hexagone, 1989 • *La manière nègre* (récit), l'Hexagone, 1992 • *La liberté en colère, le livre du film*, l'Hexagone, 1994. (P. V.)

**LAFONTAINE, Rita,** actrice (Trois-Rivières). Secrétaire, elle n'aspire à rien de plus que de pratiquer le théâtre en amatrice lorsque, vers 1966, André Brassard la découvre et l'associe bientôt à la création de plusieurs pièces de Michel Tremblay. C'est aussi à ce tandem qu'elle doit son premier grand rôle au cinéma, célibataire ultimement comblée par un amour sans éclat mais sincère, dans *Le soleil se lève en retard* (A. Brassard, 1976). Le rôle s'apparente à celui de bibliothécaire qu'elle défend, des années plus tard, dans *La vie fantôme* (J. Leduc, 1992). Autrement, malgré l'indéniable vérité de son jeu qui laisse présager davantage, on ne la voit que dans une multitude de silhouettes du type « l'épouse » (*La gammick*, J. Godbout, 1974), « l'amie » (*Je suis loin de toi mignonne*, C. Fournier, 1976), « l'admiratrice » (*Parlez-nous d'amour*, J.-C. Lord, 1976), « une religieuse » (*La dame en couleurs*, C. Jutra, 1984) ou « la mère » (*Le matou*, J. Beaudin, 1985 ; *Les portes tournantes*, F. Mankiewicz, 1988 ; *L'abîme du rêve*, L. Deschamps, 1989 ; *Mon amie Max*, M. Brault, 1994 ; *Soho*, J.-P. Duval, 1994 ; *L'homme idéal*, G. Mihalka, 1996). C'est

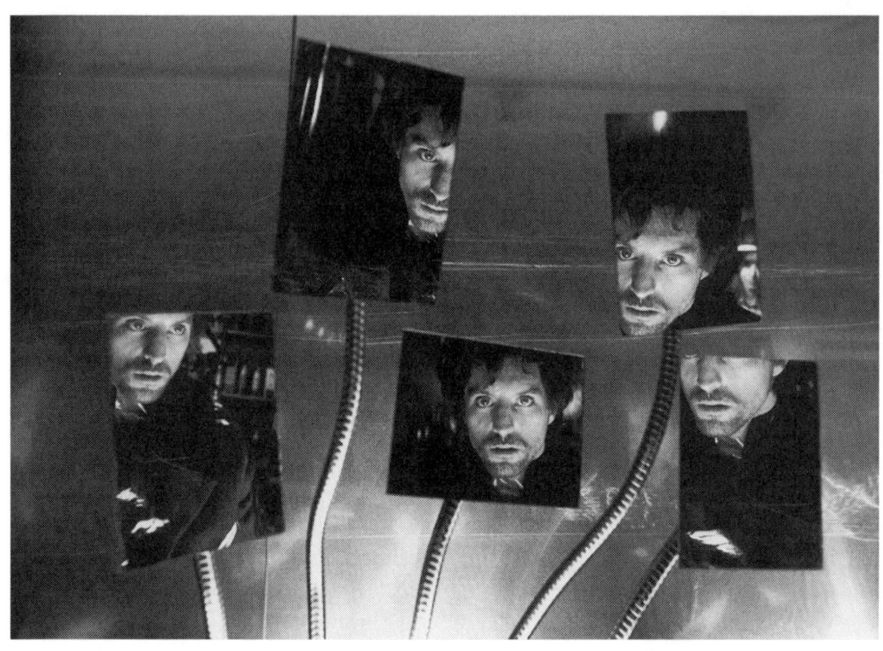

David La Haye dans *Cosmos* de Jennifer Alleyn, Manon Briand, Marie-Julie Dallaire, Arto Paragamian, André Turpin et Denis Villeneuve. (coll. ACPQ)

tout naturellement qu'on la retrouve dans *Les trois Montréal de Michel Tremblay* (1989, m. m.), film que Michel Moreau consacre à l'univers du romancier et dramaturge montréalais. En 1991, Robert Ménard lui donne un premier rôle dans le téléfilm *L'homme de rêve*, celui d'une femme ordinaire qui se projette dans ses fantasmes pour oublier sa vie. Lafontaine, qui rend avec beaucoup de retenue le mélange de naïveté et de détresse de son personnage, remporte le prix Guy-L'Écuyer. On retrouve cette qualité d'émotion dans *Le cœur au poing* (C. Binamé, 1998) où elle est une femme que la mort de son chien laisse désemparée. (M.-C. A. et M. C.)

**LA HAYE, David,** acteur (Montréal, 1966). À ses débuts au cinéma, avec *Dans le ventre du dragon* (Y. Simoneau, 1989), La Haye, livreur de circulaires devenu cobaye, s'efface devant le trio d'acteurs expérimenté auquel il donne la réplique, Rémy Girard, Michel Côté et Pierre Curzi. Actif à la scène et à la télévision (*Montréal P. Q.*, *Urgence*, *Omertà, le dernier des hommes d'honneur*), il apprend vite à imposer sa présence à l'écran, regard perçant, jeu intense, style très physique. On lui donne volontiers des rôles de créateurs, poète homosexuel dans *Nelligan* (R. Favreau, 1991), comédien fougueux dans *Les amoureuses* (J. Prégent, 1992), comédien jaloux de l'amour excessif que sa mère porte à un rival dans *Pour l'amour de Thomas* (C. Gagnon, 1994), cinéaste angoissé dans le sketch de Denis Villeneuve dans *Cosmos* (coréal. J. Alleyn, M. Briand, M.-J. Dallaire, A. Paragamian et A. Turpin, 1996), auteur arrogant et violent dans *La conciergerie* (M. Poulette, 1997), travailleur en grève et musicien dilettante partagé entre l'amour d'un homme et celui des femmes dans *Full Blast* (R. Jean, 1999), romancier en peine d'amour dans *L'invention de l'amour* (C. Demers, 2000). À l'opposé de ses personnages d'anarchiste de *La voix du peuple* (M. Croteau, 1993, m. m.) et de voleur de *Hasards ou coïncidences* (C. Lelouch, 1998), c'est son interprétation d'un handicapé mental naufragé dans une île des mers du Sud dans *L'enfant d'eau* (R. Ménard, 1995) qui lui vaut un Génie. Alors que son physique pourrait inspirer l'héroïsme, les réalisateurs font volontiers de lui quelqu'un de torturé ou d'ambigu. Attiré par les expériences nouvelles, proche de la jeune génération de réalisateurs, il agit comme porte-parole de Regard sur la relève du cinéma québécois au Saguenay, en 1998 et en 1999, et multiplie les rôles dans des courts métrages : *À la belle vie* (B. Dansereau, 1990), *Impasse* (M. Cayla, 1992), *Les malheureux magnifiques* (M. Goulet, 1992), *La vie arrêtée* (M. Allard, 1996), *The Big World* (A. Maiorana, 1996), *La penderie* (M. Zunino, 1998), *L'invitation* (J. Seymour, 1998), *Viens dehors* (É. Tessier, 1998), *La rage* (D. Gagnon, 1999), *29 mai 1431... le matin* (D. Chiasson, 1999). Une dizaine d'années après avoir tourné *Dans le ventre du dragon*, il revient à la comédie avec *Méchant party* (M. Chabot, 2000). (M. C.)

**LAJEUNESSE, Jean,** acteur (Montréal, 1921 – 1991). Dès 1945, on l'aperçoit dans *Le père Chopin* (F. Ozep). En 1947, on le retrouve en reporter dans *La forteresse* (F. Ozep) ; en 1951, il apparaît brièvement dans *La petite Aurore l'enfant martyre* (J.-Y. Bigras). Très actif à la scène, à la radio et à la télévision, il lui faudra ensuite attendre les années 70, exception faite des *Brûlés* (B. Devlin, 1958) où il incarne un curé opiniâtre et débordant d'énergie, pour obtenir un rôle à la mesure de son talent, celui de l'impérial Vincent Padovani, parrain aux gestes hiératiques et aux sentences implacables, dans *Réjeanne Padovani* (D. Arcand, 1973). On le revoit en procureur de la couronne dans *Le crime d'Ovide Plouffe* (D. Arcand, 1984). Dans *Le frère André* (J.-C. Labrecque, 1987), on a pu l'apprécier en religieux revêche, adversaire déclaré du thaumaturge. Dans *La grenouille et la baleine* (J.-C. Lord, 1988), Lajeunesse joue le personnage du grand-père, capitaine de navire et complice de sa petite-fille. Il apparaît ensuite brièvement dans *Le Vendredi de Jeanne Robinson* (Y. Dion, 1990, c. m.). (J.-M. P.)

**LALIBERTÉ, Morgane** (*Voir* BARTON, NATHALIE)

**LALIBERTÉ, Roger,** réalisateur, distributeur, monteur, producteur, scénariste (Jonquière, 1933). Cinéaste saguenéen autodidacte, il produit et réalise, avec ses propres moyens financiers et l'aide du clergé local, les premiers films pour enfants québécois. Dès 1950, il réalise deux courts métrages de fiction en 8 mm, *L'étoile rouge* et *Le carrefour*. Sa carrière de cinéaste pour enfants débute cependant en 1956 avec *Le diamant bleu*, qui raconte l'histoire de deux adolescents qui tentent, pendant leurs vacances estivales, de découvrir un trésor enfoui dans une caverne. Malgré des maladresses techniques inévitables (surtout au niveau de la postsynchronisation), Laliberté prouve déjà qu'il possède un indéniable sens du récit d'aventures. Son film suivant, *Les aventures de Ti-Ken* (1960), met en scène un jeune gymnaste et son frère à la poursuite de voleurs de cigarettes américaines, sur les routes du Saguenay – Lac-Saint-Jean. Les séquences qui montrent des groupes d'enfants chassant les délinquants sont plutôt surprenantes pour l'époque, et la direction des jeunes acteurs annonce les films d'André Melançon. Toujours en 1960, Laliberté signe *La critique est aisée* (c. m.), où un jeune étudiant se moque de tics de son professeur en l'absence de celui-ci. En 1963, il devient monteur à Radio-Canada. C'est alors qu'il tourne, à Montréal, *Les plans mystérieux* (1965), où le tandem de jeunes héros saguenéens des *Aventures de Ti-Ken*, lutte contre des espions russes et le sosie de Nikita Khrouchtchev. Mais cette suite est moins crédible que le film original. Laliberté signe ensuite le montage de deux longs métrages de Guy Bouchard tournés au Saguenay (*Carnaval en chute libre*, 1965; *Opération parapluie*, 1967). En 1968, il fonde une maison de distribution de films pour jeunes publics, Ciné-Loisirs. Il réalise ensuite *Au boutt'* (1973), racontant les démêlés d'un groupe de motards avec la justice. (P. D.)

**LALONDE, Bernard,** producteur, acteur, assistant réalisateur, scénariste (Montréal, 1940). Il fait ses premières armes comme assistant réalisateur et régisseur des longs métrages *Trouble-fête* (P. Patry, 1964), *La corde au cou* (P. Patry, 1965), *Caïn* (P. Patry, 1965) et *Poussière sur la ville* (A. Lamothe, 1965), tous produits par Coopératio, une compagnie pionnière de l'industrie cinématographique québécoise. Puis, il devient superviseur technique du doublage à Columbia Pictures et, à l'ONF, coordonnateur de la production française. Il se spécialise dans la direction de production, d'abord pour la télésérie *La feuille d'érable* (1970-1971), produite par Onyx Films pour Radio-Canada, et pour *Le temps d'une chasse* (F. Mankiewicz, 1972). Aux productions Prisma, il est producteur délégué de deux films majeurs des années 70, *Les dernières fiançailles* (J. P. Lefebvre, 1973) et *Les ordres* (M. Brault, 1974). Il se joint à l'ACPAV en 1974 et en préside le conseil d'administration de 1978 à 1980. Fidèle à l'esprit de cette coopérative, il y produit des films d'auteur, impossibles à réaliser dans un contexte strictement commercial : des fictions comme *Bulldozer* (P. Harel, 1974), *La piastre* (A. Chartrand, 1976), *L'eau chaude l'eau frette* (A. Forcier, 1976), *Vie d'ange* (P. Harel, 1979), et des documentaires tels *15 nov* (H. Mignault et R. Brault, 1977) et *Les voleurs de job* (T. Rached, 1980). Grâce à son acharnement, il mène à terme la production des films *Au clair de la lune* (A. Forcier, 1982) et *Le choix d'un peuple* (H. Mignault, 1985) au scénario desquels il a également collaboré. Son engagement au sein du SNC et, par la suite, comme administrateur de Cinéma Libre (il compte parmi les fondateurs de cette maison de distribution) confirme son parti pris pour la création et la diffusion d'un cinéma différent. Il se révèle parfois bon comédien, notamment dans *Celui qui voit les heures* (P. Goupil, 1985) où il incarne un producteur. Associé à Vent d'Est Films à partir de 1990, il produit entre autres documentaires *Est-ce ainsi que les hommes vivent?* (1992) et *Marcel Dubé : aimer, écrire* (1997, m. m.) de Guy Simoneau, *Le chemin brut de Lisette et Romain* (1995) et *Survivants de l'Apocalypse* (1998) de Richard

Boutet, *La république des Beaux-Arts* (C. Laflamme, 1998) et un long métrage de fiction, *Aujourd'hui ou jamais* (J. P. Lefebvre, 1998). (P. J. et M. S.)

**LAMB, Derek,** animateur, musicien, producteur, réalisateur, scénariste (Bromly, Angleterre, 1936). Il entre à l'ONF en 1959 comme animateur. Il devient réalisateur puis, de 1976 à 1982, producteur exécutif au studio anglais d'animation. Sa carrière onéfienne est cependant ponctuée d'interruptions. En 1965, il est réalisateur aux studios Halas and Batchelor, à Londres, et producteur de plusieurs films d'animation pour la BBC. De 1966 à 1970, il dirige des ateliers et enseigne l'animation à l'Université Harvard. Au cours de la même période, il enseigne également aux universités McGill et Sir George Williams (Concordia). Il travaille à divers titres à plus de deux cents films, parmi lesquels *The Great Toy Robbery* (J. Hale, 1963, c. m.) et *The Shepherd* (J. Biggs, 1971, c. m.). Il réalise aussi *Why Me* (coréal. J. Perlman, 1978, c. m.), film humoristique sur l'imminence de la mort, qui remporte de nombreux prix. Entre 1977 et 1983, Lamb scénarise et produit une série de films publicitaires pour la prévention des incendies : « The Old Lady ». Deux de ses productions, *Special Delivery* (J. Weldon et E. Macauley, 1978, c. m.) et *Every Child* (E. Fedorenko, 1980, c. m.) obtiennent un Oscar. Avec Janet Perlman, il ouvre son propre studio en 1983 et, en 1986, il produit une série de quarante films animés sur les sports, pour la télévision allemande. La même année, il retourne à Harvard à titre de professeur invité. Lamb compose et interprète également des musiques pour la télésérie *Sesame Street*, ainsi que pour plusieurs films pour enfants. En 1990, il signe *Karate Kids* (c. m.), film destiné à la prévention du sida auprès des enfants du tiers-monde. (É. D. et D. T.)

**LAMBART, Evelyne,** animatrice, réalisatrice (Ottawa, Ontario, 1914 – Knowlton, 1999). Formée à l'Ontario College of Arts, mais aussi en mathématique et en physique, elle saura mettre à profit sa formation éclectique tout au long de sa carrière. Dès son entrée à l'ONF en 1942, elle est affectée à des travaux graphiques et cartographiques pour la série « The World in Action ». Forte de cette expérience, elle réalise *The Impossible Map* (1947, c. m.), pour démontrer les difficultés et les principes de la cartographie. Elle devient la plus proche collaboratrice de Norman McLaren* avant d'être réalisatrice à part entière. Elle travaille quotidiennement avec lui de 1944 à 1965. Parmi les nombreux films de McLaren auxquels elle collabore, elle coréalise *Begone Dull Care* (1949, c. m.), *Rythmetic* (1956, c. m.), *Lines Vertical* (1960, c. m.), *Lines Horizontal* (1961, c. m.) et *Mosaic* (1965, c. m.). Elle anime partiellement *Le Merle* (1958, t. c. m.) ainsi que *Short and Suite* (1959, t. c. m.), et est entièrement responsable de l'animation de la chaise dans A *Chairy Tale* (1957, c. m.). Elle innove aussi, avec McLaren, dans l'utilisation de la stéréoscopie, contribue largement au développement de son système de fiches pour le son synthétique et met au point un appareil pour photographier les « notes » synthétiques. Dans bien des cas, elle perfectionne les instruments de McLaren.

À compter de 1965, Lambart se consacre entièrement à ses propres films. Son premier sera *Fine Feathers* (1968, c. m.), qui est suivi de *The Hoarder* (1969, c. m.) et de *Paradise Lost* (1970, t. c. m.), un film à caractère écologique qui plaide en faveur d'un environnement non pollué. *Mr Frog Went A-Courting* (1974, c. m.) illustre une vieille chanson folklorique écossaise sur une loi de la nature qui veut que le gros mange le petit. Retraitée en 1974, elle n'abandonne pas ses activités cinématographiques et travaille désormais chez elle. C'est ainsi qu'elle réalise *The Lion and the Mouse* (1976, t. c. m.) et *The Town Mouse and the Country Mouse* (1980, c. m.), d'après une fable d'Ésope. Tous ces films charmants s'adressent aux enfants sans exclure les adultes et sont réalisés avec la technique des éléments découpés. Pionnière dans son domaine au Canada, elle est, pendant près de vingt-cinq ans, la seule femme à réaliser des films d'animation à l'ONF.

AUTRES FILMS : *Maps in Action* (1945, t. c. m.), *Ô Canada* (1951, t. c. m.), *Forest Fire Clips* (1971, t. c. m.), *The Story of Christmas* (1973, c. m.). (L. B.)

Arthur Lamothe. (Véro Boncompagni)

**LAMOTHE, Arthur,** réalisateur, monteur, producteur, scénariste (Saint-Mont, France, 1928). Issu d'une famille de Gascogne, il émigre au Canada en 1953. Au retour d'un séjour en Abitibi comme bûcheron, il entame l'année suivante des études en économie politique à l'Université de Montréal. Au terme de ses études, en 1957, il entre au service des nouvelles de Radio-Canada à titre de recherchiste et rédacteur. Dès cette époque, il est intéressé par le cinéma. Il participe à la fondation de la revue *Images* (1955-1956) et rédige des chroniques cinématographiques pour *Cité Libre*, *Liberté* (1959) et le *Ciné-club* de Radio-Canada (1961). En 1961, il amorce à l'ONF sa véritable carrière cinématographique comme recherchiste et scénariste de trois courts métrages : *Manger* (L. Portugais et G. Carle, 1961), *Dimanche d'Amérique* (G. Carle, 1961) et *Pour quelques arpents de neige* (Georges Dufaux et J. Godbout, 1962). La même année, il signe sa première réalisation, *Bûcherons de la Manouane* (1962, c. m.), que l'ONF égratigne de sa censure. Le film fait le tour du monde et gagne quantité de prix dont le Voile d'argent à Locarno (1963) et le Grand Prix du Festival du cinéma canadien (1963). Devenu un classique du cinéma québécois, il marque les débuts du cinéma socialement engagé. Par le biais d'un documentaire sur un camp de bûcherons de la CIP, Lamothe révèle la misère de ces hommes déracinés et exploités, tout en demeurant sensible à la dignité des Attikameks et à la poésie des bûcherons. Avant de quitter définitivement l'ONF en 1966, il réalise quatre autres films parmi lesquels on compte *La moisson*

(1966, c. m.) ainsi qu'un premier film de fiction, *La neige a fondu sur la Manicouagan* (1965, m. m.), qui met en scène un couple sur le point de se séparer. Désireux de protéger sa liberté d'expression, il fonde, en 1964, la Société générale cinématographique, une entreprise-pilote de production de films pédagogiques, sociopolitiques et d'actualité. Pour Coopératio, Lamothe tourne un long métrage de fiction, *Poussière sur la ville* (1965), d'après le roman d'André Langevin. La critique accueille plutôt froidement ce film qui troque le propos philosophique du livre pour une lecture sociale de la désintégration d'un couple. Lamothe poursuit avec un documentaire : *Ce soir-là, Gilles Vigneault...* (1968). Il entame ensuite une seconde période (1967 à 1973), dominée par un cinéma documentaire de commandite pour l'OFQ, la CEQ et la CSN. Durant cette période, il travaille dans plusieurs directions. Il réalise des films d'actualités de la série *Actualités québécoises* et des films pédagogiques. En 1967, il obtient le soutien financier de Gaumont international pour réaliser *Le train du Labrador* (c. m.), film dans lequel il aborde pour la première fois la réalité montagnaise. En 1969, il obtient une commandite du Conseil central de Montréal de la CSN, qui accepte de financer un court métrage sur les accidents du travail dans le secteur de la construction. Bénéficiant d'une entière liberté de création, Lamothe détourne le projet et réalise, à ses frais, un long métrage très personnel sur la condition ouvrière à Montréal. Sélectionné dans neuf festivals internationaux, *Le mépris n'aura qu'un temps* (1969) atteint un public important malgré des moyens de diffusion artisanaux. Le film présente des manifestations de l'exploitation économique, politique et juridique des travailleurs, à la suite de la mort de sept ouvriers. La gauche reproche au cinéaste de céder à la sensiblerie, de cultiver l'ambiguïté et de limiter la réflexion au simple constat des problèmes de la classe ouvrière. En 1970, il fonde les Ateliers audiovisuels du Québec afin de garantir son autonomie désormais menacée à l'intérieur de la Société générale cinématographique. Outre ses propres réalisations, souvent produites par Nicole Lamothe*, cette nouvelle maison produit une cinquantaine de documentaires, dont *Une histoire de femmes* (S. Bissonnette, M. Duckworth et J. Rock, 1980). Lamothe aide aussi Gilles Carle à scénariser *La mort d'un bûcheron* (1973) et *Les corps célestes* (1973).

De 1973 à 1983, Lamothe réalise, avec la collaboration de Rémi Savard, la « Chronique des Indiens du Nord-Est du Québec », une série de treize films divisée en deux volets : « Carcajou et le péril blanc » (huit films) et « La terre de l'Homme » (cinq films). Cette série de dix-neuf heures est projetée dans plus de vingt-cinq manifestations internationales. Elle reçoit le prix L.-E.-Ouimet-Molson (pour l'épisode *Ntesi Nana Shepen 2*, intitulé en français *On disait que c'était notre terre*) et la Sesterce d'or à Nyon (Suisse). Les thèmes qui y sont traités peuvent être regroupés en trois catégories : la culture, les problèmes de dépossession et de discrimination, ainsi que l'avenir de la nation montagnaise. Avec intelligence, Lamothe évite les pièges du manichéisme qui aurait ramené la série à un discours sur la mauvaise conscience blanche. *Mémoire battante* (1983, film en trois parties d'une durée de 168 min), l'œuvre la plus forte de sa carrière, vient coiffer cette série d'une présentation de l'univers spirituel des Montagnais, ultime rempart contre l'assimilation. Cette œuvre tranche quelque peu avec ses films précédents. Lamothe y utilise une mise en scène de fiction qui illustre les écrits du père Lejeune (Gabriel Arcand) et, pour la première fois, commente à l'écran ses propres images. Il écrit et tourne *Équinoxe* (1986), renouant ainsi avec le long métrage de fiction qu'il avait délaissé en 1968. Le film raconte l'histoire d'un homme (Jacques Godin) qui, après des années de prison et d'exil, retourne au pays de sa jeunesse où il a été trahi. *Équinoxe* reçoit un accueil poli.

Dès son premier film, Lamothe apporte au documentaire québécois une conscience éthique qui lui servira énormément lorsqu'il mettra en images une culture foncièrement différente de la sienne. La séquence de scapulomancie de la deuxième partie de *Mémoire battante* représente, à ce titre, un moment unique « d'ethnocinéma ». Monté à la façon d'une intrigue hollywoodienne, le déroulement précis d'un augure de chasse est mis en images, tel que l'avait préalablement organisé une cérémonie de scapulomancie, défiant du même coup, sous nos yeux, nos conceptions rationnelles de l'entendement. Les choix esthétiques de Lamothe sont toujours motivés par un impératif éthique, imprimant à la conception du cinéma engagé qu'il véhicule un sens original, à l'épreuve des réductions conceptuelles qui ont tenté d'identifier son cinéma à un regard empiriste ou spéculaire. De 1984 à 1988, au terme de l'odyssée montagnaise, Lamothe se lance dans une entreprise monumentale pour l'anthropologie visuelle : il cède l'ensemble de sa documentation audiovisuelle à un organisme culturel attikamek-montagnais, sous forme d'un fonds d'archives composé de quatre-vingts vidéocassettes thématiquement organisées. Il consacre ensuite un documentaire-fiction à une célèbre famille de photographes de Québec, *Ernest Livernois, photographe* (1988, m. m.). Reprenant du matériel inédit de ses tournages sur la Côte-Nord dans les années 70 dormant sur les tablettes de l'ONF depuis cette époque, Lamothe signe deux longs métrages, *La conquête de l'Amérique* (1990 et 1991), produits par l'ONF. Ces documentaires font état de la lutte des Indiens de Natashquan en vue de reprendre leurs droits sur une rivière à saumons sur laquelle le gouvernement du Québec a concédé des droits exclusifs, au profit de pourvoiries appartenant à des intérêts américains. De retour au privé, il explore dans *L'écho des songes* (1992) la place de l'art amérindien dans l'ensemble de la culture canadienne qui touche toutes les formes artistiques, prouvant ainsi qu'il est toujours vivant et actuel.

Malgré des tentatives jusque-là peu concluantes, Lamothe renoue une fois de plus avec la fiction, s'appuyant cette fois sur un fait divers, la mort suspecte, en 1977, de deux Montagnais sur la rivière Moisie près de Sept-Îles, en plein affrontement autour de la pêche au saumon. Dans *Le silence des fusils* (1996), une coproduction France-Québec, un biologiste français (Jacques Perrin) se retrouve au cœur de cet incident tragique, cherchant à connaître la vérité, en plus d'entretenir une idylle avec une jeune Montagnaise (Michèle Audette). Le film reçoit des critiques très mitigées. On souligne autant le parti pris de Lamothe en faveur de la version des Montagnais que les maladresses d'un scénario. Pendant le tournage de ce film, André Desrochers amorce un documentaire sur le cinéaste, *Sacré Arthur!* (1996). Il lui donne la parole ainsi qu'à plusieurs de ses collaborateurs, le suivant au Québec mais aussi dans sa Gascogne natale.

Lamothe participe à la fondation de l'Association professionnelle des cinéastes du Québec (1964), à celle de l'APFQ (1966, devenue depuis l'APFTQ) et à l'organisation de la première Rencontre internationale pour un nouveau cinéma (1974). Dans son milieu et dans ses films, il témoigne d'une rigueur professionnelle et d'un engagement social qui ne se sont jamais démentis. En 1980, il devient le premier récipiendaire du prix Albert-Tessier.

PRINCIPAUX FILMS : *Bûcherons de la Manouane* (1962, c. m.), *De Montréal à Manicouagan* (1963, c. m.), *La neige a fondu sur la Manicouagan* (1965, c. m.), *Poussière sur la ville* (1965), *Ce soir-là, Gilles Vigneault...* (1968), *Le train du Labrador* (1967, c. m.), *La route du fer* (1968, c. m.), *Le mépris n'aura qu'un temps* (1969), « Chronique des Indiens du Nord-Est du Québec » (1973-1983, série de treize films de long et de moyen métrages), *Mémoire battante* (1983), *Équinoxe* (1986), *La conquête de l'Amérique I* (1990), *La conquête de l'Amérique II* (1991), *L'écho des songes* (1992), *Le silence des fusils* (1996).

BIBLIOGRAPHIE : *Arthur Lamothe*, Conseil québécois pour la diffusion du cinéma, Montréal, 1971 • LAMOTHE, Arthur et Jean-Daniel LAFOND, *Images d'un doux ethnocide*, Les Ateliers audio-visuels du Québec, 1981 • BARIL, Gérald, *Les Amérindiens du Québec dans le cinéma documentaire*, mémoire déposé à l'Université Laval, 1984 • *Le silence des fusils*, Album du film d'Arthur Lamothe, Les 400 coups, 1996. (N. O. et A. L.)

**LAMOTHE, Michel,** réalisateur, chef opérateur (Saint-Louis-de-France, 1949). Après une formation en génie mécanique, il fait des études en cinéma à Concordia. Ses premiers films, des coréalisations, se rattachent au cinéma social engagé : *Sans faire d'histoire* (coréal. Jeannine Gagné, 1972, c. m.), *Une bien belle ville* (coréal. F. Allaire, Jeannine Gagné et S. Groulx, 1975, c. m.). Lamothe poursuit cette démarche jusqu'à son terme en participant, à partir de 1975, aux activités de groupes populaires et à des réalisations collectives anonymes, diaporamas et vidéos (*Kampuchea vaincra*, entre autres). Il revient dans les années 80 à des travaux plus personnels, réalisant notamment deux courts métrages sur la perception visuelle et les rapports entre photographie et cinéma, *Face à la caméra* (1984) et *6327 Christophe Colomb* (1990). *Qui hésite se perd* (1990, m. m.), dont il est le personnage unique, le montre dans diverses occupations domestiques, ou déambulant ou observant, impassible et muet, dans les rues de Montréal, tandis qu'en contrepoint des voix off et des inscriptions composent un texte-collage audiovisuel. Le film rappelle les films *Beat* des années 60 et 70, le comique spontané et revendicateur en moins, l'impassibilité (imperceptiblement teintée d'humour) en plus. À partir de la fin des années 80, il collabore, à titre de directeur de la photographie, avec de nouveaux cinéastes indépendants, notamment à plusieurs premiers longs métrages dont *A Bullet in the Head* (A. Bertalan, 1990), *Trop c'est assez* (R. Brouillette, 1995), *L'absent* (C. Baril, 1997) et *Revoir Julie* (J. Crépeau, 1998). Il travaille par ailleurs à de nombreux courts métrages : *Un trou au cœur* (D. Laplante, 1987), *Loin d'où* (M. Saäl, 1989), *Contes pour petites filles sages* (I. Poissant, 1990), *Chère Clarisse* (J. Fajardo, 1991), *Nulle part, la mer* (M. Saäl, 1991), *Club Palomino* (M. Potvin, 1992), *Ithaque* (P. Katrapani, 1997). Sa collaboration avec Jeannine Gagné, pour qui il signe les images de *Petit film* en 1974 (c. m.), occupe une place à part, puisqu'elle lui ouvre des horizons très larges, fiction (*Entre temps*, 1986, c. m.), documentaire (*Drôle de fille*, 1987,

c. m.), film expérimental (*Aube urbaine*, 1995. c. m.), document destiné à la télévision (*L'insoumise*, 1998, m. m.). Lamothe participe à de nombreuses expositions de photographies tant individuelles que collectives, au pays et à l'étranger.

AUTRES FILMS : *Mascara et rouge à lèvres* (1973, c. m.), *286 Côte des Anges sud* (1974, c. m.). (M. E. et M. C.)

**LAMOTHE, Nicole** (née **Rodrigue**), monteuse, productrice (Montréal, 1941). En 1967, lors d'un séjour de quatre ans en France, elle entreprend des études de cinéma et plus particulièrement de montage, suivies d'un stage à la télévision française (ORTF) en tant qu'assistante monteuse. De retour au Québec, elle collabore avec Arthur Lamothe. Avec lui, elle met sur pied et exploite une maison de production : Les Ateliers audiovisuels du Québec. Elle monte, avec Francine Saïa, et produit la plupart des films de la « Chronique des Indiens du Nord-Est du Québec » (1973-1983), ainsi que *Mémoire battante* (1983). Elle produit *Équinoxe* (A. Lamothe, 1986) et *La nuit avec Hortense* (J. Chabot, 1988). On lui doit le montage de la merveilleuse séquence de « scapulomancie » dans la deuxième partie de *Mémoire battante*. Elle monte également *Ernest Livernois, photographe* (A. Lamothe, 1988, m. m.) puis les deux volets de *La conquête de l'Amérique* (A. Lamothe, 1990 et 1991) ainsi que *L'écho des songes* (A. Lamothe, 1993). En 1994, elle entre à l'ONF et se consacre exclusivement à la production. Au studio de coproduction, elle participe à plusieurs films, notamment *Le cri de la nuit* (J. Beaudry, 1995), *La conquête du grand écran* (A. Gladu, 1996), *Mon cœur est témoin* (L. Carré, 1996), *L'aventure des Compagnons de Saint-Laurent* (J.-C. Labrecque, 1997). En 1996, au moment où l'ONF diminue ses activités de coproduction, elle devient productrice responsable du studio « Le monde du travail ». C'est à ce titre qu'elle produit notamment *Oumar 9-1-1* (S. Drolet, 1998, m. m.), *Croire* (L. B. Moreco, 1998, m. m.), *Raymond Lévesque – D'amour et d'amertume* (L. Fraser, 1998). Elle produit également des premières œuvres parmi lesquelles *Mon village au Nunavut* (B. Kenuajuak, 1999, m. m.), où elle retrouve la culture des Premières Nations, et *5 pieds 2 — 80 000 livres* (N. Trépanier, m. m.). Elle participe de plus à quelques coproductions, notamment *Moi j'me fais mon cinéma* (G. Carle, 1998), *L'âge de braise* (J. Leduc, 1998) et *Des marelles et des petites filles* (M. Lepage, 1999, m. m.). (N. O. et É. P.)

**LAMOTHE, Willie (Joachim Guillaume)**, acteur, musicien (Saint-Hugues, 1920 – Saint-Hyacinthe, 1992). Quand, en 1970, le cinéma décide de faire appel à lui, Lamothe est déjà une vedette du western. *On est loin du soleil* (J. Leduc) le révèle en tant qu'acteur. Suivent une dizaine de longs métrages, parmi lesquels *Les colombes* et *Bingo* (J.-C. Lord, 1972 et 1974), *Je t'aime* (P. Duceppe, 1973) et *Mustang* (M. Lefebvre et Y. Gélinas, 1975). Faisons une place à part à trois personnages imaginés par Gilles Carle : Antoine, le facteur, dans *La vraie nature de Bernadette* (1972) ; Armand, le propriétaire du Cabaret, dans *La mort d'un bûcheron* (1973) — dont Lamothe a d'ailleurs composé la musique ; Octave, le vendeur de machines à écrire, dans *L'âge de la machine* (1978, c. m.). C'est en effet Carle qui sait le mieux utiliser les dons et l'instinct de ce comédien gaillard, truculent, capable de cadencer, de moduler sur tous les tons la réplique la plus banale. Car, mal dirigé, Lamothe peut facilement devenir cabotin. Un accident cérébro-vasculaire met brutalement fin à sa carrière en 1978. *Je chante à cheval avec Willie Lamothe* (J. Leduc et L. Ménard, 1971, m. m.) rend hommage au talent de même qu'aux qualités de cœur de celui qu'on a surnommé le cowboy chantant. (J.-M. P.)

**LAMOUREUX, Roger,** mixeur (Lachine, 1930). Il étudie au Collège de Montréal puis, pendant deux ans, en philosophie au Séminaire de Montréal. En 1955, Joseph Champagne l'engage à l'ONF. Il s'occupe d'enregistrement sonore pendant deux ans avant de devenir mixeur. Il suit alors de près l'évolution technique du métier. De 1980 à 1986 (date de sa retraite), il est successivement nommé responsable du contrôle de la qualité du son et chef du département du son. En trente et un ans passés à l'ONF, Lamoureux voit son nom apparaître au générique de près de deux mille films, dont *Les raquetteurs* (M. Brault et G. Groulx, 1958), son premier film mixé, *Mon oncle Antoine* (C. Jutra, 1971) et *IXE-13* (J. Godbout, 1971). Il travaille souvent en tandem avec Ron Alexander*. (A. D.)

André Lamy. (ONF, coll. CQ)

**LAMY, André,** administrateur, producteur (Montréal, 1932). Témoin des changements de politique au sein des institutions cinématographiques canadiennes, il est tour à tour à la tête de l'ONF et de Téléfilm Canada. Après des études à l'Université de Montréal et à McGill, il devient, en 1962, directeur des ventes, puis producteur chez Niagara Films. La même année, il fonde Onyx Films avec son frère, Pierre Lamy. Cette maison de production se spécialise d'abord dans les films publicitaires et les émissions de télévision, avant de toucher au long métrage de fiction. Il y occupe différentes fonctions, dont celle de réalisateur, pour la télévision, des *Insolences d'une caméra*, adaptation de la populaire émission américaine *Candid Camera*. Il est aussi producteur du *Viol d'une jeune fille douce* (G. Carle, 1968). De 1970 à 1979, l'ONF fait appel à ses services. Il est d'abord adjoint au président et commissaire, Sydney Newman*. En 1975, c'est avec un certain soulagement que le personnel de l'ONF apprend que Lamy est nommé président et commissaire à la cinématographie canadienne. En effet, un climat de morosité s'est installé chez les cinéastes francophones de l'ONF au cours de la présidence de l'unilingue Newman. Bien que Lamy reste solidaire des décisions prises lorsqu'il était adjoint au président, les ardeurs se calment. Il est le premier commissaire à avoir autant d'expérience dans la production privée de longs métrages de fiction. Ses années à la présidence coïncident avec la perte du pouvoir économique de l'ONF au profit de la SDICC. Durant son mandat, Lamy préconise une politique de régionalisation qui change le visage de l'ONF, jusque-là très centralisé à Montréal. Il met ainsi l'accent sur la production locale au Canada anglais. Il favorise également le libre accès aux productions de l'ONF, en se servant des infrastructures déjà existantes, comme les bibliothèques publiques. Il ne termine cependant pas son mandat et remet sa démission en septembre 1978. Il quitte l'ONF au moment où le gouvernement impose des coupures budgétaires draconiennes à l'organisme, à la suite des dépassements budgétaires de l'année précédente. Tous les projets de films sont alors bloqués.

En 1979, Lamy devient vice-président aux relations publiques de Radio-Canada, poste qu'il occupe pendant un an. Il est alors nommé directeur général de la SDICC (qui devient Téléfilm Canada* en 1983). Il y arrive tout juste après le boom provoqué par la politique fédérale en matière d'abris fiscaux, qui stimule considérablement l'investissement dans les productions cinématographiques. Le volume de la production canadienne passe ainsi de 7,6 millions de dollars en 1975 à 150 millions de dollars en 1979. Au cours de la même période, le budget de la SDICC connaît une hausse faramineuse. Lamy doit faire le point sur cette expansion rapide générée par les abris fiscaux, sur le rôle beaucoup plus important que doit jouer la SDICC dans la production et la distribution des longs métrages, de même que sur l'aide apportée à la télévision. Il doit aussi faire face aux critiques qui dénoncent la baisse de qualité et l'américanisation des films canadiens. À la suite du changement de gouvernement à Ottawa, en 1985, Lamy est relevé de ses fonctions. En 1986 et 1987, il est producteur chez Stanké-Lamy ; il y réalise de nouveau la télésérie qui a marqué ses débuts, *Les insolences d'une caméra*. Il passe ensuite chez Ciné-Groupe, comme directeur de la recherche et du développement. En 1989, il fonde Galafilm, qui se spécialise dans la production de séries documentaires pour la télévision. Il quitte Galafilm en 1995. Tout au long de sa carrière, Lamy siège à de nombreux conseils d'administration d'organismes publics, dans le domaine du cinéma et de la télévision. (J. P.)

**LAMY, Pierre,** producteur (Montréal, 1926 – 1998). Figure incontournable dans le paysage cinématographique québécois, il a contribué à établir l'infrastructure économique nécessaire à la production de longs métrages au Québec, en étant mêlé à la production de près de vingt-cinq longs métrages importants.

Lamy s'occupe déjà d'un ciné-club au collège, puis aux HÉC où il est président de la Société artistique des étudiants. En 1948, il est secrétaire comptable de la famille Trapp, au Vermont. De retour au Québec, il entre à Radio-Canada en 1956, à titre de responsable de la section jeunesse. Le domaine de la production d'émissions de télévision est tout nouveau, et Lamy fait figure de pionnier. Il produit la série *Radisson* avant de quitter Radio-Canada, en 1958, pour se joindre à Niagara Films, fondé par Fernand Seguin. Il y produit des films publicitaires et des téléséries (*Le roman de la science, Par le trou de la serrure, Les insolences d'une caméra*). En 1962, il fonde Onyx Films avec son frère, André Lamy. Il y produit d'abord des films publicitaires, des séries éducatives et des émissions de télévision (*Les insolences d'une caméra, Jeunesse oblige, Place à Olivier Guimond*). L'atmosphère est à l'entraide, et Lamy donne même un coup de main à Claude Jutra pour terminer son deuxième long métrage, *À tout prendre* (1963). Il réunit autour de lui une équipe dynamique, dont font partie les frères Denis et Claude Héroux. Après la production de *Pas de vacances pour les idoles* (D. Héroux, 1965), la compagnie s'oriente vers le long métrage de fiction. Gilles Carle (1966), ainsi que Claude et Guy Fournier (1968) se joignent à l'équipe. À partir de 1968, année de création de la SDICC, Lamy produit successivement *Le viol d'une jeune fille douce, Red* et *Les mâles* (G. Carle, 1968, 1969 et 1970), et *Deux femmes en or* (C. Fournier, 1970). Onyx Films prend alors de l'expansion et Lamy rajuste son tir. Il décide de restreindre ses activités et, en 1971, s'associe à Gilles Carle pour fonder Les productions Carle-Lamy, dont font partie Jacques Gagné et Louise Ranger. En cinq années, qui correspondent à une période d'effervescence pour le cinéma québécois, la compagnie produit onze longs métrages, où la qualité n'est jamais sacrifiée aux critères de rentabilité. Parmi ces films figurent *La maudite galette* et *Gina* (D. Arcand, 1971 et 1975), *Les smattes* (J.-C. Labrecque, 1972), *La conquête* (Jacques Gagné, 1972), *La vraie nature de Bernadette, La mort d'un bûcheron, La tête de Normande Saint-Onge* (G. Carle, 1972, 1973 et 1975), *Il était une fois dans l'Est* (A. Brassard, 1973) et *Pour le meilleur et pour le pire* (C. Jutra, 1975). En 1973, la compagnie est aussi à l'origine d'une importante coproduction avec la France, *Kamouraska* (C. Jutra), dont le budget de 875 000 $ est, à l'époque, nettement supérieur aux coûts de production d'un film québécois moyen. La même année, elle lance une autre coproduction entre le Québec et la France, *Les corps célestes* (G. Carle).

En 1975, Carle et Lamy se séparent, et ce dernier fonde Les productions Pierre Lamy. La SDICC fait appel à lui pour terminer la production de *The Far Shore* (J. Wieland, 1976) et de *Who Has Seen the Wind* (A. W. King, 1977), deux films alors en difficulté. En 1976, il est responsable de la télédiffusion des cérémonies d'ouverture et de fermeture des jeux olympiques. Il produit aussi *Le soleil se lève en retard* (A. Brassard, 1976), le deuxième volet de la « Chronique des Indiens du Nord-Est » (la série « La terre de l'homme », A. Lamothe, 1980) et *Contrecœur* (J.-G. Noël, 1980). Il touche ensuite, pour la première fois, au financement par abri fiscal en coproduisant *Les beaux souvenirs* (F. Mankiewicz, 1981) avec l'ONF. Enfin, il apporte une dernière fois son soutien à Claude Jutra en coproduisant *La dame en couleurs* (1984), toujours avec l'ONF. De 1984 à 1988, il est membre de la Régie du cinéma, où il est chargé de l'élaboration des règlements. Il délaisse la production durant cette période, mais y revient dès la fin de son mandat. Son travail exceptionnel est d'ailleurs souligné par le gouvernement du Québec qui lui remet le prix Albert-Tessier en 1981. L'année suivante, l'Académie canadienne du cinéma lui attribue le prix Air-Canada. (J. P.)

**LANCTÔT, Micheline,** réalisatrice, actrice, animatrice, scénariste (Montréal, 1947). Elle travaille au studio d'animation de Gerald Potterton lorsque Gilles Carle lui offre le rôle principal de *La vraie nature de Bernadette* (1972). Elle y incarne une bourgeoise qui abandonne la ville pour la campagne et qui, prônant le retour à la nature et offrant gîte et amour aux démunis, en vient à frôler la sainteté. D'emblée, elle impose un personnage de femme complexe, à la fois énergique et sensuelle, agressive et douce, décidée et désemparée, mère et maîtresse. C'est le début d'une carrière importante pour cette actrice à la personnalité forte et à la voix inimitable. Elle tient un premier rôle dans *Souris, tu m'inquiètes* (A. Danis, 1973, m. m.). Après avoir joué une maquerelle dans *Les corps célestes* (G. Carle, 1973), elle retrouve Reynald Bouchard, l'un de ses partenaires de *La vraie nature de Bernadette*, dans *Noël et Juliette* (M. Bouchard, 1973), où elle est l'amante du jeune rêveur. Elle poursuit dans ce registre en étant, à plusieurs reprises, la compagne du personnage central d'un film. Dans *The Apprenticeship of Duddy Kravitz* (T. Kotcheff, 1974), elle donne la réplique à Richard Dreyfuss et campe avec brio sa petite amie francophone; dans *Ti-Cul Tougas* (J.-G. Noël, 1976), elle aide Rémi Tougas (Claude Maher) à subtiliser une grosse somme; dans *Blood & Guts* (P. Lynch, 1978), elle s'occupe de la carrière du lutteur professionnel avec lequel elle vit; tandis que dans *L'affaire Coffin* (J.-C. Labrecque, 1979), elle est la maîtresse de cet anglophone condamné pour meurtre qui ne cesse de clamer son innocence (August Schellenberg). Elle tourne aussi avec les Français Jean-Charles Tacchella (*Voyage en grande Tartarie*, 1973) et Claude Chabrol (*Les liens de sang*, 1977), avant de tenir le rôle d'une monteuse dans *Mourir à tue-tête* (A. C. Poirier, 1979). Lanctôt met ensuite sa carrière d'actrice en sourdine pour se consacrer davantage à la réalisation. C'est ainsi qu'au cours de la décennie 1980, elle ne tient qu'un seul rôle, celui d'une gardienne de prison autoritaire, dans le téléfilm *Le chemin de Damas* (G. Mihalka, 1988). La décennie suivante est cependant marquée par son retour en force. C'est d'abord *Ruth* (F. Delisle, 1993), dans lequel elle incarne une mère de famille forte et décidée. Suivent ensuite plusieurs rôles, tant au cinéma qu'à la télévision, qui montrent l'immense étendue de son registre, de la comédie loufoque (*J'en suis*, C. Fournier, 1997) au drame historique (*Quand je serai parti... vous vivrez encore*, M. Brault, 1999). Actrice subtile, capable de tendresse généreuse autant que de cruauté, elle se fond remarquablement à la société de rapaces de la comédie *L'oreille d'un sourd* (M. Bolduc, 1996), rôle pour lequel elle remporte le prix Guy-L'Écuyer.

Dès 1975, à l'ONF, elle aborde la réalisation en signant *A Token Gesture* (c. m.), un film d'animation humoristique sur les stéréotypes féminins. Mais c'est en 1980 qu'elle fait ses vrais débuts de cinéaste en réalisant *L'homme à tout faire*, primé à San Sebastian. Le film, dont elle écrit le scénario, raconte l'histoire d'un homme bonasse (Jocelyn Bérubé), dont la naïveté et la galanterie d'un autre âge sont à l'origine de nombreux déboires sentimentaux, tout particulièrement lorsqu'il s'amourache d'une belle bourgeoise (Andrée Pelletier), dont il est l'homme à tout faire. Cette comédie douce-amère témoigne d'une étonnante sobriété et d'un véritable talent pour la direction de comédiens. Son second long métrage *Sonatine* (1983), projet plus audacieux, marque un réel progrès et remporte le Lion d'argent à Venise. D'une stucture rigoureuse (trois mouvements qui sont autant de rythmes et de mélodies), le film est solidement ancré dans la réalité et la topographie montréalaises (le port, le réseau de transport en commun) et met à profit une bande sonore riche pour décrire le désespoir de deux adolescentes qui préparent et mettent à exécution leur suicide dans l'indifférence générale. D'une grande justesse psychologique, d'une mise en scène maîtrisée, *Sonatine* reçoit l'appui de la critique mais essuie un cruel échec public. Pendant les années qui suivent, Lanctôt se consacre à l'écriture d'un scénario, *Le grand air de Louise*, pour lequel elle n'arrive pas à trouver de producteur. En 1987, elle réalise, à l'ONF, un documentaire dans la collection « l'Américanité » : *La poursuite du bonheur.* Elle y aborde la question du bonheur à l'intérieur de la société de consommation, sans toutefois retrouver la sensibilité ni la rigueur de l'approche qui caractérisent son travail en fiction. Elle poursuit avec la réalisation d'un téléfilm, *Onzième spéciale* (1988), sur un scénario de Louise Roy et Marie Perreault, où la tenue d'une soirée de retrouvailles entre anciennes collègues de classe est l'occasion, pour un peintre dans la trentaine, de s'interroger sur l'échec de sa vie. Avec *Deux actrices* (1993), elle signe un long métrage de fiction artisanal audacieux tant par son sujet que par sa forme. On y suit en effet le travail de deux actrices qui, en atelier, apprennent à connaître les personnages qu'elles interprètent dans la fiction que nous sommes en train de voir. En parallèle, cette fiction raconte l'histoire d'une jeune femme mythomane qui vient troubler l'existence paisible de sa sœur qui, jusque-là, se croyait enfant unique. Lanctôt enchaîne immédiatement avec *La vie d'un héros* (1994), dans lequel une femme fait la rencontre d'un ancien prisonnier de guerre qui avait travaillé sur la ferme familiale avant d'être rapatrié en Allemagne, en 1946. À travers les récits faits par sa mère, la femme avait fantasmé un véritable héros romantique, image à laquelle ne correspond aucunement le vieillard bedonnant qui se trouve en face d'elle. Lanctôt est aussi coscénariste de *La ligne de chaleur* (H.-Y. Rose, 1988).

AUTRES FILMS COMME ACTRICE : *Child Under a Leaf* (G. Bloomfield, 1974), *La vengeance de la femme en noir* (R. Cantin, 1997), *Le cœur au poing* (C. Binamé, 1998), *Aujourd'hui ou jamais* (J. P. Lefebvre, 1998).

BIBLIOGRAPHIE : PÉRUSSE, Denise, *Micheline Lanctôt. La vie d'une héroïne*, l'Hexagone, 1995. (M. J.)

**L'ANGLAIS, Paul,** producteur, administrateur (Québec, 1905 – Montréal, 1982). Il fait ses études de droit à l'Université McGill et pratique quelques années. En 1932, il entre dans le monde de la radio (CHLP, CKAC, CBF, CKVL) où il s'occupe de publicité, de production et, bientôt, de réalisation. Il a à son crédit plusieurs radioromans, des émissions de variétés et des radiothéâtres : près de trois cents émissions différentes de 1934 à 1957. Il fonde en 1943 sa propre compagnie de production, Radio Programme Producers. Bien qu'il soit colonel, il n'est pas mobilisé car l'armée reconnaît l'importance de sa contribution pour le maintien du moral de la population. Quand, en 1945, l'idée de la télévision s'impose peu à peu, L'Anglais demande un permis d'exploitation. Cela lui est refusé. Il opte donc pour le cinéma. Après quelques déboires, il fonde Québec Productions*, en 1946, avec le financier René Germain. Son premier projet, *Whispering City/La forteresse* (F. Ozep, 1947), vise le marché local et international. Son objectif est de créer une industrie canadienne du cinéma et de la télévision. L'Anglais espère mettre à profit le statut bilingue du Canada pour collaborer avec la France, l'Angleterre et les États-Unis. Mais ses projets n'aboutissent pas ; le protectionnisme étranger y est pour quelque chose. Il modifie donc son approche en produisant pour le marché local. En 1950, il plaide devant la commission Massey pour que le Canada aide le développement de la culture canadienne en imposant aux Américains l'obli-

Paul L'Anglais. (coll. CQ)

gation de réinvestir une partie de leurs profits dans la production locale. Les compagnies qui vivent de la présence américaine n'approuveront évidemment pas son point de vue. L'Anglais met en chantier une nouvelle production, choisissant de se tourner vers un genre qui lui est familier, le radioroman. Il sait le public québécois friand de ces aventures radiophoniques et estime que les adapter au cinéma amènera automatiquement le succès. Il se lance donc dans la production d'*Un homme et son péché* (P. Gury, 1948). En trois mois, le film est tourné et prend l'affiche. L'accueil du public est délirant et le film remporte un prix spécial lors de la première édition des Canadian Film Awards. L'Anglais a gagné son pari : il tourne dorénavant des films canadiens pour le marché canadien. Il approche Gratien Gélinas, à qui il offre d'adapter la pièce de théâtre *Tit-Coq*, elle-même tirée d'un scénario original écrit par Gélinas à la demande de L'Anglais, l'année précédente. Le projet n'aboutit pas. L'Anglais se tourne donc vers un autre radioroman populaire, *Le curé de village*, qu'adapte Paul Gury en 1949. Nouveau succès et nouvelle reconnaissance du jury des Canadian Films Awards. Il profite du succès d'*Un homme et son péché* pour en produire la suite, *Séraphin* (P. Gury, 1950). L'Anglais, qui n'a pas renoncé au marché étranger, monte donc une coproduction avec la France, *Son copain* (J. Devaivre, 1950). Mais le succès n'est pas à la mesure des espérances du producteur. Au moment où Québec Productions prépare le tournage du *Rossignol et les cloches* (R. Delacroix), en mai 1951, L'Anglais démissionne de la compagnie pour se consacrer à la radio et à la télévision. Il n'abandonne quand même pas définitivement le cinéma, car il garde en tête l'idée d'adapter *Tit-Coq*. Et quand Gratien Gélinas et J.-A. DeSève seront prêts à tourner, à l'été 1952, c'est L'Anglais qui sera le producteur. DeSève et L'Anglais sont d'ailleurs de proches collaborateurs depuis longtemps, France Film distribuant les films de Québec Productions. En 1952, L'Anglais fonde une compagnie, Télé-International, pour produire des émissions de télévision. Il est aussi producteur à Radio-Canada. Conscient de l'immense potentiel de la télévision, il s'allie à DeSève en 1959 pour demander le permis d'exploitation de CFTM-TV. Dès lors, son activité sera liée à cette compagnie, Paul L'Anglais Productions étant une filiale à part entière de Télé-Métropole. Totalement dévoué aux communications de masse, L'Anglais aura été le premier grand producteur du cinéma québécois. Il publie une partie de ses mémoires sous le titre *Ma belle époque*. (P. V.)

**LANGLOIS, Daniel,** animateur, producteur, réalisateur (Jonquière, 1957). Employé de l'ONF de 1980 à 1985, il anime et réalise plusieurs séquences d'animation pour des films documentaires et de fiction, dont le film d'ouverture de la télésérie *Science-Réalité* de Radio-Canada. Parallèlement à ses activités à l'ONF, il coscénarise avec Pierre Lachapelle et Bernard Guénette un film dont il est le directeur artistique et le coréalisateur, *Tony de Peltrie* (coréal. P. Bergeron, P. Lachapelle et P. Robidoux, 1985, c. m.). Alors que Bergeron va travailler à Los Angeles comme animateur, que Lachapelle participe à la production de commerciaux réalisés à l'aide de l'ordinateur et que Robidoux se joint à Ciné-Groupe, en 1986, il fonde Softimage, une compagnie de production et de développement de logiciels 3D pour l'animation par ordinateur. Il réalise et anime la séquence spatiale du film stéréoscopique *Transitions* (C. Low et T. Ianzelo, 1986, c. m.), présenté à l'Expo de Vancouver : c'est le premier cas d'animation 3D par ordinateur en Imax. Il travaille ensuite à la réalisation d'un autre film totalement généré par ordinateur, *À l'Ouest de l'Eden* (coréal. Y. Laferrière, 1996, c. m.), présentant plusieurs phénomènes naturels totalement synthétisés. Les logiciels de Softimage deviennent rapidement LA norme en animation 3D par ordinateur et sont utilisés par de nombreuses productions hollywoodiennes. C'est alors que Daniel Langlois vend Softimage à Microsoft, la firme de Bill Gates, et se retrouve à la tête d'une fortune considérable qu'il emploie au développement de l'image animée sous toutes ses formes, cas unique dans l'histoire du mécénat francophone. Il consolide le Festival international du nouveau cinéma et des nouveaux médias et s'engage dans la mise en place du complexe Ex-Centris, lieu de convergence de l'art cinématographique et des nouvelles technologies. En 1997, il crée aussi la Fondation Daniel Langlois, dont la mission est de favoriser les pratiques artistiques contemporaines faisant usage de technologies numériques à des fins d'expression de discours esthétiques et critiques. En 1999, il produit un film entièrement numérique, *La Baronnesse,* réalisé par Michael McKenzie. (M. L. et Y. R.)

Daniel Langlois.

**LANGLOIS, Michel,** scénariste, réalisateur (Montréal, 1945). Diplômé de l'École des beaux-arts de Québec, il touche d'abord à la peinture. Puis, il tourne un premier court métrage, *Mais comment le dire…* (coréal. G. Desgagnés, 1972) et s'oriente vers l'écriture dramatique. En 1975, il obtient un deuxième prix au concours des œuvres dramatiques radiophoniques de Radio-Canada pour *Les arbres,*

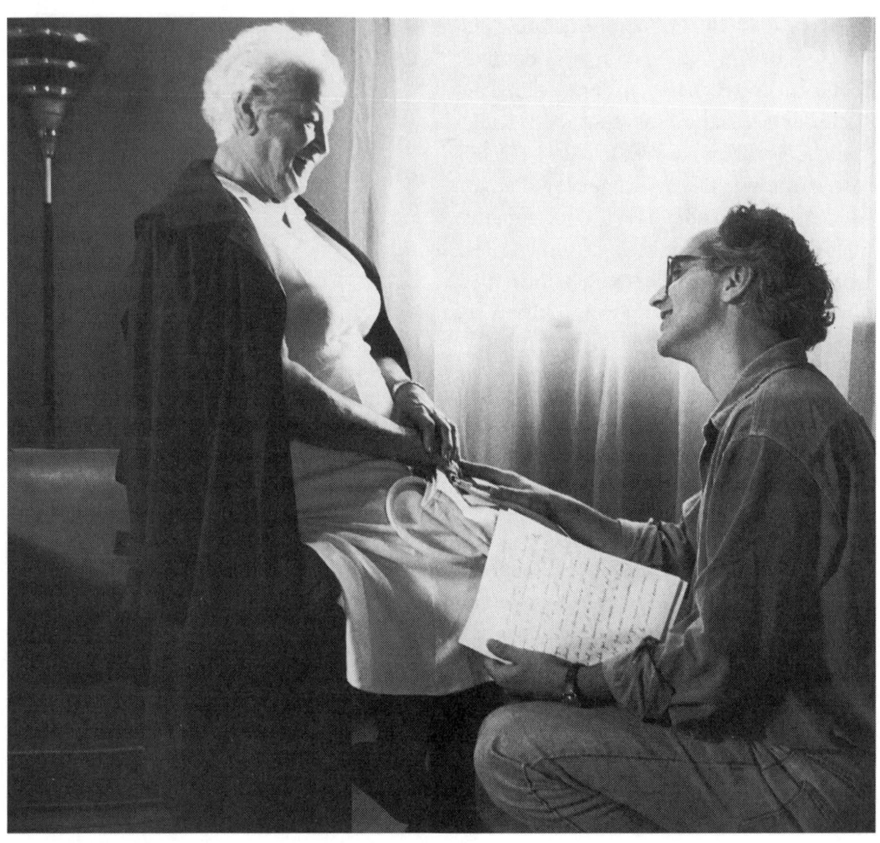

*Lettre à mon père* de Michel Langlois. (Jacques Drouin, coll. RVCQ)

*Billie*, texte qui servira de matériau à l'écriture de *Strass Café*, premier long métrage de Léa Pool (1980). Il coscénarise le film suivant de la cinéaste, *La femme de l'hôtel* (1984), portrait de trois femmes qui sont autant de facettes d'une même personne. Le succès du film auprès de la critique et dans les festivals lui permet de s'affirmer rapidement comme scénariste. Il coscénarise un long métrage de Jacques Leduc, *Trois pommes à côté du sommeil* (1988), qui décrit par petites touches une journée dans la vie d'un homme (Normand Chouinard) qui, parvenu à la quarantaine, revient, au hasard des associations d'idées, sur des moments de son passé et, de façon plus particulière, sur ses rapports avec les femmes. Il travaille aussi aux dialogues d'un film de François Girard, *Mourir* (1988, c. m.), puis au scénario du premier long métrage de Girard, *Cargo* (1990), combinant chaque fois, parfois de manière laborieuse, mondes réels et irréels. *Cargo* raconte l'histoire d'un homme (Michel Dumont) qui fait péniblement le deuil de sa fille (Geneviève Rioux) qu'il n'a pu sauver d'un naufrage. Langlois reprend sa collaboration avec Léa Pool en mettant la dernière main aux dialogues d'*À corps perdu* (1988). Le film décrit la confusion de Pierre Kurwenal qui découvre, au retour d'un photoreportage éprouvant au Nicaragua, que la femme et l'homme qu'il aime l'ont quitté. En état de choc, Pierre cherche instinctivement à redonner un sens à sa vie, comme d'ailleurs les personnages principaux de *Trois pommes à côté du sommeil* et *Cargo*. Langlois coscénarise également *La demoiselle sauvage* (L. Pool, 1991). En 1988, il tourne *Sortie 234* (c. m.), qui raconte le désir de Renaud (Roy Dupuis) pour Frank (Jean L'Italien) qu'aime toujours Lucille (Élise Guilbault). Le film, dont on souligne l'excellente direction d'acteurs et la sensibilité, remporte le prix du meilleur court métrage au Festival du cinéma international en Abitibi-Témiscamingue puis le prix Normande-Juneau. Ayant choisi de ne plus scénariser que ses propres films, Langlois signe un premier téléfilm, *... comme un voleur* (1991), où il suit l'itinéraire émotif d'un homme (Gilbert Sicotte) qui fait face à la mort imminente de sa mère (Andrée Lachapelle) avec laquelle il souhaite rétablir des liens chaleureux. On y retrouve non seulement le rapport au deuil de *Cargo*, mais aussi le besoin d'affection et de communication au centre de *La nuit du visiteur* (L. Gagliardi, 1990, c. m.), dont il est le scénariste, et du téléfilm *Un léger vertige* (D. Poitras, 1991) qu'il coscénarise. Comme le père de *Cargo*, celui de *Un léger vertige* (Paul Savoie) perd le contact avec sa fille, laquelle cette fois est bien vivante. Dans son deuxième téléfilm, *Un même sang* (1992), Langlois explore de nouveau les rapports mère-fils, cette fois dans un registre plus violent puisqu'un jeune homme (Mario Saint-Amand) y poignarde sa mère (Andrée Lachapelle). De manière générale, Langlois préfère fouiller la psychologie de ses personnages, torturés, ambigus, plutôt que de construire des intrigues comme en témoigne *Cap Tourmente* (1993), son premier long métrage, œuvre dramatique et lyrique, où il fait une large place aux chansons et aux secrets qui unissent et déchirent une aubergiste en faillite (Andrée Lachapelle), sa fille (Élise Guilbault), son fils (Roy Dupuis) et leur ami (Gilbert Sicotte). Langlois s'y montre, une fois de plus, excellent directeur d'acteurs. Le cinéaste tourne aussi un film témoignage très émouvant, *Lettre à mon père* (1992, c. m.), adressé à son père mort vingt-sept ans plus tôt, où il aborde ouvertement son homosexualité. Après *Cap Tourmente*, il ne touche plus qu'exceptionnellement à la scénarisation (*L'âge de braise*, J. Leduc, 1998) et occupe la direction pédagogique de l'INIS à partir de 1996. (M. C.)

**LANGLOIS, Yves,** monteur (Montréal, 1941). À l'instar de plusieurs techniciens de sa génération, il fait ses premières armes à l'ONF comme assistant monteur, puis chez Onyx Films où il monte, entre autres films, *Le viol d'une jeune fille douce* (G. Carle, 1968). Il travaille ensuite à un autre film de Carle (*Red*, 1969) et à plusieurs films réalisés ou produits par Denis Héroux dont *7 fois... (par jour)* (1971), *Quelques arpents de neige* (1972) et *Y' a toujours moyen de moyenner!* (1973). Cette expérience des productions commerciales l'amène à collaborer régulièrement à des coproductions. Il travaille entre autres avec

Claude Chabrol (*Les liens du sang*, 1978; *Violette Nozière*, 1978; *The Blood of Others*, 1984). Il monte aussi *The Lucky Star* (M. Fischer, 1980), *Les Plouffe* (G. Carle, 1981), *La guerre du feu* (J.-J. Annaud, 1981), *The Tin Flute* (C. Fournier, 1983), *The Morning Man* (D. J. Suissa, 1986) et *Bethune — The Making of a Hero* (P. Borsos, 1990). À l'aise avec le rythme rapide qui convient aux films d'action et aux comédies, il collabore avec Christian Duguay (*Scanners II*, 1990; *Scanners III*, 1991; *Million Dollar Babies*, 1994; *The Assignment*, 1997) et avec Yves Simoneau (*Free Money*, 1998). Son style convient aussi aux films fantaisistes de Roger Cantin pour qui il monte *L'assassin jouait du trombone* (1991) et *Matusalem* (1993). En 1998, il signe le montage d'*Alegria* (F. Dragone), film produit par le Cirque du Soleil. Ses qualités en font un monteur apprécié à la télévision, notamment pour Jean-Claude Lord (*Lance et compte*, 1986; *Jasmine* 1996). (J. D. et É. P.)

**LANTOS, Robert,** distributeur, producteur (Budapest, Hongrie, 1949). En 1957, il quitte la Hongrie avec sa famille pour s'établir en Uruguay, puis émigre au Canada en 1963. Diplômé de l'Université McGill, il y obtient une maîtrise en communication en 1972. Il aborde le cinéma par la distribution et connaît son premier gros succès avec *The Best of the New York Erotic Film Festival* (K. Gaul, 1973). Il s'associe ensuite à l'avocat Stephen J. Roth pour fonder, en 1975, la maison de production RSL Films. *L'ange et la femme* (G. Carle, 1977) est le premier long métrage qu'ils produisent. Peu de temps après, Lantos obtient les droits d'adaptation de *In Praise of Older Women*, un roman de Stephen Vizinczey. Réalisé par George Kaczender et coproduit par Astral Bellevue Pathé (Harold Greenberg), le film remporte un vif succès commercial dès sa sortie, en 1978. Il détient même, à l'époque, le record du film canadien ayant rapporté le plus d'argent sur le territoire national, des problèmes avec la censure ontarienne contribuant à mousser sa popularité, comme cela avait été le cas pour *L'ange et la femme*. Puis, *Agency* (G. Kaczender, 1979) est le premier long métrage canadien qui soit financé par des actions lancées dans le grand public et qui jouisse ainsi de la nouvelle politique fédérale en matière d'abris fiscaux. *Suzanne* (R. Spry, 1980), *Your Ticket Is No Longer Valid* (G. Kaczender, 1981), *Joshua Then and Now* (T. Kotcheff, 1985) et *Night Magic* (L. Furey, 1985) figurent parmi les films que la compagnie produit par la suite. En 1985, RSL Films devient partenaire de International Cinema Corporation (D. Héroux* et J. Kemeny*) pour former Alliance Entertainment Corporation. Lantos est alors producteur pour la télévision, entre autres des séries *Sword of Gideon* (1986) et *Mount Royal* (1988). En 1991, il fait un retour remarqué au cinéma en produisant *Black Robe* (B. Beresford). Son activité de producteur se concentre toutefois à Toronto par la suite, Lantos étant associé à une trentaine de productions au cours de la décennie 1990, dont certains films de David Cronenberg (*Crash*, 1996; *eXistenZ*, 1999) et d'Atom Egoyan (*Exotica*, 1994; *The Sweet Hereafter*, 1997). En 1998, il cède Alliance à Atlantis Communications et fonde Serendipity Point Films, qui bénéficie d'une importante entente de financement avec son ancienne compagnie. Il produit alors une film d'Istvan Szabo dans sa Hongrie natale (*The Taste of Sunshine*, 1999) ainsi qu'un long métrage de Denys Arcand (*15 moments*, titre de travail, 2000). (J. P.)

**LAPLANTE, François,** costumier, directeur artistique (Montréal, 1945). Actif au théâtre comme au cinéma depuis le début des années 70, il amorce, en 1969, une collaboration avec le metteur en scène et réalisateur André Brassard*. Avec lui, il participe aux nombreuses créations des pièces de Michel Tremblay ainsi qu'aux films que Brassard réalise d'après des scénarios de Tremblay (*Françoise Durocher, waitress*, 1972, c. m. ; *Il était une fois dans l'est*, 1973 ; *Le soleil se lève en retard*, 1976). À titre de costumier, il fait ses classes auprès d'Anne Pritchard pour *Journey* (P. Almond, 1972), *Alien Thunder* (C. Fournier, 1973) et *The Apprenticeship of Duddy Kravitz* (T. Kotcheff, 1974) et de François Barbeau* pour *Eliza's Horoscope* (G. Sheppard, 1975). En 1972, il fonde, avec Barbeau et Louise Jobin*, l'atelier de costumes B.J.L. Par la suite, il devient créateur de costumes et directeur artistique pour plusieurs cinéastes qu'il retrouve tout au long de sa carrière, d'André Forcier (*L'eau chaude l'eau frette*, 1976 ; *Au clair de la lune*, 1982 ; *Kalamazoo*, 1988 ; *Le vent du Wyoming*, 1994) à Michel Brault (*Les noces de papier*, 1989 ; *Shabbat Shalom !*, 1992 ; *Mon amie Max*, 1993), en passant par Jean Beaudin (*Mario*, 1984 ; *Le matou*, 1985 ; *L'homme à la traîne*, 1987, c. m.). Au fil des années, Laplante développe une grande polyvalence et met son talent au service des univers les plus singuliers : le kitsch outrancier d'*Elvis Gratton* (P. Falardeau, 1985), la bohème et la bourgeoisie montréalaise du XIXe siècle (*Nelligan*, R. Favreau, 1991) et la débauche de couleurs, avec une touche de poésie, propre aux années 70 dans *Sous-sol* (P. Gang, 1996). Il travaille à plusieurs productions anglophones (*The Hotel New Hampshire*, T. Richardson, 1984 ; *Busters Bedroom*, R. Horn, 1990 ; *Descending Angel*, J. Keagan, 1990 ; *Reunion*, L. Grant, 1994, *Natural Enemy*, D. Jackson, 1995 ; *Affliction*, P. Schrader, 1998). De plus en plus sollicité par la télévision, il se consacre à la direction artistique et aux costumes de plusieurs téléséries dont celles de Pierre Houle (*Omertà, la loi du silence*, 1996, *Omertà, le dernier des hommes d'honneur*, 1997 ; *Tag*, 1999), André Melançon (*Ces enfants d'ailleurs II*, 1998) et Robert Favreau (*L'ombre de l'épervier I*, 1998 ; *L'ombre de l'épervier II*, 2000). En 1995, pour sa double reconstitution de la ville de Québec dans les années 50 et 80, dans *Le confessionnal* (1995) de Robert Lepage, il reçoit le prix Génie de la meilleure direction artistique.

PRINCIPAUX AUTRES FILMS : *Hot Dogs* (C. Fournier, 1980), *Les années de rêve* (J.-C. Labrecque, 1984), *Ô Picasso* (G. Carle, 1985), *Sonia* (P. Baillargeon, 1986, m. m.), *Lamento pour un homme de lettres* (P. Jutras, 1987, m. m.), *Les Tisserands du pouvoir* (C. Fournier, 1988), *La fenêtre* (M. Champagne, 1991), *André Mathieu, musicien* (J.-C. Labrecque, 1994), *Les muses orphelines* (R. Favreau, 2000). (A. L.)

**LAPOINTE, Jean,** acteur (Price, 1935). Chanteur, humoriste et imitateur, il connaît une grande popularité grâce au duo chantant les Jérolas qu'il quitte dans les années 70 pour faire carrière seul. Mis à part *YUL 871* (J. Godbout, 1966), où il chante aux côtés de Jérôme Lemay, son partenaire des Jérolas, sa carrière d'acteur de cinéma débute vraiment en 1970 avec *Deux femmes en or*. Il sera un des acteurs les plus en demande des années 70. Curieusement, si Lapointe tient quelques rôles comiques au cinéma, il s'agit le plus souvent de personnages secondaires, principalement dans des films de Claude Fournier : un sergent détective dans *Deux femmes en or*, un policier agressif dans *Les chats bottés* (1971), un libraire homosexuel dans *La pomme, la queue… et les pépins!* (1974), Don Parchesi dans *Hot Dogs* (1980). Ce dernier rôle est caractéristique de l'emploi qu'on réserve souvent à Lapointe, celui d'un homme sans grande envergure aux activités illicites. Il campe ce type de personnage dans *O.K… Laliberté* (M. Carrière, 1973), *Ti-Mine, Bernie pis la gang* (M. Carrière, 1976) et *L'eau chaude l'eau frette* (A. Forcier, 1976). Lapointe révèle l'étendue de son talent d'acteur dramatique dans *Les ordres* (M. Brault, 1974), où, surprenant, il donne beaucoup d'intensité à son personnage, un ouvrier du textile et délégué syndical, arrêté en même temps que sa femme (Hélène Loiselle) en pleine crise d'Octobre. Il retrouve ce registre dans *J. A. Martin photographe* (J. Beaudin, 1976) où, parlant peu, jouant avec économie, il traduit pourtant avec force le désarroi d'Adhémar, complètement démuni face à Rose-Aimée (Monique Mercure). Dans *Tout feu tout femme* (G. Richer, 1975), une comédie, il joue un pompier qui a peur des femmes. Lapointe tourne dans quelques films en langue anglaise, *One Man* (R. Spry, 1977), *Angela* (B. Sagal, 1978) et *Never too Late* (G. Walker, 1996). Son rôle dans *One Man* lui vaut le Canadian Film Award du meilleur acteur de soutien. En 1978, il impressionne par son interprétation truculente de Maurice Duplessis, figure colorée de la politique québécoise, dans la télésérie *Duplessis.* Après avoir joué dans le film de sa fille, *Le caveau* (M. Lapointe, 1989, c. m.), Lapointe fait un retour au cinéma, jouant successivement un pathétique trompettiste qui aime une femme et ne séduit que la fille de celle-ci dans *Une histoire inventée* (A. Forcier, 1990), un excentrique millionnaire à l'agonie dans *Ding et Dong, le film* (A. Chartrand, 1990), un Québécois partagé par les luttes entre sa communauté et les immigrants italiens, ses amis, dans *La Sarrasine* (P. Tana, 1991) et un clochard dans *Bientôt novembre* (F. Leclerc, 1995, c. m.). Il compose enfin un vieillard détestable dans *La bouteille* (A. DesRochers, 2000). Son fils, Jean-Marie Lapointe, est aussi acteur dans *Le vent du Wyoming* (A. Forcier, 1994) et *L'homme idéal* (G. Mihalka, 1996). (M. C.)

**LARKIN, Ryan,** animateur, réalisateur (Montréal, 1943). Dès sa jeunesse, il acquiert une formation classique en arts plastiques, d'abord avec Arthur Lismer à l'école du Musée des beaux-arts. Il y développe un talent de dessinateur qui marquera tous ses films. C'est en 1963 qu'il entre à l'emploi de l'ONF, dans le cadre d'un programme de films pour la Défense nationale. En 1965, il suit des ateliers de formation cinématographique avec Norman McLaren dont il devient un ami proche. Guidé par McLaren, il réalise un premier film, *Cityscape* (1965, t. c. m.). Utilisant à nouveau le dessin au fusain transformé image par image et les fondus enchaînés, il réalise *Syrinx* (1966, c. m.). Ce film, qui reprend un thème de la mythologie grecque, le consacre comme cinéaste. Son film suivant, *Walking* (1968, c. m.), propose une observation de la marche humaine. Réalisé avec des techniques très variées, le film prend une dimension poétique, s'organisant autour du personnage transfiguré qui le traverse. Mis en nomination pour un Oscar en 1969, *Walking* fait connaître Larkin à l'échelle internationale. Il obtient le même succès avec *Street Music* (1970, c. m.). On retrouve dans ce film l'inspiration psychédélique, caractéristique des années 60, déjà présente dans *Walking.* Débutant sur des images

*Syrinx* de Ryan Larkin. (ONF)

réelles de musiciens de rue, ce film est constitué d'une série de petits tableaux où l'onirisme est teinté d'humour. Après avoir passé plusieurs années à réaliser des séquences d'animation et d'effets spéciaux pour *Running Time* (M. Ransen, 1975), il entreprend un nouveau film, *Lady Mozart and Other Conversations*, qui restera inachevé. Il s'agissait d'un film sur la parole, une sorte de suite à *Walking*. En 1977, Larkin démissionne de l'ONF et devient réalisateur d'effets spéciaux et concepteur de *story-boards* de longs métrages, à Montréal et à Toronto, et de films publicitaires. Parallèlement à ses activités cinématographiques, il pratique la musique et la peinture. À partir de 1973, il anime, en tant que batteur, plusieurs groupes de rock punk expérimental (Bango, Billy and the Bats) pour lesquels il compose les textes et fait les arrangements. Dans les années 80, la peinture devient son activité principale. (P. H.)

**LAROCHELLE, Denis,** musicien (Sherbrooke, 1947). Même s'il amorce des études à l'École de musique Vincent-d'Indy, à la fin des années 60, il demeure un compositeur essentiellement autodidacte. Assistant de François Dompierre pendant quelques années, accompagnateur de Monique Leyrac et de Clémence Desrochers, ce claviériste débute au cinéma en signant la musique de *Sports divers* (J. Klein, 1974, c. m.) et de *Trois exercices sur l'écran d'épingles d'Alexeïeff* (J. Drouin, 1974, t. c. m.). Il travaille ensuite à plusieurs reprises au studio français d'animation de l'ONF : *Le paysagiste* (J. Drouin, 1976, c. m.), *Caninabis* (K. Pindal, 1979, c. m.), *Premiers jours* (C. Warny, S. Gervais et L. Gagnon, 1980, c. m.), *Trèves* (S. Gervais, 1983, c. m.), *Nocturne* (F. Aubry, 1988, c. m.), *T. V. Tango* (M. Chartrand, 1992, t. c. m.) et *Le souffle du vent* (M. Barry, 1998, t. c. m.). Musicien polyvalent, il collabore notamment avec Marc Hébert (*Kluane*, coréal. R. Rochat, 1981, m. m. ; *Trinité*, 1987, m. m.), Diane Létourneau (*Une guerre dans mon jardin*, 1985, m. m.), Jean-Thomas Bédard (*Le combat d'Onésime Tremblay*, 1986, m. m. ; *À force de bras*, 1988, m. m.), François Labonté (*Henri*, 1986 ; *Gaspard et fil$*, 1988) et Catherine Fol (*Au-delà du 6 décembre*, 1991, c. m. ; *Tant qu'il y aura des jeunes…*, 1993, m. m.). (M. J.)

**LAROSE, Paul,** producteur (Montréal, 1938). Après des études en lettres et en philosophie, il entre à l'ONF en 1965 comme rédacteur au service français de l'information. Puis, il devient adjoint au directeur de la distribution en 1967, producteur des versions françaises en 1968 et, finalement, producteur de plein droit de 1969 à 1978. Il est responsable d'une cinquantaine de titres de toutes durées, surtout des documentaires. Il travaille à plusieurs reprises avec Pierre Perrault, produisant *L'Acadie l'Acadie?!?* (coréal. M. Brault, 1971), *Un pays sans bon sens!* (1970) et presque tout le cycle abitibien. Il produit également des films de Gilles Groulx (*24 heures ou plus…*, 1973), Jacques Leduc (*On est loin du soleil*, 1970), Denys Arcand (*Québec : Duplessis et après…*, 1972), Bernard Gosselin (*Jean Carignan violoneux*, 1975), Jacques Godbout (*Aimez-vous les chiens?*, 1975, m. m.) et Jean Beaudin (*Cher Théo*, 1975, m. m.).

C'est le film-outil, selon la visée de Grierson, bien documenté, bien « enquêté », socialement et même politiquement engagé, et utilisant le direct le plus pur qui intéresse avant tout Larose. Quand le documentaire entre en crise, quand les restrictions budgétaires l'empêchent de produire ce qu'il aime, comme il n'apprécie guère la façon trop restreinte dont le documentaire est distribué, il quitte l'ONF pour accepter un poste de producteur à Radio-Canada, à la section des affaires publiques. Il devient responsable, entre autres, de *Ce soir*, *Repères*, *Noir sur blanc*, *Dossiers* et *Actuel*, puis travaille à Radio-Canada International, à partir des années 90. (Y. L.)

**LAROUCHE, Christian,** distributeur, producteur (Lac-Bouchette, 1954). Directeur de la distribution chez Cinépix Film Properties (C/FP), devenu Les Films Lions Gate, en 1997, il lance notamment des films québécois comme *Le party* (P. Falardeau, 1989), *Les Boys I* et *II* (L. Saïa, 1997 et 1998) et *Le dernier souffle* (R. Ciupka, 1999). Devenu producteur en 1996, il met à profit sa connaissance des marchés et mise d'abord sur la comédie avec *L'homme idéal* (G. Mihalka) qui met en vedette une populaire humoriste, Marie-Lise Pilote. La recette n'est pas infaillible, comme en témoigne l'échec de *La ballade de Titus* (V. de Brus, 1998), une comédie construite autour d'un autre humoriste, Michel Courtemanche, en coproduction avec la France. Larouche produit ensuite un film policier, *La conciergerie* (M. Poulette, 1997), tiré d'un roman de Benoît Dutrizac, puis contribue à donner une suite à un film dont il est le distributeur, *Elvis Gratton*, avec *Miracle à Memphis* (P. Falardeau, 1999). Le succès du film est immédiat. Il coproduit *La bouteille* (A. DesRochers, 2000). À partir du milieu des années 90, Larouche est très actif dans la profession, siégeant aux conseils d'administration du Centenaire du cinéma, de la SODEC et des Jutra. (M. C.)

**LAURE, Carole,** actrice (Shawinigan, 1948). De toutes les actrices québécoises, elle est avec Geneviève Bujold l'une des seules à avoir mené une véritable carrière internationale. Découverte par Jean Chabot (*Un bicycle pour Pit*, coréal. C. Durand, 1968, c. m.; *Mon enfance à Montréal*, 1970), c'est la rencontre de Gilles Carle (*La mort d'un bûcheron*, 1973) qui la révèle. Avec lui, elle tourne pas moins de six longs métrages qui constituent sans doute la plus célèbre collaboration entre un cinéaste et une actrice que le cinéma québécois ait connue. De son travail avec Carle, on retient surtout sa prestation dans *La tête de Normande Saint-Onge* (1975), où elle fait preuve d'un véritable talent de comédienne dans le rôle d'une femme qu'un monde aliénant accule progressivement à la folie. Mais comme ses rapports avec Carle tiennent autant de la fascination qu'elle exerce sur le cinéaste que de la collaboration, elle se voit offrir des films (*L'ange et la femme*, 1977; *Fantastica*, 1980) qui sont de véritables hommages à sa beauté et qui n'exigent d'elle qu'assez peu de ressources dramatiques. Elle se révèle tout de même excellente chanteuse dans *Fantastica*, de même que dans *Night Magic* (L. Furey, 1985), ce que viennent confirmer les spectacles qu'elle donne en compagnie de Lewis Furey, ou l'écoute d'*Alibis* et de *Western Shadows*, ses disques.

C'est la montée des coproductions au Québec

Carole Laure dans *La tête de Normande St-Onge* de Gilles Carle. *(Le Devoir)*

qui lance, dès 1974, la carrière internationale de Laure. On la retrouve alors dans *Sweet Movie*, du Yougoslave Dusan Makavejev, et le parfum de scandale qui entoure ce film où on la voit se rouler dans le chocolat fondu lui procure une solide publicité, tout en l'incitant à choisir des films plus conformes à l'image qu'elle veut donner d'elle-même. Parallèlement à cela, la découverte à Paris des films de Carle pave la voie de sa venue en France. Elle aligne donc les coproductions : *Born for Hell* (D. Héroux, 1975), *Special Magnum* (A. de Martino, 1975), *La menace* (A. Corneau, 1977) et *Au revoir… à lundi* (M. Dugowson, 1979). Quant à son véritable travail en France, il s'effectue notamment avec Bertrand Blier (*Préparez vos mouchoirs*, 1977), Joyce Bunuel (*La jument-vapeur*, 1977), Michel Vianey (*Un assassin qui passe*, 1981), Jean-Charles Tacchella (*Croque la vie*, 1981), Jean-Pierre Mocky (*À mort l'arbitre*, 1984) et Michel Drach (*Sauve-*

*toi, Lola*, 1986). Elle est aussi amenée à côtoyer Michael Caine, Sylvester Stallone et Max von Sydow dans *Escape to Victory* (1981), une étrange réalisation signée John Huston. Désormais, la présence de Laure, actrice mondialement connue, sera une sorte de caution permettant à une coproduction d'exister. C'est ainsi qu'on la retrouve dans *Maria Chapdelaine* (G. Carle, 1983), où pour une rare fois son physique harmonieux et son visage « moderne » seront un handicap et feront de sa Maria un personnage assez peu crédible. On peut lui préférer la Marie Chapdelaine contemporaine et naïve qu'elle incarnait dans *La mort d'un bûcheron*. En 1988, elle retrouve Jean Chabot en tenant le rôle-titre de *La nuit avec Hortense*. L'espace de quelques scènes elle retrouve alors la sensualité qui a fait sa réputation. Elle jouera moins au cinéma par la suite, retrouvant Lewis Furey pour *Bluffer's Hand* (1999), dans lequel elle joue une ancienne prostituée devenue tenancière de bar.

AUTRES FILMS : *Fleur bleue* (L. Kent, 1971), *Inside Out* (G. Parker, 1971, c. m.), *IXE-13* (J. Godbout, 1971), *Série 4* (N. Grégoire, 1972, c. m.), *Les corps célestes* (G. Carle, 1973), *A Thousand Moons* (G. Carle, 1975, m. m.), *L'eau chaude l'eau frette* (A. Forcier, 1976), *The Surrogate* (D. Carmody, 1984), *Stress* (J.-L. Bertucelli, 1984), *Drôle de samedi* (B. Okan, 1985), *Sweet Country* (M. Cacoyannis, 1987), *Thank You Satan !* (A. Farwagi, 1988), *Flight From Justice* (D. Kent, 1993), *Elles ne pensent qu'à ça* (C. Dubreuil, 1994). (M. J.)

**LAURIER, Charlotte,** actrice (Montréal, 1966). Elle n'a que onze ans lorsque Francis Mankiewicz la découvre après maintes auditions, frappé par l'intensité et l'intériorité dont elle fait preuve. Il la choisit pour incarner la Manon des *Bons débarras* (1980), petit être tiraillé entre l'enfance et l'adolescence et qui voue à sa mère un amour exclusif. L'interprétation fougueuse qu'elle donne du personnage imaginé par Ducharme déconcerte et fascine tout à la fois. On lui prédit déjà un grand avenir. Elle joue ensuite la jeune victime d'un livreur attardé dans *Piwi* (J.-C. Lauzon, 1981, c. m.), et Yvonne, la sœur cadette de Florentine, qui souhaite se consacrer à la vie religieuse dans *Bonheur d'occasion* (C. Fournier, 1983). En 1984, Claude Jutra la dirige dans *La dame en couleurs*, où elle campe une Agnès volontaire mais fragile, à la tête d'un groupe d'orphelins cantonnés dans un asile. Puis, elle tient un premier rôle dans *Entre temps* (Jeannine Gagné, 1986, c. m.), avant d'interpréter une jeune ouvrière du textile qui devient l'épouse du propriétaire de l'usine dans *Les tisserands du pouvoir* (C. Fournier, 1988, deux longs métrages). Elle tient un premier rôle dans *Le grand jour* (J.-Y. Laforce, 1988), celui d'une jeune mariée entraînée dans une noce opulente où elle suit les directives sans enthousiasme, et dans *Vent de Galerne* (B. Favre, 1989), production franco-canadienne qui fait revivre les guerres de Vendée. Elle tient par la suite ses deux meilleurs rôles depuis *La dame en couleurs*. D'abord dans *Le party* (P. Falardeau, 1989), elle est surprenante en danseuse nue qui tombe amoureuse d'un prisonnier. Ensuite, dans *Une histoire inventée* (A. Forcier, 1990), elle compose avec Louise Marleau un réjouissant duo de femmes fatales. Au cours des années qui suivent, Laurier travaille surtout pour la télévision. Elle tient cependant le rôle principal dans *2 secondes* (M. Briand, 1998), celui d'une passionnée de vélo qui abandonne la compétition pour livrer du courrier. D'une certaine manière, Laurier pave

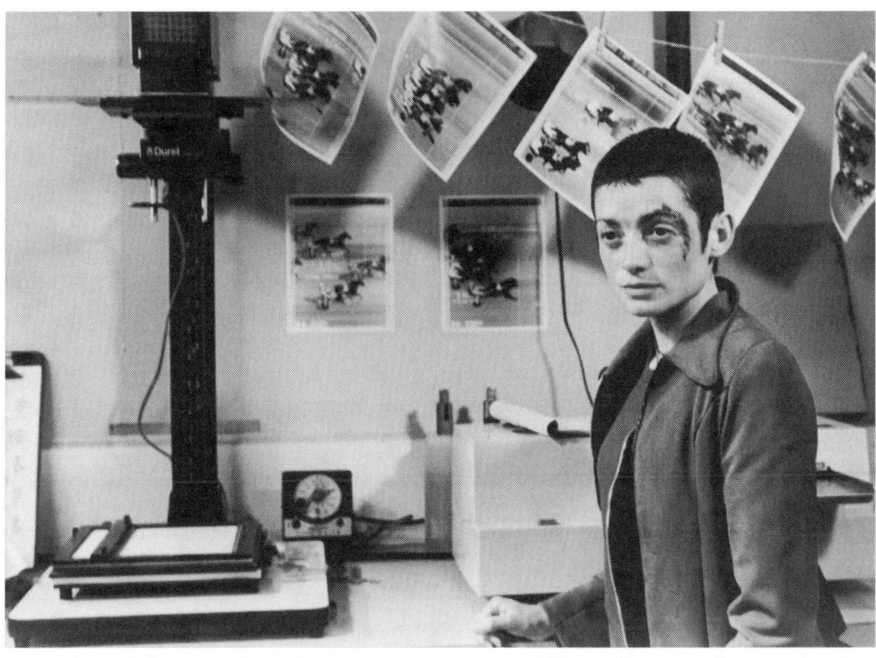

Charlotte Laurier dans *2 secondes* de Manon Briand. (Pierre Crépô, coll. RVCQ)

la voie aux nombreux enfants-acteurs qui, dans les années 80, apparaîtront d'une façon régulière dans le cinéma québécois. Sa jeune sœur, Lucie Laurier (*Anne Trister*, L. Pool, 1986; *Henri*, F. Labonté, 1986; *Love-moi*, M. Simard, 1991; *J'aime, j'aime pas*, S. Groulx, 1995), suit d'ailleurs ses traces.

PRINCIPAUX AUTRES FILMS : *Les portes tournantes* (F. Mankiewicz, 1988), *20 décembre* (M. Champagne, 1989, c. m.), *Babylone* (M. Bonmariage, 1990), *Les naufragés du Labrador* (F. Floquet, 1991), *Montréal vu par…* (coréal. D. Arcand, M. Brault, A. Egoyan, J. Leduc, L. Pool et P. Rozema, 1991), *J'en suis* (C. Fournier, 1996), *Quelque chose d'organique* (B. Bonnello, 1999). (J. P.)

**LAUZON, Jean-Claude,** réalisateur, scénariste (Montréal, 1953 – 1997). Il quitte l'école à dix-huit ans et exerce divers métiers (ouvrier dans les champs de tabac, plongeur sous-marin). Il étudie ensuite la photographie et le design, puis complète un baccalauréat en communication à l'UQÀM. Entre-temps, il signe un recueil de poésie. Lors de son passage à l'université, il réalise *Super Maire L'homme de 3 milliards* (1979, c. m.), avec lequel il remporte le grand prix Norman-McLaren au Festival du cinéma étudiant canadien. Son premier film professionnel, *Piwi* (1981, c. m.), présente à travers les fantasmes d'un pauvre livreur (Gaston Lepage), l'imaginaire torturé de son auteur. Le film remporte le Prix du jury, la même année, au FFM. Après avoir réalisé plusieurs films publicitaires, il entreprend *Un zoo la nuit* (1987), récit des retrouvailles entre un fils (Gilles Maheu) et son père (Roger Le Bel) sur fond d'intrigue policière. Mené rondement à coup d'images fortes, et jouant habilement la carte de la violence mêlée à la tendresse, le film a beaucoup de succès auprès du public et de la critique. Il remporte un nombre record de treize prix Génie, propulsant ainsi Lauzon à l'avant-scène du cinéma québécois. Après quelques années passées à réaliser des films publicitaires, Lauzon revient au cinéma en 1992 avec *Léolo,* fresque ambitieuse ayant pour point de départ les réflexions d'un enfant qui trouve dans le rêve un exutoire à sa réalité morbide. Si *Un zoo la nuit* se rattachait encore au film de genre, *Léolo* évolue tout à fait librement, presque sans progression dramatique, à coups d'élans poétiques et de morceaux de bravoure. Lauzon s'y révèle un metteur en scène d'une envergure rare, cela même si dans l'ensemble son film n'atteint pas l'équilibre souhaitable. La critique et le public attendent donc avec impatience le prochain opus du cinéaste, mais celui-ci tourne de nouveau le dos au cinéma pour travailler en publicité. Son attitude provocante et ses nombreuses déclarations publiques confirment son image d'enfant terrible du cinéma québécois, jusqu'à ce que ce passionné d'aviation et sa compagne, la comédienne Marie-Soleil Tougas, trouvent la mort, à l'été 1997, alors que leur avion s'écrase dans le nord du Québec. À partir de 1998, Téléfilm Canada remet des bourses Jean-Claude-Lauzon à des étudiants de l'INIS. (M. J.)

**LAVALETTE, Philippe,** chef opérateur, réalisateur (Paris, France, 1949). Formé à l'École Louis Lumière, il signe la photographie de films expérimentaux, notamment *L'ange* (P. Bokanowski, 1982), poème visuel d'une extrême précision. Puis, de 1975 à 1980, cinéaste attaché au Centre national de la recherche scientifique, il filme et réalise de nombreux documents à caractère scientifique. À son arrivée au Québec, Lavalette travaille d'abord avec les cinéastes de InformAction, immigrants comme lui, tournant dans les Antilles (*Nous près, nous loin,* A. d'Aix, 1988, m. m.), dans l'océan Indien (*Zone de turbulence,* J.-C. Burger, A. d'Aix et M. Laliberté, 1984, m. m.) et dans le nord du Québec (*Justice blanche,* M. Laliberté et F. Wera, 1985, m. m.). Il met aussi sa caméra attentive au service de documentaires intimistes, construits autour de témoignages, comme *Du cœur à l'âme avec ou sans Dieu* (Suzanne Guy, 1996) et *Les enfants de Refus global* (M. Barbeau, 1998). Peu à peu Lavalette fait aussi sa place dans le long métrage, collaborant d'abord à un curieux film historique, *La fille du maquignon* (A. Mazouz, 1990), puis à *Aline* (C. Laganière, 1992), *Les mots perdus, un film en quatre saisons* (M. Simard, 1993) et *Les pots cassés* (F. Bouvier, 1993) où son travail, inventif, contribue à établir l'étrangeté du film. Des années après avoir signé des reportages pour la télévision, il retourne en Haïti, où il a souvent tourné (*Les îles ont une âme,* A. d'Aix, 1988, c. m.; *Goûté-sel,* A. d'Aix, 1989, m. m.; *Haïti un soir d'hiver,* A. d'Aix, 1989, m. m.; *Haïti dans tous nos rêves,* J.-D. Lafond, 1995, m. m.) pour réaliser *Tipolis* (1998, m. m.). Dans ce documentaire, Lavalette met en évidence les différences culturelles et prend le temps, comme ses personnages, des policiers, d'écouter et de respecter le rythme des petites gens. Il collabore aussi à la photographie de séries destinées à la télévision, *Alys Robi, Les bâtisseurs d'eau, Gypsies.* (M. C.)

**LA VEAUX, Michel,** chef opérateur, producteur, réalisateur (Montréal, 1955). Assistant-cameraman à partir de 1974, il devient chef opérateur en travaillant aux films de Louis Dussault (*Le facteur*, 1975), avec qui il fonde les Films du Crépuscule en 1976 (*voir* DISTRIBUTION). Défenseur d'une conception artisanale du cinéma, il œuvre notamment avec Pierre Goupil (*Robert N.*, 1978, c. m. ; *Celui qui voit les heures*, 1985), Sylvie Groulx (*Chronique d'un temps flou*, 1988 ; *À l'ombre d'Hollywood*, 1999), Marcel Jean (*Le rendez-vous perpétuel*, 1989, c. m. ; *Vacheries*, 1990, c. m. ; *Écrire pour penser*, 1999, m. m.), Jean et Serge Gagné (*Le royaume ou l'asile*, 1989), Frédérique Collin (*Le voyage d'Inée*, 1989, c. m.), Hugo Brochu (*Anna à la lettre C*, 1997, c. m. ; *Je te salue*, 1998, c. m.) et Suzanne Guy (*Le visiteur*, 1991, c. m. ; *L'année qui change la vie*, 1992, m. m.). Il défend le cinéma d'auteur lorsqu'il préside le STCQ de 1984 à 1986. Surtout réputé pour son travail en documentaire (*Rosaire et la Petite-Nation*, B. Pilon, 1997 ; *L'armée de l'ombre*, M. Barbeau, 1999, m. m.), il signe aussi les images de quelques longs métrages de fiction (*Les Casablancais*, A. Laagta, 1998). Il coréalise *Pour le luxe des autres* (coréal. D. Morin, P. Prévost et F. Spadari, 1978, m. m.) et produit *Celui qui voit les heures* ainsi que *Le voyage d'Inée*. (M. J.)

**LAVOIE, Herménégilde,** réalisateur, chef opérateur monteur (Saint-Jérôme, 1908 – Québec, 1973). Après des études au séminaire de Chicoutimi, il s'installe à Québec en 1927. Il travaille pendant vingt ans comme cinéaste et photographe pour le compte de l'Office du tourisme et de publicité du Québec. Il est congédié par Duplessis en 1947, ce qui l'amène à fonder sa propre maison de production : Documentaire Lavoie. Il retourne à la fonction publique en 1962, au ministère des Affaires municipales, où il s'occupe jusqu'à sa retraite, en 1972, de questions reliées à l'environnement et au patrimoine.

Herménégilde Lavoie. (coll. CQ)

La production de Lavoie est diversifiée. Elle comprend plusieurs documentaires, comme la série « Les beautés de mon pays » (douze c. m.), réalisée alors qu'il est à l'Office du tourisme et de publicité, à partir d'images tournées un peu partout au Québec. De facture plutôt classique, les films de cette série sont bien faits. La qualité généralement remarquable des images en fait une documentation visuelle inestimable sur le Québec et la vie québécoise de cette époque. Entre 1947 et 1960, Lavoie réalise plus d'une trentaine de documentaires industriels et de reportages pour la télévision (*L'histoire d'un pain*, 1947, c. m. ; *Fabrication d'un ascenseur*, 1948, m. m. ; *L'isolation thermique*, 1958, m. m.). Grâce à sa maîtrise technique, il parvient la plupart du temps à surmonter avec succès les limites et les contraintes qu'impose ce genre de productions. On y sent constamment la recherche de la qualité, ce qui constitue un de ses traits distinctifs. Parallèlement, Lavoie produit et réalise d'autres documentaires particulièrement intéressants, dont trois avec l'historien Adrien Pouliot, s.j., *Tadoussac terre d'histoire et de beauté* (1947), *De l'Acadie à Sillery* (1947-1961, c. m.) et *Les Hurons de Lorette* (court métrage commencé en 1955, mais demeuré inachevé). On trouve aussi deux courts métrages réalisés avec le géographe Michel Brochu : *L'homme et l'hiver au Canada français* et *L'homme et le sol au Canada français* (1947). Pendant la même période, il réalise ou coréalise avec son jeune fils Richard, pour le compte de communautés religieuses québécoises, huit films, mêlant fiction et documentaire, qui retracent leur fondation et leur œuvre (*Le Bon Pasteur à Québec*, 1949 ; *La moisson d'une vie*, 1949 ; *Franciscaines missionnaires de Marie*, 1950 ; *L'âme d'une grande dame*, 1954). Même si certains considèrent qu'il ne s'agit pas toujours de la partie la plus intéressante de l'œuvre de Lavoie — on leur reproche leur caractère parfois hagiographique — ils portent cependant tous le signe distinctif du cinéaste : images d'une très grande qualité, piste sonore particulièrement soignée et excellent montage.

Avec son œuvre abondante placée sous le signe de la commandite et du patrimoine québécois, Lavoie prend place dans l'histoire du cinéma québécois aux côtés de pionniers du documentaire comme l'abbé Maurice Proulx et M^gr^ Albert Tessier. Son fils, Richard, qui a longtemps été son collaborateur, a pris progressivement la relève. En 1976, il réalise un hommage touchant à son père : *Herménégilde, vision d'un pionnier du cinéma québécois 1908-1973* (m. m.). (F. B.)

**LAVOIE, Louis-Paul,** réalisateur, chef opérateur, monteur (Plessisville, 1929). Spécialiste de la photographie aérienne, il fonde Rimouski Production en 1950. Il y réalise, pour le SCP et d'autres commanditaires, des films caractéristiques des productions du SCP des années 50 : simples, promotionnels, réalisés en 16 mm avec de modestes moyens. Ses réalisations possèdent d'indéniables qualités photographiques et la plupart constituent des documents appréciables sur la Côte-Nord. Lavoie abandonne le cinéma en 1974.

PRINCIPAUX FILMS : *Développement minier aux Sept-Îles* (1953, c. m.), *Barrage sur la Bersimis* (1955, c. m.), *Fer du Nord* (1956, c. m.), *La lutte à la tordeuse des bourgeons de l'épinette* (1956, c. m.), *Avant d'être capitaine* (1957, c. m.), *La tourbe du Québec* (1958, c. m.), *Promesses du Nord* (1959, c. m.), *Le pont-tunnel Lafontaine* (1968, c. m.). (P. V.)

**LAVOIE, Richard,** réalisateur, chef opérateur, distributeur, mixeur, monteur, ingénieur de son, producteur, scénariste (Québec, 1937). Dès l'âge de douze ans, il s'initie aux différents aspects de la production cinématographique auprès de son père, Herménégilde Lavoie*. Il complète son apprentissage lors de séjours à l'étranger où il tourne quelques films. En 1963, il ouvre un studio à Tewkesbury, près de Québec, où sont offerts, pendant une vingtaine d'années, des services de production et de réalisation. Il participe ainsi à la formation de plusieurs cinéastes et techniciens. Artisan du cinéma, il réalise, en trente ans, plus de cent films, dont plusieurs à la suite de commandes. En 1958, il fait montre d'intérêt pour le documentaire éducatif métissé de fiction avec son deuxième film, *Rencontres dans l'invisible* (c. m.), où les images de la nature côtoient le monde microscopique des cellules. Il faut aussi insister sur *Noël à l'île aux Grues* (1963, c. m.), qui dépeint les efforts déployés par les habitants de cette île, à l'époque des traversées sur les glaces du Saint-Laurent, et qui reste un très beau témoignage sur les gens de ce coin de pays.

Les titres des films de Lavoie sont révélateurs de la variété des sujets qu'il aborde : *La maternelle esquimaude de Fort-Chimo* (1965, c. m.), *Le poste de La Baleine* (1968, c. m.) et *Katak et Kuktuk se racontent* (1971, c. m.) traitent des Inuit ; *L'avale-mots* (1970, c. m.) et *Pathologie et linguistique* (1970, c. m.) abordent la langue orale ; *La cabane* (1973, m. m.), *Guitare* (1974) et *Drôle de ballade* (1977, m. m.) sont destinés à un jeune public et sont réalisés avec la collaboration d'enfants. Cinéaste dont la démarche confine souvent à l'ethnologie, Lavoie signe, entre autres, *Voyage en Bretagne intérieure* (1978), où il s'intéresse aux mœurs et aux coutumes de cette région. En 1976, il réalise un film de montage en hommage à son père : *Herménégilde, vision d'un pionnier du cinéma québécois 1908-1973* (m. m.). Sa filmographie contient également des séries de courts métrages : « Des voiles et des hommes » (1985) et « Les belles folies » (1980), Gerbe d'or à Yorkton pour un des films de la série : *Une aventure de curiosité*, qui porte sur le cinéaste Jean-Louis Frund. Ses films, pour la plupart des documentaires, ne sont pas dépourvus d'imagination et restent des instruments pédagogiques rafraîchissants. Révélant la face cachée du quotidien, sa caméra est toujours attentive et la narration est souvent soutenue par un commentaire, des témoignages ou des récits en voix off. En 1986, Lavoie reçoit le prix de l'Alliance de la vidéo et du cinéma indépendants du Canada « pour l'ensemble de son œuvre et pour sa contribution au cinéma ». Il quitte la région de Québec pour s'installer près de Montréal et réalise, pour le producteur Daniel Bertolino, deux films de la série « Légendes du monde » : *Le trésor de Maestro Lukas* (1986, c. m.) et *Comment Samba devint vice-roi* (1987, c. m.), tournés respectivement à Chypre et au Mali. En 1989, il réalise *Le trou du diable*, où il reconstitue la découverte de la plus grande grotte québécoise et présente un inventaire des grottes du Québec. Puis sa carrière trouve un nouveau souffle avec *Rang 5* (1994), exploration empathique du milieu agricole où se côtoient différents modèles et modes de vie. Le film remporte le prix Belle Gueule-AQCC, le Prix cinéma de l'OCS, et le cinéaste reçoit le prix des arts Maximilien-Boucher de la Société nationale des Québécois de Lanaudière. Reprenant le sujet sous un angle scientifique, Lavoie scénarise et produit, avec Isabelle de Blois, *Le commando de l'infiniment petit* (1997, m. m.), plaidoyer en faveur du remplacement des pesticides chimiques par des virus, inspiré de recherches effectuées au Guatemala, en Suisse et au Québec. Le cinéaste offre ensuite deux films sur les arts, d'abord le portrait, très maîtrisé, d'un grand sculpteur, *Charles Daudelin, des mains et des mots* (1998, m. m.), puis un documentaire sur les musiciens de rue, *Confidences d'une fanfare* (1999, m. m.). Lavoie signe les images des films d'Isabelle de Blois, le poème visuel *Sachem* (1990, c. m.) et *Nocturne* (1991, c. m.). (M.-J. R. et M. C.)

**LEAF, Caroline,** animatrice, réalisatrice (Seattle, États-Unis, 1946). Si elle compte aujourd'hui parmi les figures marquantes de

Caroline Leaf. (ONF)

l'animation au pays, c'est un peu grâce au hasard d'un atelier donné par Derek Lamb au Radcliffe College, près de Boston, où elle étudiait. De 1964 à 1971, Leaf travaille comme pigiste, animant et réalisant plusieurs films pour la télévision. En 1969, dans son premier film animé, *Sand ou Peter and the Wolf* (c. m.), elle utilise le sable comme matériau, développant ainsi une technique qu'elle maîtrisera jusqu'à la perfection dans ses films suivants. Dès ses premières réalisations, on perçoit son goût marqué pour les mythes et les légendes qui mettent en scène des animaux. En 1972, dans *Orfeo* (c. m.), elle expérimente la couleur appliquée à la brosse, peignant directement sous la caméra l'histoire d'un Orphée perdant son amante. Dans *How Beaver Stole Fire* (1972, c. m.), elle s'inspire une fois de plus d'une légende, amérindienne cette fois. La même année, elle se joint au studio anglais d'animation de l'ONF. C'est à cette époque qu'elle découvre un recueil de récits inuit et décide de partir pour le Grand Nord canadien. À son retour, elle réalise *Le mariage du hibou* (1974, c. m.) au studio français d'animation de l'ONF. Elle anime les figures mythologiques inuit avec du sable sur une plaque de verre pour raconter les amours contrariées d'une oie coquette et d'un hibou maladroit. Elle amène ainsi une réflexion sur la patience des femmes et sur la difficulté qu'ont les hommes à s'engager à fond dans la vie familiale. La bande sonore fait appel aux chants de gorge des femmes inuit. Si le film est d'inspiration inuit, l'adaptation en est très personnelle. *Le mariage d'un hibou* remporte une dizaine de prix, notamment à Annecy et à Hollywood. Ses deux films suivants, *The Street* (1976, c. m.) et *The Metamorphosis of Mr. Samsa* (1977, c. m.) lui valent une renommée internationale. Avec *The Street*, adapté d'une nouvelle de Mordecai Richler, elle s'attache moins à décrire la rumeur urbaine et la vie de quartier montréalaise qu'à évoquer l'attente de la mort d'une aïeule et l'impatience du jeune Juif qui veut récupérer une chambre bientôt vacante. Les dessins profitent d'une vieille technique qui consiste à ajouter de la glycérine à la peinture, ce qui l'empêche de sécher. Leaf peut ainsi faire bouger la peinture comme elle déplacerait du sable. Cela accroît la fluidité des mouvements, d'autant plus qu'elle apporte un soin minutieux aux raccords entre les plans et au développement des métamorphoses elles-mêmes. Leaf privilégie le travail manuel. L'illusion de mouvements de caméra vient du changement progressif de grandeur des esquisses. Le film, qui obtient de nombreux prix, se classe deuxième au palmarès des cinquante meilleurs films d'animation au monde aux Olympiades de l'animation à Los Angeles en 1984. La réalisatrice pousse plus loin encore l'expérience avec *The Metamorphosis of Mr. Samsa*, d'après une œuvre de Kafka, film qu'elle avait entrepris des années plus tôt grâce à une bourse de l'American Film Institute. Les jeux de sable y traduisent un monde angoissé, traversé par la culpabilité et la folie. S'il n'y a aucune couleur, un choix d'éclairages très tranchés rend parfaitement les mouvances de l'univers de Gregor Samsa et les terribles transformations qui l'affectent. Les ombres envahissantes, la pluie contre les fenêtres, le bruit du réveille-matin font ressentir la désolation et la solitude humaine, des thèmes chers à Leaf. Dans *Interview* (1979, c. m.), associée avec Veronika Soul, elle adopte un ton plus fantaisiste. Les deux cinéastes utilisent différentes techniques et divers matériaux, le cinéma direct, l'animation, les photos, les dessins, les diapositives, pour se décrire l'une l'autre. Cela donne un film de collages très texturé. Dans les années 80, Leaf réalise plusieurs courts métrages, touchant tantôt un documentaire avec *Kate and Anna McGarrigle* (1981), film sur deux chanteuses anglo-québécoises, tantôt au documentaire-fiction avec *The Right to Refuse* (1981) et *Equal Opportunity* (1982), des films didactiques sur la lutte des femmes contre la discrimination au travail. En 1986, elle revient aux légendes et à l'animation avec *The Fox and the Tiger* (c. m.) et *A Dog's Tale* (c. m.), respectivement d'inspiration chinoise et mexicaine. *Entre deux sœurs* (1990, c. m.) ramène Leaf au devant de la scène de l'animation mondiale. Primé à Annecy, le film renoue avec les procédés narratifs de *The Street* et *The Metamorphosis of Mr. Samsa*, tout en imposant une nouvelle technique : la gravure sur pellicule 70 mm qu'elle refilme par la suite en 35 mm. Encore une fois, Leaf exprime une vision du monde inquiète : à la proximité de la mort (*The Street*) et à la métamorphose en cloporte (*The Metamorphosis of Mr. Samsa*) succède la visite d'un étranger qui vient perturber les rapports entre une écrivaine au visage monstrueux et sa sœur, qui la tient à l'écart des regards indiscrets. Elle se consacre ensuite à la peinture.

FILMS : *Sand ou Peter and the Wolf* (1969, c. m.), Orfeo (1972, c. m.), *How Beaver Stole Fire* (1972, c. m.), *Le mariage du hibou* (1975, c. m.), *The Street* (1976, c. m.), *The Metamorphosis of Mr. Samsa* (1977, c. m.), *Interview* (1979, c. m.), *Kate and Anna McGarrigle* (1981, c. m.), *The Right to Refuse* (1981, c. m.), *Equal Opportunity* (1982, c. m.), *The Fox and the Tiger* (1986, c. m.), *A Dog's Tale* (1986, c. m.), *Entre deux sœurs* (1990, c. m.). (L. C.)

**LE BEL, Roger,** acteur (Rivière-du-Loup, 1923 – Montréal, 1994). Ayant acquis une formation d'acteur auprès de René Arthur à Québec, il débute à la fois au théâtre et à la radio. Il connaît très vite le succès : en 1949, il reçoit le trophée du meilleur acteur au Festival de Calgary et, dès l'année suivante, le titre de l'annonceur le plus populaire de Québec. Arrivé à Montréal en 1953, il continue son travail à la radio et entreprend une longue carrière d'acteur à la télévision. Pendant une trentaine d'années, il participe aux téléromans les plus populaires, y jouant surtout des personnages comiques. Il quitte définitivement la radio en 1972 et revient au théâtre, avec la compagnie Jean Duceppe, où il se révèle un acteur dramatique étonnant. C'est le cinéma qui lui permettra de dévoiler toute l'étendue de son talent. Entre 1953 et 1987, il participe à seize films. Acteur plein de ressources et d'invention, sa présence remarquable l'impose. Même dans des personnages à peine esquissés, il ne passe jamais inaperçu. Sa carrière cinématographique, entreprise dans les années 50 (*Les mains nettes*, C. Jutra, 1958) démarre véritablement avec *Réjeanne Padovani* (D. Arcand, 1973) où il campe avec brio un conseiller municipal véreux, loin des personnages sympathiques et drôles qu'on l'a vu interpréter jusque-là. Par la suite, il joue souvent des hommes de pouvoir : procureur (*L'affaire Coffin*, J.-C. Labrecque, 1979), député (*Les années de rêves*, J.-C. Labrecque, 1984) ministre (*Bingo*, J.-C. Lord, 1974), avocat (*Le crime d'Ovide Plouffe*, D. Arcand, 1984), ou policier (*Les bons débarras*, F. Mankiewicz, 1980). Perfectionniste, il incarne avec un même bonheur grands bourgeois, nouveaux riches ou prolétaires et se montre un des acteurs les plus constants du cinéma québécois. Instinctif, économe et généreux, il s'adapte à tous les rôles avec la même vérité. Jouant avec virtuosité sur les émotions et le rire, il sait réinventer les personnages les plus traditionnels. Son rôle de Maurice dans *Les bons débarras*, un policier bonne pâte touchant et ridicule, marque un moment fort de sa carrière. Mais c'est avec *Un zoo la nuit* (J.-C. Lauzon, 1987), dans lequel il joue enfin un premier rôle, qu'il crée le plus beau personnage de sa carrière, Albert, un travailleur en usine vieilli et malade qui renoue avec son fils après des années de silence. Le Bel donne un Albert fragile, drôle, pathétique et bouleversant, un personnage inoubliable. Ce rôle lui vaut le prix Guy-L'Écuyer, attribué pour la première fois aux sixièmes Rendez-vous du cinéma québécois, et le Génie du meilleur acteur. (D. B.)

**LE BOURSIER, Raymond,** réalisateur, scénariste, acteur, monteur (Paris, France, 1917). Il débute au cinéma en 1932 comme acteur. On trouve notamment son nom au générique de films de Cocteau et de Clair. Il a tôt fait de passer à la réalisation, métier où ses qualités d'artisan se vérifient dans des films comme *Les petits riens* (1941), *Naïs* (1945) et *Le furet* (1949). Il dirige Fernandel, Raimu, Claude Dauphin et Pierre Renoir. Lorsqu'en 1956 l'ONF décide de renforcer l'équipe française en engageant des cinéastes français, Le Boursier est du lot. Ses premières affectations sont des fictions documentaires traditionnelles sur le monde du travail : *Le contremaître* (1958, c. m.) et *L'ouvrier qualifié* (1958, c. m.). Son portrait d'*Henri Gagnon organiste* (1959, c. m.) se compare avantageusement aux autres films de la série « Profils ». Il tourne ses films les plus intéressants sur des scénarios de Gilles Carle : *Tout l'or du monde...* (1959, c. m.) et *Le prix de la science* (1960, c. m.). En 1961, il coréalise avec Bernard Devlin une fiction sur les problèmes de l'entreprise familiale, *Dubois et fils* (m. m.). Il rentre ensuite en France où sa carrière se poursuit à vitesse réduite.

AUTRES FILMS : *Mort au touriste* (1959, c. m.), *Interview : Pierre Dansereau* (1962, c. m.). (P. V.)

**LECLERC, Martin,** chef opérateur, réalisateur (Montréal, 1945). Après des études en photographie, il entre à l'ONF en 1971 comme assistant cameraman. C'est à ce titre qu'il travaille à *Tendresse ordinaire* (J. Leduc, 1973), *La gammick* (J. Godbout, 1974) et de nombreux documentaires. Peu à peu, il devient cameraman, et il signe les images d'un premier long métrage en 1977 (*Arctique : défi de tous les temps*, M. Blais). En 1979, il devient cameraman permanent à l'ONF. Il se spécialise en documentaire et se signale particulièrement par sa collaboration avec Pierre Perrault (*La bête lu-*

*mineuse*, 1982; *Les voiles bas et en travers*, 1983, m. m.; *La grande allure*, 1985; *L'oumigmag ou l'objectif documentaire*, 1993, c. m.; *Cornouailles*, 1994, m. m.). Il collabore également avec plusieurs jeunes cinéastes: Denis Villeneuve (*REW FFWD*, 1994, m. m.), Catherine Fol (*Toutatis*, 1996, m. m.), Guy Nantel (*Dashan, une histoire d'humour*, 1996, m. m.). Parallèlement, il ne dédaigne pas le cinéma artisanal et accomplit un travail remarquable pour *La couleur encerclée* (Jean et S. Gagné, 1986). Il quitte l'ONF en 1996 puis travaille pour la télévision. En 1975, il réalise un court métrage consacré à une équipe féminine d'aviron: *Les avironneuses*. Il est le fils du poète Félix Leclerc.

PRINCIPAUX AUTRES FILMS: *Debout sur leur terre* (M. Bulbulian, 1982), *Marie Uguay* (J.-C. Labrecque, 1982, m. m.), *Une guerre dans mon jardin* (D. Létourneau, 1985, m. m.), *Les traces du rêve* (J.-D. Lafond, 1986), *Liberty Street Blues* (A. Gladu, 1988), *Le pays rêvé* (M. Moreau, 1999). (Y. R. et M. C.)

**L'ÉCUYER, Guy,** acteur (Montréal, 1931 – 1985). Alerte et vif en dépit de sa claudication (en 1965, il est victime d'un très grave accident de voiture), il a promené sa silhouette trapue et sa figure rondelette dans une quarantaine de films — dont nombre de premières œuvres (Gilles Carle, Jean-Guy Noël, Jean Chabot, Francis Mankiewicz, etc.), ce qui témoigne de son goût du risque et de sa volonté renouvelée de se remettre en question. Malgré ses succès à la scène (certains auteurs dramatiques lui ont dédié des pièces) et à la télévision (les enfants des années 60 se rappelleront avec plaisir son docteur Macaroni), jamais L'Écuyer ne s'est considéré comme un homme arrivé. À cet égard, plusieurs de ses personnages lui ressemblent: impulsifs (ce que traduit à merveille l'abrupt de sa diction), déconcertants, toujours en quête d'un mieux ou d'un ailleurs, et dotés d'une faculté d'étonnement qui paraît sans limites. Certes, il s'agit, la plupart du temps, de perdants, mais de perdants gaillards, enjoués, au regard espiègle, au sourire narquois, de perdants pudiques et réservés, peu enclins à l'indignation, de « personnages condamnés à être heureux », comme le comédien les définira lui-même. Parmi les films dans lesquels il est apparu, citons *Les mains nettes* (C. Jutra, 1958), *Les 90 jours* (L. Portugais, 1958), *Le Martien de Noël* (B. Gosselin, 1970), *Cold Journey* (M. Defalco, 1975), *Lies My Father Told Me* (J. Kadar, 1975), *Une nuit en Amérique* (J. Chabot, 1974), *Élisa 5* ou *Les inquiétudes d'Élisa* (J. Leclerc, 1972, c. m.), *Les indrogables* (J. Beaudin, 1972, c. m.), *Trois fois passera...* (J. Beaudin, 1973, c. m.), *Les vautours* (J.-C. Labrecque, 1975), *La fleur aux dents* (T. Vamos, 1975), *Ti-Mine, Bernie pis la gang...* (M. Carrière, 1976), *J. A. Martin photographe* (J. Beaudin, 1976), *Parlez-nous d'amour* (J.-C. Lord, 1976), *L'heure bleue* (H.-Y. Rose, 1976, m. m.), *Jacob Two Two Meets the Hooded Fang* (T. J. Flicker, 1978), *The Lucky Star* (M. Fischer, 1980).

Il convient de classer à part les œuvres de trois réalisateurs qui ont employé l'acteur à quelques reprises: Jean-Guy Noël, Gilles Carle et André Forcier. Dans *Ti-Cul Tougas* (1976), L'Écuyer est amusant en livreur de *barbecues*, mais c'est davantage dans *Tu brûles... Tu brûles...* (1973) du même Jean-Guy Noël qu'il a l'occasion de donner la juste mesure de son talent. Cumulant les fonctions de chef des pompiers et de premier magistrat, le notable qu'il campe ici doit convaincre son rejeton, ermite en herbe, de rentrer au plus vite à la mai-

Guy L'Écuyer dans *La vie heureuse de Léopold Z.* de Gilles Carle. (coll. ACPQ)

son pour éteindre l'incendie qui menace de détruire le village en entier. On l'a vu dans *Maria Chapdelaine* (1983) et dans *Les mâles* (1970) ; c'est cependant à *La vie heureuse de Léopold Z.* (1965) qu'on songe spontanément lorsqu'on évoque la collaboration entre Carle et L'Écuyer. Impossible d'oublier le jovial et candide Léopold Z. Tremblay, déneigeur de profession, faisant son entrée à l'Oratoire Saint-Joseph, en pleine messe de minuit, avec sous le bras le cadeau de Noël destiné à sa femme, un manteau de fourrure acheté à crédit. Impossible en effet d'oublier Léopold Z. tout simplement parce que L'Écuyer possède déjà à fond cet art mystérieux qui consiste à provoquer d'emblée l'identification du spectateur. En 1979, il participe à l'élaboration du scénario d'*Au clair de la lune* d'André Forcier. On l'y retrouvera dans la peau du héros, Bert, ancien champion de bowling devenu homme-sandwich, Bert qui, bien que perclus d'arthrite, n'a jamais renoncé à l'espoir de reconquérir son titre. C'est Forcier qui a tiré le maximum de cette attirance de l'interprète pour les personnages excessifs. Dans *L'eau chaude l'eau frette* (1976), L'Écuyer est Pa-

nama, le cuisinier ; dans *Night Cap* (1974, m. m.), il est Félix, qui tombe raide mort dans les toilettes de la taverne après avoir gagné une dinde de Noël au tirage au sort. Dans *Bar salon* (1973), il incarne Charles, propriétaire d'un bar qui périclite, pas assez roublard en affaires pour réussir, et qui se console en s'enivrant. La séquence de la danse avec Leslie (François Berd), en même temps gauche et gracieuse, mérite de rester gravée dans la mémoire des cinéphiles. L'Écuyer montre ici qu'il excelle à représenter les êtres soucieux de conserver une étincelle de dignité, même au plus noir de la déchéance. Signalons enfin un autre gros buveur joué par l'Écuyer, le Willie du *Temps d'une chasse* (F. Mankiewicz, 1972). Hanté par la peur de vieillir, Willie entend prouver à tous qu'il est encore assez vaillant pour abattre son orignal. Willie raille de bon cœur. Et il en est de même de la plupart des personnages auxquels L'Écuyer prête son souffle et sa voix.
« Il avait du génie, écrit à son sujet Jean-Claude Germain. La preuve, c'est qu'on se souvient déjà un peu moins de lui que des personnages qu'il a créés. » Les Rendez-vous du cinéma québécois donnent son nom à un prix d'interprétation attribué de 1988 à 1998 (*voir* PRIX). (J.-M. P.)

**LEDUC, André,** animateur, réalisateur (Montréal, 1949). Il acquiert une formation en arts appliqués et en animation culturelle. Il est clown à Terre des Hommes durant trois saisons. Vivement intéressé par le cinéma d'animation, il signe trois films super 8, puis gagne un concours organisé par l'ONF en 1971. Il collabore d'abord à la réalisation d'un film de Ron Tunis, *Le vent* (1972, c. m.). Parallèlement, il expérimente diverses techniques (le papier découpé, la pixillation, le tournage à haute vitesse, les particules animées, les silhouettes avec lumière en surface et le dessin animé classique) pour un film commencé plus tôt, *Oasis*. Leduc s'inspire avec un plaisir évident de la musique, du côté comique des gens et des choses qu'il pousse parfois jusqu'à l'absurde. Tous ses films portent la marque de ce regard amusé et amusant et lui fournissent l'occasion d'expérimenter plus avant les possibilités de la technique. Il illustre, en se servant de la pixillation, une chanson de Robert Charlebois, *Tout écartillé* (1974, t. c. m.), puis une chanson de Monsieur Pointu, *Chérie, ôte tes raquettes* (1976, t. c. m.). Il travaille souvent, en collaboration, à des films qui remportent plusieurs prix, que ce soit avec Robert Awad (*L'affaire Bronswik*, 1978, c. m.), Bernard Longpré (*Monsieur Pointu*, 1975, c. m. ; *La solution*, 1985, c. m.), Jean-Jacques Leduc (*Zea*, 1981, c. m.) ou Réal Bérard (*Jour de plaine*, 1990, c. m.). Il fait partie du collectif qui réalise *Les contes de la mère loi sur le cinéma* (1975, c. m.). En 1995, Leduc réalise *Taa Tam* (c. m.). Dans cette légende musicale, un garçon à la peau bleue, rêve, au rythme des tam-tam, que les arbres et les fruits se transforment en instruments et que la nature éclate en une bruyante symphonie. Leduc signe également des vidéoclips, des génériques d'ouverture, de courtes promos, des insertions, des séquences animées pour des films. En 1992, Leduc réalise notamment les productions audiovisuelles de l'Espace Québec du pavillon du Canada de l'Exposition universelle de Séville. Il signe aussi un documentaire sur l'univers des gauchers, *La gaucherie* (1999, m. m.), pour lequel il imagine un complot qui rappelle la forme de *L'affaire Bronswick*. À partir de son enseignement à l'Université Concordia, il développe la formule des Animathons et propose ainsi à des amateurs une initiation éclair au cinéma d'animation. Cette formule connaît beaucoup de succès au Québec et à l'étranger. Son frère, Jean-Jacques Leduc, est aussi réalisateur. (A. D. et É. P.)

**LEDUC, Jacques,** réalisateur, chef opérateur (Montréal, 1941). Alors qu'il est un des animateurs de la revue *Objectif* (1960-1967), il entre à l'ONF, où il devient assistant cameraman en 1962. Il ne sera assistant réalisateur que sur un seul film, *YUL 871* (J. Godbout, 1966), avant de devenir lui-même réalisateur. Depuis *Chantal : en vrac* (1967, m. m.), il édifie, sous des dehors de nonchalance, une véritable œuvre cinématographique. Elle compte des films très différents les uns des autres, certains proches du cinéma direct (la série « Chronique de la vie quotidienne », 1977-1978), des documentaires engagés (*Cap d'espoir*, 1969, m. m.) ou sociaux (*Charade chinoise*, 1988), des films hybrides combinant des éléments en apparence épars (*Nominingue... depuis qu'il existe*, 1967 ; *Albédo*, coréal. Renée Roy, 1982, m. m. ; *Le dernier glacier*, coréal. R. Frappier, 1984), ainsi que des films de fiction rigoureusement construits et conduits (*On est loin du soleil*, 1970 ; *Tendresse ordinaire*, 1973). Mineurs ou majeurs, plus ou moins achevés, les films de Leduc demeurent toujours aventureux et singuliers. Celui-ci cherche à saisir la vie quotidienne au plus près, soit en captant le flux spontané et la richesse anarchique, soit, dans les fictions, en rendant exemplaires, par élimination, concentration ou épuration, des situations et des personnages ordinaires. Dans *On est loin du soleil*, une jeune fille cherche à apprivoiser sa mort prochaine en s'éloignant de sa famille, dont les membres poursuivent leurs occupations, mais dans l'ombre de cette mort. Dans *Tendresse ordinaire*, une jeune femme, dans une maison au bord du fleuve, attend le retour de son mari en se livrant à de banales occupations ménagères, tandis qu'il revient de la Côte-Nord, et que des séquences intercalées évoquent leur vie commune. Dans ce film, l'utilisation du plan-séquence et la rareté des gros plans situent toujours très précisément les occupations des personnages dans l'espace et dans le temps. Ayant alors atteint un point limite dans son travail en fiction, Leduc refusera ensuite l'ascèse, les formats conventionnels et les sujets circonscrits d'avance auxquels il s'est astreint dans *On est loin du soleil* et *Tendresse ordinaire*. « Chronique de la vie quotidienne », qui l'occupe pendant quatre ans, est une suite de sept plus un films de longueurs différentes (de dix à quatre-vingts minutes), correspondant aux jours de la semaine : *Lundi : une chaumière et un cœur* (coréal. R. Frappier, 1977, m. m.), *Mardi : un jour anonyme* (coréal. J. Chabot et J.-G. Noël, 1978, c. m.), *Mercredi : petits souliers, petit pain* (coréal. J. Chabot et G. Gascon, 1977, m. m.), *Jeudi : à cheval sur l'argent* (1977, c. m.), *Vendredi : les chars* (1978, c. m.), *Samedi : le ventre de la nuit* (coréal. P. Bernier, J. Chabot, R. Frappier et C. Grenier, 1977), *Dimanche : granit* (1977, c. m.) et *Le plan sentimental* (1978, c. m.). Sans intention apparente, sans préméditation perceptible, Leduc tourne des films où il s'agit de voir ce que les gens vivent et de le vivre à côté d'eux. Il montre ce qu'ils acceptent, les accompagne dans leur acceptation et, en même temps, se révolte contre elle. La révolte anarchique, l'extrémisme, le goût de la provocation qui éclatent par moments dans les films de jeunesse de Leduc se font, dans ces films de sa première maturité, souterrains, clandestins. Ils communiquent simplement une vibration secrète à la sérénité angoissée qui les a remplacés. Le cinéaste et le cinéma sont quasi invisibles. Une nouvelle fois, il va aussi loin que possible dans une direction, celle du cinéma impressionniste, proche de la « tranche de vie » et inexploitable commercialement. Ses films se situent dans la mouvance de ceux d'un Jean Pierre Lefebvre, dont il est le cameraman pour quatre films (dont *Il ne faut pas mourir pour ça*, 1967, et *Mon amie Pierrette*, 1968) et avec qui il partage un double goût paradoxal pour la recherche de l'essentiel et pour l'observation « ethnographique » des pratiques et du tempérament québécois.

La démarche, dans *Albédo* et *Le dernier glacier*, est de nouveau différente. Le sujet est moins diffus, plus facile à cerner : la vie et l'œuvre d'un photographe méconnu dans le premier film, la fermeture de Schefferville et le sort de ses habitants dans le second. Mais la forme est plus complexe. Dans *Albédo*, ce sont des scènes du passé reconstituées, avec décors (incomplets) et acteurs, des documents d'archives, incluant les photos de David Marvin mais aussi des documents sur Griffintown, le quartier où il vécut, et un couple d'aujourd'hui dont la présence n'est expliquée qu'à la fin du film lorsqu'il visite, par hasard, une exposition de photos de Marvin. Dans *Le dernier glacier*, ce sont des acteurs mêlés à des non-acteurs, l'emploi de l'écran divisé, de documents d'archives et d'entrevues. Il s'agit là de films-essais constituant des jalons dans les tentatives de renouvellement du documentaire. Dans les années 70, engagées et militantes, Leduc pouvait sembler faire des films idéalistes. Dans la période de désengagement qui suit, il se préoccupe de faire un cinéma « civique » en essayant, par exemple dans *Charade chinoise*, d'établir une continuité nécessaire, de jeter un pont entre la génération des vingt à vingt-cinq ans et celle des quarante à quarante-cinq ans. Il termine cependant, en 1988, *Trois pommes à côté du sommeil*, son premier long métrage de fiction depuis 1973. Le protagoniste en est un personnage anonyme, l'homme sans qualités de cette fin de siècle. « Lui » n'a voulu ni se définir ni se laisser définir ; il n'a plus ni parents ni femme, il n'a pas d'enfants, pas d'adresse — ses quelques possessions tiennent dans le coffre de sa voiture —, pas de profession — il écrit, à la pige, des articles de vulgarisation scientifique. C'est un homme en creux (Normand Chouinard) autour duquel Leduc a disposé des personnages « pleins », surtout Josée Chaboillez, Paule Marier et Paule Baillargeon, trois femmes à trois âges de la vie, qui comptent parmi les beaux portraits de femmes du cinéma. Le film commence et finit le jour des quarante ans de « lui », et cette limite de durée fictionnelle, posée au départ, permet une construction très libre où les rencontres, les visites se télescopent avec les souvenirs, le présent avec le passé et l'avenir possible, la vie privée avec la vie publique. *Trois pommes à côté du sommeil* constitue une tentative de bilan à mi-vie d'un homme qui, par légèreté, aura infligé plus de blessures qu'il n'en a reçu, de ses aspirations, de ses désillusions et de celles de sa génération.

En 1990, Leduc quitte l'ONF pour travailler dans l'industrie privée. Il y réalise deux longs métrages. Le premier, tiré d'un roman de Danièle Sallenave, *La vie fantôme* (1992), plus conventionnel que les précédents, présente un homme (Ron Lea) partagé entre sa vie officielle, travail, épouse, enfants, et sa vie fantôme, son amour passionné pour une jeune femme (Pascale Bussières). Le second, *L'âge de braise* (1998), suit pas à pas le long exercice de détachement d'une vieille femme (Annie Girardot) qui a choisi l'heure de sa mort.

À partir des années 80, Leduc se consacre davantage à son activité de cameraman pour, notamment, Tahani Rached (*Beyrouth! « À défaut d'être mort »*, 1983, m. m.; *Haïti, Québec*, 1985, m. m.), Jean Chabot (*Voyage en Amérique avec un cheval emprunté*, 1987, m. m.) et Johanne Prégent (*La peau et les os*, 1988), travail qu'il poursuit après son départ de l'ONF avec André Gladu (*Gaston Miron, les outils du poète*, 1994, m. m.), Anne Claire Poirier (*Tu as crié LET ME GO*, 1997), Richard Desjardins et Robert Monderie (*L'erreur boréale*, 1999) et Tahani Rached (*Quatre femmes en Égypte*, 1997; *Urgence! Deuxième souffle*, 1999).

FILMS COMME RÉALISATEUR: *Chantal en vrac* (1967, m. m.), *Nominingue depuis qu'il existe* (1967), *Là ou ailleurs no matter where* (coréal. P. Bernier, 1969, c. m.), *Cap d'espoir* (1969, m. m.), *On est loin du soleil* (1970), *Je chante à cheval avec Willie Lamothe* (coréal. L. Ménard, 1971, m. m.), *Alegria* (1973, c. m.), *Tendresse ordinaire* (1973), « Chronique de la vie quotidienne » (1977-1978, série de huit films de différents métrages réalisée avec la collaboration de plusieurs cinéastes), *Albédo* (coréal. Renée Roy, 1982, m. m.), *Le dernier glacier* (coréal. R. Frappier, 1984), *Charade chinoise* (1988), *Trois pommes à côté du sommeil* (1988), *L'enfant sur le lac* (1991), *Montréal vu par* (coréal. D. Arcand, M. Brault, A. Egoyan, L. Pool et P. Rozema, 1991), *La vie fantôme* (1992), *L'âge de braise* (1998).

BIBLIOGRAPHIE: BASTIEN, Jean-Pierre et Pierre VÉRONNEAU, *Jacques Leduc*, Conseil québécois pour la diffusion du cinéma, 1974. (M. E. et M. C.)

**LEDUC, Jean-Jacques,** producteur, animateur, réalisateur, scénariste (Verdun, 1947). Il étudie en audiovisuel, en design industriel et en communication à l'Université de Montréal et à l'UQÀM, puis effectue diverses tâches dans le domaine des communications et de l'audiovisuel: directeur de production d'un magazine, producteur d'audiocassettes, recherchiste, scripte pour la radio et la télévision. En 1981, il coréalise *Zea* (c. m.) avec son frère, André Leduc. Ce film expérimental dont le concept repose sur la macrophotographie de grains de maïs obtient un succès considérable. Leduc agit ensuite notamment comme scénariste (*La solution*, A. Leduc et B. Longpré, 1985, c. m.) et travaille pour la télévision. En 1990, il réalise *Les miroirs du temps* (c. m.), ambitieux film d'animation relatant la découverte de la mesure du temps. Le film est entièrement conçu et réalisé avec des méthodes infographiques. Proche collaborateur de Robert Forget, il met sur pied le centre animatique du Studio d'animation du programme français de l'ONF (1983-1984), puis participe activement, entre 1991 et 1998, à la conception, à l'élaboration puis au développement de la CinéRobothèque de l'ONF. En 1999, après un bref passage à titre de coordonnateur de la gestion de l'information à l'ONF, il succède à Thérèse Descary comme producteur responsable du secteur jeunesse et des productions interactives au Studio d'animation du programme français de l'ONF. (M. J.)

**LEDUC, Yves,** producteur, administrateur, monteur, réalisateur (La Providence, 1942). Après avoir terminé son baccalauréat ès arts en 1961, il étudie à l'IDHÉC (Paris) où il obtient, en 1963, un diplôme avec mention spéciale en montage. Là-bas, il signe un premier documentaire, *Quand l'IDHÉC regarde l'IDHÉC* (1963, c. m.). À son retour de Paris, il travaille comme monteur à Radio-Canada.

En 1964, il entre à l'ONF où il signe le montage de plus de quarante films, réalise cinq documentaires, produit de nombreux films et occupe des fonctions administratives. Dès 1964, il réalise deux courts métrages de montage sur des événements sportifs : *Corps agiles* et *Appuis et suspensions*. En 1968, il signe *Les nouveaux fonctionnaires* (c. m.), documentaire sur la fonction publique canadienne. L'année suivante, il coréalise un film d'animation inspiré d'une fable de La Fontaine, *Le corbeau et le renard* (coréal. F. Desbiens, P. Hébert et M. Pauzé, 1969, t. c. m.). Il tourne ensuite *Les philharmonistes* (1971, m. m.), sur les musiciens de la Société philharmonique de Saint-Hyacinthe, qui remporte deux Canadian Films Awards. En 1972, il réalise un dernier film qu'il tourne en France, *Saint-Urbain de Troyes* (c. m.), documentaire sur l'église gothique du même nom. Parallèlement à son travail de réalisateur, Leduc monte de nombreux films (documentaire, fiction, animation), parmi lesquels on compte trois longs métrages : *Le règne du jour* (P. Perrault, 1966), *Un pays sans bon sens !* (P. Perrault, 1970) et *Les allées de la terre* (A. Théberge, 1973). De 1972 à 1976, il interrompt ses activités de monteur et de réalisateur pour occuper la fonction de directeur de la section française de l'ONF. Il revient ensuite au montage, notamment pour la série « Les enfants des normes » (Georges Duraux, 1979) et pour *Les héritiers de la violence* (T. Vamos, 1977, m. m.), *L'enfant fragile* (C. Hazanavicius et T. Vamos, 1980), *Les gossipeuses* (P. Comeau, 1978, m. m.), *Les adeptes* (G. Blais, 1981), *On est rendus devant le monde !* (A. A. Bélanger, 1981), *Jouer sa vie* (G. Carle et C. Coudari, 1982) et *Moi, je pense* (R. Tunis, 1979, c. m.). À partir de 1982, Leduc est producteur au studio français d'animation de l'ONF. Il y produit notamment *Caméléon* (S. Anastasiu, 1984, c. m.), *Sylvia* (M. Murray, 1985, c. m.), *Kaspar* (S. Anastasiu, 1986, c. m.), *Charles et François* (C. Hoedeman, 1987, c. m.), *Le colporteur* (C. Cloutier, 1989, c. m.), *Juke-Bar* (M. Barry, 1989, c. m.), *Dessine-moi une chanson* (F. Desbiens, 1990, c. m.) et *L'empire des lumières* (F. Aubry, 1991, c. m.). Il assume aussi la responsabilité du concours annuel Cinéaste recherché(e). De 1983 à 1985, il est le concepteur et le producteur de Portrait d'un studio d'animation, exposition itinérante sur le cinéma d'animation. En 1987, il produit *L'homme de papier* (J. Giraldeau, m. m.), en plus de concevoir, avec René Berthiaume et François Aubry, le manuel d'accompagnement du film qui est aussi un coffret d'initiation à l'histoire et aux techniques du cinéma d'animation. En 1990, Leduc prend la direction du studio français d'animation, poste qu'il occupe jusqu'à son départ en 1996. Il y produit plusieurs films dont *Les iris* (S. Gervais et J. Giraldeau, 1990, t. c. m.), *La basse-cour* (M. Cournoyer, 1992, c. m.), *À l'ombre* (Tali, 1997, c. m.) et *La plante humaine* (P. Hébert, 1996), seul long métrage d'animation de l'ONF. (C. C.)

**LEFEBVRE, Jean Pierre,** réalisateur, acteur, producteur, scénariste (Montréal, 1941). Contrairement aux Jutra, Carle, Groulx, Brault et Perrault, ses aînés immédiats, il ne fait pas ses classes dans le documentaire et le direct, à l'ONF ou ailleurs. En effet, il passe directement de l'écriture de poèmes, de la fréquentation des ciné-clubs et de la critique (*Objectif*, 1960-1967) à la réalisation. De 1964 à 1984, Lefebvre tourne vingt films de long métrage (sauf *L'homoman*, 1964, c. m.) et de fiction (sauf *Au rythme de mon cœur*, 1983).

Véritable performance qui s'explique par l'obsession de la continuité, personnelle — « Je ne crois pas à l'œuvre unique, déclare-t-il en 1966, je ne crois qu'à la continuité des œuvres » — et collective : « Je n'ai aucun motif de continuer à créer si ce que je fais n'engendre pas d'autres créateurs. » C'est ainsi que, pendant la période, assez brève, où il travaille à l'ONF, non seulement il réalise *Mon amie Pierrette* (1968) et *Jusqu'au cœur* (1968), mais il produit, dans la série « Premières œuvres », plusieurs films de fiction de jeunes réalisateurs (*Mon enfance à Montréal*, J. Chabot, 1970 ; *Les allées de la terre*, A. Théberge, 1973).

En fondant ses propres compagnies de production, Les films J. P. Lefebvre puis Cinak (1969) avec sa femme Marguerite Duparc*, productrice et monteuse, Lefebvre se donne les moyens de tourner. Ses films ressemblent donc alors à ceux de la Nouvelle Vague française. Aux mêmes problèmes, solutions comparables : pellicule 16 mm, tournage « léger » en extérieurs et décors naturels, un appartement, une maison à la campagne (souvent la sienne) ; longs plans, peu de mouvements d'appareil ; personnages jeunes, peu nombreux, récits montrant comment ils se débrouillent avec la vie, la société, etc. Ce sont des films perméables aux événements, à certains aspects de la vie sociale, à l'esprit du temps. L'agitation indépendantiste, les premières bombes, les premiers morts, la crise d'Octobre 1970 trouvent un écho dans *Le révolutionnaire* (1965), *Mon œil* (1970), *Jusqu'au cœur*, *Ultimatum* (1973). Le développement des techniques médiatiques (publicité, radio, télévision) et, parallèlement, des techniques policières (surveillance électronique en particulier) envahit l'existence et perturbe la vie et le caractère des personnages de *Jusqu'au cœur* et de *L'amour blessé* (1975). L'usage, la vente, le trafic de la marijuana sont au centre d'*On n'engraisse pas les cochons à l'eau claire* (1973). *Q-bec my love* (1967) prend à contre-pied la « sexploitation » *made in Québec* de *Valérie* (D. Héroux, 1968) et de *Deux femmes en or* (C. Fournier, 1970). Cependant, malgré le côté dérangeant et violent de films comme *Jusqu'au cœur*, *Mon œil* ou *Q-bec my love*, Lefebvre est moins le cousin de Godard que le neveu de Bresson ; il a fait sienne la conception de Bresson selon laquelle « l'art cinématographique est l'art de ne rien montrer, je veux dire l'art de ne rien représenter ». Comme celui de Bresson, le cinéma de Lefebvre est, en conséquence, un cinéma non psychologique, à peine narratif, presque sans action. L'essentiel, particulièrement dans *La chambre blanche* (1969), y est la présence, dans une certaine qualité de lumière, du corps et du regard des comédiens, de la texture de certains objets, d'un champ, du ciel. C'est pourtant un cinéma très québécois, même un cinéma « ti-pop » ; la dérision attendrie du mode de vie, du décor de la vie, des comportements « canadiens-français » donne le ton de *Patricia et Jean-Baptiste* (1966) et de *Q-bec my love*, mais elle se manifeste aussi, à des degrés et dans des proportions variables, dans *Il ne faut pas mourir pour ça* (1966), *Mon amie Pierrette*, *Les dernières fiançailles* (1973) et *Le vieux pays où Rimbaud est mort* (1977). Deux personnages sont à la fois l'objet de cette dérision et l'incarnation de ces comportements, Jean-Baptiste, dans *Patricia et Jean-Baptiste*, et Abel, dans *Il ne faut pas mourir pour ça*. Jean-Baptiste, célibataire retranché dans les bastions masculins traditionnels et dans la vie duquel survient, corps étranger, la jeune Française Patricia. Abel est plus bourgeois et plus intellectuel, moins appauvri de cœur et d'esprit. Tous deux précocement vieux garçons, Abel un peu curé, Jean-Baptiste un peu bedeau, comme les « révolutionnaires » du *Révolutionnaire* évoquent des séminaristes en retraite fermée. Il n'est pas indifférent que Jean-Baptiste soit joué par Lefebvre lui-même : « C'est pour qu'un certain diagnostic soit implicitement porté. Être le malade et le médecin. » Le diagnostic ? C'est celui d'une blessure, d'une douleur ; longtemps, les personnages des films de Lefebvre ont été des hommes blessés et souffrants (les femmes y ont, avant *L'amour blessé*, des rôles assez conventionnels de mères, de victimes, de fiancées idéales, d'épouses consolatrices). Ce sont d'abord, banalement, les blessures infligées par la vie : la maladie et la mort d'une mère (*Il ne faut pas mourir pour ça*), le départ d'un mari (*L'amour blessé*). Mais ce sont aussi celles infligées par le monde et la société — lavage de cerveau des médias, surveillance et brimades policières (*Jusqu'au cœur, Mon œil, Ultimatum, L'amour blessé)* — ou par les diverses formes de la violence, de l'exploitation, et l'humiliation (*Q-bec my love*).

Ce sont ensuite des blessures, spécifiquement québécoises ou plutôt canadiennes-françaises : un sentiment d'impuissance lié à la pesanteur et à l'immobilité du climat, physique et social. Lié à l'histoire aussi : dans *Les maudits sauvages* (1971), film « presque historique » qui se passe en 1670, le coureur des bois et trafiquant de fourrures Thomas Hébert enlève une jeune Amérindienne et, bravant les convenances, l'amène à Montréal — le Montréal de 1971 — où il se trouve aussi malheureux et perdu qu'elle.

Personnages mal dans leur peau et comme paralysés de l'intérieur, Jean-Baptiste et Abel affrontent la réalité chacun à sa manière. Le premier ne veut pas voir la réalité en face, le second, conscient, veut changer, être heureux. L'homme de *La chambre blanche* n'est pas Abel mais, interprété par le même Marcel Sabourin*, acteur fétiche de Lefebvre qu'on peut considérer comme son *alter ego* cinématographique, c'est un amoureux payé de retour. Quand on le retrouve dans *Le vieux pays où Rimbaud est mort*, s'il est toujours célibataire, il a pris de la carrure et de l'assurance, et s'en va d'un bon pied à la chasse au bonheur. Peut-être atteindra-t-il au moins la sérénité des vieux époux (Marthe Nadeau et J.-Léo Gagnon) des *Dernières fiançailles*, le film de Lefebvre qui, d'ailleurs, obtient le plus important succès populaire.

À partir de *Patricia et Jean-Baptiste*, les films de Lefebvre peuvent ainsi être répartis sur deux versants : versant de la violence et de la souffrance héritées et intériorisées, ou contemporaines ; versant de la découverte de valeurs humaines et du bonheur possible. L'évolution politique, économique, sociale, culturelle et intellectuelle du Québec d'une part, sa propre évolution, et la mort prématurée de Marguerite Duparc de l'autre, ont ouvert pour Lefebvre une période de « remise en question » au cours de laquelle il réalise des films qui, sans doute, élargissent son répertoire mais qui semblent avoir été tournés sans grande passion : *Le gars des vues* (1976), *Avoir 16 ans* (1979), proche des films outils d'animation sociale, *Les fleurs sauvages* (1982), prix de la presse internationale à Cannes, film sur les rapports familiaux qui reprend à sa façon des thèmes plus d'une fois traités dans des téléséries, et le docudrame *Laliberté Alfred Laliberté sculpteur 1878-1953* (1987). D'une auto-ironie courageuse mais qui manque de punch, *Le jour « S... »* (1984) présente la chronique amusée des rapports d'un Québécois d'une quarantaine d'années (Pierre Curzi), moins marginal mais aussi égoïste que Jean-Baptiste et aussi distrait qu'Abel avec les femmes — avec, en fait, toujours la même femme, interprétée par Marie Tifo ; ce film constitue la dixième participation de Lefebvre au Festival de Cannes. *Au rythme de mon cœur*, film essai, journal intime va jusqu'au bout de l'idée, toujours présente chez Lefebvre, que « moins c'est plus » ; moins de cinéma — pas d'éclairage, pas de montage, presque pas de son synchrone, le noir et blanc —, c'est encore, c'est plus que jamais du cinéma. Cependant, Lefebvre amorce, à la fin des années 80, « un nouveau virage » avec *La boîte à soleil* (1988), un long métrage de fiction qu'il appelle son « deuxième homoman ». Lefebvre accède à un budget plus important pour *Le fabuleux voyage de l'ange* (1991), ambitieuse tentative de faire coexister bande dessinée, animation et personnages réels dans un récit qui voudrait abolir la distance entre réel et imaginaire. Le film désarçonne ceux qui aiment la manière contemplative de Lefebvre et ne rejoint pas le public plus jeune même s'il présente un point de vue intéressant sur l'adolescence et son rapport aux autres générations. De 1993 à 1995, il filme, monte et réalise une série de cinq vidéos (*Le pornolithique, L'écran invisible, Comment filmer Dieu?, Mon chien n'est pas mort* (m. m.) et *La passion de l'innocence*), sous le titre global de « L'âge des images ». Tournée dans des conditions très frugales (caméra vidéo Hi-8, budget microscopique), la série tient à la fois du journal intime, de la réflexion sur les images et du réquisitoire en faveur du cinéma indépendant et ce, en pleine vague d'industrialisation du cinéma québécois.

En 1998, Lefebvre reprend le personnage d'Abel dans *Aujourd'hui ou jamais*. C'est ici la réconciliation avec le père (Claude Blanchard), figure absente qui rentre du Brésil pour retrouver Abel, son fils jamais connu qui est resté comme un petit garçon de soixante ans. Lefebvre boucle ainsi une trilogie amorcée trente et un ans plus tôt ; une longévité exceptionnelle pour une association personnage-acteur-réalisateur.

Pendant des années, Lefebvre s'est fait le porte-parole des cinéastes québécois, la voix de leurs revendications. Il est d'ailleurs président de l'ARRFQ pendant quatre ans. Il est aussi très présent au Canada anglais, où il anime de nombreux ateliers. Ce rapport privilégié avec les créateurs canadiens lui vaut plusieurs prix : le prix Wendy Michener en 1971, le prix spécial d'excellence cinématographique de l'Ontario Film Institute et le prix de l'Alliance du cinéma indépendant en 1984. Il obtient également un diplôme honorifique du Ryerson Polytechnical Institute en 1987.

FILMS : *L'homoman* (1964, c. m.), *Le révolutionnaire* (1965), *Patricia et Jean-Baptiste* (1966), *Il ne faut pas mourir pour ça* (1967), *Mon amie Pierrette* (1968), *Jusqu'au cœur* (1968), *La chambre blanche* (1969), *Q-bec my love* (1969), *Mon œil* (1970), *Les maudits sauvages* (1971), *Les dernières fiançailles* (1973), *On n'engraisse pas les cochons à l'eau claire* (1973), *Ultimatum* (1973), *L'amour blessé* (1975), *Le gars des vues* (1976), *Le vieux pays où Rimbaud est mort* (1977), *Avoir 16 ans* (1979), *Les fleurs sauvages* (1982), *Au rythme de mon cœur* (1983), *Le jour « S... »* (1984), *Laliberté Alfred Laliberté sculpteur 1878-1953* (1987), *La boîte à soleil* (1988), *Le fabuleux voyage de l'ange* (1991), série « L'âge des images » (1993-1995), *Aujourd'hui ou jamais* (1998).

BIBLIOGRAPHIE : *Jean Pierre Lefebvre*, Conseil

québécois pour la diffusion du cinéma, Montréal, 1970 • LEFEBVRE, Jean Pierre, *Parfois quand je vis*, HMH, Montréal, 1971 • BÉRUBÉ, Rénald et Yvan PATRY, *Jean Pierre Lefebvre*, Presses de l'Université du Québec, Montréal, 1971 • LEFEBVRE, Jean Pierre, *Les machines à effacer le temps*, Scriptomédia, Montréal, 1977 • MARSOLAIS, Gilles, *Les dernières fiançailles* (de Jean Pierre Lefebvre), VLB éditeur, Montréal, 1977 • HARCOURT, Peter, *Jean Pierre Lefebvre*, Canadian Film Institute, Ottawa, 1981 • BARROWCLOUGH, Susan, *Jean Pierre Lefebvre : the Quebec Connection*, British Film Institute, 1982 • LEFEBVRE, Jean Pierre, *Sage comme une image : essai biographique sur le cinéma et autres images d'ici et d'ailleurs*, Isabelle Hébert, Outremont, 1993. (M. E. et Y. R.)

**LÉGARÉ, Ovila,** acteur (Montréal, 1901 – 1978). Folkloriste et conteur prodigieux, comédien extraverti, démonstratif, Légaré adorait cependant jouer les silencieux et les taciturnes. On l'a vu dans une douzaine de longs métrages, la moitié entre 1944 et 1951. Il campe avec dignité les démunis, notamment le père Laloge dans *Un homme et son péché* (P. Gury, 1949), et avec autorité les crapules, par exemple le maître chanteur dans *I Confess* (A. Hitchcock, 1953). Portant déjà la soutane dans *Le père Chopin* (F. Ozep, 1945), c'est lui *Le curé de village* (P. Gury, 1949), le débonnaire pasteur de Saint-Vivien, enjoué, bien nourri, modèle du prêtre que la plupart des catholiques d'alors rêvent d'avoir à la tête de leur paroisse. En 1971, on retrouve Légaré dans *Et du fils* (R. Garceau), tourné dans le décor de l'île aux Grues. Faut-il considérer son interprétation du vieux Godefroy comme un adieu à l'inoubliable Didace Beauchemin de la télésérie *Le survenant*? Sans aucun doute. Détail éloquent : c'est, de son aveu même, après avoir utilisé Légaré dans *Solange dans nos campagnes* (1964, c. m.) que Gilles Carle, inspiré par la prestation de l'acteur, imagine le personnage de Léopold Z. (J.-M. P.)

**LEGAULT, Marc,** acteur (Mont-Rolland, 1937). Membre du théâtre Quotidien de Québec au tournant des années 70, il crée les rôles-titres de plusieurs pièces de Jean Barbeau, notamment *Goglu* qui le fait connaître à Montréal et préfigure le type d'antihéros qu'il incarnera plus d'une fois au cinéma. D'ailleurs, ces personnages issus de milieux populaires, proies souvent évidentes de quelque marché de dupes, il sait en interpréter l'envers comme l'endroit, avec un accent urbain ou paysan, dans un registre dramatique ou léger. Ainsi est-il un petit tueur à gages nerveux et colérique dont l'exploit se tourne bientôt contre lui dans *La gammick* (J. Godbout, 1974) ou, au contraire, un mari tendre et gentil mais naturellement berné, dans *Je suis loin de toi mignonne* (C. Fournier, 1976). Après une série de petits rôles (*One Man*, R. Spry, 1977 ; *Cordélia*, J. Beaudin, 1979 ; *Le matou*, J. Beaudin, 1985 ; *Le dernier havre*, D. Benoit, 1986), il est à nouveau en vedette dans *Le frère André* (J.-C. Labrecque, 1987) où, avec l'humanité que confère le poids du vécu, il compose un personnage dont l'entêtement l'emporte sur les événements, bien que, ayant fait profession d'humilité, il doive lui aussi se comporter en antihéros. Il joue un père suicidaire dans *Neige au soleil* (1995, É. Tessier, c. m.). (M.-C. A.)

**LÉGER, Claude,** producteur, directeur de production (Beaulieu, France, 1945). Après des études inachevées à l'école de cinéma de Vaugirard (Paris), il s'installe à Montréal en 1967 où il entre au quotidien *Le Devoir* à titre de photographe puis de reporter pour très vite bifurquer vers le cinéma. Il travaille surtout aux côtés de Denis Héroux au sein de Cinévidéo, d'abord en tant que directeur de production. Il participe ainsi à plusieurs comédies à succès réalisées par Héroux : *J'ai mon voyage* (1973), *Y'a toujours moyen de moyenner* (1973) et *Pousse mais pousse égal* (1974). Il collabore aussi à *The Apprenticeship of Duddy Kravitz* (T. Kotcheff, 1974), et est premier assistant réalisateur d'André Forcier pour *Night Cap* (1974, m. m.). À partir de 1977, Léger s'oriente résolument vers le métier de producteur, s'engageant plus particulièrement dans des coproductions destinées au marché international. Il devient ainsi producteur associé de *Blood Relatives* (1977) et de *Violette Nozière* (1978), que signe Claude Chabrol, avant de fonder Caneram, qui devient Les Productions Claude Léger puis Transfilm en 1984.

Mettant à profit les abris fiscaux créés par le gouvernement fédéral pour attirer des productions étrangères au pays, Léger se spécialise dans le financement de films de prestige tournés en anglais dont le contenu culturel québécois est limité : *It Rained All Night The Day I Left* (N. Gessner, 1978), *Lucky Star* (M. Fischer, 1981), *Odyssey of The Pacific* (F. Arrabal, 1982). Il se réassocie temporairement avec Denis Héroux et John Kemeny pour monter *La guerre du feu* (J.-J. Annaud, 1981). Plus tard, il est producteur associé avec Filmline du *Palanquin des larmes* (J. Dorfmann, 1988) et de *Bethune — The Making of a Hero* (P. Borsos, 1990), productions jumelées qui réunissent le Canada, la France et la Chine. Léger négocie la participation chinoise. Il poursuit sur la voie de la coproduction en apportant une contribution minoritaire à *Milena* (V. Belmont, 1991) ainsi qu'à *Eminent Domain* (J. Irvin, 1991).

Avec *Agaguk* (J. Dorfmann, 1991), adaptation du célèbre roman épique d'Yves Thériault, Transfilm finance, avec une participation majoritaire canadienne, ce qui reste sans doute un des films les plus chers du cinéma canadien avec un budget de 31 millions de dollars. Léger battra lui-même ce record, en 1999, avec *Grey Owl* (R. Attenborough), film en coproduction avec la Grande-Bretagne, évalué à 45 millions de dollars. Entretemps, il produit plusieurs autres grosses coproductions commerciales, généralement en langue anglaise. Ainsi, parmi les films tournés au Canada avec des équipes locales, formule qui lui donne accès aux crédits d'impôts, l'on retrouve *Highlander III : The Sorcerer* (A. Morahan, 1994) avec l'acteur français Christophe Lambert, *Home Team* (A. Goldstein, 1999) avec Steve Guttenberg et *Ladies Room* (G. Cristiani, 1999) avec John Malkovich. Ses partenaires financiers sont le plus souvent français ou britanniques, voire hollandais dans le cas de *Habitat* (R. Daalder, 1997), un curieux film de science-fiction tourné en haute définition.

Exceptionnellement, Léger produit en 1995 une œuvre signée par un réalisateur québécois, André Forcier, qu'il espère lancer en France avec *Le vent du Wyoming*. Le film est un échec et Léger referme aussitôt cette parenthèse. (B. B.)

**LÉGER, Francine,** animatrice, productrice, réalisatrice (Montréal, 1944). Diplômée de l'École des beaux-arts en peinture et en gravure en 1967, elle expose ses œuvres, monte des expositions, est recherchiste, photographe et productrice en design graphique. En 1974, elle obtient un diplôme en design graphique à l'UQÀM. Membre fondateur du studio Les films Québec Love, dont elle sera présidente à partir de 1978, elle y coréalise notamment *Je suis moi* (coréal. M. Raymond et N. Robert, 1974, c. m.). En 1982, elle réalise et produit son premier film personnel, *Réveille* (c. m.), d'après une chanson militante du Louisianais Zachary Richard, et en conçoit l'affiche, couronnée par un Hugo de bronze au Festival de Chicago. Elle produit et réalise également des indicatifs pour Radio-Québec. Ensuite, elle travaille aux États-Unis et en France, où elle coréalise *Un jour en Chine* (coréal. Ada Xiu Jinda et D. Ehrlich, 1983, t. c. m.). Elle y travaille aussi en tant qu'animatrice à *Gwen ou le livre de sable* (J.-F. Laguionie, 1984). Puis, elle effectue un stage en Hongrie et réalise *Solo* (1985, t. c. m.), son deuxième film à part entière. De retour à Montréal, en 1986, elle reprend ses activités en design graphique et en peinture. (L. B.)

**LÉGER, Raymond-Marie,** administrateur, producteur, réalisateur (Montréal, 1929). Diplômé en lettres, en histoire et en philosophie, il entre à l'ONF en 1951 et s'initie à différents métiers techniques. En 1955, il passe à la section francophone du service des relations publiques et de la publicité. Deux ans plus tard, il devient délégué de l'ONF en Europe (Bruxelles, Londres, Paris). À ce titre, il participe à la négociation des premiers accords de coproduction entre le Canada et des pays étrangers. C'est durant ce séjour qu'il met en scène quelques courts métrages, dont *La route sur les toits* (1962), *Una donna* (1963) et *Le festin* (1964). À l'occasion d'Expo 67, il devient adjoint au commissaire général du pavillon du Québec, chargé plus spécifiquement des questions audiovisuelles. Il entre à l'OFQ en 1967 à titre de directeur de la production, au moment où cet organisme est intégré au ministère des Affaires culturelles. Léger veille à ce que les productions de l'OFQ reflètent davantage le dynamisme du cinéma québécois. À cette époque, il est élu président de l'APCQ et est membre de la direction de la Fédération québécoise de l'industrie du cinéma, qui milite pour l'adoption d'une loi-cadre sur le cinéma. C'est à la fin de son mandat que l'APCQ publie son célèbre manifeste : *Le cinéma : autre visage du Québec colonisé.* Nommé directeur général de l'OFQ en 1971, il occupe ce poste jusqu'à ce que l'organisme soit aboli, en 1976, au profit de la DGCA. Il assure la direction de ce nouvel organisme puis devient conseiller gouvernemental en matières culturelles et participe à la conception des grands énoncés de politiques en matières culturelles. En 1982, après un passage à l'IQRC, il entre à la Régie du cinéma à titre d'adjoint au président. Il quitte ce poste en 1986. Par sa personnalité colorée et dynamique, par ses interventions diverses, Léger marque le cinéma gouvernemental des années 60 et 70. Il a largement contribué à la réflexion globale sur le cinéma québécois. Il a publié quelques textes littéraires, dont, en 1997, un recueil de poèmes, *Le mysoginaire.* (P. V.)

**LEMAY-THIVIERGE, Guillaume,** acteur (Saint-Jérôme, 1976). Jamais au Québec enfant n'aura connu, si jeune, un tel succès au cinéma. Lemay-Thivierge fait ses débuts en 1984 dans deux films où il impose sa présence et son naturel, *Les années de rêves* (J.-C. Labrecque) et *La dame en couleurs* (C. Jutra). Dans le premier, il est la victime accidentelle du terrorisme ; dans le second, il est prisonnier d'un

Guillaume Lemay-Thivierge dans *Le sourd dans la ville* de Mireille Dansereau. (Attila Dory)

hôpital psychiatrique. Rapidement, il fait carrière et on le voit tantôt dans une téléserie, tantôt dans une publicité. Jean Beaudin lui donne un premier rôle dans son adaptation d'un roman d'Yves Beauchemin, *Le matou* (1985). Il y sera un Monsieur Émile énergique, enfant agité, en mal d'amour, perturbé par l'alcool. Puis il obtient de petits rôles dans *Hold-up* (A. Arcady, 1985) et *Le frère André* (J.-C. Labrecque, 1987). Il donne sa performance la plus nuancée, la plus étonnante dans un film de Mireille Dansereau adapté d'un roman de Marie-Claire Blais, *Le sourd dans la ville* (1987). Son interprétation de Mike, enfant malade que sa mère berce de rêves californiens pour l'éloigner de la mort et lui faire oublier le quotidien banal de l'hôtel de troisième classe où ils habitent, montre qu'il peut faire mieux que le cabotinage auquel l'entraîne parfois la télévision. Dans *Cœur de nylon* (M. Poulette, 1989), il tient le rôle d'un fugueur de bonne famille qui fait la rencontre d'un étrange clochard (Yves Desgagnés) au passé mystérieux avec lequel il se lie d'amitié. Curieusement, Lemay-Thivierge n'apparaît pas dans les films pour jeune public tournés au Québec. Il tient cependant un rôle important dans un film de ce genre tourné au Canada anglais, *Angel Square* (A. Wheeler, 1991). Puis on le revoit, brièvement, dans *La Florida* (G. Mihalka, 1993) et *Louis 19, le roi des ondes* (M. Poulette, 1994). (M. C.)

**LEMELIN, Pierre,** monteur, producteur, réalisateur (Les Becquets, 1933 – Saint-Alphonse-de-Rodriguez, 1995). Il entre à l'ONF en 1958 et agit d'abord comme assistant monteur de nombreux courts métrages documentaires dont *Normétal* (G. Groulx, 1959), *La France sur un caillou* (G. Groulx et C. Fournier, 1961) et *À Saint-Henri le cinq septembre* (H. Aquin, 1964, m. m.). Il devient monteur avec *Foires agricoles* (J. Roy, 1962, c. m.), puis travaille avec Arthur Lamothe (*Bûcherons de la Manouane*, 1962, c. m.), Léonard Forest (*À la recherche de l'innocence*, 1964, c. m. ; *Mémoire en fête*, 1964, c. m.) et Raymond Garceau (*Les petits arpents*, 1962, c. m. ; *Une année à Vaucluse*, 1964, c. m.). C'est d'ailleurs avec ce dernier film qu'il passe momentanément à la réalisation pour une série de quatorze films d'intervention touchant le développement régional ; ces films sont tournés en Gaspésie et dans le Bas-Saint-Laurent, en 1964 et 1965, dans le cadre du projet ARDA. Lemelin monte ensuite deux films de Fernand Dansereau, *Le festin des morts* (1965) et *Ça n'est pas le temps des romans*

(1966, c. m.), et le premier film de Michel Moreau, *Trois lecteurs en difficulté* (1968, m. m.). Sa formation en arts l'amène à s'intéresser aux documentaires portant sur des sujets artistiques et à l'animation. Il monte plusieurs films sur l'art de Jacques Giraldeau, dont *Les fleurs c'est pour Rosemont* (1968, m. m.), *Bozarts* (1969, m. m.), *Faut-il se couper l'oreille?* (1970, c. m.), *Zoopsie* (1973, c. m.), *La fougère et la rouille* (1974, m. m.), *Puzzle* (1976, c. m.), *La toile d'araignée* (1979), *Opéra zéro* (1984, c. m.), *La toile blanche* (1990) et *Le tableau noir* (1990). Parmi les nombreux courts métrages d'animation auxquels il participe, on retrouve *Le bleu perdu* (P. Driessen, 1972), *Le mariage du hibou* (C. Leaf, 1974), *Les naufragés du quartier* (B. Longpré, 1980) et *Mascarade* (C. Hoedeman, 1984). Sa longue carrière à l'ONF l'amène d'autre part à travailler avec Clément Perron (*Taureau*, 1973; *Partis pour la gloire*, 1975), Jacques Godbout (*Les troubbes de Johnny*, 1974, c. m.), Maurice Bulbulian (*Cissin… 5 ans plus tard*, coréal. K. M. Djim, 1982, m. m.) et Georges Dufaux (*Les enfants des normes POST-SCRIPTUM*, 1983). À partir de 1988, il passe à la production de séries constituées de reportages réalisés par des jeunes vidéastes globe-trotters (*La course des Amériques*, *La course Europe-Asie*, etc.). Il en supervise aussi le montage. Le montage des *Amoureux de Montréal* (J. Giraldeau, 1992), portrait kaléidoscopique de Montréal, est sa dernière collaboration au cinéma. (J. D.)

**LEMELIN, Roger,** scénariste (Québec, 1919 – Montréal, 1992). Lemelin livre ses grands romans (*Au pied de la pente douce*, *Les Plouffe*) avant le début des années 50, puis il se jette à corps perdu dans l'écriture pour la télévision. Entre ces deux périodes d'activité, il prend néanmoins le temps de composer, pour l'ONF, le scénario d'un savoureux petit film, *L'homme aux oiseaux* (B. Devlin et J. Palardy, c. m., 1952). Il ne reviendra au cinéma proprement dit que vers les années 80. Ce sera alors pour travailler aux scénarios des *Plouffe* (G. Carle, 1981) et du *Crime d'Ovide Plouffe* (D. Arcand, 1984). Accessoirement, son nom se trouvera aussi au générique de quelques productions comme *Odyssey of the Pacific* (Arrabal, 1981), *L'adolescente sucre d'amour* (J. Saab, 1985), etc. Remarquable dialoguiste, Lemelin prend plaisir à exalter la verve populaire et, sans conteste, ce plaisir est communicatif. Il ne craint guère d'utiliser les vieilles formules du mélodrame, seulement le fait-il avec un esprit gouailleur et facétieux. Au plan politique, ses personnages sont aliénés. D'ailleurs, l'auteur, héritier de la pensée sociale du père Lévesque, le suggère parfois au moyen d'un geste, d'une réplique, mais c'est pour aussitôt se dérober, feignant d'être hors de propos. Le monde qu'il dépeint (la famille, la paroisse) est certes appelé à subir des transformations radicales; délaissant les thèses, Lemelin se contente, au risque d'être taxé de frivolité, de le montrer grouillant, enjoué, capricieux. La plupart de ses héros sont robustes, campés avec autant d'autorité que d'allégresse. Pourtant, Lemelin aime beaucoup analyser les êtres qui présentent une fêlure, comme c'est le cas pour Ovide Plouffe ou le collectionneur d'oiseaux. Reprenant son association avec Gilles Carle, il travaille aussi à un scénario consacré à un personnage qui appartient à la mémoire populaire québécoise, *La Corriveau*. Le film ne voit pas le jour. (J.-M. P.)

**LÉONARD, Georges,** décorateur, réalisateur (Montréal, 1945). Après avoir été décorateur pour de nombreux films (*IXE-13*, J. Godbout, 1971; *J. A. Martin photographe*, J. Beaudin, 1976), il collabore, en 1979, avec Marie Beaulieu, Lucienne Tremblay et Hughes Tremblay, à la série « Gaspésie », coréalisant avec eux *On a été élevé dans l'eau salée...*, documentaire sur l'organisation de la pêche. Il s'oriente ensuite vers le film sur l'art avec *Splash* (coréal. C. Laflamme*, 1981, c. m.), documentaire « clandestin » sur une performance du groupe Inter X Section, qui se veut une « représentation du tracé pictural de l'automatisme urbain ». *État 1* (coréal. C. Laflamme, 1984, c. m.), sur une performance de Pierre Pépin et du groupe Sonde, sur la grande place de l'UQÀM, est dans la même veine. Les deux films sont primés au FIFA. Léonard poursuit en réalisant *Ram dix-sept II et son temps* (1985, c. m.), sur un autre événement créé par l'artiste Pierre Pépin, et *Le retour des Jacquemarts* (1987, c. m.). Dans cette « performance multimédia » à la structure éclatée où se mêlent fiction, films d'archives, effets vidéo, etc., le texte récité par les personnages provient d'*Anamazarud*, de Claude Gauvreau. Léonard semble avoir trouvé dans le film sur l'art le mode qui traduit le mieux ses préoccupations, et sa recherche en ce domaine est très novatrice. Il poursuit sa carrière de décorateur, travaillant notamment au *Royaume ou l'asile* (Jean et S. Gagné, 1989) puis tourne *Las Fallas* (coréal. Paul Grégoire, 1997, m. m.) autour d'une manifestation sculpturale à Valencia et *Requiem pour un édifice* (1998, c. m.), réflexion sur l'extinction de la mémoire urbaine nourrie par la destruction d'un édifice désaffecté. (M. L. et M. C.)

**LEPAGE, Gaston,** acteur (Saint-Félicien, 1949). Diplômé du Conservatoire d'art dramatique de Montréal en 1974, il travaille au théâtre mais surtout à la télévision où il se gagne la sympathie du public en jouant les naïfs dans des comédies de situation (*Les Brillant*). Au cinéma, la sensibilité de son jeu est remarquée dès ses débuts alors qu'il incarne, dans *Cordélia* (J. Beaudin, 1979), un garçon de ferme victime d'une justice mesquine. Son physique efflanqué et son visage au nez avantageux le prédisposent d'ailleurs aux rôles de composition : livreur s'identifiant à des cow-boys (*Piwi*, J.-C. Lauzon, 1981, c. m.; *Au clair de la lune*, A. Forcier, 1982), grand timide (*Les yeux rouges ou Les vérités accidentelles*, Y. Simoneau, 1982), marmiton homosexuel (*Le matou*, J. Beaudin, 1985). Très drôle dans *Kalamazoo* (A. Forcier, 1988), il partage avec Jacques Godin la vedette de *Gaspard et fil$* (F. Labonté, 1988) alors qu'il crée avec un plaisir évident le personnage d'un vieux garçon tatillon, souffre-douleur de son père, original et détraqué. Après de petits rôles dans *Being at home with Claude* (J. Beaudin, 1991) et *Louis 19, le roi des ondes* (M. Poulette, 1994), il interprète un itinérant coupé de la société depuis dix ans qui arpente constamment la ville, digne et vulnérable, dans *Joyeux calvaire* (D. Arcand, 1996). André Forcier fait de lui le monteur et mentor de son alter ego dans *La comtesse de Baton Rouge* (1997).

AUTRES FILMS : *L'affaire Coffin* (J.-C. Labrecque, 1979), *Le château de cartes* (F. Labonté, 1979), *Les grands enfants* (P. Tana, 1980), *Au pays de Zom* (G. Groulx, 1982), *Lamento pour un homme de lettres* (P. Jutras, 1988, c. m.), *Le macchabée* (C. Germain, 1990, c. m.), *Les marchands du silence* (F. Labonté, 1993). (M.-C. A. et M. C.)

**LEPAGE, Marquise,** réalisatrice (Chénéville, 1959). Pendant ses études en communication

Marquise Lepage.

à l'UQÀM, elle réalise un premier court métrage, *Prince pas prince…* (1981). Elle est ensuite directrice de production et adjointe à la réalisation de *Jacques et Novembre* (1984), que réalisent Jean Beaudry et François Bouvier, ses associés aux Productions du Lundi matin. En 1987, elle signe un long métrage de fiction dont elle a écrit le scénario, *Marie s'en va-t-en ville*, l'histoire d'une jeune fugueuse qui débarque à Montréal et que recueille une prostituée vieillissante. Mis en scène sobrement et interprété avec brio par Frédérique Collin, le film est remarqué par la critique. Lepage enchaîne avec un documentaire sur les enfants atteints de maladies incurables, *Un soleil entre deux nuages* (1989, m. m.). Réalisatrice permanente à l'ONF de 1991 à 1995, elle signe une brève fiction sur la tolérance (*Dans ton pays*, 1992, c. m.), puis un documentaire dans lequel elle donne la parole à des immigrants déçus par les États-Unis (*Mon Amérique à moi*, 1993, m. m.). Vient ensuite un second long métrage, *La fête des rois* (1994), dans la collection « Familiarité », portrait d'une famille dressé autour d'une fête traditionnelle. *Le jardin oublié — la vie et l'œuvre d'Alice Guy-Blaché* (1995, m. m.) attire l'attention sur l'œuvre d'une pionnière du cinéma, contemporaine de Méliès et figure marquante chez Gaumont. Avec ce film, Lepage revient à la perspective plus directement féministe qui a marqué ses débuts au cinéma. *Des marelles et des petites filles*

(1999), suite de portraits de fillettes vivant aux quatre coins du monde, se situe dans cette continuité. La cinéaste y dénonce en effet toutes formes d'exploitation et d'abus dont les filles sont victimes. (M. J.)

**LEPAGE, Robert,** réalisateur, scénariste, acteur (Québec, 1957). Metteur en scène de renommée internationale, Lepage se fait connaître grâce à des pièces-fleuves comme *La trilogie des dragons*, *Les plaques tectoniques* (adaptée au cinéma par Peter Mettler) et *Les sept branches de la rivière Ota* (adaptée par Francis Leclerc) et à des spectacles dont il est le seul interprète comme *Vinci*, *Les aiguilles et l'opium* et *Elseneur*. Il fait des débuts très remarqués au cinéma en réalisant *Le confessionnal* (1995) où il revisite le passage d'Alfred Hitchcock à Québec au moment du tournage de *I Confess* et construit, symétriquement, son propre récit autour d'un secret enfoui. Le film, qui impose une signature visuelle originale et révèle une réelle virtuosité, ouvre la Quinzaine des réalisateurs. Il récolte les Génie du meilleur réalisateur et du meilleur film, le prix Claude-Jutra décerné à l'auteur du meilleur premier film et le prix SARDeC du meilleur scénario. Tiré d'une de ses pièces de théâtre, *Le polygraphe* (1996) est lancé au Festival de Venise. Moins évocateur que *Le confessionnal*, le film ne reçoit d'ailleurs pas le même accueil. Dans ce film à résonance autobiographique, Lepage revient sur le poids du passé, cette fois autour d'un homme (Patrick Goyette) à la mémoire défaillante accusé du meurtre d'une amie ; une réalisatrice tire un film de cette sombre histoire et confie le rôle de la victime à la voisine de l'accusé. Il passe ensuite à un registre plus léger en tournant, avec un plus petit budget et sans coproducteur étranger, *Nô* (1998). Après

Robert Lepage. (Sophie Grenier, coll. RVCQ)

avoir fait référence aux États-Unis et à l'Allemagne, le cinéaste arrime l'histoire de ses personnages, des Québécois, à la culture japonaise. Choisie meilleur film canadien à Toronto, cette comédie, tirée d'un des segments des *Sept branches de la rivière Ota*, se moque du colonialisme culturel et de l'improvisation felquiste d'octobre 1970, et ouvre sur un épilogue optimiste situé au moment du référendum québécois de 1980. Lepage tourne ensuite un premier film en anglais, *Possible Worlds* (2000), entre le suspense et l'histoire d'amour. Un détective y enquête sur des meurtres où les victimes sont dépouillées de leurs cerveaux. Absent de ses propres films, Lepage tient de petits rôles dans *Ding et Dong, le film* (A. Chartrand, 1990), *Montréal vu par…* (D. Arcand, M. Brault, A. Egoyan, J. Leduc,

L. Pool et P. Rozema, 1991) et deux films de Denys Arcand, *Jésus de Montréal* (1989) et *15 moments* (titre de travail, 2000).
BIBLIOGRAPHIE : CHAREST, Rémy, *Robert Lepage, quelques zones de liberté*, Québec, L'instant même et Ex machina, 1995 • *Nô*, scénario de Robert Lepage et André Morency, et entretien avec Robert Lepage réalisé par Michel Coulombe, Les 400 coups et Alliance Vivafilm, 1998. (M. C.)

**LEPAGE, Robert M.,** musicien, concepteur sonore (Montréal, 1951). Diplômé en composition de l'Université de Montréal, il est membre du groupe Chants et danses du monde inanimé, dont font aussi partie Jean Derome* et René Lussier*. Ce groupe participe à plusieurs spectacles avec le cinéaste Pierre Hébert* et signe la trame musicale de plusieurs de ses films, dont *Étienne et Sara* (1984, c. m.), *Chants et danses du monde inanimé, Le métro* (1985, c. m.) et *Ô Picasso (tableaux d'une surexposition)* (1985, c. m.). Poursuivant une carrière en solo, Lepage compose la musique du *Grand Jack* (H. Chiasson, 1987, m. m.), de *Alias Will James* (J. Godbout, 1988), de *Comme deux gouttes d'eau* (D. Létourneau, 1988, m. m.), de *La lettre d'amour* (P. Hébert, 1988, c. m.), d'*Un soleil entre deux nuages* (M. Lepage, 1989, m. m.) et du *Colporteur* (C. Cloutier, 1989, c. m.). Avec Pierre Hébert, il participe au spectacle *La plante humaine*, dialogue improvisé entre un musicien et un cinéaste. Il collabore aussi au film d'animation *Dessine-moi une chanson* (F. Desbiens, 1990, c. m.), inspiré d'une de ses pièces musicales et pour lequel il est coscénariste. Prolifique et éclectique, il signe notamment les partitions de *La nuit tous les chats sont gris* (J.-P. Duval, 1990, c. m.), *Hotel Chronicles* (L. Pool, 1990), *Pour l'amour du stress* (J. Godbout, 1991, m. m.), *Un léger vertige* (D. Poitras, 1991), *La voisine* (D. Poitras, 1996, m. m.), *La conquête du grand écran* (A. Gladu, 1996) et *Les enfants de Refus global* (M. Barbeau, 1998). Lepage connaît une trajectoire exceptionnelle dans la musique de film au Québec. Grâce à sa polyvalence et à sa riche curiosité, il crée tout aussi bien de superbes pages fantasmatiques, pour *Les pots cassés* (F. Bouvier, 1993) et *Le cri de la nuit* (J. Beaudry, 1996) que des environnements, troublants et peu coutumiers, comme dans la télésérie *Urgence*. Sa plus grande réussite, à ce jour, est sa vaste symphonie opératique de *La plante humaine* (1996), couronnement de plusieurs années de travail et de complicité avec Pierre Hébert, en même temps que d'un engagement indéfectible pour une pratique souvent décriée par les cercles de la « musique pure » mais qui s'enracine dans un des courants les plus fertiles de la création musicale au XXe siècle.
DISCOGRAPHIE : *Chants et danses du monde inanimé*, Ambiances magnétiques, Am 001, 1984, rééd. CD 1996 • *La traversée de la mémoire morte*, Ambiances magnétiques, AM 011, 1989 • *La plante humaine*, Ambiances magnétiques, AM 042, 1997. (R. L.)

**LÉPINE, Emmanuel,** machiniste (Montréal, 1953). Fondateur des Productions Molignak et de Moli-Flex, compagnie de location d'équipement qu'il dirige avec Daniel Chrétien, il s'illustre rapidement comme inventeur en cherchant à donner une plus grande autonomie, une plus grande souplesse à la caméra. En 1979, à la demande de Jean-Claude Labrecque qui tourne *L'affaire Coffin*, il dessine et construit, avec Jacques Pâquet*, le prototype de « La grue », une grue de taille intermédiaire qu'il vend ensuite à l'ONF et à Radio-Canada. Plus tard, Robert Altman, avec qui il travaille pour *Quintet* (1978) et *OC and Stiggs* (1983), en achète une. En 1984, c'est au tour de Michel Brault de lui commander un outil pour le tournage, en Omnimax, de *A Freedom to Move* (1986, c. m.) : la « Multi-Purpose-Crane », qui se révèle d'une étonnante souplesse. Ce talent d'inventeur amène Lépine à collaborer principalement à des coproductions d'envergure (*La guerre du feu*, J.-J. Annaud, 1981 ; *Louisiana*, P. de Broca, 1983) et à des films publicitaires dans lesquels il se sent, évidemment, à l'aise. En 1988, il conçoit, avec Daniel Chrétien, une génératrice complètement insonorisée. Au milieu des années 90, la compagnie diversifie ses activités et, associée à Covitec, offre des services aussi bien au secteur de la vidéo qu'à celui du film. On la retrouve ensuite associée à la Société générale de financement dans la transformation de l'ancien collège militaire de Saint-Hubert en un important complexe de studios. (J. D.)

**LESAUNIER, Daniel,** producteur, réalisateur (Paris, France, 1950). Il se fait connaître avec *2 pouces en haut de la carte* (coréal. J. Augustin, 1976), qui parle d'une région méconnue, la Côte-Nord. Par ses méthodes de production et son approche de la réalité régionale, ce film marque le mouvement du cinéma régional des années 70. En donnant la parole aux jeunes désireux de sortir de la passivité, de l'ennui, de l'isolement et de l'anonymat qui les guettent, Lesaunier dresse un solide portrait de ce coin de pays. Il réalise ensuite la série « Vers un pays à notre goût » (1976-1978, six c. m.), où il aborde différents aspects de la vie sur la Côte-Nord : économie, culture, enracinement, histoire, communications. Tourné lors de la fermeture des chantiers hydroélectriques de Manic-Outardes, *Le temps de la Manic* (coréal. J. Augustin, 1980, m. m.) brosse le portrait plein de tendresse des travailleurs partagés, après seize années de labeur, entre la fierté et la nostalgie. De 1978 à 1982, il tourne *Habitant glorieux* (coréal. J. Augustin, c. m.), documentaire sur Pierre Harel et son passage au sein du groupe de musique rock Corbeau. Au début des années 80, comme une bonne partie des cinéastes régionaux, il se tourne vers la télévision. Il réalise alors *Le projet d'aménagement de l'archipel Mingan* (1981, c. m.) et *Gens d'ici* (coréal. J. Augustin, 1982, trois c. m.) et produit *Grelots rouges sanglots bleus* (P. Harel, 1987), puis *Sadhana* (J.-P. Piché, 1987), un film sur la spiritualité hindoue. Il travaille ensuite pour la télévision. (A. B.)

**L'ESPÉRANCE, Sylvain,** réalisateur, producteur (Montréal, 1961). Il étudie les arts plastiques à l'UQÀM avant d'être admis en cinéma à l'Université Concordia, où il réalise quelques essais en super 8 et en vidéo. C'est là qu'il commence *Les écarts perdus* (1988, c. m.), documentaire expérimental qu'il termine à MainFilm, coopérative de production au sein de laquelle il joue un rôle actif de 1988 à 1991. En 1991, il fonde les Films du tricycle avec Lucie Lambert et Pierre Marier. Cette compagnie se consacre à la production de documentaires d'auteurs. L'Espérance, qui lors de son passage à MainFilm avait été producteur délégué de *Horses in Winter* (R. Raxlen et P. Vallely, 1988), y produit *Les rues de San Salvador* (V. Regalado et P. Marier, 1992, c. m.), *Paysages sous les paupières* (L. Lambert, 1995), *Opiciwan* (L. De Grosbois, 1997, c. m.) et *Avant le jour* (L. Lambert, 1999).

Sa carrière de réalisateur se poursuit avec *Les*

*printemps incertains* (1992, c. m.), documentaire illustrant le déclin d'un quartier ouvrier de Montréal. L'Espérance s'y montre à la fois préoccupé par les questions sociales et formelles, n'hésitant pas à recourir à certains effets proches du cinéma expérimental (longs plans confinant à l'abstraction, audacieuses associations sons et images, etc.). On retrouve ces caractéristiques dans sa participation au collectif *Un film de cinéastes* (1995), où il filme une éclipse à travers le regard de deux travailleurs immigrés, ainsi que dans *Le temps qu'il fait* (1997), long métrage dans lequel immigrants, petits entrepreneurs et simples travailleurs se succèdent pour tracer un portrait inquiétant de Montréal à l'ère de la mondialisation. *Pendant que tombent les arbres* (1996, m. m.), réalisé dans le cadre de la série « CSN cinq temps d'un mouvement », explore aussi les répercussions de la transformation du travail sur le tissu social, mais dans une forme cinématographique moins affirmée. (M. J.)

**LETARTE, Pierre,** chef opérateur, réalisateur (Saint-Hyacinthe, 1946). Il est d'abord homme à tout faire chez Ciné-Film (1965), puis il entre à l'ONF où le programme Société Nouvelle/Challenge for Change lui ouvre ses portes et lui donne l'occasion de faire des images sur une multitude de sujets. Il est, entre autres, cameraman pour Marcel Carrière (*Chez nous, c'est chez nous*, 1972 ; *De Grâce et d'Embarras*, 1979), Maurice Bulbulian (*Richesse des autres*, 1973), Robert Favreau (*Le soleil a pas d'chance*, 1975), Bonnie Sherr Klein (*Not a Love Story*, 1981) et Gilles Carle (*L'âge de la machinne*, 1978, c. m. ; *Jouer sa vie*, coréal. C. Coudari, 1982). Technicien sensible, préoccupé par la mise en valeur des émotions qu'il sait voir chez ceux qu'il filme, il donne un bon exemple de son talent dans la série « Chronique de la vie quotidienne » (J. Leduc *et al.*, 1977-1978). D'abord homme de documentaire, il ne travaille que rarement en fiction avant la fin des années 80. C'est alors qu'il signe les images de *Sous les draps, les étoiles* (J.-P. Gariépy, 1989), du *Vendredi de Jeanne Robinson* (Y. Dion, 1990, c. m.), de *Love-moi* (M. Simard, 1991), de *Solo* (P. Baillargeon, 1991), du *Complexe d'Édith* (P. Baillargeon, 1991, c. m.), de *La tranchée* (J. Crépeau, 1991, c. m.) et de *Pudding chômeur* (G. Carle, 1995). Collaborateur assidu de Jacques Leduc, il fait la photographie du *Dernier glacier* (coréal. R. Frappier, 1984), de *Trois pommes à côté du sommeil* (1988) et de *L'âge de braise* (1998). À deux reprises, il remplace quelqu'un au pied levé et devient réalisateur. D'abord pour *Chemin faisant* (1981, c. m.), sur les francophones de Terre-Neuve, puis pour *Riopelle* (coréal. M. Feaver, 1982, m. m.), un portrait du célèbre artiste québécois. Au milieu des années 80, il passe quelque temps à la direction du service de la caméra et du programme d'aide artisanale de l'ONF. En 1993, il photographie pour John N. Smith les deux parties de la série *The Boys of St. Vincent*, très remarquée. Letarte a par la suite l'occasion de tourner de plus en plus souvent aux États-Unis, autant pour la télévision que pour le cinéma, notamment pour *Dangerous Mind* (J. N. Smith, 1994) et *First Do No Harm* (J. Abrahams, 1996). (A. D. et É. P.)

**LETONDAL, Ginette,** actrice (Montréal). C'est elle, l'adolescente aux longues tresses du *Père Chopin* (F. Ozep, 1945). Puis elle tient un des rôles principaux dans *Le gros Bill* (R. Delacroix, 1949). Elle joue par la suite dans *Étienne Brûlé gibier de potence* (M. E. Turner, 1951), *Il était une guerre* (L. Portugais, 1958), *Le fes-*

*tin des morts* (F. Dansereau, 1965) et *Caïn* (P. Patry, 1965). Légèrement voilée, sa voix envoûtante suffit à la reconnaître entre mille. À partir du milieu des années 60, Letondal abandonne le cinéma québécois et fait carrière en France, notamment à la scène, sous la direction de Roger Planchon. Puis elle rentre au Québec et délaisse peu à peu son métier. (J.-M. P.)

**LÉTOURNEAU, Anne,** actrice (Montréal, 1957). Encore très jeune, elle participe à des émissions télévisées pour enfants. Au cinéma, elle débute dans *Taureau* (C. Perron, 1973), aux côtés de sa mère, la comédienne Monique Lepage. Elle tient de petits rôles dans *Parlez-nous d'amour* (J.-C. Lord, 1976) et *L'arrache-cœur* (M. Dansereau, 1979), avant d'être Rita Toulouse, la belle et volage amoureuse d'Ovide Plouffe, dans *Les Plouffe* (G. Carle, 1981) et *Le crime d'Ovide Plouffe* (D. Arcand, 1984). Sensuelle, attachante malgré son étourderie, sa Rita la fait connaître du public. Portée par ce succès, elle tente une percée en France où elle joue dans quelques films, dont *Elsa, Elsa* (D. Haudepin, 1985) et *Flag* (J. Santi, 1986). Dans *Les tisserands du pouvoir* (C. Fournier, 1988, deux longs métrages), elle incarne Fidélia, une artiste aux mœurs libres qui exerce une certaine influence sur son amie Simone. Létourneau poursuit en apparaissant dans quelques films (*Les dames galantes*, J.-C. Tacchella, 1990; *Les naufragés du Labrador*, F. Floquet, 1991; etc.), mais sans jamais renouer avec le bonheur de son rôle dans *Les Plouffe*. En 1991, elle tient un premier rôle dans *L'automne sauvage* de Gabriel Pelletier, celui d'une mystérieuse femme d'affaires. Elle poursuit dans le même registre avec *La fenêtre* (M. Champagne, 1992) où elle campe une arriviste dont la vie est remise en question par une grossesse inattendue. (M. J.)

**LÉTOURNEAU, Diane,** réalisatrice, recherchiste (Sherbrooke, 1942). Après avoir travaillé en milieu psychiatrique, elle aborde le cinéma en collaborant avec plusieurs cinéastes à titre de recherchiste. Elle travaille notamment avec Georges Dufaux pour trois longs métrages : *À votre santé* (1973), *Au bout de mon âge* (1975) et *Les jardins d'hiver* (1976). Après avoir fait l'apprentissage de la réalisation en signant deux courts documentaires — *Les oiseaux blancs de l'île d'Orléans* (1977, c. m.) —, elle réalise *Les servantes du bon Dieu* (1979), remarqué à la Semaine de la critique du Festival de Cannes. Simple, discret, d'une grande justesse de ton, ce film s'intéresse aux membres d'une communauté religieuse qui ont consacré leur vie au service des prêtres. Sans ironie aucune, Létourneau porte sur ces femmes le regard respectueux et franc qui marquera ses films suivants. *Le plus beau jour de ma vie...* (1981) propose une réflexion sur l'institution du mariage, à la fois industrie et choix de vie. En trois volets où elle présente autant de couples, de situations et d'âges différents, elle observe le rôle et la place du mariage au Québec. Devenue réalisatrice permanente à l'ONF, Létourneau réalise un moyen métrage sur la danse comme phénomène artistique et social (*La passion de danser*, 1982) et un court métrage : *En scène...* (1982). En 1985, elle signe *Une guerre dans mon jardin* (m. m.), où sont reconstitués les événements entourant la mort accidentelle d'un homme. Demandant aux membres de la famille de celui-ci de revivre ces moments tragiques (lors d'un feu de la Saint-Jean, en 1980, un obus militaire est malencontreusement jeté dans les flammes...), Létourneau livre un vibrant plaidoyer pacifiste tout en participant au renouvellement du documentaire à l'ONF. Le film remporte le prix du meilleur court ou moyen métrage québécois attribué par l'AQCC. *À force de mourir...* (1987, c. m.) lui permet de renouer avec ses antécédents médicaux en traitant d'euthanasie sous le mode d'une fiction conçue dans le cadre d'une série sur la bio-éthique. Elle poursuit en reprenant un projet développé cinq ans plus tôt : *Comme deux gouttes d'eau* (1988, m. m.), où elle aborde la gémellité. Létourneau s'intéresse ensuite à la question de l'amitié, d'abord entre femmes (*Pas d'amitié à moitié*, 1991, m. m.), puis entre hommes (*« Tous pour un, un pour tous »*, 1993). Son dernier film, *La caresse d'une ride* (1996, m. m.) pose la question du vieillissement à travers le portrait de la journaliste Minou Petrowski. Le cinéma de Diane Létourneau fait une grande place à l'intime et à l'identité, ses personnages exposant à l'écran leurs émotions et leurs passions avec franchise et confiance. (M. J.)

**LINK, André,** distributeur, producteur, scénariste (Budapest, Hongrie, 1932). Il quitte la Hongrie, fait ses études à Paris et émigre au Canada en 1954. En 1962, il s'associe à John Dunning qui vient de fonder Cinépix, une maison de distribution. Six ans plus tard, la compagnie se lance aussi dans la production. À plusieurs reprises, les deux associés sont à l'origine des films qu'ils produisent (*L'initiation* et *L'amour humain*, D. Héroux, 1969 et 1970 ; *Hot Dogs*, C. Fournier, 1980) ou participent à leur écriture. Ainsi, ils scénarisent *Valérie* (D. Héroux, 1968) avec le réalisateur et Louis Gauthier. Ils signent également le scénario du *Diable est parmi nous* (J. Beaudin, 1972), qui exploite à la fois le filon érotique et la vogue des sujets à caractère diabolique. Pendant près de vingt ans, Cinépix produit plus de trente longs métrages commerciaux, tous alignés sur les modes cinématographiques. Se succèdent le film érotique (*Pile ou face*, R. Fournier, 1971), le film profitant de la popularité du hockey (*The Mystery of the Million Dollar Hockey Puck*, J. Lafleur et P. Svatek, 1975), la comédie (*Tout feu tout femme*, G. Richer, 1975) et le film d'horreur (*Rabid*, D. Cronenberg, 1977 ; *My Bloody Valentine*, G. Mihalka, 1981). Après avoir produit et distribué des films destinés au public québécois, Cinépix, qui obtient un énorme succès avec *Meatballs* (I. Reitman, 1979), s'oriente vers la production de films commerciaux destinés d'abord au marché américain (*The Vindicator*, J.-C. Lord, 1985). C'est sous un pseudonyme, Julian Parnell, que Link et Dunning dissimulent leur participation au scénario du *Diable est parmi nous*, de même que leurs fonctions de producteurs ou d'initiateurs au générique de plusieurs autres films, dont *Ilsa the Tigress of Siberia* (J. Lafleur, 1977). En 1993, Cinépix devient C/FP (Cinépix Film Properties) puis, en 1997, Les films Lion's Gate. À travers ces changements administratifs, Link continue à produire des films, la plupart en anglais : *Vibrations* (M. Pasearnek, 1995), *Mask of Death* (D. Mitchell, 1996), *The Kid* (J. Hamilton, 1997), *Johnny Skidmarks* (J. Raffo, 1998), *Jerry & Tom* (S. Rubinek, 1998), *I'm Losing You* (B. Wagner, 1998) et *American Psycho* (M. Hasson, 1999). Au cours de cette période, il produit toutefois deux longs métrages en français : *L'homme idéal* (G. Mihalka, 1996) et *La conciergerie* (M. Poulette, 1997). Personnalité très active dans l'industrie du cinéma, Link a été président de diverses associations professionnelles : ACDIF, AQDF, APSQ. De 1981 à 1982, il fait partie de la Commission d'étude sur le cinéma et l'audiovisuel formée par le gouvernement du Québec. De 1988 à 1991, il occupe la présidence de l'IQC et, de 1994 à 1999, il siège au conseil de Viacom Canada. (J. P.)

**LIPSETT, Arthur,** réalisateur, scénariste, animateur, monteur (Montréal, 1936 – 1986). Après des études en art, il est engagé à l'ONF en 1958 et affecté à des travaux d'animation. Il connaît une période créatrice des plus fécondes. Il compose la bande sonore de son premier film, *Very Nice Very Nice* (1961, c. m.), à partir de bandes qu'il récupère dans les chutiers puis qu'il assemble. Son travail sur l'image, subordonné au son, fait presque exclusivement appel à des photographies fixes. Lipsett produit ainsi un tourbillon d'associations sonores et visuelles. Le film est une véritable bombe, qui annonce à la fois le vidéoclip, les trente canaux de télévision et la télécommande avec, en plus, l'inquiétude et le désarroi propres aux années 80. Tourné avec un budget très modeste, il reçoit un accueil triomphal et une nomination pour un Oscar. Après avoir vu *Very Nice Very Nice*, Stanley Kubrick offre à Lipsett de réaliser la bande-annonce de *Dr. Strangelove*, projet malheureusement abandonné. Son second film, *21-87* (1962, c. m.), reprend sensiblement la même technique, en approfondissant les thèmes de la dépersonnalisation et de la paranoïa. Il présente une dimension religieuse de type mystique qui occupe une place importante dans l'œuvre de Lipsett. George Lucas affirme que *21-87* est un des films phares de ses années à USC et s'en inspire pour *THX 1138* (1971), son film le plus personnel. Lipsett met deux ans à terminer son film suivant : *Free Fall* (1964, c. m.), qui

Arthur Lipsett. (ONF)

utilise davantage les techniques en mouvement. Le film débute par des plans saisissants d'une fourmi transportant un immense grain de sable ; suivent des photos fixes de visages humains, puis des singes de laboratoire, et d'autres figures où les attitudes de l'homme et de l'animal sont mises dos à dos. Les documents d'archives finissent par créer une fiction inquiétante sur la réalité du monde contemporain.

Lipsett commence à avoir des problèmes avec l'administration de l'ONF. On lui reproche de toujours faire le même film, mais, surtout, d'être incapable de présenter à l'avance des projets très structurés et de ne pas coopérer avec la bureaucratie. Nerveux, angoissé, hypersensible, Lipsett se défend mal, mais il est soutenu par ses producteurs, Colin Low et Tom Daly. *A Trip Down Memory Lane* (1965, c. m.) souffre de toutes ces tensions. Pendant deux ans, il monte des films pédagogiques. Il revient à la réalisation avec *Fluxes* (1968, c. m.), produit par Guy Glover. Réalisé en pleine guerre du Vietnam, le film confronte le spectateur à une série de recherches scientifiques produisant une technologie axée sur les moyens de destruction. Des extraits sonores tirés de films de science-fiction des années 50 accentuent le côté abominable des actes et des paroles: « *Our only morality is survival* » y entend-on. *N-Zone* (1970, m. m.) est le dernier film de Lipsett produit par l'ONF. C'est un film très réaliste sur la banalité des relations humaines. À partir de 1970, la condition mentale de Lipsett se détériore rapidement; il coupe les ponts avec l'ONF et ses projets n'aboutissent pas. Les quinze années qui vont suivre seront particulièrement sombres, à peine éclairées par trois films: *Secret Codes* (1972, c. m.), *Blue And Orange* (coréal. T. Ballantyne-Tree, 1975, inachevé) et *Traffic Flow* (1978, inachevé). En avril 1986, il met fin à ses jours. Lipsett demeure, à l'échelle mondiale, un des plus importants cinéastes expérimentaux des années 60.

BIBLIOGRAPHIE: MAGNAN, Richard, *Les collages cinématographiques d'Arthur Lipsett comme « métaphore épistémologique »*, mémoire, Université de Montréal, 1993. (Y. R.)

**LOIS SUR LE CINÉMA.** Dès le début des années 60, le milieu cinématographique québécois revendique une intervention législative favorisant le développement d'une cinématographie nationale et réduisant la mainmise étrangère sur la distribution et l'exploitation. Le ministre des Affaires culturelles du Québec, Georges-Émile Lapalme, fait rédiger un projet de loi mais le premier ministre Lesage le met de côté. Le gouvernement fédéral est donc le premier à réagir. Le 3 mars 1967, le Sénat adopte un projet de loi créant la Société de développement de l'industrie cinématographique canadienne (SDICC), une sorte de banque spécialisée, disposant d'un capital de dix millions de dollars pour cinq ans, chargée d'encourager l'émergence d'une industrie du long métrage au Canada (*voir* TÉLÉFILM CANADA).

Inspirés principalement par les exemples suédois et français, et surtout animés par la ferveur nationaliste qui caractérise les années 60 et 70, les cinéastes québécois veulent davantage. Ils multiplient les mémoires, rapports et interventions pour que le gouvernement québécois adopte une véritable loi-cadre du cinéma, qui traiterait de tous les aspects d'une politique cinématographique et, surtout, qui respecterait et affirmerait la spécificité culturelle du Québec. L'escalade des moyens de pression conduit à l'occupation, le 22 novembre 1974, du Bureau de surveillance du cinéma (BSC) par l'Association des réalisateurs de films du Québec, à laquelle se joignent rapidement producteurs, techniciens et artistes-interprètes. Bien qu'ils soient expulsés *manu militari* douze jours plus tard, sans gain apparent, une loi sur le cinéma est effectivement adoptée en juin 1975. De cette loi, on retient surtout la création de la Direction générale du cinéma et de l'audiovisuel (DGCA), qui remplace l'Office du film du Québec (OFQ), et celle de l'Institut québécois du cinéma (IQC), une société d'aide administrée par des représentants de l'industrie et dotée de crédits annuels d'environ quatre millions de dollars pour stimuler la production et la diffusion de films québécois de tous genres et de toutes durées. La plupart des autres volets de la loi ne seront jamais mis en application. C'est le cas, fort heureusement d'ailleurs, des dispositions prévoyant la création d'une Cinémathèque nationale (inutile étant donné le travail de la

Cinémathèque québécoise), ainsi que de celles prévoyant le démantèlement du BSC, dont la disparition aurait pu avoir de nombreux effets pervers : ingérence politique dans la classification des films, remise des pouvoirs de censure aux mains des autorités locales, etc. Si elle avait été entièrement appliquée, la loi de 1975 aurait conféré au ministre responsable une gamme étendue de pouvoirs discrétionnaires, dont la mise sous tutelle de l'IQC sur simple requête de deux membres. Elle lui aurait aussi donné des droits d'intervention dans les secteurs de la distribution et de l'exploitation, droits mal définis, souvent excessifs ou inapplicables, et confinant à l'arbitraire. En janvier 1981, le gouvernement québécois crée la Commission d'étude sur le cinéma et l'audiovisuel, chargée de revoir la problématique d'ensemble. Les recommandations contenues dans son rapport, déposé en juin 1982, servent de base à la loi 109, elle-même déposée en décembre de la même année et adoptée en juin 1983. Cette loi conserve à l'IQC, dont la représentation est élargie, son rôle de conseiller privilégié du ministre et lui confie pour mission de veiller à l'application de la politique du cinéma, de déterminer le Plan d'aide et d'approuver les programmes de soutien, dont l'élaboration et la gestion est confiée à un organisme autonome : la Société générale du cinéma (SGCQ), dont les crédits gouvernementaux annuels sont portés de 4 à 10 millions de dollars. La loi transforme le BSC en Régie du cinéma*, qui se voit dotée de nombreux pouvoirs réglementaires, dont celui de recueillir des informations d'ordre économique, d'émettre des permis, d'exiger le réinvestissement d'une part des profits de la distribution dans le financement de productions québécoises. Un des éléments clés de la loi est d'ailleurs l'établissement d'un double régime de permis de distribution : permis général pour les entreprises québécoises, permis spécial pour les autres distributeurs qui ne les autorise à distribuer que les films dont ils sont les producteurs ou les détenteurs de droits mondiaux. L'objectif poursuivi est de réduire la mainmise étrangère sur la distribution et d'établir un partage plus équitable du marché entre les entreprises québécoises et étrangères (*voir* DISTRIBUTION). Malheureusement, ces dispositions connaissent un sort similaire à celles de la loi de 1975. Après bien des tergiversations et des délais administratifs, et malgré des audiences publiques de la Régie du cinéma, les projets de règlements ne sont pas adoptés. Un nouveau gouvernement est élu et, après des négociations, une entente intervient le 22 octobre 1986 entre la ministre de la Culture et la MPEAA, communément appelée Entente Bacon-Valenti. Cette entente limite essentiellement l'activité des membres de la MPEAA à la distribution des films de langue originale anglaise dans lesquels ils ont investi l'équivalent de 50 % des coûts de production ou (au moindre des deux) 4,5 millions de dollars en production, distribution, duplication, promotion et publicité du film à l'échelle internationale, ou dont ils détiennent les droits mondiaux à l'exception du pays d'origine. En contrepartie, le gouvernement s'engage à suspendre l'application des articles concernant le réinvestissement obligatoire d'une partie des revenus de distribution dans la production de films québécois, les règles de répartition de la recette-guichet et un accès amélioré aux films pour les exploitants indépendants. Le Projet de loi 157 est adopté, fin 1986, pour intégrer ces changements.

En décembre 1987, un nouveau projet de loi vient amender la loi de 1983. Il conserve à l'IQC son statut d'organisme autonome mais lui confère un rôle essentiellement consultatif et de recherche ; il retire à la Régie du cinéma la majorité de ses pouvoirs réglementaires, qui sont remis au gouvernement, et raffermit par ailleurs les dispositions visant l'exploitation simultanée en version française des films présentés en d'autres langues. La nouvelle loi consacre également la fusion de la SGCQ et de la Société de développement des industries de la culture et des communications (SODICC), qui deviennent la Société générale des industries culturelles (SOGIC). À l'automne 1987, le gouvernement fédéral annonce son intention de déposer un projet de loi sur la distribution qui reprend pour l'essentiel les dispositions de la loi québécoise de 1983 et vise, lui aussi, un nouveau partage du marché à l'échelle canadienne. Mais, dans un contexte marqué par la signature d'un traité de libre-échange entre le Canada et les États-Unis, les *majors* et le gouvernement américain multiplient encore une fois les pressions ; le projet de loi est finalement abandonné. En contrepartie, une aide financière substantielle est accordée aux distributeurs canadiens (*voir* TÉLÉFILM CANADA). Parallèlement, le gouvernement fédéral adopte une politique dans le cadre de la Loi sur l'investissement au Canada qui impose des restrictions sur la prise de contrôle d'entreprises de distribution canadienne par des intérêts étrangers, et qui limite l'activité de tout nouveau distributeur sous contrôle étranger à la distribution de « films propriétaires », c'est-à-dire de films dont il est le producteur ou le détenteur des droits mondiaux. Lors de changement de propriété affectant les entreprises de distribution étrangères déjà implantées au Canada, des obligations peuvent être imposées aux nouveaux propriétaires en matière de contribution à l'industrie canadienne (sur une base temporaire de cinq ans).

En 1991, la Loi sur le cinéma est à nouveau modifiée. Le projet de loi 117 confirme le rôle strictement consultatif de l'IQC et transfère le pouvoir d'établir le Plan d'aide de la SOGIC au gouvernement. Il abroge définitivement les articles qui avaient été jusque là suspendus suite à la conclusion de l'Entente Bacon-Valenti, renouvelée pour sept ans (de 1992 à 1999), avec de simples ajustements mineurs. Il étend en revanche au matériel vidéo l'obligation de porter visa, modifie les catégories de classement et certaines dispositions de l'article 83 (versions françaises). Enfin, il confère au ministre le pouvoir de conclure une entente avec une association de distributeurs, similaire à celle déjà existante dans le secteur de la distribution en salles, applicable à la distribution du matériel vidéo et de conclure des ententes de réciprocité avec des gouvernements d'une province où la distribution de films est assujettie à des règles similaires à celles en vigueur au Québec.

Au fil des modifications de 1987 et 1991, le mouvement de transfert des pouvoirs d'orientation et d'établissement du Plan d'aide du milieu (l'IQC) vers la SOGIC puis vers le gouvernement a sans doute été poussé trop loin, de sorte que la relation entre le gouvernement et la nouvelle SOGIC d'une part, le milieu et l'industrie d'autre part, se détériore assez rapidement. Si bien qu'en 1993, à la faveur d'audiences publiques et d'une analyse globale de la situation qui se traduit notamment dans deux documents : *Virage 93* et *Pour un Centre national du cinéma et de la télévision*, l'IQC, autour duquel le milieu se rassemble, remet en cause la structure organisationnelle et propose l'adoption d'une politique globale et intégrée

du cinéma et de la télévision, un accent plus grand sur les programmes d'aide automatique et d'aide à l'entreprise, une révision de la Loi sur le cinéma et la création d'un Centre national du cinéma et de la télévision qui redonnerait plus de pouvoirs au milieu dans l'élaboration des orientations et des programmes et réintégrerait en un seul et même organisme les fonctions exercées par l'IQC et la SOGIC.
L'année suivante, le gouvernement procède à un réaménagement majeur en déposant et adoptant le projet de loi 14, qui crée la Société de développement des entreprises culturelles* (SODEC), qui prend le relais à la fois de la SOGIC et de l'IQC. La SODEC récupère, en effet, tous les pouvoirs d'intervention financière de la SOGIC et intègre en son sein un Conseil national du cinéma et de la production télévisuelle qui joue, de l'intérieur, un rôle de conseil et de concertation avec l'industrie.
Cependant, la Loi sur le cinéma n'est plus une loi de portée générale qui concourt globalement à l'atteinte de l'ensemble des objectifs de la politique du cinéma qui y sont énoncés. En 1983, elle définissait la composition, les fonctions et les missions des organismes chargés de sa mise en œuvre, ainsi que les formes et les modalités de l'aide financière accordée au secteur du cinéma par le gouvernement; elle établissait également des ponts ou des passerelles entre les fonctions confiées à la Régie du cinéma et les objectifs qui visaient le développement du cinéma québécois, l'autonomie financière des entreprises et la consolidation de l'infrastructure industrielle et commerciale du cinéma québécois. Depuis, toutefois, les sections III (aide financière), IV (mission et fonctions de l'IQC) et V (mission et fonctions de la SGC) ont été abrogées. Tout ce qui concerne l'aide financière que le gouvernement accorde au secteur du cinéma et de la télévision est désormais régi par d'autres textes législatifs que la Loi sur le cinéma (Loi sur la SODEC, Loi de l'impôt) et administré par des organismes qui n'en relèvent pas, principalement la SODEC. Par ailleurs, les fonctions et pouvoirs qui n'ont pas été abrogés ou transférés au gouvernement et qui demeurent conférés en propre à la Régie du cinéma, n'ont plus guère d'incidences sur les objectifs de la politique du cinéma autres que l'objectif de surveillance du cinéma.
Enfin, mentionnons que les objectifs de la politique du cinéma n'ont pas fait l'objet de réévaluation ou de modifications depuis 1983, ce qui constitue un long délai de validité, compte tenu de la croissance, de la diversification et de la transformation technologique que connaît l'industrie du cinéma et de l'audiovisuel dans les années 80 et 90. (M. H.)

**LOISELLE, Hélène,** actrice (Montréal, 1928). Elle a comme professeurs de théâtre François Rozet et Lucie de Vienne, et débute à la scène en 1945. Pendant huit saisons, elle fait partie de la troupe des Compagnons de Saint-Laurent, avant d'étudier l'art dramatique à Paris pendant deux ans. Sa carrière, riche et variée, est essentiellement théâtrale. On l'a aussi souvent entendue à la radio, et vue à la télévision dans de nombreux télé-théâtres et quelques feuilletons. Au cinéma, des années après sa participation à *Il était une guerre* (L. Portugais, 1958) et *La misère des autres* (B. Devlin, 1960, c. m.), Michel Brault lui confie le rôle de Marie Boudreau dans *Les ordres* (1974), et elle confère au personnage une poignante intensité dramatique. Elle témoigne de la même capacité d'émouvoir dans *Mon oncle Antoine* (C. Jutra, 1971), où elle campe une mère

désespérée par la mort de son fils aîné. Dans un autre registre, elle prouve avec son rôle dans *Réjeanne Padovani* (D. Arcand, 1973) qu'elle peut manier ironie et humour avec aisance. En 1991, elle retrouve Michel Brault à l'occasion du sketch qu'il réalise pour *Montréal vu par…* (coréal. D. Arcand, A. Egoyan, J. Leduc, L. Pool et P. Rozema) où, secouant les bases d'un vieux couple, elle annonce son départ à son mari en plein match de hockey au Forum de Montréal. Dans *Post mortem* (L. Bélanger, 1999), nettement moins revendicatrice, elle rend bien le trouble d'une femme croyante dont la fille est ressuscitée de manière inusitée. Vingt-cinq ans après *Les ordres*, elle retrouve Jean Lapointe dans *La bouteille* (A. DesRochers, 2000).
AUTRES FILMS : *Tiens-toi bien après les oreilles à papa…* (J. Bissonnette, 1971), *La maudite galette* (D. Arcand, 1972), *Le p'tit vient vite* (L.-G. Carrier, 1972), *Pauline* (P. Tana 1975, c. m.), *Doux aveux* (F. Dansereau, 1982), *Sous les draps, les étoiles* (J.-P. Gariépy, 1989). (F. L. et M. C.)

**LOMEZ, Céline,** actrice (Montréal, 1953). À l'âge de onze ans, elle commence sa carrière artistique comme chanteuse de cabaret. Elle entreprend plus tard des études en art dramatique à New York et à Los Angeles. Ses débuts au cinéma coïncident avec la vague des films érotiques. Ce sont d'abord *L'initiation* (D. Héroux, 1969) et *Après-ski* (R. Cardinal, 1970), puis on la voit dans *Loving and Laughing* (J. Stone, 1970) et *L'apparition* (R. Cardinal, 1971). Elle amorce un changement de cap en

Céline Lomez et Serge Thériault dans *Gina* de Denys Arcand. *(Le Devoir)*

tournant dans deux films de Denys Arcand, *Réjeanne Padovani* (1973) et *Gina* (1975), dont elle tient le rôle-titre, celui d'une danseuse exploitée qui n'en reste pas moins une femme lucide. Elle retrouve Denis Héroux dans une comédie scénarisée par Marcel Gamache, *Pousse mais pousse égal* (1974), dont elle partage la vedette avec Gilles Latulippe, Denis Drouin et Suzanne Langlois. Par la suite, elle travaille en anglais, jouant d'abord dans *The Far Shore* (J. Wieland, 1975), puis dans *The Silent Partner* (D. Duke, 1978), aux côtés d'Elliott Gould, Christopher Plummer, John Candy et Susannah York, et dans *Plague* (E. Hunt, 1978). En 1980, on la revoit dans un film francophone, *Ça peut pas être l'hiver on n'a même pas eu d'été* (L. Carré) ; elle y tient le rôle d'une jeune femme émancipée qui aide sa mère (Charlotte Boisjoli) à profiter pleinement de la vie après la mort de son mari. Après quoi, elle tourne rarement, notamment dans *The Kiss* (P. Densham, 1988), *The Big World* (A. Maiorana, 1996, c. m.) et *La vengeance de la femme en noir* (R. Cantin, 1997). (M. C. et G. K.)

**LONGPRÉ, Bernard,** animateur, réalisateur (Montréal, 1937). Ses préoccupations premières sont d'ordre esthétique. Dès l'Institut des arts graphiques à Montréal, sous la direction d'Albert Dumouchel, il touche au dessin, à la lithographie et à la photographie. Plus tard, il s'essaye même à la sculpture. En 1957, il se joint à l'ONF : René Jodoin cherche alors un artiste qui puisse faire du dessin technique exigeant une très grande précision et à caractère *top secret.* Puis les mathématiques, l'ordinateur et la didactique intéressent Longpré qui donne ainsi son premier film, *Test 0558* (1965, c. m.). Suivront une douzaine de films qui lui permettent d'expérimenter diverses techniques d'animation. L'œuvre de Longpré, faite en solo ou en collaboration, compte des films comme *L'évasion des carrousels* (1968, c. m.), essai visuel où des chevaux de bois jouissent d'une nuit de liberté avant de rentrer au manège ; *Monsieur Pointu* (coréal. A. Leduc, 1975, c. m.) qui, comme *Tête en fleurs* (1969, t. c. m.), illustration d'une chanson de Jean-Pierre Ferland, utilise le patrimoine culturel québécois comme matériau ; *Les naufragés du quartier* (1980, c. m.), dur constat de l'alcoolisme en milieu populaire ; et *Itinéraire* (1987, c. m.), film autobiographique qui trace le portrait d'un peintre angoissé. En 1989, Longpré réalise *Félicité* (c. m.), étude picturale dérivée de l'observation de la vie dans un parc de Montréal. Il prend ensuite sa retraite et fait de la peinture son activité principale. (A. D.)

**LORD, Jean-Claude,** réalisateur, producteur, scénariste (Montréal, 1943). Il débute à Coopératio où il est assistant réalisateur (*Caïn*, P. Patry, 1965), mais aussi scénariste (*Trouble-fête*, P. Patry, 1964) et réalisateur (*Délivrez-nous du mal*, 1965). Déjà, à cette époque, il s'intéresse aux thèmes sociaux qu'il exploite dans une forme hollywoodienne. En témoigne le scénario mélodramatique de *Trouble-fête*, écrit avec Pierre Patry, qui s'attaque au clergé et aux mœurs rigides d'avant la Révolution tranquille. Dans la même veine, *Délivrez-nous du mal*, qu'il adapte du roman de Claude Jasmin, montre un homosexuel mal dans sa peau (Yvon Deschamps), humilié par un séducteur, qui se suicidera. Le film ne sera exploité commercialement qu'en 1969. Entre-temps, Lord retourne à l'assistanat, puis s'éloigne temporairement du cinéma pour diriger un centre culturel à Vaudreuil. En 1969, il devient chro-

Manda Parent, Jean-Claude Lord, Anne-Marie Provencher, Jean Duceppe et Janine Fluet pendant le tournage de *Bingo*. *(Le Devoir)*

niqueur de cinéma à l'émission *Bon dimanche*, à Télé-Métropole. Son franc-parler et son ton cinglant lui valent alors la sympathie du public. Il occupe cette fonction jusqu'en 1972, puis revient à la réalisation avec un autre mélodrame, *Les colombes*, qui remporte un bon succès auprès du public. D'une construction schématique, le film oppose deux familles, l'une ouvrière et vivant dans l'est de Montréal, l'autre bourgeoise et vivant dans l'ouest. Son film suivant, *Bingo* (1974), connaît un succès public retentissant. Premier long métrage de fiction à s'inspirer (mais très librement) des événements d'Octobre 1970, le film se fait reprocher d'être démobilisateur et de montrer que le terrorisme sert la droite. Construit comme un thriller, *Bingo* raconte l'histoire d'un cégépien, François (Réjean Guénette), qui se joint à un groupe de grévistes manipulés par un activiste à la solde de la droite (Gilles Pelletier). Alors que les grévistes kidnappent des hommes d'affaires et font éclater une affaire de mœurs impliquant un ministre, c'est la crise : la répression commence, la police assassine François et la droite sort gagnante. Lord enchaîne avec *Parlez-nous d'amour* (1976), sur un scénario de Michel Tremblay. Le film, mettant en vedette l'animateur de télévision Jacques Boulanger, s'en prend au processus d'aliénation des masses mis en place par les émissions de variétés et dresse un triste portrait de leur public. Choisissant encore une fois un sujet politique, Lord réalise ensuite *Panique* (1977), un thriller abordant la question de la pollution industrielle. Comme dans les films précédents du cinéaste, le désir d'efficacité prend le pas sur l'analyse politique. Avec *Éclair au chocolat* (1978), où il continue d'exploiter les problèmes sociaux (les familles monoparentales, l'avortement), Lord change de ton et livre un film intimiste renouant avec les structures mélodramatiques qui ont marqué ses débuts. Mais, pour la première fois depuis *Les colombes*, le public boude un de ses films. Il est ensuite producteur délégué de *L'homme à tout faire* (M. Lanctôt, 1980), avant d'amorcer une carrière en anglais, où il enchaîne quatre films clairement destinés au marché américain. Le premier d'entre eux, *Visiting Hours* (1981), un film d'horreur avec Michael Ironside et Lee Grant, est projeté sur plus de mille écrans aux États-Unis et remporte un franc succès commercial. Tourné à Montréal et à New York en 1981, *Covergirl*, une comédie en forme de conte de fées, est remonté à trois reprises et ne sort aux États-Unis et au Canada anglais qu'en 1984, sans succès. Renié par le cinéaste, le film n'est jamais exploité commercialement au Québec. Achevé en 1985, *The Vindicator*, un film d'horreur reprenant le mythe de Frankenstein, connaît un sort semblable. En 1985, trois jours avant le début du tournage, Lord accepte de réaliser *Toby McTeague*, un film destiné à toute la famille qu'il tourne, en anglais, dans la région de Chicoutimi. Le film raconte l'histoire d'un garçon passionné par les courses de traîneaux à chiens. Lord poursuit en réalisant la télésérie *Lance et compte*, dont le succès bouscule les données dans le monde de la télévision québécoise. En 1988, il revient au grand écran avec un film tourné en français, *La grenouille et la baleine*, sur un scénario de Jacques Bobet, qui constitue le sixième volet de la série des « Contes pour tous » produite par Rock Demers. Le film, qui raconte l'histoire d'une petite fille vivant en harmonie avec un dauphin et des baleines, donne l'occasion au cinéaste de reprendre, sous un autre angle, le discours à tendance écologique de *Panique*. Il remporte un succès public imposant. Lord y donne un rôle à sa femme, Lise Thouin, qu'on a aussi pu voir dans *Les colombes*, *Panique*, *Éclair au chocolat* et *Lance et compte*. Elle signe avec lui le montage de *Parlez-nous d'amour* et *Visiting Hours*, et collabore au scénario de *Bingo*. En 1989, Lord revient avec deux longs métrages en anglais : *Eddy and the Cruisers II : Eddy Lives*, simple bluette sur fond de musique rock, et *Mindfield*, dont le scénario s'inspire d'expériences sur le lavage de cerveau menées à Montréal, dans les années 50, sous le contrôle de la C.I.A. En 1992, il signe avec *Landslide*, l'histoire d'un géologue amnésique. Il réalise ensuite de nombreuses téléséries (*Jasmine*, *Lobby*, *Diva*).

Lord représente un cas à part dans le cinéma québécois commercial : il n'est pas issu de la télévision, ne se tourne pas vers la production, et ne cède ni à la vague de films érotiques ni à celle des comédies. Il préfère demeurer sensible aux sujets d'actualité (de la crise d'Octobre 1970 dans *Bingo* à l'ère du Verseau dans *La grenouille et la baleine*, en passant par la pollution dans *Panique*). Il est aussi, de tous les cinéastes francophones, le premier à avoir choisi l'anglais de façon aussi marquée, ouvrant ainsi la voie à Christian Duguay et à quelques autres. Son fils, Jean-Sébastien Lord, est réalisateur (*Le petit ciel*, 2000).

FILMS : *Délivrez-nous du mal* (1965), *Les colombes* (1972), *Bingo* (1974), *Parlez-nous d'amour* (1976), *Panique* (1977), *Éclair au chocolat* (1978), *Visiting Hours* (1981), *Covergirl* (1984), *The Vindicator* (1985), *Toby McTeague* (1985), *La grenouille et la baleine* (1988), *Eddy and the Cruisers II : Eddy Lives* (1989), *Mindfield* (1989), *Landslide* (1992). (M. J.)

**LOW, Colin,** réalisateur, animateur, chef opérateur, producteur (Cardston, Alberta, 1926). Il est l'une des figures importantes de l'histoire de l'ONF. Fils de cow-boy, il étudie les arts et entre à l'ONF en 1945, sur les recommandations de Norman McLaren. Il coréalise notamment un film d'animation, *Cadet Rousselle* (coréal. G. Dunning, 1946, c. m.). Il étudie le dessin à Stockholm en 1949, puis devient directeur du service d'animation de l'ONF en 1950. Intéressé par l'animation sur cellulo, technique que McLaren avait délibérément ignorée lors de la création de la première équipe d'animateurs de l'ONF, Low réalise alors *The Romance of Transportation in Canada* (1952, c. m.) dans un style inspiré par celui de la compagnie américaine UPA. Mis en nomination pour l'Oscar du meilleur film d'animation, *The Romance of Transportation in Canada* fait école à l'ONF. En 1954, caméra au poing, il réalise *Corral* (coréal. W. Koenig, c. m.), important documentaire sur un ranch de l'Alberta. Il poursuit en réalisant de nombreux films. *City of Gold* (coréal. W. Koenig, 1957, c. m.), documentaire sur la ruée vers l'or réalisé à l'aide de photographies d'époque, remporte vingt et un prix. *Universe* (coréal. R. Kroitor, 1960, c. m.) combine photographies, animation et effets spéciaux pour offrir au spectateur un voyage à travers l'univers. Le film remporte vingt-trois prix et devient rapidement l'un des plus grands succès de l'histoire de l'ONF, presque 4 000 copies 16 mm du film étant vendues, dont 300 à la NASA. Les remarquables trucages élaborés pour *Universe* amènent Stanley Kubrick a proposer à Low de travailler pour lui à *2001 : A Space Odyssey.* Low décline l'invitation et c'est finalement Wally Gentleman* qui travaillera avec Kubrick. En 1967, il est l'un des initiateurs du programme Challenge for Change. Il est producteur à partir de 1972 et, dès 1976, il dirige la production régionale au programme anglais de l'ONF. Passionné de nouvelles techniques, il coréalise, avec Roman Kroitor et Hugh O'Connor, le film à écrans multiples du Labyrinthe d'Expo 67. *In the Labyrinth* (1979, c. m.) est tiré de cette expérience. En 1980, il tourne *Atmos* (c. m.), devenant ainsi l'un des pionniers de la technologie Omnimax. Low

Colin Low. (Marc-André Grenier, coll. ACPQ)

poursuit dans cette voie tout au long des années 80 et réalise, en 1986, *Transitions* (coréal. T. Ianzelo, c. m.), film en relief Imax présenté à l'Exposition universelle de Vancouver et, en 1988, *Urgence/Emergency* (coréal. T. Ianzelo, m. m.), film de fiction bilingue combinant l'animatique et le procédé Imax. Toujours à la fine pointe de la technologie, Low réalise ensuite *Momentum* (1992, c. m.), un panorama du Canada en Imax HD destiné au pavillon canadien de l'Exposition universelle de Séville. En 1997, le gouvernement du Québec souligne son apport exceptionnel en lui remettant le prix Albert-Tessier.

PRINCIPAUX AUTRES FILMS COMME RÉALISATEUR : *Age of the Beaver* (1951, c. m.), *Circle of the Sun* (1960, c. m.), *The Hutterites* (1963, c. m.), « Fogo Island » (1968, série de vingt-huit c. m.), *Pete Standing Alone* (1982, c. m.), *Callot* (1999, m. m.).

PRINCIPAUX FILMS COMME PRODUCTEUR : *My Financial Career* (G. Potterton, 1962, c. m.), *Very Nice Very Nice* (A. Lipsett, 1961, c. m.), *Cree Hunters of Mistassini* (B. Richardson et T. Ianzelo, 1974, m. m.), *The Forest Watchers* (P. Raymont, 1965, c. m.), « Path of the Paddle » (B. Mason, 1977, quatre c. m.). (M. J.)

**LUCA, Claudio,** producteur, réalisateur, chef opérateur (Rome, Italie, 1945). Diplômé du Germain School of Cinematography de New York dans les années 70, Luca est d'abord directeur photo et cadreur de plusieurs publicités et documentaires en plus de collaborer à des émissions d'affaires publiques de Radio-Canada comme *Télémag, Dossier* et *Le 60*. Il devient producteur en 1982 avec la série documentaire *Les risques du métier*, animée et scénarisée par Fernand Seguin. Il produit ensuite des documentaires tournés à l'étranger dont *Léproserie San Pablo* (C. Luca, 1984, c. m.) et *Cinema italiano* (G. Coneli, 1987, m. m.). À la tête de Télé-Action, incorporée en 1987, il produit un premier long métrage, *Une histoire inventée* (A. Forcier, 1990), où la communauté italienne tient une bonne place. Luca demeure très actif dans le secteur de la télévision où il occupe une place privilégiée en raison du succès remporté sur la scène internationale par *The Boys of St. Vincent* (J. N. Smith, 1992), une série sur les agressions sexuelles couverte de prix et frappée d'interdit. Par la suite, il produit encore les séries *Radio enfer, Les orphelins de Duplessis* et *Big Bear*. Ouvert à la coproduction, Luca produit deux films de langue anglaise, *The Margaret's Museum* (M. Ransen, 1995), qui remporte six prix Génie, et un film famille, *Kayla* (N. Kendall, 1997). Habitué des séries historiques portant sur des injustices, c'est donc dans la continuité qu'il produit avec Nanouk Films le film de Michel Brault sur la révolte, l'emprisonnement et la pendaison des Patriotes de 1838, *Quand je serai parti... vous vivrez encore* (1999). Luca produit les longs métrages de réalisateurs avec lesquels il travaille aussi pour la télévision : *Le sphinx* (L. Saïa, 1995) et *L'île de sable* (J. Prégent, 1999). (M. C.)

**LUSSIER, René,** musicien (Montréal, 1957). Après ses débuts, en 1976, dans le groupe Conventum, il passe rapidement au cinéma comme compositeur et interprète. Avec Conventum, il participe à quelques films, dont *15 nov* (H. Mignault et R. Brault, 1977) et *Le grand remue-ménage* (S. Groulx et F. Allaire, 1978). En collaboration avec André Duchesne*, Jean Derome* ou Robert M. Lepage*, il collabore aussi aux partitions musicales de nombreux films, notamment *À vos risques et* *périls* (Jean et S. Gagné, 1980), *Albédo* (J. Leduc et Renée Roy, 1982, m. m.), *Beyrouth à défaut d'être mort* (T. Rached, 1983, m. m.), *L'émotion dissonante* (F. Bélanger, 1984), *Passiflora* (F. Bélanger et D. Gueissaz-Teufel, 1985), *Charade chinoise* (J. Leduc, 1987), *Voyage en Amérique avec un cheval emprunté* (J. Chabot, 1987, m. m.) et *Trois pommes à côté du sommeil* (J. Leduc, 1988). Il signe aussi la musique des *Frissons d'Agathe* (G. Dionne, 1989, c. m.), de *Nuit et silence* (D. Lacourse et Y. Patry, 1990, m. m.), de *La manière des Blancs* (B. Emond, 1990, c. m.), de *Médecins du cœur* (T. Rached, 1994), de *J'aime, j'aime pas* (S. Groulx, 1996), de *Le trésor archange* (F. Bélanger, 1996), de *Chronique d'un génocide annoncé* (D. Lacourse et Y. Patry, 1996) et de *L'insoumise* (Jeannine Gagné, 1998). Lussier est à un carrefour où sont métissées les musiques « expressionnistes », jazz, contemporaines, *big band* et électro-acoustiques. Au cinéma, il collabore au développement progressif d'une méthode originale d'intégration du travail musical à tout le processus de production des films. Cela permet une homogénéité plus serrée des rapports images-musique, en même temps que des combinaisons dynamiques entre improvisations et compositions. À partir de leur travail avec le cinéaste Pierre Hébert* sur *Étienne et Sara* (1984, c. m.), Lussier, Derome et Lepage se regroupent dans « Chants et danses du monde inanimé » et entreprennent une expérience moderne de cinéma et de musique parmi les plus audacieuses. Cette création prend la double forme du spectacle en direct et de la bande sonore de film, cette dernière enrichie de la performance *live*. Cette collaboration a donné *Chants et danses du monde inanimé — Le métro* (1984, c. m.), *Ô Picasso (tableaux d'une surexposition)* (1985, c. m.), *Adieu bipède* (1986, c. m.) et *Adieu Leonardo* (1987).

DISCOGRAPHIE : *Chants et danses du monde inanimé*, Ambiances magnétiques, AM-001, 1984, rééd. CD, 1996 • *Soyez vigilant, restez vivant* vol. I, Ambiances magnétiques, AM-005, 1986 • *Le retour des granules*, Ambiances magnétiques, AM 006, 1987 • *Le trésor de la langue*, Ambiances magnétiques, AM 015, 1989 • *Le corps de l'ouvrage*, Ambiances magnétiques, AM 029,1994 • *Chronique d'un génocide annoncé*, Ambiances magnétiques, AM 058, 1996 • *Trois histoires*, Ambiances magnétiques, AM 141, 1996. (R. L.)

**MACARTNEY-FILGATE, Terence,** chef opérateur, producteur, réalisateur, scénariste (Écosse, 1924). Il entre à l'ONF en 1954. Figure importante de la série « Candid Eye » (*voir* CINÉMA DIRECT) à la fin des années 50, il y apporte le brin de folie nécessaire à l'amorce du renouvellement du documentaire. Il est à l'origine d'une certaine audace qui consiste essentiellement à dégager la caméra de son trépied pour s'offrir des moments de liberté, parfois acrobatiques, tels certains travellings faits avec la caméra à l'épaule qui tranchent sur des films relativement sages, souvent statiques. Outre une collaboration au programme « Challenge for Change » (*Up Against the System*, 1969, c. m.) dans les années 60 et 70, Macartney-Filgate a surtout dressé des portraits d'artistes et d'écrivains, et retracé l'histoire de la photographie (*The Time Machine*, 1973, c. m.), avant de réaliser une histoire de la communauté noire du Canada (*Fields of Endless Day*, 1979, m. m.).

PRINCIPAUX AUTRES FILMS : *The Days Before Christmas* (1958, c. m.), *Police* (1958, c. m.), *Blood and Fire* (1958, c. m.), *The Backbreaking Leaf* (1959, c. m.), *Woody Allen* (1967, c. m.), *Marshall McLuhan* (1967, c. m.), *Henry David Thoreau* (1972, m. m.), *Barker Fairley* (1979, c. m.), *Lucy Maud Montgomery* (1975).

BIBLIOGRAPHIE : GOBEIL, Charlotte, *Terence Macartney-Filgate*, Ottawa, Canadian Film Institute, 1966. (G. M.)

**MACEROLA, François N.,** administrateur (Montréal, 1942). Bachelier ès arts (1963) de l'Université de Montréal et licencié en droit (1970), il entre à l'ONF en 1971, à titre d'adjoint administratif au directeur de la distribution. Successivement, il est nommé chef du service commercial (1974), directeur de la production française (1976), puis commissaire adjoint du gouvernement à la cinématographie et directeur général de l'ONF (1979). À ce titre, il est l'adjoint de James de B. Domville, commissaire du gouvernement à la cinématographie et président de l'ONF. Il lui succède, en 1984, devenant ainsi le plus haut fonctionnaire fédéral dans le domaine du cinéma. Son mandat est marqué par les suites du rapport du comité d'étude de la politique culturelle fédérale (Applebaum-Hébert), qui propose une redéfinition du rôle de l'ONF. Au cours de sa carrière à l'ONF, Macerola est étroitement lié à l'élaboration de nombreux programmes, dont la consolidation des politiques de vente et la mise en marché des films en vidéocassettes. Il quitte l'organisme fédéral en 1988 et œuvre dans l'industrie privée, d'abord à titre de consultant chez Lavalin (1990-1991), puis de vice-président chez Malofilm Distribution (1991-1995). En février 1995, il est nommé à la direction de Téléfilm Canada. (M. J.)

**MAGNY, Michèle,** actrice (Montréal, 1946). Après ses études à l'École nationale de théâtre, elle fait ses débuts au cinéma dans un film en langue anglaise, *Don't Let the Angels Fall* (G. Kaczender, 1969), où elle tient le rôle d'une jeune chanteuse québécoise qui a une liaison avec un Canadien anglais. Elle tourne ensuite *La chambre blanche* (J. P. Lefebvre, 1969), dont elle est la seule interprète avec Marcel Sabourin. Puis elle joue dans *Ô ou l'invisible enfant* (R. Duguay, 1973), *Taureau* (C. Perron, 1972) et *La piastre* (A. Chartrand, 1976), défendant toujours des rôles de premier plan. Elle participe à une coproduction anglo-canadienne, *The Disappearance* (S. Cooper, 1981). Moins présente à l'écran, à partir de la fin des années 70, Magny se fait encore l'interprète de deux films de Jean Pierre Lefebvre, *Avoir 16 ans* (1979) et *Les fleurs sauvages* (1982). Dans ce dernier film, elle rend avec beaucoup de sensibilité et de finesse son personnage d'une femme qui vit une relation difficile avec sa mère (Marthe Nadeau) qui vient passer, comme chaque été, quelques jours chez elle. Magny joue également dans *Portraits* (Jacques Gagné, 1968, c. m.) et *L'heure bleue* (H.-Y. Rose, 1976, m. m.). Elle est aussi metteure en scène. (M. C.)

**MAHER, Claude,** acteur (Montréal, 1947). Deux ans avant de compléter ses études à l'École nationale de théâtre, en 1970, il tourne *Sombreros inutiles*, un film inachevé de Pierre Harel dont la pellicule est saisie durant les événements d'Octobre 1970. Après de petits rôles dans *Les corps célestes* (G. Carle, 1973) et *Les vautours* (J.-C. Labrecque, 1975), il compose un benêt amoureux, théâtral mais attachant, dans *Le soleil se lève en retard* (A. Brassard, 1976). Puis, la même année, il tient le rôle-titre de *Ti-Cul Tougas* (J.-G. Noël), où son interprétation d'un macho d'opérette parti avec le tiroir-caisse d'une fanfare au nom de son rêve californien est prometteuse. Pourtant, s'il jouera encore dans *La cuisine rouge* (P. Baillargeon et F. Collin, 1979), *L'affaire Coffin* (J.-C. Labrecque, 1979), *Contrecœur* (J.-G. Noël, 1980), *Cher monsieur l'aviateur* (M. Poulette, 1984, c. m.) et *Nénette* (A. Melançon, 1991), il se consacre de plus en plus au théâtre et, après son stage au BBC Television Centre de Londres, en 1985, à la réalisation de comédies de situation pour la télévision (*Poivre et sel*, *Manon*). En 1991, il devient chef de la section des dramatiques à Radio-Canada puis revient à la réalisation, toujours pour la télévision. (M.-C. A.)

**MAHEU, Pierre,** producteur, réalisateur (Montréal, 1939 – 1979). Il étudie en lettres, enseigne quelques années et travaille ensuite dans de grandes agences de publicité jusqu'en 1969. En 1963, il fonde et dirige la revue *Parti pris*, « front intellectuel de libération » pour un Québec laïque, socialiste et indépendant. Il entre à l'ONF en 1969 en tant que producteur, entre autres films, de *Cap d'espoir* (J. Leduc, 1969, m. m.) et d'*On est au coton* (D. Arcand, 1970). Il est l'instigateur de la série « Les quatre

Louise Maheu et Claude Lachapelle dans *Le bonhomme* de Pierre Maheu. *(Le Devoir)*

Grands » : *Québec : Duplessis et après...* (D. Arcand, 1972), *On est loin du soleil* (sur le frère André, J. Leduc, 1970), *Je chante à cheval avec Willie Lamothe* (J. Leduc et L. Ménard, 1971, m. m.) et *Peut-être Maurice Richard* (G. Gascon, 1971). En 1972, dans le cadre de Société nouvelle, il réalise *Le bonhomme* (m. m.), portrait paroxystique de Claude Lachapelle, décrocheur de Saint-Henri qui quitte sa femme et ses enfants pour aller vivre dans une commune. Pour Maheu, Lachapelle apparaît comme un double, un mythe miroir. En 1976, il signe *L'interdit*, documentaire choc sur une commune antipsychiatrique. Marquée d'abord par Sartre, Fanon, Memmi et Berque, puis par le mouvement hippie, son œuvre est une perpétuelle recherche de voies alternatives, dans la politique d'abord, puis dans la contre-culture. Son idéal est de « réinventer l'homme », avec comme paramètres l'écologie, la vie communautaire, de nouvelles spiritualités et une conscience sociale planétaire. Au moment de sa mort, accidentelle, il rédigeait le livre blanc sur le référendum pour le gouvernement du Québec. (Y. L.)

**MAINFILM.** Fondée à Montréal en 1982 par un groupe de jeunes réalisateurs, la plupart finissants de l'Université Concordia, MainFilm est une coopérative de production. Au départ, la coopérative a pour objectifs de fournir, d'entretenir et de gérer de l'équipement pour les cinéastes indépendants. Elle élargit son champ d'action en organisant des visionnements pour ses propres productions, dans ses locaux ou dans différentes salles de Montréal, en développant des échanges qui permettent la diffusion de ses productions et celle du cinéma indépendant en général, au Canada ou même à l'étranger, en offrant des ateliers auxquels participent des professionnels comme Jean Pierre Lefebvre, Denys Arcand et Marcel Sabourin, et en créant une vidéothèque du film indépendant. À l'origine, les projets qui peuvent passer à l'étape de la production sont choisis par un comité. Peu importe le projet, il doit demeurer sous l'entier contrôle du créateur. Mainfilm est alors avant tout une coopérative de réalisateurs qui couvre une partie du budget de production. Durant les années 90, Mainfilm ajuste son mandat à l'évolution du cinéma indépendant et s'affiche davantage comme un centre de services pour cinéastes indépendants. Moyennant un abonnement, ses membres bénéficient d'un tarif préférentiel sur la location d'équipement. Si Mainfilm produit des longs métrages et des vidéos, son travail est particulièrement reconnu dans le champ des courts métrages où elle est très active. Documentaires, fictions, films expérimentaux et politiques, les productions sont aussi variées que le permettent les budgets souvent réduits.

Les projets qui peuvent passer à l'étape de la production sont choisis par un comité. Peu importe le projet, sa forme doit demeurer sous l'entier contrôle du créateur. Aussi MainFilm est-elle d'abord et avant tout une coopérative de réalisateurs. Si MainFilm produit des longs métrages et des vidéos, son travail est particulièrement reconnu dans le champ des courts métrages où elle est très active. Les films sont tantôt narratifs, tantôt lyriques : des fictions aussi bien que des documentaires et des films expérimentaux ou politiques. Des cinéastes aussi différents que Raphael Bendahan* (*When the Light Grey Man Carries Our Luggage*, 1986, c. m.), Jean-Claude Bustros (*La queue tigrée d'un chat comme un pendentif de pare-brise*, 1983, c. m.), Bashar Shbib* (*Seductio*, 1987), Pierre Grégoire (*Adramélech*, 1985), Rick Raxlen* (*Jaffa Gate*, 1982, c. m. ; *Horses in Winter*, coréal. P. Vallely, 1988 ; *The Strange Blues of Cowboys*, 1991), Marie Potvin (*Du pain et des jeux*, 1986, c. m.), Peter Sandmark (*No Ordinary Bomb*, 1984, c. m.), Carlo Alacchi (*Breadhead*, 1990), Attila Bertalan (*A Bullet in the Head*, 1990), Jeanne Crépeau (*Revoir Julie*, 1998), Mireille Dansereau (*Les marchés de Londres*, 1996, c. m.) et Pierre Jutras (*Petites chroniques cannibales-1. Rosalie*, 1996, m. m.) profitent, à une étape ou à une autre de leur travail, des services de MainFilm. La coopérative réunit des créateurs de langue française et de langue anglaise. (J. A. et É. P.)

**MALLET, Marilú,** réalisatrice, monteuse (Santiago, Chili, 1944). Après des études en anthropologie, en architecture puis en cinéma, elle réalise ses premiers films au Chili sous le régime de l'Unité populaire. Elle se réfugie au Québec en 1973. Ses meilleurs films sont inspirés par la situation de l'immigrant, du réfugié, par la tension, voire le déchirement entre passé et présent, ailleurs et ici, fidélité et assimilation. *Les Borgès* (1978, m. m.) est un documentaire sur une famille d'immigrants portugais à Montréal où les protagonistes représentent chacun une des attitudes possibles face à l'installation dans un nouveau pays et spécifiquement au Québec. C'est le fils francophone, et non une quelconque voix off, qui fournit les explications, les informations et les commentaires sur l'histoire de la famille. La caméra sait être à la fois familière et respectueuse. *Journal inachevé* (1982, m. m.) est un film plus directement personnel : ni documentaire ni vraiment fiction, il tient de la correspondance privée, du journal intime, des mémoires. Il consiste en une saisie et une reprise têtues de différentes séries d'images appelées par le manque, par le désir et le besoin de recomposer une vie encore écartelée entre l'enfance et l'adolescence au Chili et la vie présente, un mariage fragile, un enfant difficile, la problématique insertion dans la société québécoise. Cette fiction autobiographique récupère ce qu'auraient exclu l'ordre linéaire de la narration conventionnelle (la fiction) ou le déroulement à sens unique du temps réel et de la vie vécue (le documentaire). En 1986, elle réalise *Mémoires d'une enfant des Andes* (m. m.), joli film sur la vie d'un village péruvien vue par les yeux d'une petite fille que son infirmité place en position d'observatrice. Avec *Chère Amérique* (1990, m. m.), réalisé pour la collection « Parler d'Amérique », Mallet poursuit l'étude des milieux immigrants. Il s'agit cette fois de Céleste, Portugaise installée depuis longtemps à Montréal, et devenue propriétaire de plusieurs immeubles qu'elle administre tout en continuant à faire des ménages. Bien qu'il se présente comme un documentaire en direct, le film se développe à partir de la rencontre, provoquée par la cinéaste, de Céleste avec Catherine, jeune claveciniste et journaliste québécoise, de génération et de milieu différents. Le film remet en question les rapports entre documentaire et fiction, cinéma et réalité. Dans *2, rue de la Mémoire* (1995, m. m.), deux amants séparés se rencontrent dans une maison abandonnée d'une ville innommée, évocation sensible, pleine de mélancolie, d'un univers d'enfance sublimée par son éloignement dans le temps et l'espace. Mallet a également publié deux recueils de nouvelles, *Les compagnons de l'horloge-pointeuse* (1981) et *Miami trip* (1986).

AUTRES FILMS : *Amuhuelai-Mi* (1971, c. m.), *A E I* (1972, c. m.), *La première année* (collectif sous la direction de Patricio Guzman, 1972), *Il n'y a pas d'oubli* (coréal. R. Gonzalez et J. Fajardo, 1975), *L'évangile à Solentiname* (1979, c. m.). (M. E.)

**MALLETTE, Yvon,** animateur, décorateur, réalisateur (Montréal, 1935). Après l'École des beaux-arts de Montréal, il travaille à l'ONF sous la direction de Pierre L'Amare. En 1965, Robert Verrall, de la production anglaise (ONF), lui commande des décors d'animation. À sa suggestion, il entreprend ensuite la réalisation d'un premier film, *Boomsville* (1968, c. m.). Il réalise quelques clips et, en 1973, *The Family that Dwelt Apart* (c. m.), qui raconte la curieuse histoire d'une famille de pêcheurs insulaires que les habitants du continent croient en détresse. Le film est mis en nomination pour un Oscar. En 1975, il rejoint le studio français d'animation. Sa réflexion sur le cinéma l'amène à se spécialiser dans la réalisation de décors et de séquences d'animation à insérer dans des films documentaires ou de fiction. C'est ainsi qu'il collabore à *IXE-13* (J. Godbout, 1971), à *Marie Uguay* (J.-C. Labrecque, 1982, m. m.), à *L'Anticoste* (B. Gosselin, 1986) et *À force de bras* (J.-T. Bédard, 1988). Pendant quelques années, il enseigne le cinéma d'animation aux détenus de l'Institut Archambault et à l'UQÀM. Il quitte l'ONF en 1991. (A. D.)

**MALO, René,** distributeur, producteur (Joliette, 1942). Il touche d'abord à la chanson populaire en convertissant, à l'âge de dix-huit ans, une vieille grange de la région de Joliette en boîte à chansons. Cette salle, la Cabastran, sert notamment de tremplin à Claude Dubois et au groupe Offenbach. En 1967, avec un budget de 400 000 $, Malo produit les deux mille six cents heures de spectacles du pavillon de la Jeunesse à l'Expo. Il est ensuite directeur des services administratifs à Radio-Québec, avant de se tourner plus sérieusement vers la production de spectacles et de disques. Au début des années 70, il fonde Kébec-Spec, Kébec-Disque et Kébec-Film avec Guy Latraverse. À la même époque, il fonde la corporation Image M & M, une maison de production de films. Il y produit plus de cent cinquante courts et moyens métrages, pour la plupart des films publicitaires et des documentaires. En 1973, il se sépare de Latraverse et concentre ses activités sur le cinéma. L'année suivante, il fonde Les films René Malo, qui distribueront de très nombreux longs métrages. En 1975, avec un partenaire français, Christian Fechner, il profite de la politique américaine d'abri fiscal pour investir dans la production de films américains. Lorsque les exemptions fiscales sont supprimées, les deux associés se retrouvent criblés de dettes. Pour se sortir du pétrin, ils réussissent, à coût modique, à faire signer un contrat à Louis de Funès, devenu inassurable à la suite de sérieux problèmes cardiaques. De Funès tourne *L'aile ou la cuisse* (C. Zidi, 1976) et le film connaît un succès retentissant. Malo et Fechner poursuivent sur cette lancée en produisant *L'animal* (C. Zidi, 1977) qui met en vedette Jean-Paul Belmondo. Là encore, le succès est considérable. Fort de cette expérience, Malo commence à produire des longs métrages de fiction québécois : *Panique* (J.-C. Lord, 1977), *L'homme à tout faire* et *Sonatine* (M. Lanctôt, 1980 et 1983). Il produit également, avec des partenaires français, *Le ruffian* (J. Giovanni, 1983) dont Lino Ventura, Bernard Giraudeau et Claudia Cardinale sont les têtes d'affiche, et *Lune de miel* (P. Jamain, 1985), qui met en vedette Nathalie Baye.

Décidé à contrôler, au cinéma, la production, la distribution et la promotion — intégration verticale qui faisait déjà sa marque dans le domaine de la chanson —, il renforce sa position sur le marché de la distribution en achetant, en 1983, le plus important distributeur indépendant du Canada, Films Mutuels. Il acquiert par le fait même 50 % de New World Mutual, une compagnie américaine de distribution. La même année, pour prévenir le manque à gagner provoqué par la baisse de fréquentation des salles, il fonde deux compagnies de distribution de vidéocassettes : René Malo Vidéo, qui dessert le Québec, et New World Vidéo, qui fait de même pour le Canada. Pour consolider ses assises et ouvrir de nouveaux marchés, il crée, en 1987, de concert avec la firme torontoise Nelvana et le producteur Pierre David*, Imagine Organisation, un service de commercialisation de films dont les bureaux sont situés à Montréal, Toronto, Los Angeles et Paris. En 1989, Malo et David consolident leur emprise sur cette société. Malo met aussi sur pied Lance Entertainment, une compagnie de production destinée au marché anglophone mondial. Une restructuration administrative, en 1987, donne naissance au Groupe Malofilm, qui comprend Malofilm Distribution (Les films René Malo), Malofilm Production (Image M & M), Malofilm Vidéo (René Malo Vidéo), New World Video, Imagine Organisation et Lance Entertainment. Après le succès phénoménal du *Déclin de l'empire américain* (D. Arcand, 1986), dont il est le coproducteur (avec l'ONF), le distributeur et l'exportateur,

Malo revient brièvement en force dans la production québécoise en produisant ou coproduisant *Tinamer* (J.-G. Noël, 1987), *Les tisserands du pouvoir* (C. Fournier, 1988, deux longs métrages), *Les portes tournantes* (F. Mankiewicz, 1988) et *Trois pommes à côté du sommeil* (J. Leduc, 1988). Dans les années qui suivent, il produit plusieurs films fantastiques : *Pin* (S. Stern, 1989), *Blind Fear* (T. Berry, 1989), *Scanners II : The New Order* (C. Duguay, 1990) et *Scanners III : The Takeover* (C. Duguay, 1991). Il est également producteur exécutif de *Internal Affairs* (M. Figgis, 1990), *Scanner Cop* (P. David, 1994) et *Frankenstein and Me* (R. Tinnell, 1996). En 1996, il vend le Groupe MaloFilm, mais demeure actif en dirigeant notamment le Groupe Lawem, ainsi qu'une société associée à Cinéplex Odéon. Membre de nombreux conseils d'administration, il demeure une personnalité influente du milieu de l'audiovisuel. En 1999, il produit *Ladies Room* (G. Cristiani), une comédie mettant en vedette Greta Scacchi et John Malkovich. (J. P.)

**MANKIEWICZ, Francis,** réalisateur, scénariste (Shanghaï, Chine, 1944 – Montréal, 1993). Ses parents émigrent à Montréal peu après sa naissance. Après des études en géologie, il suit des cours à la London School of Film Technique de 1966 à 1968. Pendant son séjour en Angleterre, il travaille comme cameraman pour six cours métrages documentaires. De retour au Québec en 1969, il gagne sa vie comme assistant réalisateur, directeur de production et cameraman. En 1972, il réalise à l'ONF un premier long métrage dont il est aussi le scénariste, *Le temps d'une chasse.* Le film remporte trois Canadian Film Awards. À travers l'histoire de trois travailleurs de l'est de Montréal qui partent pour une fin de semaine de chasse, le film y va d'une série de fines observations. Sont ainsi dévoilées les failles et les frustrations de ces hommes, sous le regard indifférent de l'enfant qui les accompagne. Lorsqu'à la toute fin, l'un d'entre eux est tué accidentellement, c'est tout l'aspect dérisoire de leur existence qui saute aux yeux. Habilement construit, interprété avec naturel par Guy L'Écuyer, Marcel Sabourin et Pierre Dufresne, filmé avec légèreté par Michel Brault, *Le temps d'une chasse* annonce un véritable talent de cinéaste. Mais, au cours des années qui suivent, Mankiewicz ne réalise que des films de commande, le plus souvent pour la télévision. Il est aussi producteur délégué pour *Les allées de la terre* (A. Théberge, 1972). En 1978, il signe *Une amie d'enfance*, adaptation d'une comédie de banlieue de Louis Saïa et Louise Roy. Le film passe pratiquement inaperçu. La même année, l'écrivain Réjean Ducharme*, qui a vu *Le temps d'une chasse*, lui fait parvenir le scénario des *Bons débarras* (1980). Le film remportera huit Génie et révélera les comédiennes Marie Tifo et Charlotte Laurier. Transposant au cinéma l'univers et la sensibilité de Ducharme, *Les bons débarras* présente une fillette machiavélique qui voue à sa mère un amour exclusif. Crue, naturaliste, proche des comédiens, la mise en scène de Mankiewicz donne à cette galerie d'êtres déclassés une dimension exceptionnelle. Le cinéaste retourne à l'ONF pour réaliser *Les beaux souvenirs* (1981), à partir d'un autre scénario de Ducharme. Si, dans *Les bons débarras*, l'absence du père déterminait les rapports entre Manon et sa mère, le schéma est inversé dans *Les beaux souvenirs*, et c'est l'absence de la mère qui est à l'origine du trauma affectant le père et ses deux filles. Dans ce drame familial, dont l'action est située à l'île d'Orléans, un père devenu presque muet (Paul Hébert) refuse de voir sa fille aînée (Julie Vincent) parce qu'elle ressemble trop à sa femme, partie avec un Anglais. Sous les yeux de la cadette (Monique Spaziani), femme-enfant au comportement à la fois diabolique et angélique, le père et la fille se déchirent jusqu'à ce que celle-ci soit poussée au suicide. D'une construction manquant de rigueur, le film, qui rappelle à plus d'un égard le précédent, est accueilli plutôt froidement. En 1983, toujours à l'ONF, Mankiewicz entreprend l'adaptation d'un roman d'Anne Hébert, *Les fous de Bassan*. L'année suivante, dans le but d'en accélérer la production, il quitte l'ONF. Une mésentente avec le producteur privé l'oblige cependant à abandonner le projet en 1985. Engagé par CBC, il tourne alors *The Sight* (c. m.), adaptation d'une nouvelle de Brian Moore. Toujours pour la télévision torontoise, il réalise *And Then You Die* (1987), un film d'action sur la pègre irlandaise de Montréal. Il revient au grand écran avec *Les portes tournantes* (1988), adaptation d'un roman de Jacques Savoie. Coproduit avec la France, le film raconte l'histoire de Madrigal Blaudelle (Gabriel Arcand), peintre au naturel timide qui apprend à connaître sa mère, la pianiste Céleste Beaumont (Monique Spaziani), en explorant le contenu d'une vieille valise qui recèle, entre autres objets, son journal. D'abord témoin ennuyé des fouilles de son père, c'est le fils de Madrigal (François Méthé) qui viendra clore le récit en allant retrouver sa grand-mère à New York. Il signe ensuite deux séries pour CBC : *Love and Hate* (1989) et *Conspiracy of Silence* (1990).

Dès *Le temps d'une chasse*, où l'enfant était témoin de la mort de son père, le thème de l'enfance traverse l'œuvre de Mankiewicz. Dans

Francis Mankiewicz. (Attila Dory, coll. ACPQ)

les trois films personnels qu'il réalise par la suite (*Les bons débarras*, *Les beaux souvenirs* et *Les portes tournantes*), l'enfant souffre toujours d'un besoin d'amour inassouvi, et ne cesse d'essayer de reconstituer un idéal familial où la mère occupe la place centrale. En 1993, peu de temps après son décès, le gouvernement du Québec reconnaît l'apport exceptionnel de Mankiewicz au cinéma québécois en lui attribuant le prix Albert-Tessier.

FILMS : *Le temps d'une chasse* (1972), *Un procès criminel* (1973, c. m.), *Une cause civile* (1973, c. m.), *Valentin* (1973, c. m.), *L'orientation* (1974, c. m.), *Expropriation* (1975, m. m.), *What We Have Here Is a People Problem* (1976, m. m.), *I Was Dying Anyway* (1977, c. m.), *Une amie d'enfance* (1978), *Une journée à la pointe*

*Pelée* (1978, c. m.), *A Matter of Choice* (1978, m. m.), *Les bons débarras* (1980), *Les beaux souvenirs* (1981), *The Sight* (1985, c. m.), *And Then You Die* (1987), *Les portes tournantes* (1988).
BIBLIOGRAPHIE : Marsolais, Gilles, *Le temps d'une chasse*, VLB éditeur, Montréal, 1978. (M. J.)

**MARCHAND, Pierre,** réalisateur (Trois-Rivières, 1952). Il étudie en archéologie puis en communication à l'Université d'Ottawa. Il doit sa passion pour le cinéma à Léo Henrichon* qui lui communique aussi son amour de la nature. Tous ses films puisent leur inspiration dans les voyages et l'exploration. Il réalise des films-conférences, selon la formule des Grands Explorateurs. Son long métrage *Kébec sauvage* (1974), traitant des Amérindiens et, surtout, des espèces animales du Moyen-Nord québécois, connaît une vaste diffusion au Québec et fait l'objet d'une tournée en Europe. Marchand réalise aussi *Ungava : terre lointaine* (1974), *Galapagos îles de la préhistoire* (1978) et *Expédition Galapagos* (1988, m. m.). (J.-L. D.)

**MARCOTTE, Jacques,** scénariste, acteur (Québec, 1948). En 1967, alors qu'il flâne à la cafétéria du cégep Édouard-Montpetit, André Forcier* lui offre de jouer dans *Le retour de l'Immaculée Conception* (1971). Par la suite, Marcotte l'aide à scénariser *Bar salon* (1973), puis collabore, comme scénariste, à presque tous ses autres films : *L'eau chaude l'eau frette*, 1976 ; *Au clair de la lune*, 1982 ; *Kalamazoo*, 1988 ; *Une histoire inventée*, 1990. Il joue dans la plupart des films de Forcier, tantôt jeune marié d'une noce pas très heureuse (*Bar salon*), tantôt employé d'hôtel ridicule amou-

Jacques Marcotte, acteur dans *Bar salon* d'André Forcier. (coll. ACPQ)

reux du garçon d'ascenseur (*Kalamazoo*). Il n'est sans doute pas étranger à la poésie et à la fantaisie qui marquent toute l'œuvre de Forcier, avec qui il forme un tandem d'un genre unique au Québec. Dans la continuité de cette longue collaboration, qui prend fin avec *Une histoire inventée*, Marcotte multiplie les petits rôles et on le voit dans *Léolo* (J.-C. Lauzon, 1992), *Exit, la nuit* (D. Dugas, 1996, c. m.) et *La position de l'escargot* (M. Saäl, 1998). Consultant à la scénarisation (*La position de l'escargot*), il coscénarise deux films où des femmes confrontées à des situations difficiles choisissent, courageusement, de partir, la première jeune mère célibataire dont un cinéaste en herbe voudrait faire sa muse au moment où revient le père de l'enfant (*J'aime j'aime pas*, S. Groulx, 1996), la seconde vieille femme qui se dépouille de tous ses biens et attaches, bien décidée à mourir (*L'âge de braise*, J. Leduc,

1998). Il remporte avec Sylvie Groulx le prix SARDeC du meilleur scénario pour *J'aime j'aime pas*, dans lequel ils évitent avec finesse tout travers moralisateur et ne cherchent jamais à enjoliver, de manière rassurante, la réalité. (J. D. et M. C.)

**MARCOTTE, Jean-Roch,** producteur, monteur, réalisateur (Taschereau, 1946). Associé au développement de la vidéo à la Production française de l'ONF de 1974 à 1976, Marcotte participe à la pré-production de *Comme des chiens en pacage* (R. Desjardins et R. Monderie, 1977, m. m.), produit, signe les images et coréalise *Chante si t'es capable* (coréal. L. Aubin, 1978, m. m.), puis monte *Pukuanipanan* (A. Lamothe, 1980) dans la série « Chronique des Indiens du nord-est du Québec ». Membre fondateur des Productions du Regard, dont il assure la présidence, il passe clairement à la production en 1980. Marcotte produit d'abord des documentaires engagés, *On l'appelait Cambodge* (M. Duckworth, 1982, m. m.), «*Quel numéro what number?*» (S. Bissonnette, 1985) et des films liés à sa région d'origine, l'Abitibi-Témiscamingue, *Les garderies qu'on veut* (C. Poliquin et I. Isitan, 1984, c. m.), *Noranda* (D. Corvec et R. Monderie, 1984, m. m.) et *Abijévis* (A. Dudemaine, 1986, c. m.). Le premier long métrage qu'il produit, *Portion d'éternité* (R. Favreau, 1989), très bien accueilli au Québec, est primé à Montréal et à Manheim. Après une série de coproductions, *Babylone* (M. Bonmariage, 1990), *Alisée* (A. Blanchard, 1991) et *L'homme sur les quais* (R. Peck, 1993), Marcotte retrouve le succès en coproduisant *Le sexe des étoiles* (P. Baillargeon, 1993), lequel remporte des prix à Montréal, Chicago, Blois, Cannes et Marseille. Sa seule incursion sur le terrain de la comédie, *Angélo, Fredo et Roméo* (P. Plante, 1995), se solde par un échec très médiatisé. Travaillant constamment avec de nouveaux réalisateurs, Marcotte coproduit ensuite une fiction qui suit pas à pas la terrible traversée de l'Atlantique d'un groupe d'émigrants à bord d'un conteneur, *Clandestins* (D. Chouinard et N. Wadimoff, 1997), présentée dans de nombreux festivals, puis, à la suite du *Sexe des étoiles*, une deuxième adaptation d'un roman de Monique Proulx, *Souvenirs intimes* (J. Beaudin, 1998). (M. C.)

**MARLEAU, Louise,** actrice (Montréal, 1945). Elle débute à la télévision à huit ans, au théâtre à quinze ans et au cinéma à dix-sept ans, lorsque Gilles Carle lui offre le rôle de la belle fille de la campagne dans *Solange dans nos campagnes* (1964, c. m.). Quelques mois plus tard, elle donne la réplique à Geneviève Bujold dans *Geneviève* (M. Brault, 1964, c. m.), qui constitue le volet canadien du film à sketches *La fleur de l'âge*. Elle obtient ensuite un petit rôle dans *YUL 871* (J. Godbout, 1966). Après une éclipse de quatre ans, elle revient avec un premier rôle dans *L'amour humain* (D. Héroux, 1970) et un autre dans *Le diable est parmi nous* (J. Beaudin, 1972), deux films de type érotique n'exploitant guère ses dons de comédienne. Elle poursuit au théâtre une importante carrière qui en fait l'interprète de Williams, Ibsen, Strindberg et Tchekhov. Au Festival de Stratford, où elle joue Shakespeare, elle est remarquée dans le rôle de Juliette. Il faut attendre *L'arrache-cœur* (M. Dansereau, 1979) pour qu'elle soit enfin révélée au cinéma. Elle y incarne une jeune femme dont la vie de couple est perturbée par le conflit qui l'oppose à sa mère (Françoise Faucher). Ce rôle lui vaut le Prix d'interprétation féminine

Donald Pilon et Louise Marleau dans *Une histoire inventée* d'André Forcier.

au FFM. Ensuite, dans *Les bons débarras* (F. Mankiewicz, 1980), elle est la belle madame Viau-Vachon, femme inaccessible qui matérialise les fantasmes de Guy, l'attardé, interprété par Germain Houde. Après une apparition dans *Girls* (J. Jaeckin, 1980) et un premier rôle en anglais dans *Black Mirror* (P.-A. Jolivet, 1981), elle rencontre Léa Pool, qui lui offre, coup sur coup, deux beaux personnages dans *La femme de l'hôtel* (1984) et *Anne Trister* (1986). Dans le premier film, Marleau est cette femme errante et mystérieuse qui inspire le cinéaste (Paule Baillargeon) ; ce rôle lui vaut un prix d'interprétation au Festival de Chicago. Dans le second, elle est le médecin spécialisé en psychiatrie enfantine sur qui Anne (Albane Guilhe) jette son dévolu. En 1986, elle campe une pianiste aux prises avec le fantôme de son ancien amour dans *Exit* (R. Ménard). André Forcier lui offre ensuite un rôle à sa mesure, celui de Florence Desruisseaux, la séductrice d'*Une histoire inventée* (1990) que poursuivent inlassablement ses quarante amants. Elle retrouve ce metteur en scène pour *La comtesse de*

*Baton Rouge* (1997), mais la rencontre est cette fois moins heureuse, son personnage d'Argèle Temporel étant avalé par le monde de cirque imaginé par Forcier. Le cinéaste français Jean-Claude Guiguet, toutefois, dans *Le mirage* (1992), mise avec bonheur sur sa grâce naturelle pour lui confier le rôle d'une femme refusant l'empreinte que le temps laisse sur elle.
À travers peu de grands rôles au cinéma, Marleau a réussi à imposer une image singulière auprès du public, image finalement assez proche de son rôle dans *Les bons débarras.* Sa beauté distinguée, ses gestes lents, son regard évanescent et sa voix profonde lui donnent une aura proche de celle des stars. Devant la caméra, chacun de ses mouvements, chacune de ses expressions laissent croire que la lumière l'aime. Léa Pool, qui a le mieux exploité son talent, a bien su le percevoir. Marleau se montre d'ailleurs fidèle à la réalisatrice en apparaissant brièvement dans *À corps perdu* (1988).
AUTRES FILMS : *Femme de pierre* (J. Salvy, 1989), *Cruising bar* (R. Ménard, 1989), *Les naufragés du Labrador* (F. Floquet, 1991), *Mauvais coup* (G. Lefebvre, 1997, c. m.). (M. J.)

**MARLEAU, Lucien,** monteur, réalisateur, scénariste (Hull, 1921 – Montréal, 1999). Après avoir été comptable et gérant d'un commerce en gros dans l'Outaouais, il entre à l'emploi de l'ONF en 1953, organisme qu'il ne quittera qu'en 1986. Il y travaille essentiellement comme monteur de plusieurs documents de formation pour l'armée canadienne, de films didactiques, de séries pour la télévision et de films comme *Get Wet* (W. Canning, 1966, c. m.), *A Matter of Fat* (W. Weintraub, 1969), *Le journal de Madame Wollock* (G. Blais, 1979, c. m.) et *Le trésor des Grotocéans* (C. Hoedeman, 1980, c. m.). Son montage de *Fields in Space* (S. Goldsmith, 1969, c. m.) lui vaut un Canadian Film Award. Il travaille tantôt en anglais, tantôt en français. Marleau exerce également le métier de monteur dans le secteur privé, notamment à Coopératio où il est associé à trois films de Pierre Patry, *Trouble-fête* (1964), *La corde au cou* (1965) et *Caïn* (1965). Il monte aussi des séries pour la télévision, comme *Le courrier du roy* et *Les enquêtes Jobidon.* Formé en technologie de l'enseignement, Marleau, qui se spécialise dans les productions audiovisuelles de commande, scénarise et réalise plusieurs diaporamas et vidéos. Au fil des ans, il est actif au sein de la Fédération des cinéastes amateurs canadiens, de l'Association des cinéastes amateurs québécois, de l'ADATE et de l'AQÉC. Il anime de nombreux ateliers portant sur différents aspects de l'audiovisuel et enseigne au niveau universitaire à partir de 1972. (M. C.)

**MARTIN, Alexis,** acteur, scénariste (Montréal, 1964). À ses débuts au cinéma, Martin, formé au Conservatoire d'art dramatique, défend des rôles loin de sa personnalité, juif hassidique dans *Moïse* (H. Greenberg, 1990, c. m.) ou prisonnier en fuite dans *Le party* (P. Falardeau, 1989). Puis il fait sa marque en interprétant toute une galerie de verbomoteurs, des intellectuels de comédie qu'on imaginerait bien chez Woody Allen. Ainsi, il incarne la voix de la conscience dans *La vengeance de la femme en noir* (R. Cantin, 1997), le ridicule client d'une agence de rencontres dans *Karmina* (G. Pelletier, 1996), un interprète pour sourds-muets qui veut désespérément voir les nouveaux seins de celle qu'il a aimée dans le sketch d'André Turpin de *Cosmos* (coréal. J. Alleyn, M. Briand, M.-J. Dal-

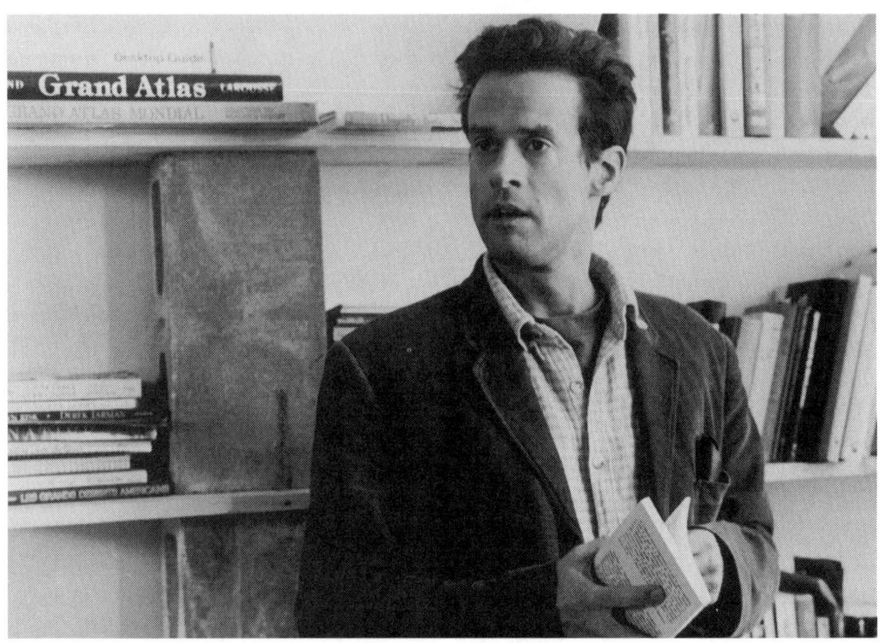


Alexis Martin dans *Un 32 août sur terre* de Denis Villeneuve. (Pierre Crépô, coll. RVCQ)

laire, A. Paragamian et D. Villeneuve, 1996) et un dramaturge converti au terrorisme qu'il pratique en amateur dans *Nô* (R. Lepage, 1998). S'il est moins convaincant en vendeur d'électricité hâbleur et grimaçant dans *Le siège de l'âme* (O. Asselin, 1996), son interprétation, très juste, d'un homme amoureux de sa meilleure amie qui accepte, à ses conditions, de lui faire un enfant dans *Un 32 août sur terre* (D. Villeneuve, 1998) lui vaut un prix Jutra. Dramaturge de plus en plus reconnu (*Presbytère du Nord*, *Révolutions*), il adapte avec le réalisateur Jean-Philippe Duval sa pièce *Matroni et moi* (1999) où il reprend pour le grand écran un personnage qui résume bien le genre de rôle qu'il tient au cinéma, intellectuel de bonne famille, au sens moral élevé, bavard et maladroit, dont les initiatives ont des conséquences malheureuses. Martin participe aussi à des courts et à un moyen métrages : *Les fins de semaine* (C. Martin, 1995, c. m.), *Vous n'avez pas votre place ici* (S. Rose, 1996, c. m.), *Petits maîtres* (S. Rose, 1998, m. m.). (M. C.)

**MARTIN, Catherine,** monteuse, scénariste, réalisatrice, productrice (Hull, 1958). Au terme d'études à l'Université Concordia en photo et cinéma qui lui révèlent sa passion pour ce média, elle exerce, principalement au Québec, jusqu'au début des années 90, plusieurs activités qui contribuent à son appren-

tissage de l'art cinématographique. Après un premier film indépendant qui déjà fait voir sa sensibilité et sa rigueur, *Odile ou réminiscences d'un voyage* (1985, c. m.), elle tourne *Nuits d'Afrique* (1990, m. m.) qui obtient plusieurs prix au Canada, dont le prix du meilleur moyen métrage québécois décerné par l'AQCC. Martin y parle avec poésie de rêve, d'intimité et de voyage et, bénéficiant du talent d'acteurs de premier plan (Élise Guilbault, Marc Messier), témoigne de la maîtrise que sait atteindre le cinéma indépendant. Elle mise sur la plasticité du noir et blanc, un choix esthétique qu'elle maintient jusqu'au *Dames du 9*[e] (1998, m. m.). Avec beaucoup de persévérance, elle réalise ensuite un autre film personnel, *Les fins de semaine* (1995, c. m.). Cette suite de tableaux qui sont autant de pensées filmées sur l'amour sur fond de présence urbaine, démontre sa sensibilité, son humour, son goût de la philosophie et son sens de l'image. Elle devient une figure de proue de la défense du cinéma indépendant et on retrouve son nom au générique du film collectif *Un film de cinéastes* (1994). Jusqu'alors uniquement portée vers la fiction, elle entreprend un documentaire, *Les dames du 9*[e], que, pour la première fois, elle ne produit pas elle-même. Elle présente avec complicité et sensibilité les relations entre les serveuses et les clientes du mythique restaurant du magasin Eaton. On y retrouve l'utilisation de la voix off (la sienne dans ce cas), un type de narration que Martin affectionne. Elle remporte le prix AQCC-Téléfilm pour le meilleur documentaire de 1998. Le cinéma de Martin, constitué d'imaginaire et de souvenirs, est empreint de sensibilité et de douceur qui tiennent autant aux sujets qu'au style de la cinéaste.
AUTRE FILM : *L'ombre* (1992, c. m.). (P. V.)

**MARTIN, Richard,** acteur, réalisateur (Montréal, 1938). D'abord comédien à la radio, au théâtre, à la télévision et au cinéma (*La corde au cou*, P. Patry, 1965), puis metteur en scène de théâtre, il entre à Radio-Canada à titre de régisseur, en 1965, et devient réalisateur dès l'année suivante. Son premier film, *Finalement...* (1971), est une histoire d'amour superficielle, sorte de long *scopitone* construit autour du duo formé de Chantal Renaud et Jacques Riberolles. Il continue ensuite de travailler pour la télévision et signe des mises en scène de théâtre remarquées avant de réaliser *Les beaux dimanches* (1974), adaptation de la pièce de Marcel Dubé. Il choisit, dans un effort pour dissimuler les origines théâtrales du projet, d'aérer le drame et de rajeunir ces quatre couples bourgeois piégés par leur réussite. De retour à la télévision, il est pressenti, en 1985, pour réaliser *Les fous de Bassan*, que tournera Yves Simoneau. Il réalise ensuite plusieurs téléséries dont *Lance et compte II* et *III*. (Y. P.)

**MASON, Bill,** réalisateur (Winnipeg, Manitoba, 1929 – Montréal, 1988). Il est, dans l'âme, un artiste-peintre. Amant de la nature, il essaie, dans ses films, d'en témoigner avec un respect et une connaissance que peu de cinéastes, sauf peut-être Jean-Louis Frund, partagent avec lui. Son œuvre est marquée par deux sujets qu'il affectionne tout particulièrement : le canotage (*Paddle to the Sea*, 1966, c. m.; *The Rise and Fall of the Great Lakes*, 1968, c. m.; la série « Path of the Paddle », 1977, quatre courts métrages) et les loups (*Death of a Legend*, 1971, m. m.; *Cry of the Wild*, 1972; *Wolf Pack*, 1974, c. m.). Parmi ces films, *Cry of the Wild* demeure célèbre par l'audace de la réalisation et la détermination de son auteur à transmettre ce que lui a enseigné sa connaissance intime des animaux. Documentariste sans autre prétention que celle de contribuer à la bonne compréhension des choses, il réalise aussi des films sur des sujets comme l'introuvable baleine franche (*In Search of the Bowhead Whale*, 1974, m. m.), le relief terrestre (*Face of the Earth*, 1975, c. m.) et la sécurité aquatique (*Coming Back Alive*, 1980, c. m.). En 1984, il termine *Waterwalker*, film impressionnant sur les lacs, le canotage et l'écologie, qu'il a tourné sur une période de douze ans. (A. D.)

**MATHIEU, Jean,** acteur (Montréal, 1924). Connu par la radio comme annonceur et fantaisiste, Mathieu viendra assez tardivement au cinéma. Mais il mettra les bouchées doubles. Ainsi, en 1974-1975, il jouera dans pas moins de sept longs métrages. Avec *Partis pour la gloire* (C. Perron, 1975), Mathieu fait ses débuts à l'écran et se révèle être un comédien d'excellente trempe. Jean-Claude Labrecque l'utilise ensuite à plusieurs reprises, notamment dans *Les vautours* (1975) et dans *Les années de rêves* (1984) où il incarne l'oncle John. Paul Tana lui confie le rôle de Léo dans *Les grands enfants* (1980). Son personnage le plus émouvant, il lui faut attendre *Jacques et Novembre* (F. Bouvier et J. Beaudry, 1984) pour le trouver : il s'agit d'Hervé, le père de Jacques, homme d'aspect pataud et débonnaire, à peu près incapable d'extérioriser les sentiments qui le consument. Les réalisateurs de *Jacques et Novembre* lui font d'ailleurs un clin d'œil en lui offrant un petit rôle dans *Les matins infidèles* (1989). Dans *Les tisserands du pouvoir* (C. Fournier, 1988, deux longs métrages), Mathieu joue un ecclésiastique, Monseigneur Bourgoin. En 1991, Michel Brault lui offre un premier rôle dans le sketch qu'il réalise pour *Montréal vu par...* (coréal. D. Arcand, A. Egoyan, J. Leduc, L. Pool et P. Rozema), celui d'un homme à qui sa femme annonce qu'elle le quitte, au Forum de Montréal, lors d'un match de hockey. (J.-M. P.)

**MAUFFETTE, Guy,** acteur (Montréal, 1915). Déjà connu comme homme de radio, Mauffette joue les jeunes premiers dans quelques films regroupés dans l'immédiat après-guerre : *Le père Chopin* (F. Ozep, 1945), *Le curé de village* (P.Gury, 1949), *Les lumières de ma ville* (J.-Y. Bigras, 1950), *Son copain* (J. Devaivre, 1950). Deux remarques s'imposent : *primo*, la présence de Mauffette à l'écran est toujours faite d'un mélange d'exaltation et d'évanescence qui relève du plus pur paradoxe ; *secundo*, les génériques sont sans pitié pour l'orthographe de son nom. (J.-M. P.)

**MAY, Derek,** réalisateur, monteur, scénariste (Londres, Angleterre, 1932 – Montréal, 1992). Jeune peintre désireux de tenter l'aventure américaine, il quitte la Grande-Bretagne en 1953 et aboutit au Canada l'année suivante. Il poursuit sa carrière de peintre à Montréal, où son nom s'impose. En 1965, pour répondre à une suggestion qui, selon ses propres termes, lui vient de la peinture, il entre à l'ONF, sans statut précis mais avec l'espoir de devenir rapidement cinéaste. Peintre en instance de cinéma, May entame sa nouvelle carrière avec un film de peintre, *Angel* (1966, c. m.). Ce ballet hautement graphique, s'il témoigne d'une habileté évidente et du plaisir de jouer avec le cinéma, n'évite pas pour autant les pièges d'une esthétique décorative. Son film suivant, *Niagara Falls* (1967, c. m.), brouillon, presque bâclé, est pourtant beaucoup plus riche de promesses, beaucoup plus personnel aussi.

Guy Mauffette et Huguette Oligny dans *Les lumières de ma ville* de Jean-Yves Bigras. (coll. CQ)

Misant sur le comique charmeur de Michael J. Pollard (récemment découvert dans *Bonnie and Clyde*, de l'Américain Arthur Penn), le film affiche une indolence irrespectueuse qui tranche avec les documentaires traditionnels consacrés aux célèbres chutes. *McBus* (1969, c. m.) tente de reprendre les mêmes éléments pour décrire un « tour de ville » cauchemardesque. La nature métaphorique du propos demeure malheureusement assez mystérieuse. Restent le ton de triste rire jaune et déjà une véritable habileté à créer un espace proprement cinématographique. On peut passer rapidement sur *Pandora* (1971, c. m.), film quasi expérimental où la tentation du décoratif l'emporte sur la qualité de la performance technique. *A Film for Max* (1971) est d'une tout autre importance : journal intime plein de ratures et assurément de complaisances, il annonce l'arrivée d'un type de films dont May fera sa spécialité. La complicité avec le cameraman Martin Duckworth est pour beaucoup dans le ton du film, qui célèbre son jeune fils, la vie de famille et de commune, et l'amitié. Le cinéaste s'y met lui-même en scène et, en quelque sorte, regarde son film en train de se faire. Commandites gouvernementales, les deux films suivants, des films sur l'art, se présentent à première vue comme des produits standards de l'ONF. Le premier, *Sananguagat : Inuit Sculpture* (1973, c. m.), filmage très soigné d'une grande exposition d'art esquimau, magnifie les œuvres tout en rappelant leur espace géographique originel ; le second, *Pictures from the 1930's* (1977, m. m.), plus personnel et du coup plus percutant, est une réflexion critique (parfois teintée de nostalgie) sur des peintres et des événements des années 30.

May, se rappelant qu'il est lui-même peintre, s'y investit totalement. De même se livrera-t-il, jusqu'à l'indécence, dans son magnifique *Off the Wall* (1981, m. m.), portrait du monde de l'art de Toronto, tracé à la première personne sans autre distance que celle de la sensibilité écorchée du cinéaste. L'investissement est plus intime encore dans les deux *home movies* que sont *Mother Tongue* (1979, m. m.) et *Other Tongues* (1984, m. m.). Chroniques de la vie privée du cinéaste, ces deux films proposant une recherche du bonheur qui se conjugue sur le mode bilingue, à travers un Montréal filmé avec beaucoup de justesse. La ville devient en effet la toile de fond d'une fiction documentaire à travers laquelle s'impose l'originalité du talent de May. En 1987, il tourne *Boulevard of Broken Dreams* (m. m.), portrait impressionniste des musiciens, acteurs, clowns et autres funambules d'un grand spectacle hollandais itinérant qui fait les beaux soirs des Torontois et des Montréalais cet été-là. Puis il propose le portrait d'un artiste d'origine polonaise, *Krzysztof Wodiczko : Projections* (1991, m. m.). (R. D.)

**McLAREN, Norman,** animateur, réalisateur (Stirling, Écosse, 1914 – Montréal, 1987). À dix-huit ans, il s'inscrit à la Glasgow Film Society, où il découvre la pertinence du cinéma comme moyen d'expression à travers les films d'Eisenstein, de Poudovkine et d'Oskar Fischinger. Sans argent, sans caméra ni projecteur, il trouve le moyen de se procurer de la pellicule usagée, enlève l'émulsion et peint des dessins abstraits directement sur le support devenu transparent. Il ne connaît pas encore les travaux de Len Lye. Il devient membre de la Glasgow School of Art Film Group, ce qui lui permet de réaliser son premier film, *Seven Till Five* (1933, c. m.), un documentaire stylisé sur les activités quotidiennes de l'école, tourné en direct. Premier prix du Scottish Amateur Film Festival à Glasgow, ce succès lui vaut un appui financier de son école, et il peut ainsi entreprendre *Camera Makes Whoopee* (1934, c. m.), une combinaison d'animation d'objets, d'effets optiques et de prises de vues réelles décrivant le bal de Noël. En 1935, il réalise quelques courts métrages, dont *Colour Cocktail*, présenté au Third Scottish Amateur Film Festival. Un membre du jury, John Grierson, alors directeur du General Post Office Film Unit de Londres (GPOFU), le remarque, lui accorde un prix et l'invite à joindre le GPOFU. Avant d'accepter la proposition, il termine, en collaboration avec Helen Biggar, son dernier film en tant qu'amateur, *Hell Unlimited* (1936, c. m.), une protestation contre la guerre, réalisée avec des marionnettes et des diagrammes, filmée en animation et en prises de vues réelles. Peu de temps après son entrée au GPOFU, McLaren est mis en disponibilité pour accompagner, à titre de cameraman, Ivor Montagu qui se rend en Espagne pour tourner *Defence of Madrid* (1936, c. m.), en pleine guerre civile. De retour au GPOFU, il poursuit son apprentissage en réalisant quatre films sous la supervision d'Alberto Cavalcanti, notamment *Love on the Wing* (1937, c. m.) dessiné directement sur pellicule. C'est par sa découverte du surréalisme et de la technique des métamorphoses telle que la pratique alors Émile Cohl, que germe dans l'esprit de McLaren la conception de ce film publicitaire destiné à la promotion du service postal aérien du Royaume-Uni. En outre, il est confirmé dans cette voie par la révélation d'un film peint à même la pellicule, *A Colour Box* (L. Lye, 1935, t. c. m.). À la fin des années 30, il s'enthousiasme en voyant pour la première fois *Une nuit sur le mont Chauve* (A. Alexeïeff, 1933, c. m.). La possibilité de jouer avec l'ombre et la lumière le séduit. Cette idée produira sur lui un effet progressif et détourné qui aura pour aboutissement *La poulette grise* (1947, c. m.). Cohl, Lye et Alexeïeff marqueront profondément le jeune McLaren.

Toujours vers la fin des années 30, il commence ses essais sur le son synthétique. Détaché auprès du Film Centre de Londres en 1938, il réalise *The Obedient Flame* (1939, c. m.), un documentaire sur les avantages de la cuisinière à gaz. Il émigre aux États-Unis en 1939 et se fixe à New York. Quelques mois plus tard, la chaîne NBC lui commande un message de bons vœux pour la Saint-Valentin. Il entre ensuite au service de Caravelle Films. À titre personnel, il produit plusieurs films en traçant des motifs abstraits à même la pellicule : *Scherzo* (1939, t. c. m.), *Allegro* (1940, t. c. m.), *Stars and Stripes* (1940, t. c. m.), *Dots* (1940, t. c. m.), *Loops* (1940, t. c. m.) et *Boogie-Doodle* (1940, t. c. m.). Le Guggenheim Museum of Non-Objective Art fait l'acquisition de ces films. John Grierson, devenu commissaire à la cinématographie canadienne, lui propose en 1941 de venir travailler à l'ONF, nouvellement fondé à Ottawa. La plupart de ses premiers films sont destinés à stimuler l'effort de guerre : *V for Victory* (1941, t. c. m.), *Five for Four* (1942, t. c. m.), *Hen Hop* (1942, t. c. m.), *Dollar Dance* (1943, c. m.), *Keep Your Mouth Shut* (1944, t. c. m.). À la fin de 1942, Grierson lui confie la mise sur pied d'un service d'animation. Après quatorze mois de travail à cet effet, il peut de nouveau se consacrer pleinement à la réalisation et apporte sa contribution à la série « Chants populaires » en signant *C'est l'aviron* (1944, t. c. m.) et *Là-haut sur ces montagnes* (1945, t. c. m.). Coréalisé avec Evelyn Lambart*, *Begone Dull Care* (1949, c. m.), apparaît sur les écrans. Toutes les images du film ont été dessinées, peintes ou gravées sur pellicule cadrée et non cadrée. En 1949, McLaren interprète l'esprit de la musique de jazz d'Oscar Peterson et la met en couleurs en un magistral contrepoint, matérialisant ainsi un rêve qu'il entretient depuis qu'il a vu *Studie #7* (O. Fischinger, 1931, c. m.). La même année, il part pour la Chine où il participe à un projet d'éducation audiovisuelle sous l'égide de l'UNESCO. Il réalise, pour le Festival of Britain, *Around Is Around* (1950, c. m.) et *Now Is the Time* (1951, t. c. m.) en stéréoscopie (3D), une technique qu'il songe depuis longtemps à aborder, mais qu'il ne touchera plus après ces deux expériences. Encore là, il fait œuvre de pionnier. En réaction à la guerre de Corée, il tourne *Neighbours* (1952), c. m.), une parabole sur la fureur destructrice, avec des personnages réels ani-

Norman McLaren. (ONF)

més par pixillation, technique qu'il porte à sa perfection. Le film est couronné d'un Oscar. L'année suivante, McLaren se rend en Inde pour prendre part à un projet semblable à celui de la Chine. De retour au pays, il termine bientôt *Blinkity Blank* (1955, c. m.), film entièrement gravé sur pellicule opaque et dont les images sont animées par intermittence, selon un procédé propre au cinéaste. *Blinkity Blank* remporte la Palme d'or du court métrage au Festival de Cannes. McLaren poursuit son œuvre dans les nouveaux studios de l'ONF à Montréal et utilise des éléments découpés pour *Rythmetic* (1956, c. m.), petite leçon d'arithmétique peu orthodoxe, et pour *Le merle* (1958, t. c. m.), illustration d'une autre chanson folklorique. Entre les deux, il revient à la pixillation pour animer le personnage de *A Chairy Tale* (1957, c. m.), en l'occurrence Claude Jutra, qui en est le coréalisateur. Il reprendra cette même technique pour s'animer lui-même, aux prises avec un micro récalcitrant, dans *Opening Speech* (1960, c. m.). Avec audace, il prend comme point de départ de simples lignes (*Lines Vertical*, 1960, c. m.), puis les renverse à quatre-vingt-dix degrés (*Lines Horizontal*, 1961, c. m.) et obtient un résultat différant complètement du film original. Par la suite, il combine les deux et fait se rencontrer toutes ces lignes à la croisée de leur chemin (*Mosaic*, 1965, c. m.). C'est l'art « Op », en mouvement et en couleurs clignotantes. Après quoi il se tourne vers la danse, qu'il a toujours affectionnée. En utilisant l'image chronophotographique, il crée un poème visuel d'une ineffable beauté, *Pas de deux* (1967, c. m.) ; il filme au ralenti *Ballet Adagio* (1972, c. m.) et met un terme à sa prodigieuse carrière avec *Narcissus* (1983, c. m.), ballet filmé reprenant une légende de la mythologie grecque.

L'œuvre de McLaren est caractérisée par l'éclectisme de ses innovations tant techniques, esthétiques qu'artistiques. Pendant un demi-siècle, il peaufine, invente ses instruments. Par ses expériences inédites sur le son synthétique, le clignotement (*flicker*), la visualisation sonore (*Synchromy*, 1971, c. m.), il défie toutes les conventions de son art. Le raffinement de son humour, le brio de son imagination et ses appels à la fraternité ont conquis même les non-initiés, cas rarissime pour un cinéaste expérimental. Inclassable, unique, il reste le premier et le dernier dans le créneau imprenable qu'il s'est forgé. D'innombrables prix, honneurs et récompenses sont venus souligner les dons de ce ciné-magicien exceptionnel. Evelyn Lambart* a coréalisé plusieurs de ses films, dont *Around is Around*, *Lines Horizontal* et *Rythmetic*. Le Festival du film étudiant canadien remet, chaque année, le prix Norman-McLaren. En 1988, ASIFA-Canada crée un prix Héritage-McLaren. La Cinémathèque québécoise donne son nom à une de ses salles d'exposition. En 1990, Don McWilliams lui consacre un long métrage, *Creative Process : Norman McLaren*.

FILMS : *Seven Till Five* (1933, c. m.), *Camera Makes Whoopee* (1934, c. m.), *Colour Cocktail* (1935, c. m.), *Polychrone Phantasy* (1935, t. c. m.), *Hell Unlimited* (coréal. H. Biggar, 1936, c. m.), *Love on the Wing* (1937, c. m.), *Book Bargain* (1937, c. m.), *News for the Navy* (1938, c. m.), *Mony a pickle* (1938, c. m.), *NBC Greeting* (1939, t. c. m.), *The Obedient Flame* (1939, c. m.), *Scherzo* (1939, t. c. m.), *Allegro* (1940, t. c. m.), *Stars and Stripes* (1940, t. c. m.), *Dots* (1940, t. c. m.), *Loops* (1940, t. c. m.), *Boogie-Doodle* (1940, t. c. m.), *V for Victory* (1941, t. c. m.), *Mail Early* (1941, t. c. m.), *Five for Four* (1942, t. c. m.), *Hen Hop* (1942, t. c. m.), *Dollar*

*Dance* (1943, t. c. m.), *Keep Your Mouth Shut* (1944, t. c. m.), *C'est l'aviron* (1944, t. c. m.), *Alouette* (1944, t. c. m.), *Là-haut sur ces montagnes* (1945, t. c. m.), *A Little Phantasy on a Nineteenth Century Painting* (1946, t. c. m.), *Hoppity Pop* (1946, t. c. m.), *Fiddle-de-dee* (1947, t. c. m.), *La poulette grise* (1947, c. m.), *Begone Dull Care* (coréal. E. Lambart, 1949, c. m.), *Around Is Around* (1950, c. m.), *Now Is the Time* (1951, t. c. m.), *Neighbours* (1952, c. m.), *Two Bagatelles* (coréal. G. Munro, t. c. m.), *A Phantasy* (1948-1953, c. m.), *Blinkity Blank* (1955, c. m.), *Rythmetic* (coréal. E. Lambart, 1956, c. m.), *Le merle* (1958, t. c. m.), *A Chairy Tale* (coréal. C. Jutra, 1957, c. m.), *Short and Suite* (1959, t. c. m.), *Serenal* (1959, t. c. m.), *Mail Early for Christmas* (1959, t. c. m.), *Opening Speech* (1960, c. m.), *Lines Vertical* (coréal. E. Lambart, 1960, c. m.), *Lines Horizontal* (coréal. E. Lambart, 1961, c. m.), *Canon* (1964, c. m.), *Mosaic* (coréal. E. Lambart, 1965, c. m.), *Pas de deux* (1967, c. m.), *Spheres* (1969, c. m.), *Synchromy* (1971, c. m.), *Ballet Adagio* (1972, c. m.), *Pinscreen* (1973, m. m.), *Animated Motions parts 1-5* (coréal. G. Munro, 1976-1978, cinq c. m.), *Narcissus* (1983, c. m.).

BIBLIOGRAPHIE : « Spécial Norman McLaren », *Séquences*, n° 82, Montréal, octobre 1975 • COLLINS, Maynard, *Norman McLaren*, Canadian Film Institute, Ottawa, 1976 • *McLaren*, Office national du film, 1980 • VALLIÈRE, Richard T., *Norman McLaren : Manipulator of the Movement*, Associated University Press, Toronto, 1982. (L. B.)

**McPHERSON, Hugo,** administrateur (Sioux Lookout, Ontario, 1921). Docteur en littérature, il enseigne dans plusieurs universités, aussi bien à McGill qu'à Yale et à Toronto. Il est l'auteur d'une dizaine de livres et de nombreux articles. De 1967 à 1970, il occupe le poste de commissaire du gouvernement à la cinématographie et de président de l'ONF. Son mandat est marqué par l'établissement de la SDICC, créée pour encourager le développement d'une industrie du long métrage au Canada, de même que par des compressions budgétaires qui entraînent une diminution du personnel à l'ONF, et par l'attente d'une politique fédérale du cinéma doublée de la crainte de voir diminuer l'autonomie et le rôle de l'ONF. C'est aussi sous sa direction que l'ONF met sur pied, dans le cadre du programme de lutte contre la pauvreté mis de l'avant par le Secrétariat d'État, le programme Challenge for Change (1967) et son équivalent francophone Société nouvelle (1969). Financés conjointement par les ministères concernés et par l'ONF, ces programmes permettent la production de films qui deviennent, grâce à une distribution spécialisée, des outils de réflexion importants permettant de mesurer les changements sociaux, mais aussi des catalyseurs invitant les citoyens à se prendre en main. Le mandat de McPherson marque aussi le début de la censure qui affecte des films controversés comme *Cap d'espoir* (J. Leduc, 1969, m. m.) et *On est au coton* (D. Arcand, 1970). (B. L.)

**McWILLIAMS, Don,** réalisateur, producteur, monteur (Londres, Angleterre, 1935). Il émigre au Canada en 1956 et devient enseignant dans une école primaire d'Oakville, en Ontario. Sa rencontre avec Norman McLaren en 1968 le pousse vers le cinéma. Sa première réalisation, *Light Motif* (1971, c. m.), est une œuvre expérimentale et abstraite. Par la suite, il s'oriente vers le documentaire avec *Impressions Of China* (1973, c. m.) et *How To Orga-*

*nize A Film Workshop* (1975, c. m.), tout en continuant à expérimenter avec *Beserk Life* (1977, c. m.) et *Aloud/Bagatelle* (1983, c. m.). Assistant de McLaren pour *Narcissus* (1983, c. m.), il lui consacre son premier long métrage, *Creative Process: Norman McLaren* (1990), une interrogation passionnée sur le processus créatif et les limites du cinéma. Ensuite, il réalise un documentaire semi-autobiographique, *The Passerby* (1995, m. m.), une méditation sur le sens caché de la vie, ainsi qu'une réflexion sur le temps et la mémoire. Après avoir produit ou coproduit certains de ses films, il produit pour l'ONF un film exceptionnel, *Sunrise Over Tiananmen Square* (1998, c. m.), documentaire autobiographique de Wang Shui-Bo, un artiste chinois qui y parle de sa jeunesse dans les gardes rouges maoïstes. Le film est en nomination aux Oscar. (P. B.)

**MELANÇON, André,** réalisateur, acteur, scénariste (Rouyn-Noranda, 1942). Formé en psycho-éducation, il travaille pendant cinq ans à l'Institut de rééducation de Boscoville où il organise un atelier de cinéma et réalise un premier documentaire, *Le camp de Boscoville* (1967, m. m.). La réalisation a tôt fait de prendre le pas sur le travail auprès des jeunes. Après une expérience de deux ans à titre d'animateur au CQDC, le tournage du portrait d'un felquiste, *Charles Gagnon* (1970, m. m.), et la réalisation, à l'invitation de Jean Dansereau, de films didactiques — *L'enfant et les mathématiques* (1971, c. m.) et *Le professeur et les mathématiques* (1971, c. m.) —, il tourne une première fiction, *Des armes et les hommes* (1973, m. m.). Melançon explore non seulement le rapport des hommes avec les armes à feu mais aussi les possibilités du cinéma, mêlant l'absurde au dramatique, le documentaire à la fiction. Puis, dans le cadre de la série « Toulmonde parle français », produite par l'ONF, il tourne trois courtes fictions qui décident de l'orientation de sa carrière : *Les tacots* (1974), *« Les oreilles » mène l'enquête* (1974) et *Le violon de Gaston* (1974). Ces films, qui connaissent un grand succès, traduisent bien la démarche de Melançon qui continuera de faire des films de style réaliste destinés aux enfants, des films résolument urbains dans lesquels les enfants évoluent souvent dans un monde parallèle. Dès lors, tous ses films se raccrochent, d'une manière ou d'une autre, à l'enfance. En 1978, il tourne *Les vrais perdants*, un documentaire percutant qui révèle le désir qu'ont nombre de parents de voir leurs enfants réussir dans un sport ou une discipline artistique, quel que soit le prix à payer, quels que soient l'effort exigé et le fardeau de la compétition. Dans ce film, Melançon donne la parole aux enfants. La même année, il signe un long métrage pour enfants, *Comme les six doigts de la main*, qui, pour répondre aux exigences de la télévision, se divise en trois segments autonomes. Le film, au rythme enlevé, raconte les aventures estivales d'une bande de jeunes. La justesse des dialogues et la remarquable direction d'acteurs installent Melançon à l'avant-plan des cinéastes qui travaillent pour les enfants. Le film remporte le Prix du meilleur long métrage québécois, décerné par l'AQCC. Malgré le succès obtenu, il met six ans avant de tourner un autre long métrage de fiction. Refusant de se laisser enfermer dans une formule unique et définitive, Melançon, qui appuie sa démarche créative sur l'expérimentation, revient au documentaire. Il tourne notamment la série « La parole aux enfants » (1980, quarante-trois t. c. m.) qui rassemble les témoignages d'enfants sur des sujets aussi divers que la cigarette, les extraterrestres, l'amour et la mort. Avec une équipe légère, il passe tout un été à suivre les faits et gestes d'une bande de garçons d'un quartier ouvrier de Montréal (*L'espace d'un été*, 1980). Après quoi, il prépare longuement son retour à la fiction : six portraits d'enfants qui forment la série « Zigzags » (1983). Cette fois, fin pédagogue, il met l'accent sur les émotions des jeunes, que ce soient les émois d'un gros garçon amoureux ou l'isolement d'une jeune fille nouvellement arrivée à Montréal. Il coscénarise un film d'animation fantaisiste, *Mascarade* (C. Hoedeman, 1984, c. m.), puis réalise le premier long métrage de la série « Contes pour tous » lancée par Rock Demers*, *La guerre des tuques* (1984). Cette histoire, construite autour de la rivalité entre deux clans d'enfants, se conclut sur un vibrant plaidoyer pour la paix. Elle amène Melançon à s'éloigner un temps des enfants de Montréal et, dans la foulée de son travail avec Danyèle Patenaude et Roger Cantin, à collaborer de plus en plus systématiquement avec des scénaristes. Ce film est vite couvert de prix : Grand Prix du Festival du cinéma international en Abitibi-Témiscamingue, Grand Prix du Festival du cinéma jeune public de Laon, Palme d'or à la section jeunesse du Festival international du film de Moscou, Grand Prix du public au Chicago International Festival of Children's Film, etc. Deux ans plus tard, Melançon tourne *Bach et Bottine* (1986), qui appartient à la même série. Le film raconte avec humour l'entreprise de séduction d'une jeune orpheline qui veut être adoptée par son oncle, célibataire endurci. Même succès, même abondante moisson de prix. Cherchant toujours à échapper aux étiquettes, il tourne aussitôt *Le lys cassé* (1986, m. m.), d'après un scénario de Jacqueline Barrette, entouré d'une partie de l'équipe de *Bach et Bottine*. Ce dramatique retour à l'enfance d'une jeune femme victime de l'inceste se distingue par sa justesse de ton et témoigne de l'immense talent de Melançon pour la direction de comédiens. D'ailleurs, non seulement tourne-t-il des films, mais il travaille aussi au théâtre (il dirige longtemps une équipe à la LNI). Associé de près à la série « Contes pour tous », il dirige le doublage en français de certains des films de la série et coscénarise avec Jacques Bobet *La grenouille et la baleine* (J.-C. Lord, 1988), l'histoire d'une petite fille très décidée qui vit en harmonie avec la nature. Il réalise encore un troisième film dans cette série, *Fierro, l'été des secrets*, coproduit avec l'Argentine et tourné en espagnol. Puis Melançon signe deux films qui s'adressent à un public adulte. Dans *Rafales* (1990), l'histoire d'un vol à main armée qui tourne à la prise d'otages, il réaffirme son intérêt pour les tournages d'hiver et témoigne de son goût marqué pour les films de série B. Le film n'obtient pas le succès escompté. Dans le téléfilm *Nénette* (1991), il retrouve Andrée Pelletier, qu'il a dirigée dans *Bach et Bottine*, cette fois comme coscénariste et principale protagoniste d'un drame psychologique où une femme à la recherche de sa mère biologique fait une double découverte. Par la suite, il réalise pour la télévision, un téléfilm inscrit dans une série française, *Le boulard* (1995), autour d'un jeune dont le père est un patineur artistique déchu, la série *Cher Olivier*, dont il est aussi le scénariste, la série *Ces enfants d'ailleurs II* et une adaptation de la production théâtrale *Albertine en cinq temps* (coréal. M. Beaulne, 1999), une pièce de Michel Tremblay.

Melançon poursuit également une carrière d'acteur. Sa haute stature et son jeu naturel lui valent généralement des emplois liés à son physique : militaire, géant, policier, pirate, truand. Il fait des débuts très remarqués dans le premier rôle de *Taureau* (C. Perron, 1972), puis tient de petits rôles dans *Les allées de la terre* (A. Théberge, 1973) et *Réjeanne Padovani* (D. Arcand, 1973). Son interprétation impressionnante de l'impitoyable lieutenant Laroche dans *Partis pour la gloire* (C.Perron, 1975) ne semble toutefois pas consolider sa carrière d'acteur qui ne reprend que dans les années 80. Il tourne successivement dans *Odyssey of the Pacific* (F. Arrabal, 1981), *Doux aveux* (F. Dansereau, 1982), *Pouvoir intime* (Y. Simoneau, 1986), *Équinoxe* (A. Lamothe, 1986), *The Great Land of Small* (V. Jasny, 1987), *Les tisserands du pouvoir* (C. Fournier, 1988, deux longs métrages), *Les matins infidèles* (J. Beaudry et F. Bouvier, 1989), *Diogène* (M. Brault, 1990, c. m.) et *El lado oscuro del corazon* (E. Subiela, 1992), où il s'agit invariablement de rôles secondaires. Dans son téléfilm *Onzième spéciale* (1988), Micheline Lanctôt élargit la palette de Melançon en lui donnant le rôle d'un peintre coloré, un artiste qui, comme lui, connaît un succès enviable. Son fils, Benoît Melançon, est assistant régisseur.

AUTRES FILMS COMME RÉALISATEUR : *Un jeu dangereux* (1977, c. m.), *Une job à plein temps* (1977, c. m.), *Observation 1 « Comme une balle de ping pong »* (1978, c. m.), *Observation 2 « La fièvre de la bataille »* (1978, c. m.), *Observation 3 « Ah, les filles »* (1978, c. m.), *La séance de la rue du couvent* (1979, c. m.), *Planquez-vous les Lacasse arrivent* (1979, c. m.).

BIBLIOGRAPHIE : « André Melançon », *Copie Zéro*, n° 31, Montréal, 1987. (M. C.)

**MÉNA, José,** administrateur, chef opérateur, producteur, monteur (Santander, Espagne, 1925). Émigré en France dès l'âge de dix ans, il participe à l'installation des studios de l'abbé Vachet*. C'est là que J.-A. DeSève vient le recruter pour mettre sur pied le studio de Renaissance. Pour cette compagnie, il est à la caméra du *Gros Bill* (R. Delacroix, 1949) et des *Lumières de ma ville* (J. Y. Bigras, 1950). Mais il travaille aussi pour d'autres compagnies, souvent en faisant équipe avec Roger Racine : *Forbidden Journey* (R. Jarvis et C. Maiden, 1950), *The Butler's Night Off* (R. Racine, 1950), *La petite Aurore l'enfant martyre* (J. Y. Bigras, 1951), *Tit-Coq* (G. Gélinas et R. Delacroix, 1952), *Cœur de maman* (R. Delacroix, 1953). Vers 1951, il devient directeur de Trans-World (qui deviendra Sonolab), un laboratoire qui dessert principalement la télévision. Technicien hors pair, c'est dans ce domaine qu'il fait sa marque. En 1957, il entre aux laboratoires Mont-Royal, comme responsable technique et vice-président. Il y met en place les services de développement et de doublage, allant même jusqu'à fabriquer les machines nécessaires à son travail. Devenu président de la compagnie, il y demeure jusqu'à la fermeture, en 1987. Durant les années passées au sein de cette compagnie, il ne renoue avec la production que pour monter *Nahanni vallée des hommes sans têtes* (J. Poirel, 1974). (P. V.)

**MÉNARD, Robert,** réalisateur, producteur (Montréal, 1947). Après des études à l'École polytechnique de Montréal, il entre à Radio-Canada en 1968 comme assistant technicien. Il écrit un scénario, *Au revoir Stéphanie*, qui lui vaut l'appui du producteur Pierre David mais qui est refusé par les institutions. David l'engage alors aux productions Mutuelles. En cinq ans, il y est producteur délégué ou producteur exécutif de cinq longs métrages : *Les aventures d'une jeune veuve* (R. Fournier, 1974), *Mustang*

(M. Lefebvre et Y. Gélinas, 1975), *Parlez-nous d'amour* (J.-C. Lord, 1976), *Special Magnum* (A. de Martino, 1976) et *Éclair au chocolat* (J.-C. Lord, 1978). C'est pour cette compagnie qu'il réalise son premier film, *Portrait de femme: Monique Proulx* (1976, c. m.), documentaire sur une coureuse automobile. En 1979, il fonde Vidéofilms, où il produit *L'arrache-cœur* (M. Dansereau, 1979) et *L'affaire Coffin* (J.-C. Labrecque, 1979). Il réalise ensuite un premier long métrage, *Une journée en taxi* (1981), qu'il coproduit avec la France. Mettant en vedette Jean Yanne et Gilles Renaud, ce drame psychologique décrit la rencontre d'un chauffeur de taxi et d'un prisonnier qui, lors d'une journée de sortie, veut se venger de celui qui l'a trahi. Ménard travaille ensuite à un scénario sur Maurice Richard, mais le projet n'aboutit pas. En 1984, il réalise une télésérie, *Un amour de quartier*, pour laquelle il utilise plusieurs acteurs de cinéma (Olivette Thibault, Pierre Curzi, Jacques Godin, Roger Le Bel). Il enchaîne avec un second long métrage, *Exit* (1986), produit et scénarisé par Monique H. Messier. Racontant l'histoire d'une pianiste (Louise Marleau) hantée par le fantôme du passé, ce film à l'esthétisme glacé reçoit un accueil mitigé. Ménard met de l'avant un important projet de production de téléfilms pour lequel il s'associe à trois autres compagnies de production, l'ONF et Radio-Québec. Il réalise l'un de ces téléfilms, *T'es belle, Jeanne* (1988), sur un scénario de Claire Wojas*, sa collaboratrice d'*Un amour de quartier* et du projet sur Maurice Richard. Il est lui-même coproducteur de ce film, centré sur la réadaptation d'une jeune institutrice (Marie Tifo) et d'un motard (Michel Côté) handicapés à la suite d'accidents, et producteur de *Cœur de nylon* (M. Poulette, 1989). Il prépare ensuite *Cruising Bar* (1989), une comédie à sketches illustrant les différentes approches de la séduction masculine. Ce film, dont les quatre principaux rôles sont tenus par Michel Côté, remporte un succès public phénoménal. Ménard enchaîne aussitôt avec une comédie romantique, *Amoureux fou* (1991), dans laquelle un homme de quarante ans (Rémy Girard) abandonne tout pour un amour de jeunesse retrouvé par hasard. Le film, qui n'arrive pas à trouver le ton juste et qui manque de vigueur, n'obtient pas le succès escompté. Il a la main plus heureuse avec le téléfilm *L'homme de rêve* (1991), l'histoire d'une femme de ménage (Rita Lafontaine) qui vit tant bien que mal avec un homme diminué, ainsi qu'avec *L'enfant d'eau* (1994), dans lequel un handicapé intellectuel (David LaHaye) et une adolescente se retrouvent naufragés sur une île déserte. Très actif, Ménard réalise aussi *La beauté des femmes* (1994) et la télésérie *Le Polock* (1997). Il produit d'autres téléséries (dont *Innocence*, 1995, et *Cher Olivier*, 1997) ainsi que le téléfilm *Le jardin d'Anna* (A. Chartrand, 1992). (M. J.)

**MERCURE, Monique** (née **Émond**), actrice (Montréal, 1930). Elle fait de très modestes débuts au cinéma puisqu'on la voit pour la première fois à l'écran, assise, de dos, dans *Tit-Coq* (R. Delacroix et G. Gélinas, 1952). En fait, sa carrière d'actrice se dessine lentement. Mercure, qui étudie le violoncelle à l'école Vincent-D'Indy et obtient un baccalauréat en musique en 1949, monte une première fois sur les planches en 1947, au collège Saint-Laurent, dans *Le roi cerf* de Carlo Gozzi. Il lui faut tout de même attendre les années 60 et des pièces comme *L'opéra de quat' sous* et *Le soulier de satin* pour vraiment s'imposer à la scène. À la même époque, elle joue dans *À tout prendre* (C. Jutra, 1963), film où son personnage doit s'ajuster à sa condition et porter, comme elle, un plâtre à la jambe. Fernand Dansereau lui donne ensuite un rôle dans *Le festin des morts* (1965), puis le premier rôle de *Ça n'est pas le temps des romans* (1967, c. m.), où, resplendissante, elle donne vie à l'imaginaire d'une femme prisonnière de son foyer, mère avant d'être femme ou épouse. Mercure joue également dans des films tournés en anglais, comme elle le fera tout au long de sa carrière : *Waiting for Caroline* (R. Kelly, 1967), *Don't Let the Angels Fall* (G. Kaczender, 1969), *Love in a 4 Letter World* (J. Sone, 1970), *Stone Cold Dead* (G. Mendeluk, 1980), *The Third Walker* (T. C. McLuhan, 1980), *Christmas Lace* (G. Mendeluk, 1980), *Odyssey of the Pacific* (F. Arrabal, 1982), *The Blood of Others* (C. Chabrol, 1984), *Tramp at the Door* (A. Kroeker, 1985). Sa carrière d'actrice de cinéma est véritablement lancée au début des années 70 alors qu'elle tourne dans deux films qui marquent, chacun à leur manière, l'histoire du cinéma québécois : *Deux femmes en or* (C. Fournier, 1970) et *Mon oncle Antoine* (C. Jutra, 1971). Dans le premier, fulgurant succès d'assistance, elle interprète avec drôlerie une banlieusarde qui trompe son ennui avec tous les hommes qui frappent à sa porte. Dans le second, film d'auteur couvert d'honneurs, elle fait preuve de beaucoup de présence dans le rôle, secondaire, d'une femme mystérieuse et désirable. Elle tourne ensuite *Finalement...* (R. Martin, 1971), *Françoise Durocher, waitress* (A. Brassard, 1972, c. m.), *Le temps d'une chasse* (F. Mankiewicz, 1972) et *Il était une fois dans l'Est* (A. Brassard, 1973). Elle tient, dans *Les vautours* (J.-C. Labrecque, 1975), un des plus beaux rôles de sa carrière, celui de la tante Yvette, femme de caractère qui entretient avec son neveu (Gilbert Sicotte), orphelin et démuni, des rapports troubles. Elle reprend ce personnage dans *Les années de rêves* (J.-C. Labrecque, 1984). Son jeu dans *J. A. Martin photographe* (J. Beaudin, 1976), lui vaut un prix d'interprétation à Cannes, un Canadian Film Award et la consécration. Mercure y est remarquable en Rose-Aimée Martin, une femme du siècle dernier qui bouscule un jour la routine et décide de partir en tournée avec son mari, photographe itinérant et homme peu communicatif. Complexe derrière des allures de grande simplicité, ce personnage prend, grâce au travail de l'actrice, une dimension symbolique, marchant devant toutes ces femmes anonymes, besogneuses et aimantes qui peuplent le Québec, celui d'aujourd'hui comme celui d'hier. Il se situe tout à fait dans la continuité de la mère de *Ça n'est pas le temps des romans.* Dans *J. A. Martin photographe,* Mercure retrouve Marcel Sabourin, acteur dont elle était également la femme dans *Deux femmes en or.* Le rôle de Rose-Aimée diffère sensiblement de ces personnages forts et autoritaires qu'on propose souvent à Mercure. Elle tourne encore un film mis en scène par Jean Beaudin, *L'homme à la traîne* (1986, c. m.) où elle reprend justement pareil rôle.

Après le succès qu'elle obtient à Cannes, on lui prévoit une carrière internationale. Cette carrière se limitera en fait à *La chanson de Roland* (F. Cassenti, 1978), *Quintet* (R. Altman, 1978) et quelques coproductions avec l'étranger. Toujours active au théâtre où elle crée notamment des pièces de Michel Tremblay, de Jovette Marchessault et de Michel Garneau, Mercure joue encore dans *L'absence* (B. Sauriol, 1975), *Parlez-nous d'amour* (J.-C. Lord, 1976), *La cuisine rouge* (P. Baillargeon et F. Collin 1979),

*Une journée en taxi* (R. Ménard, 1982) et *Contrecœur* (J.-G. Noël, 1980). Jutra lui propose un petit rôle, celui d'une mère supérieure, dans *La dame en couleurs* (1984), ce qui met un point final à une complicité amorcée vingt-cinq ans plus tôt avec le tournage de *Félix Leclerc troubadour* (1959, c. m.), complicité qui passe par *Pour le meilleur et pour le pire* (1975) où, saluant sa passion pour la musique, le réalisateur lui fait jouer une violoncelliste. Des années plus tard, elle tiendra, avec beaucoup de fraîcheur, le rôle d'une musicienne de concert dans *La nuit tous les chats sont gris* (J.-P. Duval, 1990, c. m.). Mercure tourne à l'occasion avec des réalisatrices et deux d'entre elles lui donnent un rôle de premier plan, celui, quelque peu piégé, de leur *alter ego*. D'abord, Anne Claire Poirier fait d'elle une femme forte au discours cohérent, la meneuse de jeu des retrouvailles dans *La quarantaine* (1982). Ensuite, Louise Carré lui donne le rôle d'une réalisatrice qui, à défaut de pouvoir tourner son film, anime une émission à la radio de Sorel dans *Qui a tiré sur nos histoires d'amour?* (1986). Poirier et Carré renforcent l'image cinématographique qu'on associe le plus souvent à Mercure, celle d'une femme de carrière ou d'une bourgeoise distinguée, volontaire et cultivée qui est l'antithèse même de la discrète Rose-Aimée Martin. Michel Poulette contourne quant à lui cet emploi dans un film fantastique, *Les bottes* (1987, m. m.), puisqu'il la transforme en employée des douanes tout à fait quelconque, victime d'une situation sur laquelle elle n'a aucun contrôle. Elle interprète ensuite un personnage inquiétant, ange noir d'un mystérieux laboratoire pharmaceutique, dans un film d'Yves Simoneau, *Dans le ventre du dragon* (1989), avant de jouer dans un film de David Cronenberg, *Naked Lunch* (1991), adaptation de l'audacieux roman de William Burroughs, pour lequel elle remporte le Génie de la meilleure actrice de soutien. Elle obtient également ce prix pour son rôle de campagnarde dans *Conquest* (P. Haggard, 1998). Elle tient le rôle d'une organisatrice d'encan dans *The Red Violin* (F. Girard, 1998). Elle participe aussi bien au tournage de premières œuvres (*20 décembre*, M. Champagne, 1989, c. m.; *Léa*, N. Théocharidès, 1998, c. m.) qu'aux films et téléfilms de réalisateurs de métier (sketch de Jacques Leduc dans *Montréal vu par*, coréal. D. Arcand, M. Brault, A. Egoyan, L. Pool et P. Rozema, 1991; *La fête des rois*, M. Lepage, 1994; *Emporte-moi*, L. Pool, 1999; *Albertine en cinq temps*, M. Beaulne et A. Melançon, 1999). Si Mercure a indéniablement un statut d'actrice de cinéma, ce n'est pas qu'elle ait tenu un grand nombre de premiers rôles: ceux-ci sont plutôt rares. C'est surtout qu'à travers la cinquantaine de films dans lesquels elle joue, elle sait tirer le meilleur de chacun des personnages qu'on lui propose et réussit à leur donner vie. Le gouvernement du Québec lui décerne le prix Denise-Pelletier, celui du Canada le prix du Gouverneur général. Elle occupe, de 1987 à 1989, la présidence des Rendez-vous du cinéma québécois puis prend la tête de l'École nationale de théâtre en 1991. Sa fille, Michèle Mercure, est actrice (*La cuisine rouge*, P. Baillargeon et F. Collin, 1979) et réalisatrice (*Bouches*, coréal. J. Trépanier, 1984, c. m.). (M. C.)

**MESSIER, Marc**, acteur (Granby, 1947). Après des études en théâtre au cégep de Saint-Hyacinthe et en lettres à l'Université de Montréal, Messier entreprend une carrière à la scène et se fait connaître du public grâce à *Broue*, une pièce à sketches qu'il interprète, aux côtés de

Michel Côté et de Marcel Gauthier, de 1979 à aujourd'hui. Il joue dans plusieurs téléséries dont *Avec le temps*, *La fricassée*, *Les girouettes*, *D'amour et d'amitié* et, surtout, *Lance et compte* où il est un joueur de hockey vedette confronté au déclin de sa carrière. Il met des années à acquérir un statut aussi enviable au grand écran, ne tournant en dix ans que dans *La vie rêvée* (M. Dansereau, 1972), *Le monde a besoin de magie* (D. Ménard, 1980) et *Propriété privée* (L. Saïa, 1981, c. m.). En fait, sa carrière au cinéma ne démarre vraiment qu'à la fin des années 80, alors qu'il interprète coup sur coup un acteur qui a réussi dans *Jésus de Montréal* (D. Arcand, 1989), un mari qui s'en remet à la médecine moderne pour devenir père dans *Portion d'éternité* (R. Favreau, 1989), un homme prêt à investir dans une relation amoureuse dans *Nuits d'Afrique* (C. Martin, 1990, m. m.), un dentiste à la recherche de l'amour idéal dans le téléfilm *Solo* (P. Baillargeon, 1991), puis un homme conservateur dans *La fête des rois* (M. Lepage, 1994). Curieusement, longtemps, les cinéastes exploitent moins son talent comique que son jeu dramatique, moins son allure juvénile que son image d'homme de son temps. C'est dans *Une histoire inventée* (A. Forcier, 1990), où il n'a pourtant qu'un rôle de soutien, que Messier surprend le plus, drôle et touchant en policier gros buveur qui se méfie jusqu'à l'obsession des communautés culturelles et se fiance à une religieuse défroquée. Toujours chez Forcier, il est encore un curieux hypnotiseur qui met son art, fragile, au service de l'amour dans *Le vent du Wyoming* (1994). Messier, qui excelle dans les compositions, tire profit de la multiplication des comédies dans les années 90. Acteur surmené et polyvalent dans *Les pots cassés* (F. Bouvier, 1993), il joue ensuite dans trois films de Louis Saïa, qui, mieux que personne, sait utiliser son sens de la réplique qui fait mouche. Messier est d'abord un professeur d'histoire qui laisse sa vie derrière lui pour s'abandonner au monde nocturne des clubs dans *Le sphinx* (1995), un film qu'il coscénarise, puis une petite frappe endettée et volage, motivateur qui se porte à la défense du « mental » auprès de ses coéquipiers dans *Les Boys* (1997) et *Les Boys II* (1998). Habitué aux rôles sympathiques, il interprète, à contre-emploi, un entrepreneur mesquin, intolérant et violeur dans *L'enfant des Appalaches* (J.-P. Duval, 1996). Toujours très présent à la télévision, Messier joue dans les séries *La p'tite vie*, *Paparazzi*, *Urgence* et *Omertà, la loi du silence*. (M. C.)

**MESSIER, Monique H.**, productrice, scénariste (Montréal, 1946). Pendant plus de quinze ans, elle occupe le poste de directrice de production, notamment pour *Les bons débarras* (F. Mankiewicz, 1980) et *Pour le meilleur et pour le pire* (C. Jutra, 1975). À partir de 1981, elle se lance en production avec un premier long métrage, *Le futur intérieur* (1982) de Yolaine Rouleau et Jean Chabot. Dans cette foulée, elle participe en 1982, avec trois autres producteurs, à la fondation des films Vision 4. Puis, c'est l'aventure de *Rien qu'un jeu* de Brigitte Sauriol (1983). Elle scénarise, avec la réalisatrice, et produit, avec Ciné Groupe, ce film qui a pour sujet l'inceste. Par la suite, elle réitère cette double expérience avec *Exit*, de Robert Ménard (1986). Elle en écrit le scénario — l'histoire d'une pianiste hantée par le fantôme de son amant — et le coproduit avec Vidéofilms. Elle est une des rares personnes, au Québec, à cumuler ces deux rôles, en apparence inconciliables pour un même long métrage, sans assumer également sa réalisation. En 1987, elle devient présidente des productions Québec/Amérique. En 1989, lorsque cette compagnie devient Cité-Amérique, elle occupe le poste de vice-présidente. Parallèlement à cette fonction, elle poursuit son travail de scénariste avec une télésérie de cinq heures, *Rock* (1987), qui suit l'itinéraire d'un jeune en fuite à travers le milieu de la drogue et de la prostitution. Elle est ensuite productrice exécutive de *Dans le ventre du dragon* (Y. Simoneau, 1989) et de plusieurs téléséries : *Les filles de Caleb* (J. Beaudin, 1990-1991), *Blanche* (C. Binamé, 1993) et *Marguerite Volant* (C. Binamé, 1997). Elle coscénarise d'ailleurs cette dernière série. En 1997, elle quitte Cité-Amérique pour se consacrer à l'écriture. C'est ainsi qu'elle scénarise la série *Portés disparus*. Elle collabore par ailleurs au scénario d'*Emporte-moi* (L. Pool, 1998). (J. P.)

**MÉTHÉ, Jacques,** assistant réalisateur, réalisateur, producteur (Québec, 1949). Dès le début des années 70, il est un assistant réalisateur très en demande. Son abondante filmographie compte *Réjeanne Padovani* (D. Arcand, 1973), *Noël et Juliette* (M. Bouchard, 1973), *Les beaux dimanches* (R. Martin, 1974), *Gina* (D. Arcand, 1975), *Les vautours* (J.-C. Labrecque, 1975), *Le soleil se lève en retard* (A. Brassard, 1976) et *Les Plouffe* (G. Carle, 1981). Parallèlement à cette activité, il est le producteur délégué du long métrage documentaire *Métier : boxeur* (A. Gagnon, 1981) et il réalise plusieurs émissions de télévision, dont certaines tournées sur support film. Il réalise aussi *Aux pieds de la lettre* (1983), un moyen métrage très réussi qui ne sera pourtant jamais distribué par la DGME, qui en avait fait la commande. En faisant une grande place à l'improvisation chez les comédiens, Méthé y trace avec doigté le portrait singulier d'un analphabète de dix-neuf ans (Alain Zouvi). À partir de la fin des années 80, Méthé travaille en France dans le domaine de la production. En 1990, il agit notamment comme producteur délégué de *The Lost Butterfly* (K. Kachyra), une coproduction entre la France, la Grande-Bretagne et la Tchécoslovaquie. De retour au Québec à la fin des années 90, il devient producteur chez Allegro Films. Il y produit notamment *Running Home* (M. Voizard, 1999) et *Requiem for Murder* (D. Jackson, 1999). (M. J.)

**MICHAUD, Henri,** réalisateur, chef opérateur, producteur (Gastonia, États-Unis, 1915 – Châteauguay, 1998). Entré comme opérateur chez ASN en 1938, il a bientôt l'occasion de réaliser ses premiers films, des commandites pour le gouvernement du Québec et l'armée de l'air. Dès lors, l'orientation principale de sa carrière est tracée : le film de commandite. Avec Pierre Harwood, il fonde Phoenix Studios en 1947, une filiale de Renaissance qui devient Omega Productions en 1950. Cette compagnie produira plus de sept cents émissions pour Radio-Canada (dont les téléséries *Pépinot, Rue de l'Anse* et *D'Iberville*). Au moment d'Expo 67, et par la suite pour Terre des hommes, il est directeur technique de plusieurs pavillons et réalise certaines des productions qui y sont présentées. En 1968, Omega devient Les productions SDA. Michaud y poursuit sa carrière de producteur et de réalisateur, et ajoute les films à caractère éducatif à l'éventail de sa production. Il compte plus de cent films à son actif. Il est certainement le pionnier et le principal représentant du cinéma commandité et publicitaire au Québec. Plusieurs prix consacrent sa carrière.

PRINCIPAUX FILMS : *La vocation des mains* (1939, c. m.), *Coup d'œil au studio* (1949, c. m.), *Ils sont tous nos enfants* (1952, c. m.), *Magie des fibres* (1953, c. m.), *Merveille rurale* (1955, m. m.), *Québec... puissance industrielle* (1961, c. m.), *Skidoo* (1964, t. c. m.), *L'eau+* (1967, c. m.), *Kébékio au pays de convoitise* (1979, série de c. m.), *Le saumon de l'Atlantique* (1980, c. m.). (P. V.)

**MICHEL, Dominique** (née **Dominique Sylvestre**), actrice, scénariste (Sorel, 1932). Artiste de cabaret, elle acquiert une grande popularité grâce à sa présence soutenue à la télévision et reçoit, régulièrement, des prix qui témoignent de l'affection du public à son endroit. Elle connaît un énorme succès avec la télésérie comique *Moi et l'autre* où elle compose, avec Denise Filiatrault, un duo irrésistible qu'elles reprendront avec bonheur dans plusieurs revues de fin d'année à Radio-Canada (les *Bye Bye*), puis au cinéma. Petite, nerveuse, Dominique Michel, dont les mimiques et les imitations ont eu vite fait d'être connues du public, impose un personnage de femme capable de tout pour se sortir du pétrin. On peut la voir, à ses débuts, dans *Chantons maintenant* (C. Jutra, 1956, c. m.), un film sur la chanson canadienne d'expression française. Sa popularité est telle qu'on lui écrit des

Dominique Michel dans *Louis 19, le roi des ondes* de Michel Poulette. (coll. ACPQ)

films sur mesure, privilège rare pour un acteur au Québec. Au début des années 70, longtemps après avoir joué dans *Les nouveaux venus* (B. Devlin, 1957, c. m.), elle tourne coup sur coup cinq comédies de qualité inégale: *Tiens-toi bien après les oreilles à papa…* (J. Bissonnette, 1971), *J'ai mon voyage!* (D. Héroux, 1973), *Y a toujours moyen de moyenner!* (D. Héroux, 1973), *Les aventures d'une jeune veuve* (R. Fournier, 1974) et *Je suis loin de toi mignonne* (C. Fournier, 1976). Elle coscénarise ce dernier film avec le réalisateur et Denise Filiatrault. Puis, le filon de la comédie cessant de faire recette, Dominique Michel s'éloigne du cinéma. Elle tient toujours des premiers rôles dans des téléséries (*Dominique, Chère Isabelle*) et monte sur scène pour donner des spectacles solo où elle chante et exploite toutes les ressources de son talent de fantaisiste. C'est grâce à Denys Arcand qu'elle fait un retour au cinéma. Il lui donne d'abord un petit rôle dans *Le crime d'Ovide Plouffe* (1984), celui d'une agente de voyages déconcertante, assez peu disposée à conseiller un voyage en France. Très douée pour les effets comiques, elle trouve là un rôle qui convient parfaitement à son style de jeu. Arcand lui propose ensuite d'explorer un tout autre registre dans *Le déclin de l'empire américain* (1986). Étonnante de justesse, elle se montre tout à fait à la hauteur, composant avec beaucoup d'aplomb un personnage d'intellectuelle très articulée qui ne tolère pas l'inconscience et choisit les hommes qui passent dans sa vie. Elle tient ensuite un petit rôle, celui d'une sorte de Madame, dans *Un zoo la nuit* (J.-C. Lauzon, 1987). Puis elle interprète, avec moins de bonheur, une bonne bourgeoise de Montréal dont les enfants vont s'établir sur la côte est américaine dans *Les tisserands du pouvoir* (C. Fournier, 1988, deux longs métrages). Elle revient à la comédie en mère envahissante et très consciente de la caméra dans *Louis 19, le roi des ondes* (M. Poulette, 1994) puis dans un rôle de belle-mère écrit sur mesure dans le deuxième film de sa partenaire Denise Filiatrault, *Laura Cadieux… la suite* (1999). (M. C.)

**MICHEL, Éric,** administrateur, producteur (Bourg-en-Bresse, France, 1942). Il commence ses études en Algérie avant d'être admis à l'IDHÉC, puis d'étudier le génie à Paris. En 1964, il entre à l'ORTF, où il est tour à tour assistant réalisateur, réalisateur et cinéaste journaliste au service des actualités. Arrivé au Canada en 1969, à titre de cinéaste correspondant, il y demeure et quitte l'ORTF en 1971. Cinéaste et cameraman pigiste pour la télévision, il enseigne le cinéma à l'Université de Moncton (1974) et devient consultant pour l'ONF qui souhaite implanter des services de production en région. Devenu permanent à l'ONF, il est nommé, en 1981, producteur responsable du Centre acadien de production, qui traverse une crise majeure. Il recrute une nouvelle équipe de cinéastes et produit notamment *Massabielle* (J. Savoie, 1983, c. m.) et *De l'autre côté de la glace* (S. Morin et Guy Dufaux, 1983, c. m.). Peu à peu, il étend son action et produit des films au Québec: *Québec Soft* (J. Godbout, 1985, c. m.), *10 jours… 48 heures* (Georges Dufaux, 1986). En 1986, il est nommé producteur responsable du studio B à Montréal, où il gère une grande partie des fonds alloués au documentaire francophone à l'ONF. Il lance la collection « L'Américanité », à l'intérieur de laquelle il produit cinq films personnels qui jettent un regard sur l'Amérique: *Le grand Jack* (H. Chiasson, 1987, m. m.), *La poursuite du bonheur* (M. Lanctôt,

1987), *Voyage en Amérique avec un cheval emprunté* (J. Chabot, 1987, m. m.), *Le voyage au bout de la route ou la ballade du pays qui attend* (J.-D. Lafond, 1987) et *Alias Will James* (J. Godbout, 1988). Il produit aussi *L'amour… à quel prix?* (S. Bissonnette, 1988), *Liberty Street Blues* (A. Gladu, 1988), *L'histoire des trois* (J.-C. Labrecque, 1989), *Au chic resto pop* (T. Rached, 1990), *Un homme de parole* (A. Chartrand, 1991, m. m.), etc. Parallèlement à cela, il travaille à la production d'une série qui prolonge « L'Américanité », « Parler d'Amérique », qui comprend les films *Un cirque en Amérique* (N. Petrowski, 1969, m. m.), *Chère Amérique* (M. Mallet, 1990, m. m.), *Hotel Chronicles* (L. Pool, 1990), *Le diable d'Amérique* (G. Carle, 1990), *Une aventure américaine* (V. Martorana, 1991, m. m.) et *Mon Amérique à moi* (M. Lepage, 1993, m. m.). Michel continue aussi à travailler avec Pierre Perrault (*L'oumimag ou l'objectif documentaire*, 1993, c. m.; *Cornouailles*, 1994, m. m.), Tahani Rached (*Médecins de cœur*, 1993; *Quatre femmes d'Égypte*, 1997; *Urgence! Deuxième souffle*, 1999) et Jacques Godbout (*Le mouton noir*, 1992; *L'affaire Norman Williams*, 1994; *Le sort de l'Amérique*, 1996; *Traître ou Patriote*, 1999, m. m.). Au cours de la décennie 1990, il produit plusieurs documentaires qui attirent l'attention : *Le steak* (P. Falardeau et M. Leriche, 1992), *Sans raison apparente* (J. Chabot, 1996, m. m.), *Les enfants de Refus global* (M. Barbeau, 1998) et *L'erreur boréale* (R. Desjardins et R. Monderie, 1999). Le studio qu'il dirige se voyant confier le mandat d'aborder les sujets sociaux mais aussi les sujets scientifiques, il produit *Armand Frappier* (N. Gravel, 1995, m. m.), *Toutatis* (C. Fol, 1996, m. m.) et *Victorin, le naturaliste* (N. Gravel, 1997, m. m.). (M. J.)

**MIGNAULT, Hugues,** réalisateur, ingénieur du son (Montréal, 1944). D'abord organisateur de ciné-club, il débute en 1969 chez Onyx Films et y devient preneur de son. De 1971 à 1975, il exerce ce métier sur onze longs métrages, travaillant notamment avec André Forcier (*Bar salon*, 1973; *L'eau chaude l'eau frette*, 1976), Arthur Lamothe (*Mistashipu*, 1976; *Ntesi Nana Shepen 2*, 1976), Pierre Perrault (*Gens d'Abitibi*, 1979), Martin Duckworth (*Temiscaming Québec*, 1975) et Jean-Guy Noël (*Ti-Cul Tougas*, 1976). Il passe ensuite à la réalisation en signant une trilogie documentaire sur l'histoire récente du Québec : *15 nov* (coréal. R. Brault, 1977), *Le Québec est au monde* (1979) et *Le choix d'un peuple* (1985). De l'élection du Parti québécois, le 15 novembre 1976 (*15 nov*), à la défaite référendaire du 20 mai 1980 (*Le choix d'un peuple*), ces trois films sont liés à la carrière du chef du parti et du premier ministre René Lévesque derrière lequel ils se rangent sans partage. Toujours sur des sujets touchant l'histoire politique (les expropriés de Mirabel, le rapatriement de la Constitution), Mignault réalise aussi des courts métrages documentaires pour la télévision. En 1991, il termine *Hurtubise* (m. m.), un documentaire consacré au grand peintre québécois. (M. J.)

**MIGNOT, Pierre,** chef opérateur, réalisateur (Montréal, 1944). Passionné d'images depuis l'enfance (il développe ses photos à onze ans), il débute au cinéma en 1965 et obtient la consécration avec *J. A. Martin photographe* (J. Beaudin, 1976). Robert Altman, après avoir vu le film, sollicite sa collaboration. Cette réussite ne tombe pas du ciel, car douze ans de pratique à l'ONF l'ont fait passer par tous les métiers touchant à la caméra : assistant came-

Geneviève Rioux, Pierre Mignot et Denise Filiatrault. (Pierre Crépô, coll. RVCQ)

raman (*Jusqu'au cœur*, J. P. Lefebvre, 1968; *Entre tu et vous*, G. Groulx, 1969; *Un pays sans bon sens!*, P. Perrault, 1970); cameraman pour des documentaires (*C'est votre plus beau temps!*, A. Dostie et S. Beauchemin, 1974; *Ntesi Nana Shepen 1*, A. Lamothe, 1975); chef opérateur pour des films de fiction (*Une nuit en Amérique*, J. Chabot, 1974); réalisateur d'un documentaire sur une course de voiliers (*Sous le vent*, 1973, m. m.). En 1979, il quitte l'ONF et devient pigiste, mais continue de choisir ses films en fonction des mêmes critères : intelligence du scénario et complicité avec le réalisateur. Voilà qui explique ses longues collaborations avec quelques réalisateurs : Jean Beaudin (neuf films ou séries, dont *J. A. Martin photographe*, pour lequel il remporte un Canadian Film Award, *Cordélia*, 1979, et *Mario*, 1984), André Melançon (sept films dont *Les vrais perdants*, 1978, *L'espace d'un été*, 1980, et *Rafales*, 1990), Robert Ménard (six films dont *Cruising Bar*, 1989) et Robert Altman (une dizaine de films depuis *Come Back to the Five & Dime, Jimmy Dean, Jimmy Dean*, 1981). Mignot partage avec Altman ce regard de documentariste qui exige un effort particulier du directeur de la photographie. Celui-ci doit suivre les acteurs au cours de longs plans nécessitant de nombreux déplacements, lumière et caméra se pliant à leur jeu. Mignot est tout aussi à l'aise avec les éclairages très soignés demandés par Léa Pool (*Anne Trister*, 1986), et est très recherché pour le tournage de films publicitaires. La qualité de son travail, son perfectionnisme et sa capacité d'adaptation à différents types de projets lui font trouver la lumière juste pour *À corps perdu* (L. Pool, 1988), comme pour *Maria Chapdelaine* (G. Carle, 1983), pour lequel il remporte un prix Génie. En 1989, il revient à la réalisation, cette fois pour un long métrage de fiction (*Blue la magnifique*), récit d'une amitié entre une jeune chanteuse de country (Geneviève Rioux) et une marginale, interprétée avec conviction par Denise Filiatrault. Il réalise ensuite *Les amazones* (1990, c. m.), mais se consacre depuis à la direction photo. Au cours des années 90, comme c'est le cas de beaucoup de techniciens québécois, son talent est recherché pour des téléfilms (*L'enfant des Appalaches*, J.-P. Duval, 1996), des téléséries (*Les orphelins de Duplessis*), des films québécois (*Les muses orphelines*, R. Favreau, 2000) et des coproductions internationales (*Alegria*, F. Dragone, 1999). Il collabore également au tournage de quelques courts métrages: *Babel* (M. St-Pierre et N. St-Gelais, 1992), *Rue Saint-Paul* (F. Marbœuf, 1993).

PRINCIPAUX AUTRES FILMS: *Montréal vu par...* (D. Arcand, M. Brault, A. Egoyan, J. Leduc, L. Pool, P. Rozema, 1991), *La vie fantôme* (J. Leduc, 1992), *Prêt-à-porter* (R. Altman, 1994), *C'était le 12 du 12 et Chili avait les blues* (C. Binamé, 1994), *Mouvements du désir* (L. Pool, 1994), *Sous-sol* (P. Gang, 1996), *Nô* (R. Lepage, 1998). (Y. R.)

**MIHALKA, George,** réalisateur (Budapest, Hongrie, 1952). Arrivé au Canada en 1961, il réalise de nombreux films pédagogiques et publicitaires et fonde, en 1979, SFC Corporation. La même année, il signe *Pinball Summer*, un film pour adolescents qui donne le ton de ce que sera sa carrière. Mihalka, en effet, s'oriente vers un cinéma ouvertement commercial, touchant à tous les genres, de l'horreur (*My Bloody Valentine*, 1980; *The Blue Man*, 1986; *Relative Fear*, 1994) au thriller (*Deceptions II: Edge of Deception*, 1995; *Hostile Takeover*, 1988), en passant par la comédie pornographique (*Scandale*, 1982, qui exploite l'affaire des films pornographiques prétendument tournés avec le matériel audiovisuel de l'Assemblée nationale). Dans son abondante production se distinguent deux comédies tournées en français, *La Florida* (1993) et *L'homme idéal* (1996), qui emportent l'adhésion du public québécois. La première parodie le développement d'une communauté québécoise en Floride; la seconde semble créée sur mesure pour favoriser les débuts de l'humoriste Marie-Lise Pilote au cinéma. Très actif, Mihalka travaille aussi beaucoup pour la télévision, réalisant des séries (*Scoop*, 1992; *Omertà 3*, 1999) et plusieurs téléfilms, dont *Le chemin de Damas* (1988), sur un scénario de Marcel Beaulieu racontant les aventures d'un ancien hippie devenu curé de village, et deux adaptations de Jack Higgins (*Thunder Point*, 1996; *Windsor Protocol*, 1996). (M. J.)

**MILLER, Monique,** actrice (Montréal, 1936). Dès l'âge de onze ans, elle joue dans des séries radiophoniques. Sa carrière théâtrale l'amène ensuite à interpréter les plus grands auteurs, et elle participe à plus de soixante téléthéâtres, de même qu'à plusieurs téléromans. On ne la voit qu'irrégulièrement au cinéma. Encore adolescente, elle joue dans *Ils sont tous nos enfants* (H. Michaud, 1952, c. m.) et dans *Tit-Coq* (R. Delacroix et G. Gélinas, 1952), où elle interprète le rôle de Marie-Ange Désilets, la petite amie de Tit-Coq, qui en épouse un autre alors qu'il est à la guerre. Puis elle tourne dans plusieurs courts et moyens métrages, dont *L'émigré* (B. Devlin, 1958, c. m.), *Nomades* (L.-G. Carrier, 1960, c. m.), *La neige a fondu sur la Manicouagan* (A. Lamothe, 1965, m. m.) et *La beauté même* (M. Fortier, 1964, c. m.), où elle incarne la femme universelle, une femme soucieuse de plaire. On la revoit, dix ans plus tard, dans une comédie acide sur la vie de couple, *Pour le meilleur et pour le pire* (C. Jutra), dans laquelle elle atteint à une vérité et à une émotion remarquables. Puis, dans *Mourir à tue-tête* (A. C. Poirier, 1979), elle est l'alter ego de la réalisatrice, celle qui, dans le film, supervise le montage d'un film sur le viol. Dans un tout autre registre, elle met à contribution son talent pour la comédie et interprète avec éclat l'excentrique propriétaire d'un improbable centre thérapeutique pour nantis dans *Gaspard et fil$* (F. Labonté, 1988). Puis elle tient deux rôles de femme de tempérament, celui d'une aggressive productrice de publicités dans *Jésus de Montréal* (D. Arcand, 1989) et celui d'une chanteuse retirée qui projette toujours une ombre écrasante sur sa fille dans *Le complexe d'Édith* (P. Baillargeon, 1991, c. m.). (D. B. et M. C.)

**MILLETTE, Jean-Louis,** acteur (Montréal, 1935 – 1999). Interprétés par Millette, les clowns se font bizarres, dérangeants — et les scélérats exercent sur le spectateur une troublante fascination. Au fil des années, on l'a souvent vu dans de tels emplois, aussi bien à la scène qu'à la télévision. Au cinéma, il est apparu notamment dans *Amanita pestilens* (R. Bonnière, 1964), *Le festin des morts* (F. Dansereau, 1965), *La corde au cou* (P. Patry, 1965), *Ti-Cul Tougas* (J.-G. Noël, 1976), *Cover-girl* (J.-C. Lord, 1981), *Trouble* (Y. Simoneau, 1985, c. m.), *Pellan* (A. Gladu, 1986), *Lamento pour un homme de lettres* (P. Jutras, 1988, c. m.), *Some Girls* (M. Hoffman, 1988), *Jésus de Montréal* (D. Arcand, 1989), *Amoureux fou* (R. Ménard, 1991), *Nelligan* (Robert Favreau, 1991) et le sketch réalisé par Jacques Leduc dans *Montréal vu par...* (coréal. D. Arcand, M. Brault, A. Egoyan, L. Pool et P. Rozema, 1991). Dans *Le confessionnal* (1995), Robert Lepage a écrit pour lui un rôle à la mesure de son talent. Millette est remarquable en haut fonctionnaire expert dans l'art de la dissimulation. Il est ici le véritable maître de jeu, un maître de jeu extrêmement vulnérable, puisque le plaisir qu'il prend à manipuler les autres ne réussit pas à dompter la honte qu'il éprouve devant ses propres pulsions. Sa participation à quatre longs métrages d'Yves Simoneau, *Pourquoi l'étrange monsieur Zolock s'intéressait-il tant à la bande dessinée?* (1983), *Pouvoir intime* (1986), *Les fous de Bassan* (1986), et *Dans le ventre du dragon* (1989), mérite aussi une place à part. Le premier est une pochade loufoque : Millette y joue Zolock, l'antisuperman, l'énergumène qui ambitionne de dominer l'univers. Dans le deuxième, il campe avec une austérité janséniste le personnage de Meursault, policier perfide dont les rêves de retraite dorée viennent tout près de se réaliser. Quant aux *Fous de Bassan*, il y incarne le héros vieillissant, obnubilé par la faute commise autrefois. *Dans le ventre du dragon* lui offre le rôle d'un inquiétant mégalomane à la tête d'un consortium pharmaceutique. On a entendu sa voix dans une infinité de films, Millette s'étant très tôt spécialisé dans le doublage. Jean-Claude Coulbois, qui l'a suivi en Italie où il jouait, seul en scène, *The Dragonfly of Chicoutimi* de Larry Tremblay, lui consacre un film, *Le territoire du comédien* (1999, m. m.). (J.-M. P.)

**MILLS, Michael,** animateur, producteur, réalisateur (Londres, Angleterre, 1942). Il étudie au High Wycombe Technical College, puis débute en 1959 dans un studio de films fonctionnels, pour ensuite devenir pigiste jusqu'en 1963. Au cours de cette période, il réalise près de deux cents films publicitaires pour divers pays. En 1964, il travaille chez Halas & Batchelor Cartoon Films et produit la télésérie *The Lone Ranger*, pour le marché américain. Arrivé au Canada, il entre à l'ONF en 1966 et réalise deux films d'animation de commande, *Tax Is Not a Four-letter Word* (1967, c. m.) et *In a Nutshell* (1971, c. m.), suivis d'un film personnel, *Evolution* (1971, c. m.), une fable comique sur l'évolution des espèces, primé vingt-huit fois. Il fonde son propre studio en 1974. Mills scénarise, réalise et coproduit, avec Potterton Productions, *The Happy Prince* (1974, m. m.). Pour l'ONF, il réalise et produit deux « Vignettes Canada » : *The Horse, Westerlies Anthem* (1979, t. c. m.) et *S.P.L.A.S.H.* (1980, c. m.). Entre-temps, il conçoit et produit *The History of the World in Three Minutes Flat* (1980, t. c. m.), un film d'auteur récompensé à Berlin et à l'American Film Festival. Les films publicitaires réalisés dans son studio remportent régulièrement des prix. En 1991, Mills revient avec un film personnel : *Boo!* (c. m.). Les films de Mills, qui empruntent le ton humoristique, sont réalisés à partir de la technique du cellulo. (L. B.)

**MITCHELL, Lucie,** actrice (1911). Le coup d'envoi de sa carrière au cinéma, c'est le rôle de Marie-Louise, la terrifiante marâtre de *La petite Aurore l'enfant martyre* (J.-Y. Bigras, 1951), rôle qui la marque définitivement en tant qu'interprète. Mitchell aura beau ensuite jouer dans *Les brûlés* (B. Devlin, 1958), *Les mains nettes* (C. Jutra, 1958), *Trouble-fête* et *La corde au cou* (P. Patry, 1964 et 1965), *La vraie nature de Bernadette* (G. Carle, 1972), *Parlez-nous d'amour* (J.-C. Lord, 1976), *Ça peut pas être l'hiver on n'a même pas eu d'été* (L. Carré, 1980), *La quarantaine* (A. C. Poirier, 1982) ainsi que dans plusieurs téléséries, pendant plus de trente-cinq ans on continuera presque d'instinct à identifier la comédienne à la méchante belle-mère du film de Bigras. (J.-M. P.)

**MONDERIE, Robert,** réalisateur (Rouyn, 1948). C'est en fondant la compagnie de production Abbittibbi Blue Print avec Richard Desjardins*, en 1974, qu'il débute au cinéma. Il coréalise ensuite *Comme des chiens en pacage* (1977, m. m.) et *Mouche à feu* (1983, c. m.) avec Desjardins, puis *Noranda* (1984, m. m.), un cinglant portrait de la ville minière aux prises avec les conséquences de la pollution industrielle, avec Daniel Corvec. Par la suite, il enseigne la photographie et le cinéma. En 1999, il revient à la réalisation avec le documentaire choc *L'erreur boréale* (coréal. R. Desjardins), qui traite de la dévastation de la forêt boréale au Québec. (A. B.)

**MONTES, Osvaldo,** musicien (Buenos Aires, Argentine, 1952). Une tournée nord-américaine avec Los Calchakis (un groupe de musiciens d'Amérique latine) lui fait découvrir le Québec. C'est le coup de foudre et Montes s'y installe. En 1980, Daniel Bertolino fait appel à lui pour une série : « Contes et légendes du monde ». Cette rencontre est déterminante et Montes travaille pour Les productions Via le monde durant huit ans. Lorsque François Floquet, associé à Bertolino, produit *La Guêpe* (G. Carle, 1986), c'est pour Montes l'occasion d'écrire la musique d'un premier long métrage de fiction. Toutefois, le film est très mal reçu et le compositeur doit attendre *À corps perdu* (L. Pool, 1988) pour qu'on apprécie son style musical. Il collabore aussi avec François Labonté en signant la musique des téléfilms *Manuel, le fils emprunté* (1990), *Les marchands du silence* (1993) et de la télésérie *Bombardier* (1992). Pour André Melançon, il compose la bande sonore de deux films (*Fierro… L'été des secrets*, 1989 et *Rafales*, 1990) et du téléfilm *Nénette* (1991). Cette collaboration l'amène à composer la musique de la coproduction Canada-Argentine *El lado oscuro del corazón* (E. Subiela, 1992), dans laquelle joue Melançon. Le film remporte le grand prix des Amériques au FFM. Par la suite, Montes partage son temps entre le Québec, où il collabore surtout à des productions télévisuelles, et l'Argentine, où il fait la musique de plusieurs longs métrages, notamment *Tango feroz : la leyenda de Tanguito* (M. Piñeyro, 1993), *Una sombra ya pronto serás* (H. Olivera, 1994), *Cenizas del paraíso* (M. Piñeyro, 1997). Comme il compose aussi bien de la musique aux accents contemporains que de type classique, on ne peut l'associer à un seul genre musical. Mélodique, sa musique sait plaire et convient bien au cinéma.

PRINCIPAUX AUTRES FILMS : *Petit drame dans la vie d'une femme* (A. Pelletier, 1990, c. m.), *Les naufragés du Labrador* (F. Floquet, 1991), *Chronique d'un psy en pays inuit* (François Floquet, 1993, m. m.), *El Caso María Soledad* (H. Olivera, 1993), *La beauté des femmes* (R. Ménard, 1994), *Amigomío* (A. Chiesa et J. Meerapfel, 1994).

DISCOGRAPHIE : *À corps perdu*, Polydor 837-391-2, 1988 • *Fierro, l'été des secrets*, Phillips/Polygram 838-512-1, 1989 • *Osvaldo Montes Film Stories*, Intermede/TC-Musicor Int-201, 1991 • *Tango feroz : la leyenda de Tanguito*, bande sonore originale du film • *El lado oscuro del corazón*, bande sonore originale du film. (J. De. et É. P.)

**MONTPETIT, Pascale,** actrice (Montréal-Nord, 1960). Formée au Conservatoire de théâtre de Montréal, Montpetit s'affirme au cinéma comme une jeune femme originale, naïve, émouvante, pleine de compassion, souvent en larmes. On la découvre dans *H* (D. Wasyk, 1991) en héroïnomane en cure forcée de désintoxication. Elle remporte un Génie pour ce rôle difficile où elle ne s'économise pas. Par la suite, elle tourne encore en anglais, dans *Eclipse* (J. Podeswa, 1994), Québécoise en fuite à Toronto qui travaille comme domestique et fait l'amour avec son patron, et dans *The Dog* (B. Ronfard, 2000), Polonaise poussée au meurtre dont le chien se rend d'instinct chez les maîtresses de son mari disparu. On lui confie rapidement des premiers rôles. Ainsi dans le téléfilm *Soho* (J.-P. Duval, 1994), elle est cette jeune femme fauchée, marginale, qui fait l'expérience de la banlieue où elle cherche à vendre des portefeuilles et découvre qu'elle n'est plus toute jeune. Elle occupe une place à part dans les films de Charles Binamé, névrosée en mal d'amour qui collectionne les thérapies dans *Eldorado* (1995), puis femme insatisfaite de ses rapports avec ses proches qui provoque le destin en offrant, à ses risques et périls, une heure de son temps aux passants dans *Le cœur au poing* (1998). Ce rôle lui vaut un prix à Mons au Festival du film d'amour et le premier Jutra de la meilleure actrice. Fidèle au réalisateur, elle fait une apparition dans *La beauté de Pandore* (2000). Dans *L'invention de l'amour* (C. Demers, 2000), un accident d'au-

Pascale Montpetit dans *La position de l'escargot* de Michka Saäl. (Bertrand Carrière, coll. RVCQ)

tomobile change la vie de son personnage et allume les feux de la passion. On exploite ses qualités de cœur dans le téléfilm *L'incompris* (P. Gang, 1996) et dans *La position de l'escargot* (M. Saäl, 1998) où elle est chaque fois l'amie musicienne, peu présente mais rassurante. Montpetit tourne dans quelques courts métrages : *Je ne t'aime pas* (M.-J. Seille, 1995), *Crise d'identité à la deuxième personne du singulier* (J.-F. Asselin, 1996), *La bombe au chocolat* (S. Rosenthal, 1997) et *Viens dehors* (É. Tessier, 1998). Elle interprète avec sensibilité et intelligence des poèmes dans *Le verbe incendié* (D. Chouinard, 1998, m. m.). Sa sœur, Marie-Hélène Montpetit, est aussi comédienne (*Léolo*, J.-C. Lauzon, 1992 ; *Cosmos*, J. Alleyn, M. Briand, M.-J. Dallaire, A. Paragamian, A. Turpin et D. Villeneuve, 1996). (M. C.)

**MOREAU, Michel,** réalisateur, producteur (Joigny, France, 1931). Après plusieurs années de travail en publicité, il émigre au Canada en 1960. À l'été 1962, il est engagé à l'ONF, où il travaille aux adaptations françaises et réalise quelques films fixes. Au moment de la création de la production française, Pierre Juneau décide de développer le film pédagogique et le nomme producteur du studio chargé de ce secteur. Ses premières réalisations sont alors des séries de films en boucle. Il tourne ensuite son premier vrai film, *Trois lecteurs en difficulté* (1968, m. m.). D'emblée, on reconnaît les qualités qui caractériseront son travail : rigueur d'approche, exposition claire du sujet, mises en situation à forte charge émotive. Son intérêt pour les personnes marginales, en difficulté, s'affirme déjà. C'est alors que Moreau quitte l'ONF pour travailler pour le gouvernement du Québec. Voulant donner plus d'assises à sa démarche psychopédagogique, il s'inscrit aussi à un programme de maîtrise en psychologie de l'enfant ; sa thèse lui permet de faire le bilan de ses expériences filmiques antérieures et d'élaborer des modèles d'intervention qui vont guider ses réalisations futures. Plusieurs des films que Moreau réalise par la suite s'inscrivent en effet dans cette démarche psychopédagogique et ont trait au développement de l'enfant. Se succèdent des séries comme « Mathématiques à l'élémentaire » (1969) et « Sensibilisation » (1970), et des films autonomes desquels se dégagent *Quatre jeunes avec trois boss* (1972, m. m.), l'une de ses rares approches du monde du travail, et *Au seuil de l'opératoire* (1972, m. m.), application des théories de Piaget sur l'apprentissage. C'est à cette occasion qu'il rencontre Édith Fournier, avec qui il coréalisera plusieurs films. En 1972, il fonde Éducfilm, où il produira tous ses films jusqu'en 1987.

L'année 1974 marque un tournant dans la carrière de Moreau. Il réalise son premier long métrage, *La leçon des mongoliens*, et obtient, grâce à la diffusion du film à la télévision, une certaine notoriété en dehors des milieux spécialisés. Le film amorce une réflexion sur un problème et une situation mal connus. Moreau met en production quelques séries utilitaires : « Le combat des sourds » (1974) et « Besoins cachés » (1975), cette dernière sur l'insertion des jeunes dans la société et le monde du travail. Avec la série « Les exclus » (1975-1977), dont il réalise neuf épisodes, Moreau démontre encore sa maîtrise de la mise en situation, maîtrise qui lui permet de contrôler les improvisations et de rendre intéressant, dramatique, un moment qui autrement pourrait être banal. Dans cette série, c'est son deuxième long métrage, *Jules le magnifique* (1976), qui illustre le mieux cette approche. À partir de 1978, son travail est plus varié. Il renoue avec le film strictement pédagogique, avec la série « L'envers du jeu » (coréal. É. Fournier, 1978), et confirme sa position de chef de file de ce genre de cinéma. Il renoue aussi avec les gens en difficulté avec la série « Les chocs de la vie » (1982-1984) dont il réalise cinq épisodes. Avec *Une naissance apprivoisée* (1979), il suit jusqu'à l'accouchement la grossesse de sa femme (Édith Fournier) et interroge certains comportements liés à cette situation. Il prolonge cette réflexion par deux courts métrages coréalisés avec elle : *Le dur métier de frère* (1980) et *Premières pages du journal d'Isabelle* (1980). *Enfants du Québec et alvéoles familiales* (1979) ouvre une perspective ethnographique nouvelle, mais latente dans son œuvre, en examinant les habitudes de vie des familles québécoises. Ce film est suivi des *Traces d'un homme* (1981) qui, en abordant le thème de la mort, poursuit l'analyse du Québec contemporain entreprise par Moreau dans son long métrage précédent. Dans les années 80, Moreau, qui semble arriver au bout de sa démarche documentaire, est tenté par une fiction qui lui permettrait d'amplifier la réalité documentaire. *Le million tout-puissant* (1985), sur le phénomène de la loterie dans notre société, s'inscrit dans ce courant du documentaire renouvelé qui intègre des passages de fiction. Mais, dans ce cas-ci, le parti pris fantaisiste des séquences de fiction nuit à l'ensemble. Moreau travaille ensuite à la scénarisation, pour lui-même et pour les autres. Il réalise néanmoins une émission de télévision sur les femmes immigrées au Québec, *Les voisines venues d'ailleurs* (1986, m. m.). En 1989, il termine *Les trois Montréal de Michel Tremblay* (m. m.), documentaire-fiction où alternent témoignages, entretien avec l'écrivain et transposition de son univers dramaturgique et romanesque. Moreau s'attache plus particulièrement à la vision qu'a l'écrivain du Plateau-Mont-Royal et de la *Main.* Moreau réalise ensuite des vidéos à contenu social destinées aux écoles et un documentaire à l'ONF, *Xénofolies* (1991, m. m.), où il revient à des thèmes présents dans la série « Les exclus » et dans *Enfants du Québec et alvéoles familiales.* Reprenant un peu la démarche amorcée avec Michel Tremblay, il suit, dans *Une enfance à Natashquan* (1993), le poète chanteur Gilles Vigneault dans son pays d'origine. Ce travail sur la mémoire, qui convie l'émotion et la confidence, annonce une œuvre beaucoup plus personnelle, celle qu'il consacre à sa propre aventure. Avec *Le pays rêvé* (1996), il donne dans l'autobiographie, à l'instar de Georges Dufaux (*Rue Sainte-Catherine, est... to the West,* 1992, m. m.) ou de Gilles Carle (*Moi, j'me fais mon cinéma,*1999). Moreau veut ainsi éclairer sa situation d'immigré, son parcours et ses choix. En trente ans, il réalise quelque soixante-quinze films. S'il pratique souvent un cinéma d'apparence utilitaire, il cherche toujours à dépasser cette dimension prosaïque pour aller, avec sensibilité, au fond des choses. Pas étonnant qu'il a, ces dernières années, consacré beaucoup d'énergie à la défense du documentaire et qu'il a reçu pour cette action le prix Lumières en 1998.

AUTRES FILMS : *En passant par Mascouche* (coréal. F. Labonté, 1982, c. m.), *Les coulisses de l'entraide* (coréal. R. Favreau, 1984, m. m.).

BIBLIOGRAPHIE : • MOREAU, Michel, *Tentative de systématisation de l'utilisation de la rétroaction dans l'élaboration de films destinés à provoquer un changement de comportement dans une population donnée,* mémoire déposé à l'UQÀM, 1974 • FOURNIER, Édith et Michel MOREAU, *Une naissance apprivoisée,* Éditions de l'Homme, Montréal, 1979 • « Michel Moreau », *Copie Zéro,* nº 27, Montréal, 1986. (P. V.)

**MORETTI, Pierre,** animateur, producteur, réalisateur (Montréal, 1931 – Laval, 1996). Après des études classiques, il s'inscrit en décoration à l'Institut des arts appliqués. D'abord homme de théâtre (décorateur, costumier, auteur), il travaille principalement à la conception de décors (près de vingt-cinq spectacles entre 1960 et 1964). Il crée, en 1967, *Équation pour un homme seul,* événement théâtral pour lequel il conçoit une scénographie novatrice, apportant ainsi sa contribution au renouvellement des formes d'expression visuelle.

Il entre à l'ONF en 1964. Il s'initie à l'animation et réalise son premier film, *Un enfant... un pays* (1967, c. m.). En 1969, il participe aux « Chansons contemporaines » avec *Cerveau gelé* (t. c. m.), illustrant la chanson de Claude Dubois. Il tourne en prises de vues réelles *Bronze* (1970, c. m.), centré sur le sculpteur Charles Daudelin, et *N'ajustez pas* (1970, t. c. m.). De 1970 à 1977, période où il réalise un film expérimental, *Modulo : variations sur un design* (1974, c. m.), il agit surtout comme producteur. Parallèlement, il travaille au programme de recherche en animation avec ordinateur ainsi qu'à la mise sur pied de l'atelier de conception sonore. En 1977 et en 1978, il assume la direction du studio français d'animation. Après avoir effectué des recherches sur le système de communication informatisé Télidon, il réalise *Variations graphiques sur Télidon* (1981, c. m.). Avant de prendre sa retraite, en 1985, il termine *Bioscope* (1984, c. m.). Il poursuit ses recherches en animation par ordinateur. (L. B.)

**MORIDE, Roger,** chef opérateur, réalisateur, script (Landervenn, France, 1922). Diplômé de l'IDHÉC et de l'École technique de photographie et de cinématographie (Paris), il occupe le poste de deuxième assistant à la caméra pour *Jour de fête* (J. Tati, 1949). De 1947 à 1955, il réalise des documentaires qui le mènent en Scandinavie, au Brésil, au Laos, au Cambodge, au Vietnam et au Sahara. En 1955, l'un d'eux, *Bahia de tous les saints*, remporte le Grand Prix de la Ville de Paris. À partir de 1955, on le retrouve régulièrement à l'ONF comme cameraman pour certains films de Roger Blais et Bernard Devlin. Parmi les films dont il signe les images, citons *Boulevard Saint-Laurent* (J. Zolov et M. Beaudet, 1962, c. m.). En 1961 et en 1962, il travaille pour Radio-Canada. Pendant le reste des années 60, il est surtout recherchiste, script et cameraman d'actualités pour diverses chaînes de télévision. Au début des années 70, il signe les images de plusieurs films commerciaux (*La maîtresse*, A. Van de Water, 1973; *Les deux pieds dans la même bottine*, P. Rose, 1974). Mais il faut surtout souligner sa présence à la caméra pour les films de la série « Chronique des Indiens du nord-est du Québec » (A. Lamothe, 1973-1983), alors qu'il réussit des images impeccables dans des conditions difficiles (à l'intérieur d'une tente exiguë, travaillant avec une lentille à très courte focale). S'il travaille beaucoup pour la télévision ontarienne dans les années 80, il tourne aussi avec Arthur Lamothe (*Ernest Livernois, photographe*, 1988, m. m.). (N. O.)

**MORIN, Joseph,** administrateur, producteur, réalisateur (L'Islet, 1896 – Québec 1964). Diplômé de l'Institut agricole d'Oka, il entre au service du gouvernement québécois où on lui confie, au début des années 20, la diffusion des films du ministère de l'Agriculture. Il sillonne alors la province. En 1921, il produit *L'industrie du sucre et du sirop d'érable* (c. m.) et *La mise des porcs sur le marché* (c. m.). Comme directeur de la section des films de ce ministère, il se fait l'avocat du développement de l'éducation populaire par le film et de l'amélioration des services gouvernementaux de production et de distribution. Il n'est que naturel que, lorsque son appel est entendu, il devienne, en 1941, le premier directeur du SCP. Il en assure la direction jusqu'au moment où, en 1961, le SCP devient l'OFQ. En 1960, les Canadian Film Awards reconnaissent ses riches états de service et lui remettent un prix spécial. (P. V.)

**MORIN, Robert,** réalisateur, scénariste, chef opérateur (Montréal, 1949). Après des études en communication et en littérature, il se tourne vers la photographie et aborde le cinéma et la vidéo en tant que cameraman. En 1977, il est l'un des huit membres fondateurs de la Coop vidéo de Montréal (*voir* VIDÉO) dont le but est de permettre la réalisation d'œuvres indépendantes. La même année, il coréalise, avec Jean-Pierre Saint-Louis, *Même mort, il faut s'organiser* (c. m.). Même si cette fiction est produite, comme la majorité de son œuvre, par la Coop Vidéo de Montréal, il s'agit d'un film 16 mm. En coréalisation avec Lorraine Dufour, il récidive avec

Robert Morin et Lorraine Dufour. (coll. ACPQ)

*Le royaume est commencé* (1980, m. m.). Mais il se tourne bientôt vers la vidéo et, jusqu'en 1984, il coréalise avec Dufour, qui sera par la suite la productrice de la quasi-totalité de ses œuvres, vues dans plusieurs festivals du monde entier et dont des musées font l'acquisition. *Le voleur vit en enfer* (1984, c. m. vidéo) est peut-être son œuvre la plus marquante de cette époque. Son premier long métrage vidéo, *Tristesse modèle réduit* (1989), aborde avec franchise les rapports humains d'un déficient intellectuel. *La réception* (1989) traite de l'univers carcéral à travers dix récits livrés par des amateurs qui jouent leur propre rôle. Cette vidéo, qui emprunte la structure des *Dix petits nègres* d'Agatha Christie, constitue une synthèse de la démarche de Morin et Dufour. En 1991, les deux artistes obtiennent le premier prix d'art vidéographique Bell Canada. Morin s'intéresse aux films de genre qu'il aborde avec respect et ironie, utilisant leur structure mais brisant leurs archétypes. C'est ce qu'il fait dans *Preliminary Notes for a Western* (1990, c. m.), mais surtout dans son premier long métrage tourné en 35 mm, *Requiem pour un beau sans-cœur* (1992), un polar coup de poing en forme d'appel éclaté à la liberté, qui remporte plusieurs prix, dont celui du meilleur film québécois remis par l'AQCC. Il récidive en 1994 avec *Windigo*, qui oppose Amérindiens et Blancs dans une réflexion sur les aspirations nationales des deux peuples vues à travers les regards d'un cameraman et d'un journaliste. Encore une fois, la caméra subjective, si présente dans l'œuvre de Morin, prend en charge la narration de l'action et suggère que, pour le cinéaste, tout est une question de perception et de point de vue. Il revient ensuite à la vidéo avec une bande inusitée, *Yes Sir! Madame...* (1995), qui confronte de manière éclatée et imaginative caméra-témoin et cinéma vérité autour d'un personnage bilingue en quête d'identité qu'interprète Morin. *Quiconque meurt, meurt à douleur* constitue un coup de tonnerre dans le paysage audiovisuel de 1998 par son sujet — la drogue et la violence —, son genre — suspense détourné —, son filmage — caméra vidéo souple et subjective —, son style — fiction en forme de documentaire —, et par la puissance de vérité des comédiens non professionnels. Morin reçoit encore à juste titre le prix de l'AQCC. Même s'il espère voir la télévision diffuser la vidéographie d'auteur, Morin constate que les télés hésitent à diffuser ses films, peut-être parce qu'ils proposent un discours et un style qui s'éloignent des leurs. Morin et Dufour sont des figures dominantes de la scène vidéographique québécoise. Le cinéma de Morin, par le choix de ses sujets et de ses personnages — souvent marginaux —, se développe en prise directe sur les préoccupations sociales, voire politiques du Québec, mais à travers un style innovateur et souple, à la fois expérimental et populaire, loin de la thèse appuyée, privilégiant le point de vue grâce au recours à un narrateur qui participe au récit.

AUTRES VIDÉOS : *Ma vie c'est pour le restant de mes jours* (1980, c. m.), *Gus est encore dans l'armée* (coréal. L. Dufour, 1980, c. m.), *Le royaume est commencé* (coréal. L. Dufour, 1980, m. m.), *Il a gagné ses épaulettes* (coréal. L. Dufour, 1981, m. m.), *Ma richesse a causé mes privations* (coréal. L. Dufour, 1982, c. m.), *Le mystérieux Paul* (coréal. L. Dufour, 1983, c. m.), *On se paye la gomme* (1984, c. m.), *La femme étrangère* (1989, c. m.). (P. V.)

**MOUFFE** (née **Claudine Monfette**), actrice, scénariste (Montréal, 1947). Si son passage dans le paysage du cinéma québécois au tournant des années 70 est assez rapide, elle laisse le souvenir tangible d'un type bien particulier : celui de la jeune femme émancipée, dégourdie face aux protagonistes masculins, mais encore instable. À sa sortie de l'École nationale de théâtre, elle joue dans deux films de Jean Pierre Lefebvre, *Il ne faut pas mourir pour ça* (1967) et *Jusqu'au cœur* (1968). Elle prend les traits d'une jeune marginale happée par les artifices de la ville dans *Où êtes-vous donc?* (G. Groulx, 1968). Puis elle collabore au scénario de *Bulldozer* (P. Harel, 1972), fable où s'entremêlent le grotesque et le drame. Elle y tient le rôle de Solange, l'amoureuse de Peanut (Donald Pilon), employé du dépotoir familial qui finira par tout niveler, son entourage comme son environnement, à l'aide d'un bulldozer. Elle délaisse ensuite le cinéma pour devenir animatrice de radio et metteure en scène de spectacles. (J. P.)

**MOYLE, Allan,** réalisateur, acteur, producteur, scénariste (Arvida, 1947). Il commence sa carrière au cinéma en tant qu'acteur dans *Montreal Main* (F. Vitale, 1974). Par la suite, il joue également dans *East End Hustle* (F. Vitale, 1976), *Rabid* (D. Cronenberg, 1976), *Outrageous!* (R. Benner, 1977) et *The Mourning Suit* (L. Yakir, 1975), où il tient le rôle principal. En 1977, il produit, réalise et coscénarise, avec Steve Lack et John Laing, *The Rubber Gun*, reprenant la distribution de *Montreal Main*. Lui-même tient le rôle d'un étudiant en sociologie qui rédige une thèse sur un groupe montréalais du milieu contre-culturel. Comme *Montreal Main*, le film de Moyle est influencé par le cinéma vérité et s'apparente à un documentaire-fiction. Les acteurs, qui ne sont pas des professionnels, tiennent des rôles qui correspondent à ce qu'ils sont dans la vie. L'intrigue de *Rubber Gun* tourne autour d'une valise pleine de drogue qui a été mise en consigne à la gare. La police est alertée, aussi la récupération de la drogue devient-elle ardue. Cette situation difficile n'est en fait qu'un prétexte pour faire surgir les tensions à l'intérieur du groupe des trafiquants dont les rêves utopiques s'évanouissent sous la pression qu'entraîne l'affaire. Faiblement diffusé, le film est tout de même bien reçu par la critique. Après quoi Moyle s'installe aux États-Unis où il réalise *Times Square* (1980), qui raconte la fugue de deux adolescentes et leurs aventures à New York. *Pump Up the Volume* (1990), qui reçoit un meilleur accueil, donne une voix à la révolte des jeunes, par le biais d'un adolescent timide qui anime de façon provocante une radio clandestine. C'est encore le public adolescent qui est la cible de ses deux films suivants : *The Gun in Betty Lou's Handbag* (1992) et *Empire Records* (1995). (M.-A. G.)

**MUNRO, Grant,** réalisateur, acteur, animateur, producteur, scénariste (Winnipeg, Manitoba, 1923). Toute sa vie, il aura été le compagnon d'armes de Norman McLaren avec lequel il a travaillé comme acteur (*Neighbours*, N. McLaren, 1952, c. m.), monteur, animateur, producteur et scénariste. Il produit notamment la série « Le mouvement image par image » (1976 à 1978), cours d'initiation aux techniques de base en animation donné par McLaren. Munro travaille essentiellement en animation. Il entre à l'ONF en 1944 pour animer des séquences comprises dans d'importantes séries. Puis il part pour le Mexique. Au retour, on le retrouve chez Crawley Films à Ottawa. Un bref passage à l'ONF précède un séjour de trois ans à Londres, après quoi il s'attache définitivement à l'ONF. Sans quitter l'animation, domaine dans lequel il donne bon nombre de films (*Two Bagatelles*, coréal. N. McLaren, 1953, t. c. m. ; *My Financial Career*, coréal. G. Potterton, 1962, c. m. ; *Toys*, 1966, c. m.), il touche aussi au documentaire (*Tour en l'air*, 1973, m. m. ; *Boo Hoo*, 1975, c. m.). Munro aime beaucoup travailler avec et pour les enfants. Il partage avec eux un certain imaginaire et un sens aigu de l'observation. Personne-ressource recherchée lorsqu'il est question de McLaren, il participe à de nombreux colloques. (A. D.)

**MURRAY, Michel,** animateur, réalisateur (Montréal, 1959). Diplômé en graphisme et en communication, il réalise deux bandes vidéo, deux courts métrages en 16 mm et deux films d'animation au cours de ses études. Lauréat du concours Cinéaste recherché(e), il réalise *Sylvia* (1984, c. m.) à l'ONF. Dans ce premier film d'animation professionnel, une satire sociale, une ménagère trouve dans les photo-romans un exutoire à la réalité. Ce premier film d'animation professionnel témoigne déjà du goût de Murray pour les jeux narratifs et pour le métissage de diverses techniques. Ainsi, *Sylvia* mêle habilement le dessin animé, l'animation de photographies et la prise de vues réelles. Le réalisateur enchaîne avec *Tocade* (1987, c. m.), une série de variations optiques sur le thème de la mise en abîmes, puis avec une trilogie de films destinés aux adolescents (*Aqua bon*, 1990, c. m. ; *Déserteur*, 1991, c. m.; *Le Pirate*, 1991, c. m.) qui abordent la question des réserves d'eau sur la Terre. Encore une fois, le cinéaste privilégie une forme éclatée en intégrant des segments d'animatique à un histoire de science-fiction écologique. *Doublures* (1993), son premier long métrage de fiction, propose lui aussi un récit ludique à travers les mésaventures d'un homme qui se multiplie par crainte de déplaire à ceux qui l'entourent. Murray aborde ensuite le documentaire avec *L'usine* (1997, m. m.), qui présente une analyse socioéconomique du développement d'une usine de câbles électriques à l'ère de la mondialisation. Le cinéaste revient ensuite à l'animation avec *L'éternel et le brocanteur* (2000, c. m.), où les jeux formels accompagnent une réflexion sur le temps. Ce film, comme *Sylvia* et la trilogie destinée aux adolescents, est habité par une volonté manifeste d'aborder des questions sociales à travers une forme influencée principalement par la bande dessinée.

Parallèlement à son œuvre personnelle, Murray réalise un film de commande (*La débâcle*, coréal. Y. Provost, 1989, c. m.) portant sur une sculpture d'Astri Reush, en plus de travailler à des vidéoclips et des films publicitaires. Il signe aussi les séquences animées de *J'ai pas dit mon dernier mot* (Y. Provost, 1986, m. m.) et de *Tinamer* (J.-G. Noël, 1987). (M. J.)

**NADEAU, Marthe,** actrice (Montréal, 1910 – 1994). Ce ne sera que la soixantaine atteinte que Nadeau verra son talent reconnu au cinéma. Auparavant, elle aura exercé son métier à la radio et fait quelques figurations. Ainsi aura-t-on pu la remarquer dans *Manette (la folle et les dieux de carton)* (C. Adam, 1965), *La maîtresse* (A. Van de Water, 1972), *O.K... Laliberté* (M. Carrière, 1973). En 1973, après avoir été impressionné par ses qualités de comédienne dans *On est loin du soleil* (J. Leduc, 1970), aux côtés de J.-Léo Gagnon, Jean Pierre Lefebvre décide de lui faire tourner *On n'engraisse pas les cochons à l'eau claire* (1973) et, par la suite, de lui confier un des rôles principaux des *Dernières fiançailles* (1973), celui de Rose, épouse au tempérament précautionneux, créature très terrienne et très éthérée à la fois. Elle y donne une fois de plus la réplique à J.-Léo Gagnon. À juste titre, plusieurs critiques emploient alors le mot « transparence » pour caractériser son jeu, jeu qui lui vaut un prix d'interprétation au Festival de Sorrente. Nadeau excelle à suggérer l'entêtement doux; Lefebvre s'en souviendra quand, en 1982, il fera de nouveau appel à elle pour incarner le personnage de Simone, la mère dans *Les fleurs sauvages.* Entre-temps, elle aura campé la tante Aline de *J. A. Martin photographe* (J. Beaudin, 1976). Enfin, elle fait de brèves apparitions dans *Le jour « S... »* (J. P. Lefebvre, 1984) et *Salut Victor!* (A. C. Poirier, 1989). Sa filmographie comprend une quinzaine d'œuvres. (J.-M. P.)

**NARDI, Tony (Antonio Luigi),** acteur (Carolei, Italie, 1958). Devenu Montréalais très jeune, il fait pourtant carrière autant à Toronto qu'à Montréal, jouant avec la même aisance en anglais, en italien et en français. Formé surtout à l'Actor's Studio à Montréal avec David Norman, il participe aussi à plusieurs ateliers à Banff et à Stratford. Sa carrière s'oriente d'abord vers le théâtre, où il remporte plusieurs prix au début des années 80, et la télévision. C'est au Québec qu'il passe au cinéma, où on exploite son italianité. Dans *Caffè Italia Montréal* (P. Tana, 1985), il incarne avec sensibilité un personnage assez proche de lui, un fils d'immigré tiraillé entre plusieurs cultures. Avec *Kalamazoo* (A. Forcier, 1988), il exploite sa veine comique et entre dans la famille d'acteurs fétiches de Forcier. Après *Speaking Parts* (A. Egoyan, 1989), où il joue un réalisateur de cinéma, on le retrouve donc dans *Une histoire inventée* (A. Forcier, 1990), sous les traits d'un metteur en scène de théâtre d'origine italienne, mégalomane et paumé, rôle qui met en valeur son sens de l'absurde et sa facilité de passer d'une langue à une autre. Dans un registre dramatique, Tana lui donne encore deux de ses plus beaux rôles, tous deux des Italo-Québécois. Dans *La Sarrasine* (1991), son personnage assassine, au début du siècle, un Québécois de souche et doit le payer chèrement, rôle pour lequel il remporte un Génie. Dans *La déroute* (1998), il est un riche entrepreneur italien, assassin lui aussi, qui tue froidement l'immigré latino-américain que sa fille a choisi pour époux et le transporte, anéanti, à la frontière américaine. Son interprétation lui vaut le prix Guy-L'Écuyer. Au Québec, Nardi joue aussi dans *Les amoureuses* (J. Prégent, 1992), amant italien très typé, dans *Une nuit avec toi* (C. Demers, 1993, c. m.), homme partagé entre deux femmes, et dans *Embrasse-moi c'est pour la vie* (J.-G. Noël, 1993), où il subit une crise de jalousie. Nardi joue dans les trois premiers longs métrages de Carlo Liconti, *Concrete Angels* (1986), *La famiglia Buonanotte* (1989) et *Vita Cane* (1993), dans quelques autres films en anglais (*The Adjuster*, A. Egoyan, 1991 ; *Angel In a Cage*, M. J. Gomes, 1999 ; *Bad Faith*, R. Bradshaw, 1999) et dans une comédie italienne (*La Bruttina stagionata*, A. Di Francisca, 1996). (D. B. et M. C.)

**NASH, Terre (Terry),** réalisatrice, animatrice, scénariste (Nanaimo, Colombie-Britannique, 1949). Ses études universitaires l'amènent à s'intéresser à la littérature anglaise, à la sociologie et aux communications. Sa carrière cinématographique débute en 1975, alors qu'elle réalise pour le studio D de l'ONF *It's No Yolk* (1975, t. c. m.), un film d'animation produit à l'occasion de l'année internationale de la Femme. Il s'agit là du seul film d'animation réalisé par Nash de façon professionnelle (elle en a également réalisé un à Vancouver dans une école d'art).

Pendant quelques années, elle effectue diverses tâches à la pige pour le studio D, puis réalise *If You Love This Planet* (1982, c. m.), documentaire qui aborde la question du péril nucléaire. Le film fait l'objet d'une féroce bataille juridique dont l'enjeu est la liberté de la presse. En effet, *If You Love This Planet* est taxé de propagande illégale par l'administration Reagan, de sorte que tout spectateur du film, aux États-Unis, peut être accusé de s'être livré à une activité criminelle. Paradoxalement, le film remporte la même année l'Oscar du meilleur court métrage documentaire. Il jouit donc d'une énorme publicité qui envenime encore aujourd'hui les débats, puisqu'il est toujours frappé du même interdit aux États-Unis. *If You Love This Planet* jette les bases de la démarche de Nash : un militantisme social et écologique qui s'appuie sur un point de vue féministe. *Speaking Our Peace* (coréal. B. S. Klein, 1985, m. m.), tourné en U.R.S.S., traite de la contribution des femmes à la transformation pacifique d'une société aux premiers jours de la perestroïka. De ce documentaire sont tirés quatre films satellites plus précis et concis que *Speaking Our Peace* où le désir de parler de tout en peu de temps en vient à nuire à l'efficacité du propos. En 1991, dans *Mother Earth* (c. m.), Nash rassemble des plans d'archives de l'ONF en lien avec un thème : la terre-mère. Les convictions écologiques et féministes de la réalisatrice s'y incarnent d'un seul coup. Au début des années 90, elle filme la tournée qu'effectue dans plusieurs pays la politicienne et économiste néo-zélandaise Marilyn Waring, réputée pour son franc-parler et son côté iconoclaste. De ce périple naîtra *Who's Counting? Marilyn Waring on Sex, Lies and Global Economics*, un long métrage qui sera ensuite découpé en trois films satellites d'une demi-heure chacun. À la suite de la fermeture du studio D en 1996, Nash continue de se passionner pour les œuvres militantes, participant à titre de monteuse à une série sur les manipulations génétiques, *After Darwin*, pour le réseau Discovery. (M. de B.)

**NEWMAN, Sydney,** administrateur, réalisateur, producteur (Toronto, Ontario, 1917 – 1997). Formé en photographie et en graphisme, il entre à l'ONF en 1941 comme réalisateur de films militaires au service de l'information. Il tourne notamment *Trainbusters* (1943, c. m.), *Trans-Canada Express* (1944, c. m.) et *Suffer Little Children* (1945, c. m.). Après la guerre, il devient producteur de la série « Canada Carries On », puis chef du studio C, dont relèvent les films destinés aux salles. Il y produit plus d'une trentaine de films. Il passe à la CBC en 1952, où il s'occupe surtout des dramatiques. Installé en Angleterre de 1958 à 1970, il poursuit une carrière de producteur. Il revient ensuite au Canada pour travailler au CRTC. Mais, toujours en 1970, on lui offre le poste de président et de commissaire à la cinématographie, à l'ONF. Il arrive à une période turbulente de l'histoire québécoise et de celle de l'institution fédérale. Les revendications politiques, sociales et nationalistes sont à l'ordre du jour. Les aspirations des cinéastes et le mandat de l'ONF étant contradictoires, de fréquents conflits éclatent. Newman applique alors une politique « procanadienne » et « procapitaliste ». Il n'hésite pas à censurer *On est au coton* (D. Arcand, 1970) et *24 heures ou plus…* (G. Groulx, 1971) et modère les ardeurs revendicatrices de ceux qui travaillent au programme Challenge for Change/Société nouvelle. Tout cela crée beaucoup de controverses. Il met à profit son expérience des dramatiques et de la télévision pour encourager le tournage de longs métrages de fiction (*Mon oncle Antoine*, C. Jutra, 1971) et pour signer des ententes de diffusion avec Radio-Canada (il siège d'ailleurs au conseil d'administration de cette société). Il quitte son poste en 1975, pour devenir conseiller en cinéma auprès du Secrétaire d'État. En 1977, il est consultant en scénarisation et, en 1979, il entre à la SDICC pour occuper un poste analogue, celui de créateur-conseil. Il prend sa retraite l'année suivante, tout en restant lié au cinéma, étant par exemple producteur associé de *Utilities/Getting Even* (H. Hart, 1981). (P. V.)

**NOËL, Jean-Guy,** réalisateur, scénariste (Saint-Laurent, 1945). Après son cours classique, il se rend en Belgique pour étudier la philosophie, qu'il abandonne pour suivre des cours de cinéma à l'INSAS. De retour au Québec, il produit ses premiers courts métrages de manière artisanale et se distingue par son style original. *Zeuzère de Zégouzie* (1970, c. m.) est un film allégorique et dadaïste que Noël interprète lui-même. *Elle était une fois, une autre fois* (1971, c. m.) met en scène une enfant adulte (Marie Eykel) qui oppose son univers imaginaire au réel. Déjà, Noël fait montre d'un goût marqué pour le conte. À l'ACPAV, il tourne un premier long métrage, dans le cadre de la politique des productions à petit budget

Micheline Lanctôt et Claude Maher dans *Ti-Cul Tougas* de Jean-Guy Noël. (coll. CQ)

de la SDICC. *Tu brûles... tu brûles...* (1973) met en scène un décrocheur en révolte, interprété avec brio par Gabriel Arcand, que tout le village cherche à récupérer. Le film transcende l'anecdote en plongeant dans un univers farfelu et insolite, plein de fantasmes, d'imagination, et de gags visuels et sonores. L'humour et l'anarchie de *Tu brûles... tu brûles...* se retrouvent dans son deuxième long métrage, *Ti-Cul Tougas* (1976), qui reçoit un accueil très favorable et obtient le Prix de la critique québécoise. Racontant l'histoire de Rémi Tougas (Claude Maher), qui, après avoir subtilisé une grosse somme, veut partir pour la Californie avec trois copains, le film répond à la sensibilité de la jeunesse du milieu des années 70, portée par le nationalisme, survivant grâce à des projets à court terme et rêvant d'américanité. La construction du film, plus classique, contribue à son succès. Peu après, Noël tourne une séquence de « Chronique de la vie quotidienne », celle du magasin de vélos de *Mardi : un jour anonyme* (coréal. J. Chabot et J. Leduc, 1978, c. m.). Avec *Contrecœur* (1980), il joue la carte du réalisme fantastique pour parler de psychologie, de dérive et d'amour. Comme dans *Ti-Cul Tougas*, où les quatre amis étaient isolés aux îles de la Madeleine, les trois personnages de *Contrecœur* (un camionneur malade et deux femmes qui vont régler des comptes avec leurs maris) doivent se définir dans un espace clos (le camion pris au cœur d'une tempête de neige) et rêvent d'un ailleurs pour se retrouver. Exigeant sur le plan formel, à contre-courant des récits hachurés et des personnages tout en extériorité, le film reçoit un accueil sévère. *Tinamer* (1987) subit un sort semblable. Adaptation d'un roman de Jacques

Ferron (*L'amélanchier*), le récit est centré sur l'imaginaire d'une enfant dont l'univers est polarisé entre le principe de la réalité (la mère) et celui de la subjectivité (le père), un univers métaphorique remémoré en catharsis par l'enfant devenue adulte. Film poétique, qui tente de marier littérature et cinéma, *Tinamer* montre une fois de plus que Noël pense le cinéma d'une manière unique qui rend son œuvre difficile et qui la situe loin de l'industrie dominante. Il en paie d'ailleurs le prix. Il doit attendre 1993 pour tourner un téléfilm, *Embrasse-moi, c'est pour la vie*, qu'il adapte d'un roman de Jacques Côté. Dans cette histoire d'amour qui se déroule dans un univers de jeunes, on retrouve l'humour du cinéaste mais pas tout à fait sa poésie. Il publie en 1999 un premier recueil de nouvelles, *Les seins d'une femme jalouse*, dont le ton fait écho à celui de ses films.

AUTRE FILM : *Grief 81* (1982, c. m.).

BIBLIOGRAPHIE : NOËL, Jean-Guy, *Tu brûles… Tu brûles…*, Conseil québécois pour la diffusion du cinéma, 1974. (P. V.)

**NOLD, Werner,** monteur, chef opérateur, réalisateur (Samaden, Suisse, 1933). Il arrive au Québec en 1955 avec, en poche, une maîtrise en photographie. Aussitôt, il travaille au SCP comme cameraman, photographe, puis réalisateur de séries pour la télévision. À l'emploi de Nova Films, il fait notamment le montage sonore de films de l'abbé Maurice Proulx. Toutefois, Nold a tôt fait d'opter pour le montage visuel, métier qu'il exerce à l'ONF dès 1961. Par la suite, il travaille à peu près exclusivement pour cet organisme. Il complète d'abord le montage de *Manger* (G. Carle et L. Portugais, 1961, c. m.), puis monte le premier film de Gilles Carle, *Dimanche d'Amérique* (1961, c. m.), de même que *Champlain* (1964, c. m.) et *La route de l'Ouest* (1965, c. m.) de Denys Arcand. Il apporte aussi sa contribution à un film qui marque l'histoire du documentaire à l'ONF, *Pour la suite du monde* (M. Brault et P. Perrault, 1963), mais qui n'en emprunte pas moins la construction d'une fiction. Déjà, Nold prend plaisir à insérer dans la structure des séquences autonomes, petits films dans le film (le circuit fermé à la fin de *60 cycles*, J.-C. Labrecque, c. m. ; la séquence des poulets dans *La poursuite du bonheur*, M. Lanctôt, 1987). Puis il monte *La vie heureuse de Léopold Z.* (1965), le premier long métrage de fiction de Carle, un réalisateur avec lequel il travaille à plusieurs reprises. De la même façon, il collabore régulièrement avec Jacques Godbout (*IXE-13*, 1971 ; *Derrière l'image*, 1978 ; *Distorsions*, 1981, m. m. ; *En dernier recours*, 1987). Il est aussi associé de près à l'œuvre de Marcel Carrière dont il monte notamment *Avec tambours et trompettes* (1967, c. m.) et *Saint-Denis dans le temps…* (1969). De temps à autre, Nold revient au métier de cameraman, par exemple pour *Rouli-Roulant* (C. Jutra, 1966, c. m.). Dans les années 70, après avoir été étroitement associé au cinéma direct, il soutient l'arrivée de la fiction à l'ONF et monte *Le temps d'une chasse* (F. Mankiewicz, 1972), *O.K… Laliberté* (M. Carrière, 1973), *La gammick* (J. Godbout, 1974), *La fleur aux dents* (T. Vamos, 1975) et *Ti-Mine, Bernie pis la gang…* (M. Carrière, 1976). Il relève son défi le plus important en coordonnant le montage du film olympique *Jeux de la XXI$^{e}$ Olympiade* (J.-C. Labrecque, J. Beaudin, M. Carrière et Georges Dufaux, 1977), travail colossal qui est complété en cinq mois et qui permet de détacher l'histoire de quelques athlètes des deux cents heures de matériau filmique mis à sa disposition. Il s'attaque à un autre défi de taille en prenant en charge le montage de la série « Guy Daò — sur la voie » (Georges Dufaux, 1980, un long métrage et deux m. m.), surmontant avec aisance le handicap important que constitue forcément sa méconnaissance de la langue chinoise. En 1987, Nold monte un premier film d'animation, *Charles et François* (C. Hoedeman, 1987, c. m.), qui sera suivi de *Juke-bar* (M. Barry, 1989, c. m.) et des *Miroirs du temps* (J.-J. Leduc, 1990, c. m.). À plus d'une occasion, il travaille à des documentaires comprenant des archives photographiques : *L'histoire des trois* (J.-C. Labrecque, 1989), *Un homme de parole* (A. Chartrand, 1991, m. m.) et *Le steak* (P. Falardeau et M. Leriche, 1991).

À l'ONF, il touche très peu à la réalisation. D'abord, il réalise au montage un film multiécrans présenté au pavillon du Québec dans le cadre de l'Exposition universelle, *L'eau* (1967, c. m.). Puis, à la suite d'un désaccord avec la direction de Crawley Films, il reprend les chutes du film que tourne Michel Brault pour cette même exposition, *Conflit/Conflict* (1967, t. c. m.), y ajoute quelques journées de tournage et réalise *Préambule* (1969, c. m.). Ce film, qui joue sur les contrastes, dresse un portrait très moderne de la Nouvelle-France. La narration est assurée par Claude Jutra. Nold coréalise enfin *Cinéma, cinéma* (coréal. G. Carle, 1985), un film où sa connaissance exceptionnelle du cinéma francophone produit à l'ONF et son sens du rythme complètent admirablement l'humour débridé et l'abattage de son partenaire. Peu après, dans le même style, il monte *Ô Picasso* (G. Carle, 1985). Si Nold choisit le montage plutôt que la réalisation, c'est qu'il avoue préférer « être un grand soliste plutôt qu'un petit chef d'orchestre obscur ». Ce choix s'avère judicieux puisqu'il monte plus d'une centaine de films, dont plusieurs œuvres qui comptent parmi les plus réussies de la production québécoise. Nold, qui ne s'isole pas dans sa salle de montage, occupe différentes fonctions. De 1961 à 1967, il est responsable de la qualité technique au Festival international du film de Montréal. Il enseigne le cinéma à l'École normale d'enseignement technique. Il participe à la création du CQDC, dont il est le vice-président. En 1978 et 1979, il préside la Commission de la qualité professionnelle à l'ONF. De 1985 à 1987, il est président des Rendez-vous du cinéma québécois. En 1987, il prépare pour l'ONF un projet d'école de cinéma qui ne se concrétise pas, puis il s'associe à l'INIS. Avant de quitter l'ONF en 1996 pour se consacrer à l'enseignement, il monte encore quelques films d'animation : *Overdose* (C. Cloutier, 1994, c. m.), *Entre le rouge et le bleu* (S. Sinnott, 1995, c. m.), *Taa Tam* (A. Leduc, 1995, c. m.). Peu d'artisans du cinéma québécois auront soutenu le développement et la diffusion du cinéma avec autant d'énergie. (M. C.)

**NOLIN, Patricia,** actrice (Montréal, 1940). Remarquable au théâtre où, sensible et intelligente, elle se fait la voix de Jovette Marchessault aussi bien que de Marguerite Duras, elle joue peu au cinéma. Elle fait ses débuts à l'écran dans *La terre à boire* (J.-P. Bernier, 1964) et dans *Solange dans nos campagnes* (G. Carle, 1964, c. m.), où elle tient le rôle d'une jeune animatrice de la télévision, femme moderne et décidée. Puis elle joue dans *La piastre* (A. Chartrand, 1976). Anne Claire Poirier lui offre un rôle à sa mesure dans *La quarantaine* (1982). Très fine, Nolin y tire avantage d'un personnage effacé et serein qui parle avec émotion de sa vie de femme trompée. Toute la force de Nolin se retrouve dans ce film, habile mélange de demi-teintes, de gestes à peine esquissés, de regards inquiets. Sa participation à *Cargo* (F. Girard, 1990), en secrétaire fidèle, aimante et efficace, est dans le même ton. Elle joue dans *An Equal Opportunity* (C. Leaf, 1982, c. m.), film didactique sur les femmes en milieu de travail, puis dans un documentaire-fiction de même nature, *L'ordinateur en tête* (D. Beaudry, 1984, c. m.), où elle est la mère d'une jeune fille interprétée par Charlotte Laurier. Dans *La dame en couleurs* (C. Jutra, 1984), elle reprend, à un âge plus avancé, le rôle d'Agnès, tenu par Laurier, marquant de sa présence un épilogue aussi bref que désespéré. Elle joue une médium dans *Exit* (R. Ménard, 1986), rôle sans éclat qui rappelle qu'elle a besoin qu'on fasse vraiment appel à sa sensibilité pour se dépasser. Puis elle tient le rôle d'une employée du gouvernement troublée par l'enquête sur la fécondation *in vitro* qu'elle mène à la suite du décès des parents dans *Une portion d'éternité* (R. Favreau, 1989). Dans un tout autre registre, elle apparaît dans les films autobiographiques de Derek May (*A Film for Max*, 1971 ; *Mother Tongue*, 1979, m. m.). (M. C.)

**OBOMSAWIN, Alanis (Koli-la-wato, « celle qui nous rend heureux »)**, productrice, réalisatrice (réserve d'Odanak, 1932). Membre de la nation abénaquise, elle fait connaître la culture, l'histoire et les aspirations de son peuple d'abord par la musique et la chanson. Dès 1960, elle entreprend d'importantes tournées au Canada, aux États-Unis et en Europe. En 1967, elle agit comme conseillère pour un film sur les Amérindiens à l'ONF. Dès lors, elle partage son temps entre les spectacles et la réalisation ainsi que la production de films à l'ONF, à la Production anglaise. En 1971, elle signe son premier film, *Christmas at Moose Factory* (c. m.). Elle réalise et produit deux films en 1977 : *Amisk* (m. m.), un documentaire sur un festival organisé par un groupe montréalais en vue de soutenir les Cris s'opposant au projet de développement du potentiel hydro-électrique de la baie James ; et *Mother of Many Children* (m. m.), un album de témoignages d'Amérindiennes et d'Inuits qui rappelle le rôle primordial de la femme dans la transmission de la tradition, dans une société où il faut apprendre à s'adapter aux changements sans perdre son identité. Ce dernier film remporte le grand prix au premier Festival international du film arctique, à Dieppe (France). En 1979, Obomsawin réalise et produit une série de six émissions destinées à la télévision éducative canadienne, intitulée *Sounds from Our People.* Elle tourne en 1984 *Incident at Restigouche* (m. m.), documentaire relatant l'affrontement survenu, en juin 1981, entre les Micmacs de la réserve de Restigouche, au Nouveau-Brunswick, et la Sûreté du Québec. Le désaccord concerne les droits de pêche des Amérindiens de cette réserve. Le film dépeint avec ironie le combat du gouvernement péquiste pour assurer l'autonomie des Québécois alors qu'il réprime les droits fondamentaux des Amérindiens sur leur propre territoire. En 1986, elle signe *Richard Cardinal : Cry from a Diary of a Metis Child* (m. m.), documentaire traitant d'un adolescent métis qui s'est suicidé après avoir erré de maison d'accueil en maison d'accueil. Elle tourne en 1987 *Poundmaker's Lodge — A Healing Place* (m. m.), qui relate la vie de ceux qui, après des abus d'alcool, l'usage de drogues et des privations liées à de nombreuses années d'errance, vont à Saint Albert, en Alberta, pour récupérer. Elle enchaîne avec *No Address* (1988, m. m.), où elle aborde la question des Amérindiens qui quittent leur milieu pour se retrouver, sans abri, à Montréal. À l'été 1990, elle filme de l'intérieur la révolte amérindienne qui secoue le Québec, travail d'observation d'une situation de crise qu'elle poursuit encore pendant quelques mois. Parallèlement à cela, elle tourne *Le Patro* (1991, c. m.), portrait d'un centre communautaire implanté dans un quartier populaire de Montréal. En 1993, son long métrage sur la crise d'Oka est enfin présenté. *Kanesatake, 270 Years of Resistance* est vu par des millions de téléspectateurs dans le monde. Le film reçoit vingt-huit prix et lui confère une notoriété certaine en plus de contribuer au phénomène mondial de reconnaissance de la réalité amérindienne. *My Name is Kahentiiosta* (1996, c. m.) et *Spudwrench* (1997, m. m.), réalisés avec les images prises à Oka, décrivent les conséquences de cette crise pour deux Mohawks. Obomsawin voue ses efforts à la défense des intérêts de son peuple. Elle fait connaître les coutumes et traditions des Amérindiens, donne la parole aux siens et pose un regard amérindien sur son temps. En 1983, elle est décorée de l'Ordre du Canada. (D. P. et É. P.)

**OFFICE DES COMMUNICATIONS SOCIALES (OCS).** (*Voir* ORGANISATION COMMUNICATIONS ET SOCIÉTÉ)

**OFFICE DIOCÉSAIN DES TECHNIQUES DE DIFFUSION.** D'abord appelé Centre diocésain du cinéma de Montréal, il est fondé à l'automne 1953 par le cardinal Paul-Émile Léger. Il prête une assistance technique aux ciné-clubs étudiants, qui relevaient auparavant de la JÉC. Il organise aussi des stages de formation pour les étudiants des collèges classiques et les éducateurs, et il publie la revue *Séquences* (*voir* REVUES). Il est dissout en avril 1970. (G. B.)

**OFFICE DU FILM DU QUÉBEC (OFQ).** (*Voir* DIRECTION GÉNÉRALE DES MOYENS DE COMMUNICATION)

**OFFICE NATIONAL DU FILM DU CANADA (ONF).** En 1938, le documentariste britannique John Grierson* est invité par le gouvernement canadien à venir étudier la production cinématographique canadienne. À la suite de son étude, il dépose un rapport qui préconise la création d'un Office national du film, parallèle au Bureau du cinématographe officiel qui existe déjà. L'ONF est créé en 1939. Ses bureaux sont situés à Ottawa. Grierson, qui en est le premier commissaire, n'engage aucun Canadien français parmi le personnel de production. Si l'on excepte les francophones qui sont membres du conseil d'administration de l'organisme, seul Philéas Côté, responsable de la distribution, est en mesure de sensibiliser Grierson au fait français. Grierson croit qu'un film doit servir l'ensemble de la population et il estime que le doublage répond aux besoins des Canadiens français. Mais les francophones qui siègent au conseil d'administration arrivent à le convaincre du contraire. En décembre 1941, peu de temps après l'intégration du Bureau du cinématographe à l'ONF, il engage donc un premier réalisateur francophone, Vincent Paquette*. Progressivement, d'autres cinéastes viennent l'entourer, parmi lesquels Jean Palardy*, Maurice Blackburn*, Jean-Paul Ladouceur*, Jean-Yves Bigras* et René Jodoin*. En 1943, l'ONF a une première équipe française, le studio 10, qui compte une quinzaine de membres mais ne regroupe pas tous les effectifs canadiens-français. Dès son entrée en service, Paquette est responsable de la série « Actualités canadiennes » que diffuse France Film dans son réseau de salles. Mis à part cette série, les autres films français sont surtout diffusés dans les circuits communautaires. En 1943, ce magazine (d'abord mensuel, puis bimensuel) change de nom et devient « Les reportages ». Lorsqu'elle est abolie, en 1946, la série compte cent dix-huit épisodes qui forment la première chronique cinématographique québécoise. À côté d'elle, on doit signaler une série de films d'animation, « Chants populaires », à laquelle travaillent Norman McLaren*, René Jodoin et Jean-Paul Ladouceur.

Dans les mois qui suivent la fin de la guerre, le groupe français s'enrichit de nouvelles recrues : Paul Thériault, chargé de conseiller le commissaire en matière canadienne-française, Victor Jobin*, Pierre Petel*, Raymond Garceau*, Roger Blais* et, en 1946, Bernard Devlin*. Grierson quitte la direction de l'ONF en 1945 et Ross McLean lui succède, avec le mandat de mettre en place une politique de restrictions budgétaires. Peu de temps après, l'équipe française est démantelée et les cinéastes sont affectés à des studios « bilingues ». La production francophone connaît alors des jours difficiles. À nouveau, on croit que les versions françaises suffisent. Quelques films en français se distinguent néanmoins durant cette période : *Saguenay* (R. Blais, 1948, c. m.), *Au parc Lafontaine* (P. Petel, 1947, c. m.), *Terre de Caïn* (P. Petel, 1949, c. m.), *Montée* (R. Garceau, 1949, c. m.), *Contrat de travail* (B. Devlin, 1950, c. m.) et la série « Vigie ». À cette époque, le gouvernement Duplessis, dont les rapports avec l'ONF sont tendus depuis longtemps (on accuse celui-ci par exemple de produire des films de propagande communiste) se brouille avec l'organisme et limite la diffusion de ses films dans les institutions qui tombent sous sa juridiction. L'ONF va donc développer ses propres canaux de distribution tout en confiant à certains distributeurs commerciaux la diffusion des séries destinées aux salles, comme « Coup d'œil ».

En 1950, Arthur Irwin succède à Ross McLean. C'est lui qui voit, cette même année, à la mise en application de la nouvelle loi qui régit l'ONF et qui comprend le désormais célèbre mandat : « Faire connaître et comprendre le Canada aux Canadiens et aux autres nations ». La situation des cinéastes francophones est alors déplorable ; ils s'en plaindront d'ailleurs devant la commission Massey sur les arts et les sciences au Canada. Le combat pour mener à terme la réalisation de *L'homme aux oiseaux* (B. Devlin et J. Palardy, 1952, c. m.), jugé trop cher pour un film destiné uniquement aux francophones, illustre bien la difficulté de travailler en français à l'ONF. En 1953, Albert Trueman devient commissaire. On crée au même moment le studio E, chargé de la réalisation de films français destinés à la télévision. Bernard Devlin en est le premier directeur. Quelques mois plus tard, on crée le studio F, spécialement consacré à la production de films en français. Roger Blais y est nommé producteur. On y réalise notamment des épisodes de la série « Silhouettes canadiennes ». Bientôt, certains cinéastes, dont Blais, commencent à affirmer que le développement d'une production respectant la culture québécoise passe par la création d'une section française. Mais la direction de l'ONF conçoit la chose autrement. Tout de même, au printemps 1953, elle exproprie des terrains pour déménager l'ONF à

Montréal et le rapprocher du milieu français. Dans cet esprit, on engage, en 1954, un conseiller spécial français, Pierre Juneau*. L'entrée en ondes de la télévision a un impact considérable sur la production. Après des années de stagnation, on embauche neuf personnes dont Anne Hébert*, Marc Beaudet*, Marcel Martin et Louis Portugais*. Si les ciné-reportages de la série « Sur le vif » (1954-1955) sont assez décevants, les émissions de « Passe-Partout » (1955-1956) comprennent des films plus intéressants : *Les aboiteaux* (R. Blais, 1955, c. m.), *Alfred* J. (B. Devlin, 1956, m. m.). On y trouve des documentaires classiques, des documentaires-fictions et des fictions, bref un éventail de styles remarquable. Réalisateurs et producteurs cherchent dans toutes les directions des sujets pouvant intéresser les Québécois et refléter leur réalité.

**L'ONF à Montréal**

L'année 1956 marque un point tournant dans l'histoire de la production française. Juneau renforce sa position en accédant au poste de directeur exécutif. On crée un studio spécial pour les versions françaises, dont la responsabilité est confiée à Jacques Bobet*. L'ONF déménage à Montréal en septembre. Les journaux québécois amorcent alors une campagne qui va prendre de l'ampleur au début de 1957 : on revendique une section française à l'ONF, et on étale au grand jour tous les malheurs des francophones. C'est « l'affaire ONF ». En pleine campagne de presse, on annonce la nomination de Guy Roberge* au poste de commissaire. Tous ces facteurs favoriseront l'essor de la production, ainsi que l'engagement de nouveaux cinéastes : Claude Jutra*, Fernand Dansereau* et Léonard Forest*. Pour donner suite à la série « Passe-Partout », les cinéastes optent pour une série d'envergure qui serait un reflet socio-historique et introspectif de la société canadienne-française. Il s'agit de « Panoramique » (1957-1958), qui comprend six films en plusieurs épisodes : *Les brûlés* (B. Devlin), *Il était une guerre* (L. Portugais), *Le maître du Pérou* (F. Dansereau, m. m.), *Les mains nettes* (C. Jutra), *Les 90 jours* (L. Portugais) et *Pays neuf* (F. Dansereau, m. m.). La critique et le public accueillent avec enthousiasme la diffusion de ces émissions ; l'équipe française affirme ainsi sa présence et sa force et manifeste son besoin de produire des longs métrages de fiction. « Passe-Partout » et « Panoramique » témoignent de la compétence grandissante et de l'originalité des cinéastes francophones, ainsi que de leur capacité à prendre la parole avec vigueur et talent.

Même si « Panoramique » enclenche le débat autour de la fiction, c'est une série de documentaires fictionnalisés qui lui succède : « Profils et paysages ». On y dresse notamment des portraits de Félix Leclerc, Germaine Guèvremont, Fred Barry, Marius Barbeau, Pierre Beaulieu et Lionel Groulx. Par le choix des personnalités interviewées, les cinéastes affirment un dynamisme culturel et national trop longtemps occulté au sein de l'ONF. À la même époque, certains cinéastes tirent les leçons du *candid eye* que pratiquent leurs collègues anglophones, et se démarquent des autres approches documentaires de l'équipe française. C'est ainsi que naît le cinéma direct*, dont *Les raquetteurs* (M. Brault* et G. Groulx*, 1958, c. m.) sont le coup d'envoi. Les films tournés par Claude Fournier*, Gilles Groulx et Michel Brault entre 1959 et 1961 sont les classiques du direct. Mais ces cinéastes se heurtent à la résistance de certains de leurs confrères. Si, bientôt, la majorité de l'équipe

Guy Roberge et John Grierson lors du 25e anniversaire de l'ONF. (ONF, coll. CQ)

française adopte les méthodes du tournage en direct, tous ne souscrivent pas aux approches et aux sujets mis de l'avant par les éclaireurs du cinéma direct. La diversité et même la divergence sont plutôt à l'ordre du jour.

Ces années-là, on procède à l'embauche d'un personnel francophone considérable : Jean Dansereau*, Gilles Groulx, Pierre Patry*, Clément Perron*, Gilles Gascon*, André Belleau*, Jacques Godbout*, Jean-Claude Labrecque*, Hubert Aquin* et plusieurs autres. Un peu plus tard, au début des années 60, on engage Anne Claire Poirier*, Gilles Carle*, Arthur Lamothe*, Michel Moreau*, Jacques Leduc* et Jacques Giraldeau*, sans compter de nombreux pigistes. L'équipe française se consolide avec Fernand Dansereau, André Belleau et Jacques Bobet comme producteurs. Son dynamisme explose dans toutes les directions. Empruntant une voie différente de celle tracée par le direct, le cinéma des scénaristes-réalisateurs s'applique à interroger la collectivité québécoise à travers tous les secteurs de son activité : art, science, administration, agriculture. Ce projet se concrétise autour de la série « Le défi », d'où sortent des films aux styles fort différents comme *Les bacheliers de la cinquième* (C. Perron et F. Séguillon, 1961, c. m.), *Les petits arpents* (R. Garceau, 1962, c. m.), *Les dieux* (J. Godbout et Georges Dufaux*, 1961, c. m.) et *Dimanche d'Amérique* (G. Carle, 1961, c. m.). Tous ces films passent à la télévision, à l'émission *Temps présent*. La série « Le défi », qui veut parler des défis auxquels est confron-

Léonard Forest, Bernard Devlin, Fernand Dansereau et Louis Portugais. (ONF, coll. CQ)

tée la société canadienne-française, marque la dernière manifestation tangible de cette école de pensée qui souhaitait établir, à l'aide de recherchistes, des projets de grande envergure donnant un sens et une cohésion à la majeure partie de la production d'une année. Dorénavant, les projets seront mieux circonscrits et, parfois, inclus dans les séries qui réunissent les productions française et anglaise. Ainsi, on lance les séries « Comparaisons » et, surtout, « Les artisans de notre histoire ». Cette dernière, réalisée dans le cadre des préparatifs du centenaire de la Confédération, est à l'origine de films comme *Louis-Joseph Papineau* (L.-G. Carrier*, 1960, c. m.), *Louis-Hippolyte Lafontaine* (P. Patry, 1962, c. m.), *Champlain* (D. Arcand*, 1964, c. m.) et *Les Montréalistes* (D. Arcand, 1965, c. m.). Plus significative encore est la série « Ceux qui parlent français », dont le but est de cerner l'espace français dans le monde et la mentalité de ceux qui l'habitent. Parce qu'elle correspond aux préoccupations nationalistes et culturelles de beaucoup de cinéastes et qu'elle leur fournit un cadre de réalisation souple où direct et documentaire « classique » peuvent coexister sans problème, cette série séduit plusieurs réalisateurs. Six films en font partie, dont *De Montréal à Manicouagan* (A. Lamothe, 1963, c. m.), *Petit discours de la méthode* (C. Jutra et P. Patry, 1963, c. m.) et *Rose et Landry* (J. Godbout et J. Rouch, 1963, c. m.). À y regarder de près, on voit bien que le cinéma de l'équipe française va dans tous les sens en ce début des années 60. De plus en plus nombreux, des projets surgissent, fort différents, qui veulent se démarquer du direct ou du documentaire traditionnel en soignant la scénarisation, ou encore qui veulent dépasser le cadre du court métrage. Dans le premier cas, cela donne une série comme « La femme hors du foyer », dont le sujet est presque un prétexte à des expériences formelles qui permettent de résorber en partie l'antagonisme entre le direct et le documentaire traditionnel qui divise l'équipe française. Les quatre films de la série, réalisés par Gilles Carle (*Solange dans nos campagnes*, 1964, c. m.), Jacques Godbout (*Fabienne sans son Jules*, 1964, c. m.), Pierre Patry (*Il y eut un soir, il y eut un matin*, 1964, c. m.), ainsi que Georges Dufaux et Clément Perron (*Caroline*, 1964, c. m.), proposent des portraits de femmes qui donnent prise à la contestation. Ce retour de la scénarisation est aussi à l'origine de fictions, où, pour la première fois, des femmes ont l'occasion de développer une problématique et une écriture qui leur soient propres. C'est le cas de *La beauté même* (M. Fortier*, 1964, c. m.) et de *La fin des étés* (A. C. Poirier, 1964, c. m.).

C'est en janvier 1964 que la direction de l'ONF accepte officiellement de tourner des longs métrages en français, avec la coproduction du film à sketches *La fleur de l'âge* (1964, dont la partie canadienne, *Geneviève*, est réalisée par Michel Brault) et, surtout, avec *Le festin des morts* (F. Dansereau, 1965), une reconstitution historique inspirée des *Relations* des missionnaires jésuites vivant chez les Amérindiens au temps de la Nouvelle-France. Auparavant, l'ONF avait néanmoins autorisé le tournage de *Pour la suite du monde* (P. Perrault* et M. Brault, 1963), le grand classique du cinéma direct qui en synthétise les expériences antérieures tout en l'élargissant à un cinéma de la parole éblouissant. Mais, pour les cinéastes, long métrage signifie avant tout fiction. C'est pourquoi ils détournent le projet d'une série sur l'hiver qui devait permettre de développer des fictions héritant de la tradition documentaire et tournent trois films qui demeurent cruciaux dans le développement de la fiction au Québec : *La vie heureuse de Léopold Z.* (G. Carle, 1965), *La neige a fondu sur la Manicouagan* (A. Lamothe, 1965, m. m.) et, surtout, cette œuvre emblématique de la période, *Le chat dans le sac* (G. Groulx, 1964).

### La création de la Production française

Tout ce dynamisme créatif, toutes ces affirmations d'une spécificité culturelle et nationale remettent à l'ordre du jour la question d'une équipe française autonome. Le vent de réforme qui souffle sur le Québec au début des années 60 ainsi que la réflexion en cours sur le bilinguisme et le biculturalisme amènent l'ONF à créer, le 1er janvier 1964, une Production française autonome, dirigée par Pierre Juneau, bientôt entouré par quatre producteurs exécutifs : Jacques Bobet, André Belleau, Marcel Martin et Michel Moreau. Au cours des années qui suivent, les successeurs de Juneau sont Marcel Martin (1966-1969), Jacques Godbout (1969-1970), Gilles Dignard (1970-1971), Pierre Gauvreau (1971-1972), Yves Leduc* (1972-1976), François Macerola* (1976-1979), Jean-Marc Garand* (1979-1984), Daniel Pinard (1984-1986), Georges Dufaux (1986-1989), Robert Forget* (1989-1993), Claude Bonin* (1993-1996), Doris Girard* (1996-1999) et Andréanne Bournival (1999-).

Mais cette réforme administrative ne guérit pas tous les maux des cinéastes francophones. C'est pourquoi plusieurs quittent alors l'ONF pour l'industrie privée, qui commence tout juste à se structurer : Claude Jutra, Pierre Patry, Gilles Groulx, Jean Dansereau*, Arthur

Lamothe, Gilles Carle, Denys Arcand et Bernard Gosselin*. Certains cinéastes trouvent dans les revues *Parti pris* et *Liberté* une tribune pour rendre leurs griefs publics. En fait, la création de la Production française est à la fois l'aboutissement d'un processus historique et l'occasion de nouveaux débats. À la différence de la Production anglaise, qui met en place une structure aux responsabilités décentralisées (dont un *pool system* pour les cinéastes et un Comité du programme auquel ils participent), Juneau choisit une voie plus hiérarchique pour la Production française, ce qui ne fait pas l'affaire de plusieurs. Quand celui-ci quitte la direction, en mars 1966, Marcel Martin lui succède alors que l'ONF se retrouve sans commissaire pendant plus d'un an. Les cinéastes en profitent pour se regrouper en Atelier, prendre en main la production de leurs films et instaurer une structure participative similaire à celle adoptée par les anglophones. Fonctionnel à partir de 1968, le Comité de programme, où siègent réalisateurs, producteurs et techniciens, administre toutes les productions originales à l'exception des commandites et des versions françaises. De 1968 à 1984, le Comité compte 11 directeurs, la plupart du temps élus par l'Atelier des cinéastes. En 1984, la direction transforme radicalement le Comité en l'intégrant à la Production française. Dès lors, sa composition et son fonctionnement vont varier mais il demeure toujours un instrument de travail qui assure la prise de responsabilités des cinéastes eu égard aux objectifs de l'organisme qui les emploie et au projet créateur qui les anime. En 1982, le rapport du Comité d'étude de la politique culturelle fédérale (rapport Applebaum-Hébert) recommande la transformation de l'ONF « en centre de recherche et de formation artistique et scientifique pour la production de films et de vidéos ». Ce rapport entraîne un important mouvement de protestation dans le milieu cinématographique et force les créateurs et administrateurs associés à l'organisme à réfléchir sur son rôle et son avenir. James de B. Domville* est alors commissaire du gouvernement à la cinématographie. François Macerola lui succède en 1984. Il établit pour l'organisme un plan quinquennal conforme à la politique nationale du film et de la vidéo, qui reconnaît à l'ONF un double mandat : être un centre mondial d'excellence en matière de production et un centre national de formation et de recherche. L'organisme en est fortement affecté.

### Le documentaire

Dans la structure bipartite adoptée par l'ONF, chaque section administre son budget, supervise ses opérations de production et de distribution, et est responsable des programmes qu'elle instaure. Outre les films de commande, les œuvres originales, les versions et adaptations françaises, ainsi que les coproductions, on réalise plusieurs types de documents audiovisuels : films fixes, films en boucle, vidéos, jeux de diapositives, etc. Avec le projet Société nouvelle (1969-1979), entrepris dans le cadre d'un programme de la lutte contre la pauvreté, une autre dimension vient s'ajouter : l'animation sociale. Société nouvelle permet de développer une pratique spécifique, à savoir que les documents produits sont utilisés comme outils de discussion et que, dans certains projets, le citoyen peut participer à l'élaboration d'une œuvre cinématographique ou vidéographique. La démarche de Société nouvelle rejoint celles de Raymond Garceau (série « ARDA », 1965) et du Groupe de recherches

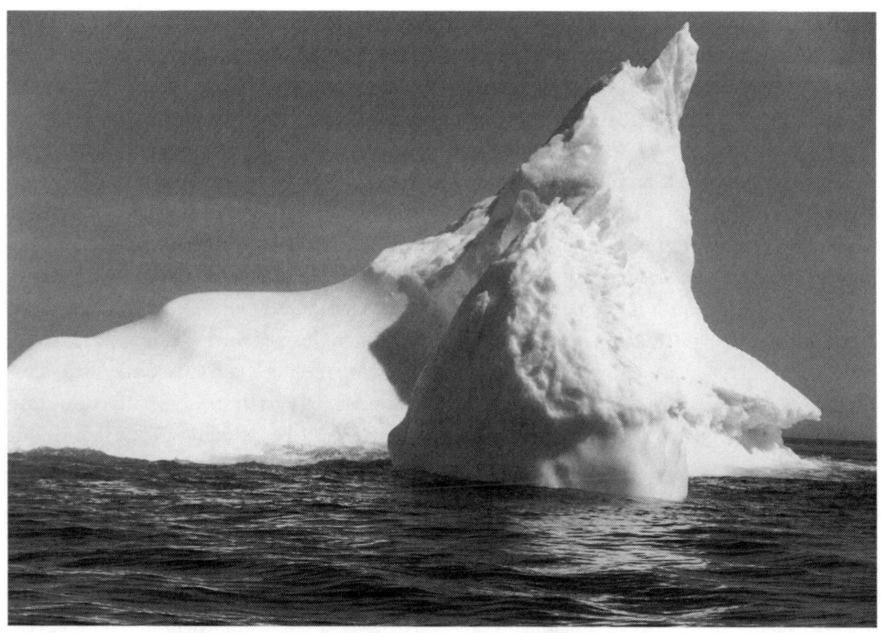

*Tu as crié LET ME GO* d'Anne Claire Poirier. (Anne Claire Poirier, coll. ACPQ)

sociales, qui a notamment produit les films *Saint-Jérôme* (F. Dansereau, 1968), *L'école des autres* (M. Régnier*, 1968) et *La p'tite Bourgogne* (M. Bulbulian*, 1968, m. m.). Deux projets importants voient le jour au début des années 70 : au Lac-Saint-Jean, une expérience communautaire de télédistribution (le projet Normandin), et à Montréal, un centre de production et de distribution ouvert aux citoyens, Le Vidéographe (*voir* VIDÉO). Du côté des séries, Régnier s'intéresse aux questions urbaines en réalisant vingt-cinq films dans le cadre d'« Urbanose » et d'« Urba 2000 ». Le programme « En tant que femmes » qui, sous la direction d'Anne Claire Poirier, permet la réalisation de six films de femmes entre 1972 et 1975 est sûrement l'une des plus importantes activités de Société nouvelle, tant du point de vue de la production que de celui de son impact social, particulièrement à la suite de la diffusion des films par Radio-Canada. Les années 70 coïncident d'ailleurs avec l'accession des femmes à la réalisation. Ce mouvement est très clairement perceptible à travers la production documentaire de l'ONF, qui profite notamment de l'arrivée de Mireille Dansereau*, Diane Beaudry*, Diane Létourneau*, Dagmar Gueissaz-Teufel*, Marilú Mallet* et Hélène Girard*. Parmi les nombreuses productions réalisées dans le cadre de Société nouvelle, mentionnons deux films de Léonard Forest, *La noce est pas finie* (1971) et *Un soleil* *pas comme ailleurs* (1972, m. m.), qui s'intéressent aux conditions de vie des Acadiens; *Les héritiers de la violence* (T. Vamos*, 1977, m. m.), *Les vrais perdants* (A. Melançon*, 1978) et *Famille et variations* (M. Dansereau, 1977), qui traitent de la famille et de l'enfant; *Raison d'être* (Y. Dion*, 1977) et *Fuir* (H. Girard, 1979), qui abordent des problèmes d'ordre moral et social; ainsi que *Les Borgès* (M. Mallet, 1978), qui s'intéresse à l'adaptation d'immigrants portugais à la société québécoise.

C'est en 1974 qu'en accord avec la politique de décentralisation du Secrétariat d'État l'ONF décide de régionaliser une partie des activités de la Production française en créant trois centres de production hors Québec, à Moncton, Toronto et Winnipeg. Avant cette date, les francophones hors Québec, principalement les Acadiens, sont le sujet de quelques films dont *Les Acadiens de la dispersion* (L. Forest, 1967), *Éloge du chiac* (M. Brault, 1969, c. m.) et *L'Acadie, l'Acadie?!?* (M. Brault et P. Perrault, 1971). Les cinéastes québécois ne sont pas très enthousiastes face à ces développements régionaux qui répondent uniquement, à leurs yeux, à des impératifs politiques et entraînent une dilution des ressources dont bénéficient la Production française. Jamais la contradiction entre le mandat national de l'ONF et la volonté des cinéastes québécois d'en faire un lieu d'expression de leur cinéma n'aura été plus flagrante et n'engendrera autant d'affrontements.

Société nouvelle n'a pas le monopole du dynamisme documentaire. Dans la pure tradition de l'institution, plusieurs documentaires voient le jour dans le cadre de séries spécifiques et dans des perspectives thématiques liées aux préoccupations de la société canadienne. Ainsi, la section française produit beaucoup de films sur des personnalités qui ont marqué l'histoire de la société québécoise. À côté d'un Denys Arcand, dont l'intérêt va de la Nouvelle-France à l'histoire politique récente (*Québec: Duplessis et après...*, 1972), on trouve Jacques Leduc et Lucien Ménard qui s'intéressent au chanteur Willie Lamothe, Gilles Gascon puis Jacques Payette à Maurice Richard, Bernard Gosselin au violoneux Jean Carignan, Jean-Daniel Lafond au cinéaste Pierre Perrault et Alain Chartrand* au syndicaliste Michel Chartrand. Les films consacrés à des artistes, à l'art traditionnel, à la musique populaire ou à des manifestations culturelles marquantes constituent un important corpus. Les séries « La belle ouvrage » et « Les arts sacrés au Québec », plusieurs films de Jean-Claude Labrecque sur la poésie ou la musique, de Bernard Gosselin, Michka Saäl* ou Serge Giguère* sur la musique, de Pierre Letarte*, Monique Crouillère*, Claire Boyer, et surtout Jacques Giraldeau, sur les arts visuels, en sont la preuve éclatante.

La question nationale est un sujet fréquemment abordé. Quelques films en font leur propos principal: *Saint-Denis dans le temps* (M. Carrière* 1969) mélange reconstitution historique et manifestation indépendantiste contemporaine; *Un pays sans bon sens!* (P. Perrault, 1970) donne la parole à différents groupes minoritaires au Canada et en France; *Le confort et l'indifférence* (D. Arcand, 1981) s'intéresse à la société québécoise post-référendaire; *Le sort de l'Amérique* (J. Godbout, 1996) réfléchit sur la Conquête et ses conséquences. La lutte des classes, la condition des travailleurs et la réflexion politique sont également des sujets qu'affectionnent les cinéastes. Denys Arcand, avec *On est au coton* (1970), et

Gilles Groulx, avec *24 heures ou plus...* (1973), réalisent deux longs métrages qui prennent une position claire sur leur sujet. Le retard important dans la distribution officielle de ces deux films politiques démontre que, bien que l'ONF fasse preuve d'ouverture à l'étape de la production, l'institution exerce un contrôle quant au traitement des sujets. Le commissaire Sydney Newman* est à l'origine de l'interdit qui frappe ces films. Il faudra qu'il quitte la direction de l'organisme en 1975 pour que son successeur André Lamy* lève l'interdit, qui frappe également *Cap d'espoir* (J. Leduc, 1969, m. m.). Dix ans plus tard, la menace de censure pèse cette fois sur *Passiflora* (F. Bélanger* et D. Gueissaz-Teufel, 1985), qui offre une image peu orthodoxe du pape Jean-Paul II. L'œuvre entière de Maurice Bulbulian s'inscrit sous le signe de la politique, notamment *Dans nos forêts* (1971) et *Richesse des autres* (1973), témoignant de l'exploitation des travailleurs comme de celle des peuples amérindiens. Du côté anglophone, l'œuvre de Martin Duckworth traduit également une démarche engagée. La tradition d'un cinéma politique revêt plusieurs visages mais ne s'estompe pas. Ainsi *Le travail piégé* (D. Gueissaz-Teufel, 1984, m. m.) donne la parole aux femmes travaillant à domicile et *L'ordinateur en tête* (D. Beaudry, 1984, c. m.), coproduit par le Programme fédéral des femmes, s'intéresse aux répercussions des changements technologiques, tandis que Jean-Daniel Lafond évoque, dans *La liberté en colère* (1994), la question de la place et des contradictions du FLQ et que Carole Poliquin traite, dans *Turbulences* (1998, m. m.), de l'appauvrissement dans un contexte de mondialisation économique. On fouille un autre thème à connotation sociale : l'éducation. En plus des nombreux films conçus comme des outils destinés à l'enseignement (comme la série « Toulmonde parle français »), l'ONF réalise plusieurs documentaires sur le sujet, notamment la série de huit films « Les enfants des normes » (1979) de Georges Dufaux, à laquelle s'ajoute un neuvième film, *Les enfants des normes — POST SCRIPTUM* (1983), regard attentif posé sur la jeunesse des années 80. Jean-Claude Labrecque évoque la contestation universitaire sous Duplessis dans *L'histoire des trois* (1990) alors que Michel Moreau se tourne vers les écoles multiethniques dans *Xénofolies* (1991, m. m.).

Les différentes régions du Québec sont représentées dans la production de l'ONF, même si l'activité reste tout de même centralisée à Montréal. Pierre Perrault, avec ses deux cycles consacrés respectivement à l'île aux Coudres et à l'Abitibi, contribue notamment à faire connaître ces régions. Il poursuit sa démarche en s'intéressant au fleuve Saint-Laurent et au Grand Nord québécois. Dans les années 80, deux longs métrages rendent particulièrement bien compte des aléas liés au développement régional du territoire québécois : *Fermont, P. Q.* (C. Perron et M. Fortier, 1980) et *Le dernier glacier* (R. Frappier* et J. Leduc, 1984). Bernard Gosselin réalise *L'Anticoste* (1986), film sur une île du Saint-Laurent mal connue des Québécois, et Louis Ricard (*Odyssée sonore*, 1997) fait découvrir une ville de Québec inhabituelle à travers l'univers des sons. Le Programme français va d'ailleurs nommer en 1998 un producteur pour les régions du Québec afin de répondre aux besoins des populations qui vivent loin du centre métropolitain. Rejoignant à la fois le thème des régions et celui des communautés ethniques, quelques films portent sur les Amérindiens. Outre ceux à saveur folklorique, il faut noter le film de

Marcel Carrière, *L'Indien parle* (1967, m. m.), qui pose la question de la survie de la race. Plusieurs années après, Maurice Bulbulian et Marc Hébert* réalisent un film en langue montagnaise, sous-titré en français, *Ameshkuatan — Les sorties du castor* (1978, c. m.). Bulbulian va ensuite donner la parole aux dissidents inuit qui dénoncent les accords de la baie James dans *Debout sur leur terre* (1982) et se faire le chroniqueur très lucide des négociations constitutionnelles auxquelles participent les représentants des Premières Nations dans *Dancing Around the Table* (1988 et 1989, deux m. m.). Il consacre enfin deux longs métrages aux Amérindiens de la côte ouest. Pierre Perrault, dans *Le goût de la farine* (coréal. B. Gosselin, 1977) et *Le pays de la terre sans arbre ou le Mouchouânipi* (1980), soulève la question des rapports entre Blancs et Amérindiens, et trace notamment un parallèle entre l'Amérindien imaginaire des Québécois et la réalité du peuple montagnais. Arthur Lamothe y va d'un essai avec *La conquête de l'Amérique* (1990 et 1992), qu'il fait suivre d'une œuvre sur l'art amérindien, *L'écho des songes* (1992). On accueille même un réalisateur amérindien, René Siouï Labelle, qui, dans *Kanata : l'héritage des enfants d'Aataentsic* (1998, m. m.), évoque le paysage de ses ancêtres.

La section française de l'ONF contribue à la mission de l'institution d'informer les Canadiens sur la réalité internationale en envoyant des cinéastes à l'étranger et en coproduisant des films avec d'autres pays et avec des organismes de développement international. On retrouve en fait à partir du milieu des années 70 des cinéastes onéfiens dans toutes les parties du monde, l'accent étant mis sur l'Asie, l'Amérique latine et l'Afrique. Ils suivent en cela les lignes traditionnelles de l'action internationale du Canada ou l'évolution de sa politique étrangère. Guy L. Coté* décrit la Bolivie par le biais du voyage d'un missionnaire oblat dans *Les deux côtés de la médaille* (1974). C'est aussi en 1974 que Marcel Carrière trace le portrait de quatre grandes villes de la République populaire de Chine dans *Images de Chine*. En 1980, Georges Dufaux rapporte d'autres images de la Chine avec la série « Gui Daó — Sur la voie ». Les cinq longs métrages documentaires de la série « Canada-Mexique » (1976-1980), une coproduction entre ces deux pays, portent sur différents aspects de la réalité sociale mexicaine. Cinq cinéastes y participent : Gilles Groulx et Maurice Bulbulian pour l'ONF, Paul Leduc, Bosco Arochi et Eduardo Maldonado pour le Mexique. Mais c'est surtout le prolifique Michel Régnier qui couvre cette thématique. Toujours préoccupé par les questions touchant au tiers-monde, il tourne à partir des années 80 pratiquement un film par année à l'étranger. On le retrouve en Asie (*Un mois à Woukang*, 1980 ; *Thân, dans la guerre invisible*, 1995, m. m.), en Amérique latine (*La casa*, 1986 ; *Isidora au creux des Andes*, 1994. m. m.), en Afrique (*Les silences de Bolama*, 1989, m. m. ; *Zandile, dans la lumière de l'ubuntu*, 1997) et même en Europe (*Elles s'appellent toutes Sarajevo*, 1994). Régnier participe également à la production de films didactiques destinés à des pays en développement, dans le cadre de coproductions avec l'ACDI. L'ONF ouvre aussi ses portes aux immigrants récents pour qu'ils puissent témoigner de leurs préoccupations, et produit des documents relatifs aux communautés culturelles et ethniques vivant au Canada. *Il n'y a pas d'oubli* (R. Gonzalez, J. Fajardo* et M. Mallet, 1975), triptyque réalisé par trois cinéastes chiliens en exil, raconte leurs souvenirs tout en illustrant leur adaptation à la société canadienne. Les difficultés d'intégration des Juifs nord-africains francophones sont abordées par Jacques Bensimon* dans *20 ans après...* (1977, m. m.). En 1984, ce cinéaste retourne dans son pays d'origine pour filmer *Carnets du Maroc : mémoire à rebours* (1984, m. m.) et ajoute, en 1988, deux volets à ces carnets africains. Michka Saäl* emprunte une voie parallèle avec *L'arbre qui dort rêve à ses racines* (1992). German Gutierrez* dresse quant à lui le bilan de la situation des Amérindiens cinq cents ans après la « découverte » de l'Amérique dans *Cinq siècles après* (1990, m. m.). Tahani Rached* s'intéresse de manière soutenue aux questions étrangères : elle tourne notamment *Haïti Québec* (1985, m. m.), sur les Haïtiens qui vivent à Montréal, *Bam Pay A! Rends-moi mon pays* (1986, m. m.), regard d'un exilé haïtien sur son pays, et *Quatre femmes d'Égypte* (1997), portraits de femmes qui ne partagent ni la même foi religieuse ni les mêmes convictions politiques. Dans une démarche analogue, Najwa Tlili (*Rupture*, 1997, m. m.) fait parler deux femmes arabes violentées par leur mari.

Dans la lignée des films qu'il réalise sur les médias et le journalisme (*Derrière l'image*, 1978, et *Feu l'objectivité*, 1979, c. m.), Jacques Godbout s'intéresse à l'image des Africains dans la presse internationale avec *Distorsions* (1981, m. m.). En 1982, *Un monologue Nord-Sud* (m. m.) aborde la question des relations internationales à partir du cas d'Haïti. *Comme en Californie* (J. Godbout, 1983) rend compte de l'internationalisation de certains courants de pensée ; les pratiques culturelles des Québécois s'y révèlent fortement influencées par le « nouvel âge » californien.

Parmi les autres thèmes privilégiés par la Production française, mentionnons les sports (notamment dans *Jeux de la XXI^e Olympiade*, J.-C. Labrecque, J. Beaudin, M. Carrière et Georges Dufaux, 1977), les personnes âgées (notamment dans *Au bout de mon âge* et *Les jardins d'hiver*, Georges Dufaux, 1975 et 1976), les questions liées à l'écologie (illustrées dans *La fiction nucléaire*, J. Chabot*, 1978, et dans *Les pièges de la mer*, Jacques Gagné*, 1981). Finalement, il faut réserver une place spéciale aux sujets concernant plus particulièrement les femmes. Amorcés avec la série « En tant que femmes », ils sont moins nombreux par la suite (*Madame, vous avez rien!*, D. Gueissaz-Teufel, 1982, m. m. ; *L'amour... à quel prix?*, S. Bissonnette*, 1987) pour reprendre sous la direction de Josée Beaudet*, productrice du programme « Regards de femmes » qui se consacre à la production de films réalisés par des femmes. On y trouve, répartis entre 1987 et 1997, des films aux sujets les plus variés, dont : *Singulier pluriel* (N. Chicoine, 1988, m. m.), *D'un coup de pinceau* (M. Crouillère*, 1988, c. m.), *« Qui va chercher Giselle à 3 h 45? »* (S. Groulx*, 1989, m. m.), *Québec et Associées* (R. Létourneau, 1990, m. m.), *Remous* (S. Van Brabant, 1990), *Bébé bonheur* (Jeannine Gagné*, 1994, c. m.) et *La rencontre* (L. Lachapelle, 1994, m. m.).

## L'animation

En 1966, la Production française crée le studio français d'animation. René Jodoin en est le premier directeur. La création de ce studio stimule la production de films d'animation par des francophones, et un noyau de cinéastes se forme, qui regroupe Pierre Hébert*, Jacques Drouin*, Suzanne Gervais*, Francine Desbiens*, Jean-Thomas Bédard*, Co Hoedeman*, Robert Awad*, Bernard Longpré*, Viviane Elnécavé* et Pierre Moretti*. S'y re-

*La plante humaine* de Pierre Hébert. (coll. RVCQ)

trouvent aussi des cinéastes étrangers, comme Bretislav Pojar* et Peter Foldès. Les films du studio utilisent une grande diversité de techniques et remportent de nombreux prix. C'est notamment le cas de *La faim* (P. Foldès, 1974, c. m.), du *Mariage du hibou* (C. Leaf*, 1975, c. m.), du *Paysagiste* (J. Drouin, 1976, c. m.), du *Château de sable* (C. Hoedeman, 1977, c. m.), de *L'affaire Bronswik* (R. Awad et A. Leduc*, 1978, c. m.), de *Juke-Bar* (M. Barry, 1989, c. m.) et d'*Entre deux sœurs* (C. Leaf, 1990, c. m.). Fondé par le producteur Yves Leduc, le concours Cinéaste recherché(e) permet la réalisation de premiers films d'animation. C'est grâce à ce concours que débutent, entre autres, Michel Murray* (*Sylvia*, 1984, c. m.), François Aubry* (*Concerto Grosso Modo*, 1985, c. m.), Luce Roy (*Téléphone*, 1985, c. m.) et Pierre M. Trudeau (*Enfantillage*, 1990, c. m.). C'est à la fin des années 80 qu'on inaugure le Centre d'animatique qui ouvre bientôt ses portes à de nouveaux animateurs au nombre desquels on remarque Marc Aubry et surtout Daniel Langlois*, le futur fondateur de Softimage. Le studio d'animation va dorénavant emprunter la voie de l'animatique, de l'infographie, de l'image de synthèse en 3D, même au sein du programme jeunesse, qui fait maintenant partie de ses attributions. Alors qu'il possède une longue tradition de films d'auteur qui, censés s'adresser au public en général, ont souvent une diffusion confidentielle, le studio explore dans les années 90 une nouvelle voie et crée une collection de courts métrages éducatifs, la série « Droits au cœur », inspirée de la Convention internationale des droits de l'enfant des Nations unies. La pérennité de cette collection (elle connaît trois volets), à laquelle collaborent animateurs chevronnés et recrues, confirme la justesse de ce choix. Cette collection permet d'atteindre des objectifs de distribution beaucoup plus ciblés.

Dès la fin des années 80, l'ONF est soumis à une kyrielle de pressions extérieures qui l'amènent à repenser tout son programme de production. Au moment où la commissaire Joan Pennefather part, remplacée par Sandra Macdonald, l'ONF décide donc d'abandonner la fiction et de se concentrer sur le documentaire d'auteur (même en coproduction) et l'animation, les deux secteurs d'excellence de l'ONF depuis le temps de Grierson. Par la suite, le rôle de la pratique documentaire au sein du Programme français est remis en question.

On affirme ainsi que le documentaire est une forme fondamentale de création de la cinématographie québécoise, un outil essentiel au développement culturel du Québec et une forme d'expression privilégiée de l'identité d'une société. Pour revitaliser la production documentaire, on mise sur le documentaire d'auteur et on embauche six nouveaux permanents, dont Sylvie Groulx, Catherine Fol et Marquise Lepage*. Parmi les réalisations qui correspondent à cette affirmation, on peut mentionner *Le singe bleu* (E. Valiquette, 1992, c. m.), *Le mouton noir* (J. Godbout, 1992), *Le steak* (P. Falardeau* et M. Leriche, 1992), *Les seins dans la tête* (M. Dansereau, 1994, m. m.) et *Le jardin oublié* (M. Lepage, 1995, m. m.). En valorisant le documentaire d'auteur, l'ONF doit reconnaître et accepter les contraintes de cette pratique et la souplesse dans les méthodes de tournage qu'elle commande, fort différentes de celles de la télévision. Mais l'ONF sait bien qu'il n'a plus le monopole des formats et des vecteurs d'expression. La télévision est un incontournable pour le documentaire.

**La fiction**

Si le documentaire occupe une grande place dans la production onéfienne, les films de fiction y sont de plus en plus nombreux à partir des années 60, même après 1967, année de la création de la SDICC, qui soutient dorénavant la production de fictions privée. À l'époque, la jeunesse est souvent mise en scène, que ce soit dans *Geneviève* (M. Brault, 1964, c. m.), *Kid Sentiment* (J. Godbout, 1967), *Mon amie Pierrette* et *Jusqu'au cœur* (J. P. Lefebvre*, 1968) ou *Wow* (C. Jutra, 1969). Même les films de Gilles Groulx expriment bien le climat sociopolitique qui est le sien, présentant une jeunesse confrontée à une évolution rapide et « tranquille » du Québec. C'est aux jeunes réalisateurs qu'on songe quand on crée, en 1969, un studio des premières œuvres. Dirigé par Jean Pierre Lefebvre, ce studio produit cinq films : *Ti-cœur* (F. Bélanger, 1969, c. m.), *Jean-François-Xavier de…* (M. Audy*, 1970), *Mon enfance à Montréal* (J. Chabot, 1970), *Question de vie* (A. Théberge*, 1970) et *Ainsi soient-ils* (Y. Patry*, 1970). La fiction attire aussi plusieurs cinéastes qui n'en sont pas à leurs premières œuvres. C'est ainsi qu'au début des années 70 le nouveau studio de fiction de la section française produit l'un des grands films de l'histoire du cinéma québécois, *Mon oncle Antoine* (C. Jutra, 1971). Clément Perron, qui scénarise ce film et coréalise *C'est pas la faute à Jacques Cartier* (1967) avec Georges Dufaux, signe deux fictions ayant pour cadre le milieu rural : *Taureau* (1973) et *Partis pour la gloire* (1975). Il est d'ailleurs l'un des principaux promoteurs de la fiction à l'ONF. L'organisme permet souvent la réalisation d'œuvres singulières qui auraient difficilement trouvé un financement dans l'industrie privée. C'est le cas du *Temps d'une chasse* (F. Mankiewicz*, 1972) et de *Tendresse ordinaire* (J. Leduc, 1973). Jacques Godbout explore, quant à lui, deux genres cinématographiques peu usuels au Québec : *IXE-13* (1971), s'inspirant d'un roman feuilleton populaire, est traité sur le mode de la comédie musicale, tandis que *La gammick* (1974) emprunte au film policier américain. Marcel Carrière tourne deux comédies de mœurs : *O. K… Laliberté* (1973) et *Ti-Mine, Bernie pis la gang…* (1976). Jean Beaudin*, l'un des cinéastes de fiction les plus prolifiques alors, s'intéresse dès ses premiers films aux relations interpersonnelles : l'amitié masculine dans *Trois fois passera…* (1973, m. m.), l'amitié féminine dans *Cher Théo* (1975, m. m.), les relations de couple dans *Stop* (1971) et surtout *J. A. Martin photographe* (1976). En 1979, Anne Claire Poirier a recours à la fiction pour réaliser un film marquant sur le viol, *Mourir à tue-tête*. Dès 1977, soumis à des pressions du privé, l'organisme annonce qu'il entend produire uniquement des films qui ne peuvent voir le jour dans le secteur commercial. C'est ainsi que sont produites des œuvres comme *Albédo* (J. Leduc et Renée Roy, 1982, m. m.), *La quarantaine* (A. C. Poirier, 1982) et *Au pays de Zom* (G. Groulx, 1982).

L'année même de la création de Société nouvelle, en 1969, le gouvernement Trudeau étend sa politique d'austérité économique à l'ONF. Le commissaire Hugo McPherson procède alors à plusieurs licenciements, ce qui installe une situation de crise. Le 16 décembre, cette année-là, les cinéastes organisent une marche sur Ottawa. Commence alors une ère de difficultés financières qui vont déterminer le fonctionnement de l'organisme. Ainsi, au début des années 80, sous un nouveau commissaire, dans la foulée du dévoilement de la *Politique nationale du film et de la vidéo* et des mesures d'austérité, on oblige l'ONF à réduire ses dépenses. Conséquemment, la Production française adopte une nouvelle ligne d'action : coproduire avec le privé des films qui ne trouveraient ni à l'ONF ni dans le privé (même avec l'aide de la SDICC) tout l'argent nécessaire pour en assurer la réalisation. En 1983, on crée même, sous la houlette de Roger Frappier, une entité qui s'occupe spécialement de la coproduction. Parmi les nombreuses coproductions auxquelles participe l'ONF, on compte *Au clair de la lune* (A. Forcier*, 1982), *Les beaux souvenirs* (F. Mankiewicz, 1981), *La dame en couleurs* (C. Jutra, 1984), *Anne Trister* (L. Pool*, 1986), *Pouvoir intime* (Y. Simoneau*, 1986), *Le déclin de l'empire américain* (D. Arcand, 1986), *Un zoo la nuit* (J.-C. Lauzon*, 1987), *Kalamazoo* (A. Forcier, 1988), *Jésus de Montréal* (D. Arcand, 1980), *Sous les draps, les étoiles* (J.-P. Gariépy*, 1989), *Cruising Bar* (R. Ménard*, 1989), *Le party* (P. Falardeau, 1989) et *Une histoire inventée* (A. Forcier, 1990). Dorénavant, le secteur français balance entre la rentabilité commerciale et la rentabilité culturelle. En 1985, la Production française devient le Programme français. Celui-ci poursuit et renforce le programme de coproduction avec le secteur privé, lance l'Aide au cinéma indépendant-Québec, animé par Arlette Dion — qui devient l'Aide au cinéma indépendant-Canada (ACIC) —, et crée en 1986 le programme « Regards de femmes ».

Louise Portal dans *Cordélia* de Jean Beaudin. (coll. ACPQ)

En 1989, l'ONF célèbre son cinquantième anniversaire en produisant notamment *ONF-50 ans* (G. Carle, 1989, t. c. m.), *L'anniversaire* (M. Aubry et Michel Hébert, 1989, c. m.), *Anniversary Vignette* (G. Geertsen, 1989, t. c. m.) et *Il y a longtemps que je t'aime* (A. C. Poirier, 1989), ainsi qu'en organisant une rencontre internationale sur le documentaire (*Le documentaire se fête*) et le congrès de l'UNIATEC. Cette même année, Joan Pennefather devient la première femme à occuper le poste de commissaire à la cinématographie.

L'audience obtenue par *Le déclin de l'empire américain* et d'autres réalisations conforte le Programme français dans ses choix de fiction. Il fonce même sur d'autres terrains : fiction « pédagogique » avec la série de courts métrages « La Bioéthique : une question de choix », concours « Premier long métrage de fiction francophone », collaboration aux « Fictions 16/26 ». En raison des coûts croissants des longs métrages destinés aux salles et de ses ressources financières limitées, le Programme français mise sur la production d'une vingtaine de téléfilms (*Salut Victor !*, A. C. Poirier, 1988 ; *Blanche est la nuit*, J. Prégent*, 1989 ; *... comme un voleur*, M. Langlois*, 1990 ; *Solo*, P. Baillargeon*, 1991, etc.) en partenariat avec l'industrie privée et l'appui de Radio-Québec. L'injection par le ministère des Communications de 25 millions de dollars sur cinq ans pour créer un programme de coproduction avec le secteur indépendant procure de nouvelles munitions à la fiction bien que la place de l'ONF y soit souvent fort discrète. Grâce aux téléfilms et à la série « Fictions 16-26 », le Programme français acquiert une expertise de production de films à petits budgets. C'est dans cette direction qu'il veut aller quand, en 1993, il lance la collection « Familiarité ». Cinq longs métrages y sont réalisés, sans l'apport financier de Téléfilm Canada ou de la SOGIC : *Doublures* (M. Murray, 1993), *Rêve aveugle* (D. Beaudry*, 1994), *La fête des rois* (M. Lepage, 1994), *J'aime, j'aime pas* (S. Groulx, 1995) et *Le grand serpent du monde* (Y. Dion, 1998). Mais cette idée de tourner des fictions autour d'un thème suscite des commentaires mitigés dans la presse. De toute façon, le sort de la fiction n'est pas pour autant assuré car avant de partir, fin 1994, la commissaire Joan Pennefather annonce l'abandon de la fiction. Malgré tout, deux ans plus tard, le Programme entrebâille la porte à la coproduction de longs métrages avec le secteur privé dans la mesure où il s'agit de premières œuvres à petit budget correspondant à son mandat social et culturel, qui seraient novatrices par leur forme et leur contenu et ne pourraient être produites sans lui. Alors que du côté des cinéastes, depuis plus de trente ans, le désir est grand de réaliser des œuvres d'imagination et que dans l'univers du cinéma la fiction jouit d'un statut exceptionnel, l'attitude de la production française varie en fonction de plusieurs facteurs convergents : pressions de l'industrie privée, mandat de l'autre agence fédérale (SDICC-Téléfilm Canada), capacité de mise en marché et ressources disponibles pour pouvoir réaliser tout le programme de production.

**L'ONF nouvelle manière**

À l'automne 1993, la commissaire annonce des compressions budgétaires de 6,7 millions sur trois ans. L'impact est énorme. On invite une centaine de membres du personnel à prendre leur retraite et on décide de fermer les laboratoires. L'existence même de l'ONF est menacée. Au printemps 1994, la résistance se met en place et la décision de mettre fin au programme de l'ACIC suscite une mobilisation des cinéastes indépendants, qui tournent pour l'occasion un manifeste collectif, *Un film de cinéastes* (1995). L'organisme doit prouver sa nécessité face au rapport de la firme Secor (1994), qui ne jure que par le privé et le rendement, et bientôt face au rapport Juneau (1996), qui formule plusieurs recommandations qui modifieraient le fonctionnement de l'ONF. C'est dans ce contexte qu'il adopte un plan de restructuration, dit « ONF 2000 ». Au Programme français, cela se traduit par la création de studios spécialisés (Culture et expérimentation — ACIC, Monde du travail, Société et sciences, Animation-Jeunesse, Acadie et Ontario/Ouest), l'abolition du programme « Regards de femmes » et la volonté d'accentuer la mise en valeur des archives, notamment par le lancement de coffrets consacrés à des cinéastes (F. Desbiens, S. Gervais, P. Perrault, G. Groulx, etc.). Le rôle des producteurs est d'ailleurs redéfini. Cette structure est censée favoriser le bouillonnement d'idées et permettre d'équilibrer la production en fonction de l'intérêt des sujets et de leur pertinence pour la société canadienne. Dans ce contexte, l'embauche de documentaristes résidents constitue un apport précieux.

Pas étonnant que la production des années 90 paraisse bouleversée et éclatée. Plusieurs cinéastes chevronnés prennent leur retraite aussitôt leur dernier film terminé : Diane Létourneau (*La caresse d'une ride*, 1996), Pierre Perrault (*Cornouailles*, 1994, m. m.), Bernard Gosselin (*L'arche de verre*, 1994), Jacques Godbout (*Le sort de l'Amérique*, 1996), Anne Claire Poirier (*Tu as crié LET ME GO*, 1997), Michel Régnier (*Zandile, dans la lumière de l'ubuntu*, 1997) et Maurice Bulbulian (*Chronique de Nitinaht*, 1997). Malgré l'absence de programme spécifiquement féminin, plusieurs réalisatrices, permanentes ou pigistes, poursuivent leur démarche : Sylvie Groulx (*J'aime, j'aime pas*, 1995), Catherine Fol (*Toutatis*, 1996, m. m.), Helen Doyle (*Le rendez-vous de Sarajevo*, 1997, m. m.), Diane Beaudry (*Nos amours*, 1997, m. m.), Manon Barbeau (*Les enfants de Refus global*, 1998), Tahani Rached (*Urgence ! Deuxième souffle*, 1999), Nathalie Trépanier (*5 pieds 2 — 80 000 livres*, 1999, m. m.). Parmi les nouveaux venus, on trouve des documentaristes à l'expérience fort diverse : Jean-Daniel Lafond (*La liberté en colère*, 1994), Magnus Isacsson* (*Le nouvel habit de l'empereur*, 1995), Philippe Baylaucq (*Lodela*, 1997, c. m.), Jacques Payette (*Le rocket*,1998, m. m.), Stéphane Drolet (*Oumar 9-1-1*, 1999, m. m.), Serge Giguère (*Le reel du mégaphone*, 1999, m. m.), sans compter ceux qui arrivent par le biais de la coproduction, dont Catherine Martin* (*Les dames du 9^e^*, 1998, m. m.) et Richard Desjardins* et Robert Monderie* (*L'erreur boréale*, 1999). Seul le studio d'animation semble poursuivre dans une relative quiétude, alternant les films de circonstance (la collection « Droits au cœur ») et les œuvres plus personnelles : *La basse cour* (M. Cournoyer, 1992, c. m.), *Mon enfant, ma terre* (F. Desbiens, 1998, t. c. m.), *L'ours renifleur* (C. Hoedeman, 1992, c. m.), *Le seuil* (S. Gervais, 1998, c. m.). Fait exceptionnel, Pierre Hébert réalise un long métrage, *La plante humaine* (1996), où l'animation se mélange habilement au documentaire.

*Lodela* de Philippe Baylaucq. (coll. RVCQ)

Après soixante ans d'existence, de nombreuses turbulences, des menaces répétées du gouvernement fédéral, une redéfinition radicale de son mode de fonctionnement, une transformation complète du paysage audiovisuel national, une réévaluation de ses méthodes de diffusion (inforoute, vidéocassette, télévision, cinérobothèque) et de tournage (le film cède à la vidéo, l'animatique et le numérique gagnent du terrain), l'ONF, et plus spécifiquement sa section française, semble avoir trouvé un modus opérationnel qui peut laisser ses artisans plus optimistes qu'au milieu de la décennie.

BIBLIOGRAPHIE : BIDD, Donald W. (dir.), *Le répertoire des films de l'ONF. La production de l'Office national du film du Canada de 1939 à 1989*, Office national du film du Canada, 1991 • CARRIÈRE, Louise, *La série de films Société nouvelle dans un Québec en changement : 1969-1979*, mémoire déposé à l'UQÀM, 1983 • EVANS, Gary, *In the National Interest : A Chronicle of the National Film Board of Canada from 1949 to 1989*, University of Toronto Press, Toronto, 1991 • FAUCHER, Carol, *La production française à l'ONF, 25 ans en perspectives*, Cinémathèque québécoise, Montréal, 1984 • GAY, Richard, *Les 50 ans de l'ONF*, Éditions Saint-Martin, Montréal, 1989 • GRIERSON, John, *Rapport sur les activités cinématographiques du gouvernement canadien* (juin 1938), Cinémathèque québécoise, Montréal, 1978 • LEDUC, Yves *et al.*, *Portrait d'un studio d'animation, l'art et le cinéma image par image*, Office national du film du Canada, Montréal, 1983 • VÉRONNEAU, Pierre, *Résistance et affirmation : la production française à l'ONF —1939-1964*, Cinémathèque québécoise, Montréal, 1987 • « 40 ans de cinéma à l'Office national du film », *Copie Zéro*, n° 2, Montréal, 1978. (P. V.)

**ORGANISATION COMMUNICATIONS ET SOCIÉTÉ (OCS).** Appelé à l'origine Centre catholique national du cinéma, de la radio et de la télévision, l'Office des communications sociales est créé à l'automne 1956 par une décision de la Conférence catholique canadienne, qui en fait un organisme chargé de coordonner les efforts de tous les diocèses français du Canada pour la solution des problèmes moraux et spirituels posés par le cinéma, la radio et la télévision. L'abbé Jean-Marie Poitevin* et Léo Bonneville, directeur de la revue *Séquences*, font partie du premier bureau de direction. Des transformations structurelles marquent l'histoire de l'OCS. La plus importante a lieu en 1975. Il devient alors une société à but non lucratif, catholique, d'expression française, autonome mais reconnue officiellement par la Conférence des évêques catholiques du Canada. L'OCS est alors une société composée de membres corporatistes (les offices diocésains, les organismes d'enseignement), de membres individuels (des experts en communication sociale, en pastorale, en éducation) et de membres associés.

Le champ d'action de l'OCS couvre pratiquement tous les moyens de communication sociale (cinéma, télévision, presse, livre, chanson, télématique). Il est régi par des objectifs spécifiques : contribuer à la formation de la conscience chrétienne et du sens critique du public en regard des médias ; promouvoir les meilleures productions dans le domaine ; aider les utilisateurs des médias dans leur travail d'information religieuse ; assurer une présence de l'Église dans le monde des communications et celui des institutions qui peuvent les influencer. Côté cinéma, l'OCS est responsable de plusieurs publications. La principale est le bimensuel *Films en 16 mm*, *Le bulletin Inter* et des *Cahiers d'études et de recherche sur le cinéma*. D'autres activités s'ajoutent aux publications : collaboration avec les instituts et les départements de cinéma des collèges et des universités ; assistance aux associations qui en font la demande ; animation de rencontres entre experts, éducateurs et consommateurs sur des questions relatives aux valeurs chrétiennes dans le cinéma ; présentation de mémoires aux pouvoirs publics ; maintien d'un important centre de documentation. L'OCS dispose d'un service de relations publiques qui l'amène à collaborer avec des organismes provinciaux et internationaux (notamment l'OCIC, dont l'OCS est membre). Sur le plan international, il fait entendre sa voix dans les congrès de l'OCIC et participe aux festivals internationaux de cinéma (notamment Cannes, Venise, Berlin et Montréal), où un de ses représentants siège aux jurys œcuméniques. En 1998, l'OCS, dont le nom légal est le Centre éducatif en communications sociales, disparaît pour faire place à l'Organisation Communications et Société (OCS), dont le mandat est de faire la promotion, dans le monde des communications et des médias, de la qualité, du sens critique et des valeurs éthiques et spirituelles dans une perspective chrétienne. L'organisme compte deux divisions. Communications et Société a la responsabilité des remises de prix, colloques, conférences, interventions dans les médias, mémoires, recherches, publications, site Internet. Médiafilm, qui remplace l'Office du cinéma en 1996, a notamment la responsabilité des cotes artistiques reprises dans les médias. L'agence de presse cinématographique compte 90 000 dossiers sur le cinéma. (G. B et M. C.)

Danielle Ouimet. (coll. CQ)

**OUIMET, Danielle,** actrice (Montréal, 1947). Elle est d'abord mannequin, Miss Québec à dix-neuf ans, hôtesse à la télévision. Lorsque Denis Héroux cherche une jeune inconnue, blonde, pas trop sophistiquée, capable de jouer mais non « polie » par une école de théâtre, pour interpréter le rôle-titre de *Valérie*, c'est elle qui décroche le rôle. Elle pourra jouer cette jeune fille jolie sans trop impressionner, distante tout en restant abordable, familière sans jamais paraître vulgaire, cette Valérie un peu surprenante par sa liberté et le sans-gêne avec lequel elle montre son corps, mais qui donne l'impression qu'on peut lui parler comme à la petite voisine. La sortie de *Valérie* en mai 1969 en fait une star qui joue presque le même rôle avec les médias que dans le film. Un peu comme pour les grandes stars hollywoodiennes du passé, le personnage tend à se confondre avec l'actrice, à tel point que les gens s'adressent à elle en tant que « Valérie ». Elle perd son nom pour gagner un prénom, lequel devient typologique comme l'avaient été ceux de « Séraphin » et d'« Aurore » avant lui. Toute sa réputation ne tient qu'à ce seul rôle. Son manque de métier y est compensé par un bon talent naturel et une spontanéité qui convient bien au personnage. Dans le film suivant, *L'initiation* (sorti en 1970), que Héroux tourne rapidement pour profiter au maximum des retombées de *Valérie*, il devient plus évident. On utilise ensuite Ouimet dans des petits rôles, pour mousser la promotion de films qui se veulent provocants, mais qui font « pétard mouillé » : *Le rouge aux lèvres* (H. Kumel, 1970), *Le diable est parmi nous* (J. Beaudin, 1972), *Y a toujours moyen de moyenner!* (D. Héroux, 1973), *La pomme, la* *queue… et les pépins !* (C. Fournier, 1974), *Y a pas d'mal à se faire du bien* (C. Mulot, 1974) et *Tout feu tout femme* (G. Richer, 1975).

En 1974, elle accepte de jouer pour Anne Claire Poirier la séquence « Valérie » des *Filles du Roy*, moment capital dans cette histoire filmée des femmes, pour démystifier leur utilisation par le cinéma. Pour Ouimet, momie que la réalisatrice met à nu, cette séquence constitue une sorte d'autocritique très courageuse car, même ainsi offerte à tous les regards, elle n'a plus rien ici de la star érotique. Sa popularité comme vedette du cinéma lui ouvre les portes de la radio, où elle travaille comme animatrice. Elle ne joue plus ensuite que des petits rôles dans des téléséries, avant de revenir en force dans un talk-show d'avant-midi diffusé pendant des années au petit écran (*Bla bla bla*). (Y. L.)

**OUIMET, Léo-Ernest,** distributeur, exploitant, producteur, réalisateur (Saint-Martin-de-Laval, 1877 – Montréal, 1972). Fils d'agriculteurs, il devient électricien et prépare pour le théâtre National et le parc Sohmer de Montréal d'ingénieux éclairages et trucages pour des spectacles. Ce travail le met en contact avec divers projectionnistes ambulants. Vers 1904, il achète un projecteur et présente lui-même des spectacles. En janvier 1906, il ouvre le premier vrai cinéma de Montréal, le Ouimetoscope. Le succès est phénoménal. De nombreux concurrents l'imitent, mais c'est chez lui qu'ils doivent se procurer films et appareils, car il est aussi devenu distributeur. En 1907, il rase ce premier cinéma pour en construire un nouveau : un des premiers vrais palaces de cinéma du monde. Toujours à l'avant-garde, il se procure une caméra et se fait producteur dès l'automne 1906 en filmant, outre sa famille (*Mes espérances en 1908*, 1908, c. m.), l'actualité montréalaise : compétitions sportives, assemblées politiques, célébrations religieuses et faits divers sont projetés au Ouimetoscope et vendus aux autres exploitants. Les plus connues de ces bandes d'actualités sont *La chute du pont de Québec* (1907, c. m.), *L'incendie de Trois-Rivières* (1908, c. m.) et *Le congrès eucharistique de Montréal* (1910, c. m.). Son activité se heurte toutefois à deux obstacles : l'autorité ecclésiastique, qui juge le cinéma immoral, et les magnats du cinéma américain. Ces derniers fournissent presque tous les films vus au Québec et Ouimet est forcé de leur vendre son commerce de distribution en 1908. Il essaie de tenir tête au clergé et se lance dans une lutte judiciaire qui durera des années. En effet, ce n'est qu'en 1912 que la Cour suprême du Canada finit par autoriser les spectacles de cinéma le dimanche au Québec. Pour gagner sa cause, Ouimet s'est cependant ruiné.

En 1914, lorsque est démantelé le trust américain du cinéma, il revient à la distribution en mettant sur pied Pathé Famous Feature Film Syndicate of Quebec, qui deviendra, l'année suivante, Specialty Film Import. La firme a des bureaux dans toutes les grandes villes canadiennes et distribue les films Pathé. Ouimet y ajoute des films d'actualités tournés par ses opérateurs : *Inauguration du pont de Québec* (c. m.), *Visite du maréchal Joffre* (c. m.), *Explosion dans le port de Halifax* (c. m.), etc. En 1919, il présente de nouvelles actualités deux fois par semaine, intercalant productions étrangères et actualités canadiennes tournées par les opérateurs de la Specialty : *Funérailles de Laurier* (c. m.), *Visite du prince de Galles* (c. m.), *Construction du barrage Gouin* (c. m.), *Procession de l'armistice* (c. m.), etc. Il produit également de nombreux films publicitaires et trois documentaires-fictions tournés en 1918. Le premier, *The Call of Freedom* (m. m.), montre la vie d'une recrue à l'entraînement. Une intrigue faite de scènes de fiction relie les images filmées dans des camps comme celui de Valcartier. Le deuxième, *Le feu qui brûle*, est une comédie où se mêlent une intrigue policière et des images prises lors d'interventions des pompiers montréalais. Le film est présenté dans le cadre de la campagne annuelle de financement de l'Association de bienfaisance des pompiers de Montréal, organisme qui en avait commandité la production. Ce premier long métrage québécois reste à l'affiche du Théâtre français à Montréal pendant trois semaines. Quant au troisième film, *Sauvons nos bébés* (m. m.), il est destiné à appuyer une campagne contre la mortalité infantile. Un enfant d'une famille miséreuse y retrouve la santé grâce à l'intervention d'une infirmière dont les conseils d'hygiène apparaissent en intertitres.

En 1922, la concurrence est devenue si forte qu'Ouimet se voit obligé de vendre Specialty à son rival le plus féroce, L. L. Nathanson, propriétaire de la maison de distribution Regal Films. Au début de cette année, il fonde une nouvelle compagnie, Laval Photoplays, afin de produire des longs métrages de fiction. La compagnie est incorporée au Canada et aux États-Unis. Ne croyant pas à la possibilité de poursuivre de telles ambitions au Québec, avec son panache habituel, il s'installe à Hollywood. Après maintes difficultés, il y achève, vers la fin de 1923, *Why Get Married?* (P. Cazeneuve), le seul film que produira Laval Photoplays. Ce long métrage sort à Montréal en février 1924, distribué par Regal Films. L'intrigue du film compare la vie de deux jeunes filles dont l'une trouve le bonheur dans le mariage et la vie au foyer, tandis que l'autre poursuit sa carrière, ce qui la mène au divorce. Le film n'obtient pas le succès escompté. Ouimet, qui traverse une période difficile, survit en s'occupant de distribution en Californie, puis à Toronto. En 1933, il revient à Montréal, où l'on commence à exploiter le film parlant français. Il collabore avec les Films des Éditions Édouard Garand. Cette entreprise ayant été achetée par France Film en 1934, Ouimet loue le cinéma Impérial pour y présenter des films français et du théâtre. Il doit abandonner en 1936 lorsqu'un incendie à l'Impérial fait deux victimes dont les parents le poursuivent devant les tribunaux. Ruiné, Ouimet en est réduit à user de ses relations politiques pour se trouver, en 1937, un emploi de gérant dans une succursale de la Commision des liqueurs du Québec. Il y travaillera jusqu'à ses quatre-vingts ans, en 1957. Il continuera toujours à s'intéresser au cinéma, expérimentant même, dans les années 40, un procédé de projection en relief pour lequel il veut obtenir un brevet d'invention.

Ouimet est un homme hors du commun, un pionnier dans tous les domaines de l'industrie cinématographique au Canada. Ses succès sont le fruit de son esprit novateur, et ses revers sont dus à la concurrence américaine et au peu de soutien des politiques nationales à l'égard de la culture. De 1981 à 1994, l'AQCC remet un prix qui porte son nom au réalisateur du meilleur long métrage québécois, le prix L.-E.-Ouimet-Molson. *La conquête du grand écran* (A. Gladu, 1996) reconstitue sa carrière au cinéma.

BIBLIOGRAPHIE : BÉLANGER, Léon, *Les Ouimetoscopes*, VLB éditeur, Montréal, 1978 • LACASSE, Germain, *L'Historiographe*, Cinémathèque québécoise, Montréal, 1985 • SAUVÉ,

Mathieu-Robert, *Léo-Ernest Ouimet. L'homme aux grandes vues*, XYZ, Montréal, 1996. (G. L.)

**OWEN, Donald,** réalisateur, chef opérateur (Toronto, Ontario, 1935). Après des études en anthropologie, il entre à l'ONF en 1960. Son premier long métrage, *Nobody Waved Good-Bye*, qu'il tourne à Toronto, témoigne d'un talent indéniable qui sera confirmé par ses films suivants. L'intérêt d'Owen pour les arts est manifeste (*Toronto Jazz*, 1964, c. m.; *Ladies and Gentlemen: Mr. Leonard Cohen*, coréal. D. Brittain, 1965, m. m.; *Snow in Venice*, 1971, c. m.; *Cowboy and Indian*, 1972, c. m.). Bien qu'il soit essentiellement un cinéaste ontarien, il travaille au Québec à quelques occasions. Il est notamment l'un des cameramen de deux importants jalons du cinéma direct: *La lutte* (M. Brault, M. Carrière, C. Fournier et C. Jutra, 1961, c. m.) et *À Saint-Henri le cinq septembre* (H. Aquin, 1962, m. m.). Comme réalisateur, il signe *Notes for a Film About Donna & Gail* (1966, c. m.) et, surtout, *The Ernie Game* (1967), où il reprend les personnages de son film précédent. Il se dégage une réelle authenticité de ces deux films qui dépeignent la jeunesse des années 60 avec un soupçon de poésie psychédélique. Ernie (Alexis Kanner), personnage central de *The Ernie Game*, est le cousin américain de Pierrot le fou, personnage instable vagabondant à travers Montréal. En 1969, Owen quitte l'ONF et s'installe à Toronto. (M. J.)

**OZEP, Fédor (Alexandrovitch),** réalisateur, scénariste (Moscou, Russie, 1895 – Hollywood, États-Unis, 1949). Pionnier du cinéma soviétique, il collabore avec Protazanov et Barnet avant de voler de ses propres ailes. Une coproduction le mène en Allemagne, *Der lebende*

*La forteresse* de Fédor Ozep, drame policier tourné simultanément en versions française et anglaise. (coll. CQ)

*Leichnam/Zhivoi Trup* (1928); il décide d'y rester. Sa carrière sera dorénavant celle d'un cinéaste en exil, internationale et cosmopolite, souvent avec une saveur russe en arrière-plan. Ainsi, il adapte Dostoïevski avec *Der Mörder Dimitri Karamasoff* (1931). Chassé par les nazis, il s'établit en France en 1932, où sa *Dame de pique* (1937), d'après Pouchkine, sera sa meilleure réalisation. La guerre le mène aux États-Unis. Il y tourne un remake d'un film soviétique de 1941, *Three Russian Girls* (1943), qui est bien accueilli. C'est là que le contacte Charles Philipp, un Français d'origine russe qui vient de fonder, à Montréal, Renaissance Films* et qui recherche un réalisateur d'expérience parlant français. Ozep arrive à Montréal en 1944 pour tourner *Le père Chopin* (1945), dialogué par Jean Desprez. Le public fait un malheur à ce conte moral qui oppose les valeurs de l'esprit et de l'amour à celles de l'argent et de l'égoïsme; pour la première fois du parlant, le Québec est à l'écran dans un long métrage de fiction. Mais la saveur locale est diluée et folklorisée, passée au moule de la série B et du parler français de France. Le succès du film et la maîtrise technique d'Ozep amènent la nouvelle compagnie Québec Productions* à s'adresser à lui pour le premier film qu'elle produit, un long métrage tourné simultanément en versions française et anglaise, *Whispering City/La forteresse* (1947). Autant le film précédent était de facture européenne, autant celui-ci est américain. Le sujet, un drame policier dont les trois rôles sont interprétés par des Américains dans la version anglaise, s'y prête. Dans l'ensemble, la presse est tout aussi bonne que pour *Le père Chopin.* On peut trouver les deux films d'Ozep insipides et déplorer le jeu théâtral des acteurs et l'écriture conventionnelle du cinéaste, mais il faut reconnaître qu'ils se comparent avantageusement aux produits diffusés sur les écrans québécois dans les années 40. Ils contribuent à jeter les bases d'une industrie cinématographique québécoise. (P. V.)

# P

**PAGE, Marcy (Marcia),** productrice, animatrice, réalisatrice (Fall River Mills, Californie, 1951). Elle grandit dans le nord de la Californie et s'intéresse très tôt au cinéma d'animation, réalisant un premier court métrage indépendant en 1972 (*Balloon Man Meets Butterfly Lady*) puis travaillant pour une douzaine de compagnies, dans la région de San Francisco, à New York et à Montréal. Au cours de cette période, elle anime des vidéoclips, des publicités, des séquences de longs métrages de fiction, etc. En 1987, elle réalise un film indépendant, *Paradisia* (c. m.), qui remporte quinze prix internationaux. Elle entre à l'ONF en 1990 et devient productrice à l'animation anglaise. Là, elle travaille notamment avec Craig Welsh (*No Problem*, 1992, c. m.; *How Wings Are Attached to the Backs of Angels*, 1996, c. m.; *Welcome to Kentucky*, 2000, c. m.), Paul Driessen (*The End of the World in Four Seasons*, 1995, c. m.; *The Boy Who Saw the Iceberg*, 2000, c. m.), Roslyn Schwartz (*Arkelope*, 1994, c. m.; *I'm Your Man*, 1996, t. c. m.) et Gayle Thomas (*Quilt*, 1996, c. m.; *M.C. Escher: Sky and Water*, 1998, c. m.). Au sein de la production de l'ONF, Marcy Page se distingue par ses choix audacieux et par une approche résolument tournée vers le film d'auteur.

PRINCIPAUX AUTRES FILMS COMME PRODUCTRICE: *Lord of the Sky* (E. Spaleny et L. Zeman, 1992, c. m.), *Watching TV* (C. Hinton, 1994, t. c. m.), *The Legend of the Flying Canoe: La Chasse-galerie* (B. Doucet, 1996, c. m.), *Frank the Wrabbit* (J. Weldon, 1998, c. m.), *Snow Cat* (Sheldon Cohen, 1998, c. m.). (M. J.)

**PALARDY, Jean,** réalisateur, chef opérateur, scénariste (Fitchburg, États-Unis, 1905 – Montréal, 1991). Peintre de formation, il s'intéresse tôt à l'étude de la civilisation traditionnelle québécoise. En 1942, à l'ONF, il vient seconder Vincent Paquette à titre de cameraman réalisateur et est affecté surtout à la série « Les reportages ». Après la guerre, il passe à la série « Canada Carries On ». Durant les années 50, Palardy devient pigiste, toujours au service de l'ONF. Il fait de rares incursions dans l'industrie privée: pour scénariser *Le gros Bill* (R. Delacroix, 1949) et fonder Les productions Orléans, dont on ne connaît qu'une réalisation (*Pour l'amour de nos enfants*, 1957, c. m.). L'œuvre de Palardy est très diversifiée. Certains films de commande sont plutôt banals, surtout ceux qui traitent d'industrie, de travail. Par contre certains thèmes l'inspirent. Il ne rate pas une occasion de mettre en valeur l'aspect positif du coopératisme comme moyen de régénération et d'affirmation pour le Canada français. Cela transparaît dans *La moisson de la mer* (1943, c. m.), *Chantier coopératif* (1955, c. m.), *Agronomie* (1955, c. m.) et *Charles Forest, curé-fondateur* (1959, c. m.). Mais ce sont *Les caisses populaires Desjardins* (1945, m. m.) et *The Rising Tide/La marée montante* qui sont ses œuvres les plus achevées sur ce thème. Palardy montre également un intérêt constant pour la connaissance, la préservation et la présentation de la vie traditionnelle et de la culture populaire québécoises (peinture, musique, artisanat); ses films contribuent en partie à l'image folklorisante du cinéma onéfien francophone des années 40 et 50. Mentionnons *Moisson de la glaise* (1945, c. m.), *The Singing Pipes/Le vent qui chante* (1945, c. m.), *Là-haut sur ces montagnes* (1946, c. m.), *Peintres populaires de Charlevoix* (1946, c. m.), *Artisans du fer* (1951, c. m.) et *Soirée de chantiers* (1955, c. m.). Il faut faire une place spéciale à trois de ses films : *Îles de la Madeleine* (1952, c. m.) pour la qualité de la photo et l'utilisation d'un commentaire poétique (en désaccord avec ce film, Maurice Duplessis demande à l'abbé Proulx de lui « répondre »); *Ti-Jean s'en va-t-aux chantiers* (1953, c. m.), un film pour enfants tiré d'un conte populaire (longtemps un des films les plus demandés à l'ONF); et *Correlieu* (1959, c. m.), sur le peintre Ozias Leduc. On lui attribue la coréalisation, avec Bernard Devlin, de *L'homme aux oiseaux* (1952, c. m.), mais il faut rappeler qu'il n'est intervenu qu'à l'étape du montage. Ayant mis le cinéma de côté à la fin des années 50, il consacre plus de temps à l'ethnologie, domaine pour lequel il s'est passionné tout au long de sa vie. En 1963, il publie un ouvrage de référence, *Meubles anciens du Canada français.* Sa carrière d'historien et d'expert en reconstitution historique, qu'il poursuit durant plus de vingt-cinq ans, lui vaut plusieurs récompenses nationales.

PRINCIPAUX AUTRES FILMS : *Métropole* (1947, c. m.), *Film and You* (1949, c. m.), *Le médecin du Nord* (1954, c. m.), *Sorel* (1954, c. m.), *Carnaval de Québec* (1956, c. m.), *Les ingénieurs* (1957, c. m.). (P. V.)

**PAQUETTE, Vincent,** réalisateur, producteur (Montréal, 1915). Après son cours classique, il entre à Radio-Canada à Ottawa comme annonceur bilingue. En 1941, alors que l'ONF ne voit pas encore la nécessité de tourner en français, Philéas Côté, un adjoint de Grierson, prépare un rapport sur cette question. L'ONF convient alors d'engager immédiatement un francophone : ce sera Paquette. Après un court stage aux versions et au montage, on lui confie la responsabilité du bureau de l'ONF à Montréal et de la production française en général, qui comprend la série « Actualités canadiennes » et les versions. Paquette trouve néanmoins le temps de tourner un film qui dépasse le cadre strict et la durée des actualités : *La Cité de Notre-Dame* (1942, c. m.), sur le tricentenaire de Montréal. Paquette lit cet événement à la lumière de l'histoire officielle qui s'y rapporte. La différence entre les versions française et anglaise de ce film démontre qu'un Canadien français, à l'ONF, peut, à cette époque, trouver le moyen de faire valoir la spécificité de son regard. Le changement, en mars 1943, de la série « Actualités canadiennes » en « Les reportages » amène un renforcement de l'équipe française. Paquette dirige bientôt une quinzaine de personnes, dont Maurice Blackburn, Jean Palardy et Jean-Yves Bigras. Il participe, d'une manière ou d'une autre, aux cent dix-sept films de la série « Les reportages », en réalisant plusieurs et coordonnant les autres. En 1944, l'équipe française passe sous la direction de Guy Glover et Paquette devient producteur du programme « Santé, réhabilitation et bien-être », où ne se tourne aucun film en français. Il réalise quand même quelques films : *Training Industry's Army* (1945, c. m.), *Let's Look at the Water* (1947, c. m.) et *Your Morning Milk* (1947, c. m.). Il crée par ailleurs un précédent à l'ONF en réalisant dans les deux langues, avec deux équipes de comédiens et de médecins, *Maternité/Mother and her Child* (1947, m. m.). En mars 1948, comme Bigras et Roger Racine, Paquette quitte l'ONF pour s'occuper de production de films industriels et publicitaires (chez CIL). Passant ensuite à la fonction publique fédérale, il termine sa carrière à la direction des affaires publiques du ministère des Transports. (P. V.)

**PARAGAMIAN, Arto,** réalisateur (Montréal, 1965). Né de parents d'origine arménienne, Arto Paragamian obtient un baccalauréat, puis une maîtrise en production cinématographique de l'Université Concordia. Les deux courts métrages en noir et blanc qu'il réalise alors qu'il est étudiant, *A Fish Story* (1987) et *Across the Street* (1988), obtiennent tous deux le prix Norman McLaren lors du Festival du film étudiant canadien de Montréal. À travers ses premiers courts métrages, Paragamian impose déjà des personnages hauts en couleur, avec lesquels les spectateurs sympathisent d'emblée. Dans *A Fish Story*, inspiré d'un conte arménien, un homme se vante auprès de ses amis d'être celui qui porte la culotte dans le couple. Apprenant cela, sa femme imagine une supercherie (elle lui fait croire que des poissons poussent dans la neige comme par miracle) qui amènera le mari à se repentir de son insolence. *Across the Street* pose un regard comique et poétique sur les péripéties d'un gamin qui prend plaisir à observer le curieux monde des adultes.
Les thèmes du couple et de la famille sont au centre de *Because Why* (1993), premier long métrage du cinéaste. Mais l'approche résolument comique est ici teintée d'un certain mal de vivre véhiculé par le personnage d'Alex, sorte de Pierrot lunaire distrait et indécis, et qui a peine à renouer contact avec le monde environnant. La critique accueille *Because Why* avec enthousiasme (le film gagne plusieurs prix, notamment au Japon) et reconnaît en Paragamian un cinéaste sur lequel il faudra dorénavant compter. Puis il participe à l'aventure de *Cosmos* (coréal. J. Alleyn, M. Briand, M.-J. Dallaire, A. Turpin, D. Villeneuve, 1997) et réalise le dernier sketch du film intitulé *Cosmos et Agriculture*, qui raconte les déboires de deux chauffeurs de taxi engagés dans la poursuite d'une autre voiture. Avec la même aisance, le cinéaste impose deux personnages pittoresques qui échangent des dialogues d'une absurde drôlerie. Puis Paragamian tourne *Two Thousand and None* (titre de travail), une comédie noire sur le thème de la mort mettant en vedette John Turturro. (L. G.)

**PARENT, Jacques,** réalisateur, producteur (Montréal, 1925). Son importance, largement méconnue, se situe au niveau du cinéma scientifique et pédagogique. Formé dans l'aéronautique et l'électronique après la Seconde Guerre mondiale, il entre à l'ONF en 1958.

Entre 1963 et 1967, il est surtout le maître d'œuvre du « Harvard Project Physics » (coproduction entre l'ONF et l'Université Harvard), une série de cinquante films conçus pour les cours de physique. Durant la même période, Parent scénarise, pour Radio-Canada, les séries pour jeunes *Rue de l'Anse* et *Les enquêtes Jobidon*. En 1968, à l'OFQ, il réalise deux longs métrages : *Un entretien sur la mécanologie I* et *II*. De 1969 à 1981, toujours à l'OFQ (devenu la DGCA en 1976), il est producteur délégué du ministère de l'Éducation, puis directeur de production pour plusieurs centaines de documents de formation et d'information sur les sciences, le français, les auteurs québécois, les métiers d'art, le système scolaire, etc. Son nom apparaît notamment, à titre de producteur délégué, au générique de *La leçon des mongoliens* (M. Moreau, 1974) et de *Québec fête juin '75* (J.-C. Labrecque et C. Jutra, 1976). Toujours à l'OFQ, il s'occupe aussi de la cinémathèque et des acquisitions audiovisuelles. Durant les années 70, Parent travaille activement à l'Association canadienne du cinéma scientifique, de même qu'à la Cinémathèque scientifique internationale (Bruxelles). Son travail de réalisateur est alors mieux connu et apprécié, notamment dans les cours de pédagogie audiovisuelle, à l'Université de Montréal, où son œuvre est amplement discutée. À la suite de ces échanges, Jean-Claude Boudreault pouvait écrire dans *Cinéma Québec*: « Quand j'ai vu pour la première fois les films réalisés par Jacques Parent, j'ai su que le cinéma éducatif ne le cédait en rien au film de fiction, qu'il était même à l'avant-garde dans l'invention de nouvelles formes de participation du spectateur. » Le travail de Parent est couronné par un Canadian Film Award pour *The Perception of Orientation* (coréal. G. Parker, 1965, c. m.). (R. L.)

**PARENT, Manda,** actrice (Montréal, 1907 – Montréal, 1992). Imposante figure du vaudeville, Manda (ainsi que le public se plaît à l'appeler affectueusement) n'apparaît que fort tard sur les écrans. On la voit surtout chez Jean-Claude Lord : elle joue la mère dans *Les colombes* (1972), la grand-mère dans *Bingo* (1974), Mignonne dans *Parlez-nous d'amour* (1976) ; elle fait également partie de la distribution d'*Éclair au chocolat* (1978). Signalons, en outre, sa participation à *L'apparition* (R. Cardinal et C. Adam, 1972) et à *Suzanne* (R. Spry, 1980). Mais c'est André Brassard qui lui offre l'occasion de donner sa pleine mesure dans *Il était une fois dans l'Est* (1973) où elle incarne Germaine Lauzon, personnage coloré tout droit sorti de la pièce *Les belles-sœurs*, de Michel Tremblay. (J.-M. P.)

**PARIS, Jacques,** scénariste (Ottawa, Ontario, 1929 – Montréal, 1990). Il étudie la scénarisation en Californie, l'enseigne à l'UQÀM à partir de 1982 et à l'Université Concordia à partir de 1985. Il apporte sa collaboration à Jacques Jacob pour le scénario de *Lucien Brouillard* (B. Carrière, 1983), histoire d'un Robin des bois poussé au désespoir par la police et trahi par son frère. En collaboration avec Arlette Dion, il adapte ensuite un roman de Claude Jasmin, *La sablière*, qui devient *Mario* (J. Beaudin, 1984). Le scénario approfondit les liens entre l'adolescent et son jeune frère semi-autiste et crée un univers merveilleux qui intègre parfaitement le paysage des Îles-de-la-Madeleine. Paris scénarise aussi des documentaires, *La mer et ses princes* (J.-P. Plouffe, 1984, m. m.) et *Annapurna* (L. Craig, 1985, m. m.). (H.-P. C.)

**PATEL, Ishu,** animateur, réalisateur (Jabsan, Inde, 1942). Jeune étudiant, il dessine beaucoup, toujours plus d'une esquisse du même modèle. Il fréquente l'université, puis l'Institut des arts graphiques où il se familiarise avec le cinéma, celui de l'ONF en particulier. Après un séjour en Suisse, il retourne travailler en Inde d'où il entreprend des démarches pour entrer à l'ONF. Ses efforts constants portent fruit : il obtient une bourse qui lui permet de mettre en chantier son premier film, *How Dead Came to Earth* (1971, c. m.). À partir de là, il travaille comme animateur et concepteur de techniques, utilisant des matériaux aussi différents que la plasticine, les perles, le papier perforé, l'acétate et le papier découpé. Son intérêt poussé pour la recherche formelle et l'imposant bagage culturel lié à ses origines lui permettent d'inscrire sur pellicule une matière visuelle et sonore diversifiée, ce dont témoignent, entre autres, *Bead Game* (1977, c. m.), *Afterlife* (1978, c. m.), *Top Priority* (1981, c. m.) et *Paradise* (1985, c. m.). Dans son film suivant, *Divine Fate* (1994, c. m.), une parabole sur l'échange et le don, deux créatures humanoïdes atterrissent dans un monde lointain. Pour donner forme à cet univers, Patel utilise les techniques numériques d'animation 3D. Ses films obtiennent de nombreux prix à travers le monde, notamment à Berlin, à Annecy et à Montréal. Patel s'inspire du modèle indien (conception de vie, musique, mythologie), sans jamais le réduire à sa seule dimension géopolitique. Au contraire, les problématiques qu'il illustre avec tant de couleurs et un grand souci du détail prétendent avantageusement à l'universalité. Patel quitte l'ONF en 1998. Il anime des ateliers de formation de cinéastes d'animation aux États-Unis et au Japon. (A. D.)

**PATENAUDE, Danyèle,** directrice de casting, réalisatrice, scénariste, scripte (Saint-Hyacinthe, 1952). Après un baccalauréat en enfance inadaptée à l'UQÀM, elle enseigne en orthopédagogie de 1978 à 1981. Ces préoccupations se reflètent clairement dans ses premiers films super 8, *Les caractériels* (1970, c. m.) et *Jean-Marie* (1970, c. m.), le premier portant sur une classe de prédélinquants, le second sur un jeune homme qui a vécu sept ans en prison et dans les foyers d'accueil. Associée à Roger Cantin*, elle coréalise avec lui, entre 1972 et 1984, trente-trois très courts ou courts métrages (*Le terroriste*, 1972 ; *L'autobus*, 1973 ; *La nuit*, 1976) et un moyen métrage (*Le guérillero urbain*, 1972) avec des moyens artisanaux. Parmi leurs réalisations, on compte trois séries d'interludes pour Radio-Canada où ils expérimentent la pixillation. Ils consacrent d'ailleurs un film à cette technique, *Pixillation* (1978, c. m.), qui constitue l'aboutissement d'un long travail d'expérimentation. Patenaude travaille aussi comme scripte, à des films de Jean Pierre Lefebvre (*Le gars des vues*, 1976) et de Richard Boutet (*La maladie c'est les compagnies*, 1979). En 1984, elle coscénarise et coréalise un dernier film avec Roger Cantin, *L'objet* (c. m.), une histoire fantaisiste qui se termine par une gigantesque tarte à la crème. Le court métrage obtient un prix Gémeaux. Ensemble, ils scénarisent encore le premier des « Contes pour tous », *La guerre des tuques* (A. Melançon, 1984), qui raconte l'histoire de deux groupes d'enfants qui se disputent un château de neige. Ce film amène Patenaude à se spécialiser dans le casting d'enfants, fonction qu'elle occupe notamment pour quelques « Contes pour tous ». Elle étend son activité de directrice de casting aux adolescents et aux adultes, puis revient à l'enseignement et s'éloigne du cinéma. (M. C.)

**PATRY, Pierre,** réalisateur, scénariste, producteur (Hull, 1933). Après des études classiques, il se tourne vers la radio et le théâtre. Il met en scène plus de quarante spectacles, dont, en 1960, une pièce du producteur Jacques Bobet. Il est membre fondateur de l'Association canadienne du théâtre amateur. En mai 1957, alors qu'on renforce l'équipe française pour répondre aux besoins de la télévision, il entre à l'ONF à titre d'assistant réalisateur. Il réalise rapidement son premier film, *La roulotte* (1957, c. m.), pour la série « Passe-Partout ». Il travaille ensuite à la série « Profils et paysages » pour laquelle il assure la réalisation de deux films. *Germaine Guèvremont, romancière* (1959, c. m.) est un portrait classique d'écrivain dont les qualités cinématographiques sont appréciables, tandis que les deux parties de *Chanoine Lionel Groulx, historien* (1960, m. m.) tâchent de concilier des objectifs divergents : évoquer la vie de l'homme par son témoignage et rappeler ses thèses, sans parler de leurs éléments nationalistes, qui peuvent faire litige dans un organisme fédéral. Patry y adopte une attitude prudente mais sympathique. Avec *Les petites sœurs* (1959, c. m.), il obtient la reconnaissance tout en évitant les controverses religieuses. Comme Diane Létourneau plus tard dans *Les servantes du bon Dieu* (1979), il est à l'écoute. Il tente de cerner un monde intérieur dans ses manifestations extérieures, et un sentiment d'authenticité se dégage de l'œuvre. Parmi les documentaires qu'il tourne par la suite (*Collège contemporain*, 1960, c. m. ; *Loisirs*, 1961, c. m.), on remarque surtout *Petit discours de la méthode* (coréal. C. Jutra, 1963, c. m.). À cette époque, Patry se montre davantage enclin à la fiction. Dans la série « Les artisans de notre histoire », il tourne un *Louis-Hippolyte Lafontaine* (1962, c. m.) fort honnête. Son *Il y eut un soir, il y eut un matin* (1964, m. m.), de la série « La femme hors du foyer », traduit une même approche traditionnelle de la fiction. Il participe aussi au tournage de *Luciano* (G. V. Baldi, 1962) dans le cadre de la collaboration entre l'ONF et l'Italie.

En 1963, ne croyant pas pouvoir mener ses projets à terme au sein de l'ONF, Patry quitte l'organisme et fonde Coopératio avec plusieurs techniciens de l'ONF. L'arrivée de la compagnie constitue un moment clé dans la renaissance de l'industrie du long métrage au Québec. Sa première réalisation, *Trouble-fête* (1964), se situe dans le milieu étudiant où, comme le dit la publicité du film, « La révolution tranquille est en marche ». Ce film controversé connaît un grand succès qui permet à Patry de réaliser d'autres films qui reprennent et amplifient le mélange de mélodrame, de symbolisme et de moralisme de ce premier film. *La corde au cou*, d'après un roman de Claude Jasmin, et *Caïn* (1965), d'après un roman inédit de Réal Giguère, sont ses dernières réalisations cinématographiques. Les films n'obtiennent pas le même succès que *Trouble-fête*. La critique est sévère. Elle reconnaît le courage du producteur Patry, mais est déçue par le réalisateur. Coopératio produit *Poussière sur la ville* (A. Lamothe, 1965), *Délivrez-nous du mal* (J.-C. Lord, 1965) et *Entre la mer et l'eau douce* (M. Brault, 1967), puis ferme boutique au moment où le gouvernement crée des structures pour appuyer l'industrie nationale. Amer, dégoûté de l'ONF et des fonctionnaires qui régissent le cinéma et qui « assassinent les initiatives privées », Patry quitte le cinéma pour travailler à la Maison des jeunes de Vaudreuil. Il produit tout de même *A Great Big Thing* (E. Till, 1967) et *Les co-*

*lombes* (J.-C. Lord, 1972). Au milieu des années 70, il se réoriente vers la télévision éducative. Il devient directeur du bureau de coopération extérieure de Télé-Université, un secteur de l'Université du Québec. Il prend sa retraite en 1995.

AUTRES FILMS : *Crossbredding for Profit* (1961, c. m.), *L'infirmière de nuit* (1966, c. m.), *Trois hommes au mille carré* (coréal. J. Kasma, 1966, c. m.), *Shapp for Governor* (coréal. M. Parker, 1966, c. m.). (P. V.)

**PATRY, Yvan,** réalisateur, producteur (Iroquois Falls, Ontario, 1948 – New York, États-Unis, 1999). C'est une émission présentée à Radio-Canada, *Les temps changent*, qui lui donne sa première chance. Il réalise un premier long métrage de fiction à l'ONF en 1969 : *Ainsi soient-ils*, essai sur les nouvelles mentalités culturelles issues de 1968. Au cours des années 70, il signe plusieurs documents audiovisuels d'animation pédagogique en tant que professeur-réalisateur au cégep Montmorency. Il contribue activement aux activités du Vidéographe en réalisant des vidéos sur des conflits ouvriers. Dans le même esprit, il dirige la réalisation d'un collectif militant, *On a raison de se révolter* (1974), qui regroupe notamment Bernard Lalonde, Roger Frappier, Guy Bergeron et André Gagnon. Militant marxiste-léniniste, on le retrouve à la revue de cinéma *Champ libre*, à l'organisme de distribution Cinéma d'information politique et derrière plusieurs publications de CQDC. Dès 1980, il séjourne à plusieurs reprises au Nicaragua où il filme dans des conditions de

*La part de Dieu, la part du diable* de Danièle Lacourse et Yvan Patry. (coll. RVCQ)

guerre et avec les moyens du bord. En 1982, il fonde Alter-Ciné, un collectif formé de cinéastes, de journalistes et de techniciens spécialisés dans le documentaire et le reportage international, travaillant en étroite collaboration avec des groupes de production et d'éducation du tiers-monde. Concevant le cinéma comme un instrument de conscientisation, Patry se tourne vers le documentaire politique de style direct, et se spécialise dans les questions centro-américaines. Avec la scénariste Danièle Lacourse*, il signe la série « Le choc des Amériques », sur la situation en Amérique centrale. En 1983, il reprend, dans *Nicaragua/Honduras : entre deux guerres* (coréal. D. Lacourse et J. Reiter), trois des huit épisodes de cette série. Deux ans plus tard, il signe *Nicaragua : la guerre sale* (coréal. D. Lacourse, 1985), portrait implacable de la guerre livrée par les Contras contre la population du Nicaragua. Ce film fait appel à une nouvelle technique vidéo, le Betacam. En 1987, Patry tourne une série de trois films intitulée « Eritrea and the Horn of Africa », dossier retraçant l'histoire et l'actualité du conflit qui oppose l'Érythrée à l'Éthiopie. Par la suite, concentrant son activité en Éthiopie, il produit et scénarise d'autres documentaires sur ce pays dont *Nuit et silence* (coréal. D. Lacourse, 1990, m. m.). Son attention se tourne ensuite vers l'Amérique centrale où il coréalise, avec Danièle Lacourse, *El Mozote : l'histoire muselée* (1994, m. m.), un documentaire sur le massacre de El Mozote, au Salvador. Le génocide du Rwanda est le sujet de *Chronique d'un génocide annoncé* (coréal. D. Lacourse, 1996). Ce documentaire, qui nécessite trois années de tournage, reconstitue le récit des préparatifs et de l'exécution du troublant génocide. Il reçoit plusieurs prix, notamment celui du meilleur long métrage documentaire du Festival Hot Docs. Patry produit aussi *Le temps des barbares* (J.-D. Lafond, 1999), une fable documentaire sur le pouvoir des images. Depuis quelques années, son travail s'oriente essentiellement vers la télédiffusion. (D. P. et É. P.)

**PAYEUR, Bernadette,** productrice (Laprairie, 1952). Œuvrant à l'ACPAV* depuis 1972, elle devient productrice en 1978 et, à ce titre, est associée à une vingtaine de films dont la *La femme de l'hôtel* (L. Pool, 1984), *Elvis Gratton* (1985), *Le party* (1989), *Octobre* (1994) et *Miracle à Memphis* (1999) de Pierre Falardeau, *Sortie 234* (1988, c. m.), *Lettre à mon père* (1991, c. m.) et *Cap Tourmente* (1993) de Michel Langlois, *La manière des Blancs* (1990, c. m.), *Ceux qui ont le pas léger meurent sans laisser de traces* (1992, m. m.), *L'instant et la patience* (1994, m. m.) et *La femme qui boit* (2000) de Bernard Émond, *Un miroir sur la scène* (J.-C. Coulbois, 1997) et *L'erreur boréale* (R. Desjardins et R. Monderie, 1999). (P. J. et M. S.)

**PELLETIER, Andrée,** actrice, réalisatrice, scénariste (Montréal, 1951). Elle est étudiante en histoire de l'art à l'UQÀM lorsque Gilles Carle la découvre chez Onyx Films où elle est venue auditionner pour un rôle de figurante dans la série *La feuille d'érable*. Sur le point de tourner *Les mâles* (1970), Carle lui propose d'incarner Rita Sauvage, sorte d'Ève universelle, candidement impudique, plus fantasme que personnage. Suivent quelques films peu marquants : *Mustang* (M. Lefebvre et Y. Gélinas, 1975), *Born for Hell* (D. Héroux, 1975) et *East End Hustle* (F. Vitale, 1976). Puis, elle interprète avec sensibilité une banlieusarde désœuvrée séduite par son *Homme à tout faire* (M. Lanctôt, 1980), mais incapable de quitter son mari pourvoyeur. D'ailleurs, l'indécision, la douceur et la vulnérabilité sur une note tantôt dramatique (l'Israélienne battue par son mari dans *Tell Me That You Love Me*, T. Trope, 1983), tantôt légère (la vieille fille timide dans *Bach et Bottine*, A. Melançon, 1986), caractérisent la plupart des rôles que tient Pelletier. Après *Bach et Bottine*, on la revoit dans des films destinés aux jeunes, *Vincent and Me* (M. Rubbo, 1990) et *Matusalem* (R. Cantin, 1993). Depuis 1980, elle est scénariste aussi bien pour le cinéma (*The Peanut Butter Solution*, M. Rubbo, 1985; *Karmina*, G. Pelletier, 1996; *Ladies Room*, G. Cristiani, 1999) que pour la télévision (*Mount Royal*, 1988; *Blanche*, 1993). Elle tient le premier rôle, celui d'une femme qui part à la recherche de sa mère naturelle, dans *Nénette* (A. Melançon, 1991), téléfilm dont elle est coscénariste. En 1990, Pelletier réalise un premier film, *Petit drame dans la vie d'une femme* (c. m.), comédie qui fait flèche de tout bois en abordant le thème de la puberté féminine à l'époque du féminisme. Elle est la fille de la scénariste Alec Pelletier (*Le festin des morts*, F. Dansereau, 1965) et du journaliste et politicien Gérard Pelletier.

PRINCIPAUX AUTRES FILMS COMME ACTRICE : *Onzième spéciale* (M. Lanctôt, 1988), *Les tisserands du pouvoir* (C. Fournier, 1988, deux longs métrages), *Les noces de papier* (M. Brault, 1989), *Smoked Lizard Lips* (M. B. Duggan, 1991), *Solo* (P. Baillargeon, 1991). (M.-C. A. et M. C.)

**PELLETIER, Gabriel,** scénariste, réalisateur (Montréal, 1958). Après des études en production cinématographique à l'Université Concordia à Montréal, il fait une maîtrise en Beaux-Arts à la University of Southern California. Réalisateur d'une douzaine de vidéoclips et de messages publicitaires, il fait d'abord carrière à la télévision pour laquelle il tourne notamment des téléfilms à suspense coproduits avec la France (*Shadows of the Past*, 1991; *Meurtre en musique*, 1993). En 1992, il réalise son premier long métrage, *L'automne sauvage*, coscénarisé avec Bob Girardi, un film d'action grand public qui épouse la cause amérindienne sur fond de sombres intrigues policières et de pratiques industrielles. Le peu d'enthousiasme qu'il soulève tant dans la presse qu'auprès du public ramène Pelletier dans le giron de la télévision qui lui permet de s'attaquer à d'imposantes séries dramatiques comme *Sirens*, *Réseaux et The Secret Adventures of Jules Verne* dont il signe plusieurs épisodes. Il revient au long métrage avec *Karmina* (1996), une comédie fantastique aux accents loufoques qui raconte les tribulations d'une jolie vampire transylvanienne fraîchement débarquée à Montréal. Le traitement parodique, soutenu par des effets spéciaux et des maquillages réussis, et surtout les dialogues absurdes signés par l'humoriste et acteur Yves Pelletier, assurent un certain retentissement à cette farce dans la veine de la comédie satirique québécoise. Pelletier, qui y fait preuve d'un savoir-faire technique évident, y affirme son penchant pour un cinéma de divertissement sans prétention. Le film remporte quelques prix. Pratiquant un cinéma résolument de genre, il tourne *La vie après l'amour* (2000), une comédie de mœurs mettant en vedette Michel Côté, d'après un scénario de Ken Scott. (B. B.)

**PELLETIER, Gilles,** acteur (Saint-Jovite, 1925). Personnalité forte du théâtre québécois et homme très actif dans son milieu, il dirige pendant des années la Nouvelle Compagnie théâtrale, installée aujourd'hui dans un théâtre qui porte le nom de sa sœur, la comédienne Denise Pelletier (*À la croisée des chemins*, J.-M. Poitevin, 1943 ; *Tit-Coq*, R. Delacroix et G. Gélinas, 1952 ; *Night Cap*, A. Forcier, 1974, m. m. ; *Bingo*, J.-C. Lord, 1976). Pelletier joue dans plusieurs téléséries, notamment *Cap-aux-sorciers* de Guy Dufresne et *L'héritage* de Victor-Lévy Beaulieu pour lesquels il crée des personnages (le capitaine Aubert, Xavier Galarneau) qui restent dans les mémoires. Au cinéma, sa carrière, qui débute avec *The 13th Letter* (O. Preminger, 1951), s'étend sur une cinquantaine d'années, de son rôle de vicaire dans *I Confess* (A. Hitchcock, 1953) à celui, inoubliable, du père Leclerc, défenseur de l'orthodoxie qui n'ignore pas que la chair est faible dans *Jésus de Montréal* (D. Arcand, 1989), en passant par celui d'un curé dans *Poussière sur la ville* (A. Lamothe, 1965) puis celui d'aumônier dans un hôpital dans *You Can Thank Me Later* (S. Dotan, 1998). Non seulement il est le narrateur de quelques films des années 50 et 60, dont *Normétal* (G. Groulx, 1959, c. m.) et *Chanoine Lionel Groulx, historien* (P. Patry, 1959, m. m.), mais il joue aussi dans *La terre à boire* (J.-P. Bernier, 1964) où il est le père du personnage interprété par Geneviève Bujold. Puis, on le revoit en médecin dans *Les vautours* (J.-C. Labrecque, 1975) et en activiste manipulateur dans *Bingo* (J.-C. Lord, 1976). Il tient le rôle-titre de *Gapi* (P. Blouin, 1982), téléfilm tiré d'une pièce d'Antonine Maillet où, très à l'aise avec l'accent acadien, il tire parti de son image d'homme de la mer et de sa stature imposante. Par la suite, Pelletier est tour à tour un grand-père attentionné dans *The Great Land of Small* (V. Jasny, 1987), un habile conteur dans *Le bonheur et Rita-Rose-en-talle* (J.-F. Pothier, 1988, c. m.), l'écrivain Louis Fréchette dans *Nelligan* (R. Favreau, 1991), un vieux roi coupé de la réalité dans *La bague* (T. Wormser, 1998, m. m.) et, surtout, un vieil homme émouvant confronté à la mort de son fils dans *Portion d'éternité* (R. Favreau, 1989). (M. C.)

**PELLETIER, Victorin** (dit **Vic**), producteur, réalisateur (Sainte-Anne-des-Monts, 1948). Il est, avec Alban Arsenault, un des rares cinéastes gaspésiens à être resté actif dans sa région dans les années 80. Contrairement à plusieurs cinéastes régionaux des années 70, il réussit à y maintenir une structure de production. Son premier film, *Ce que gens pensent* (1976, c. m.), est un documentaire sur un symposium de sculpture tenu à Matane. Son film suivant, *Les bûcheronnes* (1978, c. m.), aborde la coupe du bois en forêt de manière peu conventionnelle en donnant la parole à deux femmes vivant de ce travail. *Une saison aux lots renversés* (1980, m. m.) tente de décrire, par le moyen de la fiction, la dure réinsertion d'un jeune homme dans son milieu d'origine. Face à la difficulté de produire des films en région, Pelletier a, le plus souvent, travaillé en vidéo et pour la télévision, tournant des documents corporatifs et des séries pour la télévision (*Montagne*, 1993-1995 ; *Nunavik*, 1997 ; *Îles d'inspiration*, 1998 ; *La douce folie de l'aventure*, 1999). (A. B.)

**PERLMAN, Janet,** animatrice, réalisatrice (Montréal, 1954). En 1970, elle se rend en Suisse pour y étudier la photographie, l'art dramatique, le cinéma, la peinture et la littérature à l'institut Montesano. Revenue au pays, elle s'inscrit à l'École des beaux-arts où elle acquiert sa formation en animation. Encore étudiante, elle réalise trois films. Elle fait ses débuts à l'ONF en 1973 avec deux films éclair sur le multiculturalisme et, en 1976, réalise *Lady Fishbourne's Complete Guide to Better Table Manners* (c. m.). Puis, elle illustre deux poèmes, *The Bulge* et *From the Hazel Bough* (1977, t. c. m.) pour la série « Poets on Films ». Alliant son talent d'humoriste à celui de Derek Lamb, elle coréalise *Why Me?* (1978, c. m.). Par ailleurs, elle a à son crédit plusieurs séries d'intérêt public dont « Man of Might Nutrition Clips » (1979, huit t. c. m.). En 1981, elle exerce de nouveau son sens du comique et produit *The Tender Tale of Cinderella Penguin* (c. m.), version hautement fantaisiste du conte classique de *Cendrillon.* Une trentaine de prix couronnent l'ensemble de ses films. Elle travaille aux États-Unis, notamment pour *Sesame Street* et la chaîne Home Box Office, et collabore à *The Soldier's Tale* (R. O. Bleckman, 1984). Elle prend également part au film collectif *Anijam* (1984), produit par Marv Newland. En 1983, elle forme avec Derek Lamb une maison de production, Lamb Perlman Productions. Elle dirige plusieurs films publicitaires et industriels. En 1989, Perlman publie un roman illustré : *Penguins Behind Bars.* Elle signe ensuite un film indépendant, *My Favorite Things That I Love* (1994, c. m.), remarquable par son humour et son esthétisme évoquant la confiserie. En 1996, elle collabore de nouveau avec l'ONF pour y réaliser *Dinner for Two* (c. m.). Destinée aux enfants, cette animation, l'histoire d'une querelle entre deux caméléons, traite du conflit avec humour sans sombrer dans le moralisme. Le film remporte une douzaine de prix. (L. B. et M. J.)

**PERRAULT, Pierre,** réalisateur (Montréal, 1927 – 1999). Après ses études, il pratique le droit jusqu'en 1956. D'abord homme de radio, il réalise plusieurs séries à Radio-Canada : *Au pays de Neufve-France, Chronique de terre et de mer, Le chant des hommes, Destination inconnue, J'habite une ville.* Ces émissions le mettent en contact avec des réalités et des gens qu'il a bientôt envie d'enregistrer sur film. En collaboration avec René Bonnière, il signe une série de treize émissions de télé, *Au pays de Neufve-France* (1959-1960). Certains de ces films se déroulent sur la Côte-Nord, d'autres à l'île aux Coudres. Il installe dès ses débuts plusieurs données — des lieux, des personnages, une thématique — déterminantes pour son œuvre cinématographique. En 1962, l'ONF lui propose de tourner un long métrage sur les habitants de l'île aux Coudres : ce sera *Pour la suite du monde* (1963). Coréalisé avec Michel Brault, ce film donne la parole aux Tremblay et aux Harvey, qui sont pour Perrault des figures de l'authenticité québécoise. Le filmage est subordonné à l'expression de leur parole, ce qui est particulièrement évident dans ce qui constitue le point nodal du film, la « pêche à marsouin ». Cette occupation traditionnelle, reprise à l'initiative des cinéastes, après plusieurs années d'abandon, est un exemple parfait de l'approche paradoxale qu'a Perrault du direct. Comme Flaherty, il filme de l'intérieur une situation qu'il a lui-même provoquée. Les paroles et les gestes filmés par Perrault ont, comme toujours par la suite, une portée symbolique. En proposant un trait d'union entre la civilisation traditionnelle et le présent, le cinéaste redonne racine et voix à un peuple dépossédé, qui avait néanmoins laissé partout des traces de sa singulière poésie : les récits des pêches traditionnelles sur le fleuve, les « voitures d'eau », etc. Le direct, particulièrement celui de Perrault, s'inscrit au cœur de la résurgence du nationalisme québécois. Le cinéaste prolonge sa réflexion dans ses deux films suivants, *Le règne du jour* (1966) et *Les voitures d'eau* (1968), et complète ainsi sa trilogie de l'île aux Coudres. Le premier aborde la quête des origines à travers le voyage des Tremblay au pays de leurs ancêtres, la France, tandis que le second interroge les perspectives d'avenir en parlant de la construction des goélettes de bois.

Cinéaste et poète (*Portulan*, 1961 ; *Toutes Isles*, 1963 ; *Chouennes*, 1975) à la conscience nationale vive, Perrault délaisse temporairement le lyrisme pour aborder deux sujets politiques d'une grande actualité : le séparatisme québécois (*Un pays sans bon sens !*, 1970) et l'affirmation des Acadiens (*L'Acadie l'Acadie ?!?*, coréal. M. Brault, 1971). Si le premier film est dans la lignée du travail de Perrault et se fait l'écho direct du discours du Parti québécois, le second fait exception, car l'événement (un soulèvement étudiant à l'Université de Moncton), n'est pas provoqué par les cinéastes. Pour ce film où le direct est mis à contribution de manière exemplaire, l'équipe de réalisation réagit à l'actualité avec empathie, vitalité et un grand souci de l'éthique. Perrault entreprend ensuite deux cycles, concurremment, l'un sur l'Abitibi, l'autre sur les Amérindiens. Ces cycles constituent l'essentiel de sa production dans les années 70. Le premier veut interroger le passé et le présent de l'Abitibi, faire le procès de la colonisation et des promesses qu'elle a fait miroiter. Dans *Un royaume vous attend* (coréal. B. Gosselin, 1975), Perrault se centre d'abord sur Hauris Lalancette, personnage haut en couleur mais qui n'a ni le charisme ni la dimension emblématique d'Alexis Tremblay. Lalancette parle de l'homme en mal de royaume, du royaume dont les Québécois sont

Pierre Perrault. (François Brunelle, coll. ACPQ)

évincés et de la décolonisation dont il est toujours question au pays de la colonisation. Dans son film suivant, *Le retour à la terre* (1976, m. m.), Perrault développe son point de vue en confrontant le discours d'*En pays neufs* (M. Proulx*, 1937) avec celui énoncé quarante ans plus tard par Lalancette. Puis, le réalisateur veut retrouver la magie du *Règne du jour* en amenant son héros en France dans *C'était un Québécois en Bretagne, Madame !* (1977, m. m.). Mais le parallèle entre ces deux « pays » abandonnés, l'Abitibi et la Bretagne, masque mal le côté artificiel des mises en situation qui sentent le procédé. Perrault clôt le cycle abitibien avec un poème politique, *Gens d'Abitibi* (coréal. B. Gosselin, 1979), et lui donne ainsi une portée contemporaine plus grande, tout en conférant de l'envergure à son héros. En présentant le politicien Lalancette, ex-créditiste et candidat péquiste défait en 1973, en faisant entendre ses envolées oratoires qui conviennent si bien au cinéma de la parole qu'il pratique, Perrault retrouve le ton d'*Un pays sans bon sens!* et articule un plaidoyer passionné à la défense d'un pays spolié. Au moment de sa sortie, en période préréférendaire, le film prend une saveur nationaliste évidente. D'ailleurs, l'ONF empêche, puis limite sa diffusion.

Le cycle amérindien, qui compte moins de films, se révèle tout aussi important dans l'œuvre du cinéaste. La thématique amérindienne est d'ailleurs déjà présente dans deux films d'« Au pays de Neufve-France ». Le sujet est délicat : l'effet de la civilisation blanche sur les Montagnais. Dans *Le goût de la farine* (coréal. B. Gosselin, 1977), Perrault montre les effets négatifs, tragiques, de la présence blanche sur la société amérindienne. Poète d'un Québec dépossédé, le cinéaste se retrouve cette fois du côté des dépossesseurs, des génocides. Il tente d'ailleurs d'expliquer cette situation paradoxale dans un livre, *Discours sur la condition sauvage et québécoise* (Lidec, 1977). Face à un dilemme, piégé par le potentiel « réactionnaire » de certaines de ses images (détresse, beuveries), Perrault tâche d'en sortir en produisant un film de facture complexe et contradictoire, *Le pays de la terre sans arbre ou le Mouchouânipi* (1980), et en proposant une meilleure écoute de la culture amérindienne. Ce voyage mythique inspire manifestement le cinéaste et son opérateur Bernard Gosselin*, qui donnent certaines des plus belles images qu'ils aient tournées.

Abandonnant la problématique amérindienne, Perrault s'associe à un nouvel opérateur, Martin Leclerc*, et filme ensuite une partie de chasse chez les Blancs. Malgré l'apparente hétérodoxie du film dans son œuvre, *La bête lumineuse* (1982) y appartient d'emblée. Le thème de la nourriture — et des paradigmes qui s'y rattachent : chasse, terre, nature, coutumes, survie —, central dans l'œuvre de Perrault, renvoie directement à celui de la culture. En introduisant pour la première fois dans ses mises en situation un poète « en titre », Stéphane Albert Boulais, Perrault met en relief la portée dionysiaque de l'événement qu'il filme, où nourritures terrestres et poésie se complètent, et explique par le fait même la position et le rôle de cet « être de parole » qu'est le poète dans la société. Dans ce film, qui se déroule en grande partie dans un camp de chasse de la région de Maniwaki, Perrault profite de l'isolement de ses personnages pour aller plus avant dans son exploration des rapports des hommes entre eux et, de manière sous-jacente, dans la critique des rituels masculins.

Il poursuit en se mesurant au fleuve Saint-Laurent, qu'il aborde comme un grand poème écrit par ceux qui en prennent possession depuis 450 ans, particulièrement les marins. Sur les traces de Jacques Cartier, déjà évoqué au temps de l'île aux Coudres, il met à contribution aussi bien Boulais que le fils Tremblay et retourne en France pour la troisième fois, confrontant de nouveau Français et Québécois. *Les voiles bas et en travers* (1984, m. m.) amorce cette quête. Œuvre de circonstance précédant les célébrations du 450$^{e}$ anniversaire de la découverte du Canada par Cartier, le film s'interroge sur les liens qui rattachent le célèbre Malouin au Nouveau Monde et à la France. Perrault développe ce projet dans *La grande allure* (1985), en reconstituant une traversée de l'Atlantique en voilier, inspirée par le journal de Cartier. Sont notamment du voyage : le poète Michel Garneau et le philosophe Michel Serres. Imposant discours sur les traces de ce qui constitue le berceau de la nation québécoise et du pays à revendiquer, le film reprend et synthétise les approches et les thèmes du cinéaste. Poursuivant son inventaire du pays, Perrault tourne ensuite, dans le Grand Nord québécois, un film poème sur le bœuf musqué, *L'oumigmag ou l'objectif documentaire* (1993, c. m.) qu'il fait suivre d'un autre film sur le même sujet, *Cornouailles* (1994, m. m.). Ces films marquent une rupture par le fait que Perrault ne focalise plus son attention sur l'être humain (tout en indiquant, en contrepartie, toute la place que tiennent l'animal, la nature et la géographie dans son œuvre) et qu'il prend maintenant la parole dans le commentaire. Le premier film devient même un essai sur le documentaire et l'action de filmer, tandis que le second retrouve la rhétorique poétique de son œuvre écrite. Le dernier royaume qu'analyse le cinéaste tourne le dos aux empires qui bornent le Québec et parle symptomatiquement de survivance dans un environnement hostile. Perrault redit avec force, dans ces derniers films, la singularité du peuple et de la terre auxquels il a dédié son travail. De plus, il se place lui-même en tant que bête lumineuse dans la ligne de mire de sa caméra ; il confirme ainsi la dimension autoréflexive de son œuvre écrite et filmée.

Cinéaste de la parole, qui met de l'avant l'objectivité de la scène filmée, maître du direct, Perrault dépasse le réalisme par des mises en situation — certains diraient sa fictionnalisation du direct — et un montage qui composent un univers singulier, dicté par une écriture personnelle et une pensée politique engagée. À travers l'imaginaire et la parole d'autrui, il impose sa propre vision du monde. Il interroge certains mythes québécois, en propose des variantes nouvelles, sans craindre l'ambiguïté ni la controverse. Son goût du superlatif l'entraîne naturellement sur cette voie. Son œuvre cinématographique est intimement liée à son travail d'écrivain. De nombreuses études, au Québec et en France, lui sont consacrées et confirme la place qu'il occupe dans le cinéma québécois. Jean-Daniel Lafond lui dédie un long métrage, *Les traces du rêve* (1986), et en tire un livre. L'Université Laval lui décerne un doctorat honorifique en 1986 et il reçoit l'Ordre national du Québec en 1998.

FILMS : *Au pays de Neufve-France* (coréal. R. Bonnière, 1959-1960, 13 c. m.), *Pour la suite du monde* (coréal, M. Brault, 1963), *Le règne du jour* (1966), *Les voitures d'eau* (1968), *Le beau plaisir* (coréal. B. Gosselin et M. Brault, 1968, c. m.), *Un pays sans bon sens!* (1970), *L'Acadie l'Acadie?!?* (coréal. M. Brault, 1971), *Tickets, svp* (1973, c. m.), *Un royaume vous attend* (coréal. B. Gosselin, 1975), *Le retour à la terre* (1976, m. m.), *C'était un Québécois en Bretagne, Madame!* (1977, m. m.), *Le goût de la farine* (coréal. B. Gosselin, 1977), *Gens d'Abitibi* (coréal. B. Gosselin, 1979), *Le pays de la terre sans arbre ou le Mouchouânipi* (1980), *La bête lumineuse* (1982), *Les voiles bas et en travers* (1984, m. m.), *La grande allure* (1985), *La toundra* (1992), *L'oumigmag ou l'objectif documentaire* (1993, c. m.), *Cornouailles* (1994, m. m.).

BIBLIOGRAPHIE : PERRAULT, Pierre, *Le règne du jour*, Lidec, Montréal, 1968 • PERRAULT, Pierre, *Les voitures d'eau*, Lidec, Montréal, 1969 • *Pierre Perrault*, Conseil québécois pour la diffusion du cinéma, Montréal, 1971 • PERRAULT, Pierre, *Un pays sans bon sens!*, Lidec, Montréal, 1972 • LACROIX, Yves, *Poète de la parole; Pierre Perrault*, mémoire déposé à l'Université de Montréal, 1972 • BRÛLÉ, Michel, *Pierre Perrault ou un cinéma national*, Presses de l'Université de Montréal, Montréal, 1974 • WAUGH, Tom, *To Wake the Heart and the Will : Pierre Perrault and the Cinéma-Direct in Québec, 1956-1971*, thèse, Columbia University, 1974 • BOUTHILLIER-LÉVESQUE, Jeannine, *Quand l'idéologie se fait utopie pour la suite du monde : une analyse sociologique de l'œuvre de Pierre Perrault*, mémoire déposé à l'Université de Paris, 1975 • BÉRUBÉ-TRUDEL, Suzanne, *Analyse sémiotique d'un genre cinématographique :* Un pays sans bon sens! *de Pierre Perrault*, mémoire déposé à l'Université de Montréal, 1979 • PERRAULT, Pierre, *Caméramages*, Édilig, Paris, 1983 • *Écritures de Pierre Perrault*, Cinémathèque québécoise, Montréal, 1983 • DORLAND, Michael, Seth FELDMAN et Pierre VÉRONNEAU, *Dialogue, cinéma canadien et québécois*, Cinémathèque québécoise/Médiatexte, Montréal, 1986 • PERRAULT, Pierre, *La grande allure*, l'Hexagone, Montréal, 1989, deux tomes • SAVARD, Céline et James LAMBERT, *Répertoire numérique détaillé du Fonds Pierre Perrault*, division des archives de l'Université Laval, 1994 • PERRAULT, Pierre, *L'oumigmatique ou l'objectif documentaire*, l'Hexagone, Montréal, 1995 • WARREN, Paul, *Cinéaste de la parole*, l'Hexagone, Montréal, 1996 • PERRAULT, Pierre, *Le mal du Nord*, Vents d'Ouest, Hull, 1999 • WARREN, Paul (dir.), *Pierre Perrault, cinéaste-poète*, l'Hexagone, Montréal, 1999.

VIDÉOGRAPHIE : *L'œuvre de Pierre Perrault*, 5 coffrets, collection « Mémoire », Office national du film du Canada, 1999. (P. V.)

**PERRON, Clément,** réalisateur, producteur, scénariste (East-Brompton, 1929 – Pointe-Claire, 1999). Il passe sa jeunesse en Beauce, puis fait des études classiques à Québec, chez les jésuites, avant d'obtenir une licence en lettres et en philosophie à l'Université Laval. De 1955 à 1957, il se rend en France (Poitiers, Sorbonne) où il poursuit des études littéraires et cinématographiques à l'Institut de filmologie. Il entre à l'ONF en 1957, à titre de scénariste, fonction qui lui vaut ses heures de gloire avec *Mon oncle Antoine* (C. Jutra, 1971). Personnalité forte, homme de plume et de parole éloquentes, il est de la vague de fond autonomiste qui marque la production française un peu avant 1964; il prépare en coulisses la fondation du Comité du programme, qui assurera la libre création et l'appropriation par les cinéastes de la gestion de leurs films plutôt que de la laisser entre les mains de la seule administration. Il est membre fondateur de l'APC (1964) et, quatre ans plus tard, du SGCT-ONF. Dès 1960, il aborde la réalisation avec *Georges-P. Vanier, soldat, diplomate, gouverneur général* (c. m.). Mais, c'est avec *Jour après jour* (1962, c. m.), où il expose les conditions des travailleurs dans l'industrie du papier, qu'il se fait remarquer. Il poursuit avec des films comme *Caroline* (coréal. Georges Dufaux, 1964, c. m.), où une jeune femme s'interroge sur sa vie, et *C'est pas la faute à Jacques Cartier* (coréal. Georges Dufaux, 1967), rare comédie de long métrage sortie de l'ONF à cette époque. Le spectateur y est témoin des mésaventures d'un groupe de touristes américains accompagnés dans leur visite du Québec par un guide fantaisiste. De 1967 à 1969, il agit à titre de producteur pour *Les Acadiens de la dispersion* (L. Forest, 1967), *Mon amie Pierrette* (J. P. Lefebvre, 1967), *Jusqu'au cœur* (J. P. Lefebvre, 1968) et *Kid Sentiment* (J. Godbout, 1967), dont il va jusqu'à interrompre le tournage, histoire de replacer tous les éléments dans une perspective qui devrait mieux servir le film. Producteur, il est exigeant, directeur du Comité du programme (de 1975 à 1978 et de 1980 à 1982), il ne l'est pas moins. Après avoir signé le scénario de *Mon oncle Antoine*, il enchaîne avec celui de deux autres longs métrages : *Stop* (J. Beaudin, 1971) et *Les smattes* (J.-C. Labrecque, 1972). En 1973, Perron réalise un premier long métrage de fiction, *Taureau*, sur son propre scénario, puis, deux ans plus tard, *Partis pour la gloire*. Les deux films se situent dans le milieu rural de la Beauce. Le premier est centré sur une famille qui subit les foudres et la persécution des villageois, tandis que le second raconte la résistance à la conscription à l'époque de la Seconde Guerre mondiale. En 1980, Perron revient à la réalisation avec un documentaire, *Fermont, P.Q.* (coréal. M. Fortier). Par la suite, il se rend dans l'Ouest canadien pour prêter main-forte à la production française hors Québec. C'est ainsi qu'il signe le scénario du *Vieillard et l'enfant* (C. Grenier, 1985, m. m.), d'après une nouvelle de Gabrielle Roy. En 1986, il quitte l'ONF et poursuit son travail de scénariste dans l'industrie privée, écrivant, notamment, *C'est ton droit* (quatre émissions pour TVO), *Le marchand de jouets* (P. Tana, 1989, m. m.), d'après une nouvelle de Naïm Kattan et la série *René Lévesque*, objet de nombreuses critiques.

AUTRES FILMS COMME RÉALISATEUR : *Loisirs* (coréal. P. Patry, 1961, c. m.), *Les bacheliers de la cinquième* (coréal. F. Séguillon, 1961, c. m.), *Marie-Victorin* (1963, c. m.), *Salut Toronto* (1965, c. m.), *Cinéma et réalité* (coréal. Georges Dufaux, 1967, m. m.). (A. D.)

**PETEL, Pierre,** réalisateur, musicien (Montréal, 1920 — 1999). Peintre de formation, cet artiste polyvalent entre à l'ONF en décembre 1944, au moment de la deuxième vague de recrutement de francophones. Il est affecté à la série « Les reportages » dont il réalise deux épisodes : *École de la victoire* (1945, c. m.) et *Les fraises de l'Île d'Orléans* (1945, c. m.). La fiction documentaire *École n° 8* (1946, c. m.), sortie en version écourtée sous le titre *Conte de mon village*, se démarque du conservatisme duplessiste par la façon dont le cinéaste parle des écoles rurales et des dures conditions de travail des institutrices. *Vieux métiers, jeunes gens* (1947, c. m.), dont la version courte s'intitule *La « belle ouvrage »*, le ramène à l'École du meuble où il a été formé. Il joue un rôle important dans la production de « Vigie », une série de films spécifiquement québécois que l'ONF destine aux salles. Il y tourne *Au parc Lafontaine* (1947, c. m.), *Promesses* (1948, c. m.), *Gala artistique* (1949, c. m.) et *La terre de Caïn* (1949, c. m.). *Au parc Lafontaine* se distingue par l'absence de commentaire — remplacé par une chanson de l'auteur — et la romance amoureuse qui sert de liaison aux images documentaires, tandis que dans *La terre de Caïn* on remarque l'utilisation d'un commentaire poétique aux multiples narrateurs dont les voix s'harmonisent à une bande musicale exceptionnelle. Ces deux exemples traduisent autant une volonté d'affirmation culturelle et nationale (dans un environnement anglophone), qu'un souci d'expression personnelle. Après un film banal sur les courses sous harnais, *Silk and Sulkies* (1950), Petel quitte l'ONF et le cinéma. Il n'aura fait, entre-temps, que la musique et les chansons des *Lumières de ma ville* (J.-Y. Bigras, 1950). En 1957, lors de « l'affaire ONF », on le cite en exemple pour évoquer les persécutions dont sont victimes les francophones de la part des anglophones. Après un séjour comme réalisateur d'émissions de variétés à Radio-Canada (*Toi et moi, Café des artistes*), il crée une compagnie, Hudson Production, puis travaille pendant dix ans pour des agences de publicité dans le domaine de la radio et de la télévision. En 1963, il revient à Radio-Canada où il occupe divers postes de direction. Aussi écrivain, il publie des poèmes ainsi qu'un ouvrage sur les vins. (P. V.)

**PETTIGREW, Jacques,** producteur, réalisateur (L'Isle-Verte, 1949). Il débute comme assistant monteur, devient cameraman à CTV et à Télé-Métropole de 1971 à 1973, puis cinéaste à Radio-Canada de 1973 à 1979. À cette époque, il réalise également quelques films industriels et éducatifs, ainsi qu'un court métrage sur la bande dessinée québécoise, *BD* (1976). Il fonde Ciné-Groupe en 1979. Sa compagnie offre des services techniques de production et de postproduction. Il produit et réalise, avec Marie-Ève Thibault, un film sur l'expédition du voilier J. E. Bernier II : *Cap au nord* (1979). Ciné-Groupe produit notamment *Piwi* (J.-C. Lauzon, 1981, c. m.), *Rien qu'un jeu* (B. Sauriol, 1983), *Jean-du-Sud autour du monde* (Y. Gélinas, 1984), gagnant de nombreux prix, notamment à La Rochelle, Toulon, Turin et Rome, *Le secret de Jérôme* (P. Comeau, 1994), des films industriels et d'animation, en plus de participer à des coproductions internationales (*David Copperfield*, D. Arioli, 1993) et des téléséries (*L'aventure de l'écriture*, 1989-1997). Ciné-Groupe est la première maison d'animation traditionnelle et infographique au Québec. On y réalise un long métrage combinant l'animation de marionnettes et la prise de vues réelle, *Bino Fabule* (R. Lombaerts. A. Roussil et R. Taillon, 1988), coproduit avec la Belgique et la France, et des séries en animation en coproduction, *La bande à Ovide, Sharky et George, Spirou* et *Les oursons volants*. (M.-J. R.)

**PICARD, Béatrice,** actrice (Montréal, 1929). Elle débute sur les planches en 1948 et y mène, depuis, une carrière fructueuse. On la retrouve également à la télévision, notamment dans *Le survenant* (1954-1957) et *Cré Basile* (1964-1969). À partir de 1958, se succèdent plusieurs petits rôles au cinéma, entre autres dans *Les 90 jours* (L. Portugais, 1958), *L'initiation* (D. Héroux, 1970), *Taureau* (C. Perron, 1973) et *Il était une fois dans l'Est* (A. Brassard, 1973). *Le sourd dans la ville* (M. Dansereau, 1987) lui offre un personnage plus complexe mais presque muet, celui d'une bourgeoise vieillissante que son mari a quittée. François Girard lui propose ensuite deux petits rôles dans *Mourir* (1988, c. m.) et *Cargo* (1990). En 1996, elle tient le rôle de la syndicaliste Donalda Charron dans *Les filles aux allumettes* (P. Henriquez, m. m.). Picard peut passer avec aisance de la comédie légère au drame le plus noir. Elle est la fille du pionnier de la distribution cinématographique, Wilfrid Picard, projectionniste ambulant dès 1905. (J. P.)

**PICARD, Luc,** acteur (Lachine, 1961). Habitué des planches, Picard, formé au Conservatoire d'art dramatique, devient populaire auprès du public québécois grâce à ses rôles d'agent double puis de pêcheur dans les séries *Omertà, la loi du silence* et *L'ombre de l'épervier*, ce qui consolide sa carrière cinématographique. Quoique remarqué dans *Les sauf-conduits* (M. Briand, 1991, m. m.), où il tient le rôle de garçon amoureux d'un ami qui ne l'aime pas et pour lequel il remporte le prix

Luc Picard. (Véro Boncompagni)

Luce-Guilbeault, il met du temps à s'affirmer au cinéma. Sourire nerveux, regard pensif, visage tendu, il multiplie les petits rôles, interprétant souvent des hommes rejetés ou soumis. Il est tour à tour un membre effacé du cercle auquel se joint Émile Nelligan dans *Nelligan* (R. Favreau, 1991), un amnésique aux allures de Pierrot lunaire dans *Le Vendredi de Jeanne Robinson* (Y. Dion, 1991, c. m.), un homme amoureux qui n'est pas payé de retour dans *Cap Tourmente* (M. Langlois, 1993), un mari qui ne verse pas toujours sa pension dans *Si belles* (J.-P. Gariépy, 1994), un psychologue amoureux incapable de remplacer un père transexuel dans *Le sexe des étoiles* (P. Baillargeon, 1993), un homme qui apporte des soins à domicile dans *Marie Dormante* (B. Santerre et G. Desautels, 1994, c. m.), un acteur au sang chaud dans *Erreur sur la personne* (G. Noël, 1995) et un vendeur de drogue dans *Remue-ménage* (P. Thinel, 1995, m. m.). *Doublures* (M. Murray, 1993) lui offre la possibilité de défendre plus qu'un premier rôle, mais toutes les facettes, contradictoires, complémentaires, d'un homme. Tablant sur l'image de dur tourmenté véhiculée par *Omertà, la loi du silence*, Richard Ciupka lui confie le premier rôle dans *Le dernier souffle* (1999), celui d'un policier abandonné par sa femme qui cherche à faire la lumière sur le meurtre de son frère et doit se mesurer à la justice américaine. Picard tourne ensuite dans une coproduction franco-canadienne, *En vacances* (Y. Hanchar, 2000). Sa collaboration avec Pierre Falardeau l'entraîne, outre l'Elvis fugitif qu'il joue dans *Miracle à Memphis* (1999), sur le terrain politique, terroriste sous tension dans *Octobre* (1994), puis Chevalier de Lorimier condamné à la pendaison dans *15 février 1839* (2000). (M. C.)

**PIERSON, Claude,** réalisateur, producteur (Paris, France, 1932). Dès 1965, il profite du premier accord de coproduction signé avec la France (1963) pour réaliser *Ils sont nus*, sa seule coproduction officielle qui, comme tous ses longs métrages, est tournée en France. La plupart de ses films ont des sujets érotiques. Des neuf films faits avec le Canada, Pierson en produit cinq. Sa femme, Huguette Boisvert, scénarise sept de ses films, dont une adaptation du marquis de Sade, *Justine* (1972), et une autre de *L'heptaméron* de Marguerite de Navarre, devenu à l'écran *Ah! si mon moine voulait...* (1973). Pierson signe deux des films coproduits du pseudonyme Andrée Marchand : *Un amour comme le nôtre* (1974) et *J'ai droit au plaisir* (1975). Après *La Grande récré* (1976), un film pour enfants, il se consacre exclusivement à la porno *hard* en France.
AUTRES FILMS QUÉBÉCOIS : *À propos de la femme* (1969), *Une fille libre* (1971), *Donnez-nous notre amour quotidien* (1974). (M. J.)

**PILON, Daniel,** acteur (Montréal, 1940). À part un physique avantageux, rien ne semblait le prédisposer à une carrière d'acteur au cinéma. Pourtant, en 1967, il est découvert par Gilles Carle qui le lance, avec son frère Donald, dans *Le viol d'une jeune fille douce*. Leur prestation dans cette critique satirique de la société québécoise est remarquée. C'est, du coup, la naissance d'une double vocation : on retrouvera le désormais célèbre tandem des frères Pilon dans *Red* (G. Carle, 1969), puis dans *Les smattes* (J.-C. Labrecque, 1972). Ils empruntent par la suite des voies différentes, et c'est principalement à la télévision américaine que Daniel Pilon poursuit une carrière florissante consacrée par le succès de son interprétation du machiavélique Max dans la série *Ryan's Hope*, au réseau ABC de 1984 à 1987, et sa participation à la série *Dallas*. Pendant onze années, il participe à quelque mille épisodes de divers téléromans américains. Ce n'est pourtant pas faute d'avoir amorcé une carrière européenne prometteuse : il est au générique de *La voie lactée* (L. Buñuel, 1969), *Malpertuis* (H. Kümel, 1971), *Par le sang des autres* (M. Simenon, 1973). Au Québec, il joue les jeunes premiers à quelques reprises : *Après-ski* (R. Cardinal, 1970), *Le diable est parmi nous* (J. Beaudin, 1972), *Quelques arpents de neige* (D. Héroux, 1972), avant de camper un François Paradis amusant, aux côtés de Carole Laure, dans *La mort d'un bûcheron* (G. Carle, 1973). De retour au Québec, en 1994, il participe à des séries (*Scoop*, *Sirens*) et tourne plusieurs films en anglais (*Habitat*, R. Daalder, 1997 ; *Suspicious Mind*, A. Zaloum, 1997 ; *Going to Kansas City*, P. Mandart, 1998 ; *The Collectors*, S. J. Furie, 1999).
PRINCIPAUX AUTRES FILMS : *Starship Invasions* (E. Hunt, 1977), *Plague* (E. Hunt, 1978), *Hot Dogs* (C. Fournier, 1980), *Obsessed* (R. Spry, 1988). (F. L.)

**PILON, Donald,** acteur (Montréal, 1938). En 1967, il est commis voyageur lorsqu'il fait la rencontre de Gilles Carle qui lui offre aussitôt un rôle dans *Le viol d'une jeune fille douce* (1968) où, flanqué de son frère Daniel, il incarne l'un des frères Lachapelle. Cette rencontre sera déterminante pour la carrière de Pilon puisque Carle l'emploiera à huit reprises, lui offrant des premiers rôles dans *Red*

(1969), *Les mâles* (1970) et *Les corps célestes* (1973). Son allure nonchalante et son naturel correspondent d'ailleurs tout à fait à l'aspect rustre et décontracté de l'univers de Carle pour qui il est presque un *alter ego*. On a un bon exemple du registre de Pilon dans *Les mâles*, où il interprète Saint-Pierre, l'un des deux exilés de la civilisation, personnage se situant quelque part entre la sauvagerie, la sagesse, la folie et la naïveté. De 1968 à 1974, Pilon est au générique d'une douzaine de longs métrages, le plus souvent dans des premiers rôles, ce qui fait de lui l'acteur le plus en vue du cinéma québécois. C'est ainsi qu'on le retrouve dans *Deux femmes en or* (C. Fournier, 1970), *Les chats bottés* (C. Fournier, 1971), *Les smattes* (J.-C. Labrecque, 1972) et *Bulldozer* (P. Harel, 1974). En 1972, il reçoit le Canadian Film Award du meilleur acteur de soutien pour son rôle dans *La vraie nature de Bernadette* (G. Carle, 1972), où il est Thomas Carufel, le voisin cultivateur pragmatique qui voudrait bien ramener Bernadette à la raison et sortir son vieux père de la maison de celle-ci. Après avoir été surexposé auprès du public québécois, Pilon poursuit sa carrière en anglais. Il apparaît dans *The Pyx* (H. Hart, 1973), *Child Under a Leaf* (G. Bloomfield, 1974), *I Miss You, Hugs and Kisses* (M. Markowitz, 1978) et *A Man Called Intrepid* (P. Carter, 1979). À cette époque, on le voit aussi régulièrement à la télévision, notamment dans la série *Duplessis* (M. Blandford, 1977). Il renoue avec le cinéma québécois dans *Fantastica* (G. Carle, 1980) et, surtout, dans *Les Plouffe* (G. Carle, 1981) et sa suite *Le crime d'Ovide Plouffe* (D. Arcand, 1984), deux films où il incarne avec un bonheur presque pervers le vil Stan Labrie, à la fois amoureux de Rita Toulouse, adversaire de Guillaume au baseball et manipulateur de premier ordre. On a pu ensuite voir Pilon dans *Keeping Track* (R. Spry, 1986), *La guêpe* (G. Carle, 1986), *Les tisserands du pouvoir* (C. Fournier, 1988, deux longs métrages), *Une histoire inventée* (A. Forcier, 1990), *Le vent du Wyoming* (A. Forcier, 1994), *Angélo, Frédo et Roméo* (P. Plante, 1996) et *C't'à ton tour Laura Cadieux* (D. Filiatrault, 1998). Avec son côté terrien, son ton naturel et sa forte carrure, Pilon représente tout un pan du cinéma québécois de fiction des années 70. (M. J.)

Donald Pilon et Andrée Pelletier dans *Les mâles* de Gilles Carles. (coll. CQ)

**PILON, France,** monteuse, assistante réalisatrice, recherchiste, scénariste (Kapuskasing,

Ontario, 1947). Après des études en arts et en philosophie, elle devient monteuse et travaille d'abord à quelques courts métrages indépendants de Jean Chabot. C'est ce réalisateur qui lui offre l'occasion de monter un premier long métrage de fiction : *Une nuit en Amérique* (1974), qui demeure, avec *Thetford au milieu de notre vie* (F. Dansereau, 1978), une exception dans sa carrière, qui contient essentiellement des documentaires. Son travail sensible est remarqué dans *L'espace d'un été* (A. Melançon, 1980), *Un soleil entre deux nuages* (M. Lepage, 1988, m. m.) et « *Qui va chercher Giselle à 3 h 45?* » (S. Groulx, 1989, m. m.), *Sans raison apparente* (J. Chabot, 1996, m. m.) et *Les enfants de Refus global* (M. Barbeau, 1998). Dans *Marc-Aurèle Fortin (1888-1970)* (A. Gladu, 1983, m. m.) et *Pellan* (A. Gladu, 1986), deux films pour lesquels elle est aussi recherchiste et coscénariste, elle excelle à organiser des images de diverses provenances : interviews, archives, fiction, etc. Le mariage d'archives et d'interviews caractérise aussi son travail pour l'imposant documentaire *À l'ombre d'Hollywood* (S. Groulx, 1999). À quelques reprises, Pilon cumule les fonctions de monteuse et d'assistante réalisatrice : *Le grand Jack* (H. Chiasson, 1987, m. m.), *Comme deux gouttes d'eau* (D. Létourneau, 1988, m. m.), *Québec et associées* (R. Létourneau, 1990, m. m.). (M. J.)

**PINDAL, Kaj,** animateur, réalisateur (Copenhague, Danemark, 1927). Entré à l'ONF en 1957, il y réalise un premier film, *The Peep Show* (c. m.), en 1962. Destiné aux enfants, ce dessin animé raconte l'histoire d'un poussin orphelin qui fait connaissance avec le monde. En 1966, il réalise *What on Earth!* (coréal. L. Drew, c. m.), dans lequel se retrouvent les composantes de ses films à venir : humour grinçant, critique sociale un brin moralisatrice, graphisme simple mais coloré, rythme rapide. Dans cette parodie de documentaire, des Martiens découvrent que la terre est habitée par une forme de vie étonnamment évoluée : l'automobile. *King Size* (1968, c. m.) est une publicité antitabac destinée aux jeunes adolescents. En 1973, Pindal signe *Horsing Around* (c. m.), film étourdissant où un cheval tente de se mesurer à un cheval-vapeur. Plus tard, dans l'esprit de *King Size*, il réalise *Cannabis* (1979, c. m.), film humoristique antidrogue où un chien narcomane connaît une brève mais étincelante carrière dans les forces policières avant de sombrer dans la déchéance. Pindal quitte ensuite l'ONF. En 1988, à Toronto, il fait référence au film qui a marqué ses débuts et réalise une série de trois courts métrages en vidéo destinés aux très jeunes enfants : *Peep and the Big Wide World.* Franco Battista lui consacre un film : *Laugh Lines, A Profile of Kaj Pindal* (1979, c. m.). (M. J.)

**PLAMONDON, Léo,** réalisateur (Trois-Rivières, 1928). À vingt-six ans, il commence une carrière d'enseignant à l'École normale technique de Montréal. À partir de 1970, il enseigne au cégep de Trois-Rivières. Il occupe ses loisirs à l'organisation de stages de cinéma et à l'animation d'un ciné-club. Ses premiers films sont produits par le service audiovisuel de l'Université du Québec à Trois-Rivières : *Armand Felx, faiseur de violon*, réalisé en collaboration avec Robert-Lionel Séguin (1973, m. m.) ; *Émile Asselin forgeron* (1974, c. m.) ; *La pêche à l'anguille* (1975, c. m.). L'ONF l'emploie de 1976 à 1981 pour lui permettre de poursuivre la réalisation de la série « La belle ouvrage », sur les métiers traditionnels du Québec. Il y réalisera quinze films, dont *Le fro-*

*mage à l'Île d'Orléans* (1978, c. m.), *La toile de lin* (1979, m. m.), *La voiture des dimanches* (1980, m. m.), *Une tannerie artisanale* (1981, c. m.) et *Parole de boulanger* (1981, m. m.). Il coréalise cinq des films de cette série avec Bernard Gosselin: *Les bœufs de labour* (1977, c. m.), *Léo Corriveau, maréchal-ferrant* (1977, c. m.), *Le pain d'habitant* (1977, m. m.), *Damase Breton, cordonnier* (1977, m. m.) et *Les meuniers de Saint-Eustache* (1978, c. m.). Outre de nombreux interludes pour Radio-Canada, Plamondon réalise aussi quelques émissions et, en 1980, un moyen métrage consacré à l'historien Robert-Lionel Séguin. À partir de 1981, il prépare surtout des documents de formation et d'information pour le cégep de Trois-Rivières (*Technologue en métallurgie… toute une carrière*, 1986, c. m.; *Faire du carton*, 1986, m. m.). En plus de leur contenu documentaire, les films de Plamondon ont valeur de témoignage humain attachant. (J.-L. D.)

Anne Claire Poirier. (Jean-Pierre Joly, coll. ACPQ)

**POIRIER, Anne Claire,** réalisatrice, monteuse, productrice, scénariste (Saint-Hyacinthe, 1932). Après une licence en droit et des études au Conservatoire d'art dramatique, elle entre à Radio-Canada où elle est tour à tour comédienne, animatrice et scripte. En 1960, elle passe à l'ONF où elle est affectée au service des versions. Elle devient adjointe au montage et à la réalisation, puis, monteuse, notamment pour *Jour après jour* (C. Perron, 1962, c. m.). Le producteur Jacques Bobet, qui croit qu'elle a l'étoffe d'une réalisatrice, lui donne sa chance. C'est *30 minutes, Mr. Plummer* (1963, c. m.), un documentaire sur l'acteur Christopher Plummer, destiné à la télévision et tourné dans le cadre du Festival de théâtre de Stratford. L'année suivante, elle enchaîne avec *La fin des étés* (c. m.), une fiction qu'elle coscénarise avec Hubert Aquin. Par son côté littéraire, sa construction temporelle complexe et son parti pris pour l'analyse psychologique, le film se distingue de l'ensemble du cinéma québécois de l'époque. En 1965, elle revient à ses préoccupations théâtrales avec *Les ludions* (c. m.), un film sur l'École nationale de théâtre qui, aux dires de Poirier, appartient plus au monteur Éric de Bayser qu'à elle-même. Son premier long métrage, *De mère en fille* (1967), donne le coup d'envoi du cinéma féministe au Québec. Réflexion sur la grossesse et, plus largement, sur la maternité, *De mère en fille* inscrit clairement le cinéma de Poirier comme étant parfaitement synchrone avec les revendications des femmes du Québec. Débouché logique de ce premier long métrage, le texte *En tant que femmes nous-mêmes* est soumis à l'ONF par Poirier et Jeanne Morazain le

29 mars 1971. Elles y manifestent, pour la première fois, le désir des femmes de coordonner un programme de films, ce qui se concrétisera à l'ONF avec la création d'En tant que femmes. À l'intérieur de ce programme pour lequel elle s'est battue avec acharnement, Poirier devient productrice, notamment de *J'me marie, j'me marie pas* (M. Dansereau, 1973), *Souris, tu m'inquiètes* (A. Danis, 1973, m. m.) et *Les filles, c'est pas pareil* (H. Girard, 1974, m. m.). En 1976 et 1977, elle participe encore à la production de neuf films, parmi lesquels on compte *Raison d'être* (Y. Dion, 1977). De retour à la réalisation, elle signe *Les filles du Roy* (1974, c. m.), important film collage où se dessine, à travers une construction fort élaborée d'où ressortent huit personnages, l'histoire de la servitude des femmes au Québec. Dans ce film composite apparaissent les cassures, les brisures de rythme et la distanciation qui font la marque de Poirier et qui caractériseront ses fictions à venir. Le récit le plus classique de Poirier, *Le temps de l'avant* (1975), est produit dans le cadre d'En tant que femmes. Abordant la question de l'avortement à travers l'histoire d'une famille de milieu populaire, le film est l'objet d'une distribution communautaire visant tout particulièrement à recueillir les réactions du public masculin. On remarque, à l'époque, qu'il est « un outil d'intervention efficace auprès d'auditoires masculins parce qu'il fait choc, est insécurisant et fait une percée dans un réseau de clichés masculins ». Dans *Mourir à tue-tête* (1979), Poirier se penche essentiellement sur la question du viol. S'y côtoient l'hyperréalisme (le viol) et la stylisation (la séquence du tribunal), les images d'archives (sur la clitoridectomie) et les discussions fictives entre une réalisatrice et une monteuse travaillant au film que le spectateur est en train de voir. *Mourir à tue-tête* a un très grand impact. Plus linéaire, *La quarantaine* (1982), qui raconte les difficiles retrouvailles d'un groupe d'amis d'enfance arrivés à la quarantaine, contient tout de même des procédés de distanciation (images d'archives, acteurs s'adressant à la caméra, etc.). Mais ce film ambitieux est un relatif échec. Après avoir travaillé plusieurs années à un projet centré sur l'amitié entre deux femmes (*Les instants privilégiés*), elle tourne un téléfilm intitulé *Salut Victor!* (1988), écrit en collaboration avec Marthe Blackburn* (scénariste de tous ses films depuis *Les filles du Roy*), où elle aborde l'amitié entre deux hommes, interprétés par Jacques Godin et Jean-Louis Roux. Puis, elle souligne à sa manière le cinquantenaire de l'ONF en préparant un film de montage où elle témoigne de l'évolution de l'image de la femme dans les films produits par l'organisme, *Il y a longtemps que je t'aime* (1989). En 1997, la cinéaste signe *Tu as crié LET ME GO*, troublante réflexion documentaire entourant la mort violente de sa fille, jeune toxicomane assassinée en 1995. Avec courage, Poirier assume ici des événements pénibles de sa vie privée et fait œuvre utile en prenant pour matière la douleur et la tragédie. Le film, dramatique couronnement d'une carrière consacrée à donner des visages et des mots aux combats des femmes, remporte plusieurs prix, dont celui du meilleur long métrage québécois décerné par l'AQCC. Elle quitte l'ONF en 1997.

L'écriture singulière de Poirier s'inscrit à la fois dans une perspective féministe large et dans la meilleure lignée du cinéma d'intervention, comme en témoigne la réussite de *Mourir à tue-tête*. En 1988, le gouvernement du Québec lui décerne le prix Albert-Tessier.

FILMS COMME RÉALISATRICE : *30 minutes, Mr. Plummer* (1963, c. m.), *La fin des étés* (1964, c. m.), *Les ludions* (1965, c. m.), *De mère en fille* (1967), *L'impôt de tout… de tout* (1969, quatre t. c. m.), *Le savoir-faire s'impose* (1971, m. m.), *Les filles du Roy* (1974, m. m.), *Le temps de l'avant* (1975), *Mourir à tue-tête* (1979), *La quarantaine* (1982), *Salut Victor!* (1988), *Il y a longtemps que je t'aime* (1989), *Tu as crié LET ME GO* (1997).

BIBLIOGRAPHIE : VÉRONNEAU, Denise, *Analyse de l'effet d'un document cinématographique sur l'attitude de citoyens québécois concernant le rôle et le statut de la femme du Québec*, thèse de doctorat, Université de Montréal, 1976 • « Anne Claire Poirier, entretien, témoignages et points de vue », *Copie Zéro*, n° 23, Montréal, 1985. (M. J.)

**POIRIER, Gérard,** acteur (Montréal, 1930). D'abord enseignant, il aborde la comédie par le théâtre amateur. Autodidacte, il se taille une place de choix au théâtre et à la télévision. Il débute au cinéma à la fin des années 60. Son allure altière et sa diction classique l'orientent le plus souvent vers un type de rôles bien défini : bourgeois (*Le soleil des autres*, J. Faucher, 1970 ; *Les beaux dimanches*, R. Martin, 1974), premier ministre (*Panique*, J.-C. Lord, 1977), ecclésiastique (*Les Plouffe*, G. Carle, 1981 ; *Pellan*, A. Gladu, 1986), patron d'entreprise et séducteur maladroit (*Qui a tiré sur nos histoires d'amour?*, L. Carré, 1986). En 1988, il rompt avec son image habituelle dans *Bonjour Monsieur Gauguin* (J.-C. Labrecque), où il campe un accordéoniste aveugle mêlé au vol d'un tableau. En 1991, il tourne dans deux téléfilms, *Nénette* (A. Melançon) et *Monsieur Ripois* (L. Béraud). S'il n'apparaît par la suite que rarement au cinéma, Poirier demeure un acteur au jeu suave, comme en témoignent sa présence en patron hautain dans *Le grand zèle* (R. Cantin, 1992), ou encore sa performance de menteur sympathique dans *Le Clermont* (N. Monette, 1998, c. m.). (M. J.)

**POITEVIN, Jean-Marie (p. m. é.),** réalisateur, administrateur (Saint-Ours, 1907 – Laval, 1987). Entré à la Société des missions étrangères en 1929, il est missionnaire en Mandchourie de 1933 à 1939. Il rapporte de son séjour chinois plusieurs séquences documentaires dont certaines sont regroupées dans *Premiers missionnaires canadiens en Mandchourie* (1934, c. m.) et *Péripéties d'une randonnée en Mongolie intérieure* (1938, c. m.). Économe général de la Société de 1939 à 1958, il s'occupe aussi de propagande missionnaire. C'est à l'occasion du tricentenaire de Montréal, qui se déroule sous le thème « Montréal missionnaire », qu'il réalise *À la croisée des chemins* (1942). Ce film de propagande pour le recrutement de nouveaux missionnaires intègre images de Chine, images de la pièce *La folle aventure* et fiction originale. Contesté par certains — car le jeune homme (Paul Guèvremont) hésite entre l'amour et la vocation —, le film connaît une bonne diffusion ; il s'agit du premier film de fiction sonore québécois. Poitevin, qui apporte souvent sa caméra 16 mm en voyage, tire parfois des films du matériel qu'il tourne. Ainsi, *Cubaniana* (1944, c. m.) est un documentaire historique sur Cuba. *Mystère sur ma route* (1957, m. m.) se passe encore à Cuba et intègre fiction et documentaire. En 1953, le cardinal Léger le charge de créer le Centre catholique du cinéma de Montréal (*voir* OCS) dans le but de coordonner et de promouvoir tous les efforts des catholiques dans le domaine du cinéma. Poitevin est membre du

comité de rédaction des revues que parraine le Centre (dont *Séquences*). De 1957 à 1973, il est directeur du Secrétariat missionnaire de l'OCIC (Rome) et de sa revue, *Filmis*. À l'occasion du concile Vatican II, il agit à titre d'expert à la Commission pontificale des communications. Louis Ricard lui consacre un film, *La folle aventure* (1977, m. m.).
AUTRES FILMS : *Après 25 ans* (1946, c. m.), *L'heure de l'Inde* (1964, c. m.), *Le concile s'achève* (1965, c. m.), *Merveille des Rocheuses* (1967, c. m.). (P. V.)

**POITRAS, Diane,** réalisatrice, scénariste, productrice (Montréal, 1951). Diplômée en communication de l'UQÀM, Poitras compte parmi les réalisatrices féministes qui auront permis aux femmes de prendre leur place dans le milieu du cinéma, à l'écran comme dans la profession. Membre de diverses coopératives de production, dont Vidéographe, GIV, la Coop vidéo et V/Tapes (Toronto), Poitras participe à fondation des Productions de l'Impatiente. À partir de 1980, elle réalise des vidéos et de courts films où elle recourt à la fiction, au documentaire et à l'expérimental pour explorer la sexualité des femmes, le travail, la vie communautaire, et le vieillissement, particulièrement dans *Pense à ton désir* (1984, c. m.) et *Comptines* (1986, c. m.), primés à l'extérieur du Québec. Dans les années 90, elle étend son activité au documentaire sur les arts (*L'alchimiste et l'enlumineur*, 1997, m. m.), au film sur la danse (*La voisine*, 1996, m. m.) et à la fiction de plus longue durée (*Un léger vertige*, 1990). En 1997, elle devient productrice au studio documentaire Acadie de l'ONF. (T. W.)

**POJAR, Bretislav,** animateur, réalisateur (Susice, Tchécoslovaquie, 1923). Alors qu'il est encore étudiant à l'Académie des beaux-arts de Prague, il participe à l'essor du nouveau cinéma d'animation tchèque d'après-guerre (studio Bratri v triku, 1945 ; studio d'animation de marionnettes de Jiri Trnka, 1946). C'est le début d'une carrière qui fera de lui, avec une soixantaine de réalisations, un des cinéastes d'animation les plus importants de sa génération, à l'échelle internationale. Dans la foulée de la tradition technique instaurée par Trnka, il utilise les marionnettes animées pour mettre en scène des situations psychologiques complexes (*Un verre de trop*, 1953, c. m. ; *Le lion et la chanson*, 1959, c. m.). Avec des films particulièrement critiques (*Billard*, 1961, c. m. ; *L'orateur*, 1962, c. m.), il passe à l'animation de marionnettes à plat ainsi qu'à une forme très recherchée d'animation de papiers découpés.
C'est armé de cette technique qu'il fait son premier film à l'ONF, *To See or Not to See* (1969, c. m.). D'autres suivront : *Balablok* (1973, c. m.), « *E* » (1981, c. m.). Dans ces films, Pojar apparaît comme un moraliste qui étudie comment la perception du monde et des autres est déterminée et biaisée par le conformisme social. Avec *L'heure des anges* (coréal. J. Drouin, 1986, c. m.), coproduction entre la Tchécoslovaquie et l'ONF, il revient à l'animation de marionnettes et à une veine plus poétique. Il est par la suite associé à la collection « Droits au cœur » à titre d'auteur-conseil en plus de réaliser lui-même deux films (*Pourquoi*, 1994, c. m. et *Narco Blues*, 1997, c. m.). Il réalise également *Mouseology* (1995, c. m.) au programme anglais de l'ONF.
Au cours de ces années, Pojar collabore avec plusieurs autres cinéastes québécois, dont Yvon Mallette et Francine Desbiens. En 1971, Co Hoedeman est stagiaire dans son studio, à

Prague. Au-delà de ces collaborations, il exerce une influence importante sur plusieurs cinéastes d'animation qui commencent leur carrière à l'ONF dans les années 60. Ainsi est-il à l'origine du retour de l'animation de papiers découpés. Très actif dans le domaine des films pour enfants, avec des films d'animation et des longs métrages de prises de vues réelles (*Aventures dans la baie d'or*, 1955), Pojar tourne le treizième des « Contes pour tous » produits par Rock Demers (*The Flying Sneakers*, 1992). En 1968, il avait adapté un conte de Demers, *Faroun le petit clown* (c. m.). (P. H.)

**POOL, Léa,** réalisatrice, scénariste (Soglio, Suisse, 1950). Alors qu'elle enseigne en Suisse, elle est entourée d'amis qui travaillent dans le secteur audiovisuel et c'est ainsi qu'elle touche au cinéma en amateur. En 1978, elle quitte son pays natal pour s'installer au Québec. Après avoir réalisé plusieurs vidéos, quelques courts métrages (notamment à l'UQÀM) ainsi que des émissions de télévision, elle scénarise, tourne et produit, en 1979, un premier long métrage de fiction : *Strass Café* (1980). Produit avec un petit budget, ce film en noir et blanc est primé dans quatre festivals, dont celui de Sceaux en France (1981). Pool ne cache pas sa filiation avec le style de Marguerite Duras. *Strass Café* parle de désir, de solitude, de vide, d'exil, de femmes et d'hommes qui se cherchent sans jamais se rencontrer. Le montage du film repose sur un écart multiple entre les images et le son et sur une utilisation souveraine de la voix (notamment celle de la réalisatrice) comme élément moteur de la narration. De 1978 à 1983, parallèlement à ses activités de cinéaste, elle donne des cours sur le cinéma et la vidéo à l'UQÀM et travaille au FFM. De 1980 à 1983, elle réalise pour Radio-Québec dix émissions sur les minorités culturelles. En 1984, elle scénarise et réalise un deuxième film de fiction, *La femme de l'hôtel*, qui aborde une thématique semblable à celle de son premier film. Accueilli avec enthousiasme par la critique et le public, il remporte sept prix dont celui de la presse internationale au FFM, le prix L.-E.-Ouimet-Molson, le Génie de la meilleure actrice pour Louise Marleau et le prix du public pour la fiction, à Créteil (France). Le film est construit autour de trois personnages féminins : une cinéaste (Paule Baillargeon) noue des liens d'amitié avec une femme étrange (Louise Marleau), en proie à l'errance, et s'inspire de sa vie pour mettre en scène son personnage (Marthe Turgeon), une artiste chanteuse en pleine crise existentielle. Le film amorce de façon dynamique une réflexion sur le cinéma et la vie, sur le travail de création. *Anne Trister* (1986) constitue le dernier volet du triptyque. Il combine à la fois les problèmes liés à l'exil et la difficile quête d'identité des femmes. Ce film, dont l'image est très soignée, la consacre comme auteure et l'impose auprès du public. Film en partie autobiographique, il relate l'histoire d'une Juive qui, après la mort de son père, rompt avec ses assises natales (la Suisse), sentimentales et artistiques et s'installe au Québec chez une amie. Pour combler le vide créé par l'absence de son père, Anne tente de réinventer son espace intérieur, son identité, en se lançant dans un projet de peinture environnementale démesuré et dans une histoire d'amour sans lendemain. Le film questionne le travail de l'artiste et les rapports entre l'art et le réel. Comme la peinture y joue un rôle important, Pool s'entoure de collaborateurs chevronnés : Daniel Sirdey, artiste-architecte, et Geneviève Desgagnés, peintre environnementaliste. En 1988, elle signe *À corps perdu*, une adaptation d'un roman d'Yves Navarre, *Kurwenal*. Le film est coproduit avec la Suisse. Cette fois, elle centre son récit sur un personnage masculin, Pierre (Matthias Habich), un photographe. Abandonné par l'homme et la femme qu'il aimait et marqué par le reportage qu'il vient d'effectuer au Nicaragua, il panse ses blessures en photographiant sa ville (Montréal), sous tous les angles et en cherchant l'affection chez un jeune homme sourd-muet. À travers le personnage de Pierre, Pool reprend sa réflexion sur les rapports entre l'art et le réel, pousse plus avant son exploration de Montréal et montre plus franchement qu'à l'habitude une relation homosexuelle. Le film confirme l'intérêt de la cinéaste pour les différents accents nationaux. Pool tourne par la suite un premier long métrage documentaire, *Hotel Chronicles* (1990), dans la collection « Parler d'Amérique ». Marqué de l'influence de la fiction, ce *road movie* est pour elle l'occasion de revisiter les grands mythes américains à travers un journal de voyage volontairement ambigu où le rapport de la narratrice avec l'Amérique se confond avec son sentiment à l'endroit de la personne à laquelle elle s'adresse. Elle y renoue avec la voix off de ses débuts, sans toutefois parvenir, entre les gratte-ciel de New York et les néons de Las Vegas, à jeter un regard neuf sur l'Amérique. Puis, elle s'éloigne des villes et retrouve la Suisse pour le tournage de *La demoiselle sauvage* (1991) dont le scénario, qui se limite au rapport entre un homme et une femme, est inspiré d'une nouvelle de S. Corinna Bille. Un ingénieur de barrages (Matthias Habich) y recueille une femme en fuite (Patricia Tulasne) dont il se rapproche peu à peu. Si la splendeur des montagnes suisses éloigne le film de ceux qui l'ont précédé, les thèmes de la fuite, de l'urgence et du besoin d'amour sont toujours très présents. Même sentiment d'urgence dans le sketch, très maîtrisé, que la réalisatrice signe dans le cadre de *Montréal vu par…* (coréal. D. Arcand, M. Brault, A. Egoyan, J. Leduc et P. Rozema, 1991) : sur le trajet qui la mène du lieu d'un accident à l'hôpital, une jeune femme (Anne Dorval) voit défiler quinze images de sa vie. Pool tourne ensuite *Mouvements du désir* (1994), histoire d'une passion entre une femme (Valérie Kaprisky) et un homme (Jean-François Pichette) qui se rencontrent à bord d'un train. La virtuosité du tournage fait plus forte impression que la relation amoureuse, nourrie de rêves, fantasmes, pulsions. La cinéaste revient ensuite au documentaire. Elle participe à la série « Femmes une histoire inédite » pour laquelle elle réalise *Échos du futur* (1996) et *Le tango des sexes* (1996), signe un film pour une exposition du Musée de la civilisation, *Lettre à ma fille* (1996, c. m.) et tourne un portrait d'une romancière, *Gabrielle Roy, un documentaire* (1997). La cinéaste revient à la fiction avec, une fois encore, un film largement autobiographique, *Emporte-moi* (1998), présenté en compétition à Berlin et primé à Giffoni. Dans ce film très sensible, situé dans le années 60, une adolescente (Karine Vanasse) se découvre une fascination pour Anna Karina, un attrait pour les femmes et un goût pour le cinéma. La France décerne à la cinéaste le titre de Chevalier des arts et des lettres. L'œuvre de Pool, cinéaste prolifique, élargit le spectre du cinéma québécois en combinant une thématique de l'errance et une quête de l'identité féminine. (D. P. et M. C.)

**PORTAL, Louise** (née **Lapointe**), actrice (Chicoutimi, 1950). À peine sortie du Conservatoire d'art dramatique de Montréal, elle obtient un petit rôle dans *La vie rêvée* (M. Dansereau, 1972) et un second rôle dans *Taureau* (C. Perron, 1973). Ce personnage de Gigi Gilbert, jolie fille volontaire bien décidée à suivre les traces de sa mère prostituée, lance Portal dans le milieu cinématographique. On prédit une carrière fulgurante à cette actrice jeune, talentueuse, fonceuse, voire frondeuse, et qui ne semble pas craindre les étiquettes. Après ces premiers succès, on la voit dans des films de qualité inégale, dont *Les deux pieds dans la même bottine* (P. Rose, 1974) et *Vie d'ange* (P. Harel, 1979), aux côtés de ses trois sœurs. Elle continue de travailler à la télévision et au théâtre, et aborde la chanson et l'écriture. Elle impose peu à peu l'image d'une artiste des émotions, d'une femme en évolution qui entend parler haut et fort et exprimer l'âme de sa génération. En 1979, elle revient en force au cinéma dans le rôle de Cordélia Viau (*Cordélia*, J. Beaudin), qui lui vaut un succès personnel dépassant la notoriété du film et fait d'elle une véritable vedette. La jeune actrice de *Taureau* a vieilli. Elle incarne avec une intensité et une vivacité remarquables cette femme dont le procès pour meurtre et la pendaison, à la fin du siècle dernier, avaient fortement impressionné l'imagination populaire. Puis, elle continue d'alterner entre ses différents métiers. Elle tente une nouvelle expérience en tournant dans *Larose, Pierrot et la Luce* (Claude Gagnon, 1982), un film qui fait appel à l'improvisation. Sa générosité et son émotivité y sont mises en relief. Elle attendra quatre ans avant d'obtenir de nouveau un premier rôle, celui d'une universitaire qui entretient une relation sado-masochiste, dans *Le déclin de l'empire américain* (D. Arcand, 1986). Ce film confirme la vigueur et la maturité de son talent. Elle ne connaîtra pas le même succès avec les films suivants, *Exit* (R. Ménard, 1986) et *Tinamer* (J.-G. Noël, 1987). Elle tourne ensuite *Histoire infâme* (N. Giguère, 1987, c. m.) où elle se fait la voix des femmes dans l'Histoire et tient un premier rôle dans un film français, *Mes meilleurs copains* (C. Clavier et J.-M. Poiré, 1988). De plus en plus en maîtrise de son métier, rendant magnifiquement la vulnérabilité de ses personnages, Portal s'investit complètement dans ses rôles, particulièrement émouvante dans celui d'une femme faisant face à la fin d'une relation amoureuse dans *Les amoureuses* (J. Prégent, 1992) et celui d'une veuve, mère d'un enfant qui ne grandit pas alors qu'elle-même rajeunit constamment, transformée par l'amour, dans *Sous-sol* (P. Gang, 1996). Elle remporte d'ailleurs le prix Guy-L'Écuyer pour ce rôle. N'étant pas confinée dans un seul emploi, elle donne, très généreuse, autant de force à son personnage de résistante prête à brûler vive avec sa maison dans *Quand je serai parti... vous vivrez encore* (M. Brault, 1999) qu'à celui de serveuse aigrie et alcoolique qui retrouve celui qu'elle a aimé dans *Le grand serpent du monde* (Y. Dion, 1998), celui, à fleur de peau, de mère inquiète de voir son fils adoptif s'éloigner d'elle dans *Souvenirs intimes* (J. Beaudin, 1998) ou celui de propriétaire de bar dans *Full Blast* (R. Jean, 1999). Elle tient de petits rôles dans *Les muses orphelines* (R. Favreau, 2000) et *Saint-Jude* (J. L'Écuyer, 1999). En 1999, elle accepte la présidence des Rendez-vous du cinéma québécois. Sa sœur, Pauline Lapointe, est aussi comédienne (*L'homme à tout faire*, M. Lanctôt, 1980; *La Florida*, G. Mihalka, 1993; *C't'à ton tour, Laura Cadieux*, D. Filiatrault, 1998). (D. B. et M. C.)

**PORTUGAIS, Louis,** réalisateur, producteur, monteur (Montréal, 1932 – 1982). Après son cours classique, il fréquente le monde du théâtre, participe à la fondation des éditions de l'Hexagone puis entre à l'ONF en 1954. Il tourne quelques courts métrages, dont trois dans la série « Passe-Partout ». Lorsque celle-ci se transforme en « Panoramique », Portugais a deux projets, *Il était une guerre* (1958, cinq épisodes devenus un long métrage) et *Les 90 jours* (1958, quatre épisodes devenus un long métrage) qui lui permettent de sortir du rang. Le premier énonce un point de vue québécois sur la Seconde Guerre mondiale et évoque leurs réticences à y participer. Le second met en scène une grève et dénonce le syndicalisme collaborateur, les collusions d'intérêts pour écraser les ouvriers ainsi que la violence de l'État. Il s'oppose ainsi radicalement à l'idéologie duplessiste. Portugais accède ensuite au poste de producteur. Avec Fernand Dansereau et Léonard Forest, il est l'âme dirigeante de l'équipe française. Il tourne moins et certaines de ses réalisations sont moins personnelles. Mais quelques-unes demeurent proches du cinéaste, notamment *Je* (1960, c. m.), film expérimental sur l'expression corporelle, et *Manger* (coréal. G. Carle, 1961, c. m.). *Saint-Denys Garneau* (1960, c. m.), que scénarise Anne Hébert, démontre son intérêt pour la modernité dans la culture québécoise, tout comme *Voir Pellan* (1968, c. m.) et la vidéo *Bobo-z-arts* (coréal. C. Binamé et N. Thériault, 1971, c. m.). Ses films sur l'Afrique (*Algérie 1962 — chronique d'un conflit*, coréal. M. Martin, 1962, m. m.; *Afrique libre*, coréal. M. Beaudet, 1967, m. m.) témoignent de son sens critique et de sa lucidité. Comme d'ailleurs *Jeunesse année 0* (1965, m. m.), commandé puis renié par le Parti libéral du Québec, qui montre une jeunesse pessimiste en pleine Révolution tranquille, *Notes sur la contestation* (1970, m. m.), ainsi que les deux vidéos qu'il réalise en 1970 pour le programme Société nouvelle. Ayant quitté l'ONF en 1961, Portugais tourne aussi des films et des émissions à des fins alimentaires. Il est actif quelque temps dans l'ARRFQ et termine sa carrière comme professeur de cinéma dans un cégep. Il demeure, comme Claude Jutra et Fernand Dansereau, un cinéaste à la pensée solidement articulée, qui cherche à secourir et à mettre en mouvement la société.

AUTRES FILMS : *Le chauffeur de taxi* (1954, c. m.), *Château de cartes* (1956, c. m.), *Du choc des idées* (1956, c. m.), *Pas un mot* (1957, c. m.), *Jour de juin* (collectif, 1958, c. m.), *Urbanisme — Le plan d'aménagement* (1958, c. m.), *Wilfrid Pelletier, chef d'orchestre et éducateur* (1960, c. m.), « Vingt ans express » (1963-1964, six c. m.), *Au Canada* (1964, c. m.), *Montreal Second French City in the World* (1965, c. m.), *Catégories de détenus* (1965, c. m.), *Une auto sur deux* (1965, c. m.), *L'homme et l'alimentation* (1967, c. m.), *Pavillon du Québec, Industrie I* (1967, c. m.). (P. V.)

**POTHIER, René,** assistant réalisateur, producteur (Saint-Tite, 1945). Après des études universitaires, il enseigne le cinéma, puis cherche, dès 1971, à passer à la pratique. Il est d'abord adjoint au directeur de production pour divers films publicitaires et documentaires, puis régisseur (*Les ordres*, M. Brault, 1975), deuxième assistant (*Gina*, D. Arcand, 1974) et, enfin, assistant réalisateur (*Les vautours*, J.-C. Labrecque, 1975). Il travaille souvent avec Labrecque par la suite : *Jeux de la XXI^e^ Olympiade* (coréal. J.-C. Labrecque, J. Beaudin, M. Carrière et Georges Dufaux,

1977), *L'affaire Coffin* (1979), *Les années de rêves* (1984), *Bonjour Monsieur Gauguin* (1989). Parmi les nombreux cinéastes qu'il a secondés, on compte Pierre Falardeau (*Elvis Gratton*, coréal. J. Poulin, 1981, c. m. ; *Le party*, 1989 ; *Octobre*, 1994 ; *Miracle à Memphis*, 1999), Léa Pool (*La demoiselle sauvage*, 1991 ; *Mouvements du désir*, 1994), Gilles Carle (*L'âge de la machinne*, 1977, c. m. ; *La postière*, 1992) Brigitte Sauriol (*Rien qu'un jeu*, 1982), Mireille Dansereau (*Le sourd dans la ville*, 1987), Jean-Pierre Gariépy (*Sous les draps, les étoiles*, 1989) et Tahani Rached (*La phonie furieuse*, 1982, c. m.). De 1972 à 1981, il collabore, à divers titres, à la Semaine du cinéma québécois. Il produit deux courts métrages, *Petite fleur* (G. Noël, 1984) et *Sacré tango* (F. Le Flaguais, 1984). (J. D.)

**POTTERTON, Gerald,** animateur, producteur, réalisateur, scénariste (Londres, Angleterre, 1931). Il reçoit sa formation à la Hammersmith School of Art de Londres. Après avoir servi dans la RAF, il débute chez Halas & Batchelor Cartoon Films et travaille, durant deux ans, à *Animal Farm* (J. Halas et J. Batchelor, 1954), comme assistant animateur. Il s'installe au Canada en 1954 et est engagé par l'ONF. Il entreprend aussitôt son premier film, *Huff and Puff* (coréal. G. Munro, 1954, c. m.). En 1957, il retourne à Londres pour diriger des films publicitaires. De retour à l'ONF l'année suivante, il produit des films éclair pour la télévision et les salles commerciales. Il quitte de nouveau l'ONF en 1960 pour devenir directeur artistique chez Lars Colonius Productions à New York. Il revient à l'ONF et se révèle avec *My Financial Career* (coréal. G. Munro, 1962, c. m.), marqué au coin d'un humour qu'on retrouvera dans tous ses films. Artiste aux multiples facettes, il est toujours partagé entre l'animation et la prise de vues réelle. Il exprime avec humour le monde clos du *big business* dans *The Ride* (1963, c. m.) où il interprète lui-même le rôle du chauffeur. *The Railrodder* (1965, c. m.), film sans paroles qui met en vedette Buster Keaton, emporté dans un voyage loufoque, redit l'allégeance de Potterton au cinéma muet. Sa perception subtile de la psychologie des êtres et son sens du gag explosif sont toujours présents, et la qualité de ses films est souvent soulignée par des prix (Outstanding Film of the Year, London Film Festival). En congé sans solde, il repart pour Londres et participe à *Cool McCool* (1966), une télésérie pour enfants.

Il ouvre, en 1968, une importante maison de production à Montréal et tourne aussitôt un *TV special* pour la NBC, *Pinter People* (1968, m. m.), d'après l'œuvre de Harold Pinter. Ce complexe assemblage d'animation et de prises de vues sur le vif entremêle savamment Pinter lui-même, Londres et les Londoniens et paraphrase, en cinq sketches, les personnages du dramaturge. Le film rappelle le goût de Pinter pour les situations absurdes. La même année, il apporte sa contribution et celle de son studio à *Yellow Submarine* (G. Dunning, 1968), un film qui met en vedette les Beatles, et dont il anime et dirige certaines séquences. Puis il réalise *Tiki Tiki* (1971), un curieux mélange d'images réelles et d'animation. Les séquences d'animation sont entrecoupées de scènes dramatiques tirées de *Ajbolit 66* (R. Bykov, 1966). Ce film original permet à Potterton d'exercer son esprit satirique sur le milieu cinématographique. Il est surtout reconnu pour ses séquences d'animation dont le graphisme, la virtuosité et le rythme sont saisissants. *The Remarkable Rocket* (1974, c. m.) sera sa dernière réalisation avant la fermeture du studio. Devenu pigiste, il est appelé à Los Angeles en tant que réalisateur adjoint pour *Raggedy Ann and Andy* (R. Williams, 1977). Produit à Montréal pour Columbia Pictures, *Heavy Metal* (1981) est l'œuvre majeure de Potterton. Inspiré et adapté de bandes dessinées du magazine du même nom, cet affrontement apocalyptique entre les forces du Bien et du Mal se déroule dans un déferlement d'images fantastiques créées par des animateurs à l'imagination délirante. L'aspect visuel, parfois éblouissant, la dimension humoristique et le climat cataclysmique de ce troisième long métrage dans l'histoire de l'animation au Québec, lui valent un grand succès public. Par la suite, il réalise *The Awful Fate of Melpomenus Jones* (1983, c. m.), d'après Stephen Leacock, à l'ONF. Il travaille aussi pour la télévision : *George and the Star* (1985, c. m.) et *The Ghost Stop* (1986, c. m.). Il est coréalisateur et producteur de *The Smoggies* (1986), une télésérie coproduite par la France, le Canada et l'Allemagne. Il travaille ensuite à une série sur le magicien d'Oz (*The Wonderful Wizard of Oz*, 1987) faite à partir des images d'une animation japonaise, avant de réaliser, chez Cinar, *The Real Story of Happy Birthday to You* (1992). Infatigable, il développe le projet *Albert and Atom* qui s'inspire du célèbre physicien Albert Einstein et d'Atom, son chien. En 1987, il apparaît aux côtés de Buster Keaton, de Charles Lamont et d'Eleanor Keaton dans un documentaire sur l'as du *slapstick* : *Buster Keaton : A Hard Act to Follow* (K. Brownlow et D. Gill, 1987).

AUTRES FILMS : *Fish Spoilage Control* (1955, c. m.), *It's a Crime* (1956, c. m.), *Follow That Car* (1957, c. m.), *The Energy Picture* (1957, c. m.), *Christmas Cracker* (1964, c. m.), *The Quiet Racket* (1967, c. m.), *The Trade Machine* (1968, c. m.), *Superbus* (1969, c. m.), *The Charge of the Snow Brigade* (1970, c. m.), *The Rainbow Boys* (1971). (L. B. et É. P.)

**POULETTE, Michel,** réalisateur, producteur, scénariste (Sainte-Élisabeth-de-Joliette, 1950). Il apprend son métier de réalisateur à Radio-Québec où il tourne des émissions de la série *Neuf et demi* de même que plusieurs capsules humoristiques. Son premier film, *Pierre Guimond : entre Freud et Dracula* (1979, c. m.), met en valeur le travail du réputé spécialiste du photomontage dont l'œuvre foisonnante allie le baroque au politique. Il remporte des prix à Rome, Paris et Melbourne. Poulette tourne ensuite *Cher monsieur l'aviateur* (1984, c. m.), une fiction qui l'amène à Québec, sur les traces du *Petit prince* de Saint-Exupéry. Puis, il signe *L'inconduite* (1985, m. m.), dans la série « Prendre la route ». Très à l'aise dans la commande, il parvient à donner à de savantes reconstitutions l'allure de prises de vues directes. En 1986, il tourne deux films dans le cadre de la série ontarienne « 20 ans express », *Le voleur de feu* (c. m.) et *Toronto, P.Q.* (c. m.). Revenant à la fiction, il réalise *Les bottes* (1987, m. m.), film fantastique dont le sujet, la menace que représente une paire de bottes assassine, est tiré d'une nouvelle de Jean-Yves Soucy, puis *Cœur de nylon* (1989), un téléfilm scénarisé par Jean Barbeau qui met en scène la rencontre entre un jeune fugueur (Guillaume Lemay-Thivierge) et un clochard (Yves Desgagnés) qui, comme lui, a besoin d'amour. S'appuyant sur l'expérience acquise à la télévision où il signe la série humoristique *Rock et Belles oreilles*, il tourne une comédie, *Louis 19, le roi des ondes* (1994), qui critique l'envahissement de la vie privée par la télévision. L'idée y est poussée à son paroxysme : une chaîne filme un homme ordi-

Michel Poulette. (Véro Boncompagni, coll. ACPQ)

naire (Martin Drainville) jour et nuit. Le film, qui remporte le prix Claude-Jutra du meilleur premier film et la Salamandre d'or à Blois (France), obtient un important succès en salles et est refait par les Américains (*ED tv*, R. Howard, 1999). Il coscénarise, coproduit et réalise ensuite un autre film de genre, un policier cette fois, *La conciergerie* (1997), tiré d'un roman de Benoit Dutrizac. Moins convaincant que le précédent, le film raconte la double enquête d'un policier (Serge Dupire) qui devient détective privé pour élucider le meurtre de son collègue et qui fait face à un regroupement de « monstres » soupçonnés d'avoir assassiné un homme de lettres. Souple, inventif, perfectionniste, Poulette, qui sait s'entourer de collaborateurs compétents, travaille également pour la télévision où il tourne *Urgence* puis *Bonanno A Godfather's Story*, une série destinée à la télévision américaine. Il est président de l'AQRRCT de 1990 à 1991. (M. C.)

**POULIN, Julien,** acteur, monteur, réalisateur (Montréal, 1946). Comédien et metteur en scène de formation, il est membre de La Roulotte et enseigne le théâtre dans différentes écoles secondaires au cours des années 60. Il aborde le cinéma en 1972, en montant le court métrage inachevé de Pierre Falardeau*, *À mort*. Sa collaboration avec Falardeau s'étend sur plusieurs films et vidéos qu'ils coréalisent au cours des années 70 et 80.

En 1973, Poulin joue dans *Réjeanne Padovani* (D. Arcand) et apparaît dans *Tu brûles... tu brûles...* (J.-G. Noël). L'année suivante, il joue dans *La gammick* (J. Godbout, 1974), puis dans *M'en revenant par les épinettes* (F. Brault, 1975) et *Ti-Mine, Bernie pis la gang...* (M. Carrière, 1976). Parallèlement, il devient membre du Théâtre de la Veillée. Lorsqu'en 1981, Falardeau et lui abordent la fiction avec *Elvis Gratton* (c. m.), il prête son physique singulier ainsi que son visage à la fois jovial et inquiétant à ce petit entrepreneur obèse qui remporte un concours d'imitateurs d'Elvis Presley. Son *Elvis Gratton* devient un pur symbole d'aliénation dans un Québec « quétaine » au possible. La popularité de ce personnage qu'il incarne à deux autres reprises (*Les vacances d'Elvis Gratton*, 1983, c. m. ; *Pas encore Elvis Gratton*, 1985, c. m.) donne un second souffle à sa carrière d'acteur en même temps qu'il le cantonne dans un emploi. C'est ainsi qu'il interprète ensuite une série de personnages pittoresques dans *Amuse-gueule* (R. Awad, 1984, c. m.), *Lucien Brouillard* (B. Carrière, 1982), *L'objet* (R. Cantin et D. Patenaude, 1984, c. m.), *Les années de rêves* (J.-C. Labrecque, 1984), *Le crime d'Ovide Plouffe* (D. Arcand, 1984) et *Gaspard et fil$* (F. Labonté, 1988). On retient surtout trois rôles parmi ses nombreuses apparitions : Rosario Gladu, le journaliste lâche mais sympathique qui passe d'un camp à l'autre dans *Le matou* (J. Beaudin, 1985), le chauffeur d'autobus d'*Henri* (F. Labonté, 1986), qui engage avec l'adolescent une course inégale et, dans *Le party* (P. Falardeau, 1989), Boyer, le détenu amoureux, tête de Turc des gardiens. Poulin est, invariablement, un homme simple, figure qu'il décline dans tous les registres, père et chauffeur de taxi dans *Doublures* (M. Murray, 1993), tueur violent et gros buveur dans *Bad trip* (P. Tisseur, 1997, m. m.), oncle conteur d'histoires chez qui point le soupçon de pédophilie dans *Le marchand de sable* (N. Fournelle, 1998, c. m.), ancien felquiste confronté à la mort brutale de l'un de ses fils dans *Le dernier souffle* (R. Ciupka, 1999), oncle Mimile dans *Pinpon en camping* (G. Côté, 1999). Mais c'est encore en Elvis Gratton qu'il fait la plus forte impression, ressuscité dans *Miracle à Memphis* (P. Falardeau, 1999) dont il est le coscénariste. Poulin tonne, grimace, se déshabille et se montre dans des situations du plus haut ridicule, jouant la caricature à fond, avec un tel abandon que le public, plutôt que de rejeter son personnage, réactionnaire et décérébré, se prend d'affection pour ce Québécois de droite qui atteint à la célébrité mondiale. (Y. P. et M. C.)

**POULSSON, Andreas,** chef opérateur, producteur, réalisateur (Oslo, Norvège, 1944). De 1967 à 1973, il est assistant cameraman pour une trentaine de productions de l'ONF, dont *A Matter of Fat* (W. Weintraub, 1969) et *Goodbye Sousa* (T. Ianzelo, 1973, c. m.). Il signe ensuite les images de nombreux films, la plupart documentaires, collaborant notamment avec Barbara Greene (*Ruth and Harriet: Two Women of the Peace*, 1973, c. m. ; *Crazy Quilt*, 1975, c. m. ; *Listen, Listen, Listen*, 1976), Ian McLaren (*We're Here to Stay*, 1974, c. m. ; *The World Is Round*, 1976, m. m.), Nico Crama (*It Wasn't Easy*, 1978, m. m. ; *Co Hoedeman, Animator*, 1980, c. m.), John N. Smith (*Bargain Basement*, 1976, c. m. ; *Sitting in Limbo*, 1986) et, surtout, Michael Rubbo (*I Am an Old Tree*, 1975, m. m. ; *I Hate to Lose*, 1977, m. m. ; *Solzhenitsyn's Children... Are Making a Lot of Noise in Paris*, 1978). Poulsson réalise aussi deux courts métrages documentaires : *Log House* (coréal. M. Rubbo, 1976), sur la construction d'une cabane de rondins, et *New Denmark* (1980), sur un village du Nouveau-Brunswick peuplé par les descendants de pionniers venus du Danemark. En 1981, il est nommé producteur au studio régional des Prairies, à Winnipeg. Il y produit notamment *Muscles* (B. Lank, 1983, c. m.). Poulsson quitte l'ONF en 1986 et poursuit sa carrière dans l'entreprise privée. Il y retrouve Michael Rubbo, pour qui il signe les images de *Tommy Tricker and the Stamp Traveller* (1988) et *Vincent and Me* (1990). (M. J.)

**PRÉGENT, Johanne,** réalisatrice, costumière, scripte (Saint-Lambert, 1950). Elle fait ses débuts au cinéma en travaillant durant six ans comme habilleuse puis costumière, notamment sur les tournages de *Contrecœur* (J.-G. Noël, 1980) et *Elvis Gratton* (P. Falardeau et J. Poulin, 1981, c. m.). Puis, elle est scripte, d'abord pour des courts métrages (*Propriété privée*, L. Saïa, 1981), puis des moyens (*Sonia*, P. Baillargeon, 1986) et longs métrages (*Le crime d'Ovide Plouffe*, D. Arcand, 1984 ; *Pouvoir intime*, Y. Simoneau, 1986). Délaissant ce métier, Prégent, qui a fait des études en information culturelle à l'UQÀM, réalise ensuite un premier film, *La peau et les os*

(1988). Ce documentaire-fiction coscénarisé avec Monique Gignac aborde de front un sujet difficile mais d'une grande actualité, l'anorexie. À la recherche d'un fragile équilibre entre la fiction et le documentaire, la réalisatrice y illustre un certain rapport mystique au refus de se nourrir, mais y donne aussi à voir et à entendre des témoignages de jeunes filles d'une grande vérité. Prégent tourne ensuite un téléfilm, *Blanche est la nuit* (1989), qu'elle écrit avec Yvon Rivard. Il raconte l'histoire d'une femme (Léa-Marie Cantin) qui choisit de vivre après avoir rencontré un homme (Jean L'Italien) qui lui tient lieu d'ange gardien puis d'amant. À partir d'un scénario de Josée Fréchette, elle tourne par la suite *On a marché sur la lune* (1990, c. m.), dans le cadre de la série « Fictions 16/26 ». Le film, qui évoque les premiers émois de l'adolescence avec finesse, humour et nostalgie, confirme notamment le talent de directrice d'acteurs de Prégent. Il remporte le prix Normande-Juneau. Elle scénarise et réalise *Les amoureuses* (1992), bilan amoureux des femmes de sa génération. Construit autour de la vie sentimentale de deux amies, le film raconte la rupture de l'une (Louise Portal) et le nouvel amour de l'autre (Léa-Marie Cantin). Dans son long métrage suivant, *L'Île de Sable* (1999), qu'elle coscénarise avec Gilles Desjardins, elle propose une histoire de famille aux allures de *road movie* qui se complique quand une jeune fille comprend que celle qui vient de mourir n'était pas sa mère. Prégent y explore, comme dans *La peau et les os*, un rapport mère fille, y revient, comme dans *On a marché sur la lune*, sur l'univers des jeunes et s'y affirme, dans la continuité des *Amoureuses*, comme l'une des rares cinéastes au Québec capable de confronter, sans chercher à les distancier, les émotions. Elle travaille aussi pour la télévision pour laquelle elle tourne les séries *Les intrépides*, *Scoop* et *Les orphelins de Duplessis*. (M. C.)

**PRITCHARD, Anne,** costumière, décoratrice, directrice artistique (Stratford, Ontario). Venue de Toronto, elle est responsable de la conception des décors et des costumes du premier film pour lequel elle travaille, *The Act of the Heart* (P. Almond, 1970), dont les décors lui valent un Canadian Film Award. Elle obtient alors une bourse de la SDICC pour se perfectionner aux studios Universal, à Hollywood. Elle collabore ensuite à de nombreux longs métrages, pour la plupart canadiens-anglais (notamment *The Apprenticeship of Duddy Kravitz*, T. Kotcheff, 1974), et à quelques films pour la télévision américaine. Elle se montre exigeante et soucieuse du détail. Des prix Génie viennent couronner les décors qu'elle conçoit pour *The Far Shore* (J. Wieland, 1976), *Atlantic City, U.S.A.* (L. Malle, 1980) et *Joshua Then and Now* (T. Kotcheff, 1985), ainsi que ses costumes pour les séquences de spectacles de *Fantastica* (G. Carle, 1980). Elle collabore notamment avec Yves Simoneau (*Perfectly Normal*, 1990 ; *36 Hours To Die*, 1999) et travaille à plusieurs films américains tournés au Québec (*Snake Eyes*, B. De Palma, 1998 ; *Affliction*, P. Schrader, 1998). Elle œuvre aussi abondamment pour la télévision.

PRINCIPAUX AUTRES FILMS : *Les mâles* (G. Carle, 1970), *Journey* (P. Almond, 1972), *Obsession* (B. de Palma, 1976), *Les liens de sang* (C. Chabrol, 1977), *Threshold* (R. Pearce, 1980), *Les portes tournantes* (F. Mankiewicz, 1988), *Nénette* (A. Melançon, 1991), *Mon amie Max* (M. Brault, 1994), *J'en suis* (C. Fournier, 1997). (J. P.)

**PRIX.** Chaque année, de nombreux prix, d'importance inégale, sont remis à des films ou à des artisans de la cinématographie québécoise. Les listes qui suivent concernent une sélection de prix parmi les plus connus.

Par ailleurs, en mars 1999 se tenait la première Grande nuit du cinéma, au cours de laquelle étaient remis, pour la première fois, les prix Jutra, équivalents québécois des Génie canadiens, des Oscar américains et des César français, créés à l'initiative des Rendez-vous du cinéma québécois. Le film *The Red Violin*, de François Girard, remportait alors l'ensemble des prix consacrés au long métrage, à l'exception des prix d'interprétation qui allaient à Pascale Montpetit (*Le cœur au poing* meilleur actrice), Alexis Martin (*Un 32 août sur terre*, meilleur acteur) et Anne-Marie Cadieux (*Le cœur au poing*, meilleur actrice de soutien). *L'erreur boréale* de Richard Desjardins et Robert Monderie était choisi meilleur documentaire, tandis que *Les mots magiques* de Jean-Marc Vallée remportait le Jutra du meilleur court métrage. Lors de cette soirée, un prix hommage était aussi remis à Marcel Sabourin, pour l'ensemble de sa carrière.

### Prix Albert-Tessier

Créé en 1980, ce prix est décerné pour la première fois lors de la Semaine du cinéma québécois. Dès 1981, il devient l'un des prix du Québec. Il s'agit de la plus haute distinction cinématographique québécoise. Elle est remise annuellement à un réalisateur, un acteur, un

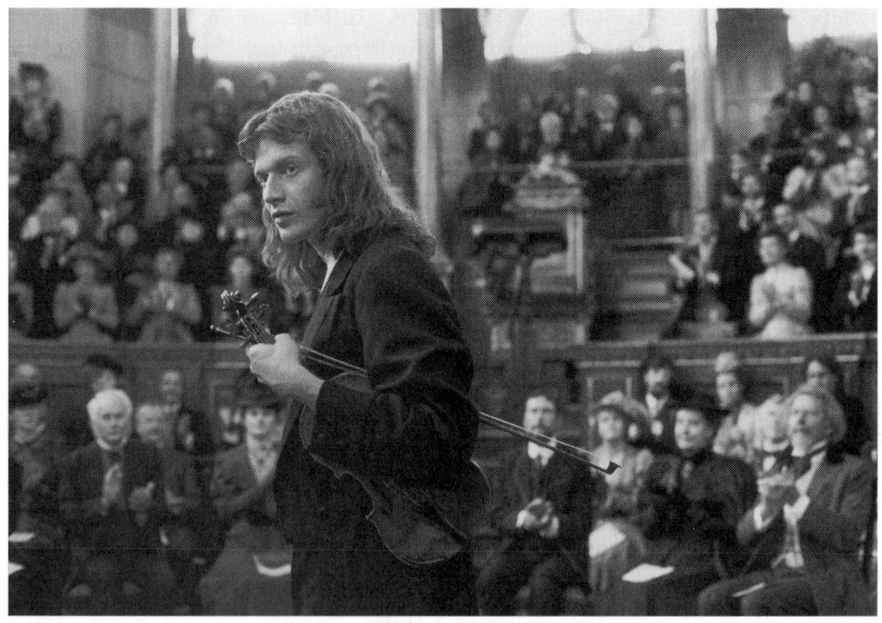

Jason Flemyng dans *The Red Violin* de François Girard. (coll. ACPQ)

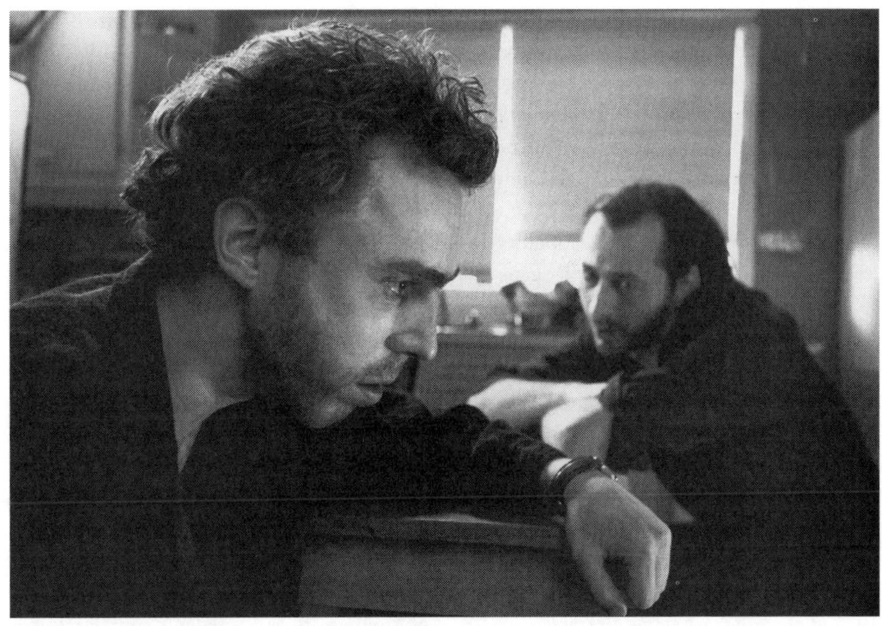

Denis Trudel et Luc Picard dans *Octobre* de Pierre Falardeau. (Jean F. Leblanc, coll. ACPQ)

compositeur, un producteur, un scénariste ou un technicien pour l'ensemble de sa carrière. Chaque année, le ministre de la Culture et des Communications fait appel aux organismes œuvrant dans le domaine du cinéma afin qu'ils soumettent des candidatures. Un jury indépendant est par la suite constitué pour choisir le lauréat. Voici la liste des gagnants :

1980 Arthur Lamothe
1981 Pierre Lamy
1982 Norman McLaren
1983 Maurice Blackburn
1984 Claude Jutra
1985 Gilles Groulx
1986 Michel Brault
1987 Rock Demers
1988 Anne Claire Poirier
1989 Denys Arcand
1990 Gilles Carle
1991 Frédéric Back
1992 Jean-Claude Labrecque
1993 Francis Mankiewicz
1994 Pierre Perrault
1995 Jean Pierre Lefebvre
1996 Jacques Giraldeau
1997 Colin Low
1998 Georges Dufaux

**Prix de l'AQCC**

En 1974, l'AQCC créait, en collaboration avec le journal *Le Soleil*, le Prix de la critique québécoise, destiné à couronner le meilleur long métrage produit au Québec. C'était le premier des prix remis par l'Association québécoise des critiques de cinéma. Par la suite, d'autres prix allaient être créés par la même association, visant à désigner le meilleur court métrage, le meilleur moyen métrage, le meilleur documentaire, etc. Au fil des ans, principalement à cause des changements de commanditaire, la dénomination de ces prix a évolué. Pour cette raison, nous avons choisi de regrouper les différentes dénominations sous un titre général.

**« Prix du long métrage »**

De 1974 à 1980, il porte le nom de Prix de la critique québécoise, puis celui de prix L.-E.-Ouimet-Molson jusqu'en 1995, alors qu'il devient prix Belle Gueule-AQCC, puis prix AQCC-SODEC l'année suivante.
Voici la liste des gagnants (l'année est celle pour laquelle le prix a été attribué) :

1974 *Les ordres* (Michel Brault)
1975 *On disait que c'était notre terre/ Ntesi nana shepen* (Arthur Lamothe)
1976 *Ti-Cul Tougas* (Jean-Guy Noël)
1977 *24 heures ou plus...* (Gilles Groulx)
1978 *Comme les six doigts de la main* (André Melançon)
1979 *L'hiver bleu* (André Blanchard)
1980 *Une histoire de femmes* (Sophie Bissonnette, Martin Duckworth et Joyce Rock)
1981 *Les Plouffe* (Gilles Carle)
1982 *Le confort et l'indifférence* (Denys Arcand)
1983 *La turlute des années dures* (Richard Boutet et Pascal Gélinas)
1984 *La femme de l'hôtel* (Léa Pool)
1985 *Caffè Italia Montréal* (Paul Tana)
1986 *Le déclin de l'empire américain* (Denys Arcand)
1987 *Train of Dreams* (John N. Smith)
1988 *Kalamazoo* (André Forcier)
1989 *Trois pommes à côté du sommeil* (Jacques Leduc)
1990 *La liberté d'une statue* (Olivier Asselin)
1991 *The Company of Strangers* (Cynthia Scott)
1992 *Requiem pour un beau sans cœur* (Robert Morin)
1993 *Deux actrices* (Micheline Lanctôt)
1994 *Octobre* (Pierre Falardeau)
1995 *Rang 5* (Richard Lavoie)
1996 *La plante humaine* (Pierre Hébert)
1997 *Tu as crié LET ME GO* (Anne Claire Poirier)
1998 *Quiconque meurt, meurt à douleur* (Robert Morin)

**« Prix du court et moyen métrage »**

Il est attribué à partir de 1978, puis est scindé en deux en 1986, alors que sont crées les prix Normande-Juneau (meilleur court métrage) et André-Leroux (meilleur moyen métrage).
Voici la liste des gagnants (l'année est celle pour laquelle le prix a été attribué) :

1979 *Au bout du doute* (Laurier Bonin)
1980 *Le petit pays* (Bertrand Langlois)
1981 Non attribué
1982 *Les bleus... la nuit* (Daniel Rancourt)
1983 Ex æquo *Marc-Aurèle Fortin (1888-1970)* (André Gladu)
*Journal inachevé* (Marilu Mallet)
1984 *Chants et danses du monde inanimé — Le métro* (Pierre Hébert)
1985 Ex æquo *Téléphone* (Luce Roy)
*Une guerre dans mon jardin* (Diane Létourneau)

**« Prix du court métrage »**

Pour les années 1986 à 1994, il est attribué sous la dénomination de prix Normande-Juneau, du nom d'une critique de cinéma du *Journal de Montréal* et de *Châtelaine* décédée en 1980. Pour les années 1995 et 1996, il est remis sous le nom de prix de l'AQCC pour le meilleur court métrage québécois de l'année. Il est par la suite abandonné.

Voici la liste des gagnants (l'année est celle pour laquelle le prix a été attribué) :

1986 *Transit* (Richard Roy)
1987 *L'homme qui plantait des arbres* (Frédéric Back)
1988 *Sortie 234* (Michel Langlois)
1989 *Loin d'où* (Michka Saäl)
1990 *On a marché sur la lune* (Johanne Prégent)
1991 *Lettre à mon père* (Michel Langlois)
1992 *Le singe bleu* (Esther Valiquette)
1993 *Repas compris* (Mario Bolduc)
1994 *Aube urbaine* (Jeannine Gagné)
1995 *The End of the World in Four Seasons* (Paul Driessen)
1996 *La dame aux poupées* (Denys Desjardins)

### « **Prix du moyen métrage** »

Pour les années 1986 à 1994, il est attribué sous la dénomination de prix André-Leroux, du nom d'un critique de cinéma du *Devoir* décédé en 1984. Pour les années 1995 et 1996, il est remis sous le nom de prix de l'AQCC pour le meilleur moyen métrage québécois de l'année. Il est par la suite abandonné.

Voici la liste des gagnants (l'année est celle pour laquelle le prix a été attribué) :

1986 *Sonia* (Paule Baillargeon)
1987 *Oscar Thiffault* (Serge Giguère)
1988 *Dancing Around the Table (2^e part)* (Maurice Bulbulian)
1989 *« Qui va chercher Giselle à 3 h 45 ? »* (Sylvie Groulx)
1990 *Nuits d'Afrique* (Catherine Martin)
1991 *Le roi du drum* (Serge Giguère)
1992 *Ceux qui ont le pas léger meurent sans laisser de trace* (Bernard Émond)
1993 Ex æquo *De ma fenêtre* (Jean-Louis Frund)
*« Je t'aime gros, gros, gros »* (Helen Doyle)
1994 *L'âge de la performance* (Carole Poliquin)
1995 *9, Saint-Augustin* (Serge Giguère)
1996 *Sans raison apparente (Jean Chabot)*

### « **Prix du court et moyen métrage documentaire** »

Il est créé en 1997 sous le nom de prix AQCC-Téléfilm Canada pour récompenser le meilleur documentaire d'une durée de moins d'une heure.

Voici la liste des gagnants (l'année est celle pour laquelle le prix a été attribué) :

1997 Ex æquo *L'épreuve du feu* (Bernard Émond)
*Turbulences* (Carole Poliquin)
1998 *Les dames du 9^e* (Catherine Martin)

### « **Prix du court et moyen métrage de fiction** »

Il est créé en 1997 sous le nom de prix AQCC-Téléfilm Canada pour récompenser le meilleur film de fiction d'une durée de moins d'une heure.

Voici la liste des gagnants (l'année est celle pour laquelle le prix a été attribué) :

1997 *Oh la la du narratif* (Sylvie Laliberté)
1998 *L'invention d'un paysage* (Serge Cardinal)

### « **Bourse Claude-Jutra** »

Elle est créée en 1987 par l'AQCC et l'Office franco-québécois pour la jeunesse (l'OFQJ

commanditera ce prix jusqu'en 1998) pour encourager un jeune cinéaste québécois.
Voici la liste des gagnants (l'année est celle pour laquelle le prix a été attribué) :

1987 Denis Laplante (*Un trou au cœur*)
1988 André Turpin (*Comme hier matin*)
1989 Pierre Sylvestre (*Premier regard*)
1990 Yves Lafontaine (*J'entends le noir*)
1991 Manon Briand (*Les sauf-conduits*)
1992 Jean-Marc Vallée (*Stéréotypes*)
1993 Bruno Boulianne (*Un cirque sur le fleuve*)
1994 Geneviève Desautels et Bruno Santerre (*Marie Dormante*)
1995 Lucie Lambert (*Paysages sous les paupières*)
1996 Hugo Brochu (*Anna à la lettre C*)
1997 Dominic Gagnon (*Béluga Crash Blues*)
1998 Serge Marcotte (*The Sickroom*)

**Prix Guy-L'Écuyer**

Créé en 1987 par les Rendez-vous du cinéma québécois, il était décerné au début de chaque année au meilleur acteur ou à la meilleure actrice ayant joué dans un film québécois de l'année précédente. C'est le comité organisateur des Rendez-vous qui attribuait ce prix nommé en hommage au comédien Guy L'Écuyer*. Le conseil d'administration abandonne ce prix en 1998, en raison de la création de la soirée des Jutra.
Voici la liste des gagnants (l'année est celle pour laquelle le prix a été attribué) :

1987 Roger Le Bel (*Un zoo la nuit*)
1988 Marie Tifo (*Kalamazoo*)
1989 Denis Bouchard (*Les matins infidèles*)
1990 Andrée Lachapelle (*... comme un voleur*)
1991 Rita Lafontaine (*L'homme de rêve*)
1992 Élise Guilbault (*Cap Tourmente*)
1993 Geneviève Bujold (*Mon amie Max*)
1994 Hugo Dubé et Pierre Rivard (*Octobre*)
1995 Micheline Lanctôt (*L'oreille d'un sourd*)
1996 Louise Portal (*Sous-sol*)
1997 Tony Nardi (*La déroute*)

**Prix Luce-Guilbeault**

Créé en 1991 par les Rendez-vous du cinéma québécois, il était décerné au début de chaque année à la jeune actrice ou au jeune acteur le plus prometteur ayant joué dans un film québécois de l'année précédente. C'est le comité organisateur des Rendez-vous qui attribuait ce prix nommé en hommage à la comédienne Luce Guilbeault*. Le conseil d'administration abandonne ce prix en 1998, en raison de la création de la soirée des Jutra.
Voici la liste des gagnants (l'année est celle pour laquelle le prix a été attribué) :

1991 Luc Picard (*Les sauf-conduits*)
1992 Linda Roy (*La bête de foire*)
1993 Ex aequo Louise Deslières (*Les pots cassés*)
et Johanne McKay (*Mon amie Max*)
1994 Sarah-Jeanne Salvy (*Le vent du Wyoming*)
1995 Anne-Marie Cadieux (*Le confessionnal*)
1996 Lucie Laurier (*J'aime j'aime pas*)
1997 Patrick Huard (*J'en suis* et *Les Boys*)

**Prix SARDeC du meilleur scénario**

Créé en 1991 par la Société des auteurs, recherchistes, documentalistes et compositeurs (SARDeC), ce prix était décerné annuellement à l'auteur ou aux auteurs du meilleur scénario d'une œuvre de fiction de long métrage. Pour ce faire, le conseil d'administration de la SARDeC formait chaque année un jury de trois scénaristes. Il abandonne ce prix en 1998, en raison de la création de la soirée des Jutra. Voici la liste des gagnants (l'année est celle pour laquelle le prix a été attribué) :

1991 Bruno Ramirez et Paul Tana (*La Sarrasine*)
1992 Ex aequo Robert Morin (*Requiem pour un beau sans-cœur*) et Claude Fortin (*Le voleur de caméra*)
1993 Jefferson Lewis (*Mon amie Max*)
1994 André Forcier (*Le vent du Wyoming*)
1995 Robert Lepage (*Le confessionnal*)
1996 Sylvie Groulx et Jacques Marcotte (*J'aime j'aime pas*)
1997 Denis Chouinard et Nicolas Wadimoff (*Clandestins*)

BIBLIOGRAPHIE : *Prix remportés par le cinéma québécois dans les années 80*, Les Rendez-vous du cinéma québécois/ACPQ, 1991. (M. J.)

**PRODUCTIONS RENAISSANCE (LES).** (*Voir* RENAISSANCE FILMS)

**PROTAT, François,** chef opérateur (Paris, France, 1945). Fils de technicien de cinéma, il étudie de 1964 à 1966 à l'école de cinéma fondée par Louis Lumière, rue de Vaugirard, à Paris. Assistant cameraman dès sa sortie de l'école, il émigre au Québec en 1969 et assiste, entre autres, Michel Brault pour *Le temps d'une chasse* (F. Mankiewicz, 1972) et *Kamouraska* (C. Jutra, 1973). Avec *Bingo* (J.-C. Lord, 1974), il passe à la direction de la photographie. C'est cependant son travail sur *Les ordres* (M. Brault, 1974), où il utilise le noir et blanc et la couleur avec la même intelligence, qui le fait connaître. Il poursuit avec *Jos Carbone* (H. Tremblay, 1975) et *La tête de Normande Saint-Onge* (G. Carle, 1975), qui confirment son statut de technicien de premier plan. Il collabore avec Lord à deux autres reprises (*Panique*, 1977; *Éclair au chocolat*, 1978), ainsi qu'avec Carle quatre autres fois (*L'ange et la femme*, 1977; *Fantastica*, 1980; *Les Plouffe*, 1981; et la télésérie *Le crime d'Ovide Plouffe*, 1984) et signe les images colorées de *La guerre des tuques* (A. Melançon, 1984). Protat voit pourtant sa carrière s'orienter peu à peu vers le cinéma de langue anglaise, voire même le cinéma hollywoodien. Son nom apparaît au générique de films comme *Hot Touch* (R. Vadim, 1980), *Running Brave* (D. Shebib, 1983), *The Surrogate* (D. Carmody, 1984), *Clear Cut* (R. Bugajski, 1991) et *Johnny Mnemonic* (R. Longo, 1995). *Joshua Then and Now* (1985) marque les débuts de sa collaboration avec Ted Kotcheff, qui se poursuit avec *Switching Channels* (1988), *Winter People* (1988) et *Weekend at Bernie's* (1989), trois productions américaines. À partir de 1996, Protat travaille surtout pour la télévision américaine. (M. J.)

**PROULX, Denise,** actrice (Montréal, 1929 – 1993). Elle fait ses débuts en 1944 à la radio, où elle est de la distribution des principaux radioromans. Dès 1947, on la voit régulièrement au théâtre où elle obtient de nombreux rôles de soutien. À la même époque, elle apparaît dans trois films : *Le gros Bill* (R. Delacroix, 1949), *Le curé de village* (P. Gury, 1949) et *Les lumières de ma ville* (J.-Y. Bigras, 1950), où elle interprète une jeune fille vive et en santé. Il faut ensuite attendre les années 70, alors que *Les belles-sœurs*, pièce événement de Michel Tremblay, relancent sa carrière, pour la retrouver au cinéma. Elle joue d'abord dans *L'amour humain* (D. Héroux, 1970) et *Les chats bottés* (C. Fournier, 1971), puis profite naturellement de la vague des comédies populaires et tient un petit rôle dans *J'ai mon voyage !* (D. Héroux, 1973),

*Les deux pieds dans la même bottine* (P. Rose, 1973) et *Je suis loin de toi mignonne* (C. Fournier, 1976). Elle est l'un des visages de la serveuse dans *Françoise Durocher, waitress* (A. Brassard, 1972, c. m.). On la voit également dans *O. K... Laliberté* (M. Carrière, 1973), *Les vautours* (J.-C. Labrecque, 1975), *Ti-Mine, Bernie pis la gang...* (M. Carrière, 1976), *J. A. Martin photographe* (J. Beaudin, 1976), *Hey Babe!* (R. Zielinski, 1982) et *Les yeux rouges ou les vérités accidentelles* (Y. Simoneau, 1982). Proulx a toujours des rôles de soutien, particulièrement, en raison de son physique rassurant, de sa jovialité et de son naturel familier, des rôles de femmes en milieu populaire, une mère, une voisine, une hôtelière ou même une Madame. Robert Awad met à contribution toutes ses qualités dans *Amuse-gueule* (1984, c. m.), conte fantaisiste où elle interprète la mère suralimentée d'un fils qui ne mange pas. (M. C. et G. K.)

**PROULX, Luc,** acteur (Bromptonville, 1951). Associé au théâtre expérimental, Proulx joue, tout naturellement, dans les films de cinéastes indépendants dont ceux de Jean Gagné et Serge Gagné (*Le royaume ou l'asile*, 1989; *La folie des crinolines*, 1995). Il offre toute la gamme des hommes ordinaires, peu bavards, soumis et sans malice. Ainsi on le voit en prisonnier dans *Le party* (P. Falardeau, 1989), en sergent de police attentionné dans *Le Vendredi de Jeanne Robinson* (Y. Dion, 1991), en chômeur et mari négligé dans *L'oreille d'un sourd* (M. Bolduc, 1995) et en plombier sans complication dans *Le cœur au poing* (C. Binamé, 1998). Habitué des rôles de soutien, voire des brèves apparitions, il aligne une impressionnante filmographie qui va de *Un zoo la nuit* (J.-C. Lauzon, 1987) et *Une histoire inventée* (A. Forcier, 1990) jusqu'à *Full Blast* (R. Jean, 1999) et *La veuve de Saint-Pierre* (P. Leconte, 1999). Proulx est le seul interprète du *Chambreur* (J. Châteauvert, 1997, c. m.), un film inspiré de Kafka et de Suskind où son personnage sombre dans la folie paranoïaque. D'ailleurs, il tient souvent des rôles plus importants dans les courts métrages, et on le voit notamment dans *Le bonheur* (C. Demers, 1985), *Le diable est une petite fille* (C. Demers, 1989), *Les frissons d'Agathe* (G. Dionne, 1989), *Ciné-Parc* (R. Dufresne, 1993), *Second souffle* (P. Thinel, 1993), *BBQ* (N. Trépanier, 1995), *Déjà vu* (J. Châteauvert, 1996) et *L'écho d'un dernier matin* (L. Legault, 1998). (M. C.)

**PROULX, Maurice,** réalisateur, chef opérateur, monteur (Saint-Pierre-Montmagny, 1902 – La Pocatière, 1988). Ordonné prêtre en 1928, il fait des études en agronomie aux Universités Laval et Cornell (États-Unis). C'est là qu'il se familiarise avec le film 16 mm. Revenu au Québec en 1933, il enseigne l'agronomie à Sainte-Anne-de-la-Pocatière. Son directeur lui demande de participer au travail de la Société de colonisation. C'est donc pour vanter les mérites de la colonisation que, dès 1934, il va régulièrement en Abitibi suivre un groupe de colons. Il en ramène des images qu'il monte et sonorise à New York en 1937. *En pays neufs* (1937), dont la suite est *En pays neufs — Sainte-Anne de Roquemaure* (1942, c. m.), est le premier long métrage documentaire sonore réalisé au Canada. Dès ce moment, son œuvre s'articule autour de trois pôles principaux: l'agriculture, la religion et le tourisme. Ses films ruraux, les plus didactiques, trahissent son métier de professeur; ils répondent souvent aux besoins des ministères de l'Agriculture ou de la Colonisation. Proulx met en va-

Maurice Proulx, Maurice Duplessis et la mère de Maurice Proulx. (coll. CQ)

leur les méthodes de travail modernes : *Le labour Richard* (1939, c. m.), *Défrichement motorisé* (1946, c. m.), *La chimie et la pomme de terre* (1949, c. m.). Il explique certains modes de culture : *La betterave à sucre* (1942, m. m.), *Les couches chaudes* (1942, c. m.), *Le miel nectar* (1942, c. m.) et *Le lin du Canada* (1947, m. m.), un de ses meilleurs films sur le plan anthropologique, exemple parfait de ses grandes qualités de cameraman. Dans cette veine, il tourne aussi *La culture de la betterave à sucre* (1949, m. m.), *Le tabac jaune du Québec* (1951, m. m.) et *La culture maraîchère en évolution* (1961, c. m.). Il présente également certaines espèces animales : *La vache canadienne* (1938, c. m.) et *Le percheron* (1946, c. m.). Le documentariste Proulx veut aussi vanter les attraits touristiques du Québec. L'Office du tourisme du Québec fait souvent appel à ses services. Son second long métrage, *En pays pittoresque* (1939), montre les beautés et les mœurs de la Gaspésie et décrit deux colonies récentes. L'attraction touristique s'y mêle à l'éloge de la colonisation. Il consacre d'ailleurs plusieurs films à la Gaspésie, notamment *Les ailes sur la péninsule* (1950, c. m.). La pêche et les sports d'hiver sont des plaisirs touristiques qui attirent son attention. En tant que prêtre cinéaste, Proulx ne peut manquer de filmer la vie et les événements religieux qui l'entourent : congrès eucharistique, congrès marial, messe pontificale, bénédictions, prise d'habit, etc. Quelques films s'arrêtent à des événements qui offrent un intérêt historique, comme *Marguerite*

*Bourgeoys* (1954, c. m.) tourné au moment de sa béatification, ou *La béatification de Mère d'Youville* (1960, c. m.). Proulx s'intéresse également à l'organisation de la société québécoise et signe des films qui véhiculent sa vision du coopératisme, de l'éducation. La Fédération des caisses commandite *Le cinquantenaire des caisses populaires* (1951, c. m.) et *Penser avant de dépenser* (1958, m. m.). La question des jeunes l'intéresse aussi : *Jeunesse rurale* (1951, c. m.) et *Vers la compétence* (1955, m. m.) en témoignent. La caméra de Proulx s'attarde d'ailleurs souvent à la jeunesse, particulièrement aux enfants. Soulignons qu'en 1953, il met sur pied le service social de son diocèse où il s'occupe, jusqu'en 1966, d'adoption.

La plupart des films de Proulx sont commandés par le gouvernement. Même s'il fait ses débuts alors que Godbout est premier ministre du Québec et contribue à la fondation du SCP en 1941, on identifie davantage son œuvre au gouvernement Duplessis et à l'idéologie de conservation que véhiculent les élites traditionnelles associées au duplessisme. On ne peut contester que Proulx soit le grand cinéaste gouvernemental des années 40 et 50. Lorsque Duplessis veut répondre à un film « offensant » que l'ONF aurait commis (*Îles de la Madeleine*, J. Palardy, 1952, c. m.), c'est à Proulx qu'il fait appel et celui-ci tourne *Îles de la Madeleine* (1956, c. m.). Proulx filme assemblées politiques et réalisations de Duplessis : écoles, routes, hôpitaux, ponts, etc. Il ira jusqu'à tourner *Film politique de Roméo Lorrain* (1960) pour remplacer le député malade au moment de la campagne électorale de 1960 ; c'est un document remarquable sur les mœurs politiques de l'époque. Proulx tourne son dernier film sonore en 1961 et abandonne presque la caméra. Il aura été un des témoins importants de trente ans de vie québécoise. En 1974, le gouvernement du Québec acquiert toute son œuvre. Il reçoit plusieurs distinctions dont un doctorat honorifique de l'Université Concordia en 1979, l'Ordre du Canada en 1986 et l'Ordre du Québec en 1987. En 1984, Radio-Canada lui consacre deux émissions de quatre-vingt-dix minutes intitulées *Maurice Proulx, le cinéaste d'un Québec oublié.* Dans les années 80, il met en valeur son travail de cinéaste dans les salles d'exposition du musée François-Pilote, à La Pocatière. En 1987, l'ADATE crée un prix Maurice-Proulx, remis annuellement au meilleur document présenté à son festival.

AUTRES FILMS : *Congrès eucharistique de Québec* (1938, m. m.), *Une journée à l'Exposition provinciale de Québec* (1942, c. m.), *Congrès marial Ottawa* (1947), *Les ennemis de la pomme de terre* (1949, c. m.), *Congrès marial Ottawa juin 1947* (1950, c. m.), *Ski à Québec* (1950, c. m.), *Sucre d'érable et coopération* (1950, repris en 1955, c. m.), *Les routes du Québec* (1951, m. m.), *Waconichi* (1955, c. m.), *Au royaume du Saguenay* (1957, c. m.), *La Gaspésie pittoresque* (1957, c. m.), *Médecine d'aujourd'hui* (1959, c. m.), *Le bas du Saint-Laurent* (1959, c. m.). (P. V.)

**PROULX, Michel,** directeur artistique, décorateur (Montréal, 1946). Formé à l'Institut des arts appliqués de Montréal et à l'Institut des arts décoratifs de Paris, il cumule souvent les fonctions de directeur artistique et de décorateur. D'une grande souplesse, il se plie aux exigences des réalisateurs et moule littéralement lieux de tournage et décors aux univers suggérés par les scénarios. Il privilégie l'usage du faux qui met à profit les possibilités de trompe-l'œil de la caméra. Exploitant avec finesse les décors urbains, il sait leur donner aussi bien le caractère intimiste de *Pour le meilleur et pour le pire* (C. Jutra, 1975), que l'aspect inquiétant de *Pouvoir intime* (Y. Simoneau, 1986) ou l'étrangeté de *Rafales* (A. Melançon, 1990), la ville disparaissant sous une tempête de neige. Il utilise avec la même imagination les décors naturels qu'il prend plaisir à modifier selon ses besoins. Après la campagne aussi sordide que bucolique des *Bons débarras* (F. Mankiewicz, 1980), pour *Les fous de Bassan* (Y. Simoneau, 1987), il crée de toutes pièces sur l'Île Bonaventure le village fantomatique et hallucinant qui demeure la plus belle réussite du film. Dans *Kalamazoo* (A. Forcier, 1988), il passe des lieux urbains aux paysages maritimes et leur confère cette ambiance à la fois hyperréaliste et fantaisiste propre à l'univers du réalisateur. Dans les années 90, il s'éloigne du cinéma québécois, signant toutefois la direction artistique de *L'automne sauvage* (G. Pelletier, 1992). Proulx collabore à des productions américaines ou canadiennes-anglaises (*Bethune the Making of a Hero*, P. Borsos, 1990; *Hysteria*, R. Daalder, 1996; *Free Money*, Y. Simoneau, 1998) et travaille pour la télévision (*Omertà, la loi du silence*; *The Hunger*; *Tag*). (D. B. et M. C.)

**PROULX, Monique,** scénariste (Québec,1952). Proulx, qui a une formation en lettres et en théâtre, fait ses débuts comme scénariste avec deux dramatiques télé tournées à Québec (*Un aller simple*; *Les gens de la ville*) et revient à ce médium avec le téléfilm *À la vie! À l'amour!* (B. Carrière, 1989, m. m.), histoire d'un coup de foudre entre un peintre et une cinéaste soumis à rude épreuve. Abordant la scénarisation comme un métier d'appoint, Proulx, d'abord romancière et nouvelliste, participe notamment à l'adaptation pour le cinéma de trois de ses œuvres, une nouvelle et deux romans. Elle s'inspire d'une de ses nouvelles, *Bonnie et fils*, pour écrire la comédie *Gaspard et fil$* (F. Labonté, 1988) où un père et son fils, à couteaux tirés mais forcés de cohabiter, se lancent à la recherche d'un billet de loterie gagnant. Le film tranche avec le reste de son travail de scénariste sinon qu'elle y présente des rapports filiaux difficiles, tordus, complexes, thème qui reviendra souvent par la suite. En adaptant ses deux romans, *Le sexe des étoiles* et *Homme invisible à la fenêtre*, elle propose chaque fois une importante réécriture de l'œuvre originale. *Le sexe des étoiles* (P. Baillargeon, 1993) est construit autour du lien qui s'établit entre une jeune fille et son père transexuel après une longue séparation. Le scénario est primé à Chicago et Vancouver. Adaptant l'autre roman avec Jean Beaudin (*Souvenirs intimes*,1998), elle en conserve le profil des personnages principaux et la situation mais transforme de fond en comble la dynamique, l'enfant né d'un viol collectif devenant la victime et l'enjeu d'un jeu cruel entre une femme blessée, vengeresse, et un homme handicapé. Elle scénarise aussi *Le grand serpent du monde* (Y. Dion, 1998) qui s'inscrit dans une collection de téléfilms autour du thème de la famille. Un chauffeur d'autobus qui rêve de grands espaces s'y amourache de celle qu'il ignore être sa fille. Proulx participe, dans la continuité du laboratoire qu'a constitué *Eldorado* (C. Binamé, 1995), à la scénarisation du*Cœur au poing* (C. Binamé, 1998), où elle prend le relais du travail créatif du réalisateur et des comédiens. Dans cette histoire, construite autour d'une série de tableaux, une jeune femme en détresse offre une heure de son temps à des inconnus. On y reconnaît la place prépondérante que la scénariste accorde aux personnages et son intérêt marqué pour la solitude et le désarroi urbains. (M. C.)

**PROVENCHER, Paul,** réalisateur (Trois-Rivières, 1902 – Baie-d'Urfé, 1981). Ingénieur forestier, il passe plus de cinquante ans « à parcourir la forêt, à déjouer ses embûches, à découvrir ses ressources, à l'aimer et à la comprendre ». Conteur expressif et intarissable doté d'une mémoire phénoménale, vulgarisateur scientifique chevronné, il explore notamment le territoire des Montagnais de la Côte-Nord, toujours muni de sa boîte d'aquarelle, d'un Rolleiflex et, à partir de 1935, d'un appareil cinématographique. Cette année-là, Provencher, déjà mordu de photographie, accepte immédiatement quand l'anthropologue Marius Barbeau, au service du gouvernement fédéral, lui propose de filmer la vie des Amérindiens de la Côte-Nord. Les quarante mille pieds de pellicule qu'il tourne entre 1935 et 1960, montés de façon rudimentaire ou simplement mis en bout à bout autour de certains thèmes, traitent des Amérindiens (*Les Montagnais*, 1935, m. m.; *Les scènes montagnaises*, 1936, c. m.), de la vie en forêt (*Labrador*, 1936, m. m.; *Live and Let Live*, 1938, c. m.; *Scènes de vie de Paul Provencher*, 1940, c. m.; *Military Woodcraft Course*, 1945, c. m.) et de l'observation de la nature (*Bears, Goats, Deers*, 1942, c. m.; *Fleurs boréales et mousses à caribou*, 1950, c. m.; *Man and Insects in the Forest*, 1952, c. m.). On y retrouve aussi divers reportages, notamment sur de terribles incendies en forêt, et des scènes de vie de famille à Baie-Comeau, au Lac-Saint-Jean et à Baie-d'Urfé. Sa contribution cinématographique tient à son regard d'ethnologue méticuleux lorsqu'il filme la vie des Montagnais en pleine nature et se fait l'observateur attentif de leurs gestes traditionnels. D'autre part, dès 1935, il améliore ses conditions de tournage en montant son appareil cinématographique sur une crosse de fusil pour en faciliter le maniement. Conférencier recherché lorsqu'il n'est pas en forêt, il commente ses films lui-même, de « vive-voix ». En 1979, Jean-Claude Labrecque réalise un touchant portrait de Provencher, *Le dernier des coureurs des bois* (m. m.), et un remodelage sensible des *Montagnais* (m. m.), qui obtient la même année une mention spéciale à Nyon. (M. Le.)

**PROVOST, Guy,** acteur (Hull, 1925). Le rôle d'Alexis Labranche dans *Un homme et son péché* et *Séraphin* (P. Gury, 1949 et 1950) en fait immédiatement une vedette à travers le Québec. Puis, tandis qu'il exerce son métier en France, on le remarque dans *Un sourire dans la tempête* (R. Chanas, 1950), *Trapèze* (C. Reed, 1955), *Si Paris nous était conté* (S. Guitry, 1956). C'est ensuite le retour au pays où il se consacre au théâtre et à la télévision. On verra par ailleurs Provost dans des productions comme *Louis-Joseph Papineau le demi-dieu* (L.-G. Carrier, 1960, c. m.), *Le misanthrope* (L.-G. Carrier, 1964), *Les deux pieds dans la même bottine* (P. Rose, 1974), *Les aventures d'une jeune veuve* (R. Fournier, 1974), *Gapi* (P. Blouin, 1981), *Hold-up* (A. Arcady, 1985), *Le frère André* (J.-C. Labrecque, 1987), *Perversion* (Y. Dion, 1988, c. m.), *Les trois Montréal de Michel Tremblay* (M. Moreau, 1989, m. m.) et *Free Money* (Y. Simoneau, 1998). Mais les cinéphiles se souviendront surtout de lui dans *Les ordres* (M. Brault, 1974) où, avec une sobriété extraordinaire, il incarne le personnage de Jean-Marie Beauchemin, médecin d'une clinique de quartier dont l'engagement social entraîne la détention pour activités subversives. En 1999, Odette Vincent lui consacre un livre, *Rêver les yeux ouverts.* (J.-M. P.)

**PROVOST, Yvon,** producteur, réalisateur, recherchiste (Montréal, 1948). Après des études en histoire et en histoire de l'art, il travaille comme historien, publiant notamment de nombreux articles dans le périodique *Les maisons du Québec,* mais aussi comme consultant en communication. Il aborde le cinéma en tant que recherchiste et assistant réalisateur de films qui font appel à sa formation d'historien, en étroite collaboration avec le réalisateur François Brault* : la série « Les arts sacrés au Québec » (1982, huit c. m.), *La journée d'un curé de campagne* (1983), *Une installation à disposer* (1983, m. m.). Il est aussi coscénariste, entre autres documentaires, de *Miroir de la vie et de la mort* (F. Brault, 1985, m. m.). Profitant de sa maîtrise des contenus, Provost pousse plus loin sa participation à la série « Les arts sacrés au Québec » en coréalisant *Ozias Leduc, peintre décorateur d'églises, 1884-1955* (coréal. F. Brault, 1984, c. m.) et *Victor Bourgeau, architecte, 1809-1888* (coréal. F. Brault, 1984, c. m.). Il réalise ensuite *J'ai pas dit mon dernier mot* (1986, m. m.), documentaire où le clown Sol et un journaliste, sur la piste d'un mystérieux « bromulateur », proposent une réflexion à la fois intelligente et fantaisiste sur la langue. Malgré cette réussite, il ne touche plus à la réalisation que pour tourner un court film de commande destiné au Musée de la civilisation de Québec, *La débâcle* (coréal. M. Murray, 1989, c. m.). En 1988, Provost, qui est producteur associé de *Kalamazoo* (A. Forcier, 1988) et producteur de *Chronique d'un temps flou* (S. Groulx, 1988), fonde sa compagnie de production, Les productions d'Amérique française. Il s'associe d'abord à l'ONF et à l'Institut national de l'audiovisuel (France) pour coproduire certains films de la collection « Parler d'Amérique » : *Chère Amérique* (M. Mallet, 1990, m. m.), *Le diable d'Amérique* (G. Carle, 1990), *Une aventure américaine* (V. Martorana, 1991, m. m.) et *Ce qu'il en reste* (M. Lepage, 1992, m. m.). Dans un tout autre registre, Provost, qui défend à sa manière une politique d'auteur, produit les premiers films de Marcel Jean : *Le rendez-vous perpétuel* (1989, c. m.) et *Vacheries* (1990, c. m.). Il produit encore un portrait de Gilles Vigneault, *Une enfance à Natashquan* (M. Moreau, 1992), coproduit une fiction inusitée sur l'aphasie, *Les mots perdus, un film en quatre saisons* (M. Simard, 1993) et *Los Naufragos* (1994), du cinéaste chilien Miguel Littin. (M. C.)

**QUÉBEC PRODUCTIONS.** Au printemps 1946, Paul L'Anglais* et le financier René Germain discutent avec Charles Philipp, le fondateur de Renaissance Films*, de la production d'un film intitulé *Rendez-vous au Château Frontenac*, pour lequel ils approchent le réalisateur Fédor Ozep*. L'Anglais et Germain créent alors Québec Productions (QP), qui aménage ses studios dans des casernes de Saint-Hyacinthe. Dès septembre, tout est prêt pour le tournage du film, maintenant intitulé *La forteresse/Whispering City*. Tournée en soixante et onze jours, cette première production bilingue exige un investissement de près d'un million de dollars, incluant l'aménagement des studios. QP, qui espérait d'abord conquérir les marchés étrangers, doit cependant modifier ses objectifs et viser plutôt le marché local. Après dix-huit mois d'inactivité, la compagnie annonce, en novembre 1948, la production de *Un homme et son péché* (1949), sous la direction de Paul Gury*. Le film fait de gros profits. QP joue donc de nouveau la carte de l'adaptation d'un radioroman et tourne *Le curé de village* (P. Gury, 1949). Simultanément, on prépare une suite à *Un homme et son péché* : *Séraphin* (P. Gury, 1950). En deux ans, QP réussit à se constituer une équipe de production québécoise et à rentabiliser ses entreprises sur le marché local. Mais L'Anglais rêve encore du marché international. Il met sur pied une coproduction avec la France, *Son copain* (J. Devaivre, 1950), et prépare son lancement avec l'imposant concours Miss Cinéma 1950. Malgré tout ce battage publicitaire, le film est un échec. En mai 1951, L'Anglais quitte QP, et est remplacé par Richard J. Jarvis. Germain, avec l'appui de J.-A. DeSève, monte une dernière production, *Le rossignol et les cloches* (R. Delacroix, 1951). C'est, de loin, le moins bon film de la compagnie, qui cesse alors ses activités. Le studio de QP a aussi servi au tournage de plusieurs films : *Sins of the Fathers* (R. J. Jarvis et P. Rosen, 1948), *Forbidden Journey* (R. J. Jarvis, 1950) et *The 13th Letter* (O. Preminger, 1951).

BIBLIOGRAPHIE : VÉRONNEAU, Pierre, *Le succès est au film parlant français*, Cinémathèque québécoise, Montréal, 1979 • TREMBLAY-DAVIAULT, Christiane, *Un cinéma orphelin*, Québec/Amérique, Montréal, 1981. (P. V.)

# R

**RACHED, Tahani,** réalisatrice (Le Caire, Égypte, 1947). Après avoir tourné des vidéos pour SUCO et Carrefour international de 1973 à 1975, elle réalise *Les mesures de contrôle et une nouvelle société* (coréal. M. Duckworth, 1976, c. m.). Puis, elle tourne notamment un documentaire pour le front commun syndical (*Leur crise on la paye pas*, 1976, m. m.) et, pour Radio-Canada, *Les frères ennemis* (1979, c. m.). *Les voleurs de job*, son premier long métrage, date de 1980. En 1980 et en 1981, elle tourne six films pour l'émission *Planète* de Radio-Québec, puis elle est engagée par l'ONF en 1981.

Marquée pendant son adolescence en Égypte par l'esprit internationaliste de Bandoeng (ville d'Indonésie qui reçoit, en 1955, les représentants de vingt-neuf pays du tiers-monde qui inaugurent une politique de coopération et définissent une attitude anticolonialiste), Rached fait connaître au Québec les problèmes du tiers-monde, de ses habitants, de ses émigrants. Ses films reposent sur la conviction que lorsqu'on connaît les autres, leurs mœurs, leurs peines et leurs espoirs, on les comprend et on les accepte mieux. Dans *Les voleurs de job* et *Haïti-Québec* (1985, m. m.), tournés à Montréal, les entrevues dominent. Elles contribuent à rapprocher les travailleurs immigrés du spectateur. Dans *Beyrouth! « À défaut d'être mort »* (1983, m. m.) et *Ban pay a! Rends-moi mon pays* (1986, m. m.), situés respectivement au Liban et en Haïti, Rached donne plus de place aux lieux, aux milieux, aux situations. Mais, *Beyrouth! « À défaut d'être mort »*, n'est pas qu'un document d'actualité très intense sur la vie quotidienne dans un quartier dévasté de Beyrouth et un remarquable document ethnologique sur la façon dont les individus réagissent à des événements exceptionnels avec les moyens fournis par leur culture et leurs traditions, il est aussi un émouvant poème construit sur le corps et la voix. Il est ponctué et rythmé par les apparitions et le cri d'une mère dont le fils a été tué, et par les arrêts sur image au cours desquels les visages photographiés sont transformés, par le cinéaste d'animation Pierre Hébert, en dessins expressionnistes qui, soulignant leur expression dramatique et hiératique, rendent manifeste le travail de la mort. Avec *Au chic resto pop* (1990), Rached reste fidèle à son engagement social : le film montre le fonctionnement d'un restaurant communautaire à prix modique dans un quartier défavorisé de Montréal. Mais elle y aborde, pour la première fois, un milieu et des personnages québécois, d'une part, et de l'autre elle pousse plus loin le travail sur l'utilisation de la musique et du chant, entrepris dans l'intermède apparemment gratuit qu'a été *La phonie furieuse* (1982, c. m.), et poursuivi dans *Beyrouth! « À défaut d'être mort »*. Le documentaire est carrément construit sur des chansons, en particulier les chansons autobiographiques composées et chantées, avec la collaboration du musicien Steve Faulkner, par les employés du resto. Avec ce film, Rached se joint au petit nombre des cinéastes —Boutet, Desjardins et Monderie, Giguère — qui renouvellent le documentaire social. Elle consacre ensuite un documentaire, *Médecins de cœur* (1993), aux questions éthiques que soulève le traitement du sida, débordant largement le cadre de cette seule maladie. Dans *Quatre femmes d'Égypte* (1997), Rached filme des conversations entre des femmes de cinquante à soixante-dix ans liées par une longue amitié, un passé militant et un solide sens de l'humour. Avec *Urgence! Deuxième souffle* (1999), elle se replonge dans la réalité populaire québécoise. Il émerge de la description détaillée, haletante, du travail d'un groupe d'infirmières du service d'urgence d'un hôpital des portraits chaleureux, émouvants, drôles, dynamiques. Ces deux derniers films confirment que le Moyen Orient et le Québec sont les deux pôles de l'inspiration de Rached. La cinéaste s'attache à des personnalités fortes qui mettent énergie et capacités au service des populations et sont capables, peut-être à son instigation, de mettre de la bonne humeur dans des situations dramatiques. (M. E.)

Affiche du *Village enchanté*. (coll. CQ)

**RACICOT, Marcel,** producteur, réalisateur (Montréal, 1929). Il acquiert sa formation à l'École des beaux-arts. De 1949 à 1962, il travaille à l'ONF et collabore, à titre d'artiste animateur, à la réalisation de nombreux films à caractère éducatif. Pendant ses loisirs, il produit et coréalise *Le village enchanté* (coréal. R. Racicot, 1955), premier dessin animé québécois de long métrage. Puisé dans les légendes du folklore québécois, ce conte édifiant se situe au temps héroïque de la colonisation et raconte la fondation d'un village en terre québécoise. Imparfaite mais sympathique, cette initiative vaut surtout par le courage et le ténacité de ses auteurs. Par la suite, Racicot est producteur indépendant pour le compte de diverses sociétés et s'occupe surtout de films publicitaires pour la télévision.

AUTRES FILMS : *Les fiorettis de saint François d'Assise* (1973, c. m.), *Le verbe divin* (1988, c. m.). (L. B.)

**RACICOT, Réal,** chef opérateur, producteur, réalisateur, scénariste (Montréal, 1933).

Formé à l'École des beaux-arts et à l'ONF, en qualité de cameraman d'animation, il scénarise et réalise *Le village enchanté* (coréal. M. Racicot*, 1955). Il poursuit sa carrière comme producteur indépendant. En 1961, il laisse derrière lui l'animation et devient réalisateur adjoint à Radio-Canada. (L. B.)

**RACINE, Roger,** chef opérateur, producteur, réalisateur (Ottawa, Ontario, 1924). Il fait des études de lettres à l'Université d'Ottawa et s'initie à la photo dans le laboratoire de son frère, photographe professionnel. En 1943, alors que l'ONF cherche du personnel, il présente quelques bobines 8 mm à John Grierson, qui l'engage sur-le-champ comme assistant de Graham McInnis. Il devient assistant monteur et, un jour qu'un opérateur est malade, il fait sortir le matériel par un ami et tourne à sa place. Le tournage étant réussi, c'est le début d'une carrière à la caméra. Il tourne une trentaine de films et travaille avec la plupart des réalisateurs de l'ONF, dont Roger Blais, Bernard Devlin et Stanley Jackson. Il quitte l'ONF et entre à Renaissance Films Distribution où il est opérateur pour *Le gros Bill* (R. Delacroix, 1949) et directeur de la photographie pour *Les lumières de ma ville* (J.-Y. Bigras, 1950). Chez Québec Productions, il est directeur de la photographie pour *Le curé de village* (P. Gury, 1949) et opérateur pour *Le rossignol et les cloches* (R. Delacroix, 1951). Il est aussi directeur de la photographie pour *Forbidden Journey* (R. J. Jarvis et C. Maiden, 1950) et *La petite Aurore l'enfant martyre* (J. Y. Bigras, 1951). En 1950, il produit, réalise, dirige la photographie et monte un long métrage de fiction, *The Butler's Night Off*, qui ne sera pas distribué. En 1952, il devient réalisateur à Radio-Canada et y demeure jusqu'en 1966. Puis il revient au cinéma, où il signe les images de plusieurs films, dont *Le soleil des autres* (J. Faucher, 1970), dont il est aussi producteur, et *Après-ski* (R. Cardinal, 1970). Il réalise aussi un deuxième long métrage, *Ribo ou « Le soleil sauvage »* (coréal. J. H. Nama, 1978), tourné au Cameroun. Les images de Racine ont toujours été caractérisées par leur grande qualité esthétique, particulièrement à cause du raffinement du détail, de la gamme étendue des nuances qui s'y trouvent et des remarquables éclairages qu'il parvient à façonner. En 1991, il met la dernière main à un film tourné en 1956, *Jeunesses musicales*. Un rocker y rencontre un pianiste et se découvre un intérêt pour la musique classique. (F. B.)

**RANGER, Louise,** productrice, administratrice (Montréal, 1939). Après des études à Montréal, elle commence sa carrière cinématographique en 1964, comme coordonnatrice et secrétaire à l'administration chez Delta Films. En 1967, elle passe chez Onyx Films où elle est successivement adjointe à la production et à la réalisation pour *Le Québec à l'heure de l'Expo* (G. Carle, 1967, c. m.), productrice déléguée pour les cinq films du pavillon du Québec (1967) et directrice de production pour *Red* (G. Carle, 1969) et *Les mâles* (G. Carle, 1970). En 1970, elle participe à la fondation des productions Carle-Lamy, où elle est tour à tour directrice de production, productrice déléguée et productrice, pour *Les smattes* (J.-C. Labrecque, 1972), *La conquête* (Jacques Gagné, 1972), *Les corps célestes* (G. Carle, 1973), *Gina* (D. Arcand, 1975) et six courts métrages produits pour le compte de l'OFQ. Elle agit aussi comme productrice déléguée pour Les productions Mutuelles (*Bingo*, J.-C. Lord, 1974) et comme directrice de production pour Ciné-Art Films (*Les beaux dimanches*, R. Martin, 1974), l'ACPAV (*L'absence*, B. Sauriol, 1975) et The Far Shore (*The Far Shore*, J. Wieland, 1976). Elle voit, à titre de productrice déléguée, à la postproduction de *L'eau chaude l'eau frette* (A. Forcier, 1976). Ranger travaille de nouveau avec Jean-Claude Labrecque, d'abord comme productrice (*Les vautours*, 1975; *Québec fête juin '75*, coréal. C. Jutra, 1976), puis comme régisseuse en chef des *Jeux de la XXI*e *Olympiade* (coréal. J.-C. Labrecque, J. Beaudin, M. Carrière et Georges Dufaux, 1977). Entre 1977 et 1982, elle fonde Les Films du train secret et y produit *Les voyages du tortillard*, cinquante-deux courts films d'animation pour enfants réalisés par Peter Sander et Danielle Marleau. Après avoir été directrice générale de l'IQC de 1981 à 1984 (année de la création de la SGCQ), elle s'associe aux productions Prisma, où elle s'oriente de plus en plus vers la télévision. Elle se consacre ensuite à la production télévisuelle, étant notamment productrice de la série *Livre ouvert III* (1986-1987), du premier *soap* quotidien québécois, *La maison Deschênes* (1987-1988) et du téléfilm *Bananas From Sunny Quebec* (P. Pearson, 1993). Elle est productrice déléguée de *Matusalem* (R. Cantin, 1993) puis retourne à la télévision, associée notamment à Pixcom, maison de production pour laquelle elle implante un bureau à Jakarta, Pixindo, de 1996 à 1998. Productrice à la réputation enviable, elle compte parmi les premières femmes à s'être imposées dans ce domaine au Québec. (F. B.)

**RANSEN, Mort,** réalisateur, acteur, monteur, scénariste (Montréal, 1933). Entré à l'ONF en 1961, il y réalise de nombreux courts métrages sur les problèmes sociaux, en particulier ceux des jeunes. Dans *Jacky Visits the Zoo* (1962, c. m.), le héros se fait chasser du zoo pour mauvaise conduite; dans *No Reason to Stay* (coréal. B. Pojar, 1966, c. m.), il abandonne l'école; *The Circle* (1967, m. m.) aborde le problème de la drogue. Dans *You Are on Indian Land* (1969), Ransen associe une équipe amérindienne au tournage. *Christopher's Movie Matinee* (1968), un long métrage réalisé sans scénario préalable, combine le direct et la fiction: de jeunes Torontois tournent pendant l'été 1967 un film sur eux-mêmes. Tentative de saisir l'image qu'une génération se fait d'elle-même, le film est souvent comparé à *Wow* (1969) de Claude Jutra. Ransen écrit ensuite le scénario et les chansons d'une comédie musicale dont il sera également le réalisateur et le monteur, *Running Time* (1974), projet aussi ambitieux que le précédent, mais d'une réalisation moins convaincante. Dans les années 80, ses films n'ont pas la même originalité: *Bayo* (1985), peinture sensible des rapports entre un jeune garçon et son grand-père, reçoit un accueil flatteur, mais *Sincerely, Violet* (1987), *Emerald Tear* (1987) et *Tangerine Taxi* (1988) ne sont guère autre chose que d'habiles romans Harlequin cinématographiques. Puis il réalise, coscénarise et coproduit son meilleur film, *Margaret's Museum* (1995) chronique émouvante de la vie d'une jeune femme (Helena Bonham Carter) en Nouvelle-Écosse qui glisse dans la folie après que la mine de charbon lui ait pris son père, ses frères et son mari. Le film remporte le Grand Prix à San Sebastian puis six Génie dont celui du meilleur scénario. Il réalise ensuite *Shegalla* (1999). Ransen travaille également à la télévision, comme réalisateur et comme acteur. (J. A. et M. C.)

**RATHBURN, Eldon,** musicien (Queenstown, Nouveau-Brunswick, 1916). Licencié en musique de l'Université McGill (1937), il travaille à l'ONF de 1947 à 1976, et signe la trame musicale d'environ cent quatre-vingt-cinq films, parmi lesquels on compte *Les aboiteaux* (R. Blais, 1955, c. m.), *Drylanders* (D. Haldane, 1963), *Nobody Waved Good-bye* (D. Owen, 1964), *Le grand Rock* (R. Garceau, 1967), *L'homme et le froid* (M. Régnier, 1970), *Who Has Seen the Wind* (A. W. King, 1977), *In the Labyrinth* (R. Kroitor, C. Low et H. O'Connor, 1979, c. m.) et *Canada's Sweetheart* (D. Brittain, 1985). La partition de *Fields of Space* (S. Goldsmith, 1969, c. m.) lui vaut un Canadian Film Award, tandis que celle de *City of Gold* (W. Koenig et C. Low, 1957, c. m.) est le point de départ d'une suite symphonique du même titre. La musique de Rathburn se caractérise par son dépouillement, ainsi que par une apparente simplicité et une texture légère, souvent aérienne. Rathburn est aussi l'auteur d'une importante œuvre orchestrale (dont *Symphonette*, 1943) et de musique de chambre (*The Metamorphic Ten*, 1971). Il est, avec Maurice Blackburn, le plus grand compositeur de musiques de films issu de l'ONF.

DISCOGRAPHIE : *Musiques de l'ONF volume 1*, ONF, Montréal, 1977. (M. J.)

**RAXLEN, Rick,** réalisateur (Toronto, Ontario, 1945). Bien qu'il réalise de nombreux courts métrages à l'ONF de 1968 à 1976, il est surtout connu pour ses œuvres expérimentales indépendantes, tant cinématographiques que vidéographiques. Après quelques réalisations en super 8, il réalise plusieurs films en 16 mm (*Jaffa-Gate*, 1982, c. m. ; *15 Soldiers, 11 Machines, 8 Cows*, c. m. ; *Pea Pea Caw Caw*, 1984, t. c. m.), tous marqués par le courant « structurel » qui met l'accent sur la matérialité du média. Ainsi, *Jaffa-Gate* et *15 Soldiers, 11 Machines, 8 Cows* présentent les traits types de cette orientation du cinéma expérimental : refilmage, reprise en boucle, clignotements, alternance positif-négatif, etc. Son œuvre vidéographique apparaît en continuité avec ses films quant aux procédés utilisés, l'exploration du média vidéo l'emportant sur l'exploitation de la fiction. Ainsi, *Self-portrait (with fish)* (1983, c. m.), *Duck-talk* (1983, t. c. m.), *The Polytechnic World* (1983, c. m.), *Flagman's Nightmare* (1984, t. c. m.), *Grey's Lullaby* (1984, t. c. m.) et *Pure-mutation* (1984, t. c. m.) présentent tous des éléments du cinéma structurel. Mais à ces caractéristiques s'ajoutent les recherches sur l'image électronique, qui est bien souvent le sujet même de l'œuvre. Raxlen est un des premiers à vouloir exploiter les possibilités des nouvelles techniques. L'équipement moderne requis pour son travail n'étant pas encore accessible à Montréal, il se rend de nombreuses fois au centre de télévision expérimentale d'Oswego, dans l'État de New York. Ses dernières œuvres vidéo introduisent toutefois des bribes de narration : un narrateur qui « raconte une histoire » dans *The Divine Right* (1985, c. m.), une interview documentaire (altérée, modifiée) dans *Views of Fuji* (1985, c. m.). Son intérêt pour la recherche sur le média l'incite à produire des métissages : il réalise deux nouvelles versions, en vidéo, de *Jaffa-Gate* (1982 et 1985), et une nouvelle version de *15 Soldiers, 11 Machines, 8 Cows* (1984). Son film *The Divine Right* a été obtenu à partir de l'œuvre vidéo portant le même titre (1985). Dans la plupart de ses autres vidéos, l'utilisation du support film prend aussi une place importante. En 1988, il signe un long métrage sur son enfance, *Horses in Winter* (coréal. P. Vallely). La structure narrative du film est construite en fonction des perceptions reliées à l'enfance. Il tourne ensuite un autre long métrage, *The Strange Blues of Cowboy Red* (1995), « méditation poétique et personnelle sur Roy Rogers, Dale Evans et moi-même », qui n'a pas la grâce du précédent, et s'installe à Vancouver. L'œuvre de Raxlen dégage une poésie profonde fortement reliée aux nouvelles perceptions rendues possibles par l'expérimentation. Elle apparaît aussi fort intéressante pour l'étude des métissages qui proviennent de la rencontre cinéma-vidéo et qui sont déterminants pour la compréhension des nouvelles images. (M. L. et M. C.)

**RAYHER, Robert,** musicien, réalisateur (Paterson, États-Unis, 1957). Il quitte les États-Unis en 1976 et s'établit à Montréal pour étudier la littérature et le cinéma à l'Université McGill. Influencé par Stan Brakhage, Michael Snow et John Cage, il explore les domaines du hasard, de la perception et de la mémoire. De 1978 à 1980, Rayher réalise une trentaine de courts métrages expérimentaux. Il débute avec *A Man in the Box* (1978, c. m.) où il rend visible le travail de la caméra (changements de foyer, mouvements, etc.) en filmant son reflet dans un miroir. Avec *Still Life # 1 : Cherries* (1978, c. m.), il défie l'attention du spectateur en répétant un plan unique (des mains qui dénoyautent des cerises) de manière à créer l'illusion d'un film en un seul plan. Il fait aussi des films dont le montage est dicté par le hasard. Il entreprend en 1979 une série d'une douzaine de *Post Cards* (paysages urbains en super 8 destinés à la vente). Il réalise ensuite *Letter to a Long Lost Friend* (1980, c. m.) où les souvenirs de voyage relatés par une voix s'accompagnent d'images sans valeur illustrative. En 1981, il vit à New York et travaille comme pigiste pour la télévision. De retour à Montréal en 1982, il s'intéresse à la vidéo (documentaires et vidéos-danses) et s'associe à Main Film qui produit *Eclipse* (1985, c. m.) et *Traces* (1985), un long métrage au style souvent proche de celui de Brakhage. En 1985 et 1986, Rayher fait une maîtrise en cinéma et littérature à Buffalo, puis s'installe à Chicago où il enseigne le cinéma au School of Art Institute. Parallèlement à ses études et son enseignement, il réalise *The Blue Cliff Record Lotus Eaters Dreg Drinkers* (1985, c. m.) et *Not Death By Water, Baptism By Fire* (1989, c. m.). (Y. B.)

**RAYMOND, Marie-José,** productrice, monteuse, réalisatrice, recherchiste, scénariste (Montréal, 1941). Elle tient un petit rôle dans *Seul ou avec d'autres* (D. Héroux, D. Arcand et S. Venne, 1962). Par la suite, elle travaille surtout à la télévision, tantôt comme recherchiste, tantôt comme animatrice ou comme scripte. À la fin des années 60, elle entreprend une étroite collaboration avec Claude Fournier*, à divers titres : recherchiste, scénariste, adjointe à la réalisation, directrice de production et monteuse. Elle coscénarise la comédie érotique de banlieue *Deux femmes en or* (C. Fournier, 1970) en plus d'occuper la fonction de directrice de production. Le film obtient un énorme succès. Sur cette lancée, elle coscénarise une autre comédie érotique, *Les chats bottés* (C. Fournier, 1971). Par la suite, elle participe encore à la scénarisation des trois autres films du même genre signés par Fournier, *La pomme, la queue... et les pépins !* (1974), *Hot Dogs* (1980), au montage duquel elle travaille également et *J'en suis* (1997). Elle est la productrice attitrée des longs métrages de Claude

Fournier avec lequel elle fonde Rose Films en 1972 : *Alien Thunder* (1973), *La pomme, la queue… et les pépins !*, *Je suis loin de toi mignonne* (1976), *Hot Dogs*, *Bonheur d'occasion* (1983), *The Tin Flute* (1983), *Les tisserands du pouvoir* (1988, deux longs métrages) et *J'en suis* (1997). Elle coproduit aussi la série *Jalna* et une série signée par Fournier, *Juliette Pommerleau*. De plus, elle coréalise avec lui des documentaires de commande : *… Et Dieu créa l'été* (1974, c. m.) et *Aliments, gentils aliments* (1975, c. m.). Raymond copréside un groupe de travail sur l'industrie cinématographique canadienne formé par le gouvernement fédéral. Ce groupe dépose son rapport, *Le cinéma au Canada, sur un bon pied*, en 1985. (M. C.)

**READ, Donna,** réalisatrice, monteuse, productrice (Toronto, Ontario, 1938). Bien qu'elle se soit jointe à l'équipe de l'ONF dès 1963, Read ne réalise avec régularité que depuis 1989. Elle débute comme monteuse, comptant à son crédit quelques films du studio D : *Our Dear Sisters* (K. Shannon, 1975, c. m.), *It's Just Better* (B. Shaffer, 1982, c. m.), *The Way It Is* (B. Shaffer, 1982, c. m.). Au début des années 70, elle fonde sa propre maison de production, The Great Atlantic and Pacific Company, grâce à laquelle elle va tourner aux Indes *Kripalu* (1974, c. m.). Puis, comme pigiste au studio D, elle réalise *Adam's World* (1989, c. m.). On y assiste à la conférence d'une théologienne féministe selon qui le système patriarcal serait une cause de la crise environnementale. Ce film donne le ton des préoccupations de Read : un militantisme féministe et écologique fortement teinté de spiritualisme. Après *Adam's World*, Read enchaîne avec une trilogie ambitieuse, « Women and Spirituality ». Elle s'y propose de revisiter l'histoire du mysticisme à l'aide d'un montage de documents et d'interviews. Dans *Goddess Remembered* (1989, m. m.), le premier film de la série, elle développe et enrichit le propos d'*Adam's World*. Dans le film suivant, *Burning Times* (1990, m. m.), elle interprète sous un jour nouveau les violences faites aux sorcières à travers l'histoire. Le troisième film de la série, *Full Circle*, est coproduit par la compagnie de Read et le studio D. Au début des années 90, elle œuvre comme monteuse pour des documentaires de l'ONF. Quand survient la fermeture du studio D en 1996, elle développe des liens avec une société de San Francisco, Belili Productions, qui devient son coproducteur. Le premier fruit de leur partenariat, *Marija* (1998, m. m.), est un portrait de Marija Gimbutas, une archéologue féministe dont les idées et les méthodes vont à contre-courant des traditions établies dans cette profession. En 1999, Donna Read s'intéresse au prêtre environnementaliste américain Thomas Berry dans *Moment of Grace* (m. m.). (M. de B.)

**RÉGIE DU CINÉMA.** Le 21 décembre 1912, le gouvernement du Québec crée une commission composée de trois commissaires et d'un secrétaire, le Bureau de censure des vues animées, et précise qu'à partir du 1er mai 1913 aucun film ne peut être projeté publiquement sans l'approbation du Bureau, autorisé à approuver, modifier ou condamner les films qui lui sont soumis. Dès ses débuts, le Bureau de censure acquiert une forte réputation d'intransigeance (*voir* CENSURE) en voulant soumettre les films, américains surtout, aux règles de la morale catholique traditionnelle. À tel point qu'en 1926 l'Association des distributeurs et exploitants du Canada menace de boycotter le territoire québécois. En 1927, un incendie dans un cinéma de Montréal, le Laurier Palace, provoque la mort de soixante-dix-huit enfants et amène l'interdiction totale des salles de cinéma aux moins de seize ans. Le fait de travailler en fonction d'un public adulte n'affecte cependant pas l'orientation du travail de la Commission qui, en 1931, se donne des critères s'inspirant largement du *Production Code* des grandes compagnies américaines rendu public l'année précédente. Les principes généraux mis de l'avant dans ce code de procédure précisent qu'aucun film soumis à l'examen du Bureau de censure ne peut être approuvé s'il amoindrit ou abaisse la morale dans l'esprit des spectateurs. On précise toutefois qu'on ne veut pas pour autant restreindre l'imagination des auteurs. Suit une longue liste de points particuliers sur lesquels la vigilance des censeurs devait s'exercer, tout en recommandant une certaine indulgence dans le cas des comédies.

L'intérêt croissant pour la culture cinématographique et les libertés individuelles amène, en 1967, le gouvernement à modifier la loi de « censure des vues animées » dont la dernière rédaction date de 1927. Mais auparavant, on nomme un comité provisoire pour l'étude de la censure du cinéma dans la province de Québec, sous la présidence de Georges Dufresne. Remis le 21 février 1962, le rapport de ce comité est connu, non pas sous le nom de son président comme le veut la tradition, mais sous celui d'un membre, Louis-Marie Régis, dont l'état ecclésiastique permet vraisemblablement d'en mieux faire accepter les conclusions. Le rapport recommande l'abolition du Bureau de censure et son remplacement par un autre organisme qui fonctionnerait dans un tout autre esprit. Toutefois, le Bureau de censure ne disparaît qu'en 1967, avec la création du Bureau de surveillance du cinéma qui établit une classification des films par groupes d'âges, met un terme aux coupures dans les films et autorise l'ouverture des ciné-parcs.

En 1983, la Loi du cinéma crée la Régie du cinéma qui remplace à son tour le Bureau de surveillance du cinéma. L'organisme demeure sous la direction d'André Guérin*, en poste à partir de 1963. Le mandat du nouvel organisme est plus étendu que celui du Bureau de surveillance du cinéma. La Régie du cinéma, formée de trois membres nommés par le gouvernement, émet des visas, délivre des permis d'exploitation, de distribution et de tournage, compose des règlements et les fait approuver par le gouvernement. En 1985, le principe de classification est modifié de telle manière que le « pour tous » devient « visa général » alors que le « 14 ans » n'est plus qu'indicatif. Plusieurs règlements de la Régie du cinéma mettent beaucoup de temps à entrer en fonction, notamment ceux qui touchent directement les *majors* américains. La résolution du contentieux avec les Américains, qui concerne les permis de distribution de même que la sortie des films en langue française, exige de longues négociations auxquelles participent étroitement les ministres des Affaires culturelles sous le gouvernement péquiste puis sous le gouvernement libéral (*voir* LOI SUR LE CINÉMA). En décembre 1987, une loi modifiant la Loi sur le cinéma ajuste le mandat de la Régie du cinéma dont certains pouvoirs réglementaires peuvent dès lors être exercés par le gouvernement. L'année suivante, Claude Benjamin succède à André Guérin à la présidence de l'organisme.

En juin 1991, on modifie de nouveau la Loi sur le cinéma pour ramener de sept à trois le nombre de catégories de permis d'exploitation et établir un classement de films qui compte désormais quatre catégories : « visa général », « 13 ans et plus », « 16 ans et plus » et « 18 ans et plus ». Ce classement s'applique également au commerce de détail, quel que soit le support (vidéocassette, vidéodisque, etc.). Toujours dans le but de protéger les jeunes spectateurs des effets probables de certains films, on introduit, en 1997, l'indication « Déconseillé aux jeunes enfants ». En 1992, l'organisme met sur pied un comité de consultation formé de cinq membres qui le conseille sur le classement des films. Des inspecteurs de la Régie du cinéma surveillent et contrôlent l'application de la loi dans les salles de cinéma et les commerces de détail.

En 1999, Pierre Lafleur succède à Claude Benjamin à la présidence de l'organisme. (R.-C. B. et M. C)

Michel Régnier. (coll. ACPQ)

**RÉGNIER, Michel,** réalisateur, chef opérateur, monteur, producteur, scénariste (Jargeau, France, 1934). Photographe et journaliste, il prend contact avec le cinéma lors de son service militaire au Sénégal. Régnier travaille ensuite comme réalisateur pour le service d'information du gouvernement de la Côte d'Ivoire. Arrivé au Canada en 1956, il entre à l'ONF à titre d'assistant cameraman. Au début des années 60, il réalise de nombreux films de commande dans l'industrie privée. *La pauvreté* (1960, c. m.), par ses préoccupations sociales et l'attention accordée aux démunis, annonce son œuvre à venir, tout comme la série de treize courts métrages « L'Afrique Noire d'hier à demain » (1964). Son premier long métrage, *L'école des autres* (1968), examine la démocratisation de l'enseignement et démontre avec une certaine force de conviction que les inégalités sociales y persistent. Moins convaincant, *L'homme et le froid* (1970) fait le point sur la situation de l'homme vivant dans le Nord et montre que les progrès techniques lui permettent désormais de s'implanter sous toutes les latitudes. Au cours de la première moitié des années 70, Régnier, extrêmement prolifique, réalise deux imposantes séries sur l'urbanisme. Il signe d'abord « Urbanose » (1972), série de quinze courts et moyens métrages où il décrit la maladie des grandes villes modernes à partir d'une analyse des urgences de Montréal en matière d'urbanisme, de logement, de contrôle du sol, etc. Puis, en 1974, il poursuit son enquête avec « Urba 2000 », série de dix moyens et longs métrages où il parcourt le monde à la recherche de solutions concrètes aux problèmes d'urbanisme. Les questions relatives au tiers-monde occupent ensuite entièrement son activité de cinéaste. En 1976, il réalise la série « Santé Afrique », qui marque un pas en avant dans sa volonté de pratiquer un cinéma utilitaire, où la forme est entièrement au service du sujet, où l'esthétique est sacrifiée à l'intervention sociale. « Je fais des films pour répondre aux besoins des populations les plus démunies », affirme-t-il. C'est ainsi qu'il réalise notamment « 3 milliards » (1985), série de sept courts métrages où il décrit l'action d'organismes humanitaires internationaux. Présent sur tous les fronts, il est témoin de la misère des réfugiés cambodgiens à la frontière khméro-thaïlandaise (*La vie commence en janvier*, 1980) et il profite de l'ouverture de la Chine à l'Occident pour ramener des images de la vie quotidienne des ouvriers d'une usine sidérurgique (*Un mois à Woukang*, 1980). En 1986, à l'occasion de l'année des sans-abris, il se rend à Guayaquil, en Équateur, et en revient avec un émouvant reportage sur une famille de vingt-deux personnes, *La casa*. Il réalise ensuite *Sucre noir* (1987, m. m.), où il dénonce l'exploitation des travailleurs haïtiens dans les plantations de canne à sucre de la République Dominicaine. En 1988, il tourne *Absara* (m. m.), regard sur le plan international de parrainage d'enfants à travers la vie d'une petite Népalaise. Il enchaîne avec *Les silences de Boloma* (1989, m. m.), illustration de la vie quotidienne dans une petite communauté de Guinée-Bissau. Il réalise ensuite un triptyque brésilien : *L'or de Paranga* (1991, m. m.), *Le monde de Freddy Kunz* (1991, m. m.) et *Sous les grands arbres* (1991, m. m.). Après une chronique de la vie quotidienne dans un village du Vietnam (*La douceur du village*, 1992, m. m.) et un documentaire sur des paysans boliviens qui tentent de réinstaurer une technique d'irrigation ancestrale (*Aymaras de toujours*, 1993, m. m.), Régnier réalise quatre films centrés sur des portraits et des témoignages de femmes. *Isidora au creux des Andes* (1994, m. m.) loue le courage des Boliviennes, *Elles s'appellent toutes Sarajevo* (1994) donne la parole à sept Bosniaques, *Thân, dans la guerre invisible* (1995, m. m.) dénonce le fléau des mines antipersonnel à travers l'histoire d'une Cambodgienne, et *Zandile, dans la lumière de l'ubuntu* (1997) présente la lutte des Sud-Africaines. Auteur complet de ses films, Régnier en est le plus souvent cameraman et monteur, il en écrit le commentaire et, parfois, en est le producteur. Fidèle à ses convictions, il maintient, pendant plus de trente ans, une activité soutenue (plus de cent films réalisés) qui contribue à lui conférer une place à part dans le cinéma québécois. Il quitte l'ONF en 1996. En 1985, il livre ses réflexions sur le tiers-monde dans un essai intitulé *L'humanité seconde* (Hurtubise HMH). À la fin des années 60, il dirige la photographie de quelques longs métrages de fiction, notamment pour Jean Pierre Lefebvre (*Le révolutionnaire*, 1965 ; *Patricia et Jean-Baptiste*, 1966 ; *Mon œil*, 1970). (M. J.)

**RENAISSANCE FILMS.** Charles Philipp, un Français d'origine russe, fonde Renaissance Films (RF) en 1944. Il veut faire de Montréal un centre de production francophone. Il confie son scénario, *Le père Chopin*, à Jean Desprez (Laurette Larocque-Auger) pour qu'elle lui donne une couleur locale, et demande à Fédor Ozep* de le réaliser. Le film est terminé en février 1945. Alors que Philipp cherche un distributeur, J.-A. DeSève* fonde, en avril 1945, Renaissance Films Distribution (RFD) qui rachète la majorité des actions de RF. Au conseil de cette compagnie siègent, outre DeSève et Philipp, Paul Pratt, maire de Longueuil, Rosaire Beaudoin, lié au futur laboratoire Mont-Royal et Léo Choquette, propriétaire de salles.

Ils veulent faire de la compagnie un centre de cinéma catholique. La direction, qui souhaite construire des studios, retient les services de l'abbé Aloysius Vachet qui amène avec lui, en 1947, plusieurs techniciens. Durant deux ans, Vachet* prononce conférences et sermons dans le but de vendre sa cause et des actions de RFD. Il établit aussi des liens internationaux pour développer le cinéma d'inspiration chrétienne. C'est dans ce contexte que débute le tournage de *Rançon* (long métrage inachevé). En 1947, des directeurs de RFD fondent Renaissance Cinéma. Pendant l'été de la même année, RFD aménage ses studios dans une ancienne caserne de Côte-des-Neiges, à Montréal. En 1948, RFD a beaucoup de projets. On fonde Renaissance Éduc qui, sous la direction de Jean-Yves Bigras*, a la responsabilité des produits éducatifs (un seul disque réalisé), et Renaissance Export pour les contacts internationaux (projet avec les producteurs américains J. Than et L. Fields). Mais les relations se brouillent avec DeSève à cause de ses méthodes autocratiques et cachotières. En décembre, DeSève est évincé et Pratt devient président. Il remet de l'ordre dans la compagnie et crée Les productions Renaissance (LPR), maison qui entreprend un deuxième film, *Le gros Bill* (R. Delacroix, 1949), puis un troisième, *Docteur Louise* (P. Vandenberghe et R. Delacroix, 1949), tourné en France dans un cadre de coproduction.

Alors que RFD connaît des difficultés financières, LPR met en chantier *Les lumières de ma ville* (J. Y. Bigras, 1950). En mars 1950, LPR devient Excelsior Films. Les relations entre toutes ces compagnies deviennent de plus en plus confuses. Une filiale de RFD, Phoenix Studios (*voir* PIERRE HARWOOD et HENRI MICHAUD), est liquidée. RFD et Excelsior sont mis en faillite à l'été 1951. DeSève, avec la complicité de quelques administrateurs, manœuvre encore pour racheter à vil prix le studio et les films. Ce seront les petits actionnaires et Vachet qui perdront des centaines de milliers de dollars dans cette aventure. Renaissance, qui se voulait le phare du cinéma catholique, n'aura finalement pas produit les films les plus significatifs des années 40 et 50 et sera morte étouffée par sa rhétorique et l'ambition spéculative de certains de ses actionnaires. Mentionnons que le studio de la compagnie a aussi servi au tournage de quelques longs métrages : *The Butler's Night Off* (R. Racine, 1950), *La petite Aurore l'enfant martyre* (J.-Y. Bigras, 1952), *Tit-Coq* (R. Delacroix et G. Gélinas, 1952), *Cœur de maman* (R. Delacroix, 1953), *L'esprit du mal* (J.-Y. Bigras, 1954).

BIBLIOGRAPHIE : VÉRONNEAU, Pierre, *Le succès est au film parlant français*, Cinémathèque québécoise, Montréal, 1979 • TREMBLAY-DAVIAULT, Christiane, *Un cinéma orphelin*, Montréal, Québec/Amérique, 1981. (P. V.)

**RENAUD, Gilles,** acteur (Montréal, 1944). Très actif au théâtre, sa carrière est inséparable de celle du dramaturge Michel Tremblay puisqu'il participe à la création de plusieurs de ses pièces (*Les anciennes odeurs, Le vrai monde*). Cette complicité se manifeste aussi au cinéma lorsqu'il reprend, dans *Il était une fois dans l'Est* (A. Brassard, 1973), le rôle de l'homosexuel Cuirette (*Hosanna*), qu'il avait créé au théâtre. À trois autres reprises, il incarne à l'écran des personnages imaginés par Tremblay : dans *Le soleil se lève en retard* (A. Brassard, 1976), ainsi que dans les téléfilms *Le cœur découvert* (J.-Y. Laforce, 1987) et *Le grand jour* (J.-Y. Laforce, 1988). Dans *Le cœur découvert*, il compose un professeur homosexuel, envahi puis séduit par l'enfant de celui qu'il aime. On le retrouve tout naturellement dans le film que Michel Moreau consacre à l'auteur : *Les trois Montréal de Michel Tremblay* (1989, c. m.). Habitué des seconds rôles (dans une quinzaine de longs métrages), il partage avec Dominique Michel et Denise Filiatrault la vedette de *Je suis loin de toi mignonne* (C. Fournier, 1976). Dans *Une journée en taxi* (R. Ménard, 1981), il donne la réplique à Jean Yanne et campe un prisonnier décidé à profiter de sa première journée de sortie pour se venger de celui qui l'a trahi. Il reprend, dans *La dame en couleurs* (C. Jutra, 1984), le rôle que devait tenir le cinéaste, celui de Barbouilleux, un peintre épileptique, enfermé dans un asile, qui peint des fresques sur les murs d'un souterrain et ouvre la voie de l'imaginaire aux enfants. Par ailleurs, Renaud prête sa voix à la narration de quelques documentaires : *La fiction nucléaire* (J. Chabot, 1978), *Les traces d'un homme* (M. Moreau, 1981) et *Voyage en Amérique avec un cheval emprunté* (J. Chabot, 1987, m. m.).

PRINCIPAUX AUTRES FILMS : *One Man* (R. Spry, 1977), *La cuisine rouge* (P. Baillargeon et F. Collin, 1979), *Fantastica* (G. Carle, 1980), *Les Plouffe* (G. Carle, 1981), *L'homme à tout faire* (M. Lanctôt, 1980), *La femme de l'hôtel* (L. Pool, 1948), *Le frère André* (J.-C. Labrecque, 1987), *Sous les draps, les étoiles* (J.-P. Gariépy, 1980), *Amoureux fou* (R. Ménard, 1991), *Le complexe d'Édith* (P. Baillargeon, 1991, c. m.), *Le sexe des étoiles* (P. Baillargeon, 1993). (M. J.)

**RENDEZ-VOUS DU CINÉMA QUÉBÉCOIS.** Cet événement annuel qui s'adresse d'abord aux gens du milieu cinématographique, permet de faire le point sur la production courante. Il est issu de la Semaine du cinéma québécois, tenue pour la première fois au cégep Saint-Laurent, en avril 1973, à l'initiative du professeur Carl Mailhot et de quelques étudiants en cinéma. Répétée l'année suivante, l'expérience connaît un succès inespéré. En 1975, dans le but de se rapprocher du grand public, la Semaine émigre partiellement au centre-ville de Montréal (au cinéma Saint-Denis). Le milieu du cinéma prend alors conscience de la nécessité d'une telle manifestation. Ce déplacement de la Semaine s'accompagne de la tenue du premier Festival du film artisanal du Québec, toutefois assombri par la décision du jury de ne pas octroyer le prix destiné à encourager le jeune cinéma. Après une année d'absence, les organisateurs de la Semaine, qui privilégient désormais le documentaire, favorisent des rencontres entre les cinéastes et le public, dans la salle du cinéma Fleur de Lys. La Semaine, qui amorce un mouvement de régionalisation, étend ses activités à Rimouski puis, en 1978, à Québec, Jonquière, Rouyn et Sherbrooke, alors qu'elle dispose enfin, à sa cinquième année, d'un financement adéquat. Toujours sous la gouverne de Mailhot, elle est de retour au cinéma Saint-Denis en 1980. Elle recentre alors ses activités sur Montréal, délaissant les régions, s'ouvrant au cinéma étranger et proposant des ateliers de réflexion aux gens du milieu. Contestée et victime de son insuccès auprès du public, la Semaine disparaît.

Les Rendez-vous d'automne du cinéma québécois, sous la direction de Renée Roy, prennent la relève en 1982 et s'installent à la Cinémathèque québécoise. Cette manifestation présente chaque année l'essentiel de la production québécoise (que ce soit en reprise ou en primeur) et propose des rencontres et des débats aux gens de la profession. Les deuxième et troisième années, l'événement est dirigé par Louise Carré. En 1983, on y organise un colloque, très couru, sur le paradoxe de la production documentaire (*voir* CINÉMA DIRECT). Reporté de plusieurs mois, en janvier 1985, l'événement devient les Rendez-vous du cinéma québécois. On y invite des cinéastes, des journalistes et des diffuseurs étrangers, afin d'établir un dialogue et d'alimenter les débats quotidiens autour des films. La formule est reprise, puis modifiée au fil des ans. En 1985, Michel Coulombe succède à Louise Carré. Des films projetés à l'ONF, à partir de 1987, et une section vidéo, à partir de 1990, complètent la programmation. En 1992, une version abrégée de l'événement se tient à Québec. De plus en plus, les Rendez-vous du cinéma québécois, où sont remis plusieurs prix dont ceux de l'AQCC et ceux créés par le conseil d'administration de la rétrospective (*voir* PRIX), s'affirment comme le carrefour privilégié des gens du cinéma, une occasion unique de prendre connaissance de la production qui se cache derrière les films vedettes.

Digne reflet d'une mouvance observable dans la production même, la fin des années 90 aura surtout été marquée par une présence accrue des productions vidéo. Un prix spécifique leur est réservé. En plus de manifestations spéciales qui se greffent à l'événement (expositions de photos et d'affiches, hommages, etc.), on aura assisté à une volonté de décentralisation, qui se traduit par la présentation d'une sélection de la programmation dans d'autres villes du Québec et du Canada, de même qu'à la création des prix Jutra et à celle d'une vitrine de la production québécoise dans Internet, Québec audiovisuel, avant que Michel Coulombe ne tire sa révérence en 1999. (G. M.)

**REVUES DE CINÉMA.** Dans l'ensemble de la vie cinématographique au Québec, les revues d'analyse et de critique filmiques occupent une place singulière. Elles ne sont apparues qu'après la Seconde Guerre mondiale, au détour des années 50, au moment de la première expression du cinéma canadien-français. Une autre vague a suivi l'arrivée du cinéma québécois au début des années 60, une troisième les grands débats idéologiques des années 70. La décennie 80 apporte à son tour son lot de nouveaux titres. Symptomatiquement, chaque décennie a ses revues, aucune de celles-ci n'ayant pu franchir le cap de la décennie suivante. Une rare exception confirme la règle, *Séquences*, qui perdure depuis 1955, essentiellement sous la direction de Léo Bonneville (jusqu'en 1994). D'abord bulletin d'information pour les ciné-clubs*, publié sous les auspices du Centre catholique diocésain de Montréal, *Séquences* devient une revue indépendante en octobre 1970 (nº 62). Avec les années, la revue se transforme, s'intéressant davantage au cinéma québécois et publiant d'importants numéros monographiques sur Norman McLaren et le cinéma d'animation. À part ce cas d'espèce, les revues québécoises sont nombreuses mais éphémères, souvent politiquement engagées, mais jamais financièrement rentables. Elles ne paraissent pas reposer sur un solide substrat intellectuel et critique, pas plus qu'elles ne semblent pouvoir se détacher de l'influence française dominante, dont la solide culture cinématographique est mondialement à l'avant-garde, et dont les revues les plus marquantes sont durables. Ces revues sont d'ailleurs toujours en tête des ventes au Québec. Dès le milieu des années 50, se dessine un écart idéologique marqué entre les revues québécoises. D'une part, le courant humaniste chrétien (*Découpages, Séquences*), issu de la JÉC et du Centre catholique du cinéma de Montréal, qui est basé sur une mise en valeur du langage cinématographique traditionnel de même que sur la recherche du message des films ; de l'autre, une tendance plus laïcisante qui se retrouve à *Images*, dirigée par Gabriel Breton et à laquelle collaborent notamment Rock Demers*, Arthur Lamothe*, Fernand Cadieux* et Guy Joussemet. *Images* est « la première véritable revue libre de cinéma » au Québec, selon Jean Pierre Lefebvre*. Cette polarisation devient plus aiguë durant les années 60. *Séquences* consolide un temps encore ses assises sur un large réseau de ciné-clubs et de stages de cinéma, toujours rattaché à l'omniprésence de l'église dans le système scolaire. Rapidement toutefois, et brutalement, la Révolution tranquille, la création du ministère de l'Éducation, l'émergence du nouveau cinéma québécois et l'arrivée des « nouvelles vagues » de cinéma et de critique, ce raz-de-marée laïcisant amoindrit l'influence de *Séquences*, surtout que cette revue montre, en plus d'un anti-intellectualisme vis-à-vis de la nouvelle critique, un faible intérêt pour le cinéma québécois. L'arrivée d'*Objectif* et d'*Écran* ébranle l'hégémonie de *Séquences*. Si *Écran*, où se retrouvent Jean-Paul Ostiguy, Patrick Straram* le bison ravi, Jean Billard, Fernand Benoit et Gilles Carle*, ne dure que l'espace d'une année, *Objectif* domine les années 60 en symbiose avec la montée fulgurante du cinéma québécois et le ferment dynamique du Festival du film de Montréal. D'abord dirigée par Robert Daudelin* et Michel Patenaude, *Objectif* compte notamment Jacques Leduc*, Pierre Hébert* et Jean Pierre Lefebvre parmi ses collaborateurs. Durant ces années de grande exaltation et d'amour fou du cinéma, au sein d'un carrefour international et national où s'entrechoquent les luttes anticensure et la fréquentation sacralisée des cinémathèques (à Montréal, à New York, à Rochester, à Paris), on remarque à peine une voix dissidente à la revue *Parti pris*. Un jeune cinéaste, Denys Arcand*, ose affirmer que « le cinéaste n'est aidé par personne et surtout pas par les critiques (la revue *Objectif* surtout) », et proclame : « Toute la critique de films québécois doit être faite en fonction de la situation globale de notre nation, et des conditions d'existence des cinéastes. » La crise qui sous-tend cette lucidité critique ne se fait pas attendre, et *Objectif* la vit en se sabordant en 1967. Les appels se multiplient alors en faveur de la nécessité de renouveler le cinéma et la critique au Québec « par rapport à l'évolution politique et sociale d'un Québec à la recherche de nouveaux éléments de conscience individuelle et collective » (*Objectif*, n° 39). Après la crise d'Octobre 1970, les revues de la nouvelle décennie se consacrent à l'émergence de cette conscience neuve, dans une polarisation idéologique encore plus tranchante ; on s'y intéresse par exemple au cinéma du tiers-monde, au rapport entre le cinéma et l'animation sociale, aux revendications des cinéastes exigeant une loi sur le cinéma.

Paraissant presque en même temps, en 1971, *Cinéma Québec*, dont le directeur-fondateur est Jean-Pierre Tadros, et *Champ Libre*, dont Yvan Patry* et Dominique Noguez sont membres du comité de rédaction, se réclament de la nouvelle gauche. La première sociale-démocrate nationaliste, la seconde, marxiste. S'ensuit une polémique entre « anciens et modernes » de la modernité, ou encore une sorte de « querelle des bouffons » de la superstructure, où fusent les anathèmes de

« marxistes sortis de *Séquences* » et de « libéraux pratiquant le brouillage idéologique » ! En 1973, après quatre numéros, *Champ Libre* disparaît. Sans être aussi nettement radicale, la revue universitaire *Cinécrits*, de Québec, à laquelle collaborent Paul Warren, Esther Pelletier, François Baby, André Gaudreault et Pierre Demers, manifeste de son côté un alignement significatif sur des positions considérées d'avant-garde. La revue publie quatre numéros entre 1975 et 1979. À travers cette radicalisation apparaît aussi pour la première fois dans les revues québécoises une influence de la gauche anglo-saxonne. *Champ Libre* collabore avec la revue *Cinéaste*, de New York, poursuivant ainsi un travail dans la lignée de *Take One* (1966-1979), première revue à refléter l'idéologie critique du Québec anglophone, et qui est suivie, en 1977, par *Ciné-Tracts*, de laquelle se dégage la figure de Ron Burnett. Cette revue disparaît à son tour en 1982. Durant les années 70, époque la plus dynamique de la brève histoire des revues québécoises de cinéma, *Cinéma Québec*, qui offre à ses lecteurs des entretiens importants et des dossiers fouillés, se détache comme le phare de la cinématographie et de la critique, et influence largement une nouvelle génération de cinéphiles. La revue compte parmi ses principaux collaborateurs Jean Chabot*, Carol Faucher, Richard Gay et André Leroux. Si la politique éditoriale de *Cinéma Québec* garde souvent le flou idéaliste du grand rêve national (« prise de la parole », « libération du regard »), la revue témoigne des grands dossiers et débats de l'heure, de même que d'une stabilité administrative assez rare. Jean-Pierre Tadros, unique directeur de cette revue, opte en 1978 pour la revue anglophone *Cinema Canada*. La disparition de *Cinéma Québec* marque à sa manière un premier essoufflement du nationalisme culturel, suivant en cela le glas sonné pour les revues de gauche. Le mouvement militant totalement disparu au détour des années 80, ne subsistent plus que des revues principalement liées à des institutions ou à des associations, et de très rares expériences indépendantes. *Copie Zéro*, qui succède à *Nouveau Cinéma Canadien/New Canadian Film*, est publiée par la Cinémathèque québécoise*, sous la direction de Pierre Jutras et de Pierre Véronneau, et devient, en 1989, *La Revue de la Cinémathèque*. Pour sa part, *Ciné-Bulles*, d'abord bulletin de liaison de l'Association des cinémas parallèles du Québec*, demeure liée à l'organisme après être devenue une revue distribuée en kiosque, en 1985, sous la direction de Michel Coulombe jusqu'à l'automne 1988. Ses principaux rédacteurs sont Yves Rousseau, Denis Bélanger, Louise Carrière, Henry Welsh, Michel Euvrard, André Lavoie, Denyse Therrien, Jean-Philippe Gravel et Françoise Wera. *Ciné-Bulles* se distingue par une orientation éditoriale très dynamique sur les grands dossiers des politiques cinématographiques d'État et un intérêt soutenu pour la vidéo, la télévision, Internet. D'autres revues sont rattachées à des associations, comme *Plein Cadre*, publiée par l'Association pour le jeune cinéma québécois*, et *Lumières*, publiée par l'AQRRCT ; ou à des institutions, comme plus récemment *Perforations*, publiée par les services techniques de l'ONF et dont la renaissance est due à Marcel Carrière* et à Denyse Therrien. En dehors de ces réseaux, ne surnagent que *Format Cinéma* et, surtout, *24 Images*. *Format Cinéma*, dont la parution est irrégulière entre 1981 et sa disparition, en 1986, rassemble un fort contingent de cinéastes parmi ses collaborateurs : Jean Chabot, Robert Favreau*, Roger Frappier*,

Luce Guilbeault*, Arthur Lamothe*, Micheline Lanctôt*, Jacques Leduc, Jean Pierre Lefebvre, André Théberge* et autres, produisant ainsi un métissage d'écritures critiques et cinématographiques. Quelques-uns d'entre eux se retrouvent à *Lumières. 24 Images*, fondée en 1979 par Benoît Patar, a, pour sa part, du mal à se trouver un créneau spécifiquement critique avant 1987, alors que Claude Racine en prend la direction, bientôt épaulé par Marie-Claude Loiselle, Michel Beauchamp, Gérard Grugeau, Marcel Jean, Thierry Horguelin, Gilles Marsolais, André Roy, Philippe Gajan, Marco de Blois et Réal La Rochelle. Faut-il voir dans cette situation un symptôme de la disparition quasi totale, dans les années 80, du discours critique des milieux intellectuels au Québec ? Les revues institutionnelles ont des objectifs et des programmes à assumer — ce qu'elles font généralement bien — et ne peuvent s'ouvrir au débat critique que secondairement. De leur côté, les revues indépendantes sont trop faibles pour s'imposer de façon significative. Par ailleurs, on ne peut détacher cette anémie des revues de celle du cinéma qu'elles défendent généralement. Les grands bouleversements dans le « paysage audiovisuel » — en premier lieu la dominante télévision et vidéo — appellent peut-être, au Québec comme ailleurs, l'émergence d'un autre type de revues sur le « filmique ». Cette tâche peut s'avérer impérative au début des années 90, si on songe qu'elle paraissait déjà indispensable à l'éditorial du dernier numéro d'*Objectif*, en 1967. Dans ce contexte, il est encourageant de constater, à l'aube de la dernière décennie du siècle, deux facteurs de renouveau. D'abord la création de *Cinémas*, une revue d'études cinématographiques, qui comble un long vide. Dirigée par des universitaires et des membres de l'Association québécoise des études cinématographiques, *Cinémas* « entend diffuser des travaux théoriques et analytiques visant à stimuler une réflexion pluridisciplinaire sur un objet protéiforme en croisant différentes approches, et analyser les mutations en cours, tant au sein des pratiques créatrices que des discours théoriques ». Ensuite, la revue indépendante *24 images*, qui atteint sa vitesse de croisière, défend avec dynamisme la nouvelle génération des cinéastes et vidéastes et s'ouvre aux métissages audiovisuels. L'horizon fin de siècle, dominé par l'informatique, dévoile en bout de piste la revue électronique de cinéma, dans ses diverses formes « e-zine » ou « cinézine ». Originaires du Québec, *Écran noir* et *Hors Champ* émergent toutes deux à l'été 1996. *Hors Champ* se démarque par ses éditoriaux clairvoyants et musclés. Joël Pomerleau, Nicolas Renaud, Steve Rioux ou Jean-Claude Butros, par exemple, y signent de passionnés manifestes pour le cinéma indépendant. S'établit de la sorte une nouvelle cohabitation entre la revue papier en kiosque et les magazines électroniques se baladant dans Internet. (R. L.)

**LISTE CHRONOLOGIQUE DES REVUES DE CINÉMA PUBLIÉES AU QUÉBEC.** Le nom de la revue apparaît en caractère gras et les sous-titres entre guillemets. Des renseignements supplémentaires suivent le titre de la revue (ex : ses années d'existence et le nombre de numéros publiés). Nous avons effectué quelques regroupements de revues lorsque nécessaire, tout en tentant de respecter la chronologie. La compilation est faite en date de mai 1999. La présence d'un astérisque (*) indique qu'il s'agit d'une publication qui paraît toujours.

**La revue du Ouimetoscope** (programme-revue, vers 1906-1909). Il y aura ensuite la revue **Montréal qui chante au Ouimetoscope** (vers 1910-1912). On ne peut dire avec exactitude combien de numéros ont été publiés, ni pour l'une ni pour l'autre. L'existence de la revue **Montréal qui chante au Ouimetoscope** est relatée par Léon Bélanger dans *Les Ouimetoscopes* (VLB éditeur, 1978, p. 80).

**Le Panorama** (1919-1921) • 22 numéros • D'abord sous-titré « Le seul magazine en langue française consacré aux Vues Animées », puis « Magazine pour tous les membres de la famille ».

**Cinéma** (1921-1928) • 25 (?) numéros • « Cinémactualités ».

**Le film** (1921-1962) • 510 numéros • D'abord « Magazine officiel des grandes compagnies de cinéma », puis « Théâtre et vues animées. Journal officiel des grandes compagnies de cinéma ». En 1962, **Le film** — nouvelle série — lui succède, mais on ne peut dire combien de numéros ont alors été publiés.

**Le Studio** (1924) • 7 (?) numéros • « Vues animées, théâtre, musique, sculpture, peinture, etc. ».

**La Revue de Manon** (1925-1930) • 144 (?) numéros • « Contes-Nouvelles, Roman-Cinéma ».

**L'Écran** (1927) • 7 (?) numéros • Journal cinématographique, humoristique et artistique.

**Le Bon Cinéma** (1927-1929) • 16 numéros • « Revue cinématographique » publiés par Le Bon Cinéma National Limitée.

**La Petite Revue** (1932-1946) • Environ 100 numéros • « Cinéma, modes, tricot, recettes, courriers, etc. ».

**Le Courrier du cinéma** (1935-1950), qui deviendra **Le Courrier du cinéma et du foyer** (1951-1954) • 120 numéros • « Revue mensuelle des théâtres, principaux distributeurs et producteurs de films du Canada et des États-Unis ».

**Movie Action Magazine** (1935-1936) • 5 numéros.

**Cinémonde** (1942-1943) • 26 numéros • « Le seul périodique exclusivement consacré au cinéma », puis « Au service des cinéphiles canadiens-français ».

**Le magazine du cinéma et de la radio** (1942-1944) • 36 (?) numéros.

**Ciné-Revue** (1948) • 1 numéro • « Revue canadienne du cinéma ».

**Parlons Cinéma** (1948-1950) • 16 numéros.

**Radio 49** (1949) • 24 numéros • « Revue des Quat'z-Arts », bihebdomadaire, suivi de **Radio 50** (1950) • 23 (?) numéros.

*Bulletins publiés par l'Office national du film :*

**Pellicule de la victoire**, qui devient **Films de la victoire** (1944-1945) • 34 (?) numéros. **Ciné-Actualités** (1945) • 4 (?) numéros. **Ciné-Forum** (1948) • 3 (?) numéros • « Notes en marge d'un film... ». **Montage** (1950-1952) • 17 numéros. **Challenge for Change Newsletter/Société nouvelle** (1968-1975) • 14 numéros. **Médium-Média** (1971-1973) • 13 numéros • Magazine d'information du groupe Société nouvelle de l'ONF. **Access** (1972-1975) • 3 numéros • **Perforations** (1981-1991) • 36 numéros • Publiée par les Services techniques et artistiques de l'ONF.

**Découpages** (1950-1955) • 17 numéros • « Cahiers d'éducation cinématographiques ».

**Liaison** (1952-1953) • 10 numéros • Publiée par la Commission étudiante du cinéma.

**L'œil en coulisse** (1952-1953) • 70 numéros • « Le petit journal indépendant au service de la vérité ».

**Projections** (1952-1954) • 6 numéros • Publiée par la « Société du Film » de l'AGEUM.

**Cinécran** (1952-1955) • 44 (?) numéros.
**Revue de nos écrans** (1954) • 4 (?) numéros • Revue publiée à Québec.
**Ciné-Orientations** (1954-1957) • 14 numéros • Centre catholique du cinéma de Montréal.
**Séquences** (1955-) • D'abord publiée sous forme de cahiers de 1955 à 1961 (« Cahier de formation et d'information cinématographique » — 29 numéros), puis sous forme de revue de 1962 à 1970 (« Revue de formation et d'information cinématographique à l'usage des ciné-clubs » — 31 numéros). En octobre 1970, elle devient une revue indépendante. Elle utilise le sous-titre « Revue de cinéma » à partir d'octobre 1972 (*202 numéros).
**Images** (1955-1956) • 6 numéros • « Revue canadienne de cinéma ».
**Ciné-Samedi-MTL** (1958-1961) • 14 numéros • « Documentation ».
**Liaison** (1959-1960) • 10 (?) numéros • « Organe de la Commission des Ciné-clubs/ Diocèse de Québec ».
**Fédé-Ciné** (1959-1964) • 15 numéros • Publiée par la Fédération des cinémathèques et des conseils du film du Québec.
**Objectif** (1960-1967) • 39 numéros • « Revue indépendante de cinéma ».
**L'Écran** (1961) • 3 numéros • « Revue de cinéma du Centre d'art de l'Élysée ».
**Cavalcade** (1962-1965) • 24 numéros.
**Cahiers Images en tête** (1962-1967) • 35 numéros.
**Jeunes Cahiers du Cinéma** (1963-1965) • 5 numéros.

*Publications de cinéastes amateurs :*

**Jeune Cinéma** (1965-1966) • 3 numéros • « Revue des cinéastes amateurs ».
**Cinéma-caméra** (1968-1969) • 7 numéros • Publiée par la Fédération des cinéastes amateurs.
**Débobinons, Plein cadre** et **Plein cadre express** (1975-1989) • 65 numéros. Ces trois titres sont ceux des journaux de l'APJCQ. **Débobinons** est publiée de 1975 à 1979 (35 numéros) et est suivie de **Plein cadre** publiée de 1979 à 1986 (18 numéros), elle-même remplacée par **Plein cadre express** publiée de 1986 à 1989 (12 numéros).
**Take One** (1966-1979) • 81 numéros • En 1992, une revue de cinéma torontoise reprend le même titre et le même format.
**Cinéjazz** (1968) • 1 numéro.

*Publications de la Cinémathèque québécoise (ex-Cinémathèque canadienne) :*

**Nouveau Cinéma canadien/New Canadian Film** (1968-1978) • 46 numéros • Bulletin ronéotypé publié par la Cinémathèque canadienne. Sera suivi de **Copie Zéro** (1979-1989) • 38 numéros • Revue de cinéma publiée par la Cinémathèque québécoise. **La revue de la Cinémathèque** (1989-) • *52 numéros • Programme commenté des projections de la Cinémathèque québécoise.
**Champ Libre** (1971-1973) • 4 numéros • « Cahiers québécois du cinéma ».
**Cinéma Québec** (1971-1978) • 58 numéros.
**Cinéma Canada** (1972-1989) • 169 numéros.
**Cinécrits** (1975-1979) • 4 numéros • Publiée par des professeurs et des étudiants en cinéma de l'Université Laval.
**Ciné-Tracts** (1977-1982) • 17 numéros • « A Journal of Film, Communications, Culture and Politics ».

*Revues de cinéma des étudiants en cinéma à l'Université de Montréal :*

**Le journal du jeune cinéma québécois** (1978-

1979) • 7 numéros • « Journal des étudiants de l'Université de Montréal ». Puis, **L'Amorce** • 13 numéros • « Mensuel des étudiants et étudiantes en Études cinématographiques de l'Université de Montréal » (1994-1995). Puis **ReVue** (1996) numéros.

**L'Amorce** (1978-1997) • 30 numéros • « Bulletin d'information du syndicat des techniciens et techniciennes du cinéma et de la vidéo.

**24 images** (1979-) • *96 numéros • Elle est tour à tour sous-titrée « La revue qui va au cinéma » (numéros 10 à 19), « La revue de cinéma » (numéros 20 à 23), puis « La revue québécoise de cinéma » (à partir du numéro 24).

**Ciné-Bulles** (1980-) • *68 numéros • Publiée par l'ACPQ • D'abord bulletin ronéotypé de 1980 à 1982 (8 numéros), puis revue.

**ASIFA-CANADA** (1980-1996) • 43 numéros • « La Revue de l'Association internationale du Film d'animation du Canada ».

*Revues du réseau collégial :*

**Pellicule** (1980-1981) • 3 numéros • Revue des étudiants et professeurs en cinéma du réseau collégial. **Cinérature** (Collège Saint-Laurent, 1992-1994) et **Revue du ciné-club de Saint-Laurent. Cinégep/Le Projecteur/Synopsis** (Collège Ahuntsic, 1992-).

**Le Nitrate** • 36 numéros • Revue indépendante; prolongement du **Cinérature**. Janvier 1994-juillet-août 1996.

**Synopsis** (été 1996-) • 15 numéros • « Le Magazine industriel pour la communauté du cinéma indépendant de Montréal ». Précédé de **Mainline Info** • 12 numéros • « Bulletin d'information » (1993-1994).

**Qui fait quoi ?** (1983-) • *179 numéros • « La revue des professionnels de l'image et du son ».

*Revues de l'Association des cinéastes du Québec :*

Ces titres sont ceux des bulletins de l'AQRRCT. **La Manivelle** est publiée en 1986 (6 numéros) et **Lumières** lui succède (1987-1992) (32 numéros). **Action !** (1994-1995) (6 numéros).

**Ciné-TV-Vidéo** (1989-) • *Environ 2 200 bulletins • Bulletin quotidien de la profession, télécopié.

**L'incontournable** (oct. 1989-avril 1991) • 9 numéros • « Le magazine du cinéma et de la vidéo ».

**Cinémas** (1990-) • *27 numéros • Revue d'études cinématographiques (Université de Montréal).

**Téléfilm bulletin** (1991-1992) • 5 numéros (?) • Il y a eu un **Téléfilm Bulletin** auparavant, en 1984-1985 (8 numéros?). **Panorama** (1994) • 1 numéro.

**CIFEJ info** (1991-1996) • 54 numéros • « Centre international du film pour l'enfance et la jeunesse ».

**Prise ! !** (1993) • 2 numéros • « La double vie du cinéma ».

**FPS** (Frame per second) (1993-) • *13 numéros.

**Fréquence** (1994-1996) • 3 numéros • Publiée par l'Association des études sur la radio-télévision canadienne.

**Scénarii** (1998-) • *2 numéros.

*Revues dans Internet :*

**Hors Champ**, prolongement dans Internet de la revue **Le Nitrate. Écran noir : le cinézine de vos nuits blanches. 24 images** possède aussi son site Web.

Les index de Radar, Périodex et Points de repère peuvent vous guider pour des recherches dans un grand nombre de ces revues. (P. P.)

**RICARD, Louis,** réalisateur, assistant réalisateur, producteur (Sainte-Anne-de-Beaupré, 1945). Après avoir fait ses premières armes dans les milieux du théâtre et du cinéma à Québec, il complète des études en réalisation à Paris. En 1970, avec Jean-Pierre Liccioni, il fonde Les films Cénatos, une maison de production située à Québec. Après quelques diaporamas, il produit et réalise, pour Radio-Canada, la série « Du simple au multiple » (1974), où il compare les modes de vie préindustriels avec les méthodes modernes. Toujours en 1974, il tourne, pour Expo-Québec, quatre courts métrages sur la ville de Québec : *Au jour le jour*; *Québec, demain*; *Québec en ville* et *Image de Québec*. Il consacre ensuite deux intéressants films à des pionniers du cinéma québécois : Jean-Marie Poitevin* (*La folle aventure*, 1977, m. m.) et Albert Tessier* (*À force d'images*, 1977, m. m.). Continuant de privilégier le mélange de documents d'archives et d'entrevues, il réalise *C'était en direct* (1978, m. m.), sur la radio de Radio-Canada. Après *Une grande ferme pleine d'histoires* (1979, c. m.), il entreprend une autre série de treize émissions, « Mordicus » (1979), qui montre des jeunes passionnés par des activités qu'ils ont eux-mêmes choisies. À partir du début des années 80, il partage sa carrière entre Québec, Montréal et Toronto, travaillant de plus en plus comme régisseur, directeur de production et assistant réalisateur. Il travaille notamment avec Iolande Cadrin-Rossignol (*Rencontre avec une femme remarquable*, 1983), François Brault (la série « Les arts sacrés au Québec »), Jean Pierre Lefebvre (*Laliberté Alfred Laliberté, sculpteur 1878-1953*, 1987 ; *La boîte à soleil*, 1988), Arthur Lamothe (*Ernest Livernois, photographe*, 1988), Michel Moreau (*Les trois Montréal de Michel Tremblay*, 1989) et Gilles Carle (*Vive Québec!*). Cela ne l'empêche pas de réaliser quelques films : *Dieppe, vous y étiez* (1981, c. m.), *Un violon sur la mer* (1982, c. m.), *40 ans pour oublier* (1982, c. m.), *Justice pour tous* (1986, c. m.) et *La route de la foi* (1988, c. m.). Au début des années 90, pour le studio Ontario de l'ONF, il produit les séries « À la recherche de l'homme invisible » (1991) et « L'urgence de se dire » (1993). Il réalise enfin en 1997 un premier long métrage documentaire, *Odyssée sonore*. Plusieurs intervenants, dont le compositeur canadien R. Murray Schafer et le chorégraphe Jean-Pierre Perreault, font découvrir le paysage sonore de la ville et de la région de Québec. Réflexion sur la présence du son au quotidien, le film permet à Ricard et à ses collaborateurs à la musique (Claude Schyer) et à la conception sonore (Claude Langlois) de composer une sorte de poème dans la tradition des symphonies urbaines qui sillonnent l'histoire du cinéma depuis 75 ans. Le travail de Ricard se rapproche de celui de François Brault* (beaucoup de commandites, diffusion à la télévision), qui est son principal cameraman depuis plus de vingt ans. (P. V.)

**RICHARD, Lorraine,** productrice (Longueuil). Après avoir travaillé en théâtre, Richard s'associe à Monique H. Messier et Michel Gauthier pour fonder, en 1987, une maison de production, Québec-Amérique, qui deviendra Cité-Amérique. Elle y produit d'abord *Dans le ventre du dragon* (Y. Simoneau, 1989). Richard s'y affirme particulièrement dans le secteur de la télévision avec des séries historiques tirées d'un best-seller en deux volumes d'Arlette Cousture, *Les filles de Caleb* et *Blanche*, qui rejoignent un très large public, reçoivent plusieurs prix, obtiennent du succès à l'étranger et témoignent d'un souci évident de la qualité. La première est réalisée par Jean Beaudin, la deuxième par Charles Binamé. La productrice forme équipe avec ce dernier au cinéma pour créer une trilogie sans équivalent, lancée avec *Eldorado* (1995), qui défend une nouvelle approche de la production, écriture collective, équipe légère, facture très urbaine. Elle produit les deux films suivants de Binamé, *Le cœur au poing* (1998) et *La beauté de Pandore* (2000) dont l'écriture, partagée par des romancières, Monique Proulx et Suzanne Jacob, est plus précise que celle d'*Eldorado.* Richard produit également un film de Léa Pool, *Emporte-moi* (1999) et coproduit un premier film en langue anglaise, *Four Days* (C. Wherfritz, 1999). Elle est présidente du Conseil national du cinéma et de la télévision. (M. C.)

**RICHER, Gilles,** réalisateur, scénariste (Montréal, 1938 – 1999). Au cours des années 60, il est scripte de deux grands succès de la télévision de Radio-Canada : le talk-show *Les couche-tard* et la série comique *Moi et l'autre.* Il débute au cinéma en scénarisant *Tiens-toi bien après les oreilles à papa...* (1971), mis en scène par son compagnon d'armes à Radio-Canada, le réalisateur Jean Bissonnette. Le film remporte un immense succès. Sous le couvert de la révolte burlesque, contre ses patrons anglophones, d'une secrétaire assistée de loin par un commis en apparence servile, Richer transpose sur grand écran la formule à succès de *Moi et l'autre.* Ici, l'humoriste Yvon Deschamps remplace Denise Filiatrault dans le rôle de faire-valoir de Dominique Michel et atteste l'orientation nationaliste du film. Deux ans plus tard, Richer, qui se souvient de sa première réussite, écrit *J'ai mon voyage!* (D. Héroux, 1973), qui raconte l'odyssée d'un couple (Dominique Michel et Jean Lefebvre) et de ses deux enfants, de Montréal à Vancouver à travers un pays, le Canada, où ils sont de purs étrangers. Le film remporte un succès comparable à celui du précédent. En 1975, Richer assure lui-même la réalisation de son troisième scénario, *Tout feu, tout femme,* où il prend la formule du couple mal assorti (Andrée Boucher et Jean Lapointe), déjà au cœur de *J'ai mon voyage!* Par la suite, il poursuit une carrière de scripte et de réalisateur à la télévision. Il reste, au cinéma, le concepteur d'un genre à succès — la comédie nationaliste de situation — qui, peu à peu, s'est évanoui. Sa fille, Isabel, est actrice (*Eldorado,* C. Binamé, 1995; *La Conciergerie,* M. Poulette, 1997). (Y. P.)

**RICHLER, Mordecai,** scénariste (Montréal, 1931). Il rédige, en collaboration, les découpages de deux films de Ralph Thomas, *No Love For Johnnie* (1960), *The Wild and the Willing* (1962), et de deux films de Ted Kotcheff*, *Tiara Tahiti* (1962), *Fun With Dick And Jane* (1977). Richler signe encore les scénarios de trois autres longs métrages de Kotcheff, *Life at the Top* (1965), *The Apprenticeship of Duddy Kravitz* (1974) et *Joshua Then and Now* (1985), ces deux derniers titres étant les adaptations de livres dont il est l'auteur. De ces trois films, seul le scénario de *The Apprenticeship of Duddy Kravitz* est écrit en collaboration ; toutefois, Richler conteste, en vain, l'apport de Lionel Chetwynd à la scénarisation. En outre, deux de ses romans traitent du cinéma : *Cocksure* (1968) raille la fourberie de la société hollywoodienne et *St. Urbain's Street Horseman* (1971) retrace les hauts et les bas d'un personnage principal exerçant le métier de scénariste. Instables, fantasques et présomptueux, sans

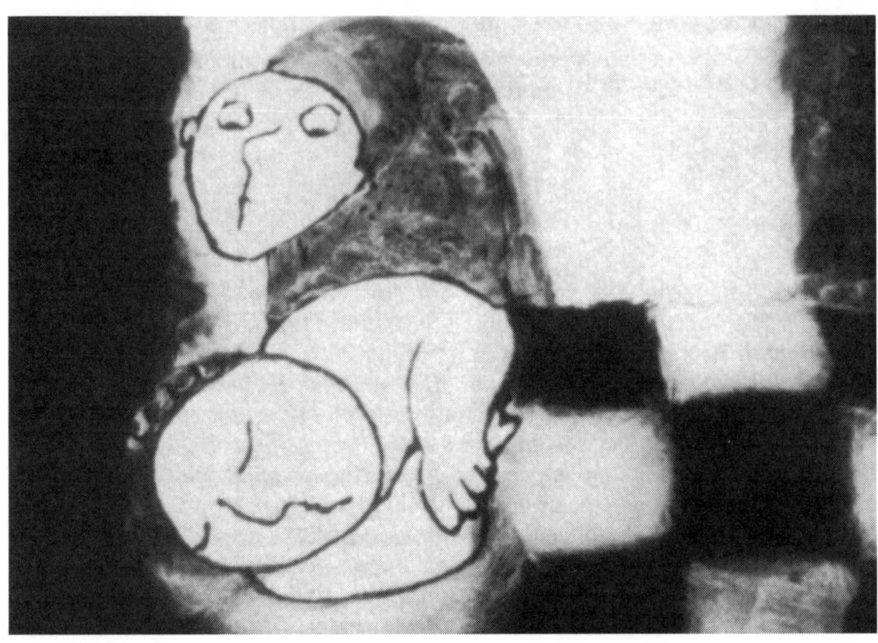

*The Street* de Caroline Leaf, d'après une nouvelle de Mordecai Richler. (ONF)

cesse en butte à l'incompréhension du milieu, les héros créés par Richler sont tous à des degrés divers en quête de leur identité. La plupart ont l'impression d'être arrivés dans ce siècle à un mauvais moment, le plus souvent trop tard. Ainsi éprouvent-ils un sentiment de culpabilité, sentiment que Richler se plaît à disséquer tantôt avec cynisme, tantôt avec empathie. Richler a aussi écrit pour la télévision, notamment *The Wordsmith* (C. Jutra, 1979). *Jacob Two Two Meets the Hooded Fang* (T. J. Flicker, 1978) est adapté d'un de ses romans pour enfants. George Bloomfield en fait une nouvelle adaptation en 1999. Caroline Leaf* tire un film d'animation d'une de ses nouvelles, *The Street* (1976, c. m.). Le film, qui décrit à travers la sensibilité d'un enfant le drame d'une famille dont un des membres est devenu impotent, est couvert de prix. (J.-M. P.)

**RIOUX, Geneviève,** actrice (Québec, 1963). Diplômée du Conservatoire d'art dramatique de Montréal, elle apparaît brièvement dans *Qui a tiré sur nos histoires d'amour ?* (L. Carré, 1986), avant de tenir le rôle de Danielle, l'étudiante idéaliste qui gagne sa vie comme masseuse, dans *Le déclin de l'empire américain* (D. Arcand, 1986). La justesse de son interprétation, qui lui vaut alors une nomination aux Génie, contribue à lancer sa carrière. On la voit ensuite dans deux courts métrages (*Nuit* *blanche*, P. Verdy, 1987 ; *Le diable est une petite fille*, C. Demers, 1989) et un téléfilm (*Montréal en ville*, J.-Y. Laforce, 1987), avant de la retrouver dans *Cruising Bar* (1989), où elle parvient à rendre touchant un personnage secondaire négligé par le scénario et la mise en scène. Après un autre rôle secondaire dans *Le royaume ou l'asile* (Jean et S. Gagné, 1989), elle tient deux premiers rôles dans *Blue la magnifique* (P. Mignot, 1989) et *Cargo* (F. Girard, 1990). Dans le premier film, elle est une jeune chanteuse western qui rêve de gloire et se lie d'amitié avec une itinérante ; dans le second, elle est une femme qui après s'être noyée attire son père dans la mort. Patricia Rozema lui offre ensuite un rôle important dans le sketch qu'elle réalise à l'intérieur de *Montréal vu par…* (coréal. D. Arcand, M. Brault, A. Egoyan, J. Leduc et L. Pool, 1991). Elle travaille ensuite surtout pour la télévision, apparaissant notamment en patineuse artistique dans *La glace et le feu* (1993). Jean-Marc Vallée lui proposera cependant un rôle tout en douceur dans son court métrage *Les fleurs magiques* (1995). Offrant une image fragile qui évoque souvent la pureté, Rioux est à son mieux dans les rôles où cette façade sert de masque à une vie cachée, comme dans *Le déclin de l'empire américain* où son apparente pudeur dissimule une expérience que personne ne soupçonne. (M. J.)

**RIVARD, Fernand,** chef opérateur, producteur, réalisateur (Trois-Rivières, 1926 – Montréal, 1993). Après des études au séminaire de Trois-Rivières, il entre au SCP en 1947 comme cameraman. Il participe à la réalisation de documentaires (*La pêche à la cabane*, 1945, c. m.) et collabore à la production de nombreux films, notamment avec l'abbé Proulx et M$^{gr}$ Tessier. Il fonde Nova Films en 1958, puis réalise pour Radio-Canada la série pour enfants « Alain raconte » (trente-six émissions sur film, 1958-1959) ainsi qu'un court métrage pour l'ONF, *Fantastique* (1962). Chef du service des techniques audiovisuelles d'Hydro-Québec (1964-1968), il y produit ou réalise dix-neuf documentaires, dont *Du béton et des hommes* (c. m.). Il est par la suite directeur de production de *La vraie nature de Bernadette* (G. Carle, 1972) et de *Kamouraska* (C. Jutra, 1973). Il réalise enfin un long métrage de fiction à petit budget, *Valse à 3…* (1974), variation sur le thème du triangle amoureux adaptée du roman de Michelle Guérin, *Les oranges d'Israël*. Dans les années 80, il devient directeur de plateau de postsynchronisation. Son frère, Reynald Rivard, est également réalisateur et son fils, Alain Rivard, est mixeur. (C. Ri.)

**RIVARD, Michel,** acteur, musicien, scénariste (Montréal, 1951). Fils de l'acteur Robert Rivard (*Mon enfance à Montréal*, J. Chabot, 1970 ; *Le dernier havre*, D. Benoît, 1986), il fait très tôt ses débuts d'acteur à la télévision. Après trois années de théâtre de création, il devient un des chefs de file de sa génération avec le groupe Beau Dommage qui connaît un énorme succès et marque la chanson québécoise. Séduits par la beauté urbaine, simple et percutante de ses compositions, plusieurs réalisateurs font appel à lui pour écrire la musique de leur film : André Brassard (*Le Soleil se lève en retard*, 1976), Jean-Michel Ribes (*Rien ne va plus*, 1979), André Melançon (*L'espace d'un été*, 1980 ; *Bach et Bottine*, 1986), Marquise Lepage (*Marie s'en va-t-en ville*, 1987), François Bouvier (*Histoires d'hiver*, 1998), et en coréalisation avec Jean Beaudry (*Jacques et Novembre*, 1984 ; *Les matins infidèles*, 1989). Il tient un des rôles principaux dans *Le dernier glacier* (J. Leduc et R. Frappier, 1984), film pour lequel il compose une de ses plus belles chansons, *Shefferville*, miroir bouleversant du déclin d'une région. Il joue au côté de Geneviève Bujold dans *Mon amie Max* (M. Brault, 1994). Poursuivant sa carrière de chanteur, Rivard est aussi improvisateur-vedette de la LNI (1980 à 1987), comédien de théâtre, concepteur d'émissions de télévision, scénariste et dialoguiste (*Le monde a besoin de magie*, D. Ménard, 1980). Yves Simoneau sait mettre à contribution son naturel fantaisiste dans *Pourquoi l'étrange M. Zolock s'intéressait-il tant à la bande dessinée?* (1983). (P. L.)

**RIVARD, Reynald,** réalisateur (Trois-Rivières, 1919 – 1997). Il travaille pendant quelques années avec Mgr Tessier, dont il est le disciple, avant de réaliser des documentaires dont il assume l'entière production. *Délaissés? Non!* (1941, m. m.) et *Les Mieux aimés* (1950, m. m.) décrivent la situation des protégés des grands orphelinats du Québec d'alors. *Les petits marchands de bonheur* (1942, c. m.) appuie une large campagne en faveur de l'adoption, *Clameurs* (1948, m. m.) montre le problème des enfants ayant plusieurs handicaps, tandis que *De la charité à la charité organisée* (1959, m. m.) présente l'évolution d'un bureau général de service social. Réalisé en 1946, *Le bon Pasteur parmi nous* (c. m.) est un document ethnographique décrivant l'arrivée de Mgr Roy à l'évêché de Trois-Rivières. *Sur les flots du temps* (1947, m. m.) est pour sa part produit à l'occasion du 250e anniversaire des ursulines de Trois-Rivières. Enfin, Rivard a aussi réalisé le film officiel du Congrès eucharistique international de Barcelone (1952). Cinéaste dilettante, il enseigne la psychologie à l'UQTR jusqu'à l'âge de la retraite. Son frère, Fernand Rivard, est chef opérateur, producteur et réalisateur. (C. Ri.)

**ROBERGE, Guy,** administrateur (Saint-Ferdinand d'Halifax, 1915 – Ottawa, Ontario, 1991). Il est admis au Barreau à vingt-deux ans mais, les causes se faisant rares en période de crise économique, il pratique aussi le journalisme, notamment la critique d'art et de cinéma, dans les quotidiens de Québec. Il établit alors beaucoup de contacts avec des artistes et développe un intérêt marqué pour les questions culturelles qui ne le quittera plus. Il revient au droit à plein temps en 1940, se spécialisant dans les questions de droit corporatif et de droit d'auteur, agissant aussi comme conseiller juridique à l'Association des postes privés de radio et de télévision. En vertu de ses compétences, il est invité à collaborer à la commission Massey sur « l'avancement des arts, des sciences et des lettres » (1950-1951). De 1944 à 1948, il est député libéral à Québec. En 1957, le premier ministre du Canada, Louis Saint-Laurent, le nomme commissaire du gouvernement à la cinématographie, ce qui en fait le grand patron de l'ONF* et le conseiller principal du gouvernement en matière de cinéma. Premier Canadien français à occuper ce poste, il arrive en plein milieu de la crise qui secoue alors l'institution, par suite de la dénonciation des injustices faites aux francophones. Habile diplomate, animé d'un rêve de bonne entente entre tous les Canadiens, il s'oppose à une section séparée pour les francophones, mais fait en sorte que leur nombre et leur pouvoir augmentent considérablement. C'est sous son administration que l'équipe française se constitue. Comme conseiller du gouvernement, il préside le comité qui recommande la création de la SDICC et en écrit la loi ; il signe aussi le premier accord de coproduction avec la France. Il quitte l'ONF en 1966 pour assumer les fonctions de délégué général du Québec à Londres, puis revient à la pratique du droit en 1971. (Y. L.)

**ROBERT, Denise,** productrice (Ottawa, Ontario). Robert travaille à la direction du théâtre du CNA au côté de Jean Gascon de 1978 à 1981 avant de faire ses premières armes en cinéma au ministère des Communications à Ottawa puis à la SGC, dont elle assure, en 1987, la direction intérimaire. C'est en s'associant au cinéma de Léa Pool qu'elle fait ses débuts à titre de productrice : *À corps perdu* (1988), *La demoiselle sauvage* (1991), *Mouvements du désir* (1994). En 1988, elle fonde sa propre maison de production, Cinémaginaire, à laquelle s'ajoute FunFilm, quelques années plus tard, qui intervient en distribution. Productrice d'un des rares films à sketches québécois, *Montréal vu par...* (D. Arcand, A. Egoyan, M. Brault, J. Leduc, L. Pool et P. Rozema, 1991), elle y exprime son intérêt marqué pour les créateurs de renom, dont Denys Arcand avec qui elle poursuit une fructueuse collaboration. Ensemble, ils tournent un film destiné à la télévision, *Joyeux calvaire* (1996), puis un long métrage de langue anglaise, *15 moments* (titre de travail, 2000). Robert se montre rapidement ouverte à la coproduction avec l'Europe, indispensable à la production des films de Léa Pool, ce qui lui permet de s'associer à des réalisateurs européens prestigieux, Bernard-Henri Lévy (*Le jour et la nuit*, 1997), Patrice Leconte (*La veuve de Saint-Pierre*, 1999). Elle mise par ailleurs sur de nouveaux réalisateurs venus d'horizons différents, produisant le deuxième film d'Olivier Asselin (*Le siège de l'âme*, 1996) et, dans la continuité de son expérience au CNA, les premiers longs métrages de deux acteurs et metteurs en scène de théâtre réputés, Robert Lepage (*Le confessionnal*, 1995), dont le film remporte de nombreux prix, et Denise Filiatrault (*C't'à ton tour, Laura Cadieux*, 1998). Le succès en salles de ce dernier film, tiré d'un roman de Michel Tremblay, est tel qu'elle enchaîne aussitôt avec *Laura Cadieux... la suite* (1999). Robert, très présente dans l'industrie cinématographique, occupe la présidence de la Cinémathèque québécoise de 1997 à 1999, puis celle de l'APFTQ en 1999. (M. C.)

**ROBERT, Nicole,** productrice, animatrice, réalisatrice (Montréal, 1946). Robert fait ses débuts au cinéma en animation alors qu'elle participe à réalisation des collectifs *Québec Love* (1973, t. c. m.) et *Je suis moi* (1974, c. m.). À la tête des Films Québec Love jusqu'en 1977, elle signe, cette année-là, la bande-annonce de la Semaine du cinéma québécois, et crée Animabec où, pendant sept ans, elle conçoit, dessine et réalise des publicités, des signatures corporatives et des indicatifs de télévision. Puis, s'associant à Rock Demers, elle produit les deux premiers « Contes pour tous », *La guerre des tuques* (A. Melançon, 1984) et *The Peanut Butter Solution* (M. Rubbo, 1985). En 1987, Robert crée Lux Films où elle produit d'abord un film sans grand succès, *Laura Laur* (B. Sauriol, 1988), et un téléfilm écrit par Marcel Dubé, *Les naufragés du Labrador* (F. Floquet, 1991). C'est avec *Requiem pour un beau sans-cœur* (R. Morin, 1992), présenté à la Semaine de la critique, primé à Toronto, gagnant des prix Ouimet-Molson, SARDeC et Alberta-Québec, qu'elle s'impose dans le long métrage. Elle enchaîne d'ailleurs avec un nouveau film de Morin, *Windigo* (1994). Changeant complètement de registre, elle touche à la comédie avec *Karmina* (G. Pelletier, 1994), dont les écarts par rapport au réalisme renouvellent le genre au Québec. *Karmina* remporte un bon succès en salles. Ayant joint le groupe Behaviour en 1997, elle élargit son champ d'action et coproduit, toujours avec Lux Films, deux films en anglais, *Saint Jude* (J. L'Écuyer, 1999) et *Desire* (C. Murphy, 2000) ainsi qu'une série pour la télévision, *La vie, la vie.* Lux Films se détache de Behaviour en 1999. (M. C.)

**ROGER, Normand,** musicien (Montréal, 1949). Autodidacte, il crée des musiques de films à partir de 1972. À ce titre, il collabore à plusieurs documentaires (*L'homme de papier*, J. Giraldeau, 1987, m. m.) et à des dizaines de courts métrages d'animation, surtout à l'ONF, prenant ainsi la relève de Maurice Blackburn. Il travaille à plusieurs reprises avec Frédéric Back (*Crac*, 1980, c. m. ; *L'homme qui plantait des arbres*, 1987, c. m.). Il compose également la trame musicale de *Chaque enfant* (E. Fedorenko, 1977, c. m.), *Jeu de coudes* (P. Driessen, 1979, c. m.), *Entre chiens et loup* et *Souvenirs de guerre* (P. Hébert, 1978 et 1982, deux c. m.), *Le château de sable* (C. Hoedeman, 1977, c. m.), *The Metamorphosis of Mr. Samsa* (C. Leaf, 1977, c. m.), *Rectangle et rectangles* et *Question de forme* (R. Jodoin, 1984 et 1985, c. m.), *The Wanderer* (G. Ungar, 1988, c. m.), *The Colors of my Father* (J. Borenstein, 1990, c. m.), *L'orange* (D. Chartrand, 1992, c. m.), *Le fleuve aux grandes eaux* (F. Back, 1993, c. m.), *Divine Faith* (I. Patel, 1994, c. m.), *Mouseology* (B. Pojar, 1995, c. m.), *Le vol des dinosaures* (M. Ferguson, 1996, c. m.), *Le Rocket* (J. Payette, 1998, m. m.). Puisant à toutes les formes possibles, Roger apporte au cinéma d'animation des mélanges de rock-pop et de néoclassicisme qui visent la simplicité et l'expressivité mélodique, et qui s'intègrent harmonieusement aux autres éléments de la bande sonore. Il se définit comme un cinéaste du son. Il obtient des prix à Zagreb pour la musique de *Luna, luna, luna* (V. Elnécavé, 1981, c. m.) et celle de *Paradisia* (M. Page, 1987, c. m.), de même qu'un Dauphin d'argent à Espinho pour la musique de *The Boy and the Snow Goose* (G. Thomas, 1984, c. m.). (R. L.)

**ROSE, Hubert-Yves,** réalisateur, acteur (Montréal, 1944). Après des études en lettres, il débute au cinéma comme assistant réalisateur et assistant monteur, notamment pour quelques films de Jean Beaudin (*Cher Théo*, 1975, m. m.). En 1976, il écrit et réalise, à l'ONF, un moyen métrage intitulé *L'heure bleue.* Il travaille ensuite comme scénariste et recherchiste pour des émissions de télévision consacrées au cinéma. Il revient à la réalisation avec *Voyageur* (1983, c. m.), film singulier qui dépasse les limites de la narration traditionnelle et annonce deux thèmes qui seront repris dans *La ligne de chaleur* (1987) : le voyage et le monde de l'enfance. *La ligne de chaleur* raconte l'odyssée d'un père divorcé (Gabriel Arcand) et de son fils à travers les États-Unis, alors qu'ils rapatrient le corps du grand-père, mort en Floride. Méditation sur les rapports filiaux et la mort, le film baigne dans un climat proche de la peinture hyperréaliste américaine et se rapproche de l'univers antonionien par l'importance accordée aux temps morts et l'incommunicabilité qui paralyse le personnage du père. On voit Rose dans quelques films, *Les indrogables* (J. Beaudin, c. m.), *Petits maîtres* (S. Rose, 1998, m. m.), *La rage* (D. Gagnon, 1999, c. m.). Rose enseigne le cinéma.

Son fils, Sébastien Rose, est aussi cinéaste (*Vous n'avez pas votre place ici*, 1996, c. m. ; *Petits maîtres*). (Y. R.)

**ROSS, Graeme,** animateur, réalisateur (La Tuque, 1929). À la section des arts graphiques de Radio-Canada à Montréal, il réalise notamment *Day in the Life of a Bachelor* (1963, c. m.) et *Le carnaval des animaux* (1965, c. m.). Il passe à la section animation de Radio-Canada dès sa création en 1978 et y réalise près de deux cents films, qui vont de la publicité à l'ouverture d'émission en passant par le court métrage de fiction. Ses films *Abracadabra* (coréal. F. Back, 1970, c. m.), l'histoire d'enfants qui partent libérer le soleil prisonnier d'un vilain magicien, et *Le lièvre et la tortue* (1978, c. m.), où la fable est accompagnée d'une trame sonore originale de l'OSM, remportent de nombreux prix à travers le monde. À l'aise dans les œuvres de commande, il emploie différentes techniques d'animation au banc-titre. L'humour et le clin d'œil sont des constantes de son œuvre abondante et variée. Ses films *SVP pollution* (1983, c. m.) et *L'érable qui meurt* (1987, t. c. m.) rappellent son intérêt pour les questions écologiques. Ce dernier film porte clairement la marque de son expérience de peintre. (M.-É. O.)

**ROSSIGNOL, Michelle,** actrice (Montréal, 1940). Ses débuts sont prometteurs : à quinze ans, elle est Manouche dans le téléroman de Germaine Guèvremont, *Le survenant* (1956-1960), ce qui lui vaut d'être consacrée vedette de l'année. Elle étudie à Montréal à l'École du TNM et à Paris avec Tania Balachova. Elle est, pendant plusieurs années, directrice de la section d'interprétation de l'École nationale de théâtre puis la directrice générale du Théâtre d'Aujourd'hui. Elle débute au cinéma dans *Poussière sur la ville* (A. Lamothe, 1965), où elle est Madeleine, la femme du D^r Dubois (Guy Sanche). Quelques premiers rôles suivent (*Gros-Morne*, J. Giraldeau, 1967 ; *La conquête*, Jacques Gagné, 1972 ; *Il était une fois dans l'Est*, A. Brassard, 1973), sans vraiment lui permettre d'offrir sa pleine mesure. Elle joue dans un autre film scénarisé par Michel Tremblay, *Parlez-nous d'amour* (J.-C. Lord, 1976), puis apparaît dans *Les trois Montréal de Michel Tremblay* (1989, m. m.), film que Michel Moreau consacre au célèbre dramaturge et romancier montréalais, dont elle est une des fidèles interprètes.

PRINCIPAUX AUTRES FILMS : *Françoise Durocher, waitress* (A. Brassard, 1972, c. m.), *La fleur aux dents* (T. Vamos, 1975), *Cordélia* (J. Beaudin, 1979), *Suzanne* (R. Spry, 1980), *La quarantaine* (A. C. Poirier, 1982). (F. L.)

**ROTH, Stephen J.,** producteur (Montréal, 1941). Admis au Barreau du Québec en 1967, il pratique, peu de temps après, dans l'étude d'avocats Roth et Simon, spécialisée en droit commercial et en droit touchant le divertissement. En 1975, il fonde la maison de production RSL Films avec Robert Lantos*. En 1985, la compagnie s'associe à International Cinema Corporation pour former Alliance Entertainment Corporation, dont Roth devient le président. Il quitte la compagnie à la fin de 1987 pour lancer sa propre maison de production, Cinexus, basée à Toronto. Il y produit notamment *Bordertown Cafe* (N. Bailey, 1991) et *Clearcut* (R. Bugajski, 1991). (J. P.)

**ROUSSEAU, Patrick,** preneur de son (Paris, France, 1946). C'est après son arrivée au Québec en 1967 qu'il perfectionne et consolide son métier, en étant assistant de Joseph Champagne pour *Fortune and Men's Eyes* (H. Hart, 1971) et pour *Taureau* (C. Perron, 1973) ainsi que de Serge Beauchemin pour *La maudite galette* (D. Arcand, 1972). Son premier film à titre de preneur de son solo est *Les colombes* (J.-C. Lord, 1972). Par la suite, il travaille sur un nombre important de longs métrages, de téléfilms (*Milena*) et de téléséries (*Rimbaud, Hitchhiker, Bordertown, Fly by Night, Revenge of the Land*).

Cette large palette indique les territoires que fréquente Rousseau : la France, les États-Unis, le Canada anglais, le Québec, grâce surtout au système de coproductions. Toutefois, c'est dans le cinéma québécois que niche son travail principal et le point d'envol de sa carrière internationale, ce Québec où il a appris sa spécialisation, la prise de son en direct, qui inclut le prémixage de plateau.

Gagnant de deux prix Génie (*The Apprenticeship of Duddy Kravitz*, T. Kotcheff, 1977 et *Jésus de Montréal*, D. Arcand, 1990), Patrick Rousseau travaille avec une panoplie de grands réalisateurs, certains à quelques reprises, par exemple Claude Chabrol (*Blood*, 1977 ; *Violette Nozière*, 1978), Gilles Carle (*Les Plouffe*, 1981 ; *Maria Chapdelaine*, 1983).

PRINCIPAUX AUTRES FILMS : *Jacques Brel is Alive and Well and Living in Paris* (D. Héroux, 1974), *La menace* (A. Corneau, 1977), *Yesterday* (L. Kent, 1980), *Paroles et musique* (E. Chouraqui, 1984), *Hotel New Hampshire* (T. Richardson, 1984), *Toby McTeague* (J.-C. Lord, 1985), *Street Smart* (J. Shatzberg, 1987), *Mon amie Max* (M. Brault, 1993), *Le vent du Wyoming* (A. Forcier, 1994), *Affliction* (P. Shrader, 1997), *Snake Eyes* (B. de Palma, 1998), *Grey Owl* (R. Attenborough, 1999). (R. L.)

**ROUX, Jean-Louis,** acteur (Montréal, 1923). Après des études universitaires en médecine, il se tourne vers le théâtre et obtient une bourse pour étudier en France de 1946 à 1950. De retour au Québec, il est cofondateur du TNM et est rapidement sollicité par le cinéma et la télévision, qui en est à ses débuts. Il devient surtout connu par le téléroman de Roger Lemelin, *La famille Plouffe* (1953-1960) où il joue avec brio le rôle d'Ovide, fils cultivé et incompris d'une famille ouvrière. Il joue dans plusieurs autres séries (*Septième Nord, Cormoran*) mais la télévision compte surtout sur lui comme interprète de téléthéâtres où sa formation classique domine. Il est nommé meilleur acteur de la télévision au Congrès de l'industrie du spectacle de 1960, et reçoit, tout au long de sa carrière, une vingtaine d'autres prix nationaux et internationaux. Au cinéma, il fait ses débuts dans la première coproduction francocanadienne, *Docteur Louise* (R. Delacroix, 1949) et on le voit jouant *L'avare* de Molière au TNM dans *Côté cour côté jardin* (R. Blais, 1953, c. m.). Il participe à plusieurs productions de langue anglaise, notamment *The 13th Letter* (O. Preminger, 1951), *The Pyx* (H. Hart, 1973) et *Odyssey of the Pacific* (F. Arrabal, 1981). On le voit interpréter des personnages de bourgeois, de notables, de figures d'autorité, le plus souvent des rôles de soutien, notamment dans *Cordélia* (J. Beaudin, 1979), *Tinamer* (J.-G. Noël, 1987), *Les portes tournantes* (F. Mankiewicz, 1988), *La beauté des femmes* (R. Ménard, 1994), *Liste noire* (J.-M. Vallée, 1995). Son apport le plus mémorable est sans doute dans *Salut Victor!* (A. C. Poirier, 1989) où il campe avec justesse et sensibilité un vieux lettré solitaire et homosexuel qui se laisse apprivoiser par un voisin. Dans une carrière d'homme public bien remplie (sénateur, lieutenant-gouverneur du Québec, président du Conseil des arts du Canada à partir de 1998), Roux rencontre aussi le cinéma comme administrateur, étant membre du Bureau des gouverneurs de l'ONF de 1968 à 1971, et vice-président de 1971 à 1974. (G. L.)

**ROY, Gildor,** acteur (Cadillac, 1960). Grand, carré, l'accent très québécois, au cinéma, Roy, formé à l'École nationale de théâtre, est souvent la brute de service. Il campe un homme envahissant dans *Ruse et vengeance* (R.-R. Cyr, 1991, c. m.), un prisonnier dans *Le party* (P. Falardeau, 1989), un petit malfrat tatoué, violent et stupide dans *L'assassin jouait du trombone* (R. Cantin, 1991) et *La vengeance de la femme en noir* (R. Cantin, 1997) et une crapule amoureuse dans *La Florida* (G. Mihalka, 1993). À contre-emploi, il tient un petit rôle d'homosexuel dans *Louis 19, le roi des ondes* (M. Poulette, 1994). Souvent présenté comme une caricature de dur, il compose dans *Karmina* (G. Pelletier, 1996) un douanier vampirisé au sourire niais de même que son fils, adolescent je-m'en-foutiste. On l'y entend aussi chanter une parodie d'air country. Roy tient deux premiers rôles, incarnant successivement les deux visages de la justice. Dans *Requiem pour un beau sans-cœur* (R. Morin, 1992), re-

Gildor Roy dans *Requiem pour un beau sans-cœur* de Robert Morin. (coll. ACPQ)

marquable, il interprète un dangereux évadé de prison, Régis Savoie, dont il rend les multiples facettes selon que le récit est mené par l'un ou l'autre des personnages. Par la suite, ne donnant pas autant de profondeur à son personnage, il est un ancien policier marqué par la mort de sa fille, démissionnaire et autodestructeur, dans *Caboose* (Richard Roy, 1996). Roy, qui joue aussi dans des téléséries, fait aussi carrière comme chanteur, dans la mouvance country. (M. C.)

**ROY, Jean,** chef opérateur, monteur, producteur, réalisateur (Montréal, 1929). Après *Républiques des As* (Y. Allard, 1948), film étudiant dont il est le producteur, le chef opérateur et le monteur, il entre à l'ONF en 1948. Il passe un an et demi dans l'Arctique comme chef opérateur : *Land of the Long Day* (D. Wilkinson, 1952, m. m.) et *Angotee* (D. Wilkinson, 1952, m. m.). Roy collabore ensuite aux séries « On the Spot — Sur le vif » et « Eye Witness — Coup d'œil » (chef opérateur, 1952-1956) ; « The Commonwealth of Nations » (monteur, 1957, treize m. m.) ; « Perspective » (producteur adjoint, 1958-1959, trente-neuf c. m.). En 1963, il est un des fondateurs de Coopératio (*voir* PATRY, PIERRE), où il est producteur. On le retrouve ensuite à l'ONF, comme chef du service du film scientifique, de 1968 à 1971, et comme directeur du service de la caméra à la production française, de 1972 à 1983.

PRINCIPAUX FILMS COMME CHEF OPÉRATEUR : *Les mains nettes* (C. Jutra, 1958), *Above the Horizon* (R. Kroitor et H. O'Connor, 1964, c. m.), *Trouble-fête* (P. Patry, 1964), *Flight* (J. Reeve, 1967, c. m.).

PRINCIPAUX FILMS COMME RÉALISATEUR : *Le déficient mental* (1960, c. m.), *Foires agricoles* (1962, m. m.), *Fistule broncho-œsophagienne congénitale chez un adulte* (coréal. C. Overing, 1970, c. m.). (B. L.)

**RUBBO, Michael,** réalisateur, scénariste, producteur (Melbourne, Australie, 1938). Il étudie l'anthropologie à l'Université de Sydney et voyage beaucoup en Extrême-Orient avant d'aller faire des études en cinéma à l'Université Stanford, en Californie. Son film de fin d'études, *The True Source of Knowledge* (1964, c. m.), sur les émeutes auxquelles prennent part les étudiants américains, lui permet d'obtenir un emploi à l'ONF. Il y tourne tous ses films jusqu'à son départ en 1985. À la fin des années 60, il y dirige une section consacrée aux films pour enfants où il amène les enfants à raconter leurs propres histoires. C'est avec *Sad Song of Yellow Skin* (1970, m. m.), un documentaire tourné à Saigon, en pleine guerre du Vietnam, qu'il fait sa véritable percée. Le film remporte notamment le prix Robert-Flaherty. Alors qu'il est censé tourner un film sur le plan d'adoption, il donne une vision éclairée de la vie au Vietnam, saisissant le chaos dans lequel se trouve le pays, mais aussi les espoirs et les peurs de gens, qui ne sont pas montrés par les médias. Le film devient le modèle d'une série de documentaires de moyen métrage à contenu politique, tous marqués par le travail de recherche de Rubbo qui remet en question le documentaire de type traditionnel. Par la suite, il se rend en Indonésie où il tourne *West Earth and Warm People* (1971, m. m.), en Australie pour *The Man Who Can't Stop* (1974, m. m.), à Cuba pour *Waiting For Fidel* (1974, m. m.) et *I Am an Old Tree* (1975, m. m.). Tous ces films abordent des questions politiques. On y voit des gens et des sociétés en quête de changement de même que le choc des cultures de pays prospères et de pays sous-développés.

Michael Rubbo (au centre) pendant le tournage de *Tommy Tricker and The Stamp Traveller.*

Souvent, Rubbo joue le rôle de l'intrus dans ses propres films. Il applique le style du journal à son *sujet,* notion qu'il cherche d'ailleurs à miner, privilégiant une approche complexe et laissant, souvent, le spectateur sans conclusion. Là où d'autres recherchent l'ordre, Rubbo cultive le paradoxe. Il intervient dans des films comme acteur social, annonçant sa présence au spectateur, mettant au jour le rôle qu'il tient par rapport au sujet filmé. De cette manière, il ébranle délibérément, par son style ouvertement subjectif, le documentaire traditionnel et objectif qu'on pratique alors à la production anglaise de l'ONF. *Persistent and Finagling* (1971, m. m.) et *I Hate to Lose* (1977, m. m.) prolongent sa démarche documentaire en l'appliquant à des sujets canadiens, que ce soit la résistance organisée des femmes face à la pollution industrielle ou le point de vue des habitants de Westmount lors de l'élection provinciale de novembre en 1976. *Solzhenitsyn's Children... Are Making a Lot of Noise in Paris* (1978) constitue son film le plus ambitieux. Insatisfait du style documentaire qu'il a développé au fil des ans, Rubbo prend un nouveau départ. À Paris pour y filmer les nouveaux philosophes de la gauche française, il occupe encore plus de place qu'à l'habitude dans le film pour véritablement participer aux événements. Il pousse son rôle encore plus loin dans *Yes or No, Jean-Guy Moreau* (1979, m. m.) et dans *Daisy: The Story of A Facelift* (1982, m. m.). La façon qu'il a de donner le ton d'un journal au documentaire trouve son aboutissement dans l'énigmatique portait d'une célèbre romancière canadienne qu'il trace en 1985, *Margaret Atwood: Once in August* (m. m.).

Rubbo quitte l'ONF pour aborder la fiction. Il tourne coup sur coup trois longs métrages pour enfants dans la série « Contes pour tous ». Son premier essai, *The Peanut Butter Solution* (1986), est suivi de *Tommy Tricker and the Stamp Traveler* (1988), l'histoire d'enfants qui voyagent grâce à un timbre magique. Tourné au Canada, en Chine et en Australie, ce film est primé notamment à Adelaide (Australie) et à Giffoni (Italie). De plus en plus à l'aise dans le genre pour enfants, Rubbo enchaîne avec *Vincent and Me* (1990). Le film raconte les mésaventures d'une jeune fille qui peint à la manière de Vincent Van Gogh. Comme dans ses deux films précédents, le réalisateur, qui peint lui-même des copies des toiles de Van Gogh, met en opposition un certain génie de l'enfance et la malveillance d'un adulte envieux. Son film suivant, *The Return of Tommy Tricker* (1994), est une suite du film de 1988 qui, s'il sait plaire au public auquel il est destiné, ne connaît pas le même succès critique. Rubbo quitte ensuite le Québec pour poursuivre sa carrière à l'Australian Broadcasting Corporation où il assure la direction de production d'une trentaine de documentaires pour la télévision en plus de réaliser, pour le petit écran, *The Little Box That Sing* (1998, m. m.), documentaire qui traite de l'histoire et de la fabrication du violon. Il quitte ABC en 1998, pour se consacrer à d'autres projets de documentaires, notamment sur Shakespeare. Rubbo intervient dans *Journal inachevé* (M. Mallet, 1982, m. m.).

AUTRES FILMS : *The Bear and the Mouse* (1966, c. m.), *Adventures* (1967, c. m.), *Sir! Sir!* (1968, c. m.), *Mrs Ryan's Drama Class* (1969, m. m.), *Here's to Harry's Grandfather!* (1970, m. m.), *O.K... Camera* (1972, c. m.), *Low Cost Housing in the Solomon Islands* (1976, c. m.), *The Digesters* (1976, c. m.), *Log House* (coréal. A. Poulsson, 1976, c. m.), *The Walls Come Tumbling Down* (coréal. P. Lasry et W. Weintraub, 1976, c. m.), *Tiger and Teddy Bears* (1978, m. m.), *Not Far From Bolgatanga* (coréal. B. Howells, 1982, c. m.).

BIBLIOGRAPHIE : HANDLING, Piers, *The Diary Films of Michael Rubbo, Take Two*, 1984 • NICKS, Joan, *The Cinema of Michael Rubbo : A Personal View Within the National Film Board of Canada*, thèse, Carleton University, 1984. (P. Ha. et É. P.)

# S

**SAÄL, Michka,** scénariste, réalisatrice (Tunis, Tunisie). Elle arrive à Montréal en 1979 et entreprend des études cinéamatographiques à l'Université de Montréal. Elle développe depuis une œuvre très cohérente, aussi bien dans le registre documentaire que fictionnel, fortement centrée sur son expérience personnelle. Juive d'origine tunisienne, formée à Jérusalem et à Paris, la cinéaste, dès son premier film, le très bel essai poétique *Loin d'où* (1989, c. m.), traque les sensations de l'exil, ce sentiment d'être parti mais pas encore arrivé, en alternant les images granuleuses en noir et blanc du souvenir et celles en couleur du présent d'une jeune femme. L'AQCC lui attribue le prix Normand-Juneau. Nombre d'éléments que l'on retrouve dans toute l'œuvre de Saäl sont déjà présents : la quête intérieure d'un personnage féminin qui porte en elle la dualité, voire une fracture, l'exploration d'un espace entre les cultures, et la mer fortement chargée de symbolique. Elle tourne ensuite *Nulle part, la mer* (1991, m. m.), fiction où se rencontrent un jeune violoniste et une femme en fuite. Dans *L'arbre qui dort rêve à ses racines* (1992), la réflexion se fait encore plus personnelle et plus directe, puisque ce documentaire la met en scène en compagnie de son amie Nadine Ltaif, arabe d'origine égyptienne. De façon sensible et émouvante, à fleur de peau, elle interroge de façon croisée leurs parcours respectifs et contribue à humaniser un discours trop souvent théorique sur des thèmes comme la différence, la tolérance, le racisme et la découverte de soi à travers les autres. Elle réalise ensuite un portrait de la violoniste et peintre Éléonora Turovsky (*Le violon sur la toile*, 1995) et, en 1998, son premier long métrage de fiction, *La position de l'escargot*, qui poursuit la même réflexion en mettant en scène une jeune juive d'origine maghrébine en proie à une crise existentielle alors que son père absent depuis vingt ans réapparaît dans un Montréal cosmopolite. (P. G.)

**SABOURIN, Marcel,** acteur, scénariste (Montréal, 1935). Diplômé de l'Université de Montréal, il poursuit sa formation au TNM. Après un séjour d'un an à Paris, il étudie au Canadian Drama Studio. Sa carrière débute en 1951, alors qu'il fait partie de la Roulotte de Paul Buissonneau. Dans les années 50 et 60, il

Julien Poulin et Marcel Sabourin dans *L'oreille d'un sourd* de Mario Bolduc. (coll. ACPQ)

monte fréquemment sur les planches. Au cinéma, il est au générique de quelques films, dont *Côté cour, côté jardin* (R. Blais, 1953, c. m.), *La roulotte* (P. Patry, 1957, c. m.) et *Le festin des morts* (F. Dansereau, 1965). En 1967, *Il ne faut pas mourir pour ça*, dont il est à la fois acteur principal et coscénariste, marque le début de sa fructueuse collaboration avec Jean Pierre Lefebvre*. Il jouera dans neuf films de celui-ci. Figure masculine dans le cosmos de *La chambre blanche* (1969), il est l'intendant Talon des *Maudits sauvages* (1971), le docteur des *Dernières fiançailles* (1973), le vendeur traumatisé par les dessous féminins que lui faisait porter sa mère du *Jour « S... »* (1984), le pourvoyeur du jeune Alfred Laliberté dans *La-liberté Alfred Laliberté sculpteur 1878-1953* (1987) et l'allié de l'adolescente Ève dans *Le fabuleux voyage de l'ange* (1991). Dans *Il ne faut pas mourir pour ça* (1977), *Le vieux pays où Rimbaud est mort* (1977) et *Aujourd'hui ou jamais* (1998), il incarne Abel, homme fragile et discret, fils à maman de bonne volonté sous des allures de vieux garçon, personnage d'abord blessé par la mort de sa mère (*Il ne faut pas mourir pour ça*), curieusement installé entre l'errance et l'égarement dans une France bien lointaine (*Le vieux pays où Rimbaud est mort*), vieil homme enfin qui retrouve son père après une longue séparation (*Aujourd'hui ou jamais*). Les années 70 sont une période faste pour Sabourin. Mari trompé dans *Deux* *femmes en or* (C. Fournier, 1970), il est un extraterrestre attachant et loufoque dans *Le Martien de Noël* (B. Gosselin, 1970), un simple d'esprit qui se métamorphose en voleur assassin dans *La maudite galette* (D. Arcand, 1971), un prêtre bouleversant dans *Les smattes* (J.-C. Labrecque, 1972) et un illuminé retiré du monde dans *La mort d'un bûcheron* (G. Carle, 1973). Il excelle tout particulièrement à jouer les hommes faibles et résignés (*On est loin du soleil*, J. Leduc, 1970; *Le temps d'une chasse*, F. Mankiewicz, 1972; *Des armes et les hommes*, A. Melançon, 1973, m. m.) et les lâches (*Équinoxe*, A. Lamothe, 1986). Il écrit le scénario de *J. A. Martin photographe* (J. Beaudin, 1976), et s'accorde du même coup l'un des plus beaux rôles de sa carrière, celui d'un photographe taciturne qui, au cours d'une tournée en compagnie de sa femme (Monique Mercure), réapprend lentement à dialoguer. Son interprétation nuancée compte pour beaucoup dans le succès du film. Il poursuit sa collaboration avec Beaudin en coscénarisant *Cordélia* (1979), dans lequel il interprète le shérif Lapointe. Acteur sensible et intelligent, au registre incroyablement étendu, Sabourin tient avec la même présence un premier rôle de défroqué dans *Ti-Mine, Bernie pis la gang...* (M. Carrière, 1976) ou un second rôle d'homme d'affaires qui aide un jeune garçon à retrouver sa grand-mère à New York dans *Les portes tournantes* (F. Mankiewicz, 1988). Sabourin sait être drôle, comme dans *La fille du Maquignon* (A. Mazouz, 1990), où il est un curé bon vivant, ou encore dans *Le vent du Wyoming* (A. Forcier, 1993), où il est un ancien aumônier militaire retiré dans un couvent où il traite les religieuses comme des soldats. Il sait aussi rendre cette drôlerie grinçante, comme dans *L'oreille d'un sourd* (M. Bolduc, 1995), alors qu'il campe un homme d'affaires sans vergogne qui exploite la naïveté des gens modestes. Après plus de trente ans de carrière au cinéma, Sabourin conserve le goût du risque et de l'aventure. Ainsi, il n'hésite pas à apparaître dans des courts métrages de jeunes cinéastes (*Repas compris*, M. Bolduc, 1993; *Anna à la lettre C*, H. Brochu, 1996; *La mascotte*, S. Barrette, 1997) ou dans des longs métrages à très petits budgets (*L'homme perché*, S. Pleszczinski, 1996; *Revoir Julie*, J. Crépeau, 1998). Par ailleurs, il est très à l'aise lorsque vient le temps de jouer en anglais, ce qui l'amène à tenir le rôle-titre dans *Double or Nothing: The Rise and Fall of Robert Campeau* (P. Cowen, 1992), et celui de l'évêque dans *Lilies* (J. Greyson, 1996). Une longue silhouette, des yeux vifs au milieu d'un visage doux qui peut s'ouvrir ou se refermer en un seul instant, ainsi qu'une voix reconnaissable entre mille, voilà ce qui caractérise cet acteur dont la filmographie est l'une des plus impressionnantes du cinéma québécois. En 1999, lors de la première Soirée des Jutra, le milieu du cinéma lui rend hommage.

PRINCIPAUX AUTRES FILMS : *Taureau* (C. Perron, 1974), *Bingo* (J.-C Lord, 1974), *Par une belle nuit d'hiver* (J. Beaudin, 1974, m. m.), *Eliza's Horoscope* (G. Sheppard, 1975), *L'homme à tout faire* (M. Lanctôt, 1980), *Le château de cartes* (F. Labonté, 1979), *Doux aveux* (F. Dansereau, 1982), *Mario* (J. Beaudin, 1984), *Sous les draps, les étoiles* (J.-P. Gariépy, 1989), *La fête des rois* (M. Lepage, 1994), *L'âge de braise* (J. Leduc, 1998), *Souvenirs intimes* (J. Beaudin, 1998). (M. J.)

**SADLER, Richard,** producteur, scénariste (Montréal, 1947). Diplômé en philosophie, Sadler aborde le cinéma en touchant à tout, de la technique à la réalisation. Il fonde sa maison de production, Les Films Stock, en 1976 et produit des commandites gouvernementales et des films éducatifs. Il produit *Gunrunner* (N. Castillo, 1984), qui met en vedette Kevin Costner, mais le film, d'abord connu sous le titre *St Louis Square*, ne sort qu'au moment où l'acteur américain connaît la célébrité. Il participe ensuite avec l'auteur Dany Laferrière, à l'adaptation de son roman *Comment faire l'amour avec un nègre sans fatiguer* (J. W. Benoit, 1989) qui connaît une certaine diffusion grâce à un titre, un sujet et une affiche accrocheurs. Poursuivant sur la voie de l'adaptation, il coscénarise et produit *Coyote* (R. Ciupka, 1992), histoire d'amour pour adolescents, qui ne remporte pas le succès escompté malgré la présence à l'écran de la chanteuse Mitsou. Il obtient son premier succès populaire avec *Louis 19, le roi des ondes* (M. Poulette, 1994). Le film attire l'attention des Américains qui choisissent de le refaire, et Sadler participe à la production de cette nouvelle mouture de *Louis 19, le roi des ondes*, *Ed tv* (R. Howard, 1999), une première dans l'histoire du cinéma québécois. Sadler produit aussi un drame policier, *Caboose* (Richard Roy, 1996). Il s'associe à des partenaires européens pour produire *Scream of Stone* (W. Herzog, 1992), primé à Venise, *Le mirage* (J.-C. Guiguet, 1992) d'après Thomas Mann, *Le ciel est à nous* (G. Guit, 1997) et *Sucre amer* (C. Lara, 1997), des films sans grande résonance au Québec. (M. C.)

**SAÏA, Louis,** réalisateur, scénariste (Montréal, 1950). Spécialiste de la comédie, tous médiums confondus, Saïa se fait d'abord remarquer au théâtre où il coécrit l'immense succès *Broue*, de même que les pièces *Bachelor*, *Appelez-moi Stéphane*, *Les voisins* et *Une amie d'enfance*, adaptée pour le cinéma par Francis Mankiewicz (1978). Malgré des débuts remarqués à la réalisation d'un court métrage, *Propriété privée* (1981), où il oppose deux voisins aux antipodes l'un de l'autre, il met des années à revenir au cinéma. Dans les années 90, il tourne trois longs métrages dans lesquels il montre des hommes ordinaires qui échappent à la monotonie de leur quotidien. Dans le premier, *Le sphinx* (1995), interprété par son acteur de prédilection, Marc Messier, il confronte un banlieusard au monde de la nuit jusqu'à faire de cet enseignant très conformiste un humoriste qui tourne sa propre vie en dérision. Saïa y confirme sa fascination pour la médiocrité des gens ordinaires. Après ce film inégal qui ne prend pas résolument le parti de la comédie, le cinéaste se consacre pleinement au genre. Dans *Les Boys* (1997), il mise sur les gags, les répliques accrocheuses, les compositions, les grands sentiments et une distribution toutes étoiles qui comprend les Marc Messier, Patrick Huard, Rémy Girard. Le film, qui table sur la popularité du hockey, fracasse des records d'assistance au Québec. Saïa enchaîne très rapidement avec la suite, *Les Boys II* (1998), qui renforce la popularité de sa troupe de joueurs de hockey amateurs affublés de tous les travers, coincés lorsqu'il s'agit d'exprimer leurs sentiments mais, en bout de piste, solidaires face à l'adversité. Plus soigné que le précédent, le film, tourné en partie en France où l'équipe participe à un curieux tournoi international, remporte lui aussi un succès exceptionnel. Saïa travaille à l'occasion pour la télévision où il coordonne l'écriture des séries humoristiques *Radio enfer* et *Histoires de filles*. (M. C.)

**SALLES DE CINÉMA.** L'histoire des salles de cinéma va de pair avec celle de l'exploitation* cinématographique. Lorsque le 1er janvier 1906, Léo-Ernest Ouimet ouvre le Ouimetoscope, il met fin à l'habitude de présenter des vues animées dans des endroits qui ne leur sont pas spécifiquement consacrés. Mais il ne s'agit encore que d'une salle recyclée. La première salle aménagée spécifiquement pour le cinéma au Québec est le Nationoscope (Montréal, mai 1907, 1 100 places), précédant de peu le « grand » Ouimetoscope (31 août). Dans les mois qui suivent, les principales villes du Québec s'équipent de salles de cinéma. Leur aménagement intérieur est très simple. Leur capacité varie de 250 à 1 200 places. Ces salles n'offrent pas une bonne visibilité à l'arrière, d'autant plus que l'écran fait au plus 8 mètres de largeur et que la puissance lumineuse du projecteur laisse à désirer. Dans la première moitié des années 10, la situation commence à changer avec la construction de salles imposantes, richement décorées, confiées à des architectes de renom et propriété de chaînes de cinéma (United Amusement, Famous Players, etc.). À Montréal, mentionnons le Strand (1912) et l'Impérial (1913, 2 400 places). La popularité du cinéma est telle que le nombre de salles dans les principales villes du Québec croît à une vitesse impressionnante tandis que les villes moyennes se dotent rapidement d'une ou deux salles. Entre 1906 et 1918, Montréal compte une soixantaine de salles en opération à un moment ou à un autre et il y en a autant ailleurs au Québec. Le temps est mûr pour l'arrivée des « palaces » qui vont marquer le développement des cinémas après 1915.

Ceux-ci brillent surtout par leur décoration intérieure qui emprunte à divers styles : Lamb, atmosphérique, exotique, art déco, etc. Outre la salle, on y trouve de nombreux espaces publics : foyers, escaliers, fumoirs, etc. Certains décorateurs, comme Emmanuel Briffa, y laissent leur marque. Ces mêmes années, les chaînes vont doter Québec, Trois-Rivières et Sherbrooke de salles modernes et spacieuses. Les super palaces sont construits au centre des principales villes (Saint-Denis à Montréal, 1916, 2 500 places ; Loew's à Montréal, 1917, 2 855 places ; Capitol à Québec, 1927, 1 726 places ; Capitol à Trois-Rivières, 1928, 1 022 places ; Granada à Sherbrooke, 1929, 1 465 places) tandis que les quartiers abritent des palaces de moindre envergure (Outremont, 1929). Dans les années 30, l'arrivée du sonore qui a un impact sur l'acoustique, ainsi que les restrictions engendrées par la Crise, influencent l'apparence extérieure et l'aménagement intérieur des salles. Tout est plus fonctionnel, défini, standardisé. Dans le meilleur des cas, c'est le style art moderne qui s'impose (York, à Montréal, 1938, 830 places) et la chaîne Odeon en fait sa marque de commerce. Le sonore favorise aussi l'apparition de nouveaux circuits, celui de France Film notamment avec ses Cinéma de Paris.

Avant la Seconde Guerre, le Québec compte environ 170 salles, et 250 en 1946. La croissance se poursuit à un rythme effréné (451 en 1954). Mais l'arrivée de la télévision donne bientôt un coup d'arrêt au développement des salles (350 en 1960). Dans les années 60, leur construction s'adapte aux populations et on délaisse la ville pour les banlieues et les centres commerciaux. C'est aussi à cette époque que naissent certaines salles d'art et essai ou de répertoire (Élysée, Empire, Verdi, Outremont, etc.). Les premières multisalles apparaissent et on aménage des salles de dimension plus réduite (100-500 places) même à l'intérieur des salles déjà en place. Cela explique la remontée du nombre d'écrans dans les années 70 alors que le nombre de salles stagne (333 en 1976). On transforme, ou pis, on détruit les anciennes salles. Dans les petites villes, elles ferment tout bonnement, le public préférant louer des vidéocassettes. La situation bouge très peu jusqu'aux années 90 où l'on assiste, dans les grandes villes, sous la houlette des trois circuits qui dominent le marché (Famous Players, Cineplex Odeon, Guzzo), à la construction de multiplexes qui jouent sur le confort, la qualité sonore et visuelle des projections et même qui se muent en centres de divertissement. Le Québec a aussi son lot de salles exceptionnelles : après la salle Cinerama des années 50-60 à l'Impérial, il est maintenant doté de plusieurs salles Imax (Montréal, Brossard, Hull, Québec). L'histoire des salles convie plusieurs éclairages : architecture, décoration, public, distribution, commerce, réception filmique, etc.

BIBLIOGRAPHIE : LANKEN, Dane, *Montreal Movie Palaces, Great Theatres of the Modern Era, 1884-1938*, Penumbra Press, 1993 • MARTINEAU, Jocelyne, *Cinéma et patrimoine à l'affiche*, 1988, Statistiques Canada, *Catalogue* 63-207. (P. V.)

**SAMUEL, Julian,** réalisateur (Lahore, Pakistan, 1952). Après avoir vécu au Pakistan et au Royaume-Uni, il émigre au Canada en 1966, puis s'installe à Montréal en 1979. Il commence à tourner au milieu des années 70 sous l'influence du cinéma expérimental « structurel ». *Formation* (1976, c. m.), où la lumière crée une tension entre l'abstraction et la représentation, est le plus achevé de ses premiers films. Il a d'ailleurs obtenu une place dans la rétrospective du cinéma d'avant-garde (1972-1982) du Collective for Living Cinema de New York. À partir de 1980, sauf dans *Literature/Language/Film* (1980) qui explore le problème de la signification, Samuel procède à une analyse politique et à une dénonciation des médias. *In India and Pakistan* (1981, c. m.) et *The Long Sleep and Big Goodbye* (1983, c. m.) s'attaquent tous deux au colonialisme tandis que *Resisting the Pharaohs* (1984, m. m.) lève le voile sur les activités des compagnies montréalaises associées à l'industrie militaire. Souvent teintés d'humour et très documentés (photos, films, extraits de reportages télévisés et de journaux), ces films expriment un double refus de la « bonne forme » filmique et des discours officiels. En 1985, Samuel aborde la vidéo et poursuit sa critique des médias de manière systématique dans *Red Star over the Western Press, Archive: Algeria, 1954-1962* (1987). Il poursuit avec trois vidéos documentaires où se mêlent des questions politiques et raciales : *The Raft of the Medusa : Five Voices on Colonies, Nations and Histories* (1993), *Into The European Mirror* (1995, m. m.) et *City of the Dead and The World Exhibitions* (1995). Enfin, il réalise *Fatwa 447* (1999, m. m.), décrit par l'auteur comme une vidéo difficile inspirée de ses propres préoccupations. Auteur d'une vingtaine de films et vidéos, il publie aussi des articles et participe régulièrement à des émissions de radio. Il a en outre enseigné à l'Université Concordia et publié deux livres, *Lone Ranger in Pakistan* et *Passage To Lahore.* (Y. B. et É. P.)

**SARAULT, Gaston,** producteur, réalisateur (Montréal, 1919). Diplômé de l'École des beaux-arts, il est professeur de dessin et dessinateur publicitaire, avant de s'enrôler dans l'armée canadienne en 1943. Libéré, il entre à l'ONF en 1944 et occupe la fonction de chef concepteur à la section « étalages et expositions » jusqu'en 1947. Il continue ensuite à œuvrer dans ce domaine dans le secteur privé. En 1953, il devient directeur des services scénographiques (décors, costumes, maquillages et arts graphiques) à Radio-Canada, poste qu'il quitte en 1967 pour diriger la production du projet TEVEC (éducation des adultes par la télévision) durant deux ans au cours desquels il réalise avec une équipe réduite plus de quatre cent soixante heures de télévision éducative. De 1969 à 1971, il est responsable de la production des documents audiovisuels à l'Université Sir George Williams. Il revient à l'ONF comme producteur au studio français d'animation en 1971 et y demeure jusqu'à sa retraite en 1984. Durant toutes ces années, il met en marche plus de soixante projets dont quarante sont devenus des films. Il organise et conduit aussi un stage d'initiation au cinéma d'animation pour un petit groupe de cinéastes africains. Avant de se retirer, il réalise *Écoutez voir* (1983, c. m.), film d'animation sur l'importance du son, dont il est le seul responsable du début à la fin.

PRINCIPAUX FILMS : *Au bout du fil* (P. Driessen, 1974, c. m.), *Père Noël! Père Noël!* (P. Hébert, 1974, c. m.), *Une vieille boîte* (P. Driessen, 1975, c. m.), *Le paysagiste* (J. Drouin, 1976, c. m.), *Le château de sable* (C. Hoedeman, 1977, c. m.), *L'âge de chaise* (J.-T. Bédard, 1978, c. m.), *Le trésor des Grotocéans* (C. Hoedeman, 1980, c. m.), *Premiers jours* (C. Warny, S. Gervais et L. Gagnon, 1980, c. m.), *Mascarade* (C. Hoedeman, 1984, c. m.). (L. B.)

**SARRAZIN, Normand,** directeur artistique (Ferme-Neuve, 1944). diplômé de l'Institut des arts appliqués en 1967, il travaille d'abord comme assistant réalisateur en Italie (J.-L. Bertucelli) puis au Québec (A. Brassard, J. P. Lefebvre). Il fait quelques films comme accessoiriste et passe, au milieu du tournage de *Lies My Father Told Me* (J. Kadar, 1975), au métier de décorateur. C'est le début d'une prolifique carrière où il se distingue par sa capacité d'adaptation aux différents sujets qui lui sont proposés. Sarrazin envisage les décors comme un révélateur des personnages, au même titre que les dialogues. Alternant les films à caractère réaliste (*Les vautours*, J.-C. Labrecque, 1975; *L'homme à tout faire*, M. Lanctôt, 1980; *Manuel, le fils emprunté*, F. Labonté, 1989) et des univers plus oniriques (*Les beaux souvenirs*, F. Mankiewicz, 1981; *La nuit avec Hortense*, J. Chabot, 1988; *Cap Tourmente*, M. Langlois, 1993), il se fait tout particulièrement remarquer par les décors ludiques du film *Dans le ventre du dragon* (Y. Simoneau, 1988), les océans corsaires du *Dernier des Beauchesne* (R. Cantin, 1997) et le baroque transylvanien de *Karmina* (G. Pelletier, 1995), un film qui lui vaut le prix Génie de la meilleure direction artistique. Parallèlement au cinéma, il assume la direction artistique de publicités, de vidéoclips et de nombreuses téléséries parmi lesquelles *J.-A. Bombardier* (F. Labonté, 1992), prix Gémeaux de la meilleure direction artistique et *The Secret Adventures of Jules Verne* (1999), colossale série entièrement tournée en studio dans laquelle s'exprime avec brio la force de son imaginaire.

PRINCIPAUX AUTRES FILMS ET SÉRIES : *Les ordres* (M. Brault, 1973), *L'eau chaude l'eau frette* (A. Forcier 1975), *Le ruffian* (J. Giovanni, 1982), *Joshua Then and Now* (T. Kotcheff, 1985), *... comme un voleur* (M. Langlois, 1991), *Alys Robi* (F. Labonté, 1995), *10-07* (R. Ciupka, 1996), *Les bâtisseurs d'eau* (F. Labonté, 1997), *More Tales of the City* (P. Gang, 1998). (C. L.)

**SARRAZIN, Michael** (né **Jacques Michel André Sarrazin**), acteur (Québec, 1940). Il étudie à Montréal puis se rend travailler à Toronto. Il participe à des téléséries. Son passage aux studios de la Universal donne le coup d'envoi à sa carrière. On y remarque sa tête de jeune premier romantique. Il joue d'abord dans des westerns. Le public le découvre face à Jane Fonda dans *They Shoot Horses, Don't They?* (S. Pollack, 1969), dans le rôle d'un jeune homme inscrit à un marathon de danse. Il tourne ensuite avec nombre de réalisateurs américains. Sarrazin revient de temps à autre au pays où il peut être considéré à la fois comme acteur canadien et comme vedette internationale. On le voit dans *Double Negative* (G. Bloomfield, 1979), dans *Joshua Then and Now* (T. Kotcheff, 1985), dans *Keeping Track* (R. Spry, 1987), où il interprète un animateur de télévision entraîné malgré lui dans une histoire d'espionnage aux côtés d'une informaticienne (Margot Kidder), ainsi que dans *Malarek* (R. Cardinal, 1988), *The Phone Call* (A. A. Goldstein, 1989) et *The Secret of Nancy* (D. J. Suissa, 1990). On le revoit en *crooner* sans envergure dans *La Florida* (G. Mihalka, 1993), intermède dans une carrière anglophone qui se partage entre le Canada et les États-Unis (*Bullet to Beijing*, G. Mihalka, 1995 ; *The Peacekeeper*, F. Forestier, 1997 ; *Arrival Agenda*, K. Tenney, 1998). (M. C. et G. K.)

**SAURIOL, Brigitte,** réalisatrice, scénariste (Montréal, 1945). Elle étudie à l'École nationale de théâtre en production et en mise en scène. Elle est ensuite directrice de scène au TPQ, puis adjointe à la réalisation. Elle travaille notamment à *La vie rêvée* (M. Dansereau, 1972), à *Montréal blues* (P. Gélinas, 1972) et à *L'infonie inachevée...* (R. Frappier, 1973). En 1973, elle réalise *Le loup blanc* (c. m.), avant d'écrire et de mettre en scène son premier long métrage, *L'absence* (1975), drame introspectif sur l'absence du père dans la vie d'une femme, avec Frédérique Collin, Monique Mercure, Jean Gascon et Guy Thauvette. Après *Une ville que j'aime* (1981, c. m.), réalisé pour la télévision belge, et *Bleue brume* (1982, c. m.), film futuriste d'une intéressante facture formelle, elle revient au long métrage avec *Rien qu'un jeu* (1983), interprété par Marie Tifo et Raymond Cloutier. Ce film courageux aborde de front la délicate question de l'inceste. Un peu gauche, il est présenté au Festival de Cannes où il est mal reçu par la critique. Sauriol réalise ensuite *Laura Laur* (1989), d'après un roman de Suzanne Jacob, portrait d'une femme insaisissable (Paula de Vasconcelos) que les hommes ne parviennent pas à retenir. Le film est reçu très durement. Sauriol tourne ensuite un téléfilm, *Doubles jeux* (1989), qui fait partie de la collection « Haute tension », coproduite par le Canada et la France, puis se consacre à l'enseignement. (F. L.)

**SAUVAGEAU, Jean,** musicien (Montréal, 1941). D'abord percussionniste, il collabore notamment avec le compositeur Pierre Mercure. Passionné de musique électronique, il conçoit son propre synthétiseur bien avant que de tels instruments soient commercialisés. Il débute au cinéma en signant la musique de quelques courts métrages documentaires au début des années 60. Il compose ensuite celle de nombreux courts métrages et, surtout, celle des films composant la « Chronique des Indiens du Nord-Est du Québec » (1973-1983), que réalise Arthur Lamothe. Aérienne, étrange, sa musique excelle à suggérer la différence et la spiritualité amérindiennes. Sauvageau poursuit ensuite sa collaboration avec Arthur Lamothe : *Ernest Livernois, photographe* (1988, m. m.), *La conquête des Amériques I et II* (1990 et 1992), *L'écho des songes* (1993). (M. J.)

**SAVOIE, Jacques,** scénariste, réalisateur (Edmunston, Nouveau-Brunswick, 1951). Avec en poche un baccalauréat en science politique et économie de l'Université de Moncton et une maîtrise en technique d'écriture de l'Université d'Aix-en-Provence, Savoie explore divers métiers de la création artistique. On le retrouve d'abord à la tête d'un populaire groupe musical acadien d'inspiration folklorique, Beausoleil Broussard, avec lequel il enregistre trois disques dans les années 70. Puis, il s'affirme comme romancier : *Raconte-moi Massabielle, Les portes tournantes, Le récif du prince, Une histoire de cœur, Le cirque bleu, Les ruelles de Casello.* C'est d'ailleurs son œuvre romanesque qui l'amène au cinéma puisque l'ONF achète les droits de son premier roman. Savoie en signe l'adaptation et réalise *Massabielle* (1983, c. m.), une fable moderne et bon enfant qui propose, à travers l'histoire d'un homme qui résiste obstinément à l'expropriation, une solution très naturelle à la fermeture des villages acadiens : la natalité. Par la suite, il adapte son deuxième roman, en modifiant quelque peu la structure et l'intrigue, pour répondre aux exigences du cinéma mais aussi de la coproduction avec la France. Dans *Les portes tournantes* (F. Mankiewicz, 1988), un garçon de dix ans dont les parents sont séparés fait la découverte de sa grand-mère paternelle, pianiste de jazz à New York, grâce au journal qu'elle a expédié à son fils. Puis Savoie écrit le scénario original du téléfilm *Bonjour Monsieur Gauguin* (J.-C. Labrecque, 1988), s'y montant plus intéressé par les liens qui s'établissent entre les personnages et l'exploration de l'œuvre de Gauguin que par le vol et la poursuite qui servent de moteur au récit. Après avoir travaillé, sans succès, à une adaptation cinématographique d'*Une histoire de cœur*, il s'intéresse à deux hommes qui ont marqué leur époque, signant le scénario d'une télésérie consacrée à l'inventeur de la motoneige, *Bombardier*, et celui d'un téléfilm rappelant la mémoire du violoniste acadien Arthur Leblanc, *Le violon d'Arthur* (J.-P. Gariépy, 1991, m. m.). Il agit également comme producteur exécutif de ce téléfilm. Il scénarise encore pour la télévision les séries *Les bâtisseurs d'eau, Les orphelins de Duplessis* et *Rue l'Espérance.* (M. C.)

**SCOTT, Cynthia,** réalisatrice, productrice, scénariste (Winnipeg, Manitoba, 1939). Diplômée en littérature anglaise et en philosophie, elle est brièvement directrice artistique dans un théâtre du Manitoba, avant d'être engagée par la CBC où elle exerce les métiers de réalisatrice et de productrice. En 1972, la CBC lui permet de réaliser un épisode de la série « Adieu Alouette » à l'ONF : *The Ungrateful Land (Roch Carrier Remembers Ste-Justine)* (1972, c. m.). Le studio B du programme anglais l'engage quelque temps après comme employée permanente. Deux thèmes parcourent l'œuvre de Scott : le passage du temps et ses effets sur le corps. *The Ungrateful Land* exploite déjà le passage du temps : l'écrivain Roch Carrier y parle avec nostalgie de son village natal, puis, lorsque son père apparaît dans le film, les discours des deux hommes sont présentés en contrepoint. La réalisatrice s'intéresse de plus près au corps dans *For the Love of Dance* (coréal. M. McKennirey, J. N. Smith et D. Wilson, 1982, m. m.) et *Gala* ( M. McKennirey et J. N. Smith, 1982) où elle travaille en coulisses. Ces deux films sur la danse ont la particularité de traiter, parfois de façon inconsciente, de la beauté des corps des danseurs et danseuses, de leur détermination, mais aussi de la fatigue, de l'usure, et de la retraite anticipée qui attend très tôt ceux qui exercent un tel métier. Avec ces quelques films, le cinéma de Scott prend forme dans une filmographie qui mêle le documentaire et la fiction. Le problème du vieillissement y est toujours traité avec optimisme, car cette humaniste aime faire ressortir la qualité de la nature humaine derrière les rides. Elle privilégie les angles de prise de vues qui mettent en valeur les mouvements de ses personnages, plaçant souvent la caméra au ras du sol. Ses plans sont longs, un peu contemplatifs, car la réalisatrice prend plaisir à regarder ses sujets bouger. Elle leur donne l'espace et la durée.

*Flamenco at 5:15* (1983, c. m.), récompensé par un Oscar, se déroule dans une classe de flamenco de l'École nationale de ballet. On y suit l'apprentissage de nouveaux étudiants amoureusement guidés par leurs vieux professeurs espagnols, Antonio et Susana, extraordinaires d'énergie. Une confidence de Susana renseigne le spectateur : on peut pratiquer le flamenco à tout âge, car cette danse n'exige pas toute l'énergie acrobatique nécessaire au ballet. *Flamenco at 5:15* et les films suivants de Scott prennent ainsi la forme d'un hommage à l'accomplissement de soi, ce que *The Company of Strangers* (1990) rend d'une manière plus explicite. Cette fiction douce-amère raconte l'histoire de sept femmes âgées de plus de soixante ans isolées pendant trois jours dans un coin de forêt. Elles doivent faire preuve de débrouillardise pour survivre et rendre ce séjour forcé plus agréable à l'ensemble du groupe. La lucidité avec laquelle ce film aborde les problèmes propres au vieillissement surprend. Les actrices sont d'ailleurs des non-professionnelles et jouent leur propre rôle, exposant à l'écran des problèmes qui sont réellement les leurs.

Par sa démarche cohérente, Scott signe l'une des œuvres les plus pertinentes qu'on puisse retrouver à l'ONF dans les années 80. Rattachée au studio B, il lui arrive de collaborer avec le studio des femmes, le studio D, ou la CBC. Dans les années 90, elle donne des conférences sur le cinéma devant des étudiants et se consacre à des activités personnelles qui l'éloignent pendant quelque temps du cinéma. Elle quitte l'ONF en 1998. La même année, passant au secteur privé, elle adapte pour la télévision *L'élégie de l'amant* de Guy de Maupassant (*A Lover's Lament*, c. m.) et enchaîne avec la scénarisation et la réalisation d'un film de fiction, *The Stone Diaries*, produit par la société torontoise Rhombus Films.

AUTRES FILMS RÉALISÉS AU QUÉBEC : *David Hockney* (1984), *Discussions in Bioethics : A Chronic Problem* (1985, c. m.), *Jack of Heart* (1986, c. m.). (M. de B.)

**SEGUIN, Fernand,** scénariste, producteur (Montréal, 1922 – 1988). Après avoir fait la série *La science en pantoufles* chez Omega, Seguin, qui a une formation de biologiste et de biochimiste, est sollicité par Niagara Films pour y donner une suite. Il conçoit, scénarise et anime cette série et les suivantes à caractère scientifique, qui seront toutes diffusées à Radio-Canada. La première se nomme *La joie de connaître* (1954-1955). Devant son succès, Seguin devient le principal actionnaire de Niagara et produit, entouré par Jean Martinet, Guy Hoffmann, Roger Moride et Frédéric Back, *Le* *roman de la science* (1956-1959). Suivent deux séries, *Les frontières de la science* (1959-1960) et, surtout, *Histoires extraordinaires* (1960-1961), treize fictions de cinquante et une minutes avec des distributions impressionnantes. Déjà affaiblie par la grève de Radio-Canada, Niagara encaisse cette fois-ci des pertes importantes. Elle interrompt sa dernière série, *L'homme devant la science* (1961-1962), au quinzième épisode et fait faillite en avril 1962. Onyx rachète les droits d'une série-vedette de Niagara, *Les insolences d'une caméra* (1961-1962). Seguin, qui participe de 1954 à 1962 à plus de deux cent cinquante films de vulgarisation scientifique, se révèle un véritable pionnier. Il poursuit avec succès sa carrière hors du cinéma. On lui doit un rapport sur le censure déposé en 1961 devant la commission Régis. En 1977, il obtient le prix Kalinga de l'UNESCO. Il remporte aussi deux prix de journalisme : le prix Olivar-Asselin et le prix Judith-Jasmin. En 1988, il reçoit la médaille Sandford-Fleming de l'Institut royal du Canada. La salle vidéo-télévision de la Cinémathèque québécoise porte son nom. (P. V.)

**SEGUIN, François,** directeur artistique, décorateur (Montréal, 1951). Formé en scénographie à l'option-théâtre du cégep Lionel-Groulx, il travaille d'abord au théâtre. Il vient au cinéma avec l'adaptation filmique de la pièce *Une amie d'enfance* (F. Mankiewicz, 1978). Il travaille ensuite aux décors de *Maria Chapdelaine* (G. Carle, 1983) et collabore à quelques films étrangers tournés au Québec, dont *Hotel New Hampshire* (T. Richardson, 1984), tout en poursuivant sa carrière au théâtre. Avec *Night Magic* (L. Furey, 1985), il aborde la direction artistique, mais continue de concevoir les décors. Il enchaîne avec une coproduction, *Lune de miel* (P. Jamain, 1985), puis *Exit* (R. Ménard, 1986) et cumule toujours les deux tâches dans *Marie s'en va-t-en ville* (M. Lepage, 1987) et *Le diable à quatre* (J. W. Benoit, 1988). Collaborant étroitement avec le directeur de la photographie et les différents concepteurs visuels, Seguin se préoccupe davantage de créer des atmosphères qui favorisent l'expression des émotions que de rechercher le réalisme, comme en témoignent les décors étonnants et pleins d'invention qu'il crée pour le téléfilm *Un autre homme* (C. Binamé, 1990) et sa collaboration avec Jean-Claude Lauzon dans *Léolo* (1992). Sa connaissance du théâtre est mise à profit dans *Jésus de Montréal* (D. Arcand, 1989), pour lequel il remporte un Génie, particulièrement dans les scènes de la Passion où tout le dispositif fait ressortir le jeu sensible des acteurs. Il poursuit sa collaboration avec Denys Arcand dans *Love & Human Remains* (1993). Après l'esthétisme de *Moody Beach* (Richard Roy, 1990), il signe la conception visuelle des films historiques *La Sarrasine* (P. Tana, 1991) et *Mrs Parker and The Vicious Circle* (A. Rudolph, 1994). Séguin sait tirer le maximum des décors uniques de *Being at Home With Claude* (J. Beaudin, 1991) et de *C'était le 12 du 12 et Chili avait les blues* (C. Binamé, 1993), mais aussi déployer toute l'étendue de son talent dans *The Red Violin* (F. Girard, 1998) où il recrée différentes époques et cultures. Ce film lui vaut à la fois un Génie et un Jutra. Séguin travaille également pour la télévision, collaborant notamment aux séries *Million Dollar Babies* et *Shehaweh*, pour laquelle il remporte un Gémeaux. (D. B. et M. C.)

**SERVICE DE CINÉ-PHOTOGRAPHIE DU QUÉBEC (SCP).** (*Voir* DIRECTION GÉNÉRALE DES MOYENS DE COMMUNICATION)

**SHAFFER, Beverly,** réalisatrice, scénariste (Montréal, 1945). Elle termine en 1971 une maîtrise en cinéma à Boston. Après quelques années de travail pour le réseau américain PBS, elle est de retour à Montréal en 1975 où elle devient employée permanente de l'ONF attachée au studio D. En six ans, elle réalise une série de dix courts métrages documentaires intitulée « Children of Canada ». La réalisatrice y dresse des portraits chaleureux d'enfants canadiens de conditions ou d'origines diverses : émigrés sikhs, aveugles, musiciens, isolés sur une petite île avec leurs parents. L'un de ces films, *I'll Find a Way* (1977, c. m.), qui raconte l'histoire de Nadia, une attachante petite Torontoise de neuf ans aussi têtue que mignonne atteinte de spina bifida, remporte l'Oscar du meilleur court métrage documentaire. Cette série met en évidence les talents de Shaffer pour le portrait. De pair avec les enfants, la réalisatrice élabore des mises en scène à partir desquelles s'établissent des rapports complices. Comme le tout devient rapidement un jeu, il se révèle chez ces enfants une spontanéité qui compte pour beaucoup dans la réussite de la série. Cette façon originale, héritée du direct, qu'a Shaffer de déclencher le naturel par la mise en scène est développée par la suite. Dans *The Way It Is* (1982, c. m.), la cinéaste brouille les frontières entre la fiction et le documentaire. Ce film raconte l'histoire de Helen, une fillette ayant à vivre le divorce de ses parents. Bien que le film, par son découpage et la présence de comédiens, ait les caractéristiques d'une œuvre de fiction, l'aspect documentaire s'introduit sans crier gare lorsque surviennent des imprévus, comme lorsque la fillette fond subitement en larmes et se précipite dans sa chambre. Un brusque mouvement de caméra laisse alors voir un technicien dans le cadre, et en off on entend la réalisatrice qui s'adresse à son cameraman. Le spectateur ressent avec trouble cette fiction dans laquelle des pans de « cinéma-vérité » viennent rappeler l'urgence du propos. Cette ambiguïté s'efface un peu dans *To a Safer Place* (1987, m. m.). Ce film raconte les efforts faits par une jeune femme pour ramener auprès d'elle tous les membres de sa famille, plusieurs années après que le père eut commis sur les siens des agressions physiques et sexuelles. Shaffer annonce d'emblée qu'il s'agit d'une reconstitution où les acteurs tiennent leur propre rôle. Cependant, les personnes filmées ont à faire face à des souvenirs d'une telle gravité qu'ils oublient parfois la présence de la caméra, et se laissent aller entre eux à des confidences fort émouvantes.

Quand Shaffer filme la candeur enfantine, elle prend soin de situer ses sujets dans leur contexte, qu'il soit social ou politique. Ainsi, de 1991 à 1996, elle brosse des portraits d'enfants vivant de diverses manières le conflit politique entre Israéliens et Palestiniens dans une série intitulée « Children of Jerusalem ». Dans les sept courts métrages qui composent cette série, elle passe d'un point de vue à l'autre selon qu'elle donne la vedette à un enfant juif ou musulman. Un pacifisme et un humanisme constants caractérisent son œuvre, car elle s'attarde surtout à ce qui unit les hommes plutôt qu'à ce qui les divise. Cet état d'esprit est présent dans *Référendum — Prise deux/Take 2* (collectif, 1996), une grande aventure à laquelle elle participe avec plus de vingt cinéastes, dont le résultat est un compte rendu à la fois apolitique et hautement émotif de la campagne référendaire de 1995 sur l'avenir du Québec. En 1999, elle tourne une suite à *I'll Find a Way*, *Just a Wedding*, où l'on assiste au mariage de Nadia, maintenant dans la jeune trentaine.

AUTRES FILMS : *Going the Distance* (coréal. P. Cowan, R. Dolgoy, Georges Dufaux et T. Westman, 1979), *I Want to Be an Engineer* (1983, c. m.), *Discussions in Bioethics : Who Should Decide ?* (1986, c. m.). (M. de B.)

**SHANNON, Kathleen,** réalisatrice, monteuse, productrice (Vancouver, Colombie-Britannique, 1935 — Kelowna, Colombie-Britannique, 1998). Elle commence sa carrière en 1952 chez Crawley à Ottawa où elle fait du montage musical. Elle entre à l'ONF en 1956, et, en 1963, après avoir travaillé à cent quinze films, elle accède au montage image ; elle monte une quarantaine de films jusqu'en 1970. Elle passe alors au programme Challenge for Change où, devenue réalisatrice, elle s'intéresse aux nouveaux courants qui traversent la société canadienne. Elle y réalise *I Don't Think It's Meant for Us* (1971, m. m.), puis une série de onze courts métrages, « Working Mothers » (1974-1975), qui porte sur un sujet encore peu exploré, la participation des femmes au marché du travail. Après l'abandon de Challenge for Change, l'ONF crée le studio D en 1974. Shannon en devient la directrice de production. Elle est l'âme dirigeante de ce studio essentiellement féminin dont la fonction principale, mais non exclusive, est d'examiner tous les sujets qui ont trait à la femme dans la société actuelle. Elle y réalise *Goldwood* (1974, c. m.), dont elle signe aussi le montage. Les quelque quatre-vingts productions auxquelles Shannon est associée suscitent controverse et admiration. Rappelons *I'll Find a Way* (B. Shaffer, 1977, c. m.), qui gagne un Oscar, *Not a Love Story A Film About Pornography* (B. S. Klein, 1981) et *If You Love This Planet* (T. Nash, 1980, c. m.), autre gagnant d'Oscar. Elle revient à la réalisation avec *Dream of a Free Country* (coréal. G. Stikeman, 1984, m. m.), sur les femmes du Nicaragua. Elle quitte le studio D en 1986, après y avoir soutenu un style de travail collectif et défini (avec des moyens modestes), une perspective de production féministe et une approche courageuse des sujets. La même année, elle prend un congé sabbatique, mais n'est pas pour autant inactive puisqu'elle signe une série en sept parties, « Faithful Women » (1990), une production du studio D. Puis, elle participe à la production de plusieurs films dont *Adam's World* (D. Read, 1989, c. m.), *Burning Times* (D. Read, 1990, m. m.) et *Mother Earth* (T. Nash, 1991, c. m.). On lui consacre un film, *Kathleen Shannon on Film, Feminism and Other Dreams* (G. Rogers, 1997).

Shannon favorise la formation de femmes cinéastes et appuie la production de films dénonçant le sexisme, la violence et le racisme. L'ONF crée, en 1987, un prix qui porte son nom pour encourager la production de documentaires indépendants ; il est remis à Yorkton. Elle reçoit trois doctorats honorifiques et l'Ordre du Canada, en 1986. (P. V.)

**SHBIB, Bashar** (né **Bachar Chbib**), réalisateur, producteur, scénariste, acteur (Damas, Syrie, 1957). Il arrive au Québec en 1967. Après des études en microbiologie-immunologie à l'Université McGill, il s'inscrit en cinéma à l'Université Concordia. Il réalise sept courts métrages, dont *Or d'ur* (1983) sur la prostitution mâle et *Amour impossible* (1984), documentaire sur les marginaux, les travestis et les néofascistes. Puis il passe au long métrage : *Memoirs* (1985), dont le scénario n'est pas de lui et qu'il a tourné, de son propre aveu,

Bashar Shbib. (coll. RVCQ)

« pour l'expérience et sans aimer le faire », suivi de *Evixion* (1986), *Seductio* (1987) et *Clair obscur* (1988). On ne trouve dans ces films ni personnages, ni intrigue, ni dialogues au sens conventionnel, tout au plus des thèmes et des préoccupations, autobiographiques mais transposées : la photo (*Evixion*), la vidéo (*Seductio*), toujours le chant, la voix, l'opéra et les divas. Les dialogues sont soit inintelligibles, soit adressés directement aux spectateurs (*Seductio*) pour marquer que Shbib n'est pas dupe des clichés contre-culturels et du culte de la marginalité auxquels il semble sacrifier. Dans *Evixion*, les contraintes matérielles le forcent à respecter les unités de lieu et d'action : les locataires hétéroclites d'un vieil immeuble vivent les derniers jours précédant leur expulsion. Le film est entièrement tourné en plans fixes, contraints par les portes et les fenêtres, ou caméra à l'épaule dans l'escalier et les couloirs, entre le moment où une photographe et ses copains entrent par une fenêtre et celui où les locataires en sortent et se dispersent. Le fait d'avoir enfin disposé d'un vrai budget se traduit, dans *Clair obscur*, par le soin apporté à la bande sonore, à l'éclairage et aux intérieurs, où prolifèrent meubles, objets, tableaux, plantes, fruits et victuailles : il y a beaucoup plus à voir dans chaque plan. L'intrigue n'est toutefois guère plus cohérente ni les personnages plus fouillés. Le cinéaste tire profit des moyens que cette production met à sa disposition et tourne *15 Ugly Sisters* (1990) en trois jours. La fin des années 80 marque un tournant dans sa carrière. Il s'installe pour un temps aux États-Unis, signe désormais Bashar Shbib, et semble mettre de côté ses préoccupations formelles pour investir un genre, la comédie de mœurs. *Julia Has Two Lovers* (1990) reste à ce jour son plus grand succès et annonce bien ce qui va suivre. L'accent est cette fois mis sur les personnages, un triangle amoureux plus exactement. On retrouve d'ailleurs souvent cette figure, déclinée sur tous les tons dans l'œuvre future. Plus généralement, le cinéma de Shbib s'intéresse aux relations interpersonnelles, souvent amoureuses et/ou sexuelles, en déroulant des histoires simples dont il ne conserve que l'essentiel. À cela, il faut ajouter son goût pour une certaine outrance qui se traduit par l'exploration de déviances plus ou moins prononcées et qui culminent dans *Bashar Shbib's Draghoula* (1994), sa contribution très personnelle et contemporaine au mythe du vampire. Mais ce qui surprend le plus dans cette œuvre, c'est son incroyable cadence de production et sa capacité à jongler avec des budgets faméliques. Dans les années 90, Shbib scénarise, produit et tourne près d'une vingtaine de longs métrages. En 1997, il lance pas moins de cinq longs métrages, qui explorent à leur manière les cinq sens, dont un *road movie, Taxi to L. A.* Une telle abondance ne s'accompagne pas que de réussites et ne va pas sans quelques heurts. Mais Shbib ne semble pas prêt à rentrer dans le système. Ainsi, ses productions américaines (il poursuit durant ces années ses aller retour entre Montréal et Los Angeles) sont vraiment indépendantes et ne font aucune concession. C'est un passionné au sens plein du mot, passion qu'il n'hésite pas à nourrir de pans entiers de son expérience personnelle. Car si son cinéma n'est pas autobiographique, il ne le touche pas moins de très près, à l'instar de *The Kiss* (1998) où il joue un cinéaste qui pourrait être lui dans un environnement familial qu'on devine très fortement inspiré par le sien. (M. E. et P. G.)

**SICOTTE, Gilbert,** acteur (Montréal, 1948). Après l'École nationale de théâtre, il se joint, en 1969, au Grand Cirque ordinaire, troupe issue des remises en question de 1968 et où se réunissent de jeunes comédiens qui ne se contentent plus d'être les interprètes des autres, mais qui ont envie d'être des auteurs. Au cinéma, cela donnera *Montréal blues* (P. Gélinas, 1972), création collective pleine de fines trouvailles, réalisée d'après une idée originale de Raymond Cloutier. C'est au milieu des années 70 que sont révélées les affinités de Sicotte avec le cinéma. Dans *Les vautours* (J.-C. Labrecque, 1975), où il est Louis Pelletier, un jeune homme dépossédé après la mort de sa mère, puis dans *Ti-Cul Tougas* (J.-G. Noël, 1976), il se révèle un acteur subtil et frémissant. Toujours étonnamment juste, il crée l'illusion d'inventer ses répliques. Dans *Les grands enfants* (P. Tana, 1980), où il campe un petit travailleur sans ambition, il traduit avec une grande sensibilité le désarroi d'une génération. Il tourne encore deux films avec Tana : *Le marchand de jouets* (1989, m. m.) et *La Sarrasine* (1991), où il interprète celui par qui le racisme arrive avec une sobriété qui rend son personnage d'autant plus dérangeant. Dans *Maria Chapdelaine* (G. Carle, 1983), où il incarne le personnage secondaire de Dabé, il nous vaut un des meilleurs moments du film quand, éperdu de joie, le jeune homme revient à la maison familiale après un hiver aux chantiers. Sicotte aime le cinéma et le cinéma le lui rend bien. Sans se laisser enfermer dans un emploi, il passe aisément d'un registre à l'autre. Amoureux farfelu dans *Les bons débarras* (F. Mankiewicz, 1980), incorrigible rêveur, alors qu'il reprend son personnage des *Vautours*, dans *Les années de rêves* (J.-C. Labrecque, 1984), il trouve en lui, pour interpréter Jacques, un des *bums* de *Visage pâle* (Claude Gagnon, 1985), d'inquiétantes pulsions de violence. Acteur dans une trentaine de longs métrages, c'est seulement en 1986, grâce à la télévision, qu'il devient une vedette populaire par sa drolatique interprétation du fourbe et onduleux Jean-Paul, le séducteur impénitent des feuilletons écrits par Lise Payette, *Des dames de cœur* et *Un signe de feu*. Il réapparaît dans *Bouscotte* où il s'approprie avec un naturel confondant la prose torturée de Victor-Lévy Beaulieu. Dans *Shabbat Shalom!* (M. Brault, 1991), il est touchant en père désarçonné par l'évolution d'un fils qu'il ne cessera d'aimer. Il rend avec subtilité le trouble de son personnage de ... *comme un voleur* (M. Langlois, 1990), Jean-Louis, qui cherche maladroitement à rétablir le contact avec sa mère, à l'article de la mort. Il retrouve Michel Langlois dans *Cap Tourmente* (1992), personnage en eaux troubles amoureux à la fois d'une femme et de son frère. Sicotte dit le commentaire de nombreux documentaires et fictions mais dans *Léolo* (1992) de Jean-Claude Lauzon, sa voix sous-tend le film entier, expression directe de l'auteur et de son personnage. On le voit dans les séries *Urgence*, *10-07*, *Marguerite Volant*.

AUTRES FILMS : *Les allées de la terre* (A. Théberge, 1973), *Je suis loin de toi mignonne* (C. Fournier, 1976), *La p'tite violence* (H. Girard, 1977), *Anastasie oh ma chérie* (P. Baillargeon, 1977, c. m.), *Cordélia* (J. Beaudin, 1979), *Contrecœur* (J.-G. Noël, 1980), *Fantastica* (G. Carle, 1979), *Le château de cartes* (F. Labonté, 1980), *L'affaire Coffin* (J.-C. Labrecque, 1979), *Au revoir... à lundi* (M. Dugowson, 1979), *Une journée en taxi* (R. Ménard, 1982), *L'hiver les blés* (C. Grenier, 1984, m. m.), *Le million tout-puissant* (M. Moreau, 1985), *Anne Trister* (L. Pool, 1986), *Lamento pour un homme de lettres* (P. Jutras, 1988, c. m.), *Les noces de papier* (M. Brault, 1989), *Ma sœur mon amour* (S. Cohen, 1992), *Les pots cassés* (F. Bouvier, 1992), *La vie d'un héros* (M. Lanctôt, 1994), *L'enfant d'eau* (R. Ménard, 1994). (F. L.)

**SIEGEL, Lois,** réalisatrice, monteuse, productrice, scénariste (Milwaukee, États-Unis, 1946). Femme-orchestre, elle est à la fois cinéaste, photographe et écrivaine. En 1971, Siegel signe un premier film d'animation au Québec, *Spectrum in White* (c. m.), qui joue sur la transformation des couleurs et l'illusion optique par gravure sur pellicule. Suivent *Paralysis* (coréal. R. Jurgens, 1972, c. m.), un film d'animation assisté par ordinateur, *The Performance* (1973, c. m.) et *Dreams* (coréal. J.-P. Passet, 1973, c. m.), une fantaisie dans la tradition surréaliste. Elle explore les possibilités de la lumière dans *Painting with Light* (1974, t. c. m.) et *Faces* (1976, c. m.). La même année, elle réalise *Boredom* (c. m.) et *Brandy Alexander* (t. c. m.). Le premier observe les gestes en apparence banals d'un individu; le second utilise des objets hétéroclites dans une optique surréaliste. Siegel recourt ensuite aux effets spéciaux et à la danse pour cerner l'intériorité de son personnage dans *Solitude* (1978, c. m.). Toujours en 1978, elle signe *Recipe to Cook a Clown* (c. m.) et *Dialogue of An Ancient Fog* (c. m.), deux films de fiction centrés sur l'histoire d'un homme et de ses rapports avec autrui, et réalise pour l'ONF *Stunt Family*

(t. c. m.) sur les Fournier, une célèbre famille de cascadeurs. En 1979, Siegel revient à l'animation avec *Arena* (c. m.), fait de photographies peintes à l'aérographe, qu'elle décrit comme un dialogue du silence. *Extreme Close-up* (1980, c. m.) est un documentaire sur de jeunes handicapés aveugles qui ont choisi la musique comme moyen d'expression. Après avoir tourné, en 1982, *Run, Throw, Hit, Steal* (c. m.), un « documentaire manipulateur » tragi-comique, Siegel réalise et produit, avec l'appui de l'ONF, *A 20th Century Chocolate Cake* (1983), un docu-fiction farfelu sur l'absurde au XXe siècle. Son documentaire *Strangers in Town* (1987, m. m.) vise à combattre les préjugés auxquels font face les albinos. Elle revient à l'animation avec *Plastic Dreams* (1988, t. c. m.), dans lequel des personnages bizarres vivent des situations étranges. En 1989, *Stunt People* (c. m.), dans la continuité de *Stunt Family*, lui vaut un Génie. Deux documentaires marquent les années 90 : *Lip Gloss* (1993) un portrait sur le vif de la population gaie à Montréal, en particulier des travestis et transsexuels, et *Baseball Girls* (1996), produit par l'ONF, qui retrace l'engagement des femmes au base-ball et à la balle molle depuis plus de 100 ans. Son imagination débordante, son éclectisme et sa très grande polyvalence font de Siegel une artiste originale et prolifique qui échappe aux étiquettes. (D. T.)

**SIMARD, Marcel,** réalisateur, producteur, scénariste (Montréal, 1945). Détenteur d'une maîtrise en sociologie de l'Université d'Ottawa, il travaille pendant des années comme recherchiste pour un centre communautaire mais aussi à Radio-Québec, où il fouille des sujets économiques tout comme les problématiques régionales. Désireux de donner la parole aux individus les plus démunis, il propose à Jean Beaudry et François Bouvier le sujet de *Une classe sans école* (1980, m. m.), film d'intervention qu'il coréalise avec eux. Des délinquants, en interaction avec les cinéastes, y forment un orchestre. Davantage préoccupé par le fond que par la forme, Simard poursuit dans cette veine, cette fois en se mettant au service d'ex-psychiatrisés pour tourner un film inusité, *Le grand monde* (1988). Apparemment très à l'aise devant la caméra, ceux-ci reconstituent des situations de leur vie quotidienne pour illustrer un plaidoyer émouvant en faveur de la dignité humaine. Après ce documentaire et cette fiction vérité, Simard scénarise et tourne une fiction solidement documentée : *Love-moi* (1990). Il y transpose sa propre situation, mettant en scène un réalisateur volontariste qui monte une création collective avec des jeunes plongés dans un univers de violence, de drogue et de prostitution pour les sauver du naufrage mais aussi pour dénoncer le petit pouvoir des spécialistes de toutes sortes. Le film, qui révèle une génération de jeunes acteurs d'une grande authenticité (Lucie Laurier, Éric Brisebois, Yvon Roy, Dominique Leduc, Sonia Laplante et Mario Saint-Amand), obtient un succès appréciable auprès du public. Poussant plus loin l'expérience du *Grand monde*, il produit, scénarise et réalise *Les mots perdus, un film en quatre saisons* (1993), film à relais sur l'aphasie qui le conduit au Québec, en Suisse, en Belgique et en France. Écrit et interprété par des aphasiques, le film s'ouvre, et la filiation est évidente, sur une citation de Robert Bresson. Simard est associé à la production de *Jacques et Novembre* (J. Beaudry et F. Bouvier, 1984). Il fonde par la suite sa propre maison de production, Virage. Il y tourne une vidéo, *Rue du* *clown triste* (coréal. G. Thauvette, 1987, c. m.), y produit ou y coproduit ses propres films de même que *La nuit tous les chats sont gris* (J.-P. Duval, c. m.), *La vie a du charme* (J.-P. Duval, 1992, m. m.), *La mort des masques* (L. Moreco, 1996, m. m.), *Tipolis* (P. Lavalette, 1998, m. m.), *Des marelles et des petites filles* (M. Lepage, 1999) et, fidèle à son militantisme, la série « CSN : Cinq temps d'un mouvement » dont il signe un des épisodes, *Si le travail m'était conté… autrement* (1996, m. m.), où il s'intéresse aux revendications des infirmières et des travailleuses en garderie. (M. C.)

**SIMONEAU, Guy,** réalisateur, monteur, scénariste (Québec, 1953). D'abord monteur, il passe à la réalisation avec un documentaire, *Je suis en même temps maudit et classique* (1977, m. m.), dans lequel il fait découvrir, sous la forme d'un entretien, l'écrivain et cinéaste Alain Robbe-Grillet. Son second film, *Plusieurs tombent en amour* (1981), est accueilli favorablement par le public et la critique et lui vaut un Génie. Dans le style du cinéma direct, Simoneau y présente le milieu de la prostitution sans tomber dans le voyeurisme. Il entreprend ensuite, en collaboration avec Suzanne Guy*, un autre long métrage documentaire, *On n'est pas des anges* (1981), qui traite de la vie sexuelle des handicapés et fait ressortir le goût de Simoneau pour les sujets quelque peu tabous. Par la suite, sa carrière prend un tour nouveau. De l'investigation chez les marginaux, on passe au monde du *rock and roll* (*E = Rock4*, 1984, m. m.) et du vidéoclip (groupe The Box, en 1984 ; groupe Madame, en 1986), genre dont il est un des pionniers au Québec. En 1986, il réalise, pour la télévision, une fiction documentaire sur l'odorat : *Contes des 1 001 nez* (m. m.). Le cycle musical trouve son aboutissement dans *La symphonie fantastique* (1986, c. m.), film clip cherchant à rendre la musique classique attrayante à un public jeune. Le film met en vedette Charles Dutoit et l'OSM. Même si on ne retrouve pas, dans cette période, l'intérêt des documentaires du début, la forme n'en demeure pas moins soignée et énergique. En 1989, Simoneau tourne le documentaire *David chez les Coréens* (m. m.), où il accompagne un jeune Canadien d'origine coréenne aux Jeux olympiques de Séoul. Il réalise *Super Trio* (1991, c. m.), dans le cadre de Médiasphère, programme mis en avant par l'ACDI et l'ONF dans le but de sensibiliser les Canadiens âgés de douze à quinze ans à l'interdépendance planétaire, puis *Est-ce ainsi que les hommes vivent ?* (1992), un documentaire qui traite du mal de vivre des hommes. Son film suivant, *Marcel Dubé : aimer, écrire* (1996, m. m.), tente de cerner ce qui animait le prolifique dramaturge. Par ailleurs, Simoneau publie, en 1999, un récit biographique : *L'Amérique de la dame aux yeux peints.* (J. D. et É. P.)

**SIMONEAU, Yves,** réalisateur, scénariste (Québec, 1956). Il débute à dix-sept ans comme assistant cameraman à Radio-Canada, à Québec. Il devient rapidement cameraman et, parallèlement, complète un certificat en études cinématographiques à l'Université Laval. En 1978, il monte et réalise trois courts métrages documentaires (*Les tailleurs de pierre, Commission d'enquête* et *Québec on the Sunny Side*). La même année, il tourne un « ciné-théâtre d'été » en neuf jours, avec un budget dérisoire : *Les célébrations*, d'après la pièce de Michel Garneau. L'année suivante, il réalise deux autres documentaires de commande, *Bonjour le Québec* (c. m.) et *Le phénomène des guérisseurs au Québec* (c. m.), et participe à la fondation de la maison de production Le Loup blanc. Lauréat d'un concours organisé par l'IQC et Radio-Québec, il tourne ensuite *Dernier voyage* (1981, c. m.), qui dénote déjà une connaissance certaine des procédés de suspense cinématographique. Gagnant, quelques mois plus tard, d'un nouveau concours (organisé par l'IQC, la SDICC et Radio-Canada), il réalise d'après son propre scénario, *Les yeux rouges ou les vérités accidentelles* (1982), un film de suspense dont la maîtrise est atténuée par la modicité des moyens dont dispose le cinéaste. Le film est tourné à Québec. En 1983, il réalise un documentaire sur la bande dessinée qui intègre une fiction policière : *Pourquoi l'étrange monsieur Zolock s'intéressait-il tant à la bande dessinée?* Le film remporte le Génie du meilleur documentaire. L'année suivante, il séjourne en tant qu'artiste en résidence au studio du Québec à New York. Il en profite pour travailler à différents scénarios et pour voir et étudier l'ensemble des films noirs américains. À son retour, il est entraîneur à la LNI. Écrit à New York, en collaboration avec Pierre Curzi, *Pouvoir intime* (1986), est un nouveau thriller qui débute comme un film de gangster, par l'organisation du vol d'un camion blindé, mais se termine tragiquement par un huis clos d'où les forces policières sont exclues. Dans ce film d'action où l'accent est mis sur la psychologie, Simoneau démontre son savoir-faire. L'expérience acquise en publicité et au théâtre transparaît. Le film remporte un franc succès, tant auprès du public que de la critique. Toujours en 1986, il accepte au pied levé de réaliser l'adaptation d'un roman d'Anne Hébert, *Les fous de Bassan*, coproduction pilotée par Justine Héroux. Le film devait, à l'origine, être tourné par Francis Mankiewicz. Si le film se distingue par certaines qualités techniques, il n'évite pas tous les pièges de la coproduction, notamment un curieux mélange d'accents qui en hypothèque la vraisemblance. Après avoir consacré beaucoup d'énergie à préparer, sans résultat, une adaptation de *Black Robe*, de Brian Moore, pour le producteur Denis Héroux, il tourne *Dans le ventre du dragon* (1989), un suspense doublé, cette fois, d'une comédie de situation. Les principaux personnages, des distributeurs de circulaires, sont entraînés par le plus jeune du groupe (David La Haye) dans une histoire de science-fiction qui vire à l'équipée picaresque. Histoire double pour deux publics distincts, le film remporte un important succès commercial, mais souffre néanmoins d'un manque de cohérence du récit et d'un déraillement du rythme. Simoneau se tourne vers Toronto où il réalise un premier long métrage de langue anglaise, *Perfectly Normal* (1990), pour la première fois sans être crédité d'une participation à la scénarisation. Il transforme alors, par des effets de caméra constants et une musique opératique, le récit conventionnel de l'amitié d'Enzo et d'Alonzo, à l'opposé l'un de l'autre, en film à l'américaine expressionniste, en film culte. Il tourne ensuite un téléfilm interprété par Cybill Shepherd, *Memphis* (1991), pour Propaganda Films, une compagnie de production associée à David Lynch. L'action se situe dans l'Amérique des années 50. Dès lors, il fait carrière aux États-Unis. Simoneau y tourne un premier film destiné aux salles, un thriller, *Mother's Boys* (1993), qui met en vedette Jamie Lee Curtis, Peter Gallagher et Vanessa Redgrave, suivi d'une comédie qu'il tourne au Québec, *Free Money* (1998). Il y dirige Marlon Brando et Charlie Sheen. Toujours très productif, il travaille essentiellement pour la télévision, dirigeant Treat Williams dans un

téléfilm, *Till Death Do Us Apart* (1992), Diane Keaton dans *Amelia's Earhart the Final Flight* (1994), F. Murray Abraham dans une série western, *Dead Man's Walk* (1997), puis Alec Baldwin dans la série *Nuremberg* (1999).
Simoneau fait figure de symbole d'une nouvelle conception du cinéma commercial. Pour lui, le genre, plutôt qu'un corset, est un creuset. Il plonge dans des histoires conventionnelles, quels qu'en soient les conditions, la langue ou le lieu de tournage, confiant d'y faire ses preuves et d'y laisser sa marque. Simoneau conçoit le cinéma comme un art de virtuosité. Le profil de sa carrière américaine fait de lui un des cas d'exception et, peut-être, un modèle pour certains jeunes cinéastes. (Y. P. et M. C.)

**SMITH, John N.**, réalisateur, producteur, scénariste (Montréal, 1943). Après des études en philosophe et en politique, il exerce divers métiers puis est engagé par la CBC comme recherchiste. Il devient rapidement producteur d'émissions d'affaires publiques et passe à l'ONF en 1972. Il y produit la série pédagogique « Filmglish » et « Pacificanada », qui portent sur la mosaïque culturelle canadienne. Dès cette époque, Smith montre une grande sensibilité aux cultures marginales, aux groupes ethniques, aux handicapés (*Happiness is Loving Your Teacher*, 1977, c. m.) et aux immigrants (*First Winter*, 1981, c. m.), doublée d'une véritable fascination pour les arts, particulièrement pour la danse et la musique. *Acting Class* (1980, c. m.), *For the Love of Dance* (coréal. M. McKennirey et C. Scott, 1981, m. m.) et *Gala* (coréal. M. McKennirey, 1982) témoignent d'une vision généreuse mais non idéalisée des arts de la scène. Il poursuit dans cette veine en 1985 avec *First Stop, China*, un documentaire sur la tournée des Grands Ballets canadiens en Extrême-Orient. Smith réalise aussi un court métrage en utilisant le procédé Imax (*River Journey/Au fil de l'eau*, 1984) et, la même année, coscénarise, coproduit et coréalise *The Masculine Mystique* avec Giles Walker, le premier film du programme Alternative Drama de la section anglaise de l'ONF, dans lequel il s'intéresse avec humour à la condition masculine. Ce programme, né dans la morosité du début des années 80, vise à favoriser la réalisation de films traitant de problèmes sociaux actuels, et produits au plus bas coût possible. C'est dans le cadre de ce programme qu'il réalise *Sitting in Limbo* (1986) et *Train of Dreams* (1987). Dans un style proche du documentaire, *Sitting in Limbo* raconte la vie, à Montréal, d'un jeune couple issu de la communauté jamaïquaine. Remarqué par la critique, le film reçoit plusieurs récompenses. *Train of Dreams* est dans la même lignée, autant par son style (caméra mobile scrutant les corps, montage sec et vision réaliste du monde), que par sa thématique (héros marginal et musicien de surcroît, difficulté pour la jeunesse de s'affirmer, importance de la pédagogie, etc.). Film le plus achevé du cinéaste, *Train of Dreams* est le premier long métrage de langue anglaise à remporter le prix L.-E.-Ouimet-Molson. Smith tourne ensuite *Welcome to Canada* (1989), qui relate l'arrivée à Terre-Neuve d'un groupe de réfugiés asiatiques, leur confrontation à l'Occident mais surtout la dichotomie entre l'accueil chaleureux des Terre-Neuviens et l'attitude d'Immigration Canada. Smith poursuit, épaulé par son producteur et scénariste Sam Grana, une entreprise de dénonciation des grandes institutions canadiennes, que ce soit les communautés religieuses avec la télésérie *The Boys of St. Vincent* (1992) ou l'armée avec *Dieppe, the Politics of*

John N. Smith, avec les jeunes acteurs de *Sitting in Limbo.* (ONF)

*War* (1994). L'année suivante il se retrouve à Hollywood, à la tête d'un budget supérieur à ce qui se dépense en un an pour le cinéma québécois et réalise *Dangerous Minds* avec Michelle Pfeiffer. (Y. R.)

**SMITH, Lynn,** animatrice, réalisatrice, scénariste (New York, États-Unis, 1942). Diplômée en arts, elle obtient une maîtrise en pédagogie de l'art à Harvard en 1966, puis une maîtrise en dessin à l'Université du Wisconsin en 1968. Son film *The Shout It Out Alphabet* (1969, c. m.), qui remporte un Blue Ribbon au American Film Festival, est considéré comme un classique du cinéma pour enfants. Invitée à travailler à l'ONF en 1973, elle y réalise d'abord trois messages publicitaires d'une minute contre le tabagisme, repris à la télévision pendant cinq ans. L'un d'entre eux, *Happy Birthday* (t. c. m.), remporte le Premier Prix dans la catégorie des films d'information à Annecy. Smith raffine sa technique du dialogue dans *Teacher, Lester Bit Me!* (1973, c. m.), qui présente avec humour la journée d'un groupe d'enfants turbulents dans une garderie. Le film est primé à New York et à Ottawa. Smith travaille ensuite à deux autres films à l'ONF : *This Is Your Museum Speaking* (1979, c. m.), qui remporte plusieurs prix, notamment à Annecy et à Ottawa, et *The Sound Collector* (1982, c. m.), qui associe l'écoute active des sons environnementaux à l'imagination, et explore une fois de plus le monde fantaisiste des enfants. À partir de 1987, elle enseigne à l'Université Concordia. En 1992, elle signe *Pearl's Diner* (c. m.), l'histoire d'une serveuse de nuit dans un casse-croûte, qui s'interroge sur la vie privée de ses clients. Réalisé à l'aide de papier découpé rehaussé de dessins sur acétates placés par-dessus les découpages, le film est animé directement sous la caméra. *Pearl's Diner* remporte 13 prix, notamment au Birmingham International Education Film Festival, en Alabama, où il est couronné Meilleur film du festival, toutes catégories confondues. Ces honneurs valent à Smith une bourse importante de la télévision indépendante du Vermont (ITVS) afin de réaliser, avec l'aide technique de l'ONF, *Sandburg Arithmetic* (1995, t. c. m.). Pour ce film, Smith utilise les crayons Caran d'Ache et anime ses dessins directement sous la caméra pendant que l'on entend le poète lui-même dans un enregistrement de 1958. Le film obtient 14 prix, notamment à Annecy, Bombay, Oakland, Columbus et Cleveland. Plusieurs de ces prix soulignent la très grande créativité et l'humanisme de la réalisatrice. En 1998, Smith signe *Sienna* (t. c. m.) qui sert de bande-annonce pour le Festival de Sienne, en Italie. Les films de Smith sont souvent au programme des grandes rétrospectives du cinéma d'animation. La technique du papier découpé, chère à la réalisatrice, qui la combine parfois à d'autres, donne à ses films une vivacité et un relief particuliers. La texture des voix et des bruits fascine depuis toujours la réalisatrice qui sculpte littéralement les dialogues de ses films. (D. T.)

**SOCIÉTÉ DE DÉVELOPPEMENT DES ENTREPRISES CULTURELLES (SODEC).** L'Institut québécois du cinéma (IQC) est créé par la Loi du cinéma de 1975. L'organisme subventionneur entre en activité en 1977. Il gère les fonds attribués par le gouvernement québécois au secteur privé. Son premier directeur général est Rock Demers*. L'IQC joue, à l'échelle québécoise, un rôle semblable à celui de la SDICC, mais avec moins de moyens et, à certains égards, un mandat plus large. L'existence même de l'IQC, actif dans les champs de la scénarisation, de la production, de la distribution et de l'exploitation, donne une longueur d'avance au Québec sur les autres provinces dans le développement de son industrie cinématographique.

La Loi sur le cinéma fait disparaître, en 1983, l'IQC première manière, remplacé par la Société générale du cinéma du Québec (SGCQ), et annonce la création d'un nouvel IQC dont le conseil d'administration est formé de douze membres, parmi lesquels huit sont les représentants mandatés de chacun des regroupements professionnels. L'IQC a pour fonction de « conseiller le ministre sur l'élaboration et la mise en œuvre de la politique du cinéma et d'en surveiller l'application ». Il doit également déterminer les orientations de la SGCQ, dont il établit le plan d'aide et approuve les programmes. L'organisme a aussi une fonction de recherche. L'IQC est actif dans différents dossiers, que ce soit l'organisation de la Fête du cinéma, projet abandonné en 1987, ou la création d'une école de cinéma. Une loi modifiant la Loi sur le cinéma, sanctionnée en décembre 1987, touche l'IQC qui n'a plus pour mandat de surveiller l'application de la politique du cinéma. L'IQC garde sa fonction de recherche, jusque-là peu développée, et prépare ou commande des études qui portent notamment sur le français à l'écran, l'éducation cinématographique, la production indépendante, la réception des films québécois et franco-québécois en France, et le portrait économique du cinéma et de la production télévisuelle indépendants. Il agit comme conseiller du ministre des Affaires culturelles sur les orientations en matière de cinéma, sur le plan d'aide et les programmes de son nouveau partenaire, la Société générale des industries culturelles (SOGIC), de même que sur les projets de règlements du gouvernement ou de la Régie du cinéma. Ce renforcement du rôle de conseiller clarifie le mandat de l'IQC et traduit l'échec de ses rapports (de force) avec la SGCQ. En 1993, l'organisme recommande le remplacement de la SOGIC par un nouvel organisme, le Conseil national du cinéma et de la télévision, auquel l'IQC s'intègrerait, ce qui entraîne, l'année suivante, la création de la SODEC et la disparition de l'IQC. Fernand Dansereau* occupe la présidence de l'IQC en 1984 et 1985. Claude Fournier* lui succède, suivi d'André Link* en 1988 puis de Roger Frappier*, qui démissionne de ses fonctions.

La SGCQ entre en activité en 1984. L'organisme est d'abord dirigé par Nicole Boisvert. Elle succède à Louise Ranger*, qui était à la direction de l'IQC. En 1987, après un intérim, Jean-Guy Lavigne succède à Boisvert. La SGCQ, qui doit travailler en étroite collaboration avec le nouvel IQC, a notamment pour mandats de promouvoir ou d'aider financièrement la création cinématographique et la production de films québécois, de soutenir la distribution, l'exploitation et les industries techniques, de favoriser la représentation du cinéma québécois dans les festivals, et d'aider à la formation, à la recherche, au développement et à l'innovation. L'organisme mise sur le cinéma, et s'associe nettement moins que Téléfilm Canada, qui a remplacé la SDICC, aux productions destinées directement à la télévision, ce qui s'explique notamment par les moyens limités dont il dispose.

La SOGIC est créée en 1988 et sa section cinéma reprend les mandats de la SGCQ. L'organisme remplace également la Société de développement des industries de la culture et des communications dans les secteurs du disque, du spectacle, des métiers d'art, du livre et des médias écrits. Le cinéma, qui avait un statut particulier depuis la création du premier IQC, se trouve cette fois regroupé avec l'ensemble des industries culturelles. En 1991, le gouvernement du Québec modifie la Loi sur le cinéma, y ajoutant, entre autres choses, que le ministre des Affaires culturelles sera chargé d'établir, en collaboration avec la SOGIC, un plan triennal de soutien financier au secteur privé du cinéma qui énonce, notamment, les objectifs à poursuivre au cours de la période. Charles Denis assure la direction de la SOGIC de sa création jusqu'à sa disparition au profit de la SODEC.

L'Assemblée nationale adopte, en juin 1994, la Loi sur la Société de développement des entreprises culturelles qui remplace la Loi sur la Société générale des industries de la culture et des communications (SOGIC). Le nouvel organisme succède non seulement à la SOGIC, objet d'un grand mécontentement au sein de la profession, mais se voit aussi confier les programmes du disque et spectacle, du livre et des métiers d'art gérés jusque-là par le ministère de la Culture et des Communications et les droits et obligations de l'IQC. Le conseil d'administration de la SODEC est formé de onze membres nommés par le gouvernement dont deux des domaines du cinéma et de la production télévisuelle. La loi de 1994 prévoit qu'un des deux directeurs généraux de la SODEC soit affecté au cinéma et à la production télévisuelle, l'autre aux domaines du disque, du spectacle de variétés, du livre, de l'édition spécialisée et des métiers d'art. La SODEC compte finalement six directeurs généraux. Mécanisme consultatif prévu au sein même de l'organisme, le Conseil national du cinéma et de la production télévisuelle, beaucoup plus discret que l'IQC, est composé de représentants de la profession. L'organisme forme également des commissions sur des sujets qui concernent la profession, par exemple le doublage. Dans le secteur du cinéma et de la télévision, la SODEC participe au financement des entreprises, gère les crédits d'impôt, offre des programmes d'aide à la scénarisation, à la production, à la promotion et à la diffusion de même qu'aux jeunes créateurs, et un soutien à l'exportation et au rayonnement culturel. Active sur la scène internationale, la SODEC organise elle-même une manifestation consacrée au cinéma québécois à Paris à partir de 1997. Le premier président de l'organisme est Pierre Lampron, en poste jusqu'en 1999. (M. C.)

**SOCIÉTÉ DE DÉVELOPPEMENT DE L'INDUSTRIE CINÉMATOGRAPHIQUE CANADIENNE (SDICC).** (*Voir* TÉLÉFILM CANADA)

**SOCIÉTÉ GÉNÉRALE DES INDUSTRIES CULTURELLES (SOGIC).** (*Voir* SOCIÉTÉ DE DÉVELOPPEMENT DES ENTREPRISES CULTURELLES)

**SOCIÉTÉ GÉNÉRALE DU CINÉMA DU QUÉBEC.** (*Voir* SOCIÉTÉ DE DÉVELOPPEMENT DES ENTREPRISES CULTURELLES)

**SOCIÉTÉ NOUVELLE.** (*Voir* OFFICE NATIONAL DU FILM)

**SOUL, Veronika,** réalisatrice (Baltimore, États-Unis, 1944). Arrivée au Québec en 1971, elle s'est tôt fait connaître en gagnant le Premier Prix, lors du Festival du film étudiant de 1972, avec son premier film *How the Hell Are You?* (c. m.). Elle réalise une véritable prouesse en multipliant les techniques (collages, clignotements, grattages et dessins sur pellicule), à partir d'un matériel réduit à sa plus simple expression : une cinquantaine de photographies, quelques courts plans tournés pour les besoins du film et des extraits de lettre écrites par un homosexuel. La méthode du film collage à des fins expérimentales caractérisera toute sa production. *Tales From the Vienna Woods* (1974, c. m.) et *New Jersey Nights* (1979, c. m.) sont ses deux autres films indépendants. Du premier, qui utilise la technique du collage de même que des extraits de lettres de Sigmund Freud, se dégage un profond climat poétique. Le second s'attache à des souvenirs émotifs languissants, les effets optiques suggérant le déchirement incessant de photographies, les images se fondant les unes aux autres au travers d'une projection « en matte » de papier déchiré. Elle réalise plusieurs films à l'ONF : *L'impôt : les comptes de l'amère loi* (1975, c. m.) sur l'histoire du système de taxation au Canada, *A Said Poem* (1976, t. c. m.) qui s'intègre à la série « Poet on Film », ainsi que deux autres films qui connaissent un accueil semblable à ses films indépendants et reçoivent plusieurs prix. Le premier, *Interview* (coréal. C. Leaf, 1979, c. m.), portrait documentaire de deux femmes cinéastes, n'utilise en aucune façon les techniques du documentaire, mais combine plutôt l'action réelle à l'animation, à des photographies, des diapositives, des dessins. Le second, *End Game in Paris* (1982, c. m.), est l'adaptation d'une portion du roman du même nom de Ian Adams, qui explore l'idée du double. L'imagination et la mémoire y prennent une place importante. Au travail sur l'image s'ajoute un travail complexe sur la bande sonore qui donne à ce film une texture éclatée et riche. En 1983, Soul collabore aux séquences d'animation de *20th Century Chocolate Cake* (Lois Siegel). Elle travaille aussi à la conception de nombreux génériques. Ses films indépendants font partie des collections de films du Musée des beaux-arts du Canada et du Musée des beaux-arts de l'Ontario. (M. L.)

**SPARLING, Gordon,** réalisateur, scénariste, producteur (Toronto, Ontario, 1900 — 1994). Il débute en 1924, au Ontario Government Motion Picture Bureau, qu'il quitte en 1927 pour travailler sur *Carry On Sergeant!* (B. Brainsfather, 1928) chez Paramount aux États-Unis. Il revient au Canada pour créer, en 1931, le service de production d'ASN. Il est alors secondé par les cameramen Ross Beesley et Alfred Jacquemin. Sous sa direction, la série « Canadian Cameos » connaît un essor remarquable; en 1935, on doit même construire un grand studio (qui a abrité Bellevue-Pathé) dans l'ouest de Montréal. Cette populaire série est distribuée dans toutes les salles. Sparling en assure la production et, le plus souvent, la réalisation. *Rhapsody in Two Languages* (1934, c. m.), un poème semi-expérimental sur Montréal, en fait partie. En 1936, il tourne une fiction didactique bilingue, *House in Order/La maison en ordre* (c. m.) pour la compagnie Shell. Il accorde à la musique de ses films une grande attention et est le seul à promouvoir le talent des artistes de variétés canadiens. Cela se remarque dans les « Canadian Cameos » ou dans ses films de commandite. Mentionnons par exemple *Ballet of the Mermaids* (1938, m. m.), qui devance les prouesses aquatiques d'Esther Williams, *Song the Map Sings* (1938, c. m.), *Those Other Days* (1941, c. m.), *Sitzmarks The Spot* (1948, c. m.). Pendant la guerre, Sparling est affecté à Londres où il supervise la production de cent six films d'actualités et tourne des films d'information. Il revient à Montréal en 1946 et, chez ASN, il se remet aux « Cameos » et aux films commandités. Quand la compagnie ferme ses portes, en 1957, il passe à l'ONF et y travaille jusqu'en 1966. Il y réalise notamment *Royal River* (1958, c. m.), à l'occasion de l'inauguration de la voie maritime du Saint-Laurent. Sparling produit et réalise plusieurs centaines de films. Il est un modèle pour tous ceux qui apprennent leur métier à l'école d'ASN. Il apporte à une industrie du cinéma encore balbutiante un dynamisme qui lui vaut une place à part parmi les pionniers du cinéma au Québec.

PRINCIPAUX AUTRES FILMS : *Spare Time* (1927, c. m.), *The Two Sons of Monsieur Dubois* (1927, c. m.), *Forward Canada!* (1931, c. m.), *Miracle at Beauharnois* (1932, c. m.), *The Breadwinner* (1932, c. m.), *Grey Owl's Little Brother* (1932, c. m.), *Wings over the Atlantic* (1937, c. m.), *Peoples of Canada* (1940, c. m.), *Landfall Asia* (1964, c. m.). (P. V.)

**SPAZIANI, Monique,** actrice (Montréal, 1957). Formée au Conservatoire d'art dramatique de Montréal, elle tient d'abord un premier rôle dans le court métrage *La bien-aimée* (M. Bouchard, 1979). En 1981, *Les beaux souvenirs* (F. Mankiewicz) la fait connaître. Elle y est Marie, une jeune ensorceleuse qui forme avec son père un couple étrange. Ensemble, ils rejettent le sœur aînée revenue dans la maison familiale. Spaziani sait maintenir un équilibre fragile entre la naïveté angélique et le calcul infernal, demeurant en cela fidèle au monde de Réjean Ducharme. Elle fait ensuite partie de la distribution de *Bonheur d'occasion* (C. Fournier, 1983), avant de jouer Élise, la fidèle compagne de Florent, dans *Le matou* (J. Beaudin, 1985). Elle tiendra d'ailleurs un rôle d'épouse dynamique semblable dans *Ruse et vengeance* (R.-R. Cyr, 1991, c. m.). En 1988, elle retrouve Mankiewicz dans *Les portes tournantes*. Il lui propose le rôle d'une pianiste du cinéma muet, Céleste, femme passionnée qu'on suit de sa jeunesse jusqu'à l'âge de soixante-dix-huit ans. Spaziani tient ensuite des rôles secondaires dans quelques films, dont *Rafales* (A. Melançon, 1990), *Femme de pierre* (J. Salvy, 1989), *Petit drame dans la vie d'une femme* (A. Pelletier, 1990, c. m.), *Map of the Human Heart* (V. Ward, 1992), *L'enfant d'eau* (R. Ménard, 1995) et *La conciergerie* (M. Poulette, 1997). Elle tient le premier rôle d'un téléfilm, *La beauté des femmes* (R. Ménard, 1994), celui d'une dessinatrice de mode qui voit s'entrechoquer les exigences de sa carrière et sa vie amoureuse.

Elle mène également une carrière au théâtre où elle passe sans heurt de Shakespeare à Molière et de Genet à Albee. Elle participe notamment à la création de pièces de Marie Laberge et de Jeanne-Mance Delisle. (J. P.)

**SPIRAFILM.** Fondée en 1977, Spirafilm est une coopérative de production cinématographique et audiovisuelle formée de scénaristes, de producteurs et ce techniciens. Elle produit des films à caractère éducatif, social et communautaire et fournit à ses membres, à ses collaborateurs et aux groupes intéressés un ensemble de services administratifs et techniques. Elle compte parmi sa clientèle des ministères fédéraux et provinciaux et collabore avec Télé-Capitale, Radio-Canada et Radio-Québec. Spirafilm produit surtout des courts métrages et des vidéos dont les plus importants sont : *Mélodie, ma grand-mère* (S. Goulet, 1983, c. m.), film poétique sur les relations entre enfants et grands-parents ; *En dernières pages* (J. Tessier, 1983), qui décrit les diverses étapes nécessaires à la fabrication d'un journal et propose une réflexion sur les conditions de travail dans ce secteur, *C'est quoi l'histoire* (J. Bourbonnais, 1986, m. m.), documentaire vidéo faisant le genèse du film *Le gros de la classe* (J. Bourbonnais, 1986, c. m.), fiction également produite par Spirafilm qui met en vedette des jeunes de la région de Rimouski et s'inspire d'une histoire écrite par certains d'entre eux. En 1986, Spirafilm signe pour Radio-Québec un film de fiction intitulé *Élise et la mer* (S. Goulet, c. m.). La structure de production offerte par Spirafilm est unique à l'extérieur de Montréal. Après le départ de plusieurs de ses membres les plus actifs, Spirafilm réduit ses activités à la fin des années 80. Toutefois, en 1992, Spirafilm renouvelle sa liste de membres, ce qui donne un second souffle à la coopérative. Elle s'associe ensuite à Méduse, un regroupement d'artistes unique en son genre, occupe de nouveaux locaux et renouvelle ses équipements. Depuis, la coopérative semble connaître la période la plus florissante de son histoire puisqu'elle produit cinquante-six films en sept ans. Plusieurs de ces derniers obtiennent des prix, notamment *Bientôt Novembre* (F. Leclerc, 1995, c. m.); *Bionda !* (N. Bergeron, 1996, c. m.) ; *Le souffle d'Élian* (C. Charest, 1997, m. m.) ; *Celui qui l'dit celui qui l'est* (H. Florent, 1998, c. m.). Si ses racines sont cinématographiques, Spirafilm s'ouvre de plus en plus à la vidéo et aux technologies numériques. (D. P. et É. P.)

**SPRY, Robin,** réalisateur, acteur, chef opérateur, monteur, producteur, scénariste (Toronto, Ontario, 1939). Il étudie le génie à Oxford (Grande-Bretagne), le français à Grenoble (France) et l'économie au London School of Economics (Grande-Bretagne). Pendant ses séjours en Angleterre, il est figurant dans quelques longs métrages et réalise plusieurs courts métrages de manière artisanale. Au cours de l'été 1964, à l'ONF, il assiste Don Owen, qui réalise *High Steel* (1965, c. m.). En 1965, l'ONF l'engage comme permanent. Il y est tour à tour assistant de production, assistant à la réalisation, cameraman, scénariste, monteur, producteur et réalisateur. À l'image de la majeure partie de son œuvre, ses deux premiers films abordent des sujets sociopolitiques : *Miner* (1965, c. m.) décrit la vie des mineurs à travers le témoignage d'un francophone installé à Falcon Bridge, en Ontario, tandis que *Changes in the Maritimes* (1966, c. m.) s'interroge sur l'impact social de la modernisation des méthodes de pêche. Après *Ride For Your Life* (1966, c. m.), portrait d'un coureur motocycliste qui remporte le Premier Prix au Festival du film de sport d'Oberhausen, il réalise *Flowers on a One Way Street* (1968, m. m.), qui traite de la communauté hippie de Toronto et remporte de nombreux prix. Poursuivant dans cette veine, il signe *Prologue* (1969), un long métrage documentaire percutant sur les émeutes de Chicago et, plus largement, sur la situation de la jeunesse en Amérique du Nord. Ce reportage annonce ses deux films sur la crise d'Octobre 70, réalisés après que l'ONF eut refusé qu'un francophone les tourne : *Action : The October Crisis of 1970* (1973), qui lui vaut un Canadian Film Award, et *Reaction : a Portrait of a Society in Crisis* (1973, m. m.). Après un court métrage expérimental sur les multiples aspects d'un visage (*Face*, 1975), lui aussi couronné d'un Canadian Film Award, Spry réalise son premier long métrage de fiction : *One Man* (1977). Toujours préoccupé par les questions sociales, il y raconte l'histoire d'un journaliste (Len Cariou) qui, au fait d'une importante affaire de pollution industrielle, hésite entre le silence et la dénonciation. Thriller politique, *One Man* remporte sept Canadian Film Awards. En 1977, Spry quitte l'ONF. Réalisé pour la télévision, son second long métrage de fiction, *Drying Up the Streets* (1978), est une exploration des milieux de la drogue et de la prostitution, à travers l'histoire d'un homme (Don Francks) qui tente d'aider une jeune femme à s'en sortir. *Suzanne* (1980), adaptation d'un roman de Ronald Sutherland, est centré sur la vie de la fille d'un ouvrier d'origine écossaise et d'une strip-teaseuse francophone. De son enfance, dans les années 40, jusqu'aux années 60, Suzanne (Jennifer Dale) grandit avec la société québécoise et épouse un francophone. Ce mélodrame social, qui confronte les cultures anglophone et francophone, est durement accueilli par la critique. Présentant de nombreuses similitudes avec *One Man* tout en étant plus ouvertement commercial, *Keeping Track* (1986) est un thriller de facture classique qui met en scène un annonceur de télévision (Michael Sarrazin) et une informaticienne (Margot Kidder) mêlés à une affaire d'espionnage. En 1988, Spry joue de nouveau la carte commerciale avec *Obsessed*, un drame psychologique adapté de *Hit and Run*, un best-seller de Tom Alderman, où il raconte l'histoire d'une femme qui veut venger la mort de son enfant, tué par un chauffard. Cinéaste anglophone de premier plan, Spry a su, en début de carrière, bien percevoir la réalité culturelle et politique québécoise, cela dans des films de qualité inégale. Son œuvre récente, de plus en plus orientée vers le grand public, est toutefois marquée par l'absence de cette vision culturelle. À partir de la fin de la décennie 1980, Spry s'oriente de plus en plus vers la production au sein de sa compagnie, Telescene. C'est ainsi qu'il est l'un des producteurs d'*À corps perdu* (L. Pool, 1988), de *Malarek* (R. Cardinal, 1989), d'*Une histoire inventée* (A. Forcier, 1990) et de *The Myth of the Male Orgasm* (J. Hamilton, 1993). L'essentiel de son travail de producteur est toutefois tourné vers la télévision, avec des séries comme *The Hunger* et *Student Bodies*, ou des téléfilms comme ceux adaptés de l'œuvre de Jack Higgins : *Midnight Man* (L. G. Clark, 1995), *Thunder Point* (G. Mihalka, 1996), etc. En 1981, Spry tient un rôle dans *Kings and Desperate Men* (A. Kanner). Il est aussi apparu lisant des extraits du rapport Durham, en 1972, dans *Québec, Duplessis et après…* (D. Arcand) et dans une fiction qui salue les réalisateurs québécois, *Les malheureux magnifiques* (M. Goulet, 1992 c. m.).

FILMS : *Change in the Maritimes* (1965, c. m.), *Miner* (1966, c. m.), *Level 4350* (1966, c. m.), *Ride For Your Life* (1966, c. m.), *Illegal Abortion* (1967), *Flowers on a One Way Street* (1968, m. m.), *Prologue* (1969), *Action : The October Crisis of 1970* (1973), *Reaction : a Portrait of a Society in Crisis* (1973, m. m.), *Downhill* (1973, m. m.), *Face* (1975, c. m.), *One Man* (1977), *Drying Up the Streets* (1978), *Don't Forget/ « Je me souviens »* (1979, m. m.), *Suzanne* (1980), *Winnie* (1981, c. m.), *To Serve the Coming Age* (1973, c. m.), *Stress and Emotions* (1985, m. m.), *Keeping Track* (1986), *Obsessed* (1988). (M. J.)

**STEWART, Alexandra,** actrice (Montréal, 1939). Elle arrive à Paris à dix-sept ans pour y étudier aux Beaux-arts mais, rapidement, d'un rôle dans un film publicitaire à une figuration, elle fait métier d'actrice. C'est Pierre Kast, avec lequel elle tourne plusieurs films, qui l'impose à l'écran (*Le bel âge*, 1959). Stewart, belle et racée, joue dans plus d'une soixantaine de films, en anglais comme en français, tenant le plus souvent des rôles de soutien. Elle tourne avec Otto Preminger (*Exodus*, 1961), Louis Malle (*Le feu follet*, 1963), François Truffaut (*La mariée était en noir*, 1967), John Huston (*Phobia*, 1980), Claude Lelouch (*Les uns et les autres*, 1980). Elle participe aussi à quelques films au Québec : *Waiting for Caroline* (R. Kelly, 1967), où elle défend le rôle-titre, *The Heatwave Lasted Four Days* (D. Jackson, 1974), *Bingo* (J.-C. Lord, 1974), *The Uncanny* (D. Hérox, 1977), *In Praise of Older Women* (G. Kaczender, 1978), *Agency* (G. Kaczender, 1979), *Final Assignment* (P. Almond, 1980), *Your Ticket Is No Longer Valid* (G. Kaczender, 1981), *La terrapène* (M. Bouchard, 1984, c. m.), *Le matou* (J. Beaudin, 1985), *The Thriller* (J. Kaufman, 1989). Plusieurs de ces films sont des productions à gros budget. Elle poursuit sa carrière en français (*Monsieur*, J.-P. Toussaint, 1990) et en anglais (*Seven Servants*, D. Shokof, 1996). (M. C.)

**STIKEMAN, Ginny,** productrice, monteuse, réalisatrice (Ottawa, Ontario, 1941). Diplômée en études anglaises et françaises, elle travaille comme assistante réalisatrice et monteuse dès 1968 à l'ONF. Elle y est aussi recherchiste et rédactrice au programme Challenge for Change. Comme monteuse, elle participe à l'un des meilleurs films de Beverly Shaffer, *I'll Find a Way* (1978, c. m.). Le cinéma de femmes l'intéresse, et c'est pourquoi elle entre au studio D en 1975. Elle y réalise un film, *Dream of a Free Country : A Message from Nicaraguan Woman* (coréal, K. Shannon, 1980, m. m.), sur les femmes qui ont contribué à renverser le gouvernement d'Anastasio Somoza au Nicaragua. Elle devient l'assistante de la productrice exécutive Rina Fraticelli en 1988, puis prend sa relève en 1990. Stikeman veut orienter le studio vers une plus grande intégration des minorités ethniques dans la production et la réalisation. Elle coréalise avec Dionne Brand un film intitulé *Sisters in the Struggle* (1991, m. m.) sur les femmes militantes noires et sur les formes violentes que peut prendre le sexisme allié au racisme. Elle prend sa retraite de l'ONF en 1998, deux ans après la fermeture du studio D. Sa filmographie comme productrice, qui compte une quarantaine de titres, témoigne de ses convictions en faveur du féminisme et du multiculturalisme. Ainsi on lui doit *Hands of History* (L. Todd, 1994, m. m.), sur des femmes artistes autochtones ; *Under the Willow Tree : Pionner Chinese Women in Canada* (D. Nipp, 1997, m. m.), sur la condition de la femme chinoise au Canada ; *Beyond Borders : Arab feminists Talk About Their Lives… East and West* (J. Kawaja, 1999, m. m.), compte rendu d'un voyage entrepris par des féministes du Moyen-Orient aux États-Unis. (M. de B.)

**STRARAM, Patrick (dit le Bison ravi),** acteur, scénariste (Paris, France, 1934 – Montréal, 1988). Arrivé au Canada en 1954 et à Montréal en 1958, il dirige le Centre d'art de l'Élysée (1960 à 1963), où il se fait le défenseur du jeune cinéma européen (Godard, Resnais, etc.). Homme de radio, écrivain (*La faim de l'énigme*), il contribue à faire de la critique un exercice à la fois analytique et autobiographique. Éternel marginal, son statut singulier dans le milieu intellectuel montréalais l'amène à apparaître dans plusieurs films, notamment ceux des frères Jean et Serge Gagné (*À vos risques et périls*, 1980 ; *La couleur encerclée*, 1986). Mais son rôle marquant demeure celui de l'ex-mari de Johanne dans *À tout prendre* (C. Jutra, 1963). Par ailleurs, il signe les commentaires de deux films de Louis Portugais (*Saint-Denys Garneau*, 1960, c. m. ; *Voir Pellan*, 1968, c. m.), et est à la fois scénariste et interprète de *La terre à boire* (J.-P. Bernier, 1964) et de *Fabienne sans son Jules* (J. Godbout, 1964, c. m.). Son amitié a eu une certaine influence sur les œuvres de Gilles Groulx, de René Bail et de Pierre Goupil. Ses critiques de cinéma ont été publiées dans des livres (*Cinémarx* et *Rolling Stones*) et on lui doit un ouvrage sur Gilles Groulx, écrit en collaboration avec Jean-Marc Piotte : *Gilles cinéma Groulx le lynx inquiet* (Cinémathèque québécoise/éditions québécoises). (M. J.)

**STROBL, Hans-Peter,** mixeur (Vienne, Autriche, 1942). Après une formation en électronique, il devient responsable du studio d'enregistrement de l'Orchestre symphonique de Vienne. Arrivé au Canada en 1972, il entre chez Cinélume où il mixe de nombreux messages publicitaires et quelques longs métrages : *Eliza's Horoscope* (G. Sheppard, 1975), *Ahô… au cœur du monde primitif* (D. Bertolino et F. Floquet, 1976). Entré à l'ONF en 1978, on retrouve son nom au générique de plusieurs centaines de films, dont la majorité des longs métrages réalisés au Québec dans les années 80. C'est ainsi qu'il travaille à *Gala* (J. N. Smith et N. McKennirey, 1982), *Mario* (J. Beaudin, 1984), *Passiflora* (F. Bélanger et D. Gueissaz-Teufel, 1985), *Un zoo la nuit* (J.-C. Lauzon, 1987), *Trois pommes à côté du sommeil* (J. Leduc, 1989) et *Jésus de Montréal* (D. Arcand, 1989), films pour lesquels il participe à la création d'un espace sonore dense et riche, sans céder à la tentation des effets faciles. En 1991, il quitte l'ONF et participe à la fondation de Marko Films, où il poursuit son travail en mixant notamment *La vie fantôme* (J. Leduc, 1992), *Léolo* (J.-C. Lauzon, 1992), *2 secondes* (Manon Briand, 1998), *Un 32 août sur terre* (Denis Villeneuve, 1998) et *The Red Violin* (F. Girard, 1998). Au cours de son imposante carrière, il remporte cinq Génie. (M. J.)

**SUISSA, Danièle J.,** réalisatrice, productrice (Casablanca, Maroc, 1940). Elle arrive au Québec en 1969, après une formation au Conservatoire de Paris et dix ans d'assistanat de mise en scène au théâtre et au cinéma (Robert Hossein, Marc Allégret). Elle monte d'abord plus de vingt-cinq pièces de théâtre au Rideau vert et au Centre Saidye Bronfman, avant de fonder, en 1980, sa compagnie de production (3 Thèmes). Elle transpose à la télévision deux spectacles de théâtre et, à sa compagnie ou chez Onyx Films, réalise pas moins de deux cents messages publicitaires. Son premier long métrage destiné aux salles de cinéma, *The Morning Man*, sort en 1986. Inspiré d'un fait divers, le film, très léché, raconte l'histoire d'un évadé de prison qui se réhabilite en devenant annonceur de radio. Ses deux films suivants appartiennent à la série « Shades of Love », des films à l'eau de rose distribués exclusivement en vidéo. Suissa poursuit donc un itinéraire très commercial, celui d'un cinéma de plus en plus tourné vers la télévision. En 1988, à Toronto, elle coréalise *Martha, Ruth and Edie* avec Norma Bailey et Deepa Mehta Saltzman. Ce film décrit l'existence de trois femmes qui assistent à un atelier de croissance personnelle. La même année, Suissa produit et réalise le téléfilm *No Blame*, puis, en 1989, coproduit une série de téléfilms et en réalise un, *The Secret of Nancy*, avec Michael Sarrazin et Bibi Andersson. Puis elle touche encore à la production (*L'enfant des Appalaches*, J.-P. Duval, 1996) et s'installe en Californie. (J. P.)

**SURPRENANT, Louise,** monteuse (Montréal, 1951). De 1972 à 1975, elle étudie le montage et le métier de scripte à l'INSAS (Bruxelles). Revenue au Québec, elle produit *La crue* (D. Benoît, 1976, c. m.) et monte *Les gens heureux n'ont pas d'histoire* (1976, m. m.), second des *Deux contes de la rue Berri* de Paul Tana. C'est le début d'un fructueuse collaboration, puisqu'elle monte ensuite plusieurs films de Tana : *Les grands enfants* (1980), *Caffè Italia Montréal* (1985), *Le marchand de jouets* (1988, m. m.) et *La Sarrasine* (1991). De 1976 à 1979, Surprenant est monteuse à l'ONF. Elle travaille alors notamment au montage sonore de *Derrière l'image* (J. Godbout, 1978) et au montage de *De Grâce et d'Embarras* (M. Carrière, 1979). De retour dans l'industrie privée, elle monte avec rigueur des films aux structures complexes, comme *Le futur intérieur* (J. Chabot et Y. Rouleau, 1982) et *Sonatine* (M. Lanctôt, 1983). Elle est aussi à l'aise avec le rythme lent de *La ligne de chaleur* (H.-Y. Rose, 1987). Très active dans le milieu du cinéma (et particulièrement à l'intérieur du STCVQ), elle représente le Québec dans plusieurs colloques, conférences, etc. Elle est coordonnatrice générale du Vidéographe en 1989, et dirige cette compagnie de production et de distribution en 1990. Elle monte *Mission protection rapprochée* (N. Ribowski, 1997) et *Aviature* (B. Boulianne, 2000, m. m.). (M. J.)

**SUTHERLAND, Donald,** acteur (Saint-Jean, Nouveau-Brunswick, 1934). Il étudie l'art dramatique à Toronto et à Londres, puis débute à l'écran en 1964. Sachant tirer parti de son physique singulier, il se spécialise dans les rôles de composition et travaille notamment avec Altman, Schlesinger, Fellini. Au Québec, toutefois, il sert moins le cinéma d'auteur (*The Act of the Heart*, P. Almond, 1970) qu'un cinéma commercial malheureusement peu marquant : *Alien Thunder* (C. Fournier, 1973), puis *Les liens de sang* (1977), coproduit avec la France et tourné par un Claude Chabrol peu inspiré, et *Gas* (L. Rose, 1981). Il joue dans certaines des coproductions canadiennes les plus chères, *Bethune — The Making of A Hero* (P. Borsos, 1990) et *Agaguk* (J. Dorfman, 1992), et dans les films de réalisateurs québécois qui offrent un profil international, *The Assignment* (C. Duguay, 1997) et *Free Money* (Y. Simoneau, 1998). Il tient aussi un rôle important dans deux coproductions entre des compagnies québécoises et allemandes : *Scream of Stone* (W. Herzog, 1991) et *Buster's Bedroom* (R. Horn, 1991). Stefan Wodoslawsky lui consacre un film : *Give Me Your Answer True* (1988, m. m.). Son fils, Kiefer Sutherland, tient le premier rôle de *Crazy Moon* (A. Eastman, 1986), tourne une quarantaine de films américains (*Young Guns*, C. Cain, 1988 ; *The Three Musketeers*, S. Herek, 1993), et touche à la réalisation (*Woman Wanted*, 1999). (M.-C. A. et M. C.)

**SYMANSKY, Adam,** producteur (Lvov, Pologne, 1942). En 1952, la famille de Symansky quitte la Pologne et émigre au Canada. Durant ses études en biologie et en médecine à l'Université McGill, Symansky met sur pied le premier atelier de production de film et en 1966, il est le cofondateur et éditeur de la revue de cinéma *Take One*. Puis, il est recherchiste et producteur à la CBC. En 1968, Symansky produit et réalise des vidéos et des diaporamas à la Northern Electric. La vidéo est alors un outil de communication nouveau et passionnant. Trois ans plus tard, il se joint à la C.I.L. Inc. où il produit et met en marché des vidéos et des films. En 1976, il enseigne au John Abbott College à Montréal où il donne des cours spécialisés en production télévisuelle. Il entre à l'ONF en 1977 et devient producteur dans le cadre du programme Challenge for Change. Infatigable et prolifique, Symansky produit ou coproduit de nombreux films primés dont plusieurs de Donald Brittain, un des plus célèbres documentaristes canadien-anglais : la trilogie *On Guard For Thee* (1981, trois m. m.), un examen des opérations de sécurité nationale du Canada et de leur impact sur les libertés civiles durant les cinquante dernières années ; *Something to Celebrate* (1983, m. m.) ; *Canada's Sweetheart : the Saga of Hal C. Banks* (1985) ; *The Champions, Part 3 : The Final Battle* (1986) qui présente le dernier chapitre des carrières politiques de René Lévesque et Pierre Elliott Trudeau ; et les trois films de la série *King Chronicle* (1988) sur la vie du premier ministre W. L. Mackenzie King. Symansky produit ou coproduit également des films difficiles et controversés d'un autre réalisateur renommé, Paul Cowan : *The Kid Who Couldn't Miss* (1982), un docu-drame sur Billy Bishop, l'as des aviateurs canadiens et le héros militaire le plus décoré du pays pendant la Première Guerre mondiale, qui soulève une violente controverse au Sénat; *Democracy on Trial: The Morgentaler Affair* (1984, m. m.), qui raconte la croisade du docteur Henry Morgentaler pour établir des cliniques d'avortement; *Justice Denied* (1989) qui relate la célèbre bataille de Donald Marshall contre le système judiciaire de la Nouvelle-Écosse. Il produit aussi *Incident at Restigouche* (A. Obomsawin, 1984, m. m.) relatant l'affrontement, survenu en 1981, entre les Indiens Micmac de la réserve de Restigouche et la Sûreté du Québec, une autre série controversée, *The Valour and the Horror* (B. McKenna, 1991-1992, trois longs métrages) qui examine certains aspects de la contribution canadienne durant la Seconde Guerre mondiale, ainsi qu'un documentaire très largement diffusé, *Manufacturing Consent — Noam Chomsky and the Media* (M. Achbar et P. Wintonick, 1992). (B. L.)

# T

**TANA, Paul,** réalisateur, scénariste (Ancone, Italie, 1947). Au Québec depuis 1958, il est diplômé en littérature de l'UQÀM. Il poursuit une carrière de cinéaste tout en assurant, depuis 1989, la responsabilité du profil cinéma de l' UQÀM. Membre de l'ACPAV dès ses débuts, il en est le président de 1980 à 1982. Durant cette période, il réalise neuf émissions pour le compte de *Planète*, une série interculturelle produite par Radio-Québec. Ses premières fictions sont réunies sous le titre de *Deux contes de la rue Berri*. Dans le premier conte, *Pauline* (1975, c. m.), une femme de milieu populaire (Hélène Loiselle) perd la parole. Sa sœur (Amulette Garneau), qui la soupçonne de cacher son argent, fouille son logement. En vain. On retrouve une Pauline dans *Les gens heureux n'ont pas d'histoire* (1976, m. m.) : elle (Rita Lafontaine) est serveuse dans un restaurant italien et se fait suivre par un romantique un peu fou (Marcel Sabourin). La préoccupation pour la vie quotidienne propre au cinéma québécois de l'époque qu'on retrouve dans *Deux contes de la rue Berri* est poussée un cran plus loin dans *Les grands enfants* (1980). Gilbert Sicotte y interprète un déclassé sans ambition, qui partage sa vie entre ses amis, son travail à la petite semaine et sa nouvelle copine, d'ascendance italienne. Si, jusqu'alors, l'origine italienne de Tana est implicite, elle sera dorénavant au premier plan de ses films. À ce chapitre, la rencontre avec l'historien Bruno Ramirez sera déterminante. Avec ce spécialiste québécois de l'immigration, Tana scénarise un documentaire-fiction sur les Italiens de Montréal, *Caffè Italia Montréal* (1985), qui lui vaut une certaine notoriété et remporte le prix L.-E.-Ouimet-Molson. Jouant habilement avec les genres et les niveaux narratifs, Tana y raconte l'itinéraire de trois générations d'Italiens au sein d'une société québécoise peu habituée au phénomène de l'immigration de masse. Le film sort au moment où plusieurs cinéastes néo-québécois (Marilù Mallet, German Gutierrez) interrogent leurs origines dans leurs films. Il s'inscrit aussi dans un certain renouveau du documentaire qui, de plus en plus, est métissé de fiction. En 1988, Tana réalise un moyen métrage tiré du *Marchand de jouets*, une nouvelle de Naïm Kattan adaptée par Clément Perron. Le film met en vedette Gilbert Sicotte et Marie Tifo.

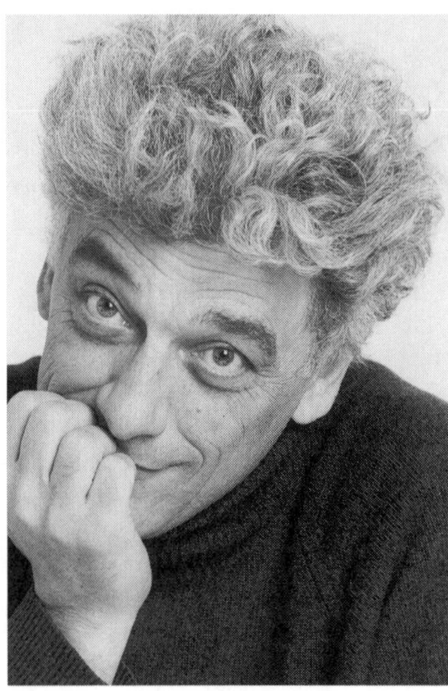

Paul Tana. (Véro Boncompagni)

Tana et Ramirez poursuivent leur collaboration en coscénarisant deux longs métrages de fiction. *La Sarrasine* (1991), qui s'inspire d'un fait divers du début du siècle, reçoit le prix SARDeC du meilleur scénario. Le film raconte l'affirmation d'une femme (Enrica Maria Modugno) dont le mari, un Italien (Tony Nardi), est injustement accusé de meurtre. Nardi, qui tient aussi le rôle principal du film suivant, obtient un Génie. Le personnage principal de *La déroute* (1998) est un entrepreneur en construction d'origine sicilienne, marqué par le succès et la richesse, qui voit sa vie basculer lorsque sa fille se rebelle contre son autorité. S'il y est encore question d'origines italiennes, le film, notamment par son traitement, va plus loin que la simple opposition entre communautés, rappelant que si on ne soigne pas ses rêves, qu'ils soient québécois ou italiens, ce que l'on construit risque de s'écrouler. *La déroute* traite en fait de toute frontière, celle qui existe entre la colère et la folie, entre le rêve et la réalité, entre les générations mais aussi entre la nature et la culture. Il s'agit du film le plus abouti du réalisateur. Cinéaste le plus connu de la communauté italo-québécoise, Tana ne lui tend surtout pas un miroir flatteur ou rassurant.

AUTRE FILM : *Les étoiles et autres corps* (1972, c. m.). (F. C. et É. P.)

**TARD, Jean-Baptiste,** directeur artistique, décorateur (Paris, France, 1950). Après des études de niveau collégial en art, il devient accessoiriste pour *Une nuit en Amérique* (J. Chabot, 1974), puis assistant décorateur et décorateur. Jusqu'à 1987, il exerce tantôt un métier, tantôt l'autre, avec des réalisateurs aussi différents que Gilles Carle (*Les Plouffe*, 1981), Pierre Falardeau et Julien Poulin (*Elvis Gratton*, 1981, c. m.), Nardo Castillo (*Claire… cette nuit et demain*, 1986), Danielle J. Suissa (*The Morning Man*, 1986) et William Friedkin (*Cat Squad*, 1987). Il signe d'abord la direction artistique de courts métrages, *Piwi* (J.-C. Lauzon, 1981) et *Réveillon* (F. Labonté, 1982). Ces réalisateurs feront appel à lui pour leurs longs métrages. C'est ainsi qu'il est directeur artistique de *Henri* (F. Labonté, 1986), de *Gaspard et fil$* (F. Labonté, 1988) et de *Un zoo la nuit* (J.-C. Lauzon, 1987), qui lui vaut un Génie. Il y exploite l'américanité de Montréal avec une esthétique à l'européenne plus expressionniste que réaliste. Par la suite, il crée avec efficacité et un grand souci du détail le milieu campagnard du *Chemin de Damas* (G. Mihalka, 1988), l'univers bourgeois de *Laura Laur* (B. Sauriol, 1989), le Montréal luxueux un peu convenu de *Amoureux fou* (R. Ménard, 1991), le Québec provincial style années 60 de *Histoires d'hiver* (F. Bouvier, 1999). Tard fait équipe notamment avec Pierre Falardeau, créateur de l'enfer carcéral du *Party* (1989), du huis clos dépouillé de *Octobre* (1994) qui ne s'embarrasse pas de réalisme historique et de l'univers kitsch, bricolage avoué, de *Miracle à Memphis* (1999). Il collabore également à diverses productions étrangères tournées au Québec (*Salt On Our Skin*, A. Birkin, 1991 ; *Map of the Human Heart*, V. Ward, 1992), à des téléfilms (*La beauté des femmes*, R. Ménard, 1994 ; *L'enfant des Appalaches*, J.-P. Duval, 1996) et à des téléséries (*Jasmine*, *Cher Olivier*). (D. B. et M. C.)

**TÉLÉFILM CANADA.** Créée par le gouvernement canadien le 3 mars 1967, la Société de développement de l'industrie cinématographique canadienne (SDICC) a pour objectif d'encourager l'émergence et la croissance d'une industrie du long métrage au Canada. Dotée initialement de crédits de dix millions de dollars pour cinq ans, elle a pour mandat d'investir dans des productions en échange d'une participation aux bénéfices. Institution fédérale, elle consacre environ le tiers de ses crédits à la production française. De son entrée en fonction jusqu'en 1975, la SDICC contribue à une industrialisation rapide du milieu cinématographique québécois et à une nouvelle idylle entre le public et le cinéma d'ici. Elle participe en effet au financement d'une vague de films commerciaux (*Deux femmes en or*, C. Fournier, 1970 ; *Tiens-toi bien après les oreilles à papa...*, J. Bissonnette, 1971 ; *Bingo*, J.-C. Lord, 1973) qui connaissent au Québec des succès publics considérables. Elle encourage également la production de premières œuvres (*La vie rêvée*, M. Dansereau, 1972 ; *Tu brûles... tu brûles...*, J.-G. Noël, 1973), aussi bien que celle de films de qualité (*La vraie nature de Bernadette*, G. Carle, 1972 ; *Réjeanne Padovani*, D. Arcand, 1973 ; *Les ordres*, M. Brault, 1974) et de prestige (*Kamouraska*, C. Jutra, 1973), qui connaissent un rayonnement international important. Le bilan du premier septennat (1968-1975) est somme toute assez positif, malgré une inflation considérable des coûts de production.

Le second septennat (1975-1982) donne des résultats plus modestes. D'une part, et c'est heureux, la SDICC s'ouvre à des formats autres que le long métrage et diversifie ses activités. Mais elle subit les contrecoups de la création, en 1974, d'un programme fédéral d'incitation fiscale mal conçu, qui encourage l'apparition de producteurs-champignons inexpérimentés et la production massive de films conçus essentiellement comme des opérations financières sans attrait culturel ni viabilité sur les marchés. La multiplication de ces films bidons, l'inflation effrénée des devis qu'ils provoquent, de même que l'accroissement de la mainmise étrangère sur la distribution au Canada, contribuent à réduire la crédibilité et la capacité financière d'intervention de la SDICC. Tant et si bien qu'au cours de la crise économique qui marque les premières années de la décennie 80, l'industrie canadienne, et québécoise, connaît une traversée du désert.

En 1983, changement de cap radical : la SDICC voit son action réorientée vers le financement de la production télévisuelle, avec la création du Fonds de développement de la production d'émissions canadiennes (FDPEC), doté de crédits annuels d'environ

Louise Turcot et Monique Mercure dans *Deux femmes en or* de Claude Fournier. (coll. ACPQ)

cinquante millions. Le nom de la SDICC est conséquemment modifié pour devenir Téléfilm Canada, qui se voit confier, en 1986, deux nouveaux fonds qui viennent compléter sa panoplie de programmes : le Fonds de financement des longs métrages (FFLM), qui dispose de crédits annuels de trente millions et dont la création permet d'équilibrer l'aide accordée respectivement aux secteurs cinéma et télévision ; le Fonds d'aide au doublage et au sous-titrage, qui est doté de crédits annuels de trois millions. Après une année 1987 assez difficile, marquée par un dépassement budgétaire incontrôlé et des tensions croissantes entre la présidence et la direction générale — tensions qui entraînent la démission fracassante du directeur général, Peter Pearson, et d'un nombre important de cadres et d'employés, de même que le non-renouvellement de mandat du président, Jean Sirois —, Téléfilm Canada réussit à rétablir peu à peu sa crédibilité. Au printemps 1988, l'organisme se voit octroyer des crédits additionnels : soixante-seize millions, répartis sur quatre ans, pour le FDPEC; soixante millions, répartis sur cinq ans, pour le FFLM ; quinze millions, répartis sur cinq ans, pour le Fonds d'aide au doublage et au sous-titrage. En outre, le gouvernement lui confie l'administration du Fonds d'aide à la distribution de longs métrages (FADLM), doté de quatre-vingt-cinq millions de dollars répartis sur cinq ans. Orienté vers le soutien à l'entreprise, ce fonds, très généreux, qui soutient au départ l'acquisition et la mise en marché de films canadiens et étrangers, contribue à une importante consolidation des entreprises canadiennes de distribution et à un accroissement de leur pouvoir de marché face aux *majors*. D'aucuns lui reprochent cependant d'avoir créé une inflation artificielle des coûts d'acquisition des films étrangers, d'avoir eu des effets mitigés en ce qui a trait à la promotion et à la mise en marché des longs métrages canadiens et d'avoir encouragé une trop grande concentration des décisions aux mains de quelques grands distributeurs, tout en décourageant l'entrée en scène de nouveaux joueurs en mesure de les concurrencer et de dynamiser le secteur.

Depuis, malgré un gel de ses crédits parlementaires et une hausse importante de la demande, Téléfilm a vu confirmer son rôle pivot dans le financement de la production et de la diffusion des productions cinématographiques et télévisuelles indépendantes au Canada.

À compter du début des années 90, à la faveur de la lutte contre le déficit, le gouvernement fédéral impose des coupures budgétaires à l'ensemble de ses sociétés publiques, dont Téléfilm Canada, qui voit les crédits parlementaires qui lui sont alloués chuter de 145 millions de dollars en 1990-1991 à 110 millions de dollars en 1995-1996. Téléfilm Canada habitué à voir son pouvoir d'intervention s'amplifier et se diversifier au fil des ans, éprouve certaines difficultés à gérer cette décroissance. En parallèle, une certaine grogne s'installe dans l'industrie : certains reprochent à Téléfilm Canada de se comporter en studio, d'avoir développé un appareil administratif trop lourd et de s'ingérer abusivement dans les décisions créatives, d'autres de favoriser, dans le secteur de la distribution, un modèle « hollywoodien » de concentration et d'intégration verticale.

En 1995, le ministre du Patrimoine canadien confie à un « comité des sages », présidé par Pierre Juneau, l'examen des mandats de la SRC, de Téléfilm Canada et de l'ONF. Dans son rapport, le Comité réaffirme le rôle essentiel de Téléfilm Canada dans le développement d'une industrie nationale de production de films et d'émissions de télévision, il invite ce dernier à mettre l'accent sur sa mission culturelle, à résister à la tentation d'agir comme studio et propose une rationalisation de ses interventions qu'il juge dispersées dans trop de programmes. Le rapport Juneau aura peu d'écho et sera éclipsé par la création, en 1996, du Fonds de télévision et de câblodistribution pour la production d'émissions canadiennes (FTCPEC). Ce fonds fusionne les ressources du FDPEC administré par Téléfilm Canada depuis 1983 et celles du Fonds des câblos, créé en 1995 à l'initiative du CRTC, auxquelles le ministère du Patrimoine canadien ajoute des ressources annuelles de l'ordre de cent millions de dollars.

Le nouveau FTCPEC se compose de deux programmes, un Programme de participation au capital administré par Téléfilm Canada sous la forme d'investissement discrétionnaire remboursable et un Programme de droits de diffusion (PDD) administré par le conseil d'administration du FTCPEC sous la forme d'un programme automatique de bonification des droits de diffusion versés par les télédiffuseurs canadiens. Cette réforme permet à Téléfilm Canada de renouer avec une dynamique de croissance, du moins pour un temps. L'institution se voit également confier un Programme d'aide à la production et à l'édition multimédias. Toutefois, en dépit de l'ajout de ressources financières annuelles importantes de la part de Patrimoine canadien et de la croissance de la contribution des entreprises de distribution de radiodiffusion, le FTCPEC — reconduit en 1998, il s'ouvre aux longs métrages et prendra le nom de Fonds canadien de télévision (FCT) — est incapable de suffire à la demande, surtout dans son volet « automatique ». Cette incapicité incite les administrateurs du PDD à resserrer leurs exigences, à établir des priorités d'attribution autres que le simple « premier arrivé, premier servi », et force Téléfilm Canada à ajuster ses processus décisionnels aux dates de tombée du PDD. Mais rien n'y fait, l'écart entre les besoins et les ressources financières disponibles s'accroît rapidement et la « mécanique » d'allocation de ces ressources limitées soulève de plus en plus de critiques.

En parallèle, Téléfilm Canada amorce en 1997 une réflexion globale sur son intervention en matière de longs métrages (développement, production, distribution, mise en marché). Le ministère du Patrimoine canadien prend le relais en lançant un processus d'examen de la politique cinématographique canadienne puis en créant un Comité consultatif sur le long métrage qui soumet ses recommandations à la fin de 1998. Au nombre de celles-ci, figure notamment la création d'un nouveau Fonds de financement des longs métrages, administré par un conseil d'administration mixte (privé/public) qui serait composé en majorité de représentants de l'industrie, qui regrouperait les ressources alors disponibles à Téléfilm Canada et au FCT, auxquelles s'ajouterait 50 millions de dollars annuellement en provenance du gouvernement fédéral, que celui-ci pourrait réunir par un prélèvement de 3,5 % sur les recettes des distributeurs faisant affaire au Canada. Il suggère que la grande majorité de cette aide soit allouée sous forme d'aide automatique suivant une méthode de calcul fondée sur les recettes au guichet et le succès sur la scène internationale.

À la fin des années 90, Téléfilm Canada se retrouve à la croisée des chemins. L'institution souhaiterait devenir le guichet unique auquel serait confiée l'administration d'une gamme de plus en plus diversifiée de fonds et programmes, ce qui n'est pas exclu. Elle pourrait au contraire se voir retirer l'administration de certains fonds et programmes, au profit d'organismes mixtes privé/public, formés de représentants de l'industrie et du gouvernement, comme c'est le cas pour le FCT, volet PDD.

Depuis la création de l'organisme, Georges-Émile Lapalme (1968-1969), Gratien Gélinas* (1969-1977), Michel Vennat (1977-1981), David B. Silcox (1981-1983), Ed Prévost (1983-1986), Jean Sirois (1986-1988), Edmund Bovey (1988-1990), Harvey Corn (1990-1993), Robert Dinan (1993-1998) et Laurier Lapierre (1998) en ont été les présidents, tandis que Michael D. Spencer (1968-1978), Michael McCabe (1978-1980), Pierre Thibault (par intérim pendant quelques mois en 1980), André Lamy* (1980-1985), Peter Pearson (1985-1987), Judith McCann (par intérim pendant quelques mois en 1987 et 1988), Pierre DesRoches (1988-1995) et François Macerola (1995) en ont été les directeurs généraux. (M. H.)

**TÉLÉVISION.** Au Québec, le cinéma et la télévision ont eu, peut-être plus qu'ailleurs, de véritables relations d'amour-haine. Au début des années 50, l'ONF, où se retrouve déjà un important groupe de cinéastes francophones, perd la bataille de la télévision au profit d'un autre organisme fédéral, Radio-Canada. Les spécialistes de la radio-diffusion l'emportent sur ceux de l'image. Comme prix de consolation, ces derniers se voient confier, en priorité, la production de séries filmées qui occuperont quinze à trente minutes de la grille horaire hebdomadaire (*voir* OFFICE NATIONAL DU FILM). La boulimie télévisuelle force l'ONF à accélérer le rythme de sa production en langue française. L'équipe française se lance dans une opération de recrutement, facilitée par le déménagement de l'ONF d'Ottawa à Montréal. On assiste également à la naissance de petites entreprises (*voir* SEGUIN, FERNAND ; MICHAUD, HENRI ; BOISVERT, JEAN) dont l'existence, souvent éphémère, est liée à un contrat de production pour une télésérie. Le secteur des émissions pour la jeunesse est particulièrement actif en ce domaine. L'utilisation du film 16 mm pour les nouvelles et les affaires publiques crée de toutes pièces, grâce à une politique de sous-traitance, une infrastructure industrielle de laboratoires, de centres de montage et de services de location de matériel. Une génération complète de pigistes (monteurs, opérateurs et techniciens) y trouve son principal moyen de subsistance. Cette infrastructure cinématographique se transforme, au début des années 80, avec la généralisation de la magnétoscopie.

Au cours des années 60, un certain nombre de réalisateurs associés à l'ONF se lancent, de peine et de misère, dans la production de longs métrages (Claude Jutra*, Pierre Patry*, Arthur Lamothe*, Michel Brault*). Ils comptent à l'occasion sur la complicité de jeunes apprentis dont la ferveur a été développée par la série hebdomadaire *Images en tête*, animée par Jean-Yves Bigras*, un cinéaste professionnel devenu un propagandiste de l'apprentissage cinématographique par le format 8 mm. La télévision appuie la production de ces longs métrages en servant de tribune, non pas aux produits, mais aux réalisateurs. Des séries d'émissions sont presque exclusivement consacrées au « cinéma d'ici », pour reprendre le titre d'une série ainsi nommée pour éviter de prendre parti dans la dichotomie politico-culturelle Québec-Canada. Certains trouvent même, à la télévision, un revenu d'appoint comme réalisateur, scripte ou comédien.

Dès son arrivée, la télévision privée joue un rôle particulier en créant des vedettes locales récupérées par les producteurs de longs métrages. *Pas de vacances pour les idoles* (D. Héroux, 1965) en est un bon exemple. La présence de J.-A. DeSève* à la direction d'une chaîne privée, Télé-Métropole, comme à celle du groupe France Film, n'est pas étrangère à cette convergence des deux médias. Au cours des années 70, l'industrie du long métrage se détourne de la télévision, pour profiter des interventions gouvernementales et bénéficier des investissements publics et des nouveaux avantages fiscaux. Il faudra attendre une dizaine d'années pour que les chaînes de télévision participent de nouveau au financement de la production de longs métrages, se réservant ainsi les droits futurs de diffusion. Pour sa part, la production de courts métrages se maintient toujours, en bonne partie grâce à la télévision. C'est principalement au début de cette décennie que plusieurs réalisateurs de la télévision, profitant de l'expansion que connaît le cinéma québécois, tournent des films : Jean Faucher (*Le soleil des autres*, 1969), Pierre Duceppe (*Je t'aime*, 1973), Richard

Martin* (*Les beaux dimanches*, 1974), Roger Fournier* (*Pile ou face*, 1971).

Dans les années 80, les organismes publics d'aide au financement de la production cinématographique incluent les téléfilms et les téléséries dans leur mandat. On constate cependant que les télédiffuseurs publics et privés continuent de privilégier le modèle de la « production maison » qui ne favorise aucunement le développement d'une industrie diversifiée. Les télédiffuseurs publics cherchent d'abord à rentabiliser leur importante infrastructure technique et les télédiffuseurs privés pratiquent une intégration verticale faisant appel à un réseau de filiales. De nombreux comités et commissions d'enquête ne cessent de recommander des politiques plus fermes propres à imposer aux télédiffuseurs une collaboration plus active avec les producteurs indépendants. Les télédiffuseurs multiplient les discours rassurants tout en attribuant leur incapacité d'y donner suite au contexte d'instabilité qui marque le domaine des communications à la fin des années 80. La multiplication des canaux de télédiffusion aurait pu augmenter la demande, mais le partage des revenus publicitaires qui s'ensuit ralentit le financement de projets exigeant des ressources diversifiées. On se recycle alors dans la production vidéo pour répondre aux demandes de télédiffuseurs qui cherchent à maintenir les téléséries qu'ils n'arrivent plus à réaliser dans leurs propres studios. Mais, parfois, tous ces partenaires (télédiffuseurs, organismes gouvernementaux et producteurs indépendants) arrivent à s'entendre pour réaliser des projets d'envergure. Rêvant de coproduction et de diffusion internationales, ils recourent au cinéma qui demeure encore, malgré les techniques de transcodage des systèmes vidéo, le meilleur véhicule de pénétration des marchés extérieurs. Rejoignant ici une tendance mondiale, cela donne des produits hybrides, à la fois long métrage pour les salles et série pour la télévision (*Les Plouffe*, G. Carle, 1981; *Bonheur d'occasion*, C. Fournier, 1983; *Louisiana*, P. de Broca, 1984; *Le matou*, J. Beaudin, 1985). Cela donne aussi des séries rassemblant une troupe hétéroclite de techniciens et de comédiens provenant de divers pays pour justifier un montage financier qui engage plusieurs télédiffuseurs nationaux (*Lance et compte*). En 1987, Radio-Québec innove en s'associant à un regroupement de quatre producteurs et à l'ONF pour produire des téléfilms réalisés par des cinéastes (Michel Brault, Micheline Lanctôt*, Alain Chartrand*, Anne Claire Poirier*, Robert Ménard*, etc.) et diffusés de 1988 à 1991. En 1990, Radio-Canada prend le relais et coproduit des téléfilms de Diane Poitras*, André Melançon*, Paule Baillargeon*, etc. Quant à la production documentaire, elle est de plus en plus dépendante, dans le secteur privé, des politiques de programmation des télédiffuseurs (principalement Radio-Canada et Radio-Québec qui devient Télé-Québec à la fin des années 90); c'est d'ailleurs les grilles horaires des télévisions qui déterminent la durée exacte des documentaires. L'influence de la télévision sur l'esthétique et le contenu des films est tout aussi perceptible.

Dans les années 90, les chaînes spécialisées se multiplient et, parmi elles, Canal D, en ondes depuis 1995, assure une nouvelle diffusion au patrimoine cinématographique québécois, fiction et documentaire. De plus en plus de cinéastes en viennent à alterner cinéma et téléséries, notamment Jean Beaudin* (*Les filles de Caleb, Ces enfants d'ailleurs*), François Bouvier* (*Urgence, Gypsies*), Charles Binamé*

Albert Tessier. (coll. CQ)

(*Blanche, Marguerite Volant*), Alain Chartrand (*Paparazzi, Simonne et Chartrand*), André Melançon (*Cher Olivier, Ces enfants d'ailleurs II*), George Mihalka* (*Scoop, Omertà, le dernier des hommes d'honneur*) et Johanne Prégent* (*Les grands procès, Les orphelins de Duplessis*). Plusieurs travaillent aussi pour la télévision américaine, la faiblesse du dollar canadien ayant favorisé l'augmentation des tournages américains au Québec. Parmi eux, on trouve Christian Duguay*, Gabriel Pelletier*, Michel Poulette*, Yves Simoneau* et Pierre Gang*.

Il reste encore aux télédiffuseurs nationaux à s'afficher, clairement, comme des partenaires de premier plan de la production de longs métrages, comme le font plusieurs télédiffuseurs européens, mouvement amorcé à la fin des années 90 par Radio-Canada et le réseau TVA. Le cinéma québécois attend beaucoup d'un tel partenariat. (A. A. L. et M. C.)

**TESSIER, Albert,** réalisateur, chef opérateur (Sainte-Anne-de-la-Pérade, 1895 – Trois-Rivières, 1976). Né de parents agriculteurs, il fait des études classiques au Séminaire Saint-Joseph de Trois-Rivières (1910-1916). Il est ordonné prêtre en 1920. Après un long séjour en Europe, il revient au Québec en 1924 et tourne, influencé par Alphida Crête, ses premiers films. Dès ses débuts, il s'intéresse à la nature (*Dans le bois 1*, 1930) qui, tout au long de sa carrière, demeure l'un de ses thèmes de prédilection (*La pêche*, 1940, c. m.; *Arbres et bêtes*, 1943, c. m.; *La forêt bienfaisante*, 1943, c. m.; *Rocheuses 1950*, 1950, c. m.). Dans ses films, Tessier cherche souvent à aider l'homme à prendre conscience de son milieu, à valoriser le travail effectué dans un rapport constant avec la nature (*Hommage à notre paysannerie*, 1938, c. m.; *Conquête constructive*, 1939, c. m.) et à glorifier Dieu, créateur de cette nature (*Gloire à l'eau*, 1935, c. m.; *Cantique de la création*, 1942, c. m.). Comme la majorité des pionniers du cinéma québécois, il signe aussi des films sur des sujets essentiellement religieux (*Démonstrations religieuses trifluviennes 1933-1936*, 1936, c. m.; *Congrès eucharistique trifluvien*, 1941, c. m.). En 1937, il enseigne l'histoire à l'Université Laval et est nommé visiteur des instituts familiaux. Il occupe ce dernier poste jusqu'en 1965, alors que certains de ses films prolongent sa pensée sur l'éducation des femmes (*Écoles ménagères régionales*, 1941, c. m.; *Femmes dépareillées*, 1948, c. m.). Très préoccupé par toutes les questions d'éducation, il consacre plusieurs films à ce sujet: *Écoles et écoliers* (1940, c. m.), *Don Bosco* (1942, m. m.). Il aborde aussi l'art (*Quatre artistes canadiens*, 1939, c. m.; *Exposition d'artisanat à l'Île Sainte-Hélène*, 1939, c. m.; *Artisanat familial*, 1942, c. m.) et signe, avec *Le miracle du curé Chamberland* (1952, c. m.), un intéressant document sur l'implantation d'une coopérative d'habitation.

La diffusion des premiers films de Tessier est totalement artisanale: il trouve des salles où il projette lui-même ses films en les commentant. Son public va des étudiantes des instituts familiaux aux bûcherons de la Mauricie et de la Côte-Nord, en passant par les membres de la SSJB de Montréal et l'élite de Rideau Hall. Sa filmographie (on a retrouvé environ soixante-dix films) va du film totalement muet au film sonore, en passant par le film ponctué de nombreux intertitres. Certains de ses films sonores sont diffusés par le SCP. Homme d'action, Tessier travaille sans relâche et fait aussi œuvre d'historien, d'éditeur, de journaliste et de photographe (sous le pseudonyme de Tavi). Cette dernière profession caractérise d'ailleurs sa façon de filmer, puisque, s'il apporte un soin considérable au cadre, à la composition, à l'angle de prise de vues et à la profondeur de champ, jamais il n'arrive à développer un réel sens de la durée. À la fin des années 50, il abandonne le cinéma pour se consacrer à ses autres activités, parmi lesquelles on compte le domaine Tavibois, situé en Haute-Mauricie, dont il est le fondateur. Il lui consacre d'ailleurs l'un de ses derniers films, *Tavibois* (1956, m. m.). Amoureux du Québec (*Pour aimer ton pays*, 1943, c. m.), homme de culture au regard sensible et chaleureux, Tessier fait figure de pionnier et de lointain annonciateur du cinéma direct. Louis Ricard lui consacre un film, *À force d'images* (1977, m. m.).

Depuis 1980, le gouvernement du Québec décerne annuellement un prix qui porte son nom, et qui souligne l'apport d'un artisan au développement du cinéma québécois (*voir* PRIX).

BIBLIOGRAPHIE: BOUCHARD, René, *Filmographie d'Albert Tessier*, Boréal Express, Montréal, 1973. (M. J.)

**THAUVETTE, Guy**, acteur, réalisateur, scénariste (Pointe-des-Cascades, 1944). Peu après avoir boycotté les examens de sortie du Conservatoire de Montréal en 1966, il tient le rôle-titre dans *Le grand Rock* (R. Garceau, 1967), un plaidoyer tissé de grosse corde contre la ville corruptrice ; le film n'obtient aucun succès. Thauvette y esquisse néanmoins le type de personnage qui deviendra sa spécialité : le genre tout d'une pièce, d'une énergie intègre et brute, qui exprime sa tendresse comme sa violence, son besoin d'indépendance comme son état d'aliénation, en obéissant à des réactions instinctives. Naturellement, il paraît dans les deux films issus de créations collectives du Grand Cirque ordinaire qu'il a cofondé en 1969 (*Le grand film ordinaire*, R. Frappier, 1970 ; *Montréal blues*, P. Gélinas, 1972). Puis, en pleine époque de prise de conscience féministe, il incarne l'homme qui fuit toute relation profonde (*Le loup blanc*, B. Sauriol, 1973, c. m.) ou encore qui voit ses habitudes dérangées par les interrogations de la femme (*L'absence*, B. Sauriol, 1975), cherchant à casser le moule des anciens rapports de couple (*La cuisine rouge*, P. Baillargeon et F. Collin, 1979). Après quelques rôles sommaires (*L'affaire Coffin*, J.-C. Labrecque, 1979 ; *Lucien Brouillard*, B. Carrière, 1983), on utilise son physique robuste pour représenter tantôt le frère d'héroïnes pittoresques habitué au travail rude (*Maria Chapdelaine*, G. Carle, 1983 ; *Les fous de Bassan*, Y. Simoneau, 1986), tantôt l'amoureux viril (*Anne Trister*, L. Pool, 1986 ; *Les bottes*, M. Poulette, 1987, m. m.). *Visage pâle* (C. Gagnon, 1985) doit certes sa meilleure séquence aux nuances de son jeu alors qu'apparaît, sur son masque taillé au couteau, le trouble coupable du macho de campagne projetant sur l'étranger sa propre ambivalence sexuelle. Thauvette joue, en 1985, dans *Une fiction d'amour*, un film de Louis Dussault qui reste inachevé. Il tient le premier rôle masculin dans *Sous les draps, les étoiles* (J.-P. Gariépy, 1989), celui de Thomas qui, à son retour à Montréal, fait la rencontre d'une femme sur le point de partir. Deux rôles de soutien ponctuent l'année 1990 : plutôt mal servi par un dialogue au symbolisme lourd dans *Cargo* (F. Girard), il donne sa pleine mesure dans *Rafales* (A. Melançon), un thriller où il campe un voleur sans peur dont les dernières illusions s'envolent lorsque son jeune frère se sacrifie inutilement pour lui. Invraisemblable garagiste à la tête d'une organisation religieuse qui met en place une demande de béatification dans *La folie des crinolines* (Jean et S. Gagné, 1995), il fait un clin d'œil à près de trente ans de cinéma en interprétant un assistant cameraman qui accepte de tourner avec des gens qu'il ne respecte pas mais ne s'en laisse pas imposer dans *Silence, on coupe !* (L. Lussier, 1995, c. m.). En 1985, il scénarise, interprète et coréalise, avec Marcel Simard, une vidéo intitulée *Rue du clown triste* (c. m.). (M.-C. A. et M. C.)

**THÉBERGE, André,** réalisateur, administrateur, monteur, producteur (Saint-Éleuthère, 1945). Alors qu'il est étudiant en lettres à l'Université de Montréal, il écrit pour *Objectif* et *Parti pris*, et tourne son premier court métrage de fiction, *Teréleur* (1967). Jean Pierre Lefebvre, dont il a été l'assistant, l'accueille à l'ONF où il réalise, dans la série « Premières œuvres », *Question de vie* (1970), puis *Les allées de la terre* (1973), et, dans la série « Toulmonde parle français », *La dernière neige* (1973, m. m.) et *Un fait accompli* (1974, c. m.). Deux courts métrages de fiction suivent, pour la CBC, *Close Call* (1975) et *Quicksilver* (1976). Après quoi Théberge attend jusqu'en 1983 pour réaliser *La petite nuit* (c. m.) à la Maison des Quatre, dont il est l'un des fondateurs.

Ses films sont fidèles à l'esprit du temps par les sujets, les milieux et les personnages. Dans *Question de vie*, une femme de milieu rural modeste lutte désespérément pour élever ses trois enfants. Le personnage et le milieu, le traitement réaliste, de même que le noir et blanc rapprochent le film du cinéma direct. Le jeune couple des *Allées de la terre* appartient à une troupe de théâtre qui pratique la création collective. *La dernière neige*, inspiré d'une courte nouvelle de Jacques Ferron, *Retour à Val-d'Or*, se présente comme un drame de la solitude rurale et du déracinement menant une mère de famille à la folie. Cependant, dans chacun de ses films, Théberge va à contre-courant. Il a, dans *Les allées de la terre*, un point de vue critique et satirique sur la contre-culture, la création collective, l'improvisation; dans *Question de vie* et *La dernière neige*, ce sont moins les problèmes sociaux ou l'exaltation du patrimoine qui l'intéressent, que la création de l'univers mental de ses personnages féminins. Dans les années de cinéma direct, Théberge pratique un cinéma écrit, mis en scène, qui tend à la stylisation, à la poésie, au classicisme. Monteur de ses films, il l'a été également de *La belle apparence* (D. Benoit, 1979) et de *Ça peut pas être l'hiver on n'a même pas eu d'été* (L. Carré, 1980). Après avoir été président de l'ARRFQ (1981-1983), il entre à la SGCQ en 1984 comme directeur de l'aide à la création et à la production. À la création de la SOGIC, en 1988, Théberge est nommé directeur des opérations filmiques. Après que la SODEC eut remplacé la SOGIC, Théberge quitte ses fonctions en 1995. Il se consacre ensuite à la production, sa compagnie, Magellan, produisant *Le p'tit Varius* (1999, c. m.). (M. E.)

**THÉRIAULT, Pierre,** acteur (Îles-de-la-Madeleine, 1930 – Montréal, 1987). Homme de théâtre, de radio et de télévision (on lui doit la création de l'inoubliable monsieur Surprise), il a aussi joué dans un certain nombre de films québécois. C'est Tim, l'Irlandais ivrogne du *Sourd dans la ville* (M. Dansereau, 1987); Bilou, le psychiatre de *La quarantaine* (A. C. Poirier, 1982), discret, fuyant, insaisissable; Robert, l'imprimeur-graphiste de *La piastre* (A. Chartrand, 1976), forcé par les circonstances à réévaluer son mode de vie, à se désembourgeoiser — et Thériault réussit à donner une émouvante prestation du rôle de ce héros d'allure plutôt falote. Mais son personnage le plus marquant reste Dominique Di Muro dans *Réjeanne Padovani* (D. Arcand, 1973). Principal lieutenant de Padovani, conseiller sans scrupules, affranchi dans tous les sens du mot, cauteleux malgré ses manières rudes, Di Muro est terriblement efficace et intelligent. « Sous des dehors très cultivés, il y a en lui un bagarreur », notera Arcand à propos de son interprète. Thériault est également apparu dans *Panique* (J.-C. Lord, 1977) ainsi que dans quelques courts métrages dont *Un fait accompli* (A. Théberge, 1974) où il incarne un père se résignant à être perpétuellement déconcerté par la conduite de son fils de dix-neuf ans. Son fils, Serge Thériault, est aussi acteur. (J.-M. P.)

**THÉRIAULT, Serge,** acteur (Montréal, 1948). Autodidacte, il monte d'abord sur scène avec un spectacle d'imitations qu'il promène dans les boîtes à chansons et les collèges. Au début des années 70, il fait partie de la Quenouille bleue, une troupe itinérante qui parcourt le Québec pendant trois étés et présente avec grand succès un théâtre d'humour fait de sketches écrits par les acteurs. En 1975, il se joint à Claude Meunier et Jacques Grisé pour former le trio Paul et Paul qui exploite un comique basé sur l'absurde. Touche-à-tout, il joue également au théâtre, dans des téléromans, et participe à plusieurs émissions de télévision pour enfants. Au cinéma, on lui confie le premier rôle dans *L'objet* (R. Cantin et D. Patenaude, 1984, c. m.) et de petits rôles dans une quinzaine de longs métrages, dont *La maudite galette* (D. Arcand, 1971), *La gammick* (J. Godbout, 1974), *Les bons débarras* (F. Mankiewicz, 1980), *Rafales* (A. Melançon, 1990) et *Un 32 août sur terre* (D. Villeneuve, 1998). Thériault réussit toujours à prêter vie à ses compositions malgré leur brièveté. Dans *Gina* (D. Arcand, 1975), il donne à son personnage, un jeune homme amoureux d'une strip-teaseuse, un côté timide et gaffeur qui le rend très attachant. Avec Claude Meunier, il crée en 1983 un nouveau duo comique, Ding et Dong, qui stigmatise la bêtise humaine dans toute son absurdité. Fort d'un immense succès populaire, les deux comiques se tournent vers le cinéma avec *Ding et Dong, le film* (A. Chartrand, 1990). Ce passage au grand écran se révèle une demi-réussite, mais Thériault y déploie un registre assez large et on le revoit dans plusieurs comédies, *J'en suis* (C. Fournier, 1997) et trois films de Louis Saïa, *Le sphinx* (1995), *Les Boys* (1997) et *Les Boys II* (1998). Thériault, qui conquiert tout le Québec en invraisemblable mère de famille dans la série *La p'tite vie*, est le fils de l'acteur Pierre Thériault. (D. B. et M. C.)

**THÉRIEN, Gilles,** réalisateur (Saint-Jean-sur-Richelieu, 1939). Il termine un doctorat à l'UQÀM en 1969, avant d'enseigner la sémiologie à cette université, d'où il prend sa retraite en 1999. Il publie de nombreux articles spécialisés dans ce domaine. Thérien aborde le cinéma à l'ONF, en signant les textes de versions françaises. En 1969, il aide Marcel Carrière à scénariser *Saint-Denis dans le temps…*, une lecture contemporaine des événements de 1837 qui mélange documentaire et fiction. La même année et l'année suivante, il scénarise et réalise deux courts métrages : *Joli mois de mai* (1969) et *Deux ans plus tard* (1970). En 1973, il fait une percée dans le film scientifique avec *Ratopolis* (m. m.), vaste étude sur le rat, qui interroge à la fois son rôle dans l'équilibre écologique et son comportement en société. Il arrive même à créer un parallèle intéressant entre la vie du rat en cage et la société des hommes. Il continue à donner cette perspective sociologique aux documents qu'il réalise pour la télévision de 1974 à 1980. Ses films ultérieurs, *Le génie génétique* (1982, c. m.) et *Les trois cerveaux* (1983, c. m.), sont des œuvres de vulgarisation scientifique qui demeurent tout de même un peu hermétiques. Les documentaires de Thérien, fortement scénarisés, ne laissent à peu près aucune place à l'impondérable. BIBLIOGRAPHIE : THÉRIEN, Gilles, *Ratopolis*, PUQ, Montréal, 1975. (A. D.)

**THIBAULT, Olivette,** actrice (Montréal, 1914 – Greenfield Park, 1995). Ayant débuté avec la troupe Barry-Duquesne, elle joue chez Gratien Gélinas et chante dans un nombre impressionnant d'opérettes. Exception faite d'une apparition éclair dans *Délivrez-nous du mal* (J.-C. Lord, 1965), le cinéma ne la découvrira que dans les années 70. Dans *Mon oncle Antoine* (C. Jutra, 1971), elle incarne Cécile, épouse d'Antoine et patronne du magasin. Il s'agit d'un personnage complexe, alliage subtil de poigne et de coquetterie. Son interprétation lui vaut d'ailleurs un prix à Toronto. Jutra retrouve Thibault en 1973 et lui confie le rôle de tante Gertrude dans *Kamouraska*. On la revoit ensuite dans *Cordélia* (J. Beaudin, 1979), dans *Les tisserands du pouvoir* (C. Fournier, 1988, deux longs métrages) et dans les téléfilms *Des amis pour la vie* (A. Chartrand, 1988) et *La Force de l'âge* de (H. Goldberg, 1993). (J.-M. P.)

**THOMAS, Gayle,** animatrice, réalisatrice (Montréal, 1944). Après une année à l'École des beaux-arts, elle travaille comme dessinatrice. Elle retourne aux études pour compléter un cours de dessin au Montreal Institute of Technology puis étudie à l'Université Concordia et obtient un B. A. Elle débute comme assistante chez Potterton Productions et, après quelques mois, entre à l'ONF en 1970. Elle y remplit diverses fonctions et, en 1974, achève son premier film, *It's Snow* (c. m.). Par la suite, elle transpose en images un poème de J. Reany, *Klaxon* (1977, t. c. m.), pour la série « Poets on Film n° 1 ». La même année, elle réalise une fantaisie destinée aux enfants, *The Magic Flute* (c. m.), suivie de *A Sufi Tale* (1980, c. m.), inspiré d'une fable persane. Cette réalisation obtient plusieurs prix. Affectionnant les contes pour enfants, elle y revient avec *The Boy and the Snow Goose* (1984, c. m.), qui relate l'attachement mutuel d'un garçon et d'une oie. Elle diversifie sa démarche en abordant le film satirique avec *The Phoenix* (c. m.), sur le thème de l'avarice. Ses deux films suivants sont des explorations formelles utilisant les techniques de pointe en animation par ordinateur. *Quilt* (1996, c. m.), film abstrait, s'inspire de l'art traditionnel de la courtepointe, et *M. C. Escher : Sky and Water 1* (1998, t. c. m.) de l'œuvre de l'artiste danois, spécialiste des mondes impossibles et des patrons répétitifs. Elle quitte l'ONF en 1998. (L. B. et É. P.)

**TIFO, Marie,** actrice (Chicoutimi, 1949). Après avoir complété, en 1971, sa formation au Conservatoire de théâtre de Québec, d'où elle sort avec un Premier Prix, elle séjourne une année en Europe et suit des cours avec différents maîtres aussi bien en France qu'en Pologne. Au retour, elle a vite fait d'occuper une place de premier plan sur les scènes de Québec. On la voit défendre avec la même énergie de grandes œuvres du répertoire mondial et des créations québécoises. Si elle prend contact avec le cinéma dès le début des années 70 en tournant *Stop* (J. Beaudin, 1971) et *La conquête* (Jacques Gagné, 1972), elle entreprend vraiment sa carrière d'actrice à la fin de la décennie avec *Les bons débarras* (F. Mankiewicz, 1980), aux côtés de Charlotte Laurier. La justesse de son interprétation et la force tranquille qu'elle transmet à son personnage de mère célibataire dévorée par l'amour de sa fille unique, alliées à la qualité exceptionnelle des dialogues de Réjean Ducharme, ont vite fait de l'imposer comme une actrice de cinéma très prometteuse. Son interprétation de Michelle lui vaut d'ailleurs un Hugo au Festival de Chicago, de même qu'un Génie. Par la suite, installée à Montréal, elle délaisse quelque peu le théâtre, tient la vedette de téléséries à Radio-Québec et à Radio-Canada et tourne avec régularité. De fait, elle s'affirme comme la figure féminine dominante du cinéma québécois des années 80. Elle tient d'abord le rôle d'une mère vengeresse dans *Dernier voyage* (Y. Simoneau, 1981, c. m.). Puis, on la traque dans les rues de Québec dans *Les yeux rouges ou les vérités accidentelles* (Y. Simoneau, 1982), on vit sous ses yeux une déchirante histoire d'inceste dans *Rien qu'un jeu* (B. Sauriol, 1983), on la délaisse pour l'action contestataire dans *Lucien Brouillard* (B. Carrière, 1983), on la néglige dans

*Maria Chapdelaine* (G. Carle, 1983), on ne l'aime plus dans *Les fous de Bassan* (Y. Simoneau, 1986). Alors qu'on l'imagine en lionne, Tifo joue souvent les victimes, les femmes brisées, se révélant une comédienne remarquablement nuancée, capable d'une grande économie de moyens. Elle tourne cinq films avec Yves Simoneau qui, comme elle, fait ses débuts à Québec. Simoneau semble prendre plaisir à la transformer physiquement, la présentant comme une garçonne à l'allure décidée intégrée à une bande de cambrioleurs (*Pouvoir intime*, 1986), ou comme un ange blond au service d'un empire pharmaceutique (*Dans le ventre du dragon*, 1989). Dans *Le jour « S... »* (J. P. Lefebvre, 1984), elle témoigne de ce goût des transformations puisqu'elle doit jouer tour à tour toutes les femmes de la vie de Jean-Baptiste, personnage interprété par Pierre Curzi avec qui elle tourne plusieurs autres films (*Lucien Brouillard*, *Maria Chapdelaine*, *Pouvoir intime*, *Dans le ventre du dragon*). La faiblesse du scénario du *Jour « S... »* ne lui permet toutefois pas de donner sa pleine mesure. Tifo tient le premier rôle dans *T'es belle, Jeanne* (1988), un téléfilm de Robert Ménard, réalisateur avec lequel elle avait déjà tourné *Une journée en taxi* (1982). Elle interprète cette fois une enseignante dans la trentaine qu'un accident paralyse de la taille aux pieds et qui fait la rencontre, libératrice, d'un ancien motard lui aussi paralysé. Dans le même registre, elle est une femme handicapée dans *Kalamazoo* (A. Forcier, 1988), film où elle apparaît affublée d'une queue de sirène, jouant parfois avec sa propre voix, parfois avec celle de Rémy Girard dont le personnage, romantique jusqu'à l'excès, en fait son idéal amoureux. Son interprétation lui vaut le prix Guy-L'Écuyer. Elle partage avec Gilbert Sicotte la vedette d'un moyen métrage de Paul Tana, *Le marchand de jouets* (1988), tiré d'une nouvelle de Naïm Kattan. Tifo a la main moins heureuse lorsqu'elle joue dans une coproduction belgo-québécoise, *Babylone* (M. Bonmariage, 1990). Moins présente au cinéma dans les années 90, elle rend très bien la complexité de la femme au bord de la crise de nerfs dans une comédie puis un drame; d'abord écrivaine de livres d'horreur au style prémonitoire et au tempérament suicidaire dans *Pots cassés* (F. Bouvier, 1993) puis mère possessive sinon dangereuse aux sourires faussement gentils dans *Pour l'amour de Thomas* (C. Gagnon, 1994), tout le contraire du personnage de coiffeuse, mère aimante, qu'elle défend dans *L'Île de Sable* (J. Prégent, 1999). Tifo assure la narration de *Femmes et religieuses* (L. Lachapelle, 1999, deux m. m.). (M. C.)

**TILBY, Wendy,** animatrice, réalisatrice (Edmonton, Alberta, 1960). Après des études à l'Université de Victoria puis au Emily Carr Institute of Art and Design, elle réalise *Tables of Content* (1986, c. m.), troublante vision du monde à travers les yeux d'un homme qui, par une nuit pluvieuse, se réfugie dans un restaurant inconnu. Utilisant la difficile technique de la peinture sur verre, Tilby fait alors preuve d'une réelle virtuosité et d'une exceptionnelle aptitude à créer des ambiances fortes. Installée à Montréal, elle réalise ensuite *Strings* (1991, c. m.), évocation de la vie urbaine à travers une série de vignettes montrant les habitants d'un immeuble. Le film remporte de nombreux prix internationaux et est mis en nomination pour un Oscar. En 1999, elle coréalise *When the Day Breaks* (c. m.) avec Amanda Forbis. Encore une fois, la cinéaste fait preuve d'une maîtrise peu commune tant sur le plan technique que sur celui des atmosphères. Comme dans ses œuvres précédentes, elle explore les liens ténus qui, dans le territoire urbain, unissent des étrangers. Cette fois-ci, cependant, le drame est plus explicite : un homme meurt accidentellement sous les yeux du personnage principal, alors que s'amorçait pourtant une journée comme les autres. Reçu comme une œuvre majeure, *When the Day Breaks* obtient la Palme du court métrage à Cannes ainsi que le Grand Prix d'Annecy. (M. J.)

**TISON, Hubert,** producteur, animateur (Montréal, 1937). Il est responsable de la section de l'animation à Radio-Canada, dès son inauguration en 1968. Il y réalise des séquences d'ouverture et de promotion, mais sa tâche consiste surtout à encadrer les animateurs. Des réalisateurs tels Graeme Ross (*Le lièvre et la tortue*, 1978, c. m.), Paul Driessen (*Jeu de coudes*, 1979, c. m.) et Frédéric Back* (*Crac!*, 1981, c. m.) travaillent avec lui. La section produit plus de mille ouvertures, des centaines de publicités et, surtout, des dizaines de courts métrages qui remportent de nombreux prix internationaux. En tant que producteur délégué, Tison cherche à donner le maximum de liberté créatrice aux animateurs et à sensibiliser aussi bien Radio-Canada que l'ensemble des télévisions à l'utilisation de l'animation non commerciale. La section est intégrée aux arts graphiques en 1987, peu après la sortie de *L'homme qui plantait des arbres* (F. Back, 1987, c. m.). Tison produit encore *Le fleuve aux grandes eaux* (F. Back, 1993, c. m.) et quitte Radio-Canada en 1994. Il poursuit sa collaboration avec Frédéric Back en agissant comme producteur délégué des séquences animées, intégrées dans le documentaire *Mémoires de la terre* (J. Lemire, 2001, m. m.). (M.-É. O. et M. J.)

**TODD HÉNAUT, Dorothy,** productrice, réalisatrice, recherchiste, scénariste (Burlington, Ontario, 1935). Arrivée à l'ONF en 1968, elle travaille d'abord au programme Challenge for Change. Elle est rédactrice en chef du bulletin et, en 1972, elle assure la régionalisation du programme. Pendant huit ans, elle parcourt l'Europe et les États-Unis à titre de conférencière et de consultante pour faire connaître la philosophie de Challenge for Change. Elle travaille aussi au développement de projets vidéo d'intervention communautaire. *Opération boule de neige* (coréal. B. S. Klein, 1969, c. m.) s'inscrit dans ce mouvement qui donne à l'artiste un rôle d'agent de changement dans la société. De 1974 à 1986, elle tourne sept documentaires, tous orientés vers le changement social, dont *The New Alchemists* (1974, c. m.), sur les techniques agricoles alternatives ; *A Tale of Two Settlements* (1977), un document sur les Inuits jugé trop dérangeant, qui n'est pas terminé et n'apparaît pas au catalogue de l'ONF ; *Sun, Wind and Wood* (1978, m. m.), à propos des diverses façons de produire de l'énergie ; *Horse Drawn Magic* (1979, m. m.), qui présente The Caravan Stage Company, une troupe de théâtre itinérante qui parcourt la Colombie-Britannique ; et *Les terribles vivantes* (1986), un hommage à trois écrivaines féministes québécoises, Louky Bersianik, Nicole Brossard et Jovette Marchesseault. Elle offrira les images de ce film à Nora Alleyn qui, en 1990, en tire un tout autre film : *Fragments of a Conversation on Language* (m. m.). Au cours de la même période, elle produit *Temiscaming, Quebec* (M. Duckworth, 1975), une étude sur une entreprise gérée par des ouvriers. En 1977, elle se joint au studio D (studio anglais des femmes) où elle produit *Not a Love Story, A Film About Pornography* (B. S. Klein, 1981), qui marque un moment important dans la cinématographie féministe. Ce documentaire à la forme très soignée connaît un grand succès auprès du public et force le mouvement féministe à approfondir sa réflexion sur la pornographie. En 1988, Todd Hénaut réalise un film de commande sur le Québec coproduit par PBS, *A Song For Quebec* (m. m.), où l'on suit la comédienne et chanteuse Pauline Julien et le poète et politicien Gérald Godin, qui font un retour émouvant sur les vingt-cinq dernières années, englobant leur vie commune et l'histoire récente du Québec. Elle tire un film différent, cette fois en langue française, du même sujet : *Québec... un peu... beaucoup... passionnément* (1989, m. m.). Ensuite elle tourne, au programme « Regards de femmes » de l'ONF, *Un amour naissant* (1992, m. m.), l'histoire d'une femme enceinte qui s'offre une aventure. Dans son dernier film à l'ONF, *You Won't Need Running Shoes, Darling* (1996, m. m.), la documentariste filme ses parents qui, souffrant de malaises physiques reliés à l'âge et à la maladie, doivent apprivoiser l'idée de leur propre mort. Le film est primé à Chicago. Elle est la mère de la productrice Suzanne Hénaut. (D. Po.)

**TREMBLAY, Hugues,** réalisateur, chef opérateur, monteur, producteur (Chicoutimi, 1946). Il débute comme directeur de la photographie de *Carnaval en chute libre* (G. Bouchard, 1965), avant de coréaliser un film *underground* avec Gilles Marchand, *T-Bone Steak dans les mangeuses d'hommes* (1968), qui raconte l'aventure amoureuse sans lendemain d'un sculpteur avec une machine à laver. Il poursuit avec deux courts métrages expérimentaux non figuratifs : *Aluminiummanie* (1969, c. m.) et *Des corps nus ou la vie est ronde* (1970, c. m.). Après avoir été cameraman de *Pas de jeux sans soleil* (C. Bérubé, 1971), il signe un long métrage fantastique, *Jos Carbone* (1975), d'après un roman de Jacques Benoit. Mélodramatique et léché, ce film tourné au nord de Chicoutimi évoque l'existence de cinq survivants d'un cataclysme universel. En 1979, en Gaspésie, avec la participation des membres du Syndicat des pêcheurs unis du Québec, Tremblay signe deux documentaires attachants sur les travailleurs de la mer : *La mer* (c. m.) et *On a été élevés dans l'eau salée...* En 1981, il est monteur à la pige et producteur à l'ACPAV. Depuis, il travaille exclusivement pour la télévision. (P. D.)

**TREMBLAY, Jean-Charles,** chef opérateur (Sherbrooke, 1941). Après des études universitaires en arts et en lettres, il séjourne en France pendant trois ans à la fin des années 60. Il se familiarise avec le cinéma lors de ce voyage, travaillant au montage de plusieurs films. De retour au Québec, en 1970, il amorce une carrière d'assistant cameraman, travaillant principalement avec Guy Dufaux (*Les smattes*, J.-C. Labrecque, 1972 ; *Les dernières fiançailles*, J. P. Lefebvre, 1973). En 1973, il devient directeur de la photographie. Il signe notamment les images de quatre films éducatifs de Jacques Vallée et de trois documentaires de Guy Dufaux (dont *Alpinisme*, 1973, c. m.). Au début de sa carrière, Tremblay travaille surtout à des documentaires, comme en témoignent sa collaboration soutenue avec Diane Létourneau (*Les servantes du bon Dieu*, 1979 ; *Le plus beau jour de ma vie...*, 1981 ; *La passion de danser*, 1982, m. m. ; *Comme deux gouttes d'eau*, 1988, m. m. ; *Pas d'amitié à moitié*, 1991, m. m.) ainsi que sa participation aux longs métrages *C'est comme une peine d'amour* (S. Guy, 1984) et

*Ô rage électrique* (C. Brubacher, 1985). Lorsqu'il aborde la fiction, c'est d'abord à travers des films réalisés en marge de l'industrie, comme *La cuisine rouge* (P. Baillargeon et F. Collin, 1979) et *Eva Guerillera* (J. Levitin, 1987). À partir du milieu des années 80, il travaille surtout pour la télévision et la publicité, dirigeant occasionnellement la photographie de quelques films et téléfilms, dont *Qui a tiré sur nos histoires d'amour?* (L. Carré, 1986) et *T'es belle, Jeanne* (R. Ménard, 1988). Il travaille ensuite à plusieurs films réalisés en Acadie (*Les pinces d'or*, R. Blanchard, 1991, m. m.; *Un jardin sous la mer*, G. Pellerin, 1991, c. m.; *Beauséjour*, H. Chiasson, 1992, m. m.) avant de signer les images de quelques longs métrages tournés en anglais (*Brainscan*, J. Flynn, 1993; *Voices from a Locked Room*, M. Clarke, 1994; *Whiskers*, J. Kaufman, 1996). À l'été 1998, un accident survenu lors du tournage d'un film met fin à sa carrière de directeur photo. (M. J.)

**TREMBLAY, Johanne-Marie,** actrice (Montréal, 1950). Rentrée de Paris où, pendant cinq ans, elle étudie le théâtre à l'école de Jacques Lecocq et à la Sorbonne nouvelle, elle travaille d'abord comme journaliste avant de se joindre au Théâtre de la Veillée pour une adaptation de *L'idiot*. Elle y reste de 1982 à 1987. Au cinéma, Léa Pool lui confie l'un des trois premiers rôles de *À corps perdu* (1988). Elle y prête un visage sans âge, touchant et marqué par la vie, au personnage de Sarah, la femme d'un ménage à trois qui éclate. Dans *Jésus de Montréal* (D. Arcand, 1989), elle compose un personnage attachant qui tient autant de Madeleine la pécheresse que de Marie la mère accueillante. Très expressive, elle semble contrôler la façon dont son visage capte la lumière, la rendant tantôt sereine et lisse, tantôt angoissée et brisée. Avec la même authenticité, elle incarne une mère de famille nombreuse placide et aimante dans la télésérie *Les filles de Caleb* (J. Beaudin, 1990-1991), une femme délaissée qui se voue à sa peine dans *Moody Beach* (Richard Roy, 1990), une confidente attentive dans *Portion d'éternité* (R. Favreau, 1989) et *Nuits d'Afrique* (C. Martin, 1990, m. m.), une mère inquiète dans *Pas de répit pour Mélanie* (J. Beaudry, 1990), une femme volontaire et courageuse qui ose, dans *La Sarrasine* (P. Tana, 1991), demander des comptes aux assassins de son mari et, surtout, une épouse trompée dont on ne saura jamais exactement si elle sait son mari coupable d'adultère dans *La vie fantôme* (J.Leduc, 1992). Elle joue dans plusieurs courts métrages: *À la troisième personne* (P. Bussières, 1990), *Un amour aveugle* (R. Saint-Jean, 1992), *État de grâce* (D. Guilbeault, 1993), *Il festino di pasta* (P. Bégin, 1995), *La traversée des songes* (S. Béchade, 1995), *Léa* (N. Théocharidès, 1998). (D. B. et M. C.)

**TREMBLAY, Michel,** scénariste (Montréal, 1942). Il fait des débuts fracassants alors que la création de sa pièce *Les belles-sœurs* (1968), une des œuvres les plus achevées de la dramaturgie québécoise, provoque des débats très animés sur l'usage du joual. Par la suite, ses pièces, qui témoignent d'un immense talent pour la construction dramatique, sont jouées régulièrement au Québec et à l'étranger. Il était inévitable que Tremblay, dramaturge prolifique et cinéphile passionné, transpose son univers théâtral au cinéma. Il aborde le cinéma aux côtés d'André Brassard*, son metteur en scène attitré. Brassard tourne d'abord *Françoise Durocher, waitress* (1972, c. m.), où Tremblay reprend le procédé dramatique du chœur,

Michel Tremblay (au centre), avec Jean-Claude Lord et Jacques Boulanger, pendant le tournage de *Parlez-nous d'amour* de Jean-Claude Lord. *(Le Devoir)*

déjà très efficace dans *Les belles-sœurs*, pour tracer, à travers vingt-quatre femmes, le portrait d'une serveuse, et décrire, une fois encore, l'aliénation des femmes. Ensemble, ils entreprennent ensuite *Il était une fois dans l'Est* (1973), un long métrage où Tremblay poursuit son exploration des milieux populaires et prolonge, de façon unique, son travail de dramaturge, montrant au cinéma ce qu'il ne peut présenter sur scène. Il y présente les homosexuels sous un jour nouveau. Puis, il scénarise *Le soleil se lève en retard* (A. Brassard, 1976), film où, explorant plus spécifiquement l'écriture cinématographique, il raconte, à la fois dur et romantique, l'histoire d'amour d'un couple formé grâce à une agence de rencontres qu'il met en parallèle avec le bonheur tranquille d'un couple séparé tragiquement (un accident d'automobile, comme dans *À toi pour toujours, ta Marie-Lou*). Tremblay scénarise *Parlez-nous d'amour* (J.-C. Lord, 1976), un film qui dénonce le rapport d'exploitation qu'entretiennent certaines émissions de télévision avec leur public. Puis, dans la continuité des *Belles-sœurs*, premier volet de son œuvre théâtrale, il entreprend, en 1978, une grande saga romanesque, les Chroniques du Plateau Mont-Royal. Il touche également à la critique de cinéma, en collaborant à la revue *Ticket*. Il revient à l'audiovisuel, en s'associant à Jean-Yves Laforce, réalisateur à Radio-Canada, qui tourne deux téléfilms à partir de ses scénarios.

Le premier, *Le cœur découvert* (1987), d'après un roman du même titre, raconte la relation amoureuse d'un professeur et d'un jeune acteur qui partage la garde de son fils. Il y manque toutefois la rigueur de la mise en scène de Brassard. Le deuxième, *Le grand jour* (1988), projet que Tremblay avait mis de côté pendant des années, après que Jean-Claude Labrecque eut cherché à le tourner, décrit une noce opulente qui tourne au désastre. On y retrouve le sens de l'outrance cher à l'auteur (la parade des Cléopâtre dans *Il était une fois dans l'Est*, la grotesque veillée funèbre du *Soleil se lève en retard*, la masse des spectatrices nues de *Parlez-nous d'amour*). Qu'il travaille avec Laforce ou Brassard, Tremblay est joué au cinéma par les acteurs qui sont associés de près à sa carrière au théâtre. George Ungar tire un film d'animation sans paroles d'une de ses nouvelles, *L'étranger* (1988, c. m.), conte moral où un homme aux pouvoirs inquiétants procure l'abondance aux habitants d'un village, ce qui installe l'envie, la violence et la zizanie. André Melançon et Martine Beaulne adaptent pour la télévision une pièce de Tremblay, *Albertine en cinq temps* (1999). Claude Godbout lui consacre un des films de la série « Profession écrivain », *Michel Tremblay : les cris de ma rue* (1982, c. m.) et Michel Moreau, *Les trois Montréal de Michel Tremblay* (1989, m. m.). Denise Filiatrault adapte au cinéma son roman *C't'à ton tour Laura Cadieux* (1998), auquel elle donne suite, l'année suivante, dans un scénario original, *Laura Cadieux... la suite.* Tremblay participe à la réflexion sur le rôle de la critique dans *État critique* (M. Jean, 1992, m. m.) et, naturellement, au portrait du théâtre québécois contemporain que dresse Jean-Claude Coulbois dans *Un miroir sur la scène* (1997, deux m. m.). (M. C.)

**TRÉOURRET DE KERSTRAT, Marie-Anne (comtesse),** exploitante (Briec, France, 1841 – Pont-l'Abbé, France, 1920). Comtesse bretonne devenue gérante de cinéma ambulant, elle donne au Québec des centaines de représentations, entre 1897 et 1906, avec un projecteur baptisé Historiographe*. (G. L.)

**TUNIS, Ron,** animateur, réalisateur (Montréal, 1937). Après des études en peinture et en sculpture au Pratt Institute de New York, il travaille comme illustrateur publicitaire. Il entre à l'ONF en 1961, à titre d'adjoint au service d'animation technique. À l'instigation de Norman McLaren, dont il est l'assistant pour une publicité visant à promouvoir le tourisme au Canada (*New York Lightboard*, 1961, c. m.), il entreprend la réalisation de *The Animal Movie* (coréal. G. Munro, 1966, c. m.). Ce film pour enfants, caractérisé par des lignes simples ainsi que par un trait léger et enjoué, compare le mouvement de l'homme à celui des animaux. Tunis y utilise le dessin sur papier. En 1967, à partir d'un sujet et de personnages conçus par Don Arioli, il réalise *The House That Jack Built* (c. m.), qui s'inspire du conte *Jacques et la fève* pour raconter l'ascension sociale puis la chute d'un petit homme. Tunis quitte ensuite l'ONF et travaille chez Potterton Productions, où il collabore à *Yellow Submarine* (G. Dunning, 1968). À la fin de 1968, il réalise quelques séquences pour l'émission américaine *Sesame Street.* Puis, encore pour Potterton Productions, il réalise *The Applicant* (1970, c. m.), d'après une pièce de Pinter. Il retourne ensuite à l'ONF, au studio français d'animation, où il réalise *Le vent* (1972, c. m.), son film le plus accompli. Utilisant l'aquarelle, le crayon feutre et la teinture, il donne naissance à un univers qui rappelle *The Animal Movie.* Ici, l'enfant ne s'amuse plus avec les animaux, mais plutôt avec le vent, par lequel il découvre de nombreuses sensations. Le film remporte quatre prix. Poussant plus loin son exploration de l'imaginaire des enfants, Tunis réalise *Moi je pense* (1979, c. m.), où le mélange de prises de vues réelles et de dessins animés permet une intéressante illustration du monde vu à travers les yeux des enfants. Tunis quitte ensuite le Québec. (M. J.)

**TURCOT, Louise,** actrice (Montréal, 1944). Formée au Conservatoire d'art dramatique, elle débute au cinéma en jouant la blanche Ophélie, compagne de Hamlet, dans *Situation du théâtre au Québec* (Jacques Gagné, 1969, m. m.). Puis, elle tourne dans *L'initiation* (D. Héroux, 1969) et se fait connaître en tenant l'un des deux rôles-titres des *Deux femmes en or* (C. Fournier, 1970). Dans la foulée de ce succès où ses charmes conjugués à son humour ne laissent pas indifférent, elle enchaîne avec deux comédies paillardes réalisées par le même Fournier : *Les chats bottés* (1971) et *La pomme, la queue... et les pépins!* (1974). Marquée par son rôle dans *Deux femmes en or*, Turcot, très active au théâtre, s'est par la suite faite rare au cinéma. Dans *La peau et les os* (1988), Johanne Prégent lui offre le rôle d'une mère de famille bourgeoise. (M. J.)

**TURGEON, Marthe,** actrice (Armage, 1944). Au théâtre, son interprétation fougueuse de Catherine Ragone, mère lionne du roi boiteux, dans la pièce fleuve *Vie et mort du roi boiteux* de Jean-Pierre Ronfard, impressionne. Au cinéma, elle tourne *Salut! J.W.* (I. Ireland, 1979) et *Black Mirror* (P.-A. Jolivet, 1981), puis tient le rôle principal dans *Médium blues* (M. Préfontaine, 1984), celui d'une directrice d'agence de mannequins qui se trouve à un tournant de sa vie, aussi bien sur le plan professionnel que dans ses rapports avec les hommes. C'est *La femme de l'hôtel* (L. Pool, 1984) qui révèle véritablement son talent d'actrice de cinéma. Elle fait preuve de beaucoup de présence dans son interprétation d'une comédienne et chanteuse qui s'affirme comme la pointe extravertie du triangle féminin qui forme, en filigrane, le personnage principal du film. Dans *Henri* (F. Labonté, 1986), elle campe une maîtresse d'école compréhensive et généreuse, personnage qui s'accorde assez mal avec son naturel bouillant et passionné. Elle tient de petits rôles dans de grosses productions, celui d'une patronne de café dans le Paris du début du siècle dans *The Moderns* (A. Rudolph, 1988) et celui de la mère du père Laforgue dans *Black Robe* (B. Beresford, 1991), dans deux téléfilms, *Doubles jeux* (B. Sauriol, 1980) et *L'homme de rêve* (R. Ménard, 1991), et dans quelques films dont *Le royaume ou l'asile* (Jean et S. Gagné, 1989), *Cruising Bar* (R. Ménard, 1989) et *Le confessionnal* (R. Lepage, 1995). Dans *L'Île de Sable* (J. Prégent, 1999), si on n'entend pas sa voix rauque elle est tout de même très émouvante dans son interprétation, fugitive, d'une femme à l'agonie. (M. C.)

**TURPIN, André,** réalisateur, scénariste, chef opérateur (Hull, 1965). Formé en cinéma à l'Université Concordia, Turpin affirme, dès son premier court métrage, *Comme hier matin* (1987), d'évidentes qualités visuelles. Il capte, en un seul plan, l'activité d'un snack bar. L'AQCC lui remet la bourse Claude-Jutra-OFQJ du cinéaste le plus prometteur. Offrant un contraste étonnant, son film suivant, *La piedra en el camino* (1990, c. m.), tourné dans les Andes péruviennes, s'attache aux habitants d'un village isolé, forcés de renouer avec les traditions. Dans son premier long métrage, *Zigrail* (1995), Turpin épouse les préoccupations de sa génération et son personnage, à un carrefour, délaisse un engagement professionnel pour aller rejoindre celle qu'il aime. *Road movie* tourné en France, en Italie, en Croatie, en Roumanie et en Turquie, *Zigrail*, dont l'histoire est ramenée au strict minimum, doit beaucoup à l'improvisation. Le film traduit un sentiment d'urgence. Loin, cette fois, de tout faire reposer sur l'image, il écrit et réalise pour *Cosmos* (coréal. J. Alleyn, M. Briand, M.-J. Dallaire, A. Paragamian et D. Villeneuve, 1996) un sketch qui fait une large place aux dialogues. Il y propose un échange drolatique, placé sous le signe de la manipulation, entre une femme et un homme qui veut voir ses seins. S'adaptant au style de chacun des réalisateurs, il signe la photo noir et blanc du collectif et contribue pour beaucoup à la signature du film. Il remporte le prix Fuji de la direction de la photographie. D'ailleurs, Turpin, qui excelle à traduire, sans affectation, la vie urbaine, se positionne rapidement comme chef opérateur en s'associant à des cinéastes qui tournent leurs premiers films, Bernard Bergeron (*Pablo qui court*, 1991), Arto Paragamian (*Because Why*, 1993), Denis Villeneuve (*Un 32 août sur terre*, 1998 ; *Maelström*, 2000), Jean-Philippe Duval (*Matroni et moi*, 1999). Il collabore également à des courts métrages (*Croix de bois*, M. Briand, 1992 ; *Le lion et l'agneau*, L. Beauchamp, 1994 ; *Line-up*, Z. Touma, 1998 ; *Atomic saké*, L. Archambault, 1999). Polyvalent comme le sont souvent les créateurs de sa génération, il tourne aussi des publicités et de nombreux vidéoclips. (M. C.)

**VALCOUR, Pierre** (né **Norbert Morin**), producteur, acteur, distributeur, réalisateur (Montréal, 1931). Dans les années 50 et 60, il est surtout comédien au théâtre, à la télévision (*La famille Plouffe*) et à la radio. On le voit dans *Tit-Coq* (R. Delacroix et G. Gélinas, 1952) et dans *L'esprit du mal* (J.-Y. Bigras, 1954). Il anime aussi diverses émissions à plusieurs stations de radio. À partir des années 70, sa carrière s'oriente surtout vers la production et la réalisation, mais il continue d'exercer le métier d'animateur, tant à la télévision (*Les grands explorateurs*) qu'à la radio. Et il joue dans *La vraie nature de Bernadette* (G. Carle, 1972) et *Bingo* (J.-C. Lord, 1974). Valcour fonde Explo-Mundo en 1972 (et diverses autres compagnies par la suite) pour produire des documentaires spécialisés et des films d'exploration. Il s'occupe aussi de la tournée de ciné-conférences des Grands Explorateurs. Il produit ou réalise, ou les deux à la fois, des dizaines de séries à caractère historique et plutôt « catholisant » sur différents mouvements sociaux (les coopératives, les mouvements de jeunesse), sur de grands personnages (Joseph Charbonneau, Lionel Groulx) et sur des périodes importantes de l'histoire (notamment les origines de la Révolution tranquille). Parallèlement, il se promène aux quatre coins du monde pour tourner des films d'exploration (*Les trésors de la Vallée des rois, Fantastique Île de Pâques*) et réalise quelques documents promotionnels pour des compagnies et institutions. De facture traditionnelle, à base d'archives pour les uns et d'images recherchant le spectaculaire pour les autres, ces films, souvent noyés sous le commentaire, sont surtout destinés à la télévision. En 1987, après des années de préparatifs, il produit *Le frère André* (J.-C. Labrecque), une fiction consacrée au célèbre thaumaturge.

Valcour s'engage dans divers organismes de coopération internationale (Oxfam, Coopération Nord-Sud en éducation) et agit à titre de consul général de la République rwandaise au Canada. Il assume aussi diverses présidences, notamment celle de l'APFVQ de 1985 à 1986. Son fils, Nicolas Morin-Valcour, est producteur. (Y. L.)

**VALLÉE, Jacques**, producteur, réalisateur, scénariste (Montréal, 1941), Toute son activité

professionnelle dans le milieu du film aura été intiment liée à la pédagogie, au sens le plus large du terme. Diplômé en sciences de l'éducation, il passe à la rédaction de revues spécialisées dans l'enseignement et s'occupe activement de la formation des maîtres. À titre de réalisateur à l'ONF, de 1968 à 1971, il signe une commandite, une série multimédia destinée à l'enseignement et *La vraie vie* (1971, c. m.), documentaire qui propose une véritable étude sociologique des Québécois et du camping. Le public se reconnaît dans ce film où certains voient poindre de la malice ou une recherche du ridicule. Une lecture à un second degré fait tout de même naître un certain malaise.
De 1972 à 1976, Vallée travaille chez Carle-Lamy où il scénarise, réalise et monte quelques films éducatifs, notamment pour le compte du SGME. Il est aussi directeur de production pour le tournage de *La tête de Normande Saint-Onge* (G. Carle, 1975) et coscénariste et réalisateur d'un long métrage, *Chanson pour Julie* (1976), qui met en vedette Anne Dandurand et Jean-Pierre Ferland. De retour à l'ONF, il collabore aussitôt avec l'ACDI à titre de cinéaste-conseil pour quelques productions axées sur l'alphabétisation en milieu rural au Mali. Quelques années plus tard, il réalise *Pour du pain* (1983, c. m.), un film sur le peuple malien qu'il montre partagé entre ses traditions et le modernisme. De retour au pays, il complète le programme de coproductions Canada-Mexique amorcé par l'ONF en 1976 et, en 1980, il est nommé producteur délégué. Les sujets des films dont il s'occupe, tout variés qu'ils soient, n'en demeurent pas moins étroitement liés à la question sociale, pas loin finalement du concept d'éducation. Cette préoccupation apparaît clairement dans des films comme *Madame, vous avez rien* (D. Gueissaz-Teufel, 1982, m. m.), *Plus jamais d'Hibakusha!* (M. Duckworth, 1983, m. m.), la série « 3 milliards » (M. Régnier, 1985) ou le très controversé *Passiflora* (D. Gueissaz-Teufel et F. Bélanger, 1985). En 1986, il passe à la chaîne française de TVO, avec l'accord de l'ONF, comme producteur responsable de projets. Il revient à l'ONF en 1988, où il produit notamment *Les silences de Bolama* (M. Régnier, 1989, m. m.), avant d'être nommé producteur aux versions, aux adaptations et aux compilations du programme français en 1991. Durant cette période, il réalise et produit la série « Le temps d'une guerre » (1995). Les trois épisodes de cette série mélangent images d'archives et témoignages des enrôlés de la Seconde Guerre mondiale. Il produit aussi de nombreux films, notamment *Mon amour my love* (S. Van Brabant, 1994, m. m.), *Télé-tuerie* (C. Hinton, 1995, c. m.), *Référendum — Prise deux/Take 2* (collectif, 1996) et *Zandile, dans la lumière de l'ubuntu* (M. Régnier, 1997). On remarque, dans sa filmographie des années 90 une attention particulière portée à la question des Premières Nations : *Salt Water People* (M. Bulbulian, 1992), *Kanesatake, 270 Years of Resistance* (A. Obomsawin, 1993), *Le petit grand européen : Johan Beetz* (J. Bacon, 1997), les trois parties des *Chroniques de Nitinath* (M. Bulbulian, 1997) et *Kanata : l'héritage des enfants d'Aataentsic* (R. Siouï Labelle, 1998). Il quitte l'ONF en 1997. (A. D. et É. P.)

**VALLÉE, Jean-Marc,** réalisateur, scénariste (Montréal, 1963). Vallée se fait remarquer grâce à un court métrage, *Stéréotypes* (1991) où, avec habileté, il multiplie les référents au cinéma, de *Gone With the Wind* à *Psycho* en passant par *Carrie* et *Mauvais sang*. Il tourne ensuite un court métrage autobiographique,

*Les fleurs magiques* (1995), pour lequel il obtient un Génie puis un prix à Tunis. Il donne une suite à ce film, second volet de ce qui devrait former une trilogie, avec *Les mots magiques* (1998, c. m.). Ce nouveau film l'amène à explorer un rapport père fils dysfonctionnel qu'il présente entre le drame et la dérision, va-et-vient constant entre la dure réalité et les fantasmes d'un homme en mal de communication. Le film remporte le Grand Prix de Clermont-Ferrand, un Jutra puis le Grand Prix à Aspen. Dans la continuité de *Stéréotypes*, Vallée s'attaque au cinéma de genre avec *Liste noire* (1995), où des hommes de pouvoir sont menacés par les révélations d'une prostituée (Geneviève Brouillette) dont la cause est portée devant un juge (Michel Côté). Il utilise toutes les ressources du suspens, qu'il pimente de scènes érotiques, de violence et d'extrêmes gros plans. Au Québec, le film remporte un succès en salles inattendu, en plus d'être vendu à l'étranger. En 1999, le scénariste, Sylvain Guy, en réalise une version anglaise, *The List*. De son côté, Vallée tourne deux films à petits budgets aux États-Unis, un western fait sur mesure pour l'acteur Mario Van Pebble, *Los locos* (1997) et un drame psychologique, *Loser Love* (1999). Il tourne aussi des épisodes de *The Secret Adventures of Jules Verne*. (M. C.)

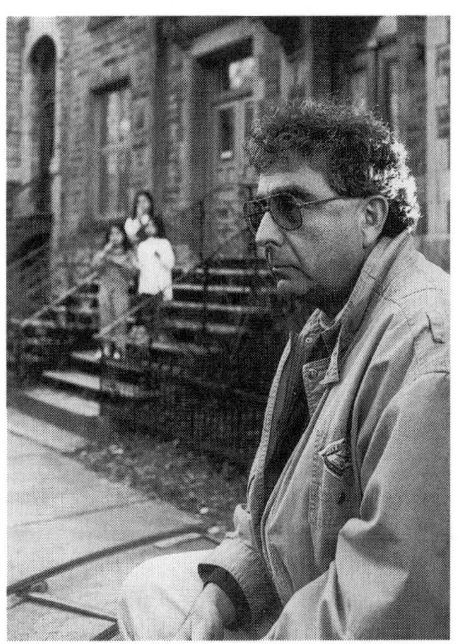

Thomas Vamos. (Véro Boncompagni)

**VAMOS, Thomas (Tamas),** chef opérateur, réalisateur (Budapest, Hongrie, 1938). Il fait des études en cinéma à l'École supérieure du cinéma et du théâtre de Budapest, puis il travaille, entre autres, avec le réalisateur István Szabó avant de s'installer au Canada, en 1965. À l'ONF, il est à la caméra d'un grand nombre de films de tous genres : *Où êtes-vous donc?* (G. Groulx, 1968), *Kid Sentiment* (J. Godbout, 1967), *Jusqu'au cœur* (J. P. Lefebvre, 1968), *Mon enfance à Montréal* (J. Chabot, 1970), *IXE-13* (J. Godbout, 1971), *O.K... Laliberté* (M. Carrière, 1973), *Jouer sa vie* (G. Carle et C. Coudari, 1982), *Mario* (J. Beaudin, 1984). Vamos enseigne le cinéma à l'UQÀM (1971) et à l'Université Concordia (1980-1981). Il aborde la réalisation avec un court métrage sur la lutte olympique : *9 minutes* (coréal. J. Bobet, 1967, c. m.). En 1971, il réalise un premier long métrage, *L'exil*, une fiction politique sur l'avènement d'un état policier. Le film n'a aucun succès. Quatre ans plus tard, il poursuit avec *La fleur aux dents* (1975), d'après un roman de Gilles Archambault, l'histoire d'un technicien de radio dans la quarantaine (Claude Jutra) qui, s'adaptant difficilement aux changements sociaux, se raccroche à son passé (l'époque de la Révolution tranquille) avant de se décider à affronter le présent. Le film n'est pas distribué en salles. Changeant son fusil d'épaule, Vamos opte alors pour le documentaire. Il réalise deux films sur le développement de l'enfant : *Les héritiers de la violence* (1977, m. m.), qui montre les conséquences de la violence familiale sous toutes ses formes, et *L'enfant fragile* (coréal. C. Hazanavicius, 1980), qui insiste sur l'importance d'une bonne communication avec l'enfant. Vamos signe ensuite deux films de fiction débordants de fraîcheur et de fantaisie : *Le jongleur* (1980, c. m.) et *La plante* (coréal. J. Borenstein, 1983, c. m.). Ce dernier film, qui mélange l'animation et les prises de vues réelles, raconte l'histoire d'un jeune homme dont la maison est complètement détruite par une plante à la croissance incontrôlable. Il remporte le Grand Prix de Montréal au FFM. Vamos quitte l'ONF pour travailler comme chef opérateur de films publicitaires et de longs métrages. Ses collaborations avec Jean Beaudin (*Les filles de Caleb*, 1990-1991 ; *Being at Home With Claude*, 1991 et *Craque la vie !*, 1994) montrent qu'il s'adapte aussi bien à la ville qu'à un univers champêtre. Photographe d'une grande souplesse, il sait donner au sujet du film l'expression cinématographique qui lui convient. Il obtient quatre prix Gémeaux pour *Le vieillard et l'enfant* (C. Grenier, 1985, m. m.), *Les filles de Caleb, Blanche* (C. Binamé, 1993) et *Mourir d'amour* (R. Ciupka, 1993-1994).

PRINCIPAUX AUTRES FILMS COMME CHEF OPÉRATEUR : *La chambre blanche* (J. P. Lefebvre, 1969), *Saint-Denis dans le temps* (M. Carrière, 1969), *La dame en couleurs* (C. Jutra, 1984), *The Peanut Butter Solution* (M. Rubbo, 1985), *Captive Hearts* (P. Almond, 1987), *Les portes tournantes* (F. Mankiewicz, 1988), *Les heures précieuses* (M. Laberge et M. Goulet, 1989), *20 décembre* (M. Champagne, 1989, c. m.), *Bye bye chaperon rouge* (M. Meszaros, 1989), *Fierro... L'été des secrets* (A. Melançon, 1989), *Love and Hate* (F. Mankiewicz, 1990), *La vie d'un héros* (M. Lanctôt, 1994), *The Return of Tommy Tricker* (M. Rubbo, 1994), *L'incompris* (P. Gang, 1997). (A. D.)

**VAN BRABANT, Sylvie,** réalisatrice, monteuse, productrice (Saint-Paul, Alberta, 1951). D'origine franco-albertaine, elle réalise un premier documentaire, *C'est l'nom d'la game* (1977, m. m.), dans lequel elle décrit la condition pitoyable de la culture française à Saint-Vincent, une petite communauté francophone qui, au début du siècle, prend racine en Alberta. Puis, pendant des années, elle se concentre plutôt sur des sujets qui touchent de près la santé des femmes. *Depuis que le monde est monde* (coréal. L. Dugal et S. Giguère*, 1980) traite de l'accouchement naturel à travers l'intéressant portrait d'une sage-femme. *Le doux partage* (coréal. S. Giguère, 1982, c. m.), qui aborde la question de l'allaitement naturel, s'adresse à un public plus restreint et n'a pas l'envergure sociologique de son film précédent. En 1986, elle réalise deux courts métrages sur la ménopause, qu'elle conçoit comme deux parties d'un même document : *Nuageux avec éclaircies* et *Ménotango*. Le premier trace le portrait intimiste d'une femme qui fait face à la ménopause, et s'en ouvre à sa sœur, tandis que le deuxième présente avec humour une femme qui en est sortie et agit à titre de conseillère auprès d'autres femmes. Elle réalise ensuite un long métrage documentaire, *Remous* (1990), qui jette un regard peu conventionnel sur le rapport des femmes avec la maladie, puisant dans la tradition amérin-

Sylvie Van Brabant. (Véro Boncompagni)

dienne et dans la médecine holistique humaniste. La réalisatrice se place cette fois au cœur même de son film, mettant à nu ses propres émotions et son système de valeurs. La facture du film, qui fait appel à l'intuition et non à la rationalité, est très soignée grâce, notamment, à l'apport créatif de Claude Beaugrand à la conception sonore et de Serge Giguère à la caméra. Le film remporte le prix du meilleur documentaire au Festival de films et vidéos de femmes de Montréal. Après cette œuvre très personnelle où elle s'est investie complètement, Van Brabant signe un film de commande sur la surconsommation de médicaments chez les personnes âgées, produit dans le cadre du Programme fédéral des femmes, *Quelle pilule!* (1990, c. m.). Elle se met ensuite à l'écoute de quatre jeunes hommes au passé criminel qui confient leurs doutes et leurs espoirs, leur désarroi et leur révolte, véhiculés notamment par le biais du rap, dans un film structuré autour d'une émission radio, *Seul dans mon putain d'univers* (1997). Se faisant une fois encore le relais des marginaux, des exclus, elle enchaîne avec le portrait d'un peintre trisomique, *Arjuna* (1999, m. m.). Van Brabant revient par ailleurs à ses racines francophones hors Québec dans *Mon amour my love* (1994, m. m.) où elle trace le bilan des mariages exogames, recourant à un personnage clownesque désarçonnant, Irénée Fourré-Partout, pour alléger son propos et structurer le film. À la barre des Productions du Rapide-Blanc, Van Brabant produit des documentaires, *Depuis que le monde est monde*, quelques films de Serge Giguère (*Oscar Thiffault*, 1987, m. m.; *Le roi du drum*, 1991, m. m.; *9, Saint-Augustin*, 1995, m. m.) et *Le trésor archange* (F. Bélanger, 1996). (N. O. et M. C.)

**VAN DEN HEUVEL, Francis,** monteur, réalisateur (Bruxelles, Belgique, 1949). Après des études en lettres au cégep Ahuntsic, il est admis à l'INSAS (Bruxelles) en 1972 et se spécialise en montage. De retour au Québec en 1975, il participe activement à l'éclosion du cinéma abitibien. Il monte alors les films d'André Blanchard (*Beat*, 1976; *L'hiver bleu*, 1979), de Robert Cornellier (*Une autre histoire des pays d'en haut*, 1979, c. m.; *La fuite*, 1985, m. m.), ainsi que le moyen métrage *Comme des chiens en pacage* (R. Desjardins et R. Monderie, 1977). Il travaille aussi avec Richard Boutet, montant *L'amiante, ça tue* (1978, c. m.), *La maladie c'est les compagnies* (1979), *La turlute des années dures* (coréal. P. Gélinas, 1983), *La guerre oubliée* (1987) et *Le spasme de vivre* (1991). C'est à travers cette collaboration

que se révèle le mieux le talent de Van den Heuvel, autant par la façon dont il ordonne le matériel hétérogène de *La turlute des années dures* et de *La guerre oubliée*, que par la cohérence avec laquelle sont agencés les courts récits qui forment *Le spasme de vivre. L'oreille d'un sourd* (M. Bolduc, 1996), une étonnante comédie à petit budget, s'inscrit parfaitement dans la filmographie de ce technicien très à l'aise dans le cinéma artisanal. En 1988, il écrit, réalise et produit un court métrage : *Acides.*
PRINCIPAUX AUTRES FILMS : *Voyage au cœur des ondes* (Y. Fortin, 1985, m. m.), *L'amour en famille* (F. Prévost, 1986, m. m.), *À force de bras* (J.-T. Bédard, 1988), *Alisée* (A. Blanchard, 1991), *Mortel désir* (M. Dufour, 1991, m. m.). (M. J.)

**VAN DER DONCKT, Catherine,** preneuse de son, conceptrice sonore (Montréal, 1962). Suite à l'obtention d'un diplôme en cinéma à l'Université Concordia, elle entreprend, sous la direction d'Esther Auger à l'ONF, un apprentissage dans le champ du son filmique (perchiste, transfert sonore). Elle se spécialise rapidement dans le métier de preneur de son, auquel elle ajoute, de temps en temps, comme une plus-value esthétique, le montage et la conception sonores.
Son premier travail significatif a lieu sur *Sucre noir* (1987, m. m.) auprès de Michel Régnier, avec qui elle travaillera à plusieurs reprises dans divers pays du tiers-monde (*Les silences de Bolama*, 1989, m. m. ; *L'or de Poranga*, 1991, m. m. ; *Le monde de Fredy Kunz*, 1991, m. m.). De nombreux films, tant à l'ONF que dans le secteur privé succèdent à ce documentaire. Son grand intérêt et sa fine sensibilité pour la rythmique et la création de « décors » sonores la conduisent à un travail approfondi, très musicalisé, sur des films comme *Fenêtre sur ça* (C. Ferrand, 1986, c. m.), *The Top of His Head* (P. Mettler, 1989), *Cuervo* (C. Ferrand, 1990) et *Visionnaires* (C. Ferrand, 1999, m. m.). En 1986, elle reçoit le prix du meilleur montage sonore au Festival de Yorktown, pour *Fenêtre sur ça.*
PRINCIPAUX AUTRES FILMS : *Ferron, Marcelle* (M. Crouillère, 1989, c. m.), *Le film de Justine* (J. Crépeau, 1989, m. m.), *La manière nègre, ou Aimé Césaire, chemin faisant* (J.-D. Lafond, 1990, m. m.), *Un amour naissant* (D. Todd Hénault, 1992, c. m.), *Tectonic Plates* (P. Mettler, 1992), *Les fins de semaine* (C. Martin, 1995, c. m.), *Le violon sur la toile* (M. Saäl, 1995), *La fille aux allumettes* (P. Henriquez, 1996, m. m.), *Les rendez-vous de Sarajevo* (H. Doyle, 1997, m. m.), *Société sous influence* (G. Gutierrez, 1997, m. m.), *Oumar 9-1-1* (S. Drolet, 1998, m. m.). (R. L.)

**VAN DER LINDEN, Paul,** chef opérateur (Amsterdam, Pays-Bas, 1941). Il arrive à Montréal en 1966 et travaille à de nombreux films publicitaires et industriels. Parallèlement, il signe les images de deux films de Larry Kent : *High* (1967) et *Façade* (1969). Travaillant surtout à Toronto, il dirige tout de même la photographie de plusieurs films québécois : *Il était une fois dans l'Est* (A. Brassard, 1973), *Lies My Father Told Me* (J, Kadar, 1975), *Rien qu'un jeu* (B. Sauriol, 1983), *The Blue Man* (G. Mihalka, 1986), *La fenêtre* (M. Champagne, 1992) et *Le grand serpent du monde* (Y. Dion, 1998), où il donne des images du désert comme de la ville, filmant, dans des conditions difficiles, un autobus qui traverse Montréal la nuit. Il remporte un prix Génie pour les images d'*Eliza's Horoscope* (G. Sheppard, 1975). (Y. R.)

**VANHERWEGHEM, Robert,** chef opérateur (La Louvière, Belgique, 1948). Après six années d'études en photographie et en direction de la photographie à Bruxelles (1964-1971), ainsi que quelques années de travail pour la télévision, il commence sa carrière au Québec au milieu des années 70. Il travaille notamment avec Richard Boutet (*La maladie c'est les compagnies*, 1979 ; *La turlute des années dures*, coréal. P. Gélinas, 1983 ; *Le spasme de vivre*, 1991 ; *Le chemin brut de Lisette et Romain*, 1995 ; *Survivants de l'Apocalypse*, 1998), Denyse Benoit (*La belle apparence*, 1979), Marcel G. Sabourin (*Le goût du miel*, 1981), Louise Carré (*Ça peut pas être l'hiver on n'a même pas eu d'été*, 1980), Robert Cornellier (*La fuite*, 1985, m. m. ; *Vivre en ville*, 1998), Gilles Carle (*Montréal off*, 1991, m. m.), Jean Pierre Lefebvre (*Le fabuleux voyage de l'ange*, 1991 ; *Aujourd'hui ou jamais*, 1998). Vanherweghem travaille autant en documentaire qu'en fiction, mais son style se distingue de celui du cinéma direct par une recherche poussée des luminosités et des cadrages qui donne aux éléments de réalité une touche picturale spécifique, un peu à la manière dont un Vermeer peignait des scènes réalistes. Cette particularité se remarque dans *Le dernier havre* (D. Benoit, 1986) et trouve son achèvement dans *La guerre oubliée* (R. Boutet, 1987). (R. L.)

**VEILLEUX, Lucille,** productrice, administratrice, recherchiste (Ville Lemoyne, 1953). Après des études à l'Université Laval, elle est reçue avocate en 1979 et commence dès lors à pratiquer le droit. Parallèlement, à partir de 1974, elle travaille dans le domaine de la production de vidéos et de films, principalement avec Richard Boutet*. Elle est, notamment, directrice de production et recherchiste pour *L'amiante, ça tue* (R. Boutet, 1978, c. m.). Conseillère juridique des productions Vent d'est dès 1978, elle en devient vice-présidente en 1980. Elle est recherchiste pour *La maladie c'est les compagnies* (R. Boutet, 1979), puis elle abandonne progressivement l'exercice du droit pour produire un documentaire chanté sur la crise économique des années 30, *La turlute des années dures* (R. Boutet et P. Gélinas, 1983), qui obtient le prix L.-E.-Ouimet-Molson. S'enchaînent ensuite une série de productions : *L'objet* (R. Cantin et D. Patenaude, 1984, c. m.), *La fuite* (R. Cornellier, 1985, m. m.), *Entre temps* (Jeannine Gagné, 1986, c. m.), *Le rêve de voler* (H. Doyle, 1986, m. m.), *Les enfants aux petites valises* (Suzanne Guy, 1986, c. m.), *La guerre oubliée* (R. Boutet, 1987) et *Chronique d'un temps flou* (S. Groulx, 1988). En 1987, elle est nommée directrice adjointe du Programme français de l'ONF. Elle assume la direction générale du Programme français par intérim à deux reprises, puis travaille brièvement à la section des affaires corporatives avant de quitter l'ONF en 1996. En 1997, elle devient responsable du secteur de la production originale et des adaptations à Canal D, puis, en 1999, on la retrouve à la SODEC*, où elle est déléguée aux relations d'affaires et, enfin, directrice générale par intérim du cinéma et de la production télévisuelle. (M. J.)

**VEILLEUX, Pierre,** animateur, réalisateur (Montréal, 1948). Il fait des études classiques au collège André-Grasset où il réalise quelques films amateurs. Il se spécialise ensuite en arts plastiques et en photographie et peint des murales. En 1971, il entre comme stagiaire à l'ONF et expérimente différentes techniques. L'année suivante, il réalise *Dans la vie...*

(c. m.), film allégorique sur l'apprentissage de la vie qui remporte, notamment, le prix du meilleur film d'animation au Festival de Venise. *Une âme à voile* (1982, c. m.), film d'atmosphère d'inspiration post-impressionniste, utilise l'acrylique sur carton. Ce court métrage obtient le Prix spécial du jury au Festival du film d'animation d'Ottawa. Puis, *Champignons* (1984, c. m.), qui fait surgir l'horreur à travers le quotidien, est primé à Zagreb. De 1982 à 1984, Veilleux dirige des ateliers d'animation à Moncton et à Edmundston (Nouveau-Brunswick). En 1986 et en 1987, il contribue à la formation d'une équipe de cinéastes d'animation au Brésil. Il réalise ensuite *L'heure rêvée* (1990, c. m.), pour lequel il anime de la peinture sur papier. Après avoir fait une incursion dans l'industrie privée où il travaille aux films de divers artistes, il revient à l'ONF signer *Le phare* (1997, c. m.). Fable sur l'ambition humaine coscénarisée par Marie Bernard, *Le phare* allie le dessin traditionnel aux techniques modernes d'animatique dans une imagerie qui va de la représentation naïve de la vie et de l'amour à l'expression crue et puissante de la destruction des hommes et du monde.
AUTRES FILMS : *Contes de la mère loi sur le cinéma* (coréal. F. Desbiens, J. Drouin, P. Hébert, C. Jobin, A. Leduc, B. Longpré et C. Warny, 1975, c. m.), *La revanche des choses* (1976, c. m.). (É. D. et D. T.)

**VENANCE (Albert Caron, R.P., o.f.m. cap.** dit **père)**, réalisateur (Notre-Dame-du-Lac, 1895 – Montréal, 1966). Capucin passionné de sciences, il étudie la biologie et s'intéresse dès 1940 à la photographie macroscopique. Il met au point ses propres appareils. Il tournera une vingtaine de films sur le monde de l'infiniment petit, collaborant avec l'ONF et l'abbé Proulx pour leurs prises de vues microscopiques. Il est un des plus illustres représentants du cinéma scientifique au Québec. On lui doit aussi quelques documentaires sur le monde capucin, dont *Le pèlerinage du Lac-Bouchette* (1948, m. m.) et *Le congrès du Tiers-Ordre à Rome* (1951, m. m.).
PRINCIPAUX AUTRES FILMS : *Un voyage dans une goutte d'eau* (1940-1949, m. m.), *Au-delà des apparences* (1946, c. m.), *Aux confins du monde atomique* (1946, c. m.), *La vie des plantes* (1950, c. m.), *Aux sources de la vie* (1954), *Rencontre dans l'invisible* (1958, c. m.). (P. V.)

**VENNE, Stéphane,** musicien, réalisateur (Verdun, 1941). Autodidacte, il compose des chansons dès l'âge de quinze ans. En 1962, il coréalise et coscénarise *Seul ou avec d'autres*, avec Denys Arcand et Denis Héroux*, pour le compte de l'association étudiante de l'Université de Montréal. Il signe aussi la musique de ce film, tout comme celle de *Jusqu'au cou* (D. Héroux, 1964), produit dans les mêmes conditions. De 1960 à 1966, il est compositeur et arrangeur pour plusieurs interprètes québécois. C'est aussi lui qui compose la chanson thème d'Expo 67 : *Un jour, un jour.* Au cinéma, il signe la musique de huit autres longs métrages, notamment celle de *YUL 871* (J. Godbout, 1966), des *Mâles* (G. Carle, 1970), des *Plouffe* (G. Carle, 1981) et de *Où êtes-vous donc?* (G. Groulx, 1968), dont il est aussi un des interprètes. Son travail pour le cinéma est dans la continuité de celui qu'il effectue lorsqu'il compose des chansons à succès pour Renée Claude, Louise Forestier, Pierre Lalonde, Emmanuelle ou Michel Louvain. Sa musique est caractérisée par des mélodies simples, capables de suggérer une émotion dès les premières mesures. En témoigne la chanson thème des *Plouffe*, *Il était une fois des gens heureux*, qu'interprète Nicole Martin. Personnage de premier plan dans le monde de la musique populaire au Québec, Venne a organisé le concours de chansons des Jeux olympiques de 1976, a fait partie du conseil d'administration de la Chant'Août et a fondé la station de radio CIEL-MF. (M. J.)

**VERGNES, Michel,** producteur, réalisateur, scénariste (Québec, 1928). Il entre au SCP en 1947, comme assistant réalisateur et rédacteur de commentaires pour des films de commande. En 1957, il y devient le directeur de la production. Lorsque, en 1961, le SCP est remplacé par l'OFQ, il conserve ses fonctions et, en 1967, il est nommé directeur adjoint. Au cours de sa carrière, il participe à plus de deux cent cinquante films produits par cette institution. Dès 1947, il commence à réaliser des films, parmi lesquels on compte *Mon village* (1947, c. m.), reportage officiel sur le centenaire de Sainte-Marie de Beauce, *L'industrie du homard* (1947, c. m.), documentaire touristique ampoulé mais sympathique sur les Îles-de-la-Madeleine, et *La pêche à la cabane* (1949, c. m.), reportage d'atmosphère sur la pêche aux petits poissons des chenaux, à Batiscan. Il signe aussi les commentaires de la majorité des films de l'abbé Maurice Proulx, des textes didactiques, lyriques et nationalistes qui appuient la vision « agriculturiste » et patriotique du cinéaste. Vergnes s'inscrit dans le courant du cinéma gouvernemental québécois de commande, un cinéma orienté par des intentions touristiques et politiques. (P. D.)

**VERRALL, David,** producteur, monteur, réalisateur (Ottawa, Ontario, 1948). Il passe huit ans au sein d'une compagnie de production privée avant d'entrer à l'ONF, en 1977, à titre de producteur à l'animation anglaise. Il travaille notamment avec John Weldon, produisant quatre de ses films (*Of Dice and Men*, 1968, c. m. ; *To Be*, 1990, c. m. ; *Para Sight*, 1990, t. c. m. ; *The Lump*, 1991, c. m.) et coréalisant avec lui *Read Inside* (1984, c. m.), dont il est aussi le coproducteur. Trois ans avant le célèbre *Who Framed Roger Rabbit?* (R. Zemeckis), *Real Inside* mêle habilement le dessin animé et la prise de vues réelles dans une comédie où un *cartoon* entreprenant cherche à obtenir un emploi. Verrall coproduit et réalise aussi *The National Scream* (coréal. R. Awad, 1979, c. m.), fantaisie pseudo-documentaire prenant pour point de départ l'emblème national canadien, le castor. Par ailleurs, il monte deux des films qu'il produit : *This is Your Museum Speaking* (L. Smith, 1979, c. m.) et *The Sweater* (Sheldon Cohen, 1980, c. m.). En 1990, Verrall produit un ambitieux documentaire sur le pionnier de l'animation à l'ONF : *Creative Process : Norman McLaren* (D. McWilliams). Il continue ensuite à travailler à la production de nombreux films, dont les coproductions *Bob's Birthday* (D. Fire et A. Snowden, 1994, c. m.), qui remporte un Oscar, et *Tibetan Book of the Dead* (H. Mori, Y. Hayashi et B. McLean, 1996, deux m. m.), adaptation d'un classique de la pensée bouddhiste. En 1996, Il est nommé producteur exécutif au studio Animation Children Interactive East de l'ONF. Il occupe toujours cette fonction lorsqu'il produit *When The Day Breaks* (A. Forbis et W. Tilby, 1999, c. m.). David Verrall est le fils du producteur et réalisateur Robert Verrall.

PRINCIPAUX AUTRES FILMS COMME PRODUCTEUR : *Laugh Lines : A Profile of Kaj Pindal* (F. Battista, 1979, c. m.), *Interview* (C. Leaf et V. Soul, 1979,

c. m.), *Five Billion Years* (J. Borenstein, 1981, c. m.), *The Sound Collector* (L. Smith, 1982, c. m.), *Narcissus* (N. McLaren, 1983, c. m.), *Elephantrio* (P. Driessen, G. Ross et J. Weldon, 1985, c. m.), *Strings* (W. Tilby, 1991, c. m.), *La bastringue Madame Bolduc* (G. Geertsen, 1992, t. c. m.), *Village of Idiots* (E. Fedorenko et R. Newlove, 1999, c. m.). (M. J.)

**VERRALL, Robert,** administrateur, animateur, producteur, réalisateur (Toronto, Ontario, 1928). En 1945, il est d'abord assistant de Norman McLaren à l'ONF, puis il gagne en responsabilités jusqu'à devenir directeur du studio anglais d'animation en 1967. Il y travaille aux côtés de Wolf Koenig et de Colin Low, encadrant notamment Derek Lamb, Les Drew et Kaj Pindal. En 1972, devenu directeur de la production anglaise, il travaille à l'ouverture de studios à travers le pays. De 1976 à sa retraite, en 1986, il est tour à tour responsable des projets spéciaux, représentant syndical et directeur du studio anglais de fiction. Il réalise des courts métrages d'animation tels *A Is for Architecture* (coréal. G. Budner, 1959), animé au banc-titre, et *Energy and Matter* (1966), un dessin animé. Ces films remportent plusieurs prix. Après avoir pris sa retraite de l'ONF, il travaille encore à l'occasion pour le cinéma. C'est ainsi qu'il signe plusieurs dessins pour le film *Kanesatake, 270 Years of Resistance* (A. Obomsawin, 1993) et pour *Callot* (C. Low, 1999, m. m.), dans lequel il apparaît d'ailleurs. Robert Verrall est le père du producteur David Verrall. (M.-É. O. et M. J.)

**VERZIER, René,** chef opérateur (Casablanca, Maroc, 1934). De 1957 à 1965, au Maroc, il est le reporter-cameraman personnel du roi Mohammed V et de son successeur, Hassan II. Avant son arrivée au Canada, en 1966, il dirige la photographie de plusieurs documentaires et de deux films de fiction. C'est pour le compte de l'ONF qu'il débute avec *Gros-Morne* (J. Giraldeau, 1967), qui mélange documentaire et fiction. Verzier, dont la carrière est placée sous le signe de la polyvalence, prête son talent aux films érotiques de Denis Héroux (*Valérie*, 1968 ; *L'initiation*, 1969), ainsi qu'aux œuvres de la période faste de Gilles Carle (*Les mâles*, 1970 ; *La vraie nature de Bernadette*, 1972 ; *La mort d'un bûcheron*, 1973). Dans ces films largement tournés en extérieurs, il fait preuve d'une habileté à utiliser la lumière naturelle qui compte pour beaucoup dans la réussite esthétique des films de Carle. À partir de 1975, il travaille dans un très large registre surtout pour des productions anglophones à vedettes américaines : thrillers, mélodrames, horreur, porno *soft*. Il participe à plus de cinquante longs métrages, dont cinq réalisés par Jean-Claude Lord (*Visiting Hours*, 1981 ; *Covergirl*, 1984 ; *The Vindicator*, 1985 ; *Toby McTeague*, 1985 ; *Eddie and the Cruisers II : Eddie Lives*, 1989). (Y. R.)

**VÉZINA, Paul,** réalisateur (Québec, 1928). Il amorce sa carrière en 1955, pour le SCP. Il y réalise de nombreux films. *Au printemps* (1957, c. m.) est un montage d'images bucoliques du Québec rural, tandis que *Les éperlans* (1964, c. m.) est le portrait attachant de jeunes pêcheurs d'éperlans, à l'automne, sur les quais de Québec et de Lévis. Dans la veine touristique, il réalise aussi *Charlevoix* (1966, c. m.), où il promène sa caméra parmi les beaux paysages de cette région, et *La mer mi-sel* (1973, c. m.), où il montre les points de vue privilégiés du bas du fleuve, en amont de la ville de Québec. Ayant une formation de peintre, Vézina s'intéresse à l'art et réalise *Une forêt de symboles* (1971, c. m.), compte rendu d'un symposium de sculptures sur les plaines d'Abraham à Québec, *Tel qu'en Lemieux* (1973, c. m.), évocation de l'œuvre du peintre Jean Paul Lemieux, et *Instants privilégiés : Marcel Barbeau et Vincent Dionne* (1975, c. m.), rencontre de deux créateurs qui semblent travailler sur la même longueur d'ondes. Mais son film le plus connu demeure *Mémoire liquide* (1969, c. m.), essai cinématographique audacieux composé d'images abstraites associées à une musique concrète. À travers des films de commande et de nombreux films d'actualité (assermentations de ministres, discours politiques), Vézina réalise des films personnels marqués par son goût pour les arts visuels et la beauté des cadrages. (P. D.)

**VIDÉO** (indépendante de la production strictement commerciale, pédagogique ou domestique). À la fin des années 60, le Groupe de recherches sociales de l'ONF, auquel participent les cinéastes Maurice Bulbulian*, Fernand Dansereau*, Robert Forget*, Michel Régnier* et Hortense Roy, lance quelques expériences d'animation sociale à l'aide d'un nouvel outil audiovisuel, le *portapak*, magnétoscope portatif de première génération (ruban 1/2 pouce sur bobine) fabriqué par Sony. Dans le sillage de ces expérimentations qui cherchent à valoriser l'expression populaire, apparaissent, dès 1970, les premières télévisions communautaires, où se jumellent les techniques de la vidéo légère et de la câblodistribution. Puis, en juillet 1971, le projet d'un organisme de services de soutien à la production et de diffusion, vivement défendu par son fondateur Robert Forget auprès de Société nouvelle, prend forme. Il s'agit de Vidéographe. Celui-ci, premier centre de production de vidéo indépendante au monde, devient vite un pôle important dans le développement de la vidéographie québécoise. D'une part, par une amélioration technique des appareils de tournage et de montage (éditomètre), en grande partie due au travail acharné de David Rahn ; d'autre part, par l'accessibilité directe à une technique moins coûteuse, plus légère que le film. Cette situation permet aux usagers (animateurs, chômeurs, étudiants, femmes, etc.) d'acquérir rapidement une formation technique spécialisée, par ailleurs difficile à obtenir dans les maisons d'enseignement, et les moyens de s'exprimer hors des contraintes économiques mais aussi du discours télévisuel dominant. Les contenus et les formes font parfois preuve d'audace.

Ainsi, divers genres et esthétiques se côtoient au Vidéographe : la vidéographie comme outil d'intervention politique et de critique sociale, voire de contre-information, cohabite avec la recherche expérimentale et la vidéo d'auteur. Plusieurs vidéastes y font leurs premières armes. Pierre Falardeau* réalise *Continuons le combat* (1971, c. m.), un regard humoristique sur le rituel de la lutte professionnelle dans la société québécoise. Frank Vitale*, avec *Hitch-Hiking* (1972, m. m.), utilise la vidéo comme une caméra de poche. Il la promène dans un périple aux États-Unis, explorant le tournage en temps continu et la reproduction du temps réel. *Les seins de Louise* (1972, m. m.) de Lise Noiseux-Labrecque interroge avec sarcasme les stéréotypes sexuels tandis que d'autres, comme Jean-Pierre Boyer (*L'amertube*, 1974, c. m.) ou Charles Binamé (*Réaction 26*, 1971, c. m.), explorent le *feed-back* électronique. D'autres créateurs œuvrant dans le domaine du cinéma, ou qui le feront par la suite, utilise-

*Yes Sir ! Madame…* de Robert Morin. (coll. RVCQ)

ront le Vidéographe : Robert Favreau* avec *Vous savez ça, M. le Ministre ?* (coréal. F. Capistran et M. Brais, 1973, m. m.) ; Tahani Rached* avec *Agostino Neto* (1974, c. m.), *Pour faire changement* (coréal. L. Mead, 1974, m. m.) et *C'est pas un cadeau* (1975, m. m.) ; Bruno Carrière* avec *Pour aller plus loin* (1972, c. m.) ; Jean Beaudry* avec *Les petits métiers* (coréal. L. Bouchard, 1977, c. m.) ; Fernand Bélanger* avec *Le pois fou* (1971, m. m.) ; Roger Cantin* et Danyèle Patenaude avec *Picotin* (1972, c. m.) ; Richard Boutet* avec *Objectal* (1972, m. m.), *Suzanne et Lucie, danseuses* (1973, m. m.), un long métrage de science-fiction intitulé *La conspiration des lampadaires* (1974) et *L'amiante, ça tue* (1978, c. m.) ; Paul Tana* avec *Ô Canadiens rallions-nous* (coréal. G. Lalande, 1972, c. m.) ; André Melançon* avec *Un père Noël comme les autres* (coréal. M. Guernon, 1972, c. m.). L'organisme attire également des auteurs de milieux artistiques divers : Michel Latraverse (Plume) signe *Babel* (1973, m. m.), Jean-Claude Germain, *Le temps d'une prière* (coréal. J.-W. Benoit*, 1972, c. m.) et le *performeur* Michel Lemieux y réalise deux vidéos à l'âge de treize ans. Parallèlement au Vidéographe, naît, en 1972, la galerie montréalaise Véhicule Art qui participe au développement de la vidéo en alliant plus particulièrement les préoccupations des arts visuels contemporains au potentiel du nouveau média. Quatre ans plus tard, sous l'impulsion de la vidéaste Marshalore, auteure de *You Must Remember This* (1979, c. m.), la galerie crée une section vidéo : Vidéo-Véhicule, devient, à partir de 1980, Les productions et réalisations indépendantes de Montréal (PRIM), centre d'accès à l'équipement, PRIM Vidéo met sur pied un programme de bourses pour les artistes passant à Montréal. Des cubistes aussi importants que Bill Viola et Clive Robertson y présentent leurs recherches. Lieu d'expérimentations et d'échanges internationaux qui profitent à toute la communauté vidéo, la galerie organise en juillet 1975 « Vidéopoint », où, pendant un mois, se réunissent vingt-cinq artistes de divers pays.

Falardeau et Julien Poulin* fondent, en 1972, Pea Soup Films. Ils produisent, dans la tradition du cinéma direct, *Le Magra* (1975, c. m.), sur la formation policière, et *Pea Soup* (1978), collage documentaire, comptant parmi les premières vidéos transférées sur support 16 mm. Après quoi, Falardeau et Poulin poursuivent leur travail sur pellicule. En 1973, à Québec, Helen Doyle*, Nicole Giguère et Hélène Roy jettent les bases du groupe La femme et le film, qui prendra, en 1979, le nom de Vidéo Femmes, organisme d'animation, de production et de distribution de vidéogrammes réalisés par et pour les femmes. Helen Doyle réalise *Les maux/mots du silence* (1983, m. m.), collage sur les femmes et la maladie mentale rassemblant poèmes, lectures et réflexions, puis *Les tatouages de la mémoire* (1984, c. m.), vidéo expérimentale, mélange d'allégorie, de mythologie personnelle et de vidéo-danse ; Nicole Giguère signe *Tous les jours, tous les jours, tous les jours* (coréal. J. Fournier, 1982, m. m.) et *Une histoire infâme* (1987, c. m.), vidéo transféré en 35 mm par procédé laser ; et Hélène Roy, *Une nef… et ses sorcières* (1977, m. m.). Lise Bonenfant y est également très active avec des vidéos comme *Le sida au féminin* (coréal. M. Fortin, 1989, m. m.) et *Comme une tempête* (1990, c. m.).

À la même époque, surgissent, ici et là au Québec, d'autres collectifs de vidéo indépendante, dont le Groupe d'intervention vidéo (GIV) à Montréal où se regroupent, au printemps 1975, une dizaine de vidéastes issus de Vidéographe, soucieux d'assurer une meilleure diffusion à leurs productions et de produire des documents en liaison avec les besoins de groupes populaires. Se trouvent notamment au GIV : Hélène Bourgault qui réalise *Partir pour la famille ?* (1974, m. m.) et *Chaperons rouges* (coréal. H. Doyle, 1979, m. m.) transféré en 16 mm ; Louise Gendron qui signe *La garderie, c'est un droit* (1975, c. m.) et *Femmes de rêves* (1979, c. m.) ; Bernard Émond* et Michel Van de Walle qui sont les auteurs de *Classes et classe* (1973, c. m.), de *Musique populaire et musique du peuple* (1976, c. m.) et de *Trois mille fois par jour* (1978, c. m.) ; Michel Sénécal qui tourne *Ceci est un message de l'idéologie dominante* (coréal. M. Van de Walle, 1975, c. m.) et *Opération liberté* (1978, m. m.). Se joignent également au groupe Jean-Pierre Boyer avec *Mémoire d'octobre* (1979, m. m.) et Diane Poitras, réalisatrice de *La bataille s'enligne sur nous autres* (coréal. S. Trottier, 1978, c. m.), de *La perle rare* (1980, m. m.) et de *Pense à ton désir* (1984, c. m.) transféré en 16 mm. Cinq ans après sa création, le GIV s'oriente davantage vers la production et la diffusion de documents liés à la situation des femmes. Il distribue un certain temps les productions de la Coop vidéo de Montréal, fondée en 1977, dont la caractéristique est de conjuguer fiction et documentaire. Parmi les membres fondateurs, Lorraine Dufour* et Robert Morin* tournent ensemble *Gus est encore dans l'armée* (1980, c. m.), *Le royaume est commencé* (1980, m. m.), *Le voleur vit en enfer* (1982, c. m.), *Le mystérieux Paul* (1984, c. m.) et *Toi, t'es lucky?* (1984, c. m.); Jean-Pierre Saint-Louis réalise *Faits divers : elle remplace son mari par une T.V.* (coréal. L. Craig*, 1982, c. m.), *Carapace : autoportrait d'un chanteur inconnu* (1984, c. m.) et *Zapping* (1990, c. m.); Gilbert Lachapelle signe *On se paye la gomme* (coréal. R. Morin et M. Chouinard, 1984, c. m.) et Yvon Leduc, *Quelques instants avant le Nouvel An* (coréal. R. Morin, 1986, c. m.). Prolifique, Robert Morin tourne coup sur coup deux longs métrages en vidéo, *Tristesse modèle réduit* (1987) et *La réception* (1989). Robert Morin poursuit son incursion dans les marges du réel et de la fiction à travers des œuvres sensibles, souvent très provocantes: *Requiem pour un beau sans-cœur* (1992); *Yes Sir!... Madame* (1994); *Quiconque meurt, meurt à douleur* (1998).

Quelques groupes auront une orientation plus militante, allant jusqu'à fournir un service audiovisuel à des groupes politiques, comme c'est le cas du collectif Cinéma d'information politique. Il produit *Canadian Gypsum-Joliette* (1974, c. m.) et *Les engrais du Saint-Laurent* (1975, m. m.) en plus d'intervenir comme distributeur et d'être à la base de la revue *Champ libre*.

Le raffinement technique des années 80 (montage assisté par ordinateur, images synthétiques, etc.) provoque d'importants changements dans l'imagerie comme dans l'écriture vidéographique. Une nouvelle génération de vidéastes s'impose, produisant dans les centres déjà implantés ou créant ses propres structures de production, Zone Productions, Agent Orange, GRAAV, Maximage, Vidéo Tiers-Monde. De ceux-là se distinguent Luc Bourdon, qui réalise *Distance* (coréal. F. Girard, 1984, c. m.), *Entre la pagie et la manique* (1984, c. m.), *Reverse Letter* (1984, c. m.), *Say Cheese for a Trans-canadian Look* (coréal. M. Paradis, 1985, c. m.), *Touei* (1985, c. m.), *The Story of Feniks and Abdullah* (1988, m. m.), récipiendaire de nombreux prix, et *L'entrevue* (1990, m. m.), Bernar Hébert* avec *Le chien de Luis et Salvador* (1984, c. m.), *Fiction* (1985, c. m.) et *L'impossible train d'Anvers* (1989, c. m.), et François Girard* avec *Le train* (1985, c. m.) qui recueille mentions et prix dans divers festivals, *Suspect n° 1* (1989, c. m.), et *Le dortoir* (1991). Tous trois réaliseront avec Miguel Raymond *Zone 4* (1985, c. m.). Agent orange, producteur et distributeur, se spécialisera dans la promotion de ce type de vidéogrammes musicaux et expérimentaux. Daniel Dion se fait remarquer avec des vidéos réalisés avec Su Schnee (*À propos peinture*, 1985, c. m.) et Philippe Poloni (*Bouger dans l'espace*, 1982, c. m.; *L'homme de Pétain*, 1982, c. m.). Dans les années 80, Le Vidéographe continue d'être un lieu de production et de diffusion très actif. Marc Paradis y réalise *Le voyage de l'ogre* (1981, c. m.) et *La stupéfiante Alex* (1984, c. m.); Normand Thibault poursuit son travail, en collaboration avec les syndicats, en réalisant *Joe* (1982, m. m.), *Les marchands disent* (coréal. D. Goulet, 1984, m. m.) et *Qui veut la vie?* (1983, m. m.); Yves Langlois avec, entre autres, *La patrie de l'homme fier* (1985, c. m.), démontre la qualité des réalisations de la section internationale de Vidéographe, tandis que Marc Degryse tourne un long métrage de fiction : *Québec : opération Lambda* (1985). Josette Bélanger développe son écriture singulière, dans *Annie et les Rois mages* (1988, c. m.), Jeanne Crépeau* avec *Gerçure* (1988, c. m.) parle avec humour des rigueurs de l'hiver québécois. Chantal duPont revisite nos rapports intimes avec *Le marché à l'amour* (1990, m. m.).

Quelques vidéastes poursuivent des activités plus marginales, telles Suzanne Vertu et Diane Hefferman du Réseau Vidé-elles, réalisatrices de *Mémoires de notre hystoire 1972-1987* (1987) et de *Souvenirs pour l'avenir* (1987), ou encore Fayolle Jean qui tourne un long métrage de fiction en créole, *Tilom Aletranje « Le petit homme à l'étranger »* (1989). Le cinéaste Pierre Harel*, pour sa part, décide, faute d'argent, de tourner *Grelots rouges sanglots bleus* (1987) en vidéo pour le transférer ensuite en 16 mm. D'autres cinéastes encore intègrent des images vidéo à leurs films, dont Jean Beaudry et François Bouvier* (*Jacques et Novembre*, 1984), Jeanne Crépeau (*Le film de Justine*, 1989, m. m.) et Marcel Simard* (*Love-moi*, 1990).

À partir des années 80, qui se distinguent par l'emploi du « je », de nombreux auteurs produisent des œuvres qui questionnent des problématiques diverses liées à la mémoire, au récit et à la langue, à la déconstruction du temps, à la poésie et qui sont toujours d'actualité au tournant et au cours de la décennie suivante : Michèle Waquant (*Le portrait de Pauline*, 1983, c. m. ; *L'étang*, 1985, c. m. ; *Débâcle*, 1992, c. m.) ; Chantal duPont et Nicole Benoit (*Llivia sans borne*, 1992, c. m.) ; Suzan Vachon (*Discours des comètes*, 1993, c. m.) ; Mario Côté (*13 Tableaux, 13 portraits*, 1991, m. m.) ; Paul Landon (*The Universal Truth*, 1985, c. m. ; *Temps incertain*, 1993, c. m.) ; Katherine Liberovskaya et Pascale Malaterre (*Glissement dans un virage complet*, 1988, c. m.). Les liens avec la nature et le monde sont exploités dans les installations vidéographiques de Daniel Dion : *Anicca* (1988), *Great Divide/Grande Barrière* (1990, c. m.), *Quadrilogues de l'arbre* (1991) et l'itinérant *Salon de thé mondial* (coréal. B. Mulvihill et S. Schnee, 1992).

En outre, les rapports avec les arts visuels et l'étude du discours amoureux protéiforme sont notamment examinés par Charles Guilbert et Serge Murphy dans *Le garçon du fleuriste* (1987, m. m.), *L'homme au trésor* (coréal. Michel Grou, 1988, m. m.), *Sois sage Ô ma douleur (et tiens-toi plus tranquille)* (1991) et *Au Verso du monde* (1994, m. m.).

Plusieurs auteurs liés à la Coop Vidéo favorisent de leur côté cette « caméra subjective » qui a fait et continue de faire la marque de l'organisme : Colette Loumède et Richard Jutras (*Kid Kodak*, 1992, m. m.), Louis Bélanger et Denis Chouinard (*Les quatorze définitions de la pluie*, 1992, m. m.), Bernard Émond (*L'épreuve du feu*, 1997, m. m.). Sur le plan documentaire, Brigitte Nadeau et Stéphane Thibault, restent fidèles au genre en lui apportant une dimension personnelle : *Le beau Jacques* (S. Thibault, 1998, c. m.) ; *Les eaux mortes* (B. Nadeau, 1998, m. m.).

Les créateurs élaborent leurs recherches autour de sujets intimistes, voire quotidiens, où les formes et les contenus ne sont pas exempts d'humour. C'est le cas de Manon Labrecque qui met en scène le dispositif qui fait naître son récit sur la solitude humaine et propose une démystification des procédés mécaniques qu'elle utilise : *Rien que la vérité, toute la vérité* (1993, c. m.), *En-deçà du réel* (1997, c. m.), *Hara-Kiri (exercices)* (1998, m. m.). Sylvie Laliberté, avec *Bonbons Bijoux* (1996, c. m.) et

*Oh la la du narratif* (1997, c. m.), réfléchit également sur l'autoreprésentation en vidéo en explorant notamment les figures discursives associées à la dérision. Dans une veine bédéiste et originale, les membres du groupe Alliage revisitent quant à eux la fiction et le vidéoclip avec *Phylactère Cola* (1997).

Aussi, (ré)émergent dans les années 90 des thèmes comme l'environnement domestique, l'étude des propriétés physiques et technologiques de l'outil vidéo, la présence du réel, la solitude, le territoire, la narration, le corps, la reformulation de la sexualité et la construction identitaire. Nelson Henricks s'inscrit dans ce courant tout en se signalant par une réflexion sur les notions d'invisibilité et de mouvement : *Conspiracy of lies* (1992, c. m.), *Émission* (1994, c. m.), *Comédie* (1994, c. m.), *Shimmer* (1995, c. m.), *Crush* (1997, c. m.). Donigan Cumming repoussera les limites du documentaire dans *A Prayer for Nettie* (1995, c. m.) et *Erratic Angel* (1998, m. m.), alors qu'Esther Valiquette sonde la maladie du sida avec *Le Récit d'A* (1990, c. m.) et *Extenderis* (1993, c. m.). Mario Côté réalise au cours de ces années prolifiques *Quatre chants pour le regard* (1997, c. m.); Marie Brodeur, *Héro* (1996, m. m.); Josette Bélanger, *Les années Jules-Félix* (1998); Alain Pelletier, *Faust Médusé* (1995, c. m.).

D'autres auteurs apportent un regard différent sur la vidéo et les relations au monde des affects qui les touche. Cathy Sisler, dans une mouvance postféministe, insiste sur la présence du « moi » dans l'espace public et la notion d'altérité : *Aberrant Motion #4 (Face Story, Stagger Stories)* (1993, c. m.) ; *The Better Me* (1994-1995, c. m.) ; *Lullaby for the Almost Falling Woman* (1996, c. m.). Dans un paysage vidéographique éclaté et dynamique se côtoient le déplacement, l'errance et la consolidation identitaires chez Nikki Forrest (*Shift*, 1996-1997, c. m. ; *Stravaig*, 1998, c. m.) ; Anne Golden (*Big Girl Town*, 1998, m. m.) et Joe Balass (*Nana, George and Me*, 1997, c. m.), les concepts de dualité et de personnification chez Monique Moumblow (*Joan and Stephen*, 1996, c. m. ; *Three Waltzes*, 1998, c. m.) ; la narrativité chez Rodrigue Jean (*La mémoire de l'eau*, 1996, c. m. ; *L'Appel — Call Waiting*, 1998, c. m.), et John Zeppetelli (*The Translators*, 1998, m. m.) ; la mise en contexte du sujet chez de Yudi Sewraj (*Hybrid Creatures*, 1993, c. m. ; *A Box of His Own*, 1997, c. m.), ainsi que les fictions aux dénouements abrupts chez Ricardo Trogi (*One Night*, 1998, c. m.), Jean-François Rivard (*Kopps*, 1997, c. m.), et Sylvain Robert (*À la banque*, 1997, c. m.).

Les nouvelles technologies et les manipulations du son et de l'image trouvent un écho prometteur chez plusieurs réalisateurs. C'est le cas des installations d'Alexandre Castonguay (*Les quatres saisons*, 1995-1998) et des bandes de Gisèle Trudel et Stéphane Claude (*Tempus Erit*, 1993, c. m.) ; Marc Fournel (*Le relatif et l'absolu*, 1996, c. m.) ; Georges Shehee (*DDD*, 1998, c. m.), Luc Saint-Laurent (*Cinq, Sept, Six*, 1998, c. m.) et le duo Yan Breuleux et Alain Thibault (*A-B-C Light*, 1998, c. m.).

En 1982, le Musée d'art contemporain de Montréal présentera l'exposition « Vidéo du Québec ». Sa commissaire, Andrée Duchaine, y rappelera les développements du médium électronique au Québec et catégorisera les genres dans lesquels s'inscrit la vidéo. À Québec, Obscure, la Bande vidéo et film de Québec (aujourd'hui La Bande vidéo), et Spirafilm se consacreront également au médium. À Montréal, PRIM organisera ou collaborera à plusieurs projets de diffusion dont : « Art Montréal », « Télé-Vidéo », « Export 80 » et les fameux « Printemps de PRIM ». Les vidéastes Martin Labbé (*Vidéologie,* 1985, m. m.), Jean Décarie alias Neam Cathod (*I am Monty Cantsin,* 1989, c. m.), le néoiste Monty Cantsin (ou Istvan Kantor/ Amen) réalisateur de *Jericho* (1991, c. m.) et de *Barricades* (1992, c. m.), travailleront dans ses salles de montage. Luc Courchesne y produira également de nombreuses bandes qui exploreront les relations interpersonnelles et les processus d'interactivité : *Twelve of us* (1982, c. m.), *Paula* (1983, c. m.), *Parcours de l'encyclopédie claire-obscure* (1989, c. m.), puis *Portrait nº 1* (1990, c. m.).

En septembre 1984 se tiennent à Montréal les premières Rencontres internationales de la vidéo (Vidéo 84). Cette manifestation impressionnante présente également un colloque, des installations, et une publication dont la production est assurée par le critique et historien d'art René Payant. Elle contribue à mieux faire connaître Montréal et à positionner la ville sur la scène internationale tout en attirant des participants de onze pays. Le mois suivant, le Festival international du nouveau cinéma devient le Festival international du nouveau cinéma et de la vidéo. Un an plus tard, la SGCQ accepte de subventionner la production de vidéo indépendante. En 1991, les Rendez-vous du cinéma québécois établissent une section vidéo et créent, avec le soutien financier de la SOGIC, un Prix de la vidéo qui, la première année, est attribuée à *Sois sage Ô ma douleur (et tiens-toi plus tranquille).* Au fil des ans, il accompagne toutes les tendances qui cohabitent dans la vidéo québécoise.

Les projets de diffusion amorcés et développés dans les années 80 prennent d'autres avenues tout au long de la décennie suivante. Champ Libre, un collectif d'urbanistes et d'architectes, organise en 1993 une première Manifestation internationale vidéo et art électronique qui accueille à Montréal des œuvres et des auteurs étrangers. L'événement, biennal, s'intègre dans divers lieux et quartiers montréalais afin de décloisonner la diffusion vidéo et de proposer d'autres manières d'exposer le médium.

Vidéographe met sur pied en hiver 1994, l'événement La Troisième Fenêtre, ou vingt ans de vidéo déballés sur le boulevard Saint-Laurent, avec tables rondes, débats et projections. La Quinzaine de la vidéo, initiée la décennie précédente, est reprise à l'automne 1998. PRIM amorce un projet prometteur de résidence d'artistes en invitant, cette année-là, le vidéopoète italien Gianni Toti. La Bande Vidéo lance à Québec l'événement hivernal Neige sur Neige selon un concept du vidéaste Henri-Louis Chalem, repris ailleurs. Ce concept consiste en une projection sur un mur de neige, de bandes vidéo traitant de thèmes liés au titre.

De nouveaux lieux viennent soutenir la diffusion de la vidéo. La salle Fernand-Seguin de la Cinémathèque québécoise ouvre ses portes à la vidéo en proposant des programmes en collaboration avec des centres de distribution et de production. L'avènement du lieu Ex-Centris, conçu par Daniel Langlois*, fondateur de Softimage, précise les enjeux des images à l'ère du multimédia et d'Internet.

Un peu partout au Québec, des centres d'artistes incluent de la vidéo (Séquence à Chicoutimi, Oboro, La Centrale, et Articule à Montréal, Méduse à Québec) ou se consacrent entièrement à ses ramifications formelles et excroissances techniques (Centre Daïmon à Hull, Espace Vidéographe à Montréal). Des festivals, Festival international du nouveau cinéma et des nouveaux médias (FCMM), Les Rendez-vous du cinéma québécois, ainsi que des structures alternatives et dynamiques, Vidéastes Recherchés (organisé par la Bande Vidéo), Antitube à Québec, l'Événement interuniversitaire d'art vidéo (Montréal), participent à la diffusion et la défense des images. De nombreux réalisateurs issus du milieu de la vidéo passent ensuite au cinéma, notamment Jean Beaudry, François Bouvier, Robert Favreau, Pierre Falardeau, Jeanne Crépeau, Diane Poitras, Bernar Hébert, François Girard, Robert Morin, Louis Bélanger, Denis Chouinard, Pierre Gréco.

BIBLIOGRAPHIE : « Le glissement progressif vers la vidéo », *Copie Zéro*, nº 26, Montréal, 1985 • DUCHAINE, Andrée, *Historique de la vidéo au Québec : pour une théorie des genres*, mémoire, Université de Montréal, 1982 • ROSS, Christine, *Perspective holistique dans la vidéo-fiction féministe au Québec*, mémoire, Université Concordia, 1984 • Sous la direction de Louise Lamarre, Jules Lamarre et Luc Bourdon assistés de Katherine Liberovskaya, *Le prix de la liberté. Rapport sur la production indépendante vidéo*, Institut québécois du cinéma, Montréal, 1992 • CRON, Marie-Michèle, *La fonction diégétique dans la vidéo indépendante au Québec 1971-1979*, mémoire, Université du Québec à Montréal, 1999. (M. S. et M.-M. C.)

**VIGNEAULT, Gilles,** acteur, musicien (Natashquan, 1928). Après avoir fait un cours classique à Rimouski, il poursuit ses études à l'Université Laval, puis il enseigne et touche au théâtre. Dès le début des années 60, ses chansons, qui ajoutent au folklore une défense passionnée du pays et une description aussi poétique qu'amoureuse de ceux qui l'habitent, lui valent la reconnaissance du public québécois et étranger. Sa voix inimitable et son remarquable talent de conteur le distinguent rapidement de tous les chanteurs de sa génération. Au cinéma, c'est tout naturellement qu'on fait de lui la voix de la Côte-Nord dans *Les bacheliers de la cinquième* (C. Perron et F. Séguillon, 1961, c. m.). Sa collaboration avec Arthur Lamothe, avec lequel il partage une passion communicative pour cette vaste région, s'étend sur plusieurs années. Vigneault joue dans *La neige a fondu sur la Manicouagan* (A. Lamothe, 1965, m. m.), compose la musique du premier long métrage de fiction de Lamothe, *Poussière sur la ville* (1965), puis la chanson thème d'*Équinoxe* (1986), *Les îles de l'enfance*, interprétée par Jacques Godin. Cette chanson obtient un Génie. Acteur, Vigneault fait ses débuts dans *La canne à pêche* (F. Dansereau, 1959, c. m.), puis joue dans *The Act of the Heart* (P. Almond, 1970) et dans *Cordélia* (J. Beaudin, 1979). Il tient enfin un premier rôle dans *Tinamer* (J.-G. Noël, 1987) où, grandiloquent, il ne parvient pas à donner vie à l'univers de Jacques Ferron ni à se défaire, malgré certaines transformations physiques, de son propre personnage. On se souviendra plus longtemps de la chanson thème du film, dont il écrit les paroles, interprétée par Sylvie Tremblay. On consacre cinq films à Vigneault, *Ce soir-là, Gilles Vigneault...* (A. Lamothe, 1967, m. m.), *Why I Sing* (J. Howe, 1972, m. m.), *Miroir de Gilles Vigneault* (R. Fournier, 1972), *Une enfance à Natashquan* (M. Moreau, 1992) et *Portager le rêve* (A. Gladu, J.-C. Labrecque et S. Beauchemin, 1998, c. m.). (M. C.)

**VILLENEUVE, Denis,** réalisateur, scénariste (Gentilly, 1967). Après avoir participé à la *Course destination monde* où il impose, dans les reportages qu'il tourne aux quatre coins du monde, un style très personnel, Villeneuve prolonge son expérience de globe-trotter en réalisant *REW FFWD* (1994, m. m.) à l'ONF. Dans ce film, primé à Locarno, qu'il qualifie de psychodrame, le cinéaste se projette dans la peau d'un photographe supposé prendre en photo Miss Monde, mais coincé dans un ghetto de la Jamaïque où il apprend à secouer ses préjugés. Au carrefour du documentaire et de la fiction, le film, où, étrangement, le reporter parle anglais, révèle un souci formel évident, le cinéaste appuyant les choix de montage par l'annonce de chaque retour en arrière (*rewind*) et avancée dans le temps (*fast forward*). Après avoir signé des vidéoclips, Villeneuve tourne un sketch très nerveux intégré à *Cosmos* (coréal. J. Alleyn, M. Briand, M.-J. Dallaire, A. Paragamian et A. Turpin, 1996). Un cinéaste angoissé (David La Haye) y est exposé au monde clippé et superficiel de la télévision, nouvelle occasion pour Villeneuve de rappeler les limites de l'image. À son premier long métrage, *Un 32 août sur terre* (1998), dans la continuité de ce sketch, il confronte un mannequin à l'approche de la trentaine (Pascale Bussières) à son mode de vie, balayant, une fois encore, la culture de l'image. Le cinéaste, qui isole ses personnages en plein désert de sel dans l'Utah et privilégie un montage heurté, propose une réflexion, plutôt pessimiste, sur sa génération. Il enchaîne avec *Maelström* (2000) où, comme dans *Un 32 août sur terre*, la vie d'une jeune femme bascule à la suite d'un accident d'automobile, lequel fait cette fois une victime. Villeneuve y explore de nouveau le thème de la remise en question. (M. C.)

**VINCENT, Julie** (née **Anne-Marie**), actrice (Montréal, 1954). Dès sa sortie de l'École nationale de théâtre, elle interprète le rôle de la jeune femme violée dans *Mourir à tue-tête* (A. C. Poirier, 1979). Son jeu bouleverse par l'intensité mêlée de fragilité avec laquelle elle aborde le personnage. Très physique, depuis la scène du viol jusqu'à l'acte suicidaire, son rôle est traversé par des sentiments de peur et de haine qu'elle rend avec une rare maîtrise. On la retrouve ensuite sous les traits plus sereins d'une Italo-Québécoise dans *Les grands enfants* (P. Tana, 1980). Puis, elle fait partie de la distribution du *Petit pays* (B. Langlois, 1979, c. m.), avant d'accéder à l'univers étouffant de Réjean Ducharme dans *Les beaux souvenirs* (F. Mankiewicz, 1981). Par la suite, elle se consacre surtout au théâtre en faisant une large place à l'improvisation et à l'écriture. Elle participe notamment à la création de *La déprime* en 1982 et de *Raz-de-marée* en 1985. Elle apparaît tout de même brièvement dans *Salut Victor!* (A. C. Poirier, 1988), tient le rôle principal du téléfilm *Solo* (P. Baillargeon, 1991) et joue dans *Les marchands du silence* (F. Labonté, 1993). (J. P.)

**VITALE, Frank,** réalisateur, acteur, chef opérateur (Jacksonville, États-Unis, 1945). Il est l'auteur d'une vidéo surprenante, *Hitch-Hiking* (1972, m. m.), dans laquelle le spectateur suit ses déplacements du Québec vers l'État de New York. Son premier long métrage, *Montreal Main* (1974), film à petit budget, raconte l'histoire d'une brève amitié entre un photographe bohème et un jeune garçon de bonne famille. Le film représente, à travers eux, les deux versants du mont Royal, Westmount et le boulevard Saint-Laurent, l'anglophone et le francophone, le *gay* et le *straight*. L'amitié dure jusqu'à ce que le père du garçon de bonne famille, inquiet, demande à Frank (Frank Vitale) de ne plus voir son fils. Dans une perspective plus impressionniste que documentaire, la vie quotidienne des personnages, le milieu, le quartier, sont peints à petites touches, par épisodes dont le rythme et l'atmosphère sont mis en place d'une façon apparemment spontanée, mais, en fait, sérieusement préparée. Dans le cinéma montréalais anglophone, *Montreal Main* est une étoile filante, un film sans ancêtres et sans postérité. Vitale réalise ensuite un documentaire, *Penny and Ann* (1974, c. m.), sur un centre de réhabilitation. Puis, il tourne un deuxième long métrage, *East End Hustle* (1976), dont il assure la production et signe le scénario. Le film, qui raconte l'histoire d'une prostituée qui, après avoir échappé au trottoir, veut venir en aide à d'autres femmes, n'a pas le même impact que *Montreal Main.* Il signe la photographie de *The Rubber Gun* (A. Moyle, 1977). Par la suite, Vitale, comme plusieurs cinéastes anglophones de Montréal, s'installe à New York où il tourne, notamment, des films de commande. En 1985, il produit et apparaît dans une comédie américaine caustique intitulée *When Nature Calls* (C. Kaufmann). (M. E.)

**WALKER, Giles,** réalisateur, producteur, scénariste (Dundee, Écosse, 1946). Après un baccalauréat en psychologie, il est diplômé en cinéma à l'Université Stanford de Californie. Au cours de ses études, il est profondément touché par l'œuvre de Colin Low. Préoccupé par l'environnement, il tourne deux films sur ce sujet, dont *Freshwater World* (1974, c. m.), sa première réalisation à l'ONF. Très actif, son nom apparaît au générique d'environ un film par année, que ce soit à titre de réalisateur, de producteur ou de scénariste. Après avoir réalisé trois documentaires sur le ski dont *Descent* (coréal. P. Cowan, 1975, c. m.), il aborde la fiction avec un film qui connaît une large diffusion auprès du jeune public : *I Wasn't Scared* (c. m.), qui raconte l'histoire de deux pêcheurs qui trouvent une bombe et l'amorcent involontairement. Il poursuit avec *Bravery in the Field* (1979, c. m.), sur un vétéran de la Seconde Guerre mondiale dépouillé de ses médailles par deux voyous, puis signe une satire sur le bilinguisme, *Twice Upon a Time* (1979, c. m.). Il retourne au documentaire classique en réalisant, à l'ONF, des films pour la CBC, puis produit *Daisy : Story of a Facelift* (M. Rubbo, 1982, m. m.). En 1984, il s'engage dans le filon du féminisme et son corollaire, la condition masculine, et amorce la réalisation d'une trilogie de longs métrages. Le premier volet, *The Masculine Mystique* (coréal. J. N. Smith, 1984), renouvelle son cinéma par l'emploi de comédiens non professionnels, ainsi que par la place faite à l'improvisation. Le film trace le portrait de quatre hommes et de leurs relations avec les femmes. Le deuxième volet, *90 Days* (1985), centré sur un homme réservé (Stefan Wodoslawsky) qui se choisit une épouse coréenne par catalogue, est une comédie fantaisiste plus conventionnelle qui remporte un bon succès. Réalisé en 1987, le troisième volet, *The Last Straw*, où l'homme le plus fertile du monde (Sam Grana) est engagé dans une clinique d'insémination artificielle, sombre cependant dans la facilité. Walker réalise ensuite une fiction dont l'action se situe dans un camp de vacances pour jeunes atteints du cancer, *Princes in Exile* (1990). Le film, délicat, touchant, remporte plusieurs prix, dont celui du meilleur scénario au FFM. Il réalise ensuite *Ordinary Magic* (1993), l'histoire d'un enfant qui, à la mort de ses parents, quitte son

Inde natale pour venir rejoindre sa tante au Canada. *Never Too Late* (1996), qui a pour cible et sujet les gens âgés, n'arrive à rejoindre ni son public ni la critique. Walker travaille aussi beaucoup pour le petit écran. Il réalise notamment des épisodes des téléséries *Sirens* (1994-1995) et *Emily of New Moon* (1998). (A. D. et É. P.)

**WARNY, Clorinda,** animatrice, réalisatrice (Gand, Belgique, 1939 – Montréal, 1978). De 1956 à 1967, en Belgique, elle est intervalliste puis animatrice dans plusieurs maisons de production de films d'animation, en particulier chez Belvision. En 1967, elle émigre au Canada. Forte de son expérience technique, elle entre tout de suite à l'emploi du studio français d'animation de l'ONF pour y diriger l'animation de séries de films didactiques. Elle passe ensuite à la réalisation avec *L'œuf* (1972, t. c. m.) et *Petit bonheur* (1973, c. m.), mais c'est son troisième et dernier film, *Premiers jours* (1980, c. m.), qui la fait connaître plus largement. Dans ce film où le corps humain est représenté par des paysages en métamorphose, et le cycle de la vie par la ronde des saisons, Warny systématise l'usage des fondus enchaînés « en chaîne » que Norman McLaren avait déjà utilisés. Elle entreprend également d'animer au pastel les changements de couleurs. Ce travail considérable est interrompu par son décès prématuré. Le film sera terminé par Lina Gagnon et Suzanne Gervais. Il obtient le Prix spécial du Jury à Annecy et se classe quinzième au Palmarès des cinquante meilleurs films d'animation au monde établi à l'occasion des Olympiades du film d'animation qui se tiennent à Los Angeles en 1984. (P. H.)

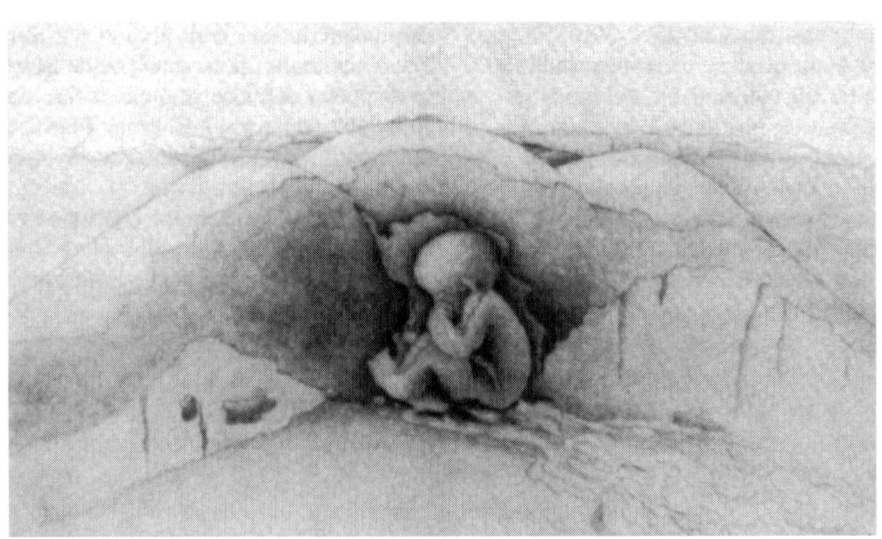

*Premiers jours* de Clorinda Warny. (ONF)

**WEES, William C.**, réalisateur (Joplin, États-Unis, 1935). Cinéaste indépendant, professeur à l'Université McGill à partir de 1969 (maintenant à la retraite), il est l'auteur d'une thèse sur le vorticisme, mouvement d'avant-garde anglais. Il manifeste dans ses recherches un intérêt soutenu pour les rapports entre poésie et cinéma. Ses films, résolument expérimentaux, s'inscrivent dans la tradition de l'avant-garde américaine des années 60 et 70 et, plus particulièrement, dans le sillage de deux artistes qui marquent fortement ce mouvement, Stan Brakhage et Bruce Baillie. Il partage avec eux une passion pour les formes nouvelles purement cinématographiques, caractéristique d'une modernité sans compromis. En 1967, il réalise son premier court métrage, *Winter Epitaph : For Michael Furey*, dans lequel, à la manière de Brakhage, il expérimente principalement le mouvement en utilisant des masses lumineuses (surexpositions et sous-expositions) et de nombreuses surimpressions. Son deuxième film, *Holding On* (1970, t. c. m.), qui propose une réflexion sur la dichotomie nature/culture, étonne par sa très grande qualité photographique et sa solide structure audiovisuelle. *Quick Shadows* (1971, t. c. m.) rappelle les expériences rythmiques d'un Walther Ruttmann, obtenues par des abstractions géométriques, des rapports de masses et des clairs-obscurs. Le soin particulier qu'il apporte à la réalisation d'une bande sonore signifiante se manifeste clairement dans *La première étoile* (1973, t. c. m.) : aux images d'enfants qui s'amusent sur des patinoires extérieures se greffe, en contrepoint ironique, la répétition ininterrompue de l'annonce de la première étoile de différentes joutes d'une équipe de hockey professionnel, le Canadien de Montréal. *On Tellus* (1977, c. m.) est sans doute son film le plus brakhagien. La poésie d'Ezra Pound sert ici de point de départ à un poème filmique. Il s'y montre un excellent coloriste, sensible aux mouvements esthétiques de la nature. *Louds Islands : A Post Card For Bruce Baillie* (1978, t. c. m.) confirme sa passion pour les couleurs et les formes, de même que l'estime qu'il porte à Baillie dont il s'inspire manifestement pour lui rendre hommage. Audacieux, Wees explore des zones laissées pour compte par le cinéma dominant. Son travail, souvent axé sur la production d'effets picturaux, s'apparente, à certains égards, à celui des peintres. (J. D.)

**WELDON, John**, animateur, réalisateur (Belleville, Ontario, 1945). Venu poursuivre ses études à l'Université McGill et au MacDonald College, il s'établit à Montréal. Stagiaire en actuariat pendant un an, il abandonne cette voie et crée une bande dessinée qu'il présente à l'ONF, où il obtient un contrat, en 1970. Un film éclair sur l'usage abusif des médicaments, *None For Me, Thanks* (1971, t. c. m.), est sa première expérience. Prolifique, Weldon signe ensuite une série d'œuvres exploitant l'absurde pour aborder la condition humaine : *Spinnolio* (1977, c. m.) est une parodie de *Pinocchio* dans laquelle une marionnette perd son emploi au profit d'un ordinateur, *No Apple for Johnny* (1977, c. m.) pose un regard amusé sur un jeune professeur, *Real Inside* (coréal. D. Verrall, 1984, c. m.) raconte, trois ans avant *Who Framed Roger Rabbit ?*, l'histoire d'un *Toon* qui cherche un emploi, *The Lump* (1991, c. m.) montre un petit homme sans qualité qui devient célèbre après qu'une protubérance lui a poussé sur la tête. C'est cependant *Special Delivery* (coréal. E. Macaulay, 1978, c. m.) qui demeure son meilleur film. Gagnant d'un Oscar

et du prix du meilleur film de plus de trois minutes au Festival de Zagreb, *Special Delivery* prend pour point de départ l'improbable mort accidentelle d'un facteur pour parodier avec beaucoup d'esprit les fictions hitchcockiennes. *To Be* (1990, c. m.), une ingénieuse interrogation sur la nature humaine, constitue un autre sommet dans l'abondante production de Weldon. En 1982, il coréalise avec Yossi Abolafia six petits films d'ouverture pour le Festival d'Ottawa qui remportent un énorme succès.
AUTRES FILMS : *You've Read the Book, Now See the Movie* (1977, c. m.), *Log Driver's Waltz* (1979, t. c. m.), *Emergency Numbers* (1984, t. c. m.), *Elephantrio* (coréal. G. Ross et P. Driessen, 1986, c. m.), *Of Dice and Men* (1998, c. m.), *Para Sight* (1991, t. c. m.), *Scant Sanity* (1996, c. m.), *Frank the Wrabbit* (1998, c. m.). (L. B. et M. J.)

**WESCOTT, Margaret,** réalisatrice, monteuse, productrice (Montréal, 1941). Diplômée en sciences politiques, elle fait ses débuts en cinéma à la fin des années 60 comme monteuse de documentaires et de films de fiction. À la création du studio D (studio anglais des femmes à l'ONF), elle étend ses activités à la réalisation et tourne *Some American Feminists* (coréal. N. Brossard et L. Guilbeault, 1977, m. m.), dont elle assure également le montage. Cette fresque rend compte, à travers une série d'interviews, de la première décennie de la seconde vague du féminisme et, fait nouveau, comprend les revendications des lesbiennes. Wescott signe aussi des portraits de femmes qui ont réussi dans des métiers non traditionnels, sujet qui devient une des forces du studio : *Eve Lambart* (1975, m. m.), *The Lady from Grey County* (1977, c. m.) et *Louise Drouin, Veterinarian* (1980, c. m.). Un de ses projets les plus ambitieux est un film historique en deux parties, *Behind the Veil* (1984), qui propose un survol d'un courant bien déterminé de l'histoire des femmes (les religieuses, leurs réalisations et leurs revendications face à l'Église catholique), et dans lequel sont insérés une série de portraits contemporains colorés. Une fois de plus, Wescott recourt au style chaleureux qui lui est propre. En 1997, avant de prendre sa retraite, elle sort à l'ONF son dernier film, *Stolen Moments*, résultat de dix ans de recherche à l'extérieur du studio D. C'est son film le plus personnel, un documentaire-témoignage, pollinisé de poésie, théâtre, érotisme et musique, sur trois siècles de vie lesbienne. Elle est la réalisatrice de plusieurs des plus importants manifestes de l'ONF qui affirment le rôle que jouent les femmes, hétérosexuelles et lesbiennes, dans l'histoire et la société contemporaines. (T. W.)

**WINTONICK, Peter,** scénariste, monteur, producteur, réalisateur (Trenton, Ontario, 1953). Il déménage à Montréal vers la fin des années 70 en quête d'un environnement intellectuel et artistique stimulant. Il se fait remarquer en 1984 lorsqu'il remporte le Blue Ribbon Award de l'American Film Festival pour *Les nouveaux médias*, un documentaire sur le cinéma indépendant dont il est à la fois le producteur et le réalisateur. Son documentaire *Manufacturing Consent : Noam Chomsky and the Media* (1992), produit et réalisé en collaboration avec Mark Achbar, constitue un portrait acclamé du célèbre linguiste américain qui mélange savamment extraits d'archives et matériel original. D'une durée de près de trois heures, le film est séparé en deux parties : la première expose les idées de Chomsky sur le contrôle médiatique exercé en société dite démocratique, la seconde propose des moyens de contrer la désinformation par le biais des médias alternatifs. Présenté dans une cinquantaine de festivals internationaux, diffusé dans près de trente pays et traduit dans une douzaine de langues, le film remporte vingt prix. *Ho! Kanada* (coréal. B. Doran, 1996), sur l'épopée d'un groupe de touristes japonais à travers le Canada, et *Le complexe QuébeCanada* (coréal. P. Tassinari, 1998, m. m.), sur l'inconscient collectif névrosé de la nation canadienne, sont représentatifs du mode mi-sérieux, mi-humoristique qui est la marque de commerce de Wintonick. Il réalise ensuite à l'ONF un documentaire sur l'histoire du direct, *Cinéma vérité, Defining the Moment* (1999). Il excelle à présenter de façon dynamique et innovatrice un regard structuré et critique sur la société contemporaine. Il monte *A Rustling of Leaves : Inside the Philippine Revolution* (N. Wild, 1988) et collabore à sa production. Ses activités comprennent également un important travail dans le domaine du multimédia et d'Internet. Wintonick est l'un des principaux instigateurs et webmestre du Virtual Film Festival, un des premiers lieux de rencontre, d'échange et de référence en ligne sur le cinéma indépendant canadien et international. (F.-X. T.)

**WODOSLAWSKY, Stefan,** acteur, producteur, réalisateur, scénariste (Sydney, Nouvelle-Écosse, 1952). Il débute à la CBC en 1973 et entre, l'année suivante, à la section anglaise de l'ONF. Il y produit de nombreux films, notamment *Bravery in the Field* (G. Walker, 1979, c. m.) qui reçoit une nomination pour l'Oscar du meilleur court ou moyen métrage de fiction. Il cumule souvent plus d'une fonction pour un même film. Ainsi, il produit et coscénarise *Blueline* (M. Voizard, 1985) et *Crazy Moon* (A. Eastman, 1986). Il réalise et produit pour la CBC un documentaire sur Donald Sutherland, *Give Me Your Answer True* (1988, m. m.). En 1984, Giles Walker lui demande d'interpréter l'un des deux principaux personnages de sa trilogie sur la condition masculine, *The Masculine Mystique* (coréal. J. N. Smith, 1984), *90 Days* (1985) et *The Last Straw* (1987). En 1988, il conjugue ses différents métiers, alors qu'il est à la fois acteur, coscénariste et coproducteur de *Something About Love* (T. Berry). Il s'agit de l'histoire d'un Canadien, célébrité de Los Angeles, qui retourne dans son Cap-Breton natal pour y revoir son père atteint de la maladie d'Alzheimer. Une preuve de plus du large registre de films auxquels Wodoslawsky participe. On le retrouve ensuite dans quelques longs métrages, dont *Blind Fear* (T. Berry, 1989) et *Mindfield* (J.-C. Lord, 1989). En 1996, il produit *Never Too Late*, long métrage réalisé par son vieux complice Giles Walker. (J. P.)

**WOJAS, Claire,** scénariste, productrice, réalisatrice (Pointe-aux-Trembles, 1949). Après des études en communication à l'Université Concordia, elle scénarise la partie fiction de *Fuir* (H. Girard, 1979), réalise un court métrage (*Les aspirations de Monsieur Barbeau*, 1979, c. m.) et passe à la scénarisation avec la télésérie *Un amour de quartier* (R. Ménard, 1984, treize épisodes). Associée très tôt au réalisateur Robert Ménard, elle participe au développement de ses projets. Elle s'inspire d'un fait vécu pour scénariser le téléfilm *T'es belle, Jeanne* (R. Ménard, 1988). Une enseignante (Marie Tifo) se retrouve paraplégique, refuse sa situation et finalement éprouve de la sympathie pour un autre accidenté (Michel Côté).

Très rigoureux, le scénario s'avère d'une grande sensibilité tout en échappant à l'apitoiement souvent associé à ce type de récit. Elle coscénarise ensuite *Cruising Bar* (R. Ménard, 1989), à partir d'une idée de Michel Côté. Entremêlant, comme dans un téléroman, les mésaventures d'un jour de quatre mâles ridicules en quête de sexe, le film vise surtout à servir les talents du comédien. Puis elle scénarise le film *Amoureux fou* (R. Ménard, 1991), dans lequel elle tente de dédramatiser la passion amoureuse. Elle traite encore de l'amour dans le scénario du téléfilm *L'homme de rêve* (R. Ménard, 1991), où elle explore les fantasmes d'une femme ordinaire et où elle retrouve la sensibilité de *T'es belle, Jeanne*. Elle scénarise un autre téléfilm, *La beauté des femmes* (R. Ménard, 1994), sur les difficultés d'un couple dans le milieu de la mode, puis le film *L'enfant d'eau* (R. Ménard, 1995), histoire d'amour entre une fillette de douze ans (Marie-France Monette) et un simple d'esprit (David La Haye), échoués sur une île déserte des Caraïbes. Finalement, elle scénarise la télésérie *Le Polock* (R. Ménard, 1998). Un immigrant polonais, dans les années 30, est déchiré entre le désir de retourner dans sa famille et l'amour d'une jeune femme dont il s'éprend. La famille de celle-ci est hostile à leur liaison et l'immigré a de la difficulté à s'intégrer dans un pays où il demeure toujours étranger. L'étirement du temps (en six épisodes) permet enfin à la scénariste de décrire avec justesse une réalité sociale plus complexe. Depuis *Cruising Bar*, Wojas est également productrice déléguée des films et téléfilms auxquels elle s'associe comme scénariste. (H.-P. C.)

**YAROSHEVSKAYA, Kim,** actrice (Moscou, URSS). Elle arrive à Montréal à l'âge de dix ans. Les enfants lui doivent le personnage de la poupée Fanfreluche, vedette de l'émission du même nom dont elle écrit la majorité des textes, et qui est diffusée à Radio-Canada pendant dix-sept ans. François Labonté lui offre d'incarner un personnage semblable dans *Le château de cartes* (1979). Une vingtaine d'années plus tard, elle joue dans un autre film pour enfants, *Dancing on the Moon* (K. Hood, 1998). Paul Almond met à profit ses origines

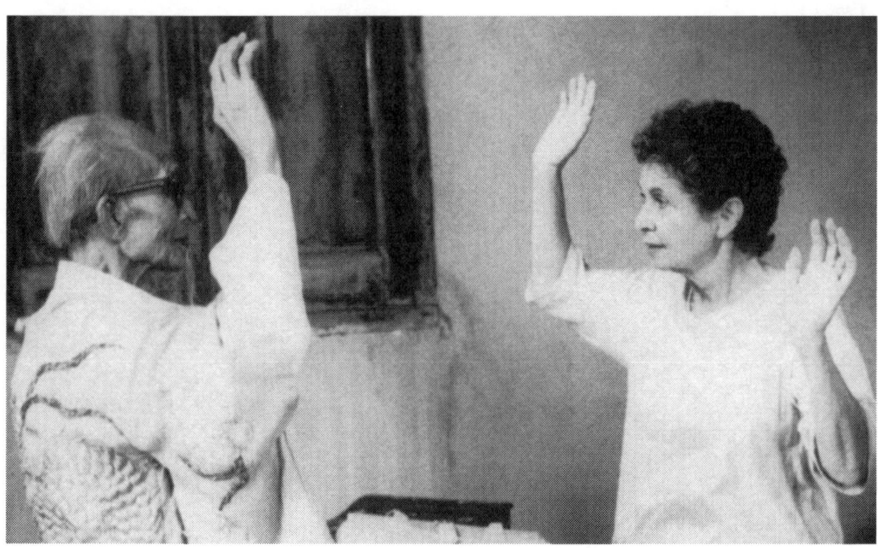

Kim Yaroshevskaya (à droite) dans *Cuervo* de Carlos Ferrand. (coll. ACPQ)

russes et lui offre une participation éclair dans *Final Assignment* (1980), tout comme, dix ans plus tard, André Melançon dans *Rafales*. D'ailleurs, il n'est pas rare qu'on ait recours à elle pour tenir le rôle d'une étrangère, par exemple dans le téléfilm *Manuel le fils emprunté* (F. Labonté, 1990), où elle joue une Espagnole. Mais, comédienne de théâtre et de télévision, elle joue peu au cinéma. Elle laisse tout de même le souvenir d'une grande interprète dans *Sonia* (P. Baillargeon, 1986, m. m.), où elle campe le personnage émouvant et troublant d'une artiste atteinte de la maladie d'Alzheimer, et dans *Cuervo* (C. Ferrand, 1990) où elle joue tour à tour deux jumelles, l'une dénuée de malice, l'autre puissante trafiquante de drogue. Elle retrouve Paule Baillargeon dans *Le sexe des étoiles* (1993). Léa Pool lui témoigne une belle fidélité en lui donnant des petits rôles dans *La femme de l'hôtel* (1984), *Anne Trister* (1986) et *À corps perdu* (1988). (F. L.)

**YOSHIMURA, Yuri,** productrice (Kyoto, Japon, 1948). Elle est danseuse de ballet au Japon lorsqu'elle rencontre Claude Gagnon*. Au Québec, ils fondent en 1979 la maison de production et de distribution Yoshimura-Gagnon, qui devient en 1987 Aska film international. Elle organise, à Tokyo, des semaines de cinéma québécois en 1985 et 1987. Elle participe aussi à l'élaboration d'une entente de coproduction entre le Canada et le Japon. En plus de produire ou de coproduire tous les films de Claude Gagnon (*Visage pâle*, 1985; *Kid Brother*, 1987; *The Pianist*, 1991), elle produit *Rafales* (A. Melançon, 1990), *La postière* (G. Carle, 1992), *Because Why* (A. Paragamian, 1993), *Rowing Through* (M. Harada, 1996), *Pudding chômeur* (G. Carle, 1996), *Histoires d'hiver* (F. Bouvier, 1999) et *Le petit ciel* (J.-S. Lord, 2000). (M. J.)

# 400 génériques*

**2 pouces en haut de la carte**

1975 • Réalisation : Daniel LeSaulnier, Jacques Augustin • Scénario : Claude Bérubé, LeSaulnier • Images : Augustin, Marcel Larrivée, LeSaulnier • Son : Langis Jean, Jean-Pierre Savard, Steve Talbot • Musique : les artistes de la Côte-Nord • Montage : Augustin, LeSaulnier • Production : LeSaulnier • Interprètes : Richard Deschênes, Denis Tremblay • Documentaire-fiction • Noir et blanc • 81 min.

**2 secondes**

1998 • Réalisation : Manon Briand • Scénario : Briand • Images : James Gray • Direction artistique : Pierre Allard • Son : Yvon Benoît • Musique : Sylvain-Charles Grand, Dominique Grand • Montage : Richard Comeau • Production : Roger Frappier • Interprètes : Charlotte Laurier, Dino Tavarone, Yves Pelletier, Pascal Auclair, André Brassard, Jici Lauzon, Louise Forestier • Fiction • Couleur • 101 min.

**24 heures ou plus**

1976 • Réalisation : Gilles Groulx • Scénario : Groulx, Jean-Marc Piotte • Images : Guy Borremans, Serge Giguère • Son : Jacques Blain • Musique : Offenbach • Montage : Groulx, Jacques Kasma • Production : Paul Larose • Documentaire • Couleur et noir et blanc • 113 min.

---

* À l'occasion, nous avons ajouté certaines fonctions que nous jugions significatives (participants, voix, coordonnateur de la performance, etc.). Pour les films d'animation et les films expérimentaux, nous n'avons retenu que les fonctions principales.

Michel Coulombe a fait la sélection des films en collaboration avec Louise Carrière, Marcel Jean, Pierre Véronneau et Tom Waugh. Jeanne Painchaud et Jo'Anne Busque ont effectué la recherche.

**60 cycles**

1965 • Réalisation : Jean-Claude Labrecque • Images : Labrecque, Bernard Gosselin • Son : Marcel Carrière • Musique : Tony Romandini • Montage : Bernard Bordeleau, Labrecque, Gosselin, Werner Nold • Production : Jacques Bobet • Documentaire • Couleur • 17 min.

**90 Days**

1985 • Réalisation : Giles Walker • Scénario : Walker, David Wilson • Images : Andrew Kitzanuk • Son : Yves Gendron • Montage : Wilson • Production : Walker, Wilson, Andy Thomson • Interprètes : Stefan Wodoslawsky, Christine Pak, Sam Grana, Fernanda Tavares, Daisy de Bellefeuille, Katy de Volpi • Fiction • Couleur • 100 min.

**90 jours, Les**

Série « Panoramique »
1958 • Réalisation : Louis Portugais • Scénario : Gérard Pelletier • Images : Georges Dufaux • Son : Marcel Carrière • Montage : Marc Beaudet, Gilles Groulx • Production : Guy Glover, Léonard Forest • Interprètes : Jean Doyon, Benoît Girard, Jean Brousseau, Nathalie Naubert, Béatrice Picard, René Mathieu • Fiction • Noir et blanc • 99 min.

**Aboiteaux, Les**

1955 • Réalisation : Roger Blais • Scénario : Léonard Forest • Images : Lorne Batchelor • Son : Clarke Daprato • Musique : Eldon Rathburn • Montage : Victor Jobin • Production : Roger Blais • Documentaire-fiction • Noir et blanc • 22 min.

**Acadie l'Acadie ?!?, L'**

1971 • Réalisation : Michel Brault, Pierre Perrault • Images : Brault • Son : Serge Beauchemin • Musique : Majorique Duguay, Valère Blais • Montage : Monique Fortier • Production : Guy L. Coté, Paul Larose • Documentaire • Noir et blanc • 118 min.

**Acadiens de la dispersion, Les**

1967 • Réalisation : Léonard Forest • Scénario : Forest • Images : Jack Long, Thomas Vamos • Son : Joseph Champagne • Montage : Forest • Musique : Édith Butler • Production : Clément Perron • Documentaire • Noir et blanc • 118 min.

**A Chairy Tale**

1957 • Réalisation : Norman McLaren, Claude Jutra • Musique : Ravi Shankar, Chatur Lal, Modu Mullick • Assistants : Evelyn Lambart, Herbert Taylor, Maurice Blackburn • Production : Tom Daly • Interprète : Jutra • Animation • Noir et blanc • 10 min.

**À corps perdu**

1988 • Réalisation : Léa Pool • Scénario : Pool, Marcel Beaulieu, d'après le roman *Kurwenal* de Yves Navarre • Images : Pierre Mignot • Direction artistique : Vianney Gauthier • Son : Luc Yersin

• Musique : Olvaldo Montes • Montage : Michel Arcand • Production : Denise Robert, Robin Spry, Ruth Waldburger • Interprètes : Matthias Habich, Michel Voïta, Johanne-Marie Tremblay, Jean-François Pichette, Pierre Gobeil, Kim Yaroshevskaya • Fiction • Couleur • 92 min.

**Action : The October Crisis of 1970**

1973 • Réalisation : Robin Spry • Montage : Shelagh MacKenzie, Joan Henson • Production : Spry, Normand Cloutier, Tom Daly • Commentaire : Spry • Documentaire • Couleur • 87 min.

**Act of the Heart, The**

1970 • Réalisation : Paul Almond • Scénario : Almond • Images : Jean Boffety • Son : David Howells • Musique : Harry Freedman • Montage : James D. Mitchell • Production : Almond, Peter Carter • Interprètes : Geneviève Bujold, Donald Sutherland, Monique Leyrac, Gilles Vigneault, Sharon Acker, Ratch Wallace • Fiction • Couleur • 103 min.

**Adeptes, Les**

1981 • Réalisation : Gilles Blais • Images : André-Luc Dupont, Roger Rochat, Michel Thomas d'Hoste • Son : Jean-Guy Normandin, Hugues Mignault, Jacques Drouin, Raymond Marcoux • Montage : Yves Leduc • Production : Georges Dufaux, Jacques Bobet • Documentaire • Couleur • 79 min.

**Affaire Bronswik, L'**

1978 • Réalisation : Robert Awad, André Leduc • Scénario : Awad, Leduc • Animation : Awad, Leduc, Jean-Michel Labrosse • Images : Richard Moras, Jacques Avoine, Raymond Dumas, Simon Leblanc • Musique : Alain Clavier • Montage : Awad • Production : René Jodoin • Animation • Couleur • 23 min.

**A Film for Max**

1970 • Réalisation : Derek May • Images : Martin Duckworth • Son : Pierre Letarte, Henry Zemel • Montage : May • Production : Tom Daly • Documentaire • Couleur • 74 min.

**Âge de la machine, L'**

1978 • Réalisation : Gilles Carle • Scénario : Carle • Images : Pierre Letarte • Direction artistique : Jocelyn Joly • Son : Serge Beauchemin • Montage : Avdé Chiriaeff • Production : Jacques Bobet • Interprètes : Gabriel Arcand, Sylvie Lachance, Willie Lamothe, Jean-Pierre Saulnier, Guy Thauvette, Jean Mathieu • Fiction • Couleur • 28 min.

**Ah ! Vous dirai-je maman**

1985 • Réalisation : Francine Desbiens • Scénario : Marthe Blackburn • Images : André-Luc Dupont • Caméra d'animation : Jacques Avoine • Musique : Pierre F. Brault • Montage : Pierre Bernier • Production : Yves Leduc • Animation • Couleur • 13 min.

**À la croisée des chemins**

1943 • Réalisation : Jean-Maire Poitevin • Scénario : Poitevin • Images : Poitevin, Paul Morin • Son : Léonidas Castonguay • Musique : Fernand Gaudry • Montage : Poitevin, Paul Guèvremont • Production : La Société des Missions étrangères de la province de Québec • Interprètes : Guèvremont, Denise Pelletier, Rose Rey-Duzil, Jean Fontaine, Denis Drouin • Narrateur : René Lévesque • Fiction • Noir et blanc et couleur • 97 min.

**Albédo**

1982 • Réalisation : Jacques Leduc, Renée Roy • Scénario : Leduc, Roy • Images : Jean-Pierre Lachapelle, Pierre Letarte, Jacques Tougas • Son : Yves Gendron • Musique : René Lussier, Jean Derome, Pierre Saint-Jacques, Ti-Lou Babin • Montage : Pierre Bernier, Suzanne Bouilly • Production : Jacques Bobet • Interprètes : Paule Baillargeon, David Chagnon, Pierre Foglia, Luce Guilbeault, Jean-Pierre Saulnier, Gino Andreoli • Documentaire-fiction • Couleur • 54 min.

**Alexis Ladouceur, métis**

1961 • Réalisation : Raymond Garceau • Images : Georges Dufaux, Bernard Gosselin • Son : Roger Hart • Montage : Édouard Davidovici, Robert Russel • Production : Victor Jobin, Bernard Devlin • Documentaire • Noir et blanc • 29 min.

**Alias Will James**

Série « l'Américanité »

1988 • Réalisation : Jacques Godbout • Images : Jean-Pierre Lachapelle • Son : Richard Besse • Musique : Robert M. Lepage • Montage : Monique Fortier • Production : Éric Michel • Documentaire • Couleur • 83 min.

**Allées de la terre, Les**

1973 • Réalisation : André Théberge • Scénario : Théberge • Images : Réo Grégoire • Son : Raymond Marcoux • Musique : Andrée Paul • Montage : Yves Leduc • Production : Jean-Marc Garand • Interprètes : Frédérique Collin, Pierre Curzi, Robert Desroches, André Melançon, Serge Mercier, Yvon Barrette • Fiction • Couleur • 71 min.

**Amour blessé (Confidences de la nuit), L'**

1975 • Réalisation : Jean Pierre Lefebvre • Scénario : Lefebvre • Images : Jean-Charles Tremblay • Son : Jacques Blain • Montage : Marguerite Duparc • Production : Duparc • Interprète : Louise Cuerrier • Voix : Gilles Proulx, Paule Baillargeon, Pierre Curzi, Frédérique Collin, Jean-Guy Moreau, Monique Mercure • Fiction • Couleur • 77 min.

**Amuse-gueule**

1984 • Réalisation : Robert Awad • Caméra : Martin Leclerc • Décors : Denis Boucher • Musique : Normand Roger • Production : Robert Forget • Interprètes : Patrice Arbour, Yvan Canuel, Denise Proulx • Animation • Couleur • 28 min.

**André Mathieu, musicien**

1993 • Réalisation : Jean-Claude Labrecque • Scénario : Labrecque • Images : Labrecque • Direction artistique : François Laplante • Son : Philippe Scultéty • Musique : André Mathieu • Montage : Dominique Fortin • Production : Marc Blais, Micheline Blais, Yves Rivard • Documentaire-fiction • Couleur et noir et blanc • 80 min.

**Années de rêves, Les**

1984 • Réalisation : Jean-Claude Labrecque • Scénario : Labrecque, Robert Gurik, Marie Laberge • Images : Alain Dostie • Direction artistique : Vianney Gauthier • Son : Serge Beauchemin • Montage : François Labonté • Production : Claude Bonin, Labonté • Interprètes : Gilbert Sicotte, Anne-Marie Provencher, Monique Mercure, Amulette Garneau, Carmen Tremblay, Roger Le Bel • Fiction • Couleur • 96 min.

**Anne Trister**

1986 • Réalisation : Léa Pool • Scénario : Pool, Marcel Beaulieu • Images : Pierre Mignot • Direction artistique : Vianney Gauthier • Son : Richard Besse • Musique : René Dupéré, Daniel Deshaime • Montage : Michel Arcand • Production : Roger Frappier, Claude Bonin • Interprètes : Albane Guilhe, Louise Marleau, Hugues Quester, Lucie Laurier, Nuvit Ozdogru, Guy Thauvette, Kim Yaroshevskaya • Fiction • Couleur • 102 min.

**Anticoste, L'**

1986 • Réalisation : Bernard Gosselin • Images : Gosselin, Martin Leclerc • Son : Esther Auger, Claude Beaugrand, Serge Beauchemin • Musique : Kevin Braheny • Montage : Gosselin, Michelle Guérin • Production : Jacques Vallée • Documentaire • Couleur • 120 min.

**The Apprenticeship of Duddy Kravitz**

1974 • Réalisation : Ted Kotcheff • Scénario : Mordecai Richler, Lionel Chetwynd • Images : Miklos Lente, Brian West • Son : Patrick Rousseau • Montage : Thom Noble • Production : John Kemeny • Interprètes : Richard Dreyfuss, Micheline Lanctôt, Jack Warden, Randy Quaid, Joseph Wiseman, Denholm Elliott, Henry Ramer, Joe Silver • Fiction • Couleur • 120 min.

**Arrache-cœur, L'**

1979 • Réalisation : Mireille Dansereau • Scénario : Dansereau • Images : François Protat • Direction artistique : Michèle Cournoyer • Son : Henri Blondeau • Montage : Marcel Pothier • Production : Robert Ménard, Bram Appel • Interprètes : Louise Marleau, Françoise Faucher, Michel Mondié, Samuel Cholakian, Jacques Létourneau, Dyne Mousso • Fiction • Couleur • 92 min.

**À Saint-Henri le cinq septembre**

1962 • Réalisation : Hubert Aquin • Coréalisation : Louise Portugais, Gilles Groulx • Scénario : Monique Bosco, Fernand Cadieux • Images : Guy Borremans, Michel Brault, Georges Dufaux,

Claude Fournier, Bernard Gosselin, Jean Roy, Claude Jutra, Bernard Devlin, Arthur Lipsett, Don Owen, Daniel Fournier • Son : Marcel Carrière, Roger Lamoureux, Roger Hart, Claude Pelletier, Leo O'Donnell, Werner Nold • Musique : Raymond Lévesque • Montage : Jacques Godbout, Monique Fortier • Production : Fernand Dansereau • Commentaire : Godbout • Documentaire • Noir et blanc • 42 min.

**À soir on fait peur au monde**

1969 • Réalisation : François Brault, Jean Dansereau • Images : Brault • Son : Claude Lefebvre • Montage : André Corriveau • Production : André Legault • Participants : Robert Charlebois, Louise Forestier • Documentaire • Couleur • 76 min.

**Atelier, L'**

1988 • Réalisation : Suzanne Gervais • Scénario : Gervais, Hélène Ouvrard • Son : Claude Beaugrand • Montage : Monique Fortier • Production : Yves Leduc • Voix : Élise Guilbault, Éric Gaudry • Animation • Couleur • 10 min.

**À tout prendre**

1963 • Réalisation : Claude Jutra • Scénario : Jutra • Images : Michel Brault, Jean-Claude Labrecque, Bernard Gosselin • Son : Michel Belaieff • Musique : Maurice Blackburn, Jean Cousineau, Serge Garant • Montage : Jutra • Production : Jutra, Robert Hershom • Interprètes : Johanne Harelle, Jutra, Victor Désy, Tania Fédor, Guy Hoffmann, Monique Mercure • Fiction • Noir et blanc • 99 min.

**Aube urbaine**

1995 • Réalisation : Jeannine Gagné • Images : Michel Lamothe, Serge Giguère • Son : Pierre Bertrand • Conception sonore : Claude Beaugrand • Montage : Louise Dugal • Production : Jeannine Gagné • Interprète : Anne-Marie Provencher • Essai documentaire • Noir et blanc • 23 min.

**Au bout de mon âge**

1976 • Réalisation : Georges Dufaux • Images : Dufaux • Son : Serge Beauchemin, Jacques Blain • Montage : Dufaux, Suzanne Allard • Production : Jean-Marc Garand • Documentaire • Couleur • 86 min.

**Au bout du fil**

1974 • Réalisation : Paul Driessen • Montage : Jacques Drouin • Trame sonore : Normand Roger • Production : Gaston Sarault • Animation • Couleur • 10 min.

**Au chic resto pop**

1990 • Réalisation : Tahani Rached • Images : Jacques Leduc • Son : Esther Auger, Claude Beaugrand • Musique : Steve Faulkner • Montage : Monique Fortier • Production : Éric Michel • Documentaire • Couleur • 84 min.

**Au clair de la lune**

1982 • Réalisation : André Forcier • Scénario : Forcier, Jacques Marcotte, Michel Pratt, Guy L'Écuyer, Michel Côté, Bernard Lalonde • Images : François Gill, André Gagnon • Son : Alain Corneau, Marcel Fraser • Musique : Joël Bienvenue • Montage : Gill • Production : Lalonde, Louis Laverdière • Interprètes : L'Écuyer, Côté, Lucie Miville, Robert Gravel, Gaston Lepage, J.-Léo Gagnon • Fiction • Couleur • 90 min.

« **Au pays de Neufve-France** »

1959-1960 • Réalisation : René Bonnière • Commentaire : Pierre Perrault • Images : Michel Thomas d'Hoste, Alan Grayston, Kenneth Campbell, Stanley Brede, Frank Stokes • Musique : Lany Crosly, Monique Miville-Deschênes • Production : Crawley Films • Documentaire • Noir et blanc • Série de treize c. m. de 30 min chacun.

**Au pays de Zom**

1982 • Réalisation : Gilles Groulx • Scénario : Groulx • Images : Alain Dostie • Son : Richard Besse • Musique : Jacques Hétu • Montage : Groulx • Production : Jean Dansereau • Interprètes : Joseph Rouleau, Charles E. Trudeau, René Racine, Françoise Berd, Christiane Alarie, Gaston Lepage • Fiction • Noir et blanc et couleur • 77 min.

**Avec tambours et trompettes**

1967 • Réalisation : Marcel Carrière • Images : Alain Dostie, Bernard Gosselin • Son : Serge Beauchemin • Musique : Don Douglas • Montage : Werner Nold • Production : Robert Forget • Documentaire • Couleur • 28 min.

**Bach et Bottine**

Série « Contes pour tous »
1986 • Réalisation : André Melançon • Scénario : Bernadette Renaud, Melançon • Images : Guy Dufaux • Direction artistique : Violette Daneau • Son : Serge Beauchemin, Claude Langlois • Musique : Pierick Houdy, Michel Rivard • Montage : André Corriveau • Production : Rock Demers • Interprètes : Mahée Paiement, Raymond Legault, Harry Marciano, France Arbour, Andrée Pelletier • Fiction • Couleur • 96 min.

**Bar salon**

1973 • Réalisation : André Forcier • Scénario : Forcier, Jacques Marcotte • Images : François Gill • Son : Hugues Mignault • Musique : André Duchesne, Michel McLean, Jean-Pierre Bouchard, Jean-Pierre Tremblay • Montage : Gill • Production : Jean Dansereau • Interprètes : Guy L'Écuyer, Lucille Bélair, Madeleine Chartrand, Marcotte, Gélinas Fortin, Michèle Dion • Fiction • Couleur • 84 min.

**Bead Game**

1977 • Réalisation : Ishu Patel • Musique : J.P. Ghosh • Production : Derek Lamb • Animation • Couleur • 6 min.

**Beauté même, La**

1964 • Réalisation : Monique Fortier • Scénario : Fortier, Andrée Thibault • Images : Guy Borremans • Son : George Croll • Musique : François Morel • Montage : Fortier • Production : Marcel Martin • Interprète : Monique Miller • Documentaire-fiction • Couleur • 10 min.

**Beaux souvenirs, Les**

1981 • Réalisation : Francis Mankiewicz • Scénario : Réjean Ducharme • Images : Georges Dufaux • Direction artistique : Normand Sarrazin • Son : Claude Hazanavicius • Musique : Jean Cousineau • Montage : André Corriveau • Production : Jean Dansereau, Pierre Lamy, Françoise Berd • Interprètes : Monique Spaziani, Julie Vincent, Paul Hébert, R.H. Thomson, Michel Daigle • Fiction • Couleur • 114 min.

**Being at home with Claude**

1992 • Réalisation : Jean Beaudin • Scénario : Beaudin, d'après la pièce de René-Daniel Dubois • Images : Thomas Vamos • Direction artistique : François Séguin • Son : Michel Charron • Musique : Richard Grégoire • Montage : André Corriveau • Production : Louise Gendron, Doris Girard • Interprètes : Roy Dupuis, Jacques Godin, Gaston Lepage, Jean-François Pichette • Fiction • Couleur et noir et blanc • 85 min.

**Bête lumineuse, La**

1982 • Réalisation : Pierre Perrault • Images : Martin Leclerc • Son : Yves Gendron • Montage : Suzanne Allard • Production : Jacques Bobet • Documentaire • Couleur • 127 min.

**Bingo**

1974 • Réalisation : Jean-Claude Lord • Scénario : Lord, Roch Poisson, Lise Thouin, Michel Capistran, Jean Salvy • Images : Claude La Rue, François Protat • Son : Henri Blondeau • Musique : Michel Comte • Montage : Lord • Production : Pierre David, Louise Ranger • Interprètes : Réjean Guénette, Anne-Marie Provencher, Claude Michaud, Alexandra Stewart, Gilles Pelletier, Manda Parent, Janine Fluet, Jean Duceppe • Fiction • Couleur • 113 min.

**Blackfly**

1991 • Réalisation : Christopher Hinton • Son : Jacqueline Newell • Musique : Wade Hemsworth • Production : Bill Pettigrew • Animation • Couleur • 5 min.

**Bleus au cœur, Les**

1987 • Réalisation : Suzanne Guy • Images : Rénald Bellemarre • Son : Michel Charron • Musique : Martin Fournier • Montage : André Corriveau • Production : Aimée Danis • Documentaire • Couleur • 81 min.

**Blinkity Blank**

1954 • Réalisation : Norman McLaren • Musique : Maurice Blackburn • Production : McLaren, Tom Daly • Animation • Couleur • 5 min.

**Bob's Birthday**

1993 • Réalisation : Alison Snowden, David Fine • Scénario : Snowden, Fine • Animation : Snowden, Fine, Janet Perlman • Musique : Patrick Godfrey • Production : Snowden, Fine, David Verrall • Animation • Couleur • 12 min.

**Bonheur d'occasion**

1983 • Réalisation : Claude Fournier • Scénario : Fournier, Marie-José Raymond, d'après le roman de Gabrielle Roy • Images : Savas Kalogeras • Direction artistique : Denis Boucher • Son : Jacques Drouin • Musique : François Dompierre • Montage : André Corriveau (Yves Langlois pour la version anglaise) • Production : Raymond, Robert Verrall, Dorothy Courtois-Lecour, W. Paterson Ferns • Interprètes : Mireille Deyglun, Marilyn Lightstone, Michel Forget, Pierre Chagnon, Martin Neufeld, Charlotte Laurier • Fiction • Couleur • 122 min (121 min pour la version anglaise).

**Bonhomme, Le**

1972 • Réalisation : Pierre Maheu • Images : Martin Duckworth • Son : Maheu, Jean-Guy Normandin • Musique : Luc Cousineau, Red Mitchell • Montage : Claire Boyer • Production : Normand Cloutier, Jean-Marc Garand • Documentaire • Couleur • 59 min.

**Bonjour ! Shalom !**

1991 • Réalisation : Garry Beitel • Scénario : Beitel • Images : Marc Gadoury • Son : Hubert Macé des Gastines • Musique : Jean Corriveau • Montage : Gérald Vansier • Production : Richard Elson • Documentaire • Couleur • 53 min.

**Bons débarras, Les**

1980 • Réalisation : Francis Mankiewicz • Scénario : Réjean Ducharme • Images : Michel Brault • Direction artistique : Michel Proulx • Son : Henri Blondeau • Musique : Bernard Buisson • Montage : André Corriveau • Production : Marcia Couëlle, Claude Godbout • Interprètes : Charlotte Laurier, Marie Tifo, Germain Houde, Louise Marleau, Roger Le Bel, Gilbert Sicotte • Fiction • Couleur • 114 min.

**Borgès, Les**

1978 • Réalisation : Marilú Mallet • Images : Roger Rochat • Son : Richard Besse • Montage : François Dupuis • Production : Jacques Gagné • Documentaire • Couleur • 60 min.

**Boys, Les**

1997 • Réalisation : Louis Saïa • Scénario : Christian Fournier, Saïa, René Brisebois, François Camirand • Images : Sylvain Brault • Direction artistique : Claude Paré • Son : François Asselin • Musique : Normand Corbeil • Montage : Yvann Thibaudeau • Production : Richard Goudreau • Interprètes : Marc Messier, Rémy Girard, Patrick Huard, Serge Thériault, Michel Barrette, Paul Houde, Luc Guérin, Yvan Ponton, Roc Lafortune, Michel Charette, Patrick Labbé, Dominic Philie, Sylvain Giguère, Pierre Lebeau, Maxim Roy • Fiction • Couleur • 117 min.

**Brûlés, Les**

Série « Panoramique »
1958 • Réalisation : Bernard Devlin • Scénario : Devlin, d'après Hervé Biron • Images : Georges Dufaux • Son : Michel Belaieff • Montage : Victor Jobin, Marc Beaudet, David Mayerovitch, Raymond Le Boursier • Production : Guy Glover • Interprètes : Félix Leclerc, Jean Lajeunesse, Aimé Major, Rolland Bédard, René Caron, Rolland D'Amour • Fiction • Noir et blanc • 114 min.

**Bûcherons de la Manouane**

1962 • Réalisation : Arthur Lamothe • Images : Bernard Gosselin, Guy Borremans • Son : Pierre Lemelin • Musique : Maurice Blackburn • Montage : Lamothe, Jean Dansereau • Production : Victor Jobin, Fernand Dansereau • Documentaire • Noir et blanc • 28 min.

**Bulldozer**

1974 • Réalisation : Pierre Harel • Scénario : Harel, Mouffe • Images : François Beauchemin • Son : Guy Rhéaume, Rudy Bell • Musique : Offenbach • Montage : Harel, Pierre Lacombe • Production : Bernard Lalonde • Interprètes : Mouffe, Donald Pilon, André Saint-Denis, Pauline Julien, Raymond Lévesque, Yvan Ducharme • Fiction • Couleur • 93 min.

**Caffè Italia Montréal**

1985 • Réalisation : Paul Tana • Scénario : Tana, Bruno Ramirez • Images : Michel Caron • Direction artistique : Gaudeline Sauriol • Son : Serge Beauchemin • Musique : Pierre Flynn, Andrea Piazza • Montage : Louise Surprenant • Production : Marc Daigle • Interprètes : Pierre Curzi, Tony Nardi • Voix : Frédérique Collin • Documentaire-fiction • Couleur et noir et blanc • 81 min.

**Cage, The**

1972 • Réalisation : Vartkes Cholakian, Richard Ciupka • Scénario : Frances Gallagher • Images : Ciupka • Son : Jack Goodsouzian, Peter Benison • Musique : François Cousineau • Montage : Cholakian • Production : Cholakian • Expérimental • Noir et blanc • 18 min.

**Ça n'est pas le temps des romans**

1967 • Réalisation : Fernand Dansereau • Scénario : Dansereau • Images : Thomas Vamos • Son : Michel Hazel • Musique : Georges Dor • Montage : Dansereau, Margot Payette • Production : ONF • Interprètes : Monique Mercure, Marc Favreau • Fiction • Couleur • 28 min.

**Ça peut pas être l'hiver on n'a même pas eu d'été**

1980 • Réalisation : Louise Carré • Scénario : Carré • Images : Robert Vanherweghem • Son : Alain Comeau, Martin Fraser, Jacques Blain • Musique : Marc O'Farrell • Montage : André Théberge • Production : Carré • Interprètes : Charlotte Boisjoli, Jacques Galipeau, Céline Lomez, Serge Bélair, Mireille Thibeault, Daniel Matte • Fiction • Couleur • 87 min.

**Cap Tourmente**

1993 • Réalisation : Michel Langlois • Scénario : Langlois • Images : Éric Cayla • Direction artistique : Normand Sarrazin • Son : Richard Besse • Montage : Jean-Claude Coulbois • Production : Bernadette Payeur, Doris Girard • Interprètes : Andrée Lachapelle, Élise Guilbault, Roy Dupuis, Gilbert Sicotte, Macha Limonchik, Luc Picard, André Brassard • Fiction • Couleur • 110 min.

**Casa, La**

1986 • Réalisation : Michel Régnier • Images : Régnier • Son : Raymond Marcoux • Musique : Raul Pintos • Montage : Régnier • Production : Dario Pulgar, Jacques Vallée • Documentaire • Couleur • 88 min.

**Celui qui voit les heures**

1985 • Réalisation : Pierre Goupil • Scénario : Goupil • Images : Michel La Veaux • Son : Daniel Masse • Musique : François Durocher • Montage : Goupil, Georges Léonard • Production : Goupil, La Veaux, Linda Soucy • Interprètes : Goupil, Ginette Boivin, Frédérique Collin, Serge Gagné, Régis Gauthier, Bernard Lalonde • Fiction • Couleur • 73 min.

**César et son canot d'écorce**

1971 • Réalisation : Bernard Gosselin • Images : Gosselin • Son : Serge Beauchemin • Musique : Érik Satie, Maurice Blackburn • Montage : Monique Fortier • Production : Paul Larose • Documentaire • Couleur • 58 min.

**C'est pas la faute à Jacques Cartier**

1967 • Réalisation : Clément Perron, Georges Dufaux • Scénario : Perron, Dufaux • Images : Gilles Gascon • Son : André Hourlier • Musique : Jacques Desrosiers, F. Richard, Paul Baillargeon, Our Generation • Montage : Dufaux, Claude Godbout, Perron • Production : ONF • Interprètes : Desrosiers, Michel Chicoine, Mary Gay, Michael Devine, Paul Buissonneau, Paul Hébert, Lisette Gervais • Fiction • Couleur • 72 min.

**Ceux qui ont le pas léger meurent sans laisser de traces**

1992 • Réalisation : Bernard Émond • Scénario : Émond • Images : Serge Giguère • Son : Claude Beaugrand • Musique : Pierre Desrochers • Montage : Louise Côté • Production : Bernadette Payeur • Documentaire • Couleur • 51 min.

**Chambre blanche, La**

1969 • Réalisation : Jean Pierre Lefebvre • Scénario : Lefebvre • Images : Thomas Vamos • Son : Claude Hazanavicius • Musique : Walter Boudreau • Montage : Marguerite Duparc • Production : Laurence Paré • Interprètes : Michèle Magny, Marcel Sabourin • Fiction • Noir et blanc • 78 min.

**« Champions, The »**

1978-1986 • Réalisation : Donald Brittain • Images : Andreas Poulsson • Son : Claude Hazanavicius, Hans Oomes • Musique : Art Phillips, Eldon Rathburn • Montage : Steven Kellar, Ted Remerowski, Richard Bujold • Production : Brittain, Janet Leissner, Peter Katadotis, Paul Wright • Documentaire • Couleur • 1re partie : 26 min et 31 min • 2e partie : 30 min et 31 min • 3e partie : 90 min.

**Chants et danses du monde inanimé — Le métro**

1985 • Réalisation : Pierre Hébert • Assistantes à l'animation : Michèle Pauzé, Élaine Despins • Caméra optique : Michael Cleary • Musique : Robert M. Lepage, René Lussier • Production : Robert Forget • Animation • Couleur • 14 min.

**Chat dans le sac, Le**

1964 • Réalisation : Gilles Groulx • Scénario : Groulx • Images : Jean-Claude Labrecque • Son : Marcel Carrière • Montage : Groulx • Production : Jacques Bobet • Interprètes : Barbara Ulrich, Claude Godbout, Manon Blain, Véronique Vilbert, Jean-Paul Bernier, André Leblanc • Fiction • Noir et blanc • 74 min.

**Château de sable, Le**

1977 • Réalisation : Co Hoedeman • Musique : Normand Roger • Montage : Jacques Drouin • Production : Gaston Sarault • Animation • Couleur • 13 min.

**Cher Théo**

1975 • Réalisation : Jean Beaudin • Scénario : Jacques Jacob, Yvan Beaudet • Images : Pierre Mignot • Direction artistique : Vianney Gauthier • Son : Claude Hazanavicius • Montage : Beaudin • Production : Paul Larose • Interprètes : Germaine Lemire, Julie Morand, Nathalie Naubert, Pierre Gobeil • Fiction • Couleur • 50 min.

**Chronique d'un temps flou**

1988 • Réalisation : Sylvie Groulx • Images : Michel La Veaux • Son : Claude Beaugrand, Diane Carrière, Esther Auger • Musique : Pierre Flynn • Montage : Jean Saulnier • Production : Yvon Provost, Lucille Veilleux • Documentaire • Couleur • 88 min.

**Cinéma, cinéma**

1985 • Réalisation : Gilles Carle, Werner Nold • Scénario : Carle, Nold • Images : Guy Dufaux • Son : Esther Auger • Musique : François Guy • Montage : Nold, Carle • Production : Roger Frappier • Interprètes : Chloé Sainte-Marie, François Guy, Robert Paradis • Documentaire • Couleur et noir et blanc • 72 min.

**Cité de Notre-Dame**

1942 • Réalisation : Vincent Paquette • Images : Grant Crabtree, Radford Crawley • Trame sonore : Maurice Blackburn • Montage : Judith Crawley • Production : ONF • Documentaire • Noir et blanc • 28 min.

**Clandestins**

1997 • Réalisation : Denis Chouinard, Nicolas Wadimoff • Scénario : Chouinard, Wadimoff • Images : Sylvain Brault • Son : Paul Lainé • Musique : Bill Laswell • Montage : Christian Marcotte • Production : Jean-Roch Marcotte, Werner Schweizer, Ève Vercel, Greta Van Bempt • Interprètes : Ovidiu Balan, Anton Kouznetsov, Moussa Maaskri, Simona Maicanescu, Hanane Rahman, Christelle Sabas • Fiction • Couleur • 97 min.

**Colombes, Les**

1972 • Réalisation : Jean-Claude Lord • Scénario : Lord • Images : Claude La Rue • Son : Patrick Rousseau • Musique : Michel Conte • Montage : Lord • Production : Lord, Pierre Patry, Pierre David • Interprètes : Jean Besré, Lise Thouin, Jean Duceppe, Jean Coutu, Diane Guérin, Manda Parent • Fiction • Couleur • 118 min.

**Cœur de maman**

1953 • Réalisation : René Delacroix • Scénario : Henry Deyglun • Images : Drummond Drury • Son : Marc Audet, André de Tonnancourt • Musique : Germaine Janelle • Montage : Anton Van de Water • Production : Richard J. Jarvis • Interprètes : Jeanne Demons, Rosanna Seaborn, Denyse Saint-Pierre, Jean-Paul Dugas, Paul Guèvremont, Paul Desmarteaux • Fiction • Couleur • 113 min.

**Comme des chiens en pacage**

1977 • Réalisation : Richard Desjardins, Robert Monderie • Images : Alain Dupars • Son : André Dussault, Robert Girard • Musique : Abbittibbi • Montage : Francis Van Den Heuvel • Production : Desjardins, Monderie • Documentaire • Couleur • 52 min.

**Comme les six doigts de la main**

1978 • Réalisation : André Melançon • Scénario : Melançon • Images : Guy Dufaux • Son : Jacques Blain • Musique : Pierick Houdy • Montage : André Corriveau • Production : Marcia Couëlle, Claude Godbout • Interprètes : Éric Beauséjour, Philippe Bouchard, Caroline Larouche, Daniel Murray, Nancy Normandin, Sylvain Provencher • Fiction • Couleur • 74 min.

**Company of Strangers, The**

1990 • Réalisation : Cynthia Scott • Scénario : Gloria Demers, Scott, David Wilson, Sally Bochner • Images : David de Volpi • Son : Jacques Drouin • Musique : Marie Bernard • Montage : Wilson • Production : Rina Fraticelli, Peter Katadotis, Colin Neale, Wilson • Interprètes : Alice Diabo, Constance Garneau, Winifred Holden, Cissy Meddings, Mary Meigs, Catherine Roche, Michelle Sweeny, Beth Webber • Fiction • Couleur • 101 min.

**Confessionnal, Le**

1995 • Réalisation : Robert Lepage • Scénario : Lepage • Images : Alain Dostie • Direction artistique : François Laplante • Son : Jean-Claude Laureux • Musique : Sacha Puttnam • Montage :

Emmanuelle Castro • Production : Denise Robert, David Puttnam, Philippe Carcassonne • Interprètes : Lothaire Bluteau, Patrick Goyette, Jean-Louis Millette, Kristin Scott Thomas, Ron Burrage, Richard Fréchette, François Papineau, Marie Gignac • Fiction • Couleur et noir et blanc • 100 min.

**Confort et l'indifférence, Le**

1981 • Réalisation : Denys Arcand • Images : Alain Dostie • Son : Serge Beauchemin • Montage : Pierre Bernier • Production : Roger Frappier, Jean Dansereau, Jacques Gagné • Interprète : Jean-Pierre Ronfard • Documentaire • Couleur • 109 min.

**Conquête du grand écran, La**

1996 • Réalisation : André Gladu • Scénario : Gladu, Michel Coulombe • Images : Philippe Lavalette • Direction artistique : Louise-Marie Beauchamp • Son : Serge Beauchemin • Musique : Gabriel Thibaudeau, Robert M. Lepage • Montage : André Corriveau • Production : Anouk Brault, Nicole Lamothe • Documentaire • Couleur et noir et blanc • 108 min.

**Cordélia**

1979 • Réalisation : Jean Beaudin • Scénario : Beaudin, Marcel Sabourin, d'après le roman *Une lampe à la fenêtre* de Pauline Cadieux • Images : Pierre Mignot • Direction artistique : Vianney Gauthier • Son : Jacques Blain • Musique : Maurice Blackburn • Montage : Beaudin • Production : Jacques Gagné, Roger Frappier • Interprètes : Louise Portal, Gaston Lepage, Raymond Cloutier, Gilbert Sicotte, James Blendick, Pierre Gobeil, Jean-Louis Roux, Sabourin • Fiction • Couleur • 166 min.

**Corps célestes, Les**

1973 • Réalisation : Gilles Carle • Scénario : Carle, Arthur Lamothe • Images : Jean-Claude Labrecque • Direction artistique : Jocelyn Joly • Son : Henri Blondeau • Musique : Philippe Sarde • Montage : Renée Lichtig • Production : Pierre Lamy • Interprètes : Donald Pilon, Carole Laure, Micheline Lanctôt, Jacques Dufilho, Yvon Barrette, Sheila Charlesworth • Fiction • Couleur • 104 min.

**Corridors**

1980 • Réalisation : Guy Dufaux, Robert Favreau • Images : Dufaux • Son : Claude Beaugrand • Musique : Paul Piché, Pierre Huet, Michel Hinton, Pierre Bertrand, Réal Desrosiers • Montage : Favreau • Production : Marcia Couëlle, Claude Godbout • Documentaire • Couleur • 81 min.

**Cosmos**

1996 • Réalisation : André Turpin, Arto Paragamian, Denis Villeneuve, Manon Briand, Jennifer Alleyn, Marie-Julie Dallaire • Scénario : Turpin, Paragamian, Villeneuve, Briand, Alleyn, Dallaire, Sébastien Joannette • Images : Turpin • Direction artistique : Pierre Allard • Son : Dominique Chartrand • Musique : Michel A. Smith • Montage : Richard Comeau • Production : Roger Frappier • Interprètes : David La Haye, Audrey Benoît, Marie-Hélène Montpetit, Pascal Contamine, Joannette, Élise Guilbault, Marie-France Lambert, Alexis Martin, Sarah-Jeanne Salvy, Gabriel Gascon, Igor Ovadis, Marc Jeanty • Fiction • Noir et blanc • 100 min.

**Crac !**

1981 • Réalisation : Frédéric Back • Scénario : Back • Son : André J. Riopel • Musique : Normand Roger • Montage : Jacques Leroux • Production : Hubert Tison • Animation • Couleur • 15 min.

**Crazy Moon**

1986 • Réalisation : Allan Eastman • Scénario : Tom Berry, Stefan Wodoslawsky • Images : Savas Kalogeras • Direction artistique : Guy Lalande • Son : Yves Gendron • Musique : Lou Forestieri • Montage : Franco Battista • Production : Berry, Wodoslawsky • Interprètes : Kiefer Sutherland, Vanessa Vaughan, Peter Spence, Ken Pogue, Ève Napier, Sean McCann • Fiction • Couleur • 89 min.

**Creative Process : Norman McLaren**

1991 • Réalisation : Donald McWilliams, avec la collaboration de Susan Huycke, David Verrall • Scénario : McWilliams, Huycke • Images : Pierre Letarte, Jacques Leduc • Son : Yves Gendron, Hans Oomes, Esther Auger, Richard Besse • Musique : Eldon Rathburn • Montage : McWilliams • Production : Huycke, Verrall • Narration : Huycke • Documentaire • Couleur • 117 min.

**Crime d'Ovide Plouffe, Le**

1984 • Réalisation : Denys Arcand • Scénario : Roger Lemelin, D. Arcand, d'après le roman de Lemelin • Images : François Protat • Direction artistique : Jocelyn Joly • Son : Claude Hazanavicius, Michel Guiffan, Jean-Bernard Thomasson • Musique : Olivier Dussault • Montage : Monique Fortier • Production : Justine Héroux, Gabriel Boustani, Denis Héroux, John Kemeny, Jacques Bobet, Ashley Murray • Interprètes : Gabriel Arcand, Véronique Jannot, Jean Carmet, Anne Létourneau, Donald Pilon, Pierre Curzi, Juliette Huot, Denise Filiatrault, Serge Dupire, Rémy Girard, Dominique Michel • Fiction • Couleur • 107 min.

**Cruising Bar**

1989 • Réalisation : Robert Ménard • Scénario : Michel Côté, Ménard, Claire Wojas • Images : Pierre Mignot • Direction artistique : François Lamontagne • Son : Michel Charron • Musique : Richard Grégoire • Montage : Michel Arcand • Production : Ménard, Wojas, Claude Bonin, Doris Girard • Interprètes : Côté, Louise Marleau, Geneviève Rioux, Véronique Le Flaguais, Diane Jules, Marthe Turgeon • Fiction • Couleur • 96 min.

**Cuisine rouge, La**

1979 • Réalisation : Paule Baillargeon, Frédérique Collin • Scénario : Baillargeon, Collin • Images : Jean-Charles Tremblay • Direction artistique : Réal Ouellette • Son : Serge Beauchemin, Jacques Blain, Esther Auger • Musique : Yves Laferrière • Montage : Babalou Hamelin • Production :

Claude Des Gagné, Renée Roy • Interprètes : Michèle Mercure, Han Masson, Catherine Brunelle, Marie Ouellet, Claude Maher, Gilles Renaud, Guy Thauvette, Raymond Cloutier, Jean-Pierre Saulnier, Pierre Curzi • Fiction • Couleur • 82 min.

**Curé de village, Le**

1949 • Réalisation : Paul Gury • Scénario : Robert Choquette, d'après le feuilleton radiophonique de Choquette • Images : Roger Racine • Son : Oscar Marcoux • Musique : Morris C. Davis • Montage : Jean Boisvert • Production : Paul L'Anglais • Interprètes : Ovila Légaré, Paul Guèvremont, M^me^ J. R. Tremblay, Guy Maufette, Lise Roy, Jeanne Quintal • Fiction • Noir et blanc • 88 min.

**Dame aux camélias, la vraie, La**

1942 • Réalisation : Gratien Gélinas • Interprètes : Juliette Béliveau, Fred Barry, Julien Lippé, Henri Poitras, Juliette Huot • Fiction • Couleur • 26 min.

**Dame en couleurs, La**

1984 • Réalisation : Claude Jutra • Scénario : Jutra, Louise Rinfret • Images : Thomas Vamos • Direction artistique : Vianney Gauthier • Son : Richard Besse • Montage : Claire Boyer • Production : Pierre Lamy, Jean Dansereau, Lorraine Du Hamel • Interprètes : Charlotte Laurier, Paule Baillargeon, Gilles Renaud, Guillaume Lemay-Thivierge, Ariane Frédérique, François Méthé, Mario Spénard, Jean-François Lesage, Gregory Lussier • Fiction • Couleur • 111 min.

**Dames du 9^e^, Les**

1998 • Réalisation : Catherine Martin • Scénario : Martin • Images : Carlos Ferrand • Son : Gilles Corbeil • Musique : Robert M. Lepage • Montage : Louise Côté • Production : Claude Cartier, Nicole Lamothe • Documentaire • Couleur et noir et blanc • 50 min.

**Dancing around the table**

1987 • Réalisation : Maurice Bulbulian • Images : Serge Giguère • Son : Yvon Benoît, Esther Auger • Montage : Bulbulian • Production : Raymond Gauthier • Documentaire • Couleur • 1^re^ partie : 57 min • 2^e^ partie : 50 min.

**Dark Lullabies**

1985 • Réalisation : Abbey Jack Neidik, Irene Angelico • Scénario : Angelico, Gloria Demers • Images : Susan Trow • Son : Jean-Guy Normandin, Neidik, André Galbrand, Diane Le Floc'h • Musique : Lauri Conger, Michael Beinhorn • Montage : Angelico, Neidik, Edward Le Lorrain • Production : Angelico, Bonnie Sherr Klein, Le Lorrain, Neidik, Kathleen Shannon • Documentaire • Couleur et noir et blanc • 81 min.

**Debout sur la terre**

1982 • Réalisation : Maurice Bulbulian • Images : Roger Rochat, Jacques Leduc, Martin Leclerc • Son : Claude Chevalier, W.W. McClelland, Yves Gendron • Montage : Fernand Bélanger • Production : Jean Dansereau • Documentaire • Couleur • 113 min.

**Déclin de l'empire américain, Le**

1986 • Réalisation : Denys Arcand • Scénario : D. Arcand • Images : Guy Dufaux • Direction artistique : Gaudeline Sauriol • Son : Richard Besse • Musique : François Dompierre • Montage : Monique Fortier • Production : Roger Frappier, René Malo • Interprètes : Dominique Michel, Dorothée Berryman, Louise Portal, Geneviève Rioux, Pierre Curzi, Rémy Girard, Yves Jacques, Daniel Brière, Gabriel Arcand • Fiction • Couleur • 102 min.

**De la tourbe et du restant**

1979 • Réalisation : Fernand Bélanger • Images : Serge Giguère, René Daigle, Serge Lafortune, Robert Martel, Claude de Maisonneuve • Son : Claude Beaugrand, Jean Rivard, Claude Lefebvre • Montage : Bélanger, Angrignon, Dugal • Production : Roger Frappier • Documentaire • Couleur • 89 min.

**Democracy on Trial : The Morgentaler Affair — 1970 to 1976**

1984 • Réalisation : Paul Cowan • Scénario : Jefferson Lewis • Images : Cowan, Mike Mahoney • Son : Jacques Drouin • Musique : Alex Pauk, Zena Louie, Louis Hone • Montage : Cowan • Production : Adam Symansky, Lewis, Cowan, Robert Verrall, Andy Thomson • Documentaire • Couleur • 59 min.

**Depuis que le monde est monde**

1981 • Réalisation : Sylvie Van Brabant, Louise Dugal, Serge Giguère • Images : Giguère • Son : Thierry Morlass, Claude Beaugrand • Musique : Abbittibbi, Josiane Roy, Serge Boisvert, Martine Leclercq • Montage : Van Brabant, Dugal, Giguère • Production : Van Brabant • Documentaire • Couleur • 62 min.

**Dernières fiançailles, Les**

1973 • Réalisation : Jean Pierre Lefebvre • Scénario : Lefebvre • Images : Guy Dufaux • Son : Jacques Blain • Musique : Andrée Paul • Montage : Marguerite Duparc • Production : Duparc, Bernard Lalonde • Interprètes : Marthe Nadeau, J.-Léo Gagnon, Marcel Sabourin • Fiction • Couleur • 91 min.

**Dernier glacier, Le**

1984 • Réalisation : Jacques Leduc, Roger Frappier • Scénario : Leduc, Frappier • Images : Leduc, Pierre Letarte • Son : Claude Beaugrand • Musique : René Lussier, Jean Derome, Michel Rivard • Montage : Monique Fortier • Production : Jean Dansereau • Interprètes : Robert Gravel, Louise Laprade, Martin Dumont, Rivard, Marie Saint-Onge, Renato Battisti • Documentaire-fiction • Couleur • 84 min.

**Derrière l'image**

1978 • Réalisation : Jacques Godbout • Scénario : Florian Sauvageau • Images : Jean-Pierre Lachapelle • Son : Claude Hazanavicius • Musique : François Dompierre • Montage : Werner Nold • Production : Paul Larose, Gilbert Wolmark • Documentaire • Couleur • 114 min.

**Désœuvrés, Les**

1959 • Réalisation : René Bail • Scénario : Bail • Images : Bail • Montage : Bail • Production : Bail • Interprètes : Roger Tremblay, Régent Tremblay, Michel Pelland, Serge Guénette • Fiction • Noir et blanc • 57 min.

**Deux épisodes dans la vie d'Hubert Aquin**

1979 • Réalisation : Jacques Godbout • Scénario : Godbout, François Ricard • Images : Pierre Letarte • Son : Serge Beauchemin • Musique : Alain Reiher • Montage : Louise Surprenant • Production : Jacques Bobet • Documentaire • Couleur • 57 min.

**Deux femmes en or**

1970 • Réalisation : Claude Fournier • Scénario : Fournier, Marie-José Raymond • Images : Fournier • Direction artistique : Jocelyn Joly • Son : Raymond Leroux, Claude Delorme • Musique : Robert Charlebois • Montage : Fournier • Production : Pierre Lamy • Interprètes : Monique Mercure, Louise Turcot, Marcel Sabourin, Donald Pilon, Vincent Fournier, Francine Morand, Yvon Deschamps, Gilles Latulippe, Paul Berval, Réal Béland, Donald Lautrec, Michel Chartrand • Fiction • Couleur • 107 min.

**Ding et Dong, le film**

1990 • Réalisation : Alain Chartrand • Scénario : Claude Meunier • Images : Karol Ike • Direction artistique : Louise Jobin • Son : Dominique Chartrand, Marcel Pothier • Musique : Jean-Marie Benoît, Yves Lapierre • Montage : François Gill • Production : Roger Frappier, Pierre Gendron, Suzanne Dussault • Interprètes : Serge Thériault, Claude Meunier, Raymond Bouchard, Sophie Faucher, Yves Jacques, Jean Lapointe • Fiction • Couleur • 96 min.

**Divine Right, The**

1985 • Réalisation : Richard Raxlen, d'après le livre *The Golden Bough* de l'anthropologue J. Frazier • Images : Raxlen • Son : Raxlen, Yoland Houle • Musique : Houle • Montage : Raxlen • Production : MainFilm, Raxlen • Narrateur : Jack Messinger • Expérimental • Couleur •12 min.

**Eau chaude l'eau frette, L'**

1976 • Réalisation : André Forcier • Scénario : Forcier, Jacques Marcotte • Images : François Gill • Direction artistique : Réal Ouellette • Son : Hugues Mignault • Musique : André Duchesne • Montage : André Corriveau • Production : Bernard Lalonde • Interprètes : Jean Lapointe, Jean-Pierre Bergeron, Sophie Clément, Louise Gagnon, Réjean Audet, Anne-Marie Ducharme, Albert Payette, Guy L'Écuyer • Fiction • Couleur • 92 min.

**Eldorado**

1995 • Réalisation : Charles Binamé • Scénario : Binamé, avec la participation de Lorraine Richard, Pascale Bussières, Robert Brouillette, James Hyndman, Macha Limonchik, Pascale Montpetit, Isabel Richer, Jean-François Messier • Images : Pierre Gill • Direction artistique : André Guimond • Son : Claude La Haye • Musique : Claude Lamothe, Francis Dhomont • Montage : Michel Arcand • Production : Richard • Interprètes : Bussières, Hyndman, Brouillette, Limonchik, Richer, Montpetit • Fiction • Couleur • 105 min.

**Eliza's Horoscope**

1975 • Réalisation : Gordon Sheppard • Scénario : Sheppard • Images : Jean Boffety, Michel Brault, Paul Van der Linden • Direction artistique : François Barbeau • Son : Lenny Lencina, Ron Seltzer • Musique : Elmo Peeler • Montage : Sheppard • Production : Sheppard, Marguerite Corriveau • Interprètes : Elizabeth Moorman, Tommy Lee Jones, Rose Quong, Lila Kedrova, Pierre Byland, Marcel Sabourin • Fiction • Couleur • 121 min.

**Elvis Gratton**

1981 • Réalisation : Pierre Falardeau, Julien Poulin • Scénario : Falardeau, Poulin • Images : Alain Dostie • Direction artistique : François Laplante • Son : Serge Beauchemin • Montage : Falardeau, Poulin • Production : Bernadette Payeur • Interprètes : Poulin, Denise Mercier, Little Beaver, Marie-Claude Dufour, Falardeau • Fiction • Couleur • 30 min.

**Émotion dissonante, L'**

1984 • Réalisation : Fernand Bélanger • Scénario : Yves Angrignon, Bélanger, Louise Dugal • Images : François Beauchemin • Son : Yves Gendron, Diane Carrière, Esther Auger, Jacques Drouin • Musique : René Lussier, André Duchesne, Bernard Buisson • Animation : Pierre Hébert • Montage : Angrignon, Bélanger, Dugal • Production : Jacques Vallée • Documentaire-fiction • Couleur • 81 min.

**Emporte-moi**

1998 • Réalisation : Léa Pool • Scénario : Pool • Images : Jeanne Lapoirie • Direction artistique : Serge Bureau • Son : Christian Monheim • Montage : Michel Arcand • Production : Lorraine Richard • Interprètes : Karine Vanasse, Pascale Bussières, Miki Manojlovic, Alexandre Mérineau, Anne-Marie Cadieux, Monique Mercure, Charlotte Christeler, Nancy Huston • Fiction • Couleur • 94 min.

**End Game in Paris**

1982 • Réalisation : Veronica Soul • Images : Wolf Koenig, Ian Adams • Son : Jean-Guy Normandin • Montage : Soul • Production : Koenig, Robert Verrall • Expérimental • Couleur • 17 min.

**Enfants de chœur**

1999 • Réalisation : Magnus Isacsson • Scénario : Isacsson, François Renaud • Images : François Beauchemin, Martin Duckworth, Andrei Khabad, Michael Wees • Son : Marcel Fraser, Hubert Macé de Gastines, Isacsson, Yves Saint-Jean • Montage : Louise Côté • Production : Paul Lapointe • Documentaire • Couleur • 75 min.

**Enfants de *Refus global*, Les**

1998 • Réalisation : Manon Barbeau • Scénario : Barbeau • Images : Philippe Lavalette • Son : François Guérin, Gilles Corbeil • Musique : Robert M. Lepage • Montage : France Pilon • Production : Éric Michel • Documentaire • Couleur • 75 min.

**Enfants des normes — POST-SCRIPTUM, Les**

1983 • Réalisation : Georges Dufaux • Images : Dufaux • Son : Yves Gendron, Richard Besse • Musique : Jérôme Langlois • Montage : Dufaux • Production : Jacques Bobet • Documentaire • Couleur • 114 min.

**Enfants du Québec et alvéoles familiales**

1979 • Réalisation : Michel Moreau • Images : François Gill • Son : Jacques Blain, Serge Beauchemin, Michel Charron • Musique : Jean Sauvageau • Montage : Josée Beaudet • Production : Moreau • Documentaire • Couleur • 100 min.

**En pays neufs**

1934-1937 • Réalisation : Maurice Proulx • Scénario : Proulx • Images : Proulx • Musique : Maurice Mongrain • Montage : Proulx • Production : ministère de la Colonisation et de l'Agriculture du Québec • Documentaire • Noir et blanc • 66 min.

**Entre la mer et l'eau douce**

1967 • Réalisation : Michel Brault • Scénario : Denys Arcand, Brault, Marcel Dubé, Gérald Godin, Claude Jutra • Images : Bernard Gosselin, Brault, Jean-Claude-Labrecque • Son : Serge Beauchemin • Musique : Claude Gauthier • Montage : Brault, Werner Nold • Production : Pierre Patry • Interprètes : Claude Gauthier, Geneviève Bujold, Paul Gauthier, Denise Bombardier, Robert Charlebois, Louise Latraverse, Godin • Fiction • Noir et blanc • 85 min.

**Entre tu et vous**

1969 • Réalisation : Gilles Groulx • Scénario : Groulx • Images : Michel Brault • Son : Claude Hazanavicius • Montage : Jacques Kasma • Production : Jean Pierre Lefebvre, Laurence Paré • Interprètes : Pierre Harel, Dolorès Monfette, Paule Baillargeon, Manon D'Amour, Denise Lafleur, Susan Kay • Fiction • Noir et blanc • 65 min.

**Équinoxe**

1986 • Réalisation : Arthur Lamothe • Scénario : A. Lamothe, Gilles Carle, Pierre-Yves Pépin • Images : Guy Dufaux • Direction artistique : François Lamontagne • Son : Yvon Benoît • Musique : Jean Sauvageau, Jean-Claude Tremblay • Montage : François Gill • Production : Nicole Lamothe • Interprètes : Jacques Godin, Ariane Frédérique, Marthe Mercure, André Melançon, Luc Proulx, Jerry Snell, Marcel Sabourin • Fiction • Couleur • 83 min.

**Erreur boréale, L'**

1999 • Réalisation : Richard Desjardins, Robert Monderie • Scénario : Desjardins • Images : Jacques Leduc • Son : Marcel Chouinard • Musique : Jean-François Groulx, Benoit Groulx • Montage : Alain Belhumeur • Production : Bernadette Payeur, Éric Michel • Documentaire • Couleur • 70 min.

**Étienne et Sara**

1984 • Réalisation : Pierre Hébert • Poète : Serge Meurant • Assistantes animatrices : Michèle Pauzé, Élaine Despins • Musique : René Lussier, Robert M. Lepage, Jean Derome, Claude Simard • Production : Robert Forget • Animation • Couleur • 15 min.

**Faim, La**

1973 • Réalisation : Peter Foldès • Système d'animation par ordinateur : Nestor Burtnyk, Marcel Nein • Musique : Pierre F. Brault • Production : René Jodoin • Animation • Couleur • 11 min.

« **Faune nordique** »

1985-1987 • Réalisation : Jean-Louis Frund • Images : Frund • Son : Frund • Montage : Nicole Paradis, Hervé Kerlann • Montage sonore : Viateur Paiement, Marcel Pothier • Production : Frund • Documentaire • Couleur • Série de sept c. m. de 26 min chacun.

**Femme de l'hôtel, La**

1984 • Réalisation : Léa Pool • Scénario : Pool, Michel Langlois, Robert Gurik • Images : Georges Dufaux • Direction artistique : Vianney Gauthier • Son : Serge Beauchemin • Musique : Yves Laferrière • Montage : Michel Arcand • Production : Bernadette Payeur, Marc Daigle • Interprètes : Louise Marleau, Paule Baillargeon, Marthe Turgeon, Serge Dupire, Gilles Renaud, Geneviève Paris, Kim Yaroshevskaya • Fiction • Couleur • 89 min.

**Femmes dépareillées**

1948 • Réalisation : Albert Tessier • Musique : J. G. Turcotte • Production : SCP • Narration : Judith Jasmin • Documentaire • Couleur • 20 min.

**Femme-image, La**

1960 • Réalisation : Guy Borremans • Scénario : Jean Bertrand, Borremans, Jean Faucher • Images : Borremans • Musique : Bobby Jasper, René Thomas • Montage : Borremans • Production : Borremans • Interprètes : Roger Blay, Marthe Mercure, Pascale Perreault, Monique Vallier, Bertrand, Faucher • Fiction • Noir et blanc • 28 min.

**Fenêtres sur ça**

1986 • Réalisation : Carlos Ferrand • Images : Ferrand • Son : Catherine Van der Donckt • Musique : Ferrand • Production : Ferrand • Expérimental • Couleur • 24 min.

**Festin des morts, Le**

1964 • Réalisation : Fernand Dansereau • Scénario : Alec Pelletier • Images : Georges Dufaux • Direction artistique : François Barbeau • Son : Marcel Carrière • Musique : Maurice Blackburn • Montage : Dansereau • Production : André Belleau • Interprètes : Alain Cuny, Jean-Guy Sabourin, Jacques Godin, Jean-Louis Millette, Albert Millaire, Monique Mercure • Fiction • Noir et blanc • 79 min (une première version intitulée *Astataïon ou le festin des morts*, d'une durée de 96 min, a été projetée en 1965).

**Fiction nucléaire, La**

1979 • Réalisation : Jean Chabot • Scénario : Chabot, Solange Vincent • Images : André-Luc Dupont • Son : Richard Besse • Musique : Omette Coleman, Marcel Martel, Robert Fleming • Montage : François Dupuis • Production : Roger Frappier • Documentaire • Couleur • 87 min.

**Filles c'est pas pareil, Les**

Programme En tant que femmes
1974 • Réalisation : Hélène Girard • Images : Suzanne Gabori • Son : Joseph Champagne • Musique : Maurice Blackburn • Montage : Girard • Production : Anne Claire Poirier • Documentaire • Couleur • 58 min.

**Filles du Roy, Les**

Programme En tant que femmes
1974 • Réalisation : Anne Claire Poirier • Scénario : Marthe Blackburn, Jeanne Morazain, Poirier • Images : Georges Dufaux • Son : Joseph Champagne • Musique : Maurice Blackburn • Montage : Éric de Bayser • Production : Poirier • Documentaire • Couleur • 57 min.

**Fleurs sauvages, Les**

1982 • Réalisation : Jean-Pierre Lefebvre • Scénario : Lefebvre • Images : Guy Dufaux • Son : Claude Hazanavicius • Musique : Raoul Duguay, Jean Corriveau, Claude Fonfrède • Montage : Marguerite Duparc • Production : Duparc • Interprètes : Michèle Magny, Marthe Nadeau, Pierre Curzi, Claudia Aubin, Éric Beauséjour, Georges Bélisle, Raoul Duguay • Fiction • Couleur • 152 min.

**Forbidden Love**

1992 • Réalisation : Aerlyn Weissman, Lynne Fernie • Scénario : Weissman, Fernie • Images : Zoe Dirse, Lynda Pelley, Pierre Landry • Son : Justine Pimlott, Jackie Newell, Chris Crilly • Musique : Kathryn Moses • Montage : Cathy Gulkin, Denise Beaudoin • Production : Rina Fraticelli, Margaret Pettigrew, Ginny Stikeman • Interprètes : Stéphanie Morgenstern, Lynne Adams, Marie-Jo Thério, Georges Thomas, Lory Wainberg, Ann Marie MacDonald, Michael Copeland • Documentaire • Couleur • 85 min.

**Forteresse, La**

1947 • Réalisation : Fédor Ozep • Scénario : Rian James, Leonard Lee • Images : Guy Roe • Son : Edward Fenton • Musique : Morris C. Davis • Montage : Jean Boisvert, Douglas Bagier, Richard J. Jarvis • Production : George Marton, Paul L'Anglais, Roger Wood • Interprètes : Nicole Germain, Paul Dupuis, Jacques Auger, Mimi d'Estée, Henri Letondal, Armande Lebrun • Fiction • Noir et blanc • 99 min.

**Fourmi et le volcan, La**

1992 • Réalisation : Céline Baril • Scénario : Baril • Images : Carlos Ferrand, Baril • Musique : Evan Green, François Senneville, Pierre McNicoll, Dominik Pagacz • Montage : Myriam Poirier • Production : Baril • Interprètes : Tu Quynh Luu, Pun Yuen Hung, Shiu Lai Chu, Pun Hao Yang, Lo Hua Chen, Lo Hua Kin • Fiction expérimentale • Noir et blanc • 51 min.

**Free Fall**

1964 • Réalisation : Arthur Lipsett • Scénario : Lipsett • Images : Lipsett • Son : Lipsett • Musique : John Cage, David Tudor • Montage : Lipsett • Production : Colin Low, Tom Daly • Expérimental • Noir et blanc • 9 min.

**Gala**

1982 • Réalisation : John N. Smith, Michael McKennirey • Images : Savas Kalogeras • Son : Claude Hazanavicius, Roy Cox • Montage : Smith, McKennirey • Production : Smith, McKennirey, Adam Symansky • Documentaire • Couleur • 91 min.

**Gammick, La**

1974 • Réalisation : Jacques Godbout • Scénario : Pierre Turgeon, Jean-Marie Poupart, Godbout • Images : Jean-Pierre Lachapelle • Direction artistique : Vianney Gauthier • Son : Richard Besse • Musique : François Dompierre • Montage : Werner Nold • Production : Marc Beaudet • Interprètes : Marc Legault, Dorothée Berryman, Gilbert Chénier, André Guy, Pierre Gobeil, Julien Poulin • Fiction • Couleur • 86 min.

**Gina**

1975 • Réalisation : Denys Arcand • Scénario : D. Arcand • Images : Alain Dostie • Son : Serge Beauchemin • Musique : Michel Pagliaro, Benny Barbara • Montage : D. Arcand • Production : Pierre Lamy, Luc Lamy • Interprètes : Céline Lomez, Claude Blanchard, Frédérique Collin, Serge Thériault, Gabriel Arcand, Louise Cuerrier, Jocelyn Bérubé, Paule Baillargeon • Fiction • Couleur • 94 min.

**Golden Gloves**

1961 • Réalisation : Gilles Groulx • Images : Guy Borremans, Michel Brault, Claude Jutra, Bernard Gosselin, Groulx • Son : Claude Pelletier, Joseph Champagne • Musique : Les Jérolas • Montage : Groulx • Production : Victor Jobin, Fernand Dansereau • Documentaire • Noir et blanc • 28 min.

**Grand film ordinaire, Le**

1970 • Réalisation Roger Frappier • Images : Jérôme Dal Danto, Pierre Mignot, François Roux • Son : Jacques Blain, Pierre Larocque, Yves Sauvageau, Martial Filion, Michel Desaulniers • Montage : Pierre Lacombe • Musique : Hélène Prévost • Production : Frappier • Interprètes : Raymond Cloutier, Paule Baillargeon, Jocelyn Bérubé, Claude Laroche, Suzanne Garceau, Guy Thauvette • Documentaire-fiction • Couleur et noir et blanc • 78 min.

**Grand remue-ménage, Le**

1978 • Réalisation : Sylvie Groulx, Francine Dallaire • Images : Bruno Carrière, Serge Giguère • Son : Noël Almey, Alain Comeau • Musique : Conventum • Montage : Jean Saulnier, Jean Gagné • Production : Régis Painchaud • Documentaire • Couleur • 70 min.

**Grands enfants, Les**

1980 • Réalisation : Paul Tana • Scénario : Tana • Images : Serge Giguère • Direction artistique : Gaudeline Sauriol • Son : Alain Comeau • Musique : Bernard Buisson • Montage : Louise Surprenant • Production : Marc Daigle • Interprètes : Gilbert Sicotte, Julie Vincent, Robert Gravel, Jean Mathieu, Marielle Bernard, Bryan Doubt • Fiction • Couleur • 83 min.

**Gros Bill, Le**

1949 • Réalisation : René Delacroix • Coréalisation : Jean-Yves Bigras • Scénario : Jean Palardy • Images : Jean Bachelet • Son : Henri Dubuis • Musique : Maurice Blackburn • Montage : Jean Boisvert • Production : Bigras • Interprètes : Ginette Letondal, Juliette Béliveau, Maurice Gauvin, Paul Guèvremont, Noël Moisan, Amanda Alarie • Fiction • Noir et blanc • 90 min.

**Guerre des tuques, La**

Série « Contes pour tous »
1984 • Réalisation : André Melançon • Scénario : Danyèle Patenaude, Roger Cantin, Melançon • Images : François Protat • Direction artistique : Violette Daneau • Son : Serge Beauchemin • Musique : Germain Gauthier • Montage : André Corriveau • Production : Rock Demers, Nicole Robert, Claude Bonin • Interprètes : Cédric Jourde, Maripierre A. D'Amour, Julien Elie, Duc Minh Vu, Maryse Cartwright, Luc Boucher • Fiction • Couleur • 91 min.

**Guerre oubliée, La**

1987 • Réalisation : Richard Boutet • Images : Robert Vanherweghem • Direction artistique : Karine Lepp • Son : Yves Saint-Jean, Diane Carrière, Claude Beaugrand • Musique : Tom Rivest • Montage : Francis Van den Heuvel • Production : Lucille Veilleux • Interprètes : Joe Bocan, Eudore Belzile, Jacques Godin, Jean-Louis Paris • Documentaire-fiction • Couleur • 97 min.

**« Gui Daò — Sur la voie »**

1980 • Réalisation : Georges Dufaux • Images : Dufaux • Son : Richard Besse • Montage : Werner Nold • Production : Jean Dansereau • Voix : Madeleine Arseneault, Claudine Chatel, Ronald

France, Elizabeth Le Sieur, Hélène Loiselle, Claude Préfontaine, Louise Turcot • Documentaire • Couleur • 1re partie : *Aller Retour Beijing,* 60 min • 2e partie : *Quelques Chinoises nous ont dit,* 80 min • 3e partie : *Une gare sur le Yangzi,* 60 min.

**Herménégilde, vision d'un pionnier du cinéma québécois — 1908-1973**

1976 • Réalisation : Richard Lavoie • Images : Herménégilde Lavoie, R. Lavoie, Pierre Pelletier • Son : Yves Saint-Jean • Montage : R. Lavoie • Production : R. Lavoie • Narrateur : Paul Hébert • Documentaire • Noir et blanc • 53 min.

**Heure des anges, L'**

1986 • Réalisation : Jacques Drouin, Bretislav Pojar • Scénario : Pojar, Drouin • Musique : Michael Kocab • Montage : Drouin • Production : Robert Forget, Vera Henzluva • Animation • Couleur • 19 min.

**Hiver bleu, L'**

1979 • Réalisation : André Blanchard • Scénario : Blanchard, Jeanne-Mance Delisle • Images : Alain Dupras • Son : Robert Girard • Musique : Abbittibbi • Montage : Francis Van den Heuvel, Ginette Leduc • Production : Marguerite Duparc • Interprètes : Christiane Lévesque, Nicole Scant, Lise Pichette, Alice Pomerleau, Michel Chénier, Réjean Roy • Fiction • Couleur • 82 min.

**Hommage à notre paysannerie**

1938 • Réalisation : Albert Tessier • Images : Tessier • Montage : Tessier • Documentaire • Noir et blanc • 29 min.

**Homme à tout faire, L'**

1980 • Réalisation : Micheline Lanctôt • Scénario : M. Lanctôt • Images : André Gagnon • Direction artistique : Normand Sarrazin • Son : Marcel Fraser • Musique : François Lanctôt • Montage : Annick de Bellefeuille • Production : René Malo, Jean-Claude Lord • Interprètes : Jocelyn Bérubé, Andrée Pelletier, Gilles Renaud, Paul Dion, Danielle Schneider, Marcel Sabourin, Janette Bertrand • Fiction • Couleur • 99 min.

**Homme aux oiseaux, L'**

1952 • Réalisation : Bernard Devlin, Jean Palardy • Scénario : Roger Lemelin • Images : Grant McLean • Son : Joseph Champagne • Musique : Maurice Blackburn • Montage : Douglas Tunstell • Production : Guy Glover • Interprètes : Camille Fournier, Annette Leclerc, Roger Le Bel, Maurice Beaupré, Marcel Fournier • Fiction • Noir et blanc • 30 min.

**Homme qui plantait des arbres, L'**

1987 • Réalisation : Frédéric Back • Scénario : Back, d'après le récit de Jean Giono • Son : Hervé J. Bibeau • Musique : Normand Roger • Montage : Norbert Pickering • Production : Hubert Tison • Narrateur : Philippe Noiret • Animation • Couleur • 30 min.

**Homme renversé, L'**

1986 • Réalisation : Yves Dion • Scénario : Dion, René Gingras • Images : Pierre Letarte • Son : Alain Corneau, Richard Besse • Musique : Fernand Bernard • Montage : Dion • Production : Suzanne Dussault, Roger Frappier, Michel Gauthier • Interprètes : André Lacoste, Yves Desgagnés, Johanne Seymour, Dion • Fiction • Couleur • 95 min.

**Huit témoins**

1965 • Réalisation : Jacques Godbout • Images : Bernard Gosselin, Jacques Leduc • Son : Claude Pelletier • Musique : Maurice Blackburn • Production : André Belleau • Documentaire • Noir et blanc • 58 min.

**If You Love This Planet**

1982 • Réalisation : Terri Nash • Images : André-Luc Dupont, Susan Trow, Don Virgo • Son : Jacques Drouin • Musique : Karl L. du Plessis • Montage : Nash • Production : Edward Le Lorrain, Kathleen Shannon • Documentaire • Couleur • 26 min.

**I Hate to Lose**

1977 • Réalisation : Michael Rubbo • Images : Andreas Poulsson • Son : Joseph Champagne, Michel Hazel • Musique : Angèle Arseneault • Montage : Rubbo • Production : Tom Daly, Arthur Hammond • Documentaire • Couleur • 57 min.

**Il était une fois dans l'Est**

1973 • Réalisation : André Brassard • Scénario : Michel Tremblay, Brassard • Images : Paul Van der Linden • Direction artistique : François Laplante • Son : Jacques Blain • Musique : Jacques Perron • Montage : André Corriveau • Production : Pierre Lamy • Interprètes : Denise Filiatrault, Michelle Rossignol, Frédérique Collin, Sophie Clément, André Montmorency, Jean Archambault, Gilles Renaud, Manda Parent, Claude Gai, Amulette Garneau, Rita Lafontaine, Béatrice Picard • Fiction • Couleur • 110 min.

**Il était une guerre**

Série « Panoramique »
1958 • Réalisation : Louis Portugais • Scénario : Réginald Boisvert • Images : Georges Dufaux • Son : Claude Pelletier • Montage : Victor Jobin, Gilles Groulx, Marc Beaudet, David Mayerovitch • Production : Guy Glover, Léonard Forest • Interprètes : Aimé Major, Hélène Loiselle, J.-Léo Gagnon, Lucie Poitras, Jean-Claude Robillard, Mariette Duval • Fiction • Couleur • 94 min.

**Il ne faut pas mourir pour ça**

1967 • Réalisation : Jean Pierre Lefebvre • Scénario : Lefebvre, Marcel Sabourin • Images : Jacques Leduc • Son : Serge Beauchemin • Musique : Andrée Paul • Montage : Marguerite Duparc • Production : Duparc • Interprètes : Sabourin, Monique Champagne, Suzanne Grossman, Mouffe (Claudine Monfette), Lusarif Atamoglu, Kattia Bellangé (Lucille Bélanger) • Fiction • Noir et blanc • 75 min.

**Incident at Restigouche**

1984 • Réalisation : Alanis Obomsawin • Images : Roger Rochat, Savas Kalogeras • Son : Yves Gendron, Bev. Davidson • Musique : Luc Plamondon, Édith Butler, Willie Dunn • Montage : Allan Collins, Wolf Koenig • Production : Andy Thomson, Obomsawin, Robert Verrall, Adam Symansky • Documentaire • Couleur • 46 min.

**IXE-13**

1971 • Réalisation : Jacques Godbout • Scénario : Godbout, d'après Pierre Saurel • Images : Thomas Vamos • Direction artistique : Vianney Gauthier • Son : Claude Hazanavicius, Michel Descombes • Musique : François Dompierre • Montage : Werner Nold • Production : Pierre Gauvreau • Interprètes : Louise Forestier, André Dubois, Serge Grenier, Marc Laurendeau, Marcel Saint-Germain, Louisette Dussault, Carole Laure, Luce Guilbeault • Fiction • Couleur • 114 min.

**Jacques et Novembre**

1984 • Réalisation : François Bouvier, Jean Beaudry • Scénario : Beaudry, Bouvier • Images : Serge Giguère, Claude de Maisonneuve, Bouvier • Son : Marcel Fraser, Diane Carrière, Dominique Chartrand, Christine Lemoyne, Michel Charron, Gilbert Lachapelle, André Dussault, François Reid • Musique : Michel Rivard • Montage : Beaudry • Production : Bouvier, Marcel Simard • Interprètes : Beaudry, Jean Mathieu, Carole Fréchette, Marie Cantin, Pierre Rousseau, Reine France • Fiction • Couleur • 72 min.

**J'ai mon voyage !**

1973 • Réalisation : Denis Héroux • Scénario : Gilles Richer • Images : Bernard Chentrier • Son : Patrick Rousseau • Musique : Claude Bolling, Bluegrass Connection • Montage : Étiennette Muse • Production : Claude Héroux, Marc Simenon, Jean Salvy, Pierre David • Interprètes : Dominique Michel, Jean Lefebvre, Régis Simard, René Simard, Francis Blanche, Mylène Demongeot • Fiction • Couleur • 89 min.

**J'ai pas dit mon dernier mot**

1986 • Réalisation : Yvon Provost • Images : Martin Leclerc • Son : Yves Gendron • Animation : Michel Murray • Musique : Daniel Vermette • Montage : Pierre Lemelin • Production : Jean Dansereau, Guy L. Coté • Interprètes : Marc Favreau • Participant : Richard Vigneault • Documentaire • Couleur • 59 min.

**J. A. Martin photographe**

1976 • Réalisation : Jean Beaudin • Scénario : Beaudin, Marcel Sabourin • Images : Pierre Mignot • Direction artistique : Vianney Gauthier • Son : Jacques Blain • Musique : Maurice Blackburn •

Montage : Beaudin, Hélène Girard • Production : Jean-Marc Garand • Interprètes : Sabourin, Monique Mercure, Marthe Thiéry, Catherine Tremblay, Mariette Duval, Denis Hamel, Jean Lapointe, Guy L'Écuyer • Fiction • Couleur • 101 min.

**Jeunesse année zéro**

1964 • Réalisation : Louis Portugais • Images : Daniel Fournier • Montage : Annie Tresgot • Entrevues : Normand Cloutier • Coordination : Jean Bellemare • Production : Les films Claude Fournier • Documentaire • Noir et blanc • 39 min.

**Jésus de Montréal**

1989 • Réalisation : Denys Arcand • Scénario : Arcand • Images : Guy Dufaux • Direction artistique : François Séguin • Son : Patrick Rousseau • Montage : Isabelle Dedieu • Production : Roger Frappier, Pierre Gendron, Gérard Mital • Interprètes : Lothaire Bluteau, Catherine Wilkening, Rémy Girard, Robert Lepage, Johanne-Marie Tremblay, Gilles Pelletier, Monique Miller, Yves Jacques • Fiction • Couleur • 120 min.

**Jeux de la XXIe Olympiade**

1977 • Réalisation : Jean-Claude Labrecque • Réalisateurs associés : Jean Beaudin, Marcel Carrière, Georges Dufaux • Images : Pierre Mignot, Pierre Letarte, Dufaux • Son : Claude Hazanavicius, Jacques Blain, Serge Beauchemin • Musique : André Gagnon, Victor Vogel, Art Phillips • Montage : Werner Nold • Production : Ashley Murray, Jacques Bobet • Documentaire • Couleur • 118 min.

**J'me marie, j'me marie pas,**

Programme En tant que femmes
1973 • Réalisation : Mireille Dansereau • Scénario : Dansereau • Images : Benoît Rivard • Son : Claude Lefebvre • Montage : Claire Boyer • Production : Anne Claire Poirier • Documentaire • Couleur • 81 min.

**Jouer sa vie**

1982 • Réalisation : Gilles Carle, Camille Coudari • Images : Pierre Letarte, Thomas Vamos • Son : Michel Bordeleau • Montage : Yves Leduc • Production : Hélène Verrier • Documentaire • Couleur • 80 min.

**Jour après jour**

1962 • Réalisation : Clément Perron • Images : Guy Borremans • Trame sonore : Maurice Blackburn • Montage : Anne Claire Poirier • Production : Fernand Dansereau, Hubert Aquin • Documentaire • Noir et blanc • 29 min.

**Journal inachevé**

1982 • Réalisation : Marilú Mallet • Scénario : Mallet • Images : Guy Borremans • Son : Julian Olson • Montage : Mallet, Pascale Laverrière, Milicska Jalbert • Production : Dominique Pinel,

Mallet • Interprètes : Mallet, Michael Rubbo, Nicolas Rubbo, Maria Luisa Segnoret, Isabel Allende, Salvator Fisciella • Fiction • Couleur • 48 min.

**Journée d'un curé de campagne, La**

1983 • Réalisation : François Brault • Scénario : Michel Lessard • Images : Brault • Son : Joseph Champagne, Yves Gendron • Musique : Jean Cloutier • Montage : Suzanne Allard, Pascal Gélinas, Marthe de la Chevrotière • Production : Jean Dansereau • Documentaire • Couleur • 66 min.

**Jules le magnifique**

Série « Les exclus »

1976 • Réalisation : Michel Moreau • Images : Michel Brault • Son : Claude Beaugrand • Montage : Josée Beaudet • Production : Moreau • Interprète : Jules Arbec • Documentaire • Couleur • 74 min.

**Kamouraska**

1973 • Réalisation : Claude Jutra • Scénario : Anne Hébert, Jutra, d'après le roman d'Hébert • Images : Michel Brault • Direction artistique : François Barbeau • Son : Serge Beauchemin • Musique : Maurice Le Roux • Montage : Renée Lichtig • Production : Pierre Lamy, Mag Bodard • Interprètes : Geneviève Bujold, Richard Jordan, Philippe Léotard, Marcel Cuvelier, Suzie Baillargeon, Huguette Oligny, Janine Sutto, Olivette Thibault • Fiction • Couleur • 124 min.

**Karmina**

1996 • Réalisation : Gabriel Pelletier • Scénario : Ann Burke, Yves Pelletier, Andrée Pelletier, G. Pelletier • Images : Éric Cayla • Direction artistique : Normand Sarrazin • Son : Louis Dupire • Musique : Patrick Bourgeois • Montage : Gaétan Huot • Production : Nicole Robert • Interprètes : Isabelle Cyr, Robert Brouillette, Y. Pelletier, France Castel, Gildor Roy, Raymond Cloutier, Sylvie Potvin, Diane Lavallée, Mario Saint-Amand • Fiction • Couleur • 106 min.

**Kid sentiment**

1967 • Réalisation : Jacques Godbout • Scénario : Ghislaine Godbout, J. Godbout • Images : Thomas Vamos • Son : Claude Hazanavicius • Musique : Les Sinners, Pierre Noles • Montage : J. Godbout • Production : Clément Perron • Interprètes : Andrée Cousineau, François Guy, Michèle Mercure, Louis Parizeau, Jacques Languirand, François Jasmin • Fiction • Couleur • 87 min.

**Larose, Pierrot et la Luce**

1982 • Réalisation : Claude Gagnon • Scénario : C. Gagnon • Images : André Pelletier • Son : Louis Dupire • Musique : June Wallack • Montage : C. Gagnon • Production : Yuri Yoshimura-Gagnon, C. Gagnon • Interprètes : Luc Matte, Richard Niquette, Louise Portal, Céline Jacques, Daniel Saint-Pierre, Noémi Gélinas • Fiction • Couleur • 105 min.

**Liberté d'une statue, La**

1990 • Réalisation : Olivier Asselin • Scénario : Asselin • Images : Asselin • Direction artistique : François Séguin • Son : Christian Fortin, Louis Hone • Musique : Henry Purcell, G.F. Haendel, J.P.

Rameau, Normand Babin • Montage : Claude Palardy, Asselin • Production : Martin Paul-Hus • Interprètes : Lucille Fluet, Ronald Houle, Serge Christiaenssens, Roch Aubert, Pierre-Charles Millette, Guy Provencher, Asselin • Fiction • Noir et blanc • 82 min.

**Liberty Street Blues**

1988 • Réalisation : André Gladu • Images : Martin Leclerc • Son : Claude Beaugrand • Montage : Monique Fortier • Production : Éric Michel • Documentaire • Couleur • 80 min.

**Lies My Father Told Me**

1974 • Réalisation : Jan Kadar • Scénario : Ted Allan, d'après la nouvelle d'Allan • Images : Paul Van der Linden • Direction artistique : François Barbeau • Son : Henri Blondeau • Musique : Sol Kaplan • Montage : Edward Beyer, Richard Marks • Production : Anthony Bedrich, Harry Gulkin, Bill Cohen • Interprètes : Yossi Yadin, Len Birman, Marilyn Lightstone, Jeffrey Lynas, Allan, Barbara Chilcott • Fiction • Couleur • 102 min.

**Lin du Canada, Le**

1947 • Réalisation : Maurice Proulx • Scénario : Proulx • Images : Proulx • Production : Proulx, SCP • Narrateur : Miville Couture • Documentaire • Noir et blanc • Deux parties de 20 min chacune.

**Liste noire**

1995 • Réalisation : Jean-Marc Vallée • Scénario : Sylvain Guy • Images : Pierre Gill • Direction artistique : Sylvain Gingras • Son : Daniel Masse • Musique : Serge Arcuri, Luc Aubry • Montage : Vallée • Production : Marcel Giroux • Interprètes : Michel Côté, Geneviève Brouillette, Sylvie Bourque, Raymond Cloutier, André Champagne, Louis-Georges Girard, Aubert Pallascio, Jean-Louis Roux, Robert Gravel, Paul Dion, Denis Mercier, Marie-Renée Patry, Lucie Laurier, Étienne de Passillé • Fiction • Couleur • 86 min.

**Lodela**

1997 • Réalisation : Philippe Baylaucq • Scénario : Baylaucq • Images : Jean-Pierre Lachapelle • Chorégraphie : José Navas • Musique : Éric Longsworth • Montage : Roch La Salle • Production : Iolande Cadrin-Rossignol • Interprètes : Chi Long, Navas • Film-danse • Noir et blanc • 27 min.

**Louis 19, le roi des ondes**

1994 • Réalisation : Michel Poulette • Scénario : Émile Gaudreault, Sylvie Bouchard, Michel Michaud • Images : Daniel Jobin • Direction artistique : Jean Bécotte • Son : Normand Mercier • Musique : Jean-Marie Benoît • Montage : Denis Papillon • Production : Richard Sadler, Jacques Dorfmann • Interprètes : Martin Drainville, Agathe de La Fontaine, Dominique Michel, Yves Jacques, Patricia Tulasne, Benoît Brière • Fiction • Couleur • 92 min.

**Lumières de ma ville, Les**

1950 • Réalisation : Jean-Yves Bigras • Scénario : Roger Garand, Joseph Rudel-Tessier, Bigras • Images : Roger Racine • Son : Yves Lafond, Claude Pelletier, Denis Masson • Musique : Allan McIver, Pierre Petel • Montage : Bigras • Production : Roger Garand • Interprètes : Guy Mauffette, Huguette Oligny, Monique Leyrac, Paul Berval, Albert Duquesne, Paul Guèvremont • Fiction • Noir et blanc • 127 min.

**Luna, luna, luna**

1981 • Réalisation : Viviane Elnécavé • Musique : Normand Roger • Montage : Jacques Drouin • Production : Francine Desbiens • Animation • Couleur • 13 min.

**Lutte, La**

1961 • Réalisation : Michel Brault, Marcel Carrière, Claude Fournier, Claude Jutra • Images : Brault, Fournier, Jutra • Son : Carrière • Montage : Jutra, Brault, Fournier • Production : Jacques Bobet • Documentaire • Noir et blanc • 28 min.

**Madame, vous avez rien !**

1982 • Réalisation : Dagmar Gueissaz-Teufel • Images : Jacques Leduc • Son : Serge Beauchemin, Yves Gendron • Musique : Christian Lafond • Montage : Monique Fortier • Production : Jacques Vallée • Documentaire • Couleur • 56 min.

**Mains nettes, Les**

Série « Panoramique »
1958 • Réalisation : Claude Jutra • Scénario : Fernand Dansereau • Images : Michel Brault, Jean Roy • Son : Marcel Carrière • Musique : Maurice Blackburn • Montage : David Mayerovitch • Production : Guy Glover, Léonard Payette • Interprètes : Denise Provost, Michel Mailhot, Jean Brousseau, Teddy-Burns Goulet, Doris Lussier, Micheline Guérin • Fiction • Noir et blanc • 73 min.

**Maison qui empêche de voir la ville, La**

1974 • Réalisation : Michel Audy • Scénario : Audy, Jean Lemay • Images : Audy • Son : Daniel Pagé • Musique : Jean-Paul Bérard • Montage : Audy • Production : Audy, René Baril • Interprètes : Carmen Jolin, Jean Beaudry, Luc Alarie, Claude Lemieux, Marie-Claude Drolet, Jean-Pierre Masse • Fiction • Noir et blanc • 125 min.

**Mâles, Les**

1970 • Réalisation : Gilles Carle • Scénario : Carle • Images : René Verzier • Direction artistique : Anne Pritchard • Son : Raymond Marcoux • Musique : Stéphane Venne • Montage : Carle • Production : Pierre Lamy • Interprètes : Donald Pilon, René Blouin, Andrée Pelletier, Katerine Mousseau, Guy L'Écuyer, J.-Léo Gagnon • Fiction • Couleur • 107 min.

**Manufacturing Consent : Noam Chomsky and the Media**

1992 • Réalisation : Mark Achbar, Peter Wintonick • Images : Francis Miquet, Achbar, Barry Perles, Norbert Bunge, Ken Reeves, Kip Durrin, Bill Snider, Savas Kalogeras, Kirk Tougas, Antonin Lhotsky, Wintonick, Michael Goldberg, William Turnley, Eddie Becker, Peter Walker, Dan Garson • Son : Katharine Asals, Gary Marcuse, Leigh Crisp, Hans Oomes, Jacques Drouin, Robert Silverthorne • Musique : Carl Schultz • Montage : Wintonick • Production : Achbar, Wintonick • Documentaire • Couleur • 167 min.

**Marc-Aurèle Fortin (1888-1970)**

1983 • Réalisation : André Gladu • Scénario : Gladu, France Pilon • Images : Pierre Mignot, Michel Brault • Son : Claude Beaugrand, Serge Beauchemin, Michel Charron, Dominique Chartrand • Montage : Pilon • Production : Michèle Saint-Arnaud • Interprètes : Nicolas Ferraris, Pierre Chagnon, Lionel Villeneuve • Documentaire-fiction • Couleur • 57 min.

**Maria Chapdelaine**

1983 • Réalisation : Gilles Carle • Scénario : Carle, Guy Fournier, d'après le roman de Louis Hémon • Images : Pierre Mignot, Richard Leiterman • Direction artistique : Jocelyn Joly • Son : Patrick Rousseau • Musique : Lewis Furey • Montage : Avdé Chiriaeff • Production : Murray Shostak, Robert Baylis, Harold Greenberg • Interprètes : Carole Laure, Nick Mancuso, Claude Rich, Amulette Garneau, Yoland Guérard, Pierre Curzi, Donald Lautrec, Gilbert Sicotte, Guy Thauvette • Fiction • Couleur • 107 min.

**Mariage du hibou, Le**

1974 • Réalisation : Caroline Leaf, conseillée par Co Hoedeman • Animation : Leaf • Dessins : Nanogak • Son : Jeela Alilkatuktuk, Paul Angiyou, Martha Kauki, Samonee • Production : Pierre Moretti • Animation • Couleur • 8 min.

**Marie s'en va-t-en ville**

1987 • Réalisation : Marquise Lepage • Scénario : Lepage • Images : Daniel Jobin • Direction artistique : François Séguin • Son : Marcel Fraser • Musique : Michel Rivard • Montage : Yves Chaput • Production : François Bouvier • Interprètes : Frédérique Collin, Geneviève Lenoir, Denis Levasseur, Robert Boivin, Louise Richer, Geneviève Filion • Fiction • Couleur • 80 min.

**Marie Uguay**

1982 • Réalisation : Jean-Claude Labrecque • Images : Labrecque • Son : Claude Chevalier • Musique : Dominique Proulx • Montage : Huguette Laperrière • Production : Jacques Bobet • Documentaire • Couleur • 56 min.

**Martien de Noël, Le**

1970 • Réalisation : Bernard Gosselin • Scénario : Roch Carrier • Images : Alain Dostie • Direction artistique : Jean-Paul Mousseau • Son : Serge Beauchemin • Musique : Jacques Perron • Montage : André Corriveau • Production : Jean Dansereau • Interprètes : Marcel Sabourin, Catherine Leduc, François Gosselin, Roland Chenail, Guy L'Écuyer, Paul Hébert • Fiction • Couleur • 66 min.

**Masculine Mystique, The**

1984 • Réalisation : John N. Smith, Giles Walker • Scénario : Smith, Walker, David Wilson • Images : Andrew Kitzanuk • Son : Jean-Guy Normandin • Musique : Richard Gresko • Montage : David Wilson • Production : Smith, Walker, Robert Verrall, Andy Thomson • Interprètes : Stefan Wodoslawsky, Char Davies, Sam Grana, Eleanor MacKinnon, Felice Grana, Stefanie Grana • Fiction • Couleur • 87 min.

**Matins infidèles, Les**

1989 • Réalisation : Jean Beaudry, François Bouvier • Scénario : Beaudry, Bouvier • Images : Alain Dupras • Direction artistique : Karine Lepp • Son : Claude Beaugrand • Musique : Michel Rivard • Montage : Beaudry • Production : Bouvier, Marc Daigle • Interprètes : Denis Bouchard, Beaudry, Louise Richer, Laurent Faubert-Bouvier, Violaine Forest, Nathalie Coupal • Fiction • Couleur • 84 min.

**Matou, Le**

1985 • Réalisation : Jean Beaudin • Scénario : Lise Lemay-Rousseau, d'après le roman d'Yves Beauchemin • Images : Claude Agostini • Direction artistique : François Lamontagne • Son : Claude Hazanavicius • Musique : François Dompierre • Montage : Jean-Pierre Cereghetti • Production : Justine Héroux, Denis Héroux, John Kemeny • Interprètes : Serge Dupire, Monique Spaziani, Jean Carmet, Julien Guiomar, Guillaume Lemay-Thivierge, Miguel Fernandes, Julien Poulin • Fiction • Couleur • 141 min.

**Maudite galette, La**

1971 • Réalisation : Denys Arcand • Scénario : Jacques Benoit • Images : Alain Dostie • Son : Serge Beauchemin • Musique : Michel Hinton, Gabriel Arcand, Lionel Thériault • Montage : Marguerite Duparc • Production : Duparc, Pierre Lamy • Interprètes : Luce Guilbeault, Marcel Sabourin, René Caron, J.-Léo Gagnon, Maurice Gauvin, Andrée Lalonde • Fiction • Couleur • 100 min.

**Mémoire battante**

1983 • Réalisation : Arthur Lamothe • Scénario : A. Lamothe • Images : Guy Borremans, Jérôme Dal Santo, Roger Moride, Serge Giguère, Daniel Fournier • Son : Serge Beauchemin, Raymond Marcoux • Musique : Jean Sauvageau • Montage : Nicole Lamothe • Production : A. Lamothe, N. Lamothe • Interprète : Gabriel Arcand • Narration : Rolande Rock, A. Lamothe • Documentaire-fiction • Couleur • 168 min (film en 3 parties).

**Mépris n'aura qu'un temps, Le**

1970 • Réalisation : Arthur Lamothe • Images : Guy Borremans • Son : Pierre Larocque • Montage : Francine Saïa • Productions : CSN • Documentaire • Noir et blanc et couleur • 98 min.

**Million tout-puissant, Le**

1985 • Réalisation : Michel Moreau • Scénario : M. Moreau, Michèle Pérusse • Images : Jean-Claude Labrecque • Direction artistique : Guy Neveu • Son : Claude Hazanavicius • Musique : Maxime Dubois • Montage : Robert Favreau • Production M. Moreau • Interprètes : Jean-Guy Moreau, Pierre Curzi, Gilbert Sicotte • Documentaire-fiction • Couleur • 92 min.

**Mon enfance à Montréal**

1970 • Réalisation : Jean Chabot • Scénario : Chabot • Images : Thomas Vamos • Son : Claude Hazanavicius • Montage : Marguerite Duparc • Production : Jean Pierre Lefebvre • Interprètes : Robert Rivard, Marc Hébert, Véronique Vilbert, Nana de Varennes, Carole Laure, Paul Guèvremont • Fiction • Noir et blanc • 64 min.

**Mon oncle Antoine**

1971 • Réalisation : Claude Jutra • Scénario : Jutra, Clément Perron • Images : Michel Brault • Son : Claude Hazanavicius • Musique : Jean Cousineau • Montage : Jutra, Claire Boyer • Production : Marc Beaudet • Interprète : Jean Duceppe, Olivette Thibault, Jacques Gagnon, Jutra, Hélène Loiselle, Lionel Villeneuve, Monique Mercure • Fiction • Couleur • 104 min.

**Monsieur Journault**

1976 • Réalisation : Guy L. Coté • Scénario : Coté, Hubert de Ravinel • Images : Michel Thomas d'Hoste, Pierre Mignot, Martin Duckworth • Son : Joseph Champagne • Montage : Coté • Production : Paul Larose • Documentaire • Couleur • 65 min.

**Monsieur Pointu**

1975 • Réalisation : André Leduc, Bernard Longpré • Caméra : Co Hoedeman • Production : René Jodoin • Interprète : Paul Cormier (Monsieur Pointu) • Animation • Couleur • 13 min.

**Montée**

1949 • Réalisation : Raymond Garceau • Scénario : Garceau • Images : Roger Racine • Son : Clarke Daprato, Clifford Griffin • Musique : Maurice Blackburn • Montage : Betty Brunke • Production : James Beveridge • Documentaire • Noir et blanc • 32 min.

**Montreal Main**

1974 • Réalisation : Frank Vitale • Scénario : John Sutherland, Dave Sutherland, Ann Sutherland, Allan Moyle, Jackie Holden, Peter Brawley, Pam Marchant, Stephen Lack, Vitale • Images : Eric Bloch • Son : Pedro Novak • Musique : Beverly Glenn-Copeland • Montage : Vitale • Production : Vitale, Moyle, Kirwan Cox • Interprètes : Vitale, Moyle, Holden, Lack, Marchant, Brawley, J. Sutherland, D. Sutherland et A. Sutherland • Fiction • Couleur • 88 min.

**Mort d'un bûcheron, La**

1973 • Réalisation : Gilles Carle • Scénario : Carle, Arthur Lamothe • Images : René Verzier • Direction artistique : Jocelyn Joly • Son : Henri Blondeau • Musique : Willie Lamothe • Montage : Carle • Production : Pierre Lamy • Interprètes : Carole Laure, W. Lamothe, Daniel Pilon, Pauline Julien, Marcel Sabourin, Denise Filiatrault • Fiction • Couleur • 114 min.

**Mother Tongue**

1979 • Réalisation : Derek May • Images : André-Luc Dupont • Son : Jean-Guy Normand • Montage : Judith Merritt, May • Production : Marrin Canell • Documentaire • Couleur • 47 min.

**Mots magiques, Les**

1998 • Réalisation : Jean-Marc Vallée • Scénario : Vallée • Images : Pierre Lambert • Direction artistique : Sylvain Gingras • Son : David Ballard • Montage : Paul Jutras • Production : Vallée • Interprètes : Richard Robitaille, Robert Gravel • Fiction • Couleur • 21 min.

**Mourir à tue-tête**

1979 • Réalisation : Anne Claire Poirier • Scénario : Poirier, Marthe Blackburn • Images : Michel Brault • Direction artistique : Denis Boucher • Son : Joseph Champagne • Musique : Maurice Blackburn • Montage : André Corriveau • Production : Jacques Gagné, Poirier • Interprètes : Julie Vincent, Germain Houde, Paul Savoie, Monique Miller, Micheline Lanctôt, Luce Guilbeault, Christiane Raymond, Louise Portal • Fiction • Couleur • 96 min.

**Naissance apprivoisée, La**

1979 • Réalisation : Michel Moreau • Scénario : Édith Fournier, Guillaume Chouinard, Moreau • Images : François Gill • Son : Serge Beauchemin, Jacques Blain, Michel Charron, André Legault • Musique : Jean Sauvageau • Montage : Gill • Production : Moreau • Documentaire • Couleur • 73 min.

**Narcisse**

1983 • Réalisation : Norman McLaren • Caméra animation : David de Volpi • Caméra optique : Jimmy Chin • Technique spéciale de caméra : Eric Miller, Jacques Fogel • Chorégraphie : Fernand Nault • Musique : Maurice Blackburn • Production : David Verrall, Derek Lamb, Douglas MacDonald • Danseurs : Jean-Louis Morin, Sylvie Kinal, Sylvain Lafortune • Animation • Couleur • 22 min.

**Neighbours**

1952 • Réalisation : Norman McLaren • Animation : McLaren • Images : Wolf Koenig • Son : Clarke Daprato • Musique : McLaren • Production : McLaren • Interprètes : Jean-Paul Ladouceur, Munro • Animation • Couleur • 8 min.

**Nelligan**

1991 • Réalisation : Robert Favreau • Scénario : Aude Nantais, Jean-Joseph Tremblay • Images : Guy Dufaux • Direction artistique : Louise Jobin • Son : Serge Beauchemin • Musique : Marie Bernard • Montage : Hélène Girard • Production : Marie-André Vient, Robert Sesé, Gérald Ross • Interprètes : Marc Saint-Pierre, Michel Comeau, Lorraine Pintal, Luc Morissette, David La Haye, Luc Picard, Andrée Lachapelle, Gilles Pelletier, Gabriel Arcand, Jean-Louis Millette, Isabelle Cyr, Jean-François Casabonne, Patrick Goyette, Christian Bégin, Martin Drainville • Fiction • Couleur • 100 min.

**Night Cap**

1974 • Réalisation : André Forcier • Scénario : Forcier • Images : Pierre Letarte • Son : Joseph Champagne • Musique : Don Douglas • Montage : André Corriveau • Production : Laurence Paré • Interprètes : Jacques Marcotte, Esther Auger, Denise Pelletier, Guy L'Écuyer, Michel Bouchard, Pierre Baron • Fiction • Couleur • 36 min.

**Noces de papier, Les**

1989 • Réalisation : Michel Brault • Scénario : Jefferson Lewis • Images : Sylvain Brault • Direction artistique : François Laplante • Son : Dominique Chartrand • Musique : Frantz Schubert, Herman Maira, Violetta Parra, Lazaro René • Montage : Jacques Gagné • Production : Danièle Bussy, Aimée Danis • Interprètes : Geneviève Bujold, Manuel Aranguiz, Dorothée Berryman, Gilbert Sicotte, Jean Mathieu, Téo Spychalski • Fiction • Couleur • 86 min.

**Noranda**

1984 • Réalisation : Daniel Corvec, Robert Monderie • Images : Alain Dupras, Marc Bergeron, Martin Duckworth • Son : Robert Girard, Pierre Pelletier • Montage : Liette Aubin • Production : Jean-Roch Marcotte • Documentaire • Couleur • 55 min.

**Not a Love Story — A Film About Pornography**

1981 • Réalisation : Bonnie Sherr Klein • Scénario : Irene Angelico, Andrée Klein, B.S. Klein, Rose-Aimée Todd • Images : Pierre Letarte • Son : Yves Gendron • Musique : Ginette Bellavance • Montage : Anne Henderson • Production : Dorothy Todd Hénaut, Kathleen Shannon, Micheline Le Guillou • Documentaire • Couleur • 69 min.

**Ntesi Nana Shepen 1-2-3-4**

Série « Carcajou... et le péril blanc »

1974-1976 • Réalisation : Arthur Lamothe • Images : Guy Borremans, Pierre Mignot, Roger Moride • Son : Serge Beauchemin, Ronald Brault, Pierre Larocque, Hugues Mignault • Musique : Jean Sauvageau • Montage : A. Lamothe, Nicole Lamothe, Francine Saïa • Production : A. Lamothe • Documentaire • Couleur • 1-63 min • 2-81 min • 3-55 min • 4-80 min • (2$^{e}$, 3$^{e}$, 4$^{e}$ et 5$^{e}$ parties d'une série de 8).

**Nuit de la poésie 27 mars 1970, La**

1970 • Réalisation : Jean-Claude Labrecque, Jean-Pierre Masse • Images : Labrecque, Réo Grégoire, Jean-Pierre Lachapelle • Son : Jacques Drouin • Montage : Masse, Labrecque • Production : Marc Beaudet • Documentaire • Couleur • 111 min.

**Octobre**

1994 • Réalisation : Pierre Falardeau • Scénario : Falardeau • Images : Alain Dostie • Direction artistique : Jean-Baptiste Tard • Son : Jacques Drouin • Musique : Richard Grégoire • Montage : Michel Arcand • Production : Bernadette Payeur, Marc Daigle, Yves Rivard • Interprètes : Hugo Dubé, Luc Picard, Pierre Rivard, Denis Trudel, Serge Houde • Fiction • Couleur • 97 min.

**O.K... Laliberté**

1973 • Réalisation : Marcel Carrière • Scénario : Jean-Pierre Morin, Carrière • Images : Thomas Vamos • Direction artistique : Denis Boucher • Son : Claude Hazanavicius, Serge Beauchemin • Musique : François Dompierre • Montage : Werner Nold • Production : Marc Beaudet • Interprètes : Jacques Godin, Luce Guilbeault, Jean Lapointe, Lucille Papineau, Denise Proulx, René Caron • Fiction • Couleur • 112 min.

**Old Orchard Beach, P.Q.**

1982 • Réalisation : Michèle Cournoyer • Collaboration : Ida Zielinska, Robert Fournier • Images : Pierre Dury, Érik Daudelin • Son : Louise Cournoyer • Musique : Alain Clavier • Production : Pierre de Lanauze • Interprètes : Josette Trépanier, Louis Cournoyer • Animation • Couleur • 12 min.

**On a marché sur la lune**

1991 • Réalisation : Johanne Prégent • Scénario : Josée Fréchette • Images : Jean Lépine • Direction artistique : Louise Jobin • Son : Henri Blondeau • Musique : Warren « Slim » Williams • Montage : Marie Hamelin • Production : François Bouvier • Interprètes : Julie Deslauriers, François Chénier, Fabien Dupuis, Étienne de Passillé • Fiction • Couleur • 26 min.

**One Man**

1977 • Réalisation : Robin Spry • Scénario : Spry, Peter Pearson, Peter Madden, Vladimir Valenta • Images : Douglas Kiefer • Son : Claude Hazanavicius • Musique : Ben Low • Montage : John Kramer • Production : Michael Scott, Roman Kroitor, James de B. Domville, Tom Daly, Valenta • Interprètes : Len Cariou, Jayne Eastwood, Carol Lazare, Barry Morse, August Schellenberg, Jean Lapointe • Fiction • Couleur • 87 min.

**On est au coton**

1970 • Réalisation : Denys Arcand • Images : Alain Dostie • Son : Serge Beauchemin • Montage : Pierre Bernier • Production : Guy L. Coté, Pierre Maheu, Marc Beaudet • Documentaire • Noir et blanc • 159 min.

**On est loin du soleil**

1970 • Réalisation : Jacques Leduc • Scénario : Robert Tremblay • Images : Alain Dostie • Son : Jacques Drouin • Musique : Michel Robidoux • Montage : Pierre Bernier • Production : Paul Larose • Interprètes : Marthe Nadeau, J.-Léo Gagnon, Reynald Bouchard, Pierre Curzi, Marcel Sabourin, Esther Auger, Willie Lamothe, Claude Jutra • Fiction • Noir et blanc • 79 min.

**On n'engraisse pas les cochons à l'eau claire**

1973 • Réalisation : Jean Pierre Lefebvre • Scénario : Lefebvre • Image : Guy Dufaux • Son : Jacques Blain • Montage : Marguerite Duparc • Production : Duparc, Claude Godbout • Interprètes : Jean-Pierre Ouellet, Louise Cuerrier, Jean-Pierre Saulnier, Marthe Nadeau, J.-Léo Gagnon, Denys Arcand • Fiction • Couleur • 112 min.

**On n'est pas des anges**

1981 • Réalisation : Guy Simoneau, Suzanne Guy • Images : François Gill • Son : Michel Charron • Musique : Pierre Charbonneau, François Asselin • Montage : Josée Beaudet • Production : Marcia Couëlle, Claude Godbout • Documentaire • Couleur • 77 min.

**Ordres, Les**

1974 • Réalisation : Michel Brault • Scénario : Brault • Images : François Protat, Brault • Son : Serge Beauchemin • Musique : Philippe Gagnon • Montage : Yves Dion • Production : Bernard Lalonde, Gui L. Caron • Interprètes : Hélène Loiselle, Jean Lapointe, Guy Provost, Claude Gauthier, Louise Forestier, Amulette Garneau • Fiction • Couleur et noir et blanc • 108 min.

**Oreille d'un sourd, L'**

1995 • Réalisation : Mario Bolduc • Scénario : Bolduc • Images : Robert Vanherweghem • Direction artistique : Suzanne Cloutier • Son : Yves Saint-Jean • Musique : Hélène Bombardier • Montage : Francis Van Den Heuvel • Production : Bolduc, Malcolm Guy • Interprètes : Marcel Sabourin, Micheline Lanctôt, Paul Hébert, Luc Proulx, Marilys Ducharme, Fabien Dupuis, Julien Poulin, André Montmorency • Fiction • Couleur • 83 min.

**Oscar Thiffault**

1987 • Réalisation : Serge Giguère • Images : Giguère • Musique : Oscar Thiffault • Son : Diane Carrière • Montage : Louise Dugal • Production : Sylvie Van Brabant • Documentaire • Couleur • 53 min.

**Où êtes-vous donc ?**

1968 • Réalisation : Gilles Groulx • Scénario : Groulx • Images : Thomas Vamos • Son : Claude Pelletier • Musique : Stéphane Venne • Montage : Groulx • Production : Guy L. Coté • Interprètes : Christian Bernard, Georges Dor, Mouffe, Danielle Jourdan, Venne • Fiction • Noir et blanc • 95 min.

**Ozias Leduc... comme l'espace et le temps**

1996 • Réalisation : Michel Brault • Scénario : Ginette Loiselle • Images : Daniel Villeneuve • Montage : Daniel Arié • Production : Christian Longpré • Interprètes : Georges Lavallée, Louise Rinfret, Sylvain Rocheleau, Francine Morand • Documentaire-fiction • Couleur et noir et blanc • 58 min.

**Parlez-nous d'amour**

1976 • Réalisation : Jean-Claude Lord • Scénario : Michel Tremblay, Lord • Images : François Brault • Son : Henri Blondeau • Montage : Lord, Lise Thouin • Production : Robert Ménard • Interprètes : Jacques Boulanger, Benoît Girard, Claude Michaud, Anne Létourneau, Nicole Cloutier, Véronique Béliveau, Rita Lafontaine, Denis Drouin • Fiction • Couleur • 127 min.

**Partis pour la gloire**

1975 • Réalisation : Clément Perron • Scénario : Perron • Images : Georges Dufaux • Son : Joseph Champagne • Musique : François Dompierre • Montage : Pierre Lemelin • Interprètes : Serge L'Italien, Rachel Cailhier, Jacques Thisdale, André Melançon, Yolande Roy, Jean-Marie Lemieux • Fiction • Couleur • 103 min.

**Party, Le**

1990 • Réalisation : Pierre Falardeau • Scénario : Falardeau, d'après une idée originale de Francis Simard • Images : Alain Dostie • Direction artistique : Jean-Baptiste Tard • Son : Serge Beauchemin • Musique : Richard Desjardins • Montage : Michel Arcand • Production : Bernadette Payeur, Marc Daigle • Interprètes : Lou Babin, Julien Poulin, Charlotte Laurier, Luc Proulx, Michel Forget, Pierre Powers, Roger Léger, Angèle Coutu, Benoît Dagenais, Gildor Roy, Alexis Martin • Fiction • Couleur • 102 min.

**Pas de deux**

1967 • Réalisation : Norman McLaren • Images : Jacques Fogel • Musique : Maurice Blackburn • Chorégraphie : Ludmilla Chiriaeff • Production : McLaren • Danseurs : Margaret Mercier, Vincent Warren • Animation • Couleur • 13 min.

**Passiflora**

1985 • Réalisation : Fernand Bélanger, Dagmar Gueissaz-Teufel • Images : Serge Giguère • Son : Claude Beaugrand • Musique : René Lussier, Jean Derome, André Duchesne • Montage : Bélanger • Production : Jacques Vallée • Documentaire-fiction • Couleur • 85 min.

**Patricia et Jean-Baptiste**

1966 • Réalisation : Jean Pierre Lefebvre • Scénario : Lefebvre • Images : Michel Régnier • Son : Roger Leclerc • Musique : Andrée Paul, Raoul Duguay • Montage : Marguerite Duparc • Production : Duparc • Interprètes : Patricia Kaden-Lacroix, Lefebvre, Henri Mathieu Kaden, Richard Lacroix • Fiction • Noir et blanc • 85 min.

**Paysagiste, Le**

1976 • Réalisation : Jacques Drouin • Musique : Denis Larochelle • Production : Gaston Sarault • Animation • Noir et blanc • 8 min.

**Percé on The Rocks**

1964 • Réalisation : Gilles Carle • Images : Guy Borremans • Son : Werner Nold • Trame sonore : Maurice Blackburn • Montage : Eric de Bayser • Production : Jacques Bobet • Narration : Luce Guilbeault, Anne Lauriault, Suzanne Valéry • Documentaire • Noir et blanc • 9 min.

**Père Chopin, Le**

1944 • Réalisation : Fédor Ozep, en collaboration avec Georges Freedland • Scénario : Jean Desprez, Bella Daniel • Images : Don Malkames • Son : Walter Darling • Musique : Rodolph Goehr • Montage : Freedland • Production : Charles Philipp • Interprètes : Marcel Chabrier, Madeleine Ozeray, François Rozet, Pierre Durand, Guy Mauffette, Louis Rolland • Fiction • Noir et blanc • 109 min.

**Petite Aurore l'enfant martyre, La**

1951 • Réalisation : Jean-Yves Bigras • Scénario : Émile Asselin, d'après la pièce *Aurore, l'enfant martyre* de Léo Petitjean et Henri Rollin • Images : Roger Racine • Son : Yves Lafond • Musique : Germaine Janelle • Montage : Bigras • Production : Roger Garand • Interprètes : Yvonne Laflamme, Lucie Mitchell, Paul Desmarteaux, Thérèse McKinnon, Rock Poulin, Marc Forrez, Janette Bertrand, Jean Lajeunesse • Fiction • Noir et blanc • 102 min.

**Petites sœurs, Les**

1959 • Réalisation : Pierre Patry • Scénario : Patry • Images : Georges Dufaux • Son : Marcel Carrière • Musique : Maurice Blackburn • Montage : Marc Beaudet, Gérard Hamel • Production : Léonard Forest • Documentaire • Noir et blanc • 29 min.

**Petit musée de Velasquez, Le**

1994 • Réalisation : Bernar Hébert • Scénario : Hébert • Images : Daniel Jobin • Direction artistique : Stéphane Roy • Son : Jacques Comtois • Musique : Gaëtan Gravel, Serge Laforest • Montage : Philippe Ralet • Production : Michel Ouellette • Interprètes : Markita Boies, Louise Lecavalier, les danseurs de La La La Human Steps • Fiction • Couleur • 50 min.

**Petit pays, Le**

1980 • Réalisation : Bertrand Langlois • Scénario : Gilles Noël, Langlois • Images : Bruno Carrière, Marc Tardif, Michel La Veaux • Son : Noël Almey, Dominique Chartrand • Montage : Jacques Drouin • Production : Carrière • Interprètes : Julie Vincent, Claude Laroche, Françoise Berd, Philippe Robidas • Fiction • Couleur • 28 min.

**Piastre, La**

1976 • Réalisation : Alain Chartrand • Scénario : Chartrand, Diane Cailhier • Images : François Beauchemin • Son : Claude Beaugrand • Musique : Tony Roman • Montage : Yves Dion • Production : Bernard Lalonde, Marc Daigle • Interprètes : Pierre Thériault, Claude Gauthier, Michèle Magny, Rachel Cailhier, Paule Baillargeon, Patricia Nolin • Fiction • Couleur • 83 min.

**Pièges de la mer, Les**

1982 • Réalisation : Jacques Gagné • Images : Colin Mounier, Guy Dufaux, Raymond Coll, Bernard Delamotte, Albert Falco • Son : Guy Jouas • Musique : François Cousineau, Don Habib, Richard Ferland • Montage : Hedwige Bienvenu • Production : Jacques Bobet, Jacques-Yves Cousteau, Jean-Michel Cousteau • Documentaire • Couleur • 80 min.

**Pilier de cristal, Le**

1978 • Réalisation : Marc Hébert • Images : Roger Rochat • Son : Claude Chevalier • Musique : Vincent Dionne • Montage : Hébert • Production : Marc Beaudet • Documentaire • Couleur • 16 min.

**Plage, La**

1978 • Réalisation : Suzanne Gervais, d'après une nouvelle de Roch Carrier • Musique : Maurice Blackburn • Production : Francine Desbiens • Animation • Couleur • 3 min.

**Plante, La**

1983 • Réalisation : Thomas Vamos, Joyce Borenstein • Scénario : Vamos, Borenstein • Animation : Borenstein • Images : Vamos • Direction artistique : Gilles Aird • Musique : Pierre F. Brault, Michel Robidoux • Montage : Suzanne Allard • Production : Hélène Verrier, Jacques Bobet • Interprète : Ghyslain Tremblay • Animation-fiction • Couleur • 13 min.

**Plante humaine, La**

1996 • Réalisation : Pierre Hébert • Scénario : Hébert, Anne Quesemand • Infographie : Pierre Plouffe, Ines Hard Ike, Marie-Nicole Tremblay • Images : Pierre-Laurent Chenieux, Pierre Stoeber, Laurent Dumas, Serge Giguère • Son : Patrick Frederich • Conception sonore : Claude Beaugrand • Musique : Robert M. Lepage • Montage : Fernand Bélanger • Production : Yves Leduc, Freddy Denaës • Interprètes : Michaël Lonsdale, Sotiguy Kouyaté, Marc-Alain Ouaknine, Ignacio Ramonet, Daï Sijie, Philippe Leffait • Animation • Couleur • 78 min.

**Plouffe, Les**

1981 • Réalisation : Gilles Carle • Scénario : Roger Lemelin, Carle, d'après le roman de Lemelin • Images : François Protat • Direction artistique : William McCrow • Son : Patrick Rousseau • Musique : Stéphane Venne, Claude Denjean • Montage : Yves Langlois • Production : Justine Héroux, Denis Héroux, John Kemeny • Interprètes : Émile Genest, Juliette Huot, Denise Filiatrault, Gabriel Arcand, Pierre Curzi, Serge Dupire, Anne Létourneau, Paul Berval, Rémi Laurent, Gérard Poirier, Donald Pilon, Louise Laparé, Stéphane Audran • Fiction • Couleur • 227 min.

**Portes tournantes, Les**

1988 • Réalisation : Francis Mankiewicz • Scénario : Jacques Savoie, en collaboration avec Mankiewicz d'après le roman de Savoie • Images : Thomas Vamos • Direction artistique : Anne Pritchard • Son : Bernard Aubry, Paul Dion • Musique : François Dompierre • Montage : André Corriveau • Production : René Malo, Francine Morin, Lyse Lafontaine, Jacques-Éric Strauss, Louise Gendron, Marc Daigle, Pierre Latour • Interprètes : Monique Spaziani, Gabriel Arcand, Miou-Miou, Jacques Penot, Rémy Girard, Françoise Faucher, Jean-Louis Roux, Rita Lafontaine, Hubert Loiselle, Marcel Sabourin, François Méthé • Fiction • Couleur • 105 min.

**Portion d'éternité**

1989 • Réalisation : Robert Favreau • Scénario : Favreau • Images : Guy Dufaux • Direction artistique : Vianney Gauthier • Son : Serge Beauchemin, Claude Beaugrand, Myriam Poirier • Musique : Marie Bernard • Montage : Hélène Girard • Production : Marie-Andrée Vinet, Jean-Roch Marcotte • Interprètes : Danielle Proulx, Marc Messier, Patricia Nolin, Paul Savoie, Gilles Pelletier, Raymond Cloutier • Fiction • Couleur • 96 min.

**Poulette grise, La**

1947 • Réalisation : Norman McLaren • Musique : Maurice Blackburn • Production : McLaren • Animation • Couleur • 6 min.

**Pour la suite du monde**

1963 • Réalisation : Pierre Perrault, Michel Brault • Images : Brault • Son : Marcel Carrière • Musique : Jean Cousineau, Jean Meunier • Montage : Werner Nold • Production : Fernand Dansereau • Documentaire • Noir et blanc • 105 min.

**Pour le meilleur et pour le pire**

1975 • Réalisation : Claude Jutra • Scénario : Jutra • Images : Alain Dostie • Direction artistique : Michel Proulx • Son : Jacques Blain • Musique : Pierre F. Brault, Denise Cloutier • Montage : Pascale Laverrière • Production : Pierre Lamy, Luc Lamy • Interprètes : Monique Miller, Jutra, Monique Mercure, Pierre Dufresne, Gisèle Trépanier, Roger Garand • Fiction • Couleur • 117 min.

**Pourquoi l'étrange monsieur Zolock s'intéressait-il tant à la bande dessinée ?**

1982 • Réalisation : Yves Simoneau • Scénario : Marie-Loup Simon • Images : Jean-Louis Chèvrefils, Abel Kane • Direction artistique : Vianney Gauthier • Son : Jean-Guy Bergeron • Musique : Michel Bergeron • Montage : François Dupuis • Production : Nicole M. Boisvert • Interprètes : Jean-Louis Millette, Michel Rivard, Yves Desgagnés, Paul Colpron, Jasmine Desjardins • Documentaire-fiction • Couleur • 69 min.

**Poussière sur la ville**

1965 • Réalisation : Arthur Lamothe • Scénario : André Langevin, d'après le roman de Langevin • Images : Guy-Laval Fortier • Son : Claude Pelletier • Musique : Gilles Vigneault • Montage : Lamothe • Production : Pierre Lamy, Jean Roy • Interprètes : Guy Sanche, Michelle Rossignol, Henri Filion, Gilles Pelletier, Nicolas Doclin, Roland Chenail • Fiction • Noir et blanc • 92 min.

**Pouvoir intime**

1986 • Réalisation : Yves Simoneau • Scénario : Pierre Curzi, Simoneau • Images : Guy Dufaux • Direction artistique : Michel Proulx • Son : Michel Charron • Musique : Richard Grégoire • Montage : André Corriveau • Production : Claude Bonin, Roger Frappier, Francine Forest • Interprètes : Marie Tifo, Curzi, Jacques Godin, Éric Brisebois, Jacques Lussier, Robert Gravel, Jean-Louis Millette • Fiction • Couleur • 85 min.

**Premiers jours**

1980 • Réalisation : Film posthume de Clorinda Warny, complété par Suzanne Gervais et Lina Gagnon • Musique : Denis Larochelle • Production : Gaston Sarault • Animation • Couleur • 9 min.

**Prologue**

1969 • Réalisation : Robin Spry • Scénario : Michael Malus • Images : Douglas Kiefer • Son : Russel Heise • Musique : William Brooks, M. Malus, The Ventures • Montage : Christopher Cordeaux • Production : Tom Daly, Spry • Interprètes : John Robb, Elaine Malus, Gary Rader, Peter Cullen, Cordeaux, Henry Gamer • Fiction • Noir et blanc • 88 min.

**Q-Bec my love ou Un succès commercial**

1969 • Réalisation : Jean Pierre Lefebvre • Scénario : Lefebvre • Images : Thomas Vamos • Son : Claude Hazanavicius • Musique : Andrée Paul • Montage : Marguerite Duparc • Production : Duparc, Laurent Paré • Interprètes : Anne Lauriault, Denis Payne, Larry Kent, Jean-Pierre Cartier, Judith Paré, Raoul Duguay • Fiction • Couleur • 77 min.

**Quarantaine, La**

1982 • Réalisation : Anne Claire Poirier • Scénario : Marthe Blackburn, Poirier • Images : Michel Brault • Direction artistique : Denis Boucher • Son : Richard Besse • Musique : Joël Bienvenue • Montage : André Corriveau • Production : Jacques Vallée • Interprètes : Monique Mercure, Jacques Godin, Roger Blay, Luce Guilbeault, Michelle Rossignol, Louise Rémy, Patricia Nolin, Benoît Girard, Pierre Thériault, Pierre Gobeil, Aubert Pallascio • Fiction • Couleur • 105 min.

**Québec : Duplessis et après…**

1972 • Réalisation : Denys Arcand • Images : Alain Dostie, Réo Grégoire, Pierre Letarte • Son : Serge Beauchemin, Jacques Drouin • Montage : Arcand, Pierre Bernier • Production : Paul Larose • Documentaire • Noir et blanc • 115 min.

**« Quel numéro what number ? »**

1984 • Réalisation : Sophie Bissonnette • Images : Serge Giguère • Son : Diane Carrière, Claude Beaugrand, Marcel Fraser, Michel Charron, Pierre Blain • Musique : Jean Sauvageau • Montage : Liette Aubin • Production : Jean-Roch Marcotte, Bissonnette • Documentaire • Couleur • 81 min.

**Quiconque meurt, meurt à douleur**

1997 • Réalisation : Robert Morin • Scénario : Morin • Images : Jean-Pierre Saint-Louis • Direction artistique : André-Line Beauparlant • Son : Marcel Chouinard • Musique : Guy Leblanc • Montage : Lorraine Dufour • Production : Dufour • Interprètes : Jacques, Claude, Cylvie, Jean, Valéri, Alain, Jennifer, Michel, Patrick, Jean-Marie, James • Fiction • Couleur • 90 min.

**Raison d'être**

1977 • Réalisation : Yves Dion • Scénario : Jean-Yves Roy, Dion • Images : André-Luc Dupont • Son : Yves Gendron • Montage : Dion • Production : Robert Forget, Anne Claire Poirier • Documentaire • Noir et blanc • 78 min.

**Raquetteurs, Les**

1958 • Réalisation : Gilles Groulx, Michel Brault • Images : Brault • Son : Marcel Carrière • Montage : Groulx • Production : Louis Portugais • Documentaire • Noir et blanc • 17 min.

**Rectangle et rectangles**

1984 • Réalisation : René Jodoin • Animation : Jodoin, assisté de Doris Kochanek • Musique : Normand Roger • Système d'animation par ordinateur : Kochanek, Daniel Langlois • Production : Robert Forget • Animation • Couleur • 8 min.

**Red**

1969 • Réalisation : Gilles Carle • Scénario : Carle, Ennio Flaiano • Images : Bernard Chentrier • Son : Réjean Giguère, Raymond Leroux, Don Wellington • Musique : Pierre F. Brault • Montage : Yves Langlois • Production : Pierre Lamy • Interprètes : Daniel Pilon, Geneviève Deloir, Gratien Gélinas, Fernande Giroux, Paul Gauthier, Claude Michaud, Donald Pilon • Fiction • Couleur • 101 min.

**Red Violin, The**

1998 • Réalisation : François Girard • Scénario : Don McKellar, Girard • Images : Alain Dostie • Son : Claude La Haye • Direction artistique : François Séguin • Musique : John Corigliano • Montage : Gaëtan Huot • Production : Niv Fichman • Interprètes : Samuel L. Jackson, Carlo Cecchi, Irène Grazioli, Anita Laurenzi, Jean-Luc Bideau, Cristoph Koncz, Greta Scacchi, Jason Flemyng, Sylvia Chang, Liu Zi Feng, Colm Feore, Don McKellar, Monique Mercure • Fiction • Couleur • 130 min.

**Règne du jour, Le**

1966 • Réalisation : Pierre Perrault • Images : Bernard Gosselin, Jean-Claude Labrecque • Son : Serge Beauchemin, Alain Dostie • Musique : Jean-Marie Cloutier • Montage : Yves Leduc, Jean Lepage • Production : Jacques Bobet, Guy L. Coté • Documentaire • Noir et blanc • 118 min.

**Réjeanne Padovani**

1973 • Réalisation : Denys Arcand • Scénario : D. Arcand, Jacques Benoit • Images : Alain Dostie • Son : Serge Beauchemin • Musique : Willibald Glück, Walter Boudreau • Montage : Marguerite Duparc, D. Arcand • Production : Duparc • Interprètes : Luce Guilbeault, Jean Lajeunesse, Pierre Thériault, Frédérique Collin, Roger Le Bel, Margot MacKinnon, Céline Lomez, Gabriel Arcand, Jean Pierre Lefebvre, René Caron, Paule Baillargeon, Thérèse Cadorette, Hélène Loiselle, André Melançon, Julien Poulin • Fiction • Couleur • 94 min.

**Remous**

1990 • Réalisation : Sylvie Van Brabant • Images : Serge Giguère • Son : Diane Carrière, Esther Auger, Yves Gendron, Van Brabant • Musique : Claude de Chevigny • Montage : Camille Laperrière • Production : Raymond Gauthier • Documentaire • Couleur • 74 min.

**Requiem pour un beau sans-cœur**

1992 • Réalisation : Robert Morin • Scénario : Morin • Images : James Gray, Jean-Pierre Saint-Louis • Direction artistique : Marie-Carole de Beaumont, Marie-Christiane Mathieu • Son : Marcel Chouinard • Musique : Jean Corriveau • Montage : Lorraine Dufour • Production : Nicole Robert, Dufour • Interprètes : Gildor Roy, Jean-Guy Bouchard, Brigitte Paquette, Sabrina Boudot, Louis-Georges Girard, Raymond Bélisle, France Arbour, Stéphan Côté • Fiction • Couleur • 93 min.

**Retour de l'Immaculée Conception, Le**

1971 • Réalisation : André Forcier • Scénario : Forcier • Images : François Gill, André Gagnon • Son : Michel Caron, Marc Boisvert, Norbert Ilhareguy • Musique : Jean Sauvageau, Libéré Holmes, Joséphat Berthelot, Gilles Comète • Montage : Jacques Chenail, Paul-André Cartier, André Corriveau • Production : Les films André Forcier • Interprètes : Julie Lachapelle, Fernand Roy, Chenail, Jacques Marcotte, Jacques Labonté, Pierre David, Forcier • Fiction • Noir et blanc • 86 min.

**Révolutionnaire, Le**

1965 • Réalisation : Jean Pierre Lefebvre • Scénario : Lefebvre • Images : Michel Régnier • Son : Roger Leclerc • Musique : Lionel Renaud • Montage : Marguerite Duparc • Production : Les films J.P. Lefebvre • Interprètes : Louis Saint-Pierre, Louise Rasselet, Alain Chartrand, Robert Daudelin, Michel Gauthier, René Goulet, Pierre Hébert • Fiction • Noir et blanc • 72 min.

**Rising Tide, The**

1949 • Réalisation : Jean Palardy • Scénario : Palardy • Images : John Foster • Montage : Don Peters • Production : James Beveridge • Documentaire • Noir et blanc • 31 min.

**Roi du drum, Le**

1991 • Réalisation : Serge Giguère • Scénario : Giguère • Images : Giguère • Son : Claude Beaugrand, Esther Auger, Diane Carrière • Musique : Guy Nadon • Montage : Louise Dugal • Production : Sylvie Van Brabant • Documentaire • Couleur • 54 min.

**Rosaire et la Petite-Nation**

1997 • Réalisation : Benoît Pilon • Scénario : Pilon • Images : Michel La Veaux • Son : Hugo Brochu • Musique : Antoine Bustros • Montage : René Roberge • Production : Jeannine Gagné • Documentaire • Couleur • 108 min.

**Rossignol et les cloches, Le**

1951 • Réalisation : René Delacroix • Scénario : Joseph Schull • Images : Akos Farkas • Son : Oscar Marcoux • Musique : Allan McIver • Montage : Anton Van de Water • Production : Richard J. Jarvis • Interprètes : Gérard Barbeau, Nicole Germain, Jean Coutu, Juliette Béliveau, Clément Latour, Ovila Légaré • Fiction • Noir et blanc • 91 min.

**Roughnecks**

1960 • Réalisation : Guy L. Coté • Scénario : Coté • Images : Eugene Boyko • Musique : Robert Fleming • Montage : Coté • Production : Tom Daly • Documentaire • Noir et blanc • 21 min.

**Royaume ou l'asile, Le**

1989 • Réalisation : Jean et Serge Gagné • Scénario : J. Gagné, S. Gagné • Images : Michel La Veaux • Direction artistique : Georges Léonard, Alain Singhers • Son : Esther Auger • Musique• André Duchesne • Montage : J. Gagné • Production : S. Gagné, Pierre Duceppe • Interprètes : Roger Léger, Lou Babin, Geneviève Rioux, Luc Proulx, Jocelyn Bérubé, Marthe Turgeon, Claude Gauthier, Paula de Vasconselos • Fiction • Couleur • 94 min.

**Sad Song of Yellow Skin**

1970 • Réalisation : Michael Rubbo • Scénario : Rubbo • Images : Martin Duckworth, Pierre Letarte • Son : Letarte • Montage : Torben Schioler, Rubbo • Production : Tom Daly • Documentaire • Couleur • 58 min.

**Salt Water People**

1992 • Réalisation : Maurice Bulbulian • Scénario : Bulbulian • Images : Serge Giguère • Son : Diane Carrière • Musique : R. Murray Schafer • Montage : Marc Hébert, Bulbulian • Production : Jacques Vallée • Documentaire • Couleur • 122 min.

**Sarrasine, La**

1991 • Réalisation : Paul Tana • Scénario : Bruno Ramirez, Tana • Images : Michel Caron • Direction artistique : François Séguin • Son : Jacques Drouin • Musique : Pierre Desrochers • Montage : Louise Surprenant • Production : Marc Daigle, Lise Abastado, Doris Girard • Interprètes : Enrica Maria Modugno, Tony Nardi, Jean Lapointe, Gilbert Sicotte, Johanne-Marie Tremblay, Nelson Villagra • Fiction • Couleur • 109 min.

**Saint-Jérôme**

1968 • Réalisation : Fernand Dansereau • Images • Michel Régnier • Son : Michel Hazel • Musique : Georges Dor, Gaston Brisson • Montage : Guy Bergeron, Jean Dansereau, Jacques Jarry • Production : André Belleau, Robert Forget • Documentaire • Noir et blanc • 117 min.

**Séraphin**

1950 • Réalisation : Paul Gury • Scénario : Claude-Henri Grignon, d'après le roman et le feuilleton radiophonique de Grignon • Images : Drummond Drury • Son : Oscar Marcoux • Musique : Arthur Morrow • Montage : Jean Boisvert • Production : Paul L'Anglais • Interprètes : Hector Charland, Nicole Germain, Guy Provost, Armand Leguet, Henri Poitras, Eugène Daigneault • Fiction • Noir et blanc • 101 min.

**Servantes du bon Dieu, Les**

1979 • Réalisation : Diane Létourneau • Images : Jean-Charles Tremblay • Son : Serge Beauchemin • Montage : Josée Beaudet • Production : Claude Godbout, Marcia Couëlle • Documentaire • Couleur • 89 min.

**Seul ou avec d'autres**

1962 • Réalisation : Denis Héroux, Denys Arcand, Stéphane Venne • Scénario : Arcand, Venne • Images : Michel Brault • Son : Marcel Carrière • Musique : Venne • Montage : Gilles Groulx, Bernard Gosselin • Production : AGEUM • Interprètes : Nicole Braün, Pierre Létourneau, Marie-José Raymond, Michelle Boulizon, Carl Mailhot, Marcel Saint-Germain • Fiction • Noir et blanc • 64 min.

**Singe Bleu, Le**

1992 • Réalisation : Esther Valiquette • Scénario : Valiquette • Images : Martin Leclerc • Animation : François Aubry • Son : Théodore Vassilopoulos, Yves Gendron, Louis Hone • Musique : Ginette Bellavance, Daniel Toussaint • Montage : René Roberge • Production : Josée Beaudet • Narration : Valiquette • Documentaire • Couleur • 29 min.

**Sitting in Limbo**

1986 • Réalisation : John N. Smith • Scénario : David Wilson, Smith • Images : Andreas Poulsson, Barry Perles • Son : Hans Oomes, Richard Nichol • Musique : Jimmy Cliff, Black Uhuru • Montage : Wilson • Production : Wilson, Smith • Interprètes : Pat Dillon, Fabian Gibbs, Sylvie Clarke, Debbie Grant, Compton McLean, Millicent Dillon • Fiction • Couleur • 95 min.

**Soleil a pas de chance, Le**

1975 • Réalisation : Robert Favreau • Images : Pierre Letarte, Daniel Fournier • Son : Raymond Marcoux • Montage : Favreau • Production : Jean-Marc Garand • Documentaire • Couleur • 163 min.

**Soleil se lève en retard, Le**

1976 • Réalisation : André Brassard • Scénario : Michel Tremblay, Brassard • Images : Alain Dostie • Direction artistique : François Laplante • Son : Jacques Blain • Musique : Beau Dommage • Montage : André Corriveau • Production : Pierre Lamy • Interprètes : Rita Lafontaine, Yvon Deschamps, Denise Filiatrault, Huguette Oligny, Claude Gai, Jean Mathieu • Fiction • Couleur • 112 min.

**Solzhenitsyn's Children... Are Making a Lot of Noise in Paris**

1978 • Réalisation : Michael Rubbo • Images : Andreas Poulsson, Michael Edols, Michel Thomas d'Hoste • Son : Joseph Champagne • Montage : Rubbo • Production : Marrin Canell, Arthur Hammond • Documentaire • Couleur • 87 min.

**Some American Feminists**

1977 • Réalisation : Luce Guilbeault, Nicole Brossard, Margaret Westcott • Images : Nesya Shapiro • Son : Ingrid M. Cusiel • Montage : Westcott • Production : Kathleen Shannon • Documentaire • Couleur • 56 min.

**Sonatine**

1983 • Réalisation : Micheline Lanctôt • Scénario : M. Lanctôt • Images : Guy Dufaux • Son : Marcel Fraser • Musique : François Lanctôt • Montage : Louise Surprenant • Production : Pierre Gendron, René Malo • Interprètes : Pascale Bussières, Marcia Pilote, Pierre Fauteux, Kliment Denchev, Ève Gagnier, Marc Gélinas • Fiction • Couleur • 91 min.

« **Son des Français d'Amérique, Le** »

1974-1980 • Réalisation : André Gladu, Michel Brault • Images : Brault, Alain Dostie • Son : Claude Beaugrand • Montage : André Corriveau, Éric De Bayser, Yves Dion • Production : Gladu, Brault • Documentaire • Couleur • Série de vingt-sept c. m., de 27 ou 28 min chacun.

**Sonia**

1986 • Réalisation : Paule Baillargeon • Scénario : Baillargeon, Laura Harrington • Images : André-Luc Dupont, Roger Martin • Direction artistique : François Laplante • Son : Serge Beauchemin • Musique : Yves Laferrière • Montage : Yves Dion • Production : Roger Frappier, Michel Gauthier

• Interprète : Kim Yaroshevskaya, Baillargeon, Lothaire Bluteau, Paul Buissonneau, Marc Messier, Raymond Cloutier • Fiction • Couleur • 54 min.

**Sortie 234**

1988 • Réalisation : Michel Langlois • Scénario : Langlois • Images : Éric Cayla • Direction artistique : Marc-André Coulombe • Son : Claude Beaugrand, Marcel Fraser • Musique : Giacomo Puccini • Montage : Jean-Claude Coulbois • Production : Bernadette Payeur • Interprètes : Roy Dupuis, Jean L'Italien, Élise Guilbault • Fiction • Couleur • 26 min.

**Sourd dans la ville, Le**

1987 • Réalisation : Mireille Dansereau • Scénario : Dansereau, Michèle Mailhot, Jean-Joseph Tremblay, d'après le roman de Marie-Claire Blais • Images : Michel Caron • Direction artistique : Gaudeline Sauriol • Son : Dominique Chartrand • Musique : Ginette Bellavance • Montage : Louise Côté • Production : Louise Carré • Interprètes : Béatrice Picard, Guillaume Lemay-Thivierge, Angèle Coutu, Pierre Thériault, Han Masson, Claude Renard, Sophie Léger • Fiction • Couleur • 97 min.

**Souris, tu m'inquiètes**

Programme En tant que femmes
1973 • Réalisation : Aimée Danis • Scénario : Danis • Images : Daniel Fournier • Direction artistique : Vianney Gauthier • Son : Jean-Guy Normandin • Musique : Pierre F. Brault • Montage : Claire Boyer • Production : Anne Claire Poirier, Jean-Marc Garand • Interprètes : Micheline Lanctôt, Luc Durand, Olivette Thibault, Luce Guilbeault, Yves Létourneau, Louis Aubert • Fiction • Couleur • 57 min.

**Sous-sol**

1996 • Réalisation : Pierre Gang • Scénario : Gang • Images : Pierre Mignot • Direction artistique : François Laplante • Son : Serge Beauchemin, Hans Peter Strobl, Sylvain Bellemare • Musique : Anne Bourne, Ken Myhr • Montage : Florence Moureaux, Yves Chaput • Production : Roger Frappier • Interprètes : Louise Portal, Isabelle Pasco, Richard Moffat, Patrice Godin, Daniel Gadouas • Fiction • Couleur • 90 min.

**Souvenirs de guerre**

1982 • Réalisation : Pierre Hébert, assisté de Michèle Pauzé • Caméra optique : Michael Cleary • Musique : Normand Roger • Trame sonore : Pierre Bernier • Montage : Bernier • Production : Robert Forget • Animation • Couleur • 16 min.

**Speak White**

1980 • Réalisation : Pierre Falardeau, Julien Poulin, d'après le poème de Michèle Lalonde • Images : Raymond Dumas • Musique : Poulin • Production : Robert Forget • Expérimental • Noir et blanc • 6 min.

**Special Delivery**

1978 • Réalisation : John Weldon, Eunice Macaulay • Musique : Karl Duplessis • Production : Derek Lamb • Animation • Couleur • 7 min.

**Splash**

1981 • Réalisation : Georges Léonard, Claude Laflamme • Coordonnateur de la performance : Claude Lamarche • Images : Serge Giguère, Michel La Veaux, Marie Beaulieu, Laflamme • Son : Léonard • Musique : Sonde • Montage : Laflamme • Production : Laflamme, Léonard • Expérimental • Couleur • 13 min.

**Street, The**

1976 • Réalisation : Caroline Leaf • Scénario : Leaf, d'après une nouvelle de Mordecai Richler • Montage : Gloria Demers • Production : Guy Glover, Wolf Koenig • Animation • Couleur • 10 min.

**Street, The**

1996 • Réalisation : Daniel Cross • Scénario : Cross • Images : Richard Boyce • Son : Cross, Serge Noël • Musique : Jimmy James • Montage : Peter Wintonick • Production : Wintonick • Documentaire • Couleur et noir et blanc • 78 min.

**Sweater, The**

1980 • Réalisation : Sheldon Cohen • Scénario : Roch Carrier, d'après une nouvelle de Carrier • Musique : Normand Roger • Montage : David Verrall • Production : Marrin Canell, Verrall, Derek Lamb • Narration : Carrier • Animation • couleur • 10 min.

**Tacots, Les**

Série « Toulmonde parle français »

1974 • Réalisation : André Melançon • Scénario : Melançon • Images : Pierre Mignot, Georges Dufaux • Son : Raymond Marcoux, Serge Beauchemin • Musique : Gilles Rivard • Montage : Melançon, Werner Nold • Production : Jacques Bobet • Interprètes : Mireille Bienvenu, Gilles Guillemette, Alain Tremblay, Franco Lamazzi, Robert Trudel, Mireille Jolicœur, Josée Boisvert, Léandre Bergeron • Fiction • Couleur • 22 min.

**Taureau**

1973 • Réalisation : Clémen Perron • Scénario : Perron • Images : Georges Dufaux • Direction artistique : Vianney Gauthier • Son : Joseph Champagne • Musique : Jean Cousineau • Montage : Pierre Lemelin • Production : Marc Beaudet • Interprètes : Monique Lepage, André Melançon, Michèle Magny, Louise Portal, Béatrice Picard, Marcel Sabourin • Fiction • Couleur • 97 min.

**Tchou-Tchou**

1972 • Réalisation : Co Hoedeman • Création des personnages : Suzanne Gervais • Musique : Normand Roger • Production : Pierre Moretti • Animation • Couleur • 14 min.

**Temiscaming, Quebec**

1975 • Réalisation : Martin Duckworth • Images : Duckworth, Serge Giguère • Son : Benoît Fauteux, Hugues Mignault • Musique : Bob Robb • Montage : Duckworth, Michael Rubbo, Gérard Senécal, Ginny Stikeman • Production : Dorothy Todd Hénaut, Len Chatwin • Documentaire • Couleur • 64 min.

**Temps de l'avant, Le**

Programme En tant que femmes
1975 • Réalisation : Anne Claire Poirier • Scénario : Louise Carré, Marthe Blackburn, Poirier • Images : Michel Brault • Direction artistique : Vianney Gauthier • Son : Joseph Champagne • Musique : Maurice Blackburn, Angèle Arsenault • Montage : Jacques Gagné, Christian Marcotte • Production : Poirier • Interprètes : Luce Guilbeault, Paule Baillargeon, Pierre Gobeil, J.-Léo Gagnon, Marisol Sarrazin, Nicolas Dufresne • Fiction • Couleur • 88 min.

**Temps d'une chasse, Le**

1972 • Réalisation : Francis Mankiewicz • Scénario : Mankiewicz • Images : Michel Brault • Son : Claude Hazanavicius • Musique : Pierre F. Brault • Montage : Werner Nold • Production : Pierre Gauvreau • Interprètes : Guy L'Écuyer, Marcel Sabourin, Pierre Dufresne, Olivier L'Écuyer, Frédérique Collin, Luce Guilbeault, Monique Mercure • Fiction • Couleur • 98 min.

**Tendresse ordinaire**

1973 • Réalisation : Jacques Leduc • Scénario : Robert Tremblay • Images : Alain Dostie • Son : Jacques Drouin • Musique : Michel « Plume » Latraverse, Jocelyn Bérubé • Montage : Pierre Bernier • Production : Paul Larose • Interprètes : Esther Auger, Bérubé, Jean-Pierre Bourque, Claudette Delorimier, J.-Léo Gagnon, Luce Guilbeault, Latraverse • Fiction • Couleur • 82 min.

**Terre de Caïn, La**

1949 • Réalisation : Pierre Petel • Scénario : Petel • Images : Julien Saint-Georges • Son : Clarke Daprato • Musique : Maurice Blackburn • Production : James Beveridge • Documentaire • Noir et blanc • 30 min.

**Tête de Normande Saint-Onge, La**

1975 • Réalisation : Gilles Carle • Scénario : Carle, Ben Barzman • Images : François Protat • Direction artistique : Jocelyn Joly • Son : Henri Blondeau • Musique : Lewis Furey • Montage : Carle, Avdé Chiriaeff • Production : Pierre Lamy • Interprètes : Carole Laure, Raymond Cloutier, Reynald Bouchard, Carmen Giroux, Gaétan Guimond, J.-Léo Gagnon, Renée Girard • Fiction • Couleur • 116 min.

**Thetford au milieu de notre vie**

1978 • Réalisation : Fernand Dansereau • Animation à la création collective : Iolande Cadrin-Rossignol • Scénario : Collectif • Image : Guy Dufaux, Michel Brault • Son : Jean Rivard • Musique :

Jean Cloutier • Montage : Dansereau, France Pilon • Production : Claude Godbout, Marcia Couëlle • Interprètes : Lucille Drouin, Théo Gagné, André Laplante, Georges Dionne, Dominique Lévesque, Hélène Thivierge • Fiction • Couleur • 84 min.

**Thirty Two Short Films about Glenn Gould**

1993 • Réalisation : François Girard • Scénario : Girard, Don McKellar • Images : Alain Dostie • Son : Stuart French • Montage : Gaétan Huot • Production : Niv Fichman • Interprète : Colm Feore • Fiction • Couleur • 93 min.

**Ti-Cul Tougas**

1976 • Réalisation : Jean-Guy Noël • Scénario : Noël • Images : François Beauchemin • Direction artistique : Fernand Durand • Son : Hugues Mignault • Musique : Georges Langford • Montage : Marthe de la Chevrotière • Production : Marc Daigle • Interprètes : Micheline Lanctôt, Suzanne Garceau, Claude Maher, Gilbert Sicotte, Louise Forestier, Guy L'Écuyer, Jean-Louis Millette • Fiction • Couleur • 83 min.

**Ti-Mine, Bernie pis la gang…**

1976 • Réalisation : Marcel Carrière • Scénario : Jean-Pierre Morin • Images : Jean-Pierre Lachapelle • Direction artistique : Denis Boucher • Son : Claude Hazanavicius • Musique : François Dompierre • Montage : Werner Nold • Production : Marc Beaudet • Interprètes : Jean Lapointe, Marcel Sabourin, Rita Lafontaine, Anne-Marie Ducharme, Serge A. Savard, Ginette Morin • Fiction • Couleur • 124 min.

**Tit-Coq**

1952 • Réalisation : René Delacroix, Gratien Gélinas • Scénario : Gélinas, d'après la pièce de Gélinas • Images : Akos Farkas • Son : Marc Audet, André de Tonnancourt • Musique : Maurice Blackburn, Morris C. Davis • Montage : Anton Van de Water, Roger Garand • Production : Gélinas, Paul L'Anglais • Interprètes : Gélinas, Monique Miller, Jean Duceppe, Fred Barry, Paul Dupuis, Juliette Béliveau • Fiction • Noir et blanc • 101 min.

**Toasteur, Le**

1982 • Réalisation : Michel Bouchard • Scénario : Bouchard, Robert Gurik • Images : Pierre Mignot • Son : Michel Charron • Musique : Alain Clavier • Montage : André Corriveau • Production : Bouchard • Interprètes : Gabriel Arcand, Jean Mathieu, Jean-Pierre Saulnier, Georges Antoniades, Joan Lenarcic, Don Rideout • Fiction • Couleur • 27 min.

**Tony de Peltrie**

1985 • Réalisation : Pierre Lachapelle, Philippe Bergeron, Pierre Robidoux, Daniel Langlois • Scénario : Lachapelle, Bernard Guénette, Langlois • Musique : Marie Bastien • Production : Lachapelle • Voix : Ronald France • Animation • Couleur • 8 min.

**Traces du rêve, Les**

1986 • Réalisation : Jean-Daniel Lafond • Scénario : Lafond • Images : Martin Leclerc, Michel Naud, François Beauchemin • Son : Yves Gendron, Claude Beaugrand, Michel Motard • Montage : Babalou Hamelin • Production : Jacques Vallée • Documentaire • Couleur et noir et blanc • 95 min.

**Train of Dreams**

1987 • Réalisation : John N. Smith • Scénario : Sally Bochner, Smith, Sam Grana • Images : David de Volpi, Zo Dirse • Son : Jacques Drouin • Musique : Malcolm Mackenzie Jr • Montage : Michael McKennirey • Production : Grana, Bochner • Interprètes : Jason Saint-Amour, Marcella Santa Maria, Fred Ward • Fiction • Couleur • 89 min.

**Transit**

1986 • Réalisation : Richard Roy • Scénario : Roy • Images : Daniel Jobin • Direction artistique : Gaudeline Sauriol • Son : Marcel Fraser • Musique : Yves Laferrière • Montage : Jean-Guy Montpetit • Production : Jean-Roch Marcotte • Interprètes : Michel Côté, Marie Laberge • Fiction • Couleur • 27 min.

**Trois pommes à côté du sommeil**

1988 • Réalisation : Jacques Leduc • Scénario : Michel Langlois, Leduc • Images : Pierre Letarte • Direction artistique : Marie-Carole de Beaumont • Son : Claude Beaugrand • Musique : René Lussier, Jean Derome, d'après Jean-Sébastien Bach • Montage : Pierre Bernier • Production : Suzanne Dussault, Pierre Latour • Interprètes : Normand Chouinard, Paule Baillargeon, Hubert Reeves, Josée Chaboillez, Paule Marier, Michel Nadeau, Frédérique Collin • Fiction • Couleur • 96 min.

**Trouble-fête**

1964 • Réalisation : Pierre Patry • Scénario : Jean-Claude Lord • Images Jean Roy • Son : Joseph Champagne • Musique : Claude Léveillée • Montage : Lucien Marleau • Production : Roger Blais, Jean Roy, Patry • Interprètes : Lucien Hamelin, Louise Rémy, Gilbert Chénier, Yves Massicotte, Yves Létourneau, Jean Duceppe • Fiction • Noir et blanc • 87 min.

**Tu as crié LET ME GO**

1997 • Réalisation : Anne Claire Poirier • Scénario : Poirier, avec la collaboration de Marie-Claire Blais • Images : Jacques Leduc • Son : Esther Auger • Musique : Marie Bernard • Montage : Monique Fortier, Yves Dion • Production : Paul Lapointe, Joanne Carrière • Documentaire • Noir et blanc • 98 min.

**Tu brûles... tu brûles...**

1973 • Réalisation : Jean-Guy Noël • Scénario : Noël • Images : François Beauchemin • Son : Claude Beaugrand, Pierre Blain • Musique : Michel Bonneville • Montage : Marthe de la Chevrotière • Production : René Gueissaz, Marc Daigle • Interprètes : Gabriel Arcand, Louise Francœur, Guy L'Écuyer, Raymond Lévesque, Serge Thériault, Marie Eykel • Fiction • Noir et blanc • 94 min.

**Turlute des années dures, La**

1983 • Réalisation : Richard Boutet, Pascal Gélinas • Scénario : Boutet, Gélinas, Lucille Veilleux • Images : Robert Vanherweghem • Son : Claude Beaugrand • Musique : Gilles Garand, Gélinas • Montage : Francis Van den Heuvel • Production : Veilleux, Marguerite Duparc • Documentaire • Couleur • 90 min.

**Un 32 août sur terre**

1998 • Réalisation : Denis Villeneuve • Scénario : Villeneuve • Images : André Turpin • Direction artistique : Jean Babin • Son : Martin Pinsonnault, Dominique Chartrand • Musique : Pierre Desrochers, Nathalie Boileau • Montage : Sophie Leblond • Production : Roger Frappier • Interprètes : Pascale Bussières, Alexis Martin, Richard S. Hamilton, Serge Thériault, Emmanuel Bilodeau, Paule Baillargeon, Frédéric Desager, Évelyne Rompré • Fiction • Couleur • 89 min.

**Une guerre dans mon jardin**

1985 • Réalisation : Diane Létourneau, avec la collaboration de Pierre Bernier • Images : Jean-Pierre Lachapelle • Son : Diane Carrière, Yves Gendron, Serge Beauchemin • Musique : Denis Larochelle • Montage : Bernier • Production : Hélène Verrier, Roger Frappier • Documentaire • Couleur • 56 min.

**Une histoire de femmes**

1980 • Réalisation : Sophie Bissonnette, Martin Duckworth, Joyce Rock • Images : Duckworth • Son : Rock • Musique : Rachel Paiement, André Paiement, David Brut • Montage : Michel Arcand, Bissonnette • Production : Arthur Lamothe • Documentaire • Couleur • 72 min.

**Une histoire inventée**

1990 • Réalisation : André Forcier • Scénario : Forcier, Jacques Marcotte • Images : Georges Dufaux • Direction artistique : Réal Ouellette • Son : Serge Beauchemin • Musique : Serge Fiori • Montage • François Gill • Production : Claudio Luca, Robin Spry, Lise Abastado, Jamie Brown • Interprètes : Jean Lapointe, Louise Marleau, Charlotte Laurier, Marc Messier, Jean-François Pichette, France Castel, Tony Nardi, Donald Pilon • Fiction • Couleur • 91 min.

**Une nuit en Amérique**

1974 • Réalisation : Jean Chabot • Scénario : Chabot, Jean-Pierre Plante • Images : Pierre Mignot • Son : Jean Rival, Claude Beaugrand • Musique : Walter Boudreau, L'Infonie • Montage : France Pilon • Production : Marc Daigle • Interprètes : Robert Rivard, Jill Frappier, Jocelyne Goyette, Reynald Bouchard, Guy L'Écuyer, Plante • Fiction • Couleur • 93 min.

**Une semaine dans la vie de camarades**

1976 • Réalisation : Jean Gagné • Scénario : J. Gagné, Serge Gagné • Images : Bruno Carrière, Germain Bouchard • Son : Alain Corneau, Maurice Rochette • Musique : Jean Pierre Bouchard, André Duchesne, Jean-Pierre Tremblay • Montage : Marthe de la Chevrotière, Louis Geoffroy,

Jean Saulnier, J. Gagné • Production : S. Gagné, Régis Painchaud, Marc Daigle • Documentaire expérimental • Couleur • 242 min.

**Un homme et son péché**

1948 • Réalisation : Paul Gury • Scénario : Claude-Henri Grignon, d'après le roman et le feuilleton radiophonique de Grignon • Images : Drummond Drury • Son : Oscar Marcoux • Musique : Hector Gratton • Montage : Richard J. Jarvis, Jean Boisvert, Jacques Blouin • Production : Paul L'Anglais • Interprètes : Hector Charland, Nicole Germain, Guy Provost, Juliette Béliveau, Armand Leguet, George Alexander • Fiction • Noir et blanc • 111 min.

**Un jeu si simple**

1965 • Réalisation : Gilles Groulx • Images : Jean-Claude Labrecque, Guy Borremans • Son : Marcel Carrière • Montage : Groulx • Production : Jacques Bobet • Commentaire : Bobet • Documentaire • Couleur et noir et blanc • 30 min.

**Un pays sans bons sens !**

1970 : Réalisation : Pierre Perrault • Images : Michel Brault, Bernard Gosselin • Son : Serge Beauchemin • Montage : Yves Leduc • Production : Tom Daly, Guy L. Coté, Paul Larose • Documentaire • Noir et blanc • 118 min.

**Un royaume vous attend**

1975 • Réalisation : Pierre Perrault, Bernard Gosselin • Images : Gosselin • Son : Claude Beaugrand, Claude Chevalier • Montage : Suzanne Dussault • Production : Paul Larose • Documentaire • Couleur • 110 min.

**Un zoo la nuit**

1987 • Réalisation : Jean-Claude Lauzon • Scénario : Lauzon • Images : Guy Dufaux • Direction artistique : Jean-Baptiste Tard • Son : Yvon Benoît • Musique : Jean Corriveau • Montage : Michel Arcand • Production : Roger Frappier, Pierre Gendron, Louise Gendron • Interprètes : Gilles Maheu, Roger Le Bel, Germain Houde, Lorne Brass, Jerry Snell, Lynn Adams • Fiction • Couleur • 115 min.

**Valérie**

1968 • Réalisation : Denis Héroux • Scénario : Louis Gauthier, Héroux, John Dunning, André Link • Images : René Verzier • Son : Jean-Pierre Sarrasin • Musique : Joe Gracy, Michel Paje • Montage : Jean Lafleur • Production : Dunning, Link • Interprètes : Danielle Ouimet, Guy Godin, Yvan Ducharme, Claude Préfontaine, Andrée Flamand, Kim Wilcox • Fiction • Noir et blanc • 97 min.

**Vautours, Les**

1975 • Réalisation : Jean-Claude Labrecque • Scénario : Robert Gurik, Jacques Jacob • Images : Alain Dostie • Son : Serge Beauchemin • Musique : Dominique Tremblay • Montage : Labrecque • Production : Louise Ranger • Interprètes : Gilbert Sicotte, Monique Mercure, Carmen Tremblay,

Amulette Garneau, Gabriel Arcand, Paule Baillargeon, Jacques Bilodeau, Raymond Cloutier, Jean Duceppe • Fiction • Noir et blanc et couleur • 91 min.

**Veillée des veillées, La**

1976 • Réalisation : Bernard Gosselin • Images : Gosselin, Michel Brault, Jean-Claude Labrecque, Pierre Mignot • Son : Jacques Drouin, Serge Beauchemin, Claude Beaugrand, Claude Chevalier, Philippe Trolliet, Michel Charron • Montage : Pierre Bernier • Production : Paul Larose • Documentaire • Couleur • 95 min.

**Vent, Le**

1972 • Réalisation : Ron Tunis • Trame sonore : Pierre F. Brault • Production : René Jodoin • Animation • Couleur • 9 min.

**Vie a du charme, La**

1992 • Réalisation : Jean-Philippe Duval • Scénario : Duval • Images : Jean-Pierre Trudel • Son : Serge Beauchemin, Gilles Corbeil • Musique : Robert M. Lepage • Montage : Alain Belhumeur • Production : Marcel Simard • Documentaire • Couleur • 54 min.

**Vie d'ange**

1979 • Réalisation : Pierre Harel • Scénario • Harel, Paule Baillargeon • Images : François Gill • Direction artistique : Mickie Hamilton • Son : Marcel Delambre, Claude Beaugrand • Musique : Roger Wezo Belval, Donald Hince, Harel • Montage : Jean Saulnier • Production : Nicole Fréchette, Bernard Lalonde, René Gueissaz • Interprètes : Harel, Baillargeon, Jean-Guy Moreau, Louise Portal, Priscilla, Pauline et Geneviève Lapointe • Fiction • Couleur • 84 min.

**Vie heureuse de Léopold Z., La**

1965 • Réalisation : Gilles Carle • Scénario : Carle • Images : Jean-Claude Labrecque • Son : Joseph Champagne • Musique : Paul de Margerie • Montage : Werner Nold • Production : Jacques Bobet • Interprètes : Guy L'Écuyer, Paul Hébert, Suzanne Valéry, Monique Joly, Jacques Poulin, Gilles Latulippe • Fiction • Noir et blanc • 69 min.

**Vie rêvée, La**

1972 • Réalisation : Mireille Dansereau • Scénario : Dansereau, Patrick Auzépy • Images : François Gill, Richard Rodrigue, Louis de Ernsted • Direction artistique : Michèle Cournoyer • Son : Jean Rival, Claude Beaugrand, Hugues Mignault • Musique : Emmanuel Charpentier • Montage : Danielle Gagné • Production : Guy Bergeron • Interprètes : Liliane Lemaître-Auger, Véronique Le Flaguais, Jean-François Guité, Guy Foucault, Marc Messier, Paul Grennan • Fiction • Couleur • 85 min.

**Vieux pays où Rimbaud est mort, Le**

1977 • Réalisation : Jean Pierre Lefebvre • Scénario : Lefebvre, Mireille Amiel • Images : Guy Dufaux • Son : Jacques Blain • Musique : Claude Fonfrède • Montage : Marguerite Duparc • Production : Duparc, Hubert Niogret, Pierre Henri Deleau • Interprètes : Marcel Sabourin, Anouk Ferjac, Myriam Boyer, Roger Blain, Germaine Delbat, François Perrot • Fiction • Couleur • 113 min.

**Village enchanté, Le**

1955 • Réalisation : Marcel et Réal Racicot • Scénario : R. Racicot • Animation : Laura Ledoux, Pierre Lanaud, Charles Hébert, Guy Parent • Musique : Émilien Allard • Production : Racicot Productions • Narration : Pierre Dagenais • Animation • Couleur • 62 min.

**Vincent and Me**

Série « Contes pour tous »
1990 • Réalisation : Michael Rubbo • Scénario : Rubbo • Images : Andreas Poulsson • Direction artistique : Violette Daneau • Son : Yvon Benoît • Musique : Pierick Houdy • Montage : André Corriveau • Production : Rock Demers, Claude Nedjar • Interprètes : Nina Petronzio, Tcheky Karyo, Christopher Forrest, Paul Klerk, André Pelletier, Anna-Maria Giannotti • Fiction • Couleur • 100 min.

**Viol d'une jeune fille douce, Le**

1968 • Réalisation : Gilles Carle • Scénario : Carle • Images : Bernard Chentrier • Son : Raymond Leroux • Musique : Pierre F. Brault • Montage : Yves Langlois • Production : Pierre Lamy, André Lamy • Interprètes : Julie Lachapelle, Jacques Cohen, Katerine Mousseau, Daniel Pilon, Donald Pilon, André Gagnon • Fiction • Couleur • 81 min.

**Visage pâle**

1985 • Réalisation : Claude Gagnon • Scénario : Gagnon • Images : Serge Ladouceur • Son : Daniel Masse, Robert Girard • Musique : Jérôme Langlois • Montage : Gagnon • Production : Yuri Yoshimura, Gagnon, Shiro Sasaki • Interprètes : Luc Matte, Denis Lacroix, Allison Odjig, Guy Thauvette, Gilbert Sicotte, Marcel Lebœuf • Fiction • Couleur • 103 min.

**Visite du général de Gaulle au Québec, La**

1967 • Réalisation : Jean-Claude Labrecque • Images : Labrecque, Bernard Gosselin, Michel Brault • Son : Serge Beauchemin, Marcel Carrière • Montage : Labrecque, Gosselin • Production : Labrecque, OFQ • Documentaire • Couleur • 30 min.

**Voitures d'eau, Les**

1968 • Réalisation : Pierre Perrault • Images : Bernard Gosselin • Son : Serge Beauchemin • Montage : Monique Fortier • Production : Jacques Bobet, Guy L. Coté • Documentaire • Noir et blanc • 111 min.

**Volcano — An Inquiry into the Life and Death of Malcolm Lowry**

1976 • Réalisation : Donald Brittain, John Kramer • Scénario : Brittain • Images : Douglas Kiefer •

Son : James McCarthy • Musique : Alain Clavier, Art Phillips • Montage : Kramer • Production : Brittain, Robert Duncan, James de B. Domville • Documentaire • Couleur • 99 min.

**Vol de rêve**

1982 • Réalisation : Philippe Bergeron, Nadia Magnenat-Thalmann, Daniel Thalmann • Scénario : Bergeron, Pierre Lachapelle • Images : Bergeron • Montage : Lucien Marleau • Production : HEC • Animation • Couleur • 13 min.

**Voleurs de job, Les**

1980 • Réalisation : Tahani Rached • Images : Alain Dostie • Son : Serge Beauchemin, André Dussault • Musique : Ti-Lou Babin, Eglal Rached • Montage : Annick de Bellefeuille • Production : Bernard Lalonde • Documentaire • Couleur • 68 min.

**Voyage en Amérique avec un cheval emprunté**

1987 • Réalisation : Jean Chabot • Scénario : J. Chabot • Images : Jacques Leduc • Son : Claude Beaugrand • Musique : René Lussier • Montage : Catherine Martin • Production : Michel Dandavino, Éric Michel • Voix et narration : Gilles Renaud • Interprètes : J. Chabot, Laurent Chabot, Henry Lickens, Yolaine Rouleau • Fiction • Couleur • 58 min.

**Voyage en Bretagne intérieure**

1978 • Réalisation : Richard Lavoie • Images : Lavoie • Son : Yves Saint-Jean • Montage : Lavoie • Production : Lavoie • Documentaire • Couleur • 97 min.

**Vraie nature de Bernadette, La**

1972 • Réalisation : Gilles Carle • Scénario : Carle • Images : René Verzier • Direction artistique : Jocelyn Joly • Son : Henri Blondeau • Musique : Pierre F. Brault • Montage : Carle • Production : Pierre Lamy • Interprètes : Micheline Lanctôt, Donald Pilon, Reynald Bouchard, Robert Rivard, Willie Lamothe, Maurice Beaupré • Fiction • Couleur • 96 min.

**Vrais perdants, Les**

1978 • Réalisation : André Melançon • Images : Pierre Mignot • Son : Richard Besse, Claude Beaugrand • Montage : Josée Beaudet • Production : Jacques Gagné • Documentaire • Couleur • 94 min.

**Walking**

1968 • Réalisation : Ryan Larkin • Production : Larkin • Animation • Couleur • 5 min.

**When the Day Breaks**

1999 • Réalisation : Wendy Tilby, Amanda Forbis • Son : Marie-Claude Gagné, Geoffrey Mitchell, Gaëtan Pilon • Musique : Judith Gruber-Stitzwer • Production : David Verrall • Animation • Couleur • 10 min.

**Whispering City**

1947 • Réalisation : Fédor Ozep • Scénario : Rian James, Leonard Lee • Images : Guy Roe • Son : Edward Fenton • Musique : Morris C. Davis • Montage : Leonard Anderson, Douglas Bagier, Richard J. Jarvis • Production : George Marton, Paul L'Anglais, Roger Wood • Interprètes : Mary Anderson, Helmut Dantine, Paul Lukas, Joy Lafleur, John Pratt, Mimi d'Estée • Fiction • Noir et blanc • 91 min.

**Yeux rouges ou les vérités accidentelles, Les**

1982 • Réalisation : Yves Simoneau • Scénario : Simoneau • Images : Claude La Rue • Direction artistique : Denis Denoncourt • Son : Marcel Fraser • Musique : Maneige, Bob Walsh • Montage : André Corriveau • Production : Doris Girard • Interprètes : Marie Tifo, Jean-Marie Lemieux, Pierre Curzi, Raymond Bouchard, Denise Proulx, Pierrette Robitaille, Paul Hébert, Rémy Girard, Gaston Lepage • Fiction • Couleur • 89 min.

**Zea**

1981 • Réalisation : André Leduc, Jean-Jacques Leduc • Images : Éric Chamberlain • Montage : Werner Nold • Production : Robert Forget • Animation • Couleur • 5 min.

# Bibliographie

BEATIE, Eleanor, *A Handbook of Canadian Film* (second edition), Peter Martin Associates in Association with *Take One Magazine*, Toronto, 1977.

BELLEMARE, Denis, *La mélancolie et le banal. Essai sur le cinéma québécois*, Université de Paris III, Paris, 1992.

BONNEVILLE, *Le cinéma québécois par ceux qui le font*, Paulines, Montréal, 1979.

BRÛLÉ, Michel, *Vers une politique du cinéma au Québec. Document de travail*, Direction générale du cinéma et de l'audiovisuel, ministère des Communications, Québec, 1978.

*Les cahiers du Sainte-Marie*, n° 12, « Le cinéma québécois. Tendances et prolongements », Montréal, 1968.

CARRIÈRE, Louise (dir.), « Cinéma québécois et États-Unis », *Cinémas*, vol. 7, n° 3, printemps 1997.

CARRIÈRE, Louise *et al.*, *Femmes et cinéma québécois*, Boréal, Montréal, 1983.

*CinémAction*, n° 40, « Aujourd'hui le cinéma québécois », Cerf/OFQJ, Paris/Montréal, 1986.

DAUDELIN, Robert, *Vingt ans de cinéma au Canada français*, ministère des Affaires culturelles, 1967.

DENAULT, Jocelyne, *Dans l'ombre des projecteurs. Les Québécoises et le cinéma*, Presses de l'Université du Québec, 1996.

*Dérives*, n° 52, « Cinéma québécois, nouveaux courants, nouvelles critiques », Montréal, 1986.

*Discographie du cinéma québécois 1960-1990*, Les rendez-vous du cinéma québécois/ACPQ, Montréal, 1990.

FOURNIER-RENAUD, Madeleine et Pierre VÉRONNEAU, *Écrits sur le cinéma. Bibliographie québécoise, 1911-1981*, Cinémathèque québécoise, Montréal, 1982.

GAGNON, Renée, *L'influence des événements politiques sur le contenu et la forme du cinéma québécois de la décennie 1980*, Université Laval, 1992.

GAREL, Sylvain, PAQUET, André *et al.*, *Les cinémas du Canada*, Centre Georges-Pompidou, Paris, 1992.

GAUDREAULT, André (dir.), *Au pays des ennemis du cinéma. Pour une nouvelle histoire des débuts du cinéma au Québec*, Nuit blanche éditeur, Québec, 1996.

HOULE, Michel et Alain JULIEN, *Dictionnaire du cinéma québécois*, Fides, Montréal, 1978.

JEAN, Marcel, *Le cinéma québécois*, Boréal, coll. « Boréal express », 1991.

LACROIX, Jean-Guy, *Septième art et discrimination. Le cas des réalisatrices*, VLB éditeur, Montréal, 1992.

LAFRANCE, André (avec la collaboration de Gilles Marsolais), *Cinéma d'ici*, Leméac et Radio-Canada, Montréal, 1973.

LAMARTINE, Thérèse, *Elles cinéastes ad lib 1895-1981*, Remue-Ménage, Montréal, 1985.

LAMONDE, Yvan et Pierre-François HÉBERT, *Le cinéma au Québec. Essai de statistique historique, 1896 à nos jours*, IQRC, Québec, 1981.

LAROCHELLE, Réal, *Cinéma en rouge et noir. 30 ans de critique de cinéma au Québec*, Triptyque, Montréal, 1994.

LAROUCHE, Michel (dir.), *L'aventure du cinéma québécois en France*, « Documents », XYZ éditeur, Montréal, 1996.

LEVER, Yves, *Le cinéma de la Révolution tranquille de* Panoramique *à* Valérie, Montréal, 1991.

LEVER, Yves, *Cinéma et société québécoise*, Le Jour, Montréal, 1972.

LEVER, Yves, *Histoire du cinéma au Québec*, Direction générale de l'enseignement collégial, Québec, 1983.

LEVER, Yves, *Histoire générale du cinéma au Québec*, Boréal, Montréal, 1995.

MAJOR, Ginette, *Le cinéma québécois à la recherche d'un public. Bilan d'une décennie*, Presses de l'Université de Montréal, Montréal, 1982.

MARSOLAIS, Gilles, *Le cinéma canadien*, Le Jour, Montréal, 1968.

MORRIS, Peter, *Embattled Shadows. A History of the Canadian Cinema, 1895-1939*, McGill-Queen's University Press, Montréal, 1978.

MORRIS, Peter, *The Film Companion. A Comprehensive Guide to more than 650 Canadian Films and Filmmakers*, Irwin Publishing, Toronto, 1984.

NOGUEZ, Dominique, *Essais sur le cinéma québécois*, Le Jour, Montréal, 1970.

PAGEAU, Pierre et Yves LEVER, *Cinémas canadien et québécois*, Collège Ahuntsic/Pierre Pageau et Yves Lever, Montréal, 1977.

PALLISTER, Janis L., *The Cinema of Quebec : Masters in Their Own House*, Associated University Press, 1995.

PELLETIER, Esther, *Écrire un scénario. Le scénario et l'industrie du cinéma québécois*, Nuit blanche, Québec, 1992.

*Premier plan*, n° 45, « Jeune cinéma canadien », Paris, 1967.

*Revue belge du cinéma*, n° 27, « Imaginaires du cinéma québécois », Bruxelles, 1989.

TADROS, Jean-Pierre, Marcia COUELLE et Connie TADROS, « Le cinéma au Québec. Bilan d'une industrie », *Cinéma Québec*, Montréal, 1975.

TREMBLAY-DAVIAULT, Christiane, *Un cinéma orphelin. Structures mentales et sociales du cinéma québécois, 1942-1953*, Québec/Amérique, Montréal, 1981.

TURNER, D. J., *Index des films canadiens de long métrage, 1913-1985*, Archives nationales du Canada, Ottawa, 1986.

VÉRONNEAU, Pierre, *Les cinémas canadiens*, Lherminier/Cinémathèque québécoise, Paris/Montréal, 1979.

VÉRONNEAU, *Histoire du cinéma québécois*, vol. I : *Le succès est au film parlant français*, Cinémathèque québécoise, Montréal, 1979.

VÉRONNEAU, Pierre, *Histoire du cinéma au Québec*, vol. II : *Cinéma de l'époque duplessiste*. Cinémathèque québécoise, Montréal, 1987.

VÉRONNEAU, Pierre, *Histoire du cinéma québécois*, vol. III : *Résistance et affirmation. La production francophone à l'ONF, 1939-1964*, Cinémathèque québécoise, Montréal, 1987.

VÉRONNEAU, Pierre *et al.*, *Montréal, ville de cinéma*, Cinémathèque québécoise, Montréal, 1992.

VÉRONNEAU, Pierre, Michael DORLAND et Seth FELDMAN, *Dialogue. Cinéma canadien et québécois/Canadian and Quebec Cinema*, Mediatexte Publications/Cinémathèque québécoise, Montréal, 1987.

WEINMANN, Heinz, *Cinéma de l'imaginaire québécois. De* La petite Aurore *à* Jésus de Montréal, L'Hexagone, Montréal, 1990.

MISE EN PAGES ET TYPOGRAPHIE :
LES ÉDITIONS DU BORÉAL

ACHEVÉ D'IMPRIMER EN DÉCEMBRE 1999
SUR LES PRESSES DE L'IMPRIMERIE TRANSCONTINENTAL IMPRESSION
IMPRIMERIE GAGNÉ, À LOUISEVILLE (QUÉBEC).